한국어 형식문법

양 정 석

한국어 형식문법

양정석 지음

연세대학교 출판문화원

한국어 형식문법

2023년 12월 29일 1판 1쇄

지은이	양정석
펴낸곳	연세대학교 출판문화원
주소	서울특별시 서대문구 연세로 50
등록	1955년 10월 13일(제9-60호)
전화	02) 2123-3378~80
팩스	02) 2123-8673
전자우편	ysup@yonsei.ac.kr
홈페이지	http://press.yonsei.ac.kr
인쇄	네오프린텍(주)

ISBN 978-89-6850-771-7 (93700)

값 80,000원

서문

현대 언어학의 표준적 방법론인 생성문법 이론은 문법을 형식체계(formal system)로 기술한다. 문법의 두 주요 영역인 통사론과 의미론은 각각 형식체계로 기술된다. 형식체계로 기술된 문법이 형식문법이다.

이 책은 형식문법의 방법론에 따라 현대 한국어의 문법의 전 범위를 기술한 것이다. 한국어 형식문법은 형식통사론과 형식의미론의 두 영역을 포함한다. 한국어 형식통사론은 한국어의 모든 구, 문장을 생성하는 원리와 규칙들의 체계이다. 한국어 형식의미론은 형식통사론에 의해 생성된 구, 문장의 통사구조를 바탕으로 그 의미 해석을 얻어내는 원리와 규칙들의 체계이다. 이 둘의 연결에 있어서 합성성 원리("한 통사적 구성의 의미는 그 구성성분들의 의미의 함수이고, 그 구성성분들이 통사적으로 결합하는 방식의 함수이다.")가 준수되어야 한다. 형식의미론의 체계는 본질적으로 합성성 원리를 구현하는 원리와 규칙들의 체계이다. 한국어의 모든 구문의 의미 해석을 위한, 합성성 원리를 구현하는 원리와 규칙들의 체계를 가설로 제시하고, 이들을 한국어의 모든 대표적 구문들을 통하여 검증한 것이 이 책의 내용이다.

이제까지의 한국의 생성 통사론 연구자들은 생성문법을 포함한 현대 언어학의 추진 동력인 프레게(Gottlob Frege)의 양화·술어논리 체계에 대한 인식이 부족하였다. 프레게의 체계는 분석철학자들의 기호논리 체계 연구, 언어학의 형식의미론 연구의 출발점이 되었고, 심지어 촘스키(Noam Chomsky)의 통사론 체계가 탄생하는 데에 원동력이 되었는데, 이러한 배경에 대한 인식이 부족하였다. 국어학자들의 한국어 문법 연구는 생성통사론의 초기 방법론에 의한 연구 시기로부터 의미와의 관련을 항상 의식하고, 이를 문제 삼아 온 전통을 가지고 있다. 그러나 생성통사론의 건설자들이 가지고 있었던 기호논리학/분석철학에 대한 지식의 부족, 그리고 영어 등의 인도유럽어와의 직접적 대응을 발견하기 어려운 한국어의 현실 탓으로, 생성통사론적 연구의 기초에 있던 형식의미론적 관심사('합성성 원리')는 한국어 통사론 연구자들에게 거의 진지하게 음미되지 못해 온 것이 사실이다. 한편, 이제까지의 한국의 형식의미론 연구자들은 한국어의 구문 구조에 대한 이해가 부족하였다. 한국어의 통사적 사실에 대한 인식이 부족하여 외국어를 바탕으로 형성된 이론을 한국어의 통사구조에 대한 숙고 없이 피상적으로 적용하거나, 형식의미론의 체계를 일반론으로서 소개하는 수준에서 머무는 것이 보통이었다. 필자는 2010년의 저서 『한국어 통사구조론』(한국문화사)에서 생성문법의 원리매개변인 이론에 입각한 한국어의 전반적 구문 구조를 기술한 경험과, 최근 10년 간의 필자의 일련의 형식의미론적 연구를 바탕으로, 이 책에서 완성된 현대 한국어 형식문법을 제시하고자 하는 것이다.

이전의 연구와 구별되는 이 책의 내용의 특징을 다음 6가지 주요 논점들로 요약할 수 있다.

첫째, 한국어 양상 표현의 전 범위를 망라하여 표준적 양상 이론 하에서 분석하고, '믿음' 양상기반과 '의도' 양상기반을 추가하여 표준적 양상 이론을 새롭게 체계화하였다. 기존 연구에서 양상 요소로 다루어지던 '-겠-, -을것이-'뿐만 아니라 '-더-' 계통의 어미들, '확실히, 아마, 마땅히, . . .' 등의 양상 부사, '-거든, -길래' 등의 연결어미, '-어 보-, -을법 하-, . . .' 등의 보조동사 구문, 나아가 '답-'과 같은 동사가 양상 표현임을 밝히고, 이들을 가지는 문장의 합성적 해석 절차를 기술하였다.

둘째, 의문문을 표준적 양상 이론 하에서 '회의 양상'의 표현으로 기술하여, 의문문의 해석 절차가 합성성 원리를 준수함을 증명하였다. 회의 양상은 '믿음' 양상의 한 종류이다.

셋째, 명령문, 청유문, 약속문을 표준적 양상 이론 하에서 '의도 양상'의 표현으로 기술하여, 명령문, 청유문, 약속문의 해석 절차가 합성성 원리를 준수함을 증명하였다.

넷째, 한국어 양화사 구문의 전 범위를 살피고, 이동 변형 접근이나 그에 준하는 몬태규 문법의 '내부 양화(quantifying-in)' 접근과 대립되는, 가변 타입 접근(flexible types approach)의 관점에서 완성적으로 기술하였다. 이와 관련하여, 이중주어문과 이중목적어문의 특정 구성성분들을 양화사와 유사한 방법으로 해석하는 이론적 방안을 제시하였다.

다섯째, 한국어가 문법범주로서의 시제를 갖지 않는 언어라는 '무시제 가설' 하에서 시간적 선후관계 해석의 체계를 제안하였다.

여섯째, 통사의미적 합성 절차를 보완하는 담화화용론적 체계를 제시하였다. 특히 담화의 정합성(coherence)을 위한 담화화용적 원리로서 이전에 명확히 인식되지 않았던 세 가지 조건, 즉 (i)질문과 대답의 조건, (ii)주장과 반대 주장의 조건, (iii)문장화제 조건을 제안하였다.

이상을 주요 논점들로 가지는 한국어 형식문법 체계의 기술은 이전의 한국어 문법 연구에서 거의 찾아볼 수 없는 새로운 것이다. 현대 언어학의 표준적 패러다임인 생성문법 이론 하에서 한국어에 대한 수많은 연구가 행하여졌으나, 그것은 주로 통사론적 분석이었고, 그것도 영어를 중심으로 하는 인도유럽어의 특정 문법적 현상들에 대한 다양한 경쟁적 이론들을 한국어에 부분적으로 적용하는 차원의 것이었다. 그 과정에서 촘스키를 비롯한 생성 통사론의 건설자들이 이론 건설의 기초적 차원에서 의식하고 있던 통사구조-의미구조 대응의 원리, 즉 '합성성 원리'는 한국어 문법 연구자들에게 거의 진지하게 음미되지 못하였다는 것이 필자의 판단이다. 이 책은 문법이 통사론과 의미론의 대응의 체계이고, 합성성 원리가 그 기본 원리로 작동한다는 관점에서 한국어 문법의 전모를 밝힌 최초의 저작이다. 이것이 이 책이 담고 있는 내용상의 특징이다.

이 책은 현 시점에서 가장 앞선 현대 언어학의 방법론으로 한국어 문법을 기술한 것이다. 최현배의 『우리말본』은 1937년 당시로서는 가장 앞선 언어학 방법론에 입각한 한국어 문법 기술이다. 『우리말본』에는 예스페르센이 인용되고 있고, 문법의 기술이 언어 역사의 서술이 아닌 당대 언어의 공시태에 대한 기술이어야 한다는 구조언어학의 기본 관점이 녹아들어 있다.

현 시점의 가장 앞선 현대 언어학 방법론은 생성문법의 방법론이다. 생성문법 이론은, 토마스 쿤(Thomas Kuhn)의 개념에서, 지금 이 시점의 언어학의 '표준적 패러다임'이다. 생성문법의 방법론이 한국어에 적용된 지도 반세기가 넘었지만 한국어 문법의 핵심 현상, 특히 통사론과 의미론의 대응에 대한 전면적인 기술이 이루어진 적은 없었다. 이 책은 이러한 관점에서의 최초의 시도라고 할 수 있다.

이 책을 이루는 부분 논증들은 필자의 이전의 논저를 바탕으로 한 것이다. 그러나 많은 주제들, 필자가 이전에 시도한 상이한 접근 방법들이 수정·변용의 과정을 통하여 한국어 형식문법이라는 단일 체계로 통합되어 있다. 이전 논저의 내용이 수정되는 곳마다 수정의 이유를 세심히 서술하려고 노력하였고, 충돌되는 점이 없이 단일한 형식문법 체계로 녹아들게 하려고 힘썼다. 특히 필자가 오랫동안 추구해 온, 표준적 형식의미론과 다른 개념의미론의 접근 방법이 통합되어 있는데, 개념의미론의 의미 표상을 두 층렬 이론의 한 층렬, '기술 층렬'로 전체 형식문법 체계 안에 포함해야 할 이유를 [부록]에서 논하였다.

형식문법은 통사론 체계와 그에 대응되는 의미론 체계를 포괄하는 것이다. 이 책은 생성문법 패러다임 하에서 한국어의 형식문법을 통합적 체계로 기술한 최초의 시도이다. 과학의 이론은 완전할 수 없다. 안목이 밝은 분들과의 토론을 통하여 이 책의 시도가 완전에 이르기를 소망한다.

'이다'의 동사로서의 성격, 그 의미역 구조의 성격을 밝히는 논문을 시작으로 언어학 논증의 작업에 뛰어든 이후, 근 40년 간의 정진의 결과를 일단락 짓는 저작을 내놓게 되어 기쁘다. 한국어 연구가 가치 있는 일임을 이해해 주고 항상 마음과 몸의 건전함을 유지할 수 있게 해 준 아내 전미영, 딸 양예솔, 아들 양한솔에게 고마움과 사랑을 표현하고 싶다.

2023년 9월

양 정 석

차례

제4장 양화사 명사항의 의미 해석

제5장 대명사와 흔적의 의미 해석

제6장 한국어 양상 표현의 의미 해석

제7장 맥락, 판단자의 도입과 판단자 의존 의미의 해석

제8장 명령문, 청유문, 약속문의 의미 해석

제9장 의문문의 의미 해석

제10장 한국어 접속문의 의미 해석

제11장 한국어의 시간 의미 해석

제12장 담화화용론과 담화 표상

제13장 결론: 합성성 원리를 구현하는 원리와 규칙들

제1장

서론

1.1. 이 책의 주요 논점들

현대 언어학의 방법론은 문법을 형식체계(formal system)로 기술하는 것이다. 문법의 두 주요 영역인 통사론과 의미론은 각각 형식체계로 기술된다.[1] 이제까지의 한국의 생성 통사론 연구자들은 생성문법을 포함한 현대 언어학의 추진 동력인 프레게(Gottlob Frege)의 양화·술어논리 체계에 대한 인식이 부족하였다. 프레게의 체계는 분석철학자들의 기호논리 체계 연구, 언어학의 형식의미론 연구의 출발점이 되었고, 심지어 촘스키(Noam Chomsky)의 자율 통사론 체계가 탄생하는 데에 원동력이 되었는데, 이러한 배경에 대한 인식이 부족하였다. 한편, 이제까지의 한국의 형식의미론 연구자들은 한국어의 구문 구조에 대한 이해가 부족하였다. 필자는 양정석(2010)에서 생성문법의 원리매개변인 이론에 입각한 한국어의 전반적 구문 구조를 기술한 경험과, 필자의 이전의 일련의 형식의미론적 연구들(양정석 2015가, 나, 2016가, 나, 2017, 2019, 2020가, 나, 다, 라, 2021, 2022가, 나, 다, 2023)을 바탕으로, 이 책에서 통합적 체계로서의 현대 한국어 형식문법을 제시하는 것이다.

기존의 연구와 구별되는 이 책의 내용의 특징을 다음 6가지 주요 논점들로 요약할 수 있다.

첫째, 한국어 양상 표현의 전 범위를 망라하여 표준적 양상 이론 하에서 분석하고, 기존의 '인식' 양상기반, '정황' 양상기반 외에 '믿음' 양상기반과 '의도' 양상기반을 추가하여 표준적 양상 이론을 새롭게 체계화하였다. 기존 연구에서 양상 요소로 다루어지던 '-겠-, -을것이-'뿐만 아니라 '-더-' 계통의 어미들, '확실히, 아마, 마땅히, . . .' 등의 양상부사, '-거든, -길래' 등의 연결어미, '-어 보-, -을법 하-, . . .' 등의 보조동사, 나아가 '답-'과 같은 동사들이 양상 표현임을 밝히고, 이들을 가지는 문장의 합성적 해석 절차를 기술하였다.

둘째, 의문문을 표준적 양상 이론 하에서 '회의 양상'의 표현으로 기술하여, 의문문의 해석 절차가 합성성 원리를 준수함을 증명하였다. 회의 양상은 '믿음' 양상의 한 종류이다.

셋째, 명령문, 청유문, 약속문을 표준적 양상 이론 하에서 '의도 양상'의 표현으로 기술하여, 명령문, 청유문, 약속문의 해석 절차가 합성성 원리를 준수함을 증명하였다.

넷째, 한국어 양화사 구문의 전 범위를 살피고, 이동 변형 접근이나 그에 준하는 몬태

---

1) 문법은 음운론도 포함한다. 음운론도 형식체계로 기술된다. 뒤의 (9)에 제시하는 도표가 문법의 조직에 관한 필자의 관점을 요약하고 있다. 그러나 이 책은 통사론과 의미론에 집중하고, 특히 통사론과 의미론의 대응에서 작용하는 규칙성을 밝히는 일이 그 주요 목적이다.

규 문법의 '내부 양화(quantifying-in)' 접근과 대립되는, 가변 타입 접근(flexible types approach)의 관점에서 완성적으로 기술하였다. 이와 관련하여, 이중주어문과 이중목적어문의 특정 구성성분들을 양화사와 유사한 방법으로 해석하는 방안을 제시하였다.

다섯째, 한국어가 문법범주로서의 시제를 갖지 않는 언어라는 '무시제 가설' 하에서 시간요소들의 형식의미론적 분석을 중심으로 하는 시간적 선후관계 해석의 체계를 제시하였다.

여섯째, 통사의미적 합성 절차를 보완하는 담화화용론적 체계를 제시하였다. 특히 담화의 정합성(coherence)을 위한 담화화용적 원리로서 이전에 명확히 인식되지 않았던 세 가지 조건, 즉 (i)질문과 대답의 조건, (ii)주장과 반대 주장의 동일 명제 조건, (iii)문장화제 조건을 수립하였다.

이상을 주요 논점들로 가지는 한국어 형식문법 체계의 기술은 이전의 한국어 문법 연구에서 거의 찾아볼 수 없는 새로운 것이다. 현대 언어학의 표준적 패러다임인 생성문법 이론 하에서 한국어에 대한 수많은 연구가 행해졌으나, 그것은 주로 통사론적 분석이었고, 그것도 영어를 중심으로 하는 인도유럽어의 특정 문법적 현상들에 대한 다양한 경쟁적 이론들을 한국어에 부분적으로 적용하는 차원의 것이었다. 그 과정에서 촘스키를 비롯한 생성 통사론의 건설자들이 이론 건설의 기초적 차원에서 의식하고 있던 통사구조-의미구조 대응의 원리, 즉 '합성성 원리'는 한국어 문법 연구자들에게 거의 진지하게 음미되지 못하였다는 것이 필자의 판단이다. 이 책은 문법이 통사론과 의미론의 대응의 체계이고, 합성성 원리가 그 기본 원리로 작동한다는 관점에서 한국어 문법의 전모를 밝힌 최초의 저작이다. 이것이 이 책이 담고 있는 내용상의 특징이다.

1.2. 문법, 형식문법, 적격성, 합성성 원리

'문법'에 대한 가장 실행가능성(feasibility)이 있는 정의는 촘스키의 다음과 같은 정의이다.

(1) 한 언어의 문법은 이 언어의 모든 문법적 문장을 생성하고, 이 언어의 비문법적 문장은 생성하지 않는 장치이다(Chomsky 1957: 13).

이 정의는 문법 이론에 대한 다음 두 가지 방향의 요건을 표현하고 있다. 각각을 '완전성 요건'과 '건전성 요건'이라고 지칭하기로 한다.

(2) (i) 문법은 해당 언어의 모든 문법적 문장을 누락됨 없이 생성할 수 있어야 한다.
(ii) 문법은 해당 언어의 문장만을 생성해야 하고, 해당 언어의 문법적 문장이 아닌 것을 생성해서는 안 된다.

문법적 문장이란 무엇인가? 다음 (3가-다)는 일반 한국어 화자가 '비문법적 문장'이라고 판정할 만한 예들이다. 이 세 경우의 비문법적 문장을 '*' 표시로 나타내기로 하자.

(3) 가. *인호는 안 빵을 먹었다.
cf. 인호는 빵을 안 먹었다.
나. *대한민국의 모든 권력은 굼민(국민)으로부터 나온다.
cf. 대한민국의 모든 권력은 궁민(국민)으로부터 나온다.
다. *인호는 철수가 싫다.
cf. 나는 철수가 싫다.

이 세 경우를 모두 비문법적 문장으로 판정하여 '*' 표시를 하였지만 이들은 그 비문법성 판정의 근거가 서로 다르다. (3가)는 통사 규칙 체계의 한 규칙을 위반하여 비문법적 문장으로 판정된 것이다. 이런 경우를 '통사적으로 부적격한 문장'이라고 한다. (3나)는 음운론적 규칙 체계의 한 규칙을 위반하여 비문법적 문장으로 판정된 것이다. 이런 경우는 '음운론적으로 부적격한 문장'이라고 지칭할 수 있다. (3다)는 그 통사적 구성 방식에서는 결함을 찾을 수 없다. 비교되는 문법적 문장 '나는 철수가 싫다.'와 달리 비문법적 문장으로 판단되는 이유는 의미론적 규칙 체계의 한 규칙을 위반하였기 때문이다.

'형식문법'은 우선 통사론적 형식체계에 입각하여 (3가)의 비문법성을 예측한다. 다음 통사 규칙이 (3가)의 '*안 빵을 먹-'은 부적격하고 그에 대비되는 '빵을 안 먹-'은 적격함을 예측한다.

(4) 가. VP → NP V
나. V → Neg V

다음 음운론적 규칙은 (3나)의 '*굼민'이 음운론적으로 부적격하다는 점을 예측한다. 'ㅁ'은 [+비음성]의 자질을 가지는 소리인데 이 앞에 [-비음성]의 자질을 가지는 'ㄱ'이 실현되었으므로 다음 규칙에 따라 이 'ㄱ'이 [+비음성]의 'ㅇ'으로 바뀌어야 한다. 이 규칙을 따르지 않았기 때문에 '*굼민'은 음운론적으로 부적격하다.

(5) [-비음성, C] → [+비음성, C] / __[+비음성] (C는 ㄱ, ㄷ, ㅂ의 자음)

(3다)가 의미론적으로 부적격하다는 것은 다음 (6가)와 같은 주관성 형용사의 의미 규정에 따라 예측된다.[2] (3다) 문장은 (6가)를 중심으로 적용하여 (6나)와 같은 의미 형식을 갖게 된다. 주어진 맥락의 화자가 '순희'라고 가정할 때, 이 의미 형식에서 화자이어야 할 판단자가 화자 아닌 '인호'이므로 이 문장은 부적격한 문장이 되는 것이다. 결국 (3다) 문장은 의미론적 해석 절차에 따라 부적격한 문장임이 증명된다.

(6) 가. '싫-'의 의미 정의: 세계 w에서, 시간 t에, 판단자 j에게, λx. λy. y가 x를 싫어한다, j = y.
나. '인호는 철수가 싫다'의 의미: 세계 w에서, 시간 t에, 판단자 j에게, 인호'가 철수를 싫어한다, j = 인호'(판단자 j는 화자임).[3]

통사 체계와 음운론적 규칙들의 체계와 의미론적 해석 체계가 문법을 이룬다. 그런데, 의미의 부적격성이 의미론적 해석 체계의 위반으로 설명되지 않고, 문법 외의 화용론적 해석 체계의 위반으로 설명되는 예도 있다. 다음은 화용론적 부적격성으로 설명할 만한 예이다.

(7) *나는 철수가 싫을 것이다.
cf. 나는 철수가 싫다/인호는 철수가 싫을 것이다.

'-을 것이-'는 추측을 나타내는 표현이다. 추측의 표현이 아닌 '나는 철수가 싫다'는 위 (6가)의 '싫-'의 정의를 중심으로 그 문장의 의미 형식을 도출할 경우 화자인 '나'가 판단자로서, 이 판단자 '나'가 '철수'를 싫어한다는 의미가 정확히 예측된다. 그러나 (7)은 부적격한 표현이 되는데, 그 이유는 다음과 같은 화용론적 원리를 위반하였기 때문이다.[4]

---

2) 주관성 형용사의 의미 규정에 대해서는 제7장에서 논의한다.

3) 이 문장에서 판단자 'j'는 '-다'로 말미암아 화자로 결정된다. 판단자를 결정하는 원리에 대해서는 제7장에서 논의한다.

4) 이러한 화용론의 원리는 Grice(1975)에서 제시한 것이다. (8나) 외에 질의 격률(maxim of quality), 연관성의 격률(maxim of relevance), 방식의 격률(maxim of manner)이 더 있다.

(8) 가. 협조 원리: 대화에 참여하는 화자와 청자는 화자가 양의 격률, 질의 격률, 연관성의 격률, 방식의 격률을 위반하지 않는 협조적 발화를 수행할 것으로 가정한다.
나. 양의 격률: 가능한 한 충분한 양의 정보, 넘치지 않는 양의 정보를 제공할 것.

'싫다'는 그 문장의 주어가 판단자로서의 화자일 것을 요구한다(6가). '나는 철수가 싫다'는 적합하다. 그러나 (7) 문장은 이 문장의 내용을 추측으로 표현하고 있다. 추측의 표현은 필요한 것보다 적은 정보를 제공한다. 그러므로 (7) 문장은 (8나)의 양의 격률을 위반하는 것이다. (7) 문장은 문법 내의 해석 체계인 통사 체계, 음운론적 체계는 물론 의미론적 해석 체계도 위반하지 않았다. 문법 밖의 (8)과 같은 해석의 원리를 위반한 것이다. 즉 화용론적으로 부적격한 문장이다.

문법이 통사론과 의미론과 음운론의 체계로 이루어진다고 하였다. 이 책에서 중점적으로 논할 부분은 통사론과 의미론이다. 통사론과 의미론은 각자의 체계를 가지고 있지만, 통사적으로 적격한 문장을 형성하는 통사 체계와 적격한 의미를 해석하는 의미론적 체계는 서로 원리에 의해 연관된다. 통사론과 의미론을 연관 짓는 원리로서 형식의미론 연구자들이 오래전부터 상정해 온 원리가 합성성 원리이다. "한 통사적 구성의 의미는 그 구성성분들의 의미의 함수이고, 그 구성성분들이 통사적으로 결합하는 방식의 함수이다."와 같은 형식으로 서술되는 합성성 원리의 정확한 뜻은 1.3절에서 자세히 설명할 것이다. 합성성 원리는 형식체계인 통사 체계와 형식체계인 의미론적 해석 체계를 중심으로 이루어지는 전체 문법 체계를 긴밀한, 일관된 체계로 만들어 준다.

문법의 조직

이 책에서 기술하는 한국어 형식문법 체계에서는 통사구조로 원리매개변인 이론의 S-구조에 해당하는 것만을 인정하고, 이것이 의미구조와 독립적으로, 그리고 병렬적으로 존재하는 문법의 조직을 상정한다. 통사구조와 의미구조는 이들을 형성하는 규칙들이 있어, 이들에 의해 만들어지게 된다. 통사구조의 형성과 관계되는 통사적 장치로는, 생성통사론의 통상적인 범주 규칙, 변형 규칙의 효과를 단일 통사구조에 표시하는 공범주들, 그리고 각종 통사적 제약들의 체계가 있다. 또한 통사 규칙들뿐만 아니라, 의미구조를 형성하는 독립된 규칙들, 그리고 이들의 적용에 대한 각종의 제약 조건들이 존재한다고 가정한다. 이를 그림으로 보이면 다음과 같다.[5)]

---

5) 이 도표에서 '통사구조 → 의미구조'의 방향에는 의미론적 해석 규칙이 작용하는데, 이 규칙들은 통사구조를 바탕으로 해석하는, 파생적 규칙이다. 그러나 그 반대의 '의미구조 → 통사구조'의 방향으로 '논항연결원리'와

(9) 문법의 조직

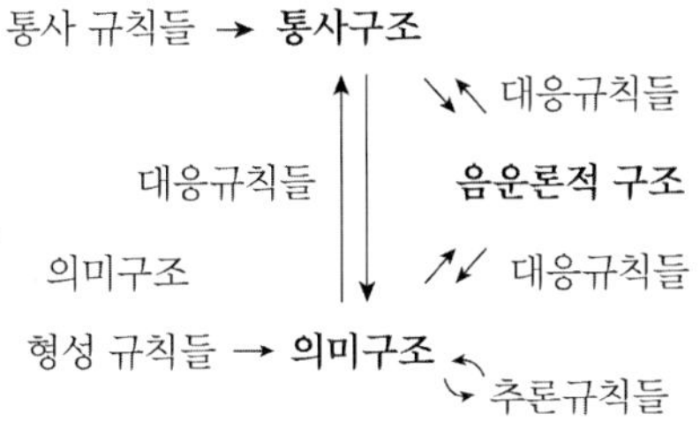

표상 층위로서의 통사구조는 S-구조에 상당하는 한 가지 종류의 표상 층위만을 상정한다(양정석 2010). 이는 논리형태(LF) 층위를 인정하지 않는 것으로, 표준적인 형식의미론의 가정과 다르다. 논리형태를 바탕으로 한 의미 해석 체계와 비교하는 일은 이 책에서 모든 종류의 구문의 의미 해석 방법을 논의하는 데에 있어서 주요 검토 사항이 될 것이다.

통사구조와 의미구조, 음운론적 구조는 각각의 형성 규칙과, 내부 구성성분들 간의 선택에 관한 제약들을 가지고 있지만, 두 구조를 서로 제약·허가하는 규칙들의 체계가 또한 존재한다. 통사구조와 의미구조의 대응을 규율하는 가장 상위의 원리로 합성성 원리를 상정한다. 이 책에서는 편의상 이 원리를 통사구조로부터 의미구조로의 해석 절차에 작용하는 원리라고 가정한다.

반대 방향의 연결을 규율하는 원리도 인정한다. 의미구조의 의미 형식들이 통사구조의 논항구조를 결정하기도 한다. 이 원리를 '논항연결원리'라고 하는데, 이에 대해서는 제2장에서 격 이론과 의미역 이론을 도입하면서 언급할 것이다.[6] 통사구조와 의미구조의 연결이 이렇게 양방향으로 제약된다고 보므로 (9)에서는 이 둘의 관계를 양방향의 두 개의 화살표로 나타내었다.

필자는 (9)에서 보인 바와 같이 문법이 통사구조와 의미구조와 음운론적 구조라는 3가지 표상 층위로 이루어지고 이들 사이에는 대응규칙들이 작용하는 체계라고 본다. 이러한 관점을 '3원적 병렬 체계'라고 부른다.[7] 이 중 의미구조는 기술 층렬과 지시 층렬의

같은 규칙이 작용하기도 한다. 논항연결원리의 적용 근거가 되는 의미구조는 자체의 형성 규칙을 통해 형성된다. 전자의 의미구조와 후자의 의미구조는 각각 '지시 층렬의 의미구조'와 '기술 층렬의 의미구조'로서, 의미구조는 이렇게 서로 다른 형식의 두 층렬의 의미 형식들로 이루어져 있다는 것이 이 책의 관점이다. 이 책에서 주로 논의하는 의미 해석 절차는 형식의미론적 절차로서 지시 층렬의 의미구조를 도출하는 절차이다. 기술 층렬의 의미구조에 대해서는 이 책 말미의 [부록]에서 설명할 것이다.

6) 논항연결원리의 적용을 위한 근거가 되는 '기술 층렬'의 의미구조의 형성 원리에 대해서는 [부록]에서 자세히 설명할 것이다.

7) 문법을 3원적 병렬 체계(tripartite parallel system)로 바라보는 관점은 Jackendoff(1997, 2002)에서 본격적으

두 층렬로 이루어진다고 본다.

(10)

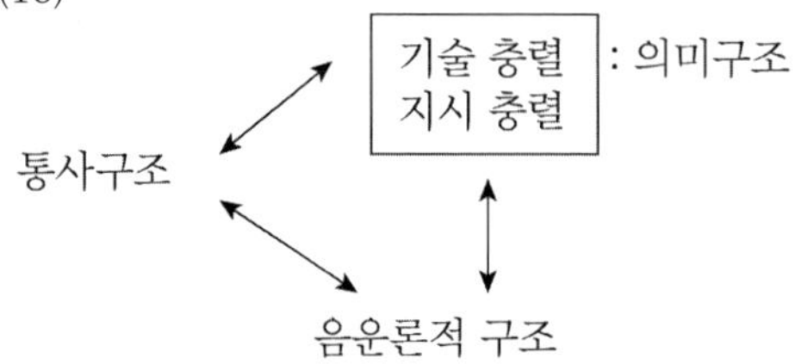

자겐도프(Jackendoff 2002: 408-417)는 의미구조가 기술 층렬과 지시 층렬에 정보구조 층렬을 더한 세 층렬로 이루어진다는 견해를 제시하였다. 정보구조는 화제(topic)와 초점(focus)을 중심으로 한 담화 의미의 국면을 나타내는 의미 표상이다. 정보구조의 측면은 담화 의미의 표상에 반영된다고 본다. 문법 내부의 표상으로서의 의미구조에는 지시 층렬과 기술 층렬의 표상들이 포함된다. 합성성 원리는 지시 층렬의 의미 표상과 기술 층렬의 의미 표상들에 관계되며, 담화 의미 표상에는 관계되지 않는다.

1.3. 합성성 원리의 구현 방법

1.3.1. 형식의미론과 합성성 원리의 구현: 외연의미론

한국어 문법은 한국어 언어 단위들의 통사구조와 의미구조와 음운론적 구조들의 명세와, 이 세 가지 구조들 간의 관계를 규정하는 규칙들, 또는 대응 관계들의 집합으로 이루어져 있다.[8]

언어에 대한 현대적 연구의 초기로부터 언어 단위의 문법적 구조(통사구조와 음운론적 구조)와 그 의미의 관계를 해명하는 데에 많은 노력이 기울여져 왔다. 철학자 프레게(Gottlob Frege), 러셀(Bertrand Russell)로부터 비롯되는 기호논리학적 언어 의미 연구에서는 문법적 구조에 대응되는 의미의 형식을 나타낼 수 있는 기호논리학적 표상 방법

로 전개된 것이다. 필자는 양정석(2002) 이래로 한국어 문법을 3원적 병렬 체계로서 분석하는 작업을 실행해 왔다. 의미구조를 (10)과 같이 기술 층렬과 지시 층렬의 2개 층렬로 나누어 기술하는 시도는 양정석(2011, 2017)에서 보인 바 있다.

8) 위 (9)가 이 책의 관점에 따른 문법의 조직을 도표화한 것이다. 음운론적 구조의 존재를 가정하기는 하지만, 이 책에서 음운론적 구조를 직접 논급하지는 않을 것이다.

을 개발해 왔고, 1960년대 말에는 철학자 몬태규(Richard Montague)에 의해 자연언어의 문법적 구조와 의미 형식에 대한 명세화, 이 양자의 대응을 규칙으로 기술하는 형식문법의 이론 체계가 수립되기에 이르렀다.[9] 파티(Barbara Partee)를 비롯한 언어학자들은 생성 통사론의 통사구조를 바탕으로 논리적 의미 형식을 체계적으로 도출하는 통사의미론적 해석 체계를 개발해 왔다. 이 해석 체계는 초기에는 한정된 언어 자료를 대상으로 한 것이었지만 지금에 이르러서는 특정 언어의 거의 모든 구문 현상에 적용 가능할 만큼 포괄적이고 정교한 이론으로 발전되고 있다.

이 책에서는 이러한 이론 체계를 '형식의미론'이라고 지칭하려고 한다. 이 책에서 '형식의미론'이라고 할 때에는 '의미론'만으로 한정되지 않고, 때로는 통사론과의 대응/연결에 관한 규칙이나 원리까지를 포함하는 형식문법 체계를 가리키기도 한다. 이러한 형식의미론의 표준적 체계를 기초적으로, 포괄적으로 해설한 연구로 하임·크라처(Heim & Kratzer 1998)가 정평을 얻고 있다. 이 책에서 '표준적 형식의미론'이라고 지칭하는 경우 대체로 Heim & Kratzer(1998)의 체계를 상정하고 있다고 보면 된다.

합성성 원리

형식의미론 연구의 전통은 합성성 원리를 준수하는 통사·의미 체계를 수립하는 것을 그 궁극의 목적으로 하여 형성되어 왔다. 합성성 원리와 이 원리를 이루는 기초 개념인 함수, 그리고 그것을 형식적으로 나타내는 방법을 간략히 소개하기로 한다.[10] 형식의미론 연구에서 널리 가정하는 것은 다음과 같은 프레게의 합성성 원리이다.[11]

(11) 어떤 표현의 의미는 그 구성성분들의 의미의 함수이고 그 구성성분들이 통사적으로 결합되는 방식의 함수이다.

합성성 원리의 준수를 표방하는 현대 의미 이론으로 형식의미론과 개념의미론이 있다.[12] 몬태규(Montague 1974)의 의미론을 토대로 하는 형식의미론이 합성성을 기본

9) 몬태규의 이론은 Montague(1974)에 집약되어 있다. 몬태규의 형식문법 이론에 대한 한국어 해설로는 이익환(1983)을 참고할 수 있다.

10) 집합론의 여러 가지 기초 개념과 이를 바탕으로 하는 함수의 개념에 대해서는 Chierchia & McConnell-Ginet(1990)의 부록에서 비교적 평이하고 간략하게 정리하고 있으니 이를 참고하기 바란다. 더욱 포괄적인 설명과 언어학의 수학적 방법에 대한 기본적인 참고서로는 Partee et al.(1990)이 있다.

11) 프레게의 논저들에서는 이처럼 분명한 서술을 찾을 수 없으나, Heim & Kratzer(1998) 및 이정민(2012) 등의 해석을 따라 이 같이 서술하였다. 프레게 자신이 합성성 원리에 대해 시사한 글로는 Frege(1923)을 참조할 수 있다.

원리로 하여 수립된다는 점은 잘 알려져 있다. (11)에서 우선 중요한 것은 '함수'의 개념이다. 이는 두 집합 간의 관계로서, 하나의 집합, 즉 영역(domain)의 모든 원소들이 다른 집합, 즉 공역(codomain)의 원소들로, 일대일 또는 다대일로 대응되는 관계라고 정의된다. 또한 통사적 구성성분의 개념에 의존하는 것으로 표현된 위 합성성 원리는 특정의 통사구조가 주어진다는 것을 전제하고 있다. 진리조건적 의미론, 모형이론적 의미론을 추구하는 형식의미론의 전통에서는 통사론 체계와 의미론 체계가 엄격한 준동형성의 사상(map)으로 연관되는 것을 방법론적 이상으로 가진다.[13)]

형식의미론적 연구는 (11)과 같은 프레게의 합성성 원리를 구현하는 것을 궁극의 목적으로 삼는다. 의미 합성을 실행하는 방법을 조금 더 구체적으로 설명해 보기로 한다. 한 복합적 구성성분의 의미를 얻는 기본적인 원리는, 두 개의 하위 구성성분들의 의미 결합을 함수와 논항의 관계를 기초로 하여 합성하는 것이다. 결합되는 각 어휘항목, 구성성분에는 그 대응되는 의미론적 타입이 주어진다. 함수의 경우에는 이 함수가 취할 수 있는 논항의 타입이 지정되어 있어서, 이에 인접하는 구성성분의 의미론적 타입이 그 논항의 타입과 같은 것이면 함수 적용이 성공하여 그 논항으로 취해지고, 요구되는 타입과 같지 않으면('타입 불일치 type mismatch') 의미론적 부적격 판정이 유발되어 의미 합성이 실패하게 된다.

이제까지 생성문법 이론의 주요 관심 대상은 통사론이었고, 의미 해석은 통사구조의 기술에 직접 관련되는 한에서만 관심의 대상이 되어 왔다. 그러나 형식의미론 연구의 전통에서는 파티(Partee 1973), 쿠퍼(Cooper 1975, 1983) 등에 의해서 생성문법의 통사구조 표상을 바탕으로 한 의미 해석의 체계가 개발되어 왔다. 특히 Heim & Kratzer (1998)에는 최근까지의 생성문법의 통사론 연구 성과를 충분히 반영하는, 실행가능(feasible)하고 간결한 의미 해석의 방법이 집약되어 있다. 이 책은 타입 메커니즘을 중

12) 필자는 양정석(1997, 2002, 2014) 등에서 개념의미론의 입장을 바탕으로 한 의미 기술과 통사-의미 대응의 체계를 연구해 왔다. 이 책에서는 주로 형식의미론의 방법론에 따른 연구를 실행한다. 그러나 이 책의 여러 곳에서 개념의미론의 방법론에 따라 도출되는 '기술 층렬'의 의미구조가 필요하다는 점을 논하기도 할 것이다. 필자는 언어 의미에 관한 개념의미론의 기본 관점을 바탕으로 형식의미론의 방법론을 실행하는 것이 가능하다는 Verkuyl(1985), Zwarts & Verkuyl(1994)의 논의에 공감한다.

13) 동형성(isomorphism)은 한 대수 체계의 함수(들)을 f_i, 그 단위들을 x, y, z, …, 다른 대수 체계의 함수(들)을 g_i라고 하고, 두 체계의 대응을 가능하게 하는 함수 ϕ가 $g_i(\phi(x), \phi(y), \phi(z), \cdots) = \phi(f_i(x, y, z, \cdots))$의 관계를 성립시킬 때, 그 ϕ를 뜻하는 것이다(Partee et al. 1990: 253). 이 때의 함수 ϕ는 일대일의 사상인데, 영역 A로부터 공역 B로의 사상이 다대일의 사상인 것을 허용하는 경우를 준동형성(homomorphism)이라고 한다. 동형성은 물론이고, 엄격한 의미의 준동형성도 사실상 자연언어의 이론에서는 매우 강한 요구이다. 엄격한 준동형성은 i)직접구성성분들에 바탕을 둔 해석, ii)발화 맥락에 의존하지 않는 해석이라는 요구를 더 부과하는 것이다. 이를 '강한 합성성'이라고 하고, 이에 상대적인 경우를 '약한 합성성'이라고 한다.

심으로 한 형식의미론의 기술 방법을 구체적이고도 포괄적으로 설명하고 있어 근래 통사론과의 관련 하에서 의미 해석의 문제를 연구하는 이들에게 큰 영향을 주고 있다.14) 타입 메커니즘은 (11)과 같은 프레게적 의미의 합성성 원리를 실행하는, 여태까지 알려진 가장 효과적인 방법이라는 점에서 중요하다.

문장의 지시적 의미는 진리치

합성성 원리를 이론으로 구현하는 데에 있어서 가장 기본적 가정은 문장의 지시적 의미를 참 또는 거짓의 진리치라고 보는 것이다.15) "인호가 뛴다."와 같은 한국어 문장이 가지는 지시적 의미는 '참' 또는 '거짓'이라는 것이다. 실제 세계를 참조하여, '인호'라고 지칭되는 개체로서의 사람이 뛰고 있음을 확인할 수 있으면 이 문장이 거짓이 아니라 참이라는 것이 지지되는 것이다.16)

문장의 의미가 합성되는 구체적인 모습을 살펴보기로 하자. 형식의미론적 논의에서 흔히들 제시하는 동사 해석의 예를 몇 가지 들어 보면 다음과 같다. '⟦A⟧'는 'A의 해석함수'라는 뜻으로, 통사구조의 구성성분 A가 가지는 지시적 의미, 즉 외연(extension, denotation)을 나타낸다고 하는 약속이다. 이것과 등호로 연결된 오른쪽의 표현은 형식의미론적으로 실행가능한, 형식화된 함수 표현이 된다. 언어 단위들의 의미 기술은 해당 타입(type)과 함께 주어진다.17)

---

14) Heim & Kratzer(1998)의 관점과 형식의미론적 처리 방안을 흔히 '표준적 형식의미론'으로 지칭하는데, 이 책에서도 그러한 관행을 따른다.
타입 메커니즘은 러셀, 처치(Alonzo Church) 등의 논리학적 연구로부터 창안되고 발전되어 왔다. Heim & Kratzer(1998)은 생성언어학의 전반적 이론 모형에 따른 타입 메커니즘과 그 적용의 예를 잘 보여준다. e, t를 기본 타입으로 가지는 타입 메커니즘의 운용 방법을 곧이어 실례와 함께 설명할 것이다.

15) 실제 세계를 집합론적 모형으로 구성하여 이 모형에 의해 주어지는 개체, 개체들의 집합, 진리치와의 일치를 확인함으로써 의미를 해석하는 것이 형식의미론의 '모형이론적(model-theoretic)' 방법이다. 모형이론적 의미론에 대한 해설로는 이익환(1985)를 참고할 수 있다. 모형이론적 의미론이 주로 실재론(realism)의 존재론적 입장에서 연구되어 온 것이 사실이기는 하나, Verkuyl(1985)에서는 모형이론적 의미론이 특정의 존재론적 입장과는 중립적인 관점에서 추구될 수 있다는 점을 보이고 있다.
이 책에서는 개념론(conceptualism)의 입장에서 모형이론적 의미론의 형식적 기술 방법들을 활용한다. 한편, 개념론적 입장에서 개념구조 기술의 체계를 발전시켜 온 연구로 Jackendoff(1990)이 있는데, Zwarts & Verkuyl(1994)에서는 이를 모형이론적으로 재구성한 바 있다. [부록]은 이러한 체계를 요약하고 해설한 것이다.

16) 언어 단위가 가지는 의미를 '의의(Sinn, sense)'로서의 의미와 '지시체(Bedeutung, referent)'로서의 의미로 나누는 것이 프레게로부터의 형식의미론의 전통이다. 이런 전통에서 문장의 의의는 명제로, 문장의 지시체는 참 또는 거짓의 진리치로 취급된다. 제7장에서는 Kaplan(1989) 이후 '맥락' 개념을 도입하면서 문장의 의미를 세 가지로, 특성의미(character)와 내용의미(content)와 진리치의 세 가지로 재정의하는 논의의 흐름을 정리한다. 이 책의 연구에서 핵심어의 하나인 '판단자'는 의미를 의의와 지시체, 혹은 특성의미와 내용의미와 지시체로 구별하는 철학적, 언어학적 탐구의 기나긴 시도들로부터 얻어진 개념이다.

17) 타입은 다음과 같이 귀환적으로 정의된다. T는 기본 타입 e, t와 함께 복합적 타입들을 그 원소로 가지는

(12) 한 자리 동사 '뛴다'의 의미: 타입 <e,t>, ⟦ 뛴다 ⟧ = λx: $x \in D_e$. x가 뛴다'

(13) 두 자리 동사 '사랑한다'의 의미: 타입 <e,<e,t>>, ⟦ 사랑한다 ⟧ = λx: $x \in D_e$. λy: $y \in D_e$. y가 x를 사랑한다'

가령, 조사를 포함한 형식 '인호가'가 e 타입의 개체(individual)이고 그 의미 형식을 '인호''이라고 한다면, 문장 '인호가 뛴다'의 의미 형식은 다음과 같은 절차를 통하여 '인호'가 뛴다''가 된다. 실제 세계에서 '인호'가 '뛴다' 집합({x: x가 뛴다})의 원소에 속하는 경우에는 문장 '인호가 뛴다'가 참이 된다.[18]

(14) 가. ⟦ 인호가 ⟧ : 인호' (타입 e)

나. ⟦ 뛴다 ⟧ : λx: $x \in D_e$. x가 뛴다' (타입 <e,t>)

다. ⟦ $[_S[_{NP}$ 인호가$][_{VP}$ 뛴다$]]$ ⟧ = [λx: $x \in D_e$. x가 뛴다'](인호') = 참(1) (타입 t)
iff 인호'가 뛴다' (인호∈{x: x가 뛴다}인 경우)

람다 표현(람다-식: λ-expression)은 함수를 나타내는 형식이다. '[λx: $x \in D_e$. x가 뛴다]'와 같은 람다 표현은, 이것이 비어 있는 논항 x를 가지는 함수이고, 이 x에 e 타입(개체 타입)의 의미 형식이 취해지면 진리치(truth value)의 타입인 t 타입의 의미 형식이 된다는 것을 나타낸다. 이러한 함수의 형식은 <e,t>의 타입을 갖게 된다. 한 자리 동사가 <e,t> 타입이라는 것은 한 개의 변수를 가지는 함수라는 뜻이다. (13)의 두 자리 동사 '사랑한다'는 <e,<e,t>>의 타입을 가지는 함수로 정의되어 있다. 두 자리 동사의 의미는 두 개체의 순서쌍들의 집합이라고 정의된다. 실제 세계에서 두 개의 논항을 이루는 두 개체가 순서쌍들의 집합인 이 '사랑한다' 집합에 속하는 것이 사실인 경우에, 이 문장은 그 지시적 의미로 '참'의 진리치를 갖게 된다.

함수의 내부 형식은 이렇게 주어진 타입에 따라 구성된다. 각 논항은 요구되는 타입에

집합이다.

i) $e \in T$

ii) $t \in T$

iii) a,b ∈ T이면 <a,b> ∈ T이다.

18) '$[_S[_{NP}$ 인호가$]$ $[_{VP}$ 뛴다$]]$'는 통사구조의 형식이고 '인호'가 뛴다''는 의미 형식이다. 문장의 의미를 참과 거짓의 두 가지로 환원하면 연접과 이접, 조건, 부정 등의 연산자를 가지는 복합문의 의미를 역시 참과 거짓의 값으로 계산하는 부울 대수(Boolean algebra) 체계를 구성할 수 있다. 이와 같은 연관을 고려하여 참을 1, 거짓을 0의 숫자로 나타낸다.
(14다)는 양방향의 조건을 나타내는 기호 'iff'를 가운데에 둔 '. . .는 참이다 iff . . .이다'와 같은 형식('타르스키 문장')으로 진술되어 있다. 문장의 통사구조를 시작으로, 맨 마지막의, 이 문장을 참으로 성립시키는 사실에 이르는 타르스키 문장들의 연속을 구성하는 것이 형식의미론의 검증 방법의 핵심이다.

부합되는 형식이 아니면 적격한 논항으로 취해질 수 없다. (12), (13)의 의미 기술에서는 '$x \in D_e$' 부분이 함수의 논항 x에 e 타입만이 취해질 수 있음을 조건으로 부과하고 있다.[19)]

함수를 표현하는 일반적 형식은 (15가)와 같다. (15나)와 (15다)는 동일한 의미를 나타낸다. 이들은 영역(domain) D_e로부터 함수 $\lambda y: y \in D_e. f(y, x)$로 가는 함수(타입 <e,<e,t>>)의 표현이다. $\lambda y: y \in D_e. f(y, x)$는 다시 영역 D_e으로부터 공역 D_t인 f(y, x)로 가는 함수(타입 <e,t>)의 표현이다.[20)]

(15) 가. $\lambda \alpha: \phi . \gamma$ (α: 논항 변수, φ: 영역 조건, γ: 의미값 기술 value description)
　　나. $\lambda x: x \in D_e . \lambda y: y \in D_e. f(y, x)$
　　다. $\lambda x: x \in D_e . \lambda y: y \in D_e. f(x)(y)$

이 책에서는 'φ' 자리에 표시하는 영역 조건(domain condition)을 전제 의미를 나타내는 데에 활용한다. 이에 대해서는 이 장 말미에 다시 언급할 것이다.

합성성 원리를 구현하는 규칙들

Heim & Kratzer(1998)을 중심으로, 표준적 형식의미론에서 위 (11)의 합성성 원리를 어떻게 구현하는지 정리해 보기로 한다. 다음 ①-③의 세 가지 규칙이 합성성 원리를 구현하는 기본적인 메커니즘이다. 특히 ③은 두 가지 형식의 규칙으로 제시하였는데, ③(i)은 관계관형절이나 공범주 연산자를 가지는 구를 <e,t> 타입의 술어 의미 형식으로 해석하는 규칙이다. ③(ii)는 논항 이동의 구조에서 이동된 논항과 인접하는, 흔적을 가지는 구를 <e,t> 타입의 술어 형식으로 전환하는 규칙이다(양정석 2013가: 38). 여기에 대명사나 흔적을 해석하는 ④, ⑤의 규칙이 더 필요하다. ⑥과 같은 보조적 규칙도 필요하다. ②는 ①의 형식으로 기술할 수 있으므로, 이들 규칙들의 체계는 모든 언어 단위 결합의 의미를 단위 의미들의 함수로 파악한다는 프레게의 합성성 원리를 구현한 것이다. ④에서 지적하는 흔적은 결속변항의 역할을 하는 것이다. 이것과 다른 종류의 흔적의 해석을 위해서는 ④와는 다른 해석 규칙이 더 필요하다(뒤의 해석 규칙 ⑦ 참조).

① 함수적용규칙(FA: Functional Application)
　A가 분지교점이고 B와 C가 그 딸성분(daughter)들일 경우, 모든 치할당 함수 g에

19) 이를 영역 조건(domain condition)이라고 지칭한다.
20) '$\lambda X.Y$'와 같은 람다 표현의 함수 형식이 주어지는 경우, X의 타입이 a이고 Y의 타입이 b라면 이 함수의 타입은 <a,b>가 된다.

대하여, ⟦B⟧^{g}가 함수로서, 그 영역이 ⟦C⟧^{g}를 포함하면,
⟦A⟧^{g} = ⟦B⟧^{g}(⟦C⟧^{g})이다.

② 술어수식규칙(PM: predicate modification rule, Heim & Kratzer 1998: 95)
A가 분지 교점이며, B와 C가 그 딸성분이고 둘 다 <e,t> 타입이면, 모든 치할당 함수 g에 대하여,
⟦A⟧^{g} = λx: x∈D_e. ⟦B⟧^{g}(x) = ⟦C⟧^{g}(x) = 1이다.

③ 술어추상규칙(PA: predicate abstraction rule, (i)은 Heim & Kratzer 1998: 114을 다소 조정한 것, (ii)는 필자가 추가한 것)
(i) A가 분지 교점이며 B_i와 C가 그 딸성분이고, B는 관계대명사나 공범주 연산자 'O'이고, i∈N(N은 자연수)이면, 모든 치할당 함수 g에 대하여,
⟦A⟧^{g} = λx: x∈D_e. ⟦C⟧$^{g^{x/i}}$이다.
(ii) C가 IP 범주로서 그 내부의 흔적의 지표를 계승받은 [$_{IPj}$ … t_j …]의 통사구조이고, j∈N이면, 모든 치할당 함수 g에 대하여,
⟦C⟧^{g} = λx: x∈D_e. ⟦C⟧$^{g\ x/j}$이다.

④ 흔적 및 대명사 규칙(Heim & Kratzer 1998: 111의 규칙을 조금 고침)
A가 흔적/대명사이고, g가 치할당 함수이며, i ∈ dom(g)이면,
⟦A_i⟧$^{g^{x/i}}$ = $g^{x/i}$(i)이다.

⑤ 지표갱신치할당 규칙(assignment modification, Heim & Kratzer 1998: 112)
g가 치할당 함수이며, i∈N(N은 자연수)이고 x∈D_e라고 상정하면, $g^{x/i}$는 다음의 조건들을 만족하는 유일한 치할당 함수이다.
(i) $g^{x/i}$의 영역은 g의 영역과 {i}의 합집합이고,
(ii) $g^{x/i}$(i) = x이고,
(iii) $g^{x/i}$의 영역의 원소인 모든 j에 대해서 j ≠ i일 때, $g^{x/i}$(j) = g(j)이다.

⑥ 비분지 교점 규칙(Heim & Kratzer 1998: 95)
비분지 교점은 한 교점만을 관할하므로 위 교점(A)의 의미 형식은 아래 교점(B)의 의미 형식과 같다. 즉, 모든 치할당 함수 g에 대하여,
⟦A⟧^{g} = ⟦B⟧^{g}이다.

규칙 ①을 적용하는 일은 이미 해 보았다. 위 (14)가 그것이다. 이를 조금 더 자세히 설

명하기로 한다. 간단한 문장 "인호가 뛴다."는 (16가)와 같은 통사구조를 바탕으로 하여, ①의 기초적인 합성 규칙과, ⑥의 보조적 규칙을 적용하여 그 의미 형식을 이끌어낸다.

(16) 가. "인호가 뛴다."의 통사구조:

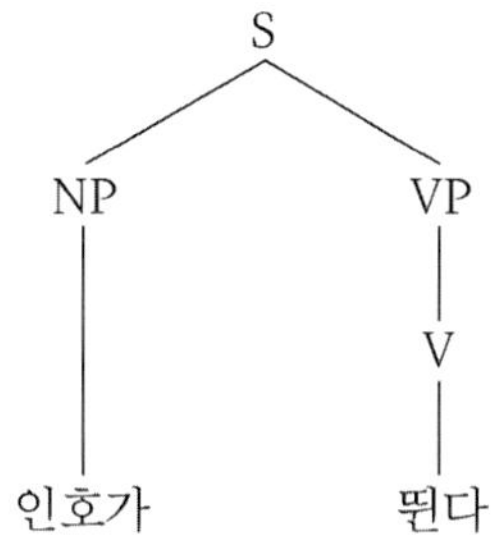

나. ⟦ $[_{NP}$ 인호가$]$ ⟧ : 인호' (어휘적 기술)

⟦ $[_{V}$ 뛴다$]$ ⟧ : λx: x∈D_e. x가 뛴다' = 1 (어휘적 기술)

⟦ $[_{VP}$ $[_{V}$ 뛴다$]$ ⟧ $]$: λx: x∈D_e. x가 뛴다' = 1 (규칙⑥ 적용)

⟦ $[_{NP}$ 인호가$][_{VP}$ $[_{V}$ 뛴다$]]$ ⟧ :

[λx: x∈D_e. x가 뛴다' = 1](인호') (규칙① 적용)

[λx: x∈D_e. x가 뛴다'](인호') = 1 iff

인호'가 뛴다' (람다 전환)

동사 '뛴다'의 의미로 제시한 함수는 간략화한 형식이고 더 엄밀한 형식은 다음과 같다. 즉 '뛴다'의 함수 의미는 x가 뛰는 실제 상황에서만 '[λx: x∈D_e. x가 뛴다']'가 참(1)이 되고, 그렇지 않은 실제 상황에서는 '[λx: x∈D_e. x가 뛴다']'가 거짓(0)이 됨을 주장하는 것이다. 그러니까 그 논항으로 '인호''를 취하는 경우에도 '인호가 뛰는' 상황이 실제 상황인 경우에만 이 함수 값이 참이 된다고 주장하는 것이다. 이러한 배경을 생략하고 앞으로도 의미 형식의 도출 과정을 위와 같이 간략화된 형태로 나타낼 것이다.

(17) ⟦ 뛴다 ⟧ : [λx: x∈D_e. x가 뛴다'] = 1 iff x가 뛴다'
= 0 iff NOT[x가 뛴다']

(16가)는 필자의 이전 연구에서 제시하였던 한국어 통사구조에 대한 관점과 다르다. 핵계층 이론(X-bar theory)을 수용한 통사구조의 예를 보이면 다음과 같다.21) (18가)

문장의 통사구조는 (18나)와 같다. ①-⑥의 규칙들에서 통사 범주를 A, B, C 등으로 나타낸 것은 (16가)와 같은 범주 체계에서나 (18나)와 같은 범주 체계에서나 가리지 않고 적용할 수 있도록 미리 고려한 것이다.

(18) 가. 인호가 책을 책상에 놓았다.

나.

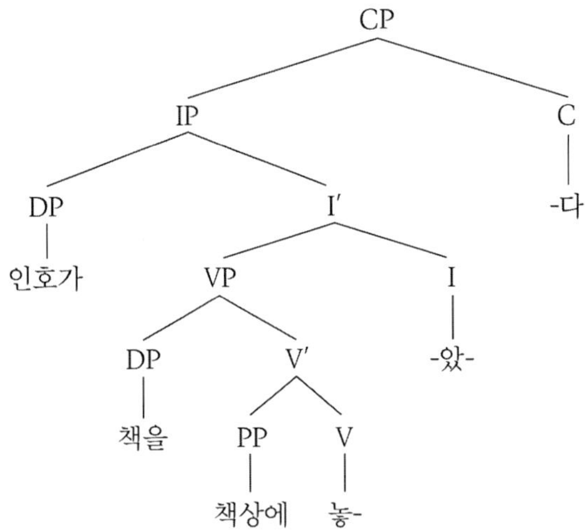

통사구조 (18나)를 바탕으로 그 의미 형식을 도출하는 절차는 다음과 같다.[22)]

(19) "인호가 책을 책상에 놓았다."의 해석 절차:

가. 〚[DP 인호가]〛: (타입 e) 인호' (어휘적 기술)

〚[DP 책을]〛: (타입 e) 책' (어휘적 기술)

〚[DP 책상에]〛: (타입 e) 책상' (어휘적 기술)

나. 〚[V 놓-]〛: (타입 <e,<e,<e,t>>>) λz.λy.λx. x가 y를 z에 놓는다' (어휘적 기술)

〚[V'[DP 책상에][V 놓-]]〛: (타입 <e,<e,t>>) λy.λx. x가 y를 책상'에 놓는다'

〚[VP[DP 책을][V'[DP 책상에][V 놓-]]]〛: (타입 <e,t>) λx. x가 책'을 책상'에 놓는다'

다. 〚[I -았-]〛: (타입 <<e,t>,<e,t>>)

---

21) 한국어 통사구조에 대한 필자의 관점은 양정석(2010)에 집약되어 있다. 제2장에서는 이를 부분적으로 수정한 형태로 한국어 문장들의 통사구조에 관한 전반적 관점을 보일 것이다. (18나)는 양정석(2010) 및 이 책 제2장의 통사구조에 대한 관점에 따른 기술의 예를 보인 것이다. (16)은 Chomsky(1965)에 바탕을 둔, 이른바 '표준이론'이라고 하는 통사론 체계에 따른 구조 기술이다.

22) (19다)의 '-았-'의 의미 정의는 잠정적인 형식이다. 이후에 이 완료상 요소를 더 간단히 '$\lambda p_{<e,t>}$. perf[p].'와 같이 나타내는 경우도 있을 것인데, 이 책의 최종적 정의는 11.3.1절에서 제시된다.

λp: p∈$D_{<e,t>}$. p & 이 사건/상태는 기준 시간까지의 완료 사건/상태를 이룸'

(어휘적 기술)

⟦ [$_{I'}$[$_{VP}$[$_{DP}$ 책을][$_{V'}$[$_{DP}$ 책상에][$_{V}$ 놓-]]][$_{I}$ -았-]] ⟧ :

[λp: p∈$D_{<e,t>}$. p & 이 사건/상태는 기준 시간까지의 완료 사건/상태를 이룸'](λx. x가 책'을 책상'에 놓는다') (FA)

[λx. x가 책'을 책상'에 놓는다' & 이 사건/상태는 기준 시간까지의 완료 사건/상태를 이룸'] (람다 전환)

라. ⟦ [$_{C}$ -다] ⟧ : (타입 <t,t>) λp: p∈D_{t}. p. (어휘적 기술)

[$_{IP}$[$_{DP}$ 인호가][$_{I'}$[$_{VP}$[$_{DP}$ 책을][$_{V'}$[$_{DP}$ 책상에][$_{V}$ 놓-]]][$_{I}$ -았-]]] ⟧ :

[λx. x가 책'을 책상'에 놓는다' & 이 사건/상태는 기준 시간까지의 완료 사건/상태를 이룸'](인호') (FA)

[인호'가 책'을 책상'에 놓는다' & 이 사건/상태는 기준 시간까지의 완료 사건/상태를 이룸'] (람다 전환)

[$_{CP}$[$_{IP}$[$_{DP}$ 인호가][$_{I'}$[$_{VP}$[$_{DP}$ 책을][$_{V'}$[$_{DP}$ 책상에][$_{V}$ 놓-]]][$_{I}$ -았-]]][$_{C}$ -다]] ⟧ :

[λp: p∈D_{t}. p.]([인호'가 책'을 책상'에 놓는다' & 이 사건/상태는 기준 시간까지의 완료 사건/상태를 이룸']) (FA)

[인호'가 책'을 책상'에 놓는다' & 이 사건/상태는 기준 시간까지의 완료 사건/상태를 이룸'] (람다 전환)

(19라)에 주어진 '-다'의 의미 형식은 그 논항과 함수 적용의 결과가 동일한 '동일성 함수(identity function)'로서의 특징을 가진다. (19라)의 마지막에 도출된 의미 형식이 이 점을 보여준다.

위 ①-⑤의 합성 규칙들이 복합적으로 적용되는 예를 보여주는 구문 형식으로 '인호가 책상에 놓은 책'의 의미 해석 과정을 살펴보기로 하자. 이는 관형절이 명사(구)를 수식하는 구조이다. (19다)의 마지막에 도출된 '책상에 책을 놓았-'의 의미를 (20가)와 같이 간략한 형식으로 대체하기로 약속하고, 관형절어미 '-는'의 의미 형식이 종결어미 '-다'와 같은 동일성 함수라고 가정하면 (21)의 합성 절차를 얻을 수 있다.

(20) 가. ⟦ [$_{I'}$[$_{VP}$[$_{DP}$ 책을][$_{V'}$[$_{DP}$ 책상에][$_{V}$ 놓-]]][$_{I}$ -았-]] ⟧ :

[λx. x가 책'을 책상'에 놓는다' & 이 사건/상태는 기준 시간까지의 완료 사건/상태를 이룸']

= [λx. x가 책'을 책상'에 놓았다']

나. ⟦ [$_{C}$ -는] ⟧ : (타입 <t,t>) λp: p∈D_{t}. p. (어휘적 기술)

(21) '인호가 책상에 놓은 책'의 해석 절차:

가. $[\![t_i]\!]^{a^{x/i}} = g^{x/i}(i)$ (④ 흔적 및 대명사 규칙)

나. ⟦ [[$_{IP}$ 인호가 t_i 책상에 놓-았-]-는] ⟧$^{g^{x/i}}$: [인호'가 $g^{x/i}(i)$를 책상'에 놓았다'] (FA)

다. ⟦ [[$_{IP}$ 인호가 t_i 책상에 놓-았-]-는] ⟧$^{g^{x/i}}$: [인호'가 x를 책상'에 놓았다'] (⑤ii)

라. ⟦ [$_{CP}$ O_i [[$_{IP}$ 인호가 t_i 책상에 놓-았-]-는] ⟧$^{a^{x/i}}$:
λx.[인호'가 x를 책상'에 놓았다'] (PA)

마. ⟦ 책 ⟧ : (타입 <e,t>) λx.[x = 책] ((19가)와 다른 어휘적 기술)23)

바. ⟦ [$_{CP}$ O_i [$_{IP}$ 인호가 t_i 책상에 놓-았-]-는][$_{NP}$책] ⟧ :
[λx. 인호'가 x를 책상'에 놓았다' & x = 책] (PM)

위 예시에서는 통사구조의 흔적(t_i)이 ④에 따라 의미 형식 '$g^{x/i}(i)$'를 부여받고, 이것은 다시 ⑤ii에 따라 결속변항(bound variable)인 x로 바뀐다는 것을 알 수 있다.

결속변항 아닌 대명사의 용법으로는 상황맥락에서 언어적, 비언어적으로 도입된 사물을 지시하는 용법과 함께 E-유형 대명사의 용법이 있다. Heim & Kratzer(1998: 239-298)는 대명사가 이 세 가지의 방법으로 해석됨을 보이고 있다.

(22) 가. 결속변항 해석
나. 지시적 해석
다. E-유형 대명사로서의 해석

(22가)뿐만 아니라 (22나, 다)의 해석도 ④의 '흔적 및 대명사 규칙'의 적용을 받는다. (22나, 다)의 경우는 담화 의미의 표상에 주어진 내용을 바탕으로 하여 화용적으로 해석된다. 특히, (22다)는 결속변항으로서의 해석도 아니고, 지시적 해석도 아닌, 대명사 해석의 제삼의 방법이다. 이는 대명사가 마치 한정 명사구(definite NP)처럼 해석되는 것으로, 담화 의미의 표상에 주어진 선행 사건을 그 수식어구로 가지는 한정 명사구의 형식으로 기술된다(Cooper 1979, Heim 1990, Heim & Kratzer 1998: 277-298). 대명사와

---

23) (19가)의 '책을'은 보조사구이나, 여기의 '책'은 관계관형절의 수식을 받는 명사구로서 <e,t>의 타입을 가진다고 가정하였다. 보통명사를 <e,t> 타입의 술어 형식으로 기술하는 것은 표준적 형식의미론의 관행이다. 그러나 제3장에서는 영어와는 달리 한국어의 명사가 기본적으로 e 타입의 종류(kind)이고, 타입 전이 규칙에 따라 <e,t> 타입의 술어로 바뀔 수 있다고 설명한다. 타입 전이 규칙들의 체계는 3.1.2절에서 소개한다. (19가)는 '책'의 기본 타입을 e로 가정한 것이고, 여기에서는 전이된 <e,t> 타입으로 가정한 것이다.

흔적의 해석 방법에 관해서는 제5장에서 자세히 논할 것이다.

결국 FA, PM, PA의 세 가지 주요 규칙이 통사구조의 두 구성성분의 결합에 적용되어 상위 구성성분의 의미를 합성한다는 것을 알 수 있다. 이것이 표준적인 형식의미론에서 합성성 원리를 구현하는 방법이다.

①-⑥의 해석 규칙들 외에도 다음 규칙들이 추가되어야 더욱 완성된 의미 해석 체계가 이루어진다. 위 ④와 ⑤(ii)로 해석되는 흔적은 연산자 흔적, 즉 결속변항이다. 흔적 중에는 이동한 선행사의 내용을 그대로 가져다가 그 흔적의 해석으로 삼는 경우도 있다. DP인 피동문 주어의 흔적(VP의 명시어 위치), CP인 연결어미 절이나 관형절의 흔적이 그한 경우이고, 머리성분 이동의 흔적도 또 다른 논항 흔적의 경우이다. 이들을 위한 규칙이 ⑦의 논항 흔적 의미 해석 규칙이다. 다음으로 ⑧은 재구조화 지표를 가지는 구조에서의 해석 규칙이고, ⑨는 PRO와 허사 공범주('e_{pleo}')를 해석하기 위한 규칙이다. 이들의 필요성은 제2장과 제3장, 제6장의 논의를 통하여 차차 드러날 것이다.

⑦ 논항 흔적 의미 해석 규칙

(i) 논항 흔적 't_i'의 해석:

통사구조의 성분 A가 이동변형의 동지표 i를 가지는 흔적 't_i'이고, 동지표 'i'를 가지는 상위 성분이 B_i이면, 모든 치할당 함수 g에 대하여,

$[\![A]\!]^g = [\![B_i]\!]^g$이다.

(ii) 이동변형의 선행사를 가지는 구조의 의미 계승:

A가 분지교점이고 {B, C}가 그 딸성분들의 집합인 경우, B가 이동변형의 동지표 'i'를 가지는 상위 성분이면, 모든 치할당 함수 g에 대하여,

$[\![A]\!]^g = [\![C]\!]^g$이다.

⑧ 재구조화 지표를 가지는 구조의 의미 합성

(i) 재구조화 원리의 적용에 따라 최상위구 머리성분이 갖게 된 의미구조를 최하위구 머리성분이 물려받는다.

(ii) A가 분지교점이고 {B, C}가 그 딸성분들의 집합인 경우, B가 재구조화 지표 'i'를 가지는, 최하위구 아닌 상위구의 머리성분이면, 모든 치할당 함수 g에 대하여,

$[\![A]\!]^g = [\![C]\!]^g$이다.

⑨ 무위적 공범주 주어를 가지는 구조의 의미 계승:

A가 분지 교점이고 {B, C}가 그 딸성분들의 집합인 경우, B가 PRO 또는 허사 공 범주 e_{pleo}

이면, 모든 치할당 함수 g에 대하여,
$[\![A]\!]^g = [\![C]\!]^g$이다.

양화사의 합성적 기술

프레게(Frege 1879)가 '양화·술어논리 체계'를 창안하였는데 그 중요한 의의 중 하나는 이전의 아리스토텔레스 논리 체계와 질적으로 다른 양화논리 체계를 수립하였다는 점이다. 아리스토텔레스 논리학에서도 양화 현상이 다루어졌지만 그것은 양화사가 주어 위치에 놓이는 문장에 국한된 것이었다. 양화사가 목적어나 그 외의 필수성분으로 표현되는 문장은 전혀 분석의 대상이 되지 못하였다. 프레게에 이르러 비로소 이것이 가능해졌다. 프레게의 체계에서는 주어가 다른 필수성분과 다름없는 일개 논항 위치에 놓이는 것으로 가정되므로, 목적어에 대한 양화의 형식 (23나)'를 분석하는 일은 주어에 대한 양화의 형식 (23가)'를 분석하는 일과 전혀 차이를 갖지 않는 것이다.

(23) 가. 모두가 인호를 믿는다.
　　나. 인호가 모두를 믿는다.
(23)' 가. ∀x[믿는다'(x, 인호')]
　　나. ∀x[믿는다'(인호', x)]

그러나 (23나)의 통사적 형식으로부터 (23나)'의 의미 형식을 이끌어내는 일은 새로운 난문제로 제기된다. 합성성 원리를 준수해야 한다는 점이 대전제로 주어지기 때문이다.

이 문제에 대한 대표적인 해결 방안은 몬태규(Montague 1974)의 방안으로, 초기 생성 통사론의 한 이론인 생성의미론에서 상정하던 기저구조와 유사한 통사구조를 가정하고, 그 목적어 위치에 추상적 대명사('he_0')를 설치하여, 통사적 과정에서 절의 앞머리에 양화사를 가지는 통사구조를 산출함으로써 이것이 양화사 의미 형식과 대응되도록 처리하는 것이다. 절 앞머리의 양화사가 결속변항인 절 내부의 한 대명사에 대하여 작용을 가하는 특성에 주의하여 이러한 절차를 '내부 양화(quantifying-in)'라고 지칭한다.

(24) $[_S$ 인호가 $[_{VP}$ he_0 믿는다$]]$
　　⇒ $[_S$ 모두$[_S$ 인호가 $[_{VP}$ he_0 믿는다$]]]$
　　⇒ ∀x[믿는다'(인호', x)]

본격적인 생성문법의 방안은 메이(May 1977, 1985)에 의해 주어졌는데, 결국 위 방안과 그 발상이 크게 다르지 않은 것이다. 이로부터 원리매개변인 이론의 양화사 LF-이동 접근 방안이 출범하였다. (24)와 유사한 방식으로 도식화하여 나타내면 다음과 같다.

(25) [$_{S}$ 인호가 [$_{VP}$ 모두를 믿는다]] : 통사구조(S-구조)
⇒(α-이동) [$_{S}$ 모두를$_{i}$ [$_{S}$ 인호가 [$_{VP}$ t_i 믿는다]]] : 통사구조(LF)
⇒ $\forall x$[믿는다'(인호', x)] : 의미 표상

이 책의 '가변 타입 접근' 방안은 이들과 달리 통사구조에 대한 조작 절차를 가정하지 않고, 표면구조와 가까운 통사구조, 즉 S-구조를 이용하여 그 의미 표상을 이끌어낸다. 의미론적 해석 과정에서 사용하는 규칙들은 어느 접근에서나 활용하는 유형의 규칙들인데, 특히 '타입 전이 규칙'이 주요한 역할을 한다.[24] 역시 도식화하여 보이면 다음과 같다.

(26) [$_{S}$ 인호가 [$_{VP}$ 모두를 믿는다]] : 통사구조(S-구조)
⇒(타입 전이 규칙, FA) $\forall x$[믿는다'(인호', x)] : 의미 표상

(25)와 비교해 보면, 표면적인 통사구조에 직접 의미 해석 규칙들을 적용하여 의미 표상을 이끌어내는 것을 알 수 있다. 타입 전이 규칙은 '모두'의 타입을 양화사의 기본 타입 '<<e,t>,t>'로부터 '<<e,<e,t>>,<e,t>>'로 바꾼다. 후자는 타입 '<e,<e,t>>'의 타동사의 의미 형식을 취하여 '<e,t>' 타입의 VP의 의미 형식을 만드는 것이다. 두 경우의 '모두'의 의미 정의를 보이면 다음과 같다.

(27) 가. 주어 위치의 '모두': $[\lambda f_{<e,t>}. \forall x[f(x)] = 1]$
나. 목적어 위치의 '모두': $[\lambda f_{<e,<e,t>>}. \lambda x_e. \forall y[f(x, y)] = 1]$

'모두'를 비롯한 양화사가 주어, 목적어 위치 이외의 위치에 실현되는 경우는 한정되어 있다. 이 점은 필자가 한국어의 기본적 통사구조를 전체적으로 조사해 봄으로써 확인한 결과이다.[25]

한국어 단순문의 기본적 통사구조는 다음과 같다.[26] 이 구조에서 보조사구 또는 후치

24) 타입 전이 규칙을 이용한 양화사 명사항의 분석이 제4장, 특히 4.2절의 주요 작업이다.
25) 제2장에서는 한국어 문장의 모든 통사구조 실현 가능성을 확인하게 되는데, 양화사 명사항의 실현 위치에 대한 점검도 이러한 작업의 주요 요점이 된다.

사구(이들을 '명사항'이라고 지칭한다)가 위치하는 모든 자리를 표시해 보면 다음과 같다.[27] Ⓑ는 주어 위치이고 Ⓔ는 목적어 위치이다. Ⓖ는 보충어인 DP 또는 PP이다. Ⓒ와 Ⓕ는 각각 주어의 이차 서술어로서의 DP, 목적어의 이차 서술어로서의 DP이다. Ⓓ는 보충어가 VP의 부가어 위치로 이동한 것이다.

(28)

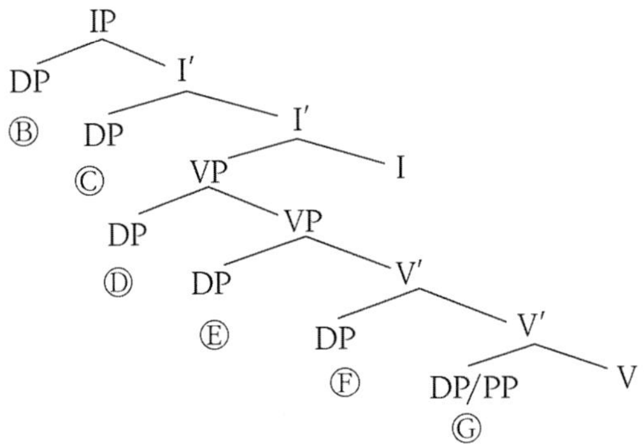

이 6개의 위치는 '모두, 일부'와 같은 양화사가 위치할 수 있는 기본 통사적 위치의 모두라고 할 수 있다.

(29) 가. 모두가 뛴다.
나. 인호가 모두를 믿는다.
다. 인호가 철수를 모두에게 소개한다.
라. 학생이 모두가 뛴다.
마. 김 교수가 학생을 모두를 만난다.
바. 김 교수가 모두를 선물을 주었다.

제4장의 양화사 의미 기술 작업은 한국어의 모든 종류의 양화사가 이 6가지 위치에서 해석을 받을 수 있는지, 그 구체적인 해석의 방법은 무엇인지를 점검하는 일이다. 그 방법은 Ⓑ의 주어 위치의 해석을 기본으로 하고 다른 위치의 해석은 타입 전이 규칙을 통해서 얻는 것이다. (30)은 '모두'와 '일부'의 기본적 의미 정의로서, 이들 양화사가 주어 위치(즉, Ⓑ)에 놓이는 경우의 정의이다. (29나-바)의 서로 다른 위치의 '모두'는 다음

---

26) 이는 양정석(2010)의 관점에 따른 통사구조이고, 제2장의 한국어 통사구조 개관의 핵심이라고 할 수 있다.
27) 한국어에서 명사구(NP)가 주어나 목적어 등의 논항 위치에 실현될 수 없다고 가정한다. 보조사를 갖지 않고 논항 위치에 실현되는 것처럼 보이는 예는 무형의 보조사('∅')가 실현된 것이다.

(31)의 타입 전이 규칙에 의해 그 통사적 위치에 따른 해석을 받는다는 것이 가변 타입 접근의 요점이다.[28]

(30) 가. 모두^1: (타입 <<e,t>,t>) $[\lambda f_{<e,t>}. \forall x[x\text{는 사람/사물이다} \rightarrow f(x)] = 1]$

나. 일부^1: (타입 <<e,t>,t>) $[\lambda f_{<e,t>}. \exists x[x\text{는 사람/사물이다} \ \& \ f(x)] = 1]$

(31) 양화사 '모두'의 타입 전이 규칙

'모두'는 기본 타입 <et,t>로 '$[\lambda f_{et}. \forall x[x\text{는 사람/사물이다} \rightarrow f(x)] = 1]$'의 해석을 가지며, 다음의 전이된 해석을 가질 수 있다.

<eet,et>: $\lambda f_{eet}. \lambda x_e. \forall y[y\text{는 사람/사물이다} \rightarrow f(y)(x)] = 1$

<eeet,eet>: $[\lambda f_{eeet}. \lambda y_e. \lambda x_e. [\forall v[v\text{는 사람/사물이다} \rightarrow f(v)(y)(x)] = 1]$

<et,<et,t>>: $[\lambda f_{et}. \lambda g_{et}. \forall x[g(x) \rightarrow f(x)] = 1]$

<eet,<et,et>>: $[\lambda f_{eet}. \lambda g_{et}. \lambda x_e. \forall y[g(y) \rightarrow f(y)(x)] = 1]$

<eet,et>: $[\lambda f_{eet}. \lambda x_e. \forall y[y\text{는 사람/사물이다} \rightarrow f(y)(x)] = 1]$

그 통사적 위치에 따른 '모두'의 6가지 해석은 (30가)의 기본 의미 정의와 (31)의 타입 전이 규칙을 통하여 모두 얻어낼 수 있다.

양화 관형명사의 합성적 기술

'모두' 외의 모든 양화사 명사구들도, 그 기본 타입의 의미 형식 하나만을 기술하고, 여타의 통사적 위치에 놓이는 경우를 위와 같은 타입 전이 규칙을 통해 설명할 수 있다. 나아가 '모든' 등의 양화 관형명사도 같은 방법으로 완전한 해석을 얻을 수 있다.[29]

다음은 '모든'이 실현되는 상이한 통사적 위치들을 예시한 것이다.

(32) 가. 모든 학생이 뛴다.

나. 인호가 모든 학생을 믿는다.

다. 인호가 철수를 모든 학생에게 소개한다.

라. 김 교수가 모든 학생을 선물을 주었다.

---

28) 형식의미론 연구의 관행을 따라, (31) 이후로 <e,t>는 et로, <e,<e,t>>와 <e,<e,<e,t>>>는 각각 eet와 eeet로 간략히 표시한다.

29) 명사 수식어로 쓰이는 '모든, 일부, 어떤'을 '양화 관형명사'라고 지칭한다. 제2장에서 제시하는 필자의 통사 체계에서는 이들의 통사 범주는 명사이다. 관형어 위치 외의 위치에 나타나는 '모두, 일부'들도 통사 범주는 명사인데, 양화사 명사 '모두'와 양화 관형명사 '모든'은 그 통사 자질의 차이에 의해 구별되는, 서로 다른 단어라고 본다. 양정석(2010)에서는 '모두'와 '모든'이 통사 자질의 차이도 갖지 않는 하나의 명사라고 규정한 바 있는데, 이 점을 수정한다.

(33) 가. ??학생이 모든 학생이 뛴다.
나. ??김 교수가 학생을 모든 학생을 만난다.

(33)은 이중주어문과 이중목적어문의 '비분리 명사구' 위치인 (28)의 ⓒ와 Ⓕ에 양화 관형명사의 실현이 제약된다는 점을 보인다. 이에 따라 주어 위치(Ⓑ)의 '모든'의 의미 정의 (34가)와 함께, (31)보다 간결한 (35)의 타입 전이 규칙을 가지고 '모든'의 모든 통사적 위치에서의 의미 해석을 얻을 수 있다.

(34) ⟦모든[1]⟧ = $[\lambda f_{et}.\ \lambda g_{et}.\ \forall x[f(x) \rightarrow g(x)] = 1]$

(35) 양화 관형명사 '모든'의 타입 전이 규칙
'모든'은 기본 타입 $<et,<et,t>>$로 '$[\lambda f_{et}.\ \lambda g_{et}.\ \forall x[f(x) \rightarrow g(x)] = 1]$'의 해석을 가지며, 다음의 전이된 해석을 가질 수 있다.
$<et,<eet,et>>$: $[\lambda f_{et}.\ \lambda g_{eet}.\ \lambda x_e.\ [\forall y[f(y) \rightarrow g(y)(x)] = 1]$
$<et,<eeet,eet>>$: $[\lambda f_{et}.\ \lambda g_{eeet}.\ \lambda x_e.\ \lambda y_e.\ [\forall z[f(z) \rightarrow g(z)(x)(y)] = 1]$
$<et,<eet,et>>$: $[\lambda g_{et}.\ \lambda f_{eet}.\ \lambda x_e.\ \forall y[g(y) \rightarrow f(y)(x)] = 1]$

이상은 양화사 명사구의 진리조건적 의미 기술이 기본 타입의 의미 형식 하나만을 기술하고, 여타의 통사적 위치에 놓이는 양화사 명사구의 의미는 타입 전이 규칙에 따라 체계적으로 주어지는 것으로 기술할 수 있음을 보여준다. '모두'는 모두 6개의 의미 형식으로 실현된다. '모든'은 이중주어문, 이중목적어문의 특정 위치에서는 쓰이지 않으므로 4개의 의미 형식만이 실현된다.

의문사의 합성적 기술

한국어의 의문사들은 의문사로서의 용법('의문사 용법') 외에 의문문과 관계 없는 일반 양화사로서의 용법('불확정 용법')으로도 쓰인다. 후자의 용법으로 사용될 때에는 앞에서 설명한 양화사, 특히 존재 양화사 '일부'와 다름이 없는 것이다. 의문 관형명사인 '무슨', '어떤'도 두 용법을 가지는 것이 확인된다. 다음 예는 의문사와 의문 관형명사들이 평서문에서는 불확정 용법으로만 쓰이지만 의문문에서는 의문사 용법과 불확정 용법의 두 가지 용법으로 쓰일 수 있다는 점을 보여준다.

(36) 가. 누가 왔다.
나. 누가 왔니?

(37) 가. 무엇이 배달됐다.
　　나. 무엇이 배달됐니?
(38) 가. 무슨 책이 배달됐다.
　　나. 무슨 책이 배달됐니?
(39) 가. 어떤 책이 배달됐다.
　　나. 어떤 책이 배달됐니?

카투넨(Karttunen 1977) 이후로 영어 의문사 'who', 'what'의 형식의미론적 기술은 이들을 존재 양화사의 형식으로 나타내는 것이 관행으로 자리 잡았다. 이 책에서도 한국어의 의문사를 존재 양화사로 기술하고자 한다. 다만 '누구'를 두 개의 동음이의어로 나누고, 의문사 용법의 의문사에는 어휘기재항에 의문사 자질 [+wh]을 덧붙임으로써 이 자질이 없는 그 외의 '불확정 용법'과 구별한다.

(36)의 의문사 '누구', (39)의 의문 관형명사 '어떤'을 대표로 들어 그 어휘기재항의 내용과 타입 전이 규칙을 보이기로 한다. 먼저 '누구'는 (40)의 두 개의 어휘기재항과 (41)의 타입 전이 규칙을 통하여 그 다양한 의미가 해석된다.

(40) 가. 누구$_{[+wh]}^{1}$: (타입 <et,t>) [[λf_{et}. ∃x[x는 사람이다 & f(x)] = 1], 단 현실 세계 w*에서 ∃x[x는 사람이다]]
　　나. 누구^{2}: (타입 <et,t>) [λf_{et}. ∃x[x는 사람이다 & f(x)] = 1]
(41) 가. 의문사 용법의 '누구'의 타입 전이 규칙
　　'누구$_{[+wh]}^{1}$'은 기본 타입 <et,t>로 [[λf_{et}. ∃x[x는 사람이다 & f(x)] = 1], 단 현실 세계 w*에서 ∃x[x는 사람이다]]의 해석을 가지며, 다음의 전이된 해석을 가질 수 있다.
　　<<e,et>,et> [$\lambda f_{<e,et>}$. λx_{e}. ∃y[y는 사람이다 & f(y)(x)] = 1], 단 현실 세계 w*에서 ∃y[y는 사람이다]
　　<<e,<e,et>>,<e,et>> [λf_{eeet}. λy_{e}. λx_{e}. [∃z[z는 사람이다 & f(z)(y)(x)] =1], 단 현실 세계 w*에서 ∃z[z는 사람이다]
　　<<e,et>,et> [λf_{eet}. λx_{e}. ∃y[y는 사람이다 & f(y)(x)] = 1], 단 현실 세계 w*에서 ∃y[y는 사람이다]
　　나. 불확정 용법의 '누구'의 타입 전이 규칙
　　'누구^{2}'는 기본 타입 <et,t>로 [[λf_{et}. ∃x[x는 사람이다 & f(x)] = 1]의 해석 을 가지며, 다음의 전이된 해석을 가질 수 있다.
　　<<e,et>,et> [$\lambda f_{<e,et>}$. λx_{e}. ∃y[y는 사람이다 & f(y)(x)] = 1]
　　<<e,<e,et>>,<e,et>> [λf_{eeet}. λy_{e}. λx_{e}. ∃z[z는 사람이다 & f(z)(y)(x)] =1]

$<<e,et>,et>$ $[\lambda f_{eet}.\ \lambda x_e.\ \exists y[$y는 사람이다 $\&\ f(y)(x)] = 1]$

다음으로 의문 관형명사 '어떤'은 (42)의 두 개의 어휘기재항과 (43)의 타입 전이 규칙을 통하여 그 다양한 의미가 해석된다.

(42) 가. 어떤$_{[+wh]}{}^1$: (타입 $<et,<et,t>>$) $[[\lambda f_{et}.\ \lambda g_{et}.\ \exists x[f(x)\ \&\ g(x)] = 1]$, 단 현실 세계 w*에서 $\exists x[$x는 사람/사물이다$]]$

나. 어떤^2: (타입 $<et,<et,t>>$) $[\lambda f_{et}.\ \lambda g_{et}.\ \exists x[f(x)\ \&\ g(x)] = 1]$

(43) 가. 의문사 용법의 의문 관형명사 '어떤'의 타입 전이 규칙:

'어떤$_{[+wh]}{}^1$'은 기본 타입 $<et,<et,t>>$로 $[[\lambda f_{et}.\ \lambda g_{et}.\ \exists x[f(x)\ \&\ g(x)] = 1]$, 단 현실 세계 w*에서 $\exists x[$x는 사람/사물이다$]]$의 해석을 가지며, 다음의 전이된 해석을 가질 수 있다.

$<et,<eet,et>>$ $[\lambda f_{et}.\ \lambda g_{eet}.\ \lambda x_e.\ \exists y[\lambda f(y)\ \&\ g(y)(x)] = 1]$, 단 현실 세계 w*에서 $\exists y[$y는 사람/사물이다$]$

$<et,<eeet,eet>>$ $[\lambda f_{et}.\ \lambda g_{eeet}.\ \lambda y_e.\ \lambda x_e.\ [\exists z[f(z)\ \&\ g(z)(y)(x)] = 1]$, 단 현실 세계 w*에서 $\exists z[$z는 사람/사물이다$]$

$<et,<eet,et>>$ $[\lambda f_{et}.\ \lambda g_{eet}.\ \lambda x_e.\ \exists y[f(y)\ \&\ g(y)(x)] = 1]$, 단 현실 세계 w*에서 $\exists y[$y는 사람/사물이다$]$

나. 불확정 용법의 의문 관형명사 '어떤'의 타입 전이 규칙:

'어떤^2'은 기본 타입 $<et,<et,t>>$로 $[[\lambda f_{et}.\ \lambda g_{et}.\ \exists x[f(x)\ \&\ g(x)] = 1]$의 해석을 가지며, 다음의 전이된 해석을 가질 수 있다.

$<et,<eet,et>>$ $[\lambda f_{et}.\ \lambda g_{eet}.\ \lambda x_e.\ \exists y[\lambda f(y)\ \&\ g(y)(x)] = 1]$

$<et,<eeet,eet>>$ $[\lambda f_{et}.\ \lambda g_{eeet}.\ \lambda y_e.\ \lambda x_e.\ [\exists z[f(z)\ \&\ g(z)(y)(x)] = 1]$

$<et,<eet,et>>$ $[\lambda f_{et}.\ \lambda g_{eet}.\ \lambda x_e.\ \exists y[f(y)\ \&\ g(y)(x)] = 1]$

양화사와 양화 관형명사, 의문사와 의문 관형명사에 대한 이상의 개관은 프레게의 양화·술어논리 체계에 제기되는 통사의미론적 합성의 문제에 대하여 내부 양화 방안이나 LF-이동 접근 방안에 대립되는 가변 타입 접근 방안이 일관되고 체계적인 처리 방법을 제공한다는 것을 보여준다. 양화사의 처리에 관한 더 구체적인 문제들은 제4장에서, 의문사의 처리에 관한 더 구체적인 문제들은 제9장에서 그 해결 방안들을 제시할 것이다.

전제

위 (12), (13)의 함수 형식에서 '$x \in D_e$'와 같은 것은 함수의 영역(domain)에 대한 조건을 표시한 것으로서, 그 적용될 영역의 타입만을 한정한 것이다. 이 영역의 부분집합에 대한 한정을 더하는 함수의 형식을 '부분함수(partial function)'라고 한다.[30)] Heim & Kratzer(1998)에서는 ':' 이후의 영역 조건에 대한 한정의 표현을 전제(presupposition)를 기술하는 데에 활용한다. 부분함수로 기술된 전제의 예를 가장 분명히 보여주는 예는 영어의 관사 'the'의 기술이다. 'the'에 대한 다음의 정의는 영역 조건에 맥락 C를 도입함으로써 화용적 전제의 의미를 기술하고 있다. 이는 'the'를 가지는 영어의 한정 명사구(definite noun phrase)의 의미 해석에는 항시 그 맥락이 고려되어야 함을 나타내고 있다.[31)]

(44) $[\![\text{the}]\!] = \lambda f\text{: } f \in D_{<e,t>}$이며 $f(x) = 1$을 만족하는 $x \in C$인 x가 하나만 존재할 것.
$\iota y \in C[f(y)=1]$. 단, C는 맥락상 현저한 D의 한 부분집합임.

이는 'the'의 타입을 <<e,t>,e>로 설정한다는 것을 보여준다. 'the'는 그 보충어인 <e,t> 타입의 명사구(NP)를 취하여 e 타입의 구(DP)의 의미를 내어놓는 것으로 기술되고 있다. 이에 따르면 영어의 한정 명사구는 e 타입이다.

(44)는 영어의 정관사 'the'가 전제 의미를 가진다는 것을 보여준다. 이러한 의미 형식은 전제와 발화 맥락과 단언 의미의 관계, 그리고 담화 의미 표상과 관련한 중요한 쟁점을 끌어들인다. 이 책의 논의와 관련되는 한도 내에서 몇 가지 기초적인 개념 정리를 시도하고자 한다.

표준적 형식의미론의 전제 개념은 Stalnaker(1978, 2002)의 공유배경(common ground) 개념에 기반을 두고 있다. 이에 따르면 공유배경은 대화의 현장에서 화자와 청자가 공통적으로 받아들이는 명제들의 집합이다. 전제는 공유배경이 함의하는 명제라고 정의된다. Kamp(1981), Kamp & Reyle(1993), Heim(1982) 이래의 담화 표상 이론들

---

30) 즉, 부분함수는 A의 부분집합으로부터 B로 가는 함수이다. A로부터 B로 가는 보통의 함수는 '전체함수(total function)'라고 한다.

31) 이는 Heim & Kratzer(1998)의 다음 정의들을 바탕으로 하여 서술한 것이다. 여기에서 'ι'(이오타)는 유일성(unique)만을 나타내는 연산자로 쓰였는데, 유일성(unique)과 한정성(definite)을 아울러서 간략히 나타내기 위해 이 연산자를 사용하기도 한다.
$[\![\text{the}]\!] = \lambda f\text{: } f \in D_{<e,t>}$ and there is exactly one $x \in C$ such that $f(x)=1$. the unique $y \in C$ such that $f(y)=1$, where C is a contextually salient subset of D. (81쪽)
$[\![\text{the}]\!] = \lambda f\text{: } f \in D_{<e,t>}$ & $\exists! x[f(x)=1]$. $\iota y[f(y)=1]$. (85쪽)

에서도 이러한 공유배경을 가정한 담화의 표상을 기술해 왔다.

언어 의미의 해석 과정에는 어휘적 의미나 정규적 의미 합성의 절차에 의하여 해석되지 않는 의미 현상도 존재한다. Lewis(1979b)의 전제보충(accommodation)은 어휘적, 문법적으로 주어지는 전제 의미 실현의 요구가 지켜지지 않을 경우 담화·화용적 작용으로 전제 의미가 보충되는 절차이다. 이 역시 공유배경의 개념에 기반한 해석 절차이다. 제12장에서는 맥락과 공유배경을 중심으로 담화·화용적 정보가 기록되는 담화 표상을 바탕으로 이러한 의미 현상들을 해석하는 예를 보이고자 한다.

표준적 형식의미론에서 전제 의미를 형식화하는 방법으로 두 가지가 있다. 첫째는 (44)에서 보인 것처럼 함수의 영역 조건(domain condition)으로 표시하는 방법이다. 둘째는 정의 성립 조건(definedness condition)으로 표시하는 방법이다.[32] 첫째 방법은 (44)에서처럼, 'f∈$D_{<e,t>}$이며 f(x) = 1을 만족하는 x∈C인 x가 하나만 존재할 것' 부분을 변수 'f'에 대한 한정 조건으로 표시하는 방법이다. 이에 비하여 둘째 방법은 (45)처럼, 'f∈$D_{<e,t>}$이며 f(x) = 1을 만족하는 x∈C인 x가 하나만 존재할 것' 부분을 전체 단언 내용에 덧붙여서 표시한다.

(44)′ ⟦the⟧ = λf: f∈$D_{<e,t>}$이며 f(x) = 1을 만족하는 x∈C인 x가 하나만 존재할 것. ιy∈C[f(y)=1].

(45) ⟦the⟧ = λf. ιy∈C[f(y)=1], 단 f∈$D_{<e,t>}$이며 f(x) = 1을 만족하는 x∈C인 x가 하나만 존재할 것.

두 가지 방법 모두 함수가 적용될 대상인 집합(영역 domain)의 부분집합을 적용 대상으로 한정하는 방법으로서, 이 두 가지 방법으로 표시되는 함수는 부분함수(partial function)가 된다. 이 책에서는 편의에 따라 두 가지 방법을 혼용할 것이다.

1.3.2. 가능세계 변수에 대한 양화로서의 양상 개념 구현: 내포의미론

합성성 원리를 한국어의 모든 구문들에서 구현하는 것이 형식의미론적 연구의 추구점이라는 것은 이해하기 어렵지 않다. 앞 절에서 제시한 규칙들이 포괄하는 구문 현상들에는 한계가 주어진다. 앞 절의 규칙들은 지시적, 진리조건적 의미론의 규칙들이다. 언어 표현은 어떤 지시체를 그 의미로 가지는데, 언어 표현의 하나로서의 문장은 진리치(참

32) 전제를 정의 성립 조건으로 표시하는 예는 이 책의 여러 곳에서 찾을 수 있을 것이다. 제6장의 '-겠-'의 의미, 제10장의 양보 연결어미들의 의미를 기술하는 데에 이 방법을 활용한다.

또는 거짓)를 그 의미, 즉 외연의미(extension)로 가진다고 하는 기본 관점 위에서 위 규칙들은 설정되어 있다. "비가 온다."라는 표현은 현실의 상황을 참조함으로써(우리가 실내에 있다면 창문을 열어 본다든지 함으로써) 이 표현이 참인지, 또는 거짓인지를 쉽게 결정할 수 있다. 그러나 다음 표현들은 다르다.

(46) 뉴욕에는 지금 비가 올 것이다.
(47) 인호는 지금 뉴욕에 비가 온다고 생각한다.

추정의 양상 표현인 (46), 명제태도 동사 구문 (47)은 '내포의미(intension)'의 표현으로 널리 알려져 있다. 이 두 문장은 화자의 추정, 생각 속의 '비가 온다'는 상황을 표현하고 있다. 지시적 의미론, 진리조건적 의미론의 관점에서 이들의 의미를 나타내는 방법은, (46)의 경우, 화자의 추정에 의하여 주어지는 세계들을 고려하고, 이들 중 일부의 세계에서 비가 오는 경우 이 문장은 참이 된다고 결정하는 것이다. (47)의 경우에는 주어인 '인호'의 생각에 의하여 주어지는 세계들 모두에서 비가 오는 것이 이 문장이 참이 되는 조건이라고 설명한다. 추정에 의하여 주어지는 세계들, 생각에 의하여 주어지는 세계들을 '가능세계(possible worlds)'라고 한다. 이러한 가능세계들을 w, w'과 같은 변수로 나타내고, 이 가능세계 변수들에 대한 존재 양화(∃) 또는 보편 양화(∀)로 (46), (47) 문장들의 양상 의미를 형식화할 수 있다. 이는 개략적인 형식이고, 제6장에서 정교한 형식으로 나타낼 것이다.

(46)′ ∃w′ ∈ [현실 세계 w에서의 화자의 인식에 의해 산출되는 세계들의 집합]
[세계 w′에서, 뉴욕에는 지금 비가 온다]
(47)′ ∀w′ ∈ [현실 세계 w에서 주어인 '인호'의 생각에 의해 산출되는 세계들의 집합]
[세계 w′에서, 지금 뉴욕에 비가 온다]

(46)′은 현실 세계 w의 기준에서, 화자의 인식에 의해 산출되는 세계들의 집합의 원소들인 가능세계 w′에 대해 존재 양화(∃) 작용이 가해지는 것을 나타내고 있다. (47)′은 현실 세계 w의 기준에서, (47) 문장의 주어 '인호'의 생각 속에서, 생각의 작용에 의해 산출되는 세계들의 집합의 원소들인 가능세계 w′에 대해 보편 양화(∀) 작용이 가해지는 것을 나타내고 있다.

이 책에서는 양상의 개념을 '-을 것이-'와 같은 전형적인 양상 요소들이 표현하는 좁은 의미의 양상과 아울러, '생각하-'와 같은 명제태도 동사가 표현하는 의미를 포괄하는 넓은 의미로 사용한다. 양상은 (46)′, (47)′에서 보는 것처럼, 가능세계 변수들에 대한 양화로 일관되게 형식화할 수 있다. 제6장에서는 이러한 양상 의미를 종래 한국어 연구에서의 다양한 양상 개념과 비교하여 그 필요성을 논하고, 이 개념에 바탕을 둔 구체적인 양상 구문의 의미 분석을 실행할 것이다.

양상 개념을 도입하면, 문장의 지시적 의미가 참, 거짓의 진리치라는 일반화를 가능세계로부터 진리치로의 함수('명제')라고 수정해야 한다. 전자는 문장 의미의 외연적 정의이며 후자는 내포적 정의이다. "뉴욕에는 지금 비가 온다."와 같은 평서문의 외연적 의미 형식을 (48가)와 같이 나타낼 경우, 그 내포적 의미 형식은 (48나)와 같다. 가능세계 w를 람다 연산자 λ로 묶은 이 의미 형식은 가능세계의 함수, 즉 명제의 표현이다.

(48) 가. [뉴욕에는 지금 비가 온다]
나. λw. [세계 w에서, 뉴욕에는 지금 비가 온다]

'가능세계 변수에 대한 양화'라는 양상의 정의는 합성성 원리를 준수하는 문법 기술이라는 궁극의 목적을 추구하는 데에 적합하다. 앞에서는 외연적 의미의 기술 방법을 소개하였는데, 그것으로는 표준적 형식의미론의 연구들에서 실제로 제시하는 형식화 방법들을 온전히 보여주지 못한다. 언어 단위들의 의미를 온전히 나타내기 위해서는 내포적 의미를 형식화할 수 있어야 한다.

문장의 내포적 의미는 명제

내포적 의미, 즉 내포의미(intension)의 기술에서도 역시 문장의 내포의미를 무엇으로 형식화할 것인지에 관한 가정이 기본적이다. 문장의 내포의미는 이 문장이 참으로 성립되는, 그러한 가능세계들을 모아놓는다고 할 때, 그 가능세계들의 집합이다. 이 집합은 함수로 나타낼 수도 있는데, 이 함수는 가능세계를 변수로 가지는 함수이다. 이를 '명제'라고 한다. 즉 문장의 내포의미인 '명제'는 가능세계로부터 진리치로 가는 함수이다. 이 함수의 한 변수에 특정 세계(대표적인 예로, '현실 세계')를 대입하면, 그 함수 연산의 결과는 참 또는 거짓의 진리치가 된다. 이를 다음과 같이 정리하기로 한다.

- 어떤 문장이 표현하는 명제는 그 문장이 그 세계에서 참이 되는 가능세계들의 집합, 즉 집합 {w: 문장 S가 가능세계 w에서 참이다}로 정의된다. 명제의 타입은 <s,t>로 상정된다.

문장을 이루는 주요 구성성분으로서의 동사의 내포의미를 생각해 보기로 하자. 앞에서 제시한 동사들의 외연적 의미 형식과 함께 그 내포적 의미 형식을 제시하면 다음과 같다.

(49) 1자리 동사의 의미: '졸다'
　　가. 외연의미: 타입 <e,t>, ⟦ 졸- ⟧ = [λx: x∈D_e. x가 존다]
　　나. 내포의미: 타입 <s,<e,t>>, ⟦ 졸- ⟧^{w} = [λw.λx: x∈D_e. 세계 w에서 x가 존다]
(50) 2자리 동사의 의미: '사랑하다'
　　가. 외연의미: 타입 <e,<e,t>> , ⟦ 사랑하- ⟧ = [λx: x∈D_e. λy: y∈D_e. y가 x를 사랑한다]
　　나. 내포의미: 타입 <s,<e,<e,t>>>, ⟦ 사랑하- ⟧^{w} = [λw. λx: x∈D_e. λy: y∈D_e. 세계 w에서 y가 x를 사랑한다]
(51) 3자리 동사의 의미: '놓다'
　　가. 외연의미: 타입 <e,<e,t>> , ⟦ 놓- ⟧ = [λx: x∈D_e. λy: y∈D_e. λz: z∈D_e. z가 y를 x에 놓는다]
　　나. 내포의미: 타입 <s,<e,<e,t>>>, ⟦ 놓- ⟧^{w} = [λw. λx: x∈D_e. λy: y∈D_e. λz: z∈D_e. 세계 w에서 z가 y를 x에 놓는다]

가능세계 변수의 개념이 도입된 내포의미론의 함수적용규칙이 수립됨으로써 비로소 양상 의미에 대한 기술이 가능하게 된다. 앞에서 제시한 외연적 의미 합성 규칙의 체계에서는 그 으뜸가는 규칙으로 '①함수적용규칙'이 설정되었는데, 그것은 그 논항이 외연적 의미를 가지는 경우에 적용되는 규칙이었다. 그 논항이 내포적 의미를 가지는 구성성분일 때에는 다음과 같은 '내포적 함수적용규칙'이 적용되어야 한다.[33)]

①(ii) 내포적 함수적용규칙: A가 분지 교점이고 {B, C}가 그 딸성분(daughter)들의 집합이면, 모든 가능세계 w와 치할당 함수 g에 대해서 다음이 성립한다.
　⟦ B ⟧^{w,g}가 그 영역 안에 λw'. ⟦ C ⟧$^{w',g}$를 포함하는 함수이면,
　⟦ A ⟧^{w,g} = ⟦ B ⟧^{w,g} (λw'. ⟦ C ⟧$^{w',g}$)이다.

예를 들어서, 앞의 (46) 문장이 '뉴욕에는 비가 오-'라는 명제 부분과 '-을 것이다'라는 양상 요소로 이루어졌다고 가정하자. 명제 부분과 내포적 의미 함수 '-을 것이다'를 합성하기 위해서는 ①(ii)를 적용해야 한다. 그 결과의 의미 형식은 (52나)와 같다. 즉, ①(ii)

33) 다음은 Heim & Kratzer(1988: 308)에서 제시한 규칙이다.

는 논항을 가능세계 w′의 함수인 '명제' 의미 형식으로 만들어 적용하는 것이 그 특징이다. (52나)를 (52가)를 이용하여 전개하면 (52다)가 된다.

(52) 가. ⟦ 뉴욕에는 비가 오- ⟧ ^{w,g} = [세계 w에서, 뉴욕에는 비가 온다]

나. ⟦ -을 것이다 ⟧ ^{w,g} (λw′. ⟦ 뉴욕에는 비가 오- ⟧ $^{w',g}$) (①(ii) 적용)

다. ⟦ -을 것이다 ⟧ ^{w,g} (λw′. [세계 w′에서, 뉴욕에는 비가 온다])

(52다)는 가능세계 w′의 함수인 명제가 양상 연산자 '-을 것이다'의 논항으로 취해졌음을 보여준다. 이를 더 전개하면 가능세계에 대한 존재 양화로 표시되는 양상 의미 형식이 도출된다.

주관성 형용사 문장의 진리치 판단

위 (46), (47)의 양상 표현, 명제태도 동사 구문은 가능세계 개념에 대한 양화라는 형식적 특성을 가진다는 점에서 내포의미 표현의 두 부류를 이룬다. 이들과는 구별되어야 할 내포의미의 표현들이 있다.

(53) 가. 인호가 싫다.

나. 철수는 인호가 싫다고 생각한다.

가령 "인호는 유능하다."와 같은 표현은 유능함에 대한 특정의 척도가 제시되기만 하면 그 기준에 따라 누구든지 참, 거짓을 결정할 수 있다. 그러나 (53가)는 싫다고 판단하는 주체, 즉, 이 경우, 화자의 입장에서만 참, 거짓이 결정될 수 있다. (53나)의 내포절 '인호가 싫다'는 반드시 주절의 주어 '철수'의 입장에서만 그 참, 거짓이 결정될 수 있다. 이 책의 제7장에서는 이러한 문장들의 참, 거짓의 결정을 위하여, 가능세계 변수와 유사한, 그러나 그것과 구별되는 새로운 변수가 기준점으로 상정되어야 한다고 본다. 이를 '판단자(judge)'라고 지칭할 것이다.

가능세계 변수 중에는 양상 문장, 명제태도 문장의 참, 거짓을 결정하는 기준이 되는 기준 가능세계, 즉 기준 세계(world of evaluation)로 쓰이는 것이 있다. 판단자 변수 중에도 (53)과 같은 문장들의 해석에서 기준점으로 쓰이는 것이 있는데, 이러한 것을 '기준 판단자(judge of evaluation)'라고 한다.

이 외에 시간도 기준점과의 관계 하에서 해석될 필요가 있다.

(54) 어제 비가 왔다.

(54) 문장은 '비가 온다'라는 사실이 기준점인 현재(발화시), 즉 '지금'과의 관계에서 이전의 시간인 '어제'에 이루어짐을 표현한다.[34]

이 책의 제7장의 논의 결과로 다음과 같은 형식의 함수적용규칙을 이끌어내게 된다. 이를 ①(iii)이라고 지칭하기로 한다.

①(iii) 기준 시구간, 기준 판단자를 가지는 내포적 함수적용규칙:

A가 분지 교점이고 {B, C}가 그 딸성분들의 집합인 경우, 모든 지표 <w,t,j>와 치할당 함수 g에 대하여 다음이 성립한다.

$[\![B]\!]^{w,t,j,g}$가 그 영역 안에 $\lambda w'.\lambda t'.\lambda j'.\ [\![C]\!]^{w',t',j',g}$를 포함하는 함수이면,

$[\![A]\!]^{w,t,j,g} = [\![B]\!]^{w,t,j,g} (\lambda w'.\lambda t'.\lambda j'.\ [\![C]\!]^{w',t',j',g})$이다.

이 규칙은 ①(ii)의 해석 함수($[\![\ldots]\!]^{w,g}$)에 기준 시구간(t)과 기준 판단자(j)가 추가된 형식이다.

한국어의 의미 현상의 전 범위를 포괄하는 의미 이론을 위해서는 위와 같은 내포의미의 해석 체계 외에도 몇 가지 중요한 국면들을 더 고려해야 한다.

그 하나는 가능세계 개념과 구별하여 정립해야 할 '맥락(context)'의 개념이다. 이는 문장 의미의 기술을 넘어서서 담화 의미의 기술에 관한 통합적 이론을 수립하는 데에 필수불가결한 개념이다. 맥락의 개념과 이것이 담화 의미의 표상에서 작용하는 역할에 관해서는 제7장과 제12장에서 논의할 것이다.

다른 하나는, 형식의미론 연구의 기본 방향인 지시적 의미 이론이 만족스럽게 다루지 못하는, 의미역 구조를 중심으로 한 의미 국면을 포착하기 위하여 의미구조의 한 층렬로 설정하는, '기술 층렬(descriptive tier)의 개념이다. 논항구조의 형성, 조응, 또는 그 외의 여러 언어 현상에서 순전한 지시적 의미의 국면으로 해석하기 힘든 예들을 발견할 수 있다. 지시적 의미와 구별해야 하는 개념적 의미의 존재와, 이러한 의미적 측면들을 문장 의미와 담화 의미의 기술에 관한 통합적 이론에서 어느 지점에 위치시킬 것인지에 대해

---

34) (54)에서 시간적 선후관계를 표현하는 것은 일차적으로 시간 부사인 '어제'이다. 한국어는 무시제 언어이고, 한국어에서 '-었-'은 완료상을 나타내는 요소라는 것이 제11장에서 상론하는 필자의 견해이다. 이 책의 논의 중에는 '-었-'에 대응되는 의미 형식을 편의상 'perf[P]' 또는 위 (19다)에서와 같은 형식으로 나타내는데, 그 정확한 형식의미론적 정의는 제11장에서 볼 수 있다.
한국어가 무시제 언어라는 논증과 한국어의 시간 해석에 관해서는 이 책의 제11장과 양정석(2008, 2011)을 참고하기 바람.

서는 이 책의 본 논의와는 별도로 [부록]에서 논의할 것이다.

1.4. 논의의 순서

이 책은 모두 13개의 장으로 되어 있고, 서론과 결론을 제외한 주요 내용은 다음의 순서로 전개된다. 제2장에서는 통사의미적 합성을 위한 기초로서의 한국어 통사구조에 관한 기본 전제를 제시한다. 제3장에서는 단순문 해석의 기본 통사 범주들인 동사와 명사의 해석 방법을 중심으로, 프레게로부터 비롯되는 양화·술어논리 체계 하에서의 통사의미적 합성의 방법을 설명한다.

제4장에서는 양화사 구문의 통사의미적 합성 절차 기술을, 제5장에서는 대명사와 흔적의 의미 해석 방법을 제시한다.

제6장에서는 한국어 양상 표현 전반의 통사의미적 합성 절차를 기술한다. 제7장은 해석 함수에 기준 세계, 기준 시구간에 추가하여, 기준 판단자(judge)를 설정할 필요성을 논하고 구체적인 구문(주관성 형용사 구문, 양상 구문)에서의 적용례를 보인다. 제8장, 제9장, 제10장에서는 각각 한국어의 명령문/청유문/약속문, 한국어의 의문문, 한국어의 접속문에 대한 형식문법적 기술을 자세히 보인다. 제11장에서는 한국어가 무시제 언어라는 관점에서 시간요소들의 의미를 기술하고 시간적 선후관계 해석의 체계를 제시한다.

제12장에서는 제3장-제11장의 의미론 체계를 보완하는 담화화용론적 설명 방법을 보이고, 이를 위한 적합한 담화 표상의 형식이 어떤 것인지를 논한다.

이로써 한국어 모든 구문의 통사구조를 분석할 수 있고, 이 분석된 통사구조를 바탕으로 한국어 모든 구문의 통사의미적 합성 절차를 완전히 기술할 수 있음을 증명하게 된다.

제2장

한국어 통사구조에 관한 전제

문법의 현대적 개념을 가장 정확하게 표현한 것은 촘스키(Chomsky 1957)의 다음과 같은 정의이다. 이는 이미 1.2절의 (1)과 (2)로 제시한 바 있다. 이들을 다시 제시한다.

(1) 한 언어 L의 문법은 이 언어 L의 모든 문법적 문장을 생성하는 장치이고, 이 언어의 비문법적 문장은 생성하지 않는 장치이다.[35)]

여기에서 언어 L은 '이 언어의 모든 문법적 문장들의 집합'이라고 정의된다. 언어학자가 제시하는 구체적 문법 이론은 이러한 문법을 특정 언어(자연언어 또는 형식언어)로 기술한 것이다. (1)은 문법 이론이 구체적으로 다음 두 가지 요건을 가짐을 뜻하는 것이다.

(2) 가. 언어학자가 제시하는 문법 이론은 언어 L의 모든 문법적 문장들을 누락됨이 없이 생성해야 한다: 완전성(completeness) 요건
나. 언어학자가 제시하는 문법 이론은 언어 L의 문법적 문장이 아닌 문장, 즉 비 문법적 문장을 생성해서는 안 된다: 건전성(soundness) 요건

현대적 개념의 문법 이론은 형식체계(formal system) 이론이다. (1)에서는 문법이 '장치'라고 표현되었다. 언어 L의 문법적 문장을 만들어내는 장치인 형식체계 이론으로서의 문법은 기본 문법단위들과, 이들을 이용해서 문장 구조를 형성하는 규칙인 '형성규칙(formation rule)'들로 이루어져 있다.

(3) 문법 G = <U, F> (U: 문법단위들의 집합, F: 형성규칙들의 집합)

문법단위들로는 전통문법, 구조문법에서 확인되어 온 한국어의 단어들, 굴절접사들을 생각할 수 있다. 현대적 개념의 문법 이론에서도 이러한 문법단위들의 집합을 가정한다. 현대적 개념의 문법 이론이 그 전의 문법 이론, 즉 분류론적 이론들과 다른 점은 '형성규칙'을 인간 언어의 무한수의 문장을 생성할 수 있는, 진정한 의미의 규칙으로 기술한다는 것이다. 인간의 머릿속에 들어 있는 자연언어의 문법은 무한수의 문장을 생성할 수 있다. 그 비밀이 귀환적 규칙(recursive rule)들을 포함하기 때문이라는 점은 촘스키가 생성문법 태동의 시기부터 강조하여 왔다. 생성문법 이론에서 이러한 귀환성을 구현하는 규칙

35) The grammar of L will thus be a device that generates all of the grammatical sequences of L and none of the ungrammatical ones. (Chomsky 1957: 13)

의 체계로는 초기 생성문법의 구 구조 규칙과 변형규칙, 원리매개변인 이론의 핵계층 이론이 있다. 다음 절에서는 생성문법 이전의 이론인 분류론적 이론에 비해서 귀환적 규칙을 가지는 생성문법 이론이 어떻게 다른지를 따져 보기로 한다.

2.1. 구 형성 원리로서의 핵계층 이론

2.1.1. 분류론적 문법에서 가설연역적 문법으로

통사론 체계는 형성규칙과 도출된 구조에 대한 제약들로 이루어져 있다. 1980년대 이후의 생성문법 이론에서 형성규칙의 역할을 담당하는 이론의 부문은 핵계층 이론(X-bar theory)이다. 형성규칙은 문장 생성의 기본 엔진에 해당하는 것이다. 문장의 수는 무한하고, 이 무한성의 비밀은 형성규칙이 귀환적 규칙이기 때문이라는 것이 생성문법 이론의 기본 관점이다. 무한수의 문장을 생성하기 위해서는 문법을 귀환적 규칙을 가지는 체계로 기술해야 한다. 그러기 위해서는 가설연역적 문법 이론이 필요하다.

한국어 문법 연구의 초기 이론은 분류론적 이론이었다. 전통문법과 구조문법은 모두 문법을 분류론적 체계로 기술하였다. 분류론적 체계의 대표인 최현배(1937)의 문법 체계를 요약하고, 이러한 문법 이론이 생성문법으로 발전하지 못한 이유, 그 한계가 무엇인지를 이해해 보기로 한다.

2.1.1.1. 분류론적 문법의 대표적인 예: 최현배(1937)의 문법

최현배(1937), 『우리말본』은 분류론적 문법서로서, 한국어의 단어와 구와 절과 문장의 분류 체계가 제시되어 있다. 형태소의 분류 체계도 추정하여 알 수 있다. 먼저 형태소 분류 체계를 요약해 보자.

1) 최현배(1937)의 현대 한국어 형태소 분류 체계

최현배(1937)에서는 '형태소'에 해당하는 단위들을 다음과 같이 분류하고 있다.[36] 그러나 최현배(1937)의 '씨끝'(어미)에는 '-지마는'(방임형접속어미), '-을것같으면'(구속형접속어미)과 같이 단일 형태소로 간주할 수 없는 예들이 포함되어 있으므로 주의할 필요

36) 『우리말본』의 어디에서도 형태소를 가리키는 용어를 찾을 수가 없다. 그러나 이에 해당하는 문법단위의 존재를 상정하고 있었다는 것을, '뿌리'(어근)와 '가지'(접사)라는 용어를 사용하여 분석한 것으로부터 추론할 수 있다. 최현배의 스승인 주시경은 형태소에 상응하는 단위를 지칭하는 용어로 '늣씨'를 사용한 바 있다.

가 있다.

(4) ┌ 어근('씨뿌리/뿌리') ---------------------------------- ①
└ 접사('씨가지/가지') ┌ 접사('씨가지/가지') --------②
├ 보조어근('도움뿌리') -------③
├ 보조어간('도움줄기') -------④
└ 어미('씨끝') -----------------⑤

① 어근: 다리, 말, 그, 먹-, 춥-, 이-, 아니-, 매우, 참, -를, -에, -는, -도, -만, . . .
② 접사: -이(먹이), 엇-(엇나가다), 시-(시뻘겋다), . . .
③ 보조어근: -지-(시건방지다), -하-(첫사랑하다), . . .
④ 보조어간: i)-으시-, -었-, -겠-, -습-, -더-, -는-('믿는다'의 '-는-'), . . .
ii)-뜨리-, -이/히/리/기-
⑤ 어미: i)종지법어미: 서술형(-다), 의문형(-나, -느냐, -니), 명령형(-어라), 청유형(-자)
ii)자격법어미: 명사형(-음, -기), 관형사형(-는, -은, -을), 부사형(-아, -게[1], -지, -고, -게[2], -이)
iii)접속법어미: 구속형(-으면, -거든, . . .), 방임형(-더라도, -을지라도), 나열형(-고, -으며), 설명형(-는데), 비교형(-거든), 선택형(-거나, -든지), 연발형(-자), 중단형(-다가), 첨가형(-을뿐더러), 익심형(-을수록), 의도형(-으려고), 목적형(-으러), 도급형(-도록), 반복형(-락), 강세형(-나, -디)

④의 보조어간은 두 가지 부류를 구별해야 한다. '-으시-, -었-, -겠-, -습-, -더-, -는-' 등의 보조어간은 그 앞에 어떤 용언 어간이라도 실현될 수 있다. 그러나 강세 보조어간 '-뜨리-', 사동 보조어간 '-이/히/리/기-', 그리고 피동 보조어간 '-이/히/리/기-'는 한정된 용언 어간과만 결합할 수 있다. 이는 전자가 어미, 즉 굴절접사의 한 종류이고 후자가 어미 아닌 파생접사에 지나지 않음을 뜻하는 것이다.

5가지 형태소 단위들의 분류 체계에서 가장 주목해야 할 부분은 ⑤의 어미이다. 어미들의 분류는 한국어 문장의 구조적 분류와 대응된다는 점에서 중요한 의의를 가진다. 위 ⑤에서 보인 것처럼 『우리말본』에서 어미의 하위 범주는 종지법, 접속법, 자격법의 셋으로 구분된다. 이러한 형태소 단위의 분류 체계에서의 접속법과 자격법은 문장 단위의 분류 체계에서 각각 접속문(병렬문 '벌린월'과 연합문 '이은월')과 내포문(포유문 '가진월')에 대응되는 것이다. 접속법 어미와 자격법 어미는 접속문과 내포문이라는 복합문을 형성하는 데에 매개가 되는 요소로 파악되고 있음을 알 수 있다.

2) 최현배(1937)의 현대 한국어 단어 분류 체계

『우리말본』의 단어 분류 체계는 10개의 범주, 즉 10개의 품사로 이루어진다.

① 명사('이름씨'): 사람, 이순신, 연구, 세계적^1, 것, 바, 줄, . . .
② 대명사('대이름씨'): 나, 너, 우리, 이^1, 그^1, 그것, . . .
③ 수사('셈씨'): 하나, 둘, 일, 이, 삼십^1, 첫째, . . .
④ 동사('움직씨'): 가다, 뛰다, . . .
⑤ 형용사('그림씨'): 크다, 싫다, . . .
⑥ 지정사('잡음씨'): 이다, 아니다
⑦ 관형사('매김씨'): 이^2, 그^2, 저, 한, 두, 삼십^2, 헌, 세계적^2, . . .
⑧ 부사('어찌씨'): 매우, 빨리, . . .
⑨ 감동사('느낌씨'): 아, 참, . . .
⑩ 조사('토씨'): -이, -를, -에, -으로, -와, -도, -만, -와, -요, -구려, . . .

명사와 대명사와 수사를 각기 독립된 단어 범주로 설정하는 것은 근거가 없는 일이다.[37] 이 책의 체계에서는 이 셋을 하나로 묶어 '명사'의 범주를 부여한다. 동사와 형용사와 지정사를 각기 독립된 단어 범주로 설정하는 것은 형식적 근거를 가진다. 이들은 어미활용의 방식에서 서로 다른 특징들을 가진다. 그러나 이 책에서는 이 셋을 하나로 묶어 '동사'의 범주를 부여하고, 이들 간의 형태론적 차이점은 어휘부에 표시되는 하위범주적 자질(+v, +a, +c)에 따라 실현되는 것으로 본다.

'세계적^1'과 '세계적^2'는 명사와 관형사의 동음이의어로 구별된 것을 나타낸다. 관형사로서의 '세계적^2'는 명사 앞의 위치에 실현되는 특징을 근거로 분리한 것이지만('세계적 인물'), 명사 앞의 위치에 실현되는 것은 명사가 가지는 일반적 특성의 하나일 뿐이다('인물 동정'). 명사 앞의 '세계적'은 동음이의어로 구별하지 않고 하나의 명사 단어로 간주하는 것이 타당하다. 『우리말본』에서는 '칠, 팔, 삼십'과 같은 수사, '이, 그'와 같은 대명사도 명사 앞의 위치에 실현되는 경우에는 관형사로 규정하고 있는데, 이것도 동일한 맥락

37) 명사, 대명사, 수사는 모두 격조사 앞에 실현되며, 지정사 '이다' 앞에 실현되며, 관형어의 수식을 받는다는 형식적 특징을 가진다. 한국어에서 대명사와 수사를 명사와 구별하는 형태론적, 통사적 특징은 존재하지 않는다.

에서 한 범주로 환원하는 것이 이 책의 방침이다. 즉, '칠, 팔, 삼십'과 '이, 그'는 어느 경우에나 '명사'이다.[38]

3) 최현배(1937)의 현대 한국어 구('이은말': phrase) 분류 체계

『우리말본』에는 문법단위 구의 분류 체계도 제시되어 있다. '구'에 해당하는 그의 용어는 '이은말'이다. 주의할 점은, 그가 구를 포함하는 문장의 예로 든 것들 중에서 구의 개념과 절의 개념을 명확히 구별하기 힘든 예들이 발견된다는 것이다.

① 체언구('임자이은말'):
자유를 사랑함은 사람의 본질이다/하로 두 번씩 먹기도 어렵다오/좋은 것은 가지고, 나쁜 것은 버리라/저기 보히는 허연 것이 무엇이오?/따뜻한 봄철이 돌아왔도다.

② 용언구('풀이이은말'):
그가 그 일을 잊어 버렸다/너도 우리말을 연구해 보아라/나는 청탁을 가리지 아니한다/그도 가고 싶어 한다/그 꽃이 별로 아름답지 아니하다/비가 올 듯합니다.

③ 관형구('매김이은말'):
부지런히 일하는 사람은 많이 거둔다/백두산에 오르는 사람이 해마다 늘어 가오/꾀꼬리는 재미나게 재재거리는 새이다/그의 어머니인 사람은 나의 숙모이다/주색을 좋아하는 자는 망하느니라/열심으로 차림을 하는 이는 이김을 얻으리라.

④ 부사구('어찌이은말'):
나는 금강산에 가 보고서 천하의 기(奇)를 알았다/그 여자의 마음은 철석(鐵石)보다 더 단단하였다/그는 제 생각을 고집하여 굴하지 아니한다/한강은 금강산에서 황해로 흘러가오/사람은 편할 적에 어려울 적의 일을 생각하여야 한다.

①의 예 '자유를 사랑함'은 주어가 외현적으로 실현되지는 않았지만 주어가 생략된 절의 구조로 파악하는 것이 타당하다. 그러나 『우리말본』의 판단은 이것이 절이 아닌 구라는 것이다. ③의 예 '부지런히 일하는'을 절이 아니라 구로 판단한 것, ④의 예 '제 생각을 고집하여'를 절이 아니라 구로 판단한 것도 같은 문제점을 보인다. 주어가 생략되는 것은 한국어에서 흔한 일일 뿐 아니라, 위 예들과 같은 구조에서 주어가 생략되는 것, 또는 주어가 공범주로 실현되는 것은 인간 언어에 보편적인 규칙성을 예시하는 것뿐이다. 이

38) 뒤의 2.1.2절에서 이 책의 통사 범주 체계를 제시할 것이다. 『우리말본』의 단어 범주 체계와 현격히 다른 점으로는, 관형사의 예들을 모두 명사 범주로 묶었다는 점, 감동사(감탄사)의 예들을 모두 부사 범주로 묶었다는 점, 조사의 예 중 부사격조사들 '-에, -에서, -으로'는 후치사라는 독립된 범주로 분리했다는 점 등이다.

점에 대해 뒤에서 더 논의할 것이다.

②의 예들은 모두 보조용언을 가지는 문장들이다. 밑줄 친 부분은 용언구로서, 단일한 서술어가 되고, 따라서 이들 문장은 모두 단순문 구조를 이루는 것으로 보고 있다. 그러나 이들 예에서 주용언과 보조용언은 각각 서술어의 기능을 가지는 것으로 볼 수 있고, 이러한 관점이 한국어의 전반적 통사 체계와 정합되는 관점이다.

4) 최현배(1937)의 현대 한국어 절('마디': clause) 분류 체계

『우리말본』에서 '절'의 개념은 다음의 예들에서 보이는 것과 같이 표면적으로 주어가 실현되는 경우에 한정된다. 체언절은 명사형어미인 '-음'과 '-기', 관형절은 관형사형어미인 '-는, -은, -을', 부사절은 부사형어미 '-게', 그리고 형용사의 부사형어미라고 규정된 '-이'에 의해 이끌리는 절인 것이다. 명사형어미, 관형사형어미, 부사형어미는 내포절의 문법범주(명사절, 관형절, 부사절)를 표시하는 것이 그 본질적 기능이라고 파악하였음을 알 수 있다. 나아가 접속어미는 접속문의 두 종류로 파악된 병렬문('벌린월')과 연합문('이은월')의 선행 대립절('맞선마디')을 표시하는 것이 그 본질적 기능이라고 파악하였음을 알 수 있다.

① 체언절('임자마디'):
내가 무궁화를 좋아함은 그 꽃이 무궁무진으로 피는 때문이다/그 맛이 달기가 꿀보다 더하다.

② 용언절('풀이마디'):
오늘 밤은 달이 밝다/한강은 물이 맑다/토끼는 앞발이 짧다/소귀(牛耳洞)는 벚꽃이 많다/모란꽃은 향기가 없다.

③ 관형절('매김마디'):
기러기는, 꽃이 피는 봄을 버리고 돌아가누나!

④ 부사절('어찌마디'):
그 사람이, 낯이 뜨뜻하게, 그런 소리를 잘 해요/한바다가, 우리의 눈힘이 모자라게 넓어 있다/그 사람이, 아무도 못 말리게 야단법석을 하오/나무잎이, 소리도 없이, 하나 둘씩 떨어진다.

⑤ 대립절('맞선마디'):
꽃은 웃고, 새는 노래한다/서리가 내리면, 나뭇잎이 빨갛게 물든다.

절('마디')이 형태론적으로 명사형어미, 관형사형어미, 부사형어미에 의해 표시되는 것으로 파악하는 것이 『우리말본』의 기본 인식이라고 할 수 있다. 그러나 이런 인식이 끝까지 일관성 있게 전개되지 않았다는 점이 『우리말본』의 근본적 문제점임을 지적해야 한다. 우선, ②의 용언절의 예들은 그 절을 표시하는 고유의 어미를 가지고 있지 않다. 이는 한국어에서 용언절이 진정한 절의 구조를 이루지 않는다는 점을 보이는 것이다.

④의 예 '소리도 없이'는 또 다른 문제를 보여준다. 여기에서 '-이'는 굴절접사로서의 어미의 자격을 갖지 못한다. 파생접사로서, 파생부사 '없이'를 구성하고, 이 부사 '없이'가 그 보충어(혹은 '필수적 부사어')인 '소리도'를 취하는 것뿐이다. '소리도'를 주어로 파악한 것은 『우리말본』의 오류이다.

5) 최현배(1937)의 현대 한국어 문장 분류 체계

『우리말본』에서 문장의 분류는 두 가지 기준에서 행해진다. 서법의 차이를 기준으로 네 가지 하위 범주가 제시된다. 내부 구조의 차이를 기준으로 단순문, 포유문, 연합문, 병렬문의 네 가지 하위 범주가 제시된다. 위에서 보인 절의 분류 체계는 그대로 『우리말본』의 내부 구조를 기준으로 한 문장 분류 체계와 대응된다.

(5) 서법에 따른 문장 분류
①서술문('베픎월') — 서술형('베픎꼴'): 아이가 물고기를 잡는다.
②의문문('물음월') — 의문형('물음꼴'): 아이가 물고기를 잡느냐?
③명령문('시킴월') — 명령형('시킴꼴'): 저 물고기를 잡아라.
④청유문('꾀임월') — 청유형('꾀임꼴'): 저 물고기를 잡자.

(6) 내부 구조의 차이에 따른 문장 분류

```
┌ 단순문(單文: '홑월') ------------------------------------①
└ 복합문(複文: '겹월')  ┌ 포유문('가진월') ------------②
                        ├ 병렬문('벌린월') ------------③
                        └ 연합문('이은월') ------------④
```

① 단순문(單文: '홑월')
② 포유문('가진월')
가. 체언절포유문(임자마디가진월):
내가 무궁화를 좋아함은 그 꽃이 무궁무진으로 피는 때문이다/그 맛이 달기가 꿀보다 더하다.

나. 용언절포유문(풀이마디가진월):

오늘 밤은 달이 밝다/한강은 물이 맑다/토끼는 앞발이 짧다/소귀(牛耳洞)는 벚꽃이 많다/모란꽃은 향기가 없다.

다. 관형절포유문(매김마디가진월):

기러기는, 꽃이 피는 봄을 버리고 돌아가누나!

라. 부사절포유문(어찌마디가진월):

그 사람이, 낯이 뜨뜻하게, 그런 소리를 잘 해요/한바다가, 우리의 눈힘이 모자라게 넓어 있다/모래벌이, 눈이 부시게, 희다/그 사람이, 아무도 못 말리게 야단법석을 하오/큰 물머리가, 사람이 견디지 못하게, 밀어왔다/나무잎이, 소리도 없이, 하나 둘씩 떨어진다.

③ 병렬문('벌린월'):

겨울은 춥고, 여름은 덥다/범은 가죽을 쓰고, 사람은 마음을 쓴다/순(舜)은 누구이며, 나는 누구이냐?/청년은 인생의 봄이요, 노년(老年)은 인생의 가을이다.

④ 연합문('이은월'):

1)구속형('매는꼴'):

봄이 오면, 꽃이 핀다/내가 갔던들, 그 일이 되었겠다/가을이 되니, 물빛이 누르다/어느 날 내가 ㄱ의 집에 간즉, ㄴ이 와서 놀더라/그 사람은 재주가 있으므로, 우리가 미칠 수가 없어요/바람이 불어, 날씨가 춥다/장마가 오래 져서, 농사가 잘못 되었다/비가 자주 와야, 농사가 잘 되겠소/잠을 자야, 꿈을 꾸지.

2)방임형('놓는꼴'):

언니는 부지런하지마는, 아우는 게으르다/심기는 괴롭지마는, 거두기는 즐겁다/건설은 어렵되, 파괴는 쉬우니라/얼굴은 나쁘되, 맘씨는 좋다/봄은 되었으나, 꽃은 피지 아니하였다/밤은 새었으나, 해는 아직 뜨지 아니하였다/그것은 그러하려니와, 이것은 또 어떻게 될 모양이오?/네가 간들, 일이 되나?/닭의 입이 될지언정, 소의 귀는 되지 아니한다.

3)설명형('풀이꼴'):

그애가 내 동생인데, 나이가 열 두 살이다/비가 오는데, 당신은 어디로 가시오?/비가 오되, 썩 많이 온다.

4)비교형('견줌꼴'):

새도 양육(養育)의 은혜를 알거든, 사람이 부모의 은혜를 모를쏘냐?

5)선택형('가림꼴'):

비가 오거나, 바람이 불거나, 그것이 나에게 무슨 상관이냐?

6)연발형('잇달음꼴'):

까마귀 날자, 배 떨어진다/네 말을 하자, 네가 오는구나!/해가 지자, 나는 집으로 돌아왔다.

7)중단형('그침꼴'):

비가 오다가, 눈이 온다/처음에는 내가 하다가, 나중에는 그 사람이 했다.

8)첨가형('더보탬꼴'):

비가 올뿐더러, 바람조차 분다.

9)익심형('더해감꼴'):

비가 올수록, 보리가 잘 자라오.

10)도급형('미침꼴'):

밤이 새도록, 나는 공부를 했다.

『우리말본』에서 접속어미의 하위범주 중 '연합문'의 예로 제시되지 않은 것은 나열형('벌림꼴'), 의도형('뜻함꼴'), 목적형('목적꼴'), 반복형('되풀이꼴'), 강세형('힘줌꼴')이다.

(7) 가. 의도형:

떠나려고 하였더니, 뜻밖에 일이 생겨서 못 떠났소.

나는 명년 봄에 서양으로 가고자 하오.

나. 목적형:

나는 꽃 구경하러 갑니다.

다. 반복형:

날마다 그 사람이 집으로 가락 오락 합니다/얼굴이 붉으락 희락 부끄러워한다.

라. 강세형:

높으나 높은 나무. . ./차디 찬 가슴. . ./갈 길이 멀고 멀다/이쁘고 이쁘다, 나의 동생.

반복형과 강세형의 접속어미는 아예 어미로서의 자격이 없는 것이므로 파생접미사로 처리해야 한다. 의도형과 목적형의 접속어미는 당당히 접속절(대립절)을 이끄는 어미이다. 이 접속절의 주어가 생략된 것뿐이다.

2.1.1.2. 최현배(1937)의 문장성분론에 기반한 생성 체계의 가능성 검토

생성문법은 그 명칭이 나타내 주는 것처럼 문장의 생성을 기술·설명하는 것을 그 이론적 활동의 목적으로 상정하고 있다. 생성문법의 체계는 귀환성을 전제한다. 즉, 생성문법의 체계는 귀환적 규칙을 그 필수 요소로 가진다. 전통문법, 구조문법의 분류론적 방법론은 그 본질상 귀환적 규칙을 수용하지 못한다. 분류론적 문법 이론은 이 점에 있어서 근본적인 한계를 가지고 있다.

한국어에 대한 분류론적 문법의 대표적인 문법서인 『우리말본』이 구, 절, 문장의 무한성을 어떻게 설명할 것인지 생각해 보자. 『우리말본』의 문법 체계 내에 '문장의 생성'을 포착할 수 있는 명시적 개념이나 이론적 장치는 존재하지 않는다.[39] 그러나 『우리말본』의 3편('세째 매')인 '월갈'에서는 문장의 구성성분들의 확대 방법을 논의하고 있어, 생성의 개념에 대한 의식이 맹아의 상태로나마 감지된다고 볼 수도 있다. '월갈'에서는 구성성분을 확대하는 방법으로 다음 7가지를 고려하고 있다.

(8) 『우리말본』 '월갈'의 구성성분 확대 방법
1)주어에 의한 확대
2)목적어에 의한 확대
3)보어에 의한 확대
4)관형어에 의한 확대
5)부사어에 의한 확대
6)독립어에 의한 확대
7)동위병치에 의한 확대(790-797쪽)

'7)'을 제외하고는 이들은 모두 전통문법의 '문장성분' 개념들이다. '월갈'에서는 주어의 성립('임자말의 되기'), 목적어의 성립('부림말의 되기'), . . .과 같이 단어들이 결합하여 주어, 목적어 등의 문장성분으로 성립되는 예를 구체적으로 살펴보고 있다. 각 문장성분들이 성립된 다음에는 서로 다른 문장성분들이 서로 결합하여 더 큰 구성성분으로 확대되는 것으로 생각하고 있다.

위 (8)의 마지막 항목 '7)동위병치에 의한 확대'에 주목하기로 하자. '월갈'에는 동위병치에 의한 확대를 확대의 한 방법으로 명시하고 있다. (9가, 나)와 같은 명사구 접속, (9다, 라)와 같은 동사의 연결, (9마, 바)와 같은 관형어의 연결, (9사)와 같은 독립어의 연결을 '동위병치'의 예로 들고 있다.

(9) 가. 덕수가 종이, 붓, 벼루를 가지고 온다.
나. 덕수가 종이와 붓과 벼루를 가지고 온다.
다. 가을 하늘이 맑고 높다.
라. 아이가 가면서 노래한다.
마. 저 새 집이 누구의 집이오?

39) 이 점이 분류론적 문법이 가지는 문제성의 본질이다. 이하에서는 분류론적 문법의 대표적인 문법서인 『우리말본』을 예로 들어서 '생성'을 위한 명시적 개념이나 이론적 장치로 무엇이 결여되어 있는지를 보이려고 한다.

바. 주 선생의 일생의 저술
사. 아, 참, 달도 밝다.

그러면, (8)에 제시한 7가지 방법으로 한국어의 모든 문장을 생성할 수 있을까? 필자는 지금 '생성'이란 용어를 사용하였다. 이는 『우리말본』의 체계 안에 무한수의 한국어 문장을 생성하는 방법이 갖추어져 있다면 『우리말본』이 생성문법 이론으로 발전할 잠재성을 가지고 있다고 해석할 수도 있으므로, 그러한 가능성을 점검해 보고자 하는 것이다. 결론적으로, (8)의 7가지 방법 그대로는 모든 한국어 문장을 생성할 수 없다.

이 논의를 위해서는 몇 가지 조정이 필요하다. 우선, 7)의 '동위병치'에는 문장 접속도 포함해야 한다.[40] 본동사와 보조동사의 연결도 '동위병치'의 한 작용으로 포함할 수 있겠다.[41] 또, '철수와 인호가'처럼 명사구 '철수와 인호'에 조사 '가'가 결합하는 것도 '확대'의 한 절차로 인정해야 한다.[42] 여기에 더하여, 서술어인 단어를 처음 도입하는 것도 '확대'의 한 절차로 인정하기로 한다.[43]

(10) 수정된 『우리말본』 '월갈'의 확대 방법
①서술어에 의한 확대(=서술어의 도입)
②주어에 의한 확대
③목적어에 의한 확대
④보어에 의한 확대
⑤관형어에 의한 확대
⑥부사어에 의한 확대
⑦독립어에 의한 확대
⑧동위병치에 의한 확대
⑨조사에 의한 확대

구체적인 문장 "철수가 순희를 사랑한다."는 다음과 같은 방법으로 확대된 것이라고 설명할 수 있다.

---

40) 『우리말본』에서 문장 접속은 병렬문('벌린월') 만들기와 연합문('이은월') 만들기의 두 가지 방법이 있다. 이러한 문장 접속을 동위병치의 하나로 포함하지 않았다는 것은 분명하다.

41) 『우리말본』에서 본용언과 보조용언의 결합을 동위병치의 하나로 포함하지 않는다는 점 역시 분명하다.

42) 명사구에 부사격조사 외의 조사가 결합한 단위를 명사구로 간주하는 것이 『우리말본』의 관점이라고 할 수 있다. 명사구에 부사격조사가 결합한 단위는 부사구로 본다. 그러나 『우리말본』에서 이 절차를 확대의 한 방법이라고 명시적으로 서술한 것은 아니다.

43) 『우리말본』에서 이 절차를 확대의 한 방법이라고 명시적으로 서술한 것은 아니다.

(11) "철수가 순희를 사랑한다."의 생성

사랑한다	동사	(① 적용)
순희+를	명사구	(⑨ 적용)
순희+를+사랑한다	동사구	(③ 적용)
철수+가	명사구	(⑨ 적용)
철수+가+순희+를+사랑한다	문장	(② 적용)

접속문 "철수가 순희를 사랑하고 인호가 영미를 사랑한다."나 내포문 "나는 철수가 순희를 사랑함을 깨달았다."도 (10)의 9가지 확대 방법을 활용하여 생성해 낼 수 있다.

(12) "철수가 순희를 사랑하고 인호가 영미를 사랑한다."의 생성

철수+가+순희+를+사랑하고	문장	(①, ⑨, ③, ⑨, ② 적용)
인호+가+영미+를+사랑한다	문장	(①, ⑨, ③, ⑨, ② 적용)
철수+가+순희+를+사랑하고+인호+가+영미+를+사랑한다	문장	(⑧적용)

(13) "나는 철수가 순희를 사랑함을 깨달았다."의 생성

철수+가+순희+를+사랑함	문장	(①, ⑨, ③, ⑨, ② 적용)
철수+가+순희+를+사랑함+을	문장	(⑨ 적용)
철수+가+순희+를+사랑함+을+깨달았다	동사구	(③ 적용)
나+는	명사구	(⑨ 적용)
나+는+철수+가+순희+를+사랑함+을+깨달았다	문장	(② 적용)

(11)-(13)은 한국어에 대한 '생성문법적' 설명 방법을 최대한 간략하게 예시한 것이다. 더 엄밀하게 설명하기 위해서는, (11)-(13)의 세 문장뿐 아니라, 그 외의 무한수의 한국어 문장들 모두를 생성하고, 부적격한 문장은 생성되지 않도록 여러 가지 제약들의 체계를 정비해야 할 것이다.

구성성분들의 결합의 방법들과, 결합에 관한 제약들의 체계가 생성문법이다. 결합의 방법들과 제약들을 규칙 체계나 원리의 체계로 제시한 것이 가설로서의 문법 이론이다. 그러므로 생성문법 이론은 가설로서의 문법 이론이고, 구체적인 생성문법의 연구는 구체적인 문장 자료를 통하여 이 가설을 검증하는 작업이다. 생성문법이 가설연역적 방법론이라고 하는 것은 이 때문이다. (10)의 체계는 초보적인 생성문법의 체계이다. 그러나 이 체계는 『우리말본』의 체계가 아니다. 그리고 초보적인 생성문법의 체계인 (10)의 체계도 완성된 생성문법의 이론으로 발전하기 위해서는 다음에서 제시하는 근본적 문제점

들을 극복해야 한다.

『우리말본』에 입각한 (10)의 '확대 규칙'들의 근본 문제

『우리말본』 및 이에 입각한 (10)의 확대 규칙들은 '준종합적 체계'에 따른 한계를 가진다. 이를 다음과 같이 요약할 수 있다.[44]

(14) 가. 어미는 통사 단위로 분석되어야 한다: '사랑한다', '사랑함', '사랑하고'는 각각 '사랑하-'와 '-ㄴ다', '사랑하-'와 '-ㅁ', '사랑하-'와 '-고'로 분석되어야 한다. '-ㄴ다'와 '-ㅁ'과 '-고'는 각각 독립된 통사 단위로 분석되어야 한다. 이렇게 분석하지 않은 (10)의 확대 규칙들(특히 ①)은 근본적으로 오류이다.

나. '보조어간' 중 '-으시-', '-었-', '-겠-'은 통사 단위로 분석되어야 하나, 『우리말본』에서는 이들이 활용하는 단어의 어간을 구성하는 요소로만 파악되고 있다(『우리말본』에서 보조어간으로 처리한 강세보조어간 '-뜨리-', 사동보조어간 '-이/히/리/기-', 피동보조어간 '-이/히/리/기-'는 파생접사로 처리되어야 한다).

(14가, 나)의 문제점들은 양정석(2010: 제2장)에서 자세히 논한 바 있다. '확대 규칙'과 관련하여 이들이 가지는 문제는 분명하다. (10)의 ①-⑨의 확대 방법들 중에 (14가)의 어미('어말어미')와 (14나)의 보조어간('선어말어미')을 직접 도입할 수 있는 방법은 없다. '①서술어에 의한 확대'가 어미나 보조어간을 도입할 수 있는 유일한 방법인데, 어미나 보조어간은 확대에 의해 직접 도입되는 통사 단위가 아니고, 통사 단위인 '서술어'의 일부로 도입될 뿐이다.

그러니까 한국어의 모든 서로 다른 문장 형식들을 생성하는 방법으로 ①-⑨의 확대 방법은 불완전하다. 어말어미나 선어말어미를 가진 한국어 용언의 모든 '활용형'들을 생성하는 확대 방법이 ①-⑨에 추가되어야 한다. 재수정된 확대 방법을 (10)'으로 제시한다.

(10)' 재수정된 『우리말본』 '월갈'의 확대 방법

①서술어에 의한 확대(=서술어의 도입)

②주어에 의한 확대

③목적어에 의한 확대

44) 한국어 전통문법의 분류 체계들은 최현배(1937)을 대표로 하는 준종합적 체계, 주시경(1910)을 대표로 하는 분석적 체계, 정렬모(1946)을 대표로 하는 종합적 체계로 나누어진다(양정석 2010: 31-69).

④보어에 의한 확대
⑤관형어에 의한 확대
⑥부사어에 의한 확대
⑦독립어에 의한 확대
⑧동위병치에 의한 확대
⑨조사에 의한 확대
⑩서술어 형성('용언 어간+(보조어간)+어미'의 형식으로 서술어를 형성하라.)

이 수정된 확대 방법에 따라 위 (11), (12), (13)의 절차를 보이면 다음과 같다.

(11)' "철수가 순희를 사랑한다."의 생성

사랑하+ㄴ다	동사(활용형) (⑩ 적용)
사랑한다	동사 (① 적용)
순희+를	명사구 (⑨ 적용)
순희+를+사랑하+ㄴ다	동사구 (③ 적용)
철수+가	명사구 (⑨ 적용)
철수+가+순희+를+사랑하+ㄴ다	문장 (② 적용)

(12)' "철수가 순희를 사랑하고 인호가 영미를 사랑한다."의 생성

사랑하+고	동사(활용형) (⑩ 적용)
사랑하+ㄴ다	동사(활용형) (⑩ 적용)
철수+가+순희+를+사랑하+고	문장 (①, ⑨, ③, ⑨, ② 적용)
인호+가+영미+를+사랑하+ㄴ다	문장 (①, ⑨, ③, ⑨, ② 적용)
철수+가+순희+를+사랑하고+인호+가+영미+를+사랑하+ㄴ다	문장 (⑧적용)

(13)' "나는 철수가 순희를 사랑함을 깨달았다."의 생성

사랑하+ㅁ	동사(활용형) (⑩ 적용)
깨달+았+다	동사(활용형) (⑩ 적용)
철수+가+순희+를+사랑하+ㅁ	문장 (①, ⑨, ③, ⑨, ② 적용)
철수+가+순희+를+사랑하+ㅁ+을	문장 (⑨ 적용)
철수+가+순희+를+사랑하+ㅁ+을+깨달+았+다	동사구 (③ 적용)
나+는	명사구 (⑨ 적용)
나+는+철수+가+순희+를+사랑하+ㅁ+을+깨달+았+다	문장 (② 적용)

(11)'-(13)'을 검토해 보면 '사랑하+ㄴ다', '사랑하+고', '사랑하+ㅁ', '깨달+았+다'의

활용형을 한 서술어 단위로 생성하기 위해서는 어미나 보조어간의 하위 범주가 주어져야 하고, 이 하위 범주의 성격에 따라 용언 어간과 어미, 또는 보조어간의 결합 여부가 결정된다는 것을 알 수 있다. 다시 말하면, ⑩의 확대 방법은 단일한 절차가 아니고, 용언 어간, 어미, 보조어간 각각의 성격에 따라 결합 가능 여부가 결정되는, 복합적 절차인 것이다.

위 논의는 문법단위들을 결합하여 문장을 생성하는 절차를 체계적으로 기술하는 데에 동사를 어간과 어미의 결합 단위로 보는 최현배(1937)의 준종합 체계가 적합하지 않다는 점을 보여준다. 어간과 어미 부분을 각각 단어로 보는 분석적 체계, 특히 명사형어미들은 물론, 보조어간들도 각각 통사 단위(단어)로 가정하는 분석적 체계의 관점이 문장 생성의 절차를 체계적으로 기술하는 데에 적합하다.

이 점을 (11), (12), (13)의 문장들의 생성 절차를 통해 확인할 수 있다. 우선 ⑩의 확대 방법은 달리 기술해야 한다. 확대 방법들 전체를 제시하면 다음과 같다.[45]

(10)" 분석적 체계에 따른 확대 방법

①서술어에 의한 확대(=동사의 도입)
②주어에 의한 확대
③목적어에 의한 확대
④보어에 의한 확대
⑤관형어에 의한 확대
⑥부사어에 의한 확대
⑦독립어에 의한 확대
⑧동위병치에 의한 확대
⑨조사에 의한 확대
⑩종결사, 접속사, 명사화사, 관형화사, 부사화사에 의한 확대
⑪굴절사에 의한 확대

명사구와 동사가 결합하여 구로 확대되는 방식도 앞의 준종합적 체계에서와 다르다는 점을 주의해야 한다. 특히 '동사'는 용언 어간만을 가리킨다.

45) ⑩의 확대 방법에 대한 서술은 복잡해 보이지만, 종결사(종결어미), 접속사(접속어미), 명사화사(명사형어미), 관형화사(관형형어미), 부사화사(부사형어미)를 단일한 통사 범주 보문소(C)로 묶으면 서술을 간결하게 할 수 있다. 실제로 양정석(2010)에서 이와 같이 실행하였다.

(11)" "철수가 순희를 사랑한다."의 생성

사랑하 동사 (① 적용)
순희+를 명사구 (⑨ 적용)
순희+를+사랑하 동사구 (③ 적용)
철수+가 명사구 (⑨ 적용)
철수+가+순희+를+사랑하 문장 (② 적용)
철수+가+순희+를+사랑하+ㄴ다 문장 (⑩ 적용)

(12)" "철수가 순희를 사랑하고 인호가 영미를 사랑한다."의 생성

철수+가+순희+를+사랑하+고 문장 (①, ⑨, ③, ⑨, ②, ⑩ 적용)
인호+가+영미+를+사랑하 문장 (①, ⑨, ③, ⑨, ② 적용)
철수+가+순희+를+사랑하+고+인호+가+영미+를+사랑하 문장 (⑧적용)
철수+가+순희+를+사랑하+고+인호+가+영미+를+사랑하+ㄴ다 문장 (⑩ 적용)

(13)" "나는 철수가 순희를 사랑함을 깨달았다."의 생성

철수+가+순희+를+사랑하 문장 (①, ⑨, ③, ⑨, ② 적용)
철수+가+순희+를+사랑하+ㅁ 문장 (⑩ 적용)
철수+가+순희+를+사랑하+ㅁ+을 문장 (⑨ 적용)
철수+가+순희+를+사랑하+ㅁ+을+깨달 동사구 (③ 적용)
나+는 명사구 (⑨ 적용)
나+는+철수+가+순희+를+사랑함+을+깨달 문장 (② 적용)
나+는+철수+가+순희+를+사랑함+을+깨달+았 문장 (⑪ 적용)
나+는+철수+가+순희+를+사랑함+을+깨달+았+다 문장 (⑩ 적용)

어말어미, 선어말어미를 통사 단위로 가정한 바탕에서 (10)"의 확대 방법들을 가지고 한국어의 모든 문장을 생성할 수 있다.

『우리말본』이 (10)이나 (10)'과 같은 체계를 규칙들의 체계로 인식하여 명시적으로 제시하였다면 『우리말본』은 생성문법 이론의 초기적인 형태로 인정받을 수 있었을 것이다. 그러나 『우리말본』은 이들을 생성적 규칙으로 인식하지 못하였고, 이러한 까닭에 생성문법의 이론으로 발전하지 못하였다. 생성문법 이론에서는 (10)"과 같은 기본적 생성 방법들을 '구 구조 규칙(phrase structure rules)'이나 '핵계층 이론(X-bar theory)'을 이용하여 포착·기술한다. 구 구조 규칙은 초기이론(Chomsky 1957)이나 표준이론(Chomsky 1965)에서의 구 구조 확대 이론이고, 핵계층 이론은 원리매개변인 이론(Chomsky

1986b)에서의 구 구조 확대 이론이다. 구 구조 규칙과 핵계층 이론은 명시적인 이론이고, 본질적으로 귀환적 규칙들의 체계이다. 이 점이 위에서 시도한 『우리말본』의 문장 확대 이론이 갖지 못한 근본적인 특성이고, 이것이 『우리말본』을 비롯한 분류론적 문법의 한계이다.

2.1.2. 핵계층 이론에 의한 구 구조의 생성

이 절에서는 핵계층 이론을 이용한 한국어 구 구조 확대의 방법을 알아보기로 한다.

핵계층 이론은 모든 통사 범주에서 동심성과 범주중립성(=범주교차성)이 성립될 수 있게 한다. 동심성은 모든 범주가 그 머리성분(head)의 통사적 성격을 물려받는 중간 구 범주(X′), 최대 구 범주(XP = X″)로 되어 있다는 원리이다. 범주중립성은 어휘 범주든, 기능 범주든, 어느 범주라도 머리성분 X, 중간 구 범주(X′), 최대 구 범주(XP = X″)를 이룰 수 있다는 원리이다.

1980년대 후반부터 한국어에 핵계층 이론을 적용하는 연구들이 상당수 나타났지만, 특정 기능 범주를 핵계층 이론 체계에 도입할 것인지 여부가 논의의 주종을 이루었고,[46) 전 범위에 걸친 체계를 제시한 연구는 드물다.[47) 양정석(2010)에서는 한국어의 어말어미와 선어말어미, 보조사, 후치사 등의 기능 범주와 명사, 동사, 부사 등의 어휘 범주를 포함하는 통사 범주 체계를 수립한 바 있다. 이에 따라 (15가)와 같은 통사적 머리성분의 범주들, (15나)와 같은 어휘항목들의 목록을 상정한다.

(15) 가. X = {V, N, Adv, P, D, I, C}
나. V = {가-, 먹-, 착하-, 춥-, 있-, 없-, 이-, 아니-, . . .}
N = {사람, 것, 이, 그, 하나, 한, 셋, 세, 첫째, 모두, 모든, 새, 해당, . . .}
Adv= {매우, 빨리, 쓸쓸히, 같이, 달리, 함께, . . .}
P = {-에, -에게, -으로, -와, -부터[1], -까지[1], -이랑. . .}
D = {-이, -를, -의, -는, -만, -도, -조차, -부터[2], -까지[2], -마저, -마다, -씩, -이나, -이라도, -이든지, -이나, . . .}
I = {-으시-, -겠-, -으시겠-, φ, -었-, -었었-, -으시었-, -으시었었-,

46) 서정목(1993가) 참조.

47) 1990년대 이후의 생성문법의 연구 경향은 이른바 '최소주의 체계'를 표방하는데, 여기에서는 핵계층 이론이 독립된 하위 이론으로서의 지위를 인정받지 못하고, '병합(Merge)'이라는 연산에 그 특성이 유지되고 있을 뿐이다. 그러나 이 경우에도 핵계층 이론의 구 구조 형성·허가의 기능, 그리고 핵계층 이론이 가지는 언어-보편적 구성성분 구조의 일반화 기능이 부정되는 것은 아니고, 단지 이론 내의 형식만 부분적으로 바뀐 것이라고 할 수 있다.

-었겠-, -었었겠-, -으시었겠-, -으시었었겠-}
C = {-다, -니, -어라, -자, -고, -어서, -는, -던, -음, -기, . . .}

동사 범주인 'V'에는 최현배(1937) 등 종래 문법에서 동사로, 형용사로, 지정사로 다루던 것들이 모두 한 범주로 포함되고 있다. 또, 종래 문법에서 독립 통사 범주로 상정하던 '관형사'는 명사의 하위 범주로 간주한다. 그러나 종래의 부사는 여전히 독립된 통사 범주로 인정한다. 부사는 의미적으로 상태성 동사('형용사')와의 공통성을 많이 가지고 있으나, 형태론적, 통사론적 측면에서는 뚜렷한 차이를 가지므로 독립된 범주로 상정해야 한다. 종래 조사로 다루어지던 것들 중 부사격조사 '-에', '-에게', '-으로', '-와' 등은 후치사로, 종래의 보조사 '-는', '-도', '-만' 등은 그대로 '보조사'라는 이름으로 독립된 범주로 상정한다. 종래 격 표지의 대표적인 것으로 알려져 온 '-이/가', '-을/를', '-의'는 보조사 범주에 포함된다.[48]

(15)와 같은 머리성분 범주와 어휘항목의 목록을 가지고 구를 형성하는 원리들이 핵계층 이론을 이룬다. 다음과 같은 핵계층 원리가 있어 머리성분으로부터 구를 확대해 갈 수 있고, 그 과정에서의 제약을 부여한다. 다음은 촘스키(Chomsky 1986b)에서 기능 범주에까지 확대 적용하여 완성한 핵계층 이론을 받아들이되, 이에 다소 수정을 가한 것이다.[49]

(16) 핵계층 도식
가. X → Y X (Y는 머리성분 범주인 부가어)
나. X' → YP X (YP는 보충어)
다. X' → YP X' (YP는 최대투사인 부가어)
라. XP → YP X' (YP는 명시어)
마. XP → YP XP (YP는 최대투사인 부가어)

X와 X'와 XP는 모두 부가어를 취하여 [$_{X}$ Y X], [$_{X'}$ YP X'], [$_{XP}$ YP XP] 구조를 형성할 수 있다.[50] 머리성분의 부가어는 머리성분 범주이어야 한다. 중간투사 범주 X'이든, 최대

48) 이 책에서는 '-이/가', '-을/를'이 격 표지라는 견해를 부정한다. 이 점에 대해서는 뒤에서 격 이론을 다루면서 자세히 논의한다.

49) 중간 투사범주 X'에 부가됨을 허용하는 (16다)는 필자의 견해로 제시하는 것이다. Chomsky(1986b)에는 (16나, 라)만이 명시적으로 제시되어 있고, (16가)와 (16마)는 각각 머리성분 이동, 부가어 이동과 같은 변형의 결과로 그 예가 나타나고 있다. 필자는 논리형태(LF)나 D-구조를 인정하지 않는, 단일한 층위의 통사구조를 가정하므로 (16가, 마)도 핵계층 도식으로 추가되어야 한다.

투사 범주 XP이든, 모든 투사 범주의 부가어는 최대투사 범주(YP)이어야 한다.51) 어순은 매개변인이나 개별언어의 규칙에 따라 정해진다.52)

(16)의 핵계층 이론은 이 5가지 규칙들에 부합되지 않는 어떤 구조도 한국어는 물론, 나아가 모든 인간 언어의 구 단위로 생성될 수 없다는 점을 규제하고 있다. 모든 언어의 모든 구가 (16)의 구조들로 분석되어야 한다는 요구는 우리의 이론 체계에서의 '구조 보존 원리'와 같은 것이다.

(16)에서 보충어, 부가어, 명시어는 전통문법이나 구조문법에서 '문장성분'이라 지칭하던 것과 상응하는 개념으로, 이들이 현대 생성문법 이론의 문법기능들이다. (10)"에서의 문장성분들을 점검해 보면, 주어, 목적어, 보어, 부사어, 관형어, 독립어 들은 새 관점에서의 분석을 통해 보충어, 부가어, 명시어의 세 가지 문법기능으로 환원된다. ⑧의 '동위병치에 의한 확대'의 예로 설명된 구 접속 또는 문장 접속의 예도 부가어 또는 명시어를 가지는 구 구조로 설명된다. ⑨의 '조사에 의한 확대'는 격조사, 보조사가 머리성분(핵어: head)이 되어, 그 앞에 명사구 등의 보충어를 취하여 확대된 구 구조를 형성하는 절차로 설명된다. ⑩의 '종결사, 접속사, 명사화사, 관형화사, 부사화사에 의한 확대', ⑪의 '굴절사에 의한 확대'도 그러하다. 이들도 종결사, 접속사, 명사화사, 관형화사, 부사화사, 그리고 굴절사가 머리성분이 되어 그 앞의 구를 보충어로 취하여 확대된 구 구조를 형성하는 절차라고 설명할 수 있다. 이러한 방법으로 한국어의 모든 문장을 (16)의 5개의 규칙을 이용하여 생성할 수 있다.

(16)의 (나)-(마) 규칙들에서 YP는 다시 Y를 머리성분으로 가지는 구 구조라는 점에 주의해야 한다. 이들에서 YP는 (라), (마)의 규칙에서 의해 생성된 구 구조이다. 그러므로 (16)의 (나)-(마)는 귀환적 규칙(recursive rules)의 체계인 것이다.

한 문장의 생성 과정의 초기에 동사인 단어가 선택되었다고 가정해 보자. 어휘부의 해당 단어의 어휘기재항에서 이 단어의 통사 범주 V를 복사해 오는 일이 통사적 과정의 최초의 절차가 될 것이다. 다음으로는 (16)의 핵계층 도식을 구조 형성의 기제로 활용하여 (17가), (17나)와 같은 절차가 이루어진다.53)

---

50) 필자는 머리성분 부가가 특별한 어휘부 규칙에 의해 허가되는 경우에만 나타나는 것으로 본다. 머리성분 이동(head movement)의 비도출적 설명을 위해서는 이를 위한 어휘부 규칙이 설정되어야 한다. 보문소와 보조사의 결합도 또 하나의 예이다.

51) 2.2.2절과 2.4절에서 중간투사 범주 V'와 I'의 부가어의 예들을 확인할 수 있다.

52) 어순이 매개변인에 의해 정해진다는 것은 원리매개변인 이론의 기본 가정이다. 이 외에 개별언어의 규칙에 의해 어순이 정해진다는 것도 자연스러운 가정이다.

53) 여기에서는 위 구성성분 확대 방법과 비교하기 위해 상향(bottom-up) 도출의 방향으로 설명한다. 최소주의 통사론에서는 상향 도출의 방향을 기본으로 하지만 원리매개변인 이론에서는 하향(top-down) 도출의 방향을

(17) 가. V ⇒((16나) 규칙) [$_{V'}$ XP V]
　　나. [$_{V'}$ XP V] ⇒((16라) 규칙) [$_{VP}$ YP [$_{V'}$ XP V]]

규칙이 적용되는 절차를 조금 더 자세하게 기록하기 위하여 다음과 같이 나타내기로 한다. 오른쪽의 괄호 안의 서술은 적용된 규칙이고, 그 왼쪽의 내용이 규칙이 적용된 결과의 구성성분이다. 2.1.1절의 내용과 비교함으로써 핵계층 이론을 적용한다는 것이 어떤 것인지를 잘 이해할 수 있다. (16)의 5개 규칙만 가지면 한국어의 어떤 문장이라도 생성할 수 있다.

(18) "나는 철수가 싫다."의 도출 절차
　　[$_{V}$ 싫-] (어휘부에서 어휘항목 복사)
　　[$_{V'}$[$_{DP}$ 철수가] [$_{V}$ 싫-]] ((16나) 보충어 규칙 적용, X=V, Y=D)
　　[$_{VP}$[$_{V'}$[$_{DP}$ 철수가] [$_{V}$ 싫-]]] ((16라) 명시어 규칙 적용, X=V, YP는 선택되지 않음)
　　[$_{I'}$[$_{VP}$[$_{V'}$[$_{DP}$ 철수가] [$_{V}$ 싫-]]] [$_{I}$ ∅]] ((16나) 적용, X=I, Y=V)
　　[$_{IP}$[$_{DP}$ 나는] [$_{I'}$[$_{VP}$[$_{V'}$[$_{DP}$ 철수가] [$_{V}$ 싫-]]] [$_{I}$ ∅]]] ((16라) 적용, X=I, Y=D)
　　[$_{C'}$[$_{IP}$[$_{DP}$ 나는] [$_{I'}$[$_{VP}$[$_{V'}$[$_{DP}$ 철수가] [$_{V}$ 싫-]]] [$_{I}$ ∅]]]-다] ((16나) 적용, X=C, Y=I)
　　[$_{CP}$[$_{C'}$[$_{IP}$[$_{DP}$ 나는] [$_{I'}$[$_{VP}$[$_{V'}$[$_{DP}$ 철수가] [$_{V}$ 싫-]]][$_{I}$ ∅]]]-다]]
　　((16라) 적용, X=C, YP는 선택되지 않음)

중간투사 범주, 최대투사 범주, 부가된 범주는 머리성분이 가지는 통사적 자질들을 물려받는다. 이를 자질의 삼투라고 한다. 특별한 경우로, DP는 그 내부의 보충어인 NP, CP의 통사적 자질을 물려받을 수 있다.[54)]

2.2. 생성문법의 원리매개변인 이론 체계

Chomsky(1957)에 제시된 문법 이론을 생성문법의 '초기이론'이라고 하고, Chomsky (1965)에 제시된 문법 이론을 생성문법의 '표준이론'이라고 한다. 초기이론은 완성된 이론 체계로 인정하기에는 상당히 많은 부분이 결핍되어 있는 상태였다. 구체적인 한 언어, 즉 영어의 모든 문장을 생성할 수 있는 완성된 체계가 주어진 것은 표준이론인 Chomsky

---

취하는 것이 관행이었다. 뒤에서는 하향 도출의 방향으로 설명할 것이다.

54) 이는 뒤에서 서술화 이론의 일부로 서술될 것이다.

(1965)에 와서였다. 1980년 이후의 '원리매개변인 이론'은 초기이론과 표준이론이 가지는 일반성 결여의 문제점들을 보완하는 과정에서 형성되었다. 한 예로, 한 언어에 대하여 수십 개의 규칙들로 기술하던 이전의 구 구조 규칙 체계에 비해서, 원리매개변인 이론의 핵계층 도식들은 많아야 5개밖에 안 된다. 한 언어의 모든 문장들을 수십 개의 규칙들을 동원해서 생성하는 것이 구 구조 규칙 체계였다면, 원래매개변인 이론의 핵계층 이론은 5개의 환원된 규칙들을 이용하여 동일한 효과를 얻는다는 것이다.

Chomsky(1986b)를 중심으로 원리매개변인 이론의 통사론 체계의 개요를 보이기로 한다.

생성문법 이론은 구조를 형성하는 원리 또는 규칙의 체계와 형성된 구조에 대해 제약을 가하는 원리 또는 규칙의 체계로 이루어져 있다. 앞 절에서 도입한 핵계층 이론은 구조 형성의 원리의 체계이다. 핵계층 이론에 의해 형성된 구조들을 제약하는 원리들로는 다음과 같은 것들이 있다. ⑥과 ⑦은 필자가 양정석(2005/2010)에서 추가적으로 상정한 원리들이다.

(1) 원리매개변인 이론의 단원 이론들
- ① 핵계층 이론: 핵계층 도식(X-bar schema)
- ② 격 이론: 격 여과 원리(Case Filter)
- ③ 의미역 이론: 의미역 기준, 투사 원리, 확대 투사 원리(EPP)
- ④ 결속 이론: 결속 원리 A, B, C
- ⑤ 한계 이론(Bounding Theory):
  α-이동(Move-α), 공범주 원리(ECP), 하위 인접 조건(Subjacency)
- ⑥ 서술화 이론: 서술화 원리
- ⑦ 재구조화 이론: 재구조화 원리

표준적 원리매개변인 이론에서 문법은 다음과 같은 조직을 이루고 있다.

(2) 표준적 원리매개변인 이론에서의 문법의 조직

핵계층 도식
│ (어휘부)
↓ ↙어휘삽입규칙
[문장의 D-구조]
↓α-이동(변형)

[문장의 S-구조] →(음운론적 규칙들) [문장의 음성형태(PF)]
↓α-이동(변형)
[문장의 논리형태(LF)]
↘ (의미규칙들)
[문장의 의미 표상]

이 책의 관점은 표준적 원리매개변인 이론의 전반적 관점을 공유하지만, 통사구조로는 S-구조만을 가지는 다음과 같은 문법의 조직을 가정한다.

(3) 이 책의 관점에서의 문법의 조직(원리매개변인 이론)
핵계층 도식
│ (어휘부)
↓ ↙어휘삽입규칙
[문장의 S-구조] →(음운론적규칙들) [문장의 음성형태(PF)]
↘
(의미규칙들)
[문장의 의미구조]

이하에서는 원리매개변인 이론의 하위 이론들을 (1)에서 제시한 대로 하나하나 살펴보기로 한다.

2.2.1. 통사 부문의 단원 이론들

A. 핵계층 이론

핵계층 이론은 생성문법의 원리매개변인 이론에서 구 구조를 형성하는 기본 원리라고 설명하였다. 생성문법의 이론은 한국어에 국한되지 않는 보편적 이론을 추구하므로 2.1절의 (16)으로 제시하였던 핵계층 도식들을 다음과 같이 다소 다른 형식으로 나타내기로 한다. 중요한 차이점은 구성성분 간의 순서가 정해지지 않았다는 점이다.

(4) ① X′ → (YP); X (보충어 규칙)
② XP → (YP); X′ (명시어 규칙)
③ X′ → YP; X′ (부가어 규칙i)

④ XP → YP; XP (부가어 규칙ii)
⑤ X → Y; X (머리성분 부가어 규칙)

이상의 원리가 어떻게 활용되는지를 알기 위해 간단한 예를 들어 설명하기로 한다. 한국어 문장 "철수가 김밥을 먹었다."는 다음과 같은 절차로 생성된다.55)

(5) 가. "철수가 김밥을 먹었다."의 도출 절차

CP	(시초 기호, X=C)
C′	(②, X=C, YP 비실현)
IP C	(①, X=C, Y=I)
DP I′ C	(②, X=I, Y=D)
DP VP I C	(①, X=I, Y=V)
DP V′ I C	(②, X=V, YP 비실현)
DP DP V I C	(①, X=V, Y=D)
D′ D′ V I C	(②, X=D, YP 비실현, 2회 적용)
NP D NP D V I C	(①, X=D, Y=N, 2회 적용)
철수 이 김밥 를 먹 었 다	(어휘삽입규칙 적용)

나. 도출된 통사구조

[$_{C''}$[$_{C'}$[$_{I''}$[$_{D''}$ [$_{D'}$[$_{N''}$철수] [$_{D}$ 이]]] [$_{I'}$[$_{V''}$[$_{V'}$[$_{D''}$ [$_{D'}$[$_{N''}$김밥] [$_{D}$를]]] [$_{V}$먹-]]] [$_{I}$었]] [$_{C}$다]]]

CP를 시초 기호로 그 내부 구조가 확대되어 단어 단위까지 구조가 생성되는 과정은 '하향 도출(top-down derivation)' 방식의 구조 도출이다.

다음으로, 중간투사 범주, 최대투사 범주, 부가된 범주는 머리성분이 가지는 통사적 자질들을 물려받는다. 이를 '자질의 삼투'라고 한다. 핵계층 이론은 이렇게, 어휘항목을 바탕으로 하여 통사적 표상인 구를 형성하는 것이다.

핵계층 이론의 규칙들(원리들)인 위 ①-⑤에 의해서 구체적인 구가 형성되는 방법을 알아보자. 먼저 '보충어 규칙'인 ①은 다음과 같은 구를 형성한다.

(6) 보충어 구조의 예

가. 나는 인호가 싫다.

---

55) 목적어를 V′의 보충어로 처리한 것은 종래 생성문법 연구의 관행을 따른 것이나, 이 책의 견해는 목적어를 VP의 명시어로 처리하는 것이다. (6) 이후로는 목적어를 DP의 명시어로 처리할 것이다.

$[_{V'}$ $[_{NP}$ 인호] $[_{V}$ 싫-]]

나. 물이 수증기로 변했다.

$[_{V'}$ $[_{PP}$ 수증기로] $[_{V}$ 변하-]]

다. 철수가 순희를 인호에게 소개했다.

$[_{V'}$ $[_{PP}$ 인호에게] $[_{V}$ 소개하-]]

라. 철수가 순희를 인호에게 소개했다.

$[_{I'}$ $[_{VP}$ 순희를 인호에게 소개하-] $[_{I}$ -었-]]

마. 기영이는 순희를 인호에게 소개했고 준기는 옥이를 경수에게 소개했다.

$[_{C'}$ $[_{IP}$ 기영이는 순희를 인호에게 소개하-었-] $[_{C}$ -고]]

다음은 명시어 구조의 예들이다. 이들은 위 (4)의 '명시어 규칙' ②가 적용되어 형성된다.

(7) 명시어 구조의 예

가. 철수가 뛰었다.

$[_{IP}$ $[_{DP}$ 철수가] $[_{I'}$ $[_{VP}$ $[_{V}$ 뛰]]$[_{I}$ -었-]]]

나. 철수와 인호가 뛰었다.

$[_{PP}$ $[_{P'}$ $[_{DP}$ 철수] $[_{P}$ -와]] $[_{NP}$ 인호]]

다. 철수가 도착하거든 전화를 해라.

$[_{CP}$ $[_{C'}$ $[_{IP}$ $[_{DP}$ 철수가] $[_{I'}$ $[_{VP}$ $[_{V}$ 도착하-]]$[_{I}$ ∅]]$[_{C}$ -거든]]

$[_{CP}$ $[_{IP}$ $[_{DP}$ e] $[_{I'}$ $[_{VP}$$[_{DP}$ 전화를] $[_{V}$ 하-]]$[_{I}$ ∅]]$[_{C}$ -어라]]]

다음으로 부가어 구조의 예를 살펴보자. 부가어는 XP에 부가되는 경우도 있고 X′에 부가되는 경우도 있다. 연결어미 '-어서'에 이끌리는 다음 접속문의 선행절은 XP, 즉 VP에 부가되는 부가어이다. 이는 위 (4)의 규칙 ④가 적용된 것이다.

(8) 나는 몸이 피곤해서 귀가하겠다.

$[_{CP}$ $[_{IP}$ $[_{DP}$ 나는] $[_{I'}$$[_{VP}$ $[_{CP}$ $[_{IP}$ $[_{DP}$ 몸이] $[_{I'}$ $[_{VP}$ $[_{V}$ 피곤하-]]$[_{I}$ ∅]]$[_{C}$-어서]]
$[_{VP}$$[_{V}$ 귀가하-]]]$[_{I}$ -겠-]]$[_{C}$ -다]]]

다음은 X′에 부가어가 부가되는 예이다. 여기에서 X′는 I′이다. 이는 위 (4)의 규칙 ③이 적용된 것이다.

(9) 나는 철수가 도착하면 전화를 하겠다.
[$_{CP}$ [$_{IP}$ [$_{DP}$ 나는] [$_{I'}$[$_{CP}$ [$_{IP}$ [$_{DP}$ 철수가] [$_{I'}$ [$_{VP}$ [$_{V}$ 도착하-]][$_{I}$ ∅]][$_{C}$-면]]
[$_{I'}$[$_{VP}$[$_{DP}$ 전화를][$_{V}$ 하-]][$_{I}$ -겠-]]][$_{C}$ -다]]]

이상은 위 (4)의 핵계층 도식 5개를 가지고 한국어의 모든 문장의 통사구조를 형성할 수 있음을 보이는 것이다.

B. 격 이론

한국어의 격 이론을 두 가지로 제시하여 비교해 보기로 한다. 이들을 각각 '격 이론 I'과 '격 이론 II'라고 지칭한다. 종래의 한국어 생성문법 연구의 관행과 가까운 격 이론이 '격 이론 I'이다. '격 이론 II'는 필자가 궁극적으로 추구하는 격 이론인데, 이를 완성적으로 기술하기 위해서는 의미역 이론을 중심으로 한 필자의 이론 체계 전반이 주어져야 한다. 표준적인 원리매개변인 이론 체계를 설명하기 위한 현실적인 필요에 따라 여기에서는 먼저 '격 이론 I'을 소개하고, 그런 다음 '격 이론 II'를 제시할 것이다.

격 이론은 음성적으로 실현되는 명사구(NP)들의 분포를 규율하는 원리이다. 격 이론을 구체적으로 실행하는 방법은, 먼저 지배 조건 하에서 주격 [+nom], 목적격 [+acc], 사격 [+obl], 관형격 [+gen] 등의 추상격 자질을 할당하는 절차가 선행되고, 다음으로 S-구조에 표시된 추상격 표시들을 바탕으로 '격 여과 원리(Case Filter)'가 적용되어 명사구(NP)들 중에서 추상격 자질을 할당받지 못한 명사구가 있는지 점검한다. 추상격 자질을 하나라도 받지 못한 명사구(NP)가 있으면 그 문장은 비문법적 문장으로 판정된다.

원리매개변인 이론의 시기로부터 격 이론에 의해 표시되는 격은 추상격과 그 형태론적 실현의 두 단계로 규정된다. 한국어의 '-이/가'와 '-을/를'은 각각 추상격 자질 '[+nom]'과 '[+acc]'가 음운론적 부문에서 형태론적으로 실현되는 것이라고 설명하는 것이 한국어에 원리매개변인 이론을 적용하는 연구들의 관행이 되어 왔다. 이 책에서는 이러한 관행적 격 처리 방법을 받아들이지 않는다. 위에서 이미 말한 바와 같이, '-이/가'와 '-을/를'은 '-은/는, -도, -만, . . .'처럼 보조사 범주(D)에 속하는 것으로 상정한다. 이들은 그 왼쪽의 NP를 보충어로 가지는 DP를 형성하는데, 격 할당자들은 이 DP를 지배하여 이 DP에 추상격 자질을 부여하며, 이 자질은 다시 그 보충어인 NP에 전해진다고 가정한다.

격 자질을 할당하는 주체('격 할당자')는 격을 받는 명사구를 지배해야 한다는 것이 원리매개변인 이론의 주요 주장 중 하나이다. 영어의 경우, 정형동사(finite verb)의 어미인 굴절소는 그 주어에 주격을 할당하고, to-비정형절(to-infinitive clause)의 굴절소인 'to'는 그와 같은 능력을 갖지 못한다고 설명하는 것이 보통이나, 한국어의 경우는 정형의 굴절소와 비정형의 굴절소를 구분하는 뚜렷한 근거를 찾기 어렵다. 그러므로 공범주를 포함하는 모든 굴절소가 그 명시어인 주어에 주격 자질을 할당하는 것으로 처리하기로 한다.

격 이론의 운용에 있어서 궁극의 기준이 되는 원리는 다음과 같은 '격 여과 원리'이다. 명사구들은 여러 가지 방법으로 격 할당을 받아야 하며, 격을 할당받지 못한 것은 이 격 여과 원리에 따라 부적격한 표현으로 판정받는다. 모든 NP는 (11)과 같은 규칙에 의해 격이 표시된다.[56)]

(10) 격 여과 원리('격 이론 I')
NP가 음성적 형식을 가지면서 격이 표시되어 있지 않으면 이를 포함한 문장은 부적격한 표현이다.

(11) 격 표시 규칙('격 이론 I')
가. I에 지배되는 DP에 주격[+nom]이 표시된다.
나. 타동사인 V에 지배되는 DP에 목적격[+acc]이 표시된다.
다. 논항 PP를 지배하는 동사 V는 이 PP에 사격[+obl]을 표시한다.
라. 부가어 PP의 머리성분 P에 지배되는 NP에 사격[+obl]이 표시된다.
마. DP와 PP에 표시된 격 자질은 그 내부로 침투하여 NP에 표시된다
바. 'NP-의' 형식의 명사수식어의 'NP'에 관형격[+gen]이 표시된다.[57)]

주어와 목적어와 부가어 PP를 가지는 (12)와 같은 예에 격이 표시되는 절차는 (13)과 같다.[58)]

---

56) (10), (11)은 Chomsky(1981)의 격 이론의 정신에 따른 한 가지 실행 방안을 보인 것이나, 이론가들에 따라 각양각색의 다른 방안들이 제시되어 왔다. 곧이어 보일 이 책의 방안, 즉 '격 이론 II'는 의미역 이론에 상당하는 '논항연결원리'를 중심적으로 활용하는 것으로서, (10), (11)과는 다른, 매우 축소된 내용의 격 이론을 가진다.

57) 이 격 표시 규칙은 지배 개념을 사용하지 않는다는 점에서 여타의 규칙과 다르다. 영어의 경우 명사구 내부의 관형격(genitive Case)도 격 지배자에 의해 격 표시되는 것으로 설명하지만(Chomsky1986a), 한국어에서는 그와 같은 설명이 무리인 것으로 판단하여, 잠정적으로 이와 같은 형식으로 서술하였다.

58) 종래 원리매개변인 이론에 입각하여 한국어의 격 현상을 기술하는 연구들은 대개 (a)와 같은 격 표시 규칙을 실행한다(강영세 1986, 김영주 1990). 이에 따라 (12) 문장의 격 표시 절차를 보이면 (b)와 같다.
a. 가. I에 지배되는 NP에 주격[+nom]이 표시된다. 이 자질은 음운론적 부문에서 '-이/가'로 실현된다.
나. V에 지배되는 NP에 목적격[+acc]이 표시된다. 이 자질은 음운론적 부문에서 '-을/를'로 실현된다.
다. 논항 PP를 지배하는 동사 V는 이 PP에 사격[+obl]을 표시한다.
라. 부가어 PP의 머리성분 P에 지배되는 NP에 사격[+obl]이 표시된다.
마. PP에 표시된 격 자질은 그 내부로 침투하여 NP에 표시된다.

(12) 철수가 종로에서 인호를 만났다.

(13) 가. [IP [DP [NP 철수] [D -가]]$_{[+nom]}$ [[PP[NP 종로] [P 에서]] [VP [DP [NP 인호] [D -를]]$_{[+acc]}$ 만나-]]-았-]-다. (격 표시 규칙 (11가, 나) 적용)

나. [IP [DP [NP 철수] [D -가]]$_{[+nom]}$ [[PP[NP 종로]$_{[+obl]}$ [P 에서]] [VP [DP [NP 인호] [D -를]]$_{[+acc]}$ 만나-]]-았-]-다. (격 표시 규칙 (11라) 적용)

다. [IP [DP [NP 철수]$_{[+nom]}$ [D -가]] [[PP[NP 종로]$_{[+obl]}$ [P 에서]] [VP [DP [NP 인호]$_{[+acc]}$ [D -를]] 만나-]]-았-]-다. (격 표시 규칙 (11마) 적용)

(11마)의 '격 자질 침투'의 절차를 구체적으로 서술하면 다음 (14가-라)와 같다.

(14) 가. 명사구에 보조사가 결합한 보조사구(DP) 'NP-도/만, . . .'에 '[NP-도]$_{[+case]}$'와 같이 할당된 격 자질은 '[NP$_{[+case]}$-도]'와 같이 NP에 침투된다.

나. 명사구에 후치사가 결합한 후치사구(PP) 'NP-에/에게/로, . . .'에 '[NP-에게]$_{[+obl]}$'와 같이 할당된 사격 자질은 '[NP$_{[+obl]}$-에게]'와 같이 NP에 침투된다.

다. 격 표시 규칙 (11)에 따라 '[DP [NP^1-와/과 NP^2] D]$_{[+case]}$'와 같은 DP에 표시된 격 자질은 '[DP [NP^1-와/과 NP^2]$_{[+case]}$ D]' ⇒ '[DP [NP$^1_{[+case]}$-와/과 NP$^2_{[+case]}$] D]'와 같이 NP에 침투된다. '-와/과' 외에도 '-하고, -랑, -이나'을 가지는 DP가 같은 방식으로 격 표시된다.

라. 격 표시 규칙 (11)에 따라 '[DP [NP^1-와/과 NP^2] P]$_{[+obl]}$'와 같은 PP에 표시된 격 자질은 '[DP [NP^1-와/과 NP^2]$_{[+obl]}$ P]' ⇒ '[DP [NP$^1_{[+obl]}$-와/과 NP$^2_{[+obl]}$] P]'와 같이 NP에 침투된다. '-와/과' 외에도 '-하고, -랑, -이나'을 가지는 PP가 같은 방식으로 격 표시된다.

(15) 가. <u>철수도</u> <u>한식만</u> 좋아한다.

나. 내가 <u>철수에게</u> 책을 선물했다.

다. <u>철수의</u> 동생이 도서관에 있다.

라. <u>철수와 인호도</u> 도서관에 있다/나는 <u>철수와 인호도</u> 만났다.

마. 내가 <u>철수와 인호에게</u> 책을 선물했다.

---

b. 가. [IP [NP 철수]$_{[+nom]}$ [[PP[NP 종로]$_{[+obl]}$ [P 에서]] [VP[NP 인호]$_{[+acc]}$ 만나-]]-았-]-다. (격 표시 규칙 (a가, 나, 라) 적용)

나. [IP [NP 철수]-가 [VP[PP[NP 종로]$_{[+obl]}$ [P 에서]] [VP[NP 인호]-를 만나-]]-았-]-다. (음운론적 부문의 주격, 목적격 형태 실현)

(b)에서는 주어와 목적어가 DP 아닌 NP 범주로 가정되었고, 주격 '-가', 목적격 '-를'은 독립된 통사 단위가 아니라, 격 표시 절차에 따라 도입된 주격 자질 [+nom], 목적격 자질 [+acc]가 음운론적 부문에서 격 형태로 실현된 것이다.

다시금, 한국어 생성문법 이론이 한국어의 모든 문장을 누락됨이 없이 생성하고(완전성 요건), 반면 한국어의 문장이 아닌 것은 비문으로 정확히 예측(건전성 요건)하는 장치라는 요구를 충족시켜야 한다는 점을 상기해야 한다. 위 격 이론('격 이론 I')을 포함하는 한국어 문법은 위 (12) 문장을 문법적 문장으로 생성한다. 반면 다음의 문장들은 비문으로 정확히 예측한다.

(16) 가. *철수가 종로에서 인호가 만났다.
　　나. *철수를 종로에서 인호를 만났다.

이상의 '격 이론 I'에 대해 제기되는 부분적인 문제들은 (11)의 격 표시 규칙을 일부 수정함으로써 해결할 수 있다. 가령, 한 타동사의 문장에 목적격이 둘 이상 실현되는 경우를 위해서는 (17가)와 같은 규정을 추가함으로써 해결할 수 있다. 이중주어문에서 주격이 둘 이상 실현되는 경우를 위해서는 (17나)와 같은, 원리에 바탕한 해결 방안이 제시되기도 하였다. 타동사를 갖지 않는 이중주어문의 경우, VP가 (17나)에 따라 타동사가 지배하는 영역을 이루지 못하므로, 상위의 격 지배자 I에 의해 VP 내부에 격이 부여될 수 있다.[59]

(17) 가. 한 격 지배자가 가지는 격 자질은 2회 이상 부여할 수 있다.
　　나. 하위 구성성분의 격 지배자가 지배하는 영역에서는 상위 구성성분 격 지배자의 격이 부여될 수 없다(Stowell 1981의 '격 저항 원리 Case Resistance Principle')
　　EX. '내가 인호가 싫다.'의 격 표시 절차:
　　[$_{IP}$ [$_{NP}$ 나] [$_{I'}$ [$_{VP}$ [$_{V'}$ [$_{NP}$ 인호] [$_{V}$싫-]]] [$_{I}$ ∅]]] ⇒('I'에 의한 격 표시)
　　[$_{IP}$ [$_{NP}$ 나]$_{[+nom]}$ [$_{I'}$ [$_{VP}$ [$_{V'}$ [$_{NP}$ 인호] [$_{V}$싫-]]] [$_{I}$ ∅]]] ⇒('I'에 의한 격 표시)
　　[$_{IP}$ [$_{NP}$ 나]$_{[+nom]}$ [$_{I'}$ [$_{VP}$ [$_{V'}$ [$_{NP}$ 인호]$_{[+nom]}$ [$_{V}$싫-]]] [$_{I}$ ∅]]] ⇒(형태음운론 규칙)
　　[$_{IP}$ [$_{NP}$ 내]-가 [$_{I'}$ [$_{VP}$ [$_{V'}$ [$_{NP}$ 인호]-가 [$_{V}$싫-]]] [$_{I}$ ∅]]]
　　다. 의미역 부여 능력을 가지는 명사 N은 그것에 의해 의미역을 받는 DP/NP에 관형격[+gen]을 부여한다.[60]
　　EX. '왜구들의 남해안 지방의 침략'의 격 표시 절차('침략'의 의미역틀: [행위자, 대상]):

59) 이정식(1992)는 이와 같은 아이디어를 한국어 격 현상 전반에 대하여 실행한 연구이다.
60) 이렇게 의미역과 연관되는 격을 '내재격 inherent Case'이라고 한다. '+nom', '+acc' 자질이 '-이', '-를'로 실현되는 것처럼, '+gen' 자질도 형태음운론 규칙에 의해 '-의'로 실현된다고 설명하는 것이 한국어 생성문법 연구의 관행이다.

$[_{NP}$ $[_{NP}$ 왜구들$]_{[+gen]}$ $[_{N'}$ $[_{NP}$ 남해안 지방$]_{[+gen]}$ $[_{N}$침략$]]]$ ⇒(형태음운론 규칙)
$[_{NP}$ $[_{NP}$ 왜구들]-의 $[_{N'}$ $[_{NP}$ 남해안 지방]-의 $[_{N}$침략$]]]$

(17)의 격 표시 절차는 기본적으로 구조적인 '지배' 관계에 따라 실행된다. 격 표시되는 NP가 이동 변형을 수행한다면 지배 관계가 충족되는 한 이 NP가 격을 두 번 받을 수 있게 된다. 이를 피하기 위해서는 NP 이동은 격을 받지 못하는 곳으로만 가능한 것으로 한정될 필요가 있다. 또, 뒤에 제시하는 '의미역 이론'에 따라서도 이 점이 예측된다. NP가 격을 받기 위해 이동해 간 위치에서 또 의미역을 받게 되면, 이중으로 의미역을 할당받게 되어, 뒤에서 제시하는 '의미역 기준'을 위배하게 된다. 따라서 이동되어 갈 위치는 비의미역 위치로 한정된다는 정리가 도출되는 것이다.

종래 한국어 생성문법 연구들에서의 관행적인 격 이론과 위 '격 이론 I'의 주요 차이점은 '-이/가'와 '-을/를'을 보조사로 규정하는지의 여부에 있다. 이들을 보조사로 규정하지 않으면 굴절소, 타동사의 지배를 받는 'NP-이', 'NP-를'의 '-이', '-를'이 NP에 주어지는 지배의 작용에 장애가 되지 않는다는 약정을 설정해야 한다. '-이', '-를'을 통사 범주 아닌 통사적 자질 '+nom', '+acc'로 약정하는 것은 이 때문이다.

그런데 '-이, -를'은 통사 범주 아닌 통사적 자질로 치부하고 '-는, -도, -만, -마다'는 어쩔 수 없이 통사 범주로 인정하더라도 근본적으로 해결되지 않는 문제점들이 제기된다.

(18) 가. '-이, -를'과 '-는, -도, -만, -마다'는 계열적으로 대립하는 단위들이다. 그러므로 이들은 하나의 통사 범주를 이룬다.

나. '-이'는 굴절소에 의해, '-를'은 타동사에 의해 지배된다는 기본적 격 표시 규칙에 의해 설명되지 않는 다음과 같은 반례들이 존재한다.

a. 날이 춥지가 않다/날이 춥지를 않다.

b. 그 사람이 인성이 착하기를 하냐, 능력이 우수하기를 하냐?

c. 그 여자가 참 상냥을 해요.

다. 보조사가 문법 요소와 결합하여 복합적 연결어미를 이루는 것처럼, '-를'이 문법 요소와 결합하여 복합적 연결어미를 이루는 '-기를'의 예가 존재한다.
특히 (b)에서는 그 목적격을 부여하는 타동사가 아예 없다.

a. 그 사람이 말하기를 내가 잘못했다고 했다.

b. 그 알이 태어나기를 금빛 광채 속에서 태어났다.

이러한 증거들은 필자의 연구를 포함하는 이전 연구들에서 누차 지적해 온 것이다. 필자는 한국어 생성문법의 관행적 이론들이 이들 근본적 문제를 해결하는 데에 성공하지 못했다고 판단한다.

이제 양정석(2010)에서 완성적으로 제시한 필자의 격 이론('격 이론 II')을 다음에 요약하기로 한다.[61]

(19) 격 여과 원리('격 이론 II')
논항연결원리에 의해 동지표를 부여받은 논항이 격 자질('추상격')을 갖지 않고 있으면 그것을 포함한 문장은 부적격한 문장으로 판정된다(논항은 DP나 PP나 CP나 AdvP일 수 있다. **동지표를 가진 논항에만 격 자질이 부여된다**).

(20) 격 표시 규칙('격 이론 II')
가. 동지표 i가 붙어 있는 [DP, IP] 성분에는 주격 [+nom]이 표시된다.
나. 동지표 j가 붙어 있는 [DP, VP] 성분에는 목적격 [+acc]가 표시된다.
다. 동지표 k가 붙어 있는 DP 아닌 [XP, V'] 성분에는 사격 [+obl]이 표시된다.[62]
라. 이 외의 동지표 붙은 DP에는 주격 [+nom]이 표시된다.
마. 외현적인 논항과, 연산자와 동지표화된 흔적(t)은 이상의 원리에 따른 추상격 자질이 표시되어야 한다(그렇지 않으면 부적격한 통사구조가 된다).[63]

'격 이론II'에서의 격 여과 원리에 상당하는 규정은 (19)와 함께 (20마)로 서술되었는데, 궁극적으로 (20마)는 제거할 수 있다.

이 격 이론은 이보다 더 기본적인 원리인 다음 논항연결원리를 바탕으로 하여 적용된다.[64]

61) (20나)는 목적어가 VP의 명시어로 처리됨을 보이는 것이다. (20나)는 더 근원적으로 (21나)의 원리에 의존한다. (20)에서 [XP, YP]는 'YP에 직접 관할되는 XP'를 뜻한다.

62) 후치사구(PP)는 물론, 보문소구(CP), 부사구(AdvP)도 사격을 받을 수 있다.

63) '외현적'이라는 표현은 PRO나 pro, 명사구(DP) 이동의 흔적과 같은 공범주가 격 표시 대상에서 제외됨을 뜻하는 것이다.

64) 이 원리는 의미역 구조를 가지는 동사, 부사, 서술성 명사의 어휘의미구조를 바탕으로 적용된다. '작용자, 행위자, 대상, . . .' 등의 의미역 명칭은 술어해체 분석에 따른 어휘의미구조의 요소들 'AFF', 'CS', 'GO'로부터 파생되는 개념이라는 것이 기본 가정이다. 이러한 요소들을 기반으로 하는 의미구조의 형식을 '기술 층렬'로 기록하고, 형식의미론적 의미구조의 형식을 '지시 층렬'로 기록하는 것이 이 책의 관점이다. 기술 층렬의 의미구조의 형성과 그 제약에 관한 이론을 [부록]에서 정리한다.
a. 'AFF(X, Y)'의 X는 작용자(Affector) 의미역, Y는 피작용자(Patient) 의미역이다.
b. 'REACT(X, Y)'의 X는 반작용자(Reactor) 의미역, Y는 자극(Stimulus) 의미역이다.
c. 'CS(X, Y)'의 X는 행위자(Agent) 의미역이다.
d. 'GO(X, [TO(Y)])', 'GO(X, [FROM(Y)])', 'BE(X, [AT(Y)])', 'STAY(X, [AT(Y)])'의 X는 대상(Theme) 의미역이다.
e. 'GO(X, [TO(Y)])'의 Y는 목표(Goal) 의미역, 'GO(X, [FROM(Y)])'의 Y는 시원(Source) 의미역, 'BE(X, [AT(Y)])', 'STAY(X, [AT(Y)])'의 Y는 처소(Location) 의미역이다.

(21) 논항연결원리

동사와 부사와 서술성 명사가 가지는 어휘의미구조의 의미역 정보를 바탕으로, 다음 제약을 만족하면 통사구조의 논항 위치에 각각 동지표 i, j, k를 붙이라.

가. 작용자/반작용자나 행위자는 [DP, IP]로 연결된다. 이에 따라 i를 붙인다.

나. 피작용자/자극이나 대상은 [DP, XP]로 연결된다. 이에 따라 j를 붙인다.

다. 그 밖의 논항은 [XP, X']로 연결된다. 이에 따라 k를 붙인다.

라. 피작용자/자극과 대상이 결속되지 않고서 함께 주어지면 피작용자가 우선적으로 연결된다.

마. 동사와 부사와 서술성 명사의 어휘의미구조에 주어지는 모든 명시적 논항은 통사구조의 성분으로 일의적으로 연결되어야 한다.

(22) 명사구, 부사구 내부의 논항들의 연결:

가. 서술성 명사의 어휘의미구조에 주어지는 행위자는 [DP, NP]로 연결된다. 이에 따라 i를 붙인다.

나. 서술성 명사의 어휘의미구조에 주어지는 대상 논항은 [DP, N']로 연결된다. 부사가 논항을 취하는 경우 그 대상 논항은 [DP, Adv']로 연결된다. 이에 따라 j를 붙인다.

나. 서술성 명사의 어휘의미구조에 주어지는 그 밖의 논항은 [XP, N']로 연결된다. 부사가 논항을 취하는 경우 대상 논항 외의 논항은 [XP, Adv']로 연결된다. 이에 따라 k를 붙인다.

(21마)는 표준적 원리매개변인 이론의 '의미역 기준'에 해당하는 원리이다. 다음은 위 '격 이론 II'가 실행되는 예를 보인 것이다.

(23) 가. D 범주의 '-의'를 가진 '왜구들의'와 '남해안 지방의'는 모두 (20라)에 따라 주격([+nom])이 표시된다.

EX. $[_{NP}$ $[_{DP}$ 왜구들의$]_{[+nom]}$ $[_{N'}$ $[_{DP}$ 남해안 지방의$]_{[+nom]}$ $[_{N}$침탈$]]]$

('침탈'의 의미역틀: [행위자, 대상])

나. '철수의 책'은 $[_{NP}$ $[_{DP}$ 철수의$]$ $[_{NP}$ $[_{N}$책$]]]$의 구조를 가지고 있으며, 이 경우 '철수의'는 부가어이기 때문에 논항연결원리에 의한 논항이 되지 못한다. 따라서 격을 받지 않는다.

이러한 의미역 개념들은 곧이어 서술하는 'C. 의미역 이론'의 의미역 개념들과 달리, 동사, 부사, 서술성 명사가 가지는 술어해체 어휘의미구조를 기반으로 정의된다. 뒤에서 서술하는 '의미역틀'에 입각한 의미역 이론이 실제 언어를 완전히 기술할 수 없음을 증명하는 것이 양정석(2002)의 주요 작업이었다. 다음에 서술하는 'C. 의미역 이론'은 생성문법의 표준적 이론을 이해하기 위해 소개한다.

다. 다음 예에서 '소리도'는 부사의 보충어로서, 주격([+nom])이 표시된다.

EX. 나뭇잎이 [[소리도]$_{[+nom]}$ 없이] 떨어진다.

라. 다음 예에서 '영호와', '우리로'는 부사의 보충어로서, 사격([+obl])이 표시된다.

EX. 철수가 [[영호와]$_{[+obl]}$ 함께] 골프를 쳤다/그의 행동이 [[우리로]$_{[+obl]}$ 하여금] 우리의 지나온 행적을 반성하게 했다.

마. 다음 예에서 부사 '가엾이'는 동사 '여기-'의 보충어로서, 사격([+obl])이 표시된다.

EX. 그는 철수를 [가엾이]$_{[+obl]}$ 여긴다.

바. 다음 예에서 PP인 '폭발하기에'는 동사 '이르-'의 보충어로서, 사격([+obl])이 표시된다.

EX. 그의 분노가 [e 폭발하기에]$_{[+obl]}$ 이르렀다.

종래 한국어 생성문법 연구들에서의 관행적 격 이론들, 이들과 가까운 '격 이론I'은 근본적인 결함을 가지고 있어서 한국어의 완전한 기술을 위해 적합하지 않다. 이 책의 논의 과정에서 격 이론적 결정이 필요한 경우에는 필자의 격 이론인 '격 이론 II'를 적용할 것이다. '격 이론 I'은 '-이, -를'을 보조사로 간주하고 보조사 모두를 'D' 범주로 가정한 것 외에는 한국어 생성문법 연구에서의 표준적 이론과 대체적으로 동일한 결과를 가지므로, 표준적 격 이론의 설명에 친숙한 독자는 필요한 경우에 '격 이론 I'을 적용해도 무방할 것이다.

C. 의미역 이론

동사는 그 주어와 보충어들의 의미적 성격과 그 수에 대한 정보를 가지고 있다. 즉, '먹다'는 그 어휘적 정보로서 먹는 행위의 주체인 '행위자(Agent)'와 그 행위의 대상으로서의 음식물('대상 Theme')을 가지는 것이다. 어휘기재항에 주어져 있는 이 의미역들을 주어와 목적어에 할당해야 하는데, 이 과정에서 일반적 원리인 '의미역 기준'을 지켜야 한다. 또, D-구조와 S-구조와 논리형태(LF)의 세 통사적 층위를 가지는 표준적 원리매개변인 이론의 경우에는 의미역 표시의 특성들이 이 세 층위에서 일관적으로 나타나야 한다. 이 점이 '투사 원리'에 의해 규정된다.

(24) 의미역 기준

통사구조의 논항은 의미역을 가져야 하고, 하나의 의미역만을 가져야 한다. 어휘적으로 설정된 모든 의미역은 논항에 할당되어야만 하고, 한 의미역은 한 논항에만 할당되어야 한다.

(25) 투사 원리

각 어휘항목이 가지는 의미역 표시 특성들은 통사적 층위에서 실현되어야 하고, 통사적 층위가 둘 이상이면 모든 통사적 층위에서 그 특성들이 유지되어야 한다.

(26)과 같은 평범한 문장을 예로 들어 의미역 할당 절차와 (24)의 의미역 기준이 적용되는 방법을 알아보자.

(26) 철수가 김밥을 먹었다.

(27) 가. 먹- : V, [행위자, 대상]

나. 철수가 [$_{\text{VP}}$ 김밥을$_{[\text{대상}]}$ 먹-$_{[,]}$]$_{[\text{행위자}]}$-었다. (목적어에 ‘대상’ 의미역 할당)

다. [$_{\text{IP}}$ 철수가$_{[\text{행위자}]}$ [$_{\text{VP}}$ 김밥을$_{[\text{대상}]}$ 먹-$_{[,]}$]-었-]$_{[\ ]}$-다. (주어에 ‘행위자’ 의미역 할당)

동사 ‘먹-’은 그 어휘적 정보로 (27가)와 같은 ‘의미역틀(theta-grid)’을 가진다.[65] (27나)와 같이 동사구 안의 목적어 논항에 ‘대상’ 의미역이 할당되면 남은 의미역 ‘행위자’는 동사구 교점에 남는다. 이 행위자 의미역이 IP의 명시어인 주어 논항에 할당되면 IP 교점은 빈 의미역틀(‘[ ]’)만 남게 된다. 이제 (27다)를 바탕으로 의미역 기준 (24)를 적용하면, 두 논항 ‘철수가’와 ‘김밥을’이 각각 하나의 의미역을 가졌고, 동사 ‘먹-’의 두 의미역 ‘행위자’와 ‘대상’은 각각 하나의 논항에 할당되었으므로 의미역 기준이 만족된다.

원리매개변인 이론이라는 방법론에 따라 수립된 한국어 생성문법 이론이 궁극적으로 추구하는 바는, 한국어의 모든 문장을 누락됨이 없이 생성하고(완전성 요건), 반면 한국어의 문장이 아닌 것은 비문으로 정확히 예측하는 것(건전성 요건)이다. (27다)가 의미역 기준을 만족시킨다는 것은 이 문장이 의미역 기준을 그 부분 장치로 포함하는 문법 이론에 따라 문법적 문장으로 생성됨을 뜻한다. 가령, 다음과 같은 문장은 위 의미역 기준에 따라 비문으로 예측된다.

(28) 가. *나는 싫다.

나. *나는 철수가 인호가 싫다.

(28가)는 두 자리 술어인 ‘싫다’의 문장에 논항이 한 개만 실현되어 의미역 기준을 위배하며,[66] (28나)는 논항이 세 개가 실현되어 역시 의미역 기준을 위배한다.

의미역 기준과 투사 원리의 서술을 다음과 같이 약간 달리 나타낼 수 있다.

65) 보통 주어에 할당되는 의미역을 밑줄을 쳐서 특별히 나타내는데, 이를 ‘외부 논항’이라고 한다.

66) (28가)가 대상(Theme) 논항이 생략된 것으로 해석될 때에는 적격한 것으로 판정될 수 있다. 이 경우는 대상 논항이 그 통사구조에 공범주 명사구로 존재하는 것이다.

(29) 의미역 기준
모든 통사적 논항은 하나의 의미역을, 그리고 하나의 의미역만을 부여받아야 한다. 모든 술어 어휘항목이 가지는 의미역은 통사적 논항에 부여되어야 하고, 그리고 한 논항에 한 번만 부여되어야 한다.

(30) 투사 원리
의미역 기준은 D-구조, S-구조, 논리형태(LF)에서 만족되어야 한다.

투사 원리는 의미역 구조를 중심으로 하는 술어의 어휘적 정보가 통사구조에서 실현되어야 하고, 통사구조 층위가 여러 개이면 모든 통사구조 층위에서 실현되어야 한다는 원리이다. 의미역 표시의 구체적 방법을 다음과 같이 규칙의 형식으로 서술하기로 한다.

(31) 의미역 표시 규칙
가. 어휘부의 술어 어휘항목이 가지는 의미역틀의 형식은 $[\underline{\Theta_1},(\Theta_2,(\Theta_3))]$과 같다.
오른쪽의 의미역으로부터 왼쪽의 의미역의 순서로, 차례로 부여된다. 밑줄 친 의미역은 동사구(VP) 영역을 넘어서 주어에 부여되는 의미역이다.
나. 술어 어휘항목의 의미역틀(Θ-grid)에서 하위 의미역을 그 술어의 보충어에 먼저, 명시어에 그 다음으로 차례로 부여하고, 그 후에 그 구 범주를 벗어나는 상위 구의 논항에 부여한다.

격 이론과 의미역 이론의 적용 과정 예시

격 이론과 의미역 이론이 함께 적용되는 예를 보이기로 한다. "나는 철수가 싫다."와 같은 문장은 다음과 같이 설명된다. '싫-'의 의미역틀은 '[경험자, 대상]'과 같이 주어진다.

(32) "나는 철수가 싫다." 문장의 의미역 할당:
$[_{IP}[_{NP}$나는$]$ $[_{I'}[[_{NP}$ 철수가$_{\underline{대상}}$ $[_V$ 싫-$]_{[,]}$ $]_{\underline{경험자}}\varnothing]][$-다$]$
$[_{IP}[_{NP}$나는$]_{\underline{경험자}}$ $[_{I'}[[_{NP}$ 철수가$_{\underline{대상}}$ $[_V$ 싫-$]_{[,]}$ $]\varnothing]]_{[\,]}[$-다$]$

문제의 예로서, "나는 순희가 최고이다." 문장의 의미역 할당 절차를 살펴보자. (33)은 '최고'를 일반 명사(구)로 상정하는 경우 의미역 할당이 모순에 봉착하게 된다는 점을 보인다. (34)는 바른 대안을 보여준다. '최고'는 논항이 아니고, '이-'와 결합하여 복합 형식 '최고-이-'의 한 구성 요소가 되는 것이다. '최고-이-'의 의미역틀은 '[경험자, 대상]'과 같이 주어진다.

(33) "나는 순희가 최고이다." 문장의 의미역 할당('이-'가 서술어로서 그 의미역틀이 '[<u>대상</u>, 처소]'로 가정됨)

*[$_{IP}$[$_{NP}$나는] [$_{I'}$[[$_{NP}$순희가]$_{\underline{대상}}$ [$_{V'}$[$_{NP}$[$_{N}$ 최고]]$_{[처소]}$[$_{V}$이-]$_{[,]}$]$_{[\,]}$]∅]$_{[\,]}$][--다]

(의미역 기준 위배: '나는'에 의미역이 할당되지 않음)

(34) "나는 순희가 최고이다." 문장의 의미역 할당('최고-이-'가 서술어로서 그 의미역틀이 [<u>경험자</u>, 대상]로 가정됨)

[$_{IP}$[$_{NP}$나는]$_{\underline{경험자}}$ [$_{I'}$[[$_{NP}$ 순희가]$_{대상}$ [$_{V}$[$_{N}$ 최고][$_{V}$이-]]$_{[,]}$]$_{[\,]}$]∅]$_{[\,]}$][--다]

다음 문장들에 의미역 이론과 격 이론을 적용해 보자. 다음 두 문장의 문법성 차이는 의미역 이론과 격 이론에 의해서는 예측되지 않는다.

(35) 가. *김씨가 박씨를 옷을 입었다. cf. 김씨가 박씨의 옷을 입었다.
나. 김씨가 박씨를 어깨를 쳤다. cf. 김씨가 박씨의 어깨를 쳤다.

격 이론((11나)와 (17가))에 의해서는 (36가)의 '박씨'와 (36나)의 '박씨'가 모두 목적격을 할당받을 수 있다. 그러므로 두 문장이 모두 문법적 문장으로 예측된다. 의미역 이론(31)에 의해서는 (36가)와 (36나)의 '박씨'에 의미역이 부여될 수 없다. 그러므로 두 문장이 모두 비문법적 문장으로 예측된다.

(36) '격 이론I'을 이용한 (35가, 나) 문장들의 격 표시 절차:
가. [$_{VP}$ [$_{NP}$ 박씨]$_{i[+acc]}$ [$_{VP}$ [$_{NP}$ t_i 옷]$_{[+acc]}$ 입-]-었다
*김씨가 박씨를 옷을 입었다.
나. 김씨가 [$_{VP}$ 박씨$_{[+acc]}$[$_{VP}$ [$_{NP}$ t 어깨]$_{[+acc]}$ 치-]]-었다.
김씨가 박씨를 어깨를 쳤다.

표준적 원리매개변인 이론 내에서 이 두 문장의 문법성의 대비를 설명하기 위해서는 '어깨'는 지배자이고, '옷'은 지배자가 아니라고 상정하는 것이 필요하다.[67] 또 명사구 내의 흔적 t는 명사구 이동의 흔적이라고 가정해야 한다. (35가) 문장은 이동한 '박씨'의 흔적이 '옷'에 의해 지배를 받지 못하므로 '흔적은 지배를 받아야 한다'는 공범주 원리(후술)를 위반하여 부적격한 문장으로 판정된다. (35나) 문장은 '어깨'가 지배자여서 이동한 '박씨'의 흔적을 지배하므로 공범주 원리를 준수하여 적격한 문장으로 판정된다.

---

67) 양동휘(1989)에서 이러한 가정을 한 선례를 찾을 수 있다.

평범한 문장의 예를 들어서 이제까지 도입한 핵계층 이론, 의미역 이론, 격 이론이 어떻게 적용되는지를 알아보자. 격 이론은 '격 이론II'를 이용하였다.

(37) "인호가 순희를 바라보았다."의 도출

CP (시초 기호)

C′ (X′ 도식-②, X=C, YP 비실현)

IP C (X′ 도식-①, X=C, Y=I)

DP I′ C (X′ 도식-②, X=I, Y=D)

DP VP I C (X′ 도식-①, X=I, Y=V)

DP DP V′ I C (X′ 도식-①, X=V, Y=D)

N D N D V I C ⇒(어휘삽입규칙)

[$_{CP}$[$_{C'}$[$_{IP}$[$_{DP}$[$_{NP}$인호] [$_{D}$ 가]] [$_{I'}$[$_{VP}$[$_{DP}$[$_{NP}$순희] [$_{D}$ 를]] [$_{V}$ 바라보-]] [$_{I}$ -었-]]] [$_{C}$ -다]]]: D-구조

⇓α-이동(변형) 적용되지 않음

[$_{CP}$[$_{C'}$[$_{IP}$[$_{DP}$[$_{NP}$인호] [$_{D}$ 가]] [$_{I'}$[$_{VP}$[$_{DP}$[$_{NP}$순희] [$_{D}$ 를]] [$_{V}$ 바라보-]] [$_{I}$ -었-]]] [$_{C}$ -다]]]: S-구조

[$_{CP}$[$_{C'}$[$_{IP}$[$_{DP}$[$_{NP}$인호] [$_{D}$ 가]]$_{[+nom]}$ [$_{I'}$[$_{VP}$[$_{DP}$[$_{NP}$순희] [$_{D}$ 를]]$_{[+acc]}$ [$_{V}$ 바라보-]] [$_{I}$ -었-]]] [$_{C}$ -다]]] (격표시규칙)

[$_{CP}$[$_{C'}$[$_{IP}$[$_{DP}$[$_{NP}$인호]$_{[+nom]}$ [$_{D}$ 가]]$_{[+nom]}$ [$_{I'}$[$_{VP}$[$_{DP}$[$_{NP}$순희]$_{[+acc]}$ [$_{D}$ 를]]$_{[+acc]}$ [$_{V}$ 바라보-]] [$_{I}$ -었-]]] [$_{C}$ -다]]] (격표시규칙): 격할당된 S-구조('격 여과 원리' 만족됨)

⇓LF-부문의 α-이동(변형) 적용되지 않음

[$_{CP}$[$_{C'}$[$_{IP}$[$_{DP}$[$_{NP}$인호]$_{[+nom]}$ [$_{D}$ 가]]$_{[+nom]}$ [$_{I'}$[$_{VP}$[$_{DP}$[$_{NP}$순희]$_{[+acc]}$ [$_{D}$ 를]]$_{[+acc]}$ [$_{V}$ 바라보-]] [$_{I}$ -었-]]] [$_{C}$ -다]]] : LF

[$_{CP}$[$_{C'}$[$_{IP}$[$_{DP}$[$_{NP}$인호]$_{[+nom]}$ [$_{D}$ 가]]$_{[+nom]}$ [$_{I'}$[$_{VP}$[$_{DP}$[$_{NP}$순희]$_{[+acc]}$ [$_{D}$ 를]]$_{[+acc][Theme]}$ [$_{V}$ 바라보-]]$_{[\underline{Agent}]}$ [$_{I}$ -었-]]] [$_{C}$ -다]]] (의미역표시규칙: 동사 '바라보-'(의미역틀 [Agent,Theme])에 의한 의미역 표시: 목적어에 의미역 표시한 다음 남은 의미역틀 [Agent]를 VP에 전승함)

[$_{CP}$[$_{C'}$[$_{IP}$[$_{DP}$[$_{NP}$인호]$_{[+nom]}$ [$_{D}$ 가]]$_{[+nom]}$ [$_{I'}$[$_{VP}$[$_{DP}$[$_{NP}$순희]$_{[+acc]}$ [$_{D}$ 를]]$_{[+acc][Theme]}$ [$_{V}$ 바라보-]] [$_{I}$ -었-]]$_{[\underline{Agent}]}$] [$_{C}$ -다]]] (의미역표시규칙: 남은 의미역틀 [Agent]를 I′에 전승함)

[$_{CP}$[$_{C'}$[$_{IP}$[$_{DP}$[$_{NP}$인호]$_{[+nom]}$ [$_{D}$ 가]]$_{[+nom][\underline{Agent}]}$ [$_{I'}$[$_{VP}$[$_{DP}$[$_{NP}$순희]$_{[+acc]}$ [$_{D}$ 를]]$_{[+acc][Theme]}$ [$_{V}$ 바라보-]] [$_{I}$ -었-]]] [$_{C}$ -다]]] (의미역표시규칙: 남은 의미역 [Agent]를 주어에 의미역 표시) ('의미역 기준' 만족됨)

이제 조금 더 복잡한 구문의 예를 도출해 보기로 한다.

(38) "죄수가 탈주했다는 사실이 드러났다."의 도출

CP (시초 기호)
C′ (X′ 도식-②, X=C, YP 비실현)
IP C (X′ 도식-①, X=C, Y=I)
DP I' C (X′ 도식-②, X=I, Y=D)
DP VP I C (X′ 도식-①, X=I, Y=V)
DP V I C (X′ 도식-①, X=V, YP 비실현)
D′ V I C (X′ 도식-②, X=D, YP 비실현)
NP D V I C (X′ 도식-①, X=D, Y=N)
N′ D V I C (X′ 도식-②, X=N, YP 비실현)
CP N D V I C (X′ 도식-①, X=N, Y=C)
C′ N D V I C (X′ 도식-②, X=C, YP 비실현)
IP C N D V I C (X′ 도식-①, X=C, Y=I)
DP I′ C N D V I C (X′ 도식-②, X=I, Y=D)
DP VP I C N D V I C (X′ 도식-①, X=I, Y=V)
DP V′ I C N D V I C (X′ 도식-②, X=V, YP 비실현)
DP CP V I C N D V I C (X′ 도식-①, X=V, Y=C)
DP C′ V I C N D V I C (X′ 도식-②, X=C, YP 비실현)
DP IP C V I C N D V I C (X′ 도식-①, X=C, Y=I)
DP DP I′ C V I C N D V I C (X′ 도식-①, X=I, Y=D)
DP DP VP I C V I C N D V I C (X′ 도식-①, X=I, Y=V)
DP DP V′ I C V I C N D V I C (X′ 도식-②, X=I, YP 비실현)
DP DP V I C V I C N D V I C (X′ 도식-①, X=V, YP 비실현)

pro-죄수가-탈주하-었-다고-하-ɸ-는-사실-이-드러나-었-다 (어휘삽입규칙) : D-구조

⇓α-이동(변형) 적용되지 않음

pro-죄수가-탈주하-었-다고-하-ɸ-는-사실-이-드러나-었-다 : S-구조

[pro-[$_{NP}$죄수]$_{[+nom]}$가-탈주하-었-다고-하-ɸ-는-사실]$_{[+nom]}$-이-드러나-었-다

: 격할당된 S-구조(격 여과 원리 만족됨)

⇓('pro' 삭제, 형태소 실현 규칙, 형태음운론 규칙 '하-었⇒했', '고' 삭제, '하' 삭제, '었⇒ㅆ', 탈주⇒t^{h}alʧ'u, hætta⇒hætt'a⇒hæt'a)

#ʧwesuka#t^{h}alʧ'uhæt'anɨn#sasiri#tɨrənat'a#

⇓(유성음화, 구개음화)

#ʧwesuga#t^{h}alʧ'uhæt'anɨn#saʃiri#tɨrənat'a# : PF

(38)에서는 음운론적 규칙들이 적용되는 절차를 추가하여 원리매개변인 이론의 문법적 분석의 전체 모습을 보이고자 하였다.

격, 격조사, 의미역 이론과 관련하여 이 책의 체계가 가지는 특징을 요약해 보면 다음과 같다.

첫째, 한국어의 '격조사'들은 더 이상 격 표지가 아니다. '-이', '-를', '-의'는 보조사 무리와 한 부류로 통합되며, '-에, -에게, -으로, -와'는 후치사로 규정된다.

둘째, 보조사의 하나로서 고유한 의미 기능을 가지는 무형의 형태소 'ϕ'가 인정된다. 이는 '-이', '-를'의 변이형태로 설정되는 것이 아닌, 단일한 무형의 형태소이다.

셋째, 격 이론은 이제 의미역 이론의 통사구조상의 한 귀결로서의 축소된 역할만 가지는 것으로 간주된다. 그러나 추상격 자질을 바탕으로 하는 격 이론의 체계는 여전히 유지된다. 또, 추상격으로서의 격도 모두 '의미역' 개념으로부터 결정되는 것이므로, 한국어의 모든 격은 '내재격'의 성격을 가진다고 할 수 있다.

D. 결속 이론

Chomsky(1981)의 결속 이론은 다음 형식으로 서술된다. '조응사'는 재귀대명사와 교호대명사를 뜻한다. '대명사류(pronominal)'는 이 외의 대명사를 뜻한다. '지시 표현'은 이들 외의 일반 명사구와, 영어의 경우, 의문사 구의 흔적을 뜻한다는 것이 원리매개변인 이론 하에서 이 문제를 연구하는 이들의 공통의 전제이다.

(39) 결속 이론:

A. 조응사(anaphor)는 그 지배범주 안에서 논항-결속(A-bound)되어야 한다.

B. 대명사류(pronominal)는 그 지배범주 안에서 논항-비결속(A-free)되어야 한다.

C. 지시 표현(referential expression)은 논항-비결속(A-free)되어야 한다.

(40) 결속의 정의:

A와 B가 동지표를 가지고 있고, A가 B를 성분통어하는 경우 B는 A에 결속되었다고 한다. 결속하는 A가 논항일 경우 B는 A에 논항-결속되었다고 하고, 그렇지 않은 경우 논항-비결속되었다고 한다.

그러나 한국어에 이러한 결속 이론 A, B, C를 적용하는 데에 근본적으로 문제를 제기하는 예들이 있다.

(41) 가. [$_{IP}$ [$_{DP}$ 자기가$_i$ 과거에 범한 잘못이] [$_{I'}$ [$_{VP}$ 철수를$_i$ 내내 괴롭히-]-었-]]-다.
나. [$_{IP}$ [$_{DP}$ 자기의$_i$ 과거의 실수가] [$_{I'}$ [$_{VP}$ 철수를$_i$ 내내 괴롭히-]-었-]-다.
(42) 철수는$_i$ [인호가$_j$ 자기를$_{i/j}$ 증오한다고] 생각한다.
(43) 김씨는$_i$ [철수가$_j$ 자기$_{i/j}$의 딸을 추천하는 것을] 반대했다.

(41가, 나)에서 '철수를'은 조응사로 간주되는 '자기가, 자기의'를 성분통어하지 않는다. 그러므로 결속 이론 A를 위배하여 비문이 되어야 하나, (41가, 나)는 완전히 적격한 문장들이다. (42)에서 조응사로 간주되는 '자기를'은 '인호가'에 성분통어되고, 동지표화되어 있으므로 결속 이론 A를 만족한다고 할 수 있지만, 이 외에 그 절 경계 밖의 '철수는'에 성분통어되고 동지표화되어 있다. 문제는, 결속 이론 A가 지적하는 '지배범주'는 내포절이어서, 내포절 밖의 '철수는'과 '자기를'이 동지표화되는 것은 결속 이론 A를 위배한다는 점이다. (43)에서도 동일한 상황을 확인할 수 있다.

표준적인 결속 이론인 (39)는 위 한국어의 사실을 설명하지 못하므로 유지할 수 없다. 양정석(2010:417)에서는 한국어 대명사들에 관한 사실의 기술에 근본적인 문제를 제기하는 (41)-(43)과 그 외의 사실들을 고려한 결과, 한국어 대명사의 통사적 분포에 관해서는 다음 제약만을 명시할 수 있다고 보았다.[68]

(44) 대명사에 관한 통사적 제약:
대명사는 비-대명사 명사구를 동지시하면서 성분통어해서는 안 된다.

그러나 이 제약은 다음과 같은 예를 비문법적 문장으로 잘못 예측한다.

(45) 가. 그가 김철수다.
나. 나는 김철수다.
다. 네가 김철수니?

68) '대명사'라는 용어의 사용에 대해서는 주의가 필요하다. 앞에서는 이 책의 단어 범주 체계에서 대명사가 명사의 한 하위 범주에 지나지 않는다고 말한 바 있다. 그러므로 엄밀히 말하면 '대명사'는 하위범주 자질을 가지는 명사(N)를 뜻하는 것이다. 또한 (39)의 '결속 이론 B'의 '대명사류'와도 구별해야 한다. 이는 재귀대명사, 교호대명사를 제외한 일반 대명사를 지칭한다.
이 책에서 성분통어는 다음의 정의를 활용한다.
a. 성분통어의 정의
A가 B를 성분통어한다는 것은 A를 관할하는 첫 번째 분지 교점 C가 역시 B를 관할한다는 뜻이다.

필자는 양정석(2010)의 (44)와 같은 제약을 전반적인 한국어 대명사 및 흔적의 행태와 관련하여 재검토한 결과 다음의 수정된 결속 이론을 수립하게 되었다. 통사구조를 바탕으로 적용되는 결속 이론의 원리는 다음과 같이 설정된다. 이는 Reinhart(1983a, b)의 동지표화 규칙을 한국어 대명사들의 현실에 맞게 수정하여 서술한 것이다.[69] 한국어에서 재귀대명사는 '자기', '자신', '자기 자신', '서로'를 그 예로 가진다. 비-재귀대명사는 '그', '그것', '나', '너', '우리', '너희'를 그 예로 가진다. 이들은 모두 통사적 자질 '+pron'를 가진다. 재귀대명사는 '[+pron, +refl]'를 그 통사적 자질로 가지며, 이를 통해 다른 대명사들과 구별된다고 가정한다.

(46) 대명사의 동지표화 규칙
대명사 P가 그것을 성분통어하는 명사구(DP) α를 가지는 경우, P와 α에 동지표를 붙인다.
조건: (i) α는 논항 위치에 있어야 한다.
(ii) P가 재귀대명사이면 이 동지표화는 의무적으로 적용되고 P가 그 외의 대명사이면 이 동지표화는 수의적으로 적용된다.

이 규칙에서 'P와 α에 동지표를 붙인다'는 서술이 실행가능한 서술이 되려면 '통사구조가 형성되면서 지표가 부여된 'α_i'와 'P_j'를 '$\alpha_{i,bi}$'와 '$P_{j,bi}$'로 바꾼다'와 같이 서술되어야 한다. 통사구조가 형성되면서 통사 범주들에 1, 2, 3, . . .의 지표가 부여된다고 가정하는 것이 자연스럽다. (46)의 규칙이 적용된 결과로 'α_3', 'P_7'과 같은 형식이었던 것이 '$\alpha_{3,b3}$'와 '$P_{7,b3}$'로 바뀐다는 것이 (46)의 규칙이 뜻하는 것이다.[70]

'자기'와 교호대명사 '서로'는 그것을 성분통어하는 명사구가 있는 경우, 이 동지표화가 의무적으로 적용되어야 한다. '자기'의 경우, 이를 성분통어하는 선행사가 없는 경우도 있다. 이 경우 동지표화가 안 될 수도 있다.[71] 그러나 교호대명사로서의 '서로'는 언

69) Reinhart(1983a: 71, 1983b: 158)의 대명사 동지표화 규칙은 다음과 같다. 주요 차이점은, (46)에서는 '최소 지배범주' 조건을 삭제한 점이다. 위 (41가, 나), (42), (43)은 한국어의 재귀대명사 '자기'가 영어의 재귀대명사와는 달리 '지배범주' 조건 하에서 해석되지 않음을 보이는 것이다. 특히 '자기'를 성분통어하는 명사구가 아예 없는 경우도 있다. (46)은 이 경우에 '자기'가 일반 대명사와 같이 해석될 여지를 남기고 있다.
a. 다음 조건 하에서 대명사 P와 그것을 성분통어하는 명사구 α에 동지표를 붙인다(α는 COMP나 S′에 직접관할되면 안 된다).
조건: (a) P가 재귀대명사이면 α는 그 최소 지배범주 안에 있어야 한다.
(b) P가 재귀대명사가 아니면 α는 그 최소 지배범주 밖에 있어야 한다.
'α는 COMP나 S′에 직접관할되면 안 된다'는 조건은 α가 논항 위치에 있어야 한다는 조건이라고 한다. 이 점은 (46)의 조건 (i)로 서술하였다.

70) 이후의 논의에서는 동지표화 규칙이 적용된 결과의 형식을 관례에 따라 'αi'와 'Pi'로 표시하면서 논의할 것이다. 'αi,bi'와 'Pj,bi'와 같은 자세한 표시가 오히려 혼란을 초래할 수 있다고 판단하기 때문이다.

제나 그것을 성분통어하는 선행사를 가진다. '그'는 결속변항으로서의 해석과 비결속 해석의 두 가지 해석을 가진다.72)

(46)은 통사론의 규칙이다. (46)이 적용되면 명사구 선행사와 대명사가 동지표로 맺어진 구조가 형성된다. (46)이 적용된 결과로 나타나는 구조는 의미 해석 규칙의 하나인 술어추상규칙(제1장의 ③; ③(ii)는 4.1절에서 수정됨)이 적용되는 구조이어야 한다. 여기에 술어추상규칙이 적용되어 도출되는 의미 형식은 람다-추상된 함수 형식이다.

통사론적으로 동지표화된 두 요소 'α_i'와 'P_i'는 의미론적으로 결속자와 피결속 변항으로 대응되어야 한다. 이를 다음 조건으로 제시한다.

(47) 통사론과 의미론의 결속 대응 원리
통사구조(S-구조)에서 동지표화된 두 요소 'α_i'와 'P_i'의 관계는 의미 형식에서 결속자(λx, $\forall x$, $\exists x$)와 결속변항(x)의 관계로 대응되어야 한다.

여기에서 '의미 형식'이란 의미론적 도출 과정에서 산출되는 어떤 의미 형식이라도 가리지 않고 지칭한다. 술어추상규칙이 적용된 결과의 의미 형식에 나타나는 'λx'는 다시 함수적용규칙이 적용됨에 따라 사라질 수 있다. 그러므로 (47)의 '결속자'는 도출 과정의 임시적 의미 형식에만 나타나는 형식을 가리키기도 한다.

(47)을 더욱 명시적인 형식으로 서술하기로 한다.

(48) 통사론적 동지표화와 변항 결속의 대응 원리
통사론적 동지표화 규칙(위 (46))이 적용되어 동지표를 가진 대명사는 의미론적 해석 과정에서 결속변항으로 대응되어야 한다.

---

71) '자기'는 재귀대명사의 하나인데, 그만의 의미 특성을 가진다. 양정석(2017)에서는 '자기'가 일반 대명사와 같은 해석과 함께, 해석 함수에 매개변수로 주어지는 기준 판단자와 동일시되는 해석을 가진다고 보아 다음과 같은 의미 규정을 제시하였다.

a. $[\![\text{자기}_i]\!]^{w,t,j,g} = \begin{cases} j \\ g(i) \end{cases}$

'$g(i)$'는 모든 대명사가 가지는 해석이다. 이를 바탕으로 결속변항 해석과 지시적 해석을 얻을 수 있다. 담화화용론적 요인에 의해 특별한 맥락이 주어질 경우에는 판단자로 해석될 가능성이 더 있다는 점이 '그'와의 차이점이라고 하겠다.

대명사의 동지표화 규칙 (46)에 따르면 '자기'가 '그'와 다른 점 한 가지가 더 있다. '자기'는 재귀대명사이기 때문에 이것을 성분통어하는 명사구가 있는 경우 동지표화가 의무적으로 적용된다.

72) 비결속 해석은 다시 지시적 해석과 E-유형 대명사 해석으로 나뉜다. 5.2절과 5.3절에 이들에 대한 구체적 해석 방법이 제시된다.

(48)에서 '의미론적 해석 과정에서 결속변항으로 대응된다'는 것이 무슨 뜻인지를 명확히 하지 않으면 안 된다. 교호대명사 '서로'는 이를 성분통어하는 명사구와 동지표화될 수밖에 없다. 그러나 '그'를 비롯한 대명사들은 이를 성분통어하는 명사구와 동지표화될 수도 있고, 발화 맥락에서 확인되는 제삼자를 지시할 수도 있다. 그 과정이 어떤 것이든지, (46)의 동지표화 규칙에 의해서 통사론적으로 동지표화된 후에는, 그 의미론적 해석 과정에서 술어추상규칙이 적용되어, 'λx'에 결속되는 결속변항 'x'의 형식으로 대응되어야 한다는 것이다.

(48)의 원리는 통사구조로서의 논리형태 층위를 인정하지 않는 이 책의 관점에서, 대명사를 기준으로 서술하였다. 이는 우선 통사 단위인 대명사가 동지표를 가지는 경우에 한해서 의미론적 결속변항과 대응됨을 명시한다. 의미론적 해석 절차도 문법의 일부이다. 그런데 의미론적 결속변항 해석이 가능하기 위해서는 해당 대명사가 통사구조인 S-구조에서 술어추상규칙이 적용될 동지표화된 구조를 형성해야 한다. 이 구조는 람다-추상의 의미론적 형식과 대응되고, 이를 통하여 통사구조의 동지표를 가진 대명사가 의미론적 결속변항과 대응되는 것이다. 다음 두 문장을 통하여 구체적으로 설명해 보자.[73)]

(49) 가. 철수$_i$도 자기$_i$의 어머니를 도왔고 인호도 그랬다.
나. λx. perf[x가 x의 어머니를 돕는다′]
(50) 가. 철수$_i$도 그$_{i/j}$의 어머니를 도왔고 인호도 그랬다.
나. λx. perf[x가 x의 어머니를 돕는다′]
다. [g(j)의 어머니를 돕는다′]

'자기'를 포함하는 (49가)의 밑줄 친 부분은 언제나 (49나)와 같이 결속변항 해석을 받는다. '그'를 가지는 (50가)의 밑줄 친 부분은 'i'로 동지표화되는 경우에는 (50나)로 해석되지만 그 외의 경우('j')에는 (50나)의 해석을 받지 못하고, '그'의 지시적 대명사 용법에 따른 해석 (50다)를 받게 된다.

대명사들이 의미론적 해석 과정에서 어떤 형식으로 실현되는지는 제5장에서 상론할 것이다.

E. 한계 이론

통사구조에서의 이동 변형과 관련한 대원리는 '알파 이동 원리(move-α)'이다. 이는 무

73) 'perf[P]'와 같은 형식은 완료상의 '-었-'을 가지는 명제의 의미를 잠정적으로 나타내기 위한 형식이다.

엇이든, 어디로나 자유롭게 이동할 수 있다는 원리이다. 그러나 실질적으로는 이러한 '알파 이동 원리'가 여러 가지 구조적 요인에 따라 제약되게 되어 있다. 한계 이론(bounding theory)은 그 제약에 관한 이론이다.

한계 이론은 통사적 이동 변형에 따른 선행사와 그 흔적 사이의 관계에 대한 제약을 부여함으로써 두 요소를 포함하는 통사구조의 적격성을 규정한다. 선행사는 어떤 특정 통사구조의 한 위치에서 이동하여 다른 통사구조의 다른 위치에 놓이게 되므로 두 개의 통사구조가 만들어져야 한다. 따라서 두 가지 통사구조인 D-구조와 S-구조를 가정하는 것이 일반적이었다. 그러나 원리매개변인 이론의 논의가 심화됨에 따라, 선행사와 흔적의 관계는 반드시 D-구조의 위치에서 S-구조의 위치로 이동하여 만들어지는 것으로 생각할 필요가 없다는 점이 인식되기에 이르렀다. 이 책에서 전개하는 문법 이론은 S-구조에 해당하는 통사구조 하나만을 가지는 문법 이론이다. S-구조에 흔적이 포함되기는 하지만 이는 이동을 상정하지 않는 것이다.

우선 흔적의 통사론적 해석에 관한 기본 원리인 공범주 원리(ECP: Empty Category Principle)의 정의를 제시한다.

(51) 공범주 원리:
흔적은 고유지배를 받아야 한다.

한계 이론의 대표적 원리는 '하위인접 조건(Subjacency Condition)'이다. 촘스키(Chomsky 1986b)의 하위인접 조건을 다음과 같이 나타내기로 한다.

(52) 하위인접 조건:
가. 흔적 t는 그 선행사에 n-하위인접(n-subjacent)해야 한다. 단, n≦1
나. A가 B에 n-하위인접한다는 것은 B를 배제(exclude)하는 A에 대한 장벽이 n개라는 뜻이다.

장벽이 1개이면 1-하위인접하는 것이고, 2개이면 2-하위인접한다고 한다. 장벽이 하나도 없으면 0-하위인접한다고 하는데, 이 경우 그 문장의 문법성은 완전히 자연스러운 것이라 할 수 있다. 1-하위인접할 때 그 문장의 문법성은 떨어져서, 낮은 정도의 문법성을 갖게 되고,[74] 2-하위인접할 때부터는 완전히 비문에 속한다고 하는 것이 일반적인

74) 이 책에서는 이와 같이 중간 정도의 비문법적 문장인 경우, 해당 문장의 앞에 '?*'와 같은 표시로 나타낼 것이다.

해석법이다.

(52)의 조건을 적용하는 데에는 다음의 개념들에 대한 정의가 필요하다.

(53) 지배의 정의:

A가 B를 지배하려면, A가 B를 최대통어(m-command)하고, B에 대한 장벽이 되며 또 A를 배제하는 그러한 ɣ가 없어야 한다.

(54) 고유지배의 정의:

A가 B를 고유지배하려면, A가 B를 의미역 지배하거나 선행사지배하여야 한다.

(55) 배제의 정의:

A가 B를 배제하려면 A의 어떤 부분(segment)도 B를 관할해서는 안 된다.

(56) 관할의 정의:

A가 B의 모든 부분(segment)에 의하여 관할되어야만 A는 B에 관할된다.

(57) 장벽의 정의:

ɣ가 B에 대한 장벽이 되려면, (a)이거나 (b)이어야 한다.

(a) ɣ가 B에 대한 차단범주(BC: blocking category)인 δ를 직접관할하거나,

(b) ɣ가 B에 대한 IP 이외의 차단범주이어야 한다.

(58) 차단범주의 정의:

ɣ가 B에 대한 차단범주가 되려면, ɣ는 어휘표시(L-mark)되지 않아야 하고 ɣ는 B를 관할하여야 한다.

(59) 어휘표시의 정의:

A가 B를 어휘표시하려면, A는 B를 의미역 지배하는 어휘범주이어야 한다.

(60) 의미역 지배의 정의:

A가 B를 의미역 지배하려면, A가 B를 의미역표시하는 머리성분 범주이고 A와 B가 서로 자매항이어야 한다.

하위인접 조건의 효과를 알아볼 수 있는 구문 현상으로 다음과 같은 예를 살펴보기로 한다. (61가)가 비문이 되는 이유는 무엇인가? 또 (61가)는 이보다 다소 나은 듯하지만, 이 역시 부적격한 문장임은 분명하다. 그 이유는 무엇인가?

(61) 가. *김씨가 박씨를 옷을 입었다.

나. 김씨가 박씨의 옷을 입었다.

(62) 가. ?*김순경이 그 범인을 추격을 회상했다/반대했다.

완전히 비문법적인 문장에는 '*'를 표시한다.

나. 김순경이 그 범인의 추격을 회상했다/반대했다.

일단, (61가), (62가)가 부적격한 이유를 의미역 기준의 위반에서 찾을 수 있다. '입다'와 '회상하다'는 각각 두 개의 논항을 취하는 동사인데 세 개의 논항이 나타났으므로 의미역 기준에 따라 부적격한 것이다. 그러나 통사구조를 이루는 구성성분은 어느 것이든, 어디로나 자유롭게 이동해 갈 수 있다는 것이 원리매개변인 이론의 기본 가정이다. 물론 문법에서 주어지는 온갖 제약과 조건을 위반하지 않아야 한다. (61나)와 (62나)는 '박씨를'과 '그 범인을'이 명사구의 내부로부터 이동할 가능성을 보여주고 있다. 그 구조를 보이면 다음과 같다.

(61)'가. 김씨가 [$_{VP}$ 박씨를$_i$ [$_{VP}$ [$_{DP}$ [$_{NP}$ t_i 옷]을] 입-]]-었다.
(62)'가. 김순경이 [$_{VP}$ 그 범인을$_i$ [$_{VP}$ [$_{DP}$ [$_{NP}$ t_i 추격]을] 회상하-]]-었다.

이제, 이들 문장이 부적격한 이유를 원리에 따라 설명할 수 있다. (61)'이나 (62)' 같은 구조가 불가능한 것은 아니다. 그러나 이렇게 상정된 구조 (61)'은 우선, 흔적이 고유지배되어야 한다는 위 (51)의 공범주 원리를 위반한다. 흔적을 의미역 지배할 수 있는 요소는 '옷'밖에 없으나 이는 논항을 취하는 요소가 아니므로 의미역 지배의 지배자가 될 수 없다.[75] 그러나 (62)'의 '추격'은 서술성 명사로서 전형적으로 논항을 취하는 요소이므로 흔적을 의미역 지배할 수 있다. 따라서 (61가)'은 공범주 원리를 위반하나 (62가)'은 공범주 원리를 위반하지 않는다.

하지만 (61)'과 (62)'이 공통적으로 위반하는 규정이 있다. 다름아닌 하위인접 조건이다. 선행사와 흔적 사이에는 최대투사 범주로 VP와 DP와 NP가 가로놓여있다. 이 중 VP는 완전한 범주가 아닌, 한 부분에 불과한 것이므로, 이들 구조는 하위인접 조건을 위반하지 않는다. DP는 동사 '입-'과 '회상하-'에 의해 어휘표시(L-mark)되므로 장벽으로서의 성격을 잃게 된다. 그러나 NP는 여전히 장벽이 된다. 따라서 두 문장은 공통적으로 장벽을 1개만 가지는 1-하위인접이 된다.

이러한 설명에 따르면 두 문장의 문법성에 차이가 나는 사실도 정확하게 예측할 수 있다. 즉 (61가)'은 공범주 원리와 하위인접 조건(1-하위인접)을 동시에 어겼으므로 구제

75) 선행사 지배될 수도 없다. 곧 이어서 하위인접 조건과 관련하여 지적하겠지만, 선행사와 흔적 사이에 장벽인 교점이 1개(NP) 놓이게 되기 때문이다. 고유지배는 선행사 지배의 경우, 장벽이 1개만 있어도 위반되는 엄격한 제약이다.

불능이 된다. 그러나 (62가)'은 하위인접 조건만을 어겼고, 그것도 '1-하위인접' 정도의 위반이므로, 결과적으로 '?*' 정도의 문법성을 갖게 된 것이다. 이는 형식적인 이론이 문법성의 정도 차이까지도 섬세하게 예측할 수 있다는 점에서 대단히 의미 깊은 것이라 생각된다.

마지막으로, 위의 (61가)와 비교되는 다음 (63가) 문장, 위의 (61가)와 비교되는 다음 (64가) 문장이 각각 완전히 문법적인 데에 대해서 생각해 보자.

(63) 가. 김씨가 박씨를 어깨를 잡았다.
　　나. 김씨가 박씨의 어깨를 잡았다.
(64) 가. 김순경이 그 범인을 추격을 하였다.
　　나. 김순경이 그 범인의 추격을 하였다.

(63가)의 적격성은 곧이어서 도입하는 '서술화 원리'에 따라 설명된다. '어깨를'은 통사적 이차 서술어가 되어, 앞의 '박씨를'과 주술관계를 맺는다. (64가)의 적격성은 뒤에서 도입하는 '재구조화 원리'에 따라 설명된다. '추격'과 '하-'는 서로 다른 구의 머리성분(head)이지만, 재구조화 원리에 따라 서로 관련을 맺어, 둘 사이에 존재하던 장벽이 장벽으로서의 성질을 잃어버리게 만든다. 그러므로 1-하위인접으로 중간 정도의 비문법성을 가지던 이 구조가 재구조화에 따라 그 비문법성을 상실하여, 완전히 문법적 문장으로 해석되게 된 것이다.[76)]

이상의 결과는, 과거의 여러 연구에서 동일한 구문 '이중목적어문'으로의 처리를 시도한 바 있는 (63가)와 (64가)의 유사함이 피상적인 유사함이라는 점을 말해 준다. 아울러, 이상의 결과는 형식적인 통사 이론이 한국어 구문 현상에서 예측력을 보이는 좋은 사례를 제시해 주는 것이다.

---

76) 이 책의 체계에 의하면 목적어는 언제나 VP의 명시어 위치에서 기저 생성된다. 의미역 지배의 정의인 (60)은 '자매항' 조건이 있으므로 목적어가 동사에 의해 의미역 지배를 받을 수 없게 되고, 이는 다시 (59)의 정의에도 영향을 미쳐서, 목적어는 동사에 의해 어휘표시를 받지 못하므로, 방금 논의에서처럼 DP인 'NP-를'이 어휘표시에 의해 내부의 NP 하나만 장벽으로 갖게 된다는 설명을 할 수 없게 된다. 그러므로 (60)의 의미역 지배 정의에서 '자매항 조건'을 제거하기로 한다. 즉, 동사에 의해 의미역을 받는 VP 내부의 논항은 보충어든, 명시어든, 모두 동사에 의해 의미역 지배를 받는 것으로 간주한다.
또한, 원래의 Chomsky(1986b)의 설명에 의하면, (57a)의 규정은 '상속(inheritance)에 의한 장벽'을 의도하는 것으로서, 이 설명에 따르면 (62가)'의 DP인 '[[t 추격]을]'은 어휘표시에 따라 장벽성을 상실할지라도, 이 DP가 관할하는 NP인 '[t 추격]'이 차단범주이므로, 상속에 의해 DP는 다시 장벽이 된다. 이 책에서는 (57a)의 상속에 의한 장벽의 규정을 γ가 IP인 경우에만 적용되는 것으로 약정하기로 한다. 즉, IP 이외의 최대투사가 상속에 의해 장벽이 될 수 없다고 보아, 어휘표시되는 최대투사 범주는 언제나 장벽성을 잃는 것으로 해석한다.

F. 서술화 이론

구와 구 사이의 제약을 부여하는 원리의 하나로 '서술화 원리'가 있다. 서술화 이론은 서술화 원리를 중심으로 하는 이론이다. 논항인 명사항이 서술어인 구와 상호 최대통어해야 한다는 조건 하에서 둘이 서로 연계되어야 한다는 것이 서술화 원리이다.77)

로드스타인(Rothstein 1983)의 '서술어 연계 규칙'을 다소 수정하여 다음 (65)와 같이 정의한다.78) 이 또한 통사구조에 대해 가해지는 '허가 원리'이다. 서술어인 최대투사가 서술화 원리를 만족하게 되면 주어와 서술어 양쪽에 서술화 위첨자 지표 '1'을 부여받는 것으로 본다.

(65) 서술화 원리:
　가. 잠재적 서술어인 XP는 통사구조에서 상호 최대통어하는 논항과 연계되어야 한다.
　나. 연계가 확인된 두 구는 위첨자 동지표 '1, 2, 3, …'을 부여받는다.

최대통어 개념의 전제가 되는 '관할'의 개념을 모든 부분(segment)이 관할해야 하는 것으로 한정한다.79)

(66) 관할:
　범주 A의 모든 부분(segment)이 B를 관할한다는 뜻으로 A가 B를 관할한다고 한다.

(67) 최대통어:
　A가 B를 최대통어한다는 것은 A를 관할하는 모든 최대투사 범주가 동시에 B를 관할하며, A는 B를 관할하지 않는다는 뜻이다.

서술화 원리는 서술어가 통사구조에서 주어에 해당하는 논항, 즉 임자(host)를 취하여 주술관계를 만족시킬 것을 규정하는 원리이다. 서술화 원리는 기본적으로 서술어인 구 자체를 허가하는 원리이다. 서술어인 구가 허가되기 위해서는 주어에 해당하는 논항을 취해야만 한다는 것이 그 요점이다. 이 요구 조건을 만족하지 못하면 해당 표현은 부적격

77) 여기에서 논항인 명사항은 기본적으로 보조사구(DP)이나, 관계관형절의 표제가 되는 경우의 명사구(NP)나 후치사구(PP: '철수와 영호'와 같은 예)도 서술화 이론에 의해 주어 논항으로 해석될 수 있다. 이처럼 서술어와 연계되는 논항인 명사항을 엄밀한 의미의 '주어'로 정의할 수 있다. 서술화 이론의 논의에서 이러한 의미의 주어를 지칭하기 위해 'host'라는 용어를 사용하는데, 이를 이 책에서는 '임자'라고 지칭한다.

78) 또, Rothstein(1983: 11)에서는 주어가 서술어에 선행한다는 어순 제약을 설정해 놓았으나, 이를 제외한다.

79) (66)의 관할의 정의는 위 (57)에서 이미 제시한 것인데, 서술을 다소 바꾸었다. 관할의 개념을 이와 같이 정의하는 것은 May(1985)로부터 비롯된다. Chomsky(1986b)에서도 이 정의를 받아들이고 있다.

한 표현이 된다.

(65)는 어떤 최대투사 범주 XP가 잠재적 서술어일 경우, 상호 최대통어 영역 안에서 논항을 임자로 취하여 연계되어야 한다는 방식으로 서술되고 있다. 그러므로 이 원리가 작동되기 위해서는 먼저 '잠재적 서술어'가 무엇인지가 결정되어야 한다. 잠재적 서술어는 '서술어' 개념을 통사적 개념으로 정의하기 위한 고안이다. 그 머리성분이 [+pred] 자질을 가지는 경우 그 최대투사인 구가 잠재적 서술어가 된다.

[+pred] 자질은 어휘항목들의 어휘적 자질로 주어진다. 그러나 [+pred] 자질을 갖지 않는 구 중에도 잠재적 서술어의 자격을 가지는 경우가 있다. 이 경우는 잠재적 서술어의 자격이 개별언어의 규정으로 주어진다고 가정한다. 또, [+pred] 자질을 가진 구 중에는 서술어가 아닌 부가어 구로 허가되는 경우도 있다. 이 점은 뒤 (74)로 명시된다.

(65)의 서술화 원리는 '잠재적 서술어'의 개념을 바탕으로 하여 규정되고 있다. 즉, 이 원리가 작동하려면 '잠재적 서술어'가 결정되어야 한다. '잠재적 서술어'의 요건은 다음과 같이 정하기로 한다.

(68) 잠재적 서술어의 요건:

가. [+pred]를 가지는 머리성분의 최대투사는 잠재적 서술어이다.

나. IP는 그 명시어에 공범주 대명사 PRO를 가질 경우 잠재적 서술어가 될 수 있다. 이는 매개변인에 따라 결정된다.

다. CP는 [-pred] 자질을 갖지 않는 경우, 그 명시어에 PRO 또는 O를 가지면 잠재적 서술어가 된다.

라. NP가 [+pred] 자질을 가질 경우, 이를 보충어로 취하는 상위 구 DP는 잠재적 서술어가 된다.

이러한 설정은 '서술어', '주어'가 의미역이나 다른 의미론적 요인에 따라 결정되는 것이 아니라, 독자적인 통사적 개념이라는 판단을 기초로 한 것이다.[80] 필자는 한국어가 (68나)의 IP 서술어를 갖지 않는다고 본다.

서술화는 주어와 서술어를 연계하여, 두 구 사이의 통사적 관계를 허가하는 문법적 과정이다. 주어가 궁극적으로 어떤 요인에 의해 결정되는가에 관해서 서로 다른 두 가지 견해가 있다. 윌리엄스(Williams 1980, 1983a, b)의 의미역에 기반한 견해와 로드스타인(Rothstein 1983, 2001)의 통사적 견해가 그것이다. 앞의 의미역적 견해에 따르면, 주

80) 이러한 관점은 Rothstein(1983, 2001)을 따른 것이다.

어는 서술어 구의 머리성분이 가지고 있던 의미역틀 내의 '외부 논항'이 연결되는 것이라고 한다. 따라서 서술화는 외부 논항을 가지는 서술어에 한하여 적용되는 것이며, 궁극적으로 외부 논항의 확인을 위하여 이루어지는 문법적 과정인 셈이다. 그러나, 서술어 구의 머리성분 중에는 외부 논항을 가진다고 보기 어려운 예들이 있다. 따라서 통사적으로 서술어를 이루는 경우를 확인하여 해당 서술어의 머리성분이 외부 논항을 가진다고 규정하는 순환론적인 처리를 하거나, 서술화 아닌 다른 문법적 요인에 따라 주어와 서술어가 연계된다는 설명을 하게 된다.

Rothstein(2001: 제4장)에서는 의미역 개념에 기반한 윌리엄스의 견해에 대해 비판하고, 서술화가 순전히 통사적 동기에 의해서 이루어진다는 설명을 제시했다. 필자도 이 견해를 받아들여, 서술화가 의미역 또는 다른 의미론적 요인에 의해 행해지는 것이 아니라고 보는 것이다. Rothstein(2001: 44)에서는 서술어의 개념이 다른 통사적 속성으로 정의할 수 없는 원초적 통사적 개념이라고 말하고 있다. 이는 서술어인 통사 범주들에 대해서 일일이 그 목록을 제시해야 한다는 뜻으로 해석할 수 있다. 기본적으로 이러한 관점에서, 이 책에서는 통사 범주 자질의 하나로 [+pred] 자질을 개별 어휘들에 부여하는 방법을 택한다.

[+pred] 자질이 주어지는 방식은 다음과 같다. 동사(V), 부사(Adv), 후치사(P)는 내재적으로 통사적 자질 [+pred]를 가진다고 본다. 이 자질을 가진 통사 범주의 최대투사 XP가 (68가)에 따라 잠재적 서술어가 되는 것이다. 또, (68나, 다)에 따라, CP와 IP는 그 명시어 위치에 각각 공범주 연산자(O)와 공범주 대명사 PRO를 가지고 있을 경우 서술어가 될 수 있다고 본다. (68라)는 명사 N 중 '비분리 명사'라고 정의되는 부류가 통사적 자질 [+pred]를 가지고, 그것의 최대투사 NP를 보충어로 취하는 DP를 서술어가 되게 한다고 규정한 것이다.[81)]

통사적 주술관계를 맺어주는 원리로서의 서술화 원리와 그에 대응되는 주술관계의 의미 해석은 서로 독립적인 것이다. 통사적 주술관계를 맺어주는 서술화 원리는 명사항과 서술어 사이에 상호 최대통어 조건만 주어지면 언제나 적용된다. 서술화 원리의 효과가 드러나는 대표적인 예는 능격성 동사 문장에서 VP의 명시어로 연결되었던 논항이 주어 위치로 이동하는 현상이다.[82)]

81) 비분리 명사는 수량 표현 명사, '팔, 다리' 등의 신체 부분을 나타내는 명사, '마음씨, 성질, 왼쪽, 오른쪽' 등 특정 사물의 존재를 전제하고 그 속성을 유별해서 나타내는 명사들이다. 명사 중 이런 하위 부류의 것들에 통사적 자질 [+pred]을 부여함으로써 이를 바탕으로 서술화 원리에 의한 통사적 해석을 받을 수 있게 한다. 주의할 점은, '서술성 명사'인 '연구, 진격, 협상' 등은 그 용어에서 예상되는 것과는 달리 [+pred] 자질을 갖지 않는다는 것이다. 이들이 형성하는 명사구는 통사적 서술어가 되지 않는다.

(69) 가. 마당이 깨끗하다.

나. [$_{IP}$[$_{DP}$ 마당이]$_i$ [$_{I'}$ [$_{VP}$ t_i [$_{V'}$ [$_V$ 깨끗하-]]] [$_I$ ϕ]]]

논항연결원리에 의해 연결되는 '마당이'의 위치는 't_i' 자리이다. 이것이 IP의 명시어 위치에서 실현되게 만든 요인은 서술화 원리인 것이다.

한국어 문장에서 나타나는 이차 서술어의 예를 들어 보자.

(70) 가. 낙엽이 소리도 없이 떨어진다.

나. 그는 얼이 빠진 것처럼 보인다.

다. 월맹이 진격을 사이공으로 하였다/시작했다.

라. 남한이 교류를 북한과 했다.

마. 그는 어려운 사람을 돕도록 철수를 설득했다.

바. 그가 영희를 만나러 여학교로 갔다.

사. 그는 자기 아내를 수완가로 생각한다.

아. 그는 자기 아내를 제일이라고 생각한다.

자. 바위가 가루로 부서졌다.

차. 어머니가 고추들을 고운 가루로 빻았다.

카. 그가 뉴욕에 나타났다고 뜬소문이 퍼졌다.

타. 그는 앞으로 공직을 맡지 않겠다고 결심을 밝혔다.

파. 철수가 교무실로 뛰었다.

(71) 가. 군인이 세 명이 왔다.

나. 그는 부하를 세 명을 표창하였다.

다. 그 의자가 다리가 부러졌다.

라. 철수가 그 의자를 다리를 부러뜨렸다.

서술어의 대표적인 예인 VP는 형식의미론적으로 '술어'의 의미 형식과 대응된다. 그러나 이들 구문에서 밑줄 친 이차 서술어는 '술어'와 같은 단일한 타입의 의미 형식과 대응되지 않는다. (70), (71)의 이차 서술어들은 '지시 층렬'의 단일한 의미 형식으로 해석할 수 없다.

그렇다면 '기술 층렬'의 의미 형식으로의 대응에 있어서 규칙성이 존재하는지를 따져 볼 만하다. 양정석(2010: 272)에서는 서술화 원리에 의해 확립된 통사적 주술관계를 바

82) 능격성 동사('비대격 동사')는 주어의 비행동성을 특징으로 가지는 동사로서, '깨끗하다'와 같은 형용사 외에 피동사들이 주요한 예가 된다. 자동사 중에도 '뛰다' 같은 예는 비능격성 동사이다.

탕으로 통사구조와 의미구조의 대응 관계를 맺어 주는 규칙을 다음과 같이 서술한 바 있다.

(72) 묘사 서술어 구문규칙

통사구조 $[_{CP} \ldots DP_v^1 \ldots XP_k^1 \ldots]$는 다음 의미구조에 대응된다.

$[F(\ldots X_v \ldots)]$ *WITH[ident/circ $\wedge$ BE(X_v, Y_k)]

임자(host)인 DP의 의미구조와 이차 서술어인 XP의 의미구조가 동일성을 나타내는 (기술 층렬의) 의미구조의 함수(BE)의 두 논항이 되어 의미상의 주술관계를 이룸을 나타낸다.83)

개념의미론(Jackendoff 1990)의 의미구조 활용 방식에 따르면 (70가-파)는 '임자'와 이차 서술어가 'BE'의 첫째 논항과 둘째 논항에 포함될 수 있다. (71다, 라)에서 '의자'와 '다리'는 통상적인 주술관계를 이루지 않고, 어떤 대상과 그 분리 불가능한 부분의 관계를 가진다. 이 경우에도 대상과 그 부분의 관계를 'BE'가 규정하는 관계로부터 도출해 내는 것이 가능할 것으로 생각된다.

그런데 (72)에 의해 포착되는 의미적 주술관계는 제1장의 의미 해석 규칙 ①-⑨를 활용하여 해석할 수 있는 형식의미론의 의미 관계가 아니다. 한편, (70), (71)의 이차 서술어를 포함한 문장들은 모두 형식의미론적으로 ①-⑨의 규칙들을 활용하여 해석할 수 있다. 이에 따른 필자의 결론은, 서술화 원리는 통사론의 원리로 한정하고, 그 의미적인 대응 관계는 '지시 층렬'에서는 성립하지 않으며, 반면 '기술 층렬'에서는 (72)에서 보이는 의미적인 대응 관계가 성립한다고 보는 것이다.84)

서술화 원리는 통사구조에서의 부가어들의 분포를 규율하는 원리로 작용한다. 그러나 모든 부가어가 서술화 원리에 의해 규율되지는 않는다. 부가어의 통사구조상의 지위에 관하여 다음과 같이 정리할 수 있다.85)

(73) 가. 부가어는 촘스키 부가의 방식으로 구 범주에 부가된다.

---

83) (72)에서 지표 'v'는 변수로서의 지표라는 독특한 기능을 가지는데, 이는 Jackendoff(1990: 277)에서 제안한 장치이다.

84) 서술화 원리가 적용되는 구문들이 기술 층렬에서 보이는 의미론적 일반성을 기술하는 일을 이 책에서 추구하지는 않는다. 기술 층렬에서의 의미 기술의 방법과 그 필요성에 관한 논의를 [부록]에서 서술하는 데에 그친다.

85) (73나)는 2.2.2절과 2.3절과 2.4절의 논의를 통하여 증명될 점이다.
(73가)에서 말하는 '촘스키 부가'란 어떤 통사 범주 A에 통사 범주 B를 부가할 때 A 교점을 A의 상위에 복사하여 '$[_A$ B A]'의 구조를 형성하는 방법이다.

나. 한국어에서 최대투사 범주가 부가될 수 있는 범주는 최대투사 범주 VP, IP, NP와 중간투사 범주 V'와 I'로 제한된다.

다. 부가어는 구문규칙이나 수식어의 통사-의미 대응에 관한 일반적 규칙에 의해 허가되어야 한다.

그러면, (73다)에서 '부가어'는 무엇으로 확인할 것인가? 앞에서는 서술화 원리의 작동을 위해서 서술어인 구가 확인되어야 한다고 보고, 이를 위해서 범주적 자질로 [+pred]와 같은 것이 필요하다고 주장하였다. 그런데, [+pred] 자질을 가지는 구가 모두 서술화 원리에 의해서만 허가되는 것은 아니다. 특히 후치사구는 항상 내재적으로 [+pred] 자질을 갖게 되는데, 이들은 서술어 아닌 부가어로 사용될 수도 있는 것이다. 이 같은 고려에 따라 통사구조에서 구들의 존재를 허가하는 다음과 같은 일반 원리를 상정하기로 한다. 이를 '수식어 허가 원리'라고 부르기로 한다.

(74) 수식어 허가 원리

[+pred] 자질을 가진 XP는 서술화 원리에 의해 허가되거나, 부가어로서 허가되어야 한다.

부가어는 [+pred] 자질로써 확인할 수 있다. [+pred] 자질을 가진 구가 서술화 원리에 의해서도, (73다)에서 말하는 부가어로도 허가되지 않는다면, 그 구조는 부적격한 구조로 판정되는 것이다.

G. 재구조화 이론

재구조화 원리는 복수의 머리성분들로 이루어진 X^0 단위가 어휘부에 주어짐에 따라, 통사구조에서 이와 같은 구성성분들을 가진 연속적·불연속적 단위가 통사적으로 복합 머리성분의 기능을 갖도록 허가해 주는 원리이다. 필자의 이전의 서술을 수정하여 다음과 같이 서술하고자 한다.86)

(75) 재구조화 원리:

어휘부의 복합 머리성분을 이루는 요소들에 근거하여 위첨자 지표 'r'를 삼투하고 재구조

86) 다음 (75)는 양정석(2010) 등에서 제시한 원리가 구체적 실행에 있어서 문제가 있음을 발견하여, 지표에 관한 서술을 수정하여 다시 제시하는 것이다. 이전에는 지표 'r'와 지표 'i'를 구분하지 않았으나, (75)는 삼투되는 위첨자 지표 'r'는 그저 '위첨자 지표'라고 하고, 이 원리에 의해 확인된 두 머리성분이 갖게 된 동일한 지표 'i'만을 '재구조화 지표'라고 구별하여 지칭한다.

화 영역을 형성하라.

① 위첨자 지표 'r'를 상위 교점으로 임의로 삼투하되, 서로 다른 머리성분 요소들의 'r' 지표들이 합치되는 최초의 머리성분 교점(X^0), 최대투사 교점(X^2)이 재구조화 영역이 된다.

② 재구조화 영역 내의 최대투사 범주는 장벽으로서의 성질을 잃는다.

③ 위첨자 지표 'r'로 연계된 머리성분 요소들은 모두 최하위구 머리성분의 지표 'i'로 바꿔어 하나의 복합 머리성분으로 확인되며(이 'i'를 '재구조화 지표'라고 한다), 의미구조 또는 음운론적 구조와의 대응은 복합 머리성분 내의 최상위구 머리성분이 담당한다.

이 원리는 통사 부문의 다른 원리들과 상호작용한다. 앞에서 보인 것처럼 한계 이론에서 하위인접 조건의 효과를 판정하는 데에 이 원리의 적용 결과가 활용된다.

이 원리에는 두 가지 종류의 지표가 사용된다는 점에 주의해야 한다. 위 원리의 적용 결과로 생성되는 지표 'r'는 '위첨자 지표'라고만 지칭하였고, '재구조화 지표'는 통사구조에서 두 머리성분이 동일하게 갖게 된 아래첨자 지표 'i'를 지칭하였다. 이 재구조화 지표를 활용하는 의미 해석 규칙을 보이면 다음과 같다.[87)]

(76) 재구조화 지표를 가지는 구조의 의미 합성

(i) 재구조화 원리의 적용에 따라 최상위구 머리성분이 갖게 된 의미구조를 최하위구 머리성분이 물려받는다.

(ii) A가 분지교점이고 {B, C}가 그 딸성분들의 집합인 경우, B가 재구조화 지표 'i'를 가지는, 최하위구 아닌 상위구의 머리성분이면,

⟦A⟧ = ⟦C⟧ 이다.

즉, 하나의 어휘의미를 표현하는 두 머리성분 단위들이 동일한 지표를 가지는 것을 형식적 조건으로 삼아, 그 중의 하위 영역의 단위가 복합 단위의 의미 작용을 대표해서 발휘한다는 것이 그 취지이다. 복합 단위의 의미는 (75)③에 따라 상위구 머리성분이 담당하는데(상위구 머리성분이 어휘의미구조나 음운론적 단위와 동지표로 연결된다), (76)(i)에 따라 상위구 머리성분의 의미 형식이 하위구 머리성분의 의미 형식이 되어, 결국 하위구 머리성분이 함수 의미 등의 의미 작용을 발휘하게 된다.

통사론적 원리 (75)가 적용되는 과정을 점검해 보기로 한다.

87) 다음 규칙은 제1장의 ⑧로 제시된 것으로서, 양정석(2022가: 295)에서 설정한 것이다.

(77) 철수가 그 문제를 연구는 한다.

그 문제를$_k$ [$_{VP}$ [$_{DP}$ [$_{NP}$ t_k [$_N$ 연구]$_i$][$_D$ -는]] [$_{V'}$ [$_V$ 하-]$_j$]] ⇒((75)① 적용)

그 문제를$_k$ [$_{VP}$ [$_{DP}$ [$_{NP}$ t_k [$_N$ 연구]$_i^r$][$_D$ -는]] [$_{V'}$ [$_V$ 하-]$_j^r$]] ⇒((75)① 적용)

그 문제를$_k$ [$_{VP}$ [$_{DP}$ [$_{NP}$ t_k [$_N$ 연구]$_i^r$]^r[$_D$ -는]]^r [$_{V'}$ [$_V$ 하-]$_j^r$]^r]^r ⇒((75)① 적용)

그 문제를$_k$ [$_{VP}$ [$_{DP}$ [$_{NP}$ t_k [$_N$ 연구]$_i^r$]^r[$_D$ -는]]^r [$_{V'}$ [$_V$ 하-]$_i^r$]^r]^r ⇒((75)③ 적용)

이렇게 하여 't_i 연구는 하-'의 내용을 가지는 최대투사 VP는 재구조화 영역이 되고, '연구'와 '하-'는 동일한 재구조화 지표 'i'를 갖게 되었다.

지표 표시 방법에 대해 다시 생각해 보기로 한다. '1, 2, 3, . . .'의 숫자 지표는 통사구조가 생성될 때부터 머리성분을 비롯한 모든 교점에 부여된다. 재구조화 원리는 결속 이론의 동지표화 규칙과는 달리, 머리성분의 상위 구 범주들에 'r' 표시를 삼투하고, 규칙이 적용된 후 두 머리성분의 숫자 지표를 동일한 숫자로 만든다. '연구'는 'i', '하-'는 'j'를 가지고 있었으나 이 원리의 적용 결과 둘 다 동일한 지표 'i'를 갖게 된 것이다. 이 'i'가 '재구조화 지표'이다.

재구조화 원리의 근거가 되는 어휘부의 어휘기재항에는 두 단위(또는 세 단위)가 모두 같은 'i' 지표를 가지고 있다. 이에 따라 재구조화의 결과로 'r' 표시된 통사구조에서 'r' 표시된 머리성분들의 숫자 지표를 모두 최하위구 머리성분의 숫자 'i'로 바꾸는 절차가 이어진다. 의미 해석을 할 때에는 동일한 숫자 'i'를 가진 머리성분들을 대상으로 의미론적 규칙 (76)을 적용한다.

2.2.2. 한국어 단순문 구조의 형성

단순문 구조 내에서도 귀환적 구조가 생성될 수 있다. 대표적인 경우는 (78)과 같은, '-의'를 통한 명사구의 확대 현상이다. 이 현상은 (79가)의 귀환적 구조를 예시하는 것이고, 이 귀환적 구조는 한국어가 (79나)와 같은 귀환적 규칙을 가지고 있기 때문에 가능한 것이다.

(78) 철수의 아들, 철수의 아들의 아들, 철수의 아들의 아들의 아들, . . .

(79) 가. [$_{NP}$. . .NP. . .]

나. NP → . . .NP. . .

문장의 무한 생성을 가능하게 하는 인간 언어의 주요 메커니즘은 내포와 접속이다. 한국어의 내포문 구조와 접속문 구조에 대해서는 2.3절과 2.4절에서 알아볼 것이다. 이 절에서는 한국어 단순문 구조의 형성과 관련한 주요 문제점들을 점검해 보기로 한다.

한국어 구 구조 형성에 관한 정리

한국어의 구 구조의 형성과 관련한 특징적 사실들을 정리해 두기로 한다. (80)은 머리성분의 보충어 선택에 관한 일반적인 사실을 정리한 것이다. 특정 어휘항목에 따라서는 이보다 더 구체적인 선택을 부여할 수도 있다. 그러나 그런 경우라도 여기에 주어진 일반화를 벗어나는 선택을 할 수는 없다.

(80) 한국어에서의 보충어 선택에 관한 정리
가. 한국어에서 C는 IP와 CP를 그 보충어로 취할 수 있다.[88)]
나. 한국어에서 I는 VP만을 그 보충어로 취할 수 있다.
다. 한국어에서 동사(V)는 DP나 PP, CP, AdvP를 그 보충어로 취할 수 있다. (NP, IP는 제외)
라. 명사(N)는 DP, PP, CP, NP를 그 보충어로 취할 수 있다.[89)]
마. D는 NP, CP, PP를 그 보충어로 취할 수 있다.
바. P는 NP, CP, PP를 그 보충어로 취할 수 있다.
사. Adv는 PP, DP를 그 보충어로 취할 수 있다.

(80)과 같은 효과는 문법의 원리들과 어휘개별적 특성들에 따라 유도될 수 있는 것이다. 다만, 이 책에서 (80)과 같은 효과를 통사 부문의 고유한 기능의 하나로 상정하고 있다는 점을 강조하고자 한다. (80)의 효과는 통사 부문에 맡기고, 이들 외의 문법적 특성들은 어휘부의 기술과 의미론적 해석 체계에 의해서 설명하고자 하는 것이다.

다음도 한국어의 구의 형성에 관한 일반적인 가정으로서 중요한 것들이다. 먼저, 어순에 관한 약정을 (81)과 같이 두기로 한다. (81가)는 '머리성분-뒤 매개변인'에 따른 것이다. (81나, 다)는 명시어와 부가어에 대하여 그러한 것이 주어지지 않음을 나타낸다.[90)]

---

88) C가 CP를 보충어로 취하는 경우는 다음과 같이 그 보충어가 명시어를 취하는 구인 경우로 한정된다(2.4.2절 참조).
a. 날이 덥거든 수영을 하고 배가 고프거든 식탁의 음식을 먹어라.
b. [$_{CP}$ [$_{CP}$ [$_{C'}$ 날이 덥-거든] [$_{IP}$ 수영을 하-φ-]]-고] . . .

89) 명사가 NP, PP, DP를 보충어로 취하는 예에 대해서는 이 절에서 곧이어 논의할 것이다. CP를 보충어로 취하는 예는 2.3절의 관형절 내포문에 관한 논의에서 다루게 된다.

90) 원리매개변인 이론들에서 명시어의 어순에 관한 매개변인이 설정되는 경우는 찾아보기 쉽지 않으나, 암암리에 그 자매항의 왼쪽에 위치하는 것으로 가정되어 왔다. (81나)는 그와 같은 가정을 부정한다는 점을 명시한 것이다.

(81) 보충어와 명시어의 어순에 관한 약정:

가. 한국어의 보충어는 그 머리성분의 왼쪽에 위치한다.

나. 한국어의 명시어는 그 자매항의 왼쪽에든, 오른쪽에든 올 수 있다.

다. 한국어의 부가어는 그 자매항의 왼쪽에든, 오른쪽에든 올 수 있다.

(82) 이분지 가정

가. 한국어의 보충어는 하나만이 허가된다.

나. 한국어의 명시어는 하나만이 허가된다.

(83) 목적어의 핵계층 구조상의 위치

목적어는 동사구(VP)의 명시어 위치에 생성된다.

(82)는 케인(Kayne 1984)의 '이분지 가설'을 받아들이는 것이다. 그러므로 동사구나 명사구가 한 교점 아래 두 개의 보충어를 가지는 구조는 인정되지 않는다. (83)은 위에서 제시한 논항연결원리에 따른 결과이다.

보조사의 처리 문제

2.2.1절의 논의에 따르면, 원리매개변인 이론의 체계 내에서 격 이론이 행하던 역할은 크게 축소된다. 대신 의미역 이론이 논항 연결 이론에 흡수되어 격 이론이 행하던 많은 기능을 담당하게 된 것이라 할 수 있다. 이 체계 하에서 보조사 '-이, -를, -의, -도, -만' 등과 후치사 '-에, -으로, -와'의 처리 문제들을 검토하고 필자의 견해를 보이려고 한다.

한국어 기능 범주들의 통사구조상의 지위에 대한 견해들을 특히 보조사에 대한 처리를 중심으로 해서 크게 셋으로 나누어 볼 수 있다.[91] 기능 범주들이 머리성분으로서 선행하는 구에 부가된다고 상정하는 '기능 범주 XP 부가설'이 그 한 견해이며(임홍빈 1987, 이광호 1988), 기능 범주들이 독자적 범주로서 구를 투사한다고 보는 '기능 범주 XP 투사설'이 또 하나이며(안희돈 1988, 윤종열 1990, 1992), 기능 범주들이 앞선 다른 머리성분 범주에 부가되어 머리성분 범주를 이룬다고 보는 '기능 범주 X^0 부가설'이 세 번째 견해이다(최기용 1991, 1995). 필자의 견해는 둘째와 셋째 견해를 혼합한 것이다.

'기능 범주 XP 부가설'은 후치사, 보조사, 굴절소, 보문소 들이 독립된 통사 범주이지만, 이들이 선행하는 명사구나 동사구 등에 부가되어 전체적으로 명사구, 동사구를 이룬다고 본다. 이 처리법이 가지는 근본적인 난점은 핵계층 이론에서 새로운 '부가'의 유형을 도입해야 한다는 점이다. 어떤 통사 범주에 부가어가 가해질 때, 구 범주는 구 범주에,

---

(81다)는 부가어의 어순에 대해서도 같은 점을 명시한 것이다.

91) 이 책에서 '기능 범주'는 보조사, 굴절소, 보문소와 아울러 후치사를 포함하는 범주를 가리킨다.

머리성분 범주는 머리성분 범주에 부가되어야 한다는 일반적인 조건이 지켜져야 한다. 그렇지 않으면 '부가'는 사실상 아무런 제약을 갖지 않는 무소불위의 통사적 절차가 될 수 있다. 필자는 명사구에 이어지는 후치사와 보조사가 각각 머리성분 범주로서, 구 범주를 투사하는 것으로 간주한다는 점에서 이들의 견해와 반대된다.

기능 범주들을 독립된 통사적 머리성분으로 설정하는 '기능 범주 XP 투사'설은 후치사나 보조사에 독립적인 통사 범주의 자격을 부여하고, 더욱이 이들을 최대투사 범주를 이루는 존재로 파악하는 것인데, 이는 한국어의 모든 기능 범주를 핵계층 이론의 원리 하에서 설명하려는 시도로서 주목된다. 그러나 보조사가 그 투사된 '보조사구'의 성격을 결정한다고 보기 어려운 경우가 있어 문제를 제기하기도 한다.

보조사에 한정하여 기능 범주의 부가를 받아들이면서, 부가되는 선행 성분이 구 범주 아닌 머리성분 범주라고 상정하는 견해가 최기용(1991, 1995)에서 제안되었다. 이를 특히 '보조사 X^0 부가설'이라 지칭할 수 있다. 이 견해에서는 명사, 부사 등의 어휘 범주와, 기능 범주인 후치사, 보문소에 보조사가 결합될 경우 부가되어 선행 머리성분 요소의 범주를 갖게 된다고 상정한다. 이렇게 기능 범주 중 보조사의 부가를 다른 머리성분 범주에의 부가로 한정함으로써 핵계층 이론의 일반 조건을 위배하지 않으면서도 보조사의 부가어적 성질을 포착할 가능성을 보여주고 있다.

그는 특히, 복합 머리성분에서의 머리성분의 위치가 원리에 의해 예측된다는 '머리성분 상관성 원리'를 입증하는 데에 힘을 쏟고 있다. 한국어는 일반 핵계층 구조에서 머리성분이 뒤에 서는 언어이므로, '머리성분 상관성 원리'는 [X^0 Y^0]의 구성에서 앞서는 X^0가 머리성분일 것을 예측한다는 것이다. '명사-보조사' 구성, '피곤-은-하-'류의 구성, 'V-지 아니하-' 구성, 'V-기는 하-' 구성, 그리고 그 밖의 몇몇 보조동사 구성 등을 복합적인 머리성분의 구성으로 보고, 이들에서 원리에 따라 맨 앞의 X^0가 머리성분이 된다는 것을 증명하려고 노력하였다. 그러나 'V-어 지-' 보조동사 구성, 'N-이-' 지정사 구성, 'N-답-' 구성은 그의 머리성분 상관성 원리에 문제를 제기한다. 필자의 입장은, 머리성분들의 결합이 소규모 규칙이나 예외적·어휘개별적 규정에 의해 포착될 수밖에 없다는 것이다. 필자는 보조사가 기능 범주에 이어질 때, 그리고 부사에 이어질 때, 앞의 머리성분과 결합하여 한 단위를 이룬다고 본다. 이는 어휘부의 규정으로 주어지고, 재구조화 원리에 따라 통사구조에서 그 연계(머리성분들의 연계)가 확인된다.

필자의 보조사에 대한 처리법은 기본적으로 '기능 범주 XP 투사설'에 입각해 있으면서, 후치사와 대부분의 보문소에 이어지는 보조사는 앞의 기능 범주에 결합된다고 보는 점에서 '보조사 X^0 부가설'과 공통되는 점도 있다. 그러나 이 경우의 앞 머리성분에 대한 보조사의 결합은 개별언어인 한국어에 특유한 것으로 가정되며, 더군다나 어휘부 규칙의 수준으로 간주된다. 이 점에서 일반 하위범주화와 별도의 'X^0 하위범주화' 정보가 주어지고 이를 바탕으로 D-구조에서 머리성분들끼리의 부가가 일어난다고 상정하는 최기용(1991, 1995)의 설명과는 차이가 있다.

두 머리성분의 결합을 한 복합 머리성분으로 연계시키는 어휘부 규칙의 형식은 다음과 같은 것이다.

(84) $[_P [_P Z]^i [_D Y]^i] \leftrightarrow [_P Z]^i [_D Y]^i$

(85) 가. 사막<u>에는</u> 사람이 살지 않는다.

나. 밀가루<u>로만</u> 빵을 만들었다.

(86) $[_C [_C Z]^i [_D Y]^i] \leftrightarrow [_C Z]^i [_D Y]^i$

(87) 남의 말을 귀담아듣지 않<u>아서는</u> 성공할 수 없다.

(84)는 후치사(P)와 보조사(D)가 연이어 실현될 경우 하나의 복합 머리성분을 형성해야 하며, 그 범주적 성격은 구성성분 중의 후치사의 것을 물려받는다는 뜻을 서술한다. (86)은 보문소(C)와 보조사(D)가 연이어 실현될 경우 하나의 복합 머리성분을 형성해야 하며, 그 범주적 성격은 보문소의 것을 물려받는다는 서술이다.

그러나 (85)의 예들과는 달리, 다음은 (84)에 대한 예외적 현상을 보인다.

(88) 밀가루<u>만으로</u> 빵을 만들었다.

(88)은 조사들의 결합 순서에 있어서 한국어의 일반성을 따르지 않는 특이한 예이다. 이 문장의 '-만으로'가 불규칙적, 어휘개별적 복합 형식이라는 것은 다음과 같은 예를 통해서 확인할 수 있다. '이동', '변성'의 '-으로'에는 '-만으로'와 같은 결합은 불가능하다.

(89) 가.*사람이 많이 모이는 발표장<u>만으로</u> 갔다/찾아다녔다.

나. 사람이 많이 모이는 발표장<u>으로만</u> 갔다/찾아다녔다.

(90) 가.*여기에 작용을 가하면 이 물질은 산화아연<u>만으로</u> 변한다.

나. 여기에 작용을 가하면 이 물질은 산화아연<u>으로만</u> 변한다.

그러므로, (88)의 예를 위해서는 다음과 같은 어휘개별적 규정이 필요하다.

(91) [$_P$ [$_D$ -만]^i[$_P$ -으로]^i]

후치사 '-에게'와 보조사 '-는'의 결합에도 이와 유사한 어휘개별적인 예가 있다. (92)의 '-에게는'은 (84)의 일반적 규칙을 따르는 것이지만, (93)의 '-에게는'은 어휘개별적인 복합 머리성분으로서, 그 범주는 보조사(D)로 규정된다.

(92) 보물을 찾은 사람에게는 막대한 보상금을 줍니다.
(93) 가. 나에게는 경애가 싫다.
　　나. [$_D$ [$_P$ -에게]^i[$_D$ -는]^i]

이상에서는 보조사가 다른 기능 범주와 결합할 때 둘 중 하나의 범주로 통일되는 과정을 알아보았다. 보조사 범주에 속하는 두 요소가 결합되면 역시 복합 보조사의 기능을 갖게 될 것이다. 이 외의 다른 기능 범주들도 이와 다르지 않다. 동일한 기능 범주들이 연이어 실현되는 경우를 정리해 보면 다음과 같다.

(94) 가. [$_D$ [$_D$ X]^i[$_D$ Y]^i] $\leftrightarrow$ [$_D$ X]^i[$_D$ Y]^i
　　나. 그것만은 안 된다/그것만을 허용해야 한다/그것만이 살 길이다.
(95) 가. [$_P$ [$_P$ X]^i[$_P$ Y]^i] $\leftrightarrow$ [$_P$ X]^i[$_P$ Y]^i
　　나. 종이비행기가 철수에게로 날아갔다.
(96) 가. [$_I$ [$_I$ X]^i[$_I$ Y]^i] $\leftrightarrow$ [$_I$ X]^i[$_I$ Y]^i
　　나. 철수는 시험에 붙었겠다/붙-ϕ-겠-다.[92]
(97) 가. [[$_C$ X]^i[$_C$ Y]^i] $\leftrightarrow$ [$_C$ X]^i[$_C$ Y]^i
　　나. 철수는 영호가 착하다고 생각한다.

(84), (86), (94)-(97)은 어휘부 규칙들이다. (91)과 (93나)는 어휘부의 어휘개별적 정보이다. 이들은 모두 두 머리성분이 위첨자 지표 'i'로 표시되어 있다. 이 지표는 통사적 과정에서 재구조화 원리를 유발하는 근거로 활용된다.

굴절소와 보문소의 처리 문제

보조사, 후치사가 명사에 인접한다는 특성에서 공통되는 반면, 굴절소와 보문소는 동

92) 필자는 양정석(2002: 157-199)로부터 '-었-', '-었었-'을 갖지 않은 형식은 언제나 중화상의 표지 'ϕ'를 가진다고 분석하였다. '붙겠다'의 경우에도 복합 머리성분 'ϕ-겠-'이 형성되는 것으로 본다.

사에 이어지는 분포상의 특성을 가진다. 한국어의 선어말어미는 독립적인 굴절소 범주로서 굴절소구를 투사한다. 어말어미는 독립된 보문소 범주로서 보문소구를 투사한다. 이들 중의 동일한 범주가 둘 이상 연이어 실현될 경우, 통합된 굴절소 범주, 통합된 보문소 범주를 이룬다. 이 규칙성은 어휘부 규칙 (96가), (97가)로 제시되었다. (96가)를 다음에 되풀이한다.

(98) 굴절소가 둘 이상 연이어 실현될 때에는 하나의 복합 굴절소 범주를 형성해야 한다.

$[_{I}\ [_{I}\ X]^{i}[_{I}\ Y]^{i}] \leftrightarrow [_{I}\ X]^{i}[_{I}\ Y]^{i}$

이에 따라 한국어에서 가능한 굴절소 및 복합 굴절소의 목록은 다음과 같다.[93)]

(99) 가. 완결상(perfective aspect)의 굴절소들
-었-, -었었-, -으시었-, -으시었었-, -었겠-, -었었겠-, -으시었겠-, -으시었었겠-
나. 중화상(neutral aspect)의 굴절소들
φ, -으시-(= -으시-φ), -겠-(= φ-겠-), -으시겠-(= -으시-φ-겠-), . . .

한국어의 보문소들의 유형은 다음과 같다.

(100) 가. 단순 보문소: -다, -음, -기, -는, -고, -으면, . . .
나. 보문소+보문소: -다고, -다면, -단다, -답니다, -다네, -다오, . . .
다. 보문소+보조사: -다마는(-다만), -습니다마는, -게는, . . .

여기에서 지적할 점은, '보문소+보조사'의 결합이 항상 복합 보문소를 형성하지는 않는다는 것이다. 보문소 '-음, -기'의 경우에는 보조사가 '-음, -기'의 보문소구를 보충어로 취한다. 그 이유는 이들이 [-pred] 자질을 갖기 때문이라고 본다.

명사항의 내부 구조: 명사구, 보조사구, 후치사구

명사구, 후치사구, 보조사구의 예들을 '명사항'이라는 용어로 지칭해 왔다. 보조사를 가진 명사항은 명사구 아닌 보조사구(DP)를 이룬다는 것이 필자의 기본 입장이다.

핵계층 이론을 준수하는 한도에서 한국어 명사항의 서로 다른 형식들을 그 내부 구조

93) 여기에 '-을 것이-', '-는 것이-', '-은 것이-', '-었던 것이-', 그리고 이들과 다른 굴절소들과의 결합이 더 추가되어야 한다.

의 차이에 따라 나누어 그 내부 통사구조를 제시하기로 한다.

(101) 부가어 명사항 구성

가. 철수의 아들, 철수의 옷, 철수의 긴 다리

$[_{NP}$ DP NP]

나. 철수 아들, 철수 옷

$[_{NP}$ NP NP]

다. 두 명의 학생: $[_{NP}$ DP NP], 모든 학생: $[_{NP}$ NP NP]

(102) 오른쪽 명시어 구성:

가. (i) 철수와 인호와: $[_{PP}$ $[_{P'}$ $[_{NP}$ 철수] $[_{P}$ -와]] $[_{PP}$ $[_{P'}$ $[_{NP}$ 인호] $[_{P}$ -와]]]]

(ii) 서울부터 부산까지: $[_{PP}$ $[_{P'}$ $[_{NP}$ 서울] $[_{P}$ -부터]] $[_{PP}$ $[_{P'}$ $[_{NP}$ 부산] $[_{P}$ -까지]]]]

나. 우리들 청년학도, 상엿집 그 을씨년스러운 곳

$[_{PP}$ $[_{P'}$ NP $[_{P}$ ∅]] NP]

다. 학생 두 명, 학생 모두

$[_{PP}$ $[_{P'}$ NP $[_{P}$ ∅]] NP]

(103) 논항 명사항 구성:

가. 바그다드의 함락, 경기의 시작

$[_{NP}$ $[_{N'}$ $[_{DP}$ 바그다드의] $[_{N}$ 함락]]]

나. 전투 개시, 정신 집중

$[_{NP}$ $[_{N'}$ $[_{NP}$ 전투] $[_{N}$ 개시]]]

다. 미군의 이라크 진격, 왜구의 남해안 지방 침탈

$[_{NP}$ $[_{DP}$ $[_{NP}$ 미군] $[_{D}$ -의]] $[_{N'}$ $[_{NP}$ 이라크] $[_{N}$ 진격]]]

라. 세 명, 서른 세 명

$[_{NP}$ $[_{N'}$ NP N]]

(101)의 명사항들은 모두 선행 DP 또는 NP가 부가어로서 뒤의 NP를 수식하는 '부가어 구조'이다. 이에 비해 (102)의 명사항들은 오른쪽의 NP 또는 PP가 명시어인 '명시어 구조'를 형성한다.

주목할 만한 예는 (101다)와 (102다)이다. 둘은 양화사를 포함하는 명사항인데, 전자는 양화사가 부가어로서 선행하는 '양화사 선행 구성 명사항'이고 후자는 양화사가 명시어로서 후행하는 '양화사 후행 구성 명사항'이다. 이 두 구성의 의미의 공통점과 차이점은 양화사에 관한 논의인 제4장의 4.3절에서 분석할 것이다.

(103가-다)의 논항 명사항 구성은 서술성 명사가 그 논항을 1개 또는 2개 취하는 구

성이다. '함락, 시작, 개시, 집중'은 1개의 논항을 취하는 서술성 명사인데, 그 논항은 DP일 수도 있고 NP일 수도 있다. '진격'과 '침략'은 두 개의 논항을 취하는 서술성 명사이다. 이런 경우 첫째 논항은 언제나 DP로 실현되는 것으로 보인다.

(103라)의 '세 명', '서른 세 명'도 분류사 명사인 '명'이 한 개의 논항을 취하는 예라고 판단한다. '세'와 '서른 세'도 각각 머리성분으로서 명사이다. '서른 세'는 두 머리성분이 재구조화하는 예라고 본다(양정석 2010: 176-216 참조). 수명사가 두 개 이상 연이어질 때에는 앞에서 보인 D, P, I, C의 경우와 마찬가지로 같은 범주의 복합 머리성분을 이룬다고 본다.

'오른쪽 명시어 구성'인 (102)의 예들 중에서 많은 문제를 내포한 것은 후치사 '-와'를 가지는 명사항이다. (104)의 예들은 명사항 주어를 가지는 예들이지만, (105)의 예들은 명사항 주어를 가지는 구조와 문장 접속 구조로 중의적이라는 것이 필자의 판단이다.[94]

(104) 가. 철수와 인호가 왔다.
나. 철수와 인호와는 친구 사이이다.
다. 철수 및 인호가 왔다.
라. 철수와 그리고 인호가 왔다.

(105) 가. 철수, 그리고 인호가 왔다.
나. 철수, 인호, 그리고 순기가 뛰었다.

(104)의 명사항들의 구조는 다음과 같다.

(104)' 가. 철수와 인호가 왔다.
[$_{PP}$ [$_{P'}$ 철수-와] [$_{NP}$ 인호]]
나. 철수와 인호와는 친구 사이이다.
[$_{PP}$ [$_{P'}$ 철수-와] [$_{PP}$ 인호-와]]
다. 철수 및 인호가 왔다.
[$_{PP}$ [$_{P'}$ [$_{P'}$ [$_{NP}$ 철수] [$_{P}$ ∅]]] [$_{NP}$[$_{AdvP}$ 및] [$_{NP}$ 인호]]]
라. 철수와 그리고 인호(-와)가 왔다.
[$_{PP}$ [$_{P'}$ [$_{P'}$ [$_{NP}$ 철수] [$_{P}$ -와]]] [$_{PP}$[$_{AdvP}$ 그리고] [$_{PP}$ 인호(-와)]]]

(105)의 두 문장은 각각 단순문 구조와 접속문 구조의 두 가지 구조를 가지는 문장이

94) (105가) 문장과 (105나) 문장의 구조적 중의성에 대해서는 양정석(2010: 283-296)에서 증명한 바 있다.

다. 후자의 구조는 비우기(gapping) 구문의 구조이다.

(105)' 가. 철수, 그리고 인호가 왔다.

(i) [$_{DP}$ [$_{PP}$ [$_{P'}$ [$_{NP}$ 철수] [$_{P}$ ∅]] [$_{PP}$ [$_{AdvP}$ 그리고] [$_{PP}$ 인호(-와)]]]-가] 왔다

(ii) [[$_{CP}$[$_{DP}$ 철수-∅] . . .∅] [$_{CP}$[$_{AdvP}$ 그리고] [$_{CP}$[$_{DP}$ 인호가] 왔다]]]

나. 철수, 인호, 그리고 순기가 뛰었다.

(i) [$_{DP}$ [$_{PP}$ [$_{P'}$ [$_{NP}$ 철수] [$_{P}$ ∅]] [$_{PP}$ [$_{P'}$ [$_{NP}$ 인호] [$_{P}$ ∅]]
[$_{PP}$ [$_{AdvP}$ 그리고] [$_{PP}$ 순기(-와)]]]]-가] 뛰었다

(ii) [$_{CP}$ [$_{IP}$ [$_{CP}$ [$_{DP}$ 철수-∅] . . .∅] [$_{IP}$ [$_{CP}$ [$_{DP}$ 철수-∅] . . .∅][$_{IP}$ [$_{AdvP}$ 그리고]
[$_{IP}$[$_{DP}$ 인호가] t_i $t_{i,j}$]]]] [$_{C}$뛰$_{i}$-었$_{j}$-다]]

한 가지 문제는, (102가)의 (i)과 (ii)로 제시한 구조를 가지는 명사항이 보조사와 결합할 때 전체 후치사구의 머리성분인 앞 위치의 '-와', '-부터'와 뒤에 이어지는 보조사가 재구조화에 의해 연계될 가능성이다. 그러나 'NP-와 NP-와' 형식의 복합구, 'NP-부터 NP-까지' 형식의 복합구는 후치사구이지만, '-이/가', '-을/를', '-은/는', '-도', '-만' 등의 보조사와 결합될 때에는 언제나 보조사구로서의 행태를 가짐이 관찰된다.

(106) 가. 철수와 인호(와)가/도/만/만이 우리 앞에 나타났다.
나. 우리는 철수와 인호(와)를/도/만/만을 회원으로 인정했다.

(107) 가. 청량리부터 동대문까지가/도/만/만이 도로 정비 구역으로 정해졌다.
나. 시에서 청량리부터 동대문까지를/도/만/만을 도로 정비 구역으로 정했다.

이러한 현상은 원리에 따른 것이라고 생각된다. 우선, 언어 보편적인 원리로 상정된 '재구조화 원리'에 다음과 같은 조건이 주어진다고 가정하자.

(108) 재구조화의 머리성분 주변성 조건
두 머리성분이 재구조화에 의해 긴밀한 관계로 연계되기 위해서는 상위구의 머리성분과 하위구의 머리성분이 모두 구의 가장자리에 위치해야 한다.

(106) 예문에서 앞의 '-와', (107) 예문에서 '-부터'는 (108)의 조건에 부합되는 후치사가 아니다. 따라서 이런 경우 재구조화의 적용은 거부되고, 문제의 명사항은 후치사구를 보충어로 취하는 보조사구로 남아 있게 된다.

(102가)의 (i)과 (ii)가 재구조화와 관련하여 제기하는 또 하나의 문제는, 이들 명사항의 뒤에 실현되는 후치사 '-와'와 '-까지'가 이어지는 보조사와 재구조화할 가능성이다. 앞에서는 후치사와 보조사가 연이어질 때 후치사로 통합되는 어휘부 규칙을 제시한 바 있다. 이 어휘부 규칙이 작용하지 않는다는 점은 다시 (106)과 (107)의 문장들이 증명한다. 이 문제는 다음과 같은 일반 원리가 해결해 준다고 본다.

(109) 재구조화 연계 머리성분의 투사 조건
재구조화 원리에 의해 연계되는 두 머리성분들은 각각 하위구와 그 직접 상위구를 투사하는 머리성분들이어야 한다.

(102가)의 (i)과 (ii)의 명사항의 뒤에 실현되는 후치사 '-와'와 '-까지'는 후치사구 전체를 투사하는 후치사 머리성분이 아니기 때문에, (109)에 따라, 이어지는 보조사와 통합하여 복합 머리성분을 형성할 수가 없다.

(108), (109)의 조건의 서술은 앞의 재구조화 원리와 관련하여 더 정제되어야 한다. 그러나 이러한 조건이 한국어의 통사 현상에 대한 완전한 기술을 위해 요구된다는 점은 분명해 보인다.

이중주어문, 이중목적어문의 처리 문제

'이중목적어문'과 '이중주어문'은 동일한 '격 표지'를 한 문장에 둘 이상 허용함으로써 생성문법의 격 이론적 접근에 끊임없는 도전이 되어 왔다. 이들 구문은 특히 한국어 단순문 구조의 다양한 유형과 관련을 맺고 있어, 각기 단일한 구문 구조를 이룬다고 간주하기 어려운 특성을 지니고 있다. 양정석(1987)에서는 한국어의 이중주어문이 4개 유형의 구문으로, 이중목적어문이 역시 4개 유형의 구문으로 나누어짐을 보인 바 있다.[95)]

우선, 이중목적어문은 다음 4가지 구문으로 나누어진다.

(110) 김 교수가 학생들을 선물을 주었다.

(111) 가. 철수가 세 시간을 물고기를 잡았다.

95) 양정석(1987)에서는 삭제 실험, 분열문 형성, 관계관형화, 성분 간의 자리바꿈, 주제화 등의 검사 방법을 통해 분석하여 위 이중목적문의 4가지 구문들, 이중주어문의 4가지 구문들이 각기 서로 다른 통사적 구문들임을 증명하였다. 양정석(2002: 364-390)에서는 이러한 검사 방법들을 재현하고, 이를 토대로 각 구문의 통사구조를 제시하였다.

나. 선생님이 세 번을 종을 쳤다.

(112) 가. 철수가 의자를 다리를 부러트렸다.

나. 김 교수가 학생을 세 명을 만났다.

다. 김 교수가 학생을 모두를 만났다.

(113) 아군이 적군을 추격을 하였다/시작했다.

(110)에서 앞의 'NP-를' 성분은 논항 위치로부터 이동한 VP 부가어이고, 뒤의 'NP-를' 성분은 논항이다. (111)에서 앞의 'NP-를' 성분은 부가어이고, 뒤의 'NP-를' 성분은 보통의 논항이다. (112)에서 앞의 'NP-를' 성분은 보통의 논항이고, 뒤의 'NP-를' 성분은 '비분리 명사구'이거나 양화사이다. 양정석(1987)에서는 (112나, 다)의 양화사 명사구도 비분리 명사구의 일종으로 파악한 바 있다. (113)에서 앞의 'NP-를' 성분은 뒤의 'NP-를' 성분 내부에 흔적을 남기고 이동한 VP 부가어이다. 각 구문의 통사구조는 다음과 같다.[96)]

(110)' [$_{IP}$ 김 교수가 [$_{I'}$ [$_{VP}$ 학생들을$_i$ [$_{VP}$ 선물을 t_i 주-]]-었-]]-다.

(112)' 가. [$_{IP}$ 철수가 [$_{I'}$ [$_{VP}$ 세 시간을 [$_{VP}$ 물고기를 잡-]]-았-]]-다.

나. [$_{IP}$ 선생님이 [$_{I'}$ [$_{VP}$ 세 번을 [$_{VP}$ 종을 치-]]-었-]]-다.

(113)' 가. [$_{IP}$ 철수가 [$_{I'}$ [$_{VP}$ 의자를 [$_{V'}$ 다리를 [$_{V'}$ 부러트리-]]]-었-]]-다.

나. [$_{IP}$ 김 교수가 [$_{I'}$ [$_{VP}$ 학생을 [$_{V'}$ 세 명을 [$_{V'}$ 만나-]]]-았-]]-다.

다. [$_{IP}$ 김 교수가 [$_{I'}$ [$_{VP}$ 학생을 [$_{V'}$ 모두를 [$_{V'}$ 만나-]]]-았-]]-다.

(114)' [$_{IP}$ 아군이 [$_{I'}$ [$_{VP}$ 적군을$_i$ [$_{VP}$[$_{DP}$[$_{NP}$ t_i 추격]을] [$_V$ 하/시작하-]]]-였-]]-다.

이중주어문도 이중목적어문처럼 4개의 서로 다른 구문으로 분류된다.

(114) 가. 물이 얼음이 되었다.

나. 나는 철수가 싫다.

다. 할아버지는 책이 많으시다.

(115) 가. 철수가 정치에 관심이 많다.

나. 인호가 외국인과 대화가 가능하다.

(116) 가. 저 의자가 다리가 부러졌다.

---

96) 이러한 통사구조는 양정석(2002)에서 제시한 것이다. 이 책의 궁극적인 견해는 한국어의 모든 문장이 동사, 굴절소의 머리성분 흔적을 가지는 구조로 되어 있다는 것인데, 여기에서는 동사와 굴절소가 각각 기저의 V, I 위치에 놓이는 것으로 표시하였다.

나. 학생이 세 명이 왔다.

다. 학생이 모두가 왔다.

(117) 가. 꽃은 장미가 아름답다.

나. 이 쟁반이 사과가 맛있다.

이중주어문의 각 유형의 통사구조는 다음과 같다.[97]

(114)' 가. [$_{IP}$ [$_{DP}$ 물이] [$_{I'}$ [$_{VP}$ [$_{V'}$ [$_{DP}$ 얼음이] [$_{V}$ 되-]]]-었-]]-다.

나. [$_{IP}$ [$_{DP}$ 나는] [$_{I'}$ [$_{VP}$ [$_{V'}$ [$_{DP}$ 철수가] [$_{V}$ 싫-]]]-∅-]]-다.

나. [$_{IP}$ [$_{DP}$ 할아버지는] [$_{I'}$ [$_{VP}$ [$_{V'}$ [$_{DP}$ 책이] [$_{V}$ 많-]]]-으시-]]-다.

(115)' 가. [$_{IP}$ [$_{DP}$ 철수가] [$_{I'}$ [$_{VP}$ [$_{V'}$ [$_{PP}$ 정치에] [$_{V'}$ [$_{DP}$ 관심이] [$_{V}$ 많-]]]]-∅-]]-다.

나. [$_{IP}$ [$_{DP}$ 인호가] [$_{I'}$ [$_{VP}$ [$_{V'}$ [$_{PP}$ 외국인과] [$_{V'}$ [$_{DP}$ 대화가] [$_{V}$ 가능하-]]]]-∅-]]-다.

(116)' 가. [$_{IP}$ [$_{DP}$ 저 의자가] [$_{I'}$ [$_{DP}$ 다리가] [$_{I'}$ [$_{VP}$ [$_{V'}$ 부러지-]]-었-]]]-다.

나. [$_{IP}$ [$_{DP}$ 학생이] [$_{I'}$ [$_{DP}$ 세 명이] [$_{I'}$ [$_{VP}$ [$_{V'}$ 오-]]-었-]]]-다.

다. [$_{IP}$ [$_{DP}$ 학생이] [$_{I'}$ [$_{DP}$ 모두가] [$_{I'}$ [$_{VP}$ [$_{V'}$ 오-]]-었-]]]-다.

(117)' 가. [$_{CP}$ 꽃은 [$_{C'}$ [$_{IP}$ [$_{DP}$ 장미가] [$_{I'}$ [$_{VP}$ [$_{V}$ 아름답-]]-∅-]]-다]]

나. [$_{CP}$ 이 쟁반이 [$_{C'}$ [$_{IP}$ [$_{DP}$ 사과가] [$_{I'}$ [$_{VP}$ [$_{V}$ 맛있-]]-∅-]]-다]

한국어 이중주어문에 관한 언어학적 설명으로는 최현배(1937) 이래의 '서술절설', 생성문법의 '변형설', 또는 '주제어설' 등이 있는데 이러한 설명 방안들은 모두 피할 수 없는 난점을 안고 있다.

서술절설은 최현배(1937) 이래 현행 학교문법에 이르는 이중주어문의 구조에 대한 견해이고, 박병수(1983), 이익환(1987), 채희락 외(2008), 윤혜석(Yoon 2009) 등의 생성문법에 기반한 처리에서도 기본적으로 받아들이는 견해이다. 그러나 (114)-(117) 문장들의 둘째 'NP-이' 명사항과 동사를 하나의 절로 간주하는 것이 타당하지 않다는 점은 남기심(1986가)의 다음 반례를 통하여 증명된다. 하나의 절이 한 문장 안에 내포된다면 (118가)에서 보는 것처럼 주절의 주어가 내포절 안으로 끼어들 수 없다. 그러나 이중주어문인 (118나)에서는 그것이 가능하다.

(118) 가. 나는 그가 유학생임을 알고 있었다.

---

97) 이와 같은 이중주어문의 통사구조도 양정석(2002: 364-390)에서 제시한 것이다. 이중주어문의 처리에 관한 선행 연구의 정리와 비판도 이곳에서 제시하였다.

→ *그가 나는 유학생임을 알고 있었다.
나. 철수가 키가 크다. → 키가 철수가 크다.

또한 서술절설은 (115) 유형의 이중주어문의 통사구조를 설명하는 데에 근본적인 난점을 안고 있다. '관심이 많다'를 서술절, 즉 문장 단위로 가정하여 생성하면 그 문장 단위 밖에 주어가 요구하는 후치사구 '정치에'가 생성되고, 다시 그 위에 주어 명사구 '철수가'가 생성되는 과정을 합리적으로 해명할 수가 없다. 또 그 내부의 주어인 명사(구) '관심'이 절 밖의 '정치에'를 필수성분으로 요구하는 점도 설명하기가 곤란하다. 서술절설은 한국어의 문장 구조 형성의 원리를 근본적으로 잘못 이해한 데에서 생겨난 견해라고 판단한다.

변형설은 (119가)처럼 주어 명사구 내부의 관형어 명사구가 이동 변형에 의하여 문두의 'NP-이' 형식으로 실현된다고 설명하는 방안('이동 변형설': 서정수 1971, 최현숙 1987)과, (119나)처럼 'NP-에/에서/에게' 형식의 성분이 'NP-이' 형식으로 실현된다고 설명하는 방안('교체 변형설': 송석중 1967, 서정수 1971)이 있다.

(119) 가. NP_1의 NP_2-이 VP → NP_1이 NP_2-이 VP
나. NP_1-에/에서/에게 NP_2-이 VP → NP_1이 NP_2-이 VP

다음 (120), (121)은 (119가) 방식의 변형적 처리에 대한 반례이며, (122)는 (119나) 방식의 변형적 처리에 대한 반례이다.[98]

(120) 가. 그 여자의 손이 너무 커서 [X] 싫다.
나. 그 여자는 손이 너무 커서 [X] 싫다.
(121) 가. 이광수가 소설이 더 유명하다.
나. 이광수의 소설이 더 유명하다.
(122) 가. 서울역에 기차가 도착하였다.
나. *서울역이 기차가 도착하였다.

주제어설은 이중주어문의 주어 외의 'NP-이' 성분을 주제어라는 문법기능으로 간주하자는 남기심(1972나, 1986가), 임홍빈(1972) 등에서의 제안이다. 이는 위 (117)의 유형

98) (120)은 손호민(Sohn 1980: 10)의 예이고 (121), (122)는 남기심(1988/1996: 55, 56)의 예이다.

또는 (116가)의 유형에 국한된 설명 방안으로서, 그 외 다른 유형의 이중주어문들에 대해서는 적용될 수 없다.

필자가 여기에서 이중목적어문과 이중주어문을 함께 논의하는 것은 두 구문이 가지는 연관성에 주목하기 때문이다. 이중목적어문의 셋째 유형인 (112) 문장들과 이중주어문의 셋째 유형인 (116) 문장들은 중요한 공통성을 가지고 있다. 그것은 '다리' 등의 비분리 명사구, '세 명', '모두' 등의 양화사가 목적어 또는 주어와 관련된다는 점이다. 그 공통성에 주목하여 '세 명', '모두'를 '다리'와 같이 '비분리 명사구'라고 지칭하기도 하였다. 그 통사구조를 살펴보면, 이들은 모두 이중목적어문의 V′ 부가어, 이중주어문의 I′ 부가어로서, 서술화 원리에 의해 이차 서술어로 허가되는 구성성분이다.

양화사 문장의 의미 해석을 다루는 이 책의 제4장(4.5절)에서는 V′ 부가어 위치, I′ 부가어 위치의 '다리' 등 비분리 명사구가 그 위치의 '모두', '세 명'과 평행적인 방식으로 의미 해석을 받는다는 점을 보일 것이다. 이중주어문에 대한 서술절설, 변형설, 주제어설 등의 다른 접근에서 이러한 연관성을 포착할 수 있을지는 의문이다. 이 책의 견해는 한국어 문법 연구의 오랜 숙제인 이중주어문에 대한 해명에 가장 적합한 해결 방안을 제시한다고 판단한다.

한국어 통사구조상의 공범주들

이 책에서는 '단일한 통사구조'를 상정한다. 이 단일한 통사구조는 대체로 원리매개변인 이론의 S-구조와 가까운 것이나, 이 구조가 D-구조에서 변형 규칙의 적용 결과로 만들어지는 것으로 보지는 않는다. 이 구조에는 흔적 t와(머리성분 흔적, 명사항 흔적, 보문소구 흔적과 연산자 흔적으로 나뉨) 공범주 대명사 PRO(지배 받지 않음), pro(지배 받음), 그리고 공범주 연산자 O가 나타날 수 있다. 그러나 이들은 변형을 통하지 않고 생성되는 것이다. 이들 공범주의 생성을 위해서는 각각의 규칙이 주어진다고 본다. 다음은 한국어에서 공범주의 실현에 관한 정리를 제시한 것이다. (123가, 사)는 한국어가 공범주 허사를 포함함을 명시한 것이다.

(123) 공범주와 허사에 관한 정리

가. 한국어 문장의 통사구조는 공범주와 공범주 허사를 포함할 수 있다.

나. 한국어에서 공범주는 주어진 조건을 만족하는 한 어느 위치에든 나타날 수 있으나, 문법의 독립적인 원리/제약에 의해 그 분포가 제한된다.

다. O는 명시어 위치에만 실현될 수 있고, 이것이 지배하는 흔적(t)과 동지표화 되어야 한다.

라. 한국어에서 흔적(t)은 최대투사(XP)인 경우와 머리성분으로서 동사(V) 또는 굴절소(I)인 경우의 두 종류가 존재한다.

마. pro는 지배 받는 위치에 나타나는 공범주 대명사이다.

바. PRO는 지배 받지 않는 위치에만 나타나는 공범주 대명사이다.

사. 허사 'e_{pleo}'는 서술화 원리를 만족하기 위하여 통사구조에 도입될 수 있다.

(123가-사)의 공범주들 중 몇 가지만을 지적하여 촌평하기로 한다. (123다)의 공범주 연산자 'O'가 만족해야 할 조건을 다음과 같이 제시할 수 있다.

(124) 공범주 연산자 O에 관한 제약

O는 그 흔적과 동지표화되어야 한다. O의 흔적은 의미역 지배를 받아야 하고, O와 흔적의 관계는 하위인접 조건을 만족해야 한다.

제1장에서는 이미 관계관형절의 통사구조를 보인 바 있다. 공범주 연산자 'O'와 흔적 't'가 포함된다.

(125) 가. 철수가 산 책

나. $[_{NP}[_{CP}$ O_i $[_{C'}[_{IP}$ 철수가 t_i 사-었-]-는]] $[_{NP}$ 책]]

이 구조는 (124)의 제약을 만족하는 전형적인 구조라는 것을 알 수 있다.

(123라)는 흔적이 최대투사 흔적과 머리성분 흔적으로 나누어진다는 점을 명시하였다. 최대투사 흔적은 'O'의 흔적과 같은 '비논항 흔적(A-bar trace)'과 '논항 흔적(A-trace)'으로 다시 나누어진다. 둘은 의미 해석상의 큰 차이가 있다. 비논항 흔적은 양화 연산자를 중심으로 한 연산자의 흔적이 되는 것이어서, 본질적으로 결속변항의 기능을 가진다. 최대투사의 흔적 중에는 결속변항으로 해석되지 않고 선행사의 해석을 그대로 물려받는 것들이 있다. 이것이 앞 장에서 도입한 '⑦ 논항 흔적의 의미 해석 규칙'이 필요한 이유이다. 머리성분 흔적도 선행사의 해석을 그대로 물려받는 해석 방법을 취한다. 이 점에 근거하여 이 책에서는 머리성분 흔적도 '논항 흔적'의 하나로 분류한다. 즉, 머리성분도 '⑦ 논항 흔적의 의미 해석 규칙'의 적용을 받아 해석된다.

머리성분 흔적도 한국어 통사구조의 주요 요소이다. 상위 머리성분이 흔적(t)으로 남은 하위 머리성분을 지배해야 한다는 '머리성분 이동 제약(HMC)'은 Chomsky(1986b)

에서 다음과 같은 형태로 제시한 바 있다.

(126) 머리성분 이동 제약:

하위 머리성분 A는 이 A의 최대투사를 지배하는 머리성분 B의 위치로만 이동할 수 있다. 단, B ≠ C(보문소)이면 B가 A의 최대투사를 의미역 지배하거나 어휘 표시해야 한다. (Chomsky 1986b: 71)

흔적으로서의 머리성분과 이를 지배하는 머리성분의 관계는 한국어 문장에서 기본적으로 나타나는 관계이다. 필자는 이러한 구조가 말 그대로의 이동 변형에 의해서 형성된다고 하는 설명 방법을 부정한다. 동사(V)가 이동하여 I 범주에 부가되고, 이 부가어 구조가 다시 이동하여 C 범주에 부가된다고 하는 표준적 원리매개변인 이론의 설명을 다음과 같이 재서술하기로 한다.

(127) 머리성분 이동에 관한 정리

가. 동사의 흔적 't_V'는 이것의 최대투사를 지배하는 머리성분 흔적 't_I'를 가져야 하고, 둘은 동지표를 가진다. 이에 따라 전자는 't_{Vi}', 후자는 '$t_{Vi,}t_{Ij}$'로 표시된다. 후자는 줄여서 '$t_{i,j}$'로 나타낸다.

나. 굴절소의 흔적 't_I'는 이것의 최대투사를 지배하는 C 범주의 복합적 머리성분을 가져야 하고, C 범주에 부가된 I 범주와 동지표화된다. 이에 따라 전자의 I는 '$t_{Vi,}t_{Ij}$'(줄여서 '$t_{i,j}$'), 후자의 C는 'V_i I_j C'로 표시된다.

의미론적 해석 과정에서 동사 흔적 't_V'는 그것의 선행사가 가지는 의미 내용을 물려받아 그 의미적 작용을 행한다. 이것과 동지표화된 't_I'에 부가된 흔적 't_V'와, 이것과 동지표화된 C 범주에 부가된 동사 'V'는 의미 해석을 받지 못하는 무위적 해석의 요소들이다.[99] 굴절소 흔적 't_I'는 't_V'를 부가어로 가지는 '$t_{i,j}$'의 위치에서 의미론적 작용을 한다. C 범주에 부가된 선행사 I의 의미 내용을 물려받아서 의미적 작용을 가하는 것이다. C 범주에 부가된 선행사 I는 무위적 해석을 받는 요소이다.[100]

(123마)의 'pro'는 공범주라는 점만 제외하고는 일반 대명사와 전혀 다르지 않다. 통사론적으로는 앞에서 제시한 '대명사의 동지표화 규칙'에 따라 동지표화될 수 있으며, 동지표화된 경우 결속변항으로서의 해석을 받는다. 그렇지 않을 경우에는 지시적 대명사의

---

99) 이것은 제1장에서 도입한 논항 흔적 의미 해석 규칙 ⑦에 따르는 결과이다.

100) 이것도 제1장에서 도입한 논항 흔적 의미 해석 규칙 ⑦에 따르는 결과이다.

해석을 받는다.

(123마)의 'PRO'는 지배 받지 않는 공범주 대명사이고 (123바)의 'e_{pleo}'는 지배받는 공범주 요소인데, 의미론적 해석 과정에서 아무런 의미 내용을 부여받지 못하는, 무위적 해석을 받는 요소들이라는 공통점을 가진다.

2.3. 한국어의 내포문 구조

인간 언어를 특징 짓는 본질적 특성이 무한한 표현을 가능하게 하는 귀환적 특성(귀환성)이라는 점을 앞에서 여러 번 언급하였다. 한국어 표현의 무한성을 보장해 주는 하나의 방법은 내포를 통해 복합 형식의 문장을 생성하는 것이다. 한 문장 안에 다른 문장을 내포하는 구조를 다음 (1)과 같이 나타낼 수 있다. 이 귀환적 구조는 상응하는 귀환적 규칙 (2)에 의해 생성된다. 'S'는 문장(sentence)을 뜻하는데, 이후에 'S'는 구체적 통사 범주 'CP'로 바뀔 것이다.

(1) $[_S \ldots [_S \ldots] \ldots]$
(2) S → . . . S . . .

이 절에서는 한국어 내포문을 명사절 내포문, 관형절 내포문, 인용절 내포문, 연결어미절 내포문의 네 가지 유형으로 나누어 그 통사구조가 어떻게 형성되는지를 알아보려고 한다.

2.3.1. 명사절 내포문

전통·구조문법적 연구로부터 명사형어미 '-음'과 '-기'는 내포절의 하나로서의 명사절을 나타내는 표지라고 알려져 왔다. 여기에 '-는지, -는가, -느냐'가 명사절 표지의 목록에 추가되어야 한다. (3)-(5)가 한국어 명사절 내포문의 전 범위를 보여 준다. 특히 (5)는 이른바 'tough 구문'이라는 특이한 구문 현상을 보이는 예로 생각되어 왔다. 이를 ''쉽다' 구문'이라고 지칭하기로 한다.

(3) 가. 철수가 수업에 참석했음은 사실이다.
나. 철수는 네가 먼저 말을 걸어주기를 원한다.

(4) 가. 누가 제일 먼저 오느냐가 문제이다.

나. 나는 인호가 참석하는지를 알아 보려고 했다.

다. 사람이 많이 모이는가가 관건이다.

(5) 가. 이 귤껍질은 까기가 쉽다/어렵다.

나. 나에게는/나는 이 귤껍질이 까기가 쉽다.

한국어의 명사형어미는 '-음', '-기', '-는가', '-는지', '-느냐'의 5가지에 한정되며, 이들은 보문소에 속하는 다른 어말어미들과 동일한 계열을 이루어 보문소의 주요 하위 부류가 된다. 통사론적으로 위 5가지 보문소가 한국어의 다른 보문소들과 구별되는 것은 그 어휘기재항에 통사적 자질 [-pred]를 가진다는 점이다. 이에 따라 앞의 2.1절에서 도입한 문법의 원리와 규칙들이 적용되는데, 특히 서술화 원리가 적용됨에 있어 [-pred] 자질이 제약 요인이 되어 이들 보문소를 머리성분으로 하는 구가 이차 서술어로 실현되는 것을 막게 된다.

(3)-(5)와 같은 형식의 명사절, 명사절 내포문이 통사론적 기술이나 의미론적 기술에 제기하는 문제는 별달리 눈에 띄지 않는다. (5)의 '쉽다' 구문은 통사론의 원리와 규칙들에 따라 그 통사구조를 도출하는 절차가 다소 복잡하다. 그 도출 과정을 이해하기 위해, 2.1절에서 제시한 통사론의 관점에 따라 이 문장이 어떻게 도출되는지를 살펴보기로 한다. (5나)의 통사구조는 (6나)와 같다.

(6) 가. 나에게는/나는 이 귤껍질이 까기가 쉽다. (=(5나))

나. [$_{CP}$ 나에게는/나는$_{k}$ [$_{CP}$ 이 귤껍질이/은$_{i}$ [$_{C'}$ [$_{IP}$ t$_{k}$ [$_{VP}$ t$_{k}$ [$_{V'}$ [$_{DP}$ [$_{CP}$ [$_{IP}$ pro pro$_{i}$ 까-ϕ-]-기]가] 쉽-]-ϕ-]-다]]

이 통사구조를 도출하는 절차는 다음과 같다. 공범주 대명사 'pro'는 물론, 흔적 't'도 이동 변형이 아닌 기저 생성의 방식으로 도입된다는 점에 주의할 필요가 있다.

(7) (5나) 문장의 도출 절차: 하향(top-down) 도출 방안

CP	
DP CP	(부가어 규칙ii)
DP DP C'	(명시어 규칙)
DP DP IP C	(보충어 규칙, X=C)
DP DP DP I' C	(명시어 규칙)

DP DP t I' C (흔적 't'의 도입)

DP DP t VP I C (보충어 규칙)

DP DP t DP V' I C (명시어 규칙)

DP DP t t V' I C (흔적 't'의 도입)

DP DP t t DP V I C (보충어 규칙)

DP DP t t D' V I C (명시어 규칙, YP 비실현)

DP DP t t CP D V I C (보충어 규칙)

DP DP t t C' D V I C (명시어 규칙, YP 비실현)

DP DP t t IP C D V I C (보충어 규칙)

DP DP t t DP I' C D V I C (명시어 규칙)

DP DP t t pro I' C D V I C ('pro'의 도입)

DP DP t t pro VP I C D V I C (보충어 규칙)

DP DP t t pro DP V' I C D V I C (명시어 규칙)

DP DP t t pro pro V' I C D V I C ('pro'의 도입)

DP DP t t pro pro V I C D V I C (보충어 규칙, YP 비실현)

[$_{CP}$ [$_{DP}$나-에게는] [$_{CP}$ [$_{DP}$이 귤껍질이] [$_{IP}$ [t] [$_{I'}$ [$_{VP}$ [t] [$_{DP}$ [$_{CP}$ [$_{IP}$ [pro] [$_{I'}$[$_{VP}$[pro] [$_{V'}$[$_{V}$까-]]] ∅]] [$_{C}$ -기]] [$_{D}$ -가]] [$_{V}$쉽-]] [$_{I}$ ∅]] [$_{C}$ -다] (어휘삽입규칙)

[$_{CP}$ [$_{DP}$나-에게는]$_{k}$ [$_{CP}$ [$_{DP}$이 귤껍질이] [$_{IP}$ [t]$_{k}$ [$_{I'}$ [$_{VP}$ [t]$_{k}$ [$_{DP}$ [$_{CP}$ [$_{IP}$ [pro] [$_{I'}$[$_{VP}$[pro] [$_{V'}$[$_{V}$까-]]] ∅]] [$_{C}$ -기]] [$_{D}$ -가]] [$_{V}$쉽-]] [$_{I}$ ∅]] [$_{C}$ -다] (선행사-흔적 동지표화)

[$_{CP}$ [$_{DP}$나-에게는]$_{k}$ [$_{CP}$ [$_{DP}$이 귤껍질이]$_{i}$ [$_{IP}$ [t]$_{k}$ [$_{I'}$ [$_{VP}$ [t]$_{k}$ [$_{DP}$ [$_{CP}$ [$_{IP}$ [pro] [$_{I'}$[$_{VP}$[pro]$_{i}$ [$_{V'}$[$_{V}$까-]]] ∅]] [$_{C}$ -기]] [$_{D}$ -가]] [$_{V}$쉽-]] [$_{I}$ ∅]] [$_{C}$ -다] (대명사 'pro' 동지표화)

통사론적 분석은 이렇게 가설적으로 주어진 통사구조가 원리와 규칙의 적용으로 도출됨을 증명하는 과정이다. 마지막 단계에서 흔적 't'의 동지표화, 공범주 대명사 'pro'의 동지표화가 적용되어 구성성분들 사이의 지시적 의존 관계가 분명해짐으로써 다음 단계인 의미론적 해석이 가능하게 되었다. 다소 복잡하기는 하지만, 핵계층 도식을 비롯한 통사론의 원리와 규칙들을 적용하여 한 문장의 적격한 통사구조를 완전히 도출하는 정상적인 과정을 보여준다.

2.3.2. 관형절 내포문

관계관형절과 보문관형절

전통·구조문법적 연구로부터 관형사형어미인 '-는, -은, -을, -던'은 관형절이라는 내포절을 이끄는 표지로 알려져 왔다. 다음은 관형절 내포문의 예이다. (8)의 관형절은 보문관형절의 구조를, (9)의 관형절은 관계관형절의 구조를 가짐으로써 서로 구별된다.

(8) 가. 그는 비가 오는 사실을 몰랐다.
 나. 그는 비가 온 사실을 몰랐다.
 다. 그는 비가 올 사실을 고려하지 않고 있다.
 라. 그는 비가 오던 사실을 회상한다.
(9) 가. 우리는 산에서 멧돼지를 잡는 사냥꾼을 만났다.
 나. 우리는 산에서 멧돼지를 잡은 사냥꾼을 만났다.
 다. 우리는 산에서 멧돼지를 잡을 사냥꾼을 만났다.

관형절을 관계관형절과 보문관형절로 나누는 것에 대해 회의적인 견해도 있어 왔으나, 둘은 상이한 통사구조를 형성하므로 구분되어야 한다. 관계관형절과 보문관형절의 구조는 다음과 같다. 특히 관계관형절이 (8)처럼 공범주 연산자(O)와 흔적(t)을 가진 구조로 표상됨을 보이는 것이 이 절의 요점이라고 할 수 있다.[101]

(10) 가. 경애를 만난 사람은 철수였다.
 나. [[O_i [t_i 경애를 만나-]-ㄴ] 사람]은 철수였다.
(11) 가. 철수는 전에 경애를 만난 사실이 있다.
 나. 철수는 [[[pro 경애를 만나-]-ㄴ] 사실]이 있다.

관형절이 관계관형절과 보문관형절이라는 판이한 통사구조로 나누어진다는 견해는 생성문법적 연구의 초기부터 지배적인 견해로 이어져 왔다. 양인석(1972)에서는 관형관형절 내포문과 보문관형절 내포문에 대해서 각각 다음과 같은 기저구조를 제시한 바 있다.[102]

(12) 가. 존이 메리가 산 책을 읽는다.
 나. [$_S$[$_P$[$_A$[존] K] [$_O$[$_S$ [$_P$[메리 K] [책 K] 사-] 었-다] 책 K] 읽-] [$_M$ -는-다]]

101) (10나)와 같은 구조를 설정한 선례로는 양동휘(1989: 603-645)를 들 수 있다. 그는 공범주 연산자 'O'를 오른쪽 명시어로 설정하고 있다.
102) (12나)는 양인석(1972: 229)에 나무그림으로 표시되어 있는 것을 대괄호 표기법으로 바꾸고, 필요한 만큼만 대강의 구조를 보인 것이다. 'K'는 변형에 의해서 격 표지가 삽입되는 자리를 표시한 것이다. 양인석(1972)에서는 '것'을 보문소의 하나로 본다.

(13) 가. 존은 메리가 가는 것을 보았다.

나. [[$_P$ [존] [$_{NP}$ [$_S$ [$_P$ 메리 가-] [$_M$ -았-다]] [것]] 보-] [$_M$ -았-다]]

(12가)의 기저구조에서 내포절의 '책'은 상위절의 '책'과 동일지시되어 삭제된다. 이것이 그의 '관계화 변형'이다(229쪽). 반면, (13)의 보문관형절에는 그와 같은 통사적 과정이 관여하지 않는다.

관형절을 두 부류로 양분하는 보통의 견해와는 달리, 세 부류로 나누는 견해가 제시되기도 하였다. 김영희(1981나)에서는 표제 명사와 내포문의 명사 사이에 동일 명사구 제약이 있다는 점 이외에 양자를 별개의 구문으로 분리해야 할 근거가 없다고 하면서(154쪽), 관계관형절과 보문관형절의 2분법이 타당한 근거를 갖지 못한다고 보아 이들을 모두 보문관형절로 간주하였다. 관계관형절에 해당하는 구문의 유형을 '관계명사보문'이라 지칭하고, 이것과 일반 보문관형절('동격명사보문') 외에 '태도명사보문'이라는 관형절의 제삼의 하위 유형을 분리해 내고 있다. 태도명사보문은 '양', '척', '체' 등의 부사성 의존명사에 의해 이끌리는 보문이 된다.

양정석(2010: 310)에서 필자는 "한국어의 명사 중 보충어를 취하는 특성을 가장 분명히 가지는 예는 '듯', '양', '척', '체' 따위의 의존명사들이다."라고 서술한 적이 있다. 그러나 양정석(2017: 153-160)에서는 이들 중 '듯'이 그 앞의 관형형어미와 재구조화하여 한 단위의 복합 어미(복합 보문소)를 이루는 것으로 분석하였다.[103] '듯' 외에도 '성'(-을성), '법'(-을법), '만'(-을만)을 같은 방법으로 분석하였는데, 이들 복합 어미는 양상 의미를 표현한다.[104]

(14) 가. 철수는 그 사실을 모르는듯 무표정한 얼굴을 했다.

나. 눈이 내리는듯 하다/싶다.

다. 눈이 내린듯 하다/싶다.

라. 눈이 내릴듯 하다/싶다.

(15) 가. 인호가 순희를 만날성 싶다.

나. 인호가 순희를 만났을성 싶다.

(16) 가. 그분이 쾌차하실만 하다.

---

103) (14다, 라)에서 '-은듯', '-을듯'은 통사 단위들의 결합 '-었-는-듯', '-겠-는-듯'이 재구조화된 것으로서 형태음운론 규칙 '-었-는⇒-은', '-겠-는'⇒-을'이 적용된 것이라고 설명하였다. '-는-듯'은 두 통사 단위가 재구조화된 것이므로, 그 외부의 요소가 그 내부의 요소 '-는'과만 음운론적으로 축약되는 일이 가능하다.

104) 이들 요소의 양상 의미 분석은 6.5.2절에서 보일 것이다.

나. 그분이 쾌차하셨을법 하다.

(17) 가. 인호가 화날만 하다.

나. 인호가 화났을만 하다.

그러나 필자는 의존명사 '양', '척', '체'들만은 위와 같이 분석하지 않는다. 이들은 당당히 보문명사로서의 기능을 가진다고 본다. 이들은 통사적으로 (11)의 '사실'과 다름없이 보문관형절을 취하며, 의미적으로도 보문관형절을 논항으로 취하는 함수 형식으로 기술된다.[105]

양정석(2010)에서는 다음과 같은 예를 관계관형절과 보문관형절의 구분에 문제를 제기하는 예로 지적하고, 이 경우의 관형절은 관계관형절도 아니고 보문관형절도 아닌, (19)와 같은 관계관형절 구조를 가진다고 보았다. 그러나 필자는 이 견해를 거두고, (20)과 같은 보문관형절 구조를 가지는 것으로 정정한다. 즉, 보문인 '철수가 경애를 만난'은 명사구 부가어 위치로 이동한 것이다.

(18) 철수가 경애를 만난 {그, 뜻밖의, 우리가 몰랐던} 사실이 드러났다.

(19) $[_{NP}$ $[_{CP}$ PRO $[_{C'}$ $[_{IP}$ 철수가 경애를 만나-]-ㄴ]] $[_{NP}$ 그 $[_{NP}$ 사실]]이 드러났다.

(20) $[_{NP}$ $[_{CP}$ $[_{C'}$ $[_{IP}$ 철수가 경애를 만나-]-ㄴ$]]_i$ $[_{NP}$ 그 $[_{NP}$ t_i 사실]]이 드러났다.

'그'의 자리에는 '뜻밖의, 우리가 몰랐던' 등의 명사구 부가어가 실현될 수 있다. 관계관형절인 '우리가 몰랐던'이 명사구 부가어로 실현되는 것은 전혀 특이한 일이 아니다.

(20)과 같은 이동 구조를 상정하는 주된 이유는 그 의미 해석을 위한 것이다. (20)의 보문관형절의 이동의 흔적 't_i'는 논항 흔적이라고 가정한다. 이에 따라 제1장의 '⑦논항 흔적 의미 해석 규칙'이 적용되어 전체 구성의 의미가 원활히 해석된다.[106]

정리하면, 한국어의 관형절은 관계관형절의 구조와 보문관형절의 구조의 두 가지 통사구조를 가진다.

(10) 가. 경애를 만난 사람은 철수였다.

나. [[O_i [t_i 경애를 만나-]-ㄴ] 사람]은 철수였다.

---

105) 그 의미 기술은 3.1.3절에서 보일 것이다.

106) 논항 흔적과 비논항 흔적의 구분은 문제를 제기한다. 의문사와 양화사와 공범주 연산자 'O_i'의 흔적만을 비논항 흔적으로 규정하고, 그 외의 XP 흔적은 물론 머리성분 흔적도 모두 논항 흔적으로 규정한다. 머리성분 흔적도 '⑦논항 흔적 의미 해석 규칙'에 의해 해석된다는 점은 주의를 요한다.

(11) 가. 철수는 전에 경애를 만난 사실이 있다.
나. 철수는 [[[pro 경애를 만나-]-ㄴ] 사실]이 있다.

이러한 통사구조의 차이는 그 대응되는 의미론적 형식의 차이로도 반영된다는 것을 3.1.3절에서 보일 것이다.

관형형어미의 도입

관형형어미가 통사구조에 도입되는 방법에 있어서 관계관형절과 보문관형절이 차이를 보이지는 않는다.

현대 한국어에서 표면형으로 주어지는 관형형어미에는 '-는', '-을', '-은', '-던'의 네 가지가 있는데, 이 중 '-은'과 '-을'은 각각 '-었-는', '-겠-는'의 표면적 실현형이다.107) 따라서 통사구조에서 관형절을 이끄는 보문소는 '-는'과 '-던'의 두 가지만 인정된다. (21나-차)에서 '-은'과 '-을'은 형태음운론 규칙에 따라 음운론적 구조에서 실현되는 형식이다.

(21) 가. 잡-으시 -는
나. 잡 -았 -는 ⇒ 잡은
다.*잡 -았었 -는
라. 잡 -겠 -는 ⇒ 잡을
마. 잡-으시-었 -는 ⇒ 잡으신
바. 잡-으시 -겠 -는 ⇒ 잡으실
사. 잡 -았 -겠 -는 ⇒ 잡았을
아. 잡 -았었-겠 -는 ⇒ 잡았었을
자. 잡-으시-었 -겠 -는 ⇒ 잡으셨을
차. 잡-으시-었었-겠 -는 ⇒ 잡으셨었을
카. 잡- -는
(22) 가. 잡-으시 -던
나. 잡 -았 -던
다. 잡 -았었 -던

107) 남기심(1972가, 1978)에서는 '-은'을 기저의 '-었-'과 '-는'의 결합이 형태음운론적으로 실현된 형식이라고 본다. 우리는 이를 받아들이며, 아울러 '-겠-'과 '-는'의 결합이 이와 똑같은 방식으로 '-을'로 실현된다고 본다. 남기심(1972가, 1978)에서 '-겠-는'의 경우를 이와 같이 처리하지 않은 것은 '-을'이 단순한 추측, 추정, 미확인된 사실을 보이는 데 대해 '-겠-'은 일인칭 주어의 의도까지 보인다는 것이 그 근거였으나, 가령 "선발대로 갈 사람은 앞으로 나와라."와 같은 예에서 '-ㄹ'은 주어의 의도를 보이고 있다.

라. 잡 -겠 -던
마. 잡-으시-었 -던
바. 잡-으시 -겠 -던
사. 잡 -았 -겠 -던
아. 잡 -았었-겠-던
자. 잡-으시-었 -겠-던
차. 잡-으시-었었-겠 -던
카. 잡- -던

상태성 동사에서의 관형형어미는 그 표면형에 있어서는 사건성 동사의 경우와 큰 차이를 보인다. 그러나 사건성/상태성에 가리지 않고 그 기저에서의 형식은 같은 것으로 상정한다.

(21)' 가. 작-으시 -는 ⇒ 작으신
나. 작 -았 -는 ⇒ 작은
다.*작 -았었 -는
라. 작 -겠 -는 ⇒ 작을
마. 작-으시 -었 -는 ⇒ 작으신
바. 작-으시 -겠 -는 ⇒ 작으실
사. 작 -았 -겠 -는 ⇒ 작았을
아. 작 -았었-겠-는 ⇒ 작았었을
자. 작-으시 -었 -겠-는 ⇒ 작으셨을
차. 작-으시 -었었-겠-는 ⇒ 작으셨었을
카. 작- -는 ⇒ 작은

상태성 동사의 경우인 (21나)'을 위 (21나)와 비교해 보면 '-었-'과 '-는'이 이어질 때에 그 어미의 형식은 '-은'으로 사건성 동사의 경우와 같아짐을 알 수 있다. 이 현상에 대한 우리의 해석은, 기저에서 관형형어미의 실제 모습이 이와 같다고 보는 것이다. 상태성 동사의 관형절에 '-었-'이 관계할 때, 그 형식에 있어서는 사건성과 같은 방식으로 형태음운론적 변동이 일어난다.

그 의미 해석과 관련해서는 여기에 한 가지 고려를 더해야 한다. '-었-'은 상(aspect)으로서의 완결(perfective)을 나타내는 형태소라는 점이다. 관형절에서 상태성 동사에 완결의 상이 가해질 때에 그 시간상의 선후의 해석은 얻어지지 않는다.

상태성 동사의 관형형어미는 기본적으로 '-는'이나, 형태음운론 규칙에 따라 '-은'이 실현된다는 것이 (21가, 카)'이 보여주는 점이다. 이것은 '-었-는'의 실현형((21나)')과 같은 꼴로 나타나므로 이 점에 대해서는 주의가 필요하다. 필자는 '-었-는 ⇒ 은'과, 상태성 동사 뒤에서의 '-는 ⇒ 은'의 두 가지 형태음운론 규칙이 모두 존재한다고 본다.

한국어에 다음 두 개의 규칙이 형태음운론 규칙으로 존재한다고 하였다.

(23) 가. -었-는 ⇒ 은
　　 나. -겠-는 ⇒ 을

이를 이용하여 다음과 같은 형식들의 부적격성을 체계적으로 설명할 수 있다. '?' 표시를 한 결합형들은 완전히 배제되지 않는 형식이며, 일부 방언(경상도 방언)에서는 적격한 형식이다. '*'로 표시한 결합형들이 부적격한 형식임은 분명하다.

(24) 가. -었던, -었었던, -겠던, -었겠던, -었었겠던
　　 나. ?-었는, *-었었는, ?-겠는, ?-었겠는, ?-었었겠는
　　 다. -었을, -었었을, *-겠을, *-었겠을, *-었었겠을
　　 라. *-었은, *-었었은, *-겠은, *-었겠은, *-었었겠은

(24다, 라)의 바뀌기 전의 형태인 다음 (24다, 라)'에서, '?' 표시를 한 결합형들은 부적격할 이유가 없는 것들이지만, '*'로 표시한 결합형들은 그 부적격함의 이유가 분명하다. 가령, '*-겠을-'은 그 축약 이전의 형태인 '*-겠-겠-는'이 '-겠-'의 중복형으로 되어 있어 부적격하다. '*-겠은-'은 그 축약 이전의 형태인 '*-겠-었-는-'이 선어말어미들의 일반적 순서를 위배하여 부적격한 것이다. 또, '-었-'과 '-었었-'은 계열적 대립항을 이루는 완결상의 요소들이므로, 이 두 요소가 통합되는 '*-었-었었-는'은 배제된다. '-었-'이 중복되는 것도 같은 이유에서 배제된다. (24라)의 첫째 항 '*-었은-'은 완료의 '-었-'이 통합된 '*-었-었-는'에서 온 것이기 때문에 부적격하다.

(24)' 다. ?-었-겠-는, ?-었었-겠-는, *-겠-겠-는, *-었-겠-겠-는, *-었었-겠-겠-는
　　　라. *-었-었-는, *-었었-었-는, *-겠-었-는, *-었-겠-었-는, *-었었-겠-었-는

(24)에서 이상의 방법으로 설명하지 못하는 예는 '*-었었는'(24나)뿐이다.[108] 이에 대해서는 '-었었-'의 '단속' 의미와 '-는'의 의미의 충돌에 따른 설명이 가능할 것으로 보인다.

관형형어미 '-는'은 명사구 내부의 보문이나 관계관형절을 이끄는 보문소로서, '-던'과는 의미적으로 대립된다.[109] 그러나 남기심(1973)을 포함한 종래 연구자들과는 달리 종결형과 관형형의 변형을 통한 연관은 인정하지 않는다.[110] '-던'은 '-더라'와는 무관한 요소인 것이다.

(25) 가.*우리가 어제 서울극장으로 들어가더라.
나.*아까 내가 울더라.
다.*철수는 자기가 어제 서울극장으로 들어가더라고 말했다.
(26) 가. 우리가 내일 소풍 가더라.
나. 꿈에서 내가 울더라.
(27) 가.*내일 소풍 가던 우리
나.*꿈에서 울던 나

'-더라'에 주어지는 인칭 제약, 또는 주어의 동일지시에 관한 제약(25)은 특별한 상황맥락에서 해소될 수 있는데(26), 이 '-더라'에 주어지는 제약과 특정한 상황맥락에서의 이의 해소라는 기제가 '-던'에는 전혀 작동하지 않음을 (27)은 보여주는 것이다.

2.3.3. 인용절 내포문

남기심(1973)에서는 직접인용절 내포문과 간접인용절 내포문이 변형적 관계를 가진다고 보고 그 변형 과정을 기술한 바 있다. 이 변형 과정이 통사적 변형이 가져야 할 여러 가지 요건을 갖추지 못한 것이라는 점을 양정석(2010: 152-153)에서 논한 바 있다. 직접인용문은 간접인용문과 변형에 의해 연관되지 않는다.

면밀히 살펴보면 한국어의 직접인용문은 형식적으로 구별되는 다음 ①-⑤의 다섯 가

108) 최현배(1971: 466)에는 '-었었는'의 예가 바른 문장으로 제시되어 있다. 이는 방언적 차이로부터 말미암는 듯하다. 그러므로, '-었었-는'이 통사구조에서 배제된다기보다는, '-었었-'과 '-는'의 의미상의 충돌에서 그 부적격성이 결과된다고 설명하는 것이 온당해 보인다.

109) '-던'의 의미는 '-더라'의 의미와 같지 않다는 점에 유의해야 한다. '-던'과 '-더라'는 독립된 별개의 통사 단위이다. '-던'의 형식의미론적 정의는 11.6.3.2절에서 제시한다.

110) 남기심(1972가, 1978)에서는 종결형에서의 형태소는 '-더-', 관형형에서의 형태소는 '-던'으로 분석하여 둘 사이의 형태적 연관을 부정하였는데, 남기심(1973)에서는 보문관형절에서 '-더라고 N'의 구조가 변형에 의해 '-던 N'으로 바뀌는 경우를 제시하고 있다. 우리는 이 책에서 보문관형절의 경우에도 '-더-'와 '-던'의 연관을 인정하지 않는다는 점에서 남기심(1973)의 처리를 부정하고 남기심(1972가)의 처리를 일반적인 것으로 받아들이는 것이다.

지 유형으로 나누어진다. ⑥의 간접인용문을 더하면 모두 6가지의 인용문의 유형을 구별할 수 있다.

① 가. 철수는 "제가 그 책을 오백원에 샀습니다."라고 말했다.
   나. 그 사람이 "강도야!"라고 소리쳤다.
② 가. 철수는 "제가 그 책을 오백원에 샀습니다." 하고 말했다.
   나. 철수는 "아야!" 하고 소리쳤다.
   다. 철수는 "제가 그 책을 오백원에 샀습니다." 하며 우리를 쳐다보았다.
③ 가. 그는 "이것은 아무도 모르리라."고 속으로 쾌재를 불렀다.
   나. 그는 "이것은 아무도 모르리라."며 속으로 쾌재를 불렀다.
④ 가. "이제 우리는 어떻게 한다지?"가 그의 반응이었다.
   나. "일하지 않는 자는 먹지도 마라."에 자본주의 정신이 들어있다.
   다. 그는 "일하지 않는 자는 먹지도 마라."를 가훈으로 삼았다.
⑤ 가. 밤새 비가 왔지 싶다.
   나. 밤새 비가 왔나 보다.
   다. 밤새 비가 오지 않았나 한다.
⑥ 가. 철수는 영호가 그 책을 오백원에 샀다고 말했다.
   나. 철수는 경애가 집에 있느냐고 경애 동생에게 물었다.
   다. 그는 일하지 않는 자는 먹지도 말라고 명령했다.
   라. 그는 나에게 그 일을 함께 하자고 제의했다.
   마. 그 사내는 종교를 믿으마고 아내에게 말했다. (서정수(1994: 283)의 예문)

인용의 형식은 인간 언어의 원초적 형식이고, 인용의 능력은 인간이 가지는 원초적 능력 중의 하나라고 생각된다. 직접인용문 속에 나타나는 인용되는 문장은 마치 모르는 외국어의 문장을 옮기는 것과 같은 것이다. 이에 비해서, 간접인용문은 내포문의 통사적 구조를 갖추고 있다.

그러나 직접인용문 중에도 ③과 ⑤는 내포문의 통사적 구조를 가지는 것이 아닌가 생각된다. ③은 그 직접인용절이 항상 절의 형식을 가지며, 그것도 특정 형식의 종결어미만을 요구하는 것으로 보인다. '이것은 아무도 모르지요'와 같은 종결어미의 형식은 ③의 직접인용절로 쓰일 수 없다. ⑤는 이전 연구에서 거의 인용문의 예로 인식되지 않은 것이다. 그러나 '싶다', '보다', '한다'의 선행 구성성분은 그 자체로 의문을 표현하는 발화가 된다.

(28) 가. 밤새 비가 왔지?
나. 밤새 비가 왔나?
다. 밤새 비가 오지 않았나?

이와 같은 문장들의 차이와 각각의 통사구조가 무엇이며, 이것이 앞서 제시한 통사적 원리들에 따라 어떻게 설명되는지를 보이는 것이 이들에 대한 통사론적 연구의 과제가 된다. 이 절에서는 구체적으로 다음 문제들에 대한 해결을 도출하는 일에 힘을 모으기로 한다.

(29) 가. 보문소 '-다'와 '-고'가 연속되는 형식을 어떻게 처리할 것인가?
나. 간접인용문과 직접인용문의 차이는 무엇인가?
다. '하-'의 문제를 중심으로 하여 인용관형절의 구조를 어떻게 처리할 것인가?

이어지는 세 절에서는 이들 논제를 차례로 살펴보고, 다음으로 2.3.3.4절과 2.3.3.5절에서는 '-다고'를 형식적 특징으로 가지는 구문들 '외치 구문'과 '유형 판단 구문'을 고려해 보려고 한다.

2.3.3.1. 복합 보문소로서의 '-다고'

전통문법의 문법서인 정인승(1956)에서는 동사와 형용사의 어미들을 크게 '마침꼴'과 '이음꼴'과 '매김꼴'과 '이름꼴'의 넷으로 나누었는데, 이 중 이음꼴과 매김꼴에는 각각 '따옴이음법(인용접속법)'과 '따옴매김법(인용관형법)'이라는 하위 범주를 설정하고 있다. 이는 최현배(1937) 등의 다른 문법서에서는 설정되지 않았던 것이다.

(30) 가. 따옴이음법: -는다고/ㄴ다고, -더라고, -느냐고, -으라고/라고, -자고
나. 따옴매김법: -는다는/ㄴ다는, -는단/ㄴ단, -는다던/ㄴ다던, -는달/ㄴ달

필자의 판단은 (30가)가 충분히 이유 있는 설정이라는 것이다. 이들은 보문소와 보문소의 결합이 어휘부 규칙으로 말미암아 새로운 머리성분 범주(C)로 허가되는 예이다. 통사구조에서 이들을 단일한 복합 범주로 허가해 주는 것은 재구조화 원리이다. 그러나 (30나)는 단일한 통사 범주로 허가되지 않는다. 이들은 남기심(1973)에서 통사적 과정의 '-고 하-' 삭제 변형 규칙이나 형태음운론적 과정의 '-고' 삭제, '하-' 삭제 규칙에 따라 얻어지는 예로 들었던 것이다. 이들은 복합 보문소가 아니다. 이들은 다음과 같이 동사

'하-'의 변이형태로서의 무형의 변이형태를 포함하는 표현으로 규정된다.

(31) -는다는/ㄴ다는: -는다 φ는, -는단/ㄴ단: -는다 φ는, -는다던/ㄴ다던: -는다 φ던, -는달/ㄴ달: -는다 φㄹ

앞에서 우리는 '-는다고'가 종결어미로서의 보문소 '-는다'와 연결어미로서의 보문소 '-고'가 결합된 복합 보문소라고 규정한 바 있다. 이와 같은 유형의 복합 보문소에는 다음과 같은 것이 더 있다. (32마)의 '-으마고'도 첨가되어야 할 것인바, 이는 서정수(1994: 283)에서 제시한 것이다.[111)]

(32) 가. -다고: 그는 철수가 자기를 안 믿는다고 말했다.
나. -느냐고: 그는 내가 어디에 사느냐고 물었다.
다. -으라고: 강사는 그 종이를 반으로 접으라고 지시했다.
라. -자고: 그는 그 돈을 사람 수대로 나누자고 제안했다.
마. -으마고: 그 사내는 종교를 믿으마고 아내에게 말했다.

'-다고'의 단위 분석과 범주 규정에 관한 논의가 이미 여러 연구자들에 의해 이루어져 왔다. 우리와 같이 '-다고'가 한 단위의 통사 범주로서의 자격을 가진다고 보는 견해도 있고, '-다'와 '-고' 각각이 독자적인 통사 범주로 기능한다는 견해도 있다. 전자의 견해를 분명히 보이는 연구로는 이필영(1993), 유현경(2002)를 들 수 있는데, 이들은 '-다'와 '-고'가 '-다고'라는 어미구조체로 재구조화된다고 보고 있다.[112)] 이 어미구조체 '-다고'를 이필영(1993)은 보문소('보문자')로, 유현경(2002)는 부사형어미로 규정한다.

후자의 견해에서는 '-고'의 범주가 무엇이냐가 특별히 중요한 문제가 된다. 이를 조사로 간주하는 전통적인 견해는 최현배(1937)에서 형성되었고, 뒤에 이상복(1974), 임동

111) 서정수(1994)에서는 이것이 서법을 하위 구분하는 통사적 증거가 된다고 보고 서법의 하위 범주를 이와 같이 서술법, 의문법, 명령법, 청유법, 약속법의 5가지로 나누고 있다.
이 책의 관점에 따르면 (32)에 제시한 5개 외에도 '-더라고', '-으리라고'가 첨가되어야 한다. 의도의 의미를 나타내는 경우의 '-겠다고'도 첨가되어야 한다(8.4.2절 참조). 이는 굴절소 '-겠-'과 보문소 '-다'의 결합에 다시 '-고'가 결합된 복합 보문소이다.

112) 채희락·노용균(1998)도 '-다고'를 한 단위로 처리한 연구이다. 그러나 채희락(2005)에서는 '-고'가 고유한 통사 범주를 가지며, 동사 어간과 어미의 결합형, 가령 '잡으신다'에 의존사(clitic: '접어')로 부착된다는 제안을 하고 있다. 의존사는 음운론적으로 의존적인 단어이다. 의존사로 규정하는 것 자체가 해결 방안이 되지는 않는다. '잡으신다'와 같은 활용형에 단어 '-고'가 결합한 '잡으신다고'는 어떤 통사적 구성인지가 다시 제기되는 문제인데, 이에 대해서는 뚜렷한 답을 제시하지 못하고 있다. '-다고'를 한 단위로 간주하는 이전의 입장으로 돌아가는 것만이 해결 방법이다.

훈(1995) 등에서 새롭게 제시되었다. 보문소로 간주하는 견해는 생성문법적 연구 초기의 이홍배(1970), 양인석(1972), 남기심(1973) 등으로부터 엄정호(1990), 안명철(1992), 최재희(2000) 등에 이르기까지 많은 연구자들의 논의를 찾아볼 수 있다.

2.3.3.2. 간접인용절과 직접인용절

비교적 근래에 나온 연구 중에서 '-다고'에 이끌리는 절의 통사구조 설정의 문제와 관련하여 주목할 만한 제안은 엄정호(1990)이다. 그에 따르면 앞의 예문 ⑥(가)(=(33))는 (33)'과 같은 구조를 가진다.

(33) 철수는 영호가 그 책을 오백원에 샀다고 말했다.
(33)' 철수는 $[_{S'}$ e $[_{S'}$ 영호가 그 책을 오백원에 샀다] $[_{V}$ 하-]$[_{COMP}$ -고]] 말했다.

간접인용문은 보문소 '-고'에 이끌리는 절을 그 내포절로 가지는데, 이 내포절은 '하다'를 서술어로 가진다는 것이다. 간접인용문의 통사구조를 이렇게 해석함으로써 그는 간접인용문과 직접인용문의 구분에 관한 종래의 통념에 문제를 제기하고 있다.

이러한 견해의 주요 근거는 모든 절이 하나의 보문소를 가져야 한다는 그의 전제이다.[113] 다음 (34), (35)에서 '-고'와 '-라고'가 수의적으로 탈락되는 현상은 이들 보문소가 잉여적이라는 것을 말해주는데, 이는 고유의 보문소가 그 앞의 종결어미이기 때문이라는 것이다. 직접인용문인 (36)과 같은 문장에서 '-고'가 쓰이는 현상 역시 고유의 보문소가 그 앞의 '-다'라는 점을 말해준다고 한다. 이 경우는 형식동사인 '하-'가 수의적으로 탈락된 것이라고 한다.

(34) 가. 영희는 철수가 똑똑하다고 생각한다.
나. 영희는 철수가 똑똑하다 생각한다.
(35) 가. 철수는 "이젠 살았구나"라고 소리쳤다.
나. 철수는 "이젠 살았구나" 소리쳤다.
(36) 배군은 "우리가 커 가고 있는건지 병들어 가고 있는건지 모르겠다"고 푸념했다.
(이상 5문장은 엄정호 1990: 62에서 취함)

(33)'과 같은 기저구조는 모든 절이 하나의 보문소를 가져야 한다는 전제를 충족시킨

113) 이러한 전제를 가진다는 점에서는 필자도 같다.

다. (37)의 내포절은 (38)에서처럼 독립적으로 쓰일 수 있는데, 이는 마치 인용문 내부의 인용절과 같은 성격을 가진다.[114] (37)에서 종결어미 '-나'는 그의 이론에서 보문소로 간주된다. 간접인용문의 구조를 (33)'와 같이 상정해야 인용절의 보문소는 종결어미가 맡고, 그 상위절의 보문소는 동사 '하다'의 연결어미인 '-고'가 맡게 되어, 한 절이 한 개의 보문소를 가져야 한다는 전제를 충족시킨다고 한다.

(37) 가. 철수는 학교에 갔나 싶다.
나. 철수는 숙제를 다 했나 보다.
다. 철수가 그 일을 하지 않았나 한다.
(38) 가. 철수는 학교에 갔나.
나. 철수는 숙제를 다 했나.
다. 철수가 그 일을 하지 않았나. (이상 6문장은 엄정호 1990: 1에서 취함)

위 경우의 '싶다'와 '보다'는 종래 보조동사로 다루어왔다. 2.3.4.1절에서는 종전에 '보조동사 구문'으로 다루어지던 예들을 4가지로 재분류하게 되는데, (37다)의 '하다' 문장도 포함하여, (37)의 부류를 보충어를 가지는 내포문의 한 종류로 처리하게 된다.

엄정호(1990)에서 이상의 근거 외에 (33)' 구조 설정을 정당화하기 위한 논거로 제시한 것은, 남기심(1973)에서의 '모의문' 설정의 부당함, 명사 완형보문 구조 설정의 불합리함 등이 있다. 특히, '-다고'와 같은 형식은 20세기에 들어와서야 출현하고, 이전에는 인용절의 형식이 'ᄒᆞ다' 동사의 보문으로서, 종결어미를 그 말미에 가지는 형식으로 실현되었다는 역사적 사실을 중요한 근거로 들고 있다.

이제, (33)'과 같이 설정된 통사구조에 관하여 지적할 큰 문제점은, (33)'의 구조가 직접인용문의 형식을 기술한 것이라는 점이다. 일반적으로 간접인용절은 재귀대명사 주어를 가질 수 있으나, 직접인용절은 그것이 불가능하다. (39)는 이러한 일반적 성질에 따른 것이다. (33)'의 구조로는 이러한 사실을 설명하기가 어렵다.

(33) 가. 철수는 영호가 그 책을 오백원에 샀다고 말했다.
(39) 가. 철수는 자기가 그 책을 오백원에 샀다고 말했다.
나.*철수는 "자기가 그 책을 오백원에 샀다" 하고 말했다.

---

114) 이 논문은 (37)과 같은 부류의 구문에 대한 연구가 주목적이다. 그는 이를 'SEA 구문'이라고 부르고 있다.

양정석(2010: 152-153)에서는 직접인용문과 간접인용문을 동일한 기저로부터 이끌어내는 남기심(1973)의 처리법을 부정하였다. '복원가능성'에서의 문제 등으로 말미암아, 이는 사실상 표준적 변형의 개념으로는 기술이 불가능한 현상이라는 것이다. 결국 직접인용문과 간접인용문은 통사적으로 아무런 연관을 갖지 않는 별개의 구조인데, 엄정호(1990)의 (33)'의 구조는 오히려 직·간접 인용문이 동일한 구조를 가진다고 주장하는 것이다.

다음으로, 주의 깊게 살펴보면, 현대 한국어에서 직접인용문과 간접인용문의 구별은 여전히 필요하고, 이 둘은 형식적으로 동일시될 수 없다. 이 점을 단적으로 보여주는 예는 엄정호(1990: 63)의 다음 예문이다.

(40) 영희는 철수가 학교에 갔나 보다 하고 생각했다.

이는 위 (37나)와 같은 형식을 인용절로 가지는 문장이다. 사실상 이 예는 그가 간접인용문의 기저구조를 (33)'와 같이 설정하게 만든 직접적인 동기가 되었던 것이라고 할 수 있다. 문제는, (40)에서 '하고'에 앞서는 내포절은 어디까지나 직접인용문으로서, 이에 대응되는 간접인용문은 불가능하다는 것이다. (41)의 두 문장의 대비가 이 점을 보여준다. '하-'가 생략된 문장 (41나)도 가능하다. 그러나 이것은 앞서 엄정호(1990) 자신의 예문 (36)이 가능한 것과 똑같은 이유에서 가능한 것이다. 발음상으로도, 인용절과 '-고' 사이에는 쉼(휴지)이 있어야 한다.

(41) 가.*영희는 철수가 학교에 갔나 보다고 생각했다.
　　나. 영희는 "철수가 학교에 갔나 보다"고 생각했다.

(37)의 나머지 문장들이 모두 같은 성질을 보인다.

(42) 가.*영희는 철수가 학교에 갔나 싶다고 말했다.
　　나. 영희는 "철수가 학교에 갔나 싶다"고 말했다.
(43) 가.*영희는 철수가 그 일을 하지 않았나 한다고 추측했다.
　　나. 영희는 "철수가 그 일을 하지 않았나 한다"고 추측했다.

(41나)-(43나)의 문장에서 내포절은 직접인용절이기 때문에 재귀대명사 '자기'에 의한 조응이 불가능할 것은 예측되는 일이다.[115] 이는 마치 (39)와 같은 것이다.

(44) 가. 철수는 "제가 그 책을 오백원에 샀습니다." 하고 말했다.
　　나.*철수는 "자기가 그 책을 오백원에 샀습니다." 하고 말했다.
(45) 가. 영희는 "내가 잘못 계산했나 보다"고 생각했다.
　　나.*영희는 자기가 잘못 계산했나 보다고 생각했다.
(46) 가. 영희는 "내가 어쩌면 그런 옷을 입고 학교에 갔나 싶다"고 말했다.
　　나.*영희는 자기가 어쩌면 그런 옷을 입고 학교에 갔나 싶다고 말했다.
(47) 가. 영희는 "내가 잘못한 것이 아닐까 한다"고 말했다.
　　나.*영희는 자기가 잘못한 것이 아닐까 한다고 말했다.

이상의 관찰을 통하여 얻은 결론은 다음과 같다. (37) 유형의 문장들에서 그 내포절은 특수한 종류의 직접인용절이다. 이 구문들은 그 보문으로 (38)과 같은 형식을 '직접인용절'의 형식으로 취하는 특별한 선택제약을 가진다. 인용의 형식을 언어-보편적인 의미범주의 하나라고 가정하면 이러한 구문은 앞에서 '싶다', '보다', '하다'의 의미적 제약이나 구문규칙의 형식을 활용해서 적합하게 기술할 수 있다.

또한, 간접인용문에 대한 (33)'와 같은 통사구조의 설정은 이에 대비되는 직접인용문의 다른 종류인 '-라고' 문장의 통사구조 설정과 관련하여 문제를 일으킨다. 문제는, 직접인용의 조사 '-라고'를 어떻게 처리할 것인가 하는 점이다. 엄정호(1990)에서는 이에 대해서 자세히 논하지 않았으나, '직접인용 보문자'는 지정사 '이다'와 '하고'의 축약이며, 인용된 부분이 명사구로 도입된다고 보고 있다.[116] 전후 맥락으로 미루어 보면 그가 그리는 직접인용문의 통사구조는 대략 다음과 같은 것이다.

(48) 철수는 [$_{S'}$ e1 [$_{S'}$ e2 [$_{NP}$ "제가 그 책을, 오백원에 샀습니다."][$_{V}$ 이-][$_{COMP}$ -라]]
　　[$_{V}$ 하-][$_{COMP}$ -고]] 말했다.

이 구조는 직접인용문의 특이한 성질을 포착할 수 있다. 그러나 내포절의 '하-'가 어떤 의미 기능을 맡게 되는지, '-고'에 의해 이끌리는 연결어미 절이 '말하다'의 보문의 지위

115) (45나)-(47나)의 예문은 마치 언어심리학이나 자연언어처리 분야에서 거론되는 'garden path sentence'의 예와 유사한 성질을 가진다. 즉, 누구나 다음 문장을 처음 듣고 그 주절 동사를 'ran'으로 파악하기가 쉽다. 이것이 잘못된 해석임은 맨 뒤의 'fell'에 의해 깨닫게 된다.
　a. The horse ran past the garden fell.
　마찬가지로, '자기'를 간접인용절의 주어로 파악하여 문제 없이 해석해 나가다가, 뒤에서 '보다, 싶다, 한다'로 말미암아 직접인용절로의 파악을 다시 시도하게 된다. 이 경우는 부적격성 판정으로 귀결된다는 점에서 (a)와 다르다.
116) 엄정호(1990) 66쪽, 각주 4.

를 가진다는 것이 무슨 의의를 가지는지를 해명해야 함과 아울러, 앞서 간접인용문의 구조 (33)'에서 제기되었던 것과 같은 문제를 안게 된다. 또, '이다' 문장의 'e2'와 같은 공범주 주어는 통사적으로도, 의미적으로도, 전혀 용도를 갖지 않는다는 문제도 지적할 수 있다. 이러한 구조보다는 '-라고'를 조사로 간주하는 것이 간결성의 기준에서 더 타당한 처리라고 본다.

다음의 대비는 '이라고'의 '-고'가 독립적인 연결어미 또는 보문소로서 절을 이끄는 능력을 갖지 못함을 보이는 증거이다. 위 (48)과 같은 구조로는 (49나)가 비문이 될 이유가 없다.

(49) 가. "누가 그런 말을 곧이듣는담?" 하고 그는 입을 삐죽거렸다.
나.*"누가 그런 말을 곧이듣는담?"이라고 그는 입을 삐죽거렸다.

조사로서의 '-이라고/라고'는 '-고' 없이 '-이라/라'로만 실현되기도 한다. 이 때의 '-이라/라'는 '-이라고/라고'의 한 변이형일 뿐이라고 판단한다.

(50) 가. 철수는 "제가 그 책을 오백원에 샀습니다."라 했다/말했다.
나. 철수는 "아이구, 머리야!"라 했다.

요컨대, '-이라고/라고', '-이라/라'는 동사의 보충어로 쓰이는 보문에서만 인용을 나타내는 표지로서의 조사가 된다.

다음과 같은 예의 '-라는'은 '-라 하는'에서 '하-'가 무형의 변이형태('φ')로 실현된 것이다. 그 구조를 제시하면 다음과 같다.

(51) 가. "이 절은 1891년에 창건되었다"라는 비문은 잘못된 것이었음이 밝혀졌다. (남기심 1973에서 취함)
나. [[[e ["이 절은 1891년에 창건되었다"라 [$_V$ φ-]][$_I$ -φ-]][$_C$ -는]] 비문]은 잘못된 것이었음이 밝혀졌다.

조사로서의 '-이라고/라고'와 관련하여 혼동하기 쉬운 예들이 있다. (52가)는 (52나, 다)로 이해하는 것이 옳다.

(52) 가. 걱정도 팔자라고, 누가 그런 극단적인 상황까지 고려한다는 말이냐?
나. "걱정도 팔자"라고, 누가 그런 극단적인 상황까지 고려한다는 말이냐?

다. [[e "걱정도 팔자"라 ф-고], 누가 그런 극단적인 상황까지 고려한다는 말이냐?

이 경우는 직접인용절을 영-형태의 동사 '하-'가 취하여 다시 연결어미(보문소) '-고'가 이들을 이끄는 구조를 이루고 있다. 속담이나 격언을 인용할 경우 이와 같은 형식이 많이 쓰인다. 다음도 인용의 조사를 전혀 포함하지 않는 구조의 예이다.

(53) 가. 걔는 공부한다고 한 동안 책가방 들고 도서관에 들락날락 했다.
나. 걔는 "공부한다"고 한 동안 책가방 들고 도서관에 들락날락 했다.
다. 걔는 ["공부한다" ф-고] 한 동안 책가방 들고 도서관에 들락날락 했다.

이 때의 '-고'도 동사 '하-'의 무형의 변이형태와 '-고'의 결합인 'ф-고'로 해석해야 하는 '-고'이다.

'-이라고/라고'가 조사라고 할 때, 우리의 범주 체계에서는 이것을 후치사라고 보는 것이 합당하다. 다음과 같이 '-라고' 뒤에 보조사가 이어질 수 있다는 사실은 이를 말해주는 것이라고 판단된다.

(54) 철수는 "야!, 야!"라고만 소리쳤다.

이상의 증거를 놓고 판단할 때, '-라고'는 후치사로 규정함이 합당하다.

이제, '-고'를 가지는 다음 문장이 가지는 특징이 주목되어야 한다. 이는 한국어의 인용문 중 직접인용문의 한 특별한 사례이다.

(55) 철수는 "아무도 이것을 알 사람이 없으리라."고 생각했다.

위에서 '하-'가 생략된 형식으로 판단한 이 문장은 그 인용절 위치에 절의 구조를 갖춘 형식만을 허용한다. 그리고 절의 형식 중에서도 특정 어미에 의한 형식만을 허용한다.

(56) 가.*철수는 "영호야!"고 외쳤다.
나.*큰 물결이 "쏴아"고 물러갔다.
(57) 가. 그 사람은 "이러시면 안 됩니다."고 간곡히 말하며 우리를 제지했다.
나.*철수는 "그러면 안 되지."고 말했다/생각했다.

이상의 관찰을 통하여 간접인용문이 직접인용문과는 아주 다른 구조를 가진다는 점을 확인하였다. 한국어에서 인용문은 ①'후치사 '-라고'를 가지는 구문과 ②'하다'를 가지는 구문, ③'-ф-고', '-ф-며'를 가지는 구문, ④주어, 목적어 등의 성분을 직접인용의 형식으로 가지는 구문, ⑤'싶다', '보다', '하다'가 특별한 직접인용절을 요구하는 구문이 직접인용문의 형식으로 존재하고, 이와 별도로 ⑥'-다고', '-느냐고', '-으라고', '-자고', '-으마고'의 복합 보문소를 가지는 간접인용문의 형식이 존재한다.

2.3.3.3. 인용관형절의 구조

인용문의 통사구조를 밝혀가는 과정에 있어서 제기되는 또 한 가지 중요한 문제는 생략된 동사 '하-'의 성격에 관한 것이다. 이 문제는 흔히 보문을 가진 명사구에서의 '-고 하-'의 생략, 또는 '-고'나 '하-'의 생략과 관련한 논란으로 전개되어 왔다. 편의상 (58가)와 (58나)에 포함된 관형절을 인용관형절이라고 지칭하기로 한다. (58다)는 인용관형절을 포함하지 않는다.

(58) 가. 할아버지가 미국에 가신다고 하는 사실
　　나. 할아버지가 미국에 가신다는 사실
　　다. 할아버지가 미국에 가시는 사실

이 논란을 촉발한 것은 남기심(1973)의 처리이다. 그에 따르면 (58가, 나, 다)의 세 관형절은 동일한 기저를 가진다고 한다. 즉, 다음과 같은 것이 세 문장의 관형절의 기저 구조이다. (59)로부터 '하는'이 삽입되어('완형보문의 관형수식구화' 변형) (58가)가 생성되며, 다시 '-고 하-'가 한번에 삭제되어('완형보문의 명사구 축약') (58나)가 생성된다. (58다)는 (59)에서 어미들이 조정되는 과정을 거쳐('완형보문의 불구보문 관형수식구화' 변형) 생성된다.

(59) [[할아버지가 미국에 가신다-고] [사실]]

그런데 다음 예는 문제를 제기한다. 남기심(1973)의 이론에 의하면 (58가)와 (60)이 통사적으로 아무런 연관을 맺지 않는 것이다. 즉, 두 경우의 '하-'는 서로 다른 요소로 처리된다.

(60) 할아버지가 미국에 가신다고 한다.

여기에는 세 가지 문제가 복합되어 있다. 첫째는 이 때의 '하-'를 어떻게 처리할 것인가 하는 것이고, 둘째는 (58다)의 관형형어미의 형식이 (58가), (58나)에서와 어떠한 관계를 가지는가 하는 것이다. 셋째는 (58)의 문장들과 다음의 '외치 구문' 간의 연관이 변형에 의한 것인가 하는 문제이다.

(61) 할아버지는 미국에 가신다고 사실을 털어놓았다.

첫 번째 문제에 대해서 가장 바른 해결 방안을 제시한 것은 김영희(1981나)라고 판단된다.[117] 또한, 김영희(1984나)에서는 형식동사로 다루어지던 (58)의 '하-'와, 대동사로 다루어지던 '하-'의 다른 예들을 통합하여 '포괄동사'라는 명칭을 부여하였다. 이에 따르면 그 전에 형식동사와 대동사의 두 가지로 나누어 다루어졌던 한국어의 '하-'는 어느 경우에나 실질적 의미를 가지는 단일한 동사로 규정된다. 이 책에서의 '하-'에 대한 처리, 특히 3.5절의 '하-' 구문 전반의 의미 기술 작업은 이 견해를 바탕으로 전개된다.

앞에서 (58가)와 (58다)를 연관 짓는 문제에 관하여, 남기심(1973)에서는 위 (59)와 같은 기저구조가 이들을 매개한다고 설명하였다. (58가)는 (59)에 형식동사와 관형형어미의 결합인 '하는'이 개재되는 변형 규칙이 적용되어 얻어진다. (58다)는 (59)에 관형형어미를 조정하는 변형 규칙이 적용되어 얻어진다. 김영희(1981나: 170)에서는 다음의 반례를 들어 두 구조의 변형적 연관을 부정하였다. (62)는 기저구조는 가능한데 표면구조가 불가능한 경우를 보여주며 (63)은 표면구조가 가능한데 기저구조가 불가능한 경우를 보여주는 것이다.

(62) 가. 그가 거문고를 탈 줄 안다고 하는 사실이 거짓으로 드러났다.
　　 나.*그가 거문고를 탈 줄 아는 사실이 거짓으로 드러났다.
(63) 가.*그가 당신을 만났다고 하는 사실이 있나요?
　　 나. 그가 당신을 만난 사실이 있나요?

다음으로 (58가)와 (58나)의 문장을 연관 짓는 문제를 생각해보기로 하자. 김영희

117) (75가)와 같은 경우의 '하-'는 '말하다, 생각하다' 등과 같이 '단언'이라는 내포적 의미를 가지는 '단언 서술어(assertive predicate)'라고 한다(김영희 1981나: 155). 또한 '하-'가 '포괄적(generic)이나마 실질적 의미를 가진다'(158쪽)고 하였다.

(1981나)에서는 (58가)와 (58나)가 "'하-' 지우기'라는 변형 규칙에 의해 연관되는 것으로 본다.[118] 그러나 '하-'는 그의 관점에서도 의미를 가지는 어휘적 단위로서, 변형에 의하여 생략되거나 삽입될 수 없다. 또, (58가)를 (58다)와 연관 짓는 변형 과정처럼 '하-'를 지우는 이 변형 과정도 원래 '하-'가 매달려 있던 나무그림 상의 한 범주를 지우는 작용을 하므로 구조 보존 원리를 위배한다.[119]

이러한 사실을 반영하여 (58가)와 (58나)의 통사구조를 제시하면 대략 (58가)'와 같다. (58나)'은 '하-'의 변이형태 'ф'를 편의상 나타내본 것이다. 굴절소가 무형의 형태소(및 형성소)로 개재되지만 여기에서는 생략하였다.

(58)' 가. [e [할아버지가 미국에 가신다] 하-는] 사실
나. [e [할아버지가 미국에 가신다] ф-는] 사실

이상의 논의에서 한 가지 지적해 둘 점이 있다. 가령 '가신다고 했다'와 같은 형식은 '가신다 했다'와 구조적으로 같다는 것이다. '-다고'는 어떤 변형적 절차에 따라 생성되는 것이 아니다. 다만 '-다'와 '-고'가 재구조화 원리라는 규정에 따라 '-다고'라는 한 머리성분 단위로 허가되는 것이며, 결과적으로 '-다고'는 '-다'와 동일한 구조적 위치에 놓이게 되는 것뿐이다.

(58가-다)에서 제기되는 핵심적 문제는 (58가)와 (58다)의 규칙에 의한 연관이 있는가 하는 것인데, 필자의 견해는 이를 부정하는 것이다. (58가) 또는 (58나)와 (58다)의 차이는 '하-'의 유무에 의한 것이다. '하-'가 실질적 의미를 가지는 동사이므로 둘은 통사구조가 다른 것이다.

다음으로, 보문관형절 어미들의 조정에 관한 문제를 살펴보기로 한다. 이와 관련하여, 이 절의 간접인용절에 관한 논의와, 앞서의 관형절에 관한 논의의 결과를 다음과 같이 정리할 수 있다. (64가)는 인용관형절인 (58가)의 통사구조를 보인 것이고, (64나)는 '하-'가 생략된 인용관형절 (58나)의 통사구조를 보인 것이다. (64다)는 (58다)의 통사구조로서, 일반 보문관형절의 구조를 가지는 것이다.

(64) 가. [$_{NP}$ [$_{CP}$ e [$_{CP}$ 할아버지가 미국에 가신다고] 하-는] [$_{N}$ 사실]]

118) 김영희(1981나)에는 이 변형 규칙이 분명히 언급되어 있지 않으나 김영희(1988가: 131)에는 이 점이 지적되고 있다.

119) 남기심(1973)에서는 '하-'만을 삭제하는 것이 아니라 '-고 하-'를 한꺼번에 삭제한다는 점에 주의해야 한다. 그러한 방식도 구조 보존 원리를 위배한다는 점에서는 마찬가지이다.

나. [NP [CP e [CP 할아버지가 미국에 가신다] ϕ-는] [N 사실]]
다. [NP[CP 할아버지가 미국에 가시-는] [N 사실]]

이 세 경우 모두 일반 보문관형절의 구조를 취하고 있음을 알 수 있다.

앞에서는 남기심(1973)이 공통적으로 '하-'를 가진 (58가)와 (60)의 문장을 아무런 연관이 없는 것으로 처리한다는 점을 지적하고 이에 의문을 표명한 바 있다. 남기심(1973)에서는 또한 다음과 같이 대비되는 일련의 예에서 (65)의 '하-'와 그 외의 '하-'를 아무 연관이 없는 것으로 처리한다. 즉, (65)의 '하-'는 형식동사이며, (66)-(68)의 '하-'는 이와는 성질이 판이한 것으로서 '대동사'라는 것이다.

(65) 가. 할아버지가 미국에 가신다고 하는 사실
나. 할아버지가 미국에 가신다는 사실
다. 할아버지가 미국에 가시는 사실
(66) 가. 할아버지가 미국에 가시느냐고 하는 질문
나. 할아버지가 미국에 가시느냐는 질문
다.*할아버지가 미국에 가시는 질문
(67) 가. 미국에 가시라고 하는 요청/권유
나. 미국에 가시라는 요청/권유
다.*미국에 가시는 요청/권유
(68) 가. 함께 미국에 가시자고 하는 제안
나. 함께 미국에 가시자는 제안
다.*함께 미국에 가시는 제안

위의 (65)와 (66)-(68)의 구분은 분명한 근거를 가지므로 그 타당성을 일정 부분 인정할 만하다. 그 보문명사의 종류가 다른 것이다. 특히 어미에 주의해서 살펴보면 (65)는 내포된 인용절이 서술형어미에 의해 이끌리고, 나머지는 의문형, 명령형, 청유형어미에 의해 이끌린다. 그러나 앞의 (60)과 관련하여 가졌던 의문을 이들 예와 관련하여서도 똑같이 갖게 된다. 각각의 (가) 예문들은 어느 경우나 동일한 '하-'에 의해 관형절을 형성한다는 것이다. 또한 (나) 예문들이 보여주듯이 '하-'의 생략은 형식동사와 대동사를 가리지 않고 동일한 방식으로 나타난다. 남기심(1973)에서는 형식동사의 경우 통사적 변형 규칙으로, 대동사의 경우 형태음운론적 규칙으로 처리하나, 동일한 음운론적 특징을 가지는 현상들이 또한 의미적 공통성을 가짐이 토박이 화자들의 직관에 의해 인정된다면 이처럼 별개의 규칙으로 처리하지 않고 한 가지 방식으로 처리하는 것이 문법의 간결성이라는 기준에서 선호되는 것이라 하겠다.

양동휘(1976)은 한국어의 모든 보문소들이 변형에 의해 도입된다는 가설을 입증하기 위한 시도이다. 보문은 선어말어미와 어말어미를 모두 가진 형식으로 기저에서 생성되며, 간접인용절 외의 경우는 보문의 어미는 변형 규칙에 의해 삭제된다. 양동휘(1976)에서도 남기심(1973)에서처럼 '-고 하-' 삭제 변형 규칙이 설정되고 있다. 흥미로운 것은 양동휘(1976)의 '-고 하-' 삭제 변형은 위 (65)뿐만 아니라 (66)-(68)에서도 적용된다는 점이다. 이는 '하-' 삭제의 현상을 둘로 나누는 것이 그리 뚜렷한 근거를 갖지 않음을 보이는 한 방증으로 볼 수 있다.

그러나 형식동사와 대동사를 가리지 않고 이와 같은 '-고 하-' 삭제 변형을 설정하는 것은 삭제되는 '-고 하-'의 분포 조건을 결정해야 하는 근원적인 문제를 다시 끌어안는 일이 된다.

이 절의 논의를 마무리하면 다음과 같다. 완형보문과 불구보문의 구분은 재구조화에 의해 복합 머리성분이 된 '-다고, -느냐고, -으라고, -자고, -으마고'에 이끌리는 보문과 그 외의 보문의 구분이다. 둘의 의미가 극히 유사하여 변형적 관계로 오인하기 쉬운 경우가 있으나, 미미하나마 '하-'의 유무로 인한 차이가 존재하는 것이다. '하-'의 예 중 일부를 '형식동사'라고 구별하여 이들의 구문에 한정하여 변형적 관계를 유지하는 일도 성공할 수 없고, 그 외의 대동사의 경우에까지 변형적 관계를 확대하는 일도 타당하지 않다.

2.3.3.4. 외치 구문: 서술화 원리의 적용을 받는 구문

남기심(1973)에서는 다음과 같은 구문을 외치 변형으로 설명한 바 있다.[120)]

(69) 가. 그가 뉴욕에 나타났다고 뜬소문이 퍼졌다.
　　나. 그는 앞으로 공직을 맡지 않겠다고 결심을 밝혔다.

남기심(1973: 72)에 의하면 이러한 구조는 명사와 동사가 의미론적으로 보문 동사의 기능을 가지는 경우로 한정된다. 김영희(1981나)에서는 다음과 같은 예를 들면서, (69) 문장들의 보문 명사 구조와의 변형적 연관을 부정하고, 이들이 실제로는 동사 보문 구조를 이룬다고 주장하였다.

---

120) 남기심(1973)의 용어로는 '완형보문의 명사구로부터의 외치 변형'이다.

(70) 가. 검찰은 죄수가 탈주했다고 하는 사실에 놀랐다.
나. 인호는 복희가 결혼했다고 하는 소문이 믿기지 않았다.
(71) 가.*검찰은 죄수가 탈주했다고 사실에 놀랐다.
나.*인호는 복희가 결혼했다고 소문이 믿기지 않았다.

다음의 비문이 나타나는 현상은 이 구문이 '사실을 밝히다'를 보문 동사로 가지는 동사 보문 구조인 증거라고 한다.

(72) 가.*죄수가 탈주했다고 사실을 검찰은 밝혔다.
나.*복희가 결혼했다고 소문을 인호는 퍼뜨렸다.

그러나 유사한 형식의 문장인 (73)은 접속문 구조로서 아주 다른 것이라고 한다. (73)은 (73)'으로부터 지우기 변형에 의하여 얻어지는 구조라는 것이다.

(73) 가. 검찰은 죄수가 탈주했다고 그 사실을 밝혔다.
나. 인호는 복희가 결혼했다고 그 소문을 퍼뜨렸다.
(73)' 가. 검찰은 죄수가 탈주했다고 하(면)서 그 사실을 밝혔다.
나. 인호는 복희가 결혼했다고 하(면)서 그 소문을 퍼뜨렸다.

(69)의 문장들이 그 기저에 보문 명사 구조를 가지고, 변형에 의해서 도출된다고 하는 남기심(1973)의 설명은 받아들일 수 없다. 하지만 '뜬소문이 퍼지다'와 '결심을 밝히다'를 모종의 동사로 취급하는 김영희(1981나)의 대안도 역시 받아들일 수 없다.

이렇게 판단하는 이유는, '뜬소문이 퍼지다'와 '결심을 밝히다'가 단어로서 동사라는 것을 증명할 방도가 없다는 것이다. (73)은 (69나)와 동일한 구조인데, 여기서 '그 사실을 밝히다', '그 소문을 퍼뜨리다'를 단어 수준의 동사라고 할 수 없는 것이다. 김영희(1981나)에서는 이런 반론을 예상하여, 두 구조가 다르다는 점을 강조하고 있다. 그러다 보니, 다시 (73가)에서 '죄수가 탈주했다고'가 명사의 보문이 아닌 동사의 보문임을 뒷받침하기 위하여 (73가)'로부터의 지우기 변형을 해결책으로 내놓는 일이 불가피하게 되었다. 그러나 이번에는 그와 같은 지우기 변형이 다시 문제를 일으킨다. 지워진 성분이 '하면서'인지, '하여서'인지 결정할 수 없다. 이는 지우기 변형이 준수해야 할 복원가능성의 원리를 위배하게 된다.

이 절에서 필자가 주장하고자 하는 점은 다음과 같다. (69) 문장들에서 서술화 원리와 구문규칙이 작용한다는 것이다. 이들과 비교되는 예문으로서, 우선 (71가)가 비문이 되는 이유는 '사실에'가 후치사구(PP)여서, 이를 주어로 취하는 서술화 원리가 적용될 수 없기 때문이다.[121] 그 외에, 명사와 동사의 의미상의 '연관'의 효과는 구문규칙에 의해 도입/형성된 의미구조에서 동사의 어휘의미구조의 한 논항에 명사항의 의미가 적용되는 과정에서 발생하는 것이다. 동사는 논항을 선택제약하기 때문이다.

윌리엄스(Williams 1980)에서는 영어의 외치 구문에 서술화 원리가 적용되는 것으로 기술한 바 있다. 양정석(1995/1997: 6장)에서는 한국어의 외치 구문에서도 그와 같은 처리가 가능함을 보였다.[122] 위 두 예문 (69가), (69나)에서 주목되는 사실은, '외치'되는 부분이 공히 직접논항과 상호 최대통어한다는 점이다. 목적어를 가지는 행동성 구문에서 이차 서술어가 제약되는 것은 영어나 한국어의 결과 구문의 경우와 흡사한 것이다.[123]

(74) 가. *이스라엘 군이 시위대에 발포했다고 소문이 팔레스타인 사람들을 격분시켰다.
　　 나. 이스라엘 군이 시위대에 발포했다고 소문이 퍼졌다.

'외치 서술어'의 임자(host)가 주어인 경우, 그 문장의 동사는 능격동사('비대격 동사')의 특성을 가진다.[124]

서술화 원리의 '상호 최대통어' 조건을 생각할 때, 이러한 증거는 '외치 서술어'가 모두 VP 내부에 V'의 부가어로 설정되어야 함을 말해주는 것이다. (75가)에서는 '뜬소문'의 흔적인 ti와 CP('그가 뉴욕에 나타났다고')가 VP 안에서 상호 최대통어 조건을 만족시키며, (75나)에서도 역시 '결심을'과 CP('앞으로 공직을 맡지 않겠다고')가 VP 안에서 상호 최대통어 조건을 만족시킨다.

---

121) 엄밀히 따지면 한국어에서 후치사구가 주어나 목적어 논항이 되는 경우가 있다. '철수와 영호(와)'와 같은 형식은 후치사구이지만 주어와 목적어로 실현되어 통사적 이차 서술어의 '주어(host)'가 될 수 있다. 통사적 서술어 아닌 논항의 역할을 하는 다른 후치사구의 예로는 '청량리부터 종로까지'와 같은 형식이 있다. 이들은 명시어를 취하는 후치사구라는 특징을 가진다.

122) Williams(1980)에서는 허사를 가지는 영어의 외치 구문을 서술화를 통하여 설명하지만, 'that'에 이끌리는 절을 주어로 간주한다는 점에서, '외치'된 절을 서술어로 간주하는 필자의 처리와 다르다. '외치 변형'을 인정하지 않는다는 점에서는 같다. 이러한 영어 외치 구문에서 'that'절을 서술어로 처리하는 선례는 Jackendoff(1990)이다.

123) 영어의 결과 구문에서 결과의 내용을 표현하는 구는 이차 서술어의 자격을 가지는데, 그 주어로 직접 논항을 취하는 특성이 있다. 한국어에서도 이 점은 마찬가지이다. 한국어의 결과 구문에 관하여 양정석(2002)의 5.3절을 참고하기 바람.

124) '능격동사'는 주어의 비행동성을 특징으로 하는 동사이다. 양정석(1995/1997) 참조.

(75) 가. [$_{CP}$ [$_{IP}$[$_{I'}$[$_{VP}$ [$_{V'}$[$_{CP}$ 그가 뉴욕에 나타났다고] [$_{V'}$ t_j]] t_i] t_k] [$_{DP}$뜬소문이$_i$]]
[$_C$ 퍼지$_j$-었$_k$-다]]

나. [$_{CP}$ [$_{IP}$ 그는 [$_{I'}$[$_{VP}$ [$_{V'}$[$_{CP}$ 앞으로 공직을 맡지 않겠다고] [$_{V'}$$t_i$]] [$_{DP}$ 결심을]] t_j]]
[$_C$ 밝히$_i$-었$_j$-다]]

(75가)는 주어가 '-다고' 절과 동사 사이에 위치하고 있는 표면 문장의 어순이 그대로 통사구조에 반영되어 있음을 보여준다. 이는 명시어의 어순에 관한 매개변인이나 뒤섞기와 같은 변형적 과정을 상정하지 않는 우리의 체계에서는 당연한 결과가 된다.

2.3.3.5. 유형 판단 구문

복합 보문소 '-다고'를 가지는 것을 특징으로 하는 구문으로, 앞 절에서 다룬 외치 구문 외에 다음 (76가)와 같은 구문이 더 있다. 이는 남기심(1973)에서, 방금 언급한 것과는 다른 종류의 '외치 변형'을 포함하는 구문으로 처리했던 예이기도 하다.[125] 이를 '유형 판단 구문'이라 부르고자 한다.

(76) 가. 그는 자기 아내를 수완가라고 생각한다.
나. 그는 자기 아내가 수완가라고 생각한다.

(76가)의 구문은 '예외적 격 표시' 현상이 나타나는 예로, 또는 내포절의 주어가 목적어로 상승 이동하는 예로 다루어져 왔다.[126] 그러나 이는 내포절인 CP의 명시어에 공범주 연산자(O)를 가지며, 바로 하위의 IP의 명시어에 그 흔적(t)을 가지는 구문으로서, 내포절이 서술어가 되어 서술화 원리에 의하여 목적어와 연계됨으로써 허가되는 구조라는 것이 필자의 관점이다.[127] 즉, 그 통사구조는 대략 다음과 같다.

(77) 철수는 [경애를] [O_i t_i 착하다고] 생각했다.

주어가 내포절 속으로 끼어드는 것을 배제하는 것은 한국어에 존재하는 중요한 통사

---

125) 남기심(1973)의 용어는 '완형보문 동사구의 외치 변형'이다. 이 구문을 양정석(2002가: 5.4절)에서는 '를-판단 구문'이라고 지칭한 바 있다.

126) 여기서는 '예외적 격 표시'설이 가지는 문제점을 중심으로 지적하기로 한다. 이 구문에 대한 자세한 논의는 양정석(2002: 5.4절)을 참고하기 바람.

127) 한국어의 이 구문을 서술화의 적용 사례로 설명한 연구로는 김남길(1986)이 처음이다. 그는 내포절의 주어로 PRO를 상정하였다.

적 제약이라고 판단된다.[128] (78)의 사실은 '자기 아내를'이 내포절의 한 성분이 아니고 명실공히 목적어임을 말해주는 것이다. 또 (79가), (79나)가 의미 해석에서 차이를 보이는 사실도 (79나)의 '아내를'이 내포절의 주어가 아님을 증명하는 것으로 받아들인다.

(78) 자기 아내를 그는 수완가라고 생각한다.
(79) 가. 그는 자기 아내가 한심스럽게도 착하다고 생각한다.
나. 그는 자기 아내를 한심스럽게도 착하다고 생각한다.

이 구문이 적격성을 얻기 위해서 단순히 내포절 동사만 적절한 것으로 주어지면 되는 것은 아니다. 다음 예들은 상위절 동사가 인지적인 '판단'을 나타낼 수 있는 것이라야 한다는 제약을 보여준다. 그러나 각각의 (나) 예문이 완전히 비문이라기보다는 어느 정도 주변적인 용인가능성을 가지는 것 같다. 그렇다면 이들 동사를 '예외적 격 표시 동사'의 부류에서 제외하는 것과 같은 방법은 완전한 해결책이 되지 못한다. 이는 이 구문이 내포절에 대한 의미적 제약과 함께 상위절 동사에 대한 의미적 제약을 아울러 부여한다는 것을 말해주는 것이다.

(80) 가. 철수는 영호가 초조해한다고 느꼈다.
나. ?*철수는 영호를 초조해한다고 느꼈다.
(81) 가. 호움즈는 루팡이 범인이라고 감지하였다/간파하였다.
나. ?*호움즈는 루팡을 범인이라고 감지하였다/간파하였다.
(82) 가. 나는 그 사람이 착하다고 들었다.
나. ?*나는 그 사람을 착하다고 들었다.

또, 다음 예는 내포절에 주어지는 조건이 단순히 동사의 특성에 대한 것이 아니고, 내포절 전체의 명제적 내용에 대한 것임을 보여준다. 즉, 내포절의 내용은 개별적인 사례가 되는 현상, '징표(token)'가 아닌 '유형(type)'이어야 한다는 점이 이 구문의 내포절에 대한 의미적 제약으로 주어진다고 생각한다.[129]

128) 남기심(1986가)에서는 이중주어문이 단순문 구조를 가짐을 증명하기 위하여 이 점을 지적한 바 있다.

129) 이정식(1992)에서는 '예외적 격 표시 구문'에서 내포절의 동사가 격 할당 능력을 갖지 못할 때 그의 '격 최소성 원리'에 따라 상위절 동사로부터의 목적격 할당이 가능해진다고 설명하였다. 그의 이론에서는 (83)의 두 문장은 완전한 비문으로 판정 나야 한다. 그러나 그 내포절이 유형의 의미로 해석될 경우 적합성을 갖게 된다고 판단된다. 이는 내포절 동사의 격 할당 능력에 기반한 접근의 문제를 드러낸다.
'징표'와 '유형'의 의미 구분은 Jackendoff(1983, 1990)의 개념의미론 체계에 의한 것이다. 이에 대해서 [부록]을

(83) 가. ??철수는 경애를 피아노를 친다고 믿는다.
나. ?철수는 경애를 피아노를 아주 잘 친다고 믿는다.

유형 판단 구문은 통사적으로 서술화 원리가 적용된다는 점에서 이제까지 논의한 다른 구문들과 공통된다. 일례로 위 (76가) 문장은 서술화 원리가 적용된 결과로 다음과 같은 통사구조를 갖게 된다.

(76가)' 그는 $[_{VP}$[자기 아내를]^1 $[_{V'}[_{CP}\ O_i\ [_{IP}\ t_i$ 수완가이-]-라고]]^1 생각하-]]-ㄴ다.

V'의 보충어 위치에 나타나는 내포절 CP는 그 명시어 위치에 공범주 연산자(O)를 가지고, 그 아래 IP의 명시어 위치에는 이 공범주 연산자의 흔적(t)을 가진다. CP는 공범주 연산자를 가짐에 따라 잠재적 서술어의 자격을 갖게 되고, '서술화 원리'가 부과하는 통사적 조건, 즉 목적어와의 상호 최대통어 조건을 만족시키므로, 이 문장은 적격한 구조로 판정 받게된다.

2.3.4. 연결어미 절 내포문

2.3.4.1. 이른바 보조동사 구문의 통사구조

최현배(1937)에서 보조동사라는 통사 범주를 창안하였지만, 이 개념은 한국어 문장

참고하기 바람. 징표와 유형은 형식의미론적 개념으로 각각 '단계 수준 술어'와 '개체 수준 술어'에 상응하는 것이다. '-다고' 절이 개체 수준 상황일 것을 의미적 조건으로 가지도록 형식적 정의를 고안해 낼 수 있을 것이다. '생각하-'류의 동사 하나하나에 다음과 같은 정의를 부여하는 방법과 구문규칙으로 기술하는 방안이 생각될 수 있다.

a. ⟦ 생각하-^{2} ⟧^{w,j} =
λP: P는 개체수준 상황. $\lambda x. \forall \langle w',j' \rangle [w' \in BEST(dox,stereo,w,x)\ \&\ j'=x \rightarrow P(w')(j')]$

구문규칙을 형식의미론적으로 구현하는 데에는 다소 무리가 있는 듯하다. 형식의미론적으로는 (a)와 같은 어휘개별적 의미 기술을 실행하고, 개념의미론적 의미 정보를 나타내는 '기술 층렬'의 정보를 활용한 구문규칙을 다음과 같이 기술하는 것이 대안이 되리라고 생각한다.

b. 유형 판단 구문규칙
$[_{VP}\ DP_j\ [_{V'}\ XP_k\ V_h]]$는 다음에 대응된다.
$[THINK(\ X_i\ ,\ [Circ \wedge BE([FOCUS \wedge Y_j\ ],\ [AT([+$유형$\wedge Z]_k)])])]_h$

'[FOCUS]'는 이 구문의 목적어가 초점을 가진다는 기존 연구의 관찰을 반영한 것이다. '+유형'은 내포절이 '유형' 의미를 가져야 함을 부과하는, '선택제약'의 기능을 가진다. 이 구문규칙이 표현하는 뜻은 대략, 동사가 'THINK' 의미를 가지고, 그 내포절이 유형 또는 속성의 의미 자질을 가질 경우 내포절의 의미가 상황성 'BE'의 둘째 논항이 되고, 다시 'BE' 함수를 가지는 의미구조가 동사 의미의 한 논항이 된다는 것이다. 'Circ ∧ BE'는 그 둘째 논항이 상황(사건이나 상태)의 의미 범주를 가지며, 그 첫째 논항이 이 상황 내의 한 논항과 동지시된다는 점을 부과하는 표시이다. 이에 따라 목적어와 내포절 주어의 의미상의 동지시 관계가 포착된다.

의 통사구조를 완전히 기술하는 데 있어서 문제를 제기한다. 이제까지의 보조동사 구문의 통사구조에 관한 견해를 크게 둘로 갈라서, 복합문 구조로 취급하는 견해와 단순문 구조로 취급하는 견해를 나눌 수 있다. 그러나 최현배(1937)에서 보조동사로 규정한 예들은 구조적으로 다양한 성격을 가지는 것들이 혼합되어 있어서, 복합문 구조, 단순문 구조의 어느 한 가지 견해를 모든 예에 대하여 일관되게 고수하기 어렵다. 또한, 복합문 구조 가설과 단순문 구조 가설 내부에도 다양한 처리 방안들이 제시되어 있는 것이 현실이다.

여기에서는 먼저 양대 견해를 중심으로 이전 연구들을 간략히 살펴본 뒤에, 보조동사 구문의 분류를 위한 통사적 검증 기제들의 의의를 검토하고, 다음으로 종래 보조동사 구문으로 다루어지던 예들을 4가지 부류로 재분류하는 작업을 실행하려고 한다.

이전 연구와 분류 기준의 문제

한국어의 주요 보조동사 문장들에 대해서 복합문 구조로 해석하는 견해는 양인석(1972), 박병수(1974가, 나), 김영희(1993) 등에서, 단순문 구조로 해석하는 견해는 허웅(1983), 김석득(1986), 김기혁(1987) 등에서 찾아볼 수 있다. 초기 생성문법적 연구인 손호민(1973, 1976)에서는 보조동사들이 선행 동사와 긴밀히 결합하는 특성을 가진다는 것을 밝힘으로써 그 때까지의 생성문법적 연구의 주 흐름인 복합문 구조 가설에 문제를 제기하기도 하였다. 그러나 손호민(1973)에서는 그대로 복합문 구조 가설을 유지하였으며, 손호민(1976)에 와서야 '복합동사 가설'을 적극적으로 전개한다. 최기용(1991)에서는 원리매개변인 이론의 후기 이론인 분리 굴절소 가설 및 머리성분 이동, '통사적 X^0-하위범주화' 등의 이론을 배경으로 하여 단순문 구조 가설을 전개하고 있다. 필자는 이 양분된 견해 중에서는 복합문 구조로 보는 견해를 지지한다. 그러나 일부 예('지다')에서는 본동사와 보조동사가 어휘부의 준생산적 절차에 따라 복합동사를 이루는 것도 인정한다.

보조동사 구문이 복합문 구조라는 견해는 한국어의 어미가 절을 이끄는 역할을 가진다는 점을 한국어 문법의 일반적 특성으로 받아들일 때, 이 한국어 문법의 일반성과 부합하는 견해라는 장점이 있다. 그러나 최현배(1937) 이래의 '보조동사' 논의에서 지적되어 온 점, 즉 보조동사가 선행하는 본동사와 긴밀한 구성을 이루어 문법적 의미를 보조한다는 관찰은 주목할 가치가 있다.

필자는 종래 보조동사 구문이라고 지칭되던 예들 모두가 복합문 구조를 이룬다거나, 본동사와 보조동사의 통사적 긴밀성을 그 특징으로 가진다고 보지 않는다. 종래 논의되어온 '보조동사' 구문을 네 가지 부류로 나누어 보는 것이 필요하다. 그 중 일부만이 통사적 긴밀성을 가진다고 본다. 그러나 그러한 경우에도, 그 통사적 긴밀성은 구조 변화 없이 머리성분들의 긴밀한 연계가 위첨자 지표들을 통해서 포착되는 최현숙(1988) 방식의 재구조화 장치에 의해 포착된다.

보조동사에 대한 이제까지의 연구는 보조동사 구문을 다른 구문 구조와 구별하기 위한 검증 기제의 고안을 위해 노력해 왔고, 이를 통해 의미 있는 성과가 축적되었다고 판단한다. 최현배(1937)에서 제안된 보조동사의 문장들을 단일한 구문 구조로 확정하는 1개 또는 몇 개의 일정한 기준이 존재하지 않는다는 점은 모두가 인정하는 것이라고 할 수 있다. 그러나 그 안에서 의미 있는 몇 부류를 가려낼 수는 있다고 본다. 보조동사 구문을 몇 가지의 부류로 구분하기 위한 통사적 기준들을 5가지로 들어 고찰해 보기로 한다. 이들 5가지 기준을 활용하여 검증한 결과를 뒤에서 (표1)로 제시할 것이다.

① '그리하-/그러하-'에 의한 조응 가능성[130)]

(1)의 '-어 주-', '-어 보-', '-지 않-'은 (2)의 '-어 지-', '-어 내-'와는 확연한 차이를 가진다. (2)에서의 선행 동사와 후행 동사 간의 긴밀성은 (3)에서 합성어 내부의 선·후행 동사의 긴밀성과 궤를 같이 하는 현상이다.

(1) 가. 철수는 경애에게 라면을 끓여 주었고, 영호도 순희에게 그래 주었다.
　나. 철수는 배추를 들어 보았고, 영호도 그래 보았다.
　다. 철수는 자기 아이들을 돌보지 않았고, 영호도 그러지 않았다.
(2) 가. *김씨도 한 달 만에 집 한 채를 지어 냈고, 박씨도 그래 냈다.
　나. *서울도 추워 졌고, 대전도 그래 졌다.
　다. *철수도 진실한 사람으로 믿어 졌고, 영호도 그래 졌다.
(3) 가. *철수도 뛰어갔고, 영호도 그래갔다.
　나. *호랑이도 토끼를 잡아먹고, 여우도 토끼를 그래먹는다.

'그리하-/그러하-'에 의한 조응 여부가 구조 판별의 기준으로 쓰일 수 있는 것은 기본적으로 '어휘 섬' 제약에 따른 것이다.[131)] '그리하-'와, 이에 이어지는 '-어'와 보조동사

130) '그리하-'는 사건성 동사('동사')이고 '그러하-'는 상태성 동사('형용사')이다. '그리하다'의 준말은 '그러다'이고 '그런다, 그럽니다, 그러오, 그래, 그랬다, 그래서, 그러고, …'와 같이 실현된다. '그러하다'의 준말은 '그렇다'이고 '그렇다, 그렇습니다, 그렇소, 그래, 그랬다, 그래서, 그렇고, …'와 같이 실현된다. '그래, 그랬다, 그래서'에서는 동일한 형식으로 실현되기 때문에 이 둘이 동사/형용사일 때 형태음운론적으로 달리 변동한다는 사실을 이해하지 못하고 혼동하는 일이 흔하다.

(가령 '주-')의 결합은 어휘적 단위를 이루지 못한다는 것이 이 검증 기제가 가지는 본질적인 특성이다. (4가)와 같은 형식에서 '그리하-'가 선행절의 어떤 구성성분과 조응한다면, 그리고 이 조응이 통사적 조응이라고 가정한다면, 어휘적 단위 내부의 요소가 외부의 요소와 관계를 맺는 것을 배제하는 '어휘 섬' 제약을 위배하게 된다. 그러므로 (1)에서 사용된 대동사 '그리하-'는 (4가)가 아니라 (4나) 또는 (4다)와 같은 구조에 위치하는 것이다.

(4) 가. [$_{V}$ [$_{?}$[$_{V}$ 그리하-]-어] 주-]
나. [$_{VP}$[$_{CP}$[$_{IP}$ . . .[$_{VP}$[$_{V'}$[$_{V}$ 그리하-]]]∅] [$_{C}$ -어]] [$_{V}$ 주-]]
다. [$_{VP}$[$_{CP}$[$_{IP}$ . . .[$_{VP}$ 그리하-]∅] [$_{C}$ -어]] [$_{V}$ 주-]]

(1), (2)와 같은 검증은 선행절과 후행절의 구조적 평행성을 가정하고, '그리하-'가 선행절의 일정한 구성성분을 대신한다는 전제에서 수행된다. (1)에서 '그리하-'는 선행 성분과의 조응이 가능하고, (3)의 합성동사의 문장에서는 그것이 가능하지 않다. 따라서 (3)과 동일한 특징을 보이는 (2)의 보조동사 '내-', '지-'는 독립된 서술어로서의 기능을 갖지 못한다.

이 책에서 필자는 (4다)가 대동사 '그리하-'의 바른 통사적 위치라고 판단하고, 이에 따라 보조동사 문장들의 통사적 특징을 판정한다. 더 구체적으로 말하면, (4다)의 '그리하-'는 S-구조로부터 음성형태(PF)로 가는 도중에 S-구조의 VP의 내용을 대체하여 삽입되는 요소라고 가정한다.[132] 의미 형식을 도출하는 의미론적 해석 과정도 S-구조를 바탕으로 진행되는 것이므로, '그리하-'가 삽입되는 절차는 의미론적 해석과는 별도의 절차이다. '그리하-' 삽입과 의미론적 해석 절차의 상관관계에 대해서는 5.6절에서 자세히 논의할 것이다.

김영희(1993)에서 든 다음 예들은 '그리하-'가 VP와 조응됨을 보인다.[133]

(5) 가. *순이는 눈을 빨리 감아 버렸고, 석이는 눈을 천천히 그래 버렸다.
나. *형은 거기에 가 보았고, 아우는 저기에 그래 보았다.

---

131) 이 점은 이선웅(1995)에서 지적한 바 있다. 어휘적 단위 내의 요소는 외부의 요소와 통사적 관계를 맺지 못한다는 제약으로, 이는 언어-보편적 제약인 것으로 보인다.

132) '그리하-'가 상태성의 VP를 대신할 때에 '그러하-'로 바뀌는 절차, '그리하었다'가 '그랬다'로, '그러하었다'가 역시 '그랬다'로 바뀌는 절차 등은 그 이후의 음성형태(PF) 부문의 음운론적 절차이다.

133) 김영희(1993)에서 이 예들은 선행 성분들을 제외한 '본동사+보조동사'의 결합을 한 단위의 서술어로 설정하려는 시도에 대한 반례로서 든 것이다.

(5)' 가. 순이도 눈을 빨리 감아 버렸고, 석이도 그래 버렸다.
나. 형도 거기에 가 보았고, 아우도 그래 보았다.

엄정호(1999)에서 든 (6)의 예들은 '그리하-'의 조응의 범위가 VP에 국한되지 않음을 보이는 듯하여 문제를 던져 준다. 그러나 이들은 (6)'과 같은 구조에서 '그리하-'가 VP와 조응되는 현상을 보일 뿐이다.

(6) 가. 맏이도 불을 꺼 버렸고, 막내도 불을 그래 버렸다.
나. 너도 그 글을 읽어 보았고, 나도 그 글을 그래 보았다.
다. 철수는 돌이를 때리고 싶었고, 영이도 돌이를 그러고 싶었다.

(6)' 가. 맏이도 [$_{VP}$ 불을$_i$ [$_{VP}$ t_i 끄-]]-∅-어 버렸고, 막내도 [$_{VP}$ 불을 [$_{VP}$ 그리하-]] -∅-어 버렸다.
나. 너도 [$_{VP}$ 그 글을$_i$ [$_{VP}$ t_i 읽-]]-∅-어 보았고, 나도 [$_{VP}$ 그 글을 [$_{VP}$ 그리하-]] -∅-어 보았다.
다. 철수는 [$_{VP}$ 돌이를$_i$ [$_{VP}$ t_i 때리-]]-∅-고 싶었고, 영이도 [$_{VP}$ 돌이를 [$_{VP}$ 그리하-]]-∅-고 싶었다.

보조동사 구문에서 '그리하-'의 조응 대상은 아무리 복잡한 구조로 되어 있더라도 구 단위로서 VP 범주임을 벗어나지 않는다.

(7) 가. 철수가 물고기를 잡아서 놓아주었고, 인호도 그랬다.
나. 철수는 순희가 결혼했음을 알지 못했고, 인호도 그러지 못했다.

(7)' 가. 철수가 [$_{VP}$ [$_{CP}$ pro 물고기를 잡아서] [$_{VP}$ pro 놓아주-]]-었-고, 인호도 [$_{VP}$ 그리하-]-었-다.
나. 철수는 [$_{VP}$ [$_{DP}$ [$_{CP}$ 순희가 결혼했음]-을] 알-]]-∅-지 못했고, 인호도 [$_{VP}$ 그리하-]-∅-지 못하-었-다.

'그리하-'가 VP 구성성분과 정확히 조응하는 것인지는 앞으로 더 철저히 검증되어야 하겠지만, 이것이 어휘적 단위 아닌 구 단위와 조응한다는 점은 분명하다. 그러므로 이 검증 기제를 적용한 문장들은 다음 ②의 적용례와 함께 단순문 구조 가설에 대한 강력한 반례를 이룬다.

② 본동사에의 '-으시-' 결합 가능성

굴절소 '-으시-'는 한 절에 하나만 실현될 수 있다. (8가)에서는 '-으시-'가 두 개가 실현되었다. 이는 이 문장이 두 개의 절을 가지는 복합문임을 증명하는 것이다. 따라서 '오셔 주-'가 한 단어, 또는 숙어적 단위로 하나의 서술어를 이룬다고 보는 단순문 구조 가설에 대한 반례가 된다.

(8) 가. 제발 오셔 주세요. (김영희 1993: 177)
나. *선생님께서 달리셔가셨다. (176쪽)

(8나)는 합성동사 '달려가다'의 선행 구성성분에 굴절소 '-으시-'가 부착되는 것이 불가능함을 대비적으로 보여준다.

③ 부정 극어와 부정소의 공존 가능성('같은 절 효과')

보조동사 구문 중에서 선·후행 동사의 긴밀성을 특징으로 가지는 구문을 구별하는 검증 기제로 부정 극어와 부정소의 '같은 절 조건'을 이용하는 방법이 있다.134) (9)-(11)의 보조동사 구문은 부정 극어 '아무 X'와 부정소 '안'을 같은 절에 포함하고 있어 아주 적격한 문장을 이루고 있다. 이와 대조적으로 (12)의 보조동사 '-고 있-'과 '-게 하-'의 구문은 적격한 문장을 이루지 못하고 있다.

(9) 가. 그는 아무 데에도 가 있지 않았다.
나. 철수는 경애에게 아무것도 끓여 주지 않았다.
다. 그는 아무것도 읽어 보지 않았다.
(10) 가. 그는 아무것도 먹지 않았다.
나. 그는 아무것도 먹지 못했다.
(11) 그는 아무와도 가까워 지지 않았다.
(12) 가. ?*철수는 아무 데로도 가고 있지 않았다.
cf. 철수는 아무 데로도 가지 않고 있었다.
나. ?*그는 자기 딸이/딸을 아무도 만나게 하지 않았다/못했다.
cf. 그는 자기 딸이/딸을 아무도 만나지 않게/못하게 하였다.

부정 극어와 부정소의 같은 절 조건을 기준으로 보조동사 구성의 긴밀성을 검증

134) '같은 절 조건'은 부정 극어와 부정소가 같은 절에 있어야 한다는 말 그대로의 조건은 아니다. 그와 같은 가정 하에 논의되어 온 '같은 절 효과'를 활용한다는 뜻이다. 재구조화 원리의 적용에 따라 절 경계를 이루는 하위절의 CP가 장벽으로서의 성질을 잃게 되어 절 구조는 남아 있되, 절이 절로서의 특성을 발휘하지 못하게 되어 상·하위 절의 요소들이 같은 절 내부에 있는 것처럼 행동한다고 해석하는 것이다.

하는 이러한 방법은 최현숙(1988)에서 비롯되는데, 그는 (12나)와 같은 문장을 적격한 것으로 판정하여,[135] '-게 하-' 구문이 재구조화를 겪는다는 논지를 전개하였다. 그러나 필자는 이 문장의 부적격성의 정도가 다음 문장들의 경우와 다를 바 없다고 판단한다.

(13) 가. ?*철수는 영호가 아무도 욕했다고 생각하지 않았다.
나. ?*철수는 아무도 영호를 욕했다고 생각하지 않았다.

그러므로 부정 극어를 이용한 긴밀성 검증 방법이 유용하다는 점은 받아들이나, 그것을 좀더 세심하게 적용할 필요가 있다. 이 연구에서는 (12가, 나)가 (9)-(11)의 예들과는 달리 부자연스럽다는 판단에 따라, '-게 하-' 구문은 재구조화를 겪지 않는 것으로 본다.

'같은 절 효과'를 가리기 위한 부정 극어와 부정소의 공존 가능 여부 검사법은 그 적부에 관한 이견이 이미 여러 연구자에 의해 제시되었다. 통사적으로 지배 조건을 만족해야 한다는 가정(최현숙 1988, 시정곤 1997)과, 의미적인 효과일 뿐이라는 주장(김영희 2005)이 주어져 있다. 필자의 입장은 '같은 절 효과'가 통사적 제약이라는 것이다. 부정 극어와 부정소는, 마치 흔적과 그 선행사가 하위인접 조건을 충족시켜야 하는 것처럼, 그 사이에 장벽을 둘 이상 가져서는 안 된다는 것이다.

④ '안'에 의한 선·후행절 동사 부정 가능성

'안'이 수식하는, 즉 부정하는 범위가 선행 동사에만 국한된다면 이는 일반 보문내포문과 동궤의 현상이라고 판단할 수 있다. ①, ②에 의해서 복합문 구조로 판정되는 보조동사 구문 중에도 '안'에 의한 부정이 보조동사에까지 미치는 예가 있는 것이다. 이 경우, 앞의 ③의 기준과 같이, 해당 구문의 본동사와 보조동사가 긴밀성을 가짐을 보이는 것으로 해석할 수 있다.

(14) 가. 철수는 서울에 안 가 있다. : [NOT[가 있다]]
나. 철수는 경애에게 라면을 안 끓여 주었다. [NOT[끓여 주다]]
(15) 가. 철수는 서울에 안 가고 있다. : [NOT[가고] 있다]
나. 그는 자기 딸이/딸을 남을 안 만나게 했다. : [NOT[만나게] 하다]

---

135) 최현숙(1988: 350) 참조.

(16) 나는 철수가 영호를 안 만났다고 생각한다. : [NOT[만났다고] 생각하다]

(14)의 '-어 있-'과 '-어 주-'의 경우는 본동사와 보조동사가 결합된 의미를 부정함에 반하여, (15)의 '-고 있-', '-게 하-'의 경우는, (16)의 일반적 보문내포문의 경우처럼, 본동사만이 부정의 영향권에 드는 해석을 가진다. 이 검증 기제는 ③의 부정 극어에 의한 검증 방법을 보완하는 기능을 가진다고 본다.

⑤ 선·후행 동사의 사건성/상태성 호응 현상

이 현상이 나타나는 것은 모두 '하-'를 가진 구문이다. 그러나 '하-'를 가진 형식에 언제나 이 현상이 나타나는 것은 아니다(17가). 이 현상은 선·후행 동사의 긴밀성을 보이는 강력한 증거가 된다.

(17) 가. 뻔하다/*뻔한다, 체하다/*체한다, 듯하다/*듯한다, 법하다/*법한다, *차가워야 하다/먹어야 한다, 차갑-기는 하다/먹-기는 한다, 차갑-지 아니하다(못하다)/먹-지 아니한다(못한다)
나. 흐리다/흐린다, 맑다/맑는다, 젊다/*젊는다, *늙다/늙는다 cf. 늙었다

(17나)는 '-는다'/'-다'의 교체 현상이 의미적 현상만이 아닌, 형태음운론적 현상이라는 점을 보이는 증거이다.

보조동사의 통사적 특성과 분류

이상에서 살펴본 5가지 검증 기제들, 대동사에 의한 조응, '-으시-' 결합 가능성, 부정 극어-부정소 공존, 부정부사 '안'에 의한 선·후행 동사 부정 가능성, 선행 동사와 후행 동사의 상태성 여부 호응을 기준으로 검사한 결과는 다음과 같다. 이는 최현배(1937)의 보조동사 목록을 중심으로 검사한 것이다. 다만 '첫째 부류'는 단일한 특성을 가지는 구문들이 아니므로 이 표에서 제외하였다.[136] '?'를 표시한 것은 그 판단이 불확실한 경우이며, '•'는 체계적인 이유에 따라 적용이 배제되는 경우이다.

136) '첫째 부류'는 최현배(1937)의 보조동사('도움풀이씨') 중 보유 보조동사 '가지고'와 '닥아', 추측 보조형용사 '듯하다', '듯싶다', '법하다', 가치 보조형용사 '만하다', '직하다' 등을 가리키는 것이다. 이들을 보조동사로 분석한 것은 근본적으로 형태론적 분석의 오류를 범한 것이다.

(표1) 최현배(1937)의 주요 보조동사들의 통사적 특성

보조동사	① 대동사에 의한 조응	② 선행동사에의 '-으시-' 결합 가능성	③ 부정극어와 부정소의 공존	④ '안'에 의한 선·후행동사 부정 가능성	⑤ 선·후행 동사의 호응	분류
하다('사동')	+	+	-	-	-	둘째 부류
만들다('사동')	+	+	-	-	-	
보다('추측')	+	+	-	-	-	
싶다('추측')	+	+	-	-	-	
되다('피동')	+	+	-	-	-	
하다('당위')	+	+	-	?-	-	
있다('진행')	+	+	?-	?-	-	
있다('상태')	?+	?+	+	+	-	셋째 부류
하다('시인')	+	+	-	?	+	
아니하다('부정')	+	+	+	•	+	
못하다('부정')	+	+	+	•	+	
말다('부정')	+	+	+	•	-	
오다('진행')	+	+	+	+	-	
가다('진행')	+	+	+	+	-	
버리다('종결')	+	+	+	+	-	
주다('봉사')	+	+	+	+	-	
드리다('봉사')	+	-	+	+	-	
바치다('봉사')	?+	-	+	+	-	
보다('시행')	+	+	+	+	-	
쌓다('강세')	+	-	+	+	-	
놓다('보유')	+	-	+	+	-	
두다('보유')	+	-	+	+	-	
싶다('희망')	+	+	+	?+	-	
지다('피동')	-	-	+	+	-	넷째 부류
나다('종결')	-	-	+	+	-	
내다('종결')	-	-	+	+	-	
대다('강세')	?-	-	+	+	-	

보조동사 구문과 재구조화, 의미 합성, 선·후행 동사 호응

앞의 2.2.1절에서는 통사론적 원리로서의 재구조화 원리를 도입하였다. 이러한 재구조화 현상이 관찰되는 한 예는 보조동사 구문이다. 그러나 모든 보조동사 구문에서 재구조화가 적용되는 것은 아니다. (표1)의 '셋째 부류'와 '넷째 부류'가 재구조화의 작용을 확

인할 수 있는 부류이다. 이 중 셋째 부류의 보조동사 구문을 중심으로, 부정 극어와 부정소의 같은 절 효과와 재구조화의 상호작용을 살펴보기로 한다. 또한 셋째 부류의 일부 보조동사 구문에서 본동사와 보조동사 간에 사건성/상태성의 문법적 구분이 호응하는 현상을 형식적으로 포착하는 방법을 설명하려고 한다.

'같은 절 효과'의 의의

부정 극어와 부정소가 같은 절 안에 놓여야 한다는 조건이 있다고 하였다. 필자는 이를 부정 극어와 부정소의 사이에 장벽이 있어서는 안 된다는 통사적 조건으로 해석한다. 특히, 앞에서 서술성 명사 구문을 분석하면서 언급하였던 '하위인접 조건'과 같은 통사적 효과가 셋째 부류의 보조동사 구문에도 나타난다는 것이 필자의 판단이다.

서술성 명사 구문이 가지는 문제의 핵심은 다음과 같은 대비에서 드러난다. '연구'와 '하-'는 어떤 방식으로든 어휘의미적 단위로 연합될 수 있지만, '연구'와 '회상하-'는 그럴 수 없다는 점이 두 문장의 문법성 차이를 발생시키는 핵심 요인이다.

(18) 가. ?*김교수가 그 문제를 연구를 회상했다.
나. 김교수가 그 문제를 연구를 했다.

(19) 가. ?*김교수가 [$_{VP}$[그 문제를]$_i$ [$_{VP}$[$_{DP}$[$_{NP}$ t_i 연구]-를] [$_V$ 회상하-]]]-였다.
나. 김교수가 [$_{VP}$[그 문제를]$_i$ [$_{VP}$[$_{DP}$[$_{NP}$ t_i 연구]-를] [$_V$ 하-]]]-였다.

(19가)와 (19나)는 모두 선행사 '그 문제를$_i$'과 흔적 't_i' 사이에 지켜져야 할 '하위인접 조건'이 위반된다. 둘 사이에 놓여 있는 장벽이 1개('NP'만이 장벽임)뿐이어서 '1-하위인접'이므로, 그 비문법성의 정도는 심각하지는 않다. 그러므로 이 정도의 비문법성은 '?*'로 표시할 수 있다. 그러나 (19나)에서는, 서술성 명사 '연구'와 동사 '하-'가 그 어휘개별적 성질에 따라 연합이 가능하며, 이로 말미암아 VP 구조가 재구조화 영역으로 전환된다. 재구조화 영역 내의 최대투사는 장벽으로서의 성질을 잃게 된다는 가정을 받아들이면, (19나)가 (19가)와 똑같은 형상적 구조를 가짐에도 불구하고 전혀 부적격성을 띠지 않는 이유가 체계적으로 설명된다.

그 형식적 기술 방안을 요약하면 다음과 같다.

(20) 가. 어휘부의 '연구'와 '하-'에 '재구조화 지표'가 부여됨.
나. 통사구조에서 '연구'와 '하-'의 상위 교점으로 위첨자 지표 'r'이 삼투되며, 두 길로 삼

투된 지표들이 최초로 만나는 최대투사 교점이 재구조화 영역으로 전환됨.

다. 하위인접 조건 위반의 요인이 되는 장벽이 재구조화 영역 내에서 효력을 잃음.

라. 'r'로 연계된 머리성분 요소들의 지표는 모두 최하위 구 머리성분의 지표 'i'로 바뀌어 이들이 하나의 복합적 머리성분임이 확인됨.

종래 보조동사 구문으로 다루어져 온 '-게 하-' 문장('둘째 부류')과 '-어 보-' 문장('셋째 부류')은 동일한 복합문 구조를 취함에도 불구하고 부정 극어 '아무것도'와 관련하여 문법성의 차이를 보인다. 여기에서도, '-게'와 '하-'와는 달리 '-어'와 '보-'가 모종의 어휘 의미적 연합을 이룰 수 있다는 점이 (21가)와 달리 (21나)의 문법성을 가능하게 해 주는 것이라 판단한다.

(21) 가. ?*철수는 자기 동생이 아무것도 읽게 하지 않았다.

나. 철수는 아무것도 읽어 보지 못하였다.

(22) 가. ?*[철수는 $[_{VP}[_{CP}[_{VP}[_{CP}$ 자기 동생이 아무것도 읽-게$]_{CP}$ 하-]-지$]_{CP}$ 않-]]-았다.

나. [철수는 $[_{VP}[_{CP}[_{VP}[_{CP}$ e 아무것도 읽-어$]_{CP}$ 보-]-지$]_{CP}$ 않-]]-았다.

그 형식적 기술 방안을 요약하면, (20)과 유사한 절차를 확인할 수 있다.137)

(23) 가. 어휘부의 연결어미('-어')와 보조동사('보-')에 '재구조화 지표'가 부여됨.

나. 통사구조에서 연결어미 '-어'와 보조동사('보-')의 상위 교점으로 위첨자 지표 'r'이 삼투되며, 두 길로 삼투된 지표들이 최초로 만나는 최대투사 교점이 재구조화 영역으로 전환됨.

다. 부정소와 부정 극어의 공존을 위한 조건 위반의 요인이 되는 장벽이 재구조화 영역 내에서 효력을 잃음.138)

라. 'r'로 연계된 머리성분 요소들의 지표는 모두 최하위 구 머리성분의 지표 'i'로 바뀌어 이들이 하나의 복합적 머리성분임이 확인됨. 즉 연결어미 '-어$_i$'와 보조동사 '보-$_i$'가 모

137) 필자의 이전 연구인 양정석(2010)에서는 보조동사 구문에서 재구조화로 연계되는 머리성분이 본동사 어간('읽-')과 보조동사 어간('보-')이라고 기술했었으나 이 책에서는 연결어미 '-어'와 보조동사 어간 '보-'가 재구조화로 연계된다고 기술한다. 현재의 문맥에서는 둘 사이에 차이가 없으나, 6.5절 등에서 보조동사 구문의 의미 해석을 실행하는 경우에는 큰 차이가 발생한다.

138) 부정 극어와 부정소의 관계에 장벽이 되는 것은 CP일 뿐이라고 가정한다. 둘째 부류 보조동사 구문인 '-게 하-' 구문에서도 이러한 장벽은 하나뿐이기 때문에 완전한 비문이라기보다는 중간 정도의 부적격성을 가진다고 해석된다. 셋째 부류 보조동사 구문은 복합문 구조로서, 내포절의 CP가 잠재적 장벽으로 가로놓여있으나 재구조화에 의해 그 장벽성을 잃게 되어 부적격성이 해소되는 것이다.

두 동일한 지표 'i'를 갖게 되었음.

앞에서 이미 제시한 재구조화 원리는 서술성 명사 구문과 셋째 부류 보조동사 구문에서 발견되는 위와 같은 공통성을 포착할 수 있다.

(24) 재구조화 원리

어휘부의 둘 이상의 복합 머리성분을 이루는 요소들에 근거하여 위첨자 지표 'r'를 삼투하고 재구조화 영역을 형성하라.

① 위첨자 지표 'r'를 상위 교점으로 임의로 삼투하되, 서로 다른 머리성분 요소들의 'r' 지표들이 합치되는 최초의 머리성분 교점(X^0), 최대투사 교점(X^2)이 재구조화 영역이 된다.

② 재구조화 영역 내의 최대투사 범주는 장벽으로서의 성질을 잃는다.

③ 위첨자 지표 'r'로 연계된 머리성분 요소들은 모두 최하위구 머리성분의 지표 'i'로 바뀌어 하나의 복합 머리성분으로 확인되며(이 'i'를 '재구조화 지표'라고 한다), 의미구조 또는 음운론적 구조와의 대응은 복합 머리성분 내의 최상위구 머리성분이 담당한다.

그러나 여기에는 형식적 처리에 있어서 한 가지 주의할 점이 있다. (24)의 ①은 한 교점에 관할되는 구성성분 전체가 재구조화 영역이 되는 것으로 기술하고 있지만, 그렇게 되면 (22가)와 같은 구조에서, '-지'와 '않-'의 연합에 의해 형성된 재구조화 영역이 최상위 절의 교점 CP가 되므로, 이 교점에 관할되는 모든 교점, 특히 '아무것도'를 관할하는 절의 CP 교점도 장벽성을 잃게 되는 것으로 잘못 해석할 수 있다. 그러면 (21가)와 같은 비문법성 효과는 얻을 수 없다. 원하는 설명의 효과를 얻기 위해서는 재구조화 원리의 첫째 조항이 다음과 같이 이해되어야 한다.

(25) 재구조화 원리

어휘부의 둘 이상의 복합 머리성분을 이루는 요소들에 근거하여 위첨자 지표 'r'를 삼투하고 재구조화 영역을 형성하라.

① 위첨자 지표 'r'를 상위 교점으로 임의로 삼투하되, 서로 다른 머리성분 요소들의 'r' 지표들이 합치되는 최초의 머리성분 교점(X^0), 최대투사 교점(X^2)이 재구조화 영역이 된다. **(삼투된 지표를 가진 교점들의 집합이 재구조화 영역이 된다.)**

재구조화 원리 ①의 수정된 부분은 부정소와 부정 극어의 관계에서 장벽의 발생, 장벽성의 해소와 관련하여 중요한 의미를 가진다. 삼투된 'r' 지표들이 합치되는 최초의 최대 투사에 관할되는 모든 교점이 재구조화 영역을 이루는 것이 아니라, 그 합치된 교점의 관할 영역에 있는 교점들 중 삼투된 위첨자 지표 'r'를 가지는 교점들만이 재구조화 영역을 이루어 장벽성 해소의 기능을 갖게 되는 것이다. 따라서, (26나)에서 '-게'의 투사인 CP 교점은 'r'을 갖지 않아서 재구조화 영역을 이루지 못하므로, 여전히 장벽이 된다. 이와 비교되는 (27)에서는 '-어'의 투사인 CP 교점이 'r'을 가지고 있어서 재구조화 영역을 이루게 된다. 따라서 장벽성을 잃게 되어 CP는 절 경계로서의 효력을 상실하여 '아무것도'와 '않-'은 같은 절 안에 있는 것이나 다름없는 결과가 되는 것이다.

(26) 가. $^{?*}$철수는 자기 동생이 아무것도 읽게 하지 않았다.
　　나. $^{?*}$[철수는 [$_{VP}$[$_{CP}$[$_{VP}$[$_{CP}$ 자기 동생이 아무것도 읽-게]$_{CP}$ 하-]-지^{r}]$^{r}_{CP}$ 않-^{r}]$^{r}_{VP}$-았다]
(27) 가. 철수는 아무것도 읽어 보지 않았다.
　　나. [철수는 [$_{VP}$[$_{CP}$[$_{VP}$[$_{CP}$ e 아무것도 읽-어^{r}]$^{r}_{CP}$ 보-]^{r}-지^{r}]$^{r}_{CP}$ 않-^{r}]^{r}-았다.

이처럼, '같은 절 조건'은 통사적으로 형식화될 수 있다. 물론 부정 극어와 부정소가 말 그대로 '같은 절' 안에 놓여야 한다는 조건은 아니고, 부정 극어와 부정소의 사이에 장벽을 가져서는 안 된다는 조건인 것이다. 서술성 명사 구문과의 구조적 평행성은 이러한 설명이 가지는 이론적 설명으로서의 신뢰성을 높이는 것이다.

선·후행 동사의 호응과 재구조화

앞에서 언급한 현상들 중, 보조동사 구문을 복합문 구조로 간주할 때의 문제로 곧잘 거론되어온 것은, 선행하는 동사의 사건성/상태성 구분에 따라 후행 보조동사의 사건성/상태성이 결정되는 현상이다. 이 현상은 보조동사 구문을 단순문 구조로 가정하는 연구자들에게 그와 같은 주장의 결정적 근거로 생각되기도 하였다.[139] 그러나 이 현상은 '-기는 하-', '-지 아니하-', '-지 못하-'에 국한되는 현상이라는 점을 먼저 지적해 두어야 하겠다.

---

139) 이러한 견해의 대표적인 주장은 최기용(1991)에서 볼 수 있다. 그는 (35), (36)과 같은 '-기는 하-', '-지 아니하-' 구문 외에 '-어 주-', '-어 보-', '-어 빠지-' 구문을 그의 이론 하에서 논의하고 있다. 가령 '먹어는 보았다'와 같은 '본동사+보조동사' 결합은 'V⇒[v V-어]⇒[v[v V-어]는]⇒[v[v[v V-어]는]보-]'와 같은 과정으로 머리성분 단위를 이룬다고 한다. 또 '머리성분 상관성 원리'라는 언어-보편적 원리가 있어서, 머리성분-뒤 언어는 앞의 요소가 문법적 성격을 결정한다고 한다. 그러나 단적인 예로 'V-어 지-' 구성은 뒤의 요소 '지-'가 이 구성 전체의 문법적 성격을 결정하므로 그의 주장에 반례가 된다.

(28) 가. 그가 김을 매기는 한다/*하다.
　　나. 그가 온순하기는 *한다/하다.
(29) 가. 그가 김을 매지는 아니한다/*아니하다.
　　나. 그가 온순하지는 *아니한다/아니하다.

(28)의 '-기는 하-' 구문, (29)의 '-지 아니하-' 구문은 '셋째 부류'의 보조동사 구문인데, 이들은 어휘부에 '-기는'과 '하-', '-지'와 '아니하-'의 연계 사실이 동지표로 표시되어 있다. 이러한 정보는 통사구조에서의 재구조화 원리의 적용을 위한 근거가 된다. 재구조화 원리를 이루는 조항들 중 ③의 조항은 의미구조와의 대응과 함께 음운론적 구조와의 대응을 지적하고 있다((24)의 ③을 참조할 것).

이 조항에 의하면 '본동사+보조동사'의 결합에서 통사구조상의 동지표를 대표적으로 가지는 교점은 상위절 동사인 보조동사가 된다. 그러므로 음운론적 부문에서 동사의 사건성/상태성의 구분에 따른 형태음운론적 결정이 일어날 때에는 보조동사에 주어진 정보만을 근거로 하게 된다.[140]

(28), (29)의 예들에서는 복합 머리성분을 이루는 요소들 중 앞의 요소('본동사')의 문법적 성격이 복합 머리성분 전체의 성격을 결정한다. 한국어의 다른 보조동사 구문에서는 뒤의 요소('보조동사')의 문법적 성격이 복합 머리성분의 성격을 결정한다. 이러한 일반적 경우에 복합 머리성분 내의 요소들 간의 문법적 자질의 전승은 논할 필요가 없다. 그러나 (28), (29)의 경우에는 특별한 어휘적 규칙이 있어, 앞의 요소와 뒤의 요소의 결합을 한 의미 단위와 대응시키고, 앞의 요소의 문법적 자질을 전체 복합 머리성분의 문법적 자질로 전승시킨다.

보조동사 구문의 재분류

앞에서는 종래 보조동사 구문으로 다루어온 예들을 여러 가지 통사적 검증 기제에 비추어 검토한 결과 이들을 크게 네 부류로 나눌 수 있게 되었다. 다음의 표가 이 네 가지 부류의 차이를 일목요연하게 보여준다.

---

140) 여기의 '사건성/상태성' 구분은 '+v'와 '+a'의 통사적 자질의 차이로 표시된다. 이 차이를 바탕으로 '-는다'와 '-다'의 형태음운론적 결정이 이루어지므로, 어휘부 규칙에 본동사의 자질이 보조동사에 전승되는 사실을 표시하는 것이 필요하다. 다시 말하지만, 이러한 처리를 해야 하는 보조동사는 '-기는 하-'와 '-지 아니하-'와 '-지 못하-'의 셋뿐이다. 그 외의 모든 보조동사의 경우는 연결어미와 보조동사의 연계 사실만을 어휘부 정보로 기재한다.

(표2) 보조동사 구문의 네 가지 부류

<table>
<tr><th></th><th>대표적인 예</th><th colspan="2">검증 기제</th></tr>
<tr><td>첫째 부류</td><td>'-는 듯하-'<br>'-는 체하-'<br>'-거니...거니 하-'</td><td colspan="2">*</td></tr>
<tr><td>둘째 부류</td><td>'-게 하-'<br>'-고 있-'</td><td rowspan="2">'그리하-'에 의한 조응 가능/선행 동사에 '-으시-' 결합 가능</td><td>불가능</td></tr>
<tr><td>셋째 부류</td><td>'-어 있-'<br>'-어 주-'<br>'-지 아니하-'</td><td rowspan="2">부정 극어와 부정소의 '같은 절' 효과 가능/'안'에 의한 선·후행 동사 부정 가능</td></tr>
<tr><td>넷째 부류</td><td>'-어 지-'</td><td>불가능</td></tr>
</table>

첫째 부류는 전통적으로 보조동사 구문으로 분류해 왔으나 그 구조적 이질성이 뚜렷한 부류이다. 이들이 보조동사 구문에서 제외되어야 한다는 점은 기존 연구자들이 대체로 인정하는 것이다. 둘째 부류는 많은 연구에서 보조동사 구문으로 받아들이지만, 앞 절의 검증 기제를 통하여 보충어 절을 가지는 예사의 내포문 구조로 판명되는 부류이다. '-게 하-' 구문과 '-고 있-' 구문이 이 부류를 대표한다고 하겠다. 셋째 부류를 대표하는 것은 '-어 있-' 구문이다. 이는 전통적인 의미에서 보조동사의 이상에 가장 가까운 부류라고 할 만하다. 흥미로운 점은, 서로 유사한 특성을 가지는 것으로 생각되어 같은 논의 맥락에서 다루어져 온 '-고 있-' 구문과 '-어 있-' 구문은 재구조화 작용의 유무에 의하여 구분된다는 것이다.

넷째 부류의 대표적 구문은 '-어 지-' 구문이다. 이는 선행 동사와 후행 동사의 긴밀성이 극도로 높다는 점에서 합성동사로 분류할 만한 예라고 하겠는데, 다른 합성동사와의 차이는 '지-'가 가지는 생산성에 있다.

1) 첫째 부류

첫째 부류는 원래의 보조동사 구문의 설정 취지에도 부합하지 않는, 배제해야 할 예들이다. 이들은 사실상 하나의 공통 구문 구조를 이루는 것으로 볼 수도 없다. 이들을 서로 무관한 몇 가지 구문으로 나누어 열거하려고 한다.

종래의 논의에서 '보조동사'에 포함되던 것 중 가장 먼저 제거되어야 할 예는 다음과 같은 것으로서, 이들이 '보조동사' 구문의 첫째 부류의 첫 번째 사례이다.

(30) 가. 체하다: 그가 제법 어른인 체한다/돈이 많은 체한다.

나. 척하다: 그는 그저 못 들은 척했다.

다. 양하다: 안 먹어도 먹은 양하고만 있으면 배가 부른가?/너는 그저 그런 양하고 있어./사람은 각각 제가 제일인 양한다.

라. 뻔하다: 하마터면 속을 뻔하였다./이번에도 빈탕일 뻔하였다.

마. 만하다: 나도 갈 만하다./그렇다고 할 만하다.

바. 법하다: 그가 자백을 할 법하다./인제 정신을 차릴 법하다.

사. 듯하다: 비가 오는 듯하다/비가 올 듯하다.

아. 듯싶다: 그는 불만인 듯싶다/이 점에는 그 사람도 동의할 듯싶다.

이들은 모두 의존명사 '양, 체, 척, 뻔, 만, 법, 듯'이 이끄는 구(더 정확하게는 이 구를 포함하는 보조사구)가 이어지는 '하-'의 논항 위치에 놓이는 구조를 취하고 있다.[141] 이들도 둘로 더 갈라진다. '양', '체', '척'에 이어지는 '하-'는 사건성 동사로서의 성질을 가진다. 이에 비해 '만', '법', '듯' 뒤의 '하-'나 '싶-'은 상태성 동사로서의 성질을 가진다.

(31) 그가 $[_{VP}[_{DP}$ $[_{NP}$ $[_{CP}$ ϕ 제법 어른인] 체]ϕ] 하-]]-ㄴ다.

(32) 그가 $[_{VP}[_{DP}$ $[_{NP}$ $[_{CP}$ ϕ 해낼] 만]ϕ] 하-]]-다.

종래 보조동사에 포함되어 논의되던 예들 중에서, 그 분석을 달리해야 할 또 다른 예는 '직하다'이다. 이는 최현배(1937)에서부터 보조동사의 하나로 처리되었으나, 우리는 이것을 가지는 문장이 일반적인 상태성 동사로서의 '하다'가 실현된 문장일 뿐이라고 판단한다. (33)에서 '-음직'은 '하다'의 보충어 절을 이끄는 보문소로서, 연결어미의 역할을 하는 것이다.[142]

(33) 가. 그 사과가 먹음직 하다.

나. 그 여자를 한번 만나 봄직(도) 하다.

(33)' 가.*그 사과가 먹음직 한다.

나.*그 여자를 한번 만나 봄직(도) 한다.

최현배(1937)에서 보조동사로 처리한 예 중에는 다음과 같은 것도 포함된다. (34)에

---

141) 이 서술은 현재 국어학계의 일반적 견해에 따른 것이다. 필자 자신의 견해는, '양', '체', '척'을 제외한 '뻔', '만', '법', '듯'은 그 앞의 관형사형어미와 결합(재구조화)하여 복합적 연결어미 '-을뻔', '-을만', '-을법', '-는듯'을 형성한다고 보는 것이다. 6.5.2절을 참고하기 바람.

142) 허웅(1995: 384)에서 '-음직'을 연결어미('이음씨끝')로 분석한 선례를 볼 수 있다.

서는 '닥다'의 활용형으로 '닥아'가, (35)에서는 '가지다'의 활용형으로 '가지고'가 보조동사로 분석된 것이다.

(34) 그 물건을 들어다가 방안에 놓았다.
(35) 옷에 풀을 먹여가지고 빳빳하게 해서 입고 다녔다.

고영근(1975), 김창섭(1981)에서는 '-어다(가)'를 연결어미로 분석하였고, 김창섭(1981)에서는 '-어가지고'도 연결어미로 분석하였다. 이들 역시 보조동사 구문에서 제외되어야 할 첫째 부류의 구문이 되겠는데, 이 경우 보조동사로 생각되던 '닥아', '가지고'는 전혀 단어로서의 자격도 갖지 못하는, 연결어미(보문소)의 일부로 파악될 뿐이다.

허웅(1995)에서는 다음 예들에 나타나는 '하다'도 보조동사('매인풀이씨')의 일종으로 풀이한 바 있다. (36가, 나)의 예문들은 그 내포절이 접속문으로 되어 있는 경우로, 역시 보조동사 구문에서 제외해야 할 '첫째 부류'의 예이다.[143]

(36) 가. 'V-거나 V-거나 하다': 그것이 아무리 짧은 이야기일지라도 그것을 그 이상 확대하거나 늘이거나 하면, 도리어 나빠질 뿐이다. (허웅 1995)
나. 'V-거니 V-거니 하다': 저 쪽의 두 배는 앞서거니 뒤서거니 하며 바다로 나오고 있건만 이 쪽을 따라 잡을 수는 없을 것이다. (허웅 1995)

이 경우의 '하다'는 접속문을 보충어로 가지는 보문 동사가 된다. '하다'의 주어는 기저에서부터 공범주로 설정되어야 하리라 본다. 이처럼 절이 반복되는 구조에서 선행 동사와 보조동사의 긴밀한 결합을 말하는 것은 무의미한 일이다. 따라서 이들은 보조동사 구문의 예에서 제외되어야 한다.

2) 둘째 부류

둘째 부류의 보조동사 구문도, 보조동사가 선행 동사에 문법적 의미를 보조해 주고, 선행 동사와 보조동사가 한 단위의 서술어를 이룬다는 규정으로는 포착할 수 없는 예이다. 이들은 복합문 구조이면서, 그 선행 동사와 보조동사의 통사적 긴밀성도 인정하기 어렵다. 다만, 선행하는 보문소구와 뒤따르는 보조동사가 특정의 구문적 의미를 표현하는 구문을 형성한다는 점이 이들을 특징지어준다.

143) 김영희(1988나)에서는 '하다'를 상위문 서술어로 하는 이러한 구성을 '내포접속문 구성'이라고 부르고 있다.

이 절에서는 '-게 하-' 구문을 비롯한 몇 가지 구문들을 구문규칙으로 기술하는 시범을 보인 다음, 이렇게 일반적인 구문규칙에 의해서 설명해야 할 둘째 부류의 나머지 예들을 나열하는 방식으로 서술하려고 한다.

먼저 '긴 사동문'으로 알려진 '-게 하-' 구문에 대해서 살펴보자. 부정 극어와 부정소의 호응을 통하여 보조동사 구성의 긴밀성을 검증하는 방법을 제시한 최현숙(1988)에서는 (37가)와 같은 문장을 적격한 것으로 판정하여, '-게 하-' 구문에 재구조화가 적용된다고 보았으나, 필자는 이를 부적격한 문장으로 판정한다. 그 부적격성은 (38)과 다름이 없다. 이에 따라 '-게 하-' 문장은 재구조화 구문으로 간주되지 않는다.

(37) 가. ?*철수가 영희가 아무도 만나게 하지 않았다.
　　나. 철수가 영희가 아무도 안/못 만나게 하였다.
(38) ?*철수는 영호가 아무도 욕했다고 생각하지 않았다.

이른바 사동 보조동사 '하다'의 구문은 이 절 앞부분에서 제시한 어떠한 판별 기준으로도 선·후행 동사의 긴밀성을 증명할 수 없다. 그러므로 그 통사구조는 일반 보문 구조에 준해서 기술해야 한다. 양정석(2002: 5.4절)에서는 (39가)와 (39나)의 '-게 하-' 문장을 두 가지의 상이한 구조로 구분하여 그 통사구조를 보인 바 있다.144)

(39) 가. 경애는 영호가 미음을 먹게 했다.
　　나. 경애는 영호를 미음을 먹게 했다.
(40) 경애는 영호에게 미음을 먹게 했다.

(39가)와 (39나)는 서로 구문적 의미가 다르다. 두 구문의 의미 차이는 다음과 같이 보일 수 있다.

(41)*경애는 영호가 부지런하게/얌전하게/침착하게 하였다.
(42) 경애는 영호를 부지런하게/얌전하게/침착하게 하였다.

이로써 (39가) 구문의 내포절이 '통제가능성'을 가져야 한다는 제약이 있음을 알 수 있다.

---

144) 김영희(1998)에서는 다음 세 문장이 기저에서 서로 다른 구조로 생성됨을 밝힌 바 있다. 이 절의 논의는 이에 힘입은 바 크다. 다만, 필자는 (40) 문장이 (39가)와 같은 구조에 부가어 '영호에게'가 덧붙은 것으로 본다.

(39가, 나) (40)의 통사구조를 다음과 같이 정리할 수 있다.

(43) 가. 경애는 철수가 미음을 먹게 했다.

나. 경애$_i$는 $[_{VP}[_{CP}[_{IP}$ 철수가 미음을 먹$]_j$-게$]$ $[_V$ 하$]_h]$-었다

(44) 가. 경애는 철수를 미음을 먹게 했다.

나. 경애$_i$는 $[_{VP}$ $[_{DP}$ [철수]-를] $[_{V'}$ $[_{CP}$ e 미음을 먹-게] $[_{V'}$ $[_V$ 하]]]]-었다

(45) 가. 경애는 영호에게 미음을 먹게 했다.

나. 경애$_i$는 $[_{VP}$ $[_{PP}$ 영호-에게] $[_{VP}$ $[_{V'}$ $[_{CP}$ e 미음을 먹-게] $[_V$ 하]]]]-었다

이러한 통사구조를 바탕으로 그 의미를 해석하는 방법은 '하-' 구문의 의미를 집중적으로 분석하는 3.5절에서 보일 것이다.

'-게 하-' 외에 둘째 부류의 보조동사 구문으로 처리해야 할 대표적 예는 '-고 있-' 문장이다. '-고 있-' 문장을 '-어 있-' 문장과는 달리 둘째 부류로 분류한 것은 둘 사이에 긴밀성의 차이가 있다고 판단하기 때문이다. 긴밀성의 차이를 보이는 증거는 위에서 제시한 다음과 같은 문법성의 대비이다.

(46) 가. 그는 아무 데에도 가 있지 않았다.

나. ?*그는 아무것도 먹고 있지 않았다.

'-고 있-' 구문의 통사구조는 (47나)와 같고, 그 의미와의 대응을 포착하는 구문규칙은 (47다)와 같다(양정석 2002: 150). 그 의미는 기술 층렬의 의미 형식으로 나타내었다.

(47) 가. 그는 사과를 먹고 있었다.

나. 그는 $[_{VP}[_{V'}[_{CP}[_{IP}$ e 사과를 먹-φ-]-고$][_V$ 있-$]_h]]]$-었다

다. '-고 있-' 구문규칙:

IP가 β에 대응되면, 통사구조 $[_{VP}[_{CP}\ IP_k$ 고] 있$_h]$는 다음 의미구조에 대응된다.

$[-b \wedge Circ \wedge BE([\quad]_A, [IN([\ Event\ ]^{\beta}_{k})]_h * [WITH(\beta)]$

이 규칙의 의미구조 부분이 나타내는 뜻은 대략 "'-고 있-'에 선행하는 문장(내포절)이 지시하는 사건으로 말미암아 주어('A'로 표시됨)가 그 사건의 지속적 상황 안에 유지된다'는 의미이다. 의미적으로 주요한 작용을 하는 부분은 비한계성 자질 [-b]인데, 이 의미자질이 부과됨으로 인하여 이 구문이 진행, 결과 상태 지속, 반복성, '이상화된 진행' 등

의 의미로 해석될 수 있게 된다. 이 구문이 진행의 의미를 나타낸다는 점이 이를 보조동사 구문으로 처리하는 주요 동기가 되었다고 할 수 있다. 그러나 보조동사 구성이 아닌 동사구 단위의 구문 형식(또한 이 안에는 절 구조가 포함된다)으로도 특정의 문법적 의미를 나타내는 일이 가능함을 (47다)가 보여준다.

개념의미론의 표상 방법에 따라 의미 부분을 나타낸 (47다)이 지적하는 여러 가지 의미의 국면을 형식의미론의 표상으로 나타내어 (47다)에 준하는 구문규칙을 기술하는 일이 앞으로의 과제로 주어진다.

이와 같은 방식으로 기술해야 할 보조동사 구문의 예를 더 들어 보면 다음과 같다. 다음 예들은 대개 최현배(1937)에서 보조동사의 예로 들지 않고 두 동사의 이음으로 간주하고 있으나,[145] 그 후의 다른 논저에서 보조동사에 포함하여 논의하는 경우가 흔하다.

(48) '-고 계시-': 아버님은 지금 손님하고 이야기 하고 계십니다. (허웅 1995)

(49) '-고 나-': 나는 그 일을 하고 나서, 다른 일을 바로 시작했다./그 책을 펴 내고 난 뒤에 그는 병석에 누웠다. (허웅 1995)

(50) '-고는 하-': 그는 매일 약방에 들러 무엇이든 한두 가지 약을 사가지고 가고는 (가곤) 하였다. (허웅 1995)

(51) '-고 말-': 그는 기차를 놓치고 말았다.

선·후행 동사 사이의 긴밀성이 거의 없으므로, 이들은 동사가 보충어 절을 취하는 일반 내포문 구조로 분류할 수밖에 없다.

(48)' ?*아버님은 아무것도 보고 계시지 않다.

(49)' *그는 아무것도 먹고 나지 않아서 식당으로 갔다.

(50)' *그는 아무것도 사고는 하지 않았다.

(51)' *그는 아무하고도 싸우고 말지 않았다.

다만, 이들이 가지고 있는 '진행', '완결', '반복', '상황의 불의의 발생' 등의 구문적 의미는 위에 예시한 형식의 구문규칙으로 포착하여 기술할 수 있을 것이다.

최현숙(1988)에서는 당위 보조동사의 예로 다루어지는 다음과 같은 구문이 재구조화와 관련된다고 지적한 바 있다. 그러나 그 자신이 사용하는 기준에 의하면 이들은 그렇게

145) (51)은 최현배(1937/1971: 402)에서 '종결의 보조동사'로 처리한다.

볼 수 없다.

(52) 'V-어야 하-': 농부는 논밭을 열심히 가꾸어야 한다. (허웅 1995)
(53) 'V-어야 되-': 농부는 논밭을 열심히 가꾸어야 된다.
(52)' 가.*이 밭에는 아무것도 가꾸어야 하지 않는다.
　　나. 이 밭에는 아무것도 가꾸지 않아야/말아야 한다.
(53)' 가.*이 밭에는 아무것도 가꾸어야 되지 않는다.
　　나. 이 밭에는 아무것도 가꾸지 않아야/말아야 된다.

둘째 부류의 보조동사 구문으로서 구문규칙에 의한 기술을 필요로 하는 현상에는 다음과 같은 흥미로운 예들이 발견된다. (54), (55)는 최현배(1937)에서도 보조동사 구문으로 포함한 것이나, (56)는 일반 동사 구문으로 간주되었던 것이다. 이 세 가지 구문을 묶어 그 공통성에 주목한 것은 엄정호(1990)이다. 그는 이 세 구문이 특별한 인용의 형식을 요구하는 특성을 가진다는 점에서 한국어 문장의 한 구문으로 묶인다고 보고, 그 통사적 특징을 자세히 관찰하고 있다.[146]

(54) '-나/는가/을까 싶-': 철수가 성적이 제일 잘 나오지 않았나 싶다.
(55) '-나/는가/을까 보-': 철수가 성적이 제일 잘 나왔나 보다.
(56) '-나/는가/을까 하-': 철수가 성적이 제일 잘 나오지 않았나 한다.

최현배(1937/1971: 534)에서는 '싶다'와 '보다'가 의문형 종결어미 뒤에만 쓰인다고 보고 있으나, 실제로는 이보다 넓은 쓰임새를 가지고 있다. 허웅(1995)에서는 희망 보조동사와는 달리 이처럼 추측을 표현하는 '싶다'는 일반 동사로 간주한다(371쪽). 또 시행 보조동사와는 달리 추측을 표현하는 '보다'를 일반 동사로 간주하고 있다(374쪽).

(57) 가. 그 정도의 일이 이루어지는 데도 긴 세월이 필요하구나 싶어 감개가 무량했다.
　　나. 그 때 나는 세상이 내 것이라 싶었다.
　　다. 가든지 있든지 빨리 결단이 났으면 싶다. (이상 허웅 1995에서 취함)
(58) 가. 산은 물을 끼어야만 어울리나 보다.
　　나. 돈이 없는가 보다./너는 어리석은 사람인가 보다.
　　다. 경치가 아름답던가 보다./차가 붐비던가 보다.

146) 앞에서는 이들을 인용문의 한 부류로 논의한 바 있다.

라. 아마 좋지 않은 일이 생기려나 보다.
마. 공부를 좀 할까 보다. (이상 허웅 1995에서 취함)

엄정호(1990)에서는 이 세 가지 구문에 대해서 선·후행 동사에 결합되는 어미의 종류, 주어의 인칭 제약 등을 자세히 분석하여 이 구문에 대한 이해에 기여함은 물론이고, 인용문과의 관계에 대해서도 중요한 통찰의 기회를 제공하고 있다.

(59) 가. 철수는 학교에 갔나 싶다.
나. 철수는 숙제를 다 했나 보다.
다. 철수가 그 일을 하지 않았나 한다.

특히 이들을 둘째 부류의 보조동사 구문의 예로 다루는 우리의 입장에서는 엄정호(1990)에서 제시한 다음의 통사구조가 관심을 끈다.

(60) 가. $[_{S'}\ [_{TOP}\ e_i\ ]\ [_{S'}\ [_{NP}\ e_i\ ]\ [_{VP}\ [_{S'}$ 철수가 가지] 싶다]]] (51쪽)
나. $[_{S'}\ [_{TOP}\ e_\beta\ ]\ [_{S'}\ [_{NP}\ e_{\beta'}\ ]\ [_{VP}\ [_{S'}$ 철수가 가겠는가] 보다]]] (54쪽)
다. $[_{S'}\ [_{TOP}$ 나는] $[_{S'}\ [_{NP}$ 판단이] $[_{VP}\ [_{S'}$ 철수가 가지 않을까] 한다]]] (53쪽)

이들은 결국 각기 다른 세 개의 구문 구조를 나타내고 있는 것이다. 그리고 각기 구문마다의 고유한 구문적 의미를 일반화할 수 있을 것으로 보인다. 이는 이들 구문이 둘째 부류의 구문으로 분류된 취지에 부합된다.

결국, 둘째 부류의 보조동사 구문은 복합문 구조를 취하며, 일반성을 가지는 구문규칙의 적용에 의해 특징지어진다고 할 수 있다. 이 역시 '보충어 구조'로 기술되어야 한다.

3) 셋째 부류

셋째 부류의 '보조동사' 구문은 보조동사 범주를 설정하고자 하는 입장에서 가장 그 취지에 적합한 예들이라고 할만한 부류이다. 앞에서는 이들이 재구조화 원리의 적용을 받는 것으로 보았다. 이와 같은 구문의 예로 다루어져야 할 대표적인 현상으로, 한계성의 표현으로 특징지어지는 '-어 있-' 구문과[147] 부정의 '-지 아니하-' 구문, '-지 못하-' 구문, 시행의 표현인 '-어 보-' 구문, 봉사의 표현인 '-어 주-' 구문 등을 이미 확인하였다. 이

147) '-어 있-' 구문이 본질적으로 한계성을 부과하는 기능을 가진다는 논의는 양정석(2004가)를 참고하기 바람.

밖의 예를 열거하면 다음과 같다.

(61) '-어 계시-': 할머니가 우리집에 와 계시다/계신다. (허웅 1995)
'-어 버리-': 아이가 그릇을 깨뜨려 버렸다.
'-어 제끼-': 그 말을 듣고 있던 한 노인이 껄껄 웃어 제꼈다. (허웅 1995)
'-어 젖히/제치-': 코가 막혀 쌔근쌔근하던 아이는 약과 물그릇을 보더니 불이 붙은 듯이 울어 젖힌다/여치가 울어 제친다. (허웅 1995)
'-어 달-': 어서 문을 열어 다오. (허웅 1995)
'-어 드리-': 며느리가 시어머니를 부축해 드린다. (허웅 1995)
'-어 놓-': 날이 추워 놓으니까, 꼼짝하지 못하였다./신경을 필요 이상 건드려 놨다. (허웅 1995)
'-어 두-': 손목시계를 수돗가에 놓아 두었었어요.
'-어 가-': 배달말 말광이 다 되어 갑니다./그분은 점점 젊어 간다. (최현배 1937)
'-어 나가-': 이젠 이 회사를 유지해 나갈 수 없게 되었다. (허웅 1995)
'-어 오-': 날이 밝아 온다./약속 시간이 가까워 온다.
'-어 쌓-': 꼬치꼬치 물어 쌓는다. (허웅 1995)
'-어 보이-': 그들은 다정해 보인다.
'-어 버릇하-' 그 아이가 툭하면 친구 집에 가서 자 버릇한다.
'-고 싶-': 나는 경애가/를 보고 싶다.
'-고 싶어하-': 그는 어디고 훌훌 떠나고 싶어했다. (허웅 1995)
'-고 프-': 그 때 나는 고향으로 가고파서 견딜 수가 없었다. (허웅 1995)
'-고 파하-': 그는 무던히도 남에게 먹거리를 권하고파하고 말을 걸고파한다. (허웅 1995)
'-지 말-': 낙심하지 말고 일하세.

최현배(1937) 이래 '시인적 대용'의 보조동사로 다루어진 '하다'는 보조동사의 설정 취지에 고도로 부합하는 특징을 가지고 있어 역시 셋째 부류로 분류해야 한다. 이 '하다'를 가지는 구문을 '시인 구문'이라고 부르기로 한다. 이하에서는 시인 구문의 통사구조에 대한 필자의 견해를 보이기로 한다.

이 구문은 부정의 '-지 아니하-' 구문과 구조적으로 밀접한 연관을 가진다는 생각 때문에 많은 연구자들이 둘을 같은 맥락에서 취급하여 왔다. 선·후행 동사 사이의 긴밀성을 검증하기 위한 다음과 같은 방법에 의하면 둘은 차이를 보인다.

(62) 가. 그는 사과를 먹기는 한다.
　　나.*그는 아무것도 먹기는 하지 않는다.

(63) 가. 그는 사과를 먹지 아니한다.
　　나. 그는 아무것도 먹지 아니한다.

그러나 (62)의 사실은 시인 구문의 본래적인 용도가 긍정을 표현하는 것이라는 점을 감안하여 판단해야 할 것이다. 우리는 앞에서도 선택제약을 중심으로 한 어휘개별적 고려가 보조동사 구문의 분류를 위해서 긴요함을 지적한 바 있다. (62)의 사실은 이 구문이 첫째 부류나 둘째 부류에 속함을 보여주는 것으로 해석할 수도 있게 한다. 그러나 이 구문에서 선행 동사와 후행 동사가 가지는 선택제약의 특성을 관찰해 보면, 후행 동사가 아예 선행 동사의 선택적 특성과 동일하게 되는 현상을 발견하게 된다.

(64) 그 사람들이 밥을 먹기는 한다.

(65) 동두천이 서울과 가깝기는 하다.

이 구문의 존재 의의는 서로 다른 보조사들을 상황적 의미와 관련하여 표현하려는, 그 의미 효과에 있다고 본다. '-도, -만, -까지, -조차, . . .' 심지어 '-를'도 가능하다.[148] 영-형태 'φ'는 불가능한데, 그것은 'φ'가 이들 보조사들과 대립되는 중립적 의미를 가지기 때문에 이 구문에 의한 표현의 의의가 없기 때문이다. 그러나 그 어떤 경우라도 후행 동사의 사건성/상태성의 구별은 선행 동사에 의존한다. 이러한 점은 앞에서 설명한 대로 어휘부 규칙 단위의 선택적 자질들이 상위절 동사에 표시됨을 규정하는 재구조화 원리 (재구조화 원리 ③)에 의하여 잘 설명된다.

(66) 그 사람들이 밥을 먹기는/도/만/까지/조차/를/*φ 한다.

(67) 동두천이 서울과 가깝기는/도/만/까지/조차 하다.

이러한 사실은 복합문 구조 가설에서는 설명하기가 대단히 어렵다. 최기용(1991) 등의 연구에서는 다름아닌 이 사실을 근거로 해서 보조동사 구문에 대한 단순문 가설을 옹호하고 있기까지 하다. 그러나 2.3.4.1절에서 검토한 검증 기제들의 의의를 이 시점에

148) (66)의 예에서는 다소 어색함이 없지 않지만 "그 사람들이 밥을 먹기를 하냐, 국수를 먹기를 하냐?"와 같은 맥락을 만들어 주면 '-를'을 쓰는 것이 가능해진다. 그 구조가 불가능하지는 않다는 점에 주의해야 한다.

서 부정할 수는 없는 것이다.

(68) 가. A 나라 사람들이 주식으로 쌀을 먹기는 하고, B 나라 사람들도 그러기는 한다.
나. 동두천이 서울과 가깝기는 하고, 부천도 그렇기는 하다.
(69) 가. 할아버지가 활을 잘 쏘시기는 한다.
나. 할아버지가 수염이 기시기는 하다.

요컨대, 시인 구문은 복합문 구조를 가지고 있으며, 그러함에도 불구하고 선·후행 동사의 긴밀성은 재구조화의 기제를 통해 설명해야 한다는 것을 이상의 사실은 보여준다.

시인 구문의 통사적인 행태는 (24), (25)의 재구조화 원리의 설정을 위한 강력한 근거를 제공한다는 점에서도 이 책의 문법 체계와 관련하여 대단히 중요한 의의를 가진다.

원리매개변인 이론적 생성문법 연구에서 이들 구문은 비상한 관심의 대상이 되었는데, 그것은 이 구문이 한국어에서 동사구(VP)의 존재를 증명해 주리라는 기대를 갖게 하기 때문이다.[149)]

(70) 가. 그 사람들이 밥을 먹기는 한다.
나. 그 사람들이 밥을 먹기는 먹는다.
(71) 가. 동두천이 서울과 가깝기는 하다.
나. 동두천이 서울과 가깝기는 가깝다.

이 구문에서 내포절의 주어는 나타나지 않는다. 강명윤(1988/1992)는 이 구문의 내포절에 해당하는 부분이 VP를 이룬다고 보고, 상위절 동사는 이 VP를 보충어로 가지는 동사로 가정하여 라슨(Larson 1988)의 '동사구-껍질(VP-shell)' 구조로 이 구문을 분석하고 있다. 이에 따르면 (70), (71)에서 후행 동사인 상위 동사가 '하-'이든, 중복된 일반동사이든, 모두 단일한 구조로 설명할 수 있다고 한다. '하-'는 형식 동사로서 원래부터 상위 VP의 머리성분 위치에 생성된다. 형식 동사 외의 동사가 상위 VP의 머리성분으로 나타나는 경우(70나, 71나)는, 하위 VP에 있던 이 동사가 상위의 형식 동사 위치로 복제되는 '동사 복제' 현상이 있기 때문에 그와 같은 구조가 가능한 것이라고 한다.[150)]

이와 같은 설명 방안이 나름대로 매력을 가진 방안임에는 틀림없다. 특히, 선행 동사와

149) 이러한 방향의 논의로 최현숙(1988), 강명윤(1988/1992) 참조.
150) 강명윤(1988/1992)를 포함한, 보조동사 구문의 선행 연구에 대한 자세한 논의는 양정석(2007가)를 참고하기 바람. 아래 논증의 일부는 그곳에서 가져와 보충하였다.

후행 동사의 사건성/상태성 의존이라는 이 구문의 특징적 사실을, 이 구문이 복합문 구조 아닌 단순문 구조(내포절은 VP일 뿐이다)이며 상위 구의 머리성분이 형식동사라는 가정으로 설명할 수 있을 것이다.

그러나 필자는 다음 세 가지 근거에서 이 설명 방안을 받아들이지 않는다.

첫째, (66), (67)로 보인 다양한 보조사의 개재 현상을 이러한 동사구-껍질 이론으로 어떻게 효과적으로 설명할 수 있을지가 불분명하다는 점이다. 우리의 이제까지의 논의에서 보조사가 가지는 비중을 고려하면, 이 문제는 간과할 수 없다는 것이 필자의 판단이다.

둘째, '-기'에 대한 강명윤(1988/1992)의 처리 방법은 그의 동사구-껍질 이론을 떠받드는 기둥과 같은 역할을 하지만, 이 방법 역시 문제성이 매우 크다고 판단된다. 그는 '-기'가 보문소가 아닌 '명사화소'라고 주장하면서 이에 관한 이론 내적 논증을 펼치고 있다. 이 명사화소는 이 구문의 생성의 어느 단계에서 (72)와 같은 '명사구-껍질(NP-shell)'을 형성한다. 그 동기는 격을 받기 위한 것이라고 한다.[151] (72)의 명사구-껍질은 (73가)의 '동사구-껍질'에 적용되어 (73나)의 구조를 만드는 것이다.

(72) [$_{NP}$ VP [$_{N}$-기]]

(73) 가. [$_{VP}$ [$_{VP}$ 책 읽-] [$_{V}$ 하-]]

나. [$_{VP}$ [$_{NP}$ [$_{VP}$ 책 읽-] [$_{N}$-기]] [$_{V}$ 하-]]

(73나)에는 이전에 없던 요소들이 새로 등장하고 있는데, 이와 같은 절차는 구조 보존 원리를 위배하는 것이다. 결국, 이 이론은 '하-' 앞의 성분들이 동사구인 것이 필요하면 그것을 동사구로, 명사구인 것이 필요하면 다시 그것을 명사구로 만들어 버리는 것이다. 이는 임시방편적인 처리이다. 구조 보존 원리의 위배는 필연적으로 임시방편적 처리로 귀결되게 되어 있다.

셋째, 이른바 '동사 복제' 절차가 상정될 수 없음을 증명하는 결정적인 반례가 있다.

(74) 철수가 도시락을 [먹고 있-기]-는 [먹고 있-]-다.

151) 이것도 이론 내적인 논증의 성격이 짙다. 또한, 다음 (a)에서는 '읽-'의 목적격 부여 특성이 '하-'로 전해져서 앞의 VP에 목적격 '-를'이 나타난다고 설명하지만, (b)는 이러한 설명에 대한 반례가 된다. '부지런하-'가 목적격 부여 특성을 가진다고 할 수는 없기 때문이다.

a. 철수가 책을 읽기를 한다.

b. 그 사람이 착하기를 하냐, 부지런하기를 하냐?

이 예가 동사 복제를 통하여 설명하는 (70나), (71나)와 동일한 구문을 이룸은 의심할 여지가 없다. '동사 복제'를 이 예에 적용하려면, 이 예에서 뒤의 '먹고 있-'은 앞의 '먹고 있-'이 S-구조의 외현적인 이동 절차에 따라 옮겨간 것이라고 설명해야 할 것이다. 그러나 그는 다른 한편으로 '-고 있-' 구문도 '[VP-V]'과 같은 동사구-껍질 구조를 이룬다고 설명한다.[152] 이에 따르면 위 (74) 문장은 대략 다음과 같은 구조를 가지는 것으로 분석될 수도 있다.

(75) 철수가 [[도시락을 먹-]-고 있-]-기-는 [먹고 있-]-다.

이 구조에 따르면 앞의 '먹고 있-'은 결코 단일한 구성성분을 이루지 않는다. 결국 그의 '동사 복제'의 처리 방식은 이러한 모순적인 처리를 초래하는 것이다.

그러므로 동사구-껍질을 가정하는 설명 방안이 이 구문의 한 국면을 설명해 줄 수는 있지만, 이는 더 큰 원리를 위배하며, 자체모순적인 처리에 봉착하는 값을 치르는 것이므로 받아들일 수 없는 것이다.

이 구문에 대한 필자의 방안은 어휘부 규칙의 기술이 필요하다는 것이다.

(76) '-기는 하-' 어휘부 규칙

$[_V [_V V]^i_k [_C \text{기-D}]^i [_V \text{하}]^i_h] \leftrightarrow [_V V_k]^i [_C \text{기-D}]^i [_V \text{하}]^i$

$[_V V_k [_C \text{기-D}]\ \text{하}_h]$는 [+시인, $[F(X, . . .)]_k]_h$에 대응된다.

단, k의 문법적 자질이 h로 전승된다.

어휘부의 이 규정에 근거하여, 통사 부문에서 다음과 같은 통사구조를 바탕으로 재구조화 원리가 적용된다. 이에 따라 이 구문과 관련한 통사적 사실과 의미적 사실이 모두 설명된다. 다음은 시인 구문의 통사구조에 관한 필자의 견해를 요약한 것이다.

(77) $[_{VP} [_{CP}[_{IP}$ pro 먹-φ-]$[_C$ 기-는]] $[_V$ 하-]]

이처럼, 셋째 부류의 보조동사 구문은 복합문 구조를 취하며, 재구조화 원리의 적용을 특징으로 한다.

152) 강명윤(1988/1992)에서는 위의 시인 구문과 긴 부정문, 그리고 '-고 있-' 구문을 동사구-껍질 구조로 분석하고 있다.

4) 넷째 부류

넷째 부류의 보조동사 구문의 대표적인 예는 '-어 지-'를 가지는 '비자동적 과정'의 표현이다.[153] 'V-어 지-'는 어휘부 규칙의 형식으로 합성동사에 준하는 방법으로 처리해야 한다는 것이 이 절의 결론이다.

(78) 그는 아무 데에도 가 있지 않았다.
(79) 그는 아무와도 가까워 지지 않았다.
(80) 가.*그는 서울에 가지 않아 있다.
나. 그는 서울에 가 있지 않다.
(81) 가.*그는 철수와 가깝지 않아 졌다.
나. 그는 철수와 가까워 지지 않았다.

이들은 후행동사 '지-'가 선행 동사와의 통사적 긴밀성을 가짐을 보여준다.
다음의 대비는 '-어 지-'와 '-어 있-'이 문장 구조 내에서 일정한 순서를 가짐을 보여준다.

(82) 가. 무릎이 까 져 있다./의자 다리가 부러뜨려져 있다.
나. *꽃이 피어 있어 졌다./*그 곳에 가 있어 졌다.

또, '-어 지-'에 앞서는 동사는 사건성 동사뿐 아니라 상태성 동사일 수도 있는데, 후자의 경우에는 '-어 지-'가 상태성을 사건성으로 바꾸는 강력한 기능을 가진다.

(83) 가. 방이 깨끗하다/*방이 깨끗한다.
나. 방이 깨끗해진다.

필자는 이들을 근거로, '-어 지-' 문장이 복합문 구조 아닌 단순문 구조를 이룬다고 판단한다. 여기에도 재구조화 원리가 적용되는데, 이 경우 재구조화의 효과는 어휘부의 '깨끗하-^{i}+-어^{i}+-지^{i}-'의 기술에 따라 통사구조에서도 '깨끗하-$_{i}$+-어$_{i}$+-지$_{i}$-'의 재구조화 지표가 재현되는 것밖에는 없다.

'V-어 지-' 구성은 한 단위의 복합적 동사로서의 기능을 가진다. 최현배(1937)에서 이러한 예를 보조동사 구성의 하나로 다루기 시작했으나, 정작 최현배(1937)에서도 이 'V-

153) '-어 지-'가 비자동적 과정의 의미를 표현한다는 설명은 이기동(1978)의 것이다.

어 지-' 구성을 'V-어 하-' 구성, 'V-어다 보-' 구성과 함께 합성어('겹씨')로 다룬 것이 발견된다. 그러나 이는 최현배(1937)에서 그 나름의 일관성을 가지고 그렇게 한 것이다. (84)의 예는 합성어의 예로 최현배 자신이 든 것이지만, '추워지다', '희어지다'는 여기에 포함하지 않고, 보조동사로만 다루고 있는 것이다(최현배 1937/1971: 399).

(84) 지다

가. 넘어지다, 엎어지다, 엎들어지다, 떨어지다, 흩어지다, 늘어지다, 녹아지다, 벗어지다, 줄어지다, 녹아지다, 벗어지다, 줄어지다, 커지다, 훑어지다, 꺼지다, 터지다(<-트어지다); 이지러지다, 부러지다, 쓰러지다, 불거지다, 자빠지다, 사라지다, 우그러지다, 무너지다, 빠지다

나. 없어지다, 굳어지다

(85) 하다

슬퍼하다, 기뻐하다, 반가와하다, 부끄러워하다, 안타까와하다, 좋아하다, 싫어하다, 미워하다, 부러워하다

(86) 보다

내어다보다(=내어닥아보다)/내다보다, 들여다보다(=들이어닥아보다), 치어다보다/쳐다보다, 내려다보다

동일한 구성을 한편으로는 보조동사 구성으로, 한편으로는 합성어 구성으로 처리한 것이다. 이는 우선 한국어 통사구조에서 보조동사 구성의 위치가 그만큼 불안함을 말해 주는 것이다. 그러나 이와 같은 처리 태도는 여전히 필요하다는 것이 필자의 생각이다. (84)의 복합적 동사들은 준생산적 규칙의 설정과 함께 어휘개별적 형식들도 인정해야 한다는 점을 말해 준다. 단적으로 표현하면, 어휘개별적으로 설정된 단어로서의 '없어지-'는 준생산적 어휘 규칙의 적용을 '저지'한다.

보조동사를 가지는 합성동사의 구성과 일반 동사를 가지는 합성동사의 구성을 통사적으로 구분할 만한 일률적인 기준은 찾을 수 없다.

(87) 가. *오늘은 붕어도 잘 잡아 지고, 피라미도 그래 진다/그리하여 진다.

나. *철수의 방도 깨끗해 졌고, 영호의 방도 그래 졌다/그리하여 졌다.

(88) 가. *철수도 자기 집으로 돌아갔고, 영호도 그래갔다/그리하여갔다.

나. *호랑이도 토끼를 잡아먹고, 늑대도 토끼를 그래먹는다/그리하여먹는다.

이는 넷째 부류의 보조동사 구성이 통사적으로 합성동사와 동일한 지위를 가짐을 말해주는 것이다. 이 점을 문법 기술에서 적합하게 반영하는 방법은 어휘부 규칙으로 기술하는 것이다.

이상과 같은 성질을 가지는 넷째 부류의 보조동사 구문들을 가능한 한 망라하여 제시해 보기로 한다.

(89) '-어 내-': 나라도 그거야 해 내겠다./거름을 쳐 낸다.
'-어 올리-': 그 일을 다 해 올렸다. (허웅 1995)
'-어 나-': 눈오는 아침에 개가 놀아 난다. (최현배 1971: 395)
그 귀공자가 튼튼히 자라아 난다. (최현배 1971: 401)
'-어 하-': 그는 피곤해한다./그는 이것을 어려워한다.
'-어 먹-': 남을 이용해 먹는다/잘 기억해 두었다가 나중에 써 먹을 것이다.
이미 답장을 띄우기는 글러 먹었다. (허웅 1995)
'-어 빠지-': 그 녀석이 참 약아 빠졌다./게을러 빠진 사람. (허웅 1995)
'-어 터지-': 머리가 둔해 터졌느냐고 묻는다. (허웅 1995)
'-어 치우-': 그 일을 빨리 해 치우자/그 많은 음식을 먹어 치웠다.
'-어 내리-': 사진사는 고급 카메라로 우리들을 찍어 내린다./그것이 단지 한 줄만 써 내린 편지였다. (허웅 1995)
'-어 떨어지-': 그는 억센 일 하기에 아주 지쳐 떨어져 곤쟁이처럼 잠들어 있다.(허웅 1995)
'-어 대-': 꼬마들이 골목에서 무척이나 떠들어 댄다. (허웅 1995)

다음 예문의 '바치다'는 최현배(1937), 허웅(1995)에서 보조동사의 하나로 다룬 것인데, 이도 이제까지의 예들과 같은 부류에 속한다. '고자질해 바치다, 고해 바치다, 찔러 바치다' 등은 가능하나 '*때려 바치다, *말해 바치다' 등은 불가능한 것을 보면 이러한 구성은 그 제약이 대단히 심하다는 것을 알 수 있다.

(90) 가. 경애는 선희의 잘못을 선생님에게 일러 바쳤다.
나. 그 놈은 친구들이 하는 일을 낱낱이 일러 바친다. (허웅 1995)

흥미로운 것은, 다음 (91)의 '바치다' 문장은 아주 다른 구조를 가진다는 사실이다. (91가)는 허웅(1995: 369)에서도 '으뜸움직씨' 즉 일반 동사의 용법인 것으로 처리하였는데, 그것이 옳다고 본다. (91나)도 동일한 구조를 가진다고 본다. 이들은 연결어미 '-어다(가)'의 독특한 용법을 보여주는 예인 것이다.

(91) 가. 그가 사장에게 사직서를 써다 바쳤다.
　　나. 그가 사장에게 사직서를 써다가 바쳤다.

이제까지, 종래 '보조동사 구문'이라 일컬어지던 구문들을, 넷째 부류를 제외하고는 모두 복합문 구조로 분석하였다. 그러나 복합문 구조를 가지는 구문들 중에도 선행 동사와 후행 동사('보조동사')의 긴밀성이 강한 것들(셋째 부류)은 재구조화 원리의 효과로 포착된다고 설명하였다.

2.3.4.2. 연결어미 절 내포문의 그 외 부류

다음은 보조동사 구문 외에도 연결어미 절이 보충어의 기능을 가지는 예가 있음을 보여준다.

(92) 가. 그는 일찍 일어나려고 시도하였다.
　　나.

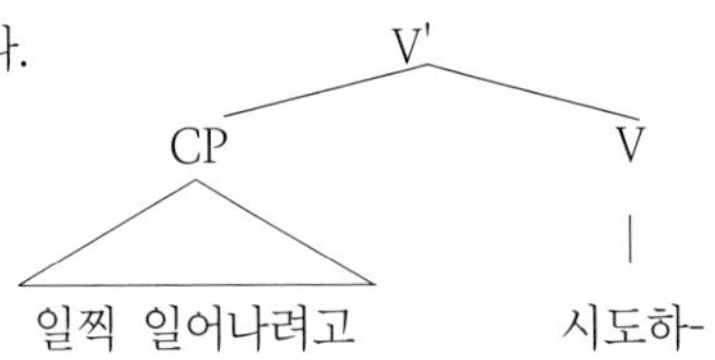

연결어미 절이 보충어의 지위를 가지는 예를 더 들면 다음과 같다.

(93) 가. 어머니는 철수가 죽을 먹게 만들었다.
　　나. 어머니는 철수가 죽을 먹도록 만들었다.
(94) 가. 그는 돌을 던져 보았다.
　　나. 그는 꽃을 구경하고 있다.

보충어인 절, 즉 보문을 이끄는 연결어미는 이들 외에도 '-아/어', '-게', '-지', '-고' 등이 대표적인 것이다. 이들은 종래 한국어 문법 연구에서 본동사와 보조동사를 매개하는 어미인 것으로 알려져 왔다. 앞의 보조동사 구문에 관한 논의에서 우리는 이들이 복합문 구조의 예임을 논하였는데, 이들 중 '셋째 유형'이라고 지칭되는 구문은 보충어 절을 내포하되 선·후행 동사가 재구조화 절차에 따라 통사적 긴밀성을 획득하게 된다고 설명하였다. '-게'를 가지는 구문인 '긴 사동문'은 일반적 복합문의 구조로서, 결과 구문규칙의 적용을 받는 경우에는 '-게' 절이 V'의 부가어 위치에 놓이며, 그 외의 경우에는 '-게' 절이 보충어의 위치에 놓인다고 기술하였다. '-고'를 가지는 '진행' 구문은 역시 '-고' 연결어미 절이 동사 '있-'의 보충어 위치에 놓여 이루어진 구문이다.

이들 연결어미 절이 가지는 보충어로서의 특성은 다음과 같이 삭제의 방법을 통하여 검증할 수 있다.

(95) 가. 그는 *(일찍 일어나려고) 시도하였다.
　　나. 그는 *(철수가 부지런하다고) 생각한다.
(96) 가. 어머니는 *(철수가 죽을 먹게) 만들었다.
　　나. 어머니는 *(철수가 죽을 먹도록) 만들었다.
(97) 가. 그는 *(돌을 던져) 보았다.
　　나. 그는 *(꽃을 구경하고) 있다.

앞에서 논의한 우리의 체계에서는 동사가 굴절소로, 다시 굴절소와 함께 보문소로 이동하는 머리성분 이동의 결과를 통사구조 표상에 반영하였다. 즉, 보통의 경우, 동사와 굴절소는 보문소 위치에 놓이는 것이다. 그러므로 (92나)의 실제 표상에 가까운 것은 (98)이다.

(98) $[_{CP}[_{IP}$ 그는 $[_{I'}[_{VP}[_{V'}$ $[_{CP}$ pro 일찍 일어나려고] t_j]] $t_{j,k}$][시도하$_j$-었$_k$-다]]

한국어에서 연결어미 절이 보충어의 지위에 놓이는 구조는 대개 보조동사 논의와 관련된 것들이라고 할 수 있다. '보조동사 구문'과 구별되는, 보충어 위치에 연결어미 절을 가지는 예들을 더 들어 보기로 하자.[154] 먼저, 다음과 같은 유형은 김영희(1988나)에서 '내포접속문 구성'이라고 명명한 바 있다.

(99) 'V-거나 V-거나 하-': 사랑에 달뜬 동안은 서로의 흠들이 모두 눈에 안 띄거나 혹은 띌지라도 흠으로 보이지 않거나 하는 것이다.
(100) 'V-거니 V-거니 하-': 저 쪽의 두 배는 앞서거니 뒤서거니 하며 바다로 나오고 있건만 이 쪽을 따라 잡을 수는 없을 것이다.

154) (99)-(102)의 예문은 모두 허웅(1995)에서 취한 것이다.

(101) 'V-고 V-고 하-': 봄이 오면 온갖 물이 오르고 싹이 트고 한다.
(102) 'V-고 하-':[155] 한 사람이 죽을 때마다 한 개의 음악이 생겨나고 하였습니다.

이상의 내포접속문 구성의 예를 허웅(1995) 등에서는 보조동사('매인풀이씨') 구문에 포함하여 다루고 있다. 그는 보조동사('매인풀이씨')가 그 앞의 본동사와 결합하여 단일한 서술어를 이룬다는 최현배(1937)의 견해를 유지하고 있다. 위 예들은 그와 같이 분석할 수 없다. 그 보충어가 접속문, 즉 연결어미 문장으로 되어 있는 구조로 보아야 옳다.

다음은 허웅(1995)에서 보조동사('매인풀이씨') 구문의 예로 다루었던 문장들이다. 이들은 모두 연결어미 절을 그 보충어 위치에 가지는 구조를 취하고 있다.

(103) 'V-으려(고) 하-': 가슴 아픈 얘기는 할 필요가 없는 것 같아서 숨겨 두려고 했다/꽃이 피려고 한다. (허웅 1995)
'V-고는 하-': 그는 매일 약방에 들러 무엇이든 한두 가지 약을 사가지고 가고(곤) 하였다. (허웅 1995)
'V-기로 하-': 다음 수요일에 광릉으로 소풍 가기로 했어.
'V-어야 V': 농부는 논밭을 열심히 가꾸어야 한다/된다.
'V-듯(이) 하-': 감격에 겨워 흐느끼듯 하는 자세/좌우 포청 포교들이 성안 성밖으로 가을 중 쏘대듯 하였다. (허웅 1995)
'V-고자 하-': 그를 만나고자 합니다/이분들의 빛나는 삶을 기리고 배우는 계기를 마련하고자 한다. (허웅 1995)
'V-도록 V': 공부를 열심히 하도록 해라/그가 일을 맡도록 되었다.
'V-고 들-': 네가 나의 하는 일을 이해한다면 이렇게까지 추궁하고 들지는 않을 것이다/그는 무엇이고 꼬치꼬치 따지고 든다. (허웅 1995)
'V-러 들-': 그의 손목을 잡으러 드니, 몰풍스럽게 획 뿌리치고 가 버렸다./마당 빌어 봉당, 봉당 빌어 안방이라고, 이건 숫제 우리 집 어른 노릇을 하러 들었다. (허웅 1995)
'V-으려고 들-': 이자들이 기어코 그를 죽이려고 드는구나./무슨 일이라도 하려 고만 들었다. (허웅 1995)

허웅(1995)에서는 다음 (104), (105)의 예를 연결어미('이음씨끝') '-음직', '-을까말까'에 '하다'가 이어나는 예로 들었다. 이는 우리의 판단과 같은 것이다. '-음직', '-을까말

155) 이것도 'V-고 V-고 하-'와 같은 구문의 한 형식으로 볼 수 있다.

까'는 보문소의 목록에 포함되어야 한다.156)

(104) 'V-음직 하-': 힘꼴이나 씀직 한 젊은이/그게 사실임직 하다
(105) 'V-을까말까 하-': 이제 겨우 서로 얼굴들이 익을까말까 할 무렵이다./지금 갈까말까 하는 중이다.

이상과 같이 보충어로 사용되는 연결어미 절의 종류는 예상보다 다양하다는 것을 알 수 있다. 또, 보충어 위치에 쓰일 수 있는 연결어미의 구체적 종류는 정해져 있지 않다는 점도 이상의 검토를 통하여 얻을 수 있는 결론이다. 예를 들면, '-으려고' 절은 보충어를 이루기도 하고, 부가어를 이루기도 하는 것이다.

2.4. 한국어의 접속문 구조: 부가어 구조와 명시어 구조

한국어 문장 표현의 무한성을 보장해 주는 또 하나의 방법은 접속을 통해 복합문을 생성하는 것이다. (1)은 접속문 구조가 귀환적 구조임을 보인 것이다. (2)는 이러한 귀환적 구조를 생성하는 귀환적 규칙을 보인 것이다. 'S'는 문장(sentence)을 뜻하는데, 이후에 'S'는 구체적 통사 범주 'CP'로 바뀔 것이다.

(1) $[_S [_S \ldots] [_S \ldots]]$
(2) S → S + S

최현배(1937) 이래의 전통문법적 연구에서 연결어미의 문법 내의 위상은 단어 내부의 요소로서, 굴절접미사라는 것이다. 그러나 이 책에서는 연결어미가 단어 내의 요소가 아니고 문장의 머리성분(핵어: head)이 되는 통사 단위라는 관점을 가지고 있다. 그 통사 범주는 보문소인데, 이 보문소에는 종결어미와 전성어미들도 아울러 포함되는 것이다. 더 나아가, 통사구조의 한 위치로서의 보문소 머리성분에는 단일한 보문소 단위뿐만이 아니라, '-다고'와 같은 두 보문소의 결합과, '-어서는'과 같은 '보문소+보조사'의 결합도 실현될 수 있다. 그래도 이들은 여전히 단일한 통사 단위로서 보문소의 역할을 하는 것이

156) '믿음직 한 젊은이들', '큼직큼직 한 글자'와 같은 예도 들었지만, '*그 사람을 믿음직 하다'가 불가능한 것을 보면 타동사로서의 '믿-'의 용법이 아님을 알 수 있으며, 또 '큼직큼직'은 어간과 어미의 구분이 불가능하다. '믿음직', '큼직큼직'이 부사로 파생하여 다시 '하-'를 취해 상태성 동사로 바뀐 것으로 보는 것이 온당하다.

다. 또한, '잡-았-으며'와 같은 결합은 세 개의 독립된 통사 범주의 결합(동사+굴절소+보문소)인데, 통사구조에서 이것이 자리잡는 곳은 보문소 위치이며, 앞의 동사와 굴절소는 하위 구의 머리성분 위치에 동지표화된 흔적을 가진다고 설명하였다.

통사 단위로서 보문소 역할을 하는 것들 중에서 종래 연결어미로 알려져 온 요소들의 통사구조상의 지위를 결정하고, 여러 종류의 연결어미 절의 내부 구조와 연결어미 문장에서의 이들의 위치를 밝히는 것이 이 절(2.4절)의 과제이다.[157]

2.4.1. 시간 선어말어미, 시간 해석을 중심으로 한 기존 연구 검토

연결어미 문장의 통사구조에 대한 종래 대부분의 연구는 초기 생성문법의 접속 구조 형식화의 틀을 가지고, 대등접속문이 이심적(exocentric), 평판(flat) 구조를 취한다고 가정하였다. 남기심(1985), 유현경(1986), 김영희(1988나, 1991), 최재희(1991, 1997)에서는 대등접속문과 종속접속문을 구분하는 통사론적 검증법을 체계화함으로써 연결어미 절의 통사구조상의 지위를 명시적으로 기술하는 데에 한 토대를 제공해 주었다. 이들의 논의는 종속접속문을 부사절 내포문으로 처리하는 것으로 귀착되었다는 점에서도 공통된다. 어느 경우든지 대등접속문을 선행절과 후행절이 계층구조상의 차이를 갖지 않고 일직선을 이루는, '평판 구조(flat structure)'로 파악한다는 점에서는 다름이 없다.

연결어미 문장의 구조에 대한 이와 같은 접근을 그 대등접속문에 대한 처리에 주목하여 '이심 구조 접근'이라고 부르기로 한다. 이에 대립되는 접근은 '동심 구조 접근'이다. 핵계층 이론은 동심성에 바탕을 둔다. 핵계층 도식들이 보여 주는 동심성이 동심 구조 접근의 기본 원리로 상정되는 것이다. 이 접근에서는 이른바 대등접속문도 핵계층 이론을 준수하는 구조에 지나지 않는 것이다.

이심 구조 접근의 여러 문제점들은 이 접근이 구조 표상과 관련한 명시적인 입장을 가지고 있지 않다는 데에서 비롯된다. 가령 남기심(1985)과 김영희(1988나, 1991)에는 명시적인 구조 표상이 제시되어 있지 않다. 최재희(1985, 1991)에서는 대등접속문을 선행절-연결어미-후행절-종결어미가 문장(S)에 직접관할되는 4분지 구조로 표상하고 있다. 종속접속문은 선행절이 연결어미를 취하여 후행절 및 종결어미와 함께 문장(S)에 직접관할되는 3분지 구조로 표상한다. 유현경(1986)에서는 연결어미 문장을 대등접속 구조와 부사절 내포 구조로 구분하고, 후자는 다시 문장부사절 내포 구조와 성분부사절 내포 구조로 나누

157) 이 책에서 '연결어미 절'이란 연결어미에 이끌리는 절을 가리키는 것이다. 이 연결어미 절을 선행절로 가지며 뒤의 후행절을 포함하는 전체 문장을 지칭하는 경우 '연결어미 문장'이라는 용어를 쓴다.

었다. 대등접속 구조는 선행절과 연결어미와 후행절이 일직선인 구조로 표상하고 있는데, 이는 생성문법 연구의 초기의 처리들에서 보는, 특별한 대등접속 구조를 가정하는 것이다.

첫째, 이와 같은 '평판 구조' 표상의 비명시성의 문제점은 어미들이 가지는 지위를 적절히 반영하지 못한다는 점에서 구체적으로 드러난다.[158] 선어말어미와 어말어미는 독립된 통사적 존재로서 구 구조의 머리성분의 자격을 가지나, 평판 구조 표상은 이 점을 포착하지 못하는 것이다. 둘째, 이들은 모두 재귀대명사의 조응 현상에 입각한 검증 방법을 중요한 근거로 삼고 있다. 재귀대명사의 조응 현상이 엄격히 통사적 현상이라고 하면 그 통사구조의 해석에 관한 엄밀한 정의가 주어져야 할 것이지만, 이들의 '통어' 또는 '성분통어' 등의 개념은 매우 부정확하고 모호하게 적용되고 있다. 또한, 통사적 기준에 부합되지 않는 예는 단연코 비문으로 판정되어야 하나, 이들이 설정하는 재귀대명사와 관련한 제약을 위반한 문장 구조들을 실제 발화에서 발견하는 일은 어렵지 않은 것이다. 이는 재귀대명사의 조응 현상이 일정한 통사적 제약을 가지기는 하지만, 통사구조와 의미구조의 대응 과정에서 그 규칙성을 기술해야 하는 현상임을 보이는 것이다.[159]

위 첫째 문제점과 관련하여 부연하면, 일부 연구자들에 의해서 '시제소'라고도 불리는 시간 선어말어미들의 지위를 정하는 일과, 선행절 및 후행절에 대한 연결어미의 선택제약의 특성을 포착하는 일이 이심 구조 접근에 대해 난점으로 주어진다. 특히, 연결어미 중에는 후행절의 서법을 제약하는 부류가 존재하며, 또한 선행절이나 후행절의 시간 선어말어미의 실현을 제약하는 것이 존재한다. '-지만', '-는데'는 '대등접속'의 특징을 가진다고 지적되어 온 어미인데, 후행절의 서법에 대한 제약을 가진다. 종래의 연구에서 누구나 '종속접속'의 특징을 가진다고 보아 온 '-거든'도 후행절에 대한 서법 제약을 가진다. 또한, 연결어미 '-더니'와 '-자'는 공통적으로 후행절이 미래 의미인 것을 배제한다. 이렇게 연결어미가 선행절, 또는 후행절을 지정하여 선택제약을 부여하는 국면을 이심적, 평판 구조의 표상에서 적절히 나타낼 방법은 없다.

연결어미들이 시간 선어말어미와의 상호 관련에 있어서 여러 가지 부류로 나뉘어진다는 점에 관해서는 남기심(1975)에서 중요한 관찰이 있었다. 한국어의 연결어미 절들을 시간 선어말어미들의 실현 가능성, 이들 어미들이 실현될 때의 절대시제, 상대시제의 해석 가능성 등에 따라 분석하였다. 그는 다음과 같은 다섯 가지 부류를 제시하고 있다.

---

158) 연결어미 문장의 구조를 설정하는 종래의 많은 연구들이 어미에 대한 적절한 고려를 결여하고 있다는 비판은 이은경(2000: 86쪽 이후)에서도 보인다.

159) 재귀대명사의 조응 현상에 대해서는 뒤의 2.4.2.7절에서 자세히 논의할 것이다.

(3) 가. '-고도, -고서, -도록, -으러, -으려고, -자; -어서':
아무런 시간 선어말어미를 취하지 않는다. '-어서'는 시간 선어말어미를 취하지 않는 점에서는 같으나, 형용사에 첨가될 경우 후행절 사건시 기준 현재, 동사에 첨가될 경우 후행절 사건시 기준 과거가 된다.[160)]

나. '-다가, -으면, -면서, -어야, -기에':
항상 후행절 사건시가 기준 시점이 되는 시간적 선후관계를 만든다.

다. '-지만': 항상 발화시가 기준 시점인 시간적 선후관계를 만든다.

라. '-거나, -고, -으며, -는데':
둘 이상의 뜻을 가지고 있어서, 그 뜻에 따라 그 기준 시점이 달라진다.

마. '-으니까, -으므로, -어도, -거든':
언어 외적 상황이나 기타 형편에 따라 발화시 기준, 후행절 사건시 기준이 유동한다.

남기심(1975)에서 위와 같은 사실은 한국어에 문법범주로서의 시제가 존재하지 않음을 증명하기 위한 목적에서 제시된 것인데, 이는 이들 연결어미가 실현되는 문장 구조의 특성을 밝히는 데에 중대한 기여를 한 것이다. 둘 이상의 뜻을 가지고 있어서, 그 뜻에 따라 그 기준 시점이 달라지는 것으로 제시한 (3라)의 '-거나, -고, -으며, -는데(일부 용법)'는 그 구조적 형상에 따라 선행절이 후행절의 시간 선어말어미의 영향권에 놓이는 일이 가능하게 된다고 본다. 뒤의 4.4.2절, 4.4.4절에서는 이러한 해석에 따라 이들 연결어미의 절을 IP의 부가어로 설정할 것이다. 언어 외적 상황이나 기타 형편에 따라 발화시 기준, 후행절 사건시 기준이 유동하는 예로 든 (3마)의 '-으니까, -으므로, -어도'('-거든'은 명시어 구조를 이루는 어미로서 제외된다)도 (3라) 부류의 연결어미들과 그 구조적 위치를 다르게 볼 뚜렷한 근거는 없는 것이므로, 이들 연결어미의 절도 IP의 부가어로 설정할 것이다.

남기심(1975)의 목적은 시간 선어말어미들의 시제 문법범주로서의 자격을 부정하는 '무시제 가설'을 입증하기 위한 것이다. 필자는 이러한 무시제 가설의 입장을 받아들인다.[161)] 그러나 (3)의 5가지 부류 각각에는 이질적인, 제삼의 특성을 가지는 부류로 분리

160) '-어서'는 형용사에 첨가될 경우 후행절 사건시 기준 현재, 동사에 첨가될 경우 후행절 사건시 기준의 과거를 만든다고 하였으나, 후행절을 기준으로 어느 완료된 상태를 보이는 것이라고 통일적으로 기술할 수도 있다고 보았다. '-고도'와 '-고서'는 각각 후행절 사건시를 기준으로 과거와 현재의 의미를 나타내며, '-도록', '-으러', '-으려고'는 후행절 사건시를 기준으로 미래의 의미를 나타낸다고 한다. 그런데 남기심(1975)에서는 '-고도'가 후행절 기준의 과거만을 표현한다고 말하고 있으나, 가령 "그는 알고도 모른 체 한다."와 같은 예에서 선행절은 후행절과 동시의 해석을 가진다고 볼 수도 있다.

161) 필자는 영어에 시제가 존재한다고 할 때 그 핵심적인 특성은 참조시를 정하는 일정한 규칙이 존재한다는 점이라고 본다. 이와 같은 의미의 시제가 한국어에는 존재하지 않는다는 것이 필자의 입장이다. 자세한 논의는 양정석(2008가, 나)에서 전개하였다.

해야 할 요소들이 포함되어 있다. 즉, (3가)의 '-자', (3나)의 '-기에', (3다)의 '-지만', (3라)의 '-는데', (3마)의 '-거든'은 이 책에서 '명시어 구조'라고 지칭하는 구조를 형성하는 강력한 기능을 가지는 것이다. 시간적 선후관계의 해석에 있어서도, 이들은 발화시를 기준 시점으로 해서 선행절 및 후행절을 특정의 시간적 위치에 놓는 기능을 연결어미 자체의 특성으로 가진다.

일례로, (3나)의 '-기에'에 대한 특성화는 정확하지 않은 것이다. 이는 발화시를 기준 시점으로 만드는 본질적인 기능을 가진다.

(4) 내일 아들이 오기에 오늘 식혜를 준비해 두었지.

특히 (3가)의 '-자'는 발화시 이전의 시점을 다시 참조시로 설정한다는 점에서 영어와 같은 언어의 '과거 시제' 요소가 가지는 기능을 보이는 것이다. 후행절이 미래 상황을 표현하는 것은 제약된다. 이 점에서 (6) 예문의 '-더니'도 같다.[162] 더욱이, (6)은 선행절의 시제가 후행절 사건시를 기준으로 정해진다는 식의 풀이가 여기에 적용될 수 없음을 보이는 것이다.

(5) 가. 해가 지자 양떼들이 돌아왔다/돌아온다.
      cf. *해가 지자 양떼들이 돌아올 것이다.
   나. 어제는 눈이 오더니, 오늘은 비가 내렸다/내린다.
      cf. *어제는 눈이 오더니, 오늘은 비가 내릴 것이다.
(6) 철수는 자기가 일착이라고 하더니, 그보다 먼저 정상에 도착한 사람이 있었네.
   (후행절의 사건 시점<선행절의 사건 시점<발화시)

시제 언어인 영어의 경우, 시제 요소가 가지는 본질적인 기능은 참조시 설정의 기능이다. 그러나 한국어에서는 일단의 연결어미가 이러한 기능을 가지는 것이다. '-더니'를 제외하더라도, '-자, -기에, -지만, -는데, -거든' 등의 연결어미는 발화시 기준의 특정 시점을 참조시로 부여하는 기능을 가진다. 이를 반대 방향에서 보면, 선행절이 후행절 사건시 기준의 시간 해석을 일관되게 받을 수 없는 특징이라고 서술할 수 있다. 이 점은 이들 연결어미를 다른 연결어미들과 구별하는 통사적 특성으로 간주할 수 있다.[163]

162) 물론 '-자, -더니'의 이런 기능에 입각하여 이들 연결어미를 과거 시제 요소로 규정할 수는 없는 일이다. 'A < B'와 같은 표시는 A가 B의 이전 시간(앞으로 '이전시'로 지칭)임을 나타낸다.

163) 이러한 판단에 따라, 통사적 특성의 검사 결과를 보이는 2.4.2절의 (표3)에 이를 다시 제시할 것이다.

(7) 후행절 사건시 기준 해석을 불가능하게 하는 연결어미들:
-자, -더니, -거든, -거니와, -는데, -지만, -으나, -기를, -기에, -은들, -더라도,
-을지라도, -을망정, -기로서니, -지

이 점은 시제 가설에서는 제대로 포착해 기술할 수 없고, 다만 무시제 가설의 입장에서만 적합하게 설명할 수 있다.

동심 구조 접근을 취하는 논의로 김지홍(1998), 김정대(1999, 2005), 이익섭·임홍빈(1983), 임홍빈 외(1995), 이은경(2001) 등의 연구가 있다.

이론적인 측면에서 동심 구조 접근이 가장 적극적으로 추구된 논의는 김지홍(1998)이다. 이는 핵계층 이론에 입각한 최초의 본격적 논의이다. 그는 연결어미 문장에 대한 이전의 연구들에서 도출된 다양한 통사적 검증 기제들을 충실히 반영하는 통사구조 표상을 제시하려고 노력하였다. 한국어 접속문에 대한 이와 같은 동심 구조 접근에 대해서 우리는 2.2.1절에서 제시한 핵계층 이론 및 관련 통사적 원리들이 준수될 것을 기대한다. 그러나 김지홍(1998)이 그 이전의 접속 구조에 대한 국내외의 이론적 접근들을 광범위하게 돌아본 결과로서 제시한 구조는 뜻밖에도 핵계층 이론이 부과하는 기본적인 요건을 위배하는 것이다. 그는 대등접속문에서 후행절이 머리성분인 선행절 연결어미에 부가되는 통사구조를 제안하고 있다(8가). 종속접속문은 선행절이 후행절에 부가되는 구조라고 한다(8나). '&'는 접속사로서, 한국어에서 연결어미가 이에 해당된다고 한다.[164]

(8) 가. 대등접속문의 구조: [$_{\&P}$ [명시어] [$_{\&'}$ TP [$_{\&}$ & &P]]]
나. 종속접속문의 구조: [$_{\&P2}$ &P$_1$ [$_{\&P2}$ [명시어] [$_{\&'}$ TP &]]] (김지홍 1998: 46)

(8가)에서 TP(시제소구)가 선행절이며, 맨 뒤의 &P(접속사구)가 후행절이다. 특이한 것은 절 단위로서의 후행절(&P)이 머리성분인 선행절 연결어미(&)에 '핵어 부가(머리성분 부가)'된다는 점이다. 선행절 어미와 후행절이 머리성분('핵어')이 되어 선행절의 선어말어미까지를 TP로 해서 보충어로 취하고, 다시 그 앞에 명시어를 취할 수 있다.

이는 앞에서 제시한 일반적 핵계층 도식을 위반하는 구조이다. 머리성분에 부가되는 것은 머리성분으로 한정되는 것이 핵계층 이론의 일반 원리를 이루는 것인데, 이런 의미

164) 연결어미의 통사 범주를 접속사('&'로 표시)로 규정하는 것은 한국어 통사론 체계를 복잡하게 하는 요인이 될뿐더러, 한국어 통사구조를 정확하게 반영하지도 못하는 것이다. '-고, -어서, -으면서' 등의 연결어미는 '-다, -니, -어라, -자' 등의 종결어미, '-음, -기' 등의 명사절 어미, '-는, -던' 등의 관형절 어미들과 계열적으로 대립하는 요소들이므로, 이들은 모두 한 통사 범주의 요소들로 기술되어야 한다.

에서 '핵어 부가'는 다음 (9)와 같은 형식 외의 다른 것일 수가 없다.

(9) X → Y X

따라서 (8가)의 구조는 '구조 보존 원리'를 위배하는 것이다. 앞에서 살펴 본 '이심 구조 접근'을 받아들일 수 없는 근본 이유는 대등접속문의 경우만을 위한 특례의 구조를 작위적으로 설정하기 때문이다. (8가)는 이에 준하는 문제를 범하는 것이다.

그는 (8가)의 '핵어 부가'의 구조가 대등접속문을 종속접속문과 통사적으로 구별하는 6가지의 특징들을 모두 포착할 수 있다고 말하고 있다(50-56쪽). 그러나 종래의 연구에서 제시되어온 그 6가지 특징들이 과연 대등접속문과 종속접속문의 통사구조의 차이를 직접 반영하는 것인지도 아직 확증되어 있지는 않다는 점을 고려해야 한다. 이들 특징의 통사적 의의에 대해서는 뒤에서 논의하겠지만, 한 예로, 재귀대명사의 조응과 관련한 특징은 연결어미 절들의 대등/종속 구조의 차이와는 무관하다(2.4.2.7절 참조).

연결어미 문장의 통사구조를 기술하는 데에 시간 선어말어미들의 실현을 중심으로 한 시간적 선후관계 해석의 문제를 관련짓는 연구들이 근래 들어 두드러지게 나타나고 있다. 한동완(1984, 1996), 최동주(1994), 김정대(1999, 2005)는 시간 선어말어미들의 통사구조 속에서의 위상에 관해 집중적으로 고찰하는 연구인데, 이들의 분석은 하나같이 연결어미 문장에서의 시간 선어말어미의 기능에 대한 남기심(1975)의 관찰과 유형화를 기본 인식으로 하여 진행하고 있음을 살필 수 있다. 그러나 이들은 여전히 한국어에 시제 체계가 존재한다는 통념을 정당화하고자 노력하고 있다.

한동완(1996)에서는 '대등접속문-절대시제 해석, 종속접속문-상대시제 해석'이라는 도식을 제시했다. '-지만' 문장과 '-고' 문장의 구조는 다음과 같다.[165]

(10) 가. 명수는 학교에 갔지만 영수는 극장에 갔겠다.
　　나. [$_{S'}$ [$_{S'}$ [$_{S}$ S INFL] COMP] [$_{S'}$ [$_{S}$ [$_{S}$ S INFL] INFL] COMP]]
(11) 가. 명수는 학교에 갔고 영수는 극장에 갔겠다.
　　나. [$_{S'}$ [$_{S}$ [$_{S}$ [$_{S'}$[$_{S}$ S INFL] COMP] [$_{S}$ S INFL]]] INFL] COMP]

그는 또 시제 요소들의 분포와 관련하여 '성분통어 조건'을 제시했다. A가 B에 의해

165) 그는 Chomsky(1981)의 핵계층 구조 기술 방식에 따라 문장 구조를 보이고 있다. '-고' 문장의 구조를 S' 아닌 S의 부가어 구조로 기술하는 (11나)는 2.4.4절에서 제시하는 필자의 생각과 공통되는 것이다. '-지만' 문장의 구조인 (10나)는 김지홍(1998)의 종속접속 구조 (8나)와 본질적으로 같은 것이다.

성분통어될 때 그 기준 시점은 B가 지시하는 시점이 되고, 그 외에는 발화시가 기준 시점이 된다는 것이다(112쪽). 그러나 '성분통어' 조건이 구체적으로 어떻게 적용되는 것인지는 매우 모호하다고 하겠다.166)

시간 선어말어미의 역할을 통사구조 설정에서 가장 중요한 근거로 간주하는 견해가 김정대(1999, 2005)에서 제시되었다. 김정대(1999)에서는 시간 선어말어미가 가지는 의미의 영향권에 따라 접속문을 4가지로 유형화한다. 선행절과 후행절이 각각 시제소 T의 보충어로 설정되는 것, 선행절과 후행절의 접속이 T의 보충어로 설정되는 것, 후행절만이 T의 보충어가 되고 선행절은 이 T의 통사적 영역에서 제외되어있는 것, 그리고 형상화가 불가능한 것으로 구분하고 있다.167)

(12) 가. [[VP1] T1]+[[VP] T2] : [남편은 밭을 갈]았고 [아내는 씨를 뿌리]었다
나. [VP1 + VP2] T : [철이가 학교에 가서 돌이를 만나]았다
다. [VP1] + [[VP2] T] : 순이가 잠자리를 잡으려고 [잠자리채를 들]었다
라. 형상화 불가능 : 돌이가 모자를 썼다가 벗을 것이다

그러나, 앞에서 말한 바와 같이, 연결어미들 중에는 발화시와 동시, 발화시의 이전시, 발화시의 이후시로 참조시를 설정하는 것들이 있다. 김정대(1999)에서는 '-지만'은 (12가) 유형에 귀속되며, '-거든'과 '-는데'는 둘 다 (12나) 유형과 (12라) 유형의 두 가지 유형에 귀속되는 동음이의적 요소들로 간주되고 있다. 그러나, '-지만'과 '-는데'('대조' 의미의 경우)는 발화시를 참조시로, '-거든'은 발화시 이후의 시점을 참조시로 설정하는 기능을 가진다. 또, 앞의 (5), (6)을 통하여 보였듯이, '-자', '-더니'는 발화시 이전의 시점을 참조시로 설정하는 기능을 가진다. 이는 연결어미들이 영어의 시제 형태소들이 가지는 기능을 가진다는 뜻이 된다. (12)는 시간 선어말어미를 중심으로 한 절대시제/상대시제 해석의 차이를 기준으로 연결어미 문장의 통사구조 유형을 나누고 있지만, 이 같은 처리로는 참조시 설정의 기능을 가지는 연결어미 부류들의 특성을 포착하지 못한다. 그의 유형화는 이렇게 연결어미들의 시간적 선후관계 해석과 관련한 중요한 사실을 포착하지 못하는 것으로, 언어학적으로 의의 있는 유형화라고 하기 어렵다.

---

166) 최동주(1994)에서도 대체로 이와 같은 바탕에서 연결어미 문장의 시간 관계를 기술하고 있으나, '-으면, -어야, -어도, -더라도, -으니까, -는데' 등의 문장이 절대시제로 해석되는 등, '대등접속문-절대시제 해석'의 도식화에 문제가 있음을 지적하고 있다. 그는 통사구조를 형식화하는 문제에 대해서는 분명한 견해를 보이지 않고 있다.

167) VP는 주어를 포함하고 어미를 제외한 문장 단위이며, 'T'는 '시제 요소', '+'는 '접속어미'를 표시한다. 접속어미의 정식 통사 범주를 제시하지 않고 '+'로 표시하는 것은 이에 대한 일정한 견해를 갖지 못하고 있다는 것을 말해 준다.

(12)의 '형상화 불가능'이 뜻하는 것은 무엇일까? 선행절의 '-었-'이 과거 시제를 표시하는 것은 후행절의 '미래' 시제가 기준 시점을 형성함으로써, 상대시제 해석에 의해 가능하게 되는 것이라고 설명할 수 있다. 그런데 "돌이가 모자를 쓰다가 벗을 것이다."처럼 '-었-'을 갖지 않은 경우에도 동일하게 '상대시제' 해석이 주어지므로 두 경우의 '-다가'를 동일한 것으로 유지하는 한 (12가-다)의 어느 유형에도 귀속시킬 수 없다는 난경에 봉착한 것이다. 그러나 김정대(1999)의 연구의 목적은 시제소(T)를 중심으로 한 연결어미 문장의 유형화인 것이다. (12라)는 결국 이러한 유형화가 불가능하다는 것을 스스로 보이는 것이다. 이와 같은 결과는 문법범주로서의 시제와 그것에 입각한 시간적 선후관계 해석의 논리가 유지될 수 없음을 말하는 것이다.[168]

시제의 논리가 유지되기 어려움을 보여주는 또 다른 예는 김정대(1999, 2005)의 다음과 같은 '-고' 연결어미 문장이다. (13가)는 그 선행절에 '-었-'을 가지고 있지 않으나 (13나)는 '-었-'을 가지고 있다. 두 문장은 여러 연구자들에 의해 동일한 의미를 가지는 것으로 해석되어 왔다.

(13) 가. 남편은 밭을 갈고 아내는 씨를 뿌렸다.
　　나. 남편은 밭을 갈았고 아내는 씨를 뿌렸다.

김정대(1999, 2005)에서는 이 두 문장의 의미가 다르다고 주장하고, 그 의미 차이는 두 문장에서의 연결어미 '-고'의 의미가 '비분리적'/'분리적' 의미로 서로 다른 데에서 비롯된다고 설명하였다. 이는 두 연결어미가 동음이의적으로 다른 어휘항목이라는 주장이다. 그러나 이는 의미 전이 현상에 대한 일반적 인식과는 다른 관점을 드러내는 것이다. 두 문장 (13가)와 (13나)가 의미가 다르고, '-었-'의 유무에 의해서만 그 의미가 변별된다면, 그 의미 차이는 '-었-'의 차이일 수밖에 없다. '-고'의 의미 차이가 아닌 것이다. 필자도 (13가)와 (13나)의 의미는 다르다고 보지만, 그 차이는 '-었-'이 가진 '완료' 의미의 유무에 다름아닌 것이라고 판단한다. (13가)의 선행절이 시간적 선후관계의 해석에서 (13나)와 같이 과거의 해석을 가지는 것은 부가어로서의 선행절의 의미 해석 과정에서 얻어지는 것일 뿐이다. 부가어의 의미 해석 문제에 대해서는 곧 설명하기로 한다.

김정대(1999)에서 동음이의적 연결어미로 든 다른 예로 '-으니까'가 있다. 이 경우에

168) 김정대(1999: 80)에서는 시제 체계에 대한 분명한 입장 표명을 피하고자 하는 뜻을 피력하고 있으나, 그의 입장은 실질적으로 시제 요소들의 기능을 부정소 등의 연산자와 같은 것으로 가정하는 것으로서, 전형적인 시제 가설에 입각한 논의를 실행하고 있는 것이다. 영어의 시제에 대해서 '연산자' 관점이 유지될 수 없음을 주장하는 논의로 Enc(1987), Hornstein(1990) 참조.

도, 서로 다른 의미의 '-으니까[1]'과 '-으니까[2]'를 나누는 일은 정당화되기 어렵다.

(14) 가. (어제) 철수가 제일 먼저 나오니까 시험에 합격했다.
　　나. 철수가 제일 먼저 나왔으니까 시험에 합격했다.
(15) 지금 철수가 제일 먼저 나오니까 시험에 합격했다.

여기에서도, (14)의 두 '-으니까'는 구분될 수 없다. 또한 (14가)와 (15)의 두 문장의 의미가 다른 것은 서로 다른 의미의 '-으니까' 때문이라고 볼 수 없고, 결국 '지금' 때문인 것이다.

(13가), (14가)처럼, '과거'를 나타내는 선어말어미가 없음에도 불구하고 상위절의 시간 선어말어미에 따라 과거 의미로 해석되는 다른 예로서 다음 예문의 관형절을 고려할 만하다.

(16) 가. 어제 이곳을 지나가는 사람에게 그것을 주었다. (남기심 1972)
　　나. 어제 이곳을 지나간 사람에게 그것을 주었다.

선후관계 해석에 있어서 (16가)와 (16나)의 의미는 같다. 이 점에서 위 (13가)와 (13나)도 마찬가지이다.

위 (13)에서 '-었-'의 유무에 의한 의미 차이, 그리고 (16)에서 '-는'과 '-ㄴ'에 의한 의미 차이는 완료상(perfect aspect) 의미의 차이라고 필자는 판단한다.169) 상의 범주를 나타내는 선어말어미는 시간상의 과거를 표현할 수 있다. (13가)의 선행절이 과거를 표현할 수 있는 것, (13나)의 선행절이 후행절의 과거 의미와는 무관하게 절대시제 과거의 해석을 받을 수 있는 것은 모두 상의 개념을 통하여 설명 가능하다. 이 책에서는 특히 (13가, 나)의 '-고' 연결어미 절을 그 후행절에 부가어로서 부가되는 것으로 기술한다.

김정대(2005)에서는 (12가-다)를 대등접속과 종속접속의 차이에 따라 각각 구분하여, 결과적으로 6가지 구조를 이끌어낸다. 종속접속문은 CONJP(이 책의 CP에 해당)가 TP(=IP)에 부가되는 구조로, 대등접속문은 CONJP와 CONJP가 이어지는 구조('CONJP CONJP')로 표상하고 있다. 그는 뒤의 구조가 부가어 구조와는 다른 것이라고 말하고 있으나, 일반적 핵계층 이론에 입각하여 해석하면, 이것도 결국 부가어 구조일 수밖에 없다. 그의 대등접속

169) 이는 남기심(1972)의 관점을 따르는 것이다. 양정석(2008가)에서는 선어말어미, 어말어미를 중심으로 하는 한국어 시간요소들의 형태통사론적 특성을, 양정석(2008나)에서는 한국어의 시간 해석 방법을 구체적으로 기술하였다.

문 표상은 결국 핵계층 도식 (17)에 따른 부가어 구조와 다른 것일 수 없는 것이고, 이는 대등/종속의 통사적 차이를 포착하려는 그의 원래의 취지와는 어긋나는 것이다.

(17) XP → YP XP

연결어미 문장에 대한 동심 구조 접근의 초기적인 형태는 이익섭·임홍빈(1983)에서 볼 수 있다. 이들은 종속접속문은 물론, 대등접속문까지를 아울러, 그 선행절을 부가어('부사구')의 지위를 가지는 통사구조 형식으로 간주하였다. 종속접속과 대등접속이 통사구조상의 차이로 표상될 필요가 없다고 보는 점은 한국어 연결어미 문장의 구조에 관해 중요한 통찰을 제공해 준 것으로 판단된다. 또한, 연결어미 절들이 네 가지의 서로 다른 구조적 위치에 설정되고 있어(266쪽), 한국어 연결어미 절들의 세분된 통사적 특징들을 현실적으로 반영할 가능성을 보이고 있다. 이러한 제안을 핵계층 이론의 형식을 취하여 좀더 구체적으로 제시한 것은 임홍빈 외(1995)이다. 여기에서는 김지홍(1998), 김정대(1999, 2005)와는 달리 연결어미를 '접속사' 범주가 아닌, '어말어미' 범주의 하나로 보고 있는데, 이는 필자의 기본 인식과 같은 것이다.

그러나 임홍빈 외(1995)의 제안은 한국어 기본 문장 구조의 기술에 있어서 간과하기 어려운, 매우 문제성 있는 가정들에 입각하고 있음을 지적하지 않을 수 없다. 첫째, 모든 문장의 주어는 동사구(VP) 안에 기저 생성되는데('동사구 내부 주어 가설'), 이 경우의 VP는 시제소 T의 보충어이고, 또 T에 의해 형성되는 TP는 뒤의 어말어미 C의 보충어인 것이다. 그런데, '먹었다'와 같이 연속하여 나타나는 동사와 T와 C는 하나의 성분으로 '재구조화'한다고 이들은 설명한다. 그러나 이러한 재구조화 절차는 문법적 과정으로 정당화될 수 없는 것이다.[170]

둘째, 이들은 한국어의 기능 범주로 시제소 T와 어말어미 C 외에, 양태소 M('-겠-'), 주체존대소 H('-으시-'), 겸양소 Hu('-습-') 등을 설정하고, 이 통사 범주들이 이루는 구인 TP, CP, MP, HP, HuP 등의 범주를 설정한다. 이는 다시 두 가지 측면에서 문제를 제기한다. 먼저, 한국어에서 기능 범주들 사이에는 일정한 순서 제약이 주어진다. 임홍빈 외(1995)의 체계에서 이를 포착하기 위해서는 기능 범주들이 그 보충어로 특정 기능 범주의 구를 요구하는 것으로 기술해야 할 것이지만, 그 실행은 간결한 기술과는 거리가

170) '동사구 내부 주어 가설'은 원리매개변인 이론과 최근의 최소주의 접근에서 널리 받아들이는 것이기는 하지만, 필자는 이를 받아들이지 않는다. 우선 주어는 IP의 명시어이며, '능격동사 구문'에서만 VP의 명시어에 동지표로 맺어지는 흔적을 가진다고 본다.
임홍빈의 재구조화 개념이 문법적 과정으로 정당화될 수 없다는 점은 양정석(2010: 183-184)을 참고하기 바람.

면, 매우 복잡한 것이 되어 버린다. 순전히 의미적인 제약에 따라 그 순서를 예측하는 것도 불가능하다. 이들의 '재구조화' 개념이 가지는 난점과 함께, 선어말어미들 각각을 독립된 기능 범주로 설정하는 이들의 처리가 갖게 되는 근본적인 난점이다.

한편, 형태음운론적 측면에서도 난점이 있다. 기능 범주 형태소의 하나로 설정된 '-느-'('양태소'의 일종이라고 함)에 대해서 그 변이형태가 실현되는 형태음운론적 조건을 기술하는 일이 문제점으로 주어진다. 이것을 한 기능 범주로 상정할 때, 이 형태소는 '느', '는', 'ㄴ', '니', 'ϕ' 등의 변이형태로 실현된다고 해야 한다. 그 실현 조건을 규칙으로 제시하는 일은 불가능하다.[171] 이는 결국 '-느-'를 독립된 형태소, 나아가 독립된 기능 범주로 설정하는 분석이 오류임을 드러내는 것이다.

셋째, 시간 선어말어미를 포함하는 문장의 의미구조와의 대응에 관하여 문제성 있는 가정을 하고 있다. 임홍빈 외(1995: 417)의 다음 예는 이 점을 단적으로 드러내는 것이다.

(18) 내가 지금 보고 있으며, 철수가 예전에 보던 책

이들은 이 예가 '-던'을 '-더-'와 '-은'으로 분리해야 하는 증거라고 판단한다. '-던'을 '-더-'와 (순수한 관형형어미로서의) '-은'으로 분리하지 않는다면 (18)에서 '-으며'에 의해 접속된 선행절과 후행절 중에서 후행절만이 '-더-'의 과거 의미에 의해 영향 받는 점을 포착할 수 없다고 한다. 이는 (18)의 통사구조를 (19가)와 같은 것으로 상정하고자 하는 것이다(임홍빈 외 1995: 417). 그러나, 이를 (19나)와 같은 구조로 표상하더라도 '-더-'의 의미 해석과 관련하여 아무런 문제가 발생하지 않는다.

(19) 가. [[내가 지금 보고 있으며] [[철수가 예전에 보-]-더-]]-은 책
나. [$_{IP}$[$_{CP}$내가 지금 보고 있으며] [$_{IP}$철수가 예전에 보-ϕ-]]-던 책

임홍빈 외(1995)에서 (19나)를 배제한 이유는, 선행절이 구조적으로 '-더-'의 영향권 아래 놓이게 되면 '-더-'의 의미의 영향권 아래 놓이는 해석을 받아야 한다고 가정하기 때문이다. 그러나 이것은 접속문에서의 시간 관계 해석에 대한 한 가지 관점일 뿐이다.[172] 이와는 아주 다른 관점이 가능하다. 과거 의미를 가지는 '-던'의 영향권 아래 놓이

171) 이 점에 대한 정밀한 증명을 11.5절에서 확인하기 바람.

172) 앞에서 지적한 것처럼, 이것이 '시제'를 연산자로 파악하는 관점이다. 이기용(1980)에서 이러한 관점을 볼 수 있다. 그러나 이와 다른 지시적 조응사로서의 관점(Partee 1984, Enc 1987), 부사로서의 관점(Hornstein 1990)도 가능하다. 필자의 관점은 부사로서의 관점과 가장 가깝다. 자세한 논의는 양정석(2008나)를 참고하기 바람.

더라도, '지금'에 의해 선행절이 현재 의미를 가질 수 있는 것이다.

이는 부가어의 시간 해석의 특성으로부터 말미암는 것이라고 생각된다. 의미론적으로 부가어는 그 부가하는 모체의 술어 의미에 연접 연산자(&)를 통하여 술어 의미를 연접하는 기능이 그 본질이다. 보충어나 명시어는 본질적으로 그것을 논항으로 삼는 머리성분의 의미적 제약을 받는 것이므로 시간적 의미에 있어서도 머리성분에 의해 주어지는 시간 의미 해석의 제약을 받을 수밖에 없다. 그러나 부가어는 기본적으로 다른 요소에 의해 의미적 제약을 받는 구성성분이 아니다. 그리하여 시간적으로도 그 상위 요소의 의미적 영향권 안에 들지 않는 해석이 가능한 것이다.

그러고 보면, 김정대(1999, 2005)에서 '-고' 연결어미 문장인 위 (13)의 두 문장을 상이한 구조로 판단한 것도 시간 선어말어미의 구조상의 위치에 대한 특수한 가정에서 비롯된 것임을 알 수 있다. 부가어가 그 모체와 결합할 때, 결합된 구성의 의미는 기본적으로 모체의 의미에 의존하지만, 모체의 의미와는 상대적으로 독립적인 의미를 첨가할 수도 있고, 모체의 의미를 일정 부분 변화시킬 수도 있다. 시간 요소의 영향권 하에서도 이러한 일은 충분히 가능하다. 이것이 필자의 가정이며, 임홍빈 외(1995), 김정대(1999, 2005)의 가정과 다른 점이다.

이상의 검토는 시간 선어말어미의 개재 여부나 그와 관련한 시간적 선후관계의 해석이 종래의 '대등'/'종속' 접속의 구분을 지지하는 바가 없다는 점을 보여준다. '대등'과 '종속' 각각을 세분하더라도 그 결과는 마찬가지이다. 대등접속의 대표적 연결어미로 알려져 온 '-고' 부류는 종속접속 연결어미들과 함께 부가어 구조의 특성을 가지는 것이다. 오히려 앞의 (7)의 연결어미 부류는 시간적 선후관계 해석에서 뚜렷한 독립적 특성을 보여 주목된다. 이는 다음 절에서 '명시어 구조'로 특성화된다.

2.4.2. 통사·의미적 특성들에 대한 검토

2.4.2.1 통사·의미적 특성들의 종합

앞 절에서 검토한 시간 해석과 관련한 특징 중 '-었-' 부착의 가능성 및 후행절 사건시 기준 해석의 가능성은 연결어미들의 구조적 차이를 밝히는 기준으로서 중요성을 가진다. 후자의 특성을 기준으로 하여 분리되는 연결어미들은 앞에서 (7)로 정리한 바 있다. 이들과 함께, 이 밖의 8가지 검증 기제들을 40개의 주요 연결어미들에 대해서 적용한 결과를 다음에 표로써 보이기로 한다.[173)]

(표3) 연결어미들의 구조적 특성

	① '었' 부착 가능	② 후행절사 건시기준 해석	③ 후행절 선택제 약	④ 선행절이 부정의 영향권에	⑤ 주어의 이차서 술어	⑥ 선행절주 어생략	⑦ 선행절옮 기기	⑧ 선행절재 귀사조응	⑨ 연결어 미반복	⑩ 선행절 '는' 주제어	구조적 지위
거든	+	-	+	-	-	?	+	-	-	?-	명시어구조
거니와	+	-	+	-	-	?	-	-	-	?-	
자	-	-	+	-	-	?	+	+	-	?-	
더니	+	-	+	-	-	?	?-	-	-	?-	
는데1	+	-	+	-	-	?	-	-	-	?-	
지만	+	-	+	-	-	?	+	+	-	?-	
으나	+	-	+	-	-	?	+	+	-	?-	
기를	-	-	+	-	-	?-	-	-	-	?-	
기에	+	-	+	-	-	?	?+	-	-	?-	
은들	-	-	+	-	-	?	?+	+	-	?-	
더라도	+	-	?+	-	-	?	+	+	?-	?-	
을지라도	+	-	?+	-	-	?	+	+	?-	?-	
을망정	+	-	?+	-	-	?	+	+	?-	?-	
기로서니	+	-	+	-	-	?	?+	+	-	?-	
지	+	-	+	-	-	?-	-	+	-	?-	
도록	-	+	-	+	-	●	●	●	-	?-	V' 부가어
게	-	+	-	+	-	●	●	●	-	?-	
고도	-	+	-	+	+	+	?+	-	?-	?-	VP 부가어
고서	-	+	-	+	+	+	+	-	?-	?-	
고자	-	+	?+	+	+	+	●	+	?-	?-	
으러	-	+	?+	+	+	+	●	-	-	?-	
으려고	-	+	?+	+	+	+	●	-	?-	?-	
어서	-	+	+/-	+	+	+	+	+	?+	?-	
을수록	-	+	-	+	+	+	+	+	?-	?-	
느라고	-	+	+	+	+	+	+	?+	-	?-	
자마자	-	+	-	+	+	+	+	+	?-	?-	
다가1	+	+	-	+	+	+	●	?-	?-	?-	I' 부가어
으면	+	+	-	+	+	+	+	+	+	?-	
으면서	+	+	-	+	+	?-	?-	+/-	+	?-	
어야	+	+	?+	+	+	+	+	+	?-	?-	
으니까	+	+	-	+	-	?	+	+	+	?+	IP 부가어
으니	+	+	-	+	-	?	+	+	?+	?+	
으므로	+	+	-	+	-	?	+	+	?+	?+	
어도	+	+	-	+	-	?	+	+	+	?+	
는데2	+	+	-	+	-	?	?	+	+	?+	
고	+	+	-	+	-	-	-	?+	+	?+	
으며	+	+	-	+	-	-	-	?+	+	?+	
거나	+	+	-	+	-	-	-	?+	+	?-	
든지	+	+	-	+	-	-	-	?+	+	?-	
다가2	+	+	-	+	-	-	-	?+	+	?-	

위 표가 보이는 점을 요약하면 다음과 같다.

173) '+'는 해당 기제가 적용됨을, '-'는 그것이 적용되지 않음을 표시하며, '•'은 원리상 불가능함을 표시한다. '+/-' 표시는 뜻에 따라 적용되기도 하고, 적용되지 않기도 하는 경우를 나타낸다.

(20) 가. 명시어 구조는 ②, ③, ④ 특성들의 조합에 의해 변별된다.
나. V' 부가어와 VP 부가어는 ①, ② 특성들의 조합에 의해 변별되며, 이 중 VP 부가어는 ①, ②, ⑤ 특성들의 조합에 의해 변별된다.
다. I' 부가어와 IP 부가어는 ①, ② 특성들의 조합에 의해 변별되며, 이 중 I' 부가어는 ①, ②, ⑤ 특성들의 조합에 의해 변별된다.[174)]
라. VP 부가어와 I' 부가어를 한 부류로 묶어주는 것은 ⑤의 주어의 이차 서술어로서의 특성이다.
마. ⑥, ⑦ 특성들의 조합에 따라 IP 부가어 중 일부를 변별할 가능성이 있으나, 다른 부류에도 이 특성을 공유하는 것이 있어 이 가능성은 배제된다.

다음에서는 접속문인 연결어미 문장들을 명시어 구조와 부가어 구조로 분류하는 데에 근거로 사용되는 (표3)의 통사적 검증 방법들의 의의를 개별적으로 살펴보기로 한다. 연결어미의 선택제약의 특성, 부정의 영향권은 명시어 구조의 구별 근거로 중요시되는 것들이며, 선행절 주어의 생략과 이차 서술어로서의 특성은 여러 종류의 부가어 구조를 구별하는 근거들이다. 2.4.2.6절 이하에서 논의하는 기준들은 개별 연결어미에 따른 의미 차이를 보일 뿐, 통사적 구별 근거로 간주할 수는 없다. 필자는 이들의 통사적 구별 근거로서의 중요성을 종래의 연구들에서만큼 인정하지 않는다.

2.4.2.2. 연결어미가 가지는 선택제약의 특성

앞에서는 시간 선어말어미의 해석과 관련한 관찰을 통하여, 연결어미 절들이 시간적 선후관계의 해석을 기준으로 간단히 하위분류되기 어렵다는 사실을 발견하였다. '-자', '-거든'과 같은 연결어미는 후행절 사건시 기준의 해석이 가능한 것으로 다루어져왔지만, 엄밀하게 보면 시간적 선후관계 해석의 기준은 이들 연결어미가 부여하는 것이다. 이 사실은 연결어미가 선행절과 후행절의 내용에 대한 선택제약을 부여함으로부터 따라나오는 것이다.

동사나 서술성 명사가 그 논항을 하위범주화하거나 선택제약하는 경우에 대해서는 이제까지 많은 논의가 있어 왔지만, 연결어미가 하위범주화 또는 선택제약을 가한다는 관점은 그리 일반화된 것이 아니다. 그러나 그렇게 보지 않을 수 없는 증거가 있다. 앞의 (표3)에서 각각 명시어 구조, VP 부가어, I' 부가어를 형성하는 연결어미로 판정했던 '-거

174) (20나)와 (20다)만을 비교해 보면 I' 부가어와 VP 부가어는 동일한 것으로 생각될 수 있으나, ①의 특성에서 둘이 상반됨을 주의해야 한다.

든', '-으러', '-어야'가 바로 그와 같은 특성(③)을 보이는 예들이다. '-거든'은 후행절이 '의도'의 양상을 가질 것을 요구하며, '-으러'는 후행절의 동사가 이동동사일 것을 요구한다. '-어야'는 서법으로서의 명령법과 청유법을 배제한다. 이는 선행절 연결어미가 후행절에 대해서 부과하는 선택제약의 특성이라고 할 수 있다.

(21) -거든

가. 그 곳에 가거든 사람들에게 그 말을 전해라/전하자/전하겠다/전할 것이다.

나. *그 곳에 가거든 그 말을 전한다/전하느냐?

(22) -으러

가. 철수가 공부하러 도서관에 갔다/왔다.

나. *철수가 공부하러 도서관에 있다/서성거린다.

(23) -어야

가. 그 사람이 와야 나는 가겠다.

나. *그 사람이 와야 너는 가라/우리는 가자.

(21)의 경우는 연결어미 '-거든'이 그 후행절을 명시어로 가짐으로부터 이와 같은 특성이 결과된다고 본다. (표3)에서 보인 명시어 구조 형성의 연결어미들이 모두 이러한 관점에서 한 부류로 묶인다. 그러나 (22), (23)의 특징에도 불구하고, '-으러'와 '-어야'는 다른 측면에서 명시어 구조로 분류될 수 없는 두 가지의 중요한 통사적 특징들을 보이고 있다. 앞 절에서 논의한, 후행절 사건시 기준 해석이 가능하다는 점(표1-②)이 그 하나이며, 다음 절에서 말할 부정의 영향권과 관련한 특성(표1-④)이 다른 하나이다.[175]

(22)의 경우에는, '-으러'가 그 명시어에 선택제약을 부과한다고 보기보다는, 구문규칙(또는 '부가어 대응규칙')이라는 장치가 선행절인 연결어미 절과 후행절에 특정의 의미적 제약을 부과한다고 설명할 수 있다.[176] (23)에서의 '-어야'의 후행절에 대한 선택제약의 특성은 '당위적 조건'의 의미가 가지는 보편적, 의미적 특성에 따라 설명 가능하다고 본다.

---

175) 이은경(1998)에서 이전 연구들에서 선택제약의 특징을 가지는 것으로 지적된 연결어미들을 정리하고 있다. '-으러', '-어야'와 유사한 성격을 가지는 것으로는 '-고자', '-느라고', '-으려고', 그리고 원인의 의미를 가지는 '-어서'가 있다. 또 '-느니', '-되', '-건만', '-다시피', '-을진대' 들도 이러한 특징을 보인다고 정리하고 있다. 필자는 이들이 명시어 구조를 이루는 것으로 판단한다.

176) '-으러'를 이와 같은 방식으로 기술한 시도는 양정석(1995: 2장, 2002: 5.1절)을 참고할 수 있다.

2.4.2.3. 부정의 영향권

시간적 선후관계의 해석, 선택제약의 특징과 밀접한 상관관계를 가지는 검증 기제로 부정의 영향권에 관한 사실이 있다. 필자가 명시어 구조 접속문을 판별하는 주요 근거로 삼는 것은 이 특징이다.

'부사어'와 부정의 영향권의 상호작용에 관한 논의가 생성문법적 연구의 초기부터 관심의 초점이 되어 왔다(송석중 1981). 연결어미 절들 중 부정의 영향권 안에 드는 것과 들지 않는 것의 차이가 존재한다. 유현경(1986), 김영희(1988나, 1991)에서는 종속적 연결어미의 절 중, 문장부사어에 해당하는 것과 성분부사어에 해당하는 것의 구별이 이 방법에 의해 가능하다고 보고 있다. 이들의 전제는 이들이 대등접속문으로 간주하는 '-고' 접속문, '-거나' 접속문 등은 연결어미 절, 즉 선행절이 부정의 영향권 안에 들지 않는다는 것이다.

그러나, 대표적인 대등적 연결어미로 알려진 '-고', '-거나'의 경우, 연결어미 절이 부정의 영향권 안에 드는 해석과 들지 않는 해석을 모두 얻을 수 있다.

(24) 가. 눈이 오고 비가 오지 않는다.
나. 철이가 오거나 순이가 오지 않는다.

즉, (24가)는 눈과 비가 모두 오는 '연접'의 사실을 부정함으로써 선행절을 그 부정의 영향권 안에 놓을 수도 있고, 눈이 오는 사실은 긍정, 비가 오는 사실은 부정함으로써 선행절을 부정의 영향권에 들지 않게 할 수도 있다.[177] (24나)도 두 가지 해석이 가능하다. 특히, 두 사건, '철이가 오는 것'과 '순이가 오는 것'의 이접(disjunction)을 부정하는 해석이 가능함에 주의해야 한다.

그런데, 부정의 영향권 해석에 관한 이러한 특징은 이른바 종속적 연결어미 절들과 공통되는 특징이다. 이들에 의해서 종속적 연결어미로 분류되는 어미들 중에서도 '-어서, -어야'의 문장은 선행절이 부정의 영향권 안에 드는 해석과 들지 않는 해석이 모두 가능하다. 반면, 이들에 의해서 종속적 연결어미로 분류되는 '-거든, -지만'의 문장은 선행절이 부정의 영향권 안에 드는 해석이 아예 불가능하다.

177) 『표준국어대사전』의 예를 부정한 "여름에는 비가 내리고 겨울에는 눈이 내리지 않는다."에서도 선·후행절이 부정 요소 '않-'의 영향권 안에 드는 해석('여름에 비가 내리는 상황과 겨울에 눈이 내리는 상황의 연접(&)의 부정')을 가질 수 있고, 선행절이 '않-'의 부정의 영향권 안에 들지 않고 후행절만 부정의 영향권 안에 드는 해석도 가능하다.

(25) 가. 비가 와서 날씨가 춥지 않다. (선행절이 부정의 영향권에 드는 해석으로)

나. 달이 떠야 꽃이 피지 않는다. (같음)

(26) 가. *그곳에 가거든 내 말을 전하지 말아라. (같음)

나. *비가 오지만 그는 길을 떠나지 않았다. (같음)

주목할 점은, 대등접속문으로 알려진 (24)와 종속접속문으로 알려진 (25)가 같은 특징을 가진다는 것이다. 두 구문 모두 부정의 영향권과 관련한 두 가지 해석을 얻을 수 있는데, 종래의 '대등접속' 구조로는 선행절이 부정의 영향권 안에 드는 해석을, 종래의 '종속접속' 구조로는 선행절이 부정의 영향권 안에 들지 않는 해석을 합리적으로 설명할 수 없다.

보충어 구조와 부가어 구조에서, 선행절은 후행절의 부정소 '않-'의 영향권 안에 놓이는 위치이지만, 명시어 구조에서는 선행절은 기본적으로 후행절 내부의 부정소 '않-'의 영향을 받지 않는 위치에 놓여 있다. 이 책에서 명시어 구조로 분석하는 '-거든, -지만, -자, -거니와, -더니, -기를, -는데[1], -지' 등 연결어미의 문장은 모두 (26)와 같이 선행절이 후행절 부정소 '않-'에 의해 부정되지 않는다. 이에 비하여, (24)과 (25)의 공통성은 이들이 공통적으로 부가어 구조를 가지는 점으로부터 설명된다.

여기에서 잠시 어떤 구성성분이 부정의 영향권에 놓인다는 것이 정확히 어떤 뜻인지 생각해 보자. '않-'이 성분통어(c-command)하는 통사적 영역이 '않-'의 부정의 영향권이다.[178] 보조동사 '않-'은 상위절 동사이고,[179] '-으니까' 접속문의 통사구조 (27가)', '-고' 접속문의 통사구조 (27나)'에서 선행절과 후행절을 그 영향권 안에 둔다(이 두 통사구조는 모두 '부가어 구조'이다).

(27) 가. 비가 오니까 인호가 빨래를 걷지 않았다.

나. 벽이 흔들리고 바닥이 쿵쿵 울리지 않았다.

(27)' 가. $[_{VP}[_{CP}[_{IP}[_{CP}$ 비가 오니까] $[_{IP}$ 인호가 빨래를 걷-∅-]]-지] 않-]-았-다.

나. $[_{VP}[_{CP}[_{IP}[_{CP}$ 벽이 흔들리고] $[_{IP}$ 바닥이 쿵쿵 울리-∅-]]-지] 않-]-았-다.

부정의 영향권 내에서도 초점이 가해지는 구성성분을 부정하는 것이 구체적인 부정의

---

178) 부정소의 영향권에 든다는 것은 다음과 같이 영향권 '( )' 안에 든다는 뜻이다.

a. NOT(비가 오니까 인호가 빨래를 걷-)

b. NOT(벽이 흔들리고 바닥이 쿵쿵 울리-)

179) 보조동사 구문의 통사구조에 관한 앞의 2.3.4.1절의 논의를 볼 것. 보조동사 구문의 통사구조를 이 같이 분석하는 대표적 선행 연구는 김영희(1993)이다.

작용이다. (27나)'과 같은 '-고' 접속문의 통사구조에서 선·후행절 전체에 부정의 초점이 가해질 수도 있고(이 경우 선·후행절 상황의 연접(&)이 부정된다), 그 영향권 안의 일부, 즉 후행절에만 부정의 초점이 가해질 수 있는 것이다.[180]

'-으니까' 연결어미 절과 '-고' 연결어미 절은 IP 부가어로 상정되었다((표3) 참조). 이에 따라 (27)"의 구조가 실현될 수도 있다. 이 경우 후행절만이 부정의 영향권에 드는 해석을 얻게 된다.

(27)" 가. [$_{IP}$[$_{CP}$ 비가 오니까] [$_{IP}$ e$_{pleo}$[$_{I'}$[$_{VP}$[$_{CP}$ 인호가 빨래를 걷-∅-지]않-]-았]]]-다.
　　나. [$_{IP}$[$_{CP}$ 벽이 흔들리고] [$_{IP}$ e$_{pleo}$[$_{I'}$[$_{VP}$[$_{CP}$ 바닥이 쿵쿵 울리-∅-지]않-]-았-]]]-다.

그러므로 후행절의 내용만이 부정되는 해석은 (27)'의 구조에서도, (27)"의 구조에서도 얻을 수 있다.

이에 비해서 '-더니' 접속문은 명시어 구조의 통사구조 (28)'을 갖기 때문에 통사적으로 '않-'이 선행절을 그 영향권 안에 둘 수 없다. 즉 '않-'이 선행절을 성분통어 할 수 없다. 따라서 선행절이 부정되는 해석을 가질 수 없는 사실이 그 통사구조를 바탕으로 설명된다는 것이 필자의 설명이다.

(28) *그의 목소리가 들리더니 구두 소리가 울리지 않았다.
　　(선행절이 '않-'의 영향권 안에 드는 해석으로)
(28)' [$_{CP}$[$_{C'}$[$_{IP}$ 그의 목소리가 들리-∅-]-더니] [$_{CP}$[$_{IP}$ e [$_{VP}$[$_{CP}$ 구두 소리가 울리지] 않-]-았-]-다]]

김영희(1988나)에서는 종속접속문 중에서 '독립 종속접속문'이라는 부류가 선행절이 부정의 영향권 안에 드는 해석을 갖지 않는다고 관찰하고 있다.

(29) 가. 날이 들지라도 일행은 떠나지 않는다.
　　나. 봄이 왔는데 제비가 오지 않는다.

---

180) 다음 예와 비교해 보자(굵은 글씨는 초점 성분). '철수가 베이글을 먹지'가 부정의 영향권 안에 놓이지만 그 안에서도 부정의 초점이 어디에 가해지느냐에 따라 부정되는 내용이 달라진다. 부정의 영향권 안에 접속문이 포함되는 경우에도 부정의 초점이 어디에 가해지느냐에 따라 중의성이 발생하는 것이다.
a. 철수가 베이글을 먹지 않았어.
　가. **철수가** 베이글을 먹지 않았어.
　나. 철수가 **베이글을** 먹지 않았어.
　다. 철수가 베이글을 **먹지** 않았어.

다. 재주도 있으려니와 마음씨도 나쁘지 않겠다.

'독립 종속접속문'을 이루는 연결어미로 위 '-을지라도, -는데, -으려니와'와 함께 '-지만, -거든, -으려니와' 등을 들었는데, 이들은 이 책에서 명시어 구조를 형성하는 연결어미로 규정하는 요소들인 것이다. 이들 외에 '-거든(조건), -자, -으나, -기를, -기에, -은들, -더라도, -을망정, -기로서니, -지'를 명시어 구조를 형성하는 연결어미로 간주한다(〈표3〉 참조).

2.4.2.4. 시간적 선후관계 해석의 특징

앞에서는 한동완(1996)에서 'A가 B에 의해 성분통어될 때 A의 기준 시점은 B가 지시하는 시점이 되고, 그 외에는 발화시가 기준 시점이 된다'는 '성분통어 조건'을 제시했다고 말한 바 있다. 이는 종속접속절이 주절 사건시에 의존하는 시간 해석을 가진다는 것을 의도하는 것이다. 접속문의 시간적 선후관계 해석을 논의하는 국어학자들이 대체로 이 관점을 받아들여 논의하는 것을 볼 수 있다.

구체적인 연결어미 문장들을 분석해 보면 이 조건이 문제성을 가짐을 발견할 수 있다. 특히 명시어 구조 접속문에는 이전의 국어학자들이 종속접속문으로 분류하는 접속문, 대등접속문으로 분류하는 접속문들이 혼합되어 있는데, 이들은 시간적 선후관계 해석에 있어서 '성분통어 조건'에 정면으로 배치되는 행태를 보인다.

'성분통어 조건'의 또 한가지 문제는, 대등접속문으로 여겨져 온 연접의 '-고' 접속문, '-으며' 접속문, 이접의 '-거나' 접속문도 주절 사건시에 의존하는 시간 해석을 가진다는 점이다.

(30) 가. 비가 오니까 인호가 빨래를 걷었다.
나. 비가 오니까 인호가 빨래를 걷는다.
다. 비가 오니까 인호가 빨래를 걷을 것이다.
(31) 가. 벽이 흔들리고 바닥이 쿵쿵 울렸다.
나. 벽이 흔들리고 바닥이 쿵쿵 울린다.
다. 벽이 흔들리고 바닥이 쿵쿵 울릴 것이다.

(30)은 종래 국어학자들이 종속접속문으로 간주하던 '-으니까' 접속문이고, (31)은 대등접속문으로 간주하던 '-고' 접속문이다. (30)에서는 후행절 사건시가 과거, 현재, 미래

로 해석될 때 선행절 시간도 이에 의존적으로 과거, 현재, 미래로 변동하는 사실을 관찰할 수 있다. 그런데 이러한 시간 의존성은 대등접속문으로 알려져 온 '-고' 접속문도 마찬가지이다. (31)에서도 후행절 사건시가 과거, 현재, 미래로 해석될 때 선행절 시간도 이에 의존적으로 과거, 현재, 미래로 변동하는 사실을 관찰할 수 있다.

반면 필자가 '명시어 구조' 접속문으로 규정하는 '-거든' 접속문, '-자' 접속문, '-더니' 접속문 등은 이러한 시간 해석의 특성을 갖지 않는다. 다음 접속문들은 후행절 사건시가 과거, 현재, 미래로 변동함에 따라 선행절이 의존적으로 변동하기는커녕, 선행절의 연결어미가 후행절의 시간을 제약한다. (32가)의 '-거든'은 후행절 사건이 과거인 것을 배제하며 (32나)의 '-자'는 후행절 사건이 미래인 것을 배제하고 (32다)의 '-더니'도 후행절 사건이 미래인 것을 배제한다. 이들 연결어미는 모두 이전의 연구자들이 종속접속문을 형성하는 연결어미로 분류했던 것이므로, 문제성이 심각하다.

(32) 가. *비가 오거든 빨래를 걷었다.
?비가 오거든 빨래를 걷는다.
비가 오거든 빨래를 걷을 것이다.
나. 비가 오자 하늘이 맑아졌다.
?비가 오자 하늘이 맑아진다.
*비가 오자 하늘이 맑아질 것이다.
다. 그의 목소리가 들리더니 구두 소리가 울렸다.
?그의 목소리가 들리더니 구두 소리가 울린다.
*그의 목소리가 들리더니 구두 소리가 울릴 것이다.

이러한 상황은 (표3)에서 명시어 구조 접속문을 형성하는 연결어미로 분류한 다른 연결어미들 '-거니와, -는데1, -지만, -으나, -기를, -기에, -은들, -더라도, -을지라도, -을망정, -기로서니, -지' 들도 마찬가지이다.[181]

'성분통어 조건'을 내세우는 한동완(1996)의 취지는 '대등접속-절대시제 해석, 종속접속-상대시제 해석'이라는 도식이 참으로 성립된다고 주장하고자 하는 것이다. 그의 관심은 한국어가 시제 언어라는 점을 확실히 하고자 하는 것이다. 그러나 위에서 본 것처럼 명시어 구조를 이루는 한국어의 연결어미는 예외적인 현상으로 치부할 수 있을 만큼 소수의 것이 아니다. (표3)의 40개 연결어미 중 15개가 명시어 구조를 형성하는 연결어미이다.

181) 10.1절에서 분석하는 '-었더라면'과 '-었던들', 10.4절에서 분석하는 '-길래'도 같은 특성을 보인다. 이들은 (표3)의 명시어 구조 형성 연결어미들의 목록에 추가되어야 한다.

'-거든', '-자', '-더니' 접속문을 명시어 구조로 설정하면 (표3)의 ②, ③, ④의 세 가지 특성이 그 구조로부터 자연스럽게 유도된다. 즉, 명시어 구조의 머리성분(head)인 연결어미가 그 보충어인 선행절과 함께 그 명시어인 후행절에 의미적 제약을 부과하는 것은 그 구조상 당연한 것이며, 명시어인 후행절이 선행절의 선후관계 해석의 기준이 될 수 없는 것도 그 구조로부터 따라나오는 사실이며, 부정소를 포함하는 후행절은 명시어로서, 명시어 내부의 부정소의 영향이 명시어 절의 경계를 넘어 보충어인 선행절에 미칠 수 없는 것이다.

2.4.2.5. 선행절 주어의 생략과 이차 서술어로서의 특성

대등접속문과 종속접속문은 선행절 주어에 따라 후행절 주어가 생략되는지(대등), 반대로 후행절 주어에 따라 선행절 주어가 생략되는지(종속)를 기준으로 하여 구별되는 것으로 알려져 왔다. 이 검증 기제는 남기심(1985)에서 처음으로 제시되었다. 앞의 (표3)에서 ⑥의 '선행절 주어 생략'이 이 기준을 보인 것인데, 다음 (33나)가 그 핵심적인 차이점을 드러내 준다.

(33) 가. 철호가 담배를 피우고 (철호가) 술도 마셨다.
나. *(철호가) 담배를 피우고 철호가 술도 마셨다.
(34) 가. 나는 공부를 하려고 (나는) 도서관으로 향했다.
나. (나는) 공부를 하려고 나는 도서관으로 향했다.

남기심(1985)에서는 후행절 주어에 따라 선행절 주어가 생략되는 (34나)와 같은 현상은 선행절이 내포절의 하나인 부사절이기 때문에 실현 가능한 것이라고 보았다. 이는 다음에서 내포절인 관형절이나 명사절의 주어가 주절의 주어에 따라 생략되는 것과 같은 현상이라는 것이다.

(35) 가. 순철이는 어제 순호에게 (순철이가) 전에 빌렸던 책을 돌려주었다.
나. 그는 오늘도 (그가) 회의에 참석하기를 거부하고 있다. (남기심 1985)
(35)' 가. (순철이가) 전에 빌렸던 책을 순철이는 어제 순호에게 돌려주었다.
나. (그가) 회의에 참석하기를 그는 오늘도 거부하고 있다.

(33)과 (34)의 대비는 진정한 통사적 의의를 가지는 것이라고 판단된다. '-으려고' 문

장과는 달리, '-고' 문장은 선행절의 주어가 생략되는 일이 불가능하다(36). '-으려고' 문장과 같이, 선행절만 주어를 가지고 후행절은 그것을 갖지 않은 형식도 적격하다(37).

(36) *담배를 피우고 철호가 술도 마셨다. cf. 공부를 하려고 나는 도서관으로 향했다.
(37) 철호가 담배를 피우고 술도 마셨다. cf. 나는 공부를 하려고 도서관으로 향했다.

남기심(1985) 이래의 연구에서 이 차이를 이론적으로 포착하기 위하여 사용한 방법은 '-고'류의 연결어미들이 대등접속의 구조를 형성한다고 전제하는 것이었다.[182] 그러나 앞의 (표3)에 제시한 통사적 특성들을 전반적으로 고찰해 보면 이 전제에 결함이 있음을 발견하게 된다.

(38)은 이제까지 대등접속으로 믿어져 왔던 '-고' 부류의 연결어미 문장들이며, (39)는 이들과 함께 IP 부가어를 취하는 연결어미 문장으로 분류된 것이다. (40)은 VP 부가어와 I' 부가어의 예들로서, 후행절에 선행절 CP의 흔적을 가지는 구조로 기술된다. (41)은 명시어 구조의 예들이다.

(38) 가. *대규모 댐을 건설하며 중국이 인공위성을 띄워올린다.
나. *공원을 걷거나 노인들이 정원을 가꾼다.
다. *화투를 치든지 할일 없는 사람들이 잡담을 나누었다.
(39) 가. ?말을 잘 하니까 철수가 변호사가 될 것이다.
나. ?친구를 믿어도 철수가 돈을 꾸어주지는 않는다.
다. ?고장을 잘 일으키므로 이 기계가 생산성을 저하시킨다.
라. ?산길을 가는데 철수가 친구를 만났다. ('-는데2')
(40) 가. 할일이 없어서 사람들이 화투를 쳤다.
나. 서울에 도착하고서 철수가 집에 전화를 했다.
다. 짐을 푸느라고 철수가 몹시 애를 먹었다.
라. 할일이 없으면 철수가 우리 집에 놀러 왔다.
마. 할일이 없어야 철수가 나에게 전화를 했다.
(41) 가. ?서울에 도착하거든 네가 우리 집에 전화를 해라.
나. ?바빴지만/?바빴으나 철수가 우리의 초대에 응해 주었다.
다. ?공부도 잘 하거니와 철수가 마음씨도 착하다.

182) 이 점에서 대등접속문을 '평판 구조'로 기술하는 유현경(1986), 김영희(1988, 1991), 최재희(1991) 등의 이심구조 접근은 물론, 동심구조 접근의 김지홍(1998), 김정대(1999, 2005)도 일치한다고 하겠다.

라. ?집을 팔 결심을 하자 철수가 복덕방에 전화를 걸었다.
마. ?어제는 기운이 없어하더니 철수가 오늘은 얼굴에 화색이 돌았다.
바. ?아무리 왜소하기로서니 철수가 그 가방쯤 못 들겠느냐?
사. ?*소리쳐 말하기를 철수가 "그러면 안돼!"라고 하였다.
아. ?아들을 낳았는데 순희가 아무에게도 귀여움을 못 받았다. ('-는데1')
자. ?왜소한들 철수가 그 정도 힘이 없겠느냐?
차. ?*그 일을 혼자 다 했지, 철수가 누구의 힘을 빌렸나?

'대등접속문'으로 알려져 온 연결어미 문장들, 즉 (38)은 이러한 형식으로 실현되는 것이 배제된다. 그러나 '종속접속문'으로 알려져 온 (39)의 문장들도 (40)의 예들만큼 완전히 자연스럽지는 않다. 또, (41)은 종래의 대부분의 연구에서 대등접속의 연결어미로 분류해 온 '-지만, -으나'를 포함하고 있다.[183] 이는 '대등'/'종속' 구분의 문제성을 보이는 또 하나의 예인 것이다.

'-지만, -으나' 문장은 명시어 구조를 형성하는 것이다. 명시어 구조에서는, 이와 같은 구조가 불가능하지 않으므로, 맥락에 따라 다소 어색할지라도 (41)과 같은 문장들은 문법적이다. 공범주 대명사(pro)를 선행절의 주어로 가짐으로써, 이것이 후행절의 명사항과 동일지시되어 적격한 통사구조로 허가받을 수 있다.

(39) 중에는 상당히 부자연스러운 예들이 포함되어 있지만, 그렇다고 이들을 (38)처럼 분명히 비문이라고 단정하기는 곤란하다. 이는 (38)이 통사적 요인에 의한 비문인 반면 이 외의 부적격 사례들은 어떤 의미적 요인에 따라 부적격한 것들임을 말해 주는 것이다.

이제, 이상과 같은 관점을 가지고 (33), (34)의 차이를 설명하기로 하자. 다음의 구조적 가정들을 이용하여 두 문장의 차이를 형식적으로 포착할 수 있다. (42나)는 이미 앞의 (표3)에서 상정한 것이다.

(42) 가. 주어가 생략된 연결어미 절은 CP의 명시어에 공범주 연산자 O와 그 동지표화된 흔적을 가지고 이차 서술어의 역할을 한다.
나. '-고' 연결어미 절은 IP의 부가어로, '-으려고' 연결어미 절은 VP의 부가어로 표상된다.

(42가)는 (34나)와 같은 연결어미 절에서 주어가 생략되는 현상을, 진정한 의미의 생

183) 김영희(1988나, 2005)에서는 '-지만, -으나' 연결어미의 문장을 종속접속문으로 분류하였다. 이와 함께 '-을망정, -어도, -더라도, -을지라도, -을지언정, -는데, -되' 연결어미 문장들을 종속접속문의 한 부류로서의 '대립접속문'으로 규정하고 있다.

략이 아니라, 공범주 연산자와 그 흔적을 포함하는 현상이라고 해석하는 것이다. 그리하여 공범주 연산자와 흔적을 포함하는 연결어미 절은 이차 서술어가 된다. 한국어에서 이차 서술어인 연결어미 절은 공범주 연산자(O)와 그 흔적을 가지는 구조로, 또는 CP의 명시어에 공범주 대명사 PRO를 가지는 구조로 표상된다.184)

(43) 가. $[_{CP}$ O_i $[_{IP}$ . . . t_i . . .]]
나. $[_{CP}$ PRO $[_{IP}$ . . . . . .]]

(43)에 따라 (36)의 통사구조를 표상하는 가능성은 다음 (36)'의 두 가지 구조이다. 그런데, I'나 VP에 부가되는 부가어와는 달리 IP의 부가어 위치에서는 모체가 되는 IP의 명시어인 주어('철호가')와 상호 성분통어 관계가 성립되지 않으므로, 두 구조 중 어느 것으로도 CP인 '담배를 피우고'는 이차 서술어로 해석될 수 없다. 이에 비해서, (34)의 '-으려고' 절은 (34나)'과 같은 구조로 해석될 수 있다.

(36)' 가. *$[_{IP}[_{CP}$ O_i t_i 담배를 피우고] $[_{IP}$ 철호가 술도 마시-었-]]-다.
나. *$[_{IP}[_{CP}$ PRO $[_{IP}$ pro 담배를 피우-]-고] $[_{IP}$ 철호가 술도 마시-었-]]-다.
(34)' 나. $[_{CP}[_{CP}$ pro 공부를 하려고$]_j$ $[_{CP}$ 나는 $[_{VP}$ t_j $[_{VP}$ 도서관으로 향하-]]-었다]]

이 설명에는 한 가지 문제점이 존재한다. IP의 부가어를 이루는 연결어미 절 중에서도 '-고' 부류는 선행절 주어의 생략이 불가능한 반면, '-으니까' 부류는 그것이 가능한 것이다.
이 차이는 다음과 같은 방법으로 설명된다. '-으니까' 문장은 (44)의 구조로 허가될 수 있다. 그러나 '-고' 문장에서 선행절인 CP는 (43)의 두 가지 형식 중 하나를 취하여야 한다. 이에 따른 (36가)'의 두 구조는 모두 이차 서술어로 허가받지 못하여 비문이 된다. 마찬가지 이유에서 (45)도 비문으로 판정된다. 그러나, '-고' 문장에서와는 달리, '-으니까' 문장에서는 선행절 명시어가 채워지지 않아도 된다. 따라서 pro를 주어로 가지는 (44)와 같은 구조가 가능한 것이다.

(44) $[_{IP}[_{CP}$ $[_{IP}$ pro 담배를 피우고 싶-]-으니까] $[_{IP}$ 철호가 밖으로 나가-었-]]-다.
(45) *$[_{IP}[_{CP}$ O_i t_i 담배를 피우고 싶으니까] $[_{IP}$ 철호가 밖으로 나가-었-]]-다.

184) 앞에서는 관형절 중의 하나인 관계관형절을 이와 같이 공범주 연산자와 흔적을 가지는 구조로 표상한 바 있다. 모든 보문소(C) 머리성분은 [-pred] 자질을 갖지 않는 한 공범주 연산자를 가질 수 있는 것으로 본다.

끝으로, 같은 '-고' 연결어미 문장이 (36)의 형식에 비하여 (37)의 형식으로 문법적 문장이 되는 이유를 살펴보기로 하자. IP 부가어인 연결어미 절들은 그 정의상 후행절의 주어 다음 위치에 나타날 수 없다. 그러나 (37나)'과 (37다)'의 두 구조는 가능하다.[185]

(37)' 가. 철호가 담배를 피우고 술도 마셨다.

나. [$_{CP}$ [$_{C'}$[$_{IP}$ [$_{CP}$ 철호가 담배를 피우고][$_{IP}$ pro 술도 마시-었-]]-다]]

다. [$_{CP}$ 철호가$_j$ [$_{C'}$[$_{IP}$[$_{CP}$ O$_i$ t$_i$ 담배를 피우고] [$_{IP}$ t$_j$ 술도 마시-었-]]-다]]

(37다)'의 구조에서는 CP인 선행절 '담배를 피우고'가 이차 서술어로 해석된다. CP의 명시어 위치에 설정된 '철호가'와 공범주 연산자-흔적을 가지는 선행절 간에는 상호 최대통어 관계가 성립한다. 명시어 구조 이외의 연결어미 문장에서는 모든 연결어미 절이 주어가 생략된 형식으로 통사적 이차 서술어가 될 수 있음을 위 논의는 보여준다.[186]

2.4.2.6. 선행절 옮기기의 의의

통사적 검증 기제로서의 선행절 옮기기((표3)의 ⑦)는 선행절이 주어를 가진 채로 후행절의 일부로 옮길 수 있느냐 여부를 확인하는 것이다. 그러나 앞의 절에서는, 주어가 생략된 형식으로는 사실상 모든 연결어미 절이 후행절의 일부로 나타날 수 있음을 살펴보았다. 심지어 전형적인 '대등접속문'의 '-고' 연결어미 절이 후행절의 주제어 다음 위치에 나타날 수도 있다((37다)' 참조).

선행절 옮기기가 '대등'과 '종속'의 두 연결어미 문장의 차이를 드러내는 기준으로 처음 사용된 것은 김영희(1978)에서이다. 그는 (46)'에서 선행절이던 '봄이 오면', '해가 돋자'가 (46)에서 '삽입절'로 나타날 수 있다고 관찰하였다.[187] 또, 이러한 사실을 바탕으로 (41)과 같은 가설을 설정하고 있다.

---

185) (37다)'과 관련하여, (a)와 같이 선행절이 둘 이상인 부가어 구조가 생성될 수도 있다.

a. 철호가 담배를 피우고 술도 마시고 노래도 불렀다.

이 문장의 구조는 다음과 같다. 두 선행절이 이차 서술어로서 '철호가'와 상호 최대통어되어 적격한 구조로 판정받는 데에 문제가 없다.

b. [$_{CP}$ 철호가$_j$ [$_{IP}$[$_{CP}$ O$_i$ t$_i$ 담배를 피우고][$_{IP}$[$_{CP}$ O$_k$ t$_k$ 술도 마시고] [$_{IP}$ t$_j$ 노래도 불렀-]]]-다]

186) '-고' 부류의 연결어미는 지배 능력이 없어서 그 명시어에 PRO의 생성을 허용하나, 그 외의 연결어미는 지배 능력이 있어서 PRO 명시어를 허용하지 않는 것이 두 연결어미 부류의 차이라고 본다. 또, 관계관형절의 보문소(관형사형어미)와 '-고' 부류의 보문소(연결어미)는 그 명시어가 외현적 명사항이 아닐 경우 PRO나 O를 반드시 가져야 한다는 제약이 주어진다고 본다. '-고' 부류 외의 연결어미들은 이러한 제약이 없다고 상정한다.

187) 다음은 모두 김영희(1978)의 예문이다.

(46) 가. 제비는, 봄이 되면, 온다.
나. 그는, 해가 돋자, 길을 떠났다.
(46)' 가. 봄이 되면, 제비는 온다.
나. 해가 돋자, 그는 길을 떠났다.
(47) 가. *소년은, 소는 풀을 뜯고, 잠을 잔다.
나. *영수가, 철호가 그 일을 알거나, 그 일을 안다.
(47)' 가. 소는 풀을 뜯고, 소년은 잠을 잔다.
나. 철호가 그 일을 알거나, 영수가 그 일을 안다.
(48) 가설: 삽입절은 통사적 종속절이다. (김영희 1978: 23)

여기에서 핵심적인 질문은, IP 부가어를 이루는 연결어미 절인 (47)의 '-고, -거나' 절과는 달리 (46가)의 '-으면' 절이 '선행절 옮기기'가 가능한 까닭은 무엇인가 하는 점이다.[188)]

(49) 가. 소년은, 소가 달아나니까, 사람들을 불렀다.
나. 선생님이, 철호가 그 일을 고자질해도, 못 들은 체하셨다.

여기에서도 앞 2.4.2.5절의 설명 방법을 활용할 수 있다. (47)에서 '소년은', '영수가', (49)에서 '소년은', '선생님이'는 모두 후행절의 주어로서 전체 문장의(후행절의) 명시어 위치로 옮겨가 있다. 각각의 통사구조를 보이면 다음과 같다.

(47)" 가. *소년은, 소는 풀을 뜯고, 잠을 잔다.
나. [$_{CP}$소년은$_j$ [$_{C'}$[$_{IP}$[$_{CP}$ PRO [$_{IP}$ 소는 풀을 뜯-ϕ-]-고][$_{IP}$ t_j 잠을 자-ϕ-]]-ㄴ다]]
(49)' 가. 소년은, 소가 달아나니까, 사람들을 불렀다.
나. [$_{CP}$ 소년은$_j$ [$_{C'}$[$_{IP}$[$_{CP}$[$_{IP}$ 소가 달아나-ϕ-]-니까][$_{IP}$ t_j 사람들을 부르-었-]]-다]]

'-고'는 CP의 명시어를 지배하지 못하는 연결어미이고, 따라서 이 위치에 PRO가 실현됨에 따라 (47나)"과 같은 구조가 주어졌다. 명시어에 PRO를 가지는 CP는 잠재적 서술어가 되어 서술화 원리를 만족시켜야 하고,[189)] '소년은'과 서술어 CP는 상호 최대통어 조건을 만족하므로, 통사적인 견지에서 이 원리는 만족된다. 그러나 그 의미 대응에 있어

188) (46나)의 '-자' 연결어미 문장은 명시어 구조의 예이다. 곧 이어서 명시어 구조에서의 선행절 옮기기에 대해 설명할 것이다.
189) 2.2.1절의 (68)로 서술된 '잠재적 서술어의 요건'을 참고하기 바람.

서는 주어인 '소년은'과 서술어인 '소는 풀을 뜯고'는 의미적 주술관계로 해석되기에 적합하지 않다. 따라서 (47가)의 부적격성은 통사적인 요인과 의미적인 요인이 협동하여 발생한 것이다. 서술화 원리는 그에 대응하는 의미구조의 주술관계만을 제공하나, 그 의미구조는 적합하지 않은 것이다.[190]

이에 비하여, '-고'류 연결어미 외의 연결어미는 CP의 명시어를 지배한다고 가정되므로 그 CP는 PRO 명시어를 갖지 않은 형식으로 실현될 수 있다. 이렇게 통사적 이차 서술어로 해석되지 않음으로써, 오히려 일반 부가어(IP 부가어)로 해석되기가 수월해진다. 이것이 (49가)가 적격성을 얻게 되는 이유이다.

(47가)의 부적격성은 궁극적으로 의미론적인 것이라고 하였다. 이는, (47나)"의 구조로도 적격한 문장이 있을 수 있다는 뜻이다. 다음이 그러한 예이다.

(50) 가. 철수는 몸이 뚱뚱하고 배가 나왔다.

나. [$_{CP}$ 철수는 [$_{C'}$[$_{IP}$[$_{CP}$ PRO [$_{IP}$ 몸이 뚱뚱하-ϕ-]-고] [$_{IP}$ 배가 나오-았-]]-다]]

(50)' 가. 철수는 씩씩하고 진취적이었다.

나. [$_{CP}$ 철수는 [$_{C'}$[$_{IP}$[$_{CP}$ O_i [$_{IP}$ t_i 씩씩하-ϕ-]-고] [$_{IP}$ t_i 진취적이-었-]]-다]]

이처럼, IP 부가어를 이루는 연결어미 절들도 둘로 나누어져서 그 적격성의 차이를 드러내는데, 이러한 설명이 가능한 것은 이들을 IP의 부가어로 설정한 바로 그 점으로부터 말미암는 것이다.

앞에서의 예 (46나)는 우리가 '명시어 구조'로 간주하는 것인데, 선행절 옮기기가 가능하다는 점에서 문제로 인식될 가능성이 있다. 그러나 명시어 구조는 이와 같은 문장 형식을 배제하지 않는다. 후행절의 주어가 흔적(t)을 남긴 채로 전체 문장인 CP의 부가어로 나설 수 있기 때문이다. 오히려, 종래 대등적 연결어미로 다루어져 온 '-지만', '-으나'의 절이 '-자' 연결어미의 절과 같이 선행절 옮기기가 가능한 점이야말로 종래의 대등/종속 구분의 전제에서는 설명하기 어렵다. 김영희(2005: 60)에서는 다음 예를 증거의 하나로 삼아 '-지만', '-으나'의 문장을 종속접속문에 귀속시키고 있다.

(51) 가. 식구는, 집이 넓지만, 둘뿐이다.

---

190) 다음 예와 비교해 볼 것. (b)와 같은 문장이 현실의 발화와 글에서 어렵지 않게 발견된다. (47가)와 (b)의 적격성의 차이는 통사적인 것이 아니라 의미론적인 것이다.

a. 친구는 떠나고 소년은 운동장에 혼자 남았다.

b. 소년은, 친구는 떠나고, 운동장에 혼자 남았다.

나. 관중들은, 비가 억수같이 퍼부었으나, 꼼짝 않고 앉아 있었다.

그러나 앞의 (표3)은 '대등적 연결어미'가 아닌 예 중에도 선행절 옮기기가 불가능한 것이 더 있음을 보이고 있다. 이는 '선행절 옮기기'가 '대등'과 '종속'을 구분하는 통사적 기준으로 사용될 수 없다는 점을 말해주는 것이다.

선행절 옮기기와 관련한 다음 사실은 VP 부가어('-어서' 절)와 IP 부가어('-으니까' 절)의 구분을 정당화해 준다.

(52) 가. 동두천은 어제 비가 와서 도로가 매우 미끄럽겠다.
　　나. 동두천은 도로가 어제 비가 와서 매우 미끄럽겠다.
(53) 가. 동두천은 어제 비가 왔으니까 도로가 매우 미끄럽겠다.
　　나. *동두천은 도로가 어제 비가 왔으니까 매우 미끄럽겠다.

CP의 명시어인 '동두천은', IP의 명시어인 '도로가'를 가진 위 구조에서 IP 부가어인 '-으니까' 절이 IP 내부에 위치하는 것이 배제됨을 (53나)는 보여준다.

명시어 구조와 IP 부가어 구조가 중첩되는 예도 가능하다.

(54) 가. 날이 덥<u>거든</u> 수영을 하<u>고</u> 배가 고프<u>거든</u> 식탁의 음식을 먹어라.
　　나. $[_{CP}[_{CP}[_{CP}\ [_{C'}$ 날이 덥거든] $[_{IP}$ 수영을 하-ϕ-]]-고$]_i$ $[_{CP}[_{C'}$ 배가 고프거든]
　　　$[_{IP}\ t_i\ \ [_{IP}$ pro 식탁의 음식을 먹-ϕ-]]-어라]]

이 문장에는 '-거든'이 둘 나타난다. 앞의 '-거든'은 그 명시어로 IP('수영을 하-ϕ-')를 취하여 CP를 형성하며, 이 CP는 다시 '-고'의 보충어가 된다. '-고' 연결어미 절은 뒤의 '-거든'에 의해 형성된 명시어 구조에서 명시어인 절의 IP 부가어로서, 그 동지표화된 흔적(t)만을 원래 위치에 남기고 있는 것이다.

2.4.2.7. 재귀대명사 조응의 의의

선행 연결어미 절 내의 재귀대명사가 후행절의 주어와 조응할 수 있느냐의 여부는 종속접속문, 또는 부사절 내포문을 대등접속문과 구별하는 방법으로 활용되어 왔다(남기심 1985, 유현경 1986, 김영희 1987, 2005, 최재희 1991, 1997). 그러나 '자기' 조응은 연결어미 절의 통사구조의 구별을 위한 기준이 될 수 없다.

(55) 가. 자기가 일을 저질러 놓고서, 돌이가 시치미를 뗀다.
나. 자기가 되게 앓고 나니, 철이가 환자를 이해하겠더란다.
다. 자기의 아들이 합격을 했으나, 김씨는 기쁘지 않았다.
(56) 가. *자기가 웃고, 돌이가 떠든다.
나. *자기가 오든지, 철이가 오든지 할게다.
다. *자기의 아들이 들어왔다가, 김씨가 들어왔다가 한다.
(이상 6개 예문은 김영희 1987에서 취함)

필자는 (56)의 예들이 모두 통사적인 이유보다는 의미적인 이유에 따라 부적격한 것으로 판단한다. 특히 '자기'가 선행절 주어의 관형어로 포함된 (56다)는 그 부적격성이 (56가, 나)만큼 심각하지 않은 것으로 본다. 대표적 '대등적' 연결어미인 '-고'의 문장에서도 같은 점을 확인할 수 있다. (57)의 문장들은 통사론적으로 적격하다.

(57) 가. ?자기 아들이 현재의 규모로 회사를 일으켜 세웠고, 김씨는 처음 시작할 때 자본금만을 대 주었다.
나. ?자기의 아내는 이사이고, 김씨는 평사원이다.
다. ?김씨는 평사원이고, 자기의 아내는 이사이다.

또한, (55다)의 '-으나'는 '-지만'과 함께 많은 연구자들에 의해서 '대등적' 연결어미로 취급되어 왔지만, 위와 같은 형식으로 자연스러운 문장을 이룬다.[191)]

(58) 가. 자기 아버지는 돈이 없지만, 철수는 왠지 씀씀이에 여유가 있다.
나. 자기 아들이 시험에 낙방했으나 김씨는 승진에 성공했다.

---

191) 김영희(1987, 2005)에서는 '-지만, -으나'를 종속적 연결어미로 취급한다. 그러함에도 불구하고 김영희(2005: 62)에서는 다음과 같은 '자기'의 예는 비문으로 판단한다. 그러나 (55다)와 다음 (b)를 통사적 적격성의 차이로 구별할 방법은 없는 것이다. '-으나' 접속문이 종속접속문의 구조를 가진다는 것은 '-으나' 연결어미 절이 후행절의 한 부가어가 된다고 보는 것인데 그럴 경우 (55다)의 '자기'나 (b)의 '자기'나 후행절 주어에 성분통어되는 점은 마찬가지이다. 왜 (b)만 부적격한지를 설명할 방도가 없다.
a. *자기가 재물복은 없지만 김씨가 자식복은 있다.
b. *자기가 승부에는 졌으나 돌이가 경기에는 이겼다.
필자는 (a)와 (b)가 통사적으로는 성립 가능하며, 다만 담화화용론적 원리를 위반함에 따라 부적절한 것뿐이라고 본다. '-지만, -으나'는 명시어 구조를 형성하는 연결어미라고 간주한다. 이 구조를 바탕으로 '자기'에 관한 통사적 조건을 적용하면 위 예들은 통사적으로 부적격하지 않다. '대명사의 동지표화 규칙'에 따른 동지표화가 부여되지 않으므로 '자기'가 결속변항으로 해석될 수는 없으나 담화화용적으로 동지시될 가능성은 있다.

연결어미 절의 ‘자기’의 실현 가능 여부는 (표3)의 ⑧로 요약하였다. 이 외의 구조에서도 한국어의 재귀대명사 ‘자기’를 통사적 조건 ‘성분통어’를 통해서 설명하는 것에 근본적인 난점을 제기하는 사실이 있다. 다음에서는 주어를 이루는 절이나 명사항의 일부인 ‘자기’가 목적어와 조응한다.[192)]

(59) 가. 자기가 과거에 실수를 저질렀음이/저질렀다는 것이/저질렀다는 사실이 철수를 괴롭혔다.
나. 자기가 과거에 실수를 저질렀음이/저질렀다는 것이/저질렀다는 사실이 철수를 괴롭게 했다.
(60) 가. 자기의 과거의 실수가 철수를 괴롭혔다.
나. 자기의 과거의 실수가 철수를 괴롭게 했다.

이러한 점들을 근거로 하여, 필자는 ‘자기’의 존재가 연결어미 문장의 통사구조의 차이로서의 대등접속 구조와 종속접속 구조 여부를 결정하는 기준이 되지 못한다고 결론짓는다. ‘자기’의 실현에 최소한의 통사적 제약이 존재하기는 하지만, 위 예문들에서의 ‘자기’에 따른 문법성의 차이는 통사적 요인보다는 의미적 요인에 따르는 것이라고 판단한다.

연결어미 문장에 관한 논의에서 재귀대명사에 대한 통사론적 처리를 어떻게 해 왔는지 살펴보기로 하자. 통사론적 처리의 관점은 1)초기 생성문법의 ‘통어(command)’ 개념에 입각한 접근과, 2)‘성분통어(c-command)’ 개념에 입각한 접근을 구별할 수 있다. 후자의 성분통어 개념은 다시 (62)와 (63)의 두 가지 다른 정의가 통용되고 있다.

(61) Langacker(1969)의 통어 정의:
A를 관할하는 첫 번째 S 교점이 역시 B를 관할할 때 A가 B를 통어한다.
(62) 성분통어의 정의:
A가 B를 성분통어한다는 것은 A를 관할하는 첫 번째 분지 교점 C가 역시 B를 관할한다는 뜻이다.[193)]

---

192) 내포절의 주어와의 조응이 가능함을 보이는 다음의 문장들은 ‘자기’의 조응에 있어서 통사적 통어/성분통어 조건은 아니더라도 어떤 문법적 조건이 작용하고 있음을 시사한다. 필자는 통사구조 아닌 ‘의미구조’에서 목적어 ‘철수를’이 ‘자기’를 지배하는 위치에 있기 때문에 목적어와 ‘자기’의 조응이 가능해지는 것이라고 본다(이러한 ‘지배’ 개념에 대하여 [부록]을 참고 바람). 의미구조의 형상성에 바탕을 둔 재귀사의 조응 현상에 대한 설명으로 Jackendoff(1992)를 참조.

193) 이를 Reinhart(1981a)의 다음 성분통어 정의와 비교해 보기 바람:
A가 B를 성분통어한다는 것은 A를 관할하는 첫 번째 분지 교점 C가 역시 B를 관할한다는 뜻이다. C와 동일

(63) Chomsky(1986b)의 성분통어(최대통어) 정의:[194]
A가 B를 성분통어(최대통어)한다는 것은 A를 관할하는 모든 최대투사가 동시에 B를 관할한다는 뜻이다.

(61)의 '통어' 개념을 활용한 예는 유현경(1986), 최재희(1991)에서 볼 수 있다.[195] 이들에 따르면 (55)에서 후행절의 주어는 부가어인 선행절(내포절) 내의 '자기'를 통어하는 반면, (56)에서는 선·후행절이 접속 구조 'S-conj-S'의 각 S 교점이 되므로, 후행절 주어에 의한 선행절 '자기'의 통어는 불가능하다. 이러한 접근의 문제는, 무엇보다도, '통어' 개념과 관련한 다음의 반례를 만난다는 것이다.

(64) 가. [$_S$ 철수i는 언제나 자기i를 내세운다]
나. *[$_S$ 자기i는 언제나 철수i를 내세운다]
(65) 가. [$_S$ 중대장은 김상병i을 자기i 내무반으로 보냈다]
나. *[$_S$ 중대장은 자기i를 김상병i의 내무반으로 보냈다]
다. [$_S$ 중대장은 자기i 내무반으로 김상병i을 보냈다]
라. *[$_S$ 중대장은 김상병i의 내무반으로 자기i를 보냈다]

(64가)에서나, (64나)에서나, '철수'는 물론 '자기'를 통어하지만, 반대로 '자기'도 '철수'를 통어한다. 그러나 두 문장의 문법성은 분명히 다르다. (65)도 같은 점을 예증한다.

'성분통어' 개념을 활용한 예는 최재희(1997), 김지홍(1998), 김정대(1999, 2005), 김영희(2005)에서 볼 수 있다. '성분통어'의 정의도 엄밀하게 보면 다양한 형식들을 구별할 수 있지만, (62)와 (63), 어느 정의를 취하더라도 이들이 의도하는 것처럼 '자기'의 쓰임을 정확하게 포착할 수는 없다.

먼저, 연결어미 문장에 대해서 (62)의 성분통어의 개념을 활용하는 연구로 김정대(1999, 2005)을 들 수 있다. 김정대(2005)에서는 종속접속문의 선행절이 후행절에 부가되는 다음과 같은 구조를 제시하였는데,[196] 이 구조에서 '철이'는 '자기'를 성분통어한다

범주 유형이면서 C를 직접관할하는 교점 C'이 B를 관할하는 경우에도 A는 B를 성분통어한다. 여기에서 '동일 범주 유형'은 S와 S', VP와 VP'(VP에 부가된 성분을 가지는 경우)와 같은 것을 뜻한다.

194) 이는 흔히 '최대통어'로 지칭되는 정의로서, 여기의 '관할'은 May(1985)에 입각한 개념이다. 이 책에서 지금까지 사용하여 온 '최대통어' 개념이 이것이다.

195) 유현경(1986: 81)에서는 '대용화의 지배(command) 조건'이라고 하여, 모호하게 표현하고 있으나 '통어(command)' 개념을 의도하는 것은 분명해 보인다. 최재희(1991: 30)도 같은 개념을 사용하고 있다.

196) (가)와 (나)는 김정대(2005: 139)의 예이며, (다)는 그의 설명에 따라 구성한 통사구조이다. 그는 시간 선어말어미를 갖지 않은 절을 'VP'로 취급하고 있다.

고 한다((62)와 다른 Reinhart(1981a)의 성분통어 정의를 사용하는 것으로 보인다). 이 조건을 충족하지 못하는 (66나)가 비문임이 정확히 예측된다.

(66) 가. 자기$_i$가 지니까 철이$_i$가 심술을 부린다.
나. *철이$_i$가 지니까 자기$_i$가 심술을 부린다.
다. [$_{VP}$ [$_{CONJP}$ [$_{VP}$ 자기가 지-]-니까] [$_{VP}$ 철이가 심술을 부리-]]

이에 대해서 자료의 측면과 그 '성분통어' 개념의 측면에서 문제를 지적할 수 있다. (57), (58)은 그가 대등접속 구조로 상정하는 것인데, 그의 예측과는 달리, 통사적으로 부적격하지 않다. 또, (59), (60)은 통사적 조건으로서의 '자기'의 성분통어 조건에 근본적인 문제를 제기하는 것이다.[197)]

(63)의 '최대통어' 정의는 (66다)와 같은 구조에서 '철수가'가 '자기가'를 최대통어하는 것을 배제하므로, 이와 같은 구조의 가정 하에서는 (66가) 문장을 비문으로 예측한다. '성분통어' 개념을 활용하는 연구자들은 대개 '종속접속문'의 구조를 (66다)와 같은 부가구조로 간주하므로,[198)] (62)의 정의를 따르거나, (63)의 정의를 따르거나, 이상에서 지적한 문제점들을 피할 수 없다.

필자는 '자기'의 조응이 통사적으로 대등/종속을 가르는 기준이라는 종래의 통념을 부정하는 바이지만, '자기'의 해석과 관련한 일정한 통사론적 조건이 존재한다는 점은 받아들인다. 앞의 2.1절에서 설정한 대명사에 관한 통사론의 원리를 다시 들어 보자.[199)]

(67) 대명사의 동지표화 조건
대명사 P가 그것을 성분통어하는 명사구(DP) α를 가지는 경우, P와 α에 동지표를 붙인다.
조건: (i) α는 논항 위치에 있어야 한다.
(ii) P가 재귀대명사이면 이 동지표화는 의무적으로 적용되고 P가 그 외의 대명사이면 이 동지표화는 수의적으로 적용된다.

---

197) 이들 문장이 가지는 문제는 이정민(1973), 김영주(1990) 등에서 제기한 바 있다. 양동휘(1983)에서는 Chomsky(1986a)의 완전기능복합체(CFC)의 개념을 바탕으로 '자기'의 통사적 해석을 설명하였으나, (59), (60) 유형의 예에 대해서는 동사가 '경험자' 의미역을 가진다고 가정하여 비정규적인 경우로 다루고 있다.

198) 절 단위의 범주를 김정대(1999, 2005)는 VP로 상정하나, 다른 연구자들은 이를 S나 IP 등으로 상정하는 차이가 있다.

199) 여기에서 '성분통어'는 위 (62)의 개념을 상정하고자 한다. 다음의 통사론적 조건은 '자기'를 비롯한 재귀대명사, '그'를 비롯한 일반 대명사를 적용 대상으로 한다. 이 밖에 교호적 재귀대명사 '서로'도 그 적용 대상으로 포함하지만, '서로'는 부사로서의 어휘항목을 따로 가진다고 본다(3.4절과 제5장 참조).

'자기'는 재귀대명사이다. 그러나 이 조건은 재귀대명사라도 그것을 성분통어하는 DP를 가지는 경우에만 동지표화가 의무적으로 적용된다고 서술한다. 가령 (66다)와 같은 구조에서 '자기'는 성분통어하는 DP를 갖지 않으므로 동지표화가 적용되지 않아도 된다. 즉 (66가)와 같은 동지표들은 부여되지 않는다. 동지표를 갖지 않은 구조를 바탕으로 담화화용론적 해석을 통하여 '자기'가 '철이'와 동지시될 수는 있다. 이에 따라 (66가)가 적격한 문장으로 해석되는 것이다.

또 다른 예를 들어 보자. 앞에서는 종래 대등접속문으로 인식되어 온 (57가) 문장에서 선행절의 '자기'가 후행절의 주어와 동지시될 수 있다고 지적하고, 이 사실은 재귀대명사화를 통해서 '-고' 접속문이 대등접속 구조를 이룬다고 증명하는 종래의 주장이 오류임을 증명한다고 하였다. '-고' 접속문은 '-으니까' 접속문 등과 마찬가지로 그 선행절을 IP 부가어로 가지는 문장이다.

(68) 가. $^{?}$자기 아들이 이 회사를 현재의 규모로 발전시켰고, 김씨는 자본금만을 대 주었다. (=(57가))

나. [$_{IP}$ [$_{CP}$ 자기 아들이 이 회사를 현재의 규모로 발전시켰고] [$_{IP}$ [$_{DP}$ 김씨는] [$_{I'}$ 자본금만을 대 주었-]]-다.

이 문장에서 '자기'는 어떻게 '김철수 씨'와의 동지시 해석을 얻게 되는가? DP인 '김씨는'은 선행절인 CP '-고' 절을 성분통어할 수 없다. 따라서 '자기'도 성분통어할 수 없다. (67)의 '대명사의 동지표화 규칙'는 재귀대명사의 경우에도 성분통어하는 선행사를 가지는 경우에만 동지표화가 가능하다고 규정한다. 그러므로 '김씨는'과 '자기'는 동지표화될 수 없다. 즉 통사론적으로 이 둘이 동지표화될 수는 없다.

그러나 담화화용론적으로 둘이 동지시되는 가능성은 남아 있다. 즉 '자기'가 지시적 대명사 용법으로 해석되는 것이다. 담화화용론적으로 '자기'가 '김씨는'과 동지시되는 것이 가능하다. 통사구조에서 동지표를 갖지 않은 상태로 담화화용론적 동지시 해석을 받는 것이다.

요컨대, (68가) 문장은 문법적인 문장이다. '?' 표시는 연접(&)의 문장이 문장화제(sentence-topic)에 해당하는 명사항을 문장 앞머리가 아닌, 후행절 앞머리에 배치한 것이 담화화용론적으로 다소 부자연스러운 반응을 유발했음을 표시하는 것이다.[200]

200) (67)의 '대명사 동지표화 규칙'과 이것이 적용되지 않을 경우의 대명사의 지시적 해석에 관하여 제5장에서 상론할 것이다.

2.4.2.8. 동일 연결어미의 반복 가능성과 '-는' 주제어

(표3)의 특성 ⑧, 즉 재귀대명사 조응과 관련한 문법성의 차이가 대등접속문과 종속접속문을 획연히 가르는 기준이 되지 못하는 것처럼, 동일 연결어미의 반복 가능성 ⑨, 선행절의 '-는' 주제어 출현 가능성 ⑩도 그러하다.

김영희(1987, 1988나)에서는 대등접속문과 종속접속문(부사절 내포문)을 구별하는 통사적 기준의 하나로 동일 연결어미의 반복 가능성을 든 바 있다. 이에 따르면 (69)와 (70), (71)의 차이는 통사적 적격성의 차이인 것이다.

(69) 가. 비는 오고, 날은 춥고, 갈 곳은 없다.
　　나. 돌이가 오거나, 철이가 오거나, 순이가 온다.
(70) *비가 와서, 날은 추워서, 갈 곳은 없다.
(71) 가. *돌이가 오는데, 철이가 오는데, 순이가 온다. (이상 4개 예문, 김영희 1987)
　　나. *돌이가 오거든, 철이가 오거든, 나한테 말해라.

그러나 종속접속문의 특징을 가진다고 알려져 온 연결어미의 절들도 적당한 상황맥락을 부여하기만 하면 반복이 가능하다(72). 뿐만 아니라, 명시어 구조를 이루는 연결어미 절도 반복이 가능하다(73).

(72) 그 사람이 오면, 약속된 금액을 안 가져왔으면, 싫은 소리를 좀 해 주어야겠다.
(73) 가. 그이는 나의 기색을 살피더니 그만하면 되었다 하는 듯이 벌떡 일어나 자기가 쓰는 가방을 가져오더니 그 안에서 흰 봉지를 하나 꺼내겠지요. (현진건, 그리운 흘긴 눈)
　　나. 어제 보았더니, 철수가 들어오더니 집안이 소란해졌어요.

종전에 대등접속문이나 종속접속문에 나뉘어 분류되던 예들이 이 책에서는 부가어 구조 또는 명시어 구조로 분석된다. (69)와 같은 대등적 연결어미 절의 반복은 부가어의 반복 가능성에 따라 자연스럽게 설명된다. (72)의 '-으면' 연결어미 절도 부가어의 성질에 따라 반복될 수 있는 것이다. 또한, 뒤에서 나무그림으로 제시할 명시어 구조에서는 오른쪽의 명시어인 CP 자체가 다시 '[[IP-C]-CP]'와 같은 명시어 구조로 분지될 수 있는 것이다(2.4.3절 참조). (73)은 그 한 가지 사례이다. 그러므로 반복 가능성 여부에 의해 구별되는 것은 통사적 차이가 아니라 담화·화용적 차이라고 보는 것이 온당하다. (70), (71)에서 부가어 구조, 명시어 구조를 이루는 연결어미 '-어서', '-는데', '-거든'의 절이 반복되기가 불가능한 것도 상황맥락의 제약에 따른 것일 뿐이다.

다음으로, '-는' 주제어의 실현 사실 역시 대등접속문과 종속접속문이 통사적 차이를 가진다는 증거가 되지 못한다.[201] '-는' 주제어를 활용하는 검증법에는 두 가지 방법이 있다. 첫째로, 후행절만 주제어가 가능한지 여부를 대등접속문과 종속접속문을 구분하는 기준으로 사용해 왔다(김영희 1988나). 선행절 주어가 'NP-이' 형식일 때 후행절의 'NP-는' 형식이 불가능한 (75)는 대등접속문의 대칭성으로부터 말미암은 현상이라는 것이 이 검증 기제의 착안점이다. (74)의 선행절은 이 기준에 따라 종속절로 결정된다는 것이다.

(74) 가. 가을이 되니 날은 시원하다.
　　나. 아들이 상을 탔지만 어머니는 슬펐다.
(75) 가. *몸이 튼튼하고 마음은 올곧다.
　　나. *함박눈이 내리거나 싸락눈은 내린다. (이상 4개 예문, 김영희 1998)

'NP-는' 명사항의 존재가 그 통사구조상의 지위에 대해 말해 주는 점은, 이것이 내포절의 성분으로 크게 제약되는 점이다. (74)에서 선행절의 주어가 'NP-는' 형식을 가질 수 없는 것은 이 선행절이 내포절이기 때문이다(채완 1976). 그러나 (75)에서 후행절에 'NP-는'이 배제되는 것은 연접(conjunction) 또는 이접(disjunction)의 연결어미가 가지는 특수한 의미적 효과 때문인 것이다.[202] 이러한 특성은 연결어미 절들의 통사적 부류를 나누는 기준이 될 수 없다.

둘째로, 선행절과 후행절 모두에 'NP-는' 형식의 주제어를 설정할 수 있느냐 여부가 선행절의 후행절에 대한 독립성 여부를 검증하는 기준으로 고려되어왔다. 유현경(1986)에서는 이를 대등접속문의 특징으로 간주하였는데, 김영희(1988나)에서는 선·후행절 모두에 'NP-는' 형식이 설정 가능하다는 점이 다음과 같이 대등접속문이라 알려진 구조를 내부적으로 두 부류로 나누는 기준이 된다고 주장한다. '-고, -으며'와 '-거나, -다가'는 모두 대등접속의 연결어미로 알려져왔지만 다음과 같은 대비를 보이는 것이다.

(76) 가. 경찰은 잠을 자고 도둑은 들끓고 한다.
　　나. 심성은 바르며 행동은 야무지다.

---

201) '-는' 주제어는 'NP-는' 형식이 담화상의 주제를 표시하는지, 대조의 의미를 나타내는지, 또는 문법기능으로서의 주제어인지에 대한 결정을 유보한, 잠정적인 지칭이다.

202) 제12장에서는 담화의 적격성 조건의 하나로 문장화제 조건을 논의한다. 이 조건과 관련되는 담화화용론적 요인에 따라 (75) 예문들의 부적격성을 설명하는 것이 타당하다.

(77) 가. *순이는 기타를 치거나 돌이는 기타를 친다.
나. *소나기는 내리다가 가랑비는 내리다가 한다. (이상 4개 예문, 김영희 1988)

공히 '대등적 연결어미'를 가진 문장들인 (76)과 (77)의 대비는 'NP-는' 형식의 존재가 통사적 차이로서의 대등접속과 종속접속의 구조적 차이를 보이는 것이 아니라는 점을 증명하는 것이다. 더욱이, '종속접속문'으로 간주되어온 문장들도 선·후행절의 '-는' 주제어가 실현 가능하며(78), (77가)의 특징을 보이는 동일한 연결어미가 (79)처럼 상반된 특징을 보이는 것을 관찰할 때, '-는' 주제어가 대등접속문을 두 하위부류로 나누는 통사적 특성이라고 보는 김영희(1988나)의 생각도 받아들일 수 없다.

(78) 가. 경찰은 경계를 펼지라도 도둑은 들끓는다.
나. 심성은 바르더라도 행동은 굼뜨다.
(79) 그 사람은 무슨 말을 하거나/하든지, 나는 내 일을 하겠다.

앞에서 우리는 '-고, -으며'와 '-거나, -다가'를 IP에 부가되는 부가어 절을 이끄는 연결어미로 간주하였다. 또, '-을지라도, -더라도'는 명시어 구조를 형성하는 연결어미로 간주하였다((표3) 참조). (76), (77)의 차이는 통사적 차이라기보다는, 연결어미의 의미적 차이로부터 말미암는 현상인 것이다.

2.4.3. 명시어 구조

종래와 달리 이 연구에서 새로이 분리하여 내세우는 연결어미의 특이한 부류는 명시어 구조를 이루는 연결어미들이다. (표3)의 목록에 제10장의 접속문에 관한 논의에서 다룰 연결어미들 '-었더라면, -었던들, -길래' 세 개를 추가한다.

(80) 명시어 구조를 이루는 연결어미:
-거든, -자, -지만, -으나, -거니와, -더니, -는데1, -기를, -기에, -은들, -더라도, -을지라도, -을망정, -기로서니, -지, -었더라면, -었던들, -길래

기존 연구에서는 위에 제시한 연결어미들 중 '-지만', '-으나'는 대등접속문을, 나머지 연결어미는 종속접속문을 이루는 연결어미로 처리하는 것이 보통이었다. 이들을 구조적으로 새로운 유형인 '명시어 구조'로 분리해 내는 주요 근거는 앞에서 (표3)으로 요약하

였다. 즉, 후행절 사건시 기준 해석을 체계적으로 얻는 것이 불가능하다는 점(②)과, 연결어미의 후행절 의미에 대한 선택제약의 사실(③)과, 후행절의 부정소의 선행 연결어미절에 대한 영향권 해석이 불가능한 특징(④)이다. 이 세 가지 특징은 곧 제시하는 명시어 구조의 통사구조 형상으로부터 자연스럽게 뒤따르는 것이다.

이들 연결어미는 연결어미 문장 전체의 머리성분으로서, 선행절을 C'로 만들어, 후행절을 명시어로 취하는 CP 구조를 형성하는 것으로 본다.

(81) 가. 그가 오거든 나에게 말해라.

나. 까마귀가 날자 배가 떨어졌다.

(81)'

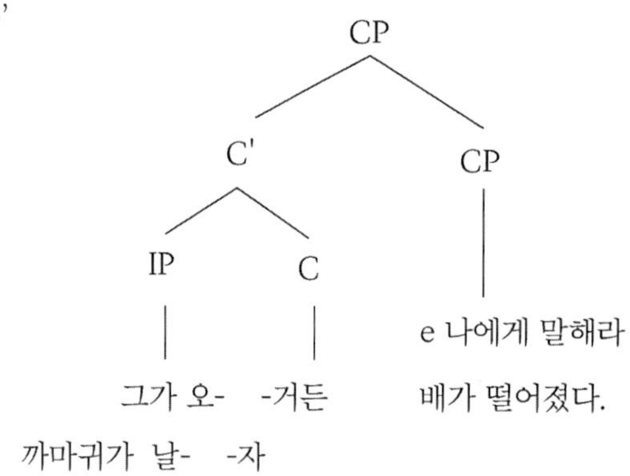

기존 연구에서 '-거든'과 '-자'는 종속접속문을 이루는 연결어미로 처리되는 것이 보통이었다. 이들을 구조적으로 한 부류에 포함시키는 것은 선행절의 C가 후행절의 양상(modality)을 제약하는 것이, 마치 동사가 주어에 대해서 선택제약을 부과하는 것과 같다고 보기 때문이다. 연결어미인 C는 CP의 머리성분으로 설정되기 때문에 구조적으로 그 최대통어 영역이 CP 전체에 미치는 사실을 효과적으로 포착할 수 있다.

'-거든'이 후행절에 '의도'의 양상적 의미와 관련한 제약을 부여한다는 관찰이 일찍부터 있어왔다(이정민 1980, 이기갑 1987).

(82) 가. 그가 오거든 나에게 말해라.

나. 짐이 도착하거든 우리도 떠나겠다/떠날 것이다/떠나마.

다.*짐이 도착하거든 우리도 떠난다/떠나느냐?/떠나는구나.

'-거든'과 '-자'가 후행절의 양상에 대한 제약을 부여한다는 것은, 역으로 후행절의 굴절소가 선행절을 그 통사적 영역 내에 두지 못한다는 뜻으로 해석할 수 있다. (81)'은 이러한 점을 구조적으로 포착하기에 적합하다.

앞에서도 요약·소개한 바 있지만, 남기심(1975)에서는 연결어미 '-거든'이 언어 외적 상황이나 기타 형편에 따라 발화시 기준, 후행절 사건시 기준이 유동하는 예라고 관찰한 바 있다. 이는 '-거든'이 후행절 굴절소가 표현하는 시간적 선후 관계와 무관함을 말해주는 것으로, (81)'과 같은 구조 설정을 지지하는 사실이 된다.

'-자'는 선어말어미 '-었-, -겠-'을 취하지 않는 연결어미인데, 항상 발화시 기준의 과거 해석을 만든다. 이 연결어미에 관하여 오해하기 쉬운 것은, 이 연결어미의 문장이 잇달아 일어나는 사건들의 선후 관계를 본질적으로 가지기 때문에, 후행절의 시제에 의한 영향이 선행절에 가해진다고 생각할 수 있다는 점이다. 그러나 이러한 시간적 관계는 오히려 '-자'가 부여하는 것이다.

(83) 가. 석양이 되자 우리는 집으로 돌아왔다.
　　나.*석양이 되자 우리는 집으로 돌아오겠다/돌아올 것이다/돌아와라/돌아오마.

명시어 구조를 형성하는 연결어미로는 이 밖에 '-지만', '-는데1', '-거니와', '-더니', '-기를' 등이 있다. 이들 하나하나에 대해서 간단히 검토해 보기로 한다.

'-지만'은 남기심(1975)에서 항상 발화시가 기준 시점이 되는 예로 분류한 바 있다. 이는 후행절의 굴절소나 보문소가 가지는 시간적 의미가 연결어미를 포함한 선행절에 아무런 영향을 주지 못함을 말하는 것이다.

(84) 가. 그는 용감했지만 그의 부하들은 비겁했다.
　　나. 그가 힘이 세지만 결국 패할 것이다.
　　다. 비가 오겠지만 장마는 지지 않을 것이다. (이상 3개 예문, 남기심 1975)

오히려 '-지만'이 후행절 보문소의 서법을 제약한다.

(85) 가. 철수는 사과를 먹었지만 순희는 귤을 먹었다/먹어라/먹자.
　　나.*철수는 사과를 먹었지만 순희는 귤을 먹었느냐? (최재희 1991: 83)

이러한 특징은 한국어의 연결어미들 중에 '-지만'의 위치가 독특함을 보이는 것이다.

이와 같은 특징은 명시어 구조가 효과적으로 포착할 수 있다고 본다.

최재희(1991: 88)에서는 '-는데'를 대등접속과 종속접속의 둘로 나누어 처리하였는데, 대등접속의 경우 다음과 같은 서법 선택의 제약을 가진다고 관찰하고 있다.

(86) 순희는 떠나지 않았는데 철수는 떠났다/떠났느냐/*떠나라/*떠나자.
(87) 철수는 사과를 먹었는데 순희는 귤을 먹었다/먹었느냐?/*먹어라/*먹자.

이미 남기심(1975)에서도 '-는데'가 둘 이상의 뜻을 가지고 있어서 그 뜻에 따라 그 기준 시점이 달라지는 예라고 지적한 바 있다.

(88) 그는 서울로 갔는데 그의 아내는 서울서 내려왔다.
(89) 꽃이 많이 피었는데 그 꽃이 몹시 아름다웠다.

(88)과 (89)의 두 문장에 쓰인 '-는데'는 의미가 다른데, 그 의미의 차이는 통사구조상의 지위의 차이와도 대응되는 것이어서 주목된다. '대조'를 의미하는 (88)은 명시어 구조를 이루는 것이며('-는데1'), (89)에서 '배경 설정'의 연결어미 절은 앞에서 소개한 대로 IP의 부가어를 이루는 것이다('-는데2').

'-거니와' 문장에서도 서법의 선택에 제약이 있음을 관찰할 수 있다(최재희 1991: 74).

(90) 가. 철이는 공부를 잘 하거니와 운동도 잘 한다/*하니?/*해라/*하자.
나. 순희는 맥주를 마시거니와 영자는 위스키도 마신다/*마시니?/*마셔라/*마시자.

'-더니'도 이상의 연결어미들이 가지는 특성을 공유한다. '-더니'는 선·후행절 사건의 시간적 선후 관계를 그 스스로 부여한다는 점에서 '-자'와 유사한 바가 있다.

(91) 가. 번개가 번쩍하더니 천둥이 친다.
나.*천둥이 번개가 번쩍하더니 친다.
(92) 가. 아까는 철수가 가더니 이제는 철수 동생이 간다/가느냐?
나.*아까는 철수가 가더니 이제는 네가 가라/내가 가겠다.

명사형어미와 보조사의 결합으로부터 형성된 '-기를'은 새로운 단위로 보문소의 자격을 갖게 된다. 보문소, 즉 연결어미로서의 '-기를'은 이상의 연결어미들과 동일한 구조적 특성을 가진다.

(93) 가. 그는 생각하기를, 혜성이 지구에 부딪치면 어떻게 될까 걱정했다.
　　나. 그 알이 나타나기를 금빛 광채 속에서 나타났다.
(93)' 가.*그는 생각하기를, 혜성이 지구에 부딪치면 어떻게 될까 걱정했느냐?.
　　나.*우리가 무대에 오르기를 신나는 음악과 함께 오르겠다/오르자/오르느냐?.

물론 '-기를'의 제약은 선행절에 대해서도 가해지는 것이어서 (93)'은 물론, (93)과 같은 예를 구성하기도 쉽지는 않다. 그러나 이와 같은 극심한 제약을 가지는 구문을 기술하는 데에는 '-기를'이 명시어 구조를 형성한다고 가정하는 것이 효과적이다.

양정석(1996다)에서는 명사구 접속의 'NP1-와 NP2' 구성에서 '-와'의 범주가 후치사(P)이며, 'NP1'을 보충어, 'NP2'를 명시어로 가지는 구조를 이룬다고 기술한 바 있다.[203] 또 종래의 관점과는 달리, 접속의 '-와'가 '-고'나 '-으며'와 통사적 과정을 통해 연관되지 않는다는 점을 증명하였다. 필자의 검토에 따르면 '-와'는 명시어 접속항을 취하는 점에서 '-거든', '-자', '-지만' 등, 앞의 (80)의 연결어미들과 공통된다고 할 수 있다. '-와'의 병렬적 의미는 통사구조에서 명시어 구조로 표현되지만, '-고'의 병렬적 의미는 통사구조에서 부가어 구조로 표현되는 것을 아울러 고려할 때, 적어도 한국어에서는, 통사구조와 의미구조가 접속의 형식에 있어서 일률적으로 대응되는 것은 바랄 수 없는 일이라고 결론지을 수 있다.

2.4.4. 부가어 구조

2.4.4.1. 주어, 목적어의 이차 서술어인 연결어미 절

부가어 구조를 이루는 연결어미 중에도 주어, 목적어의 이차 서술어를 이루는 부류와 그렇지 않은 부류를 구분할 수 있다. 연결어미 절이 이차 서술어를 이루는 경우로 세 가지가 있는데, 그것은 VP의 부가어, I'의 부가어, V'의 부가어이다((표3)의 분류 참조).[204]

먼저, 주어의 이차 서술어 위치를 그 구조적 특성으로 가지는 연결어미들을 제시하면 다음과 같다.

---

203) 이 내용은 앞의 2.2.2절에 요약되어 있다.

204) 주의할 점은 이들 연결어미의 절이 언제나 이차 서술어가 되는 것은 아니라는 점이다. 연결어미 절이 그 명시어 위치에 O나 PRO를 가지는 경우에 한하여 서술화 원리를 만족하기 위해 이차 서술어가 되는 것이다. 그 외의 경우에는 수식어로서 허가된다.

(94) 가. VP의 부가어를 이루는 연결어미:
-으려고, -고도, -고서, -고자, -으러, -어서, -을수록, -느라고, -자마자
나. I'의 부가어를 이루는 연결어미:
-다가, -어야, -으면, -으면서

VP의 부가어를 이루는 연결어미의 예로 '-으려고'를 들어 보자. '경애를 만나러'는 이차 서술어가 되어 전체 문장의 주어 '그가'와 주술관계를 맺는다. 다음 구조는 서술화의 '임자(host)'인 '그가'와 'e 경애를 만나러'가 상호 최대통어 관계에 놓임을 보여 준다.[205)]

(95) 가. 그가 경애를 만나려고 여학교로 갔다.
나. [$_{CP}$[$_{IP}$ 그가 [$_{I'}$[$_{VP}$ [$_{CP}$ e 경애를 만나려고][$_{VP}$[$_{V'}$[$_{PP}$ 여학교로] t$_{i}$]]] t$_{i,j}$][가$_{i}$-었$_{j}$-다]]

I'의 부가어를 이루는 연결어미의 대표적인 예는 '-다가'이다. '-다가' 연결어미 절도 전체 문장의 주어와 주술관계를 맺는다.

(96) 가. 그가 글씨를 쓰다가 지우개로 지웠다.
나. 그가 글씨를 썼다가 지우개로 지웠다.
(96)' [$_{CP}$[$_{IP}$ 그가 [$_{I'}$ [$_{CP}$ e 글씨를 쓰(-었-)다가][$_{I'}$ [$_{VP}$ [$_{PP}$ 지우개로][$_{VP}$ e [$_{V'}$ t$_{i}$]]] t$_{i,j}$]]] [지우$_{i}$-었$_{j}$-다]]

VP 부가어와 I' 부가어의 위치는 주어와 상호 최대통어하는 위치이다. 부가어인 연결어미 절의 기본 위치는 머리성분인 연결어미가 가지는 어휘적 정보로 기재되는 것으로 본다. 이는 보충어인 연결어미 절이 동사가 가지는 어휘적 정보에 따라 선택되는 것과 대조된다.

다음으로, 목적어의 이차 서술어 위치를 그 구조적 특성으로 하는 연결어미들과 그 통사구조를 보이면 다음과 같다. V'의 부가어는 목적어와 상호 최대통어하는 위치이다.

(97) V'의 부가어를 이루는 연결어미: -도록, -게
(98) 가. 아내가 그를 새벽 일찍 출발하도록 설득했다.

---

205) 우리의 체계(2.1.3절 참조)에서, 명시어 및 부가어는 머리성분의 왼쪽이나 오른쪽의 위치로 고정되지 않는다. 따라서 a.와 같은 예에서는 주어 '그는'이 IP의 오른쪽 명시어 위치에 놓인다. 연결어미 절이 VP의 부가어 위치에 흔적을 가지며 CP의 부가어 위치에 놓이는 b.와 같은 구조도 가능하다.
a. [$_{IP}$[$_{VP}$[$_{CP}$ 경애를 만나려고] [$_{VP}$ 여학교로 t$_{i}$]] [$_{DP}$ 그는]] 가$_{i}$-았-다
b. [$_{CP}$ [$_{CP}$ e 경애를 만나려고]$_{i}$ [$_{CP}$ [$_{DP}$ 그는] [$_{VP}$ t$_{i}$ [$_{VP}$ 여학교로 t$_{i}$]] 가$_{i}$-았-다]]

나. 아내가 새벽 일찍 출발하도록 그를 설득했다.

(98)' 가. [$_{CP}$[$_{IP}$ 아내가 [$_{I'}$ [$_{VP}$ 그를 [$_{V'}$ [$_{CP}$ e 새벽 일찍 출발하도록][$_{V'}$ t_i]]] $t_{i,j}$]]]
[설득하$_i$-었$_j$-다]]

나. [$_{CP}$[$_{IP}$ 아내가 [$_{I'}$ [$_{VP}$ [$_{V'}$ [$_{CP}$ e 새벽 일찍 출발하도록][$_{V'}$ t_i]] 그를] $t_{i,j}$]]]
[설득하$_i$-었$_j$-다]]

(98)'은 (98)의 두 가지 어순에 따라 그 통사구조를 보인 것이다. 다음은 이와 같은 구조의 또 다른 예이다. (98가, 나), (99) 모두에서, 목적어와 '-도록' 절은 상호 최대통어 조건을 만족하여 통사적 주술관계가 허가된다.

(99) 가. 어린아이의 용기 있는 행동이 어른들을 머쓱해지도록 만들었다.

나. [$_{VP}$ 어른들을 [$_{V'}$ [$_{CP}$ O_i t_i 머쓱해지도록] [$_{V'}$ 만들-]]]-었다

같은 성격을 가지는 연결어미로 '-게'를 들 수 있다. '긴 사동문'을 만든다고 생각되어 온 '-게'는 두 가지 상이한 구조를 형성한다. (100가)의 연결어미 절 '철수가 죽을 먹게'는 보충어인 반면, (100나)의 목적어 뒤에 나타나는 '죽을 먹게'는 부가어이다. (100나)는 목적어의 이차 서술어로서의 쓰임을 보인다. (101)에서 보는 것처럼, 두 구조의 차이는 문법성의 차이를 유발한다.

(100) 가. 어머니는 철수가 죽을 먹게 하였다. (보충어 구조)

나. 어머니는 철수를 죽을 먹게 하였다. (부가어 구조)

(101) 가. *철수는 맥주가 시원하게 하였다.

나. 철수는 맥주를 시원하게 하였다.

(100나)와 (101나)의 예는 양정석(2002: 5.4절)에서 '결과 구문규칙'이 적용되는 한 사례로 분석한 바 있다. 타동사를 가지는 결과 구문에서 '결과'를 나타내는 구는 목적어를 '임자(host)'로 하는 이차 서술어로 간주된다. 결과 구문은 V' 부가어를 가지는 구문의 한 부류를 이룬다.

V' 부가어는 '-도록' 절처럼 연결어미 고유의 특성에 따라 형성되기도 하고, 결과 구문에서처럼 구문규칙에 의해 형성되기도 한다. 후자의 경우, '결과 구문'을 형성하는 구문규칙은 어순을 부여하는 특성을 가진다고 본다. 한국어의 어순이 자유로운 것은 V'의 왼쪽이나 오른쪽에 부가어가 부착됨을 허용하는 핵계층 구조의 일반적 원리에 따른 현상이

나, 구문규칙 중 어순을 고정하는 성질을 가진 규칙이 적용되면 그 순서가 한 가지로만 고정되기도 하는 것이다.

2.4.4.2. 이차 서술어 아닌 부가어 연결어미 절: IP 부가어와 CP 부가어

연결어미 절들 중에는 주어나 목적어의 이차 서술어가 되지 못하는 것들이 두 가지가 있다. 먼저, 그 기본적인 구조적 위치가 IP의 부가어인 연결어미 절이 있다. (103)은 (102)의 연결어미들 중 '-거나'의 예를 대표로 들어 그것이 실현되는 통사구조를 보인 것이다.

(102) IP의 부가어를 형성하는 연결어미:
　　가. -고, -으며, -거나, -든지, -는데2, -다가2
　　나. -으니까, -으니, -으므로, -어도
(103) 가. 그가 의학을 했거나 법학을 했겠지.
　　나. $[_{CP}[_{IP}$ $[_{CP}$ 그가 의학을 하-었-거나$][_{IP}$ e $[_{I'}[_{VP}$법학을 t_i $]$ $t_{i,j}$ $]]]$ 하 $_i$-었겠$_j$-지$]$

(102가)는 종래의 연구에서 대등적 연결어미로 알려진 것이고, (102나)는 종속적 연결어미로 알려진 것이나, 그 기본적인 통사구조상의 위치가 IP의 부가어라는 점에서는 두 부류가 동일하다. 주절의 주어(여기서는 'e')가 선행절을 최대통어하지 못하므로, 선행절인 연결어미 절은 이차 서술어가 되지 못한다. 이것이 바로 앞 절의 I' 부가어와의 주요 차이점이다.

다음으로, CP의 부가어 위치에 놓이는 연결어미 절이 있다. 이 경우는 그 기본적인 위치가 아니고, 언제나 후행절에 그 동지표화된 흔적을 가지는 선행사의 위치로만 한정된다. 한 예로, 앞에서 '-도록' 연결어미 절은 V'의 부가어로 규정되었지만((97) 참조), 다음과 같이 문장의 첫머리에 나타나는 경우도 있다. 이 경우 연결어미 절 CP는 전체 문장 CP의 부가어가 되는 것인데, 이 부가어 CP는 V'의 부가어 위치에 있는 흔적(t)과 '이동 변형 관계'를 형성하는 것이다.

(104) 가. 새벽 일찍 출발하도록 아내가 그를 설득했다.
　　나. $[_{CP}$ $[_{CP}$ O_i t_i 새벽 일찍 출발하도록$]_j$ $[_{CP}$ 아내가 그를 t_j 설득했다$]]$

한국어에서 CP의 부가어는 언제나 이동의 결과로서만 인정된다는 원리가 존재한다고 본다.[206] 이러한 이동 변형에 의한 통사구조는 담화화용론적 의미를 전달하기 위한 목적에서 형성되는 것으로 본다. (104)는 '무거운 명사항 이동(Heavy NP Shift)'과 같은 변형의 효과가 실현된 것이라고 판단된다.

2.4.5. 연결어미 없는 연결어미 절

여기에서 연결어미를 갖지 않는다는 말은 표면적 형식으로서의 연결어미를 갖지 않는다는 것일 뿐이고, 통사적으로는 무형의 요소이나마, 연결어미에 대응되는 통사 범주를 가지는 구조를 문제 삼고 있는 것이다.

변형 규칙으로서의 '비우기(gapping)'와 관련되는 구조가 여기에서 '연결어미 없는 연결어미 절'이라고 지칭하는 현상의 대표적인 예이다. 이 현상을 지칭하는 용어로는 '비우기', '공백화' 등 여러 용어가 쓰이고 있고, 그 가리키는 범위도 연구자에 따라 상당히 다르다. 단적인 예로, 김영희(1997)은 한국어 대등접속문에서의 성분 생략 현상에 대한 이제까지의 연구 중에서 가장 포괄적이고 체계적인 연구인데, 이 논문에서 사용하는 '비우기'라는 용어는 대등접속문에서의 주어 생략, 서술어 생략, 그리고 목적어를 비롯한 중간의 성분들이 생략되는 현상 모두를 지칭하는 것이다. 그러나 다음 (105), (106)과 같이, 문장 끝머리에서 동사(동사+굴절소+보문소)가 생략되는 현상만을 '비우기'라는 용어로 지칭하고자 한다.[207] 서술어가 생략되는 것 외에, 구가 생략되는 현상은 모두 공범주 대명사가 실현되는 현상으로 간주할 수 있다.

(105) 철수는 경애를, 영호는 순희를 좋아했다.
(106) 처음에 철수가, 그리고 나중에 영호가 순희를 사랑했다.

김영희(1997)에서는 첫머리 지우기, 가운데 지우기, 끝머리 지우기의 3가지 현상을 주변성 조건, 한 방향 조건, 필수 성분 조건, 유표격 조건, 평형성 조건, 병렬 접속문 조건의 6가지 조건에 대해서 하나하나 검토하여, 한국어 대등접속문에서의 성분의 생략에 관한 온갖 통사적 조건들, 그리고 여러 규칙들의 상관관계에 대해서 체계화할 수 있는 토대를 제공해 주었다.

206) 이 책에서 이동 변형의 흔적을 포함하는 표상을 상정하지만 이것은 말 그대로의 이동 변형 과정을 가정하는 것은 아니고, 단일한 통사구조에 이동 변형의 흔적을 표상하여 선행사와 흔적 사이의 관계를 나타낼 뿐이다. 선행사와 흔적은 Chomsky(1986b)의 이론 체계에서 제시하는 공범주 원리와 하위인접 조건을 만족한다.
207) 김영희(1997)에서의 결론은 한 절에서의 생략되는 위치에 따라 '앞머리 지우기', '가운데 지우기', '끝머리 지우기'라는 세 가지 지우기(삭제) 변형 규칙이 적용될 수 있다는 것이다. 필자는 이 중 '끝머리 지우기'만을 '비우기'라고 지칭하는 것이다.

김영희(1997)에서 검토한 조건 중 마지막 항목인 '병렬 접속문 조건'은 문제를 제기한다. 그는 대등접속문 중에서 '-고' 문장만이 끝머리 지우기가 적용된다고 설명하였다. 문제는, '-고'의 경우와 '-으며'의 경우를 통사적으로 구별할 아무런 방도가 없다는 것이다. 다음은 김영희(1988나)에서 제시한 예인데, '-으며' 문장에 끝머리 지우기가 적용된 결과는 (107나)와 같이 비문으로 판정하고 있다.

(107) 가. 남편은 채소를 팔며 아내는 생선을 판다.
나.*남편은 채소를 φ, 아내는 생선을 판다. (김영희 1988나)

(107나)의 문법성 판단은 김영희(1988나)에 의한 것이다. 그러나 '-으며' 문장의 경우와는 달리, '-고' 문장의 경우에는 똑같은 형식의 기호열을 문법적인 것으로 판단하고 있다.

(108) 가. 남편은 채소를 팔고 아내는 생선을 판다.
나. 남편은 채소를 φ, 아내는 생선을 판다. (김영희 1988나)

(107나)와 (108나)가 서로 다른 형식으로부터 도출되었다는 것을 분간할 방도는 없는 것이다. 심지어 '-고' 자리에 '-으면서', 또는 '-되'가 있었는지도 모른다. 생성문법 연구의 전통에서 복원가능성 원리를 내세우는 것은 이와 같은 실행을 방지하기 위한 것이라고 할 수 있다.

이 책의 설명 방안은, 생략된 위치에 기저 생성된 공범주를 설정해야 한다는 것이다.

(108)' 나. 남편은 채소를 φ, 아내는 생선을 판다.

이 같은 기저 생성된 공범주의 구조는 복원가능성의 문제를 피할 수 있다는 장점을 가진다. 이 설명 방안에 따르면 기저에서 생성되는 V-I-C의 공범주들의 연속은 어휘부의 어휘항목으로 주어진다. 이는 특정 연결어미로서의 '-고'나, '-으며'와 무관한 것이다.

뿐만 아니라, 이와 같은 공범주의 존재가 요구되는 다른 구문이 발견되기도 한다.

(109) 가. 이 곳을 중심으로 하여/해서/해가지고 사방 백리가 수색지역이다.
나. 이 곳을 중심으로 φ, 사방 백리가 수색지역이다.

필자는 (109나)의 통사구조가 '하여/해서/해가지고'에 상응하는 공범주를 가지며, 이때의 공범주는 (108나)'의 그것과 다름없는 것이라고 판단한다. 이는 '비우기' 현상이 대등접속에 국한되는 것이 아니라는 주장이 된다.

우리의 설명 방안을 조금 더 자세히 서술해 보기로 한다. (105), (106)이나 (109나)나, 모두 그 통사구조의 형성을 위해서는 맨 처음 단일한 공범주가 도입되는 단계가 실행되어야 한다. (109나)에는 주어 공범주인 pro가 도입되는 과정이 추가된다.

먼저, (105), (106)을 잠정적으로 '일반 비우기 구문'이라고 지칭하기로 하자. 다음 (110나)와 (111나)는 비워진 성분의 위치에 공범주가 실현된 것을 나타내고 있다.

(110) 가. 철수는 경애를, 영호는 순희를 좋아했다.
　　　나. 철수는 경애를 ϕ, 영호는 순희를 좋아했다.
(111) 가. 처음에 철수가, 그리고 나중에 영호가 순희를 사랑했다.
　　　나. 처음에 철수가 ϕ, 그리고 나중에 영호가 순희를 사랑했다.

이 현상의 본질은 동사와 굴절소, 그리고 연결어미에 해당하는 보문소가 연달아 공범주로 되어 있는 점이라고 판단된다. 그러나 이 공범주의 연속은 한 단위로 인식된다. (112)와 같은 복합 어휘항목이 어휘부에 주어진다고 가정한다. 이 복합 어휘항목은 그 특유의 의미 정보를 포함하고 있다고 본다.

(112) $[_C\ [_V\ \phi]_i\ [_I\ \phi]_j\ [_C\ \phi]]$

구체적인 문장에서 이러한 어휘항목이 실현되는 예를 보이면 다음과 같다. (114다)는 목적어인 pro가 추가로 도입된 구조를 보인다.

(113) 가. 철수는 경애를, 영호는 순희를 좋아했다.
　　　나. 철수는 경애를 $[_C [_V \phi]_i[_I \phi]_j[_C \phi]]$, 영호는 순희를 좋아했다.
　　　다. 철수는 경애를 t_i $t_{i,j}$ $[_C[_V\phi]_i[_I\phi]_j[_C\phi]]$, 영호는 순희를 좋아했다.
(114) 가. 처음에 철수가, 그리고 나중에 영호가 순희를 사랑했다.
　　　나. 처음에 철수가 $[_C [_V \phi]_i[_I \phi]_j[_C \phi]]$, 그리고 나중에 영호가 순희를 사랑했다.
　　　다. 처음에 철수가 pro t_i $t_{i,j}$ $[_C [_V \phi]_i[_I \phi]_j[_C \phi]]$, 그리고 나중에 영호가 순희를 사랑했다.

일반 비우기 구문 외에도 비우기 구문으로 해석되어야 할, 위 (109나)와 같은 구문 현상이 한국어에 광범위하게 존재한다. 다음 예들에서는 'NP-를 NP-로' 형식이 한 단위를 이루어 부가어의 기능을 가진다.

(115) 가. 그 영화는 월남전을 배경으로 사랑과 모험을 그렸다.
　　나. 그 사건은 증거불충분을 이유로 기각되었다.
　　　(이상 두 문장은 유동석(1984)에서 취함)
　　다. 일가족 5명이 국가를 상대로 손해 배상 청구 소송을 냈다.
　　라. 그들은 전국을 무대로 장사를 시작했다.
　　마. 할아버지의 병세는 오늘을 고비로 호전되었다.
　　바. 외화 도피 액수를 국세청의 기초 조사를 근거로 알아 내었다.
　　사. 우리는 이 자료를 바탕으로 우리의 계획을 세웠다.
　　아. 나는 바쁜 것을 핑계로 그 모임에 빠졌다.
　　　(이상 6개 문장은 남기심(1993)에서 취함)

남기심(1993)에서는 이들 문장에서 'NP-를 NP-로' 형식이 임의로 생략될 수 있다는 점, 한 단위로 자리옮김을 자유로이 할 수 있다는 점, 'NP-를'과 'NP-로' 사이에 부사가 삽입될 수 없다는 점, 명사구 'NP-를'이 관계관형절의 표제가 될 수 없다는 점, 'NP-를'이나 'NP-로'가 분열문의 초점 위치에 올 수 없다는 점 등을 자세히 보이고 있다. 이와 같은 특징은 'NP-를 NP-로'가 독립된 구성성분으로서 부가어라는 점을 증명하는 것이다.

이와 같은 형식의 통사적 지위를 어떻게 정하느냐 하는 문제에 대해서 두 가지 해결 방안이 더 생각될 수 있다. 첫째, 'NP-를 NP-로'가 기저에 'NP-를 NP-로 하여'로 설정되고, 여기에 '하-' 동사가 탈락되는 것으로 설명하는 방법이 있으나, 'NP-를 NP-로 하여'의 문장 형식은 가능하더라도 여기에서 '하여'가 생략된 형식이 비문이 되는 등, 이러한 설명에 반하는 증거가 나타난다.

(116) 가. 우리는 약속 시간을 4시로 *(하여) 만났다.
　　나. 철수가 교무실을 방향으로 *(하여) 갔다.

둘째, 남기심·조은(1993)에서는 'NP-를 NP-로'가 소절(small clause) 단위를 이룬다는 설명 방안을 제시하였다. 그러나 소절을 도입하는 것은 구 구조 이론상 새로운 유형의 절 구조를 특례로 인정해야 한다는 점에서 근본 문제를 제기한다.[208]

필자는 이러한 구문을 비우기 현상의 한 사례로 간주한다. 따라서 앞에서 보인 통사적 해석 과정이 이 구문에도 그대로 적용된다. 의미적으로는, 조사 '-으로'를 취하는 동사 중의 대표적인 동사, 가령 '삼다', '만들다' 등이 가지는 포괄적인 의미와 연결어미 '-어'가 표현하는 '방편' 또는 '원인'의 의미가 통사구조에 도입된 공범주에 대응되는 의미로 주어질 것이다.

(117) 가. 이곳을 중심으로 사방 백리가 수색 지역이다.
나. 이곳을 중심으로 ϕ, 사방 백리가 수색 지역이다.
다. 이곳을 중심으로 t_i $t_{i,j}$ $[_C [_V \phi]_i[_I \phi]_j[_C \phi]]$, 사방 백리가 수색 지역이다.
라. pro 이곳을 중심으로 t_i $t_{i,j}$ $[_C [_V \phi]_i[_I \phi]_j[_C \phi]]$, 사방 백리가 수색 지역이다.

비우기 현상에 대한 필자의 방안은 통사구조의 생성과 함께 의미론적 해석 과정을 문법의 전 조직 속에서 통합적으로 고려하는 이 책의 관점에서 자연스럽게 도출되는 방안이라고 할 수 있다.

2.5. 마무리

이 장에서는 의미론적 해석 절차의 진행을 위해 요구되는 한국어 통사구조의 구체적인 형식들을 파악하기 위하여, 먼저 원리매개변인 이론 체계의 원리와 규칙들을 정비하고, 다음으로 한국어의 단순문 구조, 내포문 구조, 접속문 구조의 순서로 각 구조의 유형들과 그 생성 방법들을 점검하였다. 이러한 점검 작업은 제3장부터 본격적으로 실행되는 의미론적 해석 작업을 위하여 필요한 것이다. 이 장에서 제시한 각 구문 유형의 통사구조들의 생성에 대한 관점은 이 책 전체의 의미론적 해석 작업을 위한 전제가 된다.

한국어에서 어말어미들은 그 수효도 많고, 각기 행하는 통사적 기능도 다양하다. 어말어미들은 보문소로서, 보문소구인 절 구조를 형성하는 중추적 기능을 담당한다. 이 장에서는 내포문과 접속문을 잠정적으로 어말어미들의 특성에 따라 나누고 각각의 내포절과 연결어미 절이 전체 문장의 구조 속에서 가지는 통사적 기능을 살펴서 재분류하여 각 부류의 통사구조를 기술하는 방법을 보였다. 그 기본적 기술 방법은 한국어 어말어미들

208) '소절'을 설정하는 이론들이 가지는 문제점에 대해서는 양정석(2002)의 5.3.2절 및 5.4.3절에서 구체적으로 논의한 바 있다.

의 문장 구조에서의 지위를, 동심성, 범주중립성을 그 기본 특징으로 가지는 핵계층 이론에 입각해서 고찰하는 것이다.

명사절 내포문과 관형절 내포문, 인용절 내포문, 연결어미 절 내포문, 그리고 명시어 구조와 부가어 구조의 접속문은 한국어 복합문의 전 범위를 이룬다. 관형절은 관계관형절과 보문관형절로 나누어지는데, 이 구분은 의미 해석 절차에 직결되는 구분이라는 의의를 가진다. 인용절에서는 종래 알려진 간접인용절과 직접인용절 외에, 제삼의 직접인용절의 형식에 주목하였다. '보조동사'에 관한 종래의 논의를 이어, 보조동사 구문이 기본적으로 복합문 구조로 간주되어야 함을 주장하였으나, 특별한 종류의 복합동사로 기술해야 할 보조동사 구성의 경우에는 단순문 구조를 이룬다고 분석하였다. 보조동사 구문의 논의에서 핵심적인 부분은, 복합문 구조를 이루면서도 상·하위 구의 머리성분들 사이에 작용하는 '재구조화 원리'의 기제에 따라 해석해야 할 보조동사 구문의 한 부류가 존재함을 밝히는 일이었다.

한국어의 접속문은 연결어미에 의해 이루어진다. 핵계층 이론상의 머리성분이 되는 연결어미 중에는 C'의 머리성분이 되어 그 오른쪽의 명시어 절을 선택제약하는 부류가 있음에 주목하였다('명시어 구조'). 이러한 구조적 부류를 중심으로 하여 이들과 다른 부가어 구조를 형성하는 연결어미들의 구조적 차이를 밝히는 일에도 힘을 기울였다. 접속문이 명시어 구조 접속문과 부가어 구조로 구분된다는 새로운 관점을 바탕으로, 종래의 대등접속/종속접속의 구분이 통사적 증거에 의해 지지되지 않는다는 점을 집중적으로 논증하였다.

제3장

명사의 의미와 동사의 의미

이 장에서는 프레게의 양화·술어논리 체계의 전망에 따라 한국어 단순문의 기초적 단위인 명사와 동사의 의미를 기술한다. 단순문의 합성적 기술에서 두 축이 되는 명사와 동사를 각각 그 통사의미적 유형에 따라 나누어 설명한다.

종래 형식의미론적 논의에서는 논리학의 전통에 따라 명사를 고유명사, 보통명사, 한정명사, 비한정명사, 양화사로 나누어 기술해 왔다. 그러나 한국어 명사 의미의 기술에는 근본적으로 다른 전제가 필요하다는 점에 주의하고자 한다. 한국어 명사는 한정(definite) 명사와 비한정(indefinite) 명사의 문법적 구별이 없다. 또한 한국어의 보통명사는 영어의 물질명사와 같은 특징을 가지는 것으로 보인다. 이러한 차이점들의 이면에는 명사 의미와 명사 의미를 연결하는 타입 전이 규칙들의 작용이 대단히 중요한 역할을 행한다는 점을 주의할 것이다.

동사의 의미는 1항 술어, 2항 술어, 3항 술어의 세 가지로 유형화할 수 있으나, 각 논항에 대한 의미적 제약의 성격에 따라 매우 다양한 종류의 문장 의미가 발현된다. 동사 중에는 이러한 구분과는 별도의 문제들을 유발하는 독특한 동사들, 즉 계사 '이-'와 교호성 동사와 포괄동사 '하-'가 있다. 이들 각각의 통사의미론적 문제를 집중적으로 검토하고 해결 방안을 제시한다.

3.1. 양화·술어논리 체계 하에서의 명사 의미 기술

3.1.1. 양화·술어논리 체계

프레게로부터 비롯되는 양화·술어논리 체계는 현대 논리학자들과 언어학의 형식의미론 연구자들이 기본적 의사소통의 도구로 상정하는 것이다. 프레게의 책 『개념표기법』(Frege 1879)의 표기법 자체는 현재의 논리학자, 형식의미론 학자들이 사용하지 않는 평면적 도식의 형식으로 되어 있다. 러셀을 위시한 분석철학의 대가들의 노력으로 양화·술어논리 체계의 전모가 밝혀지는 과정에서 표기법도 프레게 자신의 것과는 판연히 다른 모습으로 바뀌게 되었다.

프레게의 양화·술어논리 체계를 형성하는 기본 단위들을 정리하면 다음과 같은 세 가지 요소로 요약할 수 있다. 술어, 문장 연산자, 양화 연산자의 표기는 가장 널리 받아들여지는 현대적 표기법으로 나타낸다.

(1) 프레게 양화·술어논리 체계의 세 가지 기초 요소

술어: 1항 술어 f(x), 2항 술어 f(x, y), 3항 술어 f(x, y, z), . . . ,
n항 술어 $f(x_1, \ldots, x_n)$

문장 연산자('논리상수 logical constant'): 부정 연산자 ㄱ, 조건 연산자 →

양화 연산자(양화사: quantifier): 보편 양화사 ∀

여기에서 드러나는 프레게 양화·술어논리 체계의 형식적 특징은 다음과 같다.

첫째, 동사의 의미를 나타내는 술어는 그 논항의 수에 제약이 없으며, 그 논항의 수는 원리상 무한수일 수도 있다. 주어-술어의 관계를 기본으로 형식화하였던 아리스토텔레스 논리학에서와는 달리, 주어는 다른 필수성분과 계층적 차이를 갖지 않는, 술어의 논항 중의 하나에 지나지 않는 것으로 간주된다.

둘째, 문장 연산자는 부정 연산자('ㄱ')와 조건 연산자('→') 두 종류밖에 없다. 연접(conjunction: '&'로 나타냄)이나 이접(disjunction: '∨'로 나타냄) 연산자는 다음의 관계를 이용하여 'ㄱ'와 '→'만 가지고 나타낼 수 있기 때문이다.

(2) $p \vee q \equiv \neg p \rightarrow q$

$p \ \& \ q \equiv \neg(p \rightarrow \neg q)$

(2)는 프레게 이전에 부울(Goerge Boole)에 의해 수립된 부울 대수(Boolean algebra) 체계에서 이미 증명되는 사실들이다. 프레게가 양화·술어논리 체계를 고안한 주요 목적은 자연언어를 사용하지 않는, 기호 언어에 의한 형식적 증명의 체계를 만드는 데에 있었다고 한다(Dummett 1973). 이접 문장과 연접 문장을 (2)와 같이 조건 문장으로 환원할 수 있다는 점이 밝혀진 이상 이접, 연접 기호를 기호 언어에 도입하는 것은 잉여적인 일이라고 생각하였을 것이다.

그러나 현재 자연언어를 기술하는 형식의미론 연구자들은 이접 기호와 연접 기호도 함께 사용하는 것이 보통이다. 다음과 같은 형식들은 모두 양화·술어논리 체계의 적격한 문장들이다. (3가-다)의 'f(x)', 'g(x)'는 변수 'x'가 연산자에 의해 결속되지 않은 형식이다. 이런 문장을 개방문(open sentence)이라고 한다. 이 경우 'x'는 비결속 변수(free variable: 비결속 변항)이다. (3라)는 양화 연산자 '∀'에 의해 결속되어 있다. 이 경우의 'x'를 결속 변수(bound variable: 결속 변항)이라고 한다.

(3) 가. $f(x) \rightarrow g(x)$
나. $f(x) \vee g(x)$
다. $f(x) \& g(x)$
라. $\forall x[f(x) \rightarrow g(x)]$

셋째, 위 (1)에서 양화사는 보편 양화사 한 종류밖에 없다. 존재 양화사는 다음 관계를 이용하여 보편 양화사와 부정 연산자를 결합한 형식으로 나타낼 수 있기 때문이다.

(4) $\exists x[f(x)] \equiv \neg \forall x[\neg f(x)]$

이 점에 있어서도, 현대 형식의미론 연구자들은 보편 양화사와 존재 양화사를 아울러 사용하는 것이 보통이다. (5)와 같은 양화 문장들이 모두 적격한 형식으로 사용된다.

(5) 가. $\forall x[f(x) \rightarrow g(x)]$
나. $\exists x[f(x) \& g(x)]$
다. $\exists x[f(x)] \vee \forall x[g(x)]$

형식의미론 연구는 프레게의 양화·술어논리 체계를 그 기본적 기술 언어로 상정하고, 위와 같이 확대된 양화·술어논리 체계를 받아들여 자연언어의 의미를 기술한다. 어떤 알려지지 않은 언어 표현이 발견되는 경우에는 일단 위와 같은 양화·술어논리 체계에 입각하여 기술을 시도한다.

명사의 의미를 기술한다고 생각해 보자. 양화·술어논리 체계에 비추어 고찰하면 고유명사, 보통명사, 양화사, 한정명사, 비한정명사 등의 유형이 구별될 수 있다. 서로 다른 유형의 표현들을 구별하기 위하여, 또한 각 유형의 표현들이 결합하여 문장의 의미로 합성되는 과정을 정확히, 체계적으로 기술하기 위하여, 몇 가지 유용한 장치들이 개발되었다. 가장 중요한 것은 타입 체계(type-mechanism)와, 이와 연동하여 함수를 표기하는 데에 사용하는 람다 연산자(λ)이다.[209] 다음은 람다-연산자를 이용한 람다-식(lambda expression: 람다-표현)의 예들이다. 위 (5)의 양화 연산자 자리에 람다 연산자 'λ'를 대

209) 타입의 개념은 러셀로부터 비롯된다고 한다. 이 개념을 함수를 표기하는 형식인 람다-식(lambda-expression: 람다-표현)과, 이와 연동되는 타입 체계로 발전시킨 것은 논리학자 처치(Alonzo Church)이다. 'type'의 역어로 '유형'을 사용하는 경우도 있으나, 필자는 한국어의 '유형'이 매우 다양한 의미를 가지는 까닭에 혼란을 유발한다고 생각하여 외래어인 '타입'을 그 용어로 사용한다.

체하여 람다-식을 만들 수 있다.

(6) 가. λx. [f(x) → g(x)]
    나. λx. [f(x) & g(x)]
    다. λx. [f(x)]
    라. λx. [g(x)]

(6가-라)는 각기 함수의 표현이다. 이들은 모두 'x'의 함수이다. 가령 'λx. [f(x)]'는 'f(x)'의 'x' 위치('논항 위치')에 어떤 내용이 채워지기를 기다리는 형식이다. 채워지기를 기다리는 논항의 내용(일례로 'A')을 괄호 안에 넣어 나타내면 이는 다시 'F(A)'의 '함수-논항' 형식이 된다. (7)은 더 구체적인 계산을 실행할 수 있는 형식으로서, 이 계산의 결과 (7)은 (8)이 된다. 이 과정을 '람다 전환'이라고 한다.

(7) [λx. [f(x)]](A)
(8) [f(A)]

실제 자연언어에서 자동사와 보통명사의 의미는 'λx. [f(x)]'의 함수 형식으로 기술된다.[210] 즉 '뛰다'의 의미는 'λx. [뛴다(x)]', '학생'의 의미는 'λx. [학생(x)]'의 함수 형식을 가진다.[211] 실제 언어 의미의 기술에서 람다 연산자에 결속되는 변수 'x'의 내용이 아무런 조건 없이, 무슨 내용이나 대입될 수 있는 것은 아니다. (9)와 같은 정도의 'x'의 내용에 대한 한정이 필요하다. 우선 '개체 표현'이어야 한다는 한정은 인간 언어가 표현할 수 있는 사물, 상황의 기본적인 유형, 즉 존재론적 유형에 대한 한정이다. 이것이 람다-식을 타입 체계와 연동시켜 나타내야 하는 이유이다. '활동성 개체일 것'이라는 한정은 언어학자들에게 친숙한 선택제약(selectional restriction)의 내용을 표시한 것이다.[212]

210) 보통명사의 기본 의미를 'λx. [f(x)]' 즉 <e,t> 타입의 술어로 기술하는 것은 영어를 비롯한 인도유럽어에서의 관행이다. 기본적 명사 의미도 나라말에 따른 매개변인적 변이를 보인다는 Chierchia(1998)의 견해를 받아들여, 뒤의 논의에서는 한국어 보통명사의 기본 의미를 e 타입의 '종류(kind)'로 기술하고 'kx[f(x)]'와 같은 형식으로 나타낸다. 종류는 타입 전이 규칙의 적용을 받아 <e,t> 타입의 술어인 'λx. [f(x)]'로 바뀔 수 있으니, 결국 자동사와 보통명사가 'λx. [f(x)]'의 함수 형식으로 기술된다는 서술은 유지된다.

211) 이 책의 형식의미론적 기술에서는 'λx. [뛴다(x)]'를 주로 'λx. [x는 뛴다']'로, 'λx. [학생(x)]'를 'λx. [x는 학생이다']'로 나타낸다.

212) 'x는 활동성 개체이다'와 같은 선택제약의 조건은 Heim & Kratzer(1998)에서는 전제의 표현으로 가정된다. 즉 '뛰다' 문장을 말하는 화자는 이 문장을 말하면서 화자와 청자가 'x'가 활동성 개체임을 공통의 정보로 믿고 있다고 가정한다는 것이다. 전제이기 때문에 '철수가 뛴다.'라는 문장이 부정되더라도 '철수'가 활동성 개체임이 부정되지는 않으며, 'x'가 활동성 개체가 아닌 경우, 가령 '돌이 뛴다.'와 같은 문장을 발화하면, 이 문장은 '전제

(9) '뛰다'의 의미: [λx[뛴다(x)]], 단 x는 개체 표현이고, 활동성 개체일 것.
(9)' 가. ⟦뛰다⟧ = [λx. [x는 뛴다′]], 단 x는 개체 표현이고, 활동성 개체일 것.
나. ⟦뛰다⟧ = [λx: x ∈ D_e & x는 활동성 개체일 것. [x는 뛴다′]]

람다-식, 즉 함수 표현은 타입 체계와의 연동 하에 기술된다고 하였다. 이 점을 가장 명시적으로 보이는 형식이 (9나)'이다. x는 'e' 타입의 영역(domain)의 원소이어야 한다는 한정이 가해져 있다. 람다에 묶인 변수 x가 'e' 타입인 이와 같은 함수는 <e,t> 타입의 술어이다.[213)]

한국어의 자동사 '뛰다'는 실제로 (9)에서 기술된 조건 하에서 적격하게 사용된다. (9)에서의 '개체 표현'이라는 유형적 정보에 주목해 보자. 양화·술어논리 체계 하에서 자연언어를 다룰 때에는 '뛰다'와 같은 자동사의 의미와 '학생'과 같은 보통명사의 의미를, 같은 개체 유형을 그 논항으로 취하는 같은 술어 유형의 함수라고 처리한다. 자동사와 보통명사를 동일한 술어 유형의 함수로 처리하는 것은 프레게의 양화·술어논리 체계를 구성하는 데에 있어서 중요한 가정이다.[214)]

'뛰다'와 '학생'을 술어로 가지는 다음 문장들을 비교해 보자. 명료한 이해를 돕기 위하여 각 문장에서 사용된 단어들의 타입을 미리 밝혀 놓았는데, '철수', '학생', '모두'의 타입은 정해 놓았지만 (10라)에서의 '학생'의 타입이 무엇인지는 간단히 결정할 수 없는 문제이다. 이는 다음 3.1.2절 논의의 초점이 된다.

(10) 가. 철수가 뛴다. ('철수'의 타입: e, '뛰다'의 타입: <e,t>)
나. 철수는 학생이다. ('학생'의 타입: <e,t>)
다. 모두가 뛴다. ('모두'의 타입: <<e,t>,t>)
라. 학생이 뛴다. ('학생'의 타입: ?)

'철수'는 고유명사이다. 서양 철학의 전통에서 고유명사는 세계를 이루는 실체(entity)

오류'의 문장으로서, 참도 거짓도 아닌 발화가 된다.
(9)와 (9가)'은 전제를 정의 성립 조건(definedness conditon)으로 나타낸 것이고, (9나)'은 전제를 영역 조건(domain condition)으로 나타낸 것이다. 즉 함수의 영역(domain)에 대한 한정을 가한다는 뜻이다.

213) 람다에 묶인 변수가 '<e,t>' 타입이면 이 함수의 타입은 '<<e,t>,t>'가 된다. 곧 설명하겠지만 이 함수가 양화사(quantifier)이다. (a)는 보편 양화사, (b)는 존재 양화사의 형식이다.
a. λf: f∈$D_{<e,t>}$. ∀x[x는 사람/사물이다 → f(x)]
b. λf: f∈$D_{<e,t>}$. ∃x[x는 사람/사물이다 & f(x)]

214) 그러나 의미역 이론과 관련하여 이러한 기본적 처리의 가정이 가지는 문제점에도 주의해야 한다는 것이 필자의 판단이다. 뒤에서 '이다'와 교호성 동사와 '하다'의 의미 기술을 실행하면서 이 문제점에 관해 논의할 것이다.

중에서 가장 기본이 되는, 개체(individual)를 지시하는 명사라고 가정되어 왔다. 타입들 간의 규칙성을 이론화하는 타입 체계에서 개체 타입을 기본 타입으로 가정하고, 'e'로 나타낸다.

보통명사 '학생'은 이와 다르다. 보통명사는 복수의 개체의 집합으로 생각되고, 이를 술어(predicate)를 지시하는 명사라고 가정하는 것이 보통이다. (10나)에서 계사 '이-'의 의미를 다만 형식적인 것으로 가정하면, '학생'은 '뛰다'처럼 술어 의미를 가진다고 볼 수 있다. '학생'의 타입을 타입 체계에서 '<e,t>'로 나타낸다.

제1장에서 이미 소개한 것처럼 문장의 외연적 의미는 '참(1)' 또는 '거짓(0)'의 진리치로 파악되고, 이러한 개념적 바탕에서 진리치의 타입은 't'라고 가정된다. '학생'의 타입이 '<e,t>'인 것은 '학생'이 개체를 그 논항으로 취하여 문장의 진리치 의미를 얻어낸다고 가정하는 것이다. 타입 '<e,t>'는 개체로부터 진리치로 가는 함수의 타입이다. 달리 표현하면, '학생'은 개체들의 집합으로서, '철수가 학생이다'라는 문장은 개체인 '철수'가 '학생'인 집합의 한 원소라고 주장하는 문장이고, 실제 상황이 그러할 경우 이 문장은 '참(1)'의 의미(외연적 의미)를 가진다는 것이다.

(10가, 나)는 '<e,t>' 타입을 가지는 함수 '뛰다', '학생'이 'e' 타입을 가지는 개체 '철수'에 적용되어 't' 타입의 문장 의미를 얻어내는 것으로 잘 설명할 수 있다. 그러나 (10다)는 이와 같은 방법으로 설명할 수 없다. '모두'는 개체로 해석할 수 없기 때문이다. '모두'는 화자와 청자가 대화 상황에 공통으로 상정하는 개체들의 집합이 있다고 할 때, 그 집합의 원소들 모두에 대해 어떤 서술이 성립함을 표현하는 단어이다. 화자와 청자가 공통으로 상정하는 개체들의 집합을 '담화상 영역(domain of discourse)'이라고 한다. 이렇게 주어진 담화상 영역의 개체들 모두에 대한, 또는 일부에 대한 주장을 나타내는 이러한 표현을 양화사라고 한다. '모두'는 한 단어로서, 보편 양화사이다.

양화사의 타입은 '<<e,t>,t>'로 정해진다. (10다)에서 '모두'의 타입이 '<<e,t>,t>'라는 것은 '모두'가 '<e,t>' 타입의 술어로부터 't' 타입의 진리치로 가는 함수라는 뜻이다. 이 경우에는 주어인 '모두'가 '<<e,t>,t>' 타입이고 서술어인 '뛴다'가 '<e,t>' 타입이니, 전체 문장이 't' 타입의 진리치 의미를 얻으려면 '모두'가 함수이고 '뛴다'가 이 함수의 논항이어야 한다. 각각의 타입이 '<<e,t>,t>'와 '<e,t>'인 것은 이렇게 해석해야 함을 지시하는 체계적인 장치인 것이다. (10다)의 해석 절차를 그 타입 표시와 함께 보이기로 한다.

(10)' 다. "모두가 뛴다."의 해석 절차

$[\![\text{모두}]\!]_{<<e,t>,t>}$: $\lambda f_{<e,t>}. \forall x[x\text{는 사람/사물이다} \rightarrow f(x)]$

$[\![\text{뛴다}]\!]_{<e,t>}$: $\lambda y_e.\ y\text{는 뛴다}'$

$[\![\text{모두가 뛴다}]\!]_t$: $[\lambda f_{<e,t>}.\ \forall x[x\text{는 사람/사물이다} \rightarrow f(x)]](\lambda y_e.\ y\text{는 뛴다}')$

(①함수적용규칙 적용)

$\forall x[x\text{는 사람/사물이다} \rightarrow [\lambda y_e.\ y\text{는 뛴다}'](x)]$

(람다(λ)-전환)

$\forall x[x\text{는 사람/사물이다} \rightarrow x\text{는 뛴다}']$ (람다(λ)-전환)

(10다)의 양화사 문장이 (10가, 나)의 문장들과 다른 점은 그 어순에 있다. (10가, 나)에서는 함수 역할을 하는 단어('뛴다', '학생')가 오른쪽에 위치하는 반면, (10다)에서는 함수 역할을 하는 단어 '모두'가 왼쪽, 문장의 앞머리에 위치한다. 그러나 본질적인 것은 표면적 어순이 아니라 그 함수, 또는 논항으로서의 성격이다. 어느 구성성분이 함수인지 논항인지는 각 단어의 어휘적 기술로부터 주어진 타입에 따라 결정된다. (10다)의 양화사 '모두'는 주어 위치에 실현되었지만, 양화사가 주어 위치로만 한정되지 않음은 물론이다. 한국어 양화사 명사구 전반에 대한 논의는 제4장에서 전개될 것이다.

(10)의 예들 가운데 가장 문제성 있는 예는 (10라)이다. 주어로 실현된 '학생'의 타입은 무엇인가? 우리는 이미 '학생'의 타입이 '<e,t>'라고 하였다. 그러나 서술어로 실현된 '뛴다'도 역시 '<e,t>'이므로, 둘 중 어느 하나를 다른 것의 논항으로 삼아서 전체 문장의 의미가 '참' 또는 '거짓'인 진리치의 타입 't'를 얻을 수 없다.[215] 다음 3.1.2절에서는 (10라)의 '학생'이 어떠한 타입으로 결정되고, 어떠한 의미 형식을 부여받게 되는지를 초점으로 하여 상론할 것이다.

3.1.2. 한국어 명사구의 한정성/비한정성 표현: 타입 전이 규칙들

한국어의 전통문법적 연구에서 명사를 의미적으로 분류하는 경우에는 보통명사, 고유명사, 대명사, 수사로 나누는 것이 보통이다. 더 심화된 연구에서는 분류사와 양화사가 이 분류 체계에 등장한다.

프레게의 양화·술어논리 체계의 안목에서 명사 또는 명사구를 의미적으로 분류하는 자리에서는 보통명사(구)와 고유명사(구) 외에 '한정 명사구(definite NP: 또는 한정 서술

---

215) 우리는 지금 제1장에서 제시한 의미 해석 규칙들 중 '①함수적용규칙'의 적용 여부를 고려하고 있는 것이다. 이런 가능성이 모두 막혀 있으므로, 다음으로 고려해 볼 것은 '②술어수식규칙'이다. 이 규칙은 <e,t> 타입의 구성성분과 <e,t> 타입의 구성성분이 결합하는 경우에 적용되는 것이므로 (10라) 문장은 이에 들어맞는다. 그러나 결과적으로 얻어지는 의미는 술어 형식과 술어 형식이 연접된, '$\lambda x[x\text{는 학생이다}\ \&\ x\text{는 뛴다}]$'의 형식으로, <e,t> 타입의 술어일 뿐이다. 문장의 의미는 t 타입의 진리치이어야 하므로 이는 우리가 바라는 해답이 아니다.

definite description', '비한정 명사구(indefinite NP)', '양화사 명사구(quantifier NP, quantified NP)' 등의 하위 분류 개념이 사용된다. 이들은 기본적으로 독일어나 영어 등, 인도유럽어에서의 용법에 따른 분류이다. 이들이 더 큰 구성으로 합성되는 과정에서 이들은 함수 또는 논항의 의미적 역할을 맡게 된다. 표준적인 형식의미론에서 각각의 명사, 명사구에 부여되는 타입을 요약하면 다음과 같다.

(11) 가. 고유명사: e

나. 보통명사: <e,t>

다. 양화사 명사구: <<e,t>,t>

라. 한정 명사구: e 또는 <<e,t>,t>

마. 비한정 명사구: e 또는 <<e,t>,t>

한정 명사구와 비한정 명사구가 두 가지 타입으로 부여된다는 점은 주목을 요한다. 이는 양화·술어논리 체계가 성립된 초기부터 이들의 성격을 결정하는 일이 철학자, 논리학자들에게 큰 논란거리였음을 보여주는 것이다.

한정 명사구에 대해서는 Russell(1905)에서 제안된 (12가)와 같은 형식화가 오랫동안 표준적인 의미 정의로 인정되어 왔으나,[216] 언어학의 형식의미론 연구자들에게는 (12나)와 같은 형식화가 표준적인 처리 방안으로 인식되고 있다. 후자는 Frege(1892b)의 견해에서 비롯되는 것이라고 한다(Heim & Kratzer 1998: 73 이후).

(12) 가. 한정 명사구의 타입: <<e,t>,t>

$[\![\text{the man}]\!] = \lambda Q_{<e,t>}.\ \exists x[\forall y[y \text{ is a man} \leftrightarrow y = x]\ \&\ Q(x)$

한정 관사의 타입: <<e,t>,<<e,t>,t>>

$[\![\text{the}]\!] = \lambda P_{<e,t>}.\ \lambda Q_{<e,t>}.\ \exists x[\forall y[P(y) \leftrightarrow y = x]\ \&\ Q(x)$

나. 한정 명사구의 타입: e

$[\![\text{the man}]\!] = \iota x{:}\ \exists!x{\in}C[x \text{ is a man}].\ [x \text{ is a man}]$ (C는 맥락상 현저한 D의 부분집합)

한정 관사의 타입: <<e,t>,e>

$[\![\text{the}]\!] = \lambda P_{<e,t>}.\ \iota x{:}\ \exists!x{\in}C[P(x)].\ P(x)$ (C는 맥락상 현저한 D의 부분집합)

---

216) (12가)의 정의는 Russell(1905), Montague(1974) 등의 전통에서 가정되어 온 형식화 방안을 표준적 형식의미론의 표기법에 따라 나타낸 것이다.

비한정 명사구의 정의에 관해서는 견해차가 더 심한 편이다. (13가)는 Russell(1905)로부터 비롯되는 전통적인 정의이다. 그러나 Kamp(1981), Heim(1982)으로부터 비한정 명사구를 비결속 변항(free variable)으로 간주하는 경향이 형성되었다. 이들의 견해를 잠정적으로 (13나)로 제시한다. 이들은 공히 담화표상이론 하에서 의미를 기술한다는 특징을 가지고 있다. 비한정 명사구가 비결속 변항으로 정의된다는 것도 이들 나름의 담화표상이론의 의미 형식 형성의 과정에서 그렇게 정의된다는 뜻이어서, 전통적인 문장 의미론의 타입 체계를 그대로 적용하기는 어려운 점이 있다. 그러나 (13나)와 같이 그 타입과 의미 형식을 명시적으로 제시하기 어렵다는 점은 이들 이론의 완전치 못한 점, 이론적 결함이다. 이 책에서 필자는 문장 의미론의 완전한 의미 합성 체계 수립을 분명한 목표로 정하고 있다. 담화의미표상이 설정되고 담화화용론적 절차가 적용되는 것은 문장의 의미 형식이 결정된 후의 일이라는 것이 이 책의 기본 관점이다.[217]

(13) 가. 비한정 명사구의 타입: $<<e,t>,t>$

$⟦\text{a man}⟧ = \lambda Q_{<e,t>}.\ \exists x[\text{x is a man } \& \ Q(x)]$

비한정 관사의 타입: $<<e,t>,<<e,t>,t>>$

$⟦\text{a}⟧ = \lambda P_{<e,t>}.\ \lambda Q_{<e,t>}.\ \exists x[P(x)\ \&\ Q(x)]$

나. 비한정 명사구의 타입: e

$⟦\text{a man}⟧ = [x\text{: x is a man}]$

비한정 관사의 타입: ?

$⟦\text{a}⟧ = ?$

앞 절에서는 보통명사를 주어로 가지는 문장 (10라)의 문제성에 주목하였다. 이를 (14)로 다시 제시한다. 이 문장이 제기하는 문제는 주어로 실현된 ‘학생’의 타입이 무엇이며 그 구체적, 실행가능한 의미 형식이 어떤 것인가 하는 점이다.

(14) 학생이 뛴다.

영어와 비교하면, (14)의 주어 위치의 ‘학생’은 한정/비한정 관사 ‘the/a’에 대응되는 요소를 갖지 않은 맨 명사구(bare noun phrase)이다. 관사는 인도유럽어에 특징적인 문법적 장치이나, 한국어를 포함하는 지구상의 다수 언어들에서는 이와 같은 문법적 장치

217) 담화의미표상의 형성과 담화화용론적 절차에 대한 논의는 이 책 제12장에서 전개하게 된다.

가 사용되지 않는다. 그런데 영어에서 관사를 갖지 않는 맨 명사구가 아예 존재하지 않는 것은 아니다. 영어에서도 물질명사(mass noun)와 복수 명사(plural noun)는 맨 명사구로 쓰일 수 있다.

(15) 가. Water runs downward.
　　나. Dogs are barking.

이러한 경우 개체 타입의 비결속 변항으로 주어진 'water', 'dogs'가 담화 의미의 형성의 과정에서, 또는 의미론적 원리의 적용에 따라, 존재 양화사에 의해 결속된다고 설명하거나,[218] 타입 전이 규칙의 작용에 따른 해석을 갖게 된다고[219] 설명하는 것이 이제까지 형식의미론 연구의 관행이다.

다시 (14)의 예문으로 돌아가자. (14)의 주어로 쓰인 '학생'은 기본적으로 종류의 개체 의미로 주어진다는 것이 필자의 견해이다. 종류의 개체 의미를 기본 의미로 가지는 '학생'이 다른 문맥에서 술어 의미(<e,t>), 한정 명사구의 의미(e), 그리고 총칭성(genericity) 의미로 해석될 수도 있는데, 이는 타입 전이 규칙에 의해 정해지는 의미라는 것이다. 총칭성 의미는 종류 의미의 '학생'이 개체-수준 술어의 주어 논항으로 실현될 때의 의미라고 판단한다. 이 경우의 '학생'의 타입은 당연히 'e'이다.[220]

이와 같은 견해를 실행하기 위하여 이미 알려진 타입 전이 함수들을 모아서 검토해 보기로 한다. 다음은 Partee(1986a, b)에서 논의한 타입 전이 함수들이다.

(16) 타입 전이 함수들
　　가. 타입올림(lift) : e를 <<e,t>,t>로: $j_e \Rightarrow \lambda P_{<e,t>}. [P(j)]$
　　나. 타입내림(lower) : <<e,t>,t>를 e로: $lower(lift(j)): \lambda P_{<e,t>}. [P(j)] \Rightarrow j$
　　다. 이오타화(iota) : <e,t>를 e로: $P_{<e,t>} \Rightarrow \iota x[P(x)]$
　　라. 동일화술어화(ident) : e를 <e,t>로: $j \Rightarrow \lambda x[x = j]$
　　마. 술어화(pred) : e를 <e,t>로: $x_e \Rightarrow {}^{\cup}x$

218) Heim(1982)의 담화표상이론에서는 담화의미표상의 형성 과정에서 '존재 양화 마감(Existential Closure)'이라는 해석 규칙이 적용되어 비결속 변항들을 결속시킨다. Diesing(1992)에서는 통사구조인 논리형태로부터 의미형식으로의 사상을 규율하는 '사상 원리(Mapping Principle)'를 설정하였는데, 이 원리의 일부로 VP 내부의 요소들 중에 비결속된 것들이 있으면 모두 존재 양화사에 의해 결속시킨다는 내용이 포함된다.

219) (15)의 예들을 타입 전이 규칙에 의해 설명하는 방안은 Chierchia(1998)에서 제시되었다. 그의 타입 전이 규칙의 이름은 'DKP(Derived Kind Predication)'이다.

220) 총칭성의 발현 조건과 그 구체적인 실현례의 유형에 대해서는 이 책에서 더 자세히 살피지 못하였다.

바. 명사화(nom) : <e,t>를 e로: $P_{\langle e,t\rangle} \Rightarrow {}^{\cap}P$

고유명사 '철수'의 기본 의미는 개체 타입 e 타입으로 규정하고, 그저 '철수'로 나타낼 수 있다. 이는 위 타입 전이 함수들의 작용으로 (17나, 다)로 전이될 수 있다.

(17) '철수'의 의미:
가. [철수] (타입 e)
나. [λx. x = 철수] (타입 <e,t>)
다. [λP. P(철수)] (타입 <<e,t>,t>)

위 (16마, 바)는 Chierchia(1984, 1998)에 의해 도입된 타입 전이 함수이다. 그는 특별한 논리 체계('Type 2 언어') 하에서 <s,<e,t>> 타입으로 가정되는 속성(property)들의 이론을 전개하고 있다. 표준적 형식의미론의 체계에서는 그의 <s,<e,t>> 타입을 <e,t> 타입으로 간주하여도 무방하다.

Carlson(1977)은 종래의 개체 개념을 낱개체(object)와 종류(kind)로 구분한다.[221] 낱개체는 물론, 종류도 e 타입으로 설정된다. Chierchia(1984)에서는 이에 대응되는 타입 전이 규칙을 위 (16마, 바)와 같이 '명사화(nominalization)'와 '술어화(predicativization)'라고 명명한 바 있다. 종류는 술어 보통명사의 명사화로 파악하고, 술어 보통명사는 종류의 술어화로 파악하는 것이다.

(18) 가. 속성의 종류화 : $P \Rightarrow {}^{\cap}P = K$
나. 종류의 속성화 : $K \Rightarrow {}^{\cup}K = P$

Chierchia(1998)에서는 중국어를 비롯한 언어들에서 명사가 기본적으로 물질명사로 실현된다고 주장하였다. 물질명사와 복수 명사는 종류의 표현이다. Chierchia(1998)의 유형화에 입각해서 고려하면, 한국어의 명사 의미는 중국어와 같이 물질명사의 특성을 가진다고 판단한다. 이러한 판단에 따라 한국어의 보통명사는 기본적으로 종류의 개체를

221) Carlson(1977)은 실체(entity)를 낱개체(object)와 종류(kind)와 개체단계(stage)로 나누고, 이 중 낱개체와 종류를 묶어서 '개체(individual)'라고 부른다. 개체단계는 특정의 시간, 장소에서의 개체의 실현을 뜻한다. 이러한 실현들이 모여서 개체가 된다는 취지이다. 개체와 개체단계의 구분에 대응하여 개체수준 술어(individual-level predicate)와 단계수준 술어(stage-level predicate)의 구분이 성립하게 된다. Carlson(1977)의 개념 'object', 'kind'를 각각 '낱개체', '종류'로 옮기는 것은 전영철(2013)의 선례를 취하는 것이다.

나타낸다고 가정하고 다음과 같이 형식화한다. 그 타입은 e이다.

(19) '물'의 의미 정의: kx[x = 물] (타입 e: 기본 의미로서의 '종류(kind)')

(20) '사람'의 의미 정의:

가. kx[x = 사람] (타입 e): 기본 의미로서의 '종류(kind)'

EX. 나는 사람에 대해 생각하고 있다.

나. ιx[x = 사람] (타입 e) ⇐ 종류의 한정명사화

EX. 사람이 왔다. (기다리던 특정의 한 사람이 나타났을 때)

다. λx. [x = 사람] (타입 <e,t>) ⇐ 종류의 술어화

라. λP. ∃x[x = 사람 & P(x)] (타입 <<e,t>,t>) ⇐ 종류의 존재 양화사로의 전이

EX. 사람이 많다.

(20나-라)에 제시된 '사람'의 의미는 각각 다음 세 종류의 타입 전이 함수, '종류의 한정명사화', '종류의 술어화', '종류의 존재 양화사로의 전이'가 적용된 결과이다. 이 중 (20라)에 대해서는 조정이 필요하다. Chierchia(1998: 364)에서는 (20라)를 (21가)와 같이 제시하였는데, 종류가 주어 위치 아닌 다른 논항 위치에 실현되는 경우들을 고려하여 일반화하면 (21나)로 규칙을 서술할 수 있다고 하였다.

(21) 가. P가 개체에 적용되고 k가 종류를 나타내면,

$P(k) = \exists x[{}^{\cup}k(x) \wedge P(x)]$이다.

나. R가 n-항 관계이고 k가 종류이면,

$R(k) = \lambda x_1., . . ., \lambda x_n. \exists y[{}^{\cup}k(y) \wedge R(y)(x_1). . .(x_{n-1})]$이다.

(21나)에서 n-항 관계는 n-항 술어를 뜻한다. 2-항 술어, 3-항 술어의 경우에는 통사적으로 가장 낮은 영역에 놓이는 논항 위치를 y 변항으로 삼아서 이것을 존재 양화사로 결속하고, 나머지 논항들을 λx_1, λx_2,. . .와 같은 차례로, 람다(λ)로 결속한다는 것이다. 다음이 더욱 명시적인 형식이라고 생각된다.

(22) 종류의 존재 양화사화 전이 규칙

R가 n-항 관계이고 kx[x=A] 형식의 종류가 주어지는 경우,

$[R(kx[x=A])(x_1). . .(x_{n-1})]$는 $[\lambda x_1., . . ., \lambda x_n. \exists y[{}^{\cup}kx[x=A](y) \;\&\; R(y)(x_1). . . (x_{n-1})]]$로 바꿀 수 있다.

(23가)와 같은 예에 적용하면 (23나)와 같이 존재 양화의 의미 형식을 얻을 수 있다.

(23) 가. 철수가 인부를 구한다.
나. 구한다′(kx[x=인부])(철수′) ⇒
∃y[$^{\cup}$kx[x=인부](y) & 구한다′(y)(철수′)]
∃y[λx[x=인부](y) & 구한다′(y)(철수′)]
∃y[y=인부 & 구한다′(y)(철수′)]

그러나 (22)와 같은 형식의 규칙을 제1장에서 제시한 의미론적 해석 규칙들의 체계에 추가하는 것은 무리가 있다. 필자는 이 규칙이 의미 합성 규칙들이 적용된 결과의 의미 형식에 적용되는 담화화용론적 규칙이라고 판단한다. 제12장에서는 이를 포함하는 담화화용론적 규칙들의 체계를 정리할 것이다.

(20나-라)의 세 규칙을 포함하고, (16)의 타입 전이 함수들에 별도의 규칙들을 추가·조정하여 다음과 같은 타입 전이 규칙들을 정립하기로 한다. (24사)는 필자가 더한 타입 전이 규칙으로서, '철수가 모두이다.'나 '철수가 일부이다'처럼 양화사가 계사 '이-' 앞에 실현되는 경우를 해석하기 위한 규칙이다.222)

(24) 타입 전이 규칙들
가. 타입올림 규칙 : e를 <<e,t>,t>로: $j_e \Rightarrow \lambda P_{<e,t>}. [P(j)]$
나. 타입내림 규칙 : <<e,t>,t>를 e로: $\lambda P_{<e,t>}. [P(j)] \Rightarrow j$
다. 술어의 한정명사화 규칙(이오타화): <e,t>를 e로: $\lambda x. [P(x)] \Rightarrow \iota x[P(x)]$
라. 낱개체의 술어화 규칙: e를 <e,t>로: $j \Rightarrow \lambda x[x = j]$
마. 종류의 술어화 규칙: e를 <e,t>로: kx[P(x)] ⇒ λx. [P(x)]
바. 종류의 한정명사화 규칙: e를 e로: kx[P(x)] ⇒ ιx[P(x)]
사. 양화사의 술어화 규칙: <<e,t>,t>를 <e,t>로:
(i) $\lambda P_{<e,t>}$. ∀x[x는 사람/사물이다 → P(x)] ⇒
λy. ∀x[x는 사람/사물이다 → [x = y]]
(ii) $\lambda P_{<e,t>}$. ∃x[x는 사람/사물이다 & P(x)] ⇒
λy. ∃x[x는 사람/사물이다 & [x = y]]
아. 종류의 존재 양화사화 전이 규칙:
(R가 n-항 관계이고 kx[x=A] 형식의 종류가 주어지는 경우)

222) (24사)의 '양화사의 술어화 규칙'이 적용되는 예는 3.3.1절에서 볼 수 있다.

$$[R(\kappa x[x=A])(x_1). \ . \ .(x_{n-1})] \Rightarrow$$
$$[\lambda x_1., . \ . \ ., \lambda x_n. \exists y[{}^{\cup}\kappa x[x=A](y) \ \wedge \ R(y)(x_1). \ . \ .(x_{n-1})]]$$

한 예로 '그 사람'의 의미 해석 과정을 보이면 다음과 같다.223)

(25) '그 사람'의 의미 형식 도출:

⟦그⟧ $_{<<e,t>,<e,t>>}$ = $\lambda f_{<e,t>}$. λx: x는 a(c*)에 가까움. [f(x)]

⟦그 사람⟧ $_e$ =

[$\lambda f_{<e,t>}$. λx: x는 a(c*)에 가까움. [f(x)]](κy[y = 사람]) (FA)

[$\lambda f_{<e,t>}$. λx: x는 a(c*)에 가까움. [f(x)]](λy[y = 사람]) (종류의 술어화)

λx: x는 a(c*)에 가까움. [λy. [y = 사람](x)] (람다 전환)

λx: x는 a(c*)에 가까움. [x = 사람] (람다 전환)

ιx[x = 사람] (이오타화)

이 책에서는 타입 전이 규칙들을 최대한으로 활용하는 한국어 문장의 의미 해석 체계를 수립하고자 한다. 이미 제1장에서도 그 일부를 보였듯이, 다양한 통사적 위치에 분포하는 양화사와 의문사의 의미 해석을 위해서는 타입 전이 규칙들이 적용된다. 상이한 분포의 양화사들, 의문사들을 단일한 <<e,t>,t> 타입으로 해석하기 위해 수시로 통사적 논리형태 이동을 실행하는 생성문법의 표준적 이론과 크게 대립하는 지점이 이곳이므로, 이 책의 서두에서부터 이 점을 이 책의 주요 논점이라고 강조했던 것이다.

위 (16)의 타입 전이 함수들, 이들을 기초로 정립한 (24)의 타입 전이 규칙들은 의미 형식들 사이에서, 형태론적, 문법적 장치와 연관됨이 없이 적용되는 규칙들이다. 타입 전이의 기능은 형태론적, 문법적 장치에 의해서 수행되기도 한다. 전통적으로 'a'와 'the'를 다음과 같이 정의해 왔다.224) 이 관점에 따르면, 'a NP', 'the NP'에서 'a'와 'the'는 'NP'의 <e,t> 타입을 받아서 <<e,t>,t> 타입으로 전이시키는, '타입 전이 함수'의 기능을 한다는 것을 알 수 있다. 파티(Partee 1986a, b)는 이들을 타입 전이 함수의 예로 위 (16)과 함께 다룬 바 있다.

(26) 가. ⟦a⟧ = $\lambda P_{<e,t>}. \lambda Q_{<e,t>}. \exists x[P(x) \ \& \ Q(x)]$

223) a(c*)는 현실 맥락 c*의 청자(addressee)를 나타낸다. 맥락을 의미 형식 기술에 도입해야 한다는 논의를 제7장에서 전개한다.

224) 다음은 Russell(1905), Montague(1974)의 견해에 따른 형식화이다.

나. ⟦ the ⟧ $= \lambda P_{<e,t>}. \lambda Q_{<e,t>}. \exists x[\forall y[P(y) \leftrightarrow y = x] \ \& \ Q(x)$

계사인 영어의 'be', 한국어의 '이-'도 타입 전이 함수의 기능을 가진다. 다음 'be'의 정의들은 각각 몬태규 문법의 정의와 Partee(1986)의 정의이다. 둘 다 타입 <<<e,t>,t>, <e,t>>로 설정된 것이다.

(27) 가. ⟦ be ⟧ $= \lambda P_{<<e,t>,t>}. [\lambda x_e. [P(\lambda y_e. [y = x])]$

나. ⟦ be ⟧ $= \lambda P_{<<e,t>,t>}. [\lambda x_e. [\{x\} \in P]]$

뒤의 3.3.1절에서는 한국어 계사 '이-'의 의미를 다음과 같이 정의한다. 그 타입은 <<e,t>,<e,t>>로 설정되었다.

(28) ⟦ 이- ⟧ $= \lambda f_{<e,t>}. \lambda x_e. f(x)$

이러한 정의의 타당성을 점검하는 일은 동사의 하나로서의 '이-'의 의미를 기술하는 일일 뿐 아니라, 한국어 문장 전반의 의미 합성 과정에서 사용되는 이러한 형식의, 또는 이와 유사한 형식의 타입 전이 규칙들의 존재를 확인하거나 새로 발견하는 작업을 위해서도 대단히 유용한 일이다.

3.1.3. 명사 의미론의 문제들

이 절에서는 명사 의미 표현의 특이한 예들을 몇 가지 논의해 본다. '학생'과 같은 명사, '뛰-'와 같은 동사가 동일한 (1자리) 술어 의미로 형식화된다는 점을 앞에서 지적한 바 있다. 그러나 동사가 그러한 것처럼, 명사 중에는 2자리 술어로 쓰이는 것도 있고, 그 논항 중의 하나가 특별한 의미적 제약을 가지는 것들도 있다.

(29) 가. 모두, 모든, (세) 개, (세) 명, . . .

나. 다리, 마음씨, . . .

다. 새, 헌, . . .

라. 이, 그, 저, . . .

마. 사실, . . .

바. 것, 바, 줄, . . .

사. 체, 양, 척, . . .

아. 전, 후, . . .

통사 범주 '명사'에 속하는 단어들 중에서 '모두'는 그 자체가 양화사 의미를 가지는 특징적인 단어이다. 명사 '모두'와 '관형명사+명사' 형식의 '모든 도서관'은 양화사의 타입 <<e,t>,t>를 가진다. 다양한 통사적 위치에 실현되는 이들의 의미 해석을 부여하는 일은 이 책의 주요 과제의 하나로서, 양화사 명사항을 다루는 제4장에서 집중적으로 고찰할 것이다.

'세 개', '삼십 개', '세 명', '삼십 명'과 같이 수명사와 결합한 형식으로만 쓰이는 분류사 '개', '명'도 그 통사 범주는 명사이다. '세 개', '세 명'은 양화사 명사구를 이룬다. 이들 역시 양화사 명사구를 다루는 제4장의 논의 대상이 된다.

신체부분 명사 '다리'는 2자리 술어로 기술해야 할 대표적인 예이다. 이런 유형의 명사는 이중주어문이나 이중목적어문에서 '비분리 명사(구)'라는 특정 구성성분으로 쓰이는 매우 흥미로운 특징을 가지고 있다. 이러한 명사들도 양화사 명사구를 다루는 제4장의 일부로 기술할 것이다.

(29다)의 관형명사 '새', '헌'은 보통명사를 수식하여 보통명사구를 형성하는 명사들이다. 제2장의 앞부분에서는 종래 한국어 문법에서 관형사로 다루던 '새', '헌', '모든' 등의 단어를 명사의 범주에 귀속시켰다. 명사(구)를 수식하는 위치에 실현되는 그 통사적 특징은 많은 명사들이 공유하는 점이므로, 이들이 보통의 명사들과 달리 이 위치에 의무적으로 실현되는 특징은 통사적 자질로 명시하여 포착할 수 있다.

'새', '헌' 등의 관형명사와 '모든' 등의 관형명사는 의미론적으로 뚜렷이 다른 특징을 보인다. '새', '헌' 등의 단어는 <e,t> 타입의 술어 명사(구)를 취하여 술어 의미 형식을 산출하는 요소이다. 양화 관형명사 '모든'은 <e,t> 타입의 술어 명사(구)를 취하여 <<e,t>,t> 타입의 양화사를 형성하는 요소이다.

(30) 새: $\lambda f_{<e,t>}.\ \lambda x_{e}.\ f(x)$ & x가 새것이다'
도서관: $\lambda x_{e}.$ x가 도서관이다'
새 도서관: $\lambda x_{e}.$ x가 도서관이다' & x가 새것이다' (①(i)함수적용규칙, 람다 전환)

(31) 모든: $\lambda f_{<e,t>}.\ \lambda g_{<e,t>}.\ \forall x[f(x) \rightarrow g(x)]$
도서관 : $\lambda x_{e}.$ x는 도서관이다'
모든 도서관: $\lambda f_{<e,t>}.\ \lambda g_{<e,t>}.\ \forall x[f(x) \rightarrow g(x)]([\lambda x_{<e>}.$ x가 도서관이다'$])$
(①(i)함수적용규칙)

$\lambda g_{<e,t>}. \forall x$[x가 도서관이다' → g(x)]　　　　(람다 전환)

(29라)의 관형명사 '이', '그', '저'는 맥락 의존적 요소이다. 해석 함수에 기준 맥락이 도입되어야 현실 맥락에서의 화자(s(c*)), 청자(a(c*))의 정보를 이용해서 이들의 의미를 기술할 수 있다. 다음에서 화자, 청자로부터의 거리를 서술한 부분은 정의 성립 조건으로 기술되었는데, 이는 이 부분의 내용이 전제임을 나타내는 것이다.[225]

(32) 가. ⟦ 이 ⟧$^{c^*}$ = $\lambda f_{<e,t>}. \iota x[f(x)]$, 단 $\exists x[f(x)]$ & x는 s(c*)로부터 가깝다.
　　나. ⟦ 그 ⟧$^{c^*}$ = $\lambda f_{<e,t>}. \iota x[f(x)]$, 단 $\exists x[f(x)]$ & x는 a(c*)로부터 가깝다.
　　다. ⟦ 저 ⟧$^{c^*}$ = $\lambda f_{<e,t>}. \iota x[f(x)]$, 단 $\exists x[f(x)]$ & x는 s(c*), a(c*)로부터 가깝지 않다.

기준 맥락을 해석 함수에 추가해야 필요성에 대한 자세한 논의는 제7장에서 전개할 것이다.

다음으로 (29마)의 보문명사 '사실'의 의미 기술 문제를 고려해 보자.

2.3.2절에서는 관형절이 관계관형절과 보문관형절의 두 가지 구조적 구분을 가진다고 하였다.

(33) 가. 경애를 만난 사람은 철수였다.
　　나. [[O$_i$ [t$_i$ 경애를 만나-]-ㄴ] 사람]은 철수였다.
(34) 가. 철수가 경애를 만난 사실이 있다.
　　나. [[[철수가 경애를 만나-]-ㄴ] 사실]이 있다.

이러한 통사구조의 차이는 그 대응되는 의미론적 형식의 차이에 반영된다.

먼저, (33나)의 관계관형절 구조는 의미 해석 규칙 중 '③ 술어추상규칙'이 적용될 통사적 조건을 갖추고 있다. 이에 따라 관형절은 <e,t> 타입의 술어가 된다. 피수식 명사 '사람'도 <e,t> 타입의 술어가 될 수 있다. 따라서 둘은 '② 술어수식규칙'의 적용에 따라 (35나)의 연접된 술어가 된다. 이는 다시 타입 전이 규칙이 적용되어 (35다)의 타입 e의

225) 3.1.2절에서도 관형명사로서의 '그'의 잠정적인 의미 정의를 제시한 바 있고, (32)는 이를 조금 더 정제한 것이나, '이', '그', '저'에 대한 이러한 의미 정의는 아직 완전하지 않다. '가까움'의 개념을 더욱 명시적으로 기술하는 것이 필요하다. 그러나 관형명사로서의 이들의 기본적 의미 형식은 이와 같은 것이라고 생각한다.
'이것', '그것', '저것'은 대명사로서, (32가, 나, 다)의 전제 내용을 공유한다고 본다. 이 중 '그것'은 제5장에서 논하는 결속변항 대명사로서의 용법, 지시적 대명사로서의 용법, E-유형 대명사로서의 용법을 모두 가진다. 그러나 '이것'과 '저것'은 지시적 대명사로서의 용법만을 가진다고 본다.

종류(kind)로 바뀌거나, 또 다시 '종류의 한정명사화'가 적용되어 (35라)로 바뀌어 주어나 목적어 명사항으로 쓰일 수 있다.

(35) 가. 경애를 만난 사람

나. λx. [x가 경애를 만났다' & x는 사람이다]

다. кx[x가 경애를 만났다' & x는 사람이다]

라. ιx[x가 경애를 만났다' & x는 사람이다]

(34나)의 보문관형절과 피수식 명사의 결합은 다음과 같은 의미 형식으로 해석된다. (가)는 종류로 해석한 것이고, (나)는 이에 타입 전이 규칙 종류의 한정명사화가 적용된 것이다.

(36) 가. ⟦ 철수가 경애를 만난 사실 ⟧^{w} =

кx[w의 부분인 최소 상황 w'에서, x는 사실이다 & w'에서, 철수가 경애를 만났다']

나. ιx[w의 부분인 최소 상황 w'에서, x는 사실이다 & w'에서, 철수가 경애를 만났다']

(종류의 한정명사화 적용)

이를 분해하여 설명하기로 한다. 보문명사 '사실'의 해석을 위해서는 해석 함수에 세계 매개변수(기준 세계)가 필요하다. '사실'은 다음과 같은 의미 정의를 가진다. Kratzer (2007)의 상황의미론에 따라 세계는 상황의 일종이고, 종래의 개념으로서의 상황은 세계의 부분으로서의 최소 상황이라고 간주한다.[226] 또, '사실'이 사실성 전제를 가진다는 종래 한국어 문법 연구의 일반적 견해를 따라, 이 전제 내용을 정의 성립 조건으로 나타낸다. 전제인 '단 P(w) = 1' 부분은 문장 의미의 합성 과정에서 전제의 충족 여부가 점검된 후 의미 형식에서 사라진다.[227]

(37) ⟦ 사실 ⟧^{w} = λ$P_{<s,t>}$. кx[w의 부분인 최소 상황 w'에서, x는 사실이다 & P(w')], 단 P(w) = 1.

226) 크라처의 상황의미론에서 상황들은 전체-부분 관계인 부분순서 관계를 맺는 것으로 상정된다. 이 관계를 이용하는 의미 기술의 다른 예는 뒤의 10.1.2.6절에서 볼 수 있다. 그곳에서는 양화 부사 '항상'을 기준 세계의 부분인 최소 상황에 보편 양화하는 양화 부사로 기술할 것이다.

227) 정의 성립 조건으로 표시된 전제의 'P(w) = 1'는 기준 세계(현실 세계)에서 P가 참이 된다는 것이고, 주 서술에서의 'P(w')'는 최소 상황 w'에서 P가 성립된다는 것이다.

이 보문명사가 사용된 문장 (34가)를 해석하는 과정을 보이기로 한다.

(38) "철수가 경애를 만난 사실이 있다."의 해석 절차:

⟦ 철수가 경애를 만난 사실 ⟧ ^{w} =

$\lambda P_{<s,t>}$. kx[w의 부분인 최소 상황 w'에서, x는 사실이다 & P(w')], 단 P(w) = 1]

(λw". w"에서, 철수가 경애를 만났다') (①(ii)함수적용규칙)

kx[w의 부분인 최소 상황 w'에서, x는 사실이다 & w'에서, 철수가 경애를 만났다']

(전제 충족, λ-전환)

⟦ 철수가 경애를 만난 사실이 있다 ⟧ ^{w}=

[λy. w에서, y가 있다'](kx[w의 부분인 최소 상황 w'에서, x는 사실이다 & w'에서, 철수가 경애를 만났다']) (①(i)함수적용규칙)

[w에서, kx[w의 부분인 최소 상황 w'에서, x는 사실이다 & w'에서, 철수가 경애를 만났다']가 있다']) (λ-전환)

관계관형절 구조 (33)과 보문관형절 구조 (34)의 통사구조의 차이는 그 의미론적 해석에 있어서도 직접적인 결과를 가진다. 이는 2.3.2절에서 관형절을 두 가지의 상이한 통사구조로 설정한 것이 타당함을 뒷받침하는 것이다.

보문명사 '사실'은 사실성 전제를 가지며, 종류인 개체로서, 가능세계의 부분인 특정 상황에서 성립하는 명제와의 관계에서 정의되었다. 이러한 정의는 다른 보문명사들의 정의에도 활용될 수 있을 것으로 보인다.

(29바)의 의존명사들은 보문명사로서의 쓰임이 전형적인 것들이다. 그 의미 해석에 관하여 많은 논란이 있어 온 '것'에 대해 정리한 다음 '것'에 대한 기술의 방법을 '체', '양', '척'의 기술에 적용하려고 한다.

'것'은 보문명사로서의 쓰임이 기본이지만, 관계관형절의 피수식어로도 쓰일 수 있다. 각각의 용법을 보이는 예들이 (39)와 (40)이다.

(39) 가. 나는 철수가 경애를 만난 것을 안다.
나. 저 사람이 걷는 것이 이상하다.
다. 철수가 컴퓨터가 고장난 것을 고쳤다. (류병래 2022: 2)

(40) 가. 철수가 읽은 것을 나도 읽었다.
나. 시위가 일어난 것은 파고다 공원에서였다.

‘것’은 이 외에 다음과 같은 예에서도 쓰인다. 양정석(2016가)에서는 이 경우의 ‘것’이 그 앞의 통사 단위 ‘-는’과 결합하여 복합적 보문소를 이룬다고 기술한 바 있다. 복합 형식인 ‘-는것’은 다시 동사 ‘같-’과 재구조화에 의한 연계를 맺는다.228)

(41) 비가 오는 것 같다.

필자의 견해를 요약하면, (41)을 제외하면 ‘것’은 (39)와 (40)의 두 가지 통사의미적 용법을 가진다는 것이다. (39)의 ‘것’은 보문명사 ‘사실’과 유사한 의미 정의를 가진다. (40)은 관계관형절을 갖지만 ‘것’이 보문명사로서 관계관형절을 취하는 것과 유사한 구조를 가진다. 두 경우의 구조와, 그로부터 도출된 의미 형식은 다음과 같다.

(39)' 가. $[_{N'}$ $[_{CP}$ 철수가 경애를 만난] $[_{N}$ 것]]
　　나. ⟦ 것 ⟧^{w} = $\lambda P_{<s,t>}$. kx[w의 부분인 최소 상황 w'에서, x는 사물/사실/행동/양태이다 & P(w')]
　　다. kx[w의 부분인 최소 상황 w'에서, x는 사물/사실/행동/양태이다 & w'에서, 철수가 경애를 만났다']
(40)' 가. $[_{NP}$ $[_{CP}$ 철수가 읽은] $[_{N}$ 것]]
　　나. ⟦ $[_{NP}$ CP $[_{NP}$ $[_{N}$ 것]]] ⟧ = λx: x는 사물일 것. ⟦ CP ⟧(x)
　　다. λx[x는 사물이다 & 철수가 x를 읽었다']
　　　ιx[x는 사물이다 & 철수가 x를 읽었다'] (술어의 한정명사화 규칙 적용)

(39나)'은 보문명사 ‘사실’의 의미 정의 (37)과 유사한 형식으로 보문명사 ‘것’을 정의한다. ‘것’이 특이한 점은 ‘것’이 가질 수 있는 존재론적 범주 ‘사물/사실/행동/양태’ 들이 발화 맥락에 따라 선택되도록 나열하였다는 점이다.229) (40나)'은 보문소구와 명사 ‘것’의 결합을 한 구문적 단위로 하여 의미를 이끌어내는, 구문규칙의 형식으로 기술되었다.230) 영역 조건인 ‘x는 사물일 것’은 다음 예의 부적격성을 설명해 준다.

---

228) 재구조화에 의해 연계되는 ‘-는것 같-’은 양상기반 정황(‘circ’)과 순서근거 유사함(‘simil’)을 가지는 양상 의미의 함수로 정의되었다. 그 정의와 관련 논의를 이 책의 6.5.2절에서 볼 수 있다.

229) 이에 따라 (39가)에서 ‘것’은 사실로 해석되고, (39나)에서 ‘것’은 사실 또는 양태로 해석되고, ‘내핵 관계절’이라는 특수 구문을 이루는 것으로 논의되어 온 (39다)에서도 다른 보문관형절 구조와 별 다름 없이 ‘것’이 ‘사물’ 정도의 의미로 해석된다. 이전의 ‘내핵 관계절’ 논의에 대해서는 류병래(2022)를 참고하기 바람.

230) (40나)'은 염재일(2014: 108)에서 제안한 (a)의 규칙의 형식을 원용한 것이다.
　a. ⟦ α 것 ⟧ = λw. λx: x는 비인격체. [⟦ α ⟧^{w}(x)] (‘α’는 관계관형절임)
　(a)는 ‘관계관형절+것’ 구성의 의미가 <s,<e,t>> 타입의 내포의미적 술어로 정의된 것인데, 이 책 제1장의 의미

(42) ??인호가 만난 것은 의사이고 나이가 많았다. (염재일 2014: 114)

보문명사의 일종인 (29사)의 '체', '양', '척'은 부사성 의존명사라는 이름에서 드러나는 것처럼 이들에 이끌리는 절이 부사적 성격을 가진다. 이들도 보문명사 '사실'의 의미 정의 (37)과 유사한 형식으로 정의할 수 있다. 이들이 특이한 점은 이들이 항상 목적어로만 실현되고, 그 동사로 '하-'만을 취한다는 것이다. 이 점들을 반영하는 완성된 의미 기술을 위해서는 3.5절의 논의 결과를 기다려야 한다.

(43) ⟦ 체/양/척 ⟧ ^{w} =

$\lambda P_{<s,t>}$. kx[w의 부분인 최소 상황 w'에서, x는 가식적 행동이다 & P(w')]

보문명사 중에는 (29아)의 '전', '후'와 같이 그 앞의 보문의 사건 시간을 기준으로 그보다 앞서는지, 또는 뒤서는지를 나타내는 명사들이 있다. 시간적 선후관계를 해석하기 위해서는 해석 함수에 기준 시구간(기준시)이 설정되어 있어야 한다.231) 이를 't0'로 나타낸다.

(44) 가. 인호가 도착하기 전에 철수가 도착했다.

나. [$_{DP}$[$_{NP}$[$_{CP}$ 인호가 도착하기] 전]-에] 철수가 도착했다.

다. ⟦ 전 ⟧ ^{t0} = $\lambda P_{<i,t>}. \lambda Q_{<i,t>}. [P(t_1)\ \&\ t_1 < t0\ \&\ Q(t_2)\ \&\ t_2 < t_1]$

P = λt. t에, 인호가 도착한다', Q = λt. t에, 철수가 도착했다' & t < t0 232)

라. ⟦ [[$_{CP}$ 인호가 도착하기] 전] ⟧ ^{t0} =

[$\lambda P_{<i,t>}. \lambda Q_{<i,t>}. [P(t_1)\ \&\ t_1 < t0\ \&\ Q(t_2)\ \&\ t_2 < t_1]$](λt. t에, 인호가 도착한다')

(함수적용규칙)

[$\lambda Q_{<i,t>}$. [[λt. t에, 인호가 도착한다'](t_1) & $t_1 < t0$ & $Q(t_2)$ & $t_2 < t_1$]]

[$\lambda Q_{<i,t>}$. [t_1에, 인호가 도착한다' & $t_1 < t0$ & $Q(t_2)$ & $t_2 < t_1$]]

⟦ [[[$_{CP}$ 인호가 도착하기] 전]에] ⟧ ^{t0} =

[$\lambda Q_{<i,t>}$. [t_1에, 인호가 도착한다' & $t_1 < t0$ & $Q(t_2)$ & $t_2 < t_1$]]

⟦ [[[[$_{CP}$ 인호가 도착하기] 전]-에] 철수가 도착했다 ⟧ ^{t0}

해석 체계와 정합되기 위해서는 (40나)'의 <e,t> 타입의 형식으로 조정되어야 한다.

231) 이에 따라 절의 타입은 <i,t>로 정해진다. 'i'는 시구간(interval)의 타입이다. 제6장 이후로 세계(타입 s), 시구간(타입 i), 판단자(타입 e) 모두가 해석 함수에 설정되면 절의 타입은 <s,<i,<e,t>>>로 정해진다. 다른 기준점을 생략하고 기준 시구간만을 가지는 체계에서 절의 타입을 '<i,t>'로만 나타낼 수 있다는 점에 주의할 필요가 있다. 본격적인 시간적 선후관계 해석에 관한 논의인 11.3절에서도 이러한 타입 표시를 사용할 것이다.

232) 이는 주절의 '-었-'으로 말미암아 't'가 기준시('t0')의 이전시(t < t0)로 조정된 것이다.

$[\lambda Q_{<i,t>}. [t_1$에, 인호가 도착한다' $\& \ t_1 < t0 \ \& \ Q(t_2) \ \& \ t_2 < t_1]]([\lambda t. t$에, 철수가 도착했다' $\& \ t < t0])$ (함수적용규칙)

$[t_1$에, 인호가 도착한다' $\& \ t_1 < t0 \ \& \ [\lambda t. t$에, 철수가 도착했다' $\& \ t < t0](t_2)$ $\& \ t_2 < t_1]]$

$[t_1$에, 인호가 도착한다' $\& \ t_1 < t0 \ \& \ t_2$에, 철수가 도착했다' $\& \ t_2 < t0 \ \& \ t_2 < t_1]$

$[t_1$에, 인호가 도착한다' $\& \ t_1 < t0 \ \& \ t_2$에, 철수가 도착했다' $\& \ t_2 < t_1 < t0]$

(45) 가. 인호가 도착한 후에 철수가 도착했다.

나. $[_{DP}[_{NP}[_{CP}$ 인호가 도착하-었-는] 후]-에] 철수가 도착했다.

다. $⟦$후$⟧^{t0} = \lambda P_{<i,t>}$: P는 완료된 사건임. $\lambda Q_{<i,t>}. [P(t_1) \ \& \ Q(t_2) \ \& \ t_1 < t_2]]$

P = $\lambda t. t$에, 인호가 도착했다' $\& \ t < t0$,

Q = $\lambda t. t$에, 철수가 도착했다' $\& \ t < t0$

라. $⟦ [[_{CP}$ 인호가 도착하-었-는] 후] $⟧^{t0}$ =

$[\lambda P_{<i,t>}$: P는 완료된 사건임. $\lambda Q_{<i,t>}. [P(t_1) \ \& \ Q(t_2) \ \& \ t_1 < t_2]]([\lambda t. t$에, 인호가 도착했다' $\& \ t < t0])$ (함수적용규칙, 전제 충족)

$[\lambda Q_{<i,t>}. [[\lambda t. t$에, 인호가 도착했다' $\& \ t < t0](t_1) \ \& \ Q(t_2) \ \& \ t_1 < t_2]]$ (λ-전환)

$[\lambda Q_{<i,t>}. [t_1$에, 인호가 도착했다' $\& \ t_1 < t0 \ \& \ Q(t_2) \ \& \ t_1 < t_2]]$ (λ-전환)

마. $⟦ [[[_{CP}$ 인호가 도착하-었-는] 후]에] $⟧^{t0}$ =

$[\lambda Q_{<i,t>}. [t_1$에, 인호가 도착했다' $\& \ t_1 < t0 \ \& \ Q(t_2) \ \& \ t_1 < t_2]]$

바. $⟦ [[[_{CP}$ 인호가 도착하-었-는] 후]에] 철수가 도착했다] $⟧^{t0}$ =

$[\lambda Q_{<i,t>}. [t_1$에, 인호가 도착했다' $\& \ t_1 < t0 \ \& \ Q(t_2) \ \& \ t_1 < t_2]]([\lambda t. t$에, 철수가 도착했다' $\& \ t < t0])$ (함수적용규칙)

$[t_1$에, 인호가 도착했다' $\& \ t_1 < t0 \ \& \ t_2$에, 철수가 도착했다' $\& \ t_2 < t0 \ \& \ t_1 < t_2]$

$[t_1$에, 인호가 도착했다' $\& \ t_1 < t0 \ \& \ t_2$에, 철수가 도착했다' $\& \ t_1 < t_2 < t0]$

'전'은 그 보문의 사건이 주절의 사건 이후에, '후'는 그 보문의 사건이 주절의 사건 이전에 일어난다는 선후관계의 정보를 그 어휘적 의미로 지정한다. 이는 시제 표지가 아닌 명사가 시간적 선후관계를 지정하는 기능을 가지는 예를 보이는데, 이 점은 시제 표지를 갖지 않는 무시제 언어 한국어에서 시간적 선후관계를 표현하는 전형적인 방법을 예시하는 것이다. 시간적 선후관계를 표현하는 요소들에 대한 완전한 기술은 제11장에서 논하는 시간적 선후 관계 해석의 의미론적, 담화화용론적 장치들을 필요로 한다.

(29가-아)의 명사들은 명사 의미 해석을 위하여 외연의미론의 범위를 넘어서서 기준 맥락, 기준 세계, 기준 시구간을 가지는 해석 체계가 필요하다는 점을 보여준다.

3.1.4. 부사의 의미 기술에 관하여

이 절에서는 성분부사 '빨리', 문장부사 '다행히', 보충어를 취하는 '함께'와 같은 부사들의 의미 형식을 어떻게 나타낼 것인지에 대해서 간략히 고려해 보기로 한다. 기본적으로 부사는 부가어 위치에 놓이는 요소이다. 그러므로 제1장에서 제시한 해석 규칙들 중 술어수식규칙(PM)의 적용을 받는 것이 이들의 특징이라고 할 수 있다.

다음 예에서 '달리-'가 <e,t> 타입의 술어라는 점은 이미 알고 있다. '빨리'가 '달리-'의 부가어이면 역시 <e,t> 타입의 술어이어야, '②술어수식규칙'의 적용을 받아 '빨리 달리-'가 <e,t> 타입의 술어가 된다.

(46) "인호가 빨리 달린다."의 도출:

가. 부가어 '빨리': <e,t> 타입의 술어: λx_e. x가 빠르다'

나. 동사 '달리-': <e,t> 타입의 술어: λx_e. x가 달린다'

다. 동사구 '빨리 달리-': <e,t> 타입의 술어: λx_e. x가 빠르다' & x가 달린다' (②술어수식규칙)

라. 문장 '인호가 빨리 달린다': 타입 t: 인호'가 빠르다' & 인호'가 달린다'

'함께'는 보충어를 취하는 2자리 부사이다. 보충어를 취한 후에는 이 역시 <e,t> 타입의 술어가 된다.

(47) "인호가 철수와 함께 달린다."의 도출:

가. '함께': 타입 <e,<e,t>> : λx_e. λy_e. y가 x와 함께이다'

나. 부사구 '철수와 함께': <e,t> 타입의 술어: λy_e. y가 철수'와 함께이다'

다. 동사구 '철수와 함께 달리-': <e,t> 타입의 술어:
λx_e. x가 철수'와 함께이다' & x가 달린다' (②술어수식규칙)

라. 문장 '인호가 철수와 함께 달린다': 타입 t:
인호'가 철수'와 함께이다' & 인호'가 달린다' (①(i) 함수적용규칙)

명사의 경우처럼 부사의 경우에도 내포의미론적 해석을 받는 예들이 있다. 제6장에서 해석 함수에 기준 세계가 추가된 다음에라야 내포의미의 해석이 가능하게 된다. '다행히', '확실히' 등은 내포의미를 표현하는 양상 부사로서, '-겠-', '-을것이-'와 같은 양상 요소들과 가까운 의미 정의를 갖게 된다.

(48) 내포의미론적 해석을 받는 부사

가. 다행히, . . .

나. 확실히, 아마, . . .

다. 항상, 가끔, . . .

라. 어제, 내일, . . .

(48가)의 '다행히'는 내포의미 해석을 받기는 하지만 양상의 표현이라고 말하기는 어렵다. 그 의미 정의를 보이기로 한다. '다행히'는 <<s,t>,t> 타입으로 설정되었다.

(49) "다행히 비가 온다."의 도출

⟦ 다행히 ⟧ ^{w} = $\lambda P_{<s,t>}$. P가 다행이다'

⟦ 비가 온다 ⟧ ^{w} = λw. 세계 w에서, 비가 온다'

⟦ 다행히 비가 온다 ⟧ ^{w} = [$\lambda P_{<s,t>}$. P가 다행이다'](λw. 세계 w에서, 비가 온다')

[[λw. 세계 w에서, 비가 온다']가 다행이다']

(48나)의 '확실히', '아마'는 같은 <<s,t>,t> 타입의 내포의미 표현이기는 하지만, 가능세계에 대한 양화로서의 양상 의미 형식으로 기술해야 한다. '확실히'는 보편 양화의 형식을, '아마'는 존재 양화의 형식을 가진다. 이에 대해서는 양상 의미 해석을 다루는 제6장에서 논의한다.

내포의미를 표현하는 다른 부사로 (48다)의 '항상', '가끔'이 있다. 이들은 기준 세계의 부분으로서의 최소 상황 변수에 대한 양화 작용을 특징으로 한다. 이는 위에서 '사실' 등의 보문명사의 의미를 형식화하는 데에서도 보였던 특징이다. 이에 대해서는 11.2.6.절에서 간략히 논의하게 된다.

(48라)의 시간 부사 '어제', '내일'은 앞 절의 명사 '전', '후'와 유사하게 시구간에 대한 연산 작용을 특징으로 한다. 이들의 의미 정의는 11.3.3절에서 제시한다.

3.2. 양화·술어논리 체계 하에서의 동사 의미 기술

자연언어가 과학의 연구 결과를 기술하기에 부적합하다는 점은 분석철학자들이 오랫동안 지적해 온 것이다. 형식의미론 연구에서는 자연언어의 의미를 과학적으로 기술하기 위해 형식 언어를 사용한다. 이 형식 언어는 프레게의 양화·술어논리 체계를 기초로 하여 발전되고 구축된 것이라는 점을 앞 절에서 설명하였다. 이 절에서는 동사 의미의 기술에 있어서 프레게의 양화·술어논리 체계의 성격과 관련하여 발생하는 문제들에 주의하고자 한다. 이와 관련하여 다음 세 가지 점을 내내 유의하려고 한다.

첫째는 프레게의 양화술어논리 체계가 수립된 시기로부터 보통명사의 의미와 1자리 동사의 의미는 같은 1자리 술어(또는 속성)로 가정되어 왔다. 의미역 이론, 또는 통사구조와 의미구조의 논항구조 대응에 관한 이론을 전개할 때에는 이 가정이 문제를 유발한다. 1자리 동사가 의미역 구조를 가지는 것처럼, 보통명사도 의미역 구조를 가지는 것으로 기술하게 된다는 것이다.

서술어로 쓰이는 '명사+이-' 구성의 의미역 구조에 대해 생각해 보자. 명사가 의미역 구조를 가진다고 하면 이 구성에서 '이-'는 의미역 구조를 갖지 않는다고 가정할 필요가 있다. 이것이 생성문법의 통사론 연구자들과 형식의미론 연구자들의 대다수가 실행해 온 가정이었다. 그러나 한국어에서 계사 '이-'는 동사가 가지는 형태론적, 통사론적 특성을 가질 뿐만 아니라 의미역적 특성을 가지므로 의미역을 부여하는 동사로 기술되어야 한다. '이-'의 이러한 의미역적 특성은 형식의미론의 표상 체계와 별도의 '기술 층렬'의 의미 표상 체계 하에서 기술되어야 한다는 것이 3.3절에서 필자가 논하는 점이다.

둘째, 교호적 특성을 가지는 대칭동사, 상호동사의 의미를 기술하기 위하여 형식의미론의 표상 체계와 별도의 '기술 층렬'의 의미 표상 체계가 필요하다. 이것이 3.4절에서의 필자의 논점이다.

셋째, '하-'의 의미를 완전히 기술하기 위하여 형식의미론의 표상 체계와 별도의 '기술 층렬'의 의미 표상 체계가 필요하다. 이것이 3.5절에서의 필자의 논점이다.

동사 단어는 절의 서술어로 쓰이는 것이 그 기본적 역할이다. 동사 단어들의 통사의미적 유형을 나누는 데에는 그 자릿수(논항의 수)를 기준으로 하는 것보다 분명한 방법은 없다. 그러므로 이 절에서는 한국어 동사의 유형을 1자리 동사, 2자리 동사, 3자리 동사로 나누어서, 논항의 수와 논항의 성격의 차이에 따라 동사를 분류하는 데에서의 문제점들을 널리 살펴 본다. 양상의 개념, 판단자의 개념, 맥락의 개념을 수용하기 위해서는 양화·술어논리 체계를 확장하는 일이 필요하다는 점도 지적하고, 이 문제들이 이 책의 이어지는 장들에서의 주요 해결 과제가 됨을 논의한다. 그런 다음, 많은 문제를 유발하는 '이다', '교호성 동사', '하다'의 통사의미적 문제들을 절을 달리하여 차례로 해결할 것이다.

앞에서는 1자리 동사 '뛰다'의 의미 기술을 보였다. 1자리 동사는 <e,t> 타입의 술어로 규정된다. <e,t> 타입의 술어는 보통명사가 가지는 특성이기도 하다는 점을 앞에서 지적한 바 있다.

2자리 동사로는 타동사가 전형적인 것이지만 타동사 아닌 2자리 동사들이 있다. 2자리 동사는 <e,<e,t>> 타입의 관계로 규정된다. <e,<e,t>> 타입의 관계는 일부 명사가 가지는 특성이기도 하다는 점을 앞에서 지적하였다.[233]

3자리 동사는 <e,<e,<e,t>>> 타입의 관계로 규정된다. <e,<e,<e,t>>> 타입의 관계의 특성을 가지는 것은 동사뿐이라고 생각된다. 명사나, 다른 범주에는 이 특성을 가지는 예가 없는 것으로 보인다. 그리고 한국어에는 단어의 어휘적 특성으로 4개 이상의 논항을 가지는 동사는 없는 것으로 판단된다.

2자리 동사와 3자리 동사의 예들을 들어 보기로 한다.

(1) 2자리 동사들:
  가. 있다: λy. λx. x는 y이 있다′(타입 <e,<e,t>>)
  나. 없다: λy. λx. x는 y이 없다′(타입 <e,<e,t>>)
  다. 가깝다: i) λy. λx. x는 y에 가깝다′(타입 <e,<e,t>>)
        ii) λy. λx. [x가 y에 가깝다′] & [y가 x에 가깝다′](타입 <e,<e,t>>)
  라. 만나다: i) λy. λx. x가 y를 만난다′(타입 <e,<e,t>>)
        ii) λy. λx. [x가 y와 만난다′] & [y가 x와 만난다′](타입 <e,<e,t>>)

(2) 3자리 동사들:
  가. 주다: ⟦주-⟧ = λz. λy. λx. x는 y를 z에게 준다′ (타입 <e,<e,<e,t>>>)
  나. 보내다: ⟦보내-⟧ = λz. λy. λx. x는 y를 z로 보낸다′ (타입 <e,<e,<e,t>>>)
  다. 바꾸다: ⟦바꾸-⟧ = λz. λy. λx. [x가 y를 z와 바꾼다′] & [x가 z를 y와 바꾼다′] (타입 <e,<e,<e,t>>>)

(1다, 라)는 대칭동사로서의 용법도 가지므로 문제를 제기한다. '만나다'는 (1라i)에 제시한 의미적 용법 외에 (1라ii)의 대칭동사로서의 용법도 가진다. 3자리 동사들 중에도 교호적 특성을 가지는 (2다)와 같은 대칭동사들이 있다.

한국어에서 교호성 구문은 (1다, 라), (2다)와 같이 대칭동사에 의해 표현되거나, (3)과 같이 교호성 부사 또는 교호성 대명사와 그것에 연계되는 동사를 통하여 표현된다.

---

233) <e,<e,t>> 타입의 함수를 '관계'라고 하는 이유는, 가령 'A가 B를 사랑한다'와 같은 예에서 '사랑한다'가 A와 B 사이의 관계를 나타낸다고 생각되기 때문이다. <e,<e,<e,t>>> 타입의 함수도 '3항 관계'라고 한다. 'A가 B를 C에게 준다'와 같은 예에서 '준다'는 A와 B와 C사이의 관계를 나타낸다고 생각된다. 1항 술어는 개체들의 집합으로 설명된다. 2항 관계는 두 개체들의 순서쌍들의 집합으로 설명된다. 3항 관계는 세 개체들의 순서쌍들의 집합으로 설명된다.

(3) 가. 철수는 인호와 서로 쳐다보았다/서로 공격하였다, . . .
　　나. 서로를 믿는다/서로를 의지한다, . . .

특히 (3가)의 '서로'는 부사로서, '쳐다보-', '공격하-'와 재구조화를 통하여 연계된다. 이들을 '재구조화된 교호동사'라고 지칭하기로 한다. 이들과 비교되는 앞의 '대칭동사'들은 '본래적 교호동사'라고 지칭하여 구별할 수 있다.

'재구조화된 교호동사'라고 지칭한 '서로 쳐다보다'의 의미는 대략 다음과 같이 나타낼 수 있다.

(4) 재구조화된 교호동사 '서로 쳐다보-'의 의미:
　　$\lambda y. \lambda x.$ [x는 y를 쳐다본다′] & [y는 x를 쳐다본다′]

(1다, 라), (2다), (4)는 그런대로 진리조건적 정의의 형식을 갖추고 있다. Heim, Lasnik & May(1991: 68)에서는 영어에서 교호성 의미를 나타내는 'each other'를 (5)와 같이 정의하고, 교호성 문장 (6가)의 의미를 (6다)와 같이 나타냈다.

(5) $\text{each other}_{i,j}\ \zeta \Rightarrow \lambda x. \forall x_i(x_i \Pi x)\ \forall x_j(x_j \Pi x \wedge x_i \neq x_j)\ \zeta'(x_i)$

(6) 가. John and Mary introduced themselves to each other.
　　나. 존과 메리는 서로를 서로에게 소개했다.
　　다. $\forall x_2(x_2 \Pi \text{John and Mary}')\ \forall x_3(x_3 \Pi \text{John and Mary}' \wedge x_2 \neq x_3)$
　　　$\text{introduce}'(x_2,x_2,x_3)$

한국어는 교호성 의미를 기본적으로 동사를 사용해서 표현한다. 이에 비해 영어는 교호성 의미를 'each other'와 같은 대명사 요소를 사용해서 표현한다. 한국어에서도 (6나)와 같이 '서로'가 'each other'에 상응하는 기능을 갖기도 하지만, 교호성 의미의 표현은 동사를 사용하는 것이 기본적이다. (4)는 동사의 논항구조에서 첫째 논항과 둘째 논항의 순서를 바꾼 형식을 연접 연산자로 결합하여 대칭적 의미구조를 이루는 것으로 나타내고 있다. (6다)는 영어 복수 명사구와 접속 명사구가 나타내는 특별한 집합을 가정하고, 이 집합과 그 원소의 특정한 관계를 정의함으로써 문장이 표현하는 개체들 간의 교호적 관계를 나타내고 있다.

필자는 교호성 의미가 (4)에서 보이는 대칭적 의미구조의 형식을 그 본질적 요소로 가진다고 본다. (6다)와 같은 형식화도 교호성 동사의 의미의 일면을 포착하는 점이 인정된다. 따라서 (6다)의 형식화는 ‘지시 층렬’의 의미구조로 유지하고, 한국어의 경우 ‘서로’가 대명사로 쓰이는 경우에 한해서 이와 같이 형식화한다. 별도의 의미구조인 ‘기술 층렬’에서는 ‘서로’가 부사인 경우와 대명사인 경우 모두 (4)의 대칭적 의미구조 형식으로 기술하게 된다. 교호적 특성을 가지는 동사들과 ‘서로’의 의미 기술 문제에 대해서는 3.4절에서 별도로 집중적으로 논의할 것이다.

대칭동사와 어느 면에서 유사한 의미적 특성을 가지는 동사로 ‘사다’와 ‘팔다’가 있다. 이들의 의미 표상을 잠정적으로 다음과 같이 보이기로 한다.

(7) 가. 사다:

⟦ 사- ⟧ = λz. λy. λx. x는 y를 z에게서 받는다′ & x는 y의 대가(돈)를 z에게 준다′ (타입 <e,<e,<e,t>>>)

나. 팔다:

⟦ 팔- ⟧ = λz. λy. λx. x는 y를 z에게 준다′ & x는 y의 대가(돈)를 z에게서 받는다′ (타입 <e,<e,<e,t>>>)

대칭동사와 ‘사다’, ‘팔다’는 현대 생성문법 이론 내의 단원 이론인 의미역 이론에 몇 가지 문제점을 제기한다. ‘행위자, 대상, 목표, 시원, 처소’ 등으로 이루어지는 ‘의미역틀’을 정의하는 데에 이들은 근본적인 난점을 제기한다. 동사 의미에 대한 형식의미론의 진리조건적 정의를 바탕으로 의미역 이론을 구성하려고 할 때에 그 문제성은 더욱 심각해진다.

의미역 이론을 성립시키는 데에 있어서의 문제성을 드러내는 다른 예로 계사 ‘이-’와 포괄동사 ‘하-’가 있다. 계사 ‘이-’의 문제는 이미 유명한 것으로, 한국어 문법 연구의 쟁점이 된 지 오래이다. 매우 다양한 통사적 구조를 형성하는 ‘하-’도 그 구조와 의미의 두 측면에서 해결하기 어려운 문제들을 포함하고 있다. 이들의 문제와 그 해결 방향을 다음과 같이 요약할 수 있다.

(8) 계사 ‘이-’의 문제:

계사 ‘이-’는 ‘λf. λx. f(x)’와 같은 진리조건적 의미 정의를 가지는데, 이는 그 의미역 구조의 특성을 포착하지 못한다. 이 정의를 ‘지시 층렬’의 정의로 유지하고, 별도의 ‘기술 층렬’에서 의미역 구조를 포착하는 의미 정의를 설정한다.

(9) 포괄동사 ‘하-’의 문제:

포괄동사 '하-'는 '지시 층렬'의 진리조건적 정의에서나 '기술 층렬'에서나 '$\lambda y. \lambda x.$ HA(x, y)'와 같은 기본 의미 형식을 가지며, 5가지의 상이한 통사적 환경에서 의미론적 전이 규칙, 담화화용론적 보충 해석 규칙에 따라 상이한 의미로 해석된다.

3.3절에서는 계사 '이-'의 의미 해석 문제를, 3.4절에서는 교호성 동사의 의미 해석 문제를, 3.5절에서는 포괄동사 '하-'의 의미 해석 문제를 집중적으로 논의한다.

이상에서는 논항 위치에 개체가 실현되는 동사들을 1자리 동사와 2자리 동사와 3자리 동사로 나누어 보았다. 그러나 동사의 논항에 개체 아닌 명제가 실현될 수도 있다. 그런 경우의 동사를 '명제태도 동사'라고 불러 왔다. 명제태도 동사의 대표적인 예는 '생각하다'이다. (10) 문장에서 주어는 여느 동사와 같이 개체인데, 보충어가 명제라는 점에서 특징적이다.

(10) 인호는 옥이가 예쁘다고 생각했다.

'생각하-'의 의미 정의는 (11가)와 같이 설정하고, 제1장에서 주어진 의미 해석 규칙들을 동원하여 (10) 문장의 의미를 (11나)와 같이 도출할 수 있다. 그러나 (10) 문장은 인호의 생각 속에서의 판단을 표현하는 것으로, (10) 문장의 참, 거짓의 판단은 위 (1), (2)의 동사들을 가지는 문장들에서의 참, 거짓의 판단과 동일한 차원에서 행할 수 없다. 제6장에서는 (10) 문장이 표현하는 생각 속의 판단 의미를 양상 의미의 일종으로 규정한다. 제7장에서는 '생각하-'의 양상 의미가 주절 주어를 그 판단자로 가진다는 점을 밝히게 된다. 그에 따른 형식화는 (12가, 나)와 같다. 이는 '생각하-'의 양상 의미를 나타내는 양상 연산자의 부분으로 판단자 '인호'가 포함된 형식이다.

(11) 가. ⟦ 생각하- ⟧ = $\lambda P. \lambda x.$ x는 P라고′ 생각한다′

나. 인호′는 [옥이′가 예쁘다]라고′ 생각한다′

(12) 가. ⟦ 생각하- ⟧^{w,t,j} =

$[\lambda P.\ \lambda x_e.\ \forall\langle w',t',j'\rangle{:}\ \langle w',t',j'\rangle \in \text{BEST}(dox,\ stereo,\ w,\ t,\ x)\ \&\ x = j' \rightarrow P(w')(t')(x)]$

나. $[\lambda P.\ \lambda x_e.\ \forall\langle w',t',j'\rangle{:}\ \langle w',t',j'\rangle \in \text{BEST}(dox,\ stereo,\ w,\ t,$ 인호′$)$ & j′ = 인호′ → 세계 w′에서, 시구간 t′에서, 판단자 j′에게, [옥이′가 예쁘다].

(11가, 나)가 아니라 (12가, 나)가 이 책에서 궁극적으로 밝히는 '생각하다'와 '생각하

다’ 문장의 의미이다. 둘을 비교하면 알 수 있듯이, 한 동사, 한 문장을 표상한 두 의미 형식들은 현격한 차이를 보인다. 이들은 제6장과 제7장의 두 장에서 집중적으로 논의하여 수립하는 양상 의미론의 분석 결과이다. 이들은 양화·술어논리 체계를 바탕으로 한 진리조건적 의미론의 탐구가 이르게 된 새 경지를 보여준다.234)

(1), (2)의 동사들의 의미론과 더욱 다른 차원의 의미 기술 방법이 요구되는 예는 인용동사들이다. ‘생각하-’의 양상 의미를 기술하기 위해서는 가능세계의 개념과 판단자의 개념이 필요한데, 인용동사의 의미를 기술하기 위해서는 ‘맥락’의 개념이 필수적이다. 인용동사는 현실 맥락과 다른 ‘인용된 맥락’의 개념을 도입하는 특성을 가진다.

(13) ⟦말하-⟧$^{c*;w,t,j}$ =

$[\lambda P_{<s,<i,<e,t>>>}.\ \lambda x_e.\ \lambda y_e.\ c^* \neq c'\ \&\ s(c') = y\ \&\ a(c') = x$인 인용의 맥락 c'에서; $P(w(c'))(t(c'))(y)]$

(14) 가. ⟦명령하-⟧$^{c*;w,t,j}$ =

$[\lambda P_{<s,<i,<e,t>>>}$: P는 양상기반 함수 ‘intend’를 포함할 것. $\lambda x_e.\ \lambda y_e.\ c^* \neq c'\ \&\ s(c') = y\ \&\ a(c') = x$인 인용(명령)의 맥락 c'에서; $P(w(c'))(t(c'))(y)]$

나. ⟦제안하-⟧$^{c*;w,t,j}$ =

$[\lambda P_{<s,<i,<e,t>>>}$ & P는 양상기반 함수 ‘intend’를 포함할 것. $\lambda x_e.\ \lambda y_e.\ c^* \neq c'\ \&\ s(c') = y\ \&\ a(c') = x$인 인용(제안)의 맥락 c'에서; $P(w(c'))(t(c'))(y)]$

다. ⟦약속하-⟧$^{c*;w,t,j}$ =

$[\lambda P_{<s,<i,<e,t>>>}$ & P는 양상기반 함수 ‘intend’를 포함할 것. $\lambda x_e.\ \lambda y_e.\ c^* \neq c'\ \&\ s(c') = y\ \&\ a(c') = x$인 인용(약속)의 맥락 c'에서; $P(w(c'))(t(c'))(y)]$

(15) ⟦묻-⟧$^{c*;w,t,j}$ =

$[\lambda P_{<s,<i,<e,t>>>}$ & P는 순서근거 함수 ‘dubi’를 포함할 것. $\lambda x_e.\lambda y_e.$ w에서, t에, j에게, $c^* \neq c'\ \&\ s(c') = y\ \&\ a(c') = x$인 인용의 맥락 c'에서; $P(w(c'))(t(c'))(x)]$

이들은 제8장과 제9장의 집중적인 논의를 거쳐 밝혀질 의미 정의들이다. 위 의미 형식들이 보여주는 핵심 사항은 다음과 같다. 평서문을 내포절로 취하는 동사인 ‘말하-’는 인용 맥락에서도 주절 주어를 그 주어로 유지한다. 명령문을 내포절로 취하는 동사인 ‘명령하-’는 주절의 ‘여격 논항’을 전환하여 인용 맥락, 인용된 발화의 주어 논항으로 만든다. 약속문을 내포절로 취하는 동사인 ‘약속하-’는 주절의 주어를 인용 맥락, 인용된 발화의

234) (12가)의 ‘생각하-’의 의미 기술, (12나)의 ‘생각하다’ 문장의 의미 기술은 제8장에서 조금 더 다른 형식으로 수정된다.

주어 논항으로 유지한다. 청유문을 내포절로 취하는 동사인 '제안하-'는 주절의 주어 논항과 여격 논항을 합친 복수 개체를 인용 맥락, 인용된 발화의 주어 논항으로 만든다.[235]

3.3. 계사 '이-'와 '이다' 구문의 의미 해석

3.1절의 (1)의 기초 의미 요소들로 이루어진 양화·술어논리 체계 하에서 '이-'와 영어 'be'의 의미를 기술하고자 할 때에 근본적인 문제로 제기되는 점은, '이-'나 'be'를 다른 동사와 같이 논항을 취하는 술어로 기술해야 할 텐데, 과연 몇 개의 논항을 가지는 것으로 기술해야 하느냐 하는 것이다. 이는 생성문법의 의미역 이론과 관련하여 심각한 문제가 된다. 그런데 이 문제 이전에 더 근본적인 문제가 제기된다. 계사는 의미역을 부여하는 요소인가, 아닌가?

다음 3.3.1절에서는 진리조건적 의미론의 범위 내에서 '이다' 문장의 모든 예를 완전 기술할 가능성을 타진해 본다. 그러나 의미역 구조와의 관련을 고려하면 진리조건적 정의만으로는 완전히 포착하기 힘든 의미의 국면이 드러난다. 3.3.2절에서는 한국어의 계사 '이-'에 대한 이전의 다양한 견해들을 검토하고, 3.3.3절에서는 '이다' 문장의 통사론적 특성과 '이-'의 의미역적 특성을 모두 포착할 수 있는 방법은 '이-'를 '지시 층렬'의 형식의미론적 의미 형식으로 기술하는 한편, 별도로 '기술 층렬'에서 의미역 구조를 나타내는 의미 형식으로 기술하는 것이라고 제안한다.

3.3.1. 계사 '이-'의 형식의미론적 기술

파티(Partee 1986a, b)는 영어 'be' 동사의 의미 정의를 단일한 형식으로 가정하고, 상이한 전이 의미들을 타입 전이 규칙들을 통해서 산출하는 방안을 제시한 바 있다.[236] (1가)는 몬태규 문법 이래의 'be' 동사의 의미 정의이고, (1나)는 파티 자신의 방안이다. 둘은 'be'의 보충어인 명사구를 <<e,t>,t> 타입의 양화사로 설정한다는 공통점이 있다.

(1) 가. Montague(1974)의 계사 'be'의 의미 정의: $\lambda P_{<<e,t>,t>}.\ \lambda x_e.\ [P(\lambda y_e.\ [y = x])]$

---

235) (13)-(15)의 인용동사들의 의미 정의도 제8장에서 조금 더 다른 형식으로 수정된다.

236) (1)의 정의는 Partee(1986a, b)에서 영어의 'be'의 정의로 제시한 것이다. <<e,t>,t> 타입의 일반화 양화사를 취하여 <e,t> 타입의 술어를 내어놓는 함수로 간주한 것이다. Partee(1986a, b)의 의미론적 전이 규칙들의 구체적 형식들과 그 적용에 대해서는 3.1절에서 논의한 바 있다.

나. Partee(1986a, b)의 계사 'be'의 의미 정의: $\lambda P_{<<e,t>,t>}. \lambda x_e. [\{x\} \in P]$

계사 '이-'는 이와 같은 기본 의미 형식을 갖지만 인접한 명사구의 상이한 타입에 따라 여러 가지 의미론적 전이 규칙이 적용되어 상이한 의미로 해석된다. 몬태규 문법의 'be' 의미 정의 (1가)를 이용한 의미 합성 절차를 보이기로 한다.

(2) "John is a student."의 의미 합성:

$\llbracket \text{a} \rrbracket = [\lambda P_{<e,t>}. \lambda Q_{<e,t>}. \exists x[Q(x) \ \& \ P(x)]]$

$\llbracket \text{a student} \rrbracket = [\lambda P_{<e,t>}. \lambda Q_{<e,t>}. \exists x[Q(x) \ \& \ P(x)]](\lambda y.\ y \text{ is a student})$

$[\lambda Q_{<e,t>}. \exists x[Q(x) \ \& \ x \text{ is a student}]]$

$\llbracket \text{is a student} \rrbracket = [\lambda R_{<<e,t>,t>}. \lambda z_e. [R(\lambda y_e. [y = z])]]([\lambda Q_{<e,t>}. \exists x[Q(x) \ \& \ x \text{ is a student}]])$

$\lambda z_e. [[\lambda Q_{<e,t>}. \exists x[Q(x) \ \& \ x \text{ is a student}]](\lambda y_e. [y = z])]$

$\lambda z_e. [\exists x[x = z \ \& \ x \text{ is a student}]]$

$\llbracket \text{John is a student} \rrbracket = \lambda z_e. [\exists x[x = z \ \& \ x \text{ is a student}]](\lambda P.\ P(j))$

$\lambda z_e. [\exists x[x = z \ \& \ x \text{ is a student}]](j)$ (타입내림)

$\exists x[x = j \ \& \ x \text{ is a student}]$

'be'의 보충어인 명사구를 <<e,t>,t> 타입의 양화사로 설정하는 (1가, 나)의 방안은 그 보충어가 <e,t> 타입의 술어인 'Mary is beautiful.'과 같은 평범한 예를 설명하는 데에 애로가 있다. 타입 <e,t>를 <<e,t>,t>로 올려 주는 타입 전이 규칙은 그 발상이 자연스럽지 않고, Partee(1986a, b)의 타입 전이 규칙의 목록에서도 찾을 수가 없다. 이와 반대의 방향에서 영어의 'be'나 한국어의 '이-'의 보충어에 요구되는 타입을 술어 타입 <e,t>로 설정한다면, <<e,t>,t>를 <e,t>로 내려 주는 타입 전이 규칙이 필요할 것이다. 이것은 자연언어에서 쉽게 용인할 수 있는 의미 전이 현상이라고 생각된다. 앞에서 Partee(1986a, b)의 타입 전이 규칙들에 추가한 '양화사의 술어화 전이 규칙'은 이런 경우를 위해 새로 설정한 것이다.237)

---

237) '양화사의 술어화 전이 규칙'은 위 (1가)의 계사의 정의를 양화사에 적용하는 작용과 같은 것이다. (1가)의 계사의 정의를 '모두'의 의미 형식에 적용하는 절차는 다음과 같다.

$\lambda P_{<<e,t>,t>}. \lambda x_e. [P(\lambda y_e. [y = x])](\lambda Q_{<e,t>}. \forall z[z\text{는 사람/사물이다} \rightarrow Q(z)])$

$\lambda x_e. [\lambda Q_{<e,t>}. \forall z[z\text{는 사람/사물이다} \rightarrow Q(z)](\lambda y_e. [y = x])]$

$\lambda x_e. [\forall z[z\text{는 사람/사물이다} \rightarrow [\lambda y_e. [y = x]](z)]]$

$\lambda x_e. [\forall z[z\text{는 사람/사물이다} \rightarrow [z = x]]]$

이러한 고려에 따라 한국어의 계사 '이-'의 형식의미론적 해석을 위한 의미 정의를 다음과 같이 설정하기로 한다. 앞에서 제시한 타입 전이 규칙들을 활용하면 한국어의 모든 '이다' 구문을 해석할 수 있다.[238] (4)는 상이한 타입의 명사구가 '이-'의 보충어로 실현되는 문장들의 해석 절차를 보인 것이다.

(3) 이 책의 계사 '이-'의 (지시 층렬에서의) 의미 정의: $\lambda f_{<e,t>}. \lambda x_e. f(x)$

(4) 가. ⟦ 철수는 학생이다 ⟧ = $[\lambda f_{<e,t>}. \lambda x_e. f(x)](\lambda y. y\text{는 학생이다}')(\text{철수}')$

$[\lambda x_e. x\text{는 학생이다}'](\text{철수}')$

$\text{철수}'\text{는 학생이다}'$

나. ⟦ 김정식이 김소월이다 ⟧ = $[\lambda f_{<e,t>}. \lambda x_e. f(x)](\text{김소월}')(\text{김정식}')$

$[\lambda f_{<e,t>}. \lambda x_e. f(x)](\lambda y. y = \text{김소월}')(\text{김정식}')$ (낱개체의 술어화)

$[\lambda x_e. x = \text{김소월}'](\text{김정식}')$

$\text{김정식}' = \text{김소월}'$

다. ⟦ 두루미가 학이다 ⟧ = $[\lambda f_{<e,t>}. \lambda x_e. f(x)](ky[y = \text{학}'])(kz[z = \text{두루미}'])$

$[\lambda f_{<e,t>}. \lambda x_e. f(x)](\lambda y. [y = \text{학}'])(kz[z = \text{두루미}'])$ (종류의 술어화)

$[\lambda x_e. x = \text{학}'](kz[z = \text{두루미}'])$

$kz[z = \text{두루미}'] = \text{학}'$

라. ⟦ 철수가 모두이다 ⟧ = $[\lambda f_{<e,t>}. \lambda x_e. f(x)](\lambda Q_{<e,t>}. \forall y[y\text{는 사람/사물이다} \rightarrow Q(y)])(\text{철수}')$

$[\lambda f_{<e,t>}. \lambda x_e. f(x)](\lambda y. \forall z[z\text{는 사람/사물이다} \rightarrow [z = y])(\text{철수}')$

(양화사의 술어화)

$\lambda x_e. [\lambda y. \forall z[z\text{는 사람/사물이다} \rightarrow [z = y]](x)](\text{철수}')$

$\lambda x_e. [\forall z[z\text{는 사람/사물이다} \rightarrow [z = x]]](\text{철수}')$

$\forall z[z\text{는 사람/사물이다} \rightarrow [z = \text{철수}']]$

이 장의 이후에 필자가 논하고자 하는 점은, 형식의미론적 의미 해석을 위해서 (3)과 같은 '이-'의 의미 정의가 진리조건적 의미 정의를 명시하는 '지시 층렬'에 설정되는 것이 필요하지만, '이-'가 가지는 의미역 구조 관련의 의미를 온전히 포착하기 위해서는 이와는 별도의 '기술 층렬'에서의 정의가 더 필요하다는 것이다.

---

238) 영어의 'be'를 같은 형식으로 정의하고 앞에서 제시한 타입 전이 규칙들을 활용하면 영어의 모든 'be' 구문을 해석할 수 있을 것으로 본다.
(4나)의 '이다' 구문을 해석하기 위한 낱개체의 술어화는 문제성을 내포한다. 뒤의 3.3.3절의 말미에서는 이를 재고한 결과로 (3)과 다른 '이-'의 정의, 즉 '이-[2]'의 정의를 분리해 낼 것이다.

'이다' 문장에서 '이-'는 형식적인 기능만을 가지며, 그 서술어의 역할을 하는 것은 술어적 명사(predicative noun)인 '학생'이라는 것이 위와 같은 형식의미론적 의미 해석 과정의 핵심이다. 이는 양화·술어논리 체계 하에서 자연언어를 해석하는 형식의미론 연구에서 계사 문장의 의미 해석의 기본 관점이 되어 왔다. 프레게로부터 시작된 양화·술어논리 체계에서는 1자리 동사와 보통명사가 동일한 의미 형식으로 기술된다. 잠정적으로 '뛴다'를 한 어휘항목이라고 가정하여 기술한다.

(5) 가. 철수는 뛴다.
    나. 철수'가 뛴다'

(6) 가. ⟦ 뛴다 ⟧ = λx. x가 뛴다'
    나. ⟦ 철수는 뛴다 ⟧ = [λx. x가 뛴다'](철수')
        ⇒ 철수'가 뛴다'

논리적으로는 동사 '뛰다'가 1자리 술어인 것처럼, 명사 '학생'도 1자리 술어이다. 1자리 동사와 보통명사를 1항 술어와 동일시하는 것이야말로 프레게의 논리 체계가 현대 언어학 연구에 깊은 흔적을 남기고 있는 점이다. 의미역 이론에 있어서 그러하다.

(5가) 문장에서 의미역틀을 부여하는 요소는 '뛴다', 엄밀히 말하면 '뛰-'이다. 그 의미역틀은 (7가)와 같다. 밑줄은 이 의미역이 주어의 의미역임을 표시한다. 술어해체 분석에 따른 의미역 구조의 표시 방법은 (7나)와 같은 어휘의미구조를 통하여 그 1개의 논항이 행동성을 가지며 이 논항이 주어로 사상될 수 있도록 어휘적 정보로 표시하는 것이다.[239]

(7) 가. '뛰-'의 의미역틀: [Agent]
    나. '뛰-'의 어휘의미구조: [AFF(X,) ∧ MOVE(X)]

그러면 (4가)의 '이다' 문장의 의미역틀의 정보 또는 주어 논항의 실현을 표시하는 어휘의미구조는 어느 어휘항목의 어휘기재항에 어떤 방법으로 나타내는가? 사실상 언어학

239) 술어해체 분석에 따른 의미역 구조 기술의 이론이 요구된다는 점은 양정석(2002)에서 필자가 집중적으로 논증한 논점이다. 그곳의 논증은 Jackendoff(1983, 1990)의 개념의미론에 입각한 것이었다. 이 책에서는 양정석(2002)의 위 논점을 유지한다. 형식의미론적 문장 의미 기술의 결과를 '지시 층렬'에 표상하고 위 의미역 구조의 기술은 '기술 층렬'에 포함하는 통합적 의미 표상의 방안을 제시하고자 하는 것이다. 기술 층렬의 필요성에 대한 정당화를 [부록]에서 정리하기로 한다.

자들이 이에 대하여 명시적 관점을 드러내는 일은 드물다. 그러함에도 불구하고 두 방향의 뚜렷한 관점을 구별할 수 있다. 첫째 관점은 Heim & Kratzer(1998: 49-53)의 논의에서 구체적으로 확인할 수 있다. 계사 문장에서 의미역틀의 정보를 제시하는 요소는 보통명사라는 것이다. 이에 따르면 영어의 계사 'be'나 한국어의 계사 '이-'는 위 (1) 또는 (3)과 같은 형식으로 기술된다. 명사 또는 명사구의 의미는 'P' 또는 'f'에 대입되는데, 이 경우의 명사가 의미역에 관한 정보를 제공한다.

계사가 그 자신의 의미역틀을 갖지 않는다는 관점은 영어의 통사의미론적 특성으로부터 자연스럽게 형성된 것이다. (8가)의 'be'는 두 개의 논항, 두 개의 의미역을 취하는 2항 술어로 기술하는 데에 별 문제가 없으나, (8나)의 'be'를 그와 같이 기술하는 데에는 무리가 있어 보인다는 것이다. 그러므로 'smart'가 술어로서 한 개의 의미역을 부여하는 요소로 상정된다. 나아가 (8가) 문장에서도 'professor'를 한 개의 의미역을 부여하는 요소로 상정하고 'be'는 형식적인 동사로서 'professor'가 부여하는 의미역을 전달하는 기능만을 가지는 것으로 설명하는 것이 가능하다. 영어 'be' 구문의 의미역에 관한 Heim & Kratzer(1998)의 논의는 이 관점을 일관되게 유지한 것이다.

(8) 가. John is a professor.
　나. John is smart.
(8)' 가. 존은 교수이다.
　나. 존은 똑똑하다.

그러나 한국어에서는 (8나)의 계사 문장이 동사 '똑똑하-'의 문장으로 표현되고, '이-'는 언제나 명사 또는 명사 상당의 구를 그 보충어로 취하므로 이러한 별도의 이론적 조작이 필요 없다.

둘째 관점은 Jackendoff(1983, 1990)에서 그 명시적 주장이 제시되었다. 계사 문장에서 의미역틀의 정보를 제시하는 요소는 보통명사가 아니라 계사 자체라는 관점이다. 영어에서 'be'는 동사로서, 다른 동사들처럼 의미역 정보를 제시한다고 본다. (7나)의 방식으로 나타낸 그 의미역 정보는 다음 (9)의 형식으로 기술된다.

(9) 계사 '이-'의 (개념의미론적) 기본 의미 정의: [ident ∧ BE(X, [AT(Y)])]

필자의 관점은 (1), (3)과 함께 (9)와 같은 의미 기술의 형식이 별도로 필요하다는 것이다.[240] 이러한 결론을 납득하기 위해서는 한국어 계사의 통사론과 의미론에 대한 정확한 인식이 필요하다.

3.3.2. '이-'에 관한 이전의 견해들

현대 한국어를 대상으로 한 문법 연구에서는 '이-'가 형태소로서의 자격을 갖지 않는다고 보는 주시경(1910), 김두봉(1916), 홍기문(1947), 김윤경(1948), 이희승(1949), 이숭녕(1956) 등의 입장으로부터, 굴절접사, 조사, 용언(동사)이라는 입장에 이르기까지 다양한 견해들이 있어 왔다. 먼저, '이-'가 형태소의 자격을 갖지 않고 조음소에 지나지 않는다고 하는 주장은 다음 예들을 통해 반증된다. '이-'가 조음소라면 '믿으면/*믿면', '*가으면/가면'의 조음소 '으'처럼 특정의 음운론적 조건에서 필수적으로 탈락되어야 할 텐데, 다음 예들은 오히려 '이-'의 조건에 따른 탈락이 거부되고, 반드시 실현되는 사실을 드러내기 때문이다.

(10) 학자임/*학잠, 학자인/*학잔, 학자일/*학잘, 학자였다/*학자었다, 학자여서/*학자어서

'이-'의 문법범주가 무엇인지의 논란은 '이-'가 의미를 가지는 형태소임을 받아들이고 나서부터 시작된다. 전통적으로 형태소는 어근과 접사의 두 종류로 나누어진다고 생각되어 왔다. 접사는 다시 파생접사와 굴절접사로 나뉜다. '이-'를 지정사, 형용사, 또는 동사로 보는 편에서는 이를 어근으로서, 넓은 의미의 용언에 포함하고자 하는 것이라 할 수 있다. 이와 같은 '용언설'로 묶을 수 있는 전통문법적 연구의 견해들을 더 세분해 보면 최현배(1930, 1937)의 '잡음씨'설, 박승빈(1935)의 '지정사'설,[241] 정렬모(1946)의 '동사'설('이다', '이고'를 '형식동사'의 하위개념으로서 '조동사'라고 지칭하고 있다), 강복수(1963)의 '형용사'설 등을 지적할 수 있다.

비교적 가까운 시기의 연구인 서정수(1994)에서는 '이-'에 '지정사'라는 범주를 부여했는데, 통사적 단위에 대한 관점은 이른바 '분석적 체계'를 따르는 것이면서도, '이-'의

---

240) (7나), (9)가 '기술 층렬(descriptive tier)'의 의미 형식이다. 이 책에서 주로 논의하는 (4), (6)의 형식의미론적 의미 형식은 '지시 층렬(referential tier)'의 의미 형식이다. 생성 음운론 연구에서 발음의 표상 형식이 둘 이상의 비단선적 층렬(tier)들로 이루어진다고 가정하듯이, 생성문법의 의미론의 표상 형식도 그와 같다는 것이 필자의 궁극의 관점이다. 기술 층렬과 지시 층렬을 구별해야 한다는 제안은 Jackendoff(2002)에서 제시되었다.

241) '머거+쓰+니'와 같은 단어 분석의 관점에서 '이-'가 한 단어임을 인정하고 있다. '머거'는 동사 '쓰'는 조용사, '니'는 접속사이다. 그의 단어 분석의 관점이 근본적으로 오류라는 점은 최현배(1935)에서 정확히 비판받은 바 있다.

통사구조상의 지위에 관해서는 최현배(1937)와 같은 견해를 취하는 것이다. '이다' 구문에 관한 본격적인 논의로서, 남기심(1969, 1986나)에서는 '이다'를 '잡음씨'로, 송석중(1993)에서는 '동사'로, 양정석(1986, 1996나), 엄정호(1989)에서는 '용언'으로 지칭하고 있지만 그 문장구조상의 위치는 최현배(1937)과 크게 다르게 보지 않는다. 다만 양정석(1986, 1996나)에서는 '최고이다, 세계적이다' 등의 예에서 '이-'가 앞의 명사 '최고', '세계적'과 재구조화하여 임시적인 용언 단위를 구성한다고 본다.

이 밖에 '계사'란 용어가 많은 논의에서 사용되어 왔다. 이는 '이다'의 범주 판단을 유보하는 데에서 나온 명칭이다. 그러나 이 용어를 사용하는 학자들 중에는 '이-'를 용언(V)의 한 하위 부류로 처리하는 경우가 많다(김광해 1983가, 서정목 1993나 등). 이들도 '용언'설의 예로 묶을 수 있다.

'이다'의 통사 범주를 넓게 '용언'으로 간주하는 연구 중에서도 그 통사적 처리에 있어서는 독특한 관점을 보이는 사례가 있다. 김영희(1984가)는 '이다'를 '지정사'로 지칭하여 '용언'설의 하나로 묶을 수 있지만, 보통의 '용언'설의 가정과는 달리, '이다'가 1자리 서술어인 것으로 설정하고 있다. '이-'는 실질적인 의미, 즉 '양상적' 의미를 가진다고 보고 있다.

'이-'가 실질적인 의미를 가지지 않는 용언이라는 판단에서 이를 변형의 과정에서 도입하는 방법이 시도되기도 하였다. 서정수(1975)에서 이런 관점이 시사된 적이 있고, 濱之上幸(1994)는 기능문법의 틀 안에서 이러한 처리법을 제시하고 있다. 이들 모두 '이다'를 용언의 하나로 간주하고 있음에는 차이가 없다. 濱之上幸(1994), 이남순(1999)에서는 '이다'를 대용언으로 처리하는 방안이 제시되었다.

'이-'를 접사로 보는 편에서는 파생접사와 굴절접사의 두 가지 가능성이 더 있다. 먼저, 파생접사의 가능성은, '학생이-'가 파생접사 '이'의 결합에 따라 파생 용언 어간이 된다고 주장하는 것인데, '이' 앞에는 명사 단어 무엇이든 실현될 수 있으니 생산성에 제약이 없는 것이고, 따라서 파생접사의 뜻에 모순이 된다. 이러한 주장을 펼치는 선행 연구는 발견되지 않는다.

굴절접사로 간주할 가능성도 처음부터 막힌 것이라고 할 만하다. '이-'가 한국어 굴절 체계에서 행하는 양상은 선어말어미이든, 어말어미이든, 그 어느 쪽으로도 해석할 수 없는 것이기 때문이다. 그러나 이길록(1969), 북한의 문법 교과서인 조선문화어문법(1979)에서는 이러한 가능성을 실행하고 있다. 특히 후자에서는, 명사형어미 '-음', '-기'가 용언을 명사로 전환하는 기능을 가지는 굴절접사('용언의 체언화 토')인 것과 반대 방향에서, 명사를 용언으로 전환하는 기능을 가지는 '이'를 굴절접사('체언의 용언화 토')로 인정해야 한다고 주장한다. 이러한 견해를 부정하는 증거는 다음과 같은 문장들이다. 이들 견해에 의하면 '의심하였음이었다', '나서기이다'는 하나의 용언 단어이고, 하나의 서술어 기능을 가진다. 그러나 한국어의 사실은 (11가, 나)가 '-음', '-기'에 이끌리는 명사절을 내포절로 가지는, 복합문이라는 것이다. 내포절 주어는 생략되어 있는데, 이 점은 한국어의 흔한 현상이다. '-음', '-기'가 절 표지라는 한국어 통사론의 기본 사실을 인식하지 못하는 데에서 이러한 오류가 발생한다.

(11) 가. 그것은 필시 나를 의심하였음이었다.[242)]
나. 그것은 알몸으로 거리에 나서기이다.

'이-'를 접사 아닌 어근으로 보는 견해 중에는 이를 조사의 어간으로 규정하는 견해도 있다. '이-'를 조사의 어간으로 처리하는 견해로는 정인승(1956)이 대표적인 것이고, 문교부(1985) 이래의 현행 학교문법의 방침이 이와 같은 것이다. '이다'에 선행하는 요소는 단어 단위의 '명사'가 아니라 구 단위의 '명사구'이다. '조사'설에서는 '이다'가 단어이지만, 이 자체가 서술어로서 주어나 보어를 이끈다고 보지 않고 선행하는 명사구와 '이다'가 결합한 형식이 한 단위로 서술어의 역할을 한다고 설명한다. '조사'설은 '이다' 문장의 통사구조에 대한 명시적인 설명을 갖지 못한다는 데에 그 근본적인 문제가 있다.

(11)의 두 문장은 명사절 내포문으로서, 복합문 구조를 취한다. 이는 문교부(1985)의 설명을 따르더라도 그리 보아야 한다. (11가)에서는 '∅ 필시 나를 의심하였음'이, (11나)에서는 '∅ 알몸으로 거리에 나서기'가 명사절로서 내포절이다. 그러면 이들 문장의 주절 서술어는 무엇인가? '이다', '이었다' 말고는 주절 서술어일 수 있는 것이 없다. 그런데 문교부(1985)의 문법 체계에서는 '이다', '이었다'는 조사이고, 조사는 서술어가 될 수 없으므로, 결국 (2)의 두 문장은 내포절은 있고 주절 서술어는 없는 모순된 구조의 문장이 되어 버린다. '이다', '이었다' 또는 '이-'를 용언(동사)으로 규정하지 않고서는 이 모순성을 해결할 수 없다.

'이-'가 용언/동사임을 증명하는 또 다른 예는 다음과 같은 것이다.

(12) 철수는 교사, 인호는 회사원이다.

---

242) 이 예문의 적격성이 의심스러운 독자가 있다면 이를 다음 예와 비교해 보기 바란다. 두 문장의 구조는 동일하다. 즉 명사절 내포문이다.
a. 그가 고개를 갸웃한 것은 필시 나를 의심하였음이었다.

cf. 철수는 교사가, 인호는 회사원이 되었다.

비우기(gapping) 구문에서 생략되는 요소가 동사임은 결코 부정할 수 없다. (12)의 비우기 구문의 존재는 '이-'가 동사/용언 어간임을 보이는 적극적인 증거이다. '이-'를 동사로 보지 않으면 (12)의 현상은 설명할 수 없다.

'조사'설은 '이-'의 의존적인 성격과 함께 어간으로서 어미활용하는 성격을 아울러 포착하기 위한 절충으로서 고안된 것이다. 전통적인 개념 체계 하에서는 '이-'가 접사적인 성질을 지님과 동시에 구를 자매항으로 가지는 점을 포착할 수 없다. 대체로 이와 같은 필요성에서 '통사적 접사'라는 접근법이 고안되었다.

'이-'를 통사적 접사로 간주하는 연구에는 고창수(1985, 1992), 시정곤(1993, 1995), 안명철(1995)을 포함시킬 수 있다. 통사적 접사 개념의 필요성에 대한 논의는 임홍빈(1989)에서 시작되었으나, '이-'는 통사적 접사의 예로 포함하지 않고 있다. '통사적 접사'설은 '조사'설에서와는 달리 '이-'를 단어로 보지 않으면서, 통사구조적으로는 '조사'와 같은 역할을 하는 요소로 처리하는 것이다. 고창수(1985, 1992)와 시정곤(1993, 1995)가 '이-'가 실현되는 통사적 분포의 차이를 고려하지 않는 데 비해 안명철(1995)에서는 '이-'가 통사적 파생과 어휘적 파생의 두 가지 기능을 가진다고 주장하고 있다.[243]

다음에서는 '이다' 문장의 통사구조 설정과 관련한 네 가지 접근 방법을 들어 그 적부를 검토하는 방식으로 전개하려고 한다. '이-'를 통사적 접사로 설명하는 견해를 먼저 살펴보고, 다음으로 용언으로 보는 견해인 '삽입 및 조응'설, '소절'설, 그리고 필자 자신의 '재구조화'설을 차례로 검토하기로 한다.

'통사적 접사'설

통사적 접사설을 옹호하는 연구들은 '이-'를 용언으로 규정하는 종래의 견해에 대해 부정하는 논의를 하고 있지만, '이다' 문장의 통사구조에 대해서는 분명한 이론을 제시하고 있지 않은 듯하다. 이런 의미에서 가장 적극적인 논의를 보여주고 있는 연구는 시정곤(1993, 1995)이다.

그는 모든 '이다' 문장들이 (13가)와 같은 D-구조로 설정되고, 여기에 '머리성분 이동(핵 이동: head movement)'이라는 변형 기제가 적용되어 S-구조 (13나)를 얻는다고 한다. 머리성분 이동의 요인은, '이-'가 형태론적인 의존성과 의미론적인 의존성을 동시에

---

243) 안명철(1995)에서 '이-'의 '어휘적 파생'의 용법으로 드는 예는 양정석(1986)의 '최고이다, 세계적이다'와 같은 예들이다.

가지는 '접사'인데, 이것이 접사 아닌 명사를 유도하기 때문이라고 한다.

(13) 가. 철수는 [[[학생]$_{N}$]$_{NP}$ 이$_{V}$]$_{VP}$다
　　나. 철수는 [[[t]$_{N}$]$_{NP}$ [학생이]$_{V}$]$_{VP}$다

'이다'에 선행하는 명사가 격조사를 갖지 못한다는 점과 '이-'가 생략 가능하다는 점은 실로 '이다' 구문이 가지는 특이한 점 중의 하나이고, 이것이 '이-'를 용언으로 간주하는 입장에서 문제가 됨을 부정할 수는 없다. '이다'에 선행하는 명사가 '이-'에 이끌려 머리 성분 이동하는 것이라면 격 할당에 있어서의 파격성이 합리적으로 해명될 수 있으므로, 이 점이 통사적 접사설이 가지는 가장 큰 장점이라고 평가할 수 있다. 그러나 이미 주어져 있는 격 이론의 실행 방법으로도, 어떤 명사구에 추상격의 할당이 행해졌으면서도 형태적으로는 실현되지 않은 것으로 설명할 가능성이 배제되지는 않는다.[244] 어간인 '이-'가 생략 가능하다는 점도 문제점 중의 하나이다. 하지만 시정곤(1993, 1995)의 통사적 접사설로도 이 점이 해명되지는 않는다. 그의 '통사적 접사'의 범주에 드는 요소들은 일반적으로 생략이 되지 않는다.

또, '이다'의 경우 말고도 다른 용언들, (14)의 '시작하다'나, 양상적 의미를 나타내는 (15)의 용언들은 동사 직전의 명사에 '-이/가' 조사가 나타나는 것이 제약된다.[245]

(14) 비가 오기{*가, *를} 시작했다.
(15) 가. 철수가 참 바보{*가, *를, $^{?}$와} 같다.
　　나. 저 바위는 꼭 돼지{*가, *를, $^{?}$와} 비슷하다.
　　다. 나 철수{$^{?}$가, *를} 맞다/분명하다/틀림없다.
　　라. 그것은 지금 한 통에 백원{*이, *을} 간다.
　　마. 그 물건은 값이 백만원($^{?}$이, *을} 나간다.

이와 같은 유형의 문장들에서 격조사가 제약되는 것은 격조사가 고유하게 가지는 의미와 용언의 의미 사이의 모순성 또는 잉여성으로부터 말미암은 것이라 생각된다. '이다' 문장에서 격조사가 제약되는 것은 이 위치가 본질적으로 '속성'을 표현하기 위해 있는

244) 한 예로 이남순(1999)는 이 자리에 격 표지가 외현적으로 나타나지 않는 '부정격'이 실현된 것이라고 설명한다.
245) 김완진(1970)에서는 '이다', '아니다', '답다', '같다', '비슷하다'를 가진 문장을 '명사문'이라 부르고 있는데 이들은 기본적으로 양상적 의미를 나타낸다고 할 수 있다. 김광해(1983가)에서는 '이다', '아니다', '되다'(이 사람이 제 남편이 됩니다), '맞다', '틀림없다', '나가다' 등을 '계사류 동사'로 묶는다.

것이므로 담화화용상의 특정 정보의 부각 또는 환기 등을 본질적 기능으로 가지는 '-이/가', '-을/를', 또는 그밖의 보조사들이 이 자리에서 제약되는 것으로 생각된다. '-답-'에도 용언의 용법이 있다.[246] 이 경우도 '이-'와 공통되는 의미 특성으로 말미암아 조사가 제약되는 것으로 보인다.

(16) 그는 한국을 대표하는 지휘자답다.

(14)와 (15)의 예문들은 통사적 접사설의 난점을 잘 드러내 준다. '머리성분 이동'을 이용한 설명이 격 표지 비실현의 문제를 해명하는 장점을 가진다고 했지만, 이들 경우는 그러한 의의가 사라지는 것이다. (14)에서 '시작하-'가 접사이기는 어렵다. 또, '같-'에 대해서는 실지로 시정곤(1995)에서 접사로 설정했지만, 똑같은 행태를 보여주는 '비슷하-'는 그렇게 처리하기 어렵다는 것이다.

다음과 같은 '이다' 문장들도 통사적 접사설에 대해서 난점을 제기한다. 이들의 경우는 이동 전의 기저 구조를 상정하기조차 곤란하다. 이에 대하여 뒤에서 좀더 자세히 살펴볼 것이다.

(17) 가. 나는 경애가 최고다./나는 그가 늦게라도 온 것이 다행이다.
　　나. 앞선 현상은 뒤따르는 현상과 상관적이다.
　　다. 그곳 사람들은 외부의 방문객에게 적대적이다.

이론의 실행에 있어서 중대한 문제점을 지적할 수 있다. 시정곤(1993, 1995)의 방법은 머리성분 이동이라는 기제를 특징으로 한다. 그에 따르면 '상관적'은 (그 통사 범주가 무엇이었든지) '이-'와 결합된 다음 계속하여 '-었-'과, '-음'과, 그리고 다시 '이-'와, '-었-'과, '-다'와 결합하게 된다. 이와 같은 연속적인 머리성분 이동을 막는 것은 아무 것도 없는 것으로 보인다.

(18) 가. 우리가 그 때 주목했던 것은 모든 현상이 다른 모든 현상과 상관적이었음 이었다.
　　나. 할머니가 따라와 돈을 쥐어준 것은 우리들의 형편이 매우 어려움을 짐작하셨음이었다.
(19) $[_{CP}[_{IP}$ 우리가 그 때 주목했던 것은 $[_{VP}[_{CP}[_{IP}$ 모든 현상이 $[_{VP}[_{?}$ 다른 모든

246) 김창섭(1984)에서 처음으로 구를 취하는 '-답-'의 예에 대한 논의가 있었는데, 김창섭(1996)에서는 이를 '의존형용사'로 처리하였다.

현상과 $t_{상관적}$ $]_{?}$ $t_{이}$ $]_{VP}$ $t_{었}$ $]_{IP}$ $t_{음}$ $]_{CP}$ $t_{이}$ $]_{VP}$ $t_{었}$ $]_{IP}$ 상관적-이-었-음-이-었-다$]_{CP}$

이와 같이 분석될 경우, 명사구들은 내부의 CP를 한계로 해서 이동할 수 있지만, '상관적이-'와 같은 형태는 머리성분(핵어: head)인 '상관적이었음이었다'의 일부로 되어서, 이미 내부 CP의 경계를 벗어나 있다. 보통의 명사구들은 그 흔적을 통하여 기저의 위치와 연결된다. 그러나, '상관적', 또는 '상관적이-'와 같은 단위는 다른 머리성분의 일부로 가 있으므로 그러한 해석을 받는 길이 막혀 버리는 것이다.

또한, (19)의 S-구조는 논리형태나 의미 표상에서의 의미 해석을 위해 준비되는 구조라고 할 수 있다. '상관적이었음이었다'는 상위절의 서술어이자, 동시에 내포절의 서술어이기도 하다는 모순된 상황이 발생한다. 이를 벗어나기 위해서는 머리성분 이동한 요소들을 다시 차례차례 역순으로 되돌리는 '재구성'과 같은 조작이 불가피하겠지만, 이것이 임시방편적(ad hoc) 처리임은 분명하다.

(19)의 통사구조에서 간과해서는 안 될 중대한 문제가 더 있다. '?'로 표시한 '[다른 모든 현상과 상관적]'의 통사 범주는 무엇인가? 특히 '상관적'의 통사 범주는 무엇인가? '상관적'의 범주를 명사로 상정하더라도 그에 따라 '?'의 범주를 명사구라고 판단할 수 없다는 데에 그 모순점이 있다. '?'의 범주가 명사구이어야 '이-' 앞에 두 개의 논항이 실현된다고 설명할 수 있다. 그러지 않으면 '이-'가 세 개의 논항을 취한다고 하는 모순적 주장을 할 수밖에 없다.

(20) 가. 모든 현상이 다른 모든 현상과 상관적이었다.
　　나. *모든 현상이 다른 모든 현상과의 상관적이었다.
　　　cf. 다른 현상과의 상관을 고려해 보아야 한다.
(21) 가. 요즘 젊은 사람들은 부모에게 의존적이다.
　　나. *요즘 젊은 사람들은 부모에게의 의존적이다.
　　　cf. 부모에게의 의존을 당연시해서는 안 된다.

결국, (18가)와 (20), (21)의 예들은 머리성분 이동 전의 적격한 통사구조를 상정할 수 없다는 근본적 문제를 제기한다.

안명철(1995)에서는 통사적 접사설을 받아들이는 입장이지만, 이와 아울러 어휘적 파생 접사로서의 '이-'도 인정하고 있다. (17)의 예들은 어휘적 접사를 포함한 구문이라고 한다. 이는 일단 '이다' 문장들 중 (17)와 같은 구문이 구별되어야 함을 인정한 것이라 생각된다. 뒤에서는 이들을 '재구조화'의 적용 사례로 설명하려고 한다.

안명철(1995)에서는 머리성분 이동의 절차를 받아들이지 않는 통사적 접사의 개념을 취하고 있는 것으로 보인다. 고창수(1985, 1992)에서도 머리성분 이동을 상정하지 않고, '이-'가 구를 취하는 통사적 접미사라고 설명하고 있다. '이다' 문장에 머리성분 이동의 방법을 적용하는 중요한 동기는 격 표지가 실현되지 않는 현상을 설명하기 위한 것이었는데, 이들의 경우 그와 같은 설명력은 거의 얻지 못할 것으로 생각된다. 이들의 경우, 격 표지 비실현의 현상에 대한 설명은 이들이 '접사'이기 때문에 문법적 과정의 어느 단계(가령 음성형태 PF 부문)에서 격 표지가 실현되지 않는다고 하는 규정을 설정함으로써 추구될 것이다. 이는 (14), (15)에서 보인 문제를 여전히 안고 있다. 결국 그 효과 면에서 어휘부에 몇몇 용언들의 어휘개별적 정보를 등재하여 설명하는 것과 다를 것이 없다.

'삽입 및 조응'설

'이-'를 접사 아닌 용언으로 간주하더라도 그 성격에 관해서는 아주 상이한 관점들이 가능하다. '이-'가 어휘적 의미를 갖지 못하고, 다만 형식적으로만 서술어로서 굴절적 요소들을 지지하는 기능만을 가진다는 생각이 일찍부터 있어 왔다.

서정수(1975: 64)에서는 동사 '하-'가 형식동사임을 밝히는 논의의 과정에서 '이-'가 "표면구조상에서 시제나 서법의 어미들을 담당하기 위하여 도입된 형식소임"을 기정사실화하고 있다.[247] 형식동사 '하-'의 처리에서 유추하여 보면 '이다' 구문의 기저구조는 '이-'를 갖지 않고 명사구들만을 가진 채로 설정되고, 변형의 과정에서 실질적 의미를 가지지 않는 '이-'가 삽입되어 표면구조를 이룬다고 설명할 수 있다. 근래의 서정수(1992, 1994)에서는 이러한 설명법을 더 이상 고려하지 않고 있는데, 기능문법의 이론 체계에서 濱之上幸(1994)가 다시 이러한 가능성을 추구하고 있다.

기능문법의 관점에서 설정되는 '기저의 서술 구조'는 의미구조와 가까운 구조 표상인데, 여기에는 '이다'에 대응하는 요소가 포함되지 않고, 다음과 같은 '이다' 지지 규칙에 의해서 '이다'가 삽입된다.

(22) 명사 술어에 대한 '이다' 지지 규칙
　　기저의 서술 구조에서 술어가 동사·형용사가 아닐 경우에 '이다'가 삽입된다.

이 규칙은 (23나)와 같은 형식의 기저 서술 구조를 (23다)와 같은 형식으로 '변환'시킨

247) '하-'를 둘로 나누고 있는데, 형식 용언 외의 다른 용법은 조응적 용언('대동사')으로서의 용법이다.

다고 한다. 이 역시 의미구조와 가까운 형식이다. 여기에 다른 '변환' 규칙들이 적용되고 어휘항목들이 실현되어 문장의 음성적 형식이 얻어진다고 보는 것이다.

(23) 가. 철수가 학생이다.
　　나. 평서·하칭 [직설법 [비과거 [{(학생)} (철수)]]]
　　다. 평서·하칭 [직설법 [비과거 [이다 {(학생)} (철수)]]]

상황에 따라 '이다' 구문이 '계사적인' 의미와는 관계 없는 의미를 표현할 수 있다. "나는 김영삼이다."는 '나는 김영삼을 찍는다' 정도의 의미를 표현할 수 있는 것이다. 이런 경우 '찍다'의 의미를 표현하는 기저 서술 구조가 '찍다'의 의미 대신 '조응적 공술어'로 대체되는 일이 일어난다고 한다. 이 조응적 공술어는 표면적으로 '이다'로 대체된다. 이를 좀더 자세히 소개하기로 한다.

다음과 같은 상황에서 (24나)와 같은 '이다' 문장의 서술 구조는 (25가), (25나)와 같은 단계를 거쳐서 얻어진다고 한다.

(24) 가. 철수야, 너 누구를 찍어?
　　나. 나는 김영삼이다.
(25) 가. 평서·하칭 [직설법 [비과거 [찍다(나) (김영삼)]]]
　　나. 평서·하칭 [직설법 [비과거 [AΦ(나) (김영삼)]]]

(25나)에서 새로 도입되는 'AΦ'와 같은 기호가 그의 '조응적 공술어'이다. 이는 다음과 같은 '이다' 지지 규칙이 적용되어 (25나)'와 같은 형식을 얻는다고 한다.

(26) 공술어에 대한 '이다' 지지 규칙
　　기저의 서술 구조에서 술어가 조응적 공술어일 경우에 '이다'가 삽입된다.
(25나)' 평서·하칭 [직설법 [비과거 [이다AΦ(나) (김영삼)]]]

濱之上幸(1994)에서는 '이다'가 '동일성'과 같은 계사적 의미를 가지지 않는다고 주장하고 있다. 그러나, '기저의 서술 구조'라는 것이 의미를 표상한 구조라고 한다면, (23나)와 같은 구조는 이미 '학생'과 '철수' 사이의 어떤 의미 관계를 전제하고 있는 것이라고 보아야 한다. '학생'과 '철수'를 순서적으로 나열한다고 해서 반드시 '철수가 학생이다'의 범주 판단의 의미 해석이 얻어지는 것은 아니다. '이다'라는 서술어를 포함한 구문이 이와 같은 의미 해석을 가능하게 한다. 두 명사구의 순서를 바꿀 경우 다음과 같은 의미상의 변칙성이 나타난다.

(27) ?*학생이 철수이다.

이와는 달리, 두 명사구의 순서를 바꾸어도 이와 같은 의미상의 변칙성이 나타나지 않는 예도 있다.

(28) 가. 두루미가 학이다. → 학이 두루미다.
나. 김소월이 김정식이다. → 김정식이 김소월이다.

그러므로, (22)와 같은 규칙은 적어도 '두 논항 사이의 범주 판단'과 같은 의미의 개재가 없이 적용되는 규칙이 아니다. 다시 말하면, (22)와 같은 삽입의 과정은 변형과 같은 문법적 과정으로서는 정당화되기 어렵다.

(22)의 규칙은 '이다'를 형식적 용언으로 간주한 것이지만, (26)의 규칙은 이와는 달리 '이다'를 조응적 용언으로 본 것이다. '이다'가 이와 같은 의미의 조응적 용법을 가진다는 점을 부분적으로 받아들이는 논의가 이남순(1999)에서도 이어진다(44쪽).

(29) 질문: 무엇을 마시니?
대답: 가. 나는 커피를 마시고 영이는 술을 마신다.
나. 나는 커피고 영이는 술이다.

여기서 '이-'는 '-를 마시-'를 대신하는 '대용'의 기능을 하는 것으로 볼 가능성이 있다고 하였다.[248]

그는 통사적 단위를 넘어서는 담화와 같은 단위를 염두에 두고 그 안에서 통사구조의 형성 과정을 고찰하고자 하는 듯하다. '이다'는 "통사적 단위 설정의 한계를 벗어나는 비구조를 구조화하는 '구조조절'의 기능을 지니고 있다"고 주장하고 있기 때문이다. 그러나 담화 구조에 대한 논의가 필요하더라도, 그 부분 단위를 이루는 문장들은 각각 한국어에 존재하는 통사 규칙들을 통해서 도출되는 것이므로, 그 규칙들을 기술하는 일이 필수적

248) 달리 볼 가능성으로, 질문 속의 의문사 '무엇'만을 따와서 그 '무엇'에 '커피'와 '술'을 대치해 넣는 기능을 '이다'가 담당하는 것으로 설명할 수 있다고 하였다.

으로 선행되어야 할 것이다. (29나) 문장의 '이다'는, 이와 같은 상황에서는 '-를 마시-'를 대신한다고 볼 수 있겠지만, 상황에 따라서 아주 다른 요소들을 대신할 수도 있다. 이렇게, 하나의 문장 형식이 상황에 따라 다른 기저구조를 가진다는 것은 이와 같은 '대용'이 통사적 규칙의 지배를 받는 과정이 아님을 단적으로 말해 준다.

남기심(1969)에서는 '이다' 구문과 다른 구문 사이의 대응 관계를 포괄적으로 검토하였는데, 남기심(1986나)에서는 이 문제를 다시 정리하면서, 그와 같은 체계적인 대응 관계는 설정될 수 없다고 결론짓고 있다. 다음에서는 두 '이다' 문장의 접속이 아닌, 완전히 분리된 두 문장에 '이다' 문장이 나타난다.

(30) 순호가 아니라 영수가 학교에 다니지? 예, 영수가 학교입니다. 순호는 무역 회사구요. (남기심 1986나: 13)

여기에서 '영수가 학교이다.'는 '영수가 학교에 다닌다.'의 뜻으로 쓰인 것으로 볼 수 있다고 하였으나, 그와 같은 뜻이 '이다' 문장으로 나타나는 데에 작용하는 정확한 조건을 밝히기는 어렵다고 말하고 있다.

통사 규칙들은 담화화용적인 원리와는 독립하여 존재하는 것이다. '이다' 문장이 한국어의 일반 통사구조와 상당히 다른 파격적인 구조를 보이는 것은 사실이지만, 그러한 모든 예들이 한국어 화자들에게 받아들여지는 문장인 한, 한국어의 일반적인 통사 규칙들에 의해서 그 구조가 주어지는 것임이 분명하다. 이런 의미에서 임홍빈(1985)에서 제시한 '공범주 주어'를 설정하는 일이 타당성을 얻는다. (29나)의 통사구조로는 다음과 같은 형식이 가능할 것이다.

(31) [[나는 e 커피이고] [영이는 e 술이다]]

e는 주어로서, 상황에 따라 적절히 해석될 것이고, 이는 담화화용론의 문제가 될 수 있다. 하지만 (29나)의 통사구조는 (31)과 같은 형식으로 충분한 것이다.

소절 이론에 의한 접근 가능성

'이다' 문장에서 '이-' 직전의 명사구가 실질적으로 서술어의 역할을 하며, 이 명사구가 맨 앞의 명사구를 주어로 선택한다는 설명도 일찍부터 있어 왔다. 김완진(1970)에서 이와 같은 가능성이 비쳐졌고, 김영희(1984가)에서 이에 대한 적극적인 논증이 행해졌다.

김영희(1984가: 70-78)에서는 다음과 같은 문장에서 '한 명'이 기저 구조에서 명사적 형식으로 서술어가 된다고 보고,[249] 앞의 명사구와 이것의 결합을 '명사문'이라 지칭하였다.

(32) 한 명의 친구를 잃었다.

이에 따르면 (33)과 같은 '이다' 문장에서도 '한 명'은 서술어로 쓰인 것이다. 그는 이때의 '이-'도 서술어이며, 양상의 의미를 가진다는 점에서 허형태소가 아닌, '실질 동사'라고 본다. 그러므로 다음 문장은 '친구가 한 명'이라는 명사문을 주어로 가지는 한 자리 서술어 '이-'의 문장으로 파악되는 것이다.

(33) 친구가 한 명이다.

원리매개변인 이론 하에서 '이다' 문장과 대응되는 영어의 'be' 동사 문장을 소절(small clause)을 가지는 구문으로 처리하려는 노력이 있어 왔는바, (33)과 같은 이른바 '명사문'을 이처럼 소절의 하나로 처리할 가능성이 있다.

Rothstein(1983, 1995)에서는 영어의 'be' 동사 구문을 다음과 같은 특징에 근거하여 두 가지로 가르고 있다.

(34) John is Mary's husband. ⇒ Mary's husband is John.
(35) 가. John is foolish. ⇒ *Foolish is John.
나. John is a good cook. ⇒ *A good cook is John.
다. John is in the garden. ⇒ *In the garden is John.

전자에서 성분들의 순서를 바꾸면 동일한 의미를 가지는 적격한 문장이 얻어지지만 후자에서는 비문이 되거나 주제화 표현으로 이해된다고 한다. 이 점에서 한국어의 '이다' 구문들과 평행하는 바가 있다. (36)과 같은 특징을 가지는 구문을 '대칭적 구문', (37)과 같은 특징을 가지는 구문을 '반대칭적 구문'이라고 부르기로 한다.

(36) 가. 두루미가 학이다.

---

249) 그 범주는 '양화사(quantifier)'를 의미하는 'Q'로 표시하고 있다.

나. 학이 두루미이다.

(37) 가. 아카시아가 콩과 식물이다.

나. ?*콩과 식물이 아카시아이다.

특히, 영어의 서술적 구문은 'seem'과 같은 인상 동사와 통사·의미적으로 동일한 행태를 보인다고 한다. 인상 구문에 쓰이는 동사들은 양상의 의미를 표현하는데, 'be'도 'unqualified assertion' 정도의 양상적 의미를 가진다고 하였다. 이상을 근거로 하여 서술적 구문의 'be', 'seem'은 논항을 취하는 동사가 아닌, 양상의 표현으로서 다음과 같은 통사구조에 설정된다고 하였다.

(38) $[\text{John}_i\ [\text{is/seems}\ [\ t_i\ \ \text{a good cook}]_{SC}]_{I'}]_{IP}$

여기서 '[[John] [a good cook]]'은 소절 구성을 이루며, '서술화 원리'에 의해서 통사적인 주술관계가 해석된다. Rothstein(1983)의 서술화 원리에 따르면 종래의 동사구 서술어뿐 아니라, 비논항의 성질을 가지는 모든 최대투사가 서술어가 될 수 있다. S-구조에서는 잠재적으로 비논항인 모든 최대투사의 구가 주어와 연계되어야만 한다. 서술화의 구조적 조건은 주어와 서술어가 상호 최대통어(m-command)해야 하며, 주어가 서술어에 선행해야 한다는 것이다(Rothstein 1983: 11).

한국어의 '이다' 문장을 이상과 같은 소절/서술화 이론으로 조명해 볼 경우 종래의 '명사문' 논의와 관련하여 새로운 이론적 가능성을 터 줄 것으로 기대된다. 앞의 (33)이나 (37가)와 같은 문장은 반대칭적 구문으로서, 소절을 안은 문장이고, 이 소절은 서술화 원리에 의해 허가된다고 설명할 수 있을 것이다.[250)]

그러나 한국어의 반대칭적 구문만을 명사문 소절을 안은 것으로 인정하더라도 대칭적 구문은 여전히 '이-'의 동일성 의미에 의하여 형성되는 것으로 보아야 한다는 문제가 남는다.

Rothstein(1995)은 소절을 가지는 '예외적 격 표시(ECM)' 구문과의 연관을 'be'의 두 구조를 가르는 중요한 근거로 이용하고 있다. 영어의 예외적 격 표시 구문에서는 반대칭적 구문만이 소절을 이룰 수 있다고 한다.[251)] 이런 사실을 근거로, 반대칭적 구문에서

250) Rothstein(1995)는 영어의 대칭적 'be' 구문은 'be'가 I 범주로서 명사구를 직접 보충어로 취하여 I'를 이루고, 여기에 주어 명사구가 가해져 IP를 이루는 것으로 기술하고 있다.

251) 현대 히브리말에는 현재 시제에서 계사가 나타나지 않고 '대명사적 계사(pronominal copula)'가 그 역할을 보완해 준다고 한다. 이 대명사는 반대칭적 구문에서는 생략 가능한데, 대칭적 구문에서는 생략되지 않고 의무적

명사구가 서술어가 되어 앞선 명사구를 주어로 취하는 소절 구성을 이룬다고 논하고 있다. 한국어의 대응되는 구문을 살펴볼 필요가 있다.

(39) 가. 철수는 학과장을 김교수로 생각한다.
나. 철수는 김교수를 학과장으로 생각한다.
(40) 가. 철수는 학과장을 김교수라고 생각한다.
나. 철수는 김교수를 학과장이라고 생각한다.

그의 예측이 한국어에도 성립하려면 (39)의 문장들은 (40)의 문장들과는 달리 비문이 되어야 한다. 그러나 이 둘의 문법성은 같다. 대칭적, 반대칭적 구문을 가리지 않고 (39)와 같은 '예외적 격 표시' 구문에 실현될 수 있다. 이러한 사실은, 영어의 계사와 한국어의 '이-'가 동일한 통사적 특성을 갖지 않음을 말해준다. 설령 영어의 계사가 스스로 서술어 자격을 갖지 않는다 할지라도, 한국어의 '이-'는 대칭적, 반대칭적 구문을 가리지 않고 서술적 기능을 가짐을 말해주는 것으로 해석된다.

앞에서는 '이-'와 다른 양상적 의미의 용언들이 공통되는 특징을 가진다는 점을 지적한 바 있다. 주어는 어느 경우나 이들 용언의 양상의 영향권 밖에 놓인다.

(41) 가. ?*누군가가 범인 같다. cf. 철수가 범인 같다.
나. 누군가가 범인인 것 같다.

(41가)가 부적격한 이유는 단문의 '같다' 구문이 그 주어가 양상의 영향권 안에 놓이는 해석을 배제하기 때문이다. '누군가'가 특정적인 해석을 받을 수 있으면 (41가)도 해석 가능하게 된다. (41가)의 '같다' 구문을 소절을 안은 것으로 분석한다면 이 사실을 설명하기 어렵다. '비슷하다', '분명하다', '맞다' 문장의 의미 해석에서도 같은 현상이 관찰되는 것으로 보인다. '같다' 등 양상적 동사의 구문들이 소절을 안은 구조일 수 없다면, '이다' 문장도 이에 준하여 분석하는 것이 균형 있는 처리일 것이다.

'이다' 문장을 소절을 안은 것으로 기술하려고 할 때 제기되는 다른 문제는 앞에서 주목했던 다음과 같은 문장이다. '최고'와 '상관적' 앞에는 두 개의 논항이 놓이는데, 서술화 원리에 의해 해석되기 위해서는 '경애가 최고'와 '뒤따르는 현상과 상관적'은 구를 이

으로 실현되어야 한다. 이 점을 영어와 히브리말에서 두 계사 구문의 차이를 보여주는 또 하나의 증거로 들고 있다.

루어야 한다. 그러나 다음에서 ?가 최대투사인 NP를 이룬다고 보기는 어렵다. '최고'와 '상관적'은 종래의 문법에서 명사의 범주에 드는 것이지만, 이들은 (28)과 같이 '-의'에 의한 명사구의 확대를 허용하지 않는다는 점에서 특징적이다.

(42) 가. 나는 [경애가 [최고]$_N$]$_?$다.
나. 앞선 현상은 [뒤따르는 현상과 [상관적]$_N$]$_?$이다.
다. 그는 [부모에게 [의존적]$_N$]$_?$이다.
(43) 가. *나는 경애의 최고다.
나. *앞선 현상은 뒤따르는 현상과의 상관적이다.
다. *그는 부모에게의 의존적이다.

(42가)의 경우, '나는'을 주제어로 처리하는 견해가 있다(엄정호 1989). 이어지는 '경애가'는 주어가 되고, '최고'는 보통의 '이다' 문장들에서처럼 명사구로서 '보어' 정도의 성분이 된다. 그러나 다음 예는 (42가)가 보통의 '이다' 문장과는 같지 않음을 보여 준다.

(44) 가. ?*너는/그는 경애가 최고다.
나. ?*나는 경애가 누구와도 비교할 수 없는 최고다.

이들 문장의 첫째 명사항은 '최고이-' 또는 '최고'가 선택하는 요소라는 것이 이 예문들이 보여주는 바이다. 주제어라는 문장성분이 설정되어야 한다면 그것은 서술어로부터 선택제약을 받지 않는 성분에 국한되어야 할 것으로 본다(이동 변형에 의해서 주제어 위치로 옮겨가는 경우는 제외하고).

'나는'이 '최고'나 '최고이-'로부터 선택제약을 받지 않고 구문 자체의 의미적 제약으로서 이와 같은 제약을 받는다는 설명법이 고안될 가능성이 있다.[252] 그러나 설사 구문규칙으로 기술한다 하더라도 위와 같은 '이다' 구문에서 그 '선택제약'의 의미 국면은 '최고' 또는 '최고이-'로부터 유래하는 것이 분명하다.

(42가)를 주제어 구문으로 보기 어렵다면, 이 때 소절을 이루는 부분은 '나는 경애가 최고'일텐데, 이것이 소절이라면 '경애가 최고'는 하나의 구를 이루어야 한다. 그러나 이것이 명사구 또는 다른 어떤 종류의 구를 이룬다고 보는 것은 무리이다. 이 점에서도 소

252) Jackendoff(1990), Goldberg(1995)는 한 구문에서 통사구조와 의미구조의 논항들이 서로 대응되는 관계를 구문규칙(constructuion rule)으로 기술한다.

절을 설정할 가능성은 회의적이다.

다음으로, (42나, 다)와 같은 예는 주제어와 같은 피난처를 가지고 있지 못하다는 점에서 더욱 문제가 된다. 그 논항이 '-와'뿐 아니라 '-에', '-에게'의 형식으로, 나아가 '-로'의 형식으로도 가능하다.

(45) 가. 우리는 서양문화에 편향적이다/적대적이다/호의적이다.
나. 그는 우리 일에/우리에게 협조적이다.
다. 요즈음 젊은 사람들은 부모에게 의존적인 경향이 있다.
라. 연어는 산란지로 회귀적이라는 특성이 있다.

(42나, 다), (45)에서의 'NP-와 N', 'NP-에/에게 N', 'NP-로 N' 등이 최대투사인 구를 이룬다고 볼 수는 없다. 따라서 여기에서도 소절을 설정할 가능성은 배제된다.

재구조화를 통한 접근 가능성

필자의 견해는, '이-'가 통사적 접사가 아닌 용언이며, 용언 중에서도 1자리 서술어가 아닌 2자리 서술어로서, 실질적 의미를 가지므로 삽입 변형에 의해서 도입될 수도 없고, 조응적 기능을 갖지도 않는, 어휘적 의미를 지니는 요소라는 것이다. '이-'의 생략이나, '이-'가 어미 요소와 함께 삭제되는 현상은 음성형태 부문의 처리로 넘길 수 있다. 이 절에서는, 일부 '이다' 문장에 나타나는 재구조화 현상의 실례를 관찰하여 규칙으로 기술하고, 그 다음으로 '이-'의 의미 해석 과정에 대한 설명을 제시하기로 한다.

현대 한국어의 '이다' 문장들이 보이는 다양성을 다음과 같이 예시할 수 있다.

(46) 두루미가 학이다./김정식이 김소월이다.
(47) 아카시아는 콩과 식물이다./철수는 구두쇠이다.
(48) 가. 방안이 엉망이다./내가 집에 일찍 돌아왔기가 다행이다.
나. 나는 경애가 최고다./나는 너의 그 같은 처사가 불만이다.
다. 앞선 현상은 뒤따르는 현상과 상관적이다.
라. 그곳 사람들은 외부의 방문객에게 적대적이다.
(49) 철수는 많은 사람을 만난/만나는/만날 것이다.
(50) 시위가 일어난 것은 파고다 공원에서였다.

'이다'가 나타나는 통사·의미적 환경은 크게 (46)과 (47)과 (48)의 세 가지로 갈라 볼 수 있다. (49)는 복합 굴절소 '-은 것이-', '-는 것이-', '-을 것이-'를 가지는 구문이다. (50)은 위 세 구문 중 하나로 귀속되어야 한다고 본다.

(46), (47)에서 '학', '콩과 식물' 따위의 명사나 명사구는 지시적 의미와 속성적 의미 두 가지가 다 가능하다.[253] 그러나 (48가-라)에서 '이-'의 직전에 나타나는 명사는 기본적으로 속성적 의미만을 가지는 것으로 보인다. 이 위치에 나타나는 명사로는 접미사 '-적'을 가지는 명사가 주종을 이룬다. 이러한 명사들과 '이-'가 결합하여 한 단위를 이루는 특징을 이 문장들에 대한 앞서의 관찰에서 부분적으로 확인한 바 있다. 이들의 통사·의미적 특징을 정리해 보기로 하자.

(48나)에서 '최고이-'는 명사인 '최고'와 용언인 '이다'가 합쳐져서 주관성 형용사와 유사한 통사적 행태를 보여준다.

(51) 가. 나는 경애가 좋다.
나. 나는 경애가 최고이다.
(52) 가. {*너는, *그는} 경애가 좋다.
나. {*너는, *그는} 경애가 최고다.
(53) 가. ?*나는 경애가 누구와도 비교할 수 없는 최고다.
나. 나는 경애가 누구와도 비교할 수 없이 최고다.

'최고이-'는 형태론적으로 두 개의 단어 '최고'와 '이-'로 나뉠 수 있음에도 이러한 구문에서는 하나의 용언처럼 되어 통사구조를 형성한다. (51), (52)의 비교에서 보듯이, '좋다'와 '최고이다'는 평행되는 행태를 드러내 주며, 의미적으로도 공통된 부류로 묶일 만한 특징을 보이고 있다. 더군다나 (53)에서 명사인 '최고'가 관형어의 수식을 받지 못한다는 사실은 '최고이-'가 한 단위의 서술어로 기능한다는 증거라 생각된다.

또한, 다음과 같은 경우에 필수성분인 'NP-와'가 나타나는 현상은 '상관적'과 '이-'가 한 단위로 통합되는 단계를 전제하지 않고는 설명하기 어렵다. 두 번째 성분을 삭제하는 것은 배제된다.

(54) 앞선 현상은 뒤따르는 현상과 상관적이다.

---

253) Jackendoff(1983, 1990)에 따르면 이러한 차이는 '징표(token)'와 '유형(type)'의 차이이다. 사물이나 사건, 또는 그 밖의 의미적 범주가 징표와 유형의 의미를 다 가질 수 있다. 매 어휘항목마다 이러한 의미 국면이 어휘의미적 정보로 등재되어야 한다고 본다. 뒤에서 제시하는 어휘부 규칙이나 추론규칙은 이러한 관점에 따른 의미 표시 방법을 활용하고 있다.

(54)' *앞선 현상은 상관적이다.

만약 '상관적'과 '이-'의 통합을 전제하지 않는다면 '이-'가 세 자리 서술어로 기술될 만하나, 그것은 무리이다. '최고이-'의 경우도 마찬가지이다.

한국어에서 부정을 표현하는 방법에는 두 가지가 있다. 일반적으로 '이다' 구문은 이른바 긴 부정문의 형성이 어렵다고 알려져 왔다(최현배 1971: 551). 그러나 속성적 의미를 가지는 명사와 연결된 '이-'의 문장은 반대의 양상을 보인다.

(55) 가. 고래는 어류가 아니다.
나. *고래는 어류이지 않다.
(56) 가. ?앞선 현상은 뒤따르는 현상과 상관적이 아니다.
나. 앞선 현상은 뒤따르는 현상과 상관적이지 않다.

(56가)가 오히려 부자연스러운 반면, (56나)는 아주 자연스럽다. 이는 위 (55)의 경우와 상반되는 것이다.

접미사 '-적'을 가지는 경우뿐 아니고, '열심이다', '엉망이다' 등에서도 비슷한 성격을 찾아볼 수 있다. 단 이 경우 '아니다'에 의한 부정문도 거의 같은 정도의 적격성을 가지는 것 같다.

(57) 가. 철수는 그 문제에 그렇게 열심이 아니었다.
나. 철수는 그 문제에 그렇게 열심이지 않았다.
(58) 가. ?제 방에 비하면 선생님 연구실은 그렇게 엉망이 아니에요.
나. 제 방에 비하면 선생님 연구실은 그렇게 엉망이지 않아요.

(55)와 같은 구문에서는 긴 부정문이 불가능한 데에 반하여 나머지 예들에서는 그것이 가능하다. '-적'을 포함한 명사의 경우에는 긴 부정문이 더욱 자연스럽고, 그 밖의 경우에는 대체로 반반의 가능성을 가지나 모두 긴 부정문이 가능하다.

'되다' 동사는 내포절의 용언으로서 동사는 물론이고 형용사까지도 취할 수 있다. 그러나 '이다' 구문은 일반적으로 이런 환경에 분포할 수 없다. 그러나 이 역시 통합된 'N이-'의 '이다' 구문은 일반 형용사들과 마찬가지로 '되다' 문장의 내포절에 실현될 수 있다.

(59) 가. *그 여자가 상냥한 사람이게 되었다.

나. *그가 어떤 사고로 인하여 바보이게 되었다.

(60) 가. 그가 어떤 일로 인하여 실리적이게 되었다.

나. 그 여자가 그 후로는 이웃 사람들과 친화적이게 되었다.

다. 나는 그 때부터 경애가 최고이게 되었다.

라. 아이들이 뛰고 뒹구니 내 방이 엉망이게 되었다.

(61) 가. 나는 너의 그 같은 처사가 불만이게 되었다.

나. 나는 영호의 건강 상태가 걱정이게 되었다.

앞에서 보았듯이, 이들 문장은 통사적 접사설이나 소절 이론을 통한 접근에 모두 문제를 제기한다. 그러므로 전형적인 (46), (47)의 구조를 기본으로 하되, (48)과 같은 구문은 속성적 명사와 '이-'가 통합하는 절차를 거쳐 형성되는 것이라고 설명할 수 있다. 그러나 이것은 종래의 '파생법'에 의한 통합과는 다르다. 양정석(1986, 1996나)에서는 '최고', '세계적', '상관적' 등이 명사로서, '속성적 의미'를 공통적으로 가지는데, 이러한 경우 이들을 '이-'와 결합하는 공시적 규칙으로서의 '재구조화 규칙'이 어휘부에 설정된다고 설명하였다. '학', '콩과 식물' 따위의 명사(구)는 지시적 의미와 속성적 의미 두 가지가 다 가능하나, 재구조화의 조건이 되는 속성적 명사는 속성적 의미만을 가진다고 하였다.

그러나 재구조화는 순수한 통사 부문의 규칙으로서 통사 범주만을 부여해 주는 기능을 가지는 것으로 서술하는 것이 바람직하다. 제2장에서는 재구조화가 어휘부의 규칙을 근거로 통사 부문에서 작동하는 원리라는 관점에서 이를 '재구조화 원리'라는 통사론의 원리로 설정한 바 있다. 현재 관련되는 어휘부 규칙은 (62)와 같고, 재구조화 원리가 적용된 결과의 형식은 (63)과 같다.[254]

(62) 어휘부 규칙

N이 [+유형, -징표]의 특성을 가지는 의미구조 [A]에 대응되고, V가 [ident ∧ BE([ ], [AT([ ])])]에 대응되면, $[_V$ N V]는 다음과 같은 어휘의미구조에 대응된다.

[ident ∧ BE([ ], [AT([A])])]

(63) 재구조화 원리의 적용

254) 어휘 규칙으로 이와 유사한 형태의 어휘 규칙을 제안한 선례를 김창섭(1996: 91)에서 볼 수 있다. 한국어 문법의 기술에 이와 같은 어휘 규칙의 기술이 요구됨을 보이는 것이다. 김창섭의 다음 규칙은 격 자질의 계승을 중심으로 기술하였으나 (62)는 통사구조의 범주와 의미구조의 대응되는 의미 성분, 둘 다를 고려하여 둘 사이의 대응을 규칙화한 것이다.

a. $[X]_V$, $[Y]_V$ ⇒ $[[[X]_V$-어$]_{Adv?}$+$[Y]_V]_V$에서 X와 Y의 격 자질은 X-어+V에 계승된다.

$X_iY_j \Rightarrow X_i{}^rY_j{}^r \Rightarrow X_i{}^rY_i{}^r$

$X_i\alpha_jY_k \Rightarrow X_i{}^r\alpha_j{}^rY_k \Rightarrow X_i{}^r\alpha_j{}^rY_k{}^r \Rightarrow X_i{}^r\alpha_i{}^rY_i{}^r$

EX. '세계적이-'는 '세계적^{r}이-^{r}'로 바뀌고, '세계적은 아니-'는 원리의 첫 번째 적용으로 '세계적^{r}은^r 아니-'로 바뀌고 두 번째 적용으로 '세계적^{r}은^r 아니-^{r}'로 바뀐다. 재구조화에 의해 연계된 머리성분들은 모두 최하위 구의 지표로 동일화되어 '세계적$_i{}^r$은$_i{}^r$ 아니-$_i{}^r$'가 된다.

(62)의 규칙은, 통사구조를 S-구조 하나만으로 상정하고, 이것이 의미구조와 직접 대응된다고 하는 관점에서 규칙을 기술하는 것이다.255) 이에 비해서 (63)에서 적용된 재구조화 원리는 순수한 통사론적 원리로 이해된다. (63)에서 X와 Y는 각각 속성적 명사와 '이-/아니-'이다. 'α'는 '-은'을 포함하는 보조사이다.

이상의 논의는 '이다' 문장의 일부 구문을 기술하기 위하여 (62)와 같이 머리성분 단위들의 결합을 제어하는 규칙이 필요함을 보여준다. 이를 형식의미론적 의미 형식으로 나타낼 방법은 없는 것으로 보인다. (62)의 규칙은 '기술 층렬'의 의미 표상을 정당화해 준다.256)

3.3.3. '이다' 구문의 통사론과 대안적 의미 해석 방법

(62)의 어휘부 규칙에는 이미 '이-'의 어휘의미구조가 활용되었다. 다시 말하면, 용언(동사)인 '이-'는 의미구조 표상에서 다음과 같은 형식에 대응된다. 이는 기본적으로 '이-'가 가지는 의미역적 의미를 표상한 것이다. 이를 바탕으로 '이다' 문장의 통사적 논항구조가 결정되며, 통사론의 의미역 이론이 작동하게 된다.

(64) [ident ∧ BE(X, [AT(Y)])]

(64)의 어휘의미구조를 바탕으로 어휘부에서 작동하는 어휘 규칙의 작용으로 (65)와 같은 논항구조가 형성되고, 이것이 의미역 표시의 과정에서 이용되는 것으로 본다.257)

---

255) 이러한 문법의 모형과 기술 방법은 Jackendoff(1990, 1997)에서 제시된 것과 같은 것이다.

256) 이 외의 기술 층렬의 의미 표상을 정당화하는 증거들에 대하여 [부록]을 참고하기 바람.

257) 어휘적 논항구조의 종류로 다음과 같은 것들이 있다. '< >'의 외부, 왼쪽의 논항이 '외부 논항'으로서 주어 위치([DP, IP])로 연결되는 논항이다. '< >'의 내부의 논항이 '내부 논항'이다. 내부 논항 중에서도 그 왼쪽의 것이 목적어 위치인 [DP, VP]로 연결되고, 오른쪽의 것이 DP, PP 형식의 보충어 위치로 연결된다.
a. x<y> : 타동사 '먹다' 등
b. x<y,z> : 타동사 '보내다' 등

앞에서 설명한 형식의미론에서의 '이-' 의미 기술에 따르면 이러한 논항구조를 원리적으로 이끌어낼 수 없다는 데에 이러한 절차의 중요성이 있다.

(65) '이-'의 어휘적 논항구조: <x, y>

이 책의 통사론 체계 하에서 (66)과 같은 '이다' 문장에 논항연결원리, 격 이론, 의미역 이론이 적용되는 절차를 간략히 설명하기로 한다. (66) 문장의 통사구조의 초기의 형태는 논항연결원리가 적용된 직후의 (67)과 같은 모습이다. (67)과 같은 통사구조에서 '인호는'과 '학생-∅-'의 통사적 지위의 차이는 논항연결원리에 의해 결정되는 것이다.[258)]

(66) 인호는 학생이다.
(67) 논항연결원리의 적용((64)를 바탕으로 적용하여, 통사구조에 동지표 'i', 'j' 표시):
[$_{VP}$ t_i [$_{V'}$ [$_{DP}$ 학생-∅]$_j$ [$_V$ 이-]]] (논항연결원리 적용)
[$_{IP}$ [$_{DP}$ 인호는]$_i$ [$_{I'}$ [$_{VP}$ t_i [$_{DP}$ 학생-∅]$_j$ [$_V$ 이-]]-∅-]] ('인호는'과 흔적 동지표화)

이 책의 격 이론('격 이론 II')에 의하면 격 표시 절차는 논항연결원리에 의해 통사구조의 논항 XP에 i, j, k의 동지표가 붙어 있는 것들 중에서 I에 지배받는 것을 주격[+nom]으로, 타동사에 지배받는 것을 목적격[+acc]으로, 그 외의 것 중에서 PP는 사격[+obl]으로, DP는 주격[+nom]으로 바꾸는 절차이다. '격 이론I'에 의하면 격 표시 절차는 I에 지배받는 DP에 주격[+nom]이 표시되고, 타동사에 지배받는 DP에 목적격[+acc]이 표시된다. 그 외의 논항 중 PP에는 사격[+obl]이, DP에는 주격[+nom]이 표시된다. '격 여과 원리'는 (68가)를 바탕으로('격 이론 II'), 또는 (68나)를 바탕으로('격 이론 I') 만족된다.

(68) 격 표시 절차(동지표 'i', 'j'에 각각 '+nom', '+nom'을 추가함):
가. [$_{CP}$ [$_{IP}$ [$_{DP}$ 인호는]$_i$ [$_{I'}$ [$_{VP}$ t_i [$_{DP}$ 학생-∅]$_j$ [$_V$ 이-]]-∅-]]-다]
나. [$_{CP}$ [$_{IP}$ [$_{DP}$ [$_{NP}$인호]-는]$_{i,+nom}$ [$_{I'}$ [$_{VP}$ t_i [$_{DP}$ [$_{NP}$학생]$_{j,+nom}$-∅] [$_V$ 이-]]-∅-]]-다]

---

c. x<> : 자동사 '뛰다' 등
d. <x> : 자동사 '흐르다' 등
e. <x,y> : 자동사 '있다, 이다' 등

258) (64)에 따라 대상인 '인호는'이 VP의 명시어 위치([DP, VP])로 연결되고, 처소인 '학생-∅-'이 VP의 보충어 위치([XP, V'])로 연결된다. 이렇게 '인호는'이 '학생-∅-'보다 상위의 지위에 놓이는 것은 논항연결원리에 의해 예측된다.

의미역 이론에 따른 의미역 표시 절차가 이것과 독립적으로 이루어져야 한다. 그 절차는 다음과 같다. 이는 '격 이론 I'을 따른 (68나)의 구조에 의미역 표시가 적용되는 절차를 보인 것이다. (65)의 논항구조의 'x'와 'y'가 다음의 순서로 적용된다.

(69) 의미역 표시 절차:

가. [$_{\text{CP}}$ [$_{\text{IP}}$ [$_{\text{DP}}$ [$_{\text{NP}}$인호]$_{\text{+nom}}$-는]$_i$ [$_{\text{I'}}$[$_{\text{VP}}$ t_i [$_{\text{DP}}$ [$_{\text{NP}}$학생]$_{\text{+nom}}$-∅]$_j$ [$_{\text{V}}$ 이-]$_{<x,y>}$]-∅-]]-다]

나. [$_{\text{CP}}$ [$_{\text{IP}}$ [$_{\text{DP}}$ [$_{\text{NP}}$인호]$_{\text{+nom}}$-는]$_i$ [$_{\text{I'}}$[$_{\text{VP}}$ t_i [$_{\text{DP}}$ [$_{\text{NP}}$학생]$_{\text{+nom,y}}$-∅] [$_{\text{V}}$ 이-]$_{<x,>}$]-∅-]]-다]

다. [$_{\text{CP}}$ [$_{\text{IP}}$ [$_{\text{DP}}$ [$_{\text{NP}}$인호]$_{\text{+nom,x}}$-는]$_i$ [$_{\text{I'}}$[$_{\text{VP}}$ t_i [$_{\text{DP}}$ [$_{\text{NP}}$학생]$_{\text{+nom,y}}$-∅] [$_{\text{V}}$ 이-]$_{<,>}$]-∅-]]-다]

(69다)의 통사구조는 의미역 기준을 만족하는 적격한 통사구조로 판정된다. 이상의 절차는 동사 '이-'가 가지는 기술 층렬의 의미 형식을 바탕으로 실행된 것이라는 점을 주의해야 한다.

기술 층렬을 바탕으로 한 의미 해석

(64)의 어휘의미구조는 '이-'가 두 개의 논항을 가지는 것으로 기술된 것이다. 이를 바탕으로 통사구조와 의미구조의 논항의 연결을 규율하는 논항연결원리, 통사론의 격 이론, 의미역 이론이 체계적으로 적용되는 것을 확인하였다. 이 과정을 통해서 분명해진 사실은 '이-'가 의미역 구조를 가짐에 의심의 여지가 없는 다른 동사들과 전혀 다르지 않은 행태를 가진다는 것이다. 특히 논항연결원리와 의미역 이론의 실행을 위하여 (64)와 같은 형식은 필요불가결한 것이라고 판단된다. 한편, 형식의미론적 '이-'의 의미 정의는 '이다' 문장에서 의미역 구조를 가지는 요소가 '이-' 아닌 그 앞의 명사라는 판단에 기반한 것이다. 그러나 '이다' 문장에서 명사가 의미역을 부여한다는 가정은 앞에서의 논의를 통하여 발견하게 된 다음과 같은 해명 불가능한 '이다' 문장들에 봉착하게 된다.

(70) 가. 그것은 나를 의심하였음이었다.

나. 그것은 알몸으로 거리에 나서기였다.

(70가, 나)에서 '이-'가 상위절 동사라는 점을 부정한다면 이 문장에서 '그것은'에 의미역을 할당할 요소가 존재하지 않는다는 모순적 상황에 이르게 된다.

기술 층렬의 '이-'의 의미 정의 (64)를 가져오기로 한다. '아니-'는 (71나)의 형식으로 설정한다.[259)]

(71) 가. '이-'의 기술 층렬의 정의: [ident ∧ BE(X, [AT(Y)])] (=(64))
나. '아니-'의 기술 층렬의 정의: – [ident ∧ BE(X, [AT(Y)])]

'이-'가 두 개의 논항을 취하는 동사라는 이 절의 주장은 두 개의 논항을 취하는 점이 널리 인정되는 '아니-'의 (71나)와 같은 어휘의미구조와의 비교를 통해서도 다시금 지지된다.

이제부터 논할 점은 비정규적 '이다' 문장들의 해석을 위해 형식의미론적 의미 정의 외에 (71가)의 '이-' 의미 정의가 효과적이라는 점이다. 형식의미론적 '이-'의 의미 정의를 바탕으로 다양한 '이다' 문장들의 비정규적인 의미 해석을 얻어내는 데에는 그 형식적 특성에 따르는 한계가 있다. 그러나 (71가)를 바탕으로 작동하는 추론규칙들을 고안하는 데에는 무리가 없다.

남기심(1986)에서는 그 해석 방식의 차이에 따라 '이다' 문장을 '분류문'과 '유사 분류문'과 '비분류문'의 세 가지 유형으로 나눈 바 있다. 앞의 (46), (47)이 '분류문'의 예인데, 이들은 (71가)의 어휘의미적 정의만을 통해서 문장의 의미구조를 형성할 수 있는 정규적인 '이다' 문장들이다.

(46) 두루미가 학이다/김정식이 김소월이다.
(47) 아카시아는 콩과 식물이다/철수는 구두쇠이다.

은유적 표현인 (72)의 '유사 분류문', '비분류문'인 (73)은 정규적인 '이다' 구문으로의 의미 해석이 막힐 경우 상황맥락의 도움을 받아 의미 해석을 얻는다.

(72) 가. 침묵이 금이다.
나. 가난이 죄다.
(73) 가. 영수가 국문과다.
나. 동쪽이 산이다.

'이-'가 표현하는 범주 판단이란 두 명사구를 상위집합-하위집합 관계로 비교하는 '동일시'의 작용이다. 남기심(1986)에서는 '이다' 구문의 두 명사구의 관계를 상위집합과 하위집합의 관계로 고려하여 '이-'가 가지는 선택제약을 찾으려고 하였으나, 결국 분류문에 한

259) (71)은 [부록]에서 설명하는 기술 층렬의 의미 형식으로 나타낸 것이다. '–'는 기술 층렬의 부정 연산자이다.

해서 '주어'와 '보어' 사이의 상관관계에 의해서 두 명사가 선택될 뿐, '이-'가 가지는 선택제약이란 존재하지 않는다고 결론지었다. 그러나 필자는 분류문에 나타나는 두 명사구의 관계는 '이-'가 부여하는 선택제약에 다름아닌 것이라고 본다. 동일시를 위해 거론되는 두 항 중 앞의 것은 '대상(Theme)' 의미역을 가지며 뒤의 것은 비교의 기준으로서 '기준대상(Reference Object)'의 의미역을 가진다.[260] 이 점에서 '이-'는 일반 용언들과 공통된다.

필자의 생각은, 정규적인 '이다' 문장인 분류문에서 '이-'가 기본적으로 (71가)로 표시되는 의미를 가지는데, 이 의미구조 형식은 몇 개의 추론규칙을 작동시키는 촉발자의 역할을 한다고 보는 것이다. (71가)가 작동시키는 추론규칙들 중 어느 것도 만족시키지 못할 때, 해당 문장은 의미적으로 부적격한 것으로 판정 나게 되며, 바로 이 점이 은유 표현을 비롯한 비정규적인 '이다' 문장의 해석을 유발하는 요인이 된다. (71가) 구조에 의하여 촉발되는 추론규칙들은 세 가지가 있다.[261] 이들은 통사구조와는 따로 독립하여 존재하는 의미구조에 적용되는 규칙들이다.

(74) 추론규칙1: [상태 ∧ ident ∧ BE([X]i, [AT([유형 ∧ Y]j)])]

$$\leftrightarrow \begin{bmatrix} \text{X} \\ \text{INSTANCE OF}([\text{유형} \wedge \text{Y}]_j\ ) \end{bmatrix}_i$$

(75) 추론규칙2: [상태 ∧ ident ∧ BE([X]i, [AT([유형 ∧ Y]j)])]

$$\leftrightarrow \begin{bmatrix} [\text{유형} \wedge \text{Y}] \\ \text{EXEMPLIFIED BY}([\text{X}]i) \end{bmatrix}_j$$

(76) 추론규칙3 :

$$[\text{상태} \wedge \text{ident} \wedge \text{BE}(\ [\text{징표} \wedge \text{X}],\ [\text{AT}(\ [\text{징표} \wedge \text{Y}]\ )])\ \rightarrow \begin{bmatrix} \text{X} \\ \text{Y} \end{bmatrix}$$

대괄호 내의 위 아래로 위치한 의미구조 성분들, 한 예로 (76) 규칙의 우변 같은 것은

260) (71가)의 어휘의미구조에서 앞의 논항은 '대상' 의미역을, 뒤의 논항은 '기준대상'을 나타내는 것이다.

261) (74)와 (75)는 Jackendoff(1983)에 있는 것이고, (76)은 양정석(1996나)에서 새로 첨가한 것이다. 'INSTANCE OF(X)'는 X의 사례(instance)임을 표시하는 연산자이다. 'EXEMPLIFIED BY(X)'는 어떤 것이 X를 한 예로 한다는 뜻을 표시한다. 한 예로 다음의 어휘의미구조는 '개'라는 명사 단어의 개념이 '바둑이'와 같은 개별 사물(징표, token)의 개념과 개의 한 종류로서의 '삽살개'라는 사물 유형(type)을 예로 하여 형성되어 있다는 뜻이 된다.

$$\begin{bmatrix} \text{사물 유형} \\ [\text{개}] \\ \text{EXEMPLIFIED BY}(\begin{bmatrix} \text{사물 징표} \\ [\text{바둑이}] \end{bmatrix}) \\ \text{EXEMPLIFIED BY}(\begin{bmatrix} \text{사물 유형} \\ [\text{삽살개}] \end{bmatrix}) \\ \vdots \end{bmatrix}$$

의미구조 성분 X와 Y가 단일화(unification)됨을 표시하고 있다. 단일화는 두 자질 구조가 하나로 합쳐지면서, 모순되는 자질들이 있으면 실패하고 동일한 자질이 있으면 하나로 통합되는 절차이다.[262)]

(74)-(76)의 규칙들이 실제로 작동되는 과정에서 구체적으로 이용되는 추론규칙들로는 다음과 같은 것들이 더 필요하다.

(77) $$\begin{bmatrix} \text{X} \\ \text{INSTANCE OF}([\text{유형} \wedge \text{Y}]_j) \end{bmatrix}_i \leftrightarrow \begin{bmatrix} \text{X} \\ \text{Y} \end{bmatrix}_i$$

(78) $$\begin{bmatrix} [\text{유형} \wedge \text{X}] \\ \text{EXEMPLIFIED BY}([\text{Y}]) \end{bmatrix} \rightarrow \begin{bmatrix} \text{Y} \\ \text{X} \end{bmatrix}$$

비분류문 또는 유사 분류문은 (74)-(76)의 어떤 규칙을 적용하여도 실패로 귀결된다. 이를 계기로 상황맥락에 따른 일반적인 의미 보충의 규칙이 새로 적용됨으로써 위 규칙들의 원래의 조건을 충족시켜 줄 때 다시 해석 가능하게 된다.

한 예로, (73가)의 "영수가 국문과이다"는 의미상 부적격한 문장이지만 충분히 해석 가능하다. 이 문장의 의미를 해석하는 방법을 두 가지로 생각해 볼 수 있다. 1)영수는 국문과의 한 성원이다. 또는, 2)영수에 관해서 말하면, 그가 속한 조직/단체는 국문과이다. 상황맥락에 따라 달리 해석될 수 있지만, 이 두 가지 방향의 해석을 가능케 하는 원리가 모두 존재한다고 본다. '이다' 문장들이 보여주는 '융통성'은 이 점과 관계되는 것이라고 볼 수 있다. 여기서는 첫 번째 가능성만을 고려하려고 한다.[263)]

세 가지 추론규칙 중 어느 것을 적용하여도 이 문장의 의미구조는 부적격한 것으로 판정이 난다. [영수]는 유형으로서의 [국문과]의 한 사례가 될 수 없으며('추론규칙1'), 유형으로서의 [국문과]는 [영수]를 한 예로 가질 수 없기 때문이다('추론규칙2'). 두 의미 성분 사이에는 의미 자질의 모순이 발생한다. 또 [국문과]는 징표가 아니므로 '추론규칙 3'이 적용될 수도 없다. 이와 같은 절차에 따라 (73가) 문장은 의미상 부적격한 것으로 판정 나게 된다.

따라서 이 문장이 의미 해석을 얻기 위해서는 [국문과]가 [국문과 성원]으로 바뀌는 절차가 이어져야 한다. 이것이 '보충해석 규칙(construal rule)'이다. 여기에서 그 규칙을

262) 단일화의 개념에 대해서는 Shieber(1986)을 참고하기 바람.

263) 두 번째 해석의 방법은 그 통사구조를 '[영수는 e 국문과이다]'와 같이 주제어 구문으로 분석하여 해석하는 방법이다.

구체적으로 제시하지는 않겠지만, 어떤 조직이나 단체를 표시하는 명사구가 그 조직이나 단체에 속하는 사람을 의미하게 되는 의미 보충의 작용을 위해서 일반 담화화용론적 의미 규칙이 존재한다고 가정하는 것은 자연스러운 일이다.

이렇게, '이-'의 어휘의미구조를 (71가)와 같이 설정함으로써 정규적인 '이다' 문장은 물론 비정규적인 '이다' 문장들의 의미 해석의 문제를 일관되게 해결해 줄 수 있다고 본다. 이 점이 옳다면, '이-'가 어휘의미를 가지며, 두 자리 논항을 가지는 용언이라고 하는 필자의 견해는 지지되는 것이라 하겠다.

분열문의 통사구조와 의미 해석

3.3.2절에서 제시했던 '이다' 문장들 (49)와 (50)에 대한 의미 해석 방안을 고려해 보기로 한다.

(79) 철수는 많은 사람을 만날 것이다.
(80) 가. 시위가 일어난 것은 파고다 공원에서였다.
　　나. 철수가 만난 것은 인호였다.

(79)는 '-을 것이-'가 어휘부에 숙어적 단위로 등재됨으로써 이를 근거로 재구조화가 적용되는 구조로 파악한다. '-을 것이-'는 복합적 형식으로 굴절소 범주를 이룬다. '-을 것이-'는 양상 의미를 가진다. '-을 것이-'의 양상 의미에 대해서는 제6장에서 분석할 것이다.

(80)은 이른바 '분열문'이다. 이 역시 두 자리 서술어인 '이-'에 의해 형성됨은 같으나, 주어 내의 내포절에는 공범주 연산자(Oi)와 흔적이 설정되어, 내포절은 술어 의미 형식이 되고, 이것은 분열문 초점 위치의 성분과 동일시된다. 이 경우의 '이-'의 의미 정의는, 기술 층렬에서는 하나의 정의만으로 설정할 수 있다. 그러나 지시 층렬에서는 이제까지 사용했던 정의와는 다른, 별도의 정의가 필요하다. 특히 (80나)의 경우, '이-' 직전의 e 타입 고유명사 '인호'를 술어화하는 타입 전이 규칙은 규칙으로서의 타당성이 부족하고, 주어인 '철수가 만난 것'은 e 타입의 한정 명사구로 해석될 수밖에 없기 때문이다.[264] 앞의 3.1.3절의 (40나)'에서는 '것'이 관계관형절의 수식을 받는 구조의 의미 해석을 위하여 (81)과 같은 구문규칙을 설정하였다. (80나)의 주어 부분의 해석은 (82)와 같다.[265]

264) 분열문의 '. . .것' 주어가 한정 명사구라는 점은 염재일(2014)에서도 보인 바 있다.
265) 전제된 'x는 사물일 것'은 염재일(2014)에서는 'x는 비인격체'로 서술되었는데, 어느 경우나 자연스러운 설명이

(81) ⟦ $[_{CP}$ CP $[_{NP}$ $[_N$ 것]]] ⟧ = λx: x는 사물일 것. ⟦ CP ⟧ (x)

(82) ⟦ $[[_{CP}$ O_i 철수가 t_i 만난]$[_{NP}$ $[_N$ 것]]] ⟧ = λx: x는 사물일 것. 철수가 x를 만났다'

⇒(이오타화) ιx[철수가 x를 만났다']

지시 층렬에서의 '이-'의 별도의 의미 정의는 다음과 같은 것이다. (80나) 문장의 도출된 의미 형식은 (84)와 같다.

(83) '이-²'의 의미 정의: $\lambda x_e. \lambda y_e. [y = x]$

(84) "철수가 만난 것은 인호였다."의 의미 형식:

ιx[철수가 x를 만났다'] = 인호'

(80가) 문장도 분열문의 형식을 가지므로, 그 주어 부분의 통사구조는 (82)와 같은 형식이라고 보아야 한다. 이 문장의 통사구조와 그 해석은 다음과 같이 분석된다.

(85) 가. 시위가 일어난 것은 파고다 공원에서였다.

나. $[[[[_{CP}$ O_i 시위가 t_i에서 일어난]$[_{NP}$ $[_N$ 것]]]은] [파고다 공원에서]$_{[+F]}$ 이-었-다]

다. ιx[시위가 x에서 일어났다'] = ιy[y가 파고다 공원에서이다']

통사구조 (85나)에는 초점 표시가 되어 있다. 초점 의미의 해석 방법과 초점이 어떤 층위에, 어떤 방법으로 표시되는지에 대해서는 앞으로 집중적인 연구가 필요할 것이다. 필자는 현재로서는 통사구조에 초점 자질을 표시하고, 의미론적으로는 초점 정보가 표시된 의미 형식이 기술 층렬에 주어져서, 이를 바탕으로 담화화용론적 해석을 받게 된다고 정리한다. 제12장에서는 초점 문장의 의미론적 정보가 기술 층렬에 주어져서 이를 바탕으로 담화화용론적인 해석을 받게 된다고 제안한다.

3.4. 대칭동사와 상호동사의 의미 해석

한국어에서 교호성 구문은 (1)과 같은 대칭동사 '만나-, 싸우-'에 의해 표현되거나, (2),

쉽지는 않다. 그러나 앞의 3.1.3절에서도 인용했던 염재일(2014: 114)의 다음 예를 비교하면 보통의 사람 개념이 아닌 사물화된 개념, 또는 비인격체 개념이 이 구성의 의미적 요구인 점은 사실인 것으로 보인다.

a. ??인호가 만난 것은 의사이고 나이가 많았다.

(3)과 같이 교호성 부사 또는 교호성 대명사와 그것에 연계되는 동사를 통하여 표현된다.

(1) 가. 철수와 인호가 만났다.
나. 철수와 인호가 싸운다.
(1)' 가. 철수가 인호와 만났다.
나. 철수가 인호와 싸운다.
(2) 가. 철수와 인호는 서로 쳐다보았다.
나. 철수와 인호는 서로 공격하였다.
(2)' 가. 철수는 인호와 서로 쳐다보았다.
나. 철수는 인호와 서로 공격하였다.
(3) 가. 철수와 인호는 서로를 믿는다.
나. 철수와 인호는 서로를 의지한다.
(3)' 가. *철수는 인호와 서로를 믿는다.
나. *철수는 인호와 서로를 의지한다.

특히 (2), (2)'의 '서로'는 부사로서, '쳐다보-', '공격하-'와 재구조화를 통하여 연계된다. '서로 쳐다보-, 서로 공격하-'를 '재구조화된 교호성 동사' 또는 더 간단히 '상호동사'라고 지칭하기로 한다. 이들과 비교되는 (1)의 동사들은 '본래적 교호성 동사' 또는 '대칭동사'라고 지칭하여 구별한다.

기존의 형식의미론적 연구에서 위 대칭동사와 상호동사의 모든 예들에 대하여 하나의 통합적 의미 해석 방안을 제시한 예는 발견되지 않는다. 드문 연구의 예로 안성호(1990/1993)을 찾을 수 있을 뿐이다. 그는 (2), (3)의 예들에 한정하여 '서로'를 영어의 'each'에 상응하는 양화사의 일종으로 간주하고 Heim, Lasnik & May(1991)의 'each other' 구문에 대한 통사의미론적 해석 방안에 따른 분석을 시도하였다. 반면 양정석(1995/1997, 1996가, 다, 2004나)의 일련의 연구에서는 개념의미론의 관점에서 위 모든 예들에 대한 통합적 의미 해석 방안을 제시한 바 있다.

이 절에서 보이고자 하는 바는, 형식의미론의 방법에 따른 분석을 위 모든 예에 적용할 수 있으나 그것은 통사구조와 의미구조의 대응에 관한 규칙성을 포착하지 못하는 것이므로, 개념의미론적 형식화 방법에 따른 분석을 필요로 한다는 것이다. 이 점을 잘 드러내는 구문 현상은 (1)'과 (2)'이다. 필자는 (1)-(3), (1)'-(2)'에서 제시한 다양한 유형의 대칭동사와 상호동사들을 의미 해석하는 데에 형식의미론의 방법에 따른 지시 층렬의 기술과 개념의미론의 방법에 따른 기술 층렬의 기술이 모두 필요하다는 점을 보이려고 한다.

3.4.1. 교호성 동사에 대한 형식의미론적 설명의 한계

한국어는 교호성 의미를 기본적으로 동사를 사용해서 표현한다. 그 예가 (1)의 대칭동사들이다. (2)의 경우에도 '서로'는 '쳐다보-', '공격하-'와 같은 동사와 불연속적으로 연계하여 '서로. . .쳐다보-', '서로. . .공격하-'와 같은 복합적 동사를 형성한다. (3)과 같이 '서로'가 대명사로 쓰이는 경우도 있으나, 이는 오히려 주변적 현상일 뿐이다.

이에 비해 영어는 교호성 의미를 'each other'와 같은 대명사 요소를 사용해서 표현한다. 'each other'는 표준적 생성 통사론에서 재귀대명사의 하나로 다루어져 왔으나, 그 의미론적 해석 방법은 난문제로 주어져 있었다. Heim, Lasnik & May(1991: 68)에서는 영어에서 교호성 의미를 나타내는 'each other'를 (4)와 같이 정의하고, 교호성 문장 (5가)는 (5나)의 통사구조(논리형태)를 바탕으로 (5다)와 같이 의미 해석된다고 설명하였다. (6)은 또 하나의 예를 든 것이다.

(4) 가. each $\text{other}_{i,j}$ $\zeta \Rightarrow \lambda x. \forall x_i(x_i \cdot \Pi x)\ \forall x_j(x_j \cdot \Pi x \ \&\ x_i \neq x_j)\ \zeta'(x_i)$

나. other $\Rightarrow \lambda x. \lambda y. \lambda z. (z \cdot \Pi y \ \&\ z \neq x)$

다. $[e_i \text{ other}]_j\ \zeta \Rightarrow \lambda y. \forall x_j(x_j \cdot \Pi x_k \ \&\ x_i \neq x_j)\ \zeta'(y)$

(5) 가. The men saw each other.

나. $[_S[_{NP}[_{NP}$ the $\text{men}_1]$ $\text{each}_2]$ $[_S$ e_2 $[_{VP}[_{NP}$ e_2 $\text{other}]_3$ $[_{VP}$ saw $e_3]]]]$

다. $\forall x_2(x_2 \cdot \Pi\text{the men}')[\forall x_3(x_3 \cdot \Pi\text{Jthe men}' \ \&\ x_2 \neq x_3)[\text{introduce}'(x_2, x_3)]]$

(6) 가. John and Mary introduced themselves to each other.

나. $\forall x_2(x_2 \cdot \Pi\text{John and Mary}')[\forall x_3(x_3 \cdot \Pi\text{John and Mary}' \ \&$
$x_2 \neq x_3)[\text{introduce}'(x_2, x_2, x_3)]]$

(5나)와 (6나)에서는 영어 복수 명사구와 접속 명사구가 나타내는 특별한 집합을 가정하고, 이 집합과 그 원소의 특정한 관계를 정의함으로써 문장이 표현하는 개체들 간의 교호적 관계를 나타내고 있다.

교호적 관계를 형식화하는 이러한 착상을 한국어에 응용하는 방법은 '서로'의 의미 정의를 'each other'의 의미 정의와 유사한 방법으로 설정하는 것이다. '서로'의 정의는 (7)과 같다.

(7) ⟦ 서로 ⟧ = $\lambda f_{eet}. \lambda x. \forall x_i(x_i \cdot \Pi x)\ \ \forall x_j(x_j \cdot \Pi x \ \&\ x_i \neq x_j)\ \ f(x_j)(x_i)$

(8) “철수와 인호는 서로를 쳐다보았다.”의 해석 절차:

⟦ 쳐다보- ⟧ = $\lambda x. \lambda y.$ y가 x를 쳐다본다'

⟦ 서로를 쳐다보- ⟧ =

$[\lambda f_{eet}. \lambda x. \forall x_i(x_i \cdot \Pi x)[\forall x_j(x_j \cdot \Pi x \ \&\ x_i \neq x_j)[f(x_j)(x_i)]]](\lambda x. \lambda y.$ y가 x를 쳐다본다')

$\lambda x. \forall x_i(x_i \cdot \Pi x)\ \ \forall x_j(x_j \cdot \Pi x \ \&\ x_i \neq x_j)[\lambda x. \lambda y.$ y가 x를 쳐다본다'$](x_j)(x_i)$

$\lambda x. \forall x_i(x_i \cdot \Pi x)\ \ \forall x_j(x_j \cdot \Pi x \ \&\ x_i \neq x_j)[x_i$가 x_j를 쳐다본다']

⟦ 철수와 인호가 ⟧ = 철수와 인호'

⟦ 철수와 인호는 서로를 쳐다보- ⟧ =

$[\lambda x. \forall x_i(x_i \cdot \Pi x)\ \ \forall x_j(x_j \cdot \Pi x \ \&\ x_i \neq x_j)[x_i$가 x_j를 쳐다본다']](철수와 인호')

$[\forall x_i(x_i \cdot \Pi$철수와 인호'$)\ \forall x_j(x_j \cdot \Pi$철수와 인호' $\&\ x_i \neq x_j)\ [x_i$가 x_j를 쳐다본다']]

이 절 서두의 (1)로 제시한 ‘만나다’ 문장, ‘싸우다’ 문장에서는 교호적 관계의 의미가 동사 ‘만나-’, ‘싸우-’의 어휘적 정보로부터 비롯된다.

(9) 가. ⟦ 만나- ⟧ = $\lambda x. (\forall y[y \cdot \Pi x])(\forall z[z \cdot \Pi x \ \&\ y \neq z])[$y가 z와 만난다']

나. ⟦ 싸우- ⟧ = $\lambda x. (\forall y[y \cdot \Pi x])(\forall z[z \cdot \Pi x \ \&\ y \neq z])[$y가 z와 싸운다']

(10) “철수와 인호가 만난다.”의 해석 절차:

⟦ 철수와 인호가 만난다 ⟧ =

$[\lambda x. (\forall y[y \cdot \Pi x])(\forall z[z \cdot \Pi x \ \&\ y \neq z])[$y가 z와 만난다']](⟦ 철수와 인호가 ⟧)

$(\forall y[y \cdot \Pi$철수와 인호'$])(\forall z[z \cdot \Pi$철수와 인호' $\&\ y \neq z])[$y가 z와 만난다']

교호적 관계 의미를 정의하는 이상의 방법은 다음과 같은 문제를 가진다. 첫째, (11다)와 (11라)는 ‘서로’와 ‘싸우-’를 모두 포함한다. 그러나 이 문장들의 의미는 (7)의 ‘서로’의 정의와 (9나)의 ‘싸우-’의 정의를 가지고 합성할 수 없다.

(11) 가. 철수와 인호가 싸운다.

나. 철수가 인호와 싸운다.

다. 철수와 인호와 서로 싸운다.

라. 철수가 인호와 서로 싸운다.

뒤의 논의에서 제시할 이 문제에 대한 해결 방안은 ‘서로 싸우-’를 재구조화된 단위로 간주하고, 이 단위를 한 단위의 교호성 동사로 의미 정의하는 것이다.

둘째, (11나)와 (11라)는 교호적 의미를 나타내는 문장의 주어가 복수성을 갖지 않는 예를 보여준다. 이 문제는 이미 (1)'과 (2)'이 제시해 주는 점이다. 이러한 구조의 교호성 문장의 의미는 (7)의 '서로'의 정의와 (9가, 나)의 '만나-, 싸우-'의 정의를 가지고 합성할 수 없다. 뒤의 논의에서는 이러한 문장들에서 'NP-와' 형식의 성분을 공범주를 가진 'NP-와 e' 형식의 접속 구성으로 분석할 가능성을 점검하고 비판할 것이다. 이 가능성이 부정됨에 따라 문제는 원점으로 돌아오게 된다. 이러한 문제성은 주어의 복수성에 바탕을 둔 형식의미론의 교호성 문장 분석과는 다른 차원의 분석이 필요함을 보이는 것이라고 판단한다. 이 절에서는 '지시 층렬'에 설정되는 형식의미론적 교호성 분석과 함께 '기술 층렬'에 설정되는 개념의미론적 교호성 분석을 아울러 수용하는 의미 기술의 방안을 제시하고자 한다.

셋째, 이 절의 서두에 제시한 다음 예들은 '서로'가 부사로서의 '서로'와 대명사로서의 '서로'의 두 가지로 구별되어야 함을 보인다.

(3) 가. 철수와 인호는 서로를 믿는다.
　　나. 철수와 인호는 서로를 의지한다.
(3)' 가. *철수는 인호와 서로를 믿는다.
　　나. *철수는 인호와 서로를 의지한다.
　cf. 철수와 인호는 서로 믿는다.
　　　철수는 인호와 서로 믿는다.

안성호(1990/1993)는 한국어의 교호대명사 '서로'를 영어의 'each other'처럼 두 구성성분을 가지는 '[D_i 서로$_j$]'으로 상정하였다. 이는 배분자 'D_i'가 논리형태 이동을 할 수 있도록 조처한 것이다. 우선 영어의 (12)와 같은 문장이 (가)와 (나)의 두 구조로 기술되는 것처럼 한국어의 (13)과 같은 문장도 (14가)와 (14나)의 두 논리형태의 구조로 기술된다고 하였다. (13)의 통사구조는 그 S-구조를 보인 것이라고 한다.

(12) They think they like each other.
　　가. They think [[they]each$_1$] like [t_1 other]
　　나. [[They]each$_1$] think they$_1$ like [t_1 other]
(13) A와 B는 자기들이 서로를 좋아한다고 생각했다.
　　[$_{IP}$[A와 B]$_2$는 [$_{CP}$ [자기들]$_2$-이 [D_1 서로$_3$]-를 좋아한다-고] 생각하-였]-다 (263쪽)
(14) 가. [$_{IP}$[A와 B]는 [$_{CP}$ [[자기들]D_1]-이 [t_1 서로]-를 좋아한다-고] 생각하-였]-다

나. $[_{IP}[[$A와 B$]D_1]$는 $[_{CP}$ [자기들$]_1$-이 $[t_1$ 서로]-를 좋아한다-고] 생각하-였]-다

이러한 처리의 문제점을 세 가지로 나누어 지적하기로 한다.[266)]

첫째, 안성호(1993: 266-268)에서 배분소 'D_1'의 논리형태 이동을 증명하기 위한 증거로 사용했던 세 종류의 예문들에 대한 해석에 오류가 있다.

(15) 가. [A와 B]는 몇몇 교사가 자기들에게 [D_1 서로$_3$]가 바보라고 말했다고 주장했다. (=안성호의 266쪽: (114))

나. [A와 B]는 몇몇 교사가 걔들에게 [D_1 서로$_3$]가 바보라고 말했다고 주장했다. (=안성호의 267쪽: (115))

(16) (=안성호의 268쪽: (116))

가. [A와 B]는 몇 명에게 자기들이 [D_1 서로$_3$]를 좋아한다고 말했다.

나. [A와 B]는 몇 명에게 자기들이 [D_1 서로$_3$]를 좋아한다는 사실을 고백했다.

그가 (15가)와 (15나)를 비교하는 취지는 다음과 같다. (15가)에서는 배분자 'D_1'가 최상위절의 주어인 '[A와 B]'에 논리형태 이동을 할 수도 있고 '자기들'에 논리형태 이동을 할 수도 있어서 중의적 해석이 가능하다. (15나)에서는 'D_1'가 '[A와 B]'에 논리형태 이동을 하는 경우, '[A와 B]D_1'은 비논항인 연산자가 되는데, 결속 이론상의 '대명사(pronominal)'로 상정된 '걔들'이 논리형태에서 비논항인 연산자에게 결속되면 안 된다는 제약 때문에 결국 'D_1'의 이동이 불가능해지므로, 'D_1'가 '자기들'에 이동하는 경우의 한 가지 해석만 갖게 된다는 것이다.

그러나 (15가, 나)는 안성호가 제시한 'A와 B'가 서로 바보라는 해석보다는 '몇몇 교사'가 서로 바보라고 말했다는 해석을 가지며, 안성호가 설명한 (15가)와 (15나)의 해석의 차이는 존재하지 않는다. 따라서 이들은 'D_1'의 논리형태 이동의 증거가 될 수 없다. (16가)와 (16나)를 비교하는 이유는, 후자의 경우 'D_1'의 최상위절 주어로의 이동이 복합명사구 제약(CNPC) 때문에 막혀서 그 이동으로 인한 해석을 제외한 한 가지 해석만을 가지는데, (16가)의 경우는 두 가지 해석을 가진다는 것이다. 그러나 이러한 해석의 차이는 없는 것으로 보인다. 이는 CNPC 제약이 작동하지 않음을 뜻하는 것이다.

둘째, 안성호(1990/1993)의 설명은 피상적인 설명에 그친 것이다. 다음 '서로'의 문

266) 안성호(1990/1993)의 방안에 대해서는 뒤의 제5장에서 대명사 결속의 문제와 관련하여 더욱 자세히 검토하기로 한다.

장들은 그의 방안에 근본적인 문제를 제기한다.

(17) 가. 두 물줄기가 서로 합쳐졌다.
나. 철수와 순희는 (이혼했다가) 서로 합쳐졌다.
(18) 가. 철수는 검은 물감과 흰 물감을 서로 섞었다.
나. 철수는 검은 물감을 흰 물감과 서로 섞었다.
(19) 가. 철수는 인호와 서로 자리를 바꾸었다.
나. 철수는 인호와 자리를 서로 바꾸었다.
(20) 가. 철수와 인호는 서로 자리를 바꾸었다.
나. 철수와 인호는 자리를 서로 바꾸었다.

셋째, 다음 (21가)와 같은 예에서는 공범주 배분자의 설정과 관련하여 매우 복잡한 절차가 고려되어야 할 것이다. (21나)에서는 (21가)에서 '서로'가 행하는 기능을 '상대'가 대신하고 있다.

(21) 가. 그들은 서로가 서로를 경원시한다.
나. 그들은 서로가 상대를 경원시한다.

가장 큰 문제는 이 절 서두의 (1)', (2)'의 예가 제기한다. 위 형식화는 주어가 복수 또는 접속 명사구이어서 복수성을 가지는 것을 전제하는데, 다음 예들에서는 주어가 복수성을 갖지 않음에도 불구하고 위 예들과 같은 교호성 의미를 표현하는 것이다.

(1)' 가. 철수가 인호와 만났다.
나. 철수가 인호와 싸운다.
(2)' 가. 철수는 인호와 서로 쳐다보았다.
나. 철수는 인호와 서로 공격하였다.

이러한 경우들을 체계적으로 설명하는 데에는 지시 층렬과는 다른 기술 층렬의 의미 기술 방법이 효과적이라고 생각된다. '서로'가 조응적 기능을 가지면서도 교호성 자질을 가진다고 설정할 수 있다. 가령 (21)의 경우, 대명사 '서로'가 가지는 교호성 자질에 따라, '그들'이 '경원시하다'가 산출하는 의미구조의 첫째 논항에 위치하게 되고, 이에 따라 추론규칙이 적용되어 교호적 의미구조를 실현시킨다. 이렇게 하여 온갖 종류의 본래적 교호성 동사, 재구조화된 교호성 동사가 나타내는 교호성 의미구조가 일관된 형식으로 포착된다.

안성호(1990/1993)의 '서로' 문장에 대한 분석은 '서로'를 양화사와 대명사의 두 요소가 복합된 것으로 본 것이고, '서로' 문장을 양화사 문장으로 간주한 것이다. 그러나 위에서는 한국어의 '서로' 문장의 주요 예들이 이 같은 가정에서 설명되지 않는다는 점을 확인하였다. 필자가 더 강조한 점은 교호성 의미를 나타내는 동사 표현들이 다수 존재하고, 경우에 따라서는 부사로서의 '서로'가 동사와 결합하여 교호성의 의미를 강제하거나 교호성 동사와 결합하여 교호성 의미를 강조하기도 한다는 것이다.

이는 교호성 의미를 표현하는 데에 하나의 메커니즘이 작동하지 않음을 뜻한다. 기존의 형식의미론적 설명은 '서로'의 대명사로서의 특성을 출발점으로 하여 양화사로서의 특성을 발견하였으나 '서로 쳐다보다', '서로 싸우다'와 같은 더 나아갈 수 없는 현상에 직면하게 되었다. 이들은 동사 또는 재구조화된 동사로서, 동사 의미론이 교호성 의미를 기술해야 한다는 과제를 제시하는 현상이다. 필자는 오래 전부터 동사의 교호성을 기술하는 작업을 수행해 왔다. 다음 절에서는 선행 연구들을 검토함으로써 교호성 분석을 왜 동사 의미 기술의 하나로서 실행해야 하는지를 이해해 보기로 한다.

3.4.2. 한국어 대칭동사, 상호동사에 관한 이전의 견해들

이하에서는 지시 층렬과 구별되는 기술 층렬이라는 별도의 의미 표상 체계에서 교호성 동사들의 의미를 기술해야 할 필요성을 정당화하고자 한다. 그러기 위해 이전의 교호성 동사, 교호성 구문에 대한 통사의미론적 분석을 검토하고, 과거의 연구에서 나타난 교호성 의미구조에 대한 자연적 사고를 형식화해 보기로 한다. 이 결과가 기술 층렬의 교호성 의미 형식들이다.

다음의 (22), (23) 두 문장은 모두 조사 '-와'를 포함하며, 의미상으로도 공통점을 가지고 있다. 따라서 한국어 구문 구조에 대한 연구에서 이 둘을 어떤 단일한 원리에 의해 설명해 주려고 하는 노력이 일찍부터 있어 왔다.

(22) 철수와 영호가 싸웠다.

(23) 철수가 영호와 싸웠다.

(24) [[철수$_i$가 영호$_j$와 싸웠다] [고] [영호$_j$가 철수$_i$와 싸웠다]]

한국어의 이와 같은 '-와'를 가지는 구문에 대한 초기 생성문법 연구자들의 지배적인 설명 방식은 '변형'에 의한 것인데, 이는 다시 두 가지 방향으로 요약할 수 있다. (22)와 (23)이 접속항 이동 변형을 통하여 연관되는 것으로 설명하거나(김완진 1970, 김영희 1974가, 나), 또는 (22)가 (24)와 같은 구조로부터 접속문 축약에 의하여 이루어진 것으로(최재희 1985) 보는 것이다. 그러나 똑같이 동사 '싸우다'를 가지는 (25), (26) 문장들과의 연관성에 대해서는 정당하게 해명하지 못한다. 이것이 변형설이 가지는 약점이다. 또한, (27)이 성립 가능한 문장일 수는 있지만, 그것은 (22)나 (25), (26)과는 다른 요인으로 말미암은 것이므로, 그 차이를 설명할 수 있어야 한다.

(25) 가. 철수와 영호와 순기가 싸웠다.
나. 아이들이 싸웠다.
(26) 가. 아군이 싸웠다.
나. 야당이 싸운다.
다. 모두가 싸웠다.
(27) 철수가 싸웠다.

홍재성(1987)에서는 해리스(Z. Harris)적 '변형'의 관계로 두 종류의 문장을 연관 짓고 있으나, 대칭구문 외에 '상호구문, 경쟁구문, 동반구문' 등을 더 나누어 분석한다. 이 책에서 사용하는 용어 '대칭구문'과 '상호구문'도 여기에 근거한다. 동사를 중심으로 한 문장 구조의 특징을 밝히는 이러한 분석을 어휘론적 연구의 부류에 포함하여도 무방할 것이다. 생성문법적 틀에서 어휘론적 입장을 보여주는 논의로, 남기심(1990)에서는 (22)와 (23)의 관계가 접속항 이동변형으로 기술될 수 없음을 증명하고 있다. 필자는 어휘론적 견해를 지지하면서, (22)와 (25), (26)의 관계는 명사구의 접속과 복수성의 명사구가 동일 자질을 가짐으로 인해서 동일한 교호성 연산자('+reciprocal')의 작용을 받는 것으로, 또 (22)와 (23) 사이의 의미적 연관은 서로 다른 경로로 도출된 의미구조가 공통된 구조를 가지는 것으로 설명할 수 있음을 보이려고 한다.

한편, (22), (23)에서 보이는 구조적 대비가 다음 문장 (28가), (28나)에서도 나타남을 관찰할 수 있다.

(28) 가. 철수와 영호가 서로 {도왔다, 믿었다, 속였다, 의지했다, 몰랐다}.
나. 철수가 영호와 서로 {도왔다, 믿었다, 속였다, 의지했다, 몰랐다}.
다. *철수와 영호가 {도왔다, 믿었다, 속였다, 의지했다, 몰랐다}.
라. *철수가 영호와 {도왔다, 믿었다, 속였다, 의지했다, 몰랐다}.

여기서 '서로'는 '교호성' 자질을 지니고, 일반 동사가 대칭동사와 같은 특징을 갖도록 만들어 주는 역할을 한다. 이와 같이 '서로'의 필수적 출현으로 특징지어지는 구문을 홍재성(1987)에 따라 '상호구문'이라 부르는데, 이 경우에도 대칭구문과 상호구문이 그 의미구조의 도출 경로의 다름에도 불구하고 공통된 의미 해석을 받게 되는 과정을 밝히려고 한다. 이전의 생성문법적 연구에서 '서로'는 대명사로서만 다루어져 왔다고 해도 과언은 아닐 것이다. 그러나 대칭구문과 상호구문에 실현되는 '서로'는 대명사적인 용법만으로는 설명하지 못할 특징을 보이고 있음이 주목된다. 이러한 문제는 '서로'가 어휘적으로 가지는 '교호성'의 자질을 천착함으로써 더 바른 이해에 도달할 수 있다고 판단한다.

접속항 이동변형설의 난점

(23)의 문장에 대해서, (22)와 같은 기저구조로부터 접속된 명사구 중 하나를 이동시킴으로써 얻어내려는 설명 방식을 접속항 이동변형설이라 부를 수 있다. 한국어의 '-와'를 가지는 구문에 대해서 이러한 설명을 최초로 보인 논문은 김완진(1970)이며, 김영희(1974가, 나)에서 동사들의 차이를 고려한 좀더 소상한 논의를 찾아볼 수 있다.

김완진(1970)에 의하면 'NP-와 NP' 꼴의 명사구는 두 가지 근원을 가진다. 하나는 (29가)와 같은 경우로서, (29나), (29다)의 두 문장과 같은 구조가 접속된 것을 기저구조로 하여 얻어진다. 이 과정에서 접속문 축약이 일어난다. 따라서 이러한 경우의 조사 '-와'는 '문접속의 '-와' '라고 불린다.

(29) 가. 눈과 솜은 희다.
　　나. 눈이 희다.
　　다. 솜이 희다. (이상 김완진(1970)에서 취함)

그러나 (23)과 같은 문장이 도출되기 위해서는 기저에 (30)과 같은 구조가 설정된다고 한다. 이 밖에 (31)과 같은 경우에 명사구의 접속이 '공동'의 의미로 해독될 때에는 역시 마찬가지 설명이 적용된다. 이 때의 조사 '-와'는 이른바 '구접속의 '-와' '이다.

(30) [철수와 영호와]$_{NP}$ 싸웠다.
(31) 아들과 며느리에게 편지를 썼다. (김완진(1970)에서 취함)

(31)은 문접속과 구접속의 중의적인 해석이 가능하다. 이 경우 아들과 며느리에게 각

각, 모두 2장의 편지를 썼다는 해독과, 공동으로 1장의 편지를 썼다는 해독이 다 가능한 것이다.

그러나 (22)와 같은 구문이 대칭성을 보이는 데에 착안하고 동사들의 성격을 고려하여 고찰한 것은 김영희(1974가, 나)이다. 김영희(1974가, 나)에서는 '다투다, 화목하다, 팽팽하다' 등과 같은 대칭 서술어(symmetric predicates)와 '비슷하다, 어긋나다, 어울리다' 등의 무대칭 서술어(non-symmetric predicates), 그리고 '먹다, 묻다, 가다'처럼 대칭적 속성을 갖지 않는 동사들을 비대칭 서술어(anti-symmetric predicates)로 가르고, 무대칭 서술어와 비대칭 서술어의 문장은 접속문 축약의 방식으로 도출하되, 대칭 서술어의 문장만은 (22)-(23), (30)에서 보는 것과 같은 접속항 이동변형의 방식으로 도출하였다.

이러한 접속항 이동변형설에 대한 반론은 이미 남기심(1990)에서 제기된 바 있다. (32)-(36)은 남기심(1990)에서 반례로 제시한 예들이다. 대칭적 성격을 띠는 동사들의 구문에 한정하더라도, 'NP-가 NP-와'꼴에 대응하여 'NP-와 NP'꼴이 꼭 가능한 것이 아니며, 반대로 그 역도 참이 아니다.

(32) 가. 나는 오늘 하루 종일 콤퓨터와 씨름을 하느라고 시간을 다 보냈다.
　　나.*콤퓨터와 내가 씨름을 했다.
(33) 가. 우리는 거센 파도와 싸우면서 항해를 계속했다.
　　나. *거센 파도와 우리가 싸웠다.
(34) 가. 내가 당신과 결혼하고 싶소.
　　나. *나와 당신이 결혼하고 싶소.
　　다. *당신과 내가 결혼하고 싶소.
(35) 가. 너는 늘 그와 단교하려고 하지만 그는 너와 단교하려고 하지 않는다.
　　나. *너와 그는 늘 단교하려고 하지만 그는 너와 단교하려고 하지 않는다.
(36) 가. 내가 꾸물거리느라고 김씨와 헤어지게 되었다.
　　나. 그가 밤중에 뛰어 가다가 가로수하고 부딪쳤다.

주어 편향의 부사어가 개재될 때에도 두 가지 구조의 차이가 분명히 드러난다. (37가)에서 '불순한 목적으로'의 수식은 명사구 접속 '남한과 북한'에 대해서 가해지고, (37나)에서는 '남한'에 대해서만 수식된다. 만약에 이 둘을 변형으로써 연결지어 주려고 한다면 변형이 의미를 변화시키지 못한다는 원칙을 수정해야 할 것이나, 이는 변형론적인 입장에서 결코 바람직스러운 것이 아니다.

(37) 가. 남한과 북한이 불순한 목적으로 교류한다.
　　나. 남한이 북한과 불순한 목적으로 교류한다.

접속항 이동변형설이 가지는 주요한 결함 중 또 한 가지는 (22), (25), (26) 문장들의 구조적 동질성을 해명하기 어렵다는 데에 있다. 두 개의 접속항을 가진 (22)와 세 개의 접속항을 가지는 (25가)의 구조가 동일하다고 보는 것이 온당한 해석일 것이다. 나아가 (25나)도 (22), (25가)와 의미적으로 일정한 연관을 보이는 것이다. 이들 문장에서 주어는 모두 복수성 명사구로 되어 있다. 무엇보다도 이들 문장에서 나타나는 동사는 동일한 것이다. 다른 성분의 도움 없이도 자족적인 문장 구조를 이루는 것을 보면, 이들 문장의 동사가 1자리 서술어임이 분명하다. 이런 점에서 복수성의 주어를 갖지 않는 (27)은 이들과 성격을 달리한다.

(26가-다)의 문장들은 다소 문제를 제기하지만, 이들에 대해서도 교호적 해석이 가능하므로 이도 동일한 원리에 의하여 설명하는 것이 바람직하다. (22), (23), (25), (26) 나아가 (28가, 나)의 문장들이 공통적으로 가지는 특징은 서술되고 있는 주체의 복수성과 관계된다고 할 수 있다. 이러한 복수성은 교호적 해석을 위해 필수적이다. 그러나 접속항 이동변형의 기제로써 이와 같은 문장들의 구조적 동질성을 기술하기 어려움은 명백하다.

접속문 축약변형설의 문제

앞에서 말한 바와 같이, 김영희(1974가, 나)에서는 '대칭 서술어' 구문과 '무대칭 서술어' 구문을 구별하고, 전자의 경우에는 접속항 이동변형을 통하여 설명하되, 후자의 경우는 접속문 축약변형의 기제를 사용하여 도출해 낸다. 즉 무대칭 서술어 구문인 (38가)는 (38다)와 (38라)가 접속된 구조를 기저구조로 하여 접속문 축약변형으로 도출해 내며, (38나)는 (38가)에 다시 접속항 이동변형이 적용되는 것으로 보는 것이다.

(38) 가. 신랑과 신부가 어울린다.
　　나. 신랑이 신부와 어울린다.
　　다. 신랑이 신부에게 어울린다.
　　라. 신부가 신랑에게 어울린다. (이상 김영희(1974나)에서 취함)

(38가, 나)는 '대칭 서술어'의 경우와 똑같은 구조적 가능성과 의미적 양상을 보여준다. (38가)와 (38나)는 모두 (38다) 또는 (38라)를 함의한다. 다시 말하면 (38다)와 (38

라)는 (38가)나 (38나)의 의미의 일부분이 된다.[267] 또 한 가지 중요한 국면은 (38가)의 의미가 논항들의 순서가 바뀐 (38다)와 (38라)의 의미적 측면을 모두 가지고 있다는 점이다.[268] 그런 점에서 (38가)를 (38다)와 (38라)의 접속으로부터 이끌어 내는 것은 논리적인 타당성을 가진다. 변형 이외의 방법으로 처리하더라도 이 점을 포착하는 것은 필수적으로 요구된다고 하겠다. 문제는 무대칭 서술어의 경우와 대칭 서술어의 경우를 구별하는 일의 타당성이다. 대칭 서술어의 구문인 앞서 (22)의 문장은 현실적으로 (38다, 라)에 대응하는 문장을 가지고 있지 않으나, 의미적인 차원에서는 동일한 교호적 의미 국면을 찾아볼 수 있다. 만약 술어 해체 분석과 같은 방법을 이용하여 '싸우다' 등 대칭동사의 의미를 표상할 수 있다면 무대칭 서술어와의 평행성을 설명해 줄 수 있을 것이다. 그러나 무대칭 서술어의 문장과 대칭 서술어의 문장을 본질적으로 다른 것으로 구별하는 김영희(1974가, 나)에서의 방법으로는 대칭 서술어가 보이는 교호적 의미 국면을 드러내 주기 어렵다.

이와 관련하여 자세히 살펴보아야 할 점은 '서로'의 처리와 관련한 것이다. '서로'의 출현을 김영희(1974나)에서는 '재귀적 교호대명사화'라는 대치 변형으로 설명한다.[269] 관련되는 과정을 구체적으로 살펴보기로 한다. 먼저 '비슷하다'는 무대칭 서술어로서 '+[O G_]'와 같은 격틀(case frame)을 가진다고 한다. 'O'와 'G'는 각각 '대상(Object 곧 Theme)'과 '도달(또는 목표: Goal)'의 의미역 관계를 표시한다.[270]

(39) 가. 기저구조:

[[[노새]$_{O1}$ [나귀에]$_{G1}$ 비슷하다]$_{S1}$ [고]$_{conj}$ [[나귀]$_{O2}$ [노새에]$_{G2}$ 비슷하다]$_{S2}$]$_{S}$

나. 접속문 축약:

[[[노새]$_{O1}$와 [나귀]$_{O2}$와]$_{O}$ [[나귀에]$_{G1}$와 [노새에]$_{G2}$와]$_{G}$ 비슷하다]$_{S}$

다. 재귀적 교호대명사화:

[[[노새]$_{O1}$와 [나귀]$_{O2}$와]$_{O}$ [서로에]$_{G}$ 비슷하다]$_{S}$

라. 도달격 조사 '에' 삭제:

[[[노새]$_{O1}$와 [나귀]$_{O2}$와]$_{O}$ [서로]$_{G}$ 비슷하다]$_{S}$

267) 이 점은 뒤에서 교호성 의미구조를 다음과 같은 꼴로 기술하는 데에 중요한 근거가 된다. 논리적으로 '$P \wedge Q \rightarrow P$'나 '$P \wedge Q \rightarrow Q$'는 항상 참이므로 (a)의 의미구조는 '[F(x, y)]'나 '[F(y, x)]'를 함의하게 된다.
a. [[F(x, y)] $\wedge$ [F(y, x)]]

268) 이 점이 교호성의 의미구조이며, 필자는 이 점을 앞으로 말할 모든 교호적 표현의 핵심적 특징으로 파악하고 있다.

269) 필자는 이 경우 '서로'가 대명사 아닌 부사라고 본다.

270) 대상 'Object'는 원리매개변인 이론에서 'Theme'으로 지칭된다. 격틀은 현재 '의미역틀'이라고 지칭되고, '+[O G_]'는 '[Theme, Goal]'과 같은 형식으로 표시된다.

마. 재귀적 교호대명사 삭제(수의적):

[[[노새]$_{O1}$와 [나귀]$_{O2}$와]$_{O}$ 비슷하다]$_{S}$

바. 주어화:

a. 노새와 나귀가 비슷하다

(또는 재귀적 교호대명사 '서로'에 주어화 적용:)

b. 노새와 나귀(와)가 서로가 비슷하다.

c. 노새와 나귀(와)가 서로{가, 를} 닮았다. (서술어에 따라 주어화와 목적어화가 수의적으로 적용)

즉, '무대칭 서술어' 구문에서는 재귀적 교호대명사화가 수의적으로 적용된다. 그런데, 대칭 서술어의 구문에서도 '서로'의 실현은 수의적인 것이다. 김영희(1974나)에서는 이 점의 문제성을 스스로 지적하고 있다. 재귀적 교호대명사는 대칭 서술어 문장에서도 나타난다고 지적하고, 이 경우 교호대명사가 기저구조에서 생성되는 것으로 보아야 하리라고 언급하였다(59쪽, 주 11). 그러나 '교호적' 의미 양상에 있어서 무대칭 서술어와 대칭 서술어 사이의 차이는 없는 것으로 보인다.

(40) 무대칭 서술어: 가. 철수와 영호가 (서로) 어울린다.

나. 철수가 영호와 (서로) 어울린다.

(41) 대칭 서술어: 가. 철수와 영호가 (서로) 싸웠다.

나. 철수가 영호와 (서로) 싸웠다.

두 경우 모두 '서로'의 출현은 수의적이다. 무대칭 서술어의 경우에 'NP-에'와 같은 성분을 취하는 것은 그러한 동사가 가지는 어휘개별적인 성격 이외에 아무것도 아니다. 그러므로 대칭 서술어와 무대칭 서술어를 나누어서 각각의 경우에 서로 다른 방식의 변형이 작용하는 것으로 보아서는 안될 것이다.

접속문 축약의 방법은 홍재성(1987)에서 구별한 대칭구문과 상호구문의 연관성을 설명해 주는 데에 있어서도 문제를 제기한다. 홍재성(1987)에 의하면 (22), (23)의 대칭구문과 (28)의 상호구문은 많은 공통점을 보여준다. 우선 대칭구문이나 상호구문의 동사는 한 자리 동사 구문에서 쓰일 때 명사구 접속뿐만 아니라 복수인 주어를 허용하며, 두 자리 동사 구문에서 단수 주어가 가능하다. 또한 단수 주어의 구문에서 'NP-와'가 생략될 수는 없다.

(42) 가. {그들은, 철수 친구들은}는 서로 도왔다. -- {그들은, 철수 친구들은} 싸웠다.

나. 철수는 영호와 서로 도왔다. -- 철수는 영호와 (서로) 싸웠다.

다. *철수는 서로 도왔다. -- *철수는 서로 싸웠다.

이들의 다른 점이란 오직 '서로'의 출현이 필수적이냐 아니냐에 있는 것이라 할 수 있다. 이 점을 염두에 두고, 다시 한번 변형론적 방법으로써 이러한 점을 어떻게 설명할 것인지 따져보기로 한다.

김영희(1974나)의 (39)와 같은 설명 방법을 확대 적용하여, 상호구문도 이와 같은 접속문 축약으로써 도출해 낼 수 있을 것이다.271) '돕다' 등에 의한 상호구문에서 '서로'의 출현을 보장해 주기 위해서는 '돕다'류의 상호구문 동사들에 대해서도 (39가)-(39라)와 같은 변형적 절차를 가정해야 할 것이다. 김영희(1974나)에서는 '만나다'와 같이, 'NP-와'와 'NP-를'을 모두 취하는 동사를 무대칭 서술어로 봄으로써 기저구조에 (39가)와 같은 'NP-에' 뿐만 아니라 'NP-를'에 대응하는 형식이 설치될 경우도 예상한 것으로 해석된다. 다만 '돕다'류 동사를 가지는 상호구문에서는 재귀적 교호대명사화가 필수적으로 적용된다고 해야 할 것이다. 그래야만 (39마)의 단계에서 재귀적 교호대명사 삭제의 과정을 배제하여 '서로'의 필수적 실현을 보장해 줄 수 있게 된다.

상호구문에서 (39가-라)와 같은 구조를 가정하는 것이 가능한 일이기는 하지만, 그것은 오로지 '서로'의 출현을 설명하기 위한 것일 뿐, 다른 독립적인 근거가 있는 것은 아니다. 그러나 더 심각한 문제는, 상호구문에 나타나는 '서로'가 무대칭 서술어나 대칭 서술어 문장에서와 똑같은 행태를 보이지 않는다는 점에 있다. 다음 예가 이 점을 명백하게 보여준다.

(43) 가. 철수와 영호가 서로 도왔다.

나. 철수가 영호와 서로 도왔다.

다. *철수와 영호가 도왔다.

라. *철수가 영호와 도왔다.

(44) 가. ?철수와 영호가 서로를 도왔다.272)

---

271) 물론 김영희(1974)에는 이러한 예에 대한 직접적인 언급이 없으므로, 여기서의 논증은 순전히 한 가지 유력한 가능성을 가정하여 변형적인 방법의 불가함을 보이려는 것일 뿐이다. 만약 이 경우의 '서로'도 기저에서 도출해 내는 것으로 설명한다면 변형적인 방법으로는 앞서의 (7가, 나)의 두 문장을 접속항 이동 변형으로써 설명해 주는 가능성이 남아 있겠는데, 그 가능성은 이미 앞의 논증에 따라 거부된다.

272) 뒤에서 보겠지만, 이 문장의 주어에 '가' 대신 '는'이 쓰이면 훨씬 자연스러워진다.

a. 철수와 영호는 서로를 도왔다.

나. *철수가 영호와 서로를 도왔다.

(44가)가 성립 가능한 문장이라 하더라도, (44나)를 용인할 수는 없을 것이다. 이 현상은 일단 상호구문에 있어서 '서로'의 필수성을 의미하는 것이라고 해석할 수 있다. 그러나 더 중요한 점은, (43가)와 (43나)는 대칭구문의 두 가지 구조처럼 동질적인 의미구조를 가진다는 것, 그리고 대칭구문의 두 구조를 이어주는 것이 대칭동사가 가지는 교호성임과 같이 상호구문의 두 구조를 이어주는 것은 '서로'가 가지는 교호성이라는 것이다. 또한, (39)의 설명 방식은 '서로'를 재귀대명사로서 간주하고 있다. 그러나 (43)와 (44)의 사실은 이 경우 '서로'가 대명사로 간주되어서는 아니됨을 증명하는 것으로 보인다.[273] '서로'가 대명사이고, (39라)에 대응되는 구조가 변형 과정에 나타나는 것으로 본다면 '서로'에 '목적어화'가 적용된 (44나)와 같은 예는 왜 나타날 수 없는 것일까? 상호구문을 무대칭 서술어 구문에서와 같이 (39)의 절차로써 설명하려고 한다면 그 대답은 궁색해질 수밖에 없을 것이다.[274]

최재희(1985)에서는 무대칭 서술어 뿐만 아니라 대칭 서술어까지도 접속문 축약 변형으로 설명하는 실례를 보여주었다. 이에 따르면 이 장 서두의 (1) 문장("철수와 영호가 싸웠다.")은 역시 서두에서 제시한 다음과 같은 기저구조로부터 도출된다.

(45) [[철수$_i$가 영호$_j$와 싸운다] [고] [영호$_j$가 철수$_i$와 싸운다.]]

김영희(1974나)에서와 다른 점은, 이른바 무대칭 서술어는 물론 '대칭 서술어'까지도 접속문 축약을 통하여 도출한다는 것이다. 이러한 처리의 전제는 '-와'를 두 가지 경우로 나누는 것이다. 즉 '-와'는 접속의 '-와'와 '여동성'을 가지는 비접속의 '-와'로 나뉘어진다. 비접속의 '-와'에 대한 처리는 최현배(1937/1971)의 방식으로 다시 돌아온 것이라고 할 수 있다.[275] 단, 최재희(1985)는 비교격과 여동격을 하나로 묶어, 모두 '여동성'을 가진다고 설명하는 것이다. 이에 따르면 다음 문장들에서 'NP-와' 성분은 모두 '여동성'

그러나 (44나)에 대응하는 다음 문장은 여전히 성립불가능하다.

b. *철수는 영호와 서로를 도왔다.

273) '서로'가 대명사로 나타나는 구문도 있다. 이러한 구문에 대해서는 뒤에서 간단히 살펴볼 것이다.

274) 필자는 (39바)의 (c) 문장 "노새와 나귀(와)가 서로{가, 를} 닮았다."의 문법성의 정도도 (44가)와 같은 것이라고 판단한다. 이와 관련되는 "*노새가 나귀와 서로를 닮았다."도 (44나)와 대응하는 현상인 것이다. 이 경우는 아마도 '서로'가 수의적이기 때문에 거부되는 것이라고 설명할 수 있을는지 모른다.

275) 조사 '-와'에 대해서 최현배(1971: 627-630)에서는 어찌자리토씨의 하위범주인 견줌자리토(비교격 조사)와 함께자리토(여동격 조사)로, 그리고 같은 책 647-650쪽에서는 이음토씨(접속조사)로 갈라 서술하고 있다.

을 가진다.

(46) 가. 한국은 중공과 조 1위를 다투었다.
나. 한국인은 중국인과 비슷하다.
다. 허생원은 동이와 달밤을 걸었다. (이상 최재희(1985)에서 취함)

최재희(1985)에 따르면, (46가, 나)의 'NP-와'는 물론 (46다)의 'NP-와'도 기저에서 생성된다. 문제는 (46가, 나)에 나타나는 'NP-와'와 (46다)의 'NP-와'는 성격이 다르다는 데에 있다. 전자는 대칭성을 가지는 동사 '다투다'와 '비슷하다'의 어휘적 특질에 따라 나타나는 것이며, 후자는 동사의 어휘적 특질과는 관계 없다. 말하자면, 이 경우의 '-와'는 필수적 성분이나 수의적 성분에 공통적으로 실현되어 '여동성'이라는 의미 자질을 스스로 가지고 있을 뿐이라는 것이다. 그런데 이 '여동성'의 주요 내용은 다시 '+공통 지위'라는 자질이 된다.[276] 그러나 이 '공통의 지위'라는 것이 정확히 어떤 것인지 확인하기는 쉽지 않다. 이러한 처리는 (46다)와 다음 문장 사이의 연관을 설명하지 못함으로써 애초의 변형론적 연구가 가졌던 장점을 잃어버리게 되는 셈이다.

(46)' 다. 허생원과 동이는 달밤을 걸었다.

그러나 이보다 더 큰 문제는 (24), (45)와 같은 기저구조 자체에 있다고 생각된다. 한마디로, (24)의 일부로 들어 있는 (23)에도 교호성의 의미가 내포된다는 것이다. 최재희(1985)는 김영희(1974나)의 이른바 '무대칭 서술어'의 명사구 접속 주어 뿐만 아니라 '대칭 서술어'의 경우까지도 접속문 축약 변형에 의하여 도출한다. 이는 어떤 동사가 'NP-와'를 필수 성분으로 취하느냐 아니 취하느냐가 관련 기저구조의 설정에 결정적 요인이 된다는 말과 같다. 그렇다면, 'NP-와'를 필수 성분으로서 취하는 동사의 성질이란 무엇일까? 우리는 이에 대해서 '교호성' 이외의 대답을 얻어낼 수 없다. 그런데 '교호성'이란 최재희(1985)에서 (24)와 같은 구조를 제시함으로써 기술하려고 했던 그 의미적 국면에 다름아니다. 그렇다면 한 자리 서술어로서의 '싸우다'는 교호성을 가지는데, 두 자리 서술어로서의 '싸우다'는 그것을 갖지 못한다는 것일까? 그렇게 볼 수 없을 것이다. 위 (46나)의 '비슷하다'는 'NP-에'를 필수 성분으로 가질 수 있는데, 이 경우 교호성은

276) 최재희(1985: 110)에서는 '여동성'의 '-와'가 가지는 의미 특성이 '-연결성, +공통 지위, ±동일 시간, ±동일 장소'라고 나열하였다.

드러나지 않는 것으로 보인다.(다음 각각의 (가)) 하지만 'NP-와'를 취한 다음 각각의 (다)는 다시 교호성을 갖게 되는 것이다.

(47) 가. 이 작품이 로댕의 작품에 비슷하다. ≠ 로댕의 작품이 이 작품에 비슷하다.
　　나. *이 작품이 로댕의 작품에 서로 비슷하다./*로댕의 작품이 이 작품에 서로 비슷하다.
　　다. 이 작품이 로댕의 작품과 비슷하다. = 로댕의 작품이 이 작품과 비슷하다.
　　라. 이 작품이 로댕의 작품과 서로 비슷하다.
　　　　= 로댕의 작품이 이 작품과 서로 비슷하다.
(48) 가. 이 옷이 너에게 어울린다. ≠ ?*네가 이 옷에 어울린다.
　　나. *이 옷이 너에게 서로 어울린다./*네가 이 옷에 서로 어울린다.
　　다. 철수가 영자와 어울린다. = 영자가 철수와 어울린다.
　　라. 철수가 영자와 서로 어울린다. = 영자가 철수와 서로 어울린다.
(49) *이 옷이 너와 어울린다/*네가 이 옷과 어울린다.

(47다), (48다)의 두 짝은 적어도 논리적으로는 동일한 의미를 가진다고 할 수 있으나, (47가), (48가)의 경우에는 그렇게 보기 어렵다. 각각의 (나)와 (라)처럼 '서로'를 개재시켜 보아 '교호성' 유무를 알 수 있다. (49)의 경우에 아예 성립이 불가능한 것을 보면 'NP-에'를 취하는 경우와 'NP-와'를 취하는 경우 두 동사가 서로 다른 어휘의미적 가능성을 가진다는 판단이 성립한다. 이렇게, 필수적 성분에서 나타나는 각각의 격조사 형태는 그 동사의 어휘적 의미와 밀접히 결합되어 있어 서로 분리하기 힘들다. 이 점을 우리는 동사가 어휘부에서가지는 어휘의미의 표상인 어휘의미구조에 반영할 수 있다. 즉, '비슷하다'를 둘로 나누고, '-에' 구조의 '비슷하다'를 다음 (50가)와 같이 표시하며, 이 구조를 이용하여 '-와' 구조의 '비슷하다'를 (50나)로 표시하는 것이다.[277)]

(50) 가. 비슷하1: [+similar ∧ BE(X, [AT(Y)])]
　　　　EX. 이 작품이 로댕의 작품에 비슷하다.
　　나. 비슷하2: [+similar ∧ BE(X, [AT(Y)])] ∧ [+similar ∧ BE(Y, [AT(X)])]
　　　　EX. 이 작품이 로댕의 작품과 비슷하다.

(48)의 '어울리다'에 대해서도 이와 유사한 어휘의미구조를 부여해 줄 수 있을 것이다.

277) 다음과 같은 형식의 어휘의미구조는 '기술 층렬'에 표시되는 형식이다. 이는 기술 층렬의 형식화 방법과 기술 층렬의 필요성을 논한 [부록]에 따라 표시한 것이다.

어휘의미구조를 이와 같이 형식화해 놓음으로써, '-와' 구조가 '-에' 구조를 함의(entail)한다는 사실이 명시적으로 포착된다. (50나)의 어휘의미구조는 (50가)의 어휘의미구조를 함의하기 때문이다.

'NP-와'가 필수적 성분으로 나타날 때 동사의 어휘의미는 내재적으로 교호성을 띠게 된다는 우리의 관찰이 그르지 않다면, 앞의 (22) 문장("철수와 영호가 싸운다.")의 교호성을 설명하기 위하여 교호성을 가지는 두 문장(이 각각은 [NP-이 NP-와 V]의 구조를 가진다.)이 접속된 (24)와 같은 기저구조를 설정하는 것은 합리적이라 보기 어렵다.

김영희(2001)의 비변형론적 대안의 문제

조사 '-와'는 명사항들을 접속하는 용법과 '여동'의 보어 또는 부사어를 나타내는 용법을 모두 보일 수 있다.[278] 생성문법 이론, 특히 표준이론의 틀에서는 '-와'를 가지는 모든 문장이 문장 접속 또는 구 접속의 '-와'를 그 기저에서 가지며, 접속문 축약이나 접속항 이동이라는 변형 과정을 통하여 표면의 구조를 얻는다고 하는 설명 방법이 널리 받아들여져 왔으나, 남기심(1990),[279] 양정석(1995, 1996가, 다)에서는 이러한 변형론적 처리 방법에 반대하여 어휘론적 처리 방법이 요구된다고 주장하였다.

김영희(2001)에서는 접속문 축약과 접속항 이동을 모두 활용하는, 이전 김영희(1974가, 나)의 변형론적 처리법을 스스로 거두어들이는 논의를 펼치고 있다. 그 논거도 앞선 비변형론적 논의들에서 제시된 것들이다. 먼저 (51가)의 통사적 기저를 (51나)와 같은 것으로 설정하여 이로부터 일련의 변형이 적용되는 것으로 설명하는 방법은 부정된다. 이에 따르면, 한국어에서 접속문 축약은 더 이상 변형 과정으로서의 설명력을 인정받지 못하게 된 것이다.[280]

(51) 가. 형과 아우가 다툰다.
  나. [형이 아우와 싸운다]-conj [아우가 형과 싸운다]

---

278) '명사항'이란 용어는 명사구에 보조사나 기타 조사가 부착된 형식을 포괄하기 위하여 사용한다. 김영희(1984)에서는 이 용어를 논항(argument)을 가리키는 뜻으로 사용하므로 주의해야 한다.

279) 남기심(1990)에서는 'NP-와 NP' 꼴의 구조로부터 한 접속항이 이동 변형하여 'NP-이 NP-와' 꼴을 이룬다는 접속항 이동 변형설에 대한 반론이 제시되어 있을 뿐, 접속문 축약의 변형설에 대해서는 정해진 견해를 보이지 않는다.
이 밖에 접속항 이동 변형이나 접속문 축약 변형을 이용하지 않고 두 구조의 '-와' 문장을 '변형'으로 설명하는 홍재성(1987)의 연구가 있는데, 이 때의 '변형'은 해리스(Z. Harris)의 구조언어학을 배경으로 한 개념이다. 실질적으로는 어휘론적 처리에 가깝다.

280) 김영희(2001: 161)에서는 대칭 서술어 구문뿐 아니라 비대칭 서술어 구문들도 모두 포함하여 접속문 축약에 의한 처리법을 부정한 것이다.

다. 형이 아우와 다투고 아우가 형과 다툰다.

김영희(2001)에서는 명목상으로 접속항 이동 변형도 부정하고 있다. 그러나 그 대안으로서 제시한 통사구조를 살펴보면, '-와'에 의해 접속된 명사항들 중 하나가 기저에서부터 공범주로 설정되어 외현적인 선행사와 동일지시된다고 하는 것이다. 즉, (52가), (53가)는 각각 (52나), (53나)를 그 기저구조로 가진다고 한다.

(52) 가. 형이 아우와 다툰다.
   나. [$_S$ 형$_i$이 [$_S$ [$_{NP}$ e$_i$과 아우와] 다툰다]]
(53) 가. 정이가 헌 돈을 새 돈과 바꾸었다.
   나. [$_S$ [$_{NP}$정이가] [$_{VP}$[$_{NP}$헌 돈$_i$을] [$_{VP}$[$_{NP}$ e$_i$과 새 돈과] 바꾸었다]]]

(52나), (53나)와 같은 구조는 명목상으로 통사적 이동 변형을 이용하지 않는 것이지만 실질적으로는 접속항 이동 변형에 의해 형성되는 구조와 유사한 것이다. 따라서 과거의 변형적 처리 방법이 지니고 있던 여러 문제점들을 여전히 안고 있으며, 이에 덧붙여 새로운 이론적 문제들을 불러들인다.

여기에서는 김영희(2001)에서 대안으로 제시한 통사구조 (52나), (53나)의 문제점을 지적하고, 교호성을 표현하는 요소인 대칭동사 및 '서로'의 구문들에 대한 처리 방안을 정제하여 제시하기로 한다.[281] 이러한 논의 과정에서 요구되는 격에 관한 입장, 문법에서 '의미구조' 표상이 가지는 의의에 관한 필자의 견해를 가능한 한 명시적으로 밝히고, 문법 설명에 의미구조가 활용되어야 할 필요성을 보이고자 한다.

의미구조와 후치사

접속문 축약변형설과 접속항 이동변형설이 유지되기 어렵다는 위에서의 논증은 양정석(1995/1997)의 것을 요약한 것이다. 이러한 논증의 효과는, (51가) 문장이 (51다) 문장과 통사적으로 동질적인 구조를 갖지 않을 뿐만 아니라, (51가) 문장이 (52가) 문장과 통사적으로 동질적 구조를 갖지도 않는다는 것이다. 그러함에도 불구하고 과거의 변형론

281) '교호성'은 다음과 같은 논리적 구조를 가리키는 용어이다. '교호성 구문'은 대칭동사를 가지는 구문과 '서로'를 가지는 구문을 포괄하는 용어이다. 대칭동사와 '서로'(대명사, 부사)는 기술 층렬의 의미구조에서 (a)와 같은 형식을 만들어 낸다는 것이 필자의 기본적인 생각이다.
   a. $F(X, Y) \wedge F(Y, X)$

적 설명들이 포착했던 의의 있는 국면은 (51가)와 (51다), (51가)와 (52가)의 의미적 동질성이었다고 해석하고, 이 점을 언어학적으로 설명하기 위해 '의미구조'라는 구조 표상이 필요하다고 제의하였다.

그곳에서 이용된 주요 논거는 김영희(2001)에서도 받아들이고 있다. 그러나 (52나), (53나)와 같은 통사구조를 대안으로 제시하고 나서는, '의미구조상 공통점을 지니기 때문에 여동 구문과 접속 구문은 의미적 공통성을 가진다는 논리는 마치 "그는 남자이기 때문에 남성이다."라는 명제와 마찬가지로 동의 반복(tautology)에 지나지 않으며, 그런 까닭에 연결 이론에 입각하여 여동 구문과 접속 구문의 문법적 공통성을 의미적 공통성으로 간주한 양정석(1995, 1996)의 설명 방안은 설명력이 없다'(176쪽)고 지적하고 있다.[282] 여기에서 필자의 논증의 흐름과 '의미구조'의 개념에 대한 오해가 발견된다.

먼저, 위 지적에는 필자의 입장을 잘못 소개하고 있는 점이 있다. 필자는 접속 구문 (51가)와 여동 구문 (52가)가 의미구조의 공통점을 가지는 것을 경험적 근거로 삼아서 둘이 가지는 의미의 공통성을 설명한 것이 아니다. 김영희(2001)에서도 받아들인 온갖 증거들을 놓고 볼 때 통사구조의 동질성을 설명하고자 하는 변형설이 유지될 수 없음을 밝힌 것이고, 이에 따라 두 구문의 연관성에 대한 한국어 화자의 직관을 통사구조가 아닌, 의미구조라는 별도의 구조 표상을 통하여 포착할 수밖에 없다고 주장한 것이다. 김영희(2001)은 여전히 통사구조에서 둘의 연관성을 포착할 수 있다는 주장인데, 이 주장을 위해서 설정한 통사구조가 타당하지 않다는 점, 이 통사구조로써 원래 의도했던 의미적 연관 관계를 포착하는 일이 성공하지 못하였다는 점은 뒤에서 증명할 것이다.

정작 문제는 '의미구조' 설정의 근거에 관한 것이 될 것이다. 생성언어학의 연구 방법의 특징은 언어 표현들의 공통점과 상이점을 명시적인 구조 표상들을 제시함으로써 밝히는 데에 있다. 어떤 두 언어 표현(문장)이 통사구조에서의 공통점을 가진다는 점이 부정되고, 그러함에도 불구하고 두 언어 표현의 해석상의 공통점에 대한 직관을 그 언어 화자들이 가지고 있음이 분명하다면, 그 공통점을 표상하는 통사구조 이외의 구조 표상을 따로 설정하는 것이 논리적으로 요구된다. 이러한 요구의 결과가 '의미구조'인 것이다.

의미 내용이 같은 어구를 반복하는 동어반복이 문제가 되는 것은 경험적으로 새로운 내용을 제공해 주지 못하기 때문이다. 김영희(2001)은 아마도 필자가 대칭 구문을 설명

282) 여기에서 쓰는 '접속 구문'과 '여동 구문'이라는 용어는 김영희(2001)에서 사용한 것이다. (1가)처럼 주어에 접속구('NP-와 NP')를 가지거나 목적어에 접속구를 가지는 구조가 '접속 구문'이고, (52가)나 (53가)처럼 'NP-와' 명사항을 가지는 구조가 '여동 구문'이다. 비대칭 서술어 구문에서도 역시 두 가지 구조의 차이가 나타나는데, 이 경우도 '접속 구문'과 '여동 구문'에 포함된다.

하기 위해 도입한 '의미구조'를 '통사구조' 표상과 표기상의 변이형일 뿐이라고 파악하는 듯하다. 과연 그러하다면, 김영희(1974가, 나) 등에서 통사구조를 통하여 연관 짓던 두 문장을, 의미구조로 그 표기만 바꾸어 놓고 나서 둘의 연관을 주장한다면, 그것은 동어반복의 오류가 될 것이다. 그러나 통사구조와 의미구조는 다른 것이다. 통사구조를 이루는 통사 범주와 그 결합의 원리, 규칙들이 독립적인 근거에 따라 정립된 것처럼, 의미구조를 이루는 기초 요소들과 그 합성의 원리, 규칙들도 독립적인 근거에 따라 도입된 것이다.

양정석(1995/1997)의 전체적인 논의에서 필자가 보인 점은 '사동성', '재귀성', '의지성', '행위자성' 등등의 의미 요소들이, 다른 언어에서와 마찬가지로 한국어에서도 문법적 기술에 필요하다는 것이었다. 이에 따라, 서로 다른 두 구문인 접속 구문과 여동 구문의 연관을 포착하기 위해 이용된 의미구조에 이러한 의미 요소들이 직접적 형태로, 또는 몇 가지 요소들의 복합적인 형태로서, 간접적으로 표상된 것이다.

직접적으로 통사구조상의 공통점을 갖지 않는 언어 표현들이 의미 해석상의 공통성을 매개로 문법적으로 연관되는 대표적인 예로 사동성을 들 수 있다. 다음 (54가, 나) 두 문장이 비록 통사적 변형에 의해 연관되지 않는다 해도 의미적인 사동성을 매개로 연관된다는 점은 생성문법 연구에서 널리 인정하는 것이다.

(54) 가. 선생님이 아이를 교무실로 보냈다.
　　나. 아이가 교무실로 갔다.
(55) 가. 아이가 팽이를 돌렸다.
　　나. 팽이가 돌았다.

'보내다'가 어휘부의 의미 자질로 '사동성'을 가진다고 설정할 수 있다. 이렇게 함으로써 (55)와의 연관을 맺어줄 수 있기 때문이다. '돌-리-었-다'는 '돌-었-다'가 갖지 못한 요소 '-리-'를 가지고 있고, 따라서 이 요소가 '사동성'과 같은 의미 요소와 대응된다고 상정할 수 있다. (55)에서의 '-리-'에 대응되는 '사동성' 의미가 (54)의 '보내다'에서도 유지된다는 것은 한국어의 직관을 가지고 있는 이라면 누구나 인정할 것이다. 그러므로 한국어 화자의 한국어에 대한 직관을 포착·기술해 주기 위하여 '사동성'(또는 'CAUSE')과 같은 기본 의미 요소를 설정하는 것은 자연스러운 일이다.

'사동성'이라는 의미구조의 요소를 이끌어내는 과정은 독자적인 어휘의미론적 동기를 가진 것이며, 범언어적인 차원의 비교나 유형론적 연구에서도 이를 의미 요소로 설정하는 일의 유용성이 경험적으로 지지된다. 한편, 사동성이 '행위자'라는 의미역 관계를 함의한다는 사실은 사동성 요소를 형식적으로 표상한 의미구조 층위가 문법적으로 중요한 의의를 가진다는 점을 말해준다. 의미역 관계는 어떤 언어에서나 문법을 구성하는 필수적인 요소로 생각되기 때문이다.

어느 언어에서나 나타나는 '의미영역 교차 일반화'의 특성은 의미역 관계의 문법적 설명력과 관련하여 특별히 중요한 의의를 가진다. 다음 예에서 '있다'는 서로 다른 여러 의미영역을 가로질러 동일한 의미역 구조를 표현하고 있는데, 이들 예에서 '있다'는 그 의미상의 차이에도 불구하고 누구에게나 하나의 어휘항목으로 인정된다.[283)]

(56) 가. 공간적 의미영역: 책상에 책 한 권이 있다.
나. 심리적 의미영역: 내 마음에 근심이 있다.
다. 사회적 의미영역: 우리 조직에 문제가 있다.
라. 소유 의미영역: 철수에게 돈이 있다.

이러한 특성을 근거로, '있다'는 대상 의미역과 처소 의미역을 가지는 단일한 의미역 구조로 표상되고, 이 동사의 문장들은 각각 그 의미영역의 차이와 함께 공통된 의미역 구조를 가지는 '의미구조'로 표상된다.

통사론 중심적 이론인 원리매개변인 이론에서는 의미역 관계를 통사론적 개념으로 사용한다. 역시 통사론 중심적인 입장을 표방하는 김영희(2001)에서도 각 동사의 어휘적 정보로 의미역들의 목록을 나열하는 방식을 이용하고 있다.[284)] 그런데, 의미역들의 목록을 이용하는 의미역 관계의 표상은 근본적인 한계를 가짐이 지적되어 왔다. 원리매개변인 이론에서 일반적으로 받아들이는 '의미역틀(theta-grid)'의 방식은 이 이론의 필수 요소인 '의미역 기준'을 위반하는 많은 사례들을 범언어적으로 가지고 있다. 또한 형식적 기술의 측면에서도 의미역 관계와 관련한 범언어적 일반화를 포착하지 못하는 결함을 가지고 있다.[285)] 의미역틀을 이용한 의미역 관계의 기술 방법에 대해 문제를 제기하는 단적인 예로 '사다'의 예를 들 수 있다.

---

283) 이러한 기본 착상을 Jackendoff(1983: 188)에서는 '의미역 관계 가설'로 제시하였다. '공간적 의미영역의 표현에서 나타나는 의미역 관계의 표현이 다른 의미영역에서의 같은 의미역 관계의 표현으로 나타난다'는 뜻으로 요약할 수 있다.

284) 실제로 김영희(1974가, 나)에서는 '의미격'이라는 이름으로 의미역 개념을 '-와' 문장의 분석에서 사용하고 있다. 김영희(1999가, 나)에서도 '의미격'이란 용어를 사용하고 있다. '의미역' 개념을 '격' 개념과 구별하지 않는 데에서 생기는 문제에 대해서는 곧이어서 비판할 것이다.

285) 의미역 명칭을 이용하는 의미역 관계의 표상 방식이 가지는 결함에 대하여 양정석(2002: 235-246)에서 이전의 논의들을 정리하여 비판한 바 있다.

(57) 철수가 영호에게서 컴퓨터를 백만 원에 샀다.

이 문장의 경우, 철수는 행위자(Agent)이면서 동시에 컴퓨터를 받은 수취자(Recipient)이며, 돈 백만 원을 지불한 시원(Source)이다. 또한 영호는 컴퓨터를 준 시원이면서 동시에 돈 백만 원을 받은 수취자이다. 동사 '사다'의 의미역틀에 이러한 정보를 복잡하게나마 표시할 수는 있다. 그러나 그럴 경우에도 컴퓨터 또는 돈이 누구에게서 누구에게로 가는지에 대한 정확한 정보는 의미역틀 자체만 가지고는 알기 어렵다.[286] 반면, 술어 해체를 이용한 의미구조에 앞에서 말한 '사동성'이나 기타 의미역 관계들을 형식화하여 나타내는 방법은 방금 말한 정보들을 포착하는 데에 효과적이다.

교호성 구문을 이루는 동사, 즉 대칭동사는 '사다'와 같은 맥락에서 문제를 제기한다. 대칭동사가 이루는 두 구조, 즉 접속 구문과 여동 구문은, '의미역틀'의 기술만으로는 그 두 구문의 연관을 밝힐 수가 없다. (51가)과 같은 접속 구문은 한 개의 논항만을 가지며, (52가)의 여동 구문은 두 개의 논항을 가진다고 할 수 있을지 모른다. 그러나 두 구문은 동일한 동사를 가진다. 이 두 구문이 표면적으로 가지는 논항의 수는 다르지만, 그 의미역 구조는 공통성을 가진다고 볼 수 있다. 이 점이야말로 교호성 구문이 우리의 관심을 끄는 주요한 이유이다. 김영희(2001)은 두 구문의 연관이 (52나)와 같은 통사구조에서 공범주를 가진 접속구의 존재를 통해서 포착된다고 한다. 이는 (51가), (52가) 두 구문 모두에서 동사가 한 개의 논항을 가지는 것으로 간주하는 것이고, 그 통사구조가 이 점을 포착한다고 보는 것이다. 뒤에서 자세히 보이겠지만, 두 구문은 그 주어를 달리 가짐에 따른 뚜렷한 선택제약의 차이를 가지고 있다. 이 점을 '의미역틀' 기술의 방식에 의해서 정확히 포착할 수는 없다.[287] 동사의 기술에서 단순한 의미역들의 나열을 넘어서는 의미적 특성에 대한 명시가 필요할 것인데, 이를 위하여 술어 해체를 이용한 '의미구조'가 요구된다.

교호성 구문을 다루는 양정석(1995/1997)의 마지막 장에서는 그 전까지의 논의 과정에서 도입된 의미 요소들을, 대칭동사를 가진 문장의 의미구조를 표상하는 데에 활용하였다. 한 예로, '부천이 서울에 가깝다'의 '가깝다'의 의미구조를 이용하여 '부천이 서울

286) '사다', '팔다'에 상응하는 영어의 'buy', 'sell'이 가지는 이와 같은 문제점에 대한 논증은 Jackendoff(1990: 59-64)를 참조. 양정석(2001나)에서는 한국어의 '사다', '팔다' 동사에 대한 개념의미론적 분석을 보인 바 있다.

287) 김영희(2001)에서는 이 점에 대해서는 언급하지 않고, 여동 구문이 접속 구문과 동질적인 통사 구조 형상을 가지기 때문에 두 구문의 함의 관계가 설명된다는 점만을 강조하고 있다. 뒤에서는 두 구문의 의미적 연관이 통사구조만 가지고는 설명될 수 없고, 의미역 관계를 술어 해체의 관점에서 형식화한 의미구조를 통해서만 설명될 수 있다는 점을 보이려고 한다.

과 가깝다'의 의미구조를 표상한 것이다. 전자에서는 '부천'이 대상 의미역, '서울에'가 처소 의미역일 뿐이지만, 후자에서는 '부천'이 대상이면서 동시에 처소가 된다. 또 '서울과'는 처소이면서 동시에 대상이 된다. 전자가 가지고 있지 않은 '교호성'의 의미를 후자가 가지고 있다는 점은 한국어 화자라면 누구나가 가지는 직관이다. 그러므로 전자의 의미구조와 달리 후자의 의미구조는 이 교호성을 더 가진 형식으로 표상되어야 한다.

의미역틀을 이용한 방법으로는 '부천이 서울과 가깝다'와 '부천이 서울에 가깝다'가 가지는 의미역 관계에서의 상호 연관이 포착될 수 없다. 그런데 'NP-와' 형식과 공존하면서 교호성의 의미를 표현하는 동사는 '가깝다'뿐 아니라 '대칭동사'라는 자연적 부류를 형성하고 있다는 점에서 교호성이라는 의미적 특성은 체계적인 문법적 현상이다.

이와 같은 의미에서 '의미구조'가 문법적 설명에 필요하다. 문법 설명이 통사구조만을 바탕으로 해야 한다고 주장하는 점에서 김영희(2001)은 원리매개변인 이론을 중심으로 하는 생성문법의 정신을 대변하는 것이라고 할 수 있다. 필자는 문법의 개념을 이렇게 협소하게 잡지 않는다. '의미구조' 자체는 문법 고유의 영역이 아니지만, 통사구조와 의미구조의 대응, 연결이라는 측면은 '문법'에 포함되는 것으로 본다.[288] '의미구조'의 구체적인 활용례를 뒤에서 살펴볼 것이다.

'격'과 '의미역'의 구별

전통문법적 연구에서는 '-이'와 '-를'은 물론이고, '-에', '-에서', '-으로' 등을 격 표지로 간주하는 것을 당연시하여 왔으나, 생성문법적 연구에서는 이들 중 '-에', '-에서', '-으로' 등에 대해서 인도유럽어의 전치사에 대응되는 후치사로서의 자격을 부여하는 시도가 있어 왔다.[289]

김영희(2001)에서는 필자 자신의 '-와'에 대한 관점을 '격 표지설'에 가까운 것으로 파악하였으나, 필자의 입장은 '-와'를 격 표지로 보는 것도, 접속조사로 보는 것도 아니다. '-와'의 범주 부여와 관련한 관점의 차이를 이분법적으로만 가르는 분류법은 옳지 않다. 필자의 입장은 이를 후치사로 보는 것이다. 여기서 중요한 것은, '격'의 개념과 '의미역'의 개념이 준별되어야 한다는 점이다. 한국어의 부사격조사가 격의 하위 개념으로서의 '의미격'을 나타낸다는 전제는 종래의 격 논의에 많은 오해와 오류를 불러온 근원이었다

288) 이러한 문법에 대한 개념은 Jackendoff(1997, 2002)와 같은 것이다. 의미구조 자체는 인간 인지 체계의 다른 부문들과 공유하는 중앙 처리 층위로서, 인간 언어 고유의 문법적 구조라고는 할 수 없다. 문법이 통사론뿐만 아니라 음운론과 의미론의 규칙들을 포함한 것이라는 관점은 이미 Jackendoff(1972)에도 제시되어 있다.

289) 생성문법 연구에서 한국어의 '부사격조사'를 후치사(P)로 처리한 것은 홍성심(1985)이 처음이 아닌가 한다. 이전의 생성문법 연구에서 부사격조사는 대개 격 표지로 다루어졌다.

고 판단한다.

양정석(1996다, 2002)에서는 다음과 같은 예를 들어 '-으로', '-와'가 후치사로서의 독립된 자격을 가짐을 보인 바 있다. (58)에서와 같은 문법성의 차이가 나타나는 것이 'NP-으로' 형식의 서술어(이차 서술어)됨으로부터 기인하는 것과 같이, (59)에서의 문법성의 차이도 'NP-와' 형식의 서술어됨으로부터 기인한다는 것이다.[290)]

(58) 가. 철수가 대표 학생으로/*대표 학생φ 단상에 올랐다.
나. 선생님은 철수를 대표 학생으로/*대표 학생φ 회의에 보냈다.

(59) 가. 김씨가 자기 아이들과/*자기 아이들φ 떠났다.
나. 그는 김씨를 자기 아이들과/*자기 아이들φ 떠나보냈다.

(58)에서 'NP-φ'와는 달리 'NP-으로'가 이차 서술어로 쓰일 수 있다는 것은 '-으로'가 통사적으로 머리성분이며, 'NP'와는 다른 범주적 특성을 가진다는 증거가 된다. 마찬가지로 (59)에서 'NP-와'는 이차 서술어로 쓰이며, 이 때의 'NP-와'가 이차 서술어로서의 기능을 갖도록 만드는 것은 다름아닌 '-와'인 것이다.

한편, 격 교체 현상에 관한 논의인 김영희(1999가, 나)에서는 명사항이 생략될 수 있는지 여부, 부사격조사가 수의적으로 생략될 수 있는지 여부의 기준에 따라 부사격조사를 취하는 명사항들을 크게 3가지로 분류하고 있다.

(60) 가. 아이가 마당에서 논다.
나. 철이가 장작을 도끼로 팬다.

(61) 가. 정이는 고향에서 떠났다.
나. 며느리가 친정에 간다.

(62) 가. 손님이 의자에 앉는다.
나. 전등이 천장에 매달렸다.

(60)에서 '마당에서'와 '도끼로'는 부가어이며 이 때의 부사격 조사는 후치사라고 한다. 이 후치사는 앞의 명사구에 내재격(inherent case)을 부여한다고 한다. (61)에서 '고향에서'와 '친정에'는 직접 논항이고, 이 때의 부사격 조사는 '사격 표지'라고 한다. (62)에

290) '이차 서술어'는 Rothstein(1983, 2001)의 서술화 이론을 구성하는 한 개념이다. 단, Rothstein(1983, 2001)은 소절 구조를 인정하고 소절의 서술어는 일차 서술어로 간주하는 데 반하여, 필자는 소절 구조를 부정하고, 소절의 서술어로 다루어지는 예들은 이차 서술어로 본다.

서 '의자에'와 '천장에'는 '간접 논항'이다. 이 때의 부사격 조사 '-에'는 후치사이며, 이 후치사도 앞의 명사구에 내재격을 부여한다고 한다. 이상과 같은 판단의 근거는 다음과 같은 현상이다.

(60)' 가. 아이가 (마당*을/*φ/*에서를) 논다.
　　나. 철이가 장작을 (도끼*를/*φ/*로를) 팬다.
(61)' 가. 정이는 고향을/φ/*에서를 떠났다.
　　나. 며느리가 친정을/φ/에를 간다.
(62)' 가. 손님이 의자*를/*φ/에를 앉는다.
　　나. 전등이 천장*을/*φ/*에를 매달렸다.

우선, (60)'이 다른 예와 다른 점은 명사항이 생략 가능한 수의적 성분이라는 것이다. 이 점에서 위 (58), (59)의 'NP-으로', 'NP-와' 성분과 동일한 특성을 가진다고 하겠다. 하지만 이른바 '부가어' 중에도 위와 같이 이차 서술어의 기능을 가지는 부가어도 있고, 그렇지 않은 부가어도 있다는 것을 알 수 있다.

그러나 위 분류는 심각한 문제성을 내포하고 있다. 가장 결정적인 문제는 (61)과 (62)의 해당 명사항을 '직접 논항'과 '간접 논항'으로 구분한 데에 있다. 부사격조사를 가지는 필수적 성분이라는 점에서 둘은 동일하다. (61)과 (62)의 차이란 오로지 부사격조사가 생략된 'NP-를', 'NP-φ'가 가능한지의 여부밖에는 없다. 부사격조사가 생략 가능한 것은 동사의 어휘의미에 부사격조사의 의미가 내포되어 있기 때문이라고 하는 것이 위 분류의 취지이나, 이는 동사의 어휘의미와 부사격조사의 쓰임에 대한 관찰이 충분치 못한 데에서 결과된 부정확한 인식이다. (61)의 유형('직접 논항')에 속하는 김영희(1999가, 나)의 다른 예들을 더 들어 보면 다음과 같다.

(63) 가. 오빠가 책을 언니에게 주었다.
　　나. 순이가 몸살로 앓는다.
　　다. 엄마가 언니를 시장에 보낸다.

먼저 (63가)를 살펴보자. '주다' 동사는 이중목적어 구문에 분포할 수 있는데, 두 경우에 선택제약의 차이가 존재한다는 점이 관찰되어 왔다.[291)]

291) 이와 같은 관찰에 대해서 이광호(1988), 이정식(1990)을 참조함.

(64) 가. 오빠가 언니에게/언니를 책을 주었다.
　　나. 오빠가 꽃에/*꽃을 물을 주었다.

김영희(1999가)에 의하면 (64가)의 '-에게'는 '수혜격'이라는 의미격(의미역)을 나타내며, (64나)의 '-에'는 '도달격'/'처소격'이라는 의미격을 나타낸다. 이들 예에서 의미격은 동사가 부여하는 것으로 가정되었지만, 이렇게 서로 다른 의미격이 부여되는 모순된 결과가 나타난다. 또, 동일한 동사인데도 (64가)와 달리 (64나)에서는 부사격조사의 생략이 불가능하므로, 전자의 '-에게'는 사격 표지, 후자의 '-에'는 후치사라고 해야 할 것이다. 이는 (61) 및 (63)의 부사격조사들을 동사에 의해 부여된 '사격 표지'라고 규정하는 근거를 훼손시킨다.[292] 이들 예에서 부사격조사 하나하나는 고유한 의미를 가지는 후치사로서, 단순히 '격 표지'로 규정될 수 없다.

다음으로, '가다' 동사의 (61나) 문장과 '보내도' 동사의 (63다) 문장은 그 보충어로 'NP-에' 형식뿐 아니라 'NP-로' 형식도 실현 가능함이 주목된다. (65가)뿐 아니라 (65나)도 출발 시점부터 학교에 도착하는 시점까지의 시구간이 30분이라는 해석을 가질 수 있다.[293]

(65) 가. 철수가 30분 만에 학교에 갔다.
　　나. 철수가 30분 만에 학교로 갔다.

그러므로 (65가)의 '-에'가 사격 표지라면 (65나)의 '-로'도 역시 사격 표지일 것이다. 김영희(1999가, 나)에 따르면 사격 표지는 동사에 의해 직접 할당되는 것이므로, 결국 한 동사가 두 개의 사격을 할당한다는 이상한 결론에 이르고 만다.

(63나)의 예도 문제를 제기한다. 여기서 '몸살로'와 '몸살을'이 교체하는 것으로 설명

---

292) 김영희(1999가: 86)에서는 '가다, 오다, 보내다'의 예에서 예상과는 다른 비문법성이 나타난다고 관찰하고, "이는 격 표시에 따른 보족어의 유형 결정에 명사의 의미 특성도 관여할 수 있음을 가리키는 것"이라고 말하고 있다.
　a. *만이가 누이를/에게를/ϕ 갔다/왔다.
　b. *형은 만이를 누이를/에게를/ϕ 보냈다.
　그러나 여기서 'NP-에게를' 형식은 불가능하지 않다는 점에 주의하여야 한다. 홍명희의 소설 『임꺽정』에 다음과 같은 예가 발견된다.
　c. 아까 이 사람 저 사람이 모두 문안을 들어옵는데 스님은 형형도 아니하옵기에 무얼 하옵는가 보고 오려고 스님에게를 갔었습니다./제가 지금 한두령에게를 다녀오는데 단천령이 황두령하구 내기장기를 둡디다.
　이 예는 부사격 조사와 '-를'의 중첩 여부가 보충어의 유형과 무관함을 보여준다.

293) (65나)는 '출발 이전의 30분'이라는 의미로 해석될 가능성도 가지는데, 이 때의 'NP-로'는 방향의 의미를 표현하는 부가어이다. 양정석(2002: 5.1절).

되고 있지만, 이들을 말 그대로 '격 교체'로 간주하는 것은 옳지 않다.

(66) 가. 순이가 신장염으로 앓았다.
    나. 순이가 신장염을 앓았다.
(66)' 가. 순이가 신장염으로 몸져 누워 있다.
    나. *순이가 신장염을 몸져 누워 있다.

김영희(1999가, 나)에 따르면 (66)의 '신장염으로'는 보충어로서, 이 때의 '-으로'는 사격 표지이고, (66)'의 '신장염으로'는 부가어로서, 이 때의 '-으로'는 후치사라고 규정되어야 할 것이다. 두 경우의 동사는 다르지만, 이들 문장에서 '신장염으로'는 모두 같은 의미('원인')을 표현한다. 이는 부사격 조사 '-으로'로부터 말미암는다고 보아야 한다. 이 역시 격 교체 유형에 따른 명사항 분류의 타당성을 의심케 하는 예가 된다.

김영희(1999나)는 위와 같은 '직접 논항'과 '간접 논항' 구분을 Marantz(1984)에서 원용한 것이라고 한다. 그러나 Marantz(1984)에서의 간접 논항에는 동사에 의해 의미역을 직접 할당받지 못하는 모든 경우, 그 중에서도 특히 격 표시를 받는 예가 포함된다. 심지어 영어의 'give'에 의한 이중목적어 구문에서 대상 의미역을 가지는 명사구가 VP에 의해 목적격을 표시 받는 경우도 '간접 논항'의 범위에 포함되는 것이다.

전치사를 가지는 성분 중 부가어 아닌 논항인 성분들은 동사에 의해 의미역이 부여되며, 이 의미역이 전치사를 통해 전해진다고 하는 것이 '간접 논항' 설정의 취지이다. 전치사도 동사처럼 의미역을 부여할 수 있다고 보기 때문에, 이러한 전치사의 의미역 부여 능력이라는 일반성을 반영하기 위해서 간접적 의미역 부여라는 방식을 도입한 것이다. 이러한 점을 미루어 볼 때, 부사격조사를 가지는 보충어 명사항의 일부를 이미 '간접 논항'으로 규정한 마당에 다른 일부를 또 다시 '직접 논항'으로 규정하는 것은 개념상으로도 불필요한 일이다.

격 교체 현상을 명사항들의 유형 분류의 근거로 이용하는 시도에 대해서 문제를 제기하는 또 하나의 현상은 부가어끼리 교체한다고 설명해야 할 모순된 경우이다. 다음 (67)의 두 문장을 격 교체로 설명하는 것이 종래의 관행이었다.[294] 앞의 (63나)도 이 부류에 든다고 할 수 있다.

(67) 가. 그는 들판을 걸었다.

---

294) 이를 격 교체 관계로 파악한 예로 남기심(1993)을 참조할 수 있다.

나. 그는 들판에서 걸었다.

(68) 그는 들길을 걸었다.

'-를'을 가진 구 단위로서의 '들판을'은 부가어로서, 동사 '걷다'와 함께 구문적 의미인 '경유'의 의미를 가능하게 한다.[295] '경유'의 의미는 어떤 '길'을 따라 이동한다는 의미를 말하는데, (67가)는 이 의미를 갖지만, (67나)는 이 의미를 갖지 못한다. (68)처럼 '길'의 의미가 직접 드러나는 것이 이 구문의 요구에 가장 적합한 것이지만, (67가)의 '들판'도 '들판의 일부에 형성된 길'이란 전이된 의미에 따라 적합성을 얻게 된 것이다. (67나)' 문장이 불가능한 것은 '길'의 의미가 전제되어야 하는 표현 '4킬로미터'에 의한 수식이 'NP-에서' 표현에서 가능하지가 않기 때문이다.

(67)' 가. 그는 들판 4킬로미터를 걸었다.

나. *그는 들판 4킬로미터에서 걸었다.

(69나)가 가능한 것도 '들판에서'와는 무관하게, '4킬로미터를'이 '4킬로미터의 길을'의 의미로, (67가)와 관련되는 의미 전이의 작용에 따라 해석될 수 있기 때문이다. 반면, (69다)가 불가능한 것은 (67나)에서와 같이, '-에서'가 독립적인 어휘항목으로서의 통사적, 의미적 제약을 부여하기 때문이라고 설명할 수밖에 없다.

(69) 가. 그는 들판을 4킬로미터를 걸었다.

나. 그는 들판에서 4킬로미터를 걸었다.

다. *그는 들판에서 4킬로미터에서 걸었다.

이상의 예는 격 교체 방식의 차이를 근거로 해서 명사항들의 '격'을 해석하려는 시도에 근본적인 문제를 제기한다. 부사격조사는 각각 그 고유의 어휘적 의미를 가지는 요소이다. 어느 경우를 막론하고 '후치사'로 처리하는 것이 타당하다.

공범주('e')를 가지는 기저 생성 접속구의 문제

접속문 축약 변형과 접속항 이동 변형을 포기하고 여동 구문을 기저에서 생성하는 것

295) 양정석(2002: 5.1절)에서는 경유의 구문적 의미를 얻는 기제로서의 구문규칙('부가어 대응규칙'이라고 지칭함)을 제시한 바 있다.

을 표방한 김영희(2001)에서 대안으로 제시한 것은 다음과 같은 통사구조이다. 이와 같은 구조에 접하고서 누구나 던지게 될 질문은 이런 것이다. 이 통사구조에서 공범주 'e'는 구체적으로 어떤 성격을 가지는가? 이 점에 관한 결론을 미리 말한다면, (70)의 'e'는 조응의 기능을 수행하는 대명사적 공범주로서 그 유례를 찾을 수 없다는 것이다.

(70) 가. [$_S$ 철수$_i$가 [$_{S'}$ [$_{NP}$ e$_i$와 아내와] 싸웠다]]]

나. [철수가 [$_{VP}$ 영호$_i$를 [$_{VP'}$ [e$_i$와 경애와] 화해시켰다]]]

표준적인 생성문법 이론에서 인정되는 조응적 요소들의 종류를 나열해 보면 이동 변형(비논항 이동, 논항 이동)의 흔적(t), PRO, pro, 재귀사, 재귀사 아닌 대명사 등이 있다. 먼저, 김영희(2001)의 주장은 (70)의 두 구조가 변형에 의해서 형성된 구조가 아니라는 것이므로, 'e'가 흔적일 수는 없다. 다음으로, 'PRO'일 가능성도 역시 배제된다. 이른바 'PRO 정리'는 'PRO'가 지배를 받을 수 없다는 것인데, 주어와 목적어로 나타날 수 있는 '[e-와 NP-와]'의 구성에서 'e'가 지배를 받을 수 없다는 것은 매우 임시방편적 규정을 가정하지 않는 한 생각하기 힘들기 때문이다. 또한, 원리매개변인 이론의 일반적인 관례에 따르면 지배를 받는 공범주 대명사인 'pro'도 'e'의 적합한 위치이기 어렵다. 'pro'는 대명사로서 주어와 목적어에 실현되는 것이 가장 전형적인 것이며, 이 공범주의 실현에 담화상의 요인이 주로 작용하고 있다고 생각된다. 그러나 위 구조의 'e'는 주어 위치나 목적어 위치가 아닌, 매우 특수한 한정된 환경에 나타나며, 그 실현 요인은 전혀 담화상의 요인과 상관 없는 것이다. 항상 부가적인 주어, 목적어가 설정된 구조에서 그 주어, 목적어와 동일지시된다. 그러나 공범주 대명사 'pro'는 언어의 모든 사례에 대해서 그 성격이 완전히 검증된 것은 아니기 때문에, 위 구조의 'e'가 'pro'일 가능성이 이론적으로 아주 배제되지는 않는다고 할 수 있다. 그렇다면 이 가능성을 더 검토해 보아야 하겠다.

'e'가 'pro'로서, 위 구조와 같은 특수한 문맥에만 실현되는 공범주 대명사라 해도, 적어도 이와 같은 문맥에서 일반 대명사들이 가지는 어떤 공통의 특징을 가져야 할 것이다. 이 점과 관련해서, 어떤 통사적 단위가 일반 대명사인지를 가리는 기준을 한 가지 생각할 수 있다. 다음과 같은 예에서 후행절의 '그리하-'에 의해 대신되는 내용은 이른바 고정해석(strict identity reading)와 편승 해석(sloppy identity reading) 모두를 가질 수 있다. '그리하-'가 대신하는 내용은 원리매개변인 이론의 표준적인 처리에서는 논리형태에서의 '복사(copy)'에 의한, 대명사의 두 가지 해석(고정 해석과 편승 해석)이 가능하도록 하는 두 가지 통사적 표상(논리형태)을 설정함으로써 나타내 준다. (72가)와 (72나)는 복사 절차 후에 얻어진 두 가지 통사구조(논리형태)를 간략한 형식으로 나타낸 것이다.

(71) 철수는 그의 아내를 칭찬하였고, 영호도 그랬다.

(72) 가. 철수는$_i$ 그의$_i$ 아내를 칭찬하였고, 영호도$_j$ [그의$_i$ 아내를 칭찬하-]-였다.

나. 철수는$_i$ 그의$_i$ 아내를 칭찬하였고, 영호도$_j$ [그의$_j$ 아내를 칭찬하-]-였다.

특히, (72나)와 같은 구조를 상정해야만 포착이 가능한 편승 해석이 존재한다는 점은 D-구조나 S-구조와 다른, 또 하나의 통사구조로서의 논리형태의 필요성을 증명하는 근거로서 중요시되어 왔다.296)

만약 (70가, 나)의 'e'가 일반 대명사라면 (72)와 같은 두 가지 해석이 가능할 것으로 예측된다. 하지만 관찰 결과는 이러한 예측을 만족시키지 못한다.297)

(73) 철수는 경애와 싸웠고, 영호도 그랬다.

(73)' 가. *철수$_i$는 [e$_i$와 경애와] 싸웠고, 영호$_j$도 [[e$_i$와 경애와] 싸우-]-었다.

나. 철수$_i$는 [e$_i$와 경애와] 싸웠고, 영호$_j$도 [[e$_j$와 경애와] 싸우-]-었다.

(74) 철수는 순기를 경애와 화해시켰고, 영호도 기성이를 그랬다.

(74)' 가. *철수는 순기$_i$를 [e$_i$와 경애와] 화해시켰고, 영호도 기성이를$_j$ [[e$_i$와 경애와] 화해시키]-었다.

---

296) 이러한 논의의 예로 Heim(1998), Heim & Kratzer(1998) 참조. 필자는 논리형태를 인정하지 않고, 통사구조와 의미구조와 음운론적 구조라는 세 표상 층위를 가지며, 이들이 서로를 제약하는 문법의 체계를 상정한다(1.2절 참조). 이에 따르면 원리매개변인 이론에서 논리형태에 표시되어 포착되는 내용들은 지시 층렬 또는 기술 층렬의 의미구조에서 포착된다. 위와 같은 두 가지 해석의 차이도 의미구조에서 포착할 수 있다는 것이 이 책의 기본 관점이다. 뒤의 제5장에서는 고정 해석, 편승 해석의 근거가 되는 (72), (73)', (74)'과 같은 구조는 의미론적 해석의 과정에서 주어지는 표상이라고 간주한다.

297) '철수는 순기를 그의/자기의 친구와 화해시켰고, 영호도 기성이를 그랬다.'와 같은 문장에서는 (74가)'에 상응하는 해석, 즉 후행절이 '영호도 기성이를 [순기의 친구와 화해시키]-었다.'로 해석되는 것이 가능하다.
(73), (74)에서 '경애' 대신에 항상 관계 개념을 나타내는 명사 '아내'를 대치해도 결과는 동일하다.
a. 철수는 아내와 싸웠고, 영호도 그랬다.
a.' 철수i는 [ei와 아내와] 싸웠고, 영호j도 [[e *i/j와 아내와] 싸우-었다]
b. 철수는 순기를 아내와 화해시켰고, 영호도 기성이를 그랬다.
b.' 철수는 순기를i [e와i 아내와] 화해시켰고, 영호도 기성이를j [[e *i/j 아내와] 화해시키]-었다.
이러한 사실들의 이유는 'e'가 대명사가 아니라는 데에서 찾을 수밖에 없다.

나. 철수는 순기$_i$를 [e$_i$와 경애와] 화해시켰고, 영호도 기성이$_j$를

[[e$_j$와 경애와] 화해시키]-었다.

이렇게 'e'가 일반 대명사와 의미 있는 공통성을 보여주지 않는다는 것은 이것이 대명사가 아님을 증명해 주는 것이다. 따라서 이상에서 검토한 모든 가능성에 들지 못하는 'e'를 (70가, 나)의 구조에 공범주 대명사로서 설정하는 것은 임시방편적인 처리의 성격이 짙다고 볼 수밖에 없다.

'각각', '서로', '함께'와의 공존, '고립되다'류 대칭동사

공범주 'e'를 가진 기저 접속구는 '각각', '서로', '함께'와의 공존, 일부 대칭동사와의 공존에서 문제를 드러낸다.

다음 (75가)가 (75나)와 같은 구조를 가진다면 (76가)와 같은 문장은 (76나)의 구조를 가질 것이다.

(75) 가. 철수는 영호를 경애와 화해시켰다.

나. 철수는 영호$_i$를 [e$_i$와 경애와] 화해시켰다.

(76) 가. 철수는 영호와 순기를 각각 경애와 명희와 화해시켰다.

나. 철수는 [영호와 순기]$_i$를 각각 [e$_i$와 [경애와 명희]]와 화해시켰다.

그 구조를 제시해 놓고 보면 (76나)는 또한 문제를 가짐이 드러난다. '각각'은 선행하는 명사항들의 수효와 똑같은 후행 명사항들을 일대일로 대응시키는 기능을 가진다. 'e'도 하나의 통사적 성분임이 분명한데, 의미 해석에서는 아무런 작용을 못하는 것이다. 그러므로 이러한 공범주의 설정은 원초적으로 약점을 가진다고 하겠다.

다음 예도 '각각'의 용법과 관련하여 흥미로운 문젯거리를 제기한다. (75), (76)과는 달리, 다음은 비대칭적 구문이다.

(77) 가. 철수와 영호는 어제 장길산과 태백산맥을 읽었다.

나. 철수는 어제 영호와 장길산과 태백산맥을 읽었다.

(78) 가. 철수와 영호는 어제 각각 장길산과 태백산맥을 읽었다.

나. ?*철수는 어제 영호와 각각 장길산과 태백산맥을 읽었다.

'각각'은 주어의 복수성 자질을 요구하는 특성을 가진다. 이 점은 김영희(1984가)에서 지적된 바 있고, 김영희(2001)에서도 (77가)와 같은 구문을 접속문 축약을 통해서 도출하는 처리법의 문제점을 논하면서 이를 언급하고 있다. 그런데 웬 일인지 (78나)가 비문임으로 인해 제기되는 문제성에는 눈길이 미치지 못하고 있는 듯하다. (77나)와 (78나)에서 '영호와'가 주어로서 '[e와 영호와]' 같은 복수성 명사구의 구조를 가진다면 (78나)가 비문일 이유가 없다.[298)]

홍재성(1987)에서는 '서로'로 말미암아 대칭동사 구문과 유사한 특징을 보이는 다음과 같은 구문을 '상호구문'으로 분류한 바 있다. '믿다, 의지하다'는 대칭동사가 아닌 일반 타동사로 분류됨에도 불구하고, '서로'와 함께 실현될 경우 대칭동사 구문과 같은 구조적 특징을 보이는 것이다.

(79) 가. 철수와 영호는 서로 믿었다/의지했다.
　　 나. 철수는 영호와 서로 믿었다/의지했다.

양정석(1995, 1996다)에서는 상호 구문의 '서로'가 대명사 아닌 부사라고 주장했다. 그 주요 근거로 든 것은 다음과 같이 문법성의 대비가 나타난다는 점이었다. 김영희(2001)의 설명에 따르면 (80나)는 (80가)와 다름없이 복수성 주어를 가지는 구조이므로, 주어가 목적어인 대명사 '서로'에 의해 조응되는 데에 아무런 문제가 없어야 한다. 그러나 관찰 결과는 (80나)가 비문이라는 것이다.[299)]

(80) 가. 철수와 영호는 서로를 믿었다/의지했다.
　　 나. *철수는 영호와 서로를 믿었다/의지했다.

홍재성(1987)에 제시된 다음 (81)과 같은 문법성 대비도 'e'를 포함한 접속구 설정에 대해서 같은 문제를 제기한다. '-들'은 복수성 주어와의 호응에 따라 주어 이외의 성분들에 부착되는 요소이므로, (81가)가 적격한 문장이라면 (81나)도 적격한 문장이어야 한다.

(81) 가. 철수와 영희는 서로들 믿었다/의지했다.

298) 마찬가지로, (77나)가 '철수'는 '장길산', '영호'는 '태백산맥'을 읽는 해석을 가질 가능성은 희박하다. 둘이 함께 장길산과 태백산맥을 읽었다는 의미가 해독될 뿐이다.

299) 양정석(1995/1997, 1996)에서 (79) 및 (80)의 예를 제시한 바 있다. 김영희(2001)에서는 이들에 대해서 언급하지 않고 있다.

나. *철수는 영희와 서로들 믿었다/의지했다.

김영희(2001)에 따르면 (79나)의 구조는 다음과 같다. 그렇다면 S' 내부의 'e와 영희와'는 주어이고, 더군다나 복수 주어이므로 복수성 주어와 조응하는 대명사 '서로'가 '-를'을 취하는 목적어 대명사로 나타날 수 있어야 하고, 복수성 주어와의 호응을 나타내는 '-들'이 '서로'에 부착될 수 있어야 한다. 이 점에서 (80나), (81나)의 부적격성은 이해하기 곤란한 것이다.

(82) $[_S$ 철수$_i$는 $[_{S'}$ $[_{NP}$ e_i와 영희와] 서로 믿었다/의지했다]]

아주 심각한 문제가 또 있다. 표면적인 접속구 아닌 'NP-와'의 형식으로 실현될 경우에는 언제나 공범주 'e'를 가지는 것으로 간주하는 것이 김영희(2001)의 해결책인데, '[e와 NP]와' 구조를 상정하기 곤란한 예가 존재하는 것이다. 즉, 다음 (83나)처럼 분열문화가 가능하다는 것은 (83가)에서 '경애와 함께'가 독립된 구성성분을 이룬다는 증거이다. 이 경우 '경애와'는 부사 '함께'의 보충어이다. 이 보충어 '경애와'가 (83다)와 같은 접속구를 이룬다고 하는 것은 불합리하다.

(83) 가. 철수가 경애와 함께 떠났다.
나. 철수가 떠난 것은 경애와 함께였다.
다. 철수$_i$가 [e_i와 경애와] 함께 떠났다.

다음과 같은 예들이 모두 이와 같은 맥락에서 문제를 제기한다.

(84) 가. 철수가 형과 달리 부지런하다.
다. 철수가 경애와/다른 아이들과 나란히 길을 걸어간다.
(85) 가. 2월은 1월과 상대적으로 매출이 크게 늘었다.
나. 그 문제와 독립적으로 이 문제를 생각해 보자.
다. 우리 연구소가 그 연구소와 공동으로 작업을 한다.

문제가 더욱 분명히 드러나는 것은 다음과 같이 'N-와'가 동사의 보충어로 쓰인 경우이다.

(86) 가. 이들이 외부와 고립되었다/격리되었다.
나. ≠ 이들과 외부가 고립되었다/격리되었다.
(87) 가. 우리의 무관심이 그를 사회와 고립시킨/격리시킨 것이다.
나. ≠ 우리의 무관심이 그와 사회를 고립시킨/격리시킨 것이다.
(88) 가. 이 현상은 그 현상과 독립적이다.
나. ≠ 이 현상과 그 현상은 독립적이다.
(89) 가. 철수는 영호와 이종사촌이다.
나. ≠ 영호는 철수와 이종사촌이다.
다. *철수와 영호는 이종사촌이다.

각각의 예에서 (나)가 가능한 문장일지라도, 그것은 'NP-와 NP'가 하나의 집단을 이루어 '고립/격리되고', '독립적인' 경우이다. (89다)의 경우에는 아예 이러한 의미조차 거부된다.

이상의 사실을 바탕으로, 'e'를 가지는 접속구는 여동 구문의 기저 구조를 정확히 포착한 것이 아니라고 결론 짓는다. 오히려 이상의 사실은 이들 구문에서 'NP-와'가 접속구와는 통사적으로 무관한, 보충어 성분임을 증명하는 것이다.

선택제약 기술상의 문제

김영희(2001: 175)에서는 다음 예를 언급하고, 이처럼 "무정 명사구를 의인화하여 관용적으로 표현하는 경우를 제외하면, 일반적으로 등위 접속 성분 제약은 여동 명사구와 그 앞의 주어(또는 주제)나 목적어 명사구 사이에도 그대로 작용한다"고 설명하고 있다.

(90) 가. *취객과 가로수가 부딪쳤다.
나. 취객이 가로수와 부딪쳤다.

이 설명에 따르면 (90가)처럼 접속 구문이 비문법적인 경우는 접속항들의 의미 범주가 다름으로 인한 것이다. (90나)는 "무정 명사구인 '가로수'를 '의인화한' 관용적 표현"이라고 지적하고 있다(김영희 2001: 175). 문제는 바로 이와 같은 여동 구문의 기술이다. 설령 (90나)가 의인화한 표현이라는 것을 받아들인다 하더라도, 그 경우 '부딪치다'의 어휘 기재항의 내용을 기술하는 일은 결국 이 동사가 두 자리 서술어로서 'NP-와'와 같은 형식의 보충어를 가진다는 하위범주화 정보를 명시하는 일이 될 것이기 때문이다.[300] 또 다음과 비교하면, 여동 구문의 동사는 주어가 행위자성을 가진다는 제약을 부여함을 알 수 있다.

(91) *가로수가 취객과 부딪쳤다.

이와 같은 차이는 양정석(1995, 1996가, 다)의 어휘적 처리에 의하면 정확하게 포착할 수 있다. 동사가 여동 구문과 접속 구문에서 각각 독립된 어휘항목으로 설정되며, 여동 구문에서는 단수 주어가, 접속 구문에서는 복수 주어가 'AFF(X,)'와 같은 어휘의미구조의 내용으로 말미암아 행동성을 가지는 것이므로, 위와 같은 문법성의 차이를 자연스럽게 설명할 수 있다.[301] (90나)와 (91)은 동일한 구조를 취하고 있음에도 불구하고 문법성의 차이를 보인다. 이는 주어로 나타나는 성분이 행위자이어야 한다는 '행동성 제약'이 어휘항목의 수준에서 주어짐으로써 발생하는 현상이다.

김영희(2001: 177)에서는 앞에서 소개한 통사구조가 '의도나 원망 주체에 따른 접속 구문과 여동 구문의 의미 차이' 등의 언어 사실을 설명할 수 있다고 말하고 있다. 관련되는 예는 다음과 같다(163쪽).

(92) 가. *돌이와 정이는 진지하게 사귀었으나 정이는 그렇지 않았다.
나. 돌이는 정이와 진지하게 사귀었으나 정이는 그렇지 않았다.
(93) 가. *석이와 명이가 헤어지려고 하나 명이가 그러려고 하지 않는다.
나. 석이는 명이와 헤어지려고 하나 명이가 그러려고 하지 않는다.
(94) 가. *나와 너는 화해하고 싶다.
나. 나는 너와 화해하고 싶다.

하지만, 이들 예를 앞서 소개한 통사구조가 어떻게 포착하여 설명하는지는 분명하게 제시되지 않고 있다. 추측컨대, (92나)가 접속구 아닌 단수 주어(또는 주제어)의 형식을 아울러 가져서, 이것이 '진지하게'와 같은 부가어의 수식을 받을 수 있다는 논리인 것으로 보인다. 그럴 경우라도, '사귀다'가 단수 주어를 가지는 통사구조에 참여하는 것은 어휘적, 선택적 자질일 수밖에 없으므로 결국 어휘부에 두 개의 어휘항목으로 나누어 그와

300) 일반화에 반하는 현상이 나타날 때 그것을 '의인화' 등의 작용으로 돌리는 것은 통사론 중심적 연구에서 종종 발견되는 태도이나, 이는 논점 회피의 오류를 범하는 것이다. 의인화라는 비유의 메커니즘이 작동하기 위해서는 그 전제 조건으로 그 논항들에 대한 선택적 자질이 주어져야 하는데, 이 선택제약의 사실을 기술하는 것이 다름아닌 문법 연구의 소임인 것이다.

301) '[AFF(X,)]'의 'X'는 행위자의 일종('작용자')이다. 이 형식의 'X'는 '논항연결원리'에 따라 주어([DP, IP])로 연결된다.

같은 정보를 기술해야 한다는 문제가 제기된다.

그렇다면 여동 구문과 접속 구문의 통사구조 모두에 접속구를 설정함으로써 두 구문의 문법성 공통성을 포착하는 일은 궁극적으로 두 통사구조를 형성하는 잠재력을 가지는 두 개의 의미역 구조를 설정하는 일과 다름없게 된다. 이는 여동 구문과 접속 구문의 동사를 별개의 두 가지 어휘항목으로 설정하는 것으로, 결국 이것이 양정석(1995, 1996가, 다)의 어휘적 처리의 요점인 것이다. 뒤에서는 이에서 더 나아가, 단일한 동사 어휘항목을 설정하여 두 경우를 설명하는 것이 가능함을 보일 것이다. 이를 위해서는 단순한 의미역틀을 이용한 표기 방법과는 다른, 술어 해체를 이용한 의미구조 표기 방법이 요구된다.

또한, 남기심(1990)에서 행동성의 유무에 의한 대비로 지적한 다음과 같은 현상을 김영희(2001: 164)에서도 접속항 이동 변형설의 문제점으로 다시 들고 있다. 그러나 이러한 문법성의 대비를 앞에서의 통사구조로 어떻게 설명하는지에 대한, 명시적인 설명을 발견할 수 없다.

(95) 가. 설득과 호소가 그의 마음을 움직였다.
　　나. *설득이 호소와 그의 마음을 움직였다.
(96) 가. 사냥꾼이 멧돼지와 노루를 잡았다.
　　나. *사냥꾼이 멧돼지를 노루와 잡았다.

이들은 비교호적 특성을 가지는 구문으로서, 홍재성(1987)의 '동반 구문'이다. 양정석(1996다)에서는 동반 구문의 'NP-와' 형식, 즉 '동반 부가어'가 통사적 이차 서술어임을 밝혔다. 이 점을 활용한다면, 김영희(2001)에서와는 달리, 체계적인 설명 방법을 고안해 낼 수 있다. 양정석(2002, 2010)에 따르면 통사구조의 이차 서술어는 의미구조와의 대응에 관한 규정을 갖게 되는데, 이 규정을 '구문규칙'으로 형식화할 수 있다.[302] 보통의 동사 어휘항목이 통사 범주 V와 그 의미 내용의 연결 관계로 기술되듯이, 구문 단위의 통사구조가 그 고유한 '구문적 의미'와 연결된다는 관점을 구현한 것이다.[303]

(97) [. . . NP-이/를$_{v}^{1}$ . . . NP$_{k}$-와^{1}. . .]는 다음 의미구조에 대응된다.
　　F(. . .[$]_{v}^{\alpha}$. . .) *[WITH[AFF([[α] $\wedge$ [$]_{k}$] ,)]

302) '1'은 통사적 원리인 서술화 원리의 적용을 받아 두 통사 구조 성분이 주술관계를 이루고 있음을 확인하는 '서술화 지표'이다. 양정석(2002) 참조. 'υ'는 통사 구조의 서술화 지표를 참조하여 그 의미 구조 성분과의 대응 관계를 맺어주는 기능을 가지는 지표이다.
303) 의미구조('기술 층렬')의 형성 원리와 표기 방법에 대해서는 [부록]을 참고하기 바람.

결국, (95나), (96나)의 '호소와'와 '노루와'는 각각 통사적 이차 서술어인데, 이것이 위 구문규칙에 의해 부과되는 행위자성의 요구('AFF(X,)'의 'X'의 일부가 되어야 한다는 요구)를 충족시키지 못하여 이와 같은 부적격한 문장을 유발한 것이다.

규칙 (97)에서 기술하는 'NP-와'는 대칭동사를 가지는 여동 구문에서와는 달리 동사에 의해 선택제약을 받지 않는다. 단, 통사적 주술관계를 맺는 '임자(host)'와 공동으로만 행위자의 성질을 가져야 한다는 제약을 받는 것이다. 이상과 같이 살펴보고 나니, 김영희(2001)의 처리가 가지는 또 한 가지 문제가 새롭게 부각된다. 그 문제란 교호적 구문인 대칭동사 구문과 비교호적 구문인 동반 구문을 구분하지 않고 공범주를 가지는 접속구를 설정하는 것이다. 전자에서 'NP-와'는 필수 성분으로서 동사의 어휘적, 선택적 자질의 제약을 받는 존재이고, 후자에서 'NP-와'는 수의적 성분으로서 부가어의 한 종류일 뿐이다.[304] 두 'NP-와'가 모두 '[e와 NP-와]'와 같은 통사구조를 가진다고 보아서는 둘을 포함하는 문장들의 상이한 통사적 행태를 사실 그대로 설명할 수 없다.

3.4.3. 기술 층렬과 지시 층렬에서의 교호성 동사 의미 기술

다음에서는 기술 층렬과 지시 층렬에서의 교호성 동사 의미 기술을 실행한다. 먼저 기술 층렬에서의 기술을 보이기로 한다.

이 절(3.4절)의 서두에 다음 문장들을 제시하면서 주목한 점은 지시 층렬의 분석이 복수성 주어를 가질 때에만 효력을 가진다는 것이다. (1)'과 (2)'에 대해서는 일관된 분석을 제공할 수 없다. 특히 (3)'은 문법적 문장으로 성립하지도 못한다. 그러나 기술 층렬의 분석은 이들 모두에 대해서 일관된 분석을 제공할 수 있다.

(1) 가. 철수와 인호가 만났다.
　　나. 철수와 인호가 싸운다.
(1)' 가. 철수가 인호와 만났다.
　　나. 철수가 인호와 싸운다.
(2) 가. 철수와 인호는 서로 쳐다보았다.
　　나. 철수와 인호는 서로 공격하였다.
(2)' 가. 철수는 인호와 서로 쳐다보았다.
　　나. 철수는 인호와 서로 공격하였다.
(3) 가. 철수와 인호는 서로를 믿는다.

304) 홍재성(1987: 106-112)에서 이미 대칭구문과 동반구문의 차이점을 자세하게 밝힌 바 있다.

나. 철수와 인호는 서로를 의지한다.

(3)' 가. *철수는 인호와 서로를 믿는다.

나. *철수는 인호와 서로를 의지한다.

첫째, (1)과 (1)'의 대칭동사의 어휘의미구조는 교호성 자질을 가지고 있어서, 이 자질로 말미암아 교호적 의미구조가 실현된다. 대칭동사들은 두 개의 동음이의어로 기술한다. '싸우다', '만나다'의 어휘의미구조는 (98), (99)와 같고, 두 개의 어휘의미구조가 적용되는 절차는 (100)과 같다.

(98) 가. 싸우-^{1}: [+reciprocal ∧ GO-AGAINST(X, Y)]

나. 싸우-^{2}: [+reciprocal ∧ GO-AGAINST(ELT(X)i, ELT(X)j)], i≠j

(99) 가. 만나-^{1}: [+reciprocal ∧ GO-TO(X, Y)]

나. 만나-^{2}: [+reciprocal ∧ GO-TO(ELT(X)i, ELT(X)j)], i≠j

(100) 가. 철수가 인호와 싸운다: '싸우-^{1}' 적용

[+reciprocal ∧ GO-AGAINST(철수, 인호)]

⇒ [GO-AGAINST(철수, 인호) ∧ GO-AGAINST(인호, 철수)]

나. 철수와 인호가 싸운다: '싸우-^{2}' 적용

[+reciprocal ∧ GO-AGAINST(ELT([철수와 인호])i, ELT([ ])j)], i≠j

⇒ [+reciprocal ∧ GO-AGAINST(ELT([철수와 인호])i, ELT([철수와 인호])j)], i≠j

⇒ [GO-AGAINST([철수]i, [인호]j)] ∧ [GO-AGAINST([인호]i, [철수]j)], i≠j

둘째, (2)와 (2)'이 예시하는 '서로-V' 형식의 상호동사에서는 'V'의 어휘의미구조를 이용해서 '서로'로부터 비롯되는 연산자 자질 '+reciprocal'이 작동한다. '서로'는 그저 교호성 자질일 뿐이다.

그 통사구조에 대해서 조금 더 세밀히 들여다볼 필요가 있다. 다음은 재구조화 원리가 적용된 결과로 '서로'와 '쳐다보-'에 재구조화 지표 'i'가 부여된 통사구조이다.

(101) 가. [$_{DP}$ 철수는] [$_{VP}$ [$_{AdvP}$ 인호와 서로$_i^r$]^r [$_V$ 쳐다보-]$_i^r$]^r-았-다.

나. [$_{DP}$ 철수와 인호는] [$_{VP}$ [$_{AdvP}$ 서로$_i^r$]^r [$_V$ 쳐다보-]$_i^r$]^r-았-다.

'서로 쳐다보-'는 어휘부에 다음과 같은 형식으로 정의되어 있다. (101가, 나)의 지표들은 (102)를 근거로, 재구조화 원리의 작동에 따라 생성된 것이다. 이제 '서로 쳐다보-'

가 (102)의 의미 정보를 갖게 되었으므로, (101가, 나)는 (103가, 나)와 같이 해석된다.[305)]

(102) $[_{AdvP}$ 서로$]^i$ $[_V$ 쳐다보-$]^i$ 의 어휘의미구조:

(i) [+reciprocal ∧ 쳐다보다(X, Y)] 또는

(ii) [+reciprocal ∧ 쳐다보다(ELT(X)i, ELT(X)j)], i≠j]

(103) 가. 철수는 인호와 서로 쳐다보았다: (102)(i) 적용

[+reciprocal ∧ 쳐다보다(철수, 인호)]

⇒ [쳐다보다(철수, 인호) ∧ 쳐다보다(인호, 철수)]

나. 철수와 인호는 서로 쳐다보았다: (102)(ii) 적용

[+reciprocal ∧ 쳐다보다(ELT([철수와 인호])i, ELT[ ])j)], i≠j]

⇒ [+reciprocal ∧ GO-AGAINST(ELT([철수와 인호])i, ELT([철수와 인호])j)], i≠j

⇒ [GO-AGAINST([철수]i, [인호]j)] ∧ [GO-AGAINST([인호]i, [철수]j)], i≠j

이상의 의미 해석 과정에서 사용된 연산자 자질 '+reciprocal'의 작동 원리는 다음과 같다.

(104) 교호성 연산(연산자 자질 '+reciprocal'의 작용):

X가 복수성일 때 X를 $ELT(X)_i$와 $ELT(X)_j$로 바꾸어서 동사의 두 상위 논항 위치에 대입한다. '상위 논항'은 통사적으로 상위 교점에 위치하는 논항이다.

[+reciprocal ∧ F(X, Y, (Z))] ⇒

[F($ELT(X)_i$, $ELT(X)_j$) ∧ F($ELT(X)_j$, $ELT(X)_i$, (Z)), i≠j.

셋째, (3)과 (3)'의 문법성의 대비는 이 경우의 '서로'가 대명사라는 증거가 된다. 기술층렬의 기술은 대명사로서의 '서로'도 의미적으로 연산자 자질 '+reciprocal'을 도입하는 요소로 설정함으로써 모든 통사적 분포에서의 '서로'의 동일성을 포착한다.

(105) 대명사 '서로'의 어휘의미구조:

[+reciprocal ∧ X]

(106) 철수와 인호는 서로를 믿는다:

⇒ [믿다([철수와 인호], [+reciprocal ∧ X])]

---

305) 이하의 의미구조 도출 과정에서 '-었-', '∅' 등의 상 요소의 해석 과정은 생략한다.

⇒ [+reciprocal ∧ 믿다([철수와 인호], [X])] (교호성 자질의 상승)
⇒ [+reciprocal ∧ 믿다(ELT([철수와 인호])i, ELT([철수와 인호])j)], i≠j ((104) 적용)
⇒ [믿다([철수]i, [인호]j) ∧ 믿다([인호]j, [철수]i)], i≠j

다음은 이러한 분석에 제기되는 문제의 예이다.[306] 제2장에서 이중주어문의 한 유형으로서의 주제어 구문이 존재한다는 점을 지적한 바 있는데, 이들은 그에 해당하는 문장들이다.

(107) 가. 철수와 인호는 서로가 서로를 믿는다.
나. 철수와 인호는 서로가 상대를 믿는다.

이에 대한 해결 방안을 간략히 서술하기로 한다. 주제어 α는 '문장화제(sentence-topic)'로서 문장 내에서 그 이하의 명제 P와 함께 '<α, P>'와 같은 의미 형식을 구성한다는 것이 제4장에서의 설명이다.[307] 이러한 '<α, P>'의 의미 형식에서 P가 교호성 자질을 가질 때 문장화제의 내용이 P 내부의 주어 논항으로 대체되는 의미구조상의 연산이 존재한다고 본다.

(108) 문장화제의 주어 논항 되기
<α_i, [+reciprocal ∧ 믿다([X], [Y])]>
⇒ <α_i, [+reciprocal ∧ 믿다(α_i, [Y]]>

이 연산이 적용된 후에는 (106) 문장의 경우와 동일한 과정이 진행된다. (107)의 두 예문의 해석 과정을 제시한다. 해당 문장의 통사구조에 대명사 동지표화 규칙이 적용되어 지표 'i'를 부여받은 것으로 가정한다.

(109) 가. [철수와 인호]$_i$는 서로$_i$가 서로$_i$를 믿는다:
<[철수와 인호]$_i$, [믿다([+reciprocal ∧ X]$_i$, [+reciprocal ∧ Y]$_i$)]>
⇒ <[철수와 인호]$_i$, [+reciprocal ∧ 믿다([X]$_i$, [Y]$_i$)]> (교호성 자질의 상승)
⇒ <[철수와 인호]$_i$, [+reciprocal ∧ 믿다([철수와 인호]$_i$, [Y]$_i$]> ((108) 적용)
⇒ <[철수와 인호], [+reciprocal ∧ 믿다(ELT([철수와 인호])i, ELT([철수와 인호])j)], i≠j ((104) 적용)

---

306) 이는 양정석(1995: 339-343)에서 필자가 제기한 문제이다.
307) 문장화제의 개념과 문장화제를 포함하는 문장의 의미 표상 방법에 대해서는 4.5절에서 논의한다.

⇒<[철수와 인호], [믿다([철수]i, [인호]j] ∧ 믿다([인호]j, [철수]i)], i≠j

나. [철수와 인호]$_i$는 서로$_i$가 상대$_i$를 믿는다:

<[철수와 인호]$_i$, [믿다([+reciprocal ∧ X]$_i$, [상대]$_i$)]>

⇒<[철수와 인호]$_i$, [+reciprocal ∧ 믿다([X]$_i$, [상대]$_i$)]> (교호성 자질의 상승)

⇒<[철수와 인호]$_i$, [+reciprocal ∧ 믿다([철수와 인호]$_i$, [상대]$_i$]> ((108) 적용)

⇒<[철수와 인호], [믿다(ELT([철수와 인호])i, [철수와 인호])j] ∧ 믿다(ELT([철수와 인호])j, [철수와 인호])i)], i≠j ((104) 적용)

⇒<[철수와 인호], [믿다([철수]i, [인호]j] ∧ 믿다([인호]j, [철수]i)], i≠j

(109나)가 (109가)와 다른 점은 '상대'가 교호성 대명사가 아닌 일반 대명사의 하나라는 점이다.

다음으로 지시 층렬에서의 기술을 보이기로 한다. (1)과 (2)와 (3)처럼 복수성 주어를 가지는 경우에는 부사 '서로' 또는 대명사 '서로'의 정의를 (110)과 같이 설정하고, 대칭동사 '만나다, 싸우다'의 정의를 (111)과 같이 설정하여 대체로 무난히 해석 절차를 실행할 수 있다.

(110) ⟦서로⟧ = $\lambda f_{eet}. \lambda x. \forall x_i(x_i \cdot \Pi x)\ \forall x_j(x_j \cdot \Pi x \ \&\ x_i \neq x_j)\ f(x_j)(x_i)$

(111) 가. ⟦만나-⟧ = $\lambda x. (\forall y[y \cdot \Pi x])(\forall z[z \cdot \Pi x \ \&\ y \neq z])$[y가 z와 만난다']

나. ⟦싸우-⟧ = $\lambda x. (\forall y[y \cdot \Pi x])(\forall z[z \cdot \Pi x \ \&\ y \neq z])$[y가 z와 싸운다']

그러나 복수성 주어를 갖지 않은 (1)'과 (2)'의 해석은 동일한 방법으로 일률적으로 처리할 수 없다는 점이 위에서 이미 지적한 안성호(1990/1993) 방식의 접근의 문제점이다. 그렇다고 지시 층렬의 의미 기술을 비워 둘 수는 없다. 그러므로 기술 층렬의 의미 형식을 본따서, (1)'과 (2)'에서의 대칭동사, 재구조화된 교호성 동사 '서로 쳐다보다'의 정의를 다음과 같이 설정하기로 한다.

(112) 가. 교호성 동사 '만나-'의 의미: λy. λx.[x는 y를 만난다' ∧ y는 x를 만난다']

나. 재구조화된 교호성 동사 '서로 쳐다보-'의 의미:

λy. λx. [x는 y를 쳐다본다'] ∧ [y는 x를 쳐다본다']

개념의미론의 의미 분석 방법에 따른 필자의 오래전의 대칭동사, 상호동사의 기술을 기술 층렬에서 형식화하고, 이 책에서의 다른 구문들에 대한 형식의미론적 분석과의 일관성을 위해 별도로 지시 층렬에서의 의미 기술을 실행하였다. 지시 층렬에서의 교호성 동사의 의미 기술은 일관성 결여의 문제가 있고 기술 층렬에서의 의미 기술은 그러한 문제가 없으므로, 이 점이 기술 층렬의 의미 기술을 필요로 하는 한 가지 증거가 된다고 보았다.[308]

3.4.4. 교호성 동사 마무리

위에서는 원리매개변인 이론의 틀에서 '서로'에 대한 기술을 시도한 안성호(1990/1993)의 방안을 소개하고 그 문제점을 지적하였다. '서로'가 이루는 구 범주 내에 공범주 배분자(Distributor)를 설정하고, 이것이 논리형태 부문에서 복수성의 주어 명사구에 부착되어 간다는 것이 그 주요한 처리 방법이다. 즉, '서로'는 영어의 'each other'에 대응되는 '[D 서로]'와 같은 형식으로 파악되는 것이다. 이 연구가 대명사로서의 '서로'의 일부 용법만을 처리 범위로 하고 있을 뿐, 모든 경우의 '서로'를 포괄하여 일관적으로 설명하는 데에는 이르지 못함을 보였다.

교호성 동사의 의미의 본질을 다음과 같은 형식으로 나타낼 수 있는 '교호성'이라고 파악하고, 모든 교호성 동사들의 의미를 하나의 형식으로 나타내기 위해서는 이를 기반으로 하는 개념의미론의 의미 표상이 필요하다고 보았다. 초기 생성문법 연구의 접속항 이동변형설, 접속문 축약변형설, 공범주를 가지는 기저 생성 접속구의 방안은 궁극적으로 이러한 교호성 의미구조를 통사론적으로 포착하고자 하는 노력에서 고안되었는데, 이들의 시도는 모두 피할 수 없는 모순에 봉착함을 증명하였다.

(113) 가. 교호성 동사 '만나-'의 의미: [X는 Y를 만난다 ∧ Y는 X를 만난다]
　　나. 재구조화된 교호성 동사 '서로 쳐다보-'의 의미:
　　　[X는 Y를 쳐다본다] ∧ [Y는 X를 쳐다본다]

한국어는 교호성 의미를 기본적으로 동사를 사용해서 표현한다. 이에 비해 영어는 교호성 의미를 'each other'와 같은 대명사 요소를 사용해서 표현한다. (113)은 동사의 논항구조에서 첫째 논항과 둘째 논항의 순서를 바꾼 형식을 연접 연산자로 결합하여 대칭적 의미구조를 이루는 것으로 나타내고 있다.

형식의미론적 기술에서는 영어 복수 명사구와 접속 명사구가 나타내는 특별한 집합을

308) 지시 층렬과 별도의 기술 층렬의 의미 기술이 필요하다는 점을 [부록]에서 전반적으로 논의할 것이다.

가정하고, 이 집합과 그 원소의 특정한 관계를 정의함으로써 문장이 표현하는 개체들 간의 교호적 관계를 나타내고 있다. 교호성 의미는 (113)에서 보이는 교호성 의미구조를 그 본질적 특성으로 가진다고 본다. 이 점을 나타내는 데에 형식의미론적 기술의 형식화는 만족스럽지 못하므로, 그 형식화는 지시 층렬의 의미구조로 유지하되, 별도의 기술 층렬에서 (113)의 교호성 의미구조를 포착해야 한다고 주장하였다.

3.5. 포괄동사 '하-'의 의미 해석[309)]

한국어 동사 중에서 음운론적으로, 통사론적으로, 의미론적으로, 가장 독특한 행태를 보이는 것이 '하-'이다. 한국어 형식문법의 완성을 위하여 '하-'의 분포와 각 분포 환경에서의 의미 해석 방법을 전체적으로 정리해 둘 필요가 있다.

논의의 편의를 위하여 동사 '하-'를 서술어로 가지는 한국어의 절 구조를 '하-' 구문이라고 지칭하기로 한다. '시작하-', '상냥하-'처럼 '하-'가 그 자체로 통사구조의 동사(V) 교점에 놓이지 않는 예는 이에 포함되지 않는다. 다음은 '하-' 구문의 통사구조에 대한 필자의 기본 관점을 보인 것이다. 즉, 한국어의 모든 '하-' 구문은 모두 다음과 같은 부분 통사구조를 가지는 것으로 상정한다.

(1) $[_{VP}$ XP $[_{V}$ 하-$]]$

한국어의 '하-' 구문의 모든 유형들을 점검하여, 그 통사구조를 기술하고, 이를 바탕으로 한 각 유형의 '하-' 구문의 의미 기술을 제공하는 것이 이 절의 목적이다. 통사구조와 의미구조의 대응에 있어서 합성성 원리가 준수되어야 한다는 점을 의미 분석의 기본 방침으로 가지며, 합성성 원리 구현을 위한 표준적 형식의미론의 방법을 따른다.[310)]

포괄동사 '하-'의 의미 해석 문제에 관한 이 절의 논의의 결론은 다음과 같이 요약할 수 있다.

---

309) 이 절은 "'하-' 구문의 통사론과 의미론'이라는 제목으로 배달말 65집(2019)에 실렸던 논문을 수정하여 제시하는 것이다.

310) 형식의미론적 의미 분석 결과는 지시 층렬의 의미구조로 표시된다. 계사 '이-'의 의미 분석, 대칭동사와 상호동사의 의미 분석에서도 그랬던 것처럼 '하-' 구문의 의미 기술에서도 기술 층렬의 의미구조 기술이 필요함을 보이게 된다.

(2) 포괄동사 '하-'의 의미

'하-'는 'λy. λx. HA(x, y)'와 같은 기본 의미 형식을 갖지만 5가지의 상이한 통사적 환경에서 의미론적 전이 규칙, 담화화용론적 보충 해석 규칙에 따라 상이한 의미로 해석된다.

'하-'의 통사 범주는 (1)에서와 같이 일관되게 동사로 상정되며, 의미적으로는 두 자리 술어로 설정된다. 인접한 어미나 명사가 부여하는 의미적 제약을 기본 조건으로 하여, 타입 전이 해석, 공동합성적 해석, 특수한 구문적 의미에 기여하는 해석이 이루어진다.

3.5.1절에서는 보문관형절에서의 '하-'의 문제를 중심으로, '하-' 구문에 대한 선행 연구의 주요 쟁점을 드러내고, 다양한 '하-' 구문의 실례를 검토함으로써 동사 '하-'가 실현되는 한국어 구문의 전모를 파악해 본다. 3.5.2절에서는 표준적 형식의미론 체계와 개념구조의 대수 체계를 통합한 통사-의미 합성의 방법을 제시하고, 이를 여러 종류의 '하-' 구문에 적용한다.[311]

3.5.1. 포괄동사 '하-'와 '하-' 구문의 범위

3.5.1.1. '하-'는 언제나 포괄동사이다

남기심(1973)을 기점으로 '하-'의 통사구조상의 지위와 관련한 쟁점이 형성되었다. '하-'를 형식동사로서의 '하-'('하-[1]')와 대동사로서의 '하-'('하-[2]')로 구분하는 연구 흐름이 있어 왔다(남기심 1973, 서정수 1975, 이필영 1993). 이와 대립하여 모든 경우의 '하-'가 단일한 동사로서 특정 어휘적 의미를 가진다는 주장이 제기되었다(김영희 1981나, 1984나, 박병수 1974가, 나, 안명철 1992). 필자는 단일 동사설을 지지한다. 특히 '하-'가 어휘의미 계층구조상의 최상위에 놓이는 동사라는 의미에서 '포괄동사'라고 규정한 김영희(1981나, 1984나)의 관점을 받아들여서 이를 형식의미론적 기술로 발전시키고자 한다.[312]

(3) 형식동사 '하-':

가. 죄수가 탈주했다고 하는 사실

---

311) 개념구조의 대수 체계는 Jackendoff(1990)의 개념의미론을 Zwarts & Verkuyl(1994)에서 모형이론적으로 조정한 것이다. '기술 층렬'의 의미구조는 개념구조의 대수 체계에 따라 표시된다. 양정석(2017: 299-322)를 참고하기 바람.

312) 전종섭(2001), 임서현·이정민(2004)에서 생성어휘부 이론에 입각한 실체성 명사의 '하-' 구문을 다루면서 이러한 가능성을 논의한 바 있다.

나. 복희가 결혼했다고 하는 소문

(4) 대동사 '하-':

가. 우리나라가 우승한다고 하는 가능성

나. 난관을 극복하겠다고 하는 용기

(3가, 나)의 관형절 서술어로 쓰인 '하-'가 형식동사로서의 '하-'의 대표적인 예이다. 형식동사로 다루어져 온 다른 예는 일부 보조동사 구문의 '하-'와 경동사 '하-'의 예이다. 남기심(1973)에서는 이 경우의 '하-'가 변형 과정에서 삽입되고 또 삭제된다는 이론을 제시했다. (3가)에서 '하는'은 변형 과정에서 삽입된 것이며, '탈주했다는 사실'과 같은 예에서는 '-고'와 함께 '하-'가 변형 과정에서 삭제된다고 한다. 또 이 예의 기저구조는 '탈주한 사실'의 기저구조이기도 하다는 것이다(그러나 (3나)는 '*복희가 결혼한 소문'으로 축약되지 못한다). 한편, (4가, 나)에서 '하-'가 실현되었지만, 남기심(1973)에 따르면 이들은 형식동사와 구별되는 대동사의 예이다.

이에 대한 반론이 김영희(1981나, 1984나)이다. 김영희(1981나)에서 제시한 (5), (6)은 이에 대한 결정적 반례가 된다. 남기심(1973)의 설명은 이 외에도 생성문법 이론의 기초적 개념들과 관련되는 (7)과 같은 문제들을 가지고 있어서 실행가능한 이론으로 성립되기 어렵다.

(5) 가. 그가 거문고를 탈 줄 안다고 하는 사실이 거짓으로 드러났다.

나. *그가 거문고를 탈 줄 아는 사실이 거짓으로 드러났다.

(6) 가. *그 사람이 당신을 만났다고 하는 사실이 있나요?

나. 그 사람이 당신을 만난 사실이 있나요?

(7) 가. '하-'와 '-는'의 두 통사 단위의 결합인 '하는'을 삽입 변형으로 도입하는 난점

나. 변형에 의해서 형성된 'Vs-고 하는' 형식을 'Vs-는'으로 바꾸는 '-고 하-' 삭제 변형을 상정하는데, 변형에 의해 도입한 단위의 일부를 다른 변형에 의해 삭제하는 것은 불합리하다.

다. 변형 과정에서 삭제되는 '-고 하-'와 형태음운론적 과정에서 삭제되는 '-고', '하-'를 구별해서는 안 된다.

필자의 관점은 (3가, 나), (4가, 나), (5)의 '하-'가 모두 포괄동사 '하-'의 실현이라고 보는 것이다. 더 나아가, 다음 (3가, 나)', (4가, 나)', (5가)'에서는 '-고'와 함께 이 포괄동사 '하-'가 공범주로 실현되었다고 본다.

(3)' 가. 죄수가 탈주했다는 사실
　　나. 복희가 결혼했다는 소문
(4)' 가. 우리나라가 우승한다는 가능성
　　나. 난관을 극복하겠다는 용기
(5)' 가. 그가 거문고를 탈 줄 안다는 사실이 거짓으로 드러났다.

그러나 '하-'를 단일 동사로 간주하는 김영희(1981나, 1984나)와 이후의 연구들에서도 '하-'의 의미 기술과 다양한 '하-' 구문들에서의 '하-'의 의미 기술을 일관적, 체계적으로 제시한 연구는 찾아볼 수 없다. 위와 같은 관형절에서 서술어인 '하-'의 의미는 '사실'을 비롯한 피수식 명사가 그 보문에 대해 요구하는 의미의 일부분이며, 동시에 한 통사 단위로 상정되는 '-다고'가 요구하는 의미라고 본다. 이는 머리성분(head)이 그 보충어(complement)나 명시어(specifier)에 대해 부과하는 선택제약과 같은 것인데, '-다고'의 의미 제약은 통사적 보충어의 범위를 넘어서 주어질 수도 있다.

생성문법의 표준적인 관점에 의하면 동사의 어휘부 기술은 그 논항에 대한 통사적, 의미역적 명세를 갖게 된다. 그러나 다음에 제시할 '하-' 구문의 다양한 통사적 형식들을 '하-'의 하위범주화 자질이나 의미역 정보로 명세화하는 방안은 극히 불합리한 것이다. '하위범주화틀'이나 '의미역틀'과 같은 형식으로 기술할 경우, 다음에 제시하는 구문들의 수만큼 '하-'의 하위범주화틀/의미역틀을 나열해야 한다. 위 (1)은 '하-'에 선행하는 단위를 보충어로 규정하고 있다. 보충어 XP가 절 구조인 경우와 절 구조 아닌 경우로 나누어 생각해 볼 수 있다.

3.5.1.2. '하-'가 절을 취하는 구문

절 구조인 경우를 고려해 보자. 한국어에서 절의 유형은 그 어미의 종류에 따라 관형절, 명사절, 연결어미 절인 경우, 그리고 특별하게 종결어미에 이끌리는 절이 다시 특수 구문의 내포절로 안기는 경우로 나눌 수 있다. 어미의 분류 체계가 문장의 구조적 분류 체계와 대응되는 점은 한국어의 중요한 구조적 특질로서, 이 점이 '하-' 구문의 분류에서도 매우 유용한 지침이 된다.

첫째로, (1)에서 XP가 관형절로 실현될 가능성은 통사적으로 원천적으로 배제된다("*철수가 책을 읽는/읽은/읽던 한다."). 관형절의 피수식어는 명사나 명사구이어야 하지, 동사나 동사구일 수는 없다.

둘째로, XP가 명사절인 경우는 가능하나, 그 어미로 '-음'은 실현될 수 없고, '-기'로만 실현된다.

(8) 'S-기는 하-':
  가. 그가 사람을 잘 믿기는/*믿음은 한다.
  나. 그가 착하기는/*착함은 하다.
(9) 'S-기도/까지/조차/만 하-':
  가. 돈 많은 사람이 오기도/까지/조차/만 한다.
  나. 그는 착하기도/까지/조차/만 하다.

셋째로, XP가 연결어미에 이끌리는 절인 경우는 연결어미의 구체적 특성에 따라 매우 다양한 유형의 구문이 성립된다. 양정석(2010: 385-439)에서는 한국어의 연결어미들이 보충어인 절을 이끄는 경우, 부가어인 절을 이끄는 경우, 그리고 보충어인 선행절과 함께 명시어인 후행절을 그 논항으로 취하는 경우, 이 세 가지의 구조적 특성으로 구별된다고 논한 바 있다.[313] 연결어미 절이 보충어인 경우는 (1)의 구조에 정확히 부합되나, 연결어미 절이 부가어인 경우는 (1)의 XP 위치에 실현될 수 없다. 연결어미가 그 선행절을 보충어로 취하고, 동시에 그 후행절을 명시어로 취하는 구조의 경우,[314] '선행절+연결어미'의 성분은 그 자체로는 (1)의 XP 위치에 실현될 수 없다. 연결어미 절이 보충어로서 위 (1) 구조의 XP 위치를 차지하는 예를 제시하면 다음과 같다.[315]

(10) 가. 'S-어야 하-': 학생은 열심히 공부해야 한다.
  나. 'S-듯(이) 하-': 포교들이 성안팎으로 가을 중 쏘대듯 하였다.
  다. 'S-으려(고) 하-': 묘림이 막 몸을 일으키려고 하였다.
  라. 'S-고자 하-': 그는 어떻게든 징집에서 빠지고자 하였다.
  마. 'S-도록 하-: 공부를 열심히 하도록 해라.
  바. 'S-게 하-': 벤투 감독은 손흥민이/손흥민을 뛰게 했다.
  사. 'S-음직 하-': 힘꼴이나 씀직 한 젊은이/그게 사실임직 하다.
  아. 'S-기로 하-': 우리는 저녁을 먹고 나서 '아미 문화촌'을 찾기로 하였다.
  자. 'S-고는 하-': 그 아이가 가끔 집안으로 뛰어 들어오고는 했다.

---

313) 이 세 가지는 핵계층 이론(Chomsky 1986b)에 따라 연결어미 절이 통사구조에서 가질 수 있는 문법적 기능의 모든 경우이다.

314) 양정석(2010) 및 이 책 제2장에서는 이 경우의 '선행절-연결어미-후행절'의 구조를 '명시어 구조'라고 지칭한 바 있다. 이 경우 '선행절-연결어미'의 단위는 중간 투사범주인 C'를 이룬다.

315) (10사-파)에서 연결어미 단위가 '-음직, -기로, -고는, -었으면, -다시피, -을락말락, -을까말까'로 상정되었음에 주의해야 한다.

차. 'S-었으면 하-': 나는 그를 만났으면 한다.
카. 'S-다시피 하-': 그 사람이 일을 다 하다시피 하였다.
타. 'S-을락말락 하-': 천장에 손이 닿을락말락 한다.
파. 'S-을까말까 하-': 지금 갈까말까 하는 중이다.

다음 예들도 연결어미 절이 보충어로 쓰이는 경우이다. 이들의 경우, 관형사형어미와 의존명사가 결합하여 복합적 연결어미를 이루는 것으로 분석한다. 한 예로, '-을뻔'은 기원적으로 '-을'과 '뻔'이 결합된 형식이지만 단일 어휘항목의 연결어미로 분석된다.

(11) 가. 'S-을뻔 하-': 인호가 함정에 빠질뻔 하였다/빠질뻔도 하였다.
나. 'S-을법 하-': 인호가 너를 못 믿을법하다/못 믿을법도 하다.
다. 'S-을만 하-': 한 시간 안에 도달할만 하다/도달할만도 하다.
라. 'S-는듯 하-': 그가 돌아간듯 하다/돌아간듯도 하다.
마. 'S-을지말지 하-': 제 시간에 도착할지말지 하다.
바. 'S-으나마나 하-': 그놈은 있으나마나 하다.[316)]

다음과 같은 간접인용문의 인용절에서 '-다고, -느냐고, -으라고, -자고'는 복합적 형식으로 연결어미와 같은 기능을 가지는 것으로 본다.[317)] 즉, 간접인용절도 (1)의 보충어 위치에 놓인다.

(12) 가. 'S-는다고 하-': 그는 인호가 성실하다고 하였다.
나. 'S-느냐고 하-': 그는 인호가 집에 들어왔느냐고 하였다.
다. 'S-으라고 하-': 그는 나에게 자기를 숨겨달라고 하였다.
라. 'S-자고 하-': 그는 나에게 영화 구경을 가자고 하였다.

(3), (4)의 보문관형절에서 '하-'가 생략되는 경우, 그 통사구조에는 동사 '하-'가 유지되어 있는 것으로 분석한다. 다음 예에서도 '하-' 선행 성분은 연결어미 '-다고'를 가지는 보충어이다.

---

316) '-으나마나'는 한 연결어미로서, '-으나마나 하-'의 형식으로 통사적 재구조화 원리의 적용을 받는 예로 분석한다. '-을법 하-/-을만 하-/-음직 하-'도 같은 방법으로 설명되는 예들이다.
317) 위 (3), (4)의 예도 이 유형의 구문이 관형절로 안긴 것이다.

(13) 가. 죄수가 탈주했다는 사실이 밝혀졌다.
나. 나는 그의 결정이 옳았다는 견해를 가지고 있다.
(14) 가. 우리나라가 우승한다는 가능성이 점점 현실화하고 있다.
나. 난관을 극복하겠다는 용기가 가상하다.

남기심(1973)에서 형식동사 '하-'의 구문으로 다루어졌던 (3가, 나)와 대동사 '하-'의 구문으로 다루어졌던 (4가, 나)는 하나의 구문으로 처리되어야 한다. 즉 (13)과 (14)의 생략된 '하-'는 단일한 동사로서, 그 앞의 'S-다고' 형식의 보문을 취하여 동사구(VP)를 형성한다.

다음 예들도 그 통사구조에 동사 '하-'를 설정해야 하는 예들이다. (15)는 남기심(1973)에서 '-고 하-'가 삭제되는 변형의 절차를 통해 도출한 구문이다. (16)은 이와 달리, 종결어미, 연결어미 앞에서 '-고'와 '하-'가 차례로 생략되는 형태음운론적 절차에 따라 실현되는 '융합축약형'으로 기술되었다. (17)도 형태음운론적 절차인 '절단축약'에 따라 실현된다고 기술되었다.

(15) 그 사람을 싫다는 이유가 무엇이냐?
(16) 가. 인호가 순희를 싫단다/싫대.
나. 인호가 순희를 싫다니까 더 강요하지는 마세요.
(17) 인호가 순희를 싫다고./인호가 순희를 싫다고?

필자는 '-고 하-'가 변형의 과정에서 삭제된다고 하는 남기심(1973)의 설명을 부정하고, 모든 '하-' 생략형이 형태음운론적 절차에 따라 생략된다고 본다. 그러므로 (15)-(17)은 모두 위에서 제시한 '하-' 구문의 예일 뿐이다.

연결어미가 중복 실현되는 다음과 같은 구문은 문제를 제기한다. 이들 연결어미가 중복되지 않고 쓰일 경우, 그 연결어미 절은 후행절의 IP의 부가어 위치에 놓이는 특징을 가진다(양정석 2010: 426-431). 그러나 (18)의 예들은 연결어미 절이 둘 이상 결합하여 (1) 구조의 보충어 위치에 놓인다. (19)의 종결어미도 같은 구조를 형성한다.

(18) 가. '-고 . . .-고 하-': 문구점에도 가고 편의점에도 가고 한다.
나. '-든지 . . .-든지 하-': 철수가 오든지 인호가 오든지 할 것이다.
다. '-거나 . . .-거나 하-': 비가 오거나 눈이 오거나 한다.
라. '-다가 . . .-다가 하-': 형이 나타났다가 동생이 나타났다가 한다.

(19) '-거니 . . .-거니 하-': 형이 앞서거니 동생이 앞서거니 한다.

넷째로, (1)의 XP가 종결어미에 의해 이끌리는 절의 경우를 살펴 보자. 다음 문장들에서는 종결어미에 이끌리는 내포절이 보충어 위치에 놓인다.

(20) 가. '-을까 하-': 나는 내일 제주도에 갈까 한다.
나. '-는가 하-': 철 늦은 눈이 내리는가 한다./그 사람이 내일 떠나는가 한다.
다. '-나 하-': 철 늦은 눈이 내리나/내렸나 한다./그 사람이 내일 떠나나 한다.
라. '-거니 하-': 그 사람이 나를 오해했거니 했다.
마. '-으려니 하-': 나한테도 선물을 주려니 했다.
바. '-느니 하-': 남의 아이더러 성질이 못됐느니 얼굴이 못생겼느니 한다.

3.5.1.3. '하-'가 절을 취하지 않는 구문

다음으로 XP가 절 구조 아닌 명사항으로 실현되는 경우를 살펴보자. 가장 전형적인 예는 '하-'가 실체성 명사와 공존하는 예이다.

(21) 가. 나는 커피를 한다.
나. ??철수가 책을 한다.('책을 읽는다'는 뜻으로)

통사적으로 이들 문장은 목적어를 가지는 평범한 타동사 구문의 형식을 가진다. 이들이 선행 연구에서 많은 관심을 모은 것은, 그 의미 합성 과정의 기술에 의미 보충의 절차가 필요하다는, 의미 해석상의 문제를 제기하기 때문이다. (21나)가 통사적으로 비문이 아니면서 의미적으로 부적격하다는 점은 쉽게 포착되지 않는 국면이다. '하-' 구문의 의미 해석의 문제를 본격적으로 다루는 3.5.2절에서는 (21가)의 '하-'가 가지는 의미 표상을 여타의 '하-' 구문에서의 '하-'의 의미를 기술하는 기본적 형식으로 상정하고, 일반적 의미 해석의 원리들을 동원하여 (21가, 나)를 비롯한 '하-' 구문의 의미를 해석하는 방법을 보일 것이다.

'하-'는 다음과 같은 직접인용 구문에서도 쓰인다. 여기에서 '하-'는 피인용된 내용을 보충어로 취하는 동사 '운운하-'의 뜻을 표현한다.

(22) 가. 가해자가 되레 "인권 침해" 하는 꼴이다.

나. 가해자가 되레 "인권 침해" 운운하는 꼴이다.

다음으로, '하-'가 서술성 명사와 공존하는 '하-' 구문의 예가 있다. 이는 그 통사-의미 대응의 기술에 재구조화 원리를 필요로 하는 구문이다.

(23) 가. 그는 플라톤 철학을 연구를 한다.
나. 그는 대기업에 취직을 했다.
다. 그 때부터 우리나라 기업이 베트남으로 진출을 하였다.
라. 우리나라는 베트남과 교류를 한다.

재구조화 원리는 상위구와 하위구의 머리성분(head)들이 동일한 재구조화 지표를 가짐으로써 연계되어 둘 이상의 머리성분 단위가 하나의 어휘적 단위로서의 의미를 가지는 것을 보장하는 원리이다(2.2.1절). 다음과 같은 '하-' 구문도 위 (1)의 '하-' 구문의 일반 통사구조를 가지는데, '연구', '-를', '하-'가 상-하위구의 머리성분이면서 '연구를 하-'가 한 어휘적 단위로서의 의미와 대응되는 관계를 특징으로 가지고 있다. 어휘부의 '연구^{i}-하^{i}-'를 근거로 (24가)처럼 통사구조의 '연구'와 '하-'에 재구조화 지표가 표시되고, 두 요소로부터 전승된 지표들이 최초로 만나는 교점에까지 지표가 표시된다. 지표들이 표시되는 영역은 재구조화 영역이 되어 이 영역 안에서는 하위인접조건의 위배에 관여하는 장벽이 장벽성을 잃는다.

(24) 가. 그는 [$_{VP}$ 플라톤 철학을$_{i}$ [$_{VP}$ [$_{DP}$ [$_{NP}$ t_i 연구^{r}]^{r}-를]^{r} [$_{V}$ 하-]]]-ㄴ다.
나. 그는 [$_{VP}$ 플라톤 철학을$_{i}$ [$_{VP}$ [$_{DP}$ [$_{NP}$ t_i 연구^{r}]^{r}-를]^{r} [$_{V}$ 하-^{r}]]^{r}]^{r}-ㄴ다.

그 논항 위치에 절을 갖지 않는 '하-' 구문으로, 다음과 같은 특별한 구문의 예가 있다. 이들은 그 통사-의미 대응의 기술에서 '구문규칙'의 개념을 필요로 하는 '하-' 구문의 예이다.

(25) 가. 대학은 전문 교육을 그 목적으로 한다.
나. 이 실험은 상대성 이론을 바탕으로 하였다.
다. 그는 항상 주변을 깨끗이 한다.

위 10가지 부류의 '하-' 구문들을 대상으로 그 통사구조-의미 표상의 사상/대응을 기술하는, 의미규칙 중심의 해석 체계를 이끌어내는 것이 우리의 목적이다. 이들은 3절에서 더욱 환원되어, 의미 해석 방식의 차이에 따른 5가지 유형으로 더욱 축소될 것이다.

3.5.1.4. '하-' 생략 구문

남기심(1973)에서 '-고 하-' 삭제 변형규칙이 적용되는 예로 설명한 다음과 같은 문장은 필자의 관점에 따르면 '하-' 구문을 관형절로 가지는 문장의 한 예에 지나지 않는다. (26)은 '하-'의 형태음운론적 생략의 과정을 통해 얻어지는 '하-' 구문의 예로서, 여기에서 '하-'는 음운론적으로만 생략되었을 뿐, 통사구조에는 무형의 변이형태로 실현되는 것이다. 그러므로 이 경우의 의미 해석도 '하-'가 실현된 구조에서의 의미 해석과 동일한 방법으로 도출해 낸다.

(26) 가. 그 사람을 싫다는 이유가 무엇이냐?
　　나. [그 사람을 싫다-$Ø_1$ $Ø_2$-는 이유]가 무엇이냐?

남기심(1973)에서 형태음운론규칙의 적용에 따른 융합축약형 '싫단다', '싫대' 등을 가지는 예로 설명된 (27)과 같은 문장들도 '하-' 구문의 예로서, 종결어미, 연결어미 앞에서 생략되는 '하-' 구문의 하나이다. 남기심(1973)에서 형태음운론규칙의 적용에 따른 '절단축약형' '싫다고'를 가진 예로 설명된 (28) 문장도 '하-' 구문의 하나이다. 이들 역시 다음 절에서 제시하는 '하-' 구문의 일반적 의미 해석 방법에 따라 해석되어야 한다.

(27) 가. 인호가 순희를 싫단다/싫대.
　　나. 인호가 순희를 싫다니까 더 강요하지는 마세요.
(28) 가. 인호가 순희를 싫다고.
　　나. 인호가 순희를 싫다고?

(26)-(28)과 같이 형용사 앞에 목적어가 나타나는 예들은 '하-'의 형태음운론적 생략을 가정해야만 하는 증거가 된다. 그러나 '-단다, -다네, -다오, -답니다'와 같은 '유사축약형'들(남기심 1973)은 각각 독립된 어휘항목으로 인정해야 한다.

다음 (29가)-(32가)는 '하-'와 어미 요소의 절단축약이 실현된 예로 간주된다. 양정석(2010: 434-439)에서는 (31가), (32가)의 공백 구문도 '하-' 생략 구문의 일종으로 처리한 바 있다.

(29) 가. 이 회사는 새 소프트웨어 개발을 목표로 온 노력을 집중하고 있다.

나. 이 회사는 새 소프트웨어 개발을 목표로 하여 온 노력을 집중하고 있다.

(30) 가. 김 씨는 춤추기 싫어한다고 아내를 구타한 혐의를 받고 있다.

나. 김 씨는 춤추기 싫어한다고 하여 아내를 구타한 혐의를 받고 있다.

(31) 가. 순희는 영어를, 인호는 수학을 했다.

나. 순희는 영어를 하고, 인호는 수학을 했다.

(32) 가. 순희는 김씨가 적임자라고, 인호는 이씨가 적임자라고 했다.

나. 순희는 김씨가 적임자라고 하고, 인호는 이씨가 적임자라고 했다.

다음 (33가)와 같은 특수 구문도 (33나)의 구조를 가지는 '하-' 생략 구문의 하나로 간주한다.

(33) 가. 대통령이 스웨덴을 방문 중이다.

나. $[_{IP}$ e $[_{VP}$ $[_{NP}$ 대통령이 스웨덴을 방문 $\varnothing_{\text{하}}$-$\varnothing_{I}$-$\varnothing_{C}$ 중]이-]-Ø-]-다.

결국 '하-' 구문은 그 논항으로 명사절, 연결어미 절, 종결어미 절을 가지는 구문, 실체성 명사를 가지는 구문 등, 매우 다양한 유형의 구문을 망라한다. '하-'가 선어말어미, 어말어미와 함께 생략되는 구문들도 확인된다.

3.5.2. 다섯 가지 '하-' 구문의 통사-의미 합성

위 3.5.1절에서는 '하-' 구문의 다양한 통사적 형식을 확인했다. 3.5.1절의 예들은 '하-'의 어휘기재항에 다수의 의미 형식을 나열하는 방식이 불합리함을 보여준다. 그러므로 여기에서는 '하-'를 위 다양한 구문에 따르는 동음이의어로 취급하지 않고, 단일한 '하-'로만 설정하고, 이러한 가정에서 의미를 기술하는 구체적 방안을 제시해 보기로 한다.

표준적 형식의미론에서의 합성성 원리 구현 방법은 이 책에서 한국어의 통사-의미 대응을 기술하는 기본 방법이다. 먼저 3.5.2.1절에서는 표준적 형식의미론에서의 합성성 원리 구현 방법을 요약하여 한국어 '하-' 구문의 통사-의미 대응 절차를 기술하는 일반적 방법을 보이려고 한다. 표준적 형식의미론의 의미 기술 형식은 '지시 층렬(RT: referential tier)'의 의미 형식으로 설정된다. 의미구조의 다른 층렬로 '기술 층렬(DT: descriptive tier)'을 설정하는데, 이는 Zwarts & Verkuyl(1994)의 '개념구조의 대수 체계'에 따른 의미 기술 형식이다. 어휘항목들이 가지는 지시 층렬, 기술 층렬의 의미 정의를 바탕으로 문장의 의미구조가 지시 층렬과 기술 층렬의 두 가지 의미 형식으로 담화 표상에 주어진 다음, 맥락에 따라 의미 형식의 수정과 조정이 진행된다고 본다. 이러한 두 층렬의 의미구조와 담화 표상의 기술 체계를 양정석(2017: 6장)에서 전개한 바 있다. 이어지는 3.5.2.2절-3.5.2.6절에서는 통사-의미 대응의 방식에 따른 '하-' 구문의 5가지 유형을 구분하여, 이들 각 유형의 기술 방안을 서술할 것이다.

3.5.2.1. 지시 층렬과 기술 층렬에서의 합성성, 통사구조의 형성

지시 층렬의 의미 형식 도출

'하-' 구문의 통사구조와 의미 표상의 대응을 이론화하는 데에 있어 지침으로 삼는 바는 프레게(G. Frege)의 합성성 원리("한 표현의 의미는 구성성분들의 의미의 함수이고, 구성성분들이 통사적으로 결합하는 방식의 함수이다.")를 준수하는 이론을 수립해야 한다는 것이다. 합성성 원리는 지시 층렬의 문장 의미의 형성에서도 준수되어야 하고 기술 층렬의 문장 의미의 형성에서도 준수되어야 한다.

Heim & Kratzer(1998)을 대표적 예로 하는 표준적 형식의미론은 지시 층렬의 의미구조 형성 이론이다. 여기에서 합성성 원리를 구현하는 방법은 이미 제1장에서 소개한 바 있다. ①-③의 세 가지 규칙이 합성성 원리를 구현하는 기본적인 메커니즘이다.[318] 여기에 대명사나 흔적을 해석하는 ④, ⑤의 규칙이 더 필요하다. ②는 ①의 형식으로 기술할 수 있으므로, 모든 언어 단위 결합의 의미를 단위 의미들의 함수로 파악하는 프레게의 합성성 원리가 구현된다.

① 함수적용규칙(FA: Functional Application)

A가 분지교점이고 B와 C가 그 딸성분(daughter)들일 경우, 모든 치할당 함수 g에 대하여, $[\![B]\!]^g$가 함수로서, 그 영역이 $[\![C]\!]^g$를 포함하면,

$[\![A]\!]^g = [\![B]\!]^g([\![C]\!]^g)$이다.

② 술어수식규칙(PM: predicate modification rule)

---

318) 지시 층렬의 의미 형식들의 타입을 다음과 같이 정의할 수 있다(T는 타입의 집합). 'e'는 개체의 타입, 't'는 진리치('참'과 '거짓'), 's'는 가능세계의 타입이다. 복합 타입의 예로, 개체로부터 진리치로 사상하는 함수의 타입은 <e,t>, 가능세계로부터 진리치로 사상하는 함수인 '명제'의 타입은 <s,t>이다.

(i) $e \in T$이다.

(ii) $t \in T$이다.

(iii) $a \in T$, $b \in T$이면 $\langle a,b\rangle \in T$이다.

(iv) $a \in T$이면 $\langle s,a\rangle \in T$이다.

A가 분지 교점이며, B와 C가 그 딸성분이고 둘 다 <e,t> 타입이면, 모든 치할당 함수 g에 대하여,

$⟦A⟧^g = \lambda x: x \in D_e. ⟦B⟧^g(x) = ⟦C⟧^g(x) = 1$이다.

③ 술어추상규칙(PA: predicate abstraction rule)

(i) A가 분지 교점이며 B_i와 C가 그 딸성분이고, B는 관계대명사나 공범주 연산자 'O'이고, $i \in N$(N은 자연수)이면, 모든 치할당 함수 g에 대하여,

$⟦A⟧^g = \lambda x: x \in D_e. ⟦C⟧^{g^{x/i}}$이다.

(ii) C가 IP 범주로서 그 내부의 흔적의 지표를 계승받은 $[_{IPj} \cdots t_j \cdots]$의 통사구조이고, $j \in N$이면, 모든 치할당 함수 g에 대하여,

$⟦C⟧^g = \lambda x: x \in D_e. ⟦C⟧^{g\ x/j}$이다.

④ 흔적 및 대명사 규칙

A가 흔적/대명사이고, g가 치할당 함수이며, $i \in dom(g)$이면,

$⟦A_i⟧^{g^{x/i}} = g^{x/i}(i)$이다.

⑤ 지표갱신치할당 규칙(assignment modification)

g가 치할당 함수이며, $i \in N$(N은 자연수)이고 $x \in D_e$라고 상정하면, $g^{x/i}$는 다음의 조건들을 만족하는 유일한 치할당 함수이다.

(i) $g^{x/i}$의 영역은 g의 영역과 {i}의 합집합이고,

(ii) $g^{x/i}(i) = x$이고,

(iii) $g^{x/i}$의 영역의 원소인 모든 j에 대해서 $j \neq i$일 때, $g^{x/i}(j) = g(j)$이다.

양상 개념의 형식화는 가능세계 변수에 대한 양화를 기본으로 한다. 이 절에서 다루는 양상 표현들의 의미 합성을 위해 다음 규칙이 추가되어야 한다.[319]

①(ii) 내포적 함수적용규칙: A가 분지 교점이고 {B, C}가 그 딸성분(daughter)들의 집합이면, 모든 가능세계 w와 치할당 함수 g에 대해서 다음이 성립한다.

$⟦B⟧^{w,g}$가 그 영역 안에 $\lambda w'. ⟦C⟧^{w',g}$를 포함하는 함수이면,

$⟦A⟧^{w,g} = ⟦B⟧^{w,g}(\lambda w'. ⟦C⟧^{w',g})$이다.

표준적 형식의미론의 양상 개념은 가능세계 변수에 대한 양화의 형식으로 기술된다. 가능세계는 현실세계로부터 접근가능성(또는 '대안성') 함수에 의해 연결되는데, 이 연결

319) ①(ii)는 ①과 같은 외연적 함수적용규칙에 가능세계 변수(w, w')를 도입하여 기준 세계 표시 및 그 변수에 대한 양화를 할 수 있도록 표현력을 확대한 것이다. 이는 3.5.2.3절에서 논의되는 양상 표현의 의미 형식을 도출하기 위하여 사용될 것이고, 그 외에는 ① 규칙이 사용된다.

과정에 '대화배경(양상기반과 순서근거)'이라는 함수가 매개한다(Kratzer 1981, 1991a). 접근가능성은 'BEST' 함수로 형식화되는데(Portner 1998, 2009), 양상기반 함수와 순서근거 함수가 각각 'circ/dox'와 'deon/boul/teleo'와 같이 표시되어 특정의 양상적 관점으로 매개함을 나타낸다. 구체적인 양상 의미 형식은 3.5.2.3절에 제시된다.

기술 층렬에서의 합성성 원리 구현

위에서 보인 의미 합성 규칙들은 기본적으로 지시 층렬의 의미 형식들을 처리하기 위한 것이다. 의미구조는 지시 층렬의 의미 형식과 함께 기술 층렬의 의미 형식을 가진다.[320] ①, ④, ⑤는 기술 층렬의 의미 합성의 원리로도 작동한다고 상정한다.[321] ③의 술어추상규칙도 영역 조건의 '$\lambda x: x \in D_e$.'를 '$\lambda x: x \in D_c$.'로 바꿔서 기술 층렬의 술어추상규칙으로 사용한다.[322] 이를 ③'이라고 지칭하기로 한다.

기술 층렬의 의미 형식을 구성하는 요소들은 '자질'과 '함수'로 나뉘어지는데, 0-자리 자질은 언제나 자질이지만 1-자리 자질('$FUNC_1$')과 2-자리 자질('$FUNC_2$')은 논항 위치가 채워져야 하는 함수이다. 자질로 표시된 'GO', 'BE', 'TO', 'AT' 등은 별도의 정의에 따라 함수 'GO(X, Y)', 'BE(X, Y)', 'TO(X)', 'AT(X)' 등과 동일시된다. 'GO', 'BE' 등은 존재론적 범주 '상황(situation)'을, 'TO'는 경로(path)를, 'AT'는 장소(place)를 이루는 함수이다. 기술 층렬의 의미 형식과 지시 층렬의 의미 형식은 그 타입 체계가 다르다. 기술 층렬에서는 대괄호를 포함하는 '[. . .]'의 형식으로 나타내는 '개념'의 타입을 'c'로, '자질(다음 '$FEAT_0$'의 원소)'의 타입을 'p'로 설정한다.[323]

(36) 가. $FEAT_0$(타입 p) = { situation, thing, property, space, place, path, ⋯, book, inho, ⋯ }

나. $FUNC_1$(타입 <c,p>) = $FEAT_1$ = { INCH, AT, ON, IN, TO, FROM,

---

320) 의미구조를 지시 층렬과 기술 층렬의 두 층렬의 형식으로 기술해야 할 필요성에 대한 논증과 기술 층렬의 의미 형식들을 형성하는 원리에 대해서는 [부록]에서 자세히 설명하였다.

321) 기술 층렬에서 양상 표현은 상황(situation) 형식에 'modal'의 자질이 연접된 형식으로 표시되어 가능세계 변수를 활용하는 ①(ii) 규칙이 필요하지 않다. 또한 제한적 수식어도 함수 형식으로 표시되므로 술어수식규칙 ②도 필요하지 않다.

322) 지시 층렬의 타입('e') 대신 다음 각주에서 설명하는 기술 층렬의 타입('c')이 사용되었다.

323) 지시 층렬의 타입 정의와 별도로, 기술 층렬의 의미 형식들의 타입을 다음과 같이 정의한다(T는 타입들의 집합). 개념의 타입 'c'와 자질의 타입 'p'를 기본 타입으로 설정한 것이다.

(i) $c \in T$이다.

(ii) $p \in T$이다.

(iii) $a \in T$, $b \in T$이면 $\langle a,b \rangle \in T$이다.

TOWARD, VIA, BY, WITH, FOR, FROM, EXCH, … }

다. $FUNC_2$(타입 <c,<c,p>>) = $FEAT_2$

= { AFF, KETUN, GO, BE, ORIENT, EXT, STAY, CS, …}

'하-'의 기술 층렬의 의미 형식은 'AFF(X, Y)'(타입 <c,<c,p>>)라고 상정한다.324) 이는 어휘의미들의 위계에서 모든 2자리 술어의 최상위에 있는 술어를 나타내는 것이다. X는 외부논항으로서 IP의 명시어로 실현되며, Y는 내부논항으로서 VP의 보충어로 실현된다고 가정한다.

의미 요소들의 집합 'FEAT'의 원소들 간에는 교(meet: ∧), 합(join: ∨), 보(complement: -)의 연산이 작동한다. 그러므로 이들을 가지는 체계 <FEAT, ∧, ∨, −, 1_F, 0_F>는 부울 대수(Boolean algebra)로서, 다음과 같은 격자 구조를 형성한다.

(37) 자질들의 격자(lattice) 구조:

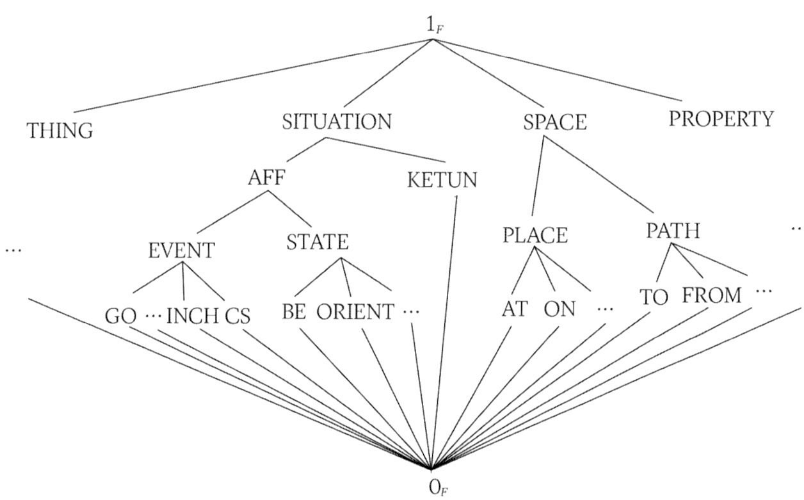

이 격자 구조에서 하위 요소 A는 상위 요소 B에 포섭된다(A < B). 이 격자 구조가

324) 이 절에서는 '하-'의 의미를 지시 층렬의 'HA'와 기술 층렬의 'AFF'로 나타내고, 그 한정적 의미는 기술 층렬의 의미 형식에 관한 일반적 제약에 따라 의미 전이가 일어난 결과라고 설명한다. 이는 김영희(1981나, 1984나)의 '포괄동사' 개념을 실행한 것이다. Jackendoff(1990), 양정석(2007: 118-120)에서는 'AFF'가 여러 가지 매개변수를 가지는 구체적 형식들(AFF^+, AFF^0, AFF^-, $REACT^+$, $REACT^0$, $REACT^-$, . . .)로 세분되어 제시되었는데, 이 절의 'AFF' 형식은 이것들과 비교되는 무표적, 중화적 의미의 형식을 나타내는 것이다. (37)의 격자 구조에서는 이 'AFF'가 사건 의미와 상태 의미의 상위 개념으로 설정되었다.

나타내는 포섭 관계의 예를 몇 가지 들면 (38)과 같다. (39)는 요소들의 복합이 가지는 포섭 관계 두 가지를 예시한 것이다. A와 자질 f의 교-연산(meet) 'A ∧ f'는 A에 포섭되는 것이다.

(38) PATH < 1_F, TO < PATH, FROM < PATH, GO < AFF …

(39) $\alpha \wedge \beta < \alpha$, $\alpha \wedge \beta < \beta$

이 형식들을 활용하여 의미적 선택제약의 관계(40)나 의미 규칙(41)을 명시할 수 있다.

(40) 기술 층렬의 의미 형식:

가. '하-'는 <c,<c,p>> 타입의 함수 'λY: Y ≼ situation ∨ Y ≼ thing. λX. AFF(X, Y)'로 설정된다.

나. '-다고'는 <c,<<c,<c,p>>,<c,p>>> 타입의 함수 'λP: P ≼ situation. λQ. λX. Q(X, [dec ∧ quo ∧ WITH(P)])'로 설정된다. 즉 왼쪽의 명제와 오른쪽의 동사를 그 논항으로 취한다.

(41) AFF는 F < AFF인 함수 F와 교-연산(∧)에 의해 결합되어야 한다.

이를 지시 층렬의 의미 형식이나 의미 규칙과 비교해 볼 만하다. (43)은 지시 층렬과 기술 층렬의 관계에 관한 약정이다.

(42) 지시 층렬의 의미 형식:

가. '하-'의 의미 형식은 'λy.λx. HA(x, y)'로 정의된다. 그 기본 타입은 <e,<e,t>> 이며, <<s,t>,<e,t>>와 <<e,t>,<e,t>>의 타입으로 전이될 수 있는 것으로 설정된다.

나. '-다고'는 타입 <<s,t>, <<<s,t>,<e,t>>,<e,t>>>의 의미 형식으로 정의된다. 즉, <s,t> 타입의 명제와 <<s,t>,<e,t>> 타입의 동사 의미를 요구한다.

$\lambda P{:}\ P \in D_{<s,t>}.\ \lambda Q{:}\ Q \in D_{<<s,t>,<e,t>>}.\ \lambda x{:}\ x \in D_e.\ Q(x, P)$

(43) 각 어휘기재항에서 지시 층렬의 의미 형식과 기술 층렬의 의미 형식은 동지표로 맺어진다. 지시 층렬의 의미 형식은 기술 층렬의 의미 형식에 의하여 구체적 의미가 주어져야 한다.

(43)은, 예를 들어, '하-'의 어휘의미구조는 지시 층렬의 'λy.λx. $HA(x, y)_i$'와 기술 층렬의 'λY.λX. $AFF(X, Y)_i$'가 동지표 'i'로 맺어짐으로써 한 어휘항목의 의미 형식들이라

는 점이 표시된다는 것을 뜻한다. 기술 층렬의 (41)과 같은 요구에 따라 구체적인 의미 형식이 형성되고, 이것이 담화 표상에 주어지면, 이 구체적 의미가 지시 층렬의 HA의 지시적 해석에 활용된다고 본다. 기술 층렬과 지시 층렬의 상호작용은 담화 표상을 바탕으로 이루어진다.

'하-' 구문의 통사구조 생성

통사구조의 생성에 관여하는 의미 형식은 기술 층렬의 의미 형식이다. 다음의 논항연결원리에 의해 통사구조의 논항들의 위치가 결정된다. 의미역 구조를 가지는 어휘 요소((44마)에서 '술어'로 지칭된 것)는 그 기술 층렬이 술어-논항 구조의 의미 형식으로 주어지는데, 이는 통사구조의 논항들의 위치를 결정하는 조건이 된다. (44마)가 의미역 기준에 해당되는 서술이다.[325]

(44) 논항연결원리

가. 작용자/반작용자나 행위자는 [DP, IP]로 연결된다.

나. 피작용자/자극이나 대상은 [DP, VP]로 연결된다.

다. 피작용자/자극과 대상이 결속되지 않고서 함께 주어지면 피작용자/자극이 우선적으로 [DP, VP]로 연결된다.

라. 그 밖의 논항, 즉 처소, 경로, 명제는 [XP, V']로 연결된다.

마. 술어가 가지는 모든 명시적 논항은 통사구조의 성분으로 일의적으로 연결되어야 한다.

통사구조는 상향식(bottom-up)으로 형성된다. 기술 층렬의 의미구조는 어휘적 의미 형식을 바탕으로, 독립적으로, 역시 상향식으로 형성된다.

기술 층렬의 '하-'의 의미 형식은 (40가)와 같이 설정되고, 이를 바탕으로 통사적 논항 구조가 형성된다.

(45) 가. 나는 오후에 나들이를 가려고 한다.

나. [$_{IP}$[$_{VP}$ 나는][$_{I'}$ 오후에[$_{VP}$[$_{CP}$ e 나들이를 가려고] <u>[$_{V}$ 하-]</u>$_{x<y>}$] [$_{I}$ Ø]]-ㄴ다.

[$_{IP}$[$_{VP}$ 나는][$_{I'}$ 오후에[$_{VP}$[$_{CP}$ e 나들이를 가려고]$_{y}$ <u>[$_{V}$ 하-]</u>$_{x<>}$] [$_{I}$ Ø]]$_{x<>}$]-ㄴ다.

---

325) 다음 논항연결원리는 기본적으로 이 책 2.2.1절에서 제시한 것과 동일하나, (라)를 더 구체적으로 서술하였다. '명제'는 연결어미절이 보충어로 실현되는 경우의 의미역이다.

'하-'의 기술 층렬의 의미 형식 'AFF(x, y)'를 바탕으로 임시적 어휘통사적 논항구조 형식 'x<y>'이 형성된다. 'x'는 외부 논항, 'y'는 내부 논항인데, 내부 논항이 '하-'의 보충어인 CP 'e 나들이를 가려고'에 할당되면 상위 교점 VP의 논항구조 형식은 'x< >'가 된다. 다시 IP의 명시어 위치에 있는 '나는'에 남아 있는 논항(외부 논항)을 할당하면 어휘적으로 '하-'가 가지는 논항들은 모두 방출되게 되어 (44마)의 '의미역 기준'을 만족하게 된다.

요컨대, 기술 층렬의 어휘의미적 정보가 통사구조의 형성에 제약을 가하며, 통사구조가 형성되어 감에 따라 기술 층렬의 의미 합성이 이루어진다. 지시 층렬의 의미 형식은 이렇게 형성된 통사구조를 바탕으로 제1장의 의미 합성 규칙들을 통해 도출된다.

3.5.2.2. '하-' 구문의 해석 I: 관형절에서의 '하-'

남기심(1973)에서 형식동사 '하-'의 구문으로 다루어졌던 (3가, 나)와 대동사 '하-'의 구문으로 다루어졌던 (4가, 나)는 하나의 구문으로 처리되어야 한다. 즉 (46)의 '하-'와 (47)의 '하-'는 단일한 동사이다. 또, (46)으로부터 '-고 하-' 삭제 변형규칙에 의해 도출되는 것으로 처리된 (46)', (47)로부터 변형규칙 아닌 형태음운론규칙 '-고' 탈락, '하-' 탈락이 적용되어 얻어진 문장으로 처리된 (47)'도 모두 형태음운론규칙 '-고' 탈락, '하-' 탈락이 적용된 것으로 기술해야 한다.

(46) 가. 죄수가 탈주했다고 하는 사실이 밝혀졌다.
　　나. 멧돼지가 지나갔다고 하는 흔적이 포수들을 긴장시켰다.
(47) 가. 우리나라가 우승한다고 하는 가능성이 점점 현실화하고 있다.
　　나. 난관을 극복하겠다고 하는 용기가 가상하다.
(46)' 가. 죄수가 탈주했다는 사실이 밝혀졌다.
　　나. 멧돼지가 지나갔다는 흔적이 포수들을 긴장시켰다.
(47)' 가. 우리나라가 우승한다는 가능성이 점점 현실화하고 있다.
　　나. 난관을 극복하겠다는 용기가 가상하다.

보문관형절에 관한 주요 쟁점은 (46)과 같은 예들의 '하-'가 의미 없는 형식 요소로서 통사적 변형 과정에서 도입되어야 하는지 여부이다. 남기심(1973)의 변형적 처리의 근거는 이들 예에서 '하는'의 주어가 없다는 점, '하는' 외의 다른 활용형 '할, 한'이 대체될 수 없다는 점('*죄수가 탈주했다고 할/할 사실'), 주체존대의 '하시는'이 불가능하다는 점

('*죄수가 탈주했다고 하시는 사실') 등이다. 김영희(1981나: 177)에서는 해당 구문의 포괄동사 '하-'가 단언서술어로서의 의미와 내포동사로서의 의미를 아울러 가진다고 주장했다. 내포동사는 '내포 관계(또는 '동격 관계')'를 나타낸다고 하고, '이 책 값이 만원입니다/만원 됩니다'의 '이다', '되다'를 '하다'와 함께 내포동사의 예로 들었다. 이 절에서는 이러한 견해를 바탕으로 그 의미 기술을 시도한다. '-다고'와 '사실/흔적'의 양방향에서 '하-'의 의미에 대한 제약이 부과되는데, 이로부터 얻어진 '하-'의 전이 의미는 추정('*죄수가 탈주했다고 할 사실')이나 완료('*죄수가 탈주했다고 한 사실'), 주체존대('*죄수가 탈주했다고 하시는 사실')의 의미와 양립할 수 없고, '사실', '흔적'이 '하는'의 의미상 주어에 해당하므로 주어가 명시되는 것이 제약된다.

우리의 주요 해명 과제는 '죄수가 탈주했다고 하는 사실'('CP 하는 사실')과 '죄수가 탈주한 사실'('CP 사실')의 통사구조가 다르고, 그러함에도 불구하고 그 의미 형식이 유사하다는 점을 보이는 것이다.[326] 두 구문의 통사구조의 차이는 (48)과 같다. 전자는 관계관형절의 구조,[327] 후자는 보문관형절의 구조이다.

(48) '죄수가 탈주했다고 하는 사실'과 '죄수가 탈주한 사실'의 통사구조의 차이:

가. $[_{CP}$ O_i $[_{IP}$ t_i $[_{VP}$ $[_{CP}$ 죄수가 탈주하-었-다고] 하-]-Ø-]-는] $[_{NP}$ 사실]

나. $[_{NP}$ $[_{CP}$ 죄수가 탈주하-었-는] 사실]

(48)의 통사구조를 바탕으로, 그 의미 형식이 도출되는 절차를 보이기로 한다. 어휘항목으로서의 '하-', '-다고', '사실'의 의미 형식은 다음과 같다. (48가) 에서의 '하는'은 (49다)에 따라 '나타내는/가리키는/뜻하는'의 뜻으로 조정된다. 명사 '사실'은 일반명사로서의 쓰임과 함께 보문명사로서의 쓰임을 아울러 가진다고 상정한다. '-다고'의 의미 형식은 그 논항 중의 하나('Q')가 <<s,t>,<e,t>> 타입의 동사일 것을 요구한다. '사실'의 일반명사로서의 쓰임은 의미 형식의 일부로 주어진 '∃P'에 의해서 'P'가 존재함을 함의의 형식으로 나타내고, 보문명사로서의 쓰임은 영역 조건 안의 '∃P'에 의해서 'P'의 존재가 전제됨을 나타낸다.

(49) 가. '하-': λy. λx. HA(x, y), 여기에서 HA의 해석은 (43)에 의거, 언어적 문맥, 화용적 맥락에 따라 조정됨.

326) 남기심(1973)에서 두 표현을 변형으로 연관지은 것은 두 표현의 의미가 동일함을 전제한 것이다. 필자의 입장은 두 의미가 동일하지는 않다는 것이다.

327) 기본적으로 이것과 같은 관계관형절 구조를 김영희(1981나)에서 상정한 바 있다.

나. '-다고': 타입 $<<s,t>,<<<s,t>,<e,t>>,<e,t>>>$

$\lambda P: P \in D_{<s,t>}.\ \lambda Q: Q \in D_{<<s,t>,<e,t>>}.\ \lambda x: x \in D_e.\ Q(x, P)$

다. '사실^{1}'(일반명사): 타입 $<e,t>$ $\lambda x.\ \exists P_{<s,t>}.\ x = \text{사실}\ \&\ MEANS(x, P)$.

'사실^{2}'(보문명사): 타입 $<<s,t>,<e,t>>$ $\lambda P: P \in D_{<s,t>}\ \&\ \exists P.\ \lambda x.\ x = \text{사실}\ \&\ MEANS(x, P)$.

'-다고'의 의미 형식은 그 오른쪽의 '하-'를 비롯한 동사들의 의미를 논항의 하나로 취하는 것으로 설정되었다. 위 3.5.1절의 논의는 그 왼쪽에 위치하는 보충어의 다양한 통사적 형식들을 '하-'가 선택제약하는 것으로 기술할 수 없다는 점을 보인 것이다. 그러나, 반대로, '-다고'를 비롯한 '종결어미+고'의 형식이 그 왼쪽의 보충어와 그 오른쪽의 동사들을 선택제약하는 것으로 실행하는 것은 타당하다. '하-'는 포괄동사의 의미 'HA'로 설정된 다음, 전후 맥락에 따라 구체적 의미로 조정되는 것으로 설명한다.

이제 (48)에 보인 두 통사구조의 의미가 어떻게 도출되는지 보이기로 한다. 먼저 (48가)의 구조는 다음과 같은 절차에 따라 해석된다.

(50) '죄수가 탈주했다고 하는 사실'의 해석 절차(RT):

$[_{CP}\ O_i\ [_{IP}\ t_i\ [_{VP}\ [_{CP}$ 죄수가 탈주하-었-다고] 하-]-Ø-]-는] $[_{NP}$ 사실] (통사구조)

⟦ 죄수가 탈주하-었- ⟧ = $\lambda w.$ 죄수가-탈주하였다'$_{<s,t>}$

⟦ 죄수가 탈주하-었-다고 ⟧ =

$[\lambda P: P \in D_{<s,t>}.\ \lambda Q: Q \in D_{<<s,t>,<e,t>>}.\ \lambda x: x \in D_e.\ Q(x, P)](\lambda w.$ 죄수가-탈주하였다'$_{<s,t>})$ (IFA)

$[\lambda Q: Q \in D_{<<s,t>,<e,t>>}.\ \lambda x: x \in D_e.\ Q(x, \lambda w.$ 죄수가-탈주하였다'$)]$ (λ-전환)

⟦ 죄수가 탈주하-었-다고 하- ⟧ =

$[\lambda Q: Q \in D_{<<s,t>,<e,t>>}.\ \lambda x: x \in D_e.\ Q(x, \lambda w.$ 죄수가-탈주하였다'$)]$(하-'$_{<e,<e,t>>}$) (FA)

$[\lambda Q: Q \in D_{<<s,t>,<e,t>>}.\ \lambda x: x \in D_e.\ Q(x, \lambda w.$ 죄수가-탈주하였다'$)](HA_{<<s,t>,<e,t>>})$ (타입 전이)

$[\lambda x: x \in D_e.\ HA(x, \lambda w.$ 죄수가-탈주하였다'$_{<s,t>})]$ (λ-전환)

⟦ $[_{CP}\ O_i\ [_{IP}\ t_i\ [_{VP}\ [_{CP}$ 죄수가 탈주하-었-다고] 하-]-Ø-]-는] ⟧ =

$\lambda x: x \in D_e.\ HA(x, \lambda w.$ 죄수가-탈주하였다'$)$ (④, ⑤, FA, PA)

⟦ $[_{CP}\ O_i\ [_{IP}\ t_i\ [_{VP}\ [_{CP}$ 죄수가 탈주하-었-다고] 하-]-Ø-]-는] $[_{NP}$ 사실^{1}] ⟧ =

$\lambda x: x \in D_e.\ \exists P_{<s,t>}.\ [x = \text{사실}\ \&\ HA(x, \lambda w.$ 죄수가-탈주하였다'$)\ \&\ MEANS(x, P)]$ (PM)

'죄수가 탈주하였다고 하는 사실'의 타입은 <e,t>로서, 일반명사나 다름없다. 여기에서 '하는'은 (49다)에 따라 '나타내는/가리키는/뜻하는'의 뜻으로 조정된다. 이를 위해서는 담화표상에 위 의미 형식이 지시 층렬로 기록됨과 함께, 독립된 절차에 따른 기술 층렬의 의미 형식이 기록된 것을 근거로, 담화화용적 의미 해석 절차가 후속되어야 한다.

(51) λx: $x \in D_e$.$\exists P_{<s,t>}$.[x = 사실 & HA(x, λw. 죄수가-탈주하였다') & MEANS(x, P)]
λx: $x \in D_e$. $\exists P_{<s,t>}$. [x = 사실 & HA(x, λw. 죄수가-탈주하였다') & MEANS(x, P)
& P = 죄수가-탈주하였다'] (담화화용론적 해석)

'-고'와 '하-'가 형태음운론적으로 생략되는 다음 문장의 예도 이상과 같은 방법으로 설명된다. 여기에서 '하-'가 음운론적으로 실현되지는 않지만, 위에서 설명한 것과 동일한 '하-'의 통사, 의미를 가진다.

(52) 가. 죄수가 탈주했다는 사실이 밝혀졌다.
나. 죄수가 탈주했다-$Ø_{고}$ $Ø_{하}$-는 사실이 밝혀졌다.

이것과 비교되는, '하-'를 갖지 않는 관형절은 보문의 구조를 가진다. (48나)의 통사구조를 바탕으로, 어떠한 절차를 거쳐 그 의미 형식이 도출되는지 보이기로 한다. 이 경우의 피수식어 '사실'(위에서의 '사실^{2}')은 보문명사이다.

(53) '죄수가 탈주한 사실이 밝혀졌다.'의 해석 절차(RT):
[$_{CP}$ [$_{NP}$ [$_{CP}$ 죄수가 탈주하-었-는] 사실]이 [$_{VP}$ 밝혀지-]-었-다]
⟦ [$_{CP}$ 죄수가 탈주하-었-는] ⟧ = λw. 죄수가-탈주하였다'$_{<s,t>}$
⟦ [$_{CP}$ 죄수가 탈주하-었-는] 사실^{2} ⟧ =
[λP: $P \in D_{<s,t>}$. λx. x = 사실 & MEANS(x, P)](λw. 죄수가-탈주하였다') (①(ii)의 IFA)
[λx. x = 사실 & MEANS(x, λw. 죄수가-탈주하였다')] (λ-전환)

마지막 행에 주어진 의미 형식은 위 (51)에 주어진 의미 형식과 유사하다.[328]

정리하면, 'CP 하는 사실'과 'CP 사실'의 의미가 유사한 것은 '사실'을 비롯한 보문명사의 작용이다.[329] (48가)와 (48나) 두 구조의 의미 동일성을 주장한 남기심(1973)에서

328) '사실^{2}'의 영역 조건(전제)으로 주어진 '$\exists$P'의 사실은 마지막 행에는 나타나지 않았지만 담화 표상에 기록된다(양정석 2017: 326-331).

도 관형절의 피수식 명사가 ‘사실’류 아닌 ‘소문, 연락, 얘기, 보도, . . .’일 경우에는 ‘CP 하는 N’과 ‘CP N’의 의미의 동일성을 주장하지 않았음을 상기할 필요가 있다. 이들 명사는 ‘사실^{2}’에 상응하는 어휘부의 기술을 갖지 않는다.[330]

이상은 지시 층렬에서의 의미 해석 절차를 보인 것이다. 기술 층렬에서는 상황(situation), 사물(thing), 장소(place), 경로(path)의 모든 의미 범주가 타입 p로 규정된다. 상황은 <c,p>, <c,<c,p>> 타입일 수 있고, 처소와 경로는 <c,p> 타입일 수 있다. 다음은 (48가)의 기술 층렬의 의미구조가 형성되는 절차이다.

(54) 가. ‘하-’: 타입 <c,<c,p>>, $\lambda Y: Y \preccurlyeq situation \vee Y \preccurlyeq thing.\ \lambda X.\ AFF(X, Y)$

나. ‘-다고’: 타입 <c,<<c,<c,p>>,<c,p>>>, $\lambda P: P \preccurlyeq situation.\ \lambda Q.\ \lambda X.\ Q(X, [dec \wedge quo \wedge WITH(P)])$

다. ‘사실^{1}’(일반명사): 타입 <<c,p>,<c,p>>, $\lambda P: P \in D_{<c,p>}.\ \lambda X.$ 사실 * P(X)

‘사실^{2}’(보문명사): 타입 <c,p>, $\lambda P: P \in D_{c}$. 사실 * P

(55) ‘죄수가 탈주했다고 하는 사실’의 기술 층렬 도출(DT):

$[_{I'}$ 죄수가 탈주하-었-]: [perfect ∧ 탈주하다(죄수)] (perfect: 완료상의 의미)

$[_{CP}$ 죄수가 탈주하-었-다고]: [dec ∧ quo ∧ [WITH[perfect ∧ 탈주하다(죄수)]]]

$[_{VP}$ $[_{CP}$ 죄수가 탈주하-었-다고] 하-] :

λX. [AFF(X, [dec ∧ quo ∧ [WITH[perfect ∧ 탈주하다(죄수)]]])] (FA)

$[_{CP}$ O_i $[_{IP}$ t_i $[_{VP}$ $[_{CP}$ 죄수가 탈주하-었-다고] 하-]-Ø-]-는] :

λY. [AFF(Y, [dec ∧ quo ∧ [WITH[perfect ∧ 탈주하다(죄수)]]])] (술어 추상)

$[_{NP}$ $[_{CP}$ O_i $[_{IP}$ t_i $[_{VP}$ $[_{CP}$ 죄수가 탈주하-었-다고] 하-]-Ø-]-는]$[_{NP}$ 사실^{1}]]] :

λX. 사실*[AFF(X, [dec ∧ quo ∧ [WITH[perfect ∧ 탈주하다(죄수)]]])] (FA)

λX. 사실*[AFF(X, C) ∧ C = [dec ∧ quo ∧ [perfect ∧ 탈주하다(죄수)]]] (추론규칙)

329) 두 구문의 의미가 같다는 전제에서 둘을 변형규칙을 통해서 연관지은 것이 남기심(1973)의 처리였는데, 그 변형규칙(‘완형보문의 불구보문 관형수식구화 변형규칙’)의 핵심 조건은 보문명사가 ‘사실, 흔적, 것, 약점, 욕심, 이점, 결심, 목적’일 때라는 것이었다. 이들 보문명사가 통사적 변형규칙의 조건이 될 만한 문법적 자연군을 이루지 못한다는 점은 그 변형규칙의 성립을 부정하는 근본적 이유가 된다. 자세한 논의는 양정석(2010: 154-161) 참조.

330) 다음이 남기심(1973)에서 ‘사실’류와 다른 보문명사로 제시한 예인데, 이들 명사는 기본적으로 보문명사 아닌 일반명사로서, 관계관형절의 구조에서 실현된다: 소문, 낭설, 소식, 연락, 질문, 불안(감), 얘기, 보도, 헛소문, 보고, 오보, 정보, 문제, 독촉, 명령, 의미, 전언, 농담, 고백, 예감, 눈짓, 이론, 말, 설명, 믿음, 이유, 인상

마지막 행은 담화 표상에 주어진 기술 층렬을 바탕으로 다음과 같은 일반적 규칙(추론 규칙)이 작용하여 도출된 것으로 본다.

(56) 추론규칙: AFF(A, [dec ∧ quo ∧ [WITH[P]]]) ⇒
AFF(A, C) ∧ C = [dec ∧ quo ∧ P]

(48나)의 기술 층렬의 의미구조는 다음과 같이 도출된다.

(57) '죄수가 탈주한 사실'의 기술 층렬 도출(DT):
$[_{CP}$ 죄수가 탈주하-었-는] : [perfect ∧ 탈주하다(죄수)]
$[_{NP}[_{CP}$ 죄수가 탈주하-었-는] 사실^2] : 사실*[perfect ∧ 탈주하다(죄수)] (FA)

(48가)와 (48나) 두 구조의 의미의 유사성은 기술 층렬보다는 지시 층렬의 의미 형식에서 더 뚜렷이 드러난다.

3.5.2.3. '하-' 구문의 해석 II: 연결어미/종결어미/'종결어미+인용 조사'와 공존하는 '하-'

앞의 (10), (11)의 예문들은 다양한 종류의 연결어미들이 '하-'와 공존함을 보여주는데, 이 경우에도 통사구조에서 이들 연결어미의 절은 상위절 동사 '하-'의 보충어 위치에 놓인다고 설정한다. 그러나 그 의미적 관계에 있어서는 머리성분(head)이 그 보충어에 대해 선택제약을 부과하는 일반적 의미 관계를 상정하기가 극히 곤란하다.

이 절의 방안은 '-으려고', '-어야', '-듯이', '-고자', '-도록', '-기로', '-고는', '-으면', '-을락말락', '-을까말까' 등의 연결어미가 통사적 보충어의 범위를 넘어서 인접 동사에 대한 의미론적 제약을 가진다고 기술하는 것이다. 이들 연결어미는 양상 의미를 가진다는 점에서 공통되며, 그 인접 동사가 양상 의미를 나타내는 양상 동사일 것을 요구하는 특징을 가진다. 다음의 의미 형식은 연결어미가 선행절의 내용과 인접 동사의 내용을 논항으로 취하며, 특히 내포 동사이어야 한다는 제약(지시 층렬(RT)에서)을, 또는 '의도하다'류의 양상 동사이어야 한다는 제약(기술 층렬(DT)에서)을 부과한다.[331]

---

331) '의도하다'로 나타낸 것은 '의도'의 양상 의미를 나타내는 동사의 어휘의미구조를 표시한 것으로 가정한다. 개념의미론(Jackendoff 1990)의 의미 기술 체계에 따른 이 동사 의미의 형식화가 주어져야 한다. 양정석(2017)에서는 이 동사 의미에 대한 제약을 지시 층렬의 의미 함수에 영역 조건으로 표시하였지만 이는 적합하지 않다. 여기에서는 이를 기술 층렬에 표시한다.

(58) '-으려고'의 어휘부 기술

RT: ⟦ -으려고 ⟧ ^{w} = $\lambda P: P \in D_{<s,t>}. \lambda Q: Q \in D_{<<s,t>,<e,t>>}. \lambda x: x \in D_e.$

$\forall w'[w' \in BEST(intend/circ, stereo/scheduled, w) \rightarrow P(w')] \& Q(x, P)$

DT: $\lambda P_c: P \preccurlyeq situation. \lambda Q_{<c,<c,p>>}: Q \preccurlyeq$ 의도하다. $\lambda X_c.[intend \wedge Pi \wedge Q(X, i)]$

양상 의미는 현실 세계로부터 가능세계로의 접근가능성을 뜻하는 BEST 함수의 내부에 매개적 함수로서의 양상기반 함수('intend/circ')와 순서근거 함수('stereo/scheduled')를 차례로 표시하여 나타내었다.332)

(59)의 통사구조를 바탕으로 한 지시 층렬의 의미 도출 절차를 보이면 (60)과 같다.

(59) '나는 오후에 나들이를 가려고 한다'의 통사구조:

[나는 [$_{VP}$[$_{CP}$[e 오후에 나들이를 가-]-으려고] 하-]-ㄴ다]

(60) RT에서의 의미 도출 절차:

[e 오후에 나들이를 가-] : 나-오후에-나들이를-간다'

[$_{VP}$[$_{CP}$[e 오후에 나들이를 가-]-으려고] 하-] :

[$\lambda P: P \in D_{<s,t>}. \lambda Q: Q \in D_{<<s,t>,<e,t>>}$ & Q는 '시도하-'류의 관계. $\lambda x: x \in D_e.$ $\forall w'[w' \in BEST(intend/circ, stereo/scheduled, w) \rightarrow P(w')] \& Q(x, P)$](나-오후에-나들이를-간다')($HA_{<e,<e,t>>}$) (FA)

$\lambda Q: Q \in D_{<<s,t>,<e,t>>}. \lambda x: x \in D_e. \forall w'[w' \in BEST(intend/circ, stereo/scheduled, w) \rightarrow$ 나-오후에-나들이를-간다'(w')] & Q(x, 나-오후에-나들이를-간다')]($HA_{<e,<e,t>>}$) (λ-전환)

$\lambda Q: Q \in D_{<<s,t>,<e,t>>}. \lambda x: x \in D_e. \forall w'[w' \in BEST(intend/circ, stereo/scheduled, w) \rightarrow$ 나-오후에-나들이를-간다'(w')] & Q(x, 나-오후에-나들이를-간다')]($HA_{<<s,t>,<e,t>>}$) ('하-'의 타입 전이)

$\lambda x: x \in D_e. \forall w'[w' \in BEST(intend/circ, stereo/scheduled, w) \rightarrow$ 나-오후에-나들이를-간다'(w')] & HA(x, 나-오후에-나들이를-간다') (λ-전환)

$\lambda x: x \in D_e. \forall w'[w' \in BEST(intend/circ, stereo/scheduled, w) \rightarrow$ 나-오후에-

332) 양상기반과 순서근거의 개념은 Kratzer(1981, 1991a)로부터 비롯되는데, 양정석(2017: 95-105)에서는 이를 수정하여 양상기반 함수를 인식(epist), 믿음(dox), 의도(intend), 정황(circ)의 4개로 설정하고, 인식 양상기반에 전형성(stereo), 능력(able), 예정scheduled)의 순서근거 함수를, 믿음 양상기반에 유사함(simil), 요망(boul)의 순서근거 함수를, 의도 양상기반에 전형성(stereo), 예정(scheduled) 순서근거 함수를, 그리고 정황 양상기반에 의무(deon), 요망(boul), 목적(teleo), 능력(able), 기회(oppor), 의지적 성향(vol_dispo), 비의지적 성향(nonvol_dispo), 기대에 부합됨(expected), 예정(scheduled) 순서근거 함수를 설정했다(제6장에서 상론함). 괄호 안에 표시된 로마자의 약호가 이후에 제시되는 양상 의미 형식의 'BEST' 함수 안에 사용된다.

나들이를-간다'(w')] & 의도하다'$_{<<s,t>,<e,t>>}$(x, 나-오후에-나들이를-간다')

('하-'의 의미 조정)

동사에 대해서는 <<s,t>,<e,t>> 타입일 것을 요구한다. 이에 따라 '하-'의 타입이 <e,<e,t>>에서 <<s,t>,<e,t>>로 전이되어 요구를 충족시킨다. 이 타입은 명제를 그 보충어의 의미로 가지는 내포 동사 '의도하-', '생각하-', '말하-' 등을 지적한 것이다. 마지막 행의 '하-'의 의미 조정은 담화 표상에서 기술 층렬의 의미 형식을 아울러 참조하여 이루어지는 것으로 본다. 기술 층렬에서도 유사한 도출 절차를 확인할 수 있다.

(61) DT에서의 의미 도출 절차:

[e 오후에 나들이를 가-] : [오후에-나들이가다([나])]

[$_{VP}$[$_{CP}$[e 오후에 나들이를 가-]-으려고] 하-] : λP_c: P ⩽ situation. $\lambda Q_{<c,<c,p>>}$: Q ⩽ 의도하다. λX_c. [intend ∧ Pi ∧ Q(X, i)]([오후에-나들이가다([나])]$_c$)

(AFF$_{<c,<c,p>>}$) (FA)

λX_c. [intend ∧ [오후에-나들이가다([나])]i ∧ AFF(X, i)] (λ-전환)

λX_c.[intend∧[오후에-나들이가다([나])]i ∧ 의도하다(X, i)] ('하-'의 의미 조정)

이 외의 (10)의 연결어미 및 연결어미에 준하는 단위들도 지시 층렬에서 '-으려고'와 유사한 방법으로 형식화할 수 있다. 이들은 모두 양상의 표현으로서, 지시 층렬에서는 양상기반과 순서근거 함수를 포함한 'BEST' 함수를 매개로 기술된다. 기술 층렬에서는 상응하는 양상 자질들로 표시된다.

(62) 가. '-어야': 학생은 열심히 공부해야 한다. (=(10가))

RT: ⟦ -어야 ⟧^{w} = λP: $P \in D_{<s,t>}$. λQ: $Q \in D_{<<s,t>,<e,t>>}$. λx: $x \in D_e$.

∀w'[w' ∈ BEST(circ, deon/boul/teleo, w) → P(w')] & Q(x, P)

DT: λP_c: P⩽situation. $\lambda Q_{<c,<c,p>>}$: Q ⩽ 마땅하다. λX_c. [deontic∧Pi ∧ Q(X, i)]

나. '-었으면': 나는 그를 만났으면 한다. (=(10차))

RT: ⟦ -었으면 ⟧^{w} = λP: $P \in D_{<s,t>}$. λQ: $Q \in D_{<<s,t>,<e,t>>}$. λx: $x \in D_e$.

∀w'[w' ∈ BEST(dox, boul, w) → P(w')] & Q(x, P)

DT: λP_c: P ⩽ situation. $\lambda Q_{<c,<c,p>>}$: Q ⩽ 원하다. λX_c. [bouletic∧ Pi ∧ Q(X, i)]

다. '-고자': 그는 어떻게든 징집에서 빠지고자 하였다. (=(10라))

RT: ⟦ -고자 ⟧^{w} = λP: $P \in D_{<s,t>}$. λQ: $Q \in D_{<<s,t>,<e,t>>}$. λx: $x \in D_e$.

$\forall w'[w' \in BEST(intend, stereo, w) \rightarrow P(w')] \& Q(x, P)$

DT: λP_c: P ≼ situation. $\lambda Q_{<c,<c,p>>}$: Q ≼ 의도하다. λX_c. [intend ∧ Pi ∧ Q(X, i)]

라. '-기로': 우리는 아미 문화촌을 찾기로 하였다. (=(10아))

RT: ⟦-기로⟧^{w} = $\lambda P: P \in D_{<s,t>}. \lambda Q: Q \in D_{<<s,t>,<e,t>>}. \lambda x: x \in D_e$.

$\forall w'[w' \in BEST(intend, stereo/scheduled, w) \rightarrow P(w')] \& Q(x, P)$

DT: λP_c: P≼situation. $\lambda Q_{<c,<c,p>>}$: Q≼예정하다. λX_c. [secheduled ∧ Pi ∧ Q(X, I)]

마. '-을까말까': 지금 갈까말까 하는 중이다. (=(10파))

RT: ⟦-을까말까⟧^{w} = $\lambda P: P \in D_{<s,t>}. \lambda Q: Q \in D_{<<s,t>,<e,t>>}. \lambda x: x \in D_e$.

$\forall w'[w' \in BEST(dox, hesitative, w) \rightarrow P(w')] \& Q(x, P)$

DT: λP_c: P≼situation. $\lambda Q_{<c,<c,p>>}$: Q≼생각하다. λX_c. [hesitative∧Pi ∧ Q(X, i)]

종결어미로 분류되는 (20)의 '-을까/나/는가/거니/으려니/느니'도 상위절 동사에 의미적 제약을 부과하는 특성이 있다. 문장 말미에서 종결어미로 사용되는 경우에는 그 동사에 대한 제약을 갖지 않을 뿐, 그 양상 의미는 동일하다.

(63) 가. '-을까/는가/나': 나는 내일 제주도에 갈까 한다/철 늦은 눈이 내리는가 한다/철 늦은 눈이 내리나 한다.

RT: ⟦-을까⟧^{w} = $\lambda P: P \in D_{<s,t>}. \lambda Q: Q \in D_{<<s,t>,<e,t>>}. \lambda x: x \in D_e$.

$\forall w'[w' \in BEST(dox/intend, dubi/stereo, w) \rightarrow P(w')] \& Q(x, P)$

DT: λP_c: P≼ situation. $\lambda Q_{<c,<c,p>>}$: Q ≼ 생각하다. λX_c.[dubi ∧ Pi ∧Q(X, i)]

나. '-거니/려니': 그 사람이 나를 오해했거니 했다/나한테도 선물을 주려니 했다.

RT: ⟦-거니⟧^{w} = $\lambda P: P \in D_{<s,t>}. \lambda Q: Q \in D_{<<s,t>,<e,t>>}. \lambda x: x \in D_e$.

$\forall w'[w' \in BEST(dox, stereo, w) \rightarrow P(w')] \& Q(x, P)$

DT: λP_c: P≼situation. $\lambda Q_{<c,<c,p>>}$:Q≼생각하다. λX_c.[conjec∧ Pi ∧ Q(X, i)]

3.5.2.2절에서는 '-다고'를 가지는 '하-' 구문이 관형절로 안기는 경우의 의미 해석 문제를 다루었다. 즉 위에서 다룬 ''하-' 구문 I'은 ''하-' 구문 II'의 형식을 그 안에 안고 있는 것이다. '-다고'를 비롯한 '종결어미+인용 조사'의 형식은 이 절에서 논의한 연결어미, 종결어미와 같은 통사·의미적 특징을 가진다. 특히, 각 형식은 (64)'에서 보는 것처럼 인접 동사들을 특정 부류로 한정하는 특성을 가진다는 점에서 위 연결어미, 종결어미들과 공통된다.

(64) 가. 그는 인호가 성실하다고 하였다.
　　나. 그는 단풍이 들었더라고 하였다.
　　다. 그는 영업 실적이 향상되리라고 하였다.
　　라. 그는 인호가 집에 들어왔느냐고 하였다.
　　마. 그는 나에게 자기를 숨겨달라고 하였다.
　　바. 그는 나에게 영화 구경을 가자고 하였다.
　　사. 그는 아내에게 천주교를 믿으마고 하였다.

(64)' 가. -다고: 하다, 말하다, 진술하다, 술회하다, 생각하다, 믿다, . . .
　　나. -더라고: 하다, 회상하다, 보고하다, 전하다, . . .
　　다. -으리라고: 하다, 추측하다, 추정하다, 짐작하다, 예상하다, . . .
　　라. -느냐고: 하다, 묻다, 질문하다, . . .
　　마. -으라고: 하다, 명령하다, 요구하다, 부탁하다, 요청하다, . . .
　　바. -자고: 하다, 제안하다, 제의하다, . . .
　　사. -으마고: 하다, 약속하다, 확약하다, . . .

(64)'의 동사들은 모두 내포 동사이므로, '-다고, -더라고, . . .' 등의 지시 층렬 의미 정의에는 이들이 $<<s,t>,<e,t>>$ 타입이어야 한다는 요구 조건이 영역 조건으로 설정되어야 한다. 그러나 기술 층렬에서는 '-다고, -더라고, . . .' 각각이 가지는 의미 자질의 다름으로 인하여 내포동사들의 의미에 상응하는 의미 형식이 산출되게 된다. (64라)의 '-느냐고'의 의미 형식만을 대표로 제시한다.[333)]

(65) RT: $[\![\text{-느냐고}]\!]^{w} =$
$\lambda P: P \in D_{<s,t>}.\ \lambda Q: Q \in D_{<<s,t>,<e,t>>}.\ \lambda x: x \in D_e.\ \forall w'[w' \in \text{BEST}(dox, dubi, w) \rightarrow P(w')]\ \&\ Q(x, P)$
DT: $\lambda P_c: P \preccurlyeq situation.\ \lambda Q_{<c,<c,p>>}: Q \preccurlyeq \text{묻다}.\ \lambda X_c.\ [dubi \wedge Pi \wedge Q(X, i)]$

양상 의미를 가지는 연결어미, 종결어미의 인접 동사에 대한 제약을 양정석(2017)에서는 지시 층렬 의미 형식이 가지는 영역 조건의 일부로 기술했으나, 여기에서는 영역 조건으로 타입에 대한 조건만을 설정하고, 동사의 의미 부류에 대한 제약은 기술 층렬에서 기술하는 것으로 방침을 바꾸었다. 지시 층렬의 의미 형식은 진리치 의존의 형식이기

333) 양정석(2017: 258)에서 '-느냐고'를 믿음-회의의 양상 의미를 가지는 의미 형식으로 기술한 바 있다. 양정석(2017: 267)에는 '-으라고', '-자고', '-으마고'도 의도-전형성의 양상 의미를 가지는 의미 형식으로 기술했다.

때문이다.

3.5.2.4. '하-' 구문의 해석 III: 구문규칙의 설정을 필요로 하는 '하-'

다음의 두 문장을 양정석(2002: 539, 2010: 370, 2014: 139-140) 등에서는 각각 타동사 구문과 자동사 구문의 결과 구문으로 보아, '구문규칙'('부가어 대응규칙')이라는 형식으로 기술한 바 있다. 다음 두 문장의 통사구조를 바탕으로, 어떤 절차에 따라 두 층렬의 의미 형식들이 도출되는지 보이기로 한다.

(66) 가. 벤투 감독은 손흥민을 뛰게 했다.
　　나. 벤투 감독은 손흥민이 뛰게 했다.

여기에서는 기술 층렬의 의미 형식이 도출되는 과정을 중심으로 보인다. (67)과 (68)은 타동사 구문의 결과구문규칙과, 이러한 형식의 구문규칙에서 통사구조의 성분들과 그 구문적 의미가 대응되는 절차이다. (66가)의 통사구조에 구문규칙 (67)이 적용되는 절차는 (69)와 같다. VP 부분의 해석 절차만을 보인다.[334]

(67) 결과구문규칙(타동사 구문)
$[_{VP}\ DP_j\ [_{V'}\ XP_k\ V_h\ ]] \longleftrightarrow \lambda H{:}\ H \in D_{<c,<c,p>>} \wedge H \preccurlyeq_F AFF.\ \lambda Z_k.\ \lambda Y.\ \lambda X.$
$[CS(X, [\ ident/circ \wedge GO(Y_j, [\ Z_k\ ])]) * [BY[AFF(X,\ Y) \wedge H(Y)(X)]\ ]_h$

(68) 구문 의미와 통사적 성분의 대응:
구문규칙의 통사적 구성성분들 중 머리성분 표시 성분('h'를 가진 성분)에 대응하는 의미 형식이 제일 먼저 함수적용규칙에 따라 취해지고, 그 결과의 의미 형식이 통사구조의 h-표시된 머리성분의 의미 형식으로 주어진다. 이 머리성분이 '술어'가 되어 이 의미 형식을 바탕으로 논항연결원리의 적용을 받는다.

(69) '손흥민을 뛰게 하-'의 해석 절차:
가. $[_{VP}\ DP_j\ [_{V'}\ XP_k\ [_V$ 하-$]_h\ ]] \longleftrightarrow [\lambda H{:}\ H \in D_{<c,<c,p>>} \wedge H \preccurlyeq_F AFF.\ \lambda Z_k.$

334) 양정석(2014: 140)에서는 (67)의 결과구문규칙이 다음 예들에도 적용된다고 보았다. 앞에서 (25다)로 들었던 (d)의 예도 이 규칙으로 설명된다.
a. 인호가 벽을 하얗게 칠했다.
b. 인호가 경애를 친구로 만들었다.
c. 그는 맥주를 차갑게 했다.
d. 그는 항상 주변을 깨끗이 한다. (=(25다))
규칙의 의미구조 부분의 형식은 수정 및 조정을 거쳐 양정석(2014: 140)에서와 다소 달라졌다. <e,<e,E>>로 나타냈던 타입 표시를 이 책([부록])의 표기법에 따라 <c,<c,p>>로 바꾸었다.

$\lambda Y.\ \lambda X.\ CS(X, [\ ident/circ \wedge GO(Y_j, [Z_k])]) * [BY[AFF(X, Y) \wedge$
$H(Y)(X)]\ ]_h(\lambda Y.\lambda X.\ AFF(X, Y))$

((67), FA: '하-'의 의미가 논항으로 취해짐)

나. $[\lambda Z_k.\ \lambda Y.\ \lambda X.\ CS(X, [\ ident/circ \wedge GO(Y_j, [Z_k])]) * [BY[AFF(X, Y) \wedge$
$\lambda Y.\lambda X.\ AFF(X, Y)(Y)(X)]\ ]_h$ (λ-전환)

다. $[\lambda Z_k.\ \lambda Y.\ \lambda X.\ CS(X, [\ ident/circ \wedge GO(Y_j, [Z_k])]) * [BY[AFF(X, Y) \wedge$
$AFF(X, Y)]\ ]_h$ (λ-전환)

라. $[\lambda Z_k.\ \lambda Y.\ \lambda X.\ CS(X, [\ ident/circ \wedge GO(Y_j, [Z_k])]) * [BY[AFF(X, Y)]\ ]_h$
(중복된 형식 축약)

마. $[_{VP}\ DP_j^i\ [_{V'}\ [_{CP}\ e$ 뛰게$]_k\ [_V$ 하-$]_h\ ]] \longleftrightarrow [\lambda Z_k.\ \lambda Y.\ \lambda X.\ CS(X, [\ ident/circ$
$\wedge GO(Y_j, [Z_k])]) * [BY[AFF(X, Y)]\ ]_h([RUN(\xi)])$ (FA)

바. $[\lambda Y.\ \lambda X.\ CS(X, [\ ident/circ \wedge GO(Y_j, [RUN(\xi)_k])]) * [BY[AFF(X, Y)]\ ]_h$
(λ-전환)

사. $[_{VP}\ [_{DP}$ 손흥민을$]_j\ [_{V'}\ [_{CP}\ e$ 뛰게$]_k\ [_V$ 하-$]_h\ ]] \longleftrightarrow [\lambda Y.\ \lambda X.\ CS(X,$
$[\ ident/circ \wedge GO(Y_j, [RUN(\xi)_k])]) * [BY[AFF(X, Y)]\ ]_h([$손흥민$]_j)$ (FA)

아. $[\lambda X.\ CS(X, [\ ident/circ \wedge GO([$손흥민$]_j, [RUN(\xi)_k])]) * [BY[AFF(X, [$손흥민$]_j)]\ ]_h$
(λ-전환)

자. $[\lambda X.\ CS(X, [\ ident/circ \wedge GO([$손흥민$]_j, [RUN([$손흥민$])_k])]) * [BY[AFF(X,$
$[$손흥민$]_j)]\ ]_h$ (조응사 'ξ'와 [손흥민] 동지시)

마지막 행의 '$[AFF(X, [$손흥민$])_h]$' 부분은 담화 표상에 주어진 다음 더 구체적인 의미로 보충될 수 있다.

다음도 그 통사-의미 대응을 구문규칙의 형식으로 기술해야 할 예들이다. (70)의 내포절의 사건이 '의지성' 또는 '통제가능성'을 가져야 한다는 조건을 구문규칙 (71)이 구현하고 있다.[335] (72)는 양정석(2002, 2010, 2014)의 '판정 구문규칙'이라는 규칙으로 설명되어야 할 예이다. (73)은 그 표기법을 조정한 형식이다. (74)의 문장들을 위해서는 새 구문규칙 (75)를 설정했다. (76)은 주절의 주어와 내포절의 주어가 동지시되는 특징을 가지는 구문으로서, 역시 새 구문규칙이 설정되어야 한다. 이들 모두 (67)에 준하는 구문규칙, (68)에 준하는 통사-의미 대응의 원리를 바탕으로 설명해야 할 예들이다.

(70) 벤투 감독은 손흥민이 뛰게 했다. (=(66나))

335) 이를 양정석(2002: 539, 2010: 370, 2014: 140)에서 'IP-게 V' 부가어 대응규칙 또는 의지적 사동의 '-게' 부가어 대응규칙이라는 이름으로 기술한 바 있다.

(71) 의지적 사동의 '-게' 구문규칙(양정석 2014: 139 다소 조정)

$[_{V'}[_{CP}$ IP-게$]_j$ V_h $]$ $\leftarrow\!\!-\!\!-\!\!\rightarrow$ $\lambda H: \preccurlyeq_F AFF. \lambda Y_j : Y_j \preccurlyeq_F situation. \lambda X. [CS(X, [+vol \wedge Y_j]) \wedge H(\xi)(X)]_h$

(72) 대학은 전문 교육을 그 목적으로 한다. (=(25가))

(73) 판정 구문 대응규칙(양정석 2014: 153 다소 조정)

$[_{VP}\ DP_j\ [_{V'}\ XP_k\ V_h\ ]]$ $\leftarrow\!\!-\!\!-\!\!\rightarrow$ $\lambda H: H \preccurlyeq_F D_{\langle c,\langle c,p\rangle\rangle} \wedge H \preccurlyeq_F$ 판정하다/설정하다.

$\lambda Z_k. \lambda Y : Y \preccurlyeq_F thing \wedge human. \lambda X. [THINK(X, [INCH[\ ident \wedge BE(Y_j, [ON(Z_k)])]]) \wedge H(Y)(X)]_h$

(74) 가. '-고 . . .-고 하-': 문구점에도 가고 편의점에도 가고 한다.

나. '-거나 . . .-거나 하-': 비가 오거나 눈이 오거나 한다.

다. '-든지 . . .-든지 하-': 철수가 오든지 인호가 오든지 할 것이다.

라. '-다가 . . .-다가 하-': 형이 나타났다가 동생이 나타났다가 한다.

마. '-거니 . . .-거니 하-': 형이 앞서거니 동생이 앞서거니 한다.

(75) 반복 구문규칙:

$[_{VP}[_{CP}\ CP_m\ CP_n]\ V_h]$ $\leftarrow\!\!-\!\!-\!\!\rightarrow$ $\lambda H: H \preccurlyeq_F D_{\langle c,\langle c,p\rangle\rangle}.\lambda Q.\lambda P.\lambda X. [iterative \wedge P_m \wedge Q_n] \wedge H(\xi)(X)]$, 단, P와 Q의 자질('연접', '이접', '중단', '인정')이 동일해야 한다.

(76) 가. 너는 열심히 공부하도록 해라. cf. ?*너는 인호가 열심히 공부하도록 해라.

나. 우리는 곧 떠나도록 하겠다. cf. ?*우리는 인호가 곧 떠나도록 하겠다.

지시 층렬에서도 상응하는 의미 형식이 설정된다. 지시 층렬에서 '하-'의 타입은 <e,<e,t>> 또는 <<e,t>,<e,t>>, <<s,t>,<e,t>>로서, 주어와 함께 그 명사구 목적어(e 또는 <e,t>) 또는 명제(<s,t>)를 논항으로 가지는 형식으로 실현된다.

(77) 가. 벤투 감독은 손흥민을 뛰게 했다: $HA_{\langle e,\langle e,t\rangle\rangle}$([벤투-감독], [손흥민]$_e$)

나. 벤투 감독은 손흥민이 뛰게 했다: $HA_{\langle\langle s,t\rangle,\langle e,t\rangle\rangle}$([벤투-감독], [손흥민이-뛰게]$_{\langle s,t\rangle}$)

(78) 대학은 전문 교육을 그 목적으로 한다: $HA_{\langle e,\langle e,t\rangle\rangle}$([대학], [전문-교육]$_e$)

(79) 문구점에도 가고 편의점에도 가고 한다: $HA_{\langle\langle s,t\rangle,\langle e,t\rangle\rangle}$([ξ], [문구점에도 가고 편의점에도 가고]$_{\langle s,t\rangle}$)

동사의 기술 층렬의 의미 형식을 바탕으로 논항연결원리가 적용되어 통사구조가 형성되고, 지시 층렬의 의미 형식은 통사구조를 바탕으로 도출된다.

3.5.2.5. '하-' 구문의 해석 IV: '실체성 명사구+하-' 구문

다음 예문들은 모두 통사적으로 적격하다. (81나)가 부적격한 것은 의미론적인 차원에서 그러한 것이다. 특별한 상황맥락이 주어지면 '바위를 전문으로 다룬다'와 같은 뜻으로 해석이 가능하다. (80)에서는 사건성 명사 '공부'가 동사 '하-'에 의해 그 목적어에 부과되는 '사건'의 제약을 충족시킨다. (81가, 나)에서 실체성 명사 '피아노', '바위'는 이 제약을 충족시키지 못한다. 그러나 실체성 명사의 의미를 이를 포함하는 사건의 의미로 바꾸는 절차를 상정함으로써 이들이 해석 가능하게 되는 이유를 설명할 수 있다.

(80) 인호가 공부를 한다.

(81) 가. 인호가 피아노를 한다.

나. ??인호가 바위를 한다.

Pustejovsky(1995)의 생성어휘부 이론은 어휘적 접근으로서, 표준적 형식의미론의 연장선상에서, 두 어휘 단위(또는 구 단위)가 결합되는 환경에서 발생하는 '창의적 의미'를 포착하는 방법을 제공했다는 데에 주요 의의가 있다. 이 절의 주제와 관련하여 다음 두 가지 규칙이 중요하다.[336] (82)는 '타입 강제'에 의한 해석을 위한 규칙이고, (83)은 '공동합성'을 위한 규칙이다. 이들은 명사의 어휘적 정보인 특질구조(QS: qualia structure)가 주어짐을 바탕으로, 이를 활용하는 메커니즘이다.

(82) 타입 강제를 포함하는 함수 적용(FAC: functional application with coercion)

α가 c 타입이고 β가 <a,b> 타입이면,

i) c = a인 경우, $\beta(\alpha)$는 b 타입이다.

ii) $\sigma(\alpha)$가 a 타입의 표현이 되는, $\sigma \in \Sigma_\alpha$인 σ가 존재하면, $\beta(\sigma(\alpha))$는 b 타입이다(여기에서 Σ_α는 타입을 전이시키는 연산자들의 집합).

iii) 그 외의 경우에는 타입 오류가 산출된다.

(83) 특질구조 단일화를 포함하는 함수 적용(FAQ: functional application with qualia unification)

두 표현 α와 β가 각각 타입 <a,b>와 a이고 그 특질구조가 각각 QS_α와 QS_β 일 때, α와 β의 특질구조가 $[_{QS_\alpha} \ldots [Q_i = \gamma]]$와 $[_{QS_\beta} \ldots [Q_i = \gamma]]$와 같이 공유된 값을 가지는 형식으로 주어지면, 특질구조 단일화 $QS_\alpha \sqcap QS_\beta$는 이 두 특질구조의 유일한 최대하계(greatest lower bound)라고 정의할 수 있다.

이에 따라 $\alpha(\beta)$는 b 타입이 되고 그 특질구조는 $QS_{\alpha(\beta)} = QS_\alpha \sqcap QS_\beta$가 된다.

336) 다른 규칙으로 '선택적 결속(selective binding)'이 있다(Pustejovsky 1995: 129).

생성어휘부 이론의 취지는 위 3.5.2.1절의 함수적용규칙 ①을 이 두 개의 규칙으로 대체하고자 하는 것이다. 두 규칙 모두 특질구조를 활용하는 점에서 공통된다. FAC(특히 'ii')는 <a,b> 타입 함수의 논항으로 주어진 성분이 a 타입이 아닌 경우, 타입 일치를 위해 요구되는 a 타입을 만들기 위하여 특질구조의 사건을 활용한다. 'σ'는 a 타입의 사건을 만들어 주는 함수이다. FAQ는 <a,b> 타입의 함수와 a 타입의 논항을 일반적 방식으로 타입 일치시키고, 함수 α와 논항 β가 그 특질구조에 공통적 사건 내용을 가지는 것을 조건으로, 두 특질구조 사건을 특정 형식으로 통합한다. FAC는 c에서 a로 바뀌는 타입 강제의 절차를 가지는 반면, FAQ는 타입 강제 없이 타입 일치가 되되, 함수 성분과 논항 성분의 공통된 특질구조를 하나로 통합하여 전체 의미구조를 형성한다.

이 절에서는 지시 층렬의 합성 규칙으로 ①을 여전히 유지하고, (82)와 (83)의 설정 근거로 논의되어 온 예들을 지시 층렬과 별도의 기술 층렬에서 작동하는 일반적 의미 규칙('추론규칙')을 통하여 설명하고자 한다. 생성어휘부 이론이 가지는 장치 중에서 단어 결합의 창의적 의미를 설명하는 데에 기여하는 것은 명사에 설정되는 특질구조이다. 특질구조에 상당하는 기술은 보존한다.

먼저 (82)의 'FAC'를 활용하고자 하는 기존 연구에 대해 고려해 보자. 위 ①의 함수적용규칙은 결합되는 두 요소 중의 하나인 함수적 요소가 타입 일치를 조건으로 다른 요소를 그 논항으로 취하는 형식으로 되어 있다. 타입 일치의 조건이 충족되지 않는 경우에도 두 요소의 결합이 적격한 결합으로 해석될 수 있다. 그 하나의 방법은 일반적 타입 전이 규칙에 의해 다시 타입 일치 조건을 충족하도록 하는, 표준적 형식의미론의 방법이다(Partee 1986a, Partee & Rooth 1983). 다른 방법은, 동사의 논항인 명사가 그 어휘적 정보로 전형적 사건 의미의 명세를 갖게 하고, 이것을 이용하여 명사 의미를 요구되는 타입의 사건 의미로 조정함으로써 타입 일치의 요구를 충족시키는 것이다('타입 강제'). 이것이 생성어휘부 이론에서 추구하는 방법이다. 명사 단어들 하나하나에는 그 기능/용도(기능역: telic quale), 만들어지게 된 근원으로서의 사건(작인역: agentive quale) 등의 명세가 특질구조로 주어진다. 지배하는 동사가 그 논항에 부과하는 사건으로서의 의미에 이 명사의 특질구조의 사건 의미가 부합하면 '명사+동사' 결합의 의미구조에서 논항이 사건적 의미를 보충받게 된다. 한국어의 '실체성 명사+하-' 구문의 해석에 이러한 방향의 분석을 시도한 연구가 이정민 외(2000), 임서현·이정민(2001, 2004), 조윤경(2001), 이정민·임서현(2003)이다.

엄밀히 관찰하면, 이들이 기술하는 '명사+하-' 구성의 의미 합성 방식은 (82)의 합성 절차와 완전히 같은 것이 아니다. 명사 의미가 타입 강제의 결과로 실체의 타입에서 사건의 타입으로 바뀌기는 하나, 이들의 설명에 따르면 결과적으로 얻어지는 '명사+하-'의 의미 형식은 'β(σ(α))', 즉 '하-'(마시다'(커피'))'와 같지 않다. '하-' 자체의 의미 형식이 바뀐다. 한 예로, 조윤경(2001)에서는 '하-'의 어휘의미구조에 논항구조를 'ϕ<ef1>', 특질구조를 '⊗<ef1>'과 같이 표시한다. 이들은 각각 보충어의 논항구조와 보충어의 특질구조를 불러들여서 '하-' 자신의 논항구조와 특질구조로 삼는다고 한다.[337] 그러나 (82)는 'enjoy the food'과 같이 실체성의 'the food'가 그 특질구조에 'eat(x, the_food)'을 가져서, 'enjoy'의 의미는 바뀌지 않고 'enjoy(eat(x, the_food))'과 같은 합성된 의미 형식을 얻는 절차를 뜻하는 것으로, '하-' 자체의 의미가 변화되는 조윤경(2001)의 절차는 이와는 다른 형식적 절차이다.

또한, 이들의 '명사+하-' 구성의 의미 합성 방식을 앞에서 논의한 다른 '하-' 구문들, 예컨대 'S-으려고 하-'나 'S-을까 하-'에 어떻게 적용할 수 있을지는 상상하기 어렵다. 모든 통사적 환경에 나타나는 '하-'를 하나의 의미로 포착하는 기술이 요구된다.

이제 (83)의 FAQ를 활용하는 '공동합성'의 접근에 대해 살펴보자. 전종섭(2001)에서는 다음 문장이 '생선을 요리한다'와 '생선을 먹는다'는 두 의미로 해석되고, 여기에 공동합성의 절차가 작용한다고 설명했다.[338]

(84) 인호가 생선을 한다.

(85) 가. '생선'의 특질구조: AGENTIVE = cook(e, y, z)
TELIC = eat(e', y/w, x)

나. '하-'의 특질구조: AGENTIVE = ϕ(AGENTIVE, <2>)(e,<1>, ...)
AGENTIVE = ϕ(TELIC, <2>)(e,<1>, ...)

'ϕ'는 이하의 내용을 불러들이는 연산이라고 한다. 이에 따라 '생선을 하-' 구성에서, '생선'의 작인역의 내용 'cook(e, y, z)'이 '하-'의 작인역이 되거나, '생선'의 기능역의 내용 'eat(e', y/w, x)'가 '하-'의 작인역이 된다. 이에 따라 동사 α의 특질구조와 논항 β의 특질구조가 공유된 값을 가진다는 (83)의 조건이 만족된다는 것이 그의 취지이다.

우선, '하-'의 특질구조에 설치되어 있는 함수 'ϕ'에 주목해 보자. (85나)에는 'ϕ'가 두 개 설치되어 있는데, 이는 두 개의 해석을 가지는, '생선'과 결합하는 경우를 위한 것이다. 만약 두 개 이상의 해석을 가지는 경우, 즉 명사의 특질구조에 두 개 이상의 사건

337) 보충어의 특질구조를 불러들이는 작용의 함수 'ϕ'를 사용하는 선례는 전종섭(2001)이다.

338) 그는 '생선-하(다)'와 같은 형식의 의미구조를 들어 설명하고 있으나, (84)의 '생선을 하-' 형식도 이와 같은 방식으로 설명하는 것은 분명하다.

내용이 주어지는 예가 있다면 그 각각의 경우를 위해서 '하-'의 어휘의미구조의 특질구조에 두 개 이상의 'φ'를 가지는 목록이 나열되어야 할 것이다.[339] 이는 '하-'의 의미가 결합 가능한 모든 명사의 특질구조 의미를 나열한 것이라는 뜻이 된다. 나아가 3.5.1절에서 제시한 '하-' 구문의 모든 통사적 환경에 나타나는 '하-'를 서로 다른 의미 형식들로 나열·기술해야 한다. (1)로 제시되는, 모든 환경의 보충어와 결합하는 '하-'가 같은 동사라는 점을 드러낼 수 있는 의미 기술이 요구된다.

(82)의 FAC, (83)의 FAQ는 모두 특질구조를 바탕으로 작용하는 규칙들이다. 생성어휘부 이론에서의 특질구조 기술 방법에 대해 비판적으로 살펴보자.

(81나)의 예는 위 두 가지 방법에 대해 공통의 문제점으로 제기된다. 자연물로서의 '바위'가 그 특질구조에 '전문으로 다룬다'와 같은 것을 가진다고 상정하기는 곤란하다. 이에 대해 이정민·임서현(2003: 102)에서 제안하는 설명 방안은 다음과 같은 일반적 제약을 설정하는 것이다.[340]

(86) '바위'와 같은 자연적 유형의 명사들은 '하-'와 결합할 수 없다. 자연적 유형의 명사들은 기능역과 작인역을 갖지 않는다.

그러나 이렇게 되면 이 이론에서 (81나)는 부적격한 표현으로 아주 배제되어버리는 결과가 된다. 하지만, 특정 맥락에서는 (81나)가 '인호는 바위를 전문으로 다룬다'와 같은 해석을 가지고 받아들여질 수 있다.

'피아노'와 같은 명사는 이와 같은 의미를 상정하기가 상대적으로 수월하다. 실제로 이정민·임서현(2003)에서 명사 '피아노', '택시'를 위하여 이 같은 사건적 의미를 어휘부 기술로 포함하고 있다. '택시'의 어휘의미는 다음과 같이 분석된다(이정민·임서현 2003: 104). 직접 기능역에 두 가지, 간접(상위) 기능역에 두 가지의 사건적 의미를 부여한다.

(87) '택시'의 특질구조:

TELIC = direct_telic = ride(e2, z, x)

drive(e2, w, x) = y

339) 한 예로, 이정민·임서현(2003)의 특질구조 명세에는 telic을 direct telic, indirect telic, higher telic 등으로 하위구분하고 있다(뒤의 (87) 참고 바람). agentive의 경우에도 상응하는 구분이 필요할 것인데, 그렇다면 결국 '하-'의 특질구조 기술에 이들 각각의 경우를 예상한 'φ' 표시가 필요할 것이다.

340) 명사와 '하-'의 결합에 관한 제약으로 설정하고 있으나, '시작하-'와의 결합에 관한 제약으로도 확대 적용되는 것으로 보인다. 이정민·임서현(2003)의 뒷부분 논의에서는 '하-'의 경우, 'begin'의 경우와는 달리, 공동합성의 방법을 사용해야 한다고 결론짓고 있다.

indirect_higher_telic = move_by_(e3, z, x)
do_professionally(e4, w, y)

'피아노를 하다', '피아노를 시작하다'가 해석되는 데에는 다음과 같은 다양한 사건적 의미의 '내삽'이 이루어질 수 있다. 이 경우, 그 한정된 목록을 정하기가 어렵다.

(88) 연주하다, 제작하다, 고치다, 전공하다, 전문으로 연주하다, 전문으로 연구하다, 판매하다, 수입하다, 수출하다, . . .

심지어, 폐품으로서의 피아노를 망치로 쳐서 부수는 작업장을 상상해 본다면 다음과 같은 예에서 '피아노를 하는' 일이 '피아노를 부수는' 일로 해석될 수 있다.[341] 이러한 해석은 담화·화용론적 의미 또는 세계 지식의 일부이다. 어휘부에 기재되는 의미에는 이처럼 세계 지식이나 담화화용론적으로 도입된 의미가 있을 수 있다.

(89) 자네는 피아노를 하게.

생성어휘부 이론에서는 특질구조를 일률적으로 형상역, 구성역, 기능역, 작인역의 네 하위범주로 나누어 기술한다. 그러나 특질구조의 네 하위범주 중 어느 하나로 해석하기 어려운 예도 있다.

(90) 국어를 하시는 분

이 경우 '국어'의 특질구조에 포함될 '연구하다(x, y)'는 형상역인가, 구성역인가, 작인역인가, 기능역인가? 또 이것이 '국어를 말하시는(말하실 줄 아는) 분'의 뜻으로 해석되는 경우에도, '말하다(x, y)'와 같은 내용이 이 넷 중 어느 것에 속하는지를 지적하기는 어렵다. 이는 특질구조의 개념에 근본적인 문제를 제기한다.

이 밖에도 (91)과 같은 문제점들을 지적할 수 있다(양정석 2006). 송정근(2007)에서도 유사한 비판을 볼 수 있다.

341) Jackendoff(1997: 224 note 7.)에서는 "애완동물로 키우는 염소가 자기 주위의 모든 것들을 먹어치우다가, 급기야는 '신문을 시작했다'"와 같은 예를 들면서, 목적어 명사의 특질구조가 아닌, 담화·화용적 맥락에서 주어진 사건적 의미가 활용될 수 있음을 지적한 바 있다. 이런 경우 특질구조의 의미는 당연값(default value)으로서의 성격을 가진다고 했다.

(91) 특질구조 기술 형식의 문제점:

가. 강범모(2002: 288): '커피'의 특질구조의 일부로 '기능역=마심(e,z,y)∧사는_행위(e1,x,y)∧함께_먹는_행위(e3,x,y,u:사람)'과 같이 설정하고 있는데, 특히 '함께_먹는_행위', '사는_행위'와 같은 것은 명시적 의미 표상이라고 보기 어렵다.

나. 이정민(2006: 11)에는 '피아노'의 특질구조를 '기능역= -으로_생계유지(e1)', '형상역=연주(e1,x)', '작인역=연주능력습득(e2,y)'와 같이 기술하고 있는데, 이와 같은 방식으로 모든 명사의 특질구조를 체계적으로 기술하는 것은 불가능하다. 특히 후치사 표현 '-으로'와 사건의 표현 '생계유지'를 결합하는 의미 표시 방법은 체계적 방법이 될 수 없다.

생성어휘부 이론을 한국어에 적용하는 연구들에서 관찰되는 다른 문제점은 격조사의 처리에 관한 것이다. 이를 다음과 같이 요약하기로 한다.

(92) 생성어휘부 이론의 격조사 처리의 문제점:

남승호(2000, 2002)에서는 한 동사의 어휘기재항에 'x-가 y-를', 'x-가 y-로', 'x-가 y-에' 등, 가능한 모든 격구조('격틀')를 낱낱이 기재한다. 이는 모든 격구조의 가능성과 의미역적 의미의 차이에 따른 모든 조합의 가능성을 한 단어의 어휘 기술에 집약한 것으로, 실질적으로는 수많은 동음이의어들의 어휘의미 형식들을 나열한 결과가 된다. '격틀'을 포함하는 문법 기술은 간결성을 획득하지 못한다.

세계에 대한 지식, 담화·화용적 맥락에서 도입되는 지식은 언제라도 어휘적 지식으로 전환될 수 있다. 그렇다면 우리의 어휘부는 다소 덜 조직화된 형식이라고 보는 것이 현실적일 것이다. 특질구조로 표시되는 사건적 의미의 명세는 이 책의 관점에서도 필요하다. 다만, 명사가 가지는 사건적 의미는 세계에 대한 지식, 백과사전적 지식으로서, 언어 습득의 경험적 과정에서 개인의 어휘부의 명사 기재항에 자유로이 첨가되는 것으로 본다. 이러한 생각에 따른 '피아노', '택시'의 어휘의미구조는 다음과 같다. 특히 위 (89)의 '피아노'는 해당 개인의 어휘부에 'λX.[**부수다**(X, i)]'와 같은 내용이 추가되는 것으로 본다.

(93) 가. 택시: [택시$_i$ * [λX.[운전하다(X, i) ∨ λX.[타다(X, i)] ∨ λX.[전문적_운영하다(X, i)]]]

나. 피아노: [피아노$_i$ * [λX.[연주하다(X, i) ∨ λX.[전공하다(X, i)] ∨ λX.[**부수다**(X, i)]]]

동사 ‘하-’의 어휘의미구조는 이미 (95나)의 형식으로 주어져 있다. 이 같은 ‘하-’의 의미구조 형식은 Jackendoff(1990)에서 ‘action tier’라고 부른, 의미구조의 한 층렬을 구성하는 함수 구조의 표현이다. 일반적 적격성 조건으로 “AFF 의미는 반드시 관계의미층(thematic tier)의 내용을 가져야 한다.”와 같은 원리가 존재한다고 본다. 이는 위에서 (96)과 같은 형식으로 제시하여 격자 구조에 바탕한 해석을 얻게 하였다. 이 조건에 따라 ‘공동합성’에 상응하는 의미구조의 조정 절차가 이루어지게 된다(97).

(94) 인호가 커피를 한다.
(95) 가. 커피: [커피$_i$ * λX.[마시다(X, i)]]
  나. 하- : λY.λX.[AFF(X, Y)]
(96) AFF는 F < AFF인 함수 F와 연접되어야 한다.
(97) 가. ‘인호가 커피를 하-’: AFF([인호], [커피$_i$ * [마시다(X, i)]])
  나. AFF([인호$_j$], [커피$_i$ * [마시다(X, i)]]) ⇒(추론규칙)
    AFF([인호$_j$], [커피$_i$]) ∧ 마시다(j, i)

실체성 명사 구문과는 다른 통사적, 의미적 특징을 가지는 다음 ‘하-’ 구문의 예도 유사한 방법으로 기술할 수 있다.

(98) 가. 가해자가 되레 “피해자 인권” 한다.
  나. 가해자가 되레 “피해자 인권” 운운한다.
(99) 가. 직접인용문의 피인용항의 통사 범주는 NP로 간주한다.
  나. [$_{VP}$ “피해자 인권” 하-]의 의미 형식: [AFF(X, [+피인용형∧[피해자 인권]$_i$])] ⇒(추론규칙)
    λX. [[+피인용형 ∧ [피해자 인권]$_i$] ∧ [운운하다(X, i)]]
(100) ‘운운하-’의 어휘의미구조: λY: Y ⩽ +피인용. λX. [운운하다(X, Y)]

인용형의 특질구조와 같은 것을 상상하기 어렵다는 점에서, 이 예도 위에서의 분석 방법을 지지하는 또 다른 증거라고 하겠다.

이 절에서는 기술 층렬의 의미 형식을 이용해서 ‘실체성명사+하-’ 구문, ‘피인용형+하-’ 구문의 의미 합성 절차를 기술했다. 지시 층렬에서는 3.5.2.1절에서 제시한 ‘하-’의 의미 형식 ‘λy.λx.HA(x, y)’가 <e,<e,t>> 타입의 두 자리 술어로 설정되어, (81가, 나)의 경우에는 그 y 논항에 대한 e 타입의 요구를 명사 ‘피아노’, ‘바위’가 만족시키며, (80)의 경우에는 ‘공부’가 주어짐에 따라 y 논항이 <e,t> 타입으로 전이되어 타입 일치가 이루어진다고 가정한다. '피인용형+하-' 구문 (98가)의 경우에도 피인용형은 지시의미적으로 e 타입의 실체와 같은 것으로 취급한다.

3.5.2.6. '하-' 구문의 해석 V: 재구조화 구문의 '하-'

이 절에서는 통사-의미 합성의 방식에 있어서 이전의 '하-' 구문들과 뚜렷이 다른 '재구조화 구문'의 '하-'를 고려하기로 한다.

(101) 가. 그는 플라톤 철학을 연구를 한다.
　　나. 남한이 북한과 교류를 하였다.
　　다. 미군이 바그다드로 진격을 하였다.
(101)' 가. ?*그는 플라톤 철학을 연구를 고려한다.
　　나. 남한이 북한과 교류를 고려하였다.
　　다. 미군이 바그다드로 진격을 고려하였다.

'연구'를 비롯한 서술성 명사와 '하-'가 공존하는 구문에는 재구조화 원리가 적용된다(양정석 2010: 176-216, 양정석 1997가, 서승현 1999). 재구조화 원리는 상위구와 하위구의 머리성분(head)들이 동일한 재구조화 지표를 가짐으로써 연계되어 둘 이상의 머리성분 단위가 하나의 어휘적 단위로서의 의미를 가지는 것을 보장한다. (101)'은 서술성 명사의 보충어가 'NP-를' 형식인 경우와 'NP-과', 'NP-로' 형식인 경우가 같지 않음을 보인다. 'NP-를'은 명사구 내에 흔적 't'를 남기지만, 'NP-과', 'NP-로'는 그대로 명사구 내에 위치할 수 있다.

제1장에서 제시한, 논항 흔적 't'를 위한 의미 해석 규칙, 재구조화 지표를 가지는 구조의 의미 해석 규칙을 가져와 보이면 다음과 같다.

⑦ 논항 흔적 의미 해석 규칙
　(i) 논항 흔적 't_i'의 해석:
　통사구조의 성분 A가 이동 변형의 동지표 i를 가지는 흔적 't_i'이고, 동지표 'i'를 가지는 상위 성분이 B_i이면, 모든 치할당 함수 g에 대하여,
　$[\![A]\!]^g = [\![B_i]\!]^g$이다.
　(ii) 이동변형의 선행사를 가지는 구조의 의미 계승:
　A가 분지교점이고 {B, C}가 그 딸성분들의 집합인 경우, B가 이동변형의 동지 표 'i'를 가지는 상위 성분이면, 모든 치할당 함수 g에 대하여,

⟦A⟧^{g} = ⟦C⟧^{g}이다.

⑧ 재구조화 지표를 가지는 구조의 의미 합성

(i) 재구조화 원리의 적용에 따라 최상위구 머리성분이 갖게 된 의미구조를 최하위구 머리성분이 물려받는다.

(ii) A가 분지교점이고 {B, C}가 그 딸성분들의 집합인 경우, B가 재구조화 지표 'i'를 가지는, 최하위구 아닌 상위구의 머리성분이면, 모든 치할당 함수 g에 대하여,
⟦A⟧^{g} = ⟦C⟧^{g}이다.

위 규칙들의 요점은, 재구조화 지표 'i'가 표시된 머리성분들 중에서 상위구 머리성분들의 의미는 무시되고, 하위구 머리성분으로부터 차례로 인접한 구성성분에 대한 '함수적용(FA)' 절차를 수행한다는 것이다. (101가) 문장을 예로 들면, 우선 다음 (103)에서 't_i 연구'의 흔적 't_i'의 의미는 ⑦(i)에 따라 상위 성분 '플라톤 철학'의 의미와 같게 되며, 앞에서 제시한 ①의 일반적 함수적용규칙(FA)에 따라 't_i 연구'는 '플라톤 철학 연구'의 의미와 같게 된다. '연구'와 '하-'에 재구조화 지표 'i'가 붙어 있는 것을 근거로, '연구'의 의미는 '연구-하-'의 의미와 같게 되어 't_i 연구'의 의미는 't 연구-하-'의 의미와 같아진다. '-를'은 동일성 함수로서의 기능을 가진다고 가정하면, '[t_i 연구]를'의 의미는 '[t_i 연구]'와 같게 되고, '[[t_i 연구]를]하'의 의미도 '[t_i 연구]'의 의미, 즉 '플라톤 철학 연구-를-하-'의 의미와 같게 된다.[342)]

(102) 그는 [$_{VP}$ 플라톤 철학을$_i$ [$_{VP}$ [$_{DP}$ [$_{NP}$ t_i 연구^i]를] [$_V$ 하-^{i}]]]-ㄴ다.

(103) [$_{NP}$ t_i 연구^i]: [λx.λy. 연구하다'(y, x)](플라톤철학') (⑦(i), FA)
[λy. 연구하다'(y, 플라톤철학')] (λ-전환)
[[$_{NP}$ t_i 연구^i]를]: [λy. 연구하다'(y, 플라톤철학')] ('-를'의 의미는 동일성 함수)
[[[$_{NP}$ t_i 연구^i]를]하-^{i}]: [λy. 연구하다'(y, 플라톤철학')] (⑧)
[$_{VP}$ 플라톤 철학을$_i$ [$_{VP}$ [$_{DP}$ [$_{NP}$ t_i 연구^i]를] [$_V$ 하-^{i}]]]:
[λy. 연구하다'(y, 플라톤철학')] (⑦(ii))

결국, '연구'와 '하-' 중에서 최하위구 머리성분인 '연구'에 어휘부의 요소인 '연구하-'의 의미 형식이 주어진다. (101나, 다)의 문장들은 (102)에 상응하는 구조를 바탕으로 한 의미 해석과 함께, '북한과 교류', '바그다드로 진격'을 명사구로 가지는 의미 해석을 얻

342) '연구'의 지시 층렬(RT)의 의미 형식은 'λx.λy. 연구하다'(y, x)', 기술 층렬(DT)의 의미 형식은 'λX.λY. [연구하다(Y, X)]'로 나타낸다.

을 수 있다.

(103)에서 사용된 의미 형식은 지시 층렬의 형식이다. 재구조화 '하-' 구문에서의 기술 층렬과 지시 층렬의 의미 형식들이 기여하는 바를 전체적으로 요약하면 다음과 같다.

(104) i) 기술 층렬(DT)의의 동사 '하-'의 의미 형식 'λX.λY.AFF(X, Y)'이 어휘부에 주어짐.
ii) 이를 바탕으로 논항연결원리가 적용되어 어휘적 논항구조 x<y>와 통사구조가 형성됨.
iii) 어휘부의 또 다른 '[$_N$ 연구]^i [$_V$ 하-]^i'를 근거로 하여 통사적 재구조화 원리가 적용됨(재구조화 지표를 가지는 통사구조 실현).
iv) 지시 층렬(RT)에서 '[$_N$ 연구]^i [$_V$ 하-]^i'의 어휘적 의미 형식 'λx. λy. 연구하다'(y, x)'를 바탕으로 (103)의 의미 합성 절차가 실행됨.
v) 이와 동시에 기술 층렬(DT)에서 '[$_N$ 연구]^i [$_V$ 하-]^i'의 어휘적 의미 형식 'λX. λY. [연구하다(Y, X)]'를 바탕으로 (103)과 동질적인 의미 합성 절차가 실행됨.
vi) '하-'의 지시 층렬과 기술 층렬의 의미 형식은 ⑦에 따라 무시됨.

결과적으로, 기술 층렬의 동사 '하-'에 의해 통사구조가 형성되지만, 그 통사구조의 재구조화 지표를 근거로, 두 단어의 결합이 가지는 단일한 어휘적 의미를 이용한 새로운 통사-의미 합성 절차가 진행되는 것이다.

앞에서 연결어미 절과 '하-'가 공존하는 예로 제시한 (10), (11)의 예들 중에서도 재구조화가 작동하는 구문이 있다. 관형사형어미 '-을'과 부사성 의존명사 '법', '만'이 연이어진 형식 '-을법', '-을만'은 복합적 형식으로 연결어미와 같은 기능을 가진다. 또 명사형어미 '-음'으로부터 기원하는 것으로 생각되는 '-음직'도 단일한 연결어미로 변화된 것이다. 필자는 이들 '-을법', '-을만', '-음직'은 '하-'와 재구조화를 통하여 연계되는 것으로 분석한다(양정석 2017: 153-156). (105)-(113)은 '-음직 하-', '-을법 하-', '-을만 하-' 등이 재구조화 지표에 의해 연계된 형식으로 그 의미 기술을 부여받음을 보인다.[343] 그 의미 형식은 양정석(2017)의 양상 의미 기술 방법에 따라 나타낸 것이다.

(105) 가. 쥐가 미끼를 먹었음직 하다.
나. [e [$_{VP}$ [$_{CP}$ [$_{IP}$ 쥐가 미끼를 먹-었-]-음직^i] 하-^{i}]-다]
다. RT: ⟦ -음직^i 하-^{i} ⟧^{w} = [λp: p∈$D_{<s,t>}$이고 p는 판단자에게 긍정적 사건

343) 양정석(2016가, 나, 2017)에서는 이 외에 '-을뻔, -은듯'을 연결어미 단위로 가지는 다음 문장들도 같은 구조와 해석 과정을 통해 설명한 바 있다.
a. 인호가 함정에 빠질뻔 하였다.
b. 그가 돌아간듯 하다.

임. $\exists w'[w' \in BEST(circ, expected, w)$ & $p(w')$, 여기에서 expected(w)는 판단자의 기대의 수준에 도달한 사실(명제)들의 집합]

DT: $\lambda P.\ modal \wedge P$

(106) 가. 그분 병환이 악화되셨을법 하다.

나. RT: ⟦ -을법^i 하-^{i} ⟧^{w} = $[\lambda p: p \in D_{<s,t>}.\ \exists w'[w' \in BEST(circ, expected, w)$ & $p(w')$, 여기에서 expected(w)는 판단자의 기대의 수준에 도달한 사실(명제)들의 집합]

DT: $\lambda P.\ modal \wedge P$

(107) 가. 그분이 지금쯤 쾌차하셨을만 하다.

나. RT: ⟦ -을만^i 하-^{i} ⟧^{w} = $[\lambda p: p \in D_{<s,t>}.\ \forall w'[w' \in BEST(circ, expected, w) \rightarrow p(w')$, 여기에서 expected(w)는 판단자의 기대의 수준에 도달한 사실(명제)들의 집합]

DT: $\lambda P.\ modal \wedge P$

(108) 가. 그놈은 있으나마나 하다.

나. RT: ⟦ -으나마나^i 하-^{i} ⟧^{w} = $[\lambda p: p \in D_{<s,<i,<e,t>>>}.\ \forall w'[w' \in BEST(dox, indifferent, w) \rightarrow p(w')$, 여기에서 indifferent(w)는 판단자에게 유익하지 않아서 관심의 대상이 되지 않는 사실(명제)들의 집합]

DT: $\lambda P.\ modal \wedge P$

(109) 가. 우리가 제 시간에 도착할지말지 하다.

나. RT: ⟦ -을지말지^i 하-^{i} ⟧^{w} = $[\lambda p: p \in D_{<s,t>}.\ \forall w'[w' \in BEST(dox, dubi, w) \rightarrow p(w')$, 여기에서 dubi(w)는 판단자에게 회의적인 사실(명제)들의 집합]

DT: $\lambda P.\ modal \wedge P$

(110) 가. '-을락말락 하-': 천장에 손이 닿을락말락 한다.

나. RT: ⟦ -을락말락^i 하-^{i} ⟧^{w} = $\lambda p: p \in D_{<s,t>}.\ \lambda x: x \in D_e. \forall w'[w' \in BEST(circ, uncertain, w) \rightarrow p(w')$, 여기에서 uncertain(w)는 판단자에게 달성 여부의 판단이 불확실한 사실(명제)들의 집합]

DT: $\lambda P: P \in D_c.\ modal \wedge P$

(111) 가. '-듯 하-': 좌우 포청 포교들이 성안 성밖으로 가을 중 쏘대듯 하였다.

나. RT: ⟦ -듯^i 하-^{i} ⟧^{w} = $\lambda p: p \in D_{<s,t>}.\ \lambda x: x \in D_e. \forall w'[w' \in BEST(dox, simil, w) \rightarrow p(w')]$

DT: $\lambda P: P \in D_c.\ modal \wedge P$

(112) 가. '-다시피 하-': 그 사람이 일을 다 하다시피 하였다.

나. RT: ⟦ -다시피^i 하-^{i} ⟧^{w} = $\lambda p: p \in D_{<s,t>}$ & P가 완전히 참이지는 않음. $\lambda x: x \in D_e.\ \forall w'[w' \in BEST(dox, simil, w) \rightarrow p(w')]$

DT: $\lambda P: P \in D_c.\ modal \wedge P$

(113) 가. '-고는 하-': 그가 종종 나쁜 친구들과 어울리고는 했다.

나. RT: $[\![\text{-고는}^i\ \text{하-}^i]\!]^w = \lambda p: p \in D_{<s,t>}.\ \lambda x: x \in D_e. \forall w'[w' \in BEST(circ, habitual, w) \rightarrow p(w')]$

DT: $\lambda P: P \in D_c.\ modal \wedge habitual \wedge P$

한 예로, '-음직'을 가지는 (105가) 문장은 위 (102), (103)의 예에 준하여 분석된다. 통사구조 (105나)의 '-음직'의 위치에서 '-음직 하-'의 의미 형식 (105다)가 적용되면 '쥐가 미끼를 먹-었-음직'의 의미 형식이 얻어지고, 상위구의 머리성분 '하-'는 ⑦의 규칙에 따라 무시된다. (106)-(113)도 같은 방법으로 해석된다.

재구조화의 개념을 필요로 하는 다른 '하-' 구문의 예는 이른바 '시인 구문'이다. 명사형어미 '-기'와 보조사 '-는, -도, -조차, -만'이 연이어진 형식 '-기는, -기도, -기조차, -기만'은 복합적 형식으로 연결어미와 같은 단위를 이룬다는 점에서 위 ''하-' 구문 III'의 경우와 같지만, 동사 '하-'가 사건성 동사/상태성 동사의 형태론적 하위 범주로 변동하는 점과 그 의미를 정확히 포착하기 위해서는 통사적 재구조화 원리를 활용한 기술을 필요로 한다.

(114) 가. 그가 사람을 잘 믿기는 한다.

나. 그가 착하기는 하다.

동사 '하-'가 사건성 동사/상태성 동사로 변동하는 점은 양정석(2010: 364)에서 제시한 재구조화 원리에 의하여 설명된다. 'V^i-기는^i 하-^{i}'와 같이 재구조화 지표를 부여받은 세 머리성분은 동일한 형태론적 특성을 갖게 되는데,[344] 이 중 최상위 머리성분 '하-'와 인접하는 어미의 변이형('-는다'와 '-다')은 이렇게 결정된 동사 또는 형용사의 성질에 따라 변이하는 것이다.

이상에서는 재구조화 구문의 의미 합성 절차를 보였다. 앞에서 기술한 '하-' 구문들이 지시 층렬과 기술 층렬의 의미 형식이 발맞추어, 동시적으로 활용되었던 것과는 달리, 통사적 논항구조 형성을 위해 사용되었던 '하-'의 기술 층렬 의미 형식이 재구조화 후에 무시되는, 비정규적 의미 합성 방식을 관찰할 수 있다.

344) '-기는' 자체는 '-기'와 '-는'이 일차적으로 재구조화하여 '[-기$_i$-는$_i$]'과 같은 단위를 이룬다.

‘죄수가 탈옥했다고 하는 사실’ 및 ‘하-’가 형태음운론적으로 생략된 ‘죄수가 탈옥했다는 사실’을 대표로 하는 I유형의 ‘하-’ 구문은 내포절의 ‘-다고’와 보문명사 ‘사실’이 양방향에서 ‘하-’의 의미에 대한 제약을 부과하는 특징을 가진다. II유형의 ‘하-’ 구문은 연결어미 ‘-어야’에 의해서 ‘하-’의 의미에 대한 제약이 주어지는 ‘농부는 논밭을 열심히 가꾸어야 한다.’와 같은 예문, 종결어미 ‘-을까’에 의해서 ‘하-’의 의미에 대한 제약이 주어지는 ‘나는 내일 제주도에 갈까 한다.’와 같은 예문들을 포함하는데, 이들은 수많은 연결어미, 종결어미들 각각의 의미 정의에 의해 그 선행 명제 의미와 ‘하-’의 의미가 제약되는 특징을 가진다. ‘선생님이 인호를 뛰게 한다.’와 같은 예를 대표로 가지는 III유형 ‘하-’ 구문은 구 단위가 그 의미구조와 대응되는 구문규칙이라는 형식의 통사-의미 대응의 규칙을 통하여 기술해야 하는 특징이 있다. ‘나는 커피를 한다.’로 대표되는 IV유형의 ‘하-’ 구문은 명사 의미의 사건 의미로의 전이에 따른 해석, 즉 공동합성에 상당하는 해석을 특징으로 하는데, 이에 대해 종래의 어휘적 접근을 수용·조정한 의미 규칙 접근의 방안을 제시했다. ‘그는 플라톤 철학을 연구를 한다/그분이 쾌차하셨을 법하다.’와 같은 예로 대표되는 V유형 ‘하-’ 구문은 통사적 재구조화 원리에 의해 주어진 재구조화 지표를 바탕으로 특별한 의미 해석 규칙이 적용되어 해석된다.

이 다섯 유형의 ‘하-’ 구문은 통사적으로는 ‘하-’가 머리성분으로서 그 보충어를 취하여 VP 구조를 이룬다는 점에서 공통되며, 포괄동사로서의 ‘하-’의 미명세화된 의미를 바탕으로 주어진 의미 해석의 원리에 따라 체계적으로 해석된다. ‘하-’가 형식동사와 대동사의 둘로 나누어지고, 그 관련 통사적 과정도 다르다는 논의가 있어 왔다. 반면 모든 경우의 ‘하-’는 단일한 동사이고, 실질적인 의미를 가진다는 주장이 이에 대립되어 왔다. 필자는 후자의 입장에 서서, ‘하-’ 구문의 모든 예에 적용 가능한, 합성성 원리를 준수하는 체계적인 통사-의미 대응의 이론을 제시함으로써, 이와 관련한 오랜 쟁점을 해결하는 하나의 방안을 보였다.

3.6. 마무리

3.1절에서는 한국어 명사의 해석 방법을 논의하였다. 이 논의의 주요 논점은 타입 전이 규칙이 대단히 광범위하게 활용되어야 한다는 것이다. 타입 전이 규칙들 중에는 제1장에서 제시한 의미 해석 규칙들 ①-⑨와 함께 의미론적 해석 과정에서 활용되는 것들이 있지만, 그 외에도 의미론적 해석 규칙의 적용 후에 적용되는 담화화용론적 규칙의 성격

을 가지는 규칙들이 있다는 것을 발견하였다.

3.2절에서는 동사 의미 해석과 관련하여 제기되는 문제들을 논의하였다. 정규적인 동사들은 1자리 술어, 2자리 술어, 3자리 술어로 나누어져, 각 논항에 대한 선택제약의 특성에서 다양한 차이를 보이는 것으로 기술할 수 있지만, 이러한 정규적인 분류와 의미 기술만으로는 한계가 있는, 근본적 문제를 제기하는 동사들의 부류가 있다는 것을 발견하였다. 문제의 동사들, 계사 '이-'와 대칭동사, 상호동사와 포괄동사 '하-'에 대해서는 각각 절을 달리하여 집중적으로 고찰하였다. 3.3절에서는 계사 '이-' 구문의 해석 문제를, 3.4절에서는 교호성 동사 구문의 해석 문제를, 3.5절에서는 포괄동사 '하-' 구문의 해석 문제를 논하였다.

3.3절에서 고찰한 계사 '이-', 3.4절에서 고찰한 대칭동사와 상호동사, 3.5절에서 고찰한 포괄동사 '하-'의 의미를 완전히 기술하기 위해서는 형식의미론의 의미 표상인 지시 층렬과 함께 개념의미론의 의미 표상인 기술 층렬이 보완적으로 이용되어야 한다고 논하였다. 기술 층렬 의미 형식 체계의 정리와 그 필요성에 대한 논의는 별도로 [부록]에서 제시한다.

제4장

양화사 명사항의 의미 해석

한국어에서 양화 의미를 표현하는 요소들, 즉 양화 의미를 표현하는 통사 단위들의 종류는 다음과 같다.

(1) 가. 명사 양화사: 모두, 일부, 몇, 몇몇, 하나, 둘, 서른셋, 삼십, . . .
　　나. 관형명사: 모든, 한, 두, 서른세, . . .
　　다. 한정사인 보조사: -마다, -만
　　라. 의문사인 명사: 누구, 무엇, . . .
　　마. 의문사인 관형명사: 어떤, 어느, 무슨, 몇, . . .
　　바. 양화 부사: 늘, 항상, 매일, 가끔, 이따금, 언제나, 날마다, . . .
　　사. 양상 표현: -겠-, -을 것이-, -지(종결어미), . . .

이 책의 한국어 의미 현상에 대한 기술이 양화·술어논리 체계에 바탕을 둔 것이란 점을 이제까지 되풀이 강조해 왔다. 위 예들은 어느 것이나 보편(∀) 또는 존재(∃)의 양화 효력을 가지는 요소들이므로 양화 현상을 연구하는 언어학자의 주목 대상이 된다. (1가, 나)의 유형이 이 장에서 본격적으로 다룰 양화사 현상들이다. (1다)는 이 장에서 그 해결 방안만을 간략히 제시하는 데에 그칠 것이다. (1라, 마)는 의문문을 논하는 제9장에서 자세히 다룰 것이다. (1바)의 부사들도 양화 효력을 가지는 단어들이다. 이들에 대해서는 이 장과, 양상을 다루는 제6장에서 논의 중에 간략히 언급할 것이다.

(1사)가 양화 의미를 표현하는 요소라는 점은 양상을 가능세계(possible world)에 대한 양화라고 정의하는 바탕에서 의의를 갖게 된다. 카르납(Rudolf Carnap)이 양상 의미를 가능세계 변수에 대한 보편 또는 존재의 양화 작용으로 해석하여 프레게의 양화·술어 논리 체계를 확장한 이후로 양상 요소를 양화 표현의 하나로 간주하는 것은 형식의미론 연구에서는 보편화된 일이다. 이들에 대해서는 제6장에서 상론할 것이다.

이 장에서는 (1가, 나)의 요소들이 형성하는 양화사 명사항에 대해 집중적으로 고찰한다. 양화사 명사항이란 기본적으로 일반화 양화사(타입 <<e,t>,t>)의 의미론적 특성을 가지는 명사구(NP), 보조사구(DP)를 뜻한다. 다음 (2)와 (3)과 (4)의 밑줄 친, 조사를 포함하는 형식이 양화사 명사항이다.[345] 편의상 (2)의 '모두, 일부'는 양화사, (3)의 '모든, 일부'는 양화 관형명사라고 구별하여 지칭한다. 또, 명사구 내에서 양화사가 명사에 선행하는 (3)의 명사구 구성을 '양화사 선행 구성', 명사구 내에서 양화사가 명사에 후행하는

345) '명사항'은 명사구에 조사(격조사, 보조사)가 결합한 형식을 지칭하는 잠정적인 용어이다. 주의할 점은, 한국어 양화사에 대한 심도 있는 연구로 정평을 얻고 있는 김영희(1984가)에서 '명사항'이라는 용어를 사용하고 있는데, 이 때는 논항(argument)의 뜻으로 사용한다는 점이다.

(4)의 명사구 구성을 '양화사 후행 구성'이라고 지칭할 것이다. 다음처럼 양화사 명사항이 주어 위치에 있는 경우뿐 아니라, 목적어 위치, 부사격조사를 가진 보충어 위치 등, 통사적으로 분포 가능한 모든 위치의 양화사 명사항의 진리조건적 해석을 설명할 수 있는 포괄적인 형식문법의 체계를 제시하는 것이 이 장의 목적이다.

(2) 가. 모두가 참석했다.
　나. 일부가 참석했다.
　다. 사람마다 손에 꽃을 들고 있다.
　라. 남학생만 참석했다.
(3) 가. 모든 교수가 참석했다.
　나. 일부 교수가/몇몇 교수가 참석했다.
(4) 가. 교수 모두가 참석했다.
　나. 교수 일부가/교수 몇몇이 참석했다.

이 장에서 논할 점들을 다음과 같이 요약할 수 있다.

(5) 가. 한국어의 가능한 모든 통사적 위치에 놓이는 양화사 명사항들이 논리형태 이동 접근 방안에 대립되는 가변 타입 접근 방안에 따라 해석된다.
　나. 이른바 영향권 중의 현상을 검토하고, 두 양화 명사항 중 통사적으로 낮은 영역에 있는 것이 넓은 영향권을 가지는 현상은 이들이 타입 전이 규칙이나 담화화용론적 규칙에 따라 발생하는 것임을 증명한다.

필자의 이전 연구(양정석 2021, 2022가)에서는 의문문에 실현되는 '누구, 무엇' 등과 '어떤, 무슨, 어느, 웬, 몇' 등의 요소들((1라, 마)의 요소들)을 '의문사 용법'과 '불확정 용법'의 동음이의적 단위들로 나누어, 가변 타입 접근 방안에 따른 그 통사의미적 합성 절차를 기술한 바 있다. 불확정 용법의 '누구, 무엇'과 '어떤, 무슨, 어느, 웬, 몇'은 위 (1가), (1나)의 '모두, 일부', '모든, 일부'와 본질적으로 동일한 진리조건적 의미를 가진다. 의문사 용법의 '누구, 무엇'과 '어떤, 무슨, 어느, 웬, 몇'은 통사적으로 의문형어미와의 일치에 의해 허가되며, 의문형어미는 의미론적으로 양상 의미를 가져서 특별한 담화화용론적 해석을 받게 된다(양정석 2022가, 이 책 제9장). 이 장에서는 필자의 위 이전 연구의 성과를 활용하여 한국어 양화사 명사항 문장의 모든 유형들에 대한 완성된 해석 방법을 제시하고자 한다.

4.1. 양화사 명사항에 대한 이전 연구와 이동 접근의 문제

프레게 기획은 프레게(Frege 1879)의 양화·술어논리 체계를 바탕으로 인간 언어의 모든 구문의 의미와 그 통사의미적 의미 합성 절차를 기술하고자 하는 연구 기획이다(Heim & Kratzer 1998). 한국어 양화사 명사항 구문의 형식문법적 기술은 프레게 기획의 가장 핵심적 과제가 된다.

양화사 명사항이 목적어 위치에 놓이는 문장의 의미 해석은 주어와 서술어의 관계를 바탕으로, 보편과 존재 양화, 긍정과 부정의 명제를 구별하는 아리스토텔레스 논리학의 근본적 난문제였는데, 프레게의 양화·술어논리 체계가 도입됨에 따라 자연스럽게 해결된다. 주어는 술어의 한 논항일 뿐 어떠한 특권적 지위를 인정받지 못한다. 따라서 양화사가 목적어 위치에 결속된 변수를 가지는 것은 주어 위치에 결속된 변수를 가지는 것과 다를 바 없는 것이다.

그러나 통사구조를 바탕으로 합성성 원리를 준수하는 의미 해석을 산출하기 위해서는 일정한 통사론 체계가 전제되어야 한다. 생성문법의 연구 전통에서는 논리형태(LF) 이동 변형을 가정하는 통사론 체계를 바탕으로 양화사 명사구 문장의 의미를 해석하는 방안('이동 접근')과, 이동 변형을 가정하지 않는 통사론 체계에서 직접 양화사 명사구 문장의 의미를 해석하는 방안('가변 타입 접근')이 대립하여 왔다. 필자는 후자의 방안을 취한다. 목적어 위치는 물론, 모든 주어 아닌 위치에 양화사 명사항이 놓이는 모든 한국어 문장들이 가변 타입 접근 방안에 따라 완전 해석됨을 보이는 것이 이 장의 과제이다.

한국어의 양화사 명사항에 대한 생성문법적 연구로 초기 생성문법(생성의미론)의 방법론에 입각한 김영희(1976가, 1984가)와 원리매개변인 이론의 방법론에 입각한 안성호(1990)를 검토하려고 한다. 김영희(1976가, 1984가)에서는 한국어의 양화사 구문들을 망라하여 통사적, 의미적 기준에서 분류하고, 분류된 각 양화사 구문들의 기저구조를 제시하였다. 이는 생성문법 이론에 바탕을 둔 한국어 양화사 연구의 최초의 시도라고 할 수 있다. 그러나 무제약적 변형에 의존하는 생성의미론 체계의 근본적 문제점들이 이 연구에서도 발견된다. 또, 합성성 원리가 준수되기 위해서는 일관된 의미 표상의 체계가 주어져야 하는데 그 점이 결여되어 있다.

김영희(1984가)는 이후의 한국어 양화사에 관한 연구에 많은 영향을 준 연구로, 그 주요 설명 방안을 정리해 둘 필요가 있다. 그는 세 가지 종류의 양화사 구문, 즉 매김관계 구문, 딸림관계 구문, 곱셈관계 구문을 나누어 그 통사적 기저구조를 제시하고 있다. 첫째, (6)을 예로 가지는 '매김관계 구문'의 기저구조는 (7)과 같은데, 양화사 '몇 명, 모두'

는 관계절의 서술어로 설정된다. (6나)의 문장은 '모두'가 '셈숱말 높이기(quantifier lifting)' 변형에 의하여 피수식 명사 뒤에 위치한 것이며, (6다)는 '셈숱말 떼내기(quantifier floating)' 변형에 의해, (6라)는 관련되는 구조에서 '뒤섞기(scrambling)' 변형에 의해 도출된 것이라고 한다.

(6) 가. 몇 명의 소년이 온다
　 나. 소년 모두가 온다.
　 다. 소년이 모두가 온다.
　 라. 소년이 축구를 모두가 좋아한다.
(7) $[_{S}$ $[_{NP}$ $[_{S}$ $[_{NP}$ 소년]$[_{VP}[_{Q}$ 몇 명/모두]]]$[_{NP}$ 소년]] $[_{VP}$ 온다]]

둘째, (8)을 예로 가지는 '딸림관계 구문'의 기저구조는 (9)와 같은 접속문 구조로 되어 있다고 한다.[346)]

(8) 가. 꽃봉오리의 다수가 터졌다.
　 나. 부상자의 한 명이 위독하다.
　 다. 그 책의 세 권은 귀중본이다.
(9) $[_{S}$ $[_{S}$ $[_{NP}[_{NP}$ 꽃봉오리]$[_{N}$ 가운데/중]]$[_{NP}$ $[_{S}[_{NP}$ 꽃봉오리]$[_{VP}[_{Q}$ 다수]]]$[_{NP}$ 꽃봉오리]]
　 $[_{VP}$ 있]] $[_{Conj}$ 아서] $[_{S}$ $[_{NP}$ $[_{S}[_{NP}$ 꽃봉오리]$[_{VP}[_{Q}$ 다수]]] $[_{NP}$ 꽃봉오리]]$[_{VP}$ 터졌다]]]

셋째, 두 개의 양화사 명사구를 가지는 (10)과 같은 문장은 두 양화사 명사구가 상관적으로 해석되는 경우와, 둘째 양화사 명사구가 고립적으로 해석되는 경우의 두 가지 통사구조를 가지는데, 전자의 구조, 즉 (11가)의 구조를 가지는 구문이 '곱셈관계 구문'이다. (11나)는 두 양화사 명사구가 고립적으로 해석되는 구문의 기저구조이다.[347)]

(10) 출연자 모두가 노래 한 곡을 불렀다.
(11) 가. $[_{S}$ $[_{NP}$ $[_{S}$ $[_{NP}$ 출연자]$[_{VP}[_{Q}$ 모두]]]$[_{NP}$ 출연자]] $[_{NP}$ $[_{S}$ $[_{NP}$ 노래수]$[_{VP}[_{Q}$ 한 출연자에 한 곡

---

346) 김영희(1984가: 82)에서는 '몇몇, 거액'이 '비포섭 셈숱말'이기 때문에 매김관계 구문을 이룬다고 하여 '포섭 셈숱말'인 '1할, 대부분, 부분'과 구별하였다. 이 구분에는 문제가 있다. 이에 대해서는 뒤의 4.5.1절에서 논의할 것이다.
　 a. 느닷없이 몇몇의 복면 강도가 침입했다.
　 b. 거액의 돈이 생겼다.
347) 그러므로 그의 관점에 따르면 (10)은 구조적 중의성을 가지는, 두 개의 문장이라는 것이다.

의 노래씩]]][$_{NP}$ 노래수]] [$_{VP}$ 불렀다]]

나. [$_{S}$ [$_{NP}$ [$_{S}$ [$_{NP}$ 출연자][$_{VP}$[$_{Q}$ 모두]]][$_{NP}$ 출연자]] [$_{NP}$ [$_{S}$ [$_{NP}$ 노래][$_{VP}$[$_{Q}$ 한 곡]]][$_{NP}$ 노래]] [$_{VP}$ 불렀다]]

(10)은 두 양화사의 존재로 말미암은 중의성이 발생하는 문장이다. 김영희(1984)의 판단은 (10)이 (11가)와 (11나)의 서로 다른 통사구조를 가진다는 것으로, 선행 연구 중에서 영향권 중의성에 관한 한 명시적 견해를 보이는 것이다.[348] 필자는 (10)이 (11가)와 (11나)에 상응하는 두 개의 해석을 가진다는 점은 인정하지만, 통사론적으로는 하나의 통사구조를 가지는 하나의 문장이라고 판단한다. 우선, 두 해석에 대응되는 기저구조라는 (11가)와 (11나)는 타당한 통사구조가 될 수 없다. 전체 문장 S가 NP와 NP와 VP의 세 구성성분으로 이루어지는 구조는 제2장에서 제시한 핵계층 이론에 따라 생성되지 않는 구조이며, 이들 구조가 의미구조 자체가 아닌 것이 분명하므로, 이들로부터 체계적인 의미 규칙들(제1장의 ①-⑨ 같은 것)이 적용되어 적정한 의미 형식을 도출할 수 있어야 할 텐데, 과연 그것이 가능한지는 의심스럽다.

원리매개변인 이론에서의 한국어 양화사 명사항에 대한 논의의 전형을 안성호(1990)에서 볼 수 있다.

(12) 어떤 여자가 모든 남자를 좋아한다.

(13) 몇 명의 여자가/여자 몇 명이 모든 범인과 데이트하였다.

(14) 한 여자가/여자 하나가 모든 남자를 안다.

그는 (12)-(14)가 중의적이지 않으며, 비-보편 양화사 명사항이 보편 양화사 명사항을 성분통어하는 이들 문장의 경우에 일반 원리에 따라 논리적 의미 형식에서도 존재 양화사가 보편 양화사보다 넓은 영향권을 가지는 해석을 가진다고 본다. 비-보편 양화사가 존재 양화 작용을 하는 것은 '존재 양화 마감(existential closure)' 또는 INFL 범주가 존재 양화 효력을 부여하기 때문이라고 한다.[349] 위 (10)과 같은 예는 중의적 해석을

348) 이는 양화사에 관한 문법적 연구에서 중요한 쟁점을 이루는 것이다. 영향권 중의의 문장을 두 개의 통사구조, 두 개의 문장으로 판단하는 것은 대부분의 생성문법 연구의 기본 견해이다. 이를 하나의 통사구조, 한 개의 문장으로 판단하는, 필자와 같은 견해의 선례로는 Cooper(1983)을 들 수 있다.

349) '존재 양화 마감'은 영어의 비한정 명사구가 비결속 변항으로 설정되고 의미 형식의 도출 과정에서 존재 양화사와 결속되어 존재 양화 효력을 갖게 된다고 설명하는 Heim(1982)의 한 규칙이다. 그런데 Heim(1982)의 의미 형식은 담화 의미 형식이고, 존재 양화 마감 규칙도 담화 의미를 산출하는 규칙이라는 점에 주의해야 한다. Diesing(1992)와 같은 연구에서도 존재 양화 마감 절차를 활용하지만 통사론과 의미론의 사상 과정에서 적용되

가진다는 것을 인정하는데, 이는 보편 양화사가 존재 양화사를 성분통어하는 데에서 오는 해석과 함께, '존재 양화 마감'이나 INFL에 의해 존재 양화 효력이 발생하여 존재 양화사가 결과적으로 넓은 영향권을 가지는 해석이 가능하기 때문이다.

보편 양화사 NP가 통사적으로 하위 영역에 놓이는 (12)-(14) 문장들이 비중의적 해석을 가짐을 밝히고 그 해석 방법을 제안한 것은 안성호(1990)의 중요한 기여이다. 그러나 합성성의 문제에 대한 해결 방안을 제시하지는 못하고 있다.

한국어 양화사 명사항 문장에 대한 통사의미적 합성의 문제를 유의미하게 다루기 위해서는 Heim & Kratzer(1998), von Fintel & Heim(2011)에서 제시하는 표준적 형식의미론의 방법을 잘 이해할 필요가 있다. 필자는 양정석(2015가, 나, 2016가, 나, 2017, 2019, 2020가, 나, 다, 라, 2021, 2022가, 나, 다) 등 일련의 연구를 통하여, 표준적 형식의미론의 방법에 따라, 합성성 원리를 준수하는 한국어 통사의미론적 기술을 실행한 바 있다. 특히 양정석(2021, 2022가)는 의문사 '누구, 무엇', 의문 관형명사 '어떤, 무슨, 웬, 몇' 등을 존재 양화사로 기술한 연구이다. 이 장에서는 표준적 형식의미론에 입각한 필자의 한국어 통사의미론 기술을 바탕으로 한국어 양화사 명사항 문장의 의미를 기술하고자 한다.

양화사 명사구에 대한 통사적 이동의 접근 방안은 대표적으로 May(1985)에서 제시되었다. 생성 통사론의 통사구조를 바탕으로 운용하는 표준적 형식의미론(Heim & Kratzer 1998)에서는 양화사 명사구가 논리형태(LF) 이동에 의해 절의 앞머리로 가서, 양화논리 체계에서의 양화 연산자('∀x' 또는 '∃x')의 위치에 상당하는 절 앞머리 위치에 놓인다고 설명한다. 이러한 이동의 형식의미론적 동기가 있다. 그것은 양화사가 <<e,t>,t> 타입이어서 <e,t> 타입의 술어를 요구하는데, 이동된 결과로 형성된 오른쪽의 절은 t 타입의 절을 바탕으로 제1장의 ③과 같은 규칙이 적용되어, 람다-추상(λ-abstraction)에 의해 <e,t> 타입의 술어 형식이 될 수 있기 때문이다.

양화사 명사구는 한국어에서는 물론이고, 영어에서도 외현적 이동을 수행하지 않는다. 그러나 논리형태의 비외현적 이동이 일어나는 것으로 기술할 가능성은 배제되지 않는다. May(1985)는 논리형태에서의 양화사 명사구 이동의 대표적 설명 방안을 보여준다. 이러한 논리형태 이동(LF-movement)에 기반한 양화사 의미 해석의 방안을 실행하는 대표적 의미론적 설명을 Heim & Kratzer(1998)에서 볼 수 있다.

양화사 명사구를 포함하는 (15가)와 같은 영어 문장의 통사구조(LF)는 (15나)와 같다.

는 규칙으로 상정한다.

지표 ‘1’로 표시되는 통사구조상의 교점이 새로 설정된 것이 독특한 점이다. 이러한 지표 교점과, 같은 지표를 가지는, 그 오른쪽의 구조(흔적을 포함)를 딸성분으로 가지는 구조는 타입 <e,t>의 술어 의미 형식이 된다. Heim & Kratzer(1998)에서는 이 술어 의미 형식을 형성하는 규칙 ‘술어추상규칙’을 새롭게 정의하고 있다. 이는 본질적으로 제1장에서 제시한 의미 해석 규칙 ③(i), ③(ii)처럼 ‘술어추상’의 의미 형식을 형성하는 규칙이지만, 그 적용되는 통사구조의 형식이 이들과 다르다. 이를 ‘③(iii)’이라고 지칭하기로 한다.[350)]

(15) 가. John offended every linguist.

나.

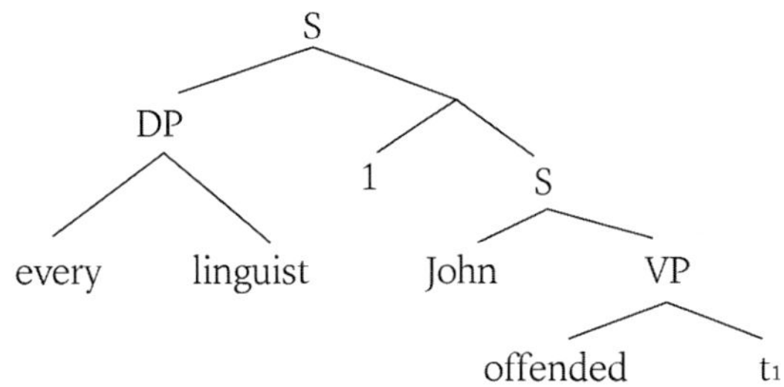

③(iii) 술어추상규칙(Heim & Kratzer 1998: 186)

A가 분지교점이며 B와 C가 그 딸성분이고, B는 숫자인 지표 ‘i’만을 관할하면, 변수에 값을 할당하는 모든 치할당 함수 g에 대하여,

$\llbracket A \rrbracket^{g} = \lambda x: x \in D_e. \llbracket C \rrbracket^{g\ x/i}$이다.

(15가)의 영어 문장의 의미 형식을 도출하는 절차를 보이면 다음과 같다. 도출의 각 단계에서 적용된 규칙들은 제1장에서 제시한 것들이다.

(16) 가. $\llbracket [1\ S] \rrbracket^{g}$

$\lambda x. \llbracket [S] \rrbracket^{g\ x/1}$ (③(iii) 술어추상규칙)

$\lambda x. \llbracket [VP] \rrbracket^{g\ x/1}(\llbracket [John] \rrbracket^{g\ x/1})$ (① 함수적용규칙)

$\lambda x. \llbracket [VP] \rrbracket^{g\ x/1}$(John') (고유명사 ‘John’의 어휘적 정보)

$\lambda x. \llbracket offended \rrbracket^{g\ x/1}(\llbracket t_1 \rrbracket^{g\ x/1})$(John') (①함수적용규칙)

$\lambda x. \llbracket offended \rrbracket^{g\ x/1}(g^{x/1}(1))$(John') (④흔적 및 대명사 규칙)

$\lambda x. \llbracket offended \rrbracket^{g\ x/1}(x)$(John') (⑤지표갱신치할당 규칙(ii))

$\lambda x. [[\lambda y. \lambda z.\ z$ offended $y](x)$(John')] (‘offended’의 어휘적 정보)

350) 필자는 ③(iii)의 규칙을 받아들이지 않는다.

$\lambda x. [[\lambda z. z \text{ offended } x](John')]$ (λ-전환)

$\lambda x. [John' \text{ offended } x]$ (λ-전환)

나. $[\![\text{every linguist}]\!]^{g\ x/1} = \lambda f. \forall x[x \text{ is a linguist} \rightarrow f(x)] = 1$

(‘every’와 ‘linguist’의 어휘적 정보)

$[\![[[\text{every linguist}][1[\text{John} [\text{offended } t_1]]]]]\!]^{g\ x/1} =$

$[\lambda f. \forall x[x \text{ is a linguist} \rightarrow f(x)] = 1](\lambda x. [John' \text{ offended } x])$

(①함수적용규칙)

$\forall x[x \text{ is a linguist} \rightarrow John' \text{ offended } x]$ (λ-전환)

(16가)의 절차를 통해 도출된 것은 ‘λx. [John' offended x]’과 같은 <e,t> 타입의 술어 의미 형식이다. 이것이 문장의 앞머리로 이동한 양화사 ‘every linguist’의 논항으로 취하여지면 (16나)의 마지막 행의 의미 형식이 도출된다.

Heim & Kratzer(1998)의 양화사 LF-이동 접근이 가지는 문제점들을 5가지로 나누어, 다음에서 차례로 지적해 보기로 한다.

첫째, ③(iii)의 적용을 받기 위해서는 언제나 통사구조상의 새로운 교점이 만들어져야 하는데, Heim & Kratzer(1998: 209-238)에 따르면 IP는 물론이고, I', VP, PP, DP에도 지표 ‘i’ 교점이 부가되어 술어추상 해석을 위한 구조가 형성되어야 한다. 즉, XP 교점은 $[_{XP}$ i XP]와 같은 부가 구조의 교점으로 바뀐다. 이 부가 구조는 핵계층 이론에 의해서 형성되는 부가어 구조가 아니다. 핵계층 이론에 따르면 XP에 부가되는 구성성분은 최대투사 범주이어야 하는 것이다. 그러나 ‘i’는 최대투사 범주라고 볼 수 없다. 그러므로 어느 핵계층 도식에 의해서도 생성되지 않는다. 이는 근본적으로 구조보존 원리를 위배하는 것이다.

둘째, 이른바 ‘영향권 중의’ 현상은 LF-이동 접근을 지지하는 주요 증거라고 생각되어 왔다(Heim & Kratzer 1998). 그러나 두 개의 양화사 명사구를 가지는 문장이 언제나 영향권 중의 현상을 보이지는 않는다. 특히 보편 양화사가 존재 양화사보다 통사적으로 하위 영역에 있는 문장에서 보편 양화사가 넓은 영향권을 가지는 것은 극도로 제약된다.[351] 이것이 인간 언어의 보편적 사실이라면 이 점은 LF-이동 접근에서 합리적으로 설명하기 어렵다.[352]

351) 안성호(1990/1993)는 한국어에서 존재 양화사보다 보편 양화사가 하위 통사 영역에 놓이는 (a)와 같은 유의 문장들이 비중의적 해석을 가진다고 관찰하고 있다. 그는 또 Lasnik & Saito(1992)에서 영어에서도 (b)와 같은 유의 문장들이 비중의적 해석을 가진다고 판단하고 있음을 지적하였다(안성호 1993: 123).

a. 어떤 여자가 모든 남자를 좋아한다.

b. Some woman loves every man.

'LF-이동'은 통사적 변형으로서, 언제 어디에서든 자유로이 실행되는 것이다. 특정 의미론적 특성에 따라 이동 변형이 제약된다는 설명은 무리이다. 반면, 가변 타입 접근에서는 양화사 구를 투사하는 단어들의 의미론적 특성을 바탕으로 타입 전이 규칙의 작동을 제어할 수 있다. 4.2절에서 모든 통사적 위치에서의 양화사 해석 방법을 설명한 다음, 4.3절에서는 이른바 '영향권 중의' 현상이 양화사의 의미론적 특성에 따라 차별적으로 발생하는 현상이라는 점을 보일 것이다.

또한 영향권 중의의 사실과 관련한 개념적 문제가 있다. 두 개의 양화사를 가지는 문장이 영향권 중의성을 가지는 경우, 전통적 생성문법의 관점은, 이 문장이 하나의 문장이 아니라, 둘 이상의 해석을 가지는, 둘 이상의 문장이라고 보는 것이다. LF-이동 접근에 따르면, 양화사의 이동에 의해서 새 통사구조가 형성되는 것이므로, 영향권의 차이가 생겨난 통사구조는 새 문장이 아니라 한 문장의 새 표상 층위에 지나지 않는다. 이것은 모순적인 상황이다. 이 모순을 피하기 위해서는 LF-이동 변형을 인정하지 않고, 한 문장이 영향권 중의에 따른 둘 이상의 의미로 해석된다고 보는 것이 필요하다.[353)]

지시적 대명사 용법의 "그가 왔다."와 같은 문장의 경우, '그'가 지시하는 대상이 발화 맥락에 따라 달라진다고 해서 각 경우의 이 문장을 다른 문장이라고 간주하지 않는다. 의미론적 규칙들에 의해 해석된 의미를 가지는 하나의 문장은 담화화용론적 절차에 따라 서로 다른 화용적 의미로 해석될 수 있다. 필자는 영향권 중의 문장에서의 2차 해석은 본질적으로 담화화용론적 절차에 의해 얻어지는 해석이라고 판단한다. 이 판단에 의거하여 영향권 중의 의미를 가지는 문장을 하나의 문장으로 간주한다.

셋째, ACD(antecedent contained deletion) 문장 등, LF-이동 접근의 강력한 증거로 여겨지는 현상들이 이동을 가정하지 않는 비이동적 형식의미론적 접근에 따라 설명하는 것이 가능하다(cf. Jacobson 1992).

특히, ACD 구문을 LF-이동 접근의 강력한 증거로 간주하는 표준적 생성문법의 설명은 근본적인 난점을 안고 있다. Heim & Kratzer(1998: 198-199)는 다음 문장에서 양화사 구(DP)인 'every novel that you read'가 논리형태 이동을 수행한다고 가정해야만 그 VP 삭제의 근거를 논리형태에서 찾을 수 있다고 설명하고 있다.

(17) I read every novel that you did.

---

352) 안성호(1990/1993)을 비롯한 생성문법적 연구의 주요 목표가 이 문제를 해결하고자 하는 것이라는 점을 지적해 두어야 하겠다.

353) 양화사의 영향권 중의에 따른 두 해석이 한 문장의 두 해석이라는 관점은 Cooper(1983)의 관점을 받아들인 것이다.

표준적 설명 방안에 따른 이 문장의 논리형태 형성 절차는 다음과 같다. 'did' 다음에는 VP가 형성되어야 구조적으로 타당하다. 이 자리를 공범주로 둔 채로 논리형태 이동을 실행하면 (17가)'이 도출된다. 이 구조의 맨 오른쪽 '[$_{VP}$ read t_1]' 부분이 LF-이동한 구조의 공범주 VP에 복사되면 (17나)'이 형성된다는 것이다.

(17)' 가. [$_{IP}$ [$_{DP}$ every novel that you did [$_{VP}$]] [$_{IP}$ 1 [$_{IP}$ I PAST [$_{VP}$ read t_1]]]]
나. [$_{IP}$ [$_{DP}$ every novel that you did [$_{VP}$ read t_1]] [$_{IP}$ 1 [$_{IP}$ I PAST [$_{VP}$ read t_1]]]]

논리형태 표상은 의미론적 해석의 입력이 되는 표상이므로 (17나)'과 같이 복사된 VP 부분을 가져야 의미론적 해석을 할 수 있다.

이러한 설명 방안에 대해서 두 가지 문제점을 지적하고자 한다. 하나는, VP를 복사하는 논리형태 층위의 연산을 실행하고 있는데, 이것은 전형적인 논리형태의 이동 변형인 양화사 이동과는 성격이 다른 것이다. 논리형태는 양화사 이동에 의해서 형성된 통사적 표상 층위라는 것이 표준적인 인식이다. 이런 의미에서 VP를 복사하는 연산은 적법한 논리형태 층위의 연산이 아니라고 할 수 있다.

다른 하나는, (17)의 S-구조 표상이 구체적으로 어떤 것이냐 하는 것이다. 음성형태(PF) 부문에서 S-구조의 VP 부분이 삭제되어야 다음과 같은 삭제에 관한 논리형태 동일성 조건이 만족된다고 할 수 있다.

(18) 생략을 위한 논리형태 동일성 조건(Heim & Kratzer 1998: 250)
한 구성성분이 음성형태에서 삭제되기 위해서는 논리형태에서 그 대응되는 구성성분이 다른 구성성분의 복사(copy)이어야 한다.

삭제되기 전의 구체적인 S-구조 표상을 제시할 수 있어야 이러한 조건의 만족 여부를 점검할 수 있는데, 위 설명 방안에서는 구체적인 S-구조 표상을 제시할 수 없다. 다시 말하면, (17) 문장의 'did' 다음의 비어 있는 VP는 어떤 구성성분이 삭제된 것일텐데, 삭제되기 전의 VP의 내용은 알 수가 없고, 오직 논리형태에서의 복사의 결과로만 나타나는 것이다.

필자의 대안적 설명은 다음과 같다. (17) 문장의 S-구조 표상은 다음과 같다. (17가)'에서 논리형태 이동의 결과로 설정되었던 지표 결속자 '1'는 설정되지 않고, 대신 외현적 이동이 실행된 결과로 흔적이 가지는 지표 'i'가 VP 범주에 추가되었다.

(19) [$_{IP}$ I PAST [$_{VP}$ [$_{VPi}$ read t_i][$_{DP}$ every novel that you did [$_{VP}$]]$_i$]]

(19)를 바탕으로 의미 해석 규칙들이 적용된다. '[$_{VPi}$ read t_i]' 부분은 술어추상규칙이 적용되어 람다추상 형식의 함수가 되고, 이것이 오른쪽으로 이동한 양화사 구 목적어 내부의 공범주 VP의 의미 내용으로 해석된다.[354] 주의할 점은, 제1장에서 제시한 해석 규칙 '③ 술어추상규칙 (ii)'는 술어추상이 적용되는 통사구조 구성성분의 범주가 'IP'로 특정되어 있다. 이 규칙을 다음과 같이 수정하여, 그 적용 범위를 다소 확대하는 것이 온당한 방안이라고 판단한다.

③ (ii) C가 XP 범주로서 그 내부의 흔적의 지표를 계승받은 [$_{XPj}$ … t_j …]의 통사구조 이고, j ∈ N이면, 모든 치할당 함수 g에 대하여,
$⟦ C ⟧^{g} = \lambda x: x \in D_e. ⟦ C ⟧^{g\ x/j}$이다.

넷째, 논리형태 이동 접근을 취하는지 여부와 상관없이 타입 전이 규칙은 다른 독립적 근거에서 필요한 규칙의 형식이다. 'and'나 'or' 등의 접속사의 해석을 위해서는 가변 타입 접근 방안을 활용하지 않을 수 없다. Partee & Rooth(1983)에서 보인 것처럼, 영어 접속사 'and'의 분포에 따른 다양한 진리조건적 의미를 기술하기 위해서는 타입 전이 규칙이 필요하다. 논리형태 이동 변형을 가정하지 않고 타입 전이 규칙만을 사용하여 양화사의 의미 사실들을 포착할 수 있다면 그 편을 택하는 것이 타당하다.

다섯째, 한국어의 특수한 구문인, 양화사 명사구를 가지는 이중주어문("학생이 모두가 왔다."와 같은 예), 양화사 명사구를 가지는 이중목적어문("김교수가 학생을 모두를 만났다."와 같은 예)을 논리형태 이동 접근에 따라 해석하고자 할 경우, 양화사의 기본 타입 <<e,t>,t>을 유지한 의미 해석의 설명을 찾기가 어렵다. 이들의 경우 타입 전이 절차를 활용하는 접근 방안이 효과적이다. 이들에 대한 가변 타입 접근에서의 설명을 4.6절에서 보일 것이다.

이러한 문제점들을 근거로, 이 장에서는 비이동적, 가변 타입 접근 방안을 추구한다. 이는 또한 제9장의 의문사의문문에 관한 논의의 근거가 된다.

354) S-구조의 공범주 VP의 존재를 인정하는 점에서는 표준적 설명 방안과 같다.

4.2. 대안: 가변 타입 접근

한국어 문장의 통사구조에서 양화사 명사항이 위치하는 모든 자리를 표시해 보면 다음과 같다.[355] 'DP'로 표시한 양화사 명사항의 통사적 위치의 차이에 따른 종류는 모두 6개이다. 논항 위치인 ①, ②, ③은 각각 주어, 목적어, 그 외 논항이고, 부가어 위치인 ④, ⑤, ⑥은 각각 이중주어문에서의 주어의 이차 서술어, 이중목적어문에서의 목적어의 이차 서술어, VP 부가어이다.

(20)

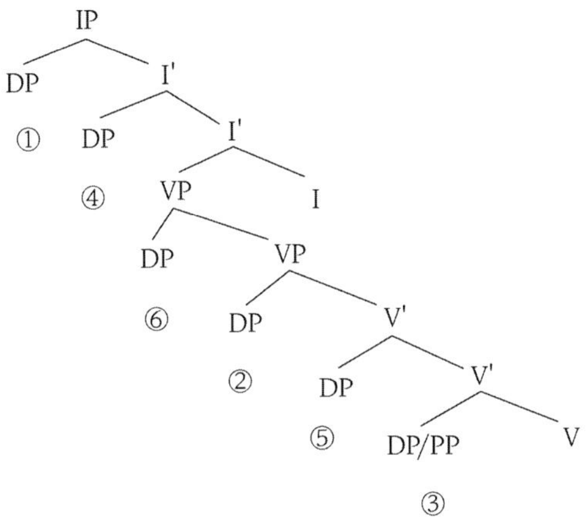

(21)은 '모두'와 '일부'의 기본적 의미 정의로서, 이들 양화사가 주어 위치(즉, ①)에 놓이는 경우의 정의이다. (21)'은 양화사 '모두', '일부'가 주어로 쓰인 문장의 의미 합성 절차를 예시한 것이다. 조사 '-이/가, -을/를, -의, -는, -도, -에게, . . .' 등의 의미는 동일성 함수로 정의된다. 조사는 일괄적으로 $\langle\langle\sigma,\tau\rangle,\langle\sigma,\tau\rangle\rangle$ 타입의 'λP: $P \in D_{\langle\sigma,\tau\rangle}$. P.'와 같은 정의를 가지는 것으로 나타낼 수 있다.[356]

(21) 가. 모두^{1}: (타입 <et,t>) [λf_{et}. $\forall x$[x는 사람/사물이다 → f(x)] = 1]

355) CP의 명시어 위치에 양화사 명사항이 실현될 수도 있으나, 그 경우는 ①, ②, ③의 위치에 흔적을 남기고 동지표화되는 경우라는 것이 필자의 관점이다. 특별한 경우로 다음과 같이 양화사 명사항이 CP의 명시어 위치에 있고, 주어 위치에는 대명사 '자기'가 실현되는 문장이 성립될 수도 있다(4.6절 참조). 이 경우는 '김사장'과 '자기'가 통사구조에서 동지표화되어 의미 해석 과정에서 '자기'가 결속변항으로 해석된다고 본다((b)와 같은 통사구조에서 'C'i'와 같은 지표화된 범주는 술어추상규칙(③(ii))이 적용되는 구조적 환경이 된다).

a. 김사장은 자기가 직접 차를 몬다.

b. [$_{CP}$[김사장은]$_i$ [$_{C'i}$ [[자기가]$_i$ 직접 차를 몰-∅-]-ㄴ다$_C$]]

356) 위 (1다)로 제시한 보조사 '-마다', '-만'은 다른 보조사들과 달리 동일성 함수가 아닌, 양화 효력을 가지는 요소로 다룬다. '-마다', '-만'의 의미 기술은 4.5.2절에서 보인다.

나. 일부^{1}: (타입 <et,t>) $[\lambda f_{et}.\ \exists x[x\text{는 사람/사물이다} \ \&\ f(x)] = 1]$

(21)' 가. $⟦\text{모두가 웃는다}⟧ = ⟦\text{모두}^{1}⟧(⟦\text{웃는다}⟧) =$

$[\lambda f_{et}.\ \forall x[x\text{는 사람/사물이다} \rightarrow f(x)] = 1](\lambda y.\ y\text{가 웃는다}')$ iff

$\forall x[x\text{는 사람/사물이다} \rightarrow [\lambda y.\ y\text{가 웃는다}'](x)] = 1]$ iff

$\forall x[x\text{는 사람/사물이다} \rightarrow x\text{가 웃는다}']$

나. $⟦\text{일부가 웃는다}⟧ = ⟦\text{일부}^{1}⟧(⟦\text{웃는다}⟧) =$

$[\lambda f_{et}.\ \exists x[x\text{는 사람/사물이다} \ \&\ f(x)] = 1](\lambda y.\ y\text{가 웃는다}')$ iff

$\exists x[x\text{는 사람/사물이다} \ \&\ [\lambda y.\ y\text{가 웃는다}'](x)] = 1]$ iff

$\exists x[x\text{는 사람/사물이다} \ \&\ x\text{가 웃는다}']$

‘<<e,t>,t>’는 일반화 양화사의 타입으로서, “모두가 웃는다.”, “모두가 인호를 믿는다.”와 같이 양화사가 주어 위치에 있는 경우의 타입이다.357) “인호가 모두를 믿는다.”와 같이 양화사가 목적어 위치에 있는 경우는 주어 위치의 양화사의 의미 형식을 바탕으로 타입 전이 규칙이 적용되어 새 의미 형식이 유도된다. 양화사 ‘모두’, ‘일부’가 목적어로 쓰이는 경우, 이들의 의미 형식을 이끌어내는 타입 전이 규칙은 (22)와 같다.

(22) 2자리 술어 구문에서 목적어 위치의 양화사 의미 형식 구하기:

<et,t> 타입의 어휘항목 L1이 어휘부에 존재하는 경우, L1과 동음이고 통사적으로 동일한 <<e,et>,et> 타입의 어휘항목 L2가 존재하고, 그 의미 형식은 다음과 같다.

$⟦L2⟧ = \lambda f_{<e,et>}.\ \lambda x_{e}.\ ⟦L1⟧(\lambda z_{e}.\ f(z)(x))$

규칙 (22)를 이용하여 목적어 양화사 ‘모두^{2}’, ‘일부^{2}’의 의미 형식을 도출하는 절차는 (23)과 같다. (24)는 문장 의미의 합성 절차를 보인 것이다.

(23) 가. $⟦\text{모두}^{2}⟧$

$= \lambda f_{<e,et>}.\ \lambda x_{e}.\ ⟦\text{모두}^{1}⟧(\lambda z_{e}.\ f(z)(x))$ (FA)

$= \lambda f_{<e,et>}.\ \lambda x_{e}.\ [\lambda f'_{et}.\ \forall y[y\text{는 사람/사물이다} \rightarrow f'(y)] = 1](\lambda z_{e}.\ f(z)(x))$

(변수의 표기를 조정하여 (21가) 대입)

$\lambda f_{<e,et>}.\ \lambda x_{e}.\ \forall y[y\text{는 사람/사물이다} \rightarrow f(y)(x)] = 1$ (λ-전환)

나. $⟦\text{일부}^{2}⟧$

$= \lambda f_{<e,et>}.\ \lambda x_{e}.\ ⟦\text{일부}^{1}⟧(\lambda z_{e}.\ f(z)(x))$ (FA)

---

357) 앞으로는 <e,t>를 et로, <e,<e,t>>를 eet로, <e,<e,<e,t>>>를 eeet로 나타낼 것이다.

= [$\lambda f_{<e,et>}$. λx_e. [$\lambda f'_{et}$. ∃y[y는 사람/사물이다 & f'(y)] = 1](λz_e. f(z)(x))

(변수의 표기를 조정하여 (21나) 대입)

$\lambda f_{<e,et>}$. λx_e. ∃y[y는 사람/사물이다 & f(y)(x)] = 1 (λ-전환)

(24) ⟦ 인호가 모두를 믿는다 ⟧ =

⟦ 모두^2 ⟧ (⟦ 믿는다 ⟧)(⟦ 인호 ⟧) (FA)

[$\lambda f_{<e,et>}$. λx_e. ∀y[y는 사람/사물이다 → f(y)(x)] = 1](λv. λz. z가 v를 믿는다')(인호') (각 단어의 의미 정의)

[λx_e. ∀y[y는 사람/사물이다 → [λv. λz. z가 v를 믿는다'](y)(x)] = 1](인호') (λ-전환)

[λx_e. ∀y[y는 사람/사물이다 → x가 y를 믿는다'] = 1](인호') (λ-전환)

∀y[y는 사람/사물이다 → 인호'가 y를 믿는다'] (λ-전환)

3자리 술어 구문의 경우, 양화사 구가 목적어일 때에는 새 양화사 정의를 필요로 하지 않고 위에서 얻은 목적어 양화사의 정의를 그대로 사용한다. 대략 (25나)와 같은 통사구조를 가정할 수 있다. 문장 의미를 도출한 결과는 (25)'과 같다.

(25) 가. 인호가 모두를 철수에게 소개한다.

나. [인호가 [$_{VP}$ 모두를 [$_{V'}$ [$_{PP}$ [$_{NP}$ 철수]-에게] [$_V$ 소개한다]]]]

(25)' ⟦ 모두^2 ⟧ (⟦ 철수에게 소개한다 ⟧)(⟦ 인호 ⟧) =

∀y[y는 사람/사물이다 → 인호'가 y를 철수'에게 소개한다']

양화사 구가 3자리 술어 구문의 후치사구 내부에 자리잡는 (26)과 같은 경우를 위해서는 (27)의 규칙이 더 필요하다. 이 위치의 양화사 '모두^3'과 '일부^3'의 어휘의미 형식은 (28가, 나)와 같다.

(26) 가. 인호가 철수를 모두에게 소개한다.

나. [인호가 [$_{VP}$ 철수를 [$_{V'}$ [$_{PP}$ [$_{NP}$ 모두]-에게] [$_V$ 소개한다]]]]

(27) 3자리 술어 구문에서 후치사구 내부의 양화사의 의미 형식 구하기:

L1이 <et,t> 타입일 때, 세 자리 술어의 후치사구 내에 있는 양화사 L3의 타입은 <<e,<e,et>>,<e,et>>이고 그 의미 형식은 다음과 같다.

⟦ L3 ⟧ = $\lambda f_{<e,<e,et>>}$. λy_e. λx_e. ⟦ L1 ⟧ (λz. f(z)(y)(x))

(28) 가. ⟦ 모두^3 ⟧ =

[λf_{eeet}. λy_e. λx_e. [λg_{et}. ∀v[v는 사람/사물이다 → g(v)] = 1](λz. f(z)(y)(x))

$[\lambda f_{eeet}. \lambda y_e. \lambda x_e. [\forall v[v$는 사람/사물이다 $\rightarrow f(v)(y)(x)] = 1]$

나. ⟦일부^3⟧ =

$[\lambda f_{eeet}. \lambda y_e. \lambda x_e. [\exists v[v$는 사람/사물이다 & $f(v)(y)(x)] = 1]$

(26)' ⟦(26나)⟧ = ⟦모두^3⟧(⟦소개한다⟧)(⟦철수⟧)(⟦인호⟧) =

$\forall x[x$는 사람/사물이다 → 인호'가 철수'를 x에게 소개한다'

다음은 이중주어문의 한 유형에서 양화사 '모두'(즉, '모두^4')가 실현되는 경우이다 ((20)의 ④).

(29) 가. ⟦모두^4⟧$_{\langle et,\langle et,t\rangle\rangle}$ = $[\lambda f_{\langle e,t\rangle}. \lambda g_{\langle e,t\rangle}. \forall x[g(x) \rightarrow f(x)] = 1]$

나. ⟦일부^4⟧$_{\langle et,\langle et,t\rangle\rangle}$ = $[\lambda f_{\langle e,t\rangle}. \lambda g_{\langle e,t\rangle}. \exists x[g(x)$ & $f(x)] = 1]$

(29)' 학생이 모두가 뛴다.

⟦모두^{4}가 뛴다⟧ =

$[\lambda f_{\langle e,t\rangle}. \lambda g_{\langle e,t\rangle}. \forall x[g(x) \rightarrow f(x)] = 1](\lambda y_e.$ y가 뛴다')

$\lambda g_{\langle e,t\rangle}. \forall x[g(x) \rightarrow$ x가 뛴다'] = 1

⟦학생이 모두가 뛴다⟧ =

$[\lambda g_{\langle e,t\rangle}. \forall x[g(x) \rightarrow$ x가 뛴다'] = 1]$(\lambda y_e.$ y는 학생이다')

$\forall x[x$는 학생이다' → x가 뛴다']

다음은 이중목적어문의 한 유형에서 양화사 '모두'(즉, '모두^5')가 실현되는 경우이다 ((20)의 ⑤).

(30) 가. ⟦모두^5⟧$_{\langle eet,\langle et,et\rangle\rangle}$ = $[\lambda f_{eet}. \lambda g_{et}. \lambda x_e. \forall y[g(y) \rightarrow f(y)(x)] = 1]$

나. ⟦일부^5⟧$_{\langle eet,\langle et,et\rangle\rangle}$ = $[\lambda f_{eet}. \lambda g_{et}. \lambda x_e. \exists y[g(y)$ & $f(y)(x)] = 1]$

(31) 가. 김 교수가 학생을 모두를 만난다.

나. $[_{IP}$ 김교수가 $[_{I'}$ $[_{VP}$ 학생을 $[_{V'}$ [모두를] $[_{V'}$ 만난다]]]]]

(31)' ⟦모두를 만난다⟧ = ⟦모두^5⟧(⟦만난다⟧) =

$[\lambda f_{eet}. \lambda g_{et}. \lambda x_e. \forall y[g(y) \rightarrow f(y)(x)] = 1](\lambda z. \lambda v.$ v가 z를 만난다')

$[\lambda g_{et}. \lambda x_e. \forall y[g(y) \rightarrow$ x가 y를 만난다'] = 1]

⟦모두^{5}를 만난다⟧(⟦학생을⟧)(⟦김교수⟧) =

$\forall y[y$가 학생이다' → 김교수'가 y를 만난다']

양화사 '모두'가 부가어로 실현되는 마지막의 경우는 VP의 부가어로 실현되는 경우이다('모두[6]'). 그 안에 흔적을 포함하고, 이동한 결과를 그 부가어로 가지는 VP는 (32나)에서와 같이 동지표 'i'로 표시된다고 가정한다. 이미 제1장에서는 이와 같은 형식적 특징을 근거로 술어추상규칙(③(ii))이 적용된다고 상정했었다.

(32) 가. 김 교수가 모두를 선물을 주었다.

나. $[_{IP}$ 김교수가 $[_{I'}$ $[_{VP}$ $[_{DP}$ 모두를$]_i$ $[_{VPi}$ $[_{DP}$ 선물을$]$ $[_{V'}$ t_i 주었다 $]]]]]$

(33) 가. ⟦ 모두[6] ⟧$_{<<e,et>,et>}$ = $[\lambda f_{eet}.\ \lambda x_e.\ \forall y$[y는 사람/사물이다 $\rightarrow f(y)(x)] = 1]$

나. ⟦ 일부[6] ⟧$_{<<e,et>,et>}$ = $[\lambda f_{eet}.\ \lambda x_e.\ \exists y$[y는 사람/사물이다 & $f(y)(x)] = 1]$

(32)' ⟦ $[_{V'}$ t_i 주었다 $]$ ⟧ = $[\lambda x_e.\ \lambda y_e.\ \lambda z_e.$ z가 x에게 y를 주었다'$](g(i))$ iff

$\lambda y_e.\ \lambda z_e.$ z가 g(i)에게 y를 주었다'

⟦ 선물을 ⟧ = kx[x는 선물이다] ('선물'은 'e' 타입의 종류 명사임)[358]

⟦ $[_{DP}$ 선물을$][_{V'}$ t_i 주었다$]$ ⟧ = $\lambda z_e.$ z가 g(i)에게 kx[x는 선물이다]를 주었다'

⟦ $[_{VPi}$ $[_{DP}$ 선물을$]$ $[_{V'}$ t_i 주었다 $]]$ ⟧ =

$\lambda y_e.\ \lambda z_e.$ z가 y에게 kx[x는 선물이다]를 주었다' (술어추상규칙 ③(ii))

⟦ $[_{IP}$ 김교수가 $[_{I'}[$모두[6]를$]$i $[_{VPi}$ $[_{DP}$ 선물을$]$ $[_{V'}$ ti 주었다 $]]]$ ⟧ =

$\forall y$[y는 사람/사물이다 → [김교수'가 y에게 kx[x는 선물이다]를 주었다'

그 통사적 위치에 따른 '모두'의 위 6가지 해석, '일부'의 상응하는 6가지 해석은 다음과 같은 타입 전이 규칙으로 일반화할 수 있다.

(34) 가. '모두'는 기본 타입 <et,t>로 $[\lambda f_{et}.\ \forall x$[x는 사람/사물이다 $\rightarrow f(x)] = 1]$의 해석을 가지며, 다음의 전이된 해석을 가질 수 있다.

<eet,et>: $\lambda f_{eet}.\ \lambda x_e.\ \forall y$[y는 사람/사물이다 $\rightarrow f(y)(x)] = 1$

<eeet,eet>: $[\lambda f_{eeet}.\ \lambda y_e.\ \lambda x_e.\ [\forall v$[v는 사람/사물이다 $\rightarrow f(v)(y)(x)] = 1]$

<et,<et,t>>: $[\lambda f_{et}.\ \lambda g_{et}.\ \forall x[g(x) \rightarrow f(x)] = 1]$

<eet,<et,et>>: $[\lambda f_{eet}.\ \lambda g_{et}.\ \lambda x_e.\ \forall y[g(y) \rightarrow f(y)(x)] = 1]$

<eet,et>: $[\lambda f_{eet}.\ \lambda x_e.\ \forall y$[y는 사람/사물이다 $\rightarrow f(y)(x)] = 1]$

나. '일부'는 기본 타입 <et,t>로 $[\lambda f_{et}.\ \exists x$[x는 사람/사물이다 & $f(x)] = 1]$의 해석을 가지며, 다음의 전이된 해석을 가질 수 있다.

<eet,et>: $[\lambda f_{<e,et>}.\ \lambda x_e.\ \exists y$[y는 사람/사물이다 & $f(y)(x)] = 1]$

358) 필자의 이전 연구에서는 이 경우 et 타입으로부터 e 타입으로의 전이가 작용하고, 그 규칙을 '이오타화'라고 보았는데, 여기에서는 '선물'이 원래부터 e 타입의 종류로서 'kx[x는 선물이다]'와 같은 정의를 가진다고 본다. 이는 3.1절의 논의를 따른 것이다.

<eeet,eet>: $[\lambda f_{eeet}.\ \lambda y_e.\ \lambda x_e.\ [\exists v[v\text{는 사람/사물이다}\ \&\ f(v)(y)(x)] = 1]$
<et,<et,t>>: $[\lambda f_{et}.\ \lambda g_{et}.\ \exists x[g(x)\ \&\ f(x)] = 1]$
<eet,<et,et>>: $[\lambda f_{eet}.\ \lambda g_{et}.\ \lambda x_e.\ \exists y[g(y)\ \&\ f(y)(x)] = 1]$
<eet,et>: $[\lambda f_{eet}.\ \lambda x_e.\ \exists y[y\text{는 사람/사물이다}\ \&\ f(y)(x)] = 1]$

이상은 양화사의 논리형태 이동 절차를 가정하지 않고도 그 의미 형식을 체계적으로 도출할 수 있음을 보여준다. (34가)와 (34나)를 보편/존재 양화사를 통합하는 하나의 규칙으로 더욱 일반화할 가능성을 이하에서 추구하고자 한다.

다음으로, 양화 관형명사 '모든'의 진리조건적 의미 형식은 타입 '<e,t>'인 그 피수식 명사구를 논항으로 요구하는 것 말고는 앞에서 논의한 양화사 '모두'의 형식과 같다(편의상 '모든'과 관형어 위치의 '일부'를 '양화 관형명사'라고 지칭한다). (35)는 '모든'의, (36)은 '일부'의 각 통사적 위치에서의 의미 형식이다.

(35) 가. $[\![\text{모든}^1]\!] = [\lambda f_{et}.\ \lambda g_{et}.\ \forall x[f(x) \rightarrow g(x)] = 1]$
EX. 모든 학생이 웃는다.
나. $[\![\text{모든}^2]\!] = [\lambda f_{et}.\ \lambda g_{eet}.\ \lambda x_e.\ [\forall y[f(y) \rightarrow g(y)(x)] = 1]$
EX. 김 교수가 모든 학생을 만났다.
다. $[\![\text{모든}^3]\!] = [\lambda f_{et}.\ \lambda g_{eeet}.\ \lambda x_e.\ \lambda y_e.\ [\forall z[f(z) \rightarrow g(z)(x)(y)] = 1]$
EX. 인호가 순희를 모든 남학생에게 소개했다.
라. $[\![\text{모든}^6]\!] = [\lambda f_{et}.\ \lambda g_{eet}.\ \lambda x_e.\ \forall y[f(y) \rightarrow g(y)(x)] = 1]$
EX. 김 교수가 모든 남학생을 선물을 주었다.

(36) 가. $[\![\text{일부의}^1]\!] = [\lambda f_{et}.\ \lambda g_{et}.\ \exists x[f(x)\ \&\ g(x)] = 1]$
EX. 일부(의) 학생이 웃는다.
나. $[\![\text{일부의}^2]\!] = \lambda f_{et}.\ \lambda g_{eet}.\ \lambda x_e.\ [\exists y[f(y)\ \&\ g(y)(x)] = 1]$
EX. 김 교수가 일부(의) 학생을 만났다.
다. $[\![\text{일부의}^3]\!] = [\lambda f_{et}.\ \lambda g_{eeet}.\ \lambda x_e.\ \lambda y_e.\ [\exists z[f(z)\ \&\ g(z)(x)(y)] = 1]$
EX. 인호가 순희를 일부(의) 남학생에게 소개했다.
라. $[\![\text{일부의}^6]\!] = [\lambda f_{et}.\ \lambda g_{et}.\ \lambda x_e.\ \exists y[f(y)\ \&\ g(y)(x)] = 1]$
EX. 김 교수가 일부(의) 남학생을 선물을 주었다.

'모든', '일부(의)'는 다음과 같이 이중주어문의 ④ 위치, 이중목적어문의 ⑤ 위치에 실현되지 않으므로 위 4개의 의미 형식만을 설정하였다.

(37) 가. 학생이 모두가 왔다.
나. ??학생이 모든 학생이 왔다.
(38) 가. 김 교수가 학생을 모두를 만났다.
나. ??김 교수가 학생을 모든 학생을 만났다.

(37나), (38나)가 완전한 비문이 아니고 '??'와 같이 판정되는 이유는 발화상 표현을 수정하는 형식으로 쓰일 수 있기 때문이다.

'모든^{1}'과 '모든^{2}', '모든^{1}'과 '모든^{3}', '일부의^{1}'과 '일부의^{2}', '일부의^{1}'과 '일부의^{3}'의 의미 형식들 간에는 (39)와 같은 규칙성이 작용한다.

(39) 2자리 술어 구문에서 목적어 위치의 양화 관형사의 의미 형식 구하기:
<et,<et,t>> 타입의 어휘항목 L1이 어휘부에 존재하는 경우, L1과 동음이고 통사적으로 동일한 <et,<eet,et>> 타입의 어휘항목 L2, <et,<eeet,eet>> 타입의 L3이 존재하고, 그 의미 형식은 각각 다음과 같다.
$[\![L2]\!] = \lambda f_{et}. \lambda g_{eet}. \lambda x_e. [\![L1]\!](f)(\lambda z. g(z)(x))$
$[\![L3]\!] = \lambda f_{et}. \lambda g_{eeet}. \lambda x_e. \lambda y_e. [\![L1]\!](f)(\lambda z. g(z)(x)(y))$

이 같은 규칙성을 이용하여, '모든^{1}'을 기본으로 '모든^{2}', '모든^{3}', '모든^{6}'의 의미 형식을, '일부의^{1}'을 기본으로 '일부의^{2}', '일부의^{3}', '일부의^{6}'의 의미 형식을 얻어내는 일반화된 타입 전이 규칙을 다음과 같이 설정하기로 한다. (39)의 형식을 이용하여 '모든'과 '일부의'의 의미 형식들을 통합한 형식으로 더욱 일반화할 가능성이 있다. 이 점도 이 장에서 추구하는 주요 과제의 하나이다.

(40) 가. '모든'은 기본 타입 <et,<et,t>>의 해석 $[\lambda f_{et}. \lambda g_{et}. \forall x[f(x) \rightarrow g(x)] = 1]$을 가지며, 다음의 전이된 해석을 가질 수 있다.
<et,<eet,et>>: $[\lambda f_{et}. \lambda g_{eet}. \lambda x_e. [\forall y[f(y) \rightarrow g(y)(x)] = 1]$
<et,<eeet,eet>>: $[\lambda f_{et}. \lambda g_{eeet}. \lambda x_e. \lambda y_e. [\forall z[f(z) \rightarrow g(z)(x)(y)] = 1]$
<et,<eet,et>>: $[\lambda g_{et}. \lambda f_{eet}. \lambda x_e. \forall y[g(y) \rightarrow f(y)(x)] = 1]$
나. '일부의'는 기본 타입 <et,<et,t>>로 $[\lambda f_{et}. \lambda g_{et}. \exists x[f(x) \& g(x)] = 1]$의 해석 을 가지며, 다음의 전이된 해석을 가질 수 있다.
<et,<eet,et>>: $\lambda f_{et}. \lambda g_{eet}. \lambda x_e. [\exists y[f(y) \& g(y)(x)] = 1]$
<et,<eeet,eet>>: $[\lambda f_{et}. \lambda g_{eeet}. \lambda x_e. \lambda y_e. [\exists z[f(z) \& g(z)(x)(y)] = 1]$

<et,<eet,et>>: $[\lambda g_{et}.\ \lambda f_{eet}.\ \lambda x_{e}.\ \exists y[g(y)\ \&\ f(y)(x)] = 1]$

이처럼 양화사의 논리형태 이동 절차를 가정하지 않고, 기본 타입의 의미 형식 하나만을 기술하여, 여타의 통사적 위치에 놓이는 양화사 명사구의 의미는 타입 전이 규칙에 따라 체계적으로 주어지는 것으로 기술할 수 있다. '모두'는 모두 6개의 의미 형식으로 실현된다(위 (34) 참조). '모든'은 (40)과 같이 4개의 의미 형식으로 실현된다.

'모두의 편지', '일부의 편지'의 문제

'모두', '일부'가 조사 '-의'를 취하여 관형어가 될 때에는 이상에서 다룬 '양화사 선행구성' 내의 양화 관형명사 '모든', '일부(의)'의 해석과 판연히 다른 해석을 가진다. 다음 (41)의 예들에서 '모두의 편지', '모두의 친구'는 담화상 영역의 개체들, 특히 개인들(사람) 모두가 가지는 편지, 친구를 가리킨다. 특히 '가지다'를 중심으로 한 동사의 의미를 매개로 하는 의미로 해석할 수 있다. '일부의 편지', '일부의 친구'도 유사한 방식으로 해석된다. 즉 '일부의 개인이 가지는 편지', '일부의 개인이 가지는 친구'와 같이 동사의 의미를 매개로 하는 의미로 해석할 수 있다.

(41) 가. 모두의 편지가 배달됐다.
　　 나. 일부의 편지가 배달됐다.
(42) 가. 집배원이 모두의 편지를 배달했다.
　　 나. 집배원이 일부의 편지를 배달했다.
(43) 가. 철수가 모두의 친구에게 선물을 주었다.
　　 나. 철수가 일부의 친구에게 선물을 주었다.
(44) 가. 철수가 모두의 친구를 선물을 주었다.
　　 나. 철수가 일부의 친구를 선물을 주었다.

주어 위치에 놓이는 '모두의 N'의 '모두'의 의미를 바탕으로, 이 장에서 보인 일반적 타입 전이 규칙에 따라 목적어 위치, 후치사구 내의 명사구 위치, VP 부가어 위치에서의 '누구/무엇'의 전이 의미가 결정된다는 것이 이 책의 설명 방안이고, 이것이 '가변 타입 접근 방안'이다. 이중주어문의 I' 부가어 위치, 이중목적어문의 V' 부가어 위치에는 '누구/무엇의 N' 형식의 구가 실현되는 것이 제약된다.

(45) 가. ??학생이 모두의 친구가 왔다.

나. ??학생이 일부의 친구가 왔다.

(46) 가. ??김 교수가 학생을 모두의 친구를 만났다.

나. ??김 교수가 학생을 일부의 친구를 만났다.

그러므로 잠재적으로 가능한 위 6가지 통사적 위치 중에서 4가지 경우의 전이 의미를 기술하기로 한다. 앞에서 제시한 '모두', '일부'의 네 가지 의미 정의와 연속됨을 보이기 위해 각각 7, 8, 9, 10의 네 가지의 위첨자 숫자를 붙여서 나타내기로 한다.[359)]

(47) 가. 모두^{7} (타입 <et,<et,t>>) $[\lambda f_{et}.\ \lambda g_{et}.\ \forall x[$x는 사람이다 $\rightarrow g(\iota y[x\ HAVE\ y\ \&\ f(y)])] = 1]$

EX. 모두의 편지가 배달됐다.

나. 모두^{8} (타입 <et,<eet,et>>) $[\lambda f_{et}.\ \lambda g_{eet}.\ \lambda x_{e}.\ \forall y[$y는 사람이다 $\rightarrow g(\iota z[y\ HAVE\ z\ \&\ f(z)])(x)] = 1]$

EX. 집배원이 모두의 편지를 배달했다.

다. 모두^{9} (타입 <et,<eeet,eet>>) $[\lambda f_{et}.\ \lambda g_{eeet}.\ \lambda y_{e}.\ \lambda x_{e}.\ \forall v[$v는 사람이다 $\rightarrow g(\iota z[v\ HAVE\ z\ \&\ f(z)])(y)(x)] = 1]$

EX. 철수가 모두의 친구에게 선물을 주었다.

라. 모두^{10} (타입 <et,<eet,et>>) $[\lambda f_{et}.\ \lambda g_{eet}.\ \lambda x_{e}.\ \forall y[$y는 사람이다 $\rightarrow g(\iota z[y\ HAVE\ z\ \&\ f(z)])(x)] = 1]$

EX. 철수가 모두의 친구를 선물을 주었다.

(48) 가. 일부^{7} (타입 <et,<et,t>>) $[\lambda f_{et}.\ \lambda g_{et}.\ \exists x[$x는 사람이다 $\&\ g(\iota y[x\ HAVE\ y\ \&\ f(y)])] = 1]$

EX. 일부의 편지가 배달됐다.

나. 일부^{8} (타입 <et,<eet,et>>) $[\lambda f_{et}.\ \lambda g_{eet}.\ \lambda x_{e}.\ \exists y[$y는 사람이다 $\&\ g(\iota z[y\ HAVE\ z\ \&\ f(z)])(x)] = 1]$

EX. 집배원이 일부의 편지를 배달했다.

다. 일부^{9} (타입 <et,<eeet,eet>>) $[\lambda f_{et}.\ \lambda g_{eeet}.\ \lambda y_{e}.\ \lambda x_{e}.\ \exists v[$v는 사람이다 $\&\ g(\iota z[v\ HAVE\ z\ \&\ f(z)])(y)(x)] = 1]$

EX. 철수가 일부의 친구에게 선물을 주었다.

라. 일부^{10} (타입 <et,<eet,et>>) $[\lambda f_{et}.\ \lambda g_{eet}.\ \lambda x_{e}.\ \exists y[$y는 사람이다 $\&\ g(\iota z[y\ HAVE\ z\ \&$ z는 사람이다 $\&\ f(z)])(x)] = 1]$

---

359) 'x HAVE y'는 'x가 y를 가지고 있다'를 중심으로 하는 의미로서, 담화화용론적으로 그 구체적인 의미가 해석된다고 가정한다. 앞 장(제3장)에서 '하-'의 의미로 'HA'와 같은 형식을 사용한 것과 유사한 방식이다.

EX. 철수가 일부의 친구를 선물을 주었다.

(47가, 나, 다, 라)의 각 ‘모두’ 구문의 의미 해석 절차를 보이면 다음과 같다.

(49) 가. “모두의 편지가 배달됐다.”의 의미 해석:

⟦ 모두의 편지 ⟧ = ⟦ 모두^{7} ⟧ (⟦ 편지 ⟧) =

[[λf_{et}. λg_{et}. ∀x[x는 사람이다 → g(ky[x HAVE y & f(y)])] = 1]](λz. z = 편지)

λg_{et}. ∀x[x는 사람이다 → g(ky[x HAVE y & y = 편지])] = 1

⟦ 모두의 편지가 ⟧ (⟦ 배달됐다 ⟧) =

[λg_{et}. ∀x[x는 사람이다 → g(ky[x HAVE y & y = 편지])] = 1](λz. z가 배달됐다')

∀x[x는 사람이다 → ky[x HAVE y & y = 편지]가 배달됐다'

나. “집배원이 모두의 편지를 배달했다.”의 의미 해석:

⟦ 모두의 편지 ⟧ = ⟦ 모두^{8} ⟧ (⟦ 편지 ⟧) =

[λf_{et}. λg_{eet}. λx_{e}. ∀y[y는 사람이다 → g(kz[y HAVE z & f(z)])(x)] = 1](λv. v = 편지)

λg_{eet}. λx_{e}. ∀y[y는 사람이다 → g(kz[y HAVE z & z = 편지])(x)] = 1

⟦ 모두의 편지를 ⟧ (⟦ 배달했다 ⟧)(⟦ 집배원이 ⟧) =

[λg_{eet}. λx_{e}. ∀y[y는 사람이다 → g(kz[y HAVE z & z = 편지])(x)] = 1]([λm. λn. n이 m을 배달했다'])(ιv[v = 집배원])

∀y[y는 사람이다 → ιv[v = 집배원]이 kz[y HAVE z & z = 편지]를 배달했다']

다. “철수가 모두의 친구에게 선물을 주었다.”(=“철수가 선물을 모두의 친구에게 주었다.”)의 의미 해석:

⟦ 모두의 친구 ⟧ = ⟦ 모두^{9} ⟧ (⟦ 친구 ⟧) =

[λf_{et}. λg_{eeet}. λy_{e}. λx_{e}. ∀v[v는 사람이다 → g(ιz[v HAVE z & f(z)])(y)(x)] = 1](λm. m = 친구)

λg_{eeet}. λy_{e}. λx_{e}. ∀v[v는 사람이다 → g(ιz[v HAVE z & z = 친구])(y)(x)] = 1

⟦ 모두의 친구에게 ⟧ (⟦ 주었다 ⟧)(⟦ 선물을 ⟧)(⟦ 철수가 ⟧) =

[λg_{eeet}. λy_{e}. λx_{e}. ∀v[v는 사람이다 → g(ιz[v HAVE z & z = 친구])(y)(x)] = 1]([λm. λn. λl. l이 n을 m에게 주었다'])(kw[w = 선물])(철수')

[λy_{e}. λx_{e}. ∀v[v는 사람이다 → [λn. λl. l이 n을 ιz[v HAVE z & z = 친구]에게 주었다'(y)(x)=1](kw[w = 선물])(철수')

[λy_{e}. λx_{e}. ∀v[v는 사람이다 → [x이 y을 ιz[v HAVE z & z = 친구]에게 주었다' = 1]

(κw[w = 선물])(철수')

∀v[v는 사람이다 → [철수'이 κw[w = 선물]을 ιz[v HAVE z & z = 친구]에게 주었다'

라. "철수가 모두의 친구를 선물을 주었다."의 의미 해석:

⟦모두의 친구⟧ = ⟦모두[10]⟧(⟦친구⟧) =

$[\lambda f_{et}. \lambda g_{eet}. \lambda x_e.$ ∀y[y는 사람이다 → g(κz[y HAVE z & f(z)])(x)] = 1](λm. m = 친구)

$\lambda g_{eet}. \lambda x_e.$ ∀y[y는 사람이다 → g(ιz[y HAVE z & z = 친구])(x)] = 1

⟦[$_{DP}$ 선물을][$_{V'}$ t_i 주었다]⟧ = λz_e. z가 g(i)에게 κx[x는 선물이다]를 주었다'

⟦[$_{VPi}$ [$_{DP}$ 선물을] [$_{V'}$ t_i 주었다]]⟧ =

$\lambda y_e. \lambda z_e$. z가 y에게 κx[x는 선물이다]를 주었다' (술어추상규칙 ③(ii))

⟦모두의 친구⟧(⟦[$_{VPi}$ [$_{DP}$ 선물을] [$_{V'}$ t_i 주었다]]⟧) =

$[\lambda g_{eet}. \lambda x_e.$ ∀y[y는 사람이다 → g(ιz[y HAVE z & z = 친구])(x)] = 1](λm. λn. n이 m에게 κw[w는 선물이다]를 주었다')

$\lambda x_e.$ ∀y[y는 사람이다 → [λm. λn. n이 m에게 κw[w는 선물이다]를 주었다'](ιz[y HAVE z & z = 친구])(x)] = 1]

$\lambda x_e.$ ∀y[y는 사람이다 → [λn. n이 ιz[y HAVE z & z = 친구]에게 κw[w는 선물이다]를 주었다'](x)] = 1

$\lambda x_e.$ ∀y[y는 사람이다 → x이 ιz[y HAVE z & z = 친구]에게 κw[w는 선물이다]를 주었다'] = 1

⟦[[철수가] [$_{I'}$[모두의 친구를]i [$_{VPi}$ [$_{DP}$ 선물을] [$_{V'}$ ti 주었다]]]]⟧ =

$[\lambda x_e.$ ∀y[y는 사람이다 → x이 ιz[y HAVE z & z = 친구]에게 κw[w는 선물이다]를 주었다'] = 1](철수')

∀y[y는 사람이다 → 철수'이 ιz[y HAVE z & z = 친구]에게 κw[w는 선물이다]를 주었다'

특히 (49라)의 의미 형식 도출 과정에는 술어추상규칙 ③(ii)가 적용된다. 이 규칙은 위 (32)의 예에 대한 의미 해석 과정에서 적용된 바 있다. 술어추상규칙은 함수 형식의 의미 형식을 만들어 내는 규칙이다. 관계대명사나 공범주 연산자('O_i')를 가지는 구성성분을 함수 형식으로 만드는 술어추상규칙 ③(i)과 달리, 술어추상규칙 ③(ii)는 결속변항을 성분통어하는 결속자 구성성분이 관계대명사, 공범주 연산자가 아니라도, 결속변항을 포함하는 구성성분과 인접하고 그것을 성분통어하기만 하면 적용된다.

술어추상규칙 ③(i)과 ③(ii)는 본질적으로 결속변항을 생성하는 규칙이다. 이것이 대명사나 흔적을 포함하는 결속 현상에서 행하는 역할에 대해서는 뒤의 5.1절에서 집중적으로 고찰할 것이다.

양화사의 의미 전이 규칙 재정리

이 절에서는 보편 양화사 '모두'와 존재 양화사 '일부'의 모든 분포 위치에 따른 의미 형식들을 산출하는 규칙을 타입 전이 규칙의 형식으로 정리해 보기로 한다. 우선 이제까지 제시한 '모두'의 10가지 전이 의미들, '일부'의 10가지 전이 의미들에 대한 의미 정의를 하나로 모아 보기로 한다.

(50) 가. 모두^1: (타입 <et,t>) $[\lambda f_{et}.\ \forall x[x\text{는 사람/사물이다} \rightarrow f(x)] = 1]$

나. 모두^2: (타입 <eet,et>) $[\lambda f_{<e,et>}.\ \lambda x_e.\ \forall y[y\text{는 사람/사물이다} \rightarrow f(y)(x)] = 1]$

다. 모두^3: (타입 <eeet,eet>) $[\lambda f_{eeet}.\ \lambda y_e.\ \lambda x_e.\ [\forall v[v\text{는 사람/사물이다} \rightarrow f(v)(y)(x)] = 1]$

라. 모두^4: (타입 <et,<et,t>>) $[\lambda f_{et}.\ \lambda g_{et}.\ \forall x[g(x) \rightarrow f(x)] = 1]$

마. 모두^5: (타입 <eet,<et,et>>) $[\lambda f_{eet}.\ \lambda g_{et}.\ \lambda x_e.\ \forall y[g(y) \rightarrow f(y)(x)] = 1]$

바. 모두^6: (타입 <eet,et>) $[\lambda f_{eet}.\ \lambda x_e.\ \forall y[y\text{는 사람/사물이다} \rightarrow f(y)(x)] = 1]$

사. 모두^7: (타입 <et,<et,t>>) $[\lambda f_{et}.\ \lambda g_{et}.\ \forall x[x\text{는 사람이다} \rightarrow g(ky[x\ \text{HAVE}\ y\ \&\ f(y)])] = 1]$

아. 모두^8: (타입 <et,<eet,et>>) $[\lambda f_{et}.\ \lambda g_{eet}.\ \lambda x_e.\ \forall y[y\text{는 사람이다} \rightarrow g(kz[y\ \text{HAVE}\ z\ \&\ f(z)])(x)] = 1]$

자. 모두^9 (타입 <et,<eeet,eet>>) $[\lambda f_{et}.\ \lambda g_{eeet}.\ \lambda y_e.\ \lambda x_e.\ \forall v[v\text{는 사람이다} \rightarrow g(\iota z[v\ \text{HAVE}\ z\ \&\ f(z)])(y)(x)] = 1]$

차. 모두^{10} (타입 <et,<eet,et>>) $[\lambda f_{et}.\ \lambda g_{eet}.\ \lambda x_e.\ \forall y[y\text{는 사람이다} \rightarrow g(\iota z[y\ \text{HAVE}\ z\ \&\ f(z)])(x)] = 1]$

(51) 가. 일부^1: (타입 <et,t>) $[\lambda f_{et}.\ \exists x[x\text{는 사람/사물이다}\ \&\ f(x)] = 1]$

나. 일부^2: (타입 <eet,et>) $[\lambda f_{eet}.\ \lambda x_e.\ \exists y[y\text{는 사람/사물이다}\ \&\ f(y)(x)] = 1]$

다. 일부^3: (타입 <eeet,eet>) $[\lambda f_{eeet}.\ \lambda y_e.\ \lambda x_e.\ [\exists v[v\text{는 사람/사물이다}\ \&\ f(v)(y)(x)] = 1]$

라. 일부^4: (타입 <et,<et,t>>) $[\lambda f_{et}.\ \lambda g_{et}.\ \exists x[g(x)\ \&\ f(x)] = 1]$

마. 일부^5: (타입 <eet,<et,et>>) $[\lambda f_{eet}.\ \lambda g_{et}.\ \lambda x_e.\ \exists y[g(y)\ \&\ f(y)(x)] = 1]$

바. 일부^6: (타입 <eet,et>) $[\lambda f_{eet}.\ \lambda x_e.\ \exists y[y\text{는 사람/사물이다}\ \&\ f(y)(x)] = 1]$

사. 일부^7 (타입 <et,<et,t>>) $[\lambda f_{et}.\ \lambda g_{et}.\ \exists x[x\text{는 사람이다}\ \&\ g(ky[x\ \text{HAVE}\ y\ \&\ f(y)])] = 1]$

아. 일부^8 (타입 <et,<eet,et>>) $[\lambda f_{et}.\ \lambda g_{eet}.\ \lambda x_e.\ \exists y[y\text{는 사람이다}\ \&\ g(kz[y\ \text{HAVE}\ z\ \&\ f(z)])(x)] = 1]$

자. 일부^9 (타입 <et,<eeet,eet>>) $[\lambda f_{et}.\ \lambda g_{eeet}.\ \lambda y_e.\ \lambda x_e.\ \exists v[v\text{는 사람이다}\ \&$

g(ιz[v HAVE z & f(z)])(y)(x)] = 1]

차. 일부[10] (타입 <et,<eet,et>>) [λf_{et}. λg_{eet}. λx_e. ∃y[y는 사람이다 &

g(ιz[y HAVE z & z는 사람이다 & f(z)])(x)] = 1]

'모두'와 '일부'의 10개씩의 전이 의미 실현은 다음과 같은 의미 전이 규칙이 이들 양화사의 통사적 위치를 근거로 적용된 결과이다.

(52) '모두'의 의미 전이 규칙:

'모두'는 기본 타입 <et,t>로 [λf_{et}. ∀x[x는 사람/사물이다 → f(x)] = 1]의 해석을 가지며, 다음의 전이된 해석을 가질 수 있다.

<eet,et>: [λf_{eet}. λx_e. ∀y[y는 사람/사물이다 → f(y)(x)] = 1]

<eeet,eet>: [λf_{eeet}. λy_e. λx_e. [∀v[v는 사람/사물이다 → f(v)(y)(x)] = 1]

<et,<et,t>>: [λf_{et}. λg_{et}. ∀x[g(x) → f(x)] = 1]

<eet,<et,et>>: [λf_{eet}. λg_{et}. λx_e. ∀y[g(y) → f(y)(x)] = 1]

<eet,et>: [λf_{eet}. λx_e. ∀y[y는 사람/사물이다 → f(y)(x)] = 1]

<et,<et,t>>: [λf_{et}. λg_{et}. ∀x[x는 사람이다 → g(ky[x HAVE y & f(y)])] = 1]

<et,<eet,et>>: [λf_{et}. λg_{eet}. λx_e. ∀y[y는 사람이다 → g(kz[y HAVE z &
f(z)])(x)] = 1]

<et,<eeet,eet>>: [λf_{et}. λg_{eeet}. λy_e. λx_e. ∀v[v는 사람이다 → g(ιz[v HAVE z &
f(z)])(y)(x)] = 1]

<et,<eet,et>>: [λf_{et}. λg_{eet}. λx_e. ∀y[y는 사람이다 → g(ιz[y HAVE z &
f(z)])(x)] = 1]

(53) '일부'의 의미 전이 규칙:

'일부'는 기본 타입 <et,t>로 [λf_{et}. ∃x[x는 사람이다 & f(x)] = 1]의 해석을 가지며, 다음의 전이된 해석을 가질 수 있다.

<eet,et>: [$\lambda f_{<e,et>}$. λx_e. ∃y[y는 사람/사물이다 & f(y)(x)] = 1]

<eeet,eet>: [λf_{eeet}. λy_e. λx_e. [∃v[v는 사람/사물이다 & f(v)(y)(x)] = 1]

<et,<et,t>>: [λf_{et}. λg_{et}. ∃x[g(x) & f(x)] = 1]

<eet,<et,et>>: [λf_{eet}. λg_{et}. λx_e. ∃y[g(y) & f(y)(x)] = 1]

<eet,et>: [λf_{eet}. λx_e. ∃y[y는 사람/사물이다 & f(y)(x)] = 1]

<et,<et,t>>: [λf_{et}. λg_{et}. ∃x[x는 사람이다 & g(ky[x HAVE y & f(y)])] = 1]

<et,<eet,et>>: [λf_{et}. λg_{eet}. λx_e. ∃y[y는 사람이다 & g(kz[y HAVE z &
f(z)])(x)] = 1]

<et,<eeet,eet>>: $[\lambda f_{et}.\ \lambda g_{eeet}.\ \lambda y_{e}.\ \lambda x_{e}.\ \exists v[v\text{는 사람이다} \ \&\ g(\iota z[v \text{ HAVE } z \ \&\ f(z)])(y)(x)] = 1]$

<et,<eet,et>>: $[\lambda f_{et}.\ \lambda g_{eet}.\ \lambda x_{e}.\ \exists y[y\text{는 사람이다} \ \&\ g(\iota z[y \text{ HAVE } z \ \&\ f(z)])(x)] = 1]$

어휘의미적 전이 규칙을 구 의미의 전이 규칙으로 조정하기

이제까지는 양화사의 의미 전이 규칙을 어휘적 전이 규칙의 형식으로 기술하였다. 이 어휘적 규칙들은 '모두'의 경우 10가지의 전이 의미 형식을 명시하고, '일부'의 경우에도 10가지의 전이 의미 형식을 명시하였다. 의미 전이 규칙을 어휘적 의미의 전이가 아니라 구 단위의 의미 전이의 방식으로, 즉 양화사 명사구가 가지는 기본 의미를 기준으로 통사적 분포에 따른 구 의미의 전이를 규칙화할 수 있다면 상대적으로 더 간결한 이론을 얻을 것으로 기대된다. 이 가능성을 추구해 보기로 한다.

(52)와 (53)은 기본적으로 '모두', '일부'가 가지는 어휘의미를 기준으로 한 어휘적 의미 전이 규칙의 형식으로 되어 있다. (50), (51)을 통하여 자세히 살펴보면 '모두^{2}'와 '모두^{6}'은 둘 다 <ee,et>로, 동일한 타입의 동일한 의미 형식이다. '일부^{2}'와 '일부^{6}'도 그러하다. '모두^{4}'와 '모두^{7}'은 둘 다 <et,<et,t>>로 동일한 타입이며 그 의미 형식은 다르다. '일부^{4}'와 '일부^{7}'도 그러하다. '모두^{8}'과 '모두^{10}'은 둘 다 <et,<et,t>>로 동일한 타입이며 그 의미 형식도 동일하다. '일부^{8}'과 '일부^{10}'도 그러하다.

'모두'와 '누구나/무엇이나', '누구라도/무엇이라도', '전부',. . . 나아가 'NP-마다'는 보편 양화 의미를 공유한다.[360] '일부'와 '누구', '누구인가', '몇', '몇몇', . . . 나아가 '세 개', '몇 개'는 존재 양화 의미를 공유한다. 이들은 그것이 실현되는 통사적 위치에 따라 (52), (53)의 10개의 의미 형식 중 하나를 갖게 된다. 그러므로 이들을 구 단위로 일반화할 수 있다면 그만큼 이론의 간결성이 확보될 것으로 기대할 수 있다.

필자가 생각하는 구 단위의 의미 전이 규칙의 잠정적 형식은 다음과 같은 것이다.

(54) 보편 양화사 구 의미의 전이 규칙:

양화사 구가 기본 타입 <et,t>의 $[\lambda f_{et}.\ \forall x[x\text{는 사람/사물이다} \rightarrow f(x)] = 1]$의 해석을 가지면, 이 양화사 구는 통사적 위치에 따라 다음의 전이된 해석을 가질 수 있다.

<eet,et>: $[\lambda f_{eet}.\ \lambda x_{e}.\ \forall y[y\text{는 사람/사물이다} \rightarrow f(y)(x)] = 1]$

<eeet,eet>: $[\lambda f_{eeet}.\ \lambda y_{e}.\ \lambda x_{e}.\ [\forall v[v\text{는 사람/사물이다} \rightarrow f(v)(y)(x)] = 1]$

360) 양화사 'NP-마다'는 다른 양화사에 비해서 그 분포할 수 있는 통사적 위치가 한정된다. 이 경우는 '-마다'의 특수한 어휘적 기술을 유지하면 된다.

$\langle et,\langle et,t\rangle\rangle$: $[\lambda f_{et}.\ \lambda g_{et}.\ \forall x[g(x) \rightarrow f(x)] = 1]$

$\langle eet,\langle et,et\rangle\rangle$: $[\lambda f_{eet}.\ \lambda g_{et}.\ \lambda x_{e}.\ \forall y[g(y) \rightarrow f(y)(x)] = 1]$

$\langle et,\langle et,t\rangle\rangle$: $[\lambda f_{et}.\ \lambda g_{et}.\ \forall x[x\text{는 사람이다} \rightarrow g(ky[x \text{ HAVE } y\ \&\ f(y)])] = 1]$

$\langle et,\langle eet,et\rangle\rangle$: $[\lambda f_{et}.\ \lambda g_{eet}.\ \lambda x_{e}.\ \forall y[y\text{는 사람이다} \rightarrow g(\iota z[y \text{ HAVE } z\ \&\ f(z)])(x)] = 1]$

$\langle et,\langle eeet,eet\rangle\rangle$: $[\lambda f_{et}.\ \lambda g_{eeet}.\ \lambda y_{e}.\ \lambda x_{e}.\ \forall v[v\text{는 사람이다} \rightarrow g(\iota z[v \text{ HAVE } z\ \&\ f(z)])(y)(x)] = 1]$

(55) 존재 양화사 구 의미의 전이 규칙:

양화사 구가 기본 타입 $\langle et,t\rangle$의 $[[\lambda f_{et}.\ \exists x[x\text{는 사람이다}\ \&\ f(x)] = 1]$의 해석을 가지면, 이 양화사 구는 통사적 위치에 따라 다음의 전이된 해석을 가질 수 있다.

$\langle eet,et\rangle$: $[\lambda f_{\langle e,et\rangle}.\ \lambda x_{e}.\ \exists y[y\text{는 사람/사물이다}\ \&\ f(y)(x)] = 1]$

$\langle eeet,eet\rangle$: $[\lambda f_{eeet}.\ \lambda y_{e}.\ \lambda x_{e}.\ [\exists v[v\text{는 사람/사물이다}\ \&\ f(v)(y)(x)] = 1]$

$\langle et,\langle et,t\rangle\rangle$: $[\lambda f_{et}.\ \lambda g_{et}.\ \exists x[g(x)\ \&\ f(x)] = 1]$

$\langle eet,\langle et,et\rangle\rangle$: $[\lambda f_{eet}.\ \lambda g_{et}.\ \lambda x_{e}.\ \exists y[g(y)\ \&\ f(y)(x)] = 1]$

$\langle et,\langle et,t\rangle\rangle$: $[\lambda f_{et}.\ \lambda g_{et}.\ \exists x[x\text{는 사람이다}\ \&\ g(ky[x \text{ HAVE } y\ \&\ f(y)])] = 1]$

$\langle et,\langle eet,et\rangle\rangle$: $[\lambda f_{et}.\ \lambda g_{eet}.\ \lambda x_{e}.\ \exists y[y\text{는 사람이다}\ \&\ g(\iota z[y \text{ HAVE } z\ \&\ f(z)])(x)] = 1]$

$\langle et,\langle eeet,eet\rangle\rangle$: $[\lambda f_{et}.\ \lambda g_{eeet}.\ \lambda y_{e}.\ \lambda x_{e}.\ \exists v[v\text{는 사람이다}\ \&\ g(\iota z[v \text{ HAVE } z\ \&\ f(z)])(y)(x)] = 1]$

양화사 구를 형성하는 개별 어휘적 요소들의 의미는 주어 위치에 놓이는 경우의 의미만을 기술하고, 그 외의 통사적 위치의 의미는 (54)와 (55)의 일반적 전이 규칙을 통해서 도출한다는 것이 위 규칙의 취지이다. 이러한 목표를 완전하게 하기 위해서는 개별적 요소들에 대한 세부 기술을 완성하고, 그 과정에서 발생하는 이론적 문제들을 해결해야 한다.

제9장에서는 의문사 '누구'와 '무엇', 의문 관형사 '어떤'이 존재 양화사 의미 형식을 가지며, 이들 각각이 양화사 '일부'와 유사한 타입 전이, 의미 전이의 특징을 보인다는 점을 관찰하고 일반화할 것이다. 이 점에서 이 절의 양화사에 대한 의미론적 기술은 의문사의 의미론적 기술을 위한 기초 작업이 된다.

4.3. 양화사 후행 구성 명사항의 문제

한국어의 양화사 명사항 중에는 (1)과 같은 양화사 후행 구성도 있고, (2)와 같은 양화사 선행 구성도 있다. (3)도 양화사 선행 구성을 포함한다. (3)의 의미 해석에서의 문제와 그 해결 방안은 앞 절에서 논의한 바 있다. 이 절에서 집중적으로 고찰하고자 하는 것은 (1)의 양화사 후행 구성의 의미 해석 방법이다. (1)과 (2)는 그 진리조건적 의미의 차이를 지적하기가 어렵다. 그러나 어떤 수준의 의미에서든 미묘한 의미적 차이를 가지는 것으로 보인다.

(1) 가. 편지 모두가 배달됐다.
　　나. 편지 일부가 배달됐다.
(2) 가. 모든 편지가 배달됐다.
　　나. 일부 편지가 배달됐다.
(3) 가. 모두의 편지가 배달됐다.
　　나. 일부의 편지가 배달됐다.

(4)도 양화사 후행 구성이다. 수명사와 분류사의 결합은 언제나 존재 양화사의 의미를 가진다.

(4) 가. 편지 열 통이 배달됐다.
　　나. 편지 몇 통이 배달됐다.
(5) 가. 열 통의 편지가 배달됐다.
　　　cf. ??열 통 편지가 배달됐다/*열 편지가 배달됐다.
　　나. 몇 통의 편지가 배달됐다.
　　　cf. ??몇 통 편지가 배달됐다/*몇 편지가 배달됐다.

양화사 후행 구성 명사항이 앞에서 말한 양화사의 모든 통사적 위치에 실현될 수 있다는 것을 다음 예들을 통해서 확인하기로 하자.

(6) 가. 그 수학 학원이 우등생 몇 명을 표창했다.
　　나. 그 수학 학원이 우등생 네 명을 표창했다.
　　다. 그 수학 학원이 우등생 일부를 표창했다.
　　라. 그 수학 학원이 우등생 모두를 표창했다.
(6)' 가. 그 수학 학원이 몇 명의 우등생을 표창했다.
　　나. 그 수학 학원이 네 명의 우등생을 표창했다.

다. 그 수학 학원이 일부 우등생을 표창했다.

라. 그 수학 학원이 모든 우등생을 표창했다.

(7) 가. 김교수가 학생들을 책 몇 권을 주었다.

나. 김교수가 학생들을 책 네 권을 주었다.

다. 김교수가 학생들을 책 일부를 주었다.

라. 김교수가 학생들을 책 모두를 주었다.

(7)' 가. 김교수가 학생들을 몇 권의 책을 주었다.

나. 김교수가 학생들을 네 권의 책을 주었다.

나. 김교수가 학생들을 일부 책을 주었다.

나. 김교수가 학생들을 모든 책을 주었다.

(8) 가. 김교수가 선물을 학생 몇 명에게 주었다.

나. 김교수가 선물을 학생 네 명에게 주었다.

다. 김교수가 선물을 학생 일부에게 주었다.

라. 김교수가 선물을 학생 모두에게 주었다.

(8)' 가. 김교수가 선물을 몇 명의 학생에게 주었다.

나. 김교수가 선물을 네 명의 학생에게 주었다.

다. 김교수가 선물을 일부 학생에게 주었다.

라. 김교수가 선물을 모든 학생에게 주었다.

(1)의 구문에 대해 양정석(2010)에서 제시한 통사구조는 다음과 같은 것이다.[361] 여기에서는 이 통사구조를 바탕으로 한 양화사 구의 의미 해석 방안을 보이고자 한다.

(9) 가. $[_{PP}\ [_{P'}\ [_{NP}$ 편지$]\ \varnothing_P\ ]\ [_{NP}$ 모두$]]$가 배달됐다.

나. $[_{PP}\ [_{P'}\ [_{NP}$ 편지$]\ \varnothing_P\ ]\ [_{NP}$ 일부$]]$가 배달됐다.

다. $[_{PP}\ [_{P'}\ [_{NP}$ 편지$]\ \varnothing_P\ ]\ [_{NP}$ 열 통$]]$이 배달됐다.

이 구조, 즉 공범주 후치사가 선행 명사구를 보충어로 취하고, 후행 명사구를 명시어로 취하는 구조를 바탕으로 공범주 후치사 '$\varnothing_P$'를 정의하는 한 가지 방법은 다음과 같은 것이다. 한정성(definiteness) 의미를 전제 의미로 명시하였다.

(10) $[\![\varnothing_P]\!] = \lambda f_{et}.\ \lambda P_{<et,t>}.\ \lambda g_{et}.\ P(f) = P(g) = 1$, 단 $\exists x \in C[f(x)\ \&\ g(x)]$. (C는 맥락상

---

361) 제2장에서도 이와 같은 구조를 제시한 바 있다.

현저한 담화상 영역 D의 부분집합임)

이 정의에 따른 위 (1가, 나) 두 문장의 해석 절차는 다음과 같다.

(11) 가. ⟦ 편지 모두가 배달됐다 ⟧ =

$[\lambda f_{et}. \lambda P_{<et,t>}. \lambda g_{et}. P(f) = P(g) = 1](\lambda x.$ x가 편지이다$)(\lambda h_{et}. \forall z[$z는 사람/사물이다 $\rightarrow h(z) = 1)(\lambda y.$ y가 배달됐다)

$[\lambda h_{et}. \forall z[$z는 사람/사물이다 $\rightarrow h(z)\ ](\lambda x.$ x가 편지이다$) = [\lambda h_{et}. \forall z[$z는 사람/사물이다 $\rightarrow h(z)](\lambda y.$ y가 배달됐다$) = 1]$

$\forall z[$z는 사람/사물이다 $\rightarrow$ z가 편지이다$]$ & $\forall z[$z는 사람/사물이다 $\rightarrow$ z가 배달됐다$]$, 단 $\exists x \in C[$x가 편지이다 & x가 배달됐다$]$. (C는 맥락상 현저한 담화상 영역 D의 부분집합임)

나. ⟦ 편지 일부가 배달됐다 ⟧ =

$[\lambda f_{et}. \lambda P_{<et,t>}. \lambda g_{et}. P(f) = P(g) = 1](\lambda x.$ x가 편지이다$)(\lambda h_{et}. \exists z[$z는 사람/사물이다 & $h(z) = 1)(\lambda y.$ y가 배달됐다)

$[\lambda h_{et}. \exists z[$z는 사람/사물이다 & $h(z)\ ](\lambda x.$ x가 편지이다$) = [\lambda h_{et}. \exists z[$z는 사람/사물이다 & $h(z)](\lambda y.$ y가 배달됐다$) = 1]$

$\exists z[$z는 사람/사물이다 & z가 편지이다$]$ & $\exists z[$z는 사람/사물이다 & z가 배달됐다$]$, 단 $\exists x \in C[$x가 편지이다 & x가 배달됐다$]$. (C는 맥락상 현저한 담화상 영역 D의 부분집합임)

그런데 (11가, 나)는 (1) 문장들의 의미를 만족스럽게 나타낸 것이라고 볼 수 없다.도출된 의미 형식에서는 두 개의 양화 표현이 연접되고 있는데, 두 개의 양화 표현이 모두 개체 'z'에 대해 양화하는 형식으로 되어 있기는 하지만, 양화사 '∀'나 '∃'는 그 영향권(scope)에 대해서만 양화할 뿐, 다른 양화 표현에 대해서는 양화할 수 없다. (11가)의 의미 형식은 '모든 것이 편지이고, 모든 것이 배달됐다'는 뜻을 나타낼 뿐, 모든 편지가 배달됐다는 뜻을 정확히 나타내지는 못한다.

또한 이러한 의미 기술은 후행 구성을 가지는 (1가, 나) 문장의 의미가 선행 구성을 가지는 (2가, 나) 문장과 같으며, 정의 성립 조건으로 나타낸 전제 의미에서만 차이를 가진다고 기술한 것이다. 그러나 후행 구성과 선행 구성이 전제 의미의 유무의 차이를 가지는 것 같지는 않다.

후행 구성과 선행 구성은 그 진리조건적 의미가 동일하다고 판단한다. 필자가 생각하는 두 구성의 의미 차이는, 후행 구성이 선행 구성과는 달리 후행하는 양화사 성분을 초점으로 삼아 대조한다는 점이다. 즉, 후행 구성의 양화사 성분은 초점이다. 다음에서는 이 점을 바탕으로 후행 구성의 의미를 기술하기로 한다.

앞 절에서는 선행 구성의 양화사 명사항이 상이한 통사적 위치에 실현되는 경우, 주어 위치에 실현되는 양화사 명사항의 의미 정의를 기초로 하여, 구 단위의 타입 전이 규칙을 통해 다른 통사적 위치에 실현되는 경우의 의미를 도출하는 방안을 실행하였다. 후행 구성의 양화사 명사항의 경우에도 유사한 방안을 활용할 수 있다. '편지 모두' 형식의 기본 의미를 '모든 편지' 형식의 기본 의미로부터 규칙을 통해 도출할 수 있을 것이다. 다음은 이 착상을 실행한 것이다. 이 규칙의 형식은 구문규칙의 하나라고 볼 수 있다.

(12) 양화사 후행 구성 명사구의 의미 해석:

$[\![[_{PP} [_{P'} [_{NP}\ \alpha]\ \varnothing_{P}]\ [_{NP}\ \beta]]]\!] = [\![[_{NP} [_{NP}\ \beta]\ [_{NP}\ \alpha]]]\!]$, 단 β는 [+quantifier] 자질을 가지는 명사구임.

이에 따르면 양화사 '편지 모두'의 문장은 양화사 '모든 편지'의 문장과 그 진리조건적 의미가 같다.

(12)는 형식의미론적 기술의 형식으로 주어진 것이다. 이 책의 의미 기술은 이에 따른 의미 형식을 '지시 층렬'에 표시하고, 이와 함께 '기술 층렬'에서의 별도의 의미 기술을 실행하는 것이다. 기술 층렬에 주어지는 후행 구성 명사구의 의미 형식은 (13)과 같다. (14)는 후행 구성 명사항의 구체적인 예인 '편지 모두'의 의미 형식을 예시한 것이다.

(13) 기술 층렬(DT)에서의 '$\varnothing_{P}$'의 정의: $\lambda X. \lambda Y. [X \wedge [Y \wedge +F]]$

(14) DT에서의 '편지 모두'의 의미 형식:

$[_{PP} [_{P'} [_{NP}$ 편지$]\ \varnothing_{P}]\ [_{NP}$ 모두 $]_{+F}]$의 의미: [[편지] ∧ [[모두] ∧ +F]]

양화사가 왼쪽의 수식어인 명사항과 양화사가 오른쪽의 명시어인 명사항이 가지는 진리조건적 의미의 차이는 명시적으로 지적하기 어렵다. 이러한 판단에서 지시 층렬의 의미 기술인 (12)에서는 두 구성의 진리조건적 의미가 같은 것으로 기술한 것이다. 그러나 후행 구성은 후행 양화사 성분을 초점으로 삼는 의미 차이를 가진다고 보았다. 이 점을 기술 층렬에서 나타낸 것이다.[362]

---

362) 초점 의미를 기술 층렬에서 나타내는 것은 이 책에서 새롭게 제안하는 것이다. 이 점에 대해서는 제12장에서

이전 연구에서 두 구성의 의미 차이를 지적한 예로는 우형식(2001: 384)이 있다. 그에 따르면 '후행 구성'은 양화사에 의해 한정된 대상만을 지시하고 '선행 구성'은 명사가 지니고 있는 속성을 지시하는 의미 차이를 가진다고 한다.[363] 그러나 이 의미 차이는 아직 명시적인 언어학적 기술로 포착하기 어려운 것이다. 필자는 이 차이가 초점 의미의 차이라고 본다. '편지 모두', '편지 세 통'은 수량 표현인 '모두', '세 통'에 초점을 부여하는 표현이라고 판단한다. 후행 구성에서 (15나)와 같이 강세를 부여하는 것은 자연스러우나, (15가)와 같이 강세를 부여하는 것은 매우 부자연스럽다(굵은 글씨는 초점 성분을 나타낸다). (16)의 선행 구성에서는 수량 표현과 이것의 수식을 받는 명사 중 어떤 것에 초점을 부여하더라도 부자연스럽다.

(15) 가. ??**편지** 세 통이 배달됐다.
　　나. 편지 **세 통이** 배달됐다.
(16) 가. ??**세 통의** 편지가 배달됐다.
　　나. ??세 통의 **편지가** 배달됐다.

수량 표현에 초점을 부여하는 것이 '후행 구성'의 존재 이유라고 판단한다. 이러한 초점 의미는 기술 층렬의 의미 형식에 표시되는 것이 적합하다고 본다.[364]

4.4. 가변 타입 접근과 '영향권 중의' 현상의 해명

양화사 명사항에 대한 가변 타입 접근 방안에서 해결해야 할 문제는 다음과 같다.

(1) 가. 주어 아닌 위치에 양화사 명사항을 가지는 문장을 가변 타입 접근 방안에 따라 해석됨을 보이기
　　나. 두 개의 양화사 명사항을 가지는 문장에서 주어 아닌 위치의 양화사 명사항이 넓은 영향권을 가지는 경우를 가변 타입 접근 방안에 따라 해석됨을 보이기

더 논의할 것이다.

363) 그는 '수명사+분류사'가 왼쪽에 위치하는 '네 명의 학생'을 '선행 구성', 오른쪽에 위치하는 '학생 네 명'을 '후행 구성'이라고 부르고 있다. 그의 연구는 분류사에 집중된 것으로, 양화사의 의미 기술 문제를 다루지는 않는다.

364) 이 점에 대해서는 12.1절에서 논의한다.

(1가)의 문제에 대한 해결 방안을 4.2절에서 보였다. 이 절의 주요 해결 과제는 (1나)로 요약된다. 가변 타입 접근에서 (1가)의 문제를 해결한 4.2절의 연장선상에서 (1나)의 문제를 해결하기로 한다.

안성호(1990/1993)에서는 한국어에서 존재 양화사보다 보편 양화사가 하위 통사 영역에 놓이는 (2가)와 같은 유의 문장들이 비중의적 해석을 가진다고 관찰하고 있다. 그는 또 Lasnik & Saito(1992)에서 영어에서도 (2나)와 같은 유의 문장들이 비중의적 해석을 가진다고 판단하고 있음을 지적하였다(안성호 1993: 123).[365]

(2) 가. 어떤 여자가 모든 남자를 좋아한다.
　　나. Some woman loves every man.

그는 같은 논점을 보이는 다른 예들을 더 들고 있다. (2)-(4) 문장들 모두 비-보편 양화사 명사구가 보편 양화사 명사구를 성분통어하는데, 이 문장들은 중의적이지 않다고 한다.

(3) 가. 몇 명의 여자가 모든 범인과 데이트하였다.
　　나. 여자 몇 명이 모든 범인과 데이트하였다.
(4) 가. 한 여자가 모든 남자를 안다.
　　나. 여자 하나가 모든 남자를 안다.

필자는 보편 양화사가 존재 양화사보다 낮은 통사적 영역에 있는 이 문장들이 비중의적 해석을 가진다는 안성호의 판단에 동의한다. 또 다른 예를 들어 보자. (5) 문장은 중의적이지 않다. 그러나 존재 양화사가 낮은 통사적 영역에 있는 (6) 문장은 중의적이다. (6)에서는 통사적으로 낮은 영역에 있는 존재 양화사 '일부 검사'가 넓은 영향권을 가지는 해석이 가능하다.

(5) 일부 기자가 모든 검사를 돕는다.
　　i)'모든 검사'가 좁은 영향권인 해석 ii)*'모든 검사'가 넓은 영향권인 해석

---

365) Karttunen(1977) 이래로 의문사가 존재 양화사의 의미를 가진다고 인정되어 왔다. 필자도 이 점을 받아들인다. 제9장에서는 '어떤'이 의문사의 하나로서, 의문사 용법과 불확정 용법을 가진다고 설명한다. 두 용법 모두 존재 양화사의 의미 형식을 가진다. 이 설명에 따르면 (2가)의 '어떤 여자'는 불확정 용법의 존재 양화사로 쓰인 것이다.

(6) 모든 기자가 일부 검사를 돕는다.
i)'일부 검사'가 좁은 영향권인 해석 ii)'일부 검사'가 넓은 영향권인 해석

양동휘(1989)에서는 다음과 같은 예문들을 통하여 양화사의 영향권 중의 해석에 대한 한국어 화자들의 판단을 조사한 바 있다.[366] '누구나'는 보편 양화사로서의 쓰임을, '누군가'는 존재 양화사로서의 쓰임을 의도하는 것이다.[367]

(7) 가. 누구나가 누군가를 사랑한다.
나. 누군가를 누구나가 사랑한다.
다. 누군가가 누구나를 사랑한다.
라. 누구나를 누군가가 사랑한다.
(8) 가. 누구나가 누구를 사랑한다.
나. 누구를 누구나가 사랑한다.
다. 누가 누구나를 사랑하니?
라. 누구나를 누가 사랑하니?

한국어 모어 화자들에게도 (7)과 (8)의 예문들의 영향권 중의성에 대한 판단은 그리 쉽지 않은 것이 사실이다. 양동휘(1989)에서는 영향권 중의성 판단에 방언적 변이가 존재한다고 관찰하였다. '방언 A'의 화자들은 (7다), (8다)를 제외한 다른 예들은 모두 영향권 중의를 인정한다고 한다. '방언 B'의 화자들은 (7가), (8가)만 영향권 중의 해석을 인정하고, 그 외의 예들은 모두 영향권 중의가 존재하지 않는 것으로 판단한다고 한다.

필자가 주목하는 것은, (7다)와 (8다)는 '방언 A'의 화자들이나 '방언 B'의 화자들이나 중의성을 인정하지 않는다는 점이다. 이들은 보편 양화사가 존재 양화사에게 성분통어되는, 통사적으로 하위 영역에 있는 경우의 문장들이다.

(7다)와 (8다)가 중의적 해석을 갖지 않는다는 점은 필자의 직관으로도 분명하다. 의미 해석에 관한 관찰을 조금 더 구체적으로 하기 위해서 다음과 같은 예문들로 바꾸어서 관찰해 보기로 한다.

---

366) (7), (8)의 예문들은 안성호(1990/1993: 356-358)에서 재인용한 것이다. 이 예문들에 대한 설명도 안성호의 설명을 바탕으로 한 것이다.

367) 이 예문들을 해석하는 데에는 한국어의 '누구나'가 보편 양화사이고 '누군가', '누구'가 존재 양화사라는 전제가 필요하다. 제9장에서는 '누구'가 의문 자질을 가지는 존재 양화사인데, 의문 자질을 허가하는 보편 양화의 보조사 '-이나', 존재 양화의 보조사 '-인가'와 결합하여 각각 보편 양화사와 존재 양화사의 의미를 갖게 된다고 설명한다.

(9) 가. 모든 남학생이 일부 여학생을 사랑한다.
나. 일부 여학생을 모든 남학생이 사랑한다.
다. 일부 남학생이 모든 여학생을 사랑한다.
라. 모든 여학생을 일부 남학생이 사랑한다.

(10) 가. 모든 남학생이 어떤/어느 여학생을 사랑하니?
나. 어떤/어느 여학생을 모든 남학생이 사랑하니?
다. 어떤/어느 남학생이 모든 여학생을 사랑하니?
라. 모든 여학생을 어떤/어느 남학생이 사랑하니?

필자의 판단으로 (7다), (8다)에 대응되는 (9다), (10다)는 여전히 중의적 해석이 불가능하다. 이러한 관찰을 바탕으로, 한국어에서 보편 양화사는 비-보편 양화사보다 통사적으로 하위 영역에 있을 때, 넓은 영향권을 가질 수 없다고 결론 짓는다.

이상의 관찰을 이론으로 포착할 것이 요구된다.

논리형태 층위를 받아들이는 안성호(1990/1993)에서는 S-구조에서의 성분통어 관계가 양화사의 논리형태 이동을 제약하는 통사론적 설명 방안을 전개하고 있다. 이 절에서는 의미론적 설명과 담화화용론적 설명 모두를 활용하는 설명 방안을 제시하고자 한다.

위 (7), (8)의 예문의 중의성 여부에 대한 판단과 관련하여 주목되는 다른 점은, 보편 양화사가 상위 영역, 존재 양화사가 하위 영역에 실현되는 (7가), (8가)가 중의적 해석을 가지는 점이 '방언 A', '방언 B'의 구별 없이 누구에게나 인정된다는 것이다.

생성문법 연구, 특히 표준적 원리매개변인 이론의 전통에서는 (11)의 문장들이 영향권 중의 현상을 보인다고 판단하고, 이를 LF-이동 방안에 따라 설명하여 왔다. 통사적으로 낮은 영역에 놓이는 존재 양화사 '일부'는 좁은 영향권을 가지는 해석과 넓은 영향권을 가지는 해석으로 중의적이라는 것이 그 기본 판단이다. 그 해석이 통사적 '영향권 중의'와 관련되는지 여부와는 상관없이, (11)의 문장들이 중의적 해석을 가지는 것은 사실이다.

(11) 가. 모두가 일부를 만났다.
나. 모든 여학생이 일부 남학생을 만났다.

필자의 관점은, (11가, 나)의 문장이 중의적 해석을 가지는 것은 사실이나, LF-이동을 통하여 S-구조의 하위 영역의 양화사가 LF에서 상위 영역으로 이동하여 새로운 영향권을 형성한 결과로, 영향권이 다른 두 개의 구조가 생성된다는 설명은 받아들이지 않는다.

LF-이동 방안에서 가정하는 두 개의 구조는 대략 다음과 같다.

(12) 가. [$_{IP}$ 모두가$_i$ [$_{IP}$ 일부를$_j$ [$_{IP}$ t_i t_j 만났다]]]
나. [$_{IP}$ 일부를$_j$ [$_{IP}$ 모두가$_i$ [t_i t_j 만났다]]]

(12가)와 (12나)는 양화사의 영향권에서만 차이를 가지는 두 개의 통사구조이다. 두 개의 통사구조는 서로 다른 두 개의 문장이 가지는 통사구조라는 것이 이러한 이론에서의 판단이다. '영향권 중의'는 이 같은 설명 방안 하에서 그 정확한 의의를 가진다.

LF-이동 방안을 취하는 이들이 주장하는 바는 LF-이동만이 (12가, 나)의 영향권 중의성을 설명하는 가장 간결한 방법이라는 것이다. 그러나 앞에서 이미 지적한 많은 이론내적, 이론외적 문제점들이 있다. 특별히 강조하고자 하는 점은, 이 절의 앞에서 지적한 다음 (13)과 같은 문장들이다. LF-이동 방안에 따르면 이처럼 보편 양화사가 낮은 통사적 영역에 놓이는 문장에서 보편 양화사가 LF-이동을 수행하는 것은 가능한 것으로 예측되고, 가능해야 한다. 그러나 현실의 한국어에서 이런 구조의 해석은 얻어지지 않는다. 이는 LF-이동 방안에 대해 제기되는 중대한 문제점이다.

(13) 가. 일부가 모두를 만났다.
나. 일부 남학생이 모든 여학생을 만났다.
(13)' 가. [$_{IP}$ 일부가$_i$ [$_{IP}$ 모두를$_j$ [t_i t_j 만났다]]]
나. *[$_{IP}$ 모두를$_j$ [$_{IP}$ 일부가$_i$ [$_{IP}$ t_i t_j 만났다]]]

이 책의 관점에서는 중의적 해석을 거부하는 (7다), (8다)의 예(즉 (13가, 나)의 예)는 문제 될 것이 없다. 이와 같은 '상관적 영역'을 해석하는 의미론적 해석 규칙은 존재하지 않기 때문이다. 그러나 중의적 해석이 가능한 (7가), (8가)의 예는 우리의 방안에 문제로 제기된다.

중의적 해석을 설명하는 이 책의 방안은 다음과 같다. 첫째 해석, 즉 (11)의 표면적인 어순과 대응되는 해석은 목적어 위치의 양화사 해석이 먼저 적용되고, 주어 위치의 양화사 해석이 그 뒤에 적용됨으로써 도출된다. 이것은 4.2절에서 마련한 장치들에 따라 정확히 도출된다.

(11가)' ⟦ 일부를 만났다 ⟧ = ⟦ 일부^2 ⟧ (⟦ 만났다 ⟧) =

$[\lambda f_{eet}. \lambda x_e. \exists y[$y는 사람이다 & $f(y)(x)]](\lambda x. \lambda y.$ y가 x를 만났다$')$

$[\lambda x_e. \exists y[$y는 사람이다 & $[\lambda x. \lambda y.$ y가 x를 만났다$'](y)(x)]]$

$[\lambda x_e. \exists y[$y는 사람이다 & x가 y를 만났다$']]$

⟦ 모두가 일부를 만났다 ⟧ = ⟦ 모두^1 ⟧ (⟦ 일부^2 ⟧ (⟦ 만났다 ⟧))

⟦ 모두^1 ⟧ $([\lambda x_e. \exists y[$y는 사람이다 & x가 y를 만났다$']])$ =

$[\lambda f_{et}. \forall x[$x는 사람이다 $\rightarrow f(x)]]([\lambda x_e. \exists y[$y는 사람이다 & x가 y를 만났다$']])$

$\forall x[$x는 사람이다 $\rightarrow \exists y[$y는 사람이다 & x가 y를 만났다$']]$

도출된 의미 형식은 '일부'(∃)가 좁은 영향권에 놓이는 해석이다.

둘째 해석은 상대적으로 특별한 방법에 따라 얻어진다는 것이 필자의 관점이다. 낮은 통사적 영역의 보편 양화사가 넓은 영향권을 가지는 해석이 얻어지지 않는 것은, 양화사가 낮은 통사적 영역에서 넓은 영향권 해석을 얻는 것을 문법의 일반적 메커니즘이 허용하지 않기 때문이라고 판단할 수 있다. 낮은 통사적 영역의 존재 양화사가 넓은 영향권 해석을 얻는 것은 문법 내의 의미론적 해석 절차가 아닌, 담화화용론적 절차에 의한 것이라고 필자는 결론 짓는다.

제3장에서 이미 마련한 타입 전이 규칙들을 활용하는 방안을 추구해 보자. (11)의 두 문장을 다시 든다.

(11) 가. 모두가 일부를 만났다.
    나. 모든 여학생이 일부 남학생을 만났다.

'일부'는 <<e,t>,t> 타입의 양화사 의미를 기본적 의미로 갖지만, 4.2절에서는 이것이 <e,t> 타입의 술어로 전이될 수도 있다는 것을 알아보았다. 해당 타입 전이 규칙을 다시 들면 다음과 같다.

(14) 양화사의 술어화 규칙:
  (i) $\lambda P_{<e,t>}. \forall x[$x는 사람/사물이다 $\rightarrow P(x)] \Rightarrow$
    $\lambda y. \forall x[$x는 사람/사물이다 $\rightarrow [x = y]]$
  (ii) $\lambda P_{<e,t>}. \exists x[$x는 사람/사물이다 & $P(x)] \Rightarrow$
    $\lambda y. \exists x[$x는 사람/사물이다 & $[x = y]]$

규칙 (ii)에 주의해 보자. (11가)에 이 규칙이 적용되고, 다시 <e,t> 타입 술어를 e 타입의 종류로 바꾸는 전이 규칙이 적용된다고 하면, 이를 활용하여 (11가)'과 다른 (11가)" 과 같은 해석 절차가 진행된다.

(15) ⇒(양화사의 술어화) $\lambda y.\ \exists x$[x는 사람/사물이다 & [x = y]]
⇒(술어의 종류화) ky. $\exists x$[x는 사람/사물이다 & [x = y]]

(11가)" ⟦ 일부를 만났다 ⟧ = ⟦ 만났다 ⟧ (⟦ 일부^2 ⟧) =
[$\lambda x.\ \lambda y.$ y가 x를 만났다'](kv. $\exists z$[z는 사람/사물이다 & [z = v]])
[$\lambda y.$ y가 kv. $\exists z$[z는 사람/사물이다 & [z = v]]를 만났다']
⟦ 모두가 일부를 만났다 ⟧ = ⟦ 모두^1 ⟧ (⟦ 만났다 ⟧ (⟦ 일부^2 ⟧))
⟦ 모두^1 ⟧ ([$\lambda y.$ y가 kv. $\exists z$[z는 사람/사물이다 & [z = v]]를 만났다']) =
[$\lambda f_{et}.\ \forall x$[x는 사람/사물이다 → f(x)]]([$\lambda y.$ y가 kv. $\exists z$[z는 사람/사물이다 & [z = v]]를 만났다'])
$\forall x$[x는 사람/사물이다 → x가 kv. $\exists z$[z는 사람/사물이다 & [z = v]]를 만났다']]

'일부'가 종류의 개체인 'kv. $\exists z$[z는 사람/사물이다 & [z = v]]'로 해석되어 있다. (11나)는 다음 의미 형식으로 도출되는데,

(11나)' $\forall x$[x는 여학생이다 → x가 kv. $\exists z$[z는 남학생이다 & [z = v]]를 만났다']]

여기에서도 '일부 남학생'이 종류의 개체인 'kv. $\exists z$[z는 남학생이다 & [z = v]]'로 해석되어 있다.

이렇게 하여 (11) 문장의 두 가지 해석이 모두 도출된다. 첫째 해석은 보편 양화사가 존재 양화사보다 넓은 영향권을 가지는 해석이고, 둘째 해석은 존재 양화사가 양화사 아닌 종류의 개체로 전이된 해석이다. 종류의 개체는 이오타화가 적용되어 한정적 개체로 해석될 수도 있다.

둘째 해석은 존재 양화사의 지시적 해석이라고 이해할 수 있다. 그런데 이 해석을 위해서는 (14)(ii)의 술어화 규칙이 적용되어야 한다. 문제는, 보편 양화사에 대해서는 (14)(i)이 적용되지 않는 이유가 무엇인가 하는 것이다.

(14)(ii)와 함께 (14)(i) 규칙이 설정되는 것은 '모두이다', '모든 학생이다'처럼 계사 앞에 보편 양화사가 실현되는 경우 이를 술어화하기 위해서이다. 계사 '이-'와 같은 어휘적 요소가 요구하는 경우에는 존재 양화사나 보편 양화사나 술어화를 반드시 적용해야 이 구문에서 해석 가능해지지만, 일반적 타입 전이 규칙들은 수의적으로 적용되는 것이다.

수의적으로 적용되는 타입 전이 규칙들이 양화사와 관련되는 경우 다음과 같은 규칙 실행상의 원리가 작동한다고 본다.

(16) 보편 양화사는 어휘적 요소에 의해 요구되지 않는 한 타입 전이 규칙에 의해 타입을 변경하지 않는다.

형식의미론의 양화사 연구에서는 오래 전부터 양화사를 강성(+strong)과 약성(+weak))으로 구분해 왔다(Barwise & Cooper 1981). 보편 양화사는 강성 양화사이고 전형적인 존재 양화사는 약성 양화사이다. 이상의 논의는 양화사의 강성/약성의 구분이 타입 전이 규칙의 적용 여부와 관련된다는 점에서, 전통적 구분이 새 의미론적 영역에 확장 적용되는 예를 보이는 것이다.[368]

다음으로 살펴볼 것은, (11)과 같은 유형의 문장에서 하위 영역의 존재 양화사를 보통명사로 바꾼 다음과 같은 문장이다.

(17) 모든 여학생이 남학생을 만났다.

한국어의 보통명사는 종류의 개체를 나타내며, 이 점이 보통명사가 술어를 나타내는 영어와 다른 점이라고 하였다.[369] (17) 문장에서는 종류인 '남학생'이 종류 그대로, 또는 전이 규칙이 적용되어 한정 명사로(이오타화), 나아가 존재 양화사로(종류의 양화사화)

---

368) 영향권 중의를 설명하는 LF-이동 방안과 다른 방안으로 Cooper(1983)의 '밀어두기 방안(storage mechanism)'과 범주문법(Categorial Grammar)의 통사론에 기반한 Hendriks(1993)의 방안과, 결정함수(choice function) 개념에 입각한 Reinhart(1997)의 설명 방안이 있다.
Cooper(1983)의 밀어두기 방안은 양화사가 특별한 방식으로 형성된 개체들의 수열(sequence: 이를 '개체열'이라고 하자)을 지시한다고 가정하고, 통사적 하위 영역의 양화사의 적용을 유예하였다가 통사적 상위 영역의 양화사가 적용된 뒤에 적용하는 방법이다. Abusch(1994)에서도 비한정 명사구를 존재 양화사로 간주한 바탕에서 이와 유사한 밀어두기 설명 방안을 실행한 바 있다.
Hendriks(1993)의 방안은 구성성분의 해석이 그것의 왼쪽에 인접한 구성성분이나 오른쪽에 인접한 구성성분에 자유롭게 합성하여 해석되는 범주문법의 방법 하에서, 주어 아닌 양화사 명사구가 좁은 영향권을 가지는 경우는 오른쪽에서 왼쪽으로 결합·합성하고, 넓은 영향권을 가지는 경우는 왼쪽에서 오른쪽으로 결합·합성하여, 서로 다른 영향권 해석을 얻는 것이다. 범주문법의 통사론은 생성문법의 전통에서 확립된 구성성분의 결합 체계와 근본적으로 다른 체계를 가정함으로써, 영향권 중의 현상과는 별도의 수많은 문제들을 내포하고 있다.
결정함수(choice function) 개념을 활용하는 Reinhart(1997)의 방안은 존재 양화사인 영어의 비한정 명사구(indefinite NP)가 넓은 영향권을 가지는 특별한 경우에만 적용되고 있다. 앞에서 제시한 이 책의 방안이 그러한 것처럼, 결정함수 방안은 담화화용론적 절차로 활용되는 것이 타당하다고 본다. 그 점을 받아들이면 결정함수 방안은 이 책의 방안과 본질적으로 다르지 않다.

369) 이는 Chierchia(1998)의 제안에 따른 것이다.

해석될 수 있다. '남학생'이 종류인 경우와 한정 명사로 전이되는 경우는 '남학생'이 지시적 해석을 가지는 것이라고 할 수 있다. (17)의 실제 해석은 이와 같은 설명이 타당함을 지지한다. 그런데 '남학생'이 존재 양화사로 전이되는 경우, 이 전이 규칙은 존재 양화사가 넓은 영향권을 가질 것을 예측하나,[370] (17)의 실제 해석은 이러한 해석을 갖기도 하지만, '모든 여학생'이 넓은 영향권을 가지는 '배분적 해석'을 갖기도 한다. 이 배분적 해석은 타입 전이 규칙을 통해서 양화사 구문의 중의성을 설명하는 이 책의 방안에 문제를 제기한다.

두 개의 양화사를 가지는 (11)의 문장들이 '집단적 해석(collective reading)'과 함께 '배분적 해석(distributive reading)'을 가진다는 점은 익히 알려진 것이다.[371] 이들 문장의 두 가지 해석은 보편 양화사가 내재적으로 가지는 성질이라고 이해되어 왔다. 그러나 양화사로는 보편 양화사 하나만을 가지는 (17)이 배분적 해석을 가지는 것은 어떤 방식으로든 분명한 설명을 요구하는 것이다.[372]

필자는 (11) 유형의 문장과 (17) 유형의 문장이 공통의 배분적 해석을 가진다고 판단하고, 이 해석의 메커니즘으로는 담화화용론적 배분성 해석의 장치가 존재한다고 본다.

최재웅(1987)에 따르면 배분적 의존 관계는 (18가)와 같이 정의될 수 있고, (18나, 다)의 조건이 만족되는 경우에 형성된다.

(18) 가. 배분기준(sorting key) A와 배분몫(distributed share) B의 배분적 의존 관계 'Dstr(A, B)'는 A의 개체부분(i-part)들을 형성하여 이들에 대하여 보편 양화하고, A의 개체부분(i-part)들이 B와 관계를 맺는다는 뜻이다.

나. 배분기준은 의미적으로 복수이어야 한다.

다. 배분몫은 비한정 명사항(indefinite)이어야 한다.

최재웅(1987)에서도 배분적 의존 관계 형성의 절차는 담화화용론적 절차로 파악되는데, 그 구체적인 해석 절차가 명시적으로 기술된 것은 아니다. 여기에서는 대략 (18나, 다)와 같은 조건 하에서 형성되는 배분적 의존 관계가 (11) 및 (17)의 배분적 해석의

370) 앞에서 제시한 '종류의 존재 양화사 전이 규칙'은 다른 의미론적 규칙이 모두 적용된 후에 적용되는 담화화용론적 규칙으로 상정되므로 이 규칙에 의해 나타나는 존재 양화사는 넓은 영향권을 가질 수밖에 없다.

371) (11) 문장의 첫째 해석은 배분적 해석과 집단적 해석의 둘로 나누어지고, 여기에 둘째 해석으로 존재 양화사의 넓은 영향권 해석을 가지므로, (11) 문장은 결국 세 가지 해석을 가진다고 말할 수 있다.

372) (17)과 같은 유형의 문장이 배분적 해석을 가진다는 점을 최재웅(1987: 33)에서도 거론한 바 있다. 영어 문장에서는 목적어가 비한정 명사구로 실현된다는 것이 한국어와의 구조적 차이점이다.

a. Everybody saw an airplane.

근원이 된다는 점을 지적하는 데에 그치기로 한다.

4.5. 양화사 구문의 그 외 문제들

4.5.1. 김영희(1984)의 '딸림관계 구문'의 문제

한국어 양화사에 관한 포괄적 기술을 제시한 김영희(1984)에서는 다음과 같은 구문을 '딸림관계 구문'의 예로 다루었다.

(1) 가. 꽃봉오리의 다수가 터졌다.
  (=꽃봉오리 가운데/꽃봉오리 중 다수가 터졌다.)
  '꽃봉오리가 가지는 부분인 그 다수의 부분이 터졌다'
 나. 부상자의 한 명이 위독하다.
  (=부상자 가운데/부상자 중 한 명이 위독하다.)
  '부상자가 가지는 부분인 그 한 명의 부분이 위독하다'

이들의 기저구조는 다음과 같이 접속문 구조로 되어 있다는 것이 그의 주장이다. 그러나 이러한 기저구조로부터 표면의 문장을 도출하기 위해서는 매우 작위적인 변형 절차를 동원해야 한다.

(2) [$_{S}$[$_{NP}$꽃봉오리 가운데/중] [$_{NP}$[$_{S}$꽃봉오리 다수] [$_{NP}$꽃봉오리]] [$_{VP}$있]] [$_{Conj}$어서]
 [$_{S}$[$_{NP}$[$_{S}$꽃봉오리 다수] [$_{NP}$꽃봉오리]] [$_{VP}$터졌다]]]

전영철(2013)에서도 지적하였듯이, 이 구성은 특수한 구성이다. 다음 예들은 모두 비문은 아니나, 부자연스럽다. 필자의 판단으로, 이 구성이 자연스럽게 받아들여지는 경우는 '일부'와 같이 그 어휘적 의미가 '부분'의 의미를 가질 때이다.

(3) 가. $^{?}$꽃봉오리의 모두가/한 개가 터졌다.
 나. $^{?}$부상자의 모두가/모든 인원/한 명이 인근 병원으로 실려 갔다.
(4) 가. 꽃봉오리의 일부가 터졌다.
 나. 부상자의 일부가 인근 병원으로 실려 갔다.

이 구성은 조사 '-의'로부터 비롯되는 부분 의미를 특성으로 하는 구성이라는 것이 필자의 판단이다. 앞에서는 '모두의 편지'와 같은 구성을 '모두'의 양화사 의미의 특별한 실현으로 기술한 바 있는데, 그 의미 형식의 일부로 'HAVE(x,y)'와 같은 형식을 포함하였다. 현재로서는 '모두의 편지'와 '부상자의 일부'가 가지는 의미의 공통성을 완전히 포착하기는 힘들다.

그 처리 방침은 다음과 같다. '-의'를 두 개의 동음이의어로 나누고 이른바 '딸림관계'의 의미는 '-의²'의 어휘적 의미로 정의하는 것이다. 'P'가 et 타입의 술어로 정의된 것이 특이한 점이다. 이는 양화사인 '일부', '다수' 또는 '모두'가 이 자리에 나타나는 경우 타입 전이 규칙 '양화사의 술어화'가 작동하도록 한 조처이다.

(5) 가. $[\![\text{-의}^1]\!] = \lambda P_{<\sigma,\tau>}.\ P.$

　　나. $[\![\text{-의}^2]\!] = [[\lambda f_{et}.\ \lambda P_{et}.\ \lambda g_{et}.\ \exists x[f(x)\ \&\ g(x)\ \&\ \text{HAVE}(x,y)\ \&\ y=\text{part}(x)\ \&\ P(y)] = 1]$

그 해석 절차를 예시하면 다음과 같다.

(6) "부상자의 일부가 이송됐다."의 해석 절차:

$[\![\text{-의}^2]\!]([\![\text{부상자}]\!])([\![\text{일부}]\!])([\![\text{이송됐다}]\!])$

$[[\lambda f_{et}.\ \lambda P_{et}.\ \lambda g_{et}.\ \exists x[f(x)\ \&\ g(x)\ \&\ \text{HAVE}(x,y)\ \&\ y=\text{part}(x)\ \&\ P(y)]](\lambda y.\ y=\text{부상자})(\lambda h_{et}.\ \exists z[z=\text{사람/사물}\ \&\ h(z)])(\lambda m.\ m\text{이 이송됐다}')$

$[[\lambda f_{et}.\ \lambda P_{et}.\ \lambda g_{et}.\ \exists x[f(x)\ \&\ g(x)\ \&\ \text{HAVE}(x,y)\ \&\ y=\text{part}(x)\ \&\ P(y)]](\lambda y.\ y=\text{부상자})(\lambda n_e.\ \exists z[z=\text{사람/사물}\ \&\ z=n])(\lambda m.\ m\text{이 이송됐다}')$

(타입 불일치; 타입 전이 규칙 적용)

$\exists x[x=\text{부상자}\ \&\ x\text{이 이송됐다}'\ \&\ \text{HAVE}(x,y)\ \&\ y=\text{part}(x)\ \&\ \exists z[z=\text{사람/사물}\ \&\ z=y]]]$

이상에서는 김영희(1984)에서 양화사 구문의 한 유형으로 주목했던 '딸림관계 구문'을 보조사 '-의'의 특이한 어휘적 의미로 인하여 해석되는 문장의 예로 처리하였다.

4.5.2. 양화 부사와 양화 보조사

명사 외의 통사 범주가 양화 작용을 가지는 것으로는 '확실히, 아마, 항상, 가끔'과 같은 부사와 '-마다, -만'과 같은 보조사가 있다.

'확실히, 아마'는 가능세계 변수에 대한 양화로서의 양상 의미를 표현하는 부사들이다.

양상을 표현하는 기능 범주들, '-겠-'과 같은 굴절소, '-지'와 같은 보문소도 가능세계 변수에 대한 양화로서의 양상 의미를 표현한다. 이들 양상 표현의 의미 해석 절차를 기술하는 일은 제6장의 논제이다. 양상 부사 '확실히'와 '아마'의 의미 정의를 미리 보이면 다음과 같다.

(7) 가. ⟦확실히⟧^{w} = [λP. ∀w': w'∈BEST(epist, stereo, w) → P(w') = 1]
　　나. ⟦아마⟧^{w,t} = [λP. ∃w': w'∈BEST(epist, stereo, w) → P(w') = 1]

기준 세계 w에서 인식 양상(epist)의 작용에 의해 산출한 가능세계 w'들을 대상으로, 그 모든 w'들에서 명제 P가 참이 된다는 것이 '확실히'의 의미이다. '아마'는 가능세계 w'들의 일부에서만 명제 P가 참이 된다는 것을 주장하는 양상 부사이다.

이들에 비하여 '항상, 가끔'은 가능세계에 대한 양화와 함께 시구간에 대한 양화를 표현하는 것 같다. '항상'은 특정 시구간들을 상정하여 그들에 대해서 보편 양화(∀)하는 것이 직관적으로 생각할 수 있는 이 부사의 의미인데, 시구간들에 대해서만 아니라 그 시구간들에서 일어나는 상황들에 대해서도 보편 양화하는 것으로 보인다. 그러므로 '항상'은 '확실히'보다 처리하기가 까다로운 문제를 제기한다. 이 책에서는 조건문에 대해 논의하는 10.1.2.6절에서 '항상'의 형식화 문제를 간략히 논의할 것이다.

한국어 보조사 중에도 양화 의미를 표현하는 것이 있다. '-마다'와 '-만'이 그것이다. 이하에서는 '-마다'와 '-만'의 의미를 간략히 기술해 보기로 한다.

제2장에서는 보조사가 통사적으로 영어의 한정사(determiner)와 같은 통사적 지위를 가진다고 보았는데, 그 주요 근거는 보조사 중에 '-마다'가 포함된다는 것이다. '-마다'는 다른 보조사 요소들과 계열적으로 대립한다. 더욱이 '-마다'는 양화 효력을 가지는데, 이는 영어 한정사의 대표적인 예인 'every, some'과 유사한 것이다.

영어에서 한정사의 통사적 지위는 명사구를 그 보충어로 가지는 머리성분이며, 그 의미적 특성은 그 보충어 명사구를 영역 조건으로 취하고 VP를 <e,t> 타입의 술어로 취한다는 것인데, '-마다'는 이러한 통사적, 의미적 특성을 공유한다. 이런 인식을 바탕으로 '-마다'의 타입을 <et,<et,t>>로 설정한다.

'-마다'의 분포를 관찰해 보면, 우선 서술어가 사건 서술일 수도 있고, 상태 서술일 수도 있다.

(8) 가. 사람마다 무기를 지녔다. (사건)

나. 사람마다 상냥했다/상냥하다. (상태)

'-마다'가 실현되는 가장 자연스러운 통사적 위치는 주어 위치인데, 목적어나 논항인 후치사구 위치에 실현되는 것도 불가능하지는 않다.

(9) 가. 입장하는 사람마다 꽃을 들었다.
나. 그는 만나는 사람마다 포옹했다.
다. 그는 입장하는 사람에게마다 인사했다.
라. 그는 입장하는 사람마다 인사했다.
마. 그는 입장하는 사람마다 공을 하나씩 주었다.

'-마다'의 의미에 관하여 다음과 같이 정리할 수 있다. '배분기준'과 같은 개념은 앞에서 거론했던 최재웅(1987)의 배분 관계 이론의 한 요소이다.

(10) 가. 'NP-마다' 구는 보편 양화사로서, 그 기본 타입은 <<e,t>,<<e,t>,t>>이다.
나. '-마다'는 배분성 의미를 강하게 드러낸다. 즉, 'NP-마다' 구는 보편 양화사 의미 외에 배분기준(sorting key)로서의 의미 기능을 가진다. 이 점은 통사적 자질로 'NP-마다' 구(DP) '$DP_{[+sortkey]}$'와 같이 표시되고, 담화화용론적 절차에 따라 구체적으로 해석된다.
다. 'NP-마다' 구를 가지는 절의 서술어는 단계 수준 술어이어야 한다. 이 점은 전제 의미로 규정된다.

(10가)의 기본 타입이란 (8가, 나), (9가)와 같이 주어 위치에 실현될 때의 타입이라는 뜻이다. 그 양화 의미 형식은 기본적으로 앞에서 논한 '모든'과 같다. (10나)는 '-마다' 문장의 통사구조의 'NP-마다' 구에 (11)과 같은 자질이 표시되고, 이 통사구조와 (12가)와 같은 '-마다'의 의미 정의를 바탕으로 의미 해석 규칙들이 적용되어 (12나)와 같은 의미 형식이 도출된다는 것을 말해 주는 것이다. (10다)는 '-마다' 문장의 서술어의 의미 또는 상황 의미가 단계 수준 술어, 또는 이를 중심으로 합성된 상황 의미라는 것을 나타낸다.

(11) $[_{CP}[_{IP}[_{DP[+sortkey]}[_{NP}$ 사람$]$ $[_{D[+sortkey]}$ 마다$]]$ $[_{I'}[_{VP}$ 꽃을 들-$]$-었-$]$-다$]$

(12) 가. ⟦-마다⟧ = $[\lambda f_{et}.\ \lambda g_{et}.\ \forall x\ [f(x) \rightarrow g(x)] = 1]$, 단 g(x)는 단계 수준 상황이고 x는 [+sortkey]임.

나. ∀x [x는 사람이다' → x는 꽃을 들었다'], 단 g(x)는 단계 수준 상황이고 x는 [+sortkey]임.

'-마다'와 관련하여 한 가지 문제가 떠오른다. '저마다'를 대명사 '저'와 보조사 '-마다'의 정상적인 의미 합성으로 처리할 수 있을 것인지가 그것이다. 그 통사적 실현 위치를 관찰해 보면 다음과 같다.

(13) 가. 입장하는 사람들은 저마다 꽃을 들었다.
나. *우리는 만나는 사람들을 저마다 포옹했다.
다. *우리는 입장하는 사람에게 저마다 인사했다.
라. *우리는 입장하는 사람들 저마다 인사했다.
마. *우리는 입장하는 사람들 저마다 공을 하나씩 주었다.

'저마다'는 주어 위치 또는 주어 위치의 명사구를 수식하는 위치에만 실현되는 것을 알 수 있다.[373] 또, '저마다'는 통사적 구성으로 볼 수 없다. '저마다'의 구성성분인 '저'를 명사구로 설정하여 합성적으로 처리할 수 없다. 새로 형성된 한 통사 단위의 부사로 처리해야 한다.[374] 위 4.2절의 (20)으로 제시한 통사구조의 ④ 위치, I′ 부가어 위치에 자리잡는 것으로 본다.

(14) 가. 〚저마다〛 = [$\lambda f_{et}.\ \lambda g_{et}.\ \forall x\ [g(x) \rightarrow f(x)] = 1$], 단 f(x)는 단계 수준 상황이고 x는 [+sortkey]임.
나. ∀x [x는 사람이다' → x는 꽃을 들었다'], 단 f(x)는 단계 수준 상황이고 x는 [+sortkey]임.

'저마다'는 '만나는 사람마다³', '모두³가', '다리³가', '두 명³이'처럼 통사구조의 I′ 부가어 위치에 놓인다. 의미론적으로도 이들처럼 <et,<et,t>> 타입의 공통된 의미 형식을 가진다. 단어로서 <et,<et,t>> 타입의 양화 한정사인 점이 '저마다'의 특징적인 점이다.

한국어 보조사들은 '-마다'와 계열적으로 대립하는 특징을 가진다. 제2장의 통사론적 논의 과정에서는 이 특징이 보조사들을 한 통사 범주로서 한정사(determiner)와 동일시할 수 있는 근거가 된다고 보았다. 그러나 '-마다'와 계열적으로 대립하는 보조사들 중 '-이'와 '-를'은 어떤 양화 의미를 가진다고 말할 수 없다. '-도, -조차, -마저' 등은 특별한

373) 주어 위치를 수식하는 위치란 I′ 부가어 위치를 가리키는 것이다. 그러므로 이 위치에 놓이는 다른 양화사들과 같은 타입을 가진다.
374) 이미 국립국어원의 『표준국어대사전』에도 '저마다'를 한 단어로 간주하여 '부사'로 규정하고 있다.

전제 의미를 가지는 것으로 보인다. 그러나 이들이 어떤 양화 의미를 표현하는 것으로 관찰되지는 않는다. '-마다' 외에 양화 의미를 가지는 것으로 추정할 수 있는 유력한 보조사는 '-만'이다.

'-만'의 의미에 대해 고려해 보자. '-만'은 양화 한정사인가?

보조사들이 특이한 것은 특별한 전제 의미를 가지는 점에 있다. '-도'의 경우, '철수도 왔다.'는 '철수 이외의 다른 사람(들)이 왔다.'를 전제한다. 이는 '철수도 왔다.'를 부정한 '철수도 온 것이 아니다'가 참인 경우에도 여전히 '철수 이외의 다른 사람(들)이 왔다.'가 참이 되는 것을 통해 증명된다.

그러나 'X-만 Y' 형식의 문장은 'X 이외의 다른 사람/사물은 Y하지 않음'을 전제하지 않고, 함의한다. 예를 들어서, 다음 문장 "철수만 왔다."는 '철수 이외의 다른 사람은 오지 않았다.'를 전제하지 않고, 함의한다.

(15) 철수만 왔다.

전제가 성립하려면, 이 문장의 부정 "철수만 온 것은 아니다."가 '참'으로 성립하는 경우에도 '철수 이외의 다른 사람은 오지 않았다.'가 '참'으로 성립해야 하는데, 그렇지 않다. "철수만 온 것은 아니다."는 '철수 이외의 다른 사람도 왔다.'를 함의한다. 결국, (15)의 문장은 '철수 이외의 다른 사람은 오지 않았다.'를 전제하지 않고, 함의한다.

(15) 문장에 실현되는 '-만'의 의미를 일단 (16)과 같이 형식화할 수 있다. (15) 문장의 의미는 이에 따라 해석할 수 있다.

(16) $[\![$-만$]\!]$ = $[\lambda x_e.\ \lambda f_{et}.\ \forall y_e[y \neq x \rightarrow f(y)] = 0]$

(17) $[\![$철수만 왔다$]\!]$ = $[\![$-만$]\!]$($[\![$철수$]\!]$)($[\![$왔다$]\!]$) =

$[\lambda x_e.\ \lambda f_{et}.\ \forall y_e[y \neq x \rightarrow f(y)] = 0]$(철수')($[\lambda z_e.$ z는 왔다'$]$) iff

$\forall y_e[y \neq$ 철수' $\rightarrow$ y는 왔다'$] = 0$

'-만'이 위 예에서처럼 고유명사와만 결합할 수 있는 것은 아니다. (18)은 '-만'이 보통명사와 결합하는 예이다. 한국어의 보통명사들은 기본적으로 e 타입인 종류의 개체라고 가정했으므로, (19)에서처럼 함수 '-만'의 첫째 논항으로 대입될 수 있다.

(18) 남학생만 왔다.

(19) ⟦남학생만 왔다⟧ = ⟦-만⟧(⟦남학생⟧)(⟦왔다⟧) =

$[\lambda x_e.\ \lambda f_{et}.\ \forall y_e[y \neq x \rightarrow f(y)] = 0](kx[x\text{는 남학생이다}])([\lambda z_e.\ z\text{가 왔다}'])$ (함수적용규칙)

$[\lambda f_{et}.\ \forall y_e[y \neq kx[x\text{는 남학생이다}] \rightarrow f(y)] = 0]([\lambda z_e.\ z\text{는 왔다}'])$ (λ-전환)

$\forall y_e[y \neq kx[x\text{는 남학생이다}] \rightarrow [\lambda z_e.\ z\text{가 왔다}'](y)] = 0$ (함수적용규칙)

$\forall y_e[y \neq kx[x\text{는 남학생이다}] \rightarrow y\text{가 왔다}'] = 0$ (λ-전환)

이상의 해석 절차에서 '-만'은 양화 효력을 가지는 <e,<et,t>> 타입의 양화 한정사로 처리되었다. '-만'의 타입을 다음과 같이 <et,<et,t>>로 상정하여 정의하더라도 이에 따라 (15), (18)을 일관적으로 처리할 수 있다.

(20) ⟦-만⟧ = $[\lambda f_{et}.\ \lambda g_{et}.\ \forall x_e[\neg f(x) \rightarrow g(x)] = 0]$

(18)의 경우 '남학생'이 e 타입의 종류에서 et 타입의 술어로 전이되면 (20)이 적용될 수 있다. (15) 문장의 경우는 고유명사 '철수'에 '개체의 술어화'가 적용되어 et 타입으로 바뀌는 절차가 개재된 것으로 설명할 수 있다. (20)의 정의를 이용하면, (12가)에서 <et,<et,t>> 타입으로 정의한 '-마다'와 동일한 방식으로 기술하는 이점이 있다.

한국어 보조사 중에 양화 효력을 가지는 '-마다'와 '-만'이 있다는 것을 살펴보았다. 그러나 이 양화 의미가 보조사들의 의미의 모두인 것은 아니다. 보조사들은 그것과 결합한 명사구에 초점을 가하는 특성이 있다. 초점 의미론은 현재 의미론 연구의 첨단적인 연구 주제로 되어 있다. 이에 대해서는 이 책에서 완성된 설명을 제시할 수 없다. 초점 성분의 해석에 대해서는 담화 의미의 표상을 다루는 제12장에서 간단히 언급하는 데에 그칠 것이다.

4.6. 이중주어문, 이중목적어문의 비분리 명사구: 양화사적 해석

이중주어문과 이중목적어문은 한국어 단순문 구조의 모든 구조적 가능성을 보여준다. 한국어 단순문의 기본 통사구조를 (1)과 같이 나타낼 수 있다.

(1)

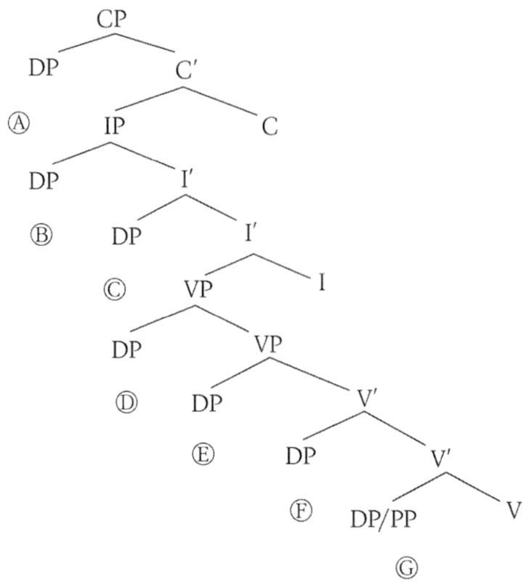

이중주어문의 1유형은 Ⓑ와 Ⓖ를 그 논항으로 가지는 구문이다. 2유형은 Ⓑ와 Ⓖ를 논항으로 가지는 점에서는 1유형과 같으나 부가어인 Ⓕ의 PP를 더 가진다. 3유형은 주어 논항 Ⓑ와 함께 양화사인 부가어, 또는 비분리 명사구인 부가어 Ⓒ를 가지는 것이 그 특징이다. 'NP-이' 형식의 I′ 부가어인 Ⓒ는 두 개 이상 실현될 수 있다. 4유형은 전형적 주제어인 Ⓐ와 주어인 논항 Ⓑ를 가지는 구문이다.

(2) 이중주어문의 4가지 유형
 1유형: 철수가 열정이 있다/철수가 돈이 많다/나는 철수가 싫다.
 2유형: 인호는 순희에게 애정이 있다.
 3유형: 저 의자가 다리가 잘록하다/순희가 마음씨가 곱다.
 학생이 세 명이 왔다/학생이 모두가 왔다.
 4유형: 꽃은 장미가 아름답다/김 회장은 자기가 직접 차를 몬다.

이중목적어문의 1유형은 부가어 Ⓓ와 목적어 Ⓔ를 가지는 구문이다. 2유형은 목적어 Ⓔ와 부가어 Ⓕ를 가지는 구문이다. 3유형도 목적어 Ⓔ와 부가어 Ⓕ를 가지는 구문인 것은 같지만 부가어 Ⓕ의 성격이 2유형의 그것과는 다르다. 4유형은 부가어 Ⓓ와 목적어 Ⓔ를 가지는 점에서 1유형과 같다. 그러나 목적어 Ⓔ가 서술성 명사라는 특징을 가진다.

(3) 이중목적어문의 4가지 유형
 1유형: 김교수가 학생들을 선물을 주었다.

2유형: 선생님이 종을 세 번을 쳤다.
3유형: 철수가 저 의자를 다리를 부러트렸다/순희가 철수를 마음씨를 흉보았다.
김교수가 학생을 세 명을/모두를 만났다.
4유형: 철수가 그 문제를 연구를 하였다.

이와 같은 논항, 부가어들의 통사구조상의 위치를 구별하는 근거는 2.2.2절에서 자세히 논한 바 있다.

4.6.1. 4유형 이중주어문과 화제, 대조화제의 해석

한국어에서 4유형 이중주어문의 첫째 명사구((1)의 Ⓐ)는 일반적 화제의 기능을 가진다. 이 위치에는 '-는'이 부착되는 것이 가장 자연스럽다. '-이'가 부착될 때에는 이 명사구는 초점 기능을 갖게 된다. '-는'이 부착되고 음운론적 강세를 받는 경우에는 이 'NP-는'은 대조화제(contrastive topic)의 기능을 갖게 된다고 본다.[375)]

여기에서 '일반적 화제'는 '문장화제(sentence-topic)'이다. 이에 대립되는 '담화화제(discourse-topic)'는 쟁점질문(QUD: question under disscussion)으로서의 의문문이다(Roberts 1996, Büring 1999). 담화화제는 질문이 화제가 되어 이어지는 담화를 정합성 있는 단위로 구성하게 만든다는 관점에서 주어지는 담화화용론 차원의 개념이다.

4유형 이중주어문의 첫째 명사구(주제어)는 의미적으로 문장화제 'α'로서, 해당 문장의 이어지는 부분('P')이 이에 관하여 서술하는 개체 또는 개체들의 집합이다. 문장화제를 포함하는 문장의 의미를, Reinhart(1981b)를 따라, (4)와 같이 순서쌍으로 나타낸다.[376)] (5)는 이 순서쌍의 형식을 공유배경 개념을 바탕으로 담화화용적으로 해석하는 원리를 보인 것이다.[377)] Portner & Yabushita(2001)에서는 화제를 가진 문장의 의미를 이처럼 공유배경을 변경하는 절차라는 형식으로 정의한 바 있다.

---

375) 채완(1976)은 문두에서 강세를 갖지 않는 '-는'은 '화제'를 표시하며, '-는'이 문두에서 강세를 갖거나 문장의 중간에 실현될 때에는 '대조'를 나타낸다고 한다. 필자는 전자의 경우 '-는'이 화제를 표시하는 것으로 보는 점에서는 채완(1976)과 같으나, 후자의 경우는 '-는'이 대조화제를 표시하는 것으로 본다. 특히 '-는'이 문장의 중간에 실현되는 경우 '-는'은 언제나 강세를 받는 것으로 본다.

376) 필자는 문장화제 개념을 개체 또는 개체들의 집합으로 파악하며, 구정보(old information)/주어진 정보(given information)/한정성(definiteness) 등으로 정의하지 않고, Strawson(1964)에서 비롯되는 '관하여성(aboutness)'으로 정의하는 Reinhart(1981나)의 관점을 따른다. '구정보' 및 그에 준하는 개념 정의들(Kuno 1972, 1973, Chafe 1976, Prince 1979)에 대한 적정한 비판은 Reinhart(1981b)에서 주어졌다.

377) 공유배경(common ground)은 화·청자가 공유하는 명제들의 집합이다(Stalnaker 1978, 2002).

(4) <α_i, P>: 문장화제 의미 α_i와, 이어지는 문장화제 이외의 문장의 의미 P의 순서쌍

(5) 공유배경(CG)에 화제를 가진 문장의 의미 <α_i, P>가 추가되면, 이에 따라 변경된 공유배경(CG′)은 i)의 정의 성립 조건(definedness condition) 하에서 ii)의 공유배경 의미를 갖게 된다.

i) 정의 성립 조건: CG+<α_i, P>는 공유배경을 이루는 명제들 모두에 대하여, 그리고 이 명제들이 성립하는 모든 세계 w에 대하여, α가 가리키는 개체가 w에서 α에 의해 표현된 속성을 가지는 경우에만 그 정의가 성립된다.

ii) CG+<α_i, P> = $\{A \in CG: I_{i,A} \subseteq \cap_{j \in \kappa} I_{j,A}$ & $A \in (CG+P)\}$, κ는 문장 안의 명사구 구성성분들에 대응되는 담화 지시체의 지표들의 집합

한국어의 화제 구문은 각각 다음과 같은 의미 형식으로 표상된다.[378)]

(6) $[_{CP}$ DP $[_{C'}$IP C]]의 의미 형식: < ⟦ DP ⟧ , ⟦ $[_{C'}$IP C] ⟧ >

화제의 개념에 대하여 상이한 관점들이 주어져 왔다. 개체 또는 그에 준하는 대상으로서 파악하는 관점(Kuno 1972, 1973, Chafe 1976, Prince 1979, Reinhart 1981b, Portner & Yabushita 1998, 2001)과, 이어지는 담화가 그에 대한 대답이 되게끔 주어지는 질문, 즉 쟁점질문(QUD) 자체를 화제(즉, 담화화제)로 파악하는 관점(von Fintel 1994, Roberts 1996, Büring 1999)이 있다. 후자에서는 문장의 구성성분으로서의 '초점(focus)'과 '대조화제(contrastive topic)'를 대응하는 질문의 의미와 관련하여 정의한다. Büring(1999, 2003)에서는, 초점 성분을 포함하는 문장의 의미(초점 의미값)를 그 초점을 변수로 대체한 개방 문장들의 집합으로 정의한 Rooth(1985, 1992)의 선례를 따라서, 대조화제 성분을 포함하는 문장의 의미(대조화제 의미값)를 그 성분을 변수로 대체한 개방 문장들의 집합들의 집합으로 정의하였다.[379)] 대조화제는 초점의 일종이라는 것이다.

---

378) 한국어에서 (6)과 같은 구조의 문장에서 DP가 'NP-는' 형식으로 발화되고 음운론적 강세를 가지는 경우, 이 'NP-는'은 대조화제로 해석된다.
(4)의 순서쌍의 의미 형식을 가지는 예는 화제 구문과 대조화제 구문에 국한되지 않는다. 뒤에서는 비분리 명사가 그 어휘의미적 특성으로 순서쌍의 의미 형식을 산출한다는 점을 살펴볼 것이다.

379) 초점을 가지는 문장의 의미가 보통의 의미값과 초점 의미값의 두 가지로 기술되듯이, 대조 화제를 가지는 문장의 의미도 보통의 의미값과 대조화제 의미값의 두 가지로 기술된다. (a)와 같은 질문이 주어진 상태에서 대조화제를 가지는 '$FRED_{CT}$ ate the beans.'와 같은 대답은 (b)와 같은 대조화제 의미값을 갖게 된다(Büring 2003).
a. Who ate what?
b. $[\![FRED_{CT}$ ate the beans. $]\!]^{CT} = \{\{x$ ate $y \mid y \in D_e\} \mid x \in D_e\}$
문장화제에 대조화제 자질이 표시된 의미 형식은 (c)와 같은 절차에 따라 전환된다고 본다.
c. $< [\![DP]\!]_{+CT}, [\![IP\ C]\!] > \Rightarrow \{\{<x, [\![IP\ C]\!]>\} \mid x \in D_e\}$

한국어에서 대조화제는 '-는'으로 표시되고 음운론적 강세를 받는 것을 그 특징으로 가진다고 본다. 문장화제는 (4)의 순서쌍의 'α'로 표시되어야 하지만 대조화제는 문장화제와는 독립된 개념이고, 초점의 일종이므로, 'α'로 표시될 수도 있고 'P'의 부분으로 표시될 수도 있다. 문두의 'NP-는'이 음운론적 강세를 받는 대조화제인 경우는 문장화제를 겸하는 것으로 'α'로 표시된다.

4.6.2. 비분리 명사구의 양화사와 유사한 해석

3유형 이중주어문은 양화사 명사구와 '비분리 명사구'가 주어의 뒤에 위치하는 것을 특징으로 하고, 이 위치는 I′의 부가어임을 위에서 밝혔다. 비분리 명사구는 양화사 명사구와 동일한 통사적 위치에 실현되는 것이다. 비분리 명사구가 양화사 명사구의 해석과 유사한 방법으로 해석된다는 것이 이 절의 주요 주장 중 하나이다.

앞에서 설명한 양화사의 해석 방법을 상기해 보자. 양화사의 LF-이동을 인정하지 않는 것이 우리의 입장이다. 양화사 '모두'의 기본 타입과 그 의미 정의는 (7)과 같고, 이것이 놓인 통사적 위치에서 (8)에 주어진 가변적 타입과 해당 의미 정의에 따라 그 의미 해석을 받는다. 이러한 양화사 의미 해석의 방안이 가변 타입 접근이다.

(7) 모두[1]: (타입 $\langle et,t\rangle$) $[\lambda f_{et}.\ \forall x[x\text{는 사람/사물이다} \rightarrow f(x)] = 1]$

(8) '모두'는 기본 타입 $\langle et,t\rangle$로 '$[\lambda f_{et}.\ \forall x[x\text{는 사람/사물이다} \rightarrow f(x)] = 1]$'의 해석을 가지며, 다음의 전이된 해석을 가질 수 있다.
   가. $\langle eet,et\rangle$: $\lambda f_{eet}.\ \lambda x_{e}.\ \forall y[y\text{는 사람/사물이다} \rightarrow f(y)(x)] = 1$
   나. $\langle eeet,eet\rangle$: $[\lambda f_{eeet}.\ \lambda y_{e}.\ \lambda x_{e}.\ [\forall v[v\text{는 사람/사물이다} \rightarrow f(v)(y)(x)] = 1]$
   다. $\langle et,\langle et,t\rangle\rangle$: $[\lambda f_{et}.\ \lambda g_{et}.\ \forall x[g(x) \rightarrow f(x)] = 1]$
   라. $\langle eet,\langle et,et\rangle\rangle$: $[\lambda f_{eet}.\ \lambda g_{et}.\ \lambda x_{e}.\ \forall y[g(y) \rightarrow f(y)(x)] = 1]$
   마. $\langle eet,et\rangle$: $[\lambda f_{eet}.\ \lambda x_{e}.\ \forall y[y\text{는 사람/사물이다} \rightarrow f(y)(x)] = 1]$

위 (1)의 I′ 부가어 ⓒ가 해석되기에 적합한 타입은 (8다)의 '$\langle et,\langle et,t\rangle\rangle$'이다. 이렇게 해석되는 '모두'를 '모두[4]'로 나타낸다. 그 구체적인 해석 절차는 (9)'과 같다.

(9) $[\![\text{모두}^4]\!]_{\langle et,\langle et,t\rangle\rangle} = [\lambda f_{\langle et\rangle}.\ \lambda g_{\langle et\rangle}.\ \forall x[g(x) \rightarrow f(x)] = 1]$

(c)의 '+CT'와 같은 자질은 의미론적 의미 형식의 기술로는 적합하지 않고, 담화화용론적 절차의 기술에서 사용되는 것이다. 제12장에서 논하는 담화 표상의 한 부분으로 기술해야 한다.

(9)' '학생이 모두가 뛴다.'의 의미 형식 도출:

⟦ 모두^{4}가 뛴다 ⟧$_t$ =

$[\lambda f_{<e,t>}. \lambda g_{<e,t>}. \forall x[g(x) \rightarrow f(x)] = 1](\lambda y_e.$ y가 뛴다') iff

$\lambda g_{<e,t>}. \forall x[g(x) \rightarrow$ x가 뛴다'] = 1

⟦ 학생이 모두^{4}가 뛴다 ⟧$_t$ =

$[\lambda g_{<e,t>}. \forall x[g(x) \rightarrow$ x가 뛴다'] = 1](λy_e. y는 학생이다') iff

[$\forall$x[[λy_e. y는 학생이다'](x) → x가 뛴다'] = 1 iff

$\forall$x[x는 학생이다' → x가 뛴다']

3유형 이중주어문의 I′ 부가어 위치에 실현되는 양화사 명사구 중에는 수명사와 분류사의 결합인 '두 개, 세 명'과 같은 형식이 있다. 이 위치에서의 분류사 '개'의 의미 정의는 다음과 같다.380)

(10) 개^4: (타입 <e,<et,et>>)

$[\lambda z_e. \lambda f_{et}. \lambda y_e. \exists x[x=thing \ \& \ x=y \ \& \ amount(x)=z \ \& \ f(x)] = 1]$

(11) "의자가 두 개가 부러졌다."의 해석:

⟦ 두 개^4 ⟧ = $\lambda f_{et}. \lambda y_e. \exists x[x=thing \ \& \ x=y \ \& \ amount(x)=2 \ \& \ f(x)] = 1]$

⟦ 두 개^{4}가 부러졌다 ⟧ = $[\lambda f_{et}. \lambda y_e. \exists x[x=thing \ \& \ x=y \ \& \ amount(x)=2$

$\& \ f(x)] = 1](\lambda v_e.$ v was-broken)

$[\lambda y_e. \exists x[x=thing \ \& \ x=y \ \& \ amount(x)=2 \ \& \ x$ was-broken$] = 1]$

⟦ 의자가 두 개^{4}가 부러졌다 ⟧$_t$ =

$[\lambda y_e. \exists x[x=thing \ \& \ x=y \ \& \ amount(x) = 2 \ \& \ x$ was-broken]=1](kx[x=의자])

[$\exists$x[x=thing & x=kx[x=의자] & amount(x) = 2 & x was-broken]=1]

3유형 이중주어문의 비분리 명사구는 통사적으로 양화사 명사구와 동일한 위치에 생성되고, 그 의미 형식과 그 해석의 절차도 유사하다는 것이 필자의 판단이다. 즉, 비분리 명사구를 일률적으로 I′ 부가어(위 (1)의 ⓒ)로 상정하는 통사구조의 관점 하에서, 다음 (12)의 해석 절차가 실행된다. (4), (5)에서 정의한 순서쌍 <α,P>의 형식을 그 어휘의미적 기술에 포함한다는 점이 I′ 부가어 위치에 놓이는 비분리 명사의 해석상의 특징이라고 할 수 있다. 3유형 이중주어문인 (12)의 첫째 명사구가 문장화제로 해석되는 것은 비

380) 주어 위치에서의 분류사의 의미 정의는 다음과 같고, 이를 기본 의미로 하여 타입 전이 규칙이 적용되어 I′ 부가어 위치에서 (10)의 의미 정의를 얻게 되는 것으로 본다.

a. 개^1: (타입 <e,<et,<et,t>>> $[\lambda y_e. \lambda f_{et}. \lambda g_{et}. \exists x[x=thing \ \& \ amount(x)=y \ \& \ f(x) \ \& \ g(x)] = 1]$

분리 명사 '눈'에 의한 것이다.

(12) "인호가 눈이 크다."의 해석:

$[\![\text{눈}]\!]_{<<e,t>,<e,t>>} =$

$\lambda f_{<e,t>}.\ \lambda y_{e}.\ <y,\ f(\iota x[x=\text{눈}])\ \&\ x \text{ is in inalienable relation to } y]> \ = 1$

$[\![\text{눈이 크다}]\!]_{<e,t>} =$

$[\lambda f_{<e,t>}.\ \lambda y_{e}.\ <y, f(\iota x[x=\text{눈}])\ \&\ x \text{ is in inalienable relation to } y]> = 1](\lambda z_{e}.\ z \text{ is big})$

$[\lambda y_{e}.\ <y,\ [\iota x[x=\text{눈}]\ \text{ is big }\ \&\ x \text{ is in inalienable relation to } y]> \ = \ 1]$

$[\![\text{인호가 눈이 크다}]\!]_{t} =$

$<\text{인호}',\ [\iota x[x=\text{눈}]\ \text{ is big }\ \&\ x \text{ is in inalienable relation to 인호}']>$

I′ 부가어인 비분리 명사구가 둘 이상인 문장의 의미 합성에도 문제가 발생하지 않는다.

(13) "인호가 눈이 동공이 크다."의 해석:

$[\![\text{동공이}]\!]_{<<e,t>,<e,t>>} =$

$\lambda f_{<e,t>}.\ \lambda y_{e}.\ <y,\ f(\iota x[x=\text{동공}])\ \&\ x \text{ is in inalienable relation to } y]> \ = 1$

$[\![\text{동공이 크다}]\!]_{<e,t>} =$

$\lambda y_{e}.\ <y,\ [\iota x[x=\text{동공}]\ \text{ is big }\ \&\ x \text{ is in inalienable relation to } y]> = 1$

$[\![\text{눈이}]\!]_{<<e,t>,<e,t>>} =$

$\lambda f_{<e,t>}.\ \lambda y_{e}.\ <y,\ f(\iota x[x=\text{눈}])\ \&\ x \text{ is in inalienable relation to } y]> \ = \ 1$

$[\![\text{눈이 동공이 크다}]\!]_{<e,t>} =$

$[\lambda f_{<e,t>}.\ \lambda y_{e}.\ <y,\ f(\iota x[x=\text{눈}])\ \&\ x \text{ is in inalienable relation to } y]> \ = \ 1]([\lambda y'_{e}.$
$<y',\ [\iota x'[x'=\text{동공}]\ \text{ is big }\ \&\ x' \ \text{ is in inalienable relation to } y']>])$

$\lambda y_{e}. <y,\ <\iota x[x=\text{눈}], [\iota x'[x'=\text{동공}]\ \text{ is big }\ \&\ x' \text{ is in inalienable relation to}$
$\iota x[x=\text{눈}]]>\ \&\ x \text{ is in inalienable relation to } y]> \ = 1$

$[\![\text{인호가 눈이 동공이 크다}]\!]_{t} =$

$<\text{인호}',\ <\iota x[x=\text{눈}], [\iota x'[x'=\text{동공}]\ \text{ is big }\ \&\ x' \text{ is in inalienable relation to}$
$\iota x[x = \text{눈}]]>\ \&\ x \text{ is in inalienable relation to 인호}']>$

3유형 이중주어문의 I′ 부가어 위치에는 비분리 명사구가 겹으로 실현되는 것은 물론이고, 비분리 명사구와 양화사 명사구가 겹으로 실현될 수도 있다. 비분리 명사구와 양화사 명사구의 상대적 순서가 다른 까닭에 (14)와 (15)는 서로 다른 의미를 나타낸다. (14)에서는 '다리'가 2개이고, (15)에서는 '의자'가 2개이다.

(14) "의자가 다리가 2개가 부러졌다."의 해석:

⟦ 2개^{4}가 부러졌다 ⟧$_{et}$ =

$[\lambda y_e.\ \exists x[x=\text{thing}\ \&\ x=y\ \&\ \text{amount}(x)=2\ \&\ x\ \text{was-broken}] = 1]$

⟦ 다리가 ⟧$_{<<e,t>,<e,t>>}$ =

$\lambda f_{<e,t>}.\ \lambda y_e.\ <y,\ f(\iota x[x=\text{다리}])\ \&\ x\ \text{is in inalienable relation to}\ y]> = 1$

⟦ 다리가 2개^{4}가 부러졌다 ⟧$_{et}$ =

$[\lambda f_{<e,t>}.\ \lambda y_e.\ <y,\ f(\iota x[x=\text{다리}])\ \&\ x\ \text{is in inalienable relation to}\ y]> = 1]([\lambda z_e.$
$\exists m[m=\text{thing}\ \&\ m=z\ \&\ \text{amount}(m)=2\ \&\ m\ \text{was-broken}]])$

$[\lambda y_e.\ <y,\ [\exists m[m=\text{thing}\ \&\ m=\iota x[x=\text{다리}]\ \&\ \text{amount}(m)=2\ \&\ m\ \text{was-broken}]]$
$\&\ x\ \text{is in inalienable relation to}\ y]> = 1]$

⟦ 의자가 다리가 2개^{4}가 부러졌다 ⟧$_{et}$ =

$<\iota x[x=\text{의자}],\ [\exists m[m=\text{thing}\ \&\ m=\iota x[x=\text{다리}]\ \&\ \text{amount}(m)=2\ \&$
$m\ \text{was-broken}]]\ \&\ x\ \text{is in inalienable relation to}\ \iota x[x=\text{의자}]]>$

(15) "의자가 2개가 다리가 부러졌다."의 해석:

⟦ 다리 ⟧$_{<<e,t>,<e,t>>}$ =

$\lambda f_{<e,t>}.\ \lambda y_e.\ <y,\ f(\iota x[x=\text{다리}])\ \&\ x\ \text{is in inalienable relation to}\ y]> = 1$

⟦ 다리가 부러졌다 ⟧$_{<e,t>}$ =

$\lambda y_e.\ <y,\ \iota x[x=\text{다리}]\ \text{was-broken}\ \&\ x\ \text{is in inalienable relation to}\ y]> = 1$

⟦ 2개가 다리가 부러졌다 ⟧$_{<e,t>}$ =

$[\lambda f_{et}.\ \lambda y_e.\ \exists x[x=\text{thing}\ \&\ x=y\ \&\ \text{amount}(x)=2\ \&\ f(x)] = 1](\lambda z_e.\ <z,\ \iota m[m=\text{다리}]$
$\text{was-broken}\ \&\ m\ \text{is in inalienable relation to}\ z]>)$

$[\lambda y_e.\ \exists x[x=\text{thing}\ \&\ x=y\ \&\ \text{amount}(x)=2\ \&\ <x,\ \iota m[m=\text{다리}]\ \text{was-broken}\ \&$
$m\ \text{is in inalienable relation to}\ x>] = 1]$

⟦ 의자가 2개가 다리가 부러졌다 ⟧$_t$ =

$[\exists x[x=\text{thing}\ \&\ x=\iota z[z=\text{의자}]\ \&\ \text{amount}(x)=2\ \&\ <x,\ \iota m[m=\text{다리}]\ \text{was-broken}$
$\&\ m\ \text{is in inalienable relation to}\ x>]$

3유형 구문의 I′ 부가어인 양화사 '모두'와 '수명사+분류사' 구성의 '2개', 4유형 구문의 I′ 부가어인 '다리'는 서로 유사하면서도 분명한 형식적 차이를 가진다.

(16) 가. ⟦ 모두^4 ⟧$_{<et,<et,t>>}$ = $[\lambda f_{et}.\ \lambda g_{et}.\ \forall x[g(x) \rightarrow f(x)] = 1]$ (= (57))

나. ⟦ 두 개^4 ⟧$_{<et,et>}$ =

$[\lambda f_{et}.\ \lambda y_e.\ \exists x[x = \text{thing}\ \&\ x = y\ \&\ \text{amount}(x) = 2\ \&\ f(x)] = 1]$

(17) ⟦ 다리^{4} ⟧$_{\langle et,et\rangle}$ = [$\lambda f_{\langle e,t\rangle}$. λy_{e}. $\langle y$, f(ιx[x=다리]) & x is in inalienable relation to y$\rangle$ = 1]

통사적 자질로 '+cl'과 같은 것을 가지는 '개, 마리, 권, . . .'에 대해서, 그 주어 위치에서의 의미 정의를 기초로, (8)과 같은 형식의 타입 전이 규칙을 통하여 상이한 통사적 위치에서의 의미 정의를 이끌어낼 수 있다. 또한 '+비분리'와 같은 통사적 자질을 가지는 '다리, 눈, 동공, . . .' 들에 대해서도, 그 주어 위치에서의 의미 정의를 기초로, (8)과 같은 형식의 타입 전이 규칙을 통하여 상이한 통사적 위치에서의 의미 정의를 이끌어낼 수 있다.

4.6.3. 관계 명사구의 양화사와 유사한 해석

1유형 이중주어문은 2자리 서술어의 어휘적 특성에 따라 해석되는 구문으로, 의미 해석과 관련하여 특별히 지적할 점은 없다. 2유형 이중주어문은 보충어 위치에 있는 둘째 명사구의 명사가 V′ 부가어 위치의 후치사구를 의미적 논항으로 취하는 점에서 3유형 이중주어문의 양화사와 유사한 점이 있다. 위 (2)의 '인호는 순희에게 애정이 있다' 문장은 관계 명사 '애정'이 그 오른쪽의 동사를 첫째 논항으로 취하는 점이 특징적이다. 그 둘째 논항은 후치사구로서, 개체 타입('e')으로 해석된다.

(18) ⟦ 애정^{2} ⟧$_{\langle\langle e,\langle e,t\rangle\rangle,\langle e,\langle e,t\rangle\rangle\rangle}$ =
　　[$\lambda f_{\langle e,\langle e,t\rangle\rangle}$: f는 소유동사. λy_{e}. λz_{e}. $\exists$x[f(x)(z) & x = y에 대한 애정]

(19) ⟦ 있-^{2} ⟧$_{\langle e,\langle e,t\rangle\rangle}$ = λx_{e}. λy_{e}. y는 x를 가지고-있다'

(20) ⟦ 애정이 있-^{2} ⟧ = [$\lambda f_{\langle e,\langle e,t\rangle\rangle}$. λy_{e}. λz_{e}. $\exists$x[f(x)(z) & x = y에 대한 애정](λx_{e}. λy_{e}. y는 x를 가지고-있다')
　　λy_{e}. λz_{e}. $\exists$x[λx_{e}. λy_{e}. y는 x를 가지고-있다'(x)(z) & x = y에 대한 애정]
　　λy_{e}. λz_{e}. $\exists$x[z는 x를 가지고-있다' & x = y에 대한 애정]
　　⟦ 순희에게 애정이 있-^{2} ⟧ = λy_{e}. λz_{e}. $\exists$x[z는 x를 가지고-있다' & x = y에 대한 애정](순희')
　　λz_{e}. $\exists$x[z는 x를 가지고-있다' & x = 순희'에 대한 애정]
　　⟦ 인호는 순희에게 애정이 있-^{2} ⟧ = λz_{e}. $\exists$x[z는 x를 가지고-있다' & x = 순희'에 대한 애정]
　　$\exists$x[인호'는 x를 가지고-있다' & x = 순희'에 대한 애정]

'애정, 관계'를 비롯한 관계 명사들은 양화사와 유사한 방식으로 해석된다. 그런데 3유형 구문의 양화사 명사구나 비분리 명사구와는 달리, 관계 명사가 양화사와 유사한 해석을 받는 것은 인접한 동사가 2자리 서술어인 경우뿐이다. 그 외의 경우 '애정, 관계' 등의 명사는 일반 명사와 다름 없는 <e,t> 타입의 술어 명사로 해석된다. 즉, 다음과 같이 정의된다.

(21) $[\![\text{애정}^{1}]\!]_{<e,t>} = \lambda x_{e}.$ x는 애정이다'

이중목적어문에도 상응하는 구성성분이 존재한다.

(22) 인호가 순희에게 애정을 품었다.

(20)의 해석 절차를 따라서 (18)의 명사 '애정'에 대한 의미 정의를 자동사 구문인 이중주어문뿐 아니라 (22)의 타동사문에도 수정 없이 그대로 활용할 수 있다.

양화사 구인 '모두'는 I′ 부가어 위치에 실현되어, 가변 타입 접근 방안에 따라, 그 구조적 위치에 따른 일정한 해석을 받는다. I′ 부가어 위치에 실현되는 것은 이뿐만 아니라 '둘이', '두 명이', 양화 보조사에 이끌리는 'NP-마다' 구, 단어로서의 '저마다' 등이 있다. 이 절에서는 이중주어문과 이중목적어문의 특징적 구성성분인 '다리가', '마음씨가'가 I′ 부가어 위치에 실현되어 체계적인 합성 절차에 따른, 양화사와 유사한 의미 형식을 부여받는다는 것을 살펴보았다. 이러한 사실들은 이 책의 가변 타입 접근이 한국어에 존재하는 통사-의미 대응의 규칙성을 포착하는 데에 유리함을 증명한다고 생각한다.

4.7. 마무리

한국어의 모든 구문의 통사의미적 해석을 위한 통사 규칙과 의미 해석 규칙의 체계, 즉 한국어 형식문법을 기술하는 작업의 일환으로, 이 장에서는 한국어 양화사의 의미 해석 방법을 기술하였다.

4.1절에서는 양화사 해석의 통사적 이동 접근이 가지는 문제점을 지적하여 가변 타입 접근 방안이 요구됨을 논하였다.

4.2절에서는 양화사 명사구의 의미 해석에 관한 비-이동적, 가변 타입 접근 방안을 제시하였다. 특히 주어 아닌 위치의 양화사 명사구의 해석 문제에 대하여 가변 타입 접근 방안에 의한 해결 방안을 제시하였다.

가변 타입 접근 방안을 요약하면 다음과 같다. (1)은 '모두'와 '일부'의 기본적 의미 정의로서, 이들 양화사가 주어 위치에 놓이는 경우의 정의이다. '-이/가, -을/를, -의, -는, -도, -에게, . . .' 등의 조사는 일괄적으로 '$\lambda P: P \in D_{<\sigma,\tau>}. P.$'와 같은 동일성 함수로 정의된다.

(1) 모두[1]: (타입 <et,t>) $[\lambda f_{et}. \forall x[x$는 사람/사물이다 $\rightarrow f(x)] = 1]$
 EX. 모두가 웃는다.

'모두'가 주어 위치에 놓이는 경우의 타입 '<et,t>'는 일반화 양화사(generalized quantifier)의 타입이다. (2가-마)처럼 주어 외의 위치에 '모두'가 놓이는 경우의 문장 의미 해석을 위해서는, 주어 위치의 양화사의 의미 형식을 바탕으로 (3)의 타입 전이 규칙이 적용되어 서로 다른 위치의 '모두'의 의미 형식이 유도된다.

(2) 가. 인호가 모두를 믿는다/인호가 모두를 철수에게 소개한다.
 나. 인호가 철수를 모두에게 소개한다.
 다. 학생이 모두가 뛴다.
 라. 김 교수가 학생을 모두를 만난다.
 마. 김 교수가 모두를 선물을 주었다.

(3) '모두'는 기본 타입 <et,t>로 '$[\lambda f_{et}. \forall x[x$는 사람/사물이다 $\rightarrow f(x)] = 1]$'의 해석을 가지며, 다음의 전이된 해석을 가질 수 있다.
 <eet,et>: $\lambda f_{eet}. \lambda x_e. \forall y[y$는 사람/사물이다 $\rightarrow f(y)(x)] = 1$
 <eeet,eet>: $[\lambda f_{eeet}. \lambda y_e. \lambda x_e. [\forall v[v$는 사람/사물이다 $\rightarrow f(v)(y)(x)] = 1]$
 <et,<et,t>>: $[\lambda f_{et}. \lambda g_{et}. \forall x[g(x) \rightarrow f(x)] = 1]$
 <eet,<et,et>>: $[\lambda f_{eet}. \lambda g_{et}. \lambda x_e. \forall y[g(y) \rightarrow f(y)(x)] = 1]$
 <eet,et>: $[\lambda f_{eet}. \lambda x_e. \forall y[y$는 사람/사물이다 $\rightarrow f(y)(x)] = 1]$

그 통사적 위치에 따른 '모두'의 6가지 해석은 (1)의 기본 의미 정의와 (3)의 타입 전이 규칙을 통하여 모두 얻어낼 수 있다.

'모두' 외의 모든 양화사 명사구를, 그 기본 타입의 의미 형식 하나만을 기술하고, 여타의 통사적 위치에 놓이는 경우를 위와 같은 타입 전이 규칙을 통해 설명할 수 있다. 양화사의 통사적 분포 위치는 주어 위치 외에 (2가-마)와 같은 소수의 경우로 한정되므로, 양화사의 통사적 이동 절차를 가정하지 않고도 타입 전이 규칙을 이용하여 각 위치에서의 의미 형식을 체계적으로 도출할 수 있다. 이것이 가변 타입 접근의 요점이다.

4.2절에서는 이에서 더 나아가 양화사 선행 구성의 양화사 구와 양화사 후행 구성의 양화사 구가 가지는 구 단위의 의미 형식을 대상으로 구 단위 타입 전이 규칙을 일반화하는 것이 가능하다는 것을 증명하였다.

4.3절, 4.4절에서는 가변 타입 접근에 대하여 제기되는 문제들을 논의하고 해결하였다. 먼저 양화사가 둘 이상 실현되는 문장의 중의적 해석 문제에 대해서도 통사적 논리형태 표상 층위에서의 이동에 바탕을 둔 해석 방안이 아닌, 가변 타입 접근 방안에 따른 해결 방안을 제시하였다. 이는 타입 전이 규칙을 최대한 활용하는 방안으로 특징지어진다. 이미 제3장에서 보인 타입 전이 규칙들의 체계를 바탕으로, 이들의 장점을 취하여, 경험적 사실에 부합하도록 타입 전이 규칙들의 의미론적 적용과 담화화용론적 적용을 조정한 기술 방안을 제시하였다.

또한, 양화사 명사구에 대한 이 장의 해석 방법은 이중주어문과 이중목적어문의 완전한 해석을 위해서도 기여한다는 점을 보였다. 이중주어문과 이중목적어문의 일부 유형에서 특정 명사구가 의미론적으로 양화사와 유사한 해석을 가지는 점을 주목하고, 이를 양화사에 대한 가변 타입 접근 방안에 따라 해석하였다.

이 장에서 다루지 못한 양화사 구문의 예는 서술성 명사가 양화사를 취하는 경우이다. 특히 양화사가 두 개가 실현되는 현상은 난해한 문제를 제기한다.

(4) 가. 모두의 일부에 대한 혐오/일부의 모두에 대한 억압
　　나. 모든 권력자의 일부 국민에 대한 억압/일부 국민의 모든 권력자에 대한 혐오

이들의 통사의미론적 합성 과정에 대한 완전한 기술은 향후의 과제로 밀어둔다. 그러나 이들도 이 장에서 보인 절 구조의 해석 절차에 준하여 해석할 수 있다고 본다.

제5장

대명사와 흔적의 의미 해석

양화사의 의미 해석 과정에는 양화사에 결속되는 변수, 즉 결속변항(bound variable)이 긴요한 역할을 한다는 것을 알 수 있다. 양화사 또는 람다 연산자에 결속되는 변수가 결속변항인데, 이는 본질적으로 의미론적 개념이다. 이제까지 논의한 한국어 통사구조에서 이 의미론적 결속변항과 대응되는 요소로는 관계관형절의 흔적이 있다. 외현적 대명사도 결속변항의 역할을 맡을 수 있다. 의미론적으로 중요한 역할을 하는 결속변항이 통사론에서도 대응되는 규칙성을 가지는지가 현대 언어학 연구의 중대한 관심 대상이 되어 왔다.

이 장에서는 먼저 '결속변항 해석'을 가지는 대명사와 흔적의 용법을 살펴본다(5.1절). 양화 연산자/람다 연산자의 변수로 전환되는 흔적은 그 본질상 결속변항으로만 해석되는데,[381] 대명사는 결속변항 해석을 가질 수도 있고, 결속변항 아닌 해석을 가질 수도 있다. 결속변항 아닌 대명사의 용법으로는 상황맥락에서 언어적, 비언어적으로 도입된 사물을 지시하는 용법(5.2절)과 함께 E-유형 대명사의 용법(5.3절)이 있다.

이미 제1장에서는 Heim & Kratzer(1998: 239-298)를 따라, 대명사가 이 3가지의 방법으로 해석된다고 말한 바 있다.

(1) 가. 결속변항 해석
나. 지시적 해석
다. E-유형 대명사로서의 해석

이 세 가지 대명사 해석을 위해서는 다음 해석 규칙들이 필요하다. 이 두 규칙은 모두, (1가)의 결속변항 해석을 위해서뿐 아니라 (1나)의 지시적 해석과 (1다)의 E-유형 대명사로서의 해석을 위해서도 활용된다는 점을 유의할 필요가 있다.

④ 흔적 및 대명사 규칙
A가 흔적/대명사이고, g가 치할당 함수이며, $i \in dom(g)$이면,
$[\![A_i]\!]^{g^{x/i}} = g^{x/i}(i)$이다.

⑤ 지표갱신치할당 규칙

381) 제1장에서는 흔적 중 결속변항으로 해석되지 않는 흔적이 있다는 점을 언급하였다. 관계관형절의 람다 연산자로 변환되는 공범주 연산자 'O'의 흔적과 존재 양화사로 해석되는 의문사의 흔적은 본질적으로 결속변항이지만, 연결어미 절의 이동 후의 흔적은 결속변항이 아니다. 머리성분 이동 후의 흔적도 결속변항이 아니다. 이런 경우의 해석을 위하여 설정된 규칙이 '논항 흔적 의미 해석 규칙'이다.

g가 치할당 함수이며, i∈N(N은 자연수)이고 x∈D_e라고 상정하면, $g^{x/i}$는 다음의 조건들을 만족하는 유일한 치할당 함수이다.

(i) $g^{x/i}$의 영역은 g의 영역과 {i}의 합집합이고,

(ii) $g^{x/i}(i)$ = x이고,

(iii) $g^{x/i}$의 영역의 원소인 모든 j에 대해서 j ≠ i일 때, $g^{x/i}(j)$ = g(j)이다.

다음에서는 먼저 결속변항 해석을 가지는 대명사와 흔적의 용법을 중심으로 살펴보고, 다음으로 지시적 대명사의 용법, E-유형 대명사의 용법에 대해 알아본다. 이어서 이러한 논의 과정에서 떠오르는 여러 가지 대명사 해석의 문제들을 살펴볼 것이다.

5.1. 대명사와 흔적의 결속변항 해석

앞에서 들었던 예 "인호가 책상에 놓은 책"을 다시 들어 이 관형절에 포함된 흔적이 어떻게 해석되는지를 음미해 보자.

(2) '인호가 책상에 놓은'의 통사구조:

⟦ $[_{CP}$ O_i $[_{IP}$ 인호가 $[_{I'}[_{VP}[_{DP}$ t_i $][_{V'}[_{DP}$ 책상에$][_V$ 놓-$]]][_I$ -았-$]][_C$ -는$]]$ ⟧

(3) '인호가 책상에 놓은 책'의 해석 절차

가. ⟦ t_i ⟧$^{g^{x/i}}$ = $g^{x/i}(i)$ (④ 흔적 및 대명사 규칙)

나. ⟦ [[$_{IP}$ 인호가 t_i 책상에 놓-았-]-는] ⟧$^{g^{x/i}}$: [인호'가 $g^{x/i}(i)$를 책상'에 놓았다'] (FA)

다. ⟦ [[$_{IP}$ 인호가 t_i 책상에 놓-았-]-는] ⟧$^{g^{x/i}}$: [인호'가 x를 책상'에 놓았다'] (⑤ii)

라. ⟦ [$_{CP}$ O_i [[$_{IP}$ 인호가 t_i 책상에 놓-았-]-는] ⟧$^{g^{x/i}}$: λx.[인호'가 x를 책상'에 놓았다'] (PA)

마. ⟦ 책 ⟧: (타입 <e,t>) λx. [x = 책] ('책'의 어휘적 기술)

바. ⟦ [$_{CP}$ O_i [$_{IP}$ 인호가 t_i 책상에 놓-았-]-는][$_{NP}$ 책] ⟧:
[λx. 인호'가 x를 책상'에 놓았다' & x = 책] (PM)

통사구조의 흔적(t_i)이 ④에 따라 의미 형식 '$g^{x/i}(i)$'를 부여받고, 이것은 다시 ⑤ii에 따라 결속변항인 'x'로 바뀌었다. 공범주 연산자 'O'의 흔적은 결속변항 해석을 받는다는 것을 알 수 있다.

한국어 대명사가 결속변항 해석을 받는 경우로는 다음과 같은 예들이 있다.

(4) 가. 모든 학생이 자기의 어머니를 돕는다.
나. 모든 직원이 자기(의) 앞에 만년필을 놓았다.

(5) 가. 모든 학생이 그의 어머니를 돕는다.
나. 모든 직원이 그(의) 앞에 만년필을 놓았다.

'자기'는 재귀대명사로 알려져 왔다. 그러나 한국어의 '자기'의 용법은 영어의 'himself, herself, yourself, myself, itself, themselves'가 재귀대명사 용법을 가진다고 할 때의 그 용법과 정확히 일치하지 않는다. 주요 차이점들을 정리해 보자.

(6) 가. '자기'는 3인칭 단수 재귀대명사 'himself, herself'와 대응되는 용법으로만 쓰이며, 영어의 그 외의 재귀대명사들 'myself, yourself, itself, ourselves, yourselves, themselves'와 대응되는 대명사는 존재하지 않는다.
나. '자기'는 영어의 재귀대명사들과 달리, 주어로 쓰일 수 있다.[382)]
다. 언제나 성분통어하는 선행사를 가지는 영어의 재귀대명사들과 달리, '자기'는 그것을 성분통어하지 않는 명사구와 동지시할 수 있다.[383)]

제2장의 2.2.1절에서 논의하고 비판한 결속 이론 A, B, C는 생성문법적 연구에서 대명사 및 흔적의 통사론적 적격성을 점검하는 표준적인 원리로 사용되어 왔다. (6)은 한국어에 결속 이론 A, B, C를 적용하는 데에 근본 문제를 제기한다. 다음 예들도 여기에 추가되어야 한다.

382) 다음 예들 중 (c), (d)는 한국어에서 '자기'가 내포절의 주어로 쓰일 수 있음을 보여준다.
a. 철수는 그가 인기가 없다고 생각했고, 인호도 그랬다.
b. 철수는 그가 인기가 없음을 알았고, 인호도 그랬다.
c. 철수는 자기가 인기가 없다고 생각했고, 인호도 그랬다.
d. 철수는 자기가 인기가 없음을 알았고, 인호도 그랬다.
이 장의 논의 결과로 얻은 결속 이론과 해석 체계에 따르면 (a)와 (b)는 3가지 해석으로 중의적이다. 첫째, '그'가 철수와 동지표화되어 후행절의 '그리하-'에 의해 조응되는 '편승 해석'이 가능하다. 둘째, '그'가 철수와 동지표화되지는 않으나 동지시되고 후행절의 '그리하-'에 의해 조응되는 '고정 해석'이 가능하다. 셋째, '그'가 철수와 동지표화되지 않으면서, 철수와 동지시되지도 않고, 맥락상의 제삼자를 지시하는 해석으로, 이 경우에도 '그리하-'가 '고정 해석'을 가지는 것이다. '그'를 '자기'로 대체한 (c)와 (d)는 '자기'가 '철수'와 동지표화되는 '편승 해석'만이 가능하다. 편승 해석의 구체적 해석 방법에 대해서는 곧 설명할 것이다.

383) 안성호(1990/1993: 317-321)에서는 성분통어하지 않는 명사구와 동지시되는 한국어 재귀대명사의 다음과 같은 예들을 들고, 이들에서 재귀대명사가 선행사에 의해 성분통어되지는 않지만 자질 삼투에 의해 어떤 관련되는 자질이 선행사로부터 재귀대명사에 부여됨으로써 결속이론 A에 의해 결속된다는 설명을 제안하였다. 이러한 제안의 문제점은 곧이어 이 절(5.1)의 뒷부분에서 비판할 것이다.
a. 철수$_1$의 책이 자기$_1$(-의) 책상 위에 놓여 있다.
b. 내가 철수$_1$의 책을 자기$_1$(-의) 동생에게 건네어 주었다.

(7) 가. [$_{IP}$ [$_{DP}$ 자기가$_{i}$ 과거에 범한 잘못이] [$_{I'}$ [$_{VP}$ 철수를$_{i}$ 내내 괴롭히-]-었-]]-다.
　　나. [$_{IP}$ [$_{DP}$ 자기의$_{i}$ 과거의 실수가] [$_{I'}$ [$_{VP}$ 철수를$_{i}$ 내내 괴롭히-]-었-]-다.

(8) 철수는$_{i}$ [인호가$_{j}$ 자기를$_{i/j}$ 증오한다고] 생각한다.

(9) 김씨는$_{i}$ [박씨가$_{j}$ 자기$_{i/j}$의 딸을 추천하는 것을] 반대했다.

(7)의 두 문장은 '자기'가 그것을 성분통어하지 못하는 명사구와 동지시될 수 있음을 보인다. (8)은 '자기'의 결속 영역(지배범주) 안에 선행사가 있을 수도 있고, 그 밖에 선행사가 있을 수도 있음을 보인다. (9)도 같은 점을 보인다.

이러한 특징들은 '자기'가 영어의 'he, she'와 같은 대명사와 가까우며, 일반 대명사로 알려진 '그'와 크게 다르지 않음을 보이는 것이다. 이와 같은 근거에서 필자는 '자기'와 '그'가 표준적 결속 이론의 A와 B에 의해 구별되는 것으로 보지 않고, 둘을 구별하는 조금 더 느슨한 정의를 가지는 결속 이론을 추구한다.[384]

(4가, 나)의 '자기'는 대명사 '자기'가 결속변항으로 쓰임을 보이는 것이다. (5가, 나)처럼 '자기' 대신 '그'를 대체해도 같은 결속변항의 해석을 가질 수 있다. 다만, (5가, 나)의 경우에는 결속변항 해석 외에도, '그'가 맥락에 따라 주어지는 어떤 인물을 가리키는, 지시적 해석을 가질 수도 있다. 즉, (4가, 나)와는 달리 (5가, 나)는 중의적 해석을 가진다.

(4가)와 결속변항 해석의 (5가)는 각각 다음 의미 형식으로 번역된다. (4가)'은 대명사 '자기'에 위 규칙 ④가 적용된 다음 결속변항 해석을 위한 규칙 ⑤의 (ii) 조항이 적용된 결과 형식이다. '그'가 결속변항 해석을 가지는 (5가a)'은 이것과 같고, (5가b)'은 ④가 적용된 다음 규칙 ⑤의 (iii) 조항이 적용된 결과로 얻어진 형식이다. 이 경우가 대명사 '그'의 지시적 해석의 예를 보여준다.

(4가)': ∀x[x는 학생이다 → x가 x의 어머니를 돕는다']

(5가)': a. ∀x[x는 학생이다 → x가 x의 어머니를 돕는다']
　　　b. ∀x[x는 학생이다 → x가 g(j)의 어머니를 돕는다']
　　　　= ∀x[x는 학생이다 → x가 인호'의 어머니를 돕는다']
　　　　　(g(j)가 인호'일 때)

---

384) 필자는 양정석(2010) 이래로 '자기'와 '그'를 결속 이론 A와 B에 의해 구별하는 종래 생성문법 연구의 관행을 부정해 왔다. 양정석(2010: 417)에서는 '자기'를 포함하는 한국어 대명사들의 결속 현상에 있어서의 유일한 통사적 제약은 '대명사는 그 선행사 명사구를 성분통어할 수 없다.'는 제약뿐이라고 명시하기도 하였다. 이 장에서의 논의 결과 '자기'를 포함한 대명사들의 결속에 관한 이론을 수정하게 된다. 제2장의 결속 이론은 이 장에서의 논의 결과로 수정된 결속 이론을 미리 제시한 것이다.

(4가)가 (4가)'과 같은 '결속변항 해석'의 의미 형식으로 해석되는 절차를 살펴보자. (4가)'과 같은 의미 형식이 도출되기 이전에 그 통사구조가 다음과 같이 설정되어야 한다. 여기에서 't'와 '자기'는 동지표화되어 있다.

(10) [$_{CP}$ [$_{DP}$ 모든 학생이]$_i$ [$_{IPi}$ t_i [$_{VP}$ 자기$_i$의 어머니를 돕-]-∅-]-는다]

(5가)가 (5가)'의 두 개의 의미 형식으로 해석되기 위해서는 그 통사구조가 다음 두 가지로 설정되어야 한다. (10가)'에서 '그'는 동지표 'i'가 표시되어 있지만 (10나)'에서는 '그'에 동지표 'i'가 표시되어 있지 않다.

(10)' 가. [$_{CP}$ [$_{DP}$ 모든 학생이]$_i$ [$_{IPi}$ t_i [$_{VP}$ 그$_i$의 어머니를 돕-]-∅-]-는다]
나. [$_{CP}$ [$_{DP}$ 모든 학생이]$_i$ [$_{IPi}$ t_i [$_{VP}$ 그의 어머니를 돕-]-∅-]-는다]

(4가)의 통사구조를 (10)과 같이 설정해야 하는 이유는 다음과 같다.

(11가)에서 후행절의 조응사 '그리하-'가 조응하는 내용은 '여학생의 어머니를 돕-' 부분이다. '남학생의 어머니를 돕-'의 내용을 조응하지 않는다는 점에 주의해야 한다. (11나)에서도 이와 평행하는 하나의 해석만이 가능함을 확인할 수 있다. 이러한 해석을 '편승 해석(sloppy identity reading)'이라고 부르기로 한다. 이에 비해서, '자기' 아닌 '그'를 사용한 (12가)에서는 편승 해석과 함께, '그'가 발화 맥락에서 현저한 어느 개인을 지시하는 의미로 해석되어 '그리하-'가 '그 개인의 어머니를 돕-'의 내용을 조응할 수도 있다. 이를 '고정 해석(strict identity reading)'이라고 부르기로 한다.[385] (12나)도 이 두 해석을 가진다.

(11) 가. 모든 남학생이 자기의 어머니를 도왔고, 모든 여학생도 그랬다.
나. 모든 평직원이 자기(의) 앞에 만년필을 놓았고, 모든 임원도 그랬다.

---

385) Reinhart(1983a, b)는 영어의 VP-생략 구문이 편승 해석(sloppy identity reading)을 가지는 특성을 통사적 결속의 증거로 사용하였다. 편승 해석은 표면구조에서 선행사가 대명사를 성분통어하는 환경에서만 가능하다는 점, 편승 해석은 양화사 명사구인 선행사가 대명사를 결속변항으로 가지는 환경에서만 가능하다는 점이 그의 주요 논점이다(Reinhart 1983a: 67). Heim & Kratzer(1998)에서는 이러한 특성을 통사적 표상 층위로서의 논리형태(LF) 층위를 설정해야 하는 증거로 보고 있다. Reinhart(1983a, b) 자신은 논리형태 층위에 대한 이러한 주장을 명시적으로 제시하지 않고 있다. 필자는 편승 해석을 가지는 특성을 통사론적 결속의 증거로 삼는 것을 대명사 해석에 관한 중요한 통찰이라고 받아들인다. 그러나 이를 통사론적 표상 층위로서의 논리형태 층위를 설정해야 하는 증거로 보지는 않는다. 이 책의 '단일 통사구조 가설'에 따라(이는 양정석 2005/2010으로부터의 가설이다), 해당 구조가 비외현적 논리형태의 이동이 아닌 외현적 통사구조의 이동에 따른 구조라고 해석한다.

(12) 가. 모든 남학생이 그의 어머니를 도왔고, 모든 여학생도 그랬다.
나. 모든 평직원이 그(의) 앞에 만년필을 놓았고, 모든 임원도 그랬다.

주어가 양화사 명사구가 아닌 경우에도 '그리하-' 조응에 의한 편승 해석이 발생한다. 이 경우에도 '자기'를 가지는 (13)은 편승 해석만이 가능하고, '그'를 가지는 (14)는 편승 해석과 함께 고정 해석이 가능하여 중의적이다. 특히, '그'를 가지는 (14)의 고정 해석은 두 가지이다. 하나는 위에서처럼 철수가 맥락상의 어느 개인의 어머니를 돕고, 인호도 그 개인의 어머니를 돕는다는 해석이다. 다른 하나는 철수가 철수의 어머니를 돕고 인호도 철수의 어머니를 돕는다는 해석이다. 전자를 '고정 해석(i)', 후자를 '고정 해석(ii)'라고 하자.

(13) 철수도 자기의 어머니를 도왔고, 인호도 그랬다.
(14) 철수도 그의 어머니를 도왔고, 인호도 그랬다.

'그리하-'는 VP-조응사이다. 그러나 이는 '그리하-'가 의미적으로 람다 추상의 의미 형식과 정확히 조응한다는 뜻으로 이해해서는 안 된다. 편승 해석의 경우라도, '그리하-'는 그것을 포함하는 IP의 의미 형식과 대응되기도 하고, 또는 VP의 의미 형식과 대응되기도 한다. 그 사정을 조금 더 구체적으로 알아보자.

'그리하-'의 조응에 의한 편승 해석이 가능한 것은 '그리하-'가 조응하는 내용이 (15다)와 같은 람다 추상의 의미 형식이기 때문이다. 그런데 이 람다 추상의 의미 형식은 (15가, 나)와 같은 통사구조에서의 IP 구성성분을 해석한 의미 형식이다.

(15) 가. $[_{IP_i}$ t_i $[_{VP}$ 자기의 어머니를 돕-]-∅-]
나. $[_{IP_i}$ t_i $[_{VP}$ 자기$_i$의 어머니를 돕-]-∅-]
다. λx. x가 ιm[m이 x의 어머니이다']를 돕는다'

'자기'는 주어 흔적 't_i'에 성분통어되어 동지표화되고, 이렇게 형성된 (15나)의 통사구조를 바탕으로 술어추상규칙(PA(ii))가 적용되어 (15다)의 람다추상 의미 형식을 얻게 된다.[386] 그 절차를 보이면 다음과 같다.

386) 술어추상규칙 PA(ii)는 'IPi'와 같이 이동 변형의 선행사의 지표, 그 흔적의 지표와 동일한 지표를 가지는 구범주를 바탕으로 적용된다.

(15)' ⟦ $[_{IP_i}$ t_i $[_{VP}$ 자기$_i$의 어머니를 돕-]-∅-] ⟧ =
λx. ⟦ t_i $[_{VP}$ 자기$_i$의 어머니를 돕-]-∅-] ⟧ $^{g[i\to x]}$ (PA(ii))
λx. ⟦ [$[_{VP}$ 자기$_i$의 어머니를 돕-]-∅-] ⟧ $^{g[i\to x]}$(⟦ t_i ⟧ $^{g[i\to x]}$) (FA)
λx. ⟦ [$[_{VP}$ 자기$_i$의 어머니를 돕-]-∅-] ⟧ $^{g[i\to x]}$(x) (④, ⑤)
λx. [[λy. λz. z가 y를 돕는다'](⟦ 자기$_i$의 어머니 ⟧ $^{g[i\to x]}$)(x)] (FA)
λx. [[λy. λz. z가 y를 돕는다'](ιm[m이 x의 어머니이다'])(x)] (이오타화)
λx. [[λz. z가 ιm[m이 x의 어머니이다']를 돕는다'](x)] (λ-전환)
λx. [x가 ιm[m이 x의 어머니이다']를 돕는다'] (λ-전환)

위 (11), (12), (13), (14)의 예들은 모두 접속문 구성이지만, 두 문장이 연속된 담화 단위에서도 '그리하-'의 조응을 중심으로 하는 같은 의미 해석 현상이 존재한다.

(11)' 가. 모든 남학생이 자기의 어머니를 도왔다. 모든 여학생도 그랬다.
나. 모든 평직원이 자기(의) 앞에 컴퓨터를 놓았다. 모든 임원도 그랬다.
(12)' 가. 모든 남학생이 그의 어머니를 도왔다. 모든 여학생도 그랬다.
나. 모든 평직원이 그(의) 앞에 컴퓨터를 놓았다. 모든 임원도 그랬다.
(13)' 철수도 자기의 어머니를 도왔다. 인호도 그랬다.
(14)' 철수도 그의 어머니를 도왔다. 인호도 그랬다.

이러한 담화 단위에서도 (11)-(14)와 동일한 방식으로 의미 해석이 이루어진다고 설명할 수 있어야 한다.

이 외에도 한국어 문법에서 '그리하-' 조응이 중요한 역할을 하는 구문은 보조동사 구문이다.

(16) 철수도 자기의 어머니를 도와 드렸고, 인호도 그래(그리하여) 드렸다.
(17) 철수도 그의 어머니를 도와 드렸고, 인호도 그래(그리하여) 드렸다.

(16), (17)은 각각 (13), (14)와 평행하는 구조이다. 그 구체적 구조는 다음과 같다. 여기에서도 '자기'를 가진 문장은 편승 해석만이 가능하고, '그'를 가진 문장은 편승 해석과 고정 해석이 둘 다 가능하다.

(16)' 가. 철수도 $[_{CP}$ $[_{IP}$ pro_i $[_{VP}$ 자기$_i$의 어머니를 돕-]-∅-]-아] 드렸고,

인호도 [pro [그리하-]-∅-]-여] 드렸다.

나. 철수도 [$_{CP}$ pro$_i$ [$_{IPi}$ t$_i$ [$_{VP}$ 자기$_i$의 어머니를 돕-]-∅-]-아] 드렸고,

인호도 [pro [그리하-]-∅-]-여] 드렸다.

(17)' 가. 철수도 [$_{CP}$ [$_{IP}$ pro$_i$ [$_{VP}$ 그$_{i/j}$의 어머니를 돕-]-∅-]-아] 드렸고,

인호도 [pro [그리하-]-∅-]-여] 드렸다.

나. 철수도 [$_{CP}$ pro$_i$ [$_{IPi}$ t$_i$ [$_{VP}$ 그$_{i/j}$의 어머니를 돕-]-∅-]-아] 드렸고,

인호도 [pro [그리하-]-∅-]-여] 드렸다.

제2장에서는 통사론의 결속 이론의 기본 원리를 다음과 같이 설정하였다. 이는 Reinhart(1983a, b)의 '동지표화 규칙'을 한국어 대명사들의 현실에 맞게 수정하여 서술한 것이다.[387)]

(18) 대명사의 동지표화 규칙

대명사 P가 그것을 성분통어하는 명사구(DP) α를 가지는 경우, P와 α에 동지표를 붙인다.

조건: (i) α는 논항 위치에 있어야 한다.

(ii) P가 재귀대명사이면 이 동지표화는 의무적으로 적용되고 P가 그 외의 대명사이면 이 동지표화는 수의적으로 적용된다.

(16가, 나)'에서 '자기'는 (18)의 조건 (ii)에 따라 결속변항으로만 해석된다. (17가, 나)'에서 '그'는 결속변항으로서의 해석과 지시적 해석, 두 가지 해석을 가진다.

(18)의 성분통어 조건은 단일 통사구조로서의 S-구조에서 적용된다. 논리형태 아닌 S-구조도 흔적을 포함할 수 있음은 물론이다. (19i)과 (19ii)는 단일 통사구조 가설 하에서 주어 명사구가 CP 명시어로, 목적어 명사구가 VP의 부가어 위치로 이동한 후의 구조로 바뀔 수 있음을 나타낸 것이다. 이렇게 바뀐 구조는 S-구조로서, 의미 해석 규칙 '술어추상 규칙'(제2장 및 4.1절의 규칙 ③(ii))이 적용될 구조적 조건을 만족한다.[388)]

387) Reinhart(1983a: 71, 1983b: 158)의 대명사 동지표화 규칙은 다음과 같다. 주요 차이점은, (18)에서는 '최소 지배범주' 조건을 삭제한 점이다. 위 (7가, 나), (8), (9)와 뒤의 (21)은 한국어의 재귀대명사 '자기'가 영어의 재귀대명사와는 달리 '지배범주' 조건 하에서 해석되지 않음을 보이는 것이다. 특히 '자기'를 성분통어하는 명사구가 아예 없는 경우도 있다. (18)은 이 경우에 '자기'가 일반 대명사와 같이 해석될 여지를 남기고 있다.

a. 다음 조건 하에서 대명사 P와 그것을 성분통어하는 명사구 α에 동지표를 붙이라(α는 COMP나 S′에 직접관할되면 안 된다).

조건: (a) P가 재귀대명사이면 α는 그 최소 지배범주 안에 있어야 한다.

(b) P가 재귀대명사가 아니면 α는 그 최소 지배범주 밖에 있어야 한다.

'α는 COMP나 S′에 직접관할되면 안 된다'는 조건은 α가 논항 위치에 있어야 한다는 조건이라고 한다. 이 점은 (18)의 (i)의 조건으로 서술하였다.

(19) IP의 명시어인 DP(주어 명사구)를 가지는 IP 구조는 (i)과 같이, VP의 명시어인 DP를 가지는 VP 구조는 (ii)와 같이 바뀔 수 있다.

(i) $[_{CP}\ [_{IP}\ DP_i\ [_{I'}\ VP\ I]]\ C\ ] \Rightarrow [_{CP}\ DP_i\ [_{IP_i}\ \ t_i\ [_{I'}\ VP\ I]]\ C\ ]$

(ii) $[_{VP}\ [_{VP}\ DP_i\ V']] \Rightarrow [_{VP}\ DP_i\ [_{VP_i}\ \ t_i\ \ V']]$

(19)는 새로 추가하는 규칙이 아니고, 일반적 명사구 이동이 적용되는 예를 보인 것뿐이다.

(18)은 통사론의 규칙이다. (18)이 적용되면 명사구 선행사와 대명사가 동지표로 맺어진 구조가 형성된다. (19)가 적용된 결과로 나타나는 구조는 의미 해석 규칙의 하나인 술어추상 규칙(PA)이 적용될 구조적 조건을 만족한다. 술어추상 규칙이 적용되어 도출되는 의미 형식은 (15다)와 같은, 람다 추상된 함수 형식이다.

통사론적으로 동지표화된 두 요소 'α_i'와 'P_i'는 의미론적으로 결속자와 피결속 변항으로 대응되어야 한다. 이를 다음 조건으로 제시한다.

(20) 통사구조(S-구조)에서 동지표화된 두 요소 'α_i'와 'P_i'의 관계는 의미 형식에서 결속자(λx, ∀x, ∃x)와 결속변항(x)의 관계로 대응되어야 한다.

여기에서 '의미 형식'이란 의미론적 도출 과정에서 산출되는 어떤 의미 형식이라도 가리지 않고 지칭한다. 술어추상규칙이 적용된 결과의 의미 형식에 나타나는 'λx'는 다시 함수적용규칙이 적용됨에 따라 사라질 수 있다. 그러므로 (20)의 '결속자'는 도출 과정의 임시적 의미 형식에만 나타나는 형식을 가리키기도 한다.

앞의 (6다)에서는 '자기'가 그것을 성분통어하지 않는 명사구와 동지시될 수 있음을 들어 표준적인 결속 이론을 한국어에 그대로 적용할 수 없다고 주장하였다. 그 문제의 예들을 검토해 보기로 한다.

안성호(1990/1993: 317-321)에서는 성분통어하지 않는 명사구와 동지시되는 한국어 재귀대명사의 예들을 들고, 이들에서 재귀대명사가 선행사에 의해 성분통어되지는 않지만 자질 삼투에 의해 어떤 관련되는 자질 [+α]가 선행사로부터 재귀대명사에 부여됨으로써 결속이론 A에 의해 결속된다고 설명하였다.

---

388) VP 내부 주어 가설을 받아들인다면 일률적으로 동지표를 가지는 'VP_i'가 술어추상 규칙의 적용을 받는 것으로 간결하게 서술할 수 있을 것이다. 이 책에서는 VP 내부 주어 가설을 받아들이지 않는다. (19)와 같은 규정의 성격은 이동 변형이라기보다는 통사적 잉여 규칙의 하나라고 보는 것이 타당하다.

(21) 가. 철수$_1$의 책이 자기$_1$(-의) 책상 위에 놓여 있다.

나. 내가 철수$_1$의 책을 자기$_1$(-의) 동생에게 건네어 주었다.

(22) 철수$_1$의 엄마$_2$가 자기$_{*1/2}$(-의) 방에 있다.

결속 이론 A가 만족되기 위해서는 그 전제 조건으로 선행사 NP와 재귀대명사가 어떤 관련 자질 [+α]를 공유해야 하고, 선행사 NP의 [+α] 자질은 상위 범주에 삼투되어, 이 상위 범주가 재귀대명사를 성분통어하여 자질 공유를 이룰 수 있다. 단, [+N]인 NP의 [+α] 자질이 [-N]인 범주(PP 등)로는 삼투되지 못하는데, PP 범주라도 '말하다'류의 동사의 논항인 경우([+logo] 자질을 가짐)에는 [+α] 자질 삼투가 가능하여, 재귀대명사와의 자질 공유가 이루어진다고 한다.

우선, (22)에서 '철수'와 '자기'가 결속되지 못하는 것은 '엄마'에 의해 이미 주어진 주어 NP의 [+α] 자질, 즉 [+animate] 자질 때문에 '철수'의 [+animate] 자질이 상위 NP에 삼투되지 못하여 '자기'와의 자질 공유가 이루어지지 못하기 때문이다. 그리하여 비문법성('*')이 결과되었다. 그러나 (21)에서는 '철수'의 상위 NP가 '책'의 [-animate] 자질을 가지므로 이 상위 NP에 '철수'의 [+animate] 자질이 삼투될 수 있다. 따라서 주어 NP의 [+animate] 자질이 성분통어되는 '자기'에 부여되고 이에 따라 (21가, 나)는 결속 이론 A를 만족하게 된다는 것이다.

(23)에서는 주어와 목적어가 그에 성분통어되는 재귀대명사를 결속할 수 있는데 (24)에서는 P 범주인 '-에게'로 말미암아 '빌'이 '자기'를 성분통어하지 못하여 결속이 이루어지지 못한다.[389]

(23) 존$_1$-이 프레드$_2$-를 자신$_{1/2}$-의 방에 가두었다.

(24) 존$_1$-이 빌$_2$-에게 자기$_{1/*2}$-의 책을 주었다.

그러나 다음에서는 PP 내의 NP가 P의 장애에도 불구하고 '자기'를 결속하는 일이 가능하다고 하였다. (25)는 다소 어색하나 문법적이고, (26)은 이보다 조금 더 어색하나 역시 문법적이라고 하였다.

(25) $^?$나-는 영희$_1$-에게 자기$_1$-가 나-에게 한 말을 되풀이하였다.

---

389) (23)와 (24)는 홍성심(1985)의 예문들이다. 그는 이 예들을 근거로 '-에게'와 같은 격조사들을 후치사(P) 범주로 설정하였다. '-를'은 격 표지로서, 명사구에 부여된 추상적 격 자질이 형태적으로 실현된 것이므로 성분통어 해석에 장애가 되지 않는다.

(26) ??나-는 영희$_1$-앞에서 자기$_1$-가 나-에게 한 말을 되풀이하였다.

이들에 비하여 (27)은 비문법적이라고 판단하였다.

(27) ?*나-는 철수$_1$-에 대하여 자기$_1$-와 의논하였다.

'되풀이하다'는 '말하다'류의 동사로서 그 논항인 주어 '나는'과 PP '영희에게', '영희-앞에서'에 [+logo] 자질을 부여한다고 가정한다. [+logo] 자질을 가지는 PP는 [-N]이지만 NP인 '영희'의 [+animate] 자질이 삼투될 수 있다. 이에 따라 (25), (26)에서 PP는 성분통어되는 '자기'를 결속할 수 있다. 이에 비하여 (27)의 PP '철수-에대하여'는 '의논하다'에 의해 [+logo] 자질을 부여받지 못하므로 '철수'의 [+animate] 자질이 삼투될 수 없다. 이로써 결속 이론 A가 만족되는 (25), (26)과 그것이 만족되지 않는 (27)의 문법성의 차이가 설명된다는 것이다.

이러한 설명에는 여러 가지 오류가 개재되어 있다. 첫째, '-에게'와 '-에 대하여'와 '앞에서'를 공히 후치사(P) 범주로 상정하는 것은 문제이다. 사실 양정석(2010)에서는 '-에게'와 함께, '-에 대하여'를 후치사 범주로 인정한 바 있다. 그러나 '앞에서'는 명사 '앞'과 후치사 '-에서'의 연결일 뿐이다. 둘째, (24)에서 PP 안의 NP인 '빌'이 '자기'를 결속할 수 없다고 판정하였지만, 이 문법성 판단은 의심스럽다. 다음 문장에서도 서술어는 '말하다'류 동사가 아니지만 '빌'이 '자기'를 결속하는 의미로 문법적인 문장임을 부정할 수 없다.

(24)' 존-이 빌$_2$-에게 자기$_2$-의 책을 돌려주었다.

그러므로 통사적 자질들을 바탕으로 결속 원리 A를 완전하게 하려는 안성호(1990/1993)의 통사론 중심적 시도는 성공하지 못한다고 결론 짓는다. 제2장에서 제시한 대명사의 통사적 해석에 관한 원리를 한편으로 가지며, 의미론적으로 결속변항 해석, E-유형 대명사 해석을 포함하고, 담화화용론적으로 지시적 해석이 이루어지는 복합적인 대명사 해석의 절차가 한국어 대명사 해석의 실제 모습이라고 판단한다. (21)-(27)의 예에서는 성분통어 조건이 준수되지 않으므로 '자기'와 그 선행사 NP가 통사론적으로 동지표화될 수 없다. (24)'에서도 그러하다. 그러므로 이들 예에서 동지시가 이루어지는 경우는 담화화용론적 지시적 해석이 이루어진 것이다.

앞에서는 결속변항 해석 (1가)뿐만 아니라 지시적 해석 (1나), E-유형 대명사 해석 (1다)의 경우에도 모두 '④흔적 및 대명사 규칙'이 적용된다고 말하였다. 이 두 경우를 차례로 살펴보기로 한다.

5.2. 대명사의 지시적 해석

위 5.1절에서는 대명사의 결속변항 해석에 대해 알아보았다. 결속변항이란 본질적으로 의미론적으로 결속되는 것인데, 대명사/흔적이 의미론적으로 결속되기 위해서는 반드시 통사론적으로도 결속되어야 한다고 논하였다. 통사론적 결속이 통사구조에 표시되는 방법은 동지표화이다. 통사론적 동지표화 규칙에 의해 동지표화된 대명사, 흔적이 의미론적으로 결속변항이 된다.

대명사의 지시적 해석은 동지표화되지 않은 대명사가 맥락에 따라 지시되는 해석이다. 구체적으로는, 담화 의미 표상에 주어진 내용을 바탕으로 하여 화용론적으로 해석된다.[390)]

(1) 가. <u>그</u>는 갔다.
 나. <u>네</u>가 이제 오는구나.
 다. <u>내</u>가 갈게.
 라. <u>우리</u>가 제일 먼저 왔네.

인호가 대문을 나가는 것을 본 순희가 (1가)를 발화했다고 하자. '인호'를 가리키는 '그'는 지시적 대명사의 용법으로 쓰인 것이다. 철수가 집으로 들어오는 것을 본 순희가 (1나)를 발화하는 경우의 '네'도 지시적 대명사의 용법으로 쓰인 것이다. (1다, 라)의 '나', '우리'야말로 지시적 대명사의 대표적 용법을 보여준다.

다음 문장들은 표준적 결속 이론에서는 큰 문제를 제기하는 예들이다. (2가)에서는 대명사 '그'가 지시적 표현인 고유명사 '철수'를 성분통어하는데, '그'와 '철수'가 동일한 개인을 지시할 수 있기 때문이다. 지배범주 개념을 사용하는 표준적 결속 이론에서는 (2나)도 문제가 된다. 비재귀사인 대명사는 지배범주 안에서 결속될 수 없는데, (2나)에서는 지배범주 안에서 '철수'가 '그'를 결속할 수 있기 때문이다.

390) 담화 의미 표상의 구체적인 형식과 그 형성의 방법에 관해서는 제12장에서 상론할 것이다.

(2) 가. 그는 철수(이)다.
나. 철수는 그(이)다.

이 책의 결속 이론은 통사론의 원리로서 위 5.1절 (18)의 '대명사의 동지표화 규칙'만을 가지는데, 이에 따르면 (2가)의 '그'와 '철수'는 동지표화되지 않는다. 동지표화되지 않은 대명사는 담화화용론적으로 다른 개체와의 동지시 해석을 받을 수 있다. 즉 (2가)의 '그'는 지시적 대명사의 용법으로 쓰인 것이다. 이 책의 결속 이론은 한국어의 경우 지배범주 개념을 사용하지 않는데, 이에 따라 (2나)의 '그'가 지배범주 안에서 결속되지 말아야 한다는 요구는 주어지지 않는다. 이 역시 담화화용론적으로 다른 개체인 '철수'와 동지시될 수 있는 것이다. 즉 (2나)의 '그'도 지시적 대명사의 용법으로 쓰인 것이다.

'자기'도 지시적 대명사의 용법을 가진다. 5.1절의 (6다)에서는 '자기'가 그것을 성분통어하지 않는 명사구와 동지시될 수 있다는 점을 들어 표준적 결속 이론을 한국어에 그대로 적용할 수 없음을 주장한 바 있다. 다음에서 밑줄 친 '자기'와 '김씨'는 동지시될 수 있다.

(3) 가. 자기의 과거의 실수가 철수를 내내 괴롭혔다.
나. 자기가 과거에 범한 잘못이 철수를 내내 괴롭혔다.

(4) 자기 아들이 현재의 규모로 회사를 일으켜 세웠고, 김씨는 처음 시작할 때 자본금 만을 대주었다.

예문 (4)는 필자가 양정석(2010: 411)에서 '-고' 접속문의 선행절에 후행절 주어와 동지시되는 '자기'가 실현되는 예로 들었던 문장이다.[391] '-고' 접속문이 대등접속문 구조를 가진다는 종래의 통념을 부정하는 증거로 '자기'가 '-고' 접속문의 선행절에 나타나서 후행절 주어와 동지시되는 이와 같은 예를 제시한 것이다. 이 예는 '-고' 접속문을 대등접속문의 대표적 예로 내세우는 남기심(1985), 유현경(1986), 김영희(1988), 최재희(1991) 등에 대한 강력한 반례라는 점에서 중요하다. 이들의 주장들에 따르면 선행절이 후행절의 부사어 또는 부가어 성분인 종속접속문에 비해서 선·후행절이 대등한 지위를 가지는 '-고' 접속문과 같은 대등접속문에서는 후행절 주어가 선행절의 '자기'를 성분통어(또는 통어)하는 것이 불가능하다는 것이다. (4)는 이러한 종래의 주장들에 대한 반례가 된다. 또한 이 절의 논의 맥락에서는 앞 절의 '동지표화 규칙'에 잠재적 문제를 제기한다는 점에서 중요하다.

391) 양정석(2010: 413)에서는 (4)에 '?' 표시를 하였지만, 이 문장이 적격한 문장이라는 점은 분명히 하였다.

양정석(2010)에서는 (4) 문장의 통사구조를 다음과 같은 '부가어 구조'로 분석하였다. 선행절은 CP로서 후행절 IP에 부가되는 구조인 것이다.

(5) $[_{IP}$ $[_{CP}$ 자기 아들이 회사를 일으켜 세웠고] $[_{IP}$ 김씨는 자본금만을 대 주-었-]]-다.

주의할 점은, 선행절인 CP가 후행절 IP의 부가어로 분석된 (5)의 구조에서도 후행절 주어 '김씨는'은 선행절의 '자기'를 성분통어하지 못한다는 사실이다. 그러므로 '자기'는 '동지표화 규칙'의 적용에 의한 동지표를 부여받을 수 없다. 이는 '자기'가 결속변항 해석을 받을 수 없다는 뜻이 된다. 그런데도 불구하고 위 예에서 '자기'가 '김씨'와 동지시되는 것은 '자기'가 지시적 대명사로 해석되기 때문이라고 설명할 수밖에 없다.

그러므로 (5)의 통사구조로 기술된 (4) 문장에서 '자기'가 '김씨'와 동지시되는 것은 담화화용론적으로 동지시된 결과일 뿐이다. 즉 이 경우의 '자기'는 지시적 대명사의 하나이다. 영어의 재귀대명사들이 언제나 결속변항 대명사로 쓰이는 것과는 대조적으로, 재귀대명사로만 알려져 있는 한국어의 '자기'는 결속변항 대명사로서의 쓰임과 함께 지시적 대명사로서의 쓰임도 가지는 것이다.

지시적 대명사를 포함하는 문장의 의미 형식 도출 과정을 예시해 보기로 한다. 지시적 대명사를 포함한 모든 대명사의 해석은 대명사에 붙은 지표 'i'를 이용하여 치할당 함수 'g'가 적용된 'g(i)'의 형식으로 결과된다. 여기에서 'i'는 통사구조에 주어진 자연수의 숫자이다.[392]

제1장에서 제시한 '④ 흔적 및 대명사 규칙'와 '⑤ 지표갱신치할당 규칙'은 결속변항인 대명사, 흔적뿐 아니라, 지시적 대명사의 해석에도 관여하는 규칙들이다. 이들을 다시 제시한다.

④ 흔적 및 대명사 규칙
A가 흔적/대명사이고, g가 치할당 함수이며, $i \in dom(g)$이면, $[\![A_i]\!]^{g^{x/i}} = g^{x/i}(i)$이다.

⑤ 지표갱신치할당 규칙
g가 치할당 함수이며, $i \in N$(N은 자연수)이고 $x \in D_e$라고 상정하면, $g^{x/i}$는 다음의 조건들을 만족하는 유일한 치할당 함수이다.

392) 대명사에 붙은 숫자는 통사구조의 형성 과정에서 부여된 임의의 숫자이다. '$그_{37}$'처럼 숫자가 '37'로 부여되어 있으면 '$그_{37}$'의 의미론적 형식은 'g(37)'이 된다. '$그_{143}$'의 의미론적 형식은 'g(143)'이 된다.

(i) $g^{x/i}$의 영역은 g의 영역과 {i}의 합집합이고,
(ii) $g^{x/i}(i) = x$이고,
(iii) $g^{x/i}$의 영역의 원소인 모든 j에 대해서 $j \neq i$일 때, $g^{x/i}(j) = g(j)$이다.

위 규칙들에서는 치할당 함수 'g'를 요긴하게 활용하고 있다. 'g'는 통사구조의 대명사에 붙은 지표 'i'를 받아서 'g(i)'의 형식으로 만드는 작용을 할 뿐이다. 지시적 대명사의 경우, 맥락에서 대명사가 어떤 개체를 지시하는 과정에는 매우 다양하고 복잡한 작용들이 관여할 수 있다. 그러나 의미론 이론 내에서는 이러한 자세하고 구체적인 과정을 추상화하여 단일한 함수 'g'로 나타내는 것이다. 특히, ⑤의 규칙에서 대명사의 지시적 해석과 관련되는 직접적 서술은 (iii)뿐이다. 통사구조에서 이미 해석된 대명사 이외의 대명사가 지시적 대명사인 경우, 이미 다른 대명사에 부여된 지표 i가 아닌, 지표 j를 가지는 'g(j)'가 이 지시적 대명사의 해석이라는 뜻이다.

구체적인 예를 들어 보자. 위 (1가) 예문의 통사구조가 (6가)와 같다면, 그 의미 형식은 (6나)가 된다. 대명사의 의미 형식은 'g(7)'일 뿐이다. 이것이 상황 맥락에서 확인되는 어떤 개인 '인호'를 가리킨다는 사실은 담화화용론적 절차를 통해 얻어지는 것이다.

(1) 가. 그는 갔다.
(6) 가. [$_S$ 그$_7$는 갔다]
나. g(7)은 갔다'

결속변항 대명사와 지시적 대명사가 함께 쓰인 문장의 의미 합성 과정을 설명해 보기로 한다. (7가) 문장에서 '자기'는 결속변항 대명사로 쓰인다. '그'는 지시적 대명사로 쓰일 수밖에 없다. '자기'는 결속변항 'x'로 대응되는데, '그'는 'g(5)'로 남아 담화화용론적으로 지시적 해석을 받게 된다.

(7) 가. 그는 자기의 어머니를 도왔다.
나. [$_{CP}$ [그$_5$는] [$_{C'}$[$_{IP5}$ t_5 [$_{I'}$[자기$_7$의 어머니를 돕-]-았-]]-다]] (S-구조)
다. [$_{CP}$ [그$_5$는] [$_{C'}$[$_{IP5,b9}$ $t_{5,b9}$ [$_{I'}$[자기$_{7,b9}$의 어머니를 돕-]-았-]]-다]] (동지표화)
라. [$_{CP}$ [그$_5$는] [$_{C'}$[$_{IP5,b9}$ g(b9) [$_{I'}$[g(b9)의 어머니를 돕-]-았-]]-다]] (④)
마. [$_{CP}$ [그$_5$는] [$_{C'}$[λx. x가 x의 어머니를 돕는다']-았-]-다]] (⑤)
바. [$_{CP}$ [그$_5$는] [λx. Perf[x가 x의 어머니를 돕는다']]-다]] ('-었-'의 의미)
사. [$_{CP}$ g(5)는 [λx. Perf[x가 x의 어머니를 돕는다']]-다]] ('그'의 지시적 해석)

아. [$_{CP}$ Perf[g(5)가 g(5)의 어머니를 돕는다']-다]] (λ-전환)

한국어의 대표적 대명사들의 목록은 다음과 같다.[393)]

(8) 가. 나: s(c*), 너: a(c*), 우리: G_{c^*}(s(c*)) = G_{c^*}(a(c*))
　나. 그, 그것(일반 대명사)
　다. 자기, 자신, 서로(재귀대명사)

한국어의 대명사는 인도유럽어의 대명사들이 가지는 성, 수의 대립을 완전히 실현시키지 않는다. 한국어에 남성, 여성의 문법적 구별이 존재하지 않는 사실로 말미암아, '그'는 남성을 가리킬 수도 있고, 여성을 가리킬 수도 있다. '그녀'와 같은 단어는 작위적 조어에 의해 만들어져서 일부에서 영어의 'she'에 대응되는 의미로 사용하기도 하나, 문학어 또는 문어체의 요소일 뿐이다.

5.3. 대명사의 E-유형 해석

이 장 서두의 (1다)로 제시한 대명사의 E-유형 해석은 결속변항으로서의 해석도 아니고, 지시적 해석도 아닌, 대명사 해석의 제삼의 방법이다. 이는 대명사가 마치 한정 명사구(definite NP)처럼 해석되는 것으로, 담화 의미 표상에 주어진 선행 사건을 그 수식어구로 가지는 한정 명사구의 형식으로 기술된다(Cooper 1979, Heim 1990, Heim & Kratzer 1998: 277-298). E-유형 대명사의 해석에도 위 규칙 ④와 ⑤가 적용된다. ⑤에서는 지시적 대명사의 경우처럼 (iii) 조항이 적용된다.

Heim & Kratzer(1998: 277-298)를 따라서 E-유형 대명사를 가진 한국어 문장의 해석 방법을 알아 보자. 이들의 방법은 기본적으로 Cooper(1979)를 바탕으로 발전시킨 것이다.

(1) 가. 소를 소유하는 모든 농부는 그것을 아낀다.
　나. 농부가 소를 소유하면 그들은 그것을 아낀다.

---

393) 's(c*)'는 현실 맥락('c*')의 화자를, 'a(c*)'는 현실 맥락의 청자를, 'Gc*(s(c*)) = Gc*(a(c*))' 현실 맥락의 화자와 청자를 포함하는 집단(group)을 뜻한다.

(2) 가. 고양이를 키우는 모든 아이들은 그것을 소중히 여긴다.
  나. 아이들이 고양이를 키우면 그들은 그것을 소중히 여긴다.

(1가)를 중심으로 '그것'이 E-유형 대명사의 용법을 가진다는 점을 확인해 보자. (1가), 즉 (3가)는 (3나)로부터 CP의 외현적 이동에 의해 성립된 구조라고 본다.[394] 즉 두 문장의 진리조건적 의미는 같다.

(3) 가. 소를 소유하는 모든 농부는 그것을 아낀다.
  나. 모든, 소를 소유하는 농부는 그것을 아낀다.

(4)

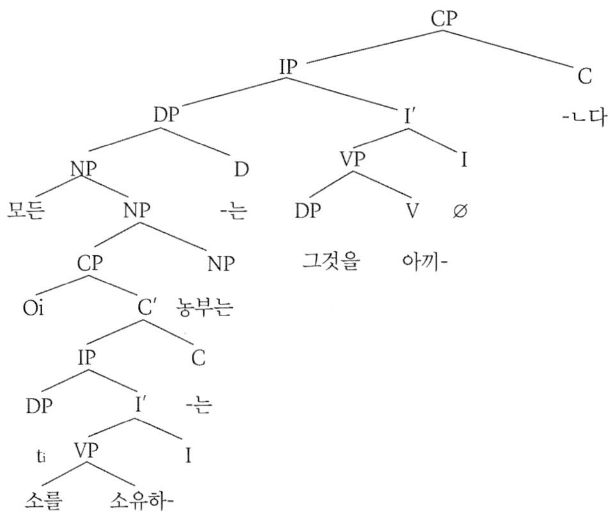

(4)와 같은 통사구조를 가지는 (3나) 문장의 문제를 세 가지로 요약할 수 있다. 첫째, 대명사 '그것'이 관계관형절의 '소'를 지시하는데, 단순히 일반적인 '소'를 지시하는 것이 아니고, '소를 소유하는 모든 농부들의 소'라는 한정적 조건 하의 '소'를 지시한다는 것이다. 둘째, (4)에서 보는 것처럼, 대명사 '그것'은 그 선행사라고 할 '소를'에 성분통어되지 못한다. 셋째, '소'는 영어의 경우 비한정 명사구('a/an'을 가지는 명사구)로 표현되며 한국어의 경우 비한정적 의미의 명사구로 표현된다는 것이다. 다음과 같은 표현에서 '그것'은 E-유형 대명사 용법으로 쓰이기 어렵다.[395]

---

394) 관형절 내의 CP의 외현적 이동에 대해서는 2.3절에서 제시하였다.

395) 특정 소를 여러 농부가 공동 소유하는 경우, 또는 특정 소 품종을 여러 농부가 소유하는 경우를 뜻할 수도 있다. 전자의 경우에는 '그것'의 E-유형 대명사 용법이 아니고, '그것'이 앞 절에서 설명한 지시적 대명사의 용법으로 쓰인 것이다. 후자의 경우에는 '그것'의 E-유형 대명사 용법으로 인정할 수 있다. 이후의 논의에서

(3)' 가. 그/이 소를 소유하는 모든 농부는 그것을 아낀다.
나. 모든, 그/이 소를 소유하는 농부는 그것을 아낀다.

E-유형 대명사 '그것'은 한정 서술구(definite description)로 해석된다는 것이 Cooper(1979)의 의미론적 분석의 핵심이다. 이를 실행하는 데에는 영어의 한정 관사 'the'의 의미가 주요한 역할을 한다.

위 결속변항 대명사, 지시적 대명사의 해석을 위한 기초가 되었던 '④ 흔적 및 대명사 규칙'와 '⑤ 지표갱신치할당 규칙'은 E-유형 대명사의 해석을 위한 기초가 되기도 한다. 이를 다시 제시한다.

④ 흔적 및 대명사 규칙
A가 흔적/대명사이고, g가 치할당 함수이며, $i \in dom(g)$이면,
$[\![A_i]\!]^{g^{x/i}} = g^{x/i}(i)$이다.

⑤ 지표갱신치할당 규칙
g가 치할당 함수이며, $i \in N$(N은 자연수)이고 $x \in D_e$라고 상정하면, $g^{x/i}$는 다음의 조건들을 만족하는 유일한 치할당 함수이다.
(i) $g^{x/i}$의 영역은 g의 영역과 {i}의 합집합이고,
(ii) $g^{x/i}(i) = x$이고,
(iii) $g^{x/i}$의 영역의 원소인 모든 j에 대해서 $j \neq i$일 때, $g^{x/i}(j) = g(j)$이다.

문법 내에서 E-유형 대명사인 '그것'의 해석은 다른 대명사들처럼 ④의 흔적/대명사 규칙과 ⑤(iii)의 지표 처리 규칙에 따라 실행된다. 통사구조에서 이미 해석된 대명사 이외의 대명사가 결속변항이 아닌 경우, 이미 다른 대명사에 부여된 지표 i 아닌 지표 j를 가지는 'g(j)'가 이 대명사의 의미론적 해석이 된다. (5)는 이를 나타낸다. 이 g(j)는 (6ii)와 같이 한정서술구(definite description)의 의미로 해석된다. 이 해석 절차는 담화화용론의 절차라는 것이 필자의 판단이다.396)

(5) $[\![$ 그것$_j$ $]\!]$ = g(j) (④흔적 및 대명사 규칙, ⑤지표갱신치할당 규칙 적용)
(6) g(j)의 담화화용론적 해석 방법:

후자의 해석은 논외로 한다.
396) (5)가 더욱 충실한 해석이 되려면 'g(j)는 [-human]일 것' 정도의 선택제약의 정보가 더해져야 한다.

(i) 지시적 대명사 해석(이에 대해서는 5.2절에서 설명함): g(j)

(ii) E-유형 대명사 해석:

g(j) = ⟦ the ⟧$_{<et,e>}$([λx. λy. Φ_E(x, y)]([g(k)]$_e$)), 단 j ≠ k이고, 'Φ_E'는 맥락상 현저한 'g(k)'를 주체로 가지는 사건 의미 형식임.

(7) ⟦ the ⟧ = λf: f∈D_{et} & ∃!x[f(x) = 1]. ιy[f(y) = 1].[397]

통사구조 (4)를 바탕으로, (6ii)를 이용한 의미 해석 절차가 진행된다. 이를 다음에 보인다.

(8) ⟦ [[O_3 t_3 소를 소유하는] 농부]] ⟧ = λx. ∃y [x가 [y=소]를 소유한다' & y = 소' & x = 농부']

⟦ [[모든 [[O_3 t_3 소를 소유하는] 농부]]는 그것$_j$을 아낀다] ⟧ =

∀x[∃y [소유한다'(y)(x) & y = 소' & x = 농부'] → 아낀다'(⟦ 그것$_j$ ⟧)(x)]

∀x[∃y [소유한다'(y)(x) & y = 소' & x = 농부'] → 아낀다'(g(j))(x)]

∀x[∃y [소유한다'(y)(x) & y = 소' & x = 농부'] → 아낀다'(⟦ the ⟧$_{<et,e>}$([λx. λy. Φ_E(y)(x)])([g(k)]$_e$)))]

∀x[∃y [소유한다'(y)(x) & y = 소' & x = 농부'] → 아낀다'(⟦ the ⟧$_{<et,e>}$([λx. λy. 소유한다'(y)(x)](x)))] (Φ_E = 소유한다', g(k) = x)

∀x[∃y [소유한다'(y)(x) & y = 소' & x = 농부'] → 아낀다'(⟦ the ⟧$_{<et,e>}$([λy. 소유한다'(y)(x)]))(x)]

∀x[∃y [소유한다'(y)(x) & y = 소' & x = 농부'] → 아낀다'(ιy[소유한다'(y)(x)])(x)]

∀x[∃y [소유한다'(x, y) & y = 소' & x = 농부'] →
아낀다'(x, ιy[소유한다'(x, y)])] (가독성을 위해 논항 순서를 바꿈)

'Φ_E'에 '소유한다''가 대입되는 것, 'g(k)'에 'x'가 대입되는 것은 담화화용론적 절차이다. 또한 'ιy[소유한다'(x, y)]'의 의미, 즉 맥락상 현저한 y가 정확히 하나가 존재한다는 의미가 전제 의미로 동반된다.

Heim & Kratzer(1998: 277-298)에서는 (6ii)의 'g(j) = ⟦ the ⟧$_{<et,e>}$([λx. λy. Φ_E(y,

397) '∃!x[Φ]'는 'Φ인 정확히 하나의 x가 존재한다'를 나타내는 것이고, 'ιx[Φ]'는 'Φ인 유일한 x'를 나타낸다(Heim & Kratzer 1998: 85). 'f'의 영역 조건(':'으로부터 '.'까지의 내용)으로 표시한 'f∈Det & ∃!x[f(x) = 1]'은 'the'에 이어지는 NP의 의미 내용이 et 타입이고 'f(x) = 1'을 만족하는 유일한 x가 존재해야 함을 전제(presupposition)로 요구하는 규정이다. 전제가 만족되지 않을 경우에는 주요 서술 부분(단언)이 참도 거짓도 아닌 것으로 가정된다('전제 오류 presupposition failure'). 이것이 전제를 나타내는 Heim & Kratzer(1998)의 표기 방법과 그 해석에 관한 가정이다.

x)]([g(k)]$_e$))' 부분의 의미 내용을 대명사 규칙에 의해서 'g(j)'로 도출하지 않고, 이 내용이 이 대명사의 논리형태의 구성성분으로 주어진다고 설명한다. 즉, 대명사 '그것'은 통사구조인 논리형태에 다음 형식으로 생성된다고 한다.

(9) [$_{DP}$ the [$_{NP}$ [$_N$ R_7] [$_{DP}$ pro_1]]

'R_7'은 eet 타입이고 'pro_1'은 e 타입이라고 한다. 그러므로 함수인 'R_7'이 'pro_1'에 적용되어 et 타입의 술어 의미 형식이 나타나고, 이것에 다시 <et,e> 타입인 'the'가 적용되면 e 타입의 한정 명사구 의미가 얻어진다는 것이다.

(9)는 통사구조인 논리형태의 '그것'에 상당하는 구성성분으로 표상되는 것이다. '그것'이 논리형태에서 (9)의 구성성분 구조를 가진다는 주장은 그 의미를 도출하려는 목적에 집착하여 지나치게 작위적으로 설정된 것이다. 이와 같이 복잡한 통사구조를 설정하더라도 'R_7' 또는 'pro_1'의 의미 해석을 위해서는 매우 모호한 담화화용론적 해석 절차를 실행해야 한다. 즉, (9)의 통사구조를 도입하는 것이 의미 해석 절차를 체계화하는 데에 크게 기여하는 바가 없다는 뜻이 된다.

Heim & Kratzer(1998: 277-298)에서는 (10)의 예를 바탕으로 (9)를 정당화하는 논의를 전개하고 있다. 양화사에 결속되는 'x'가 항상 'R_7'의 한 논항으로 결속되는 것으로 기술하고 있다. 이와 같은 특수한 예와 다른 E-유형 대명사 문장에서는 양화사가 없는 선행의 절에서 'R_7'을 취할 수도 있다. 이런 경우에는 우리의 위 (6)의 기술이 더 타당하다.

(10) Every host bought just one bottle of wine and served it with the dessert.

이상의 근거에서 필자는 (6)과 같은 담화화용론적 해석 방법을 택하는 것이다.

E-유형 대명사도 의미론적 해석 과정에서는 'g(i)'의 형식으로 도출된다. 이것이 구체적 해석을 얻는 것은 담화화용론적 절차가 적용된 결과인 것이다.

5.4. 덧풀이: 비논항 결속/논항 결속 구별의 문제

표준적 결속 이론은 논항 결속과 비논항 결속을 엄격하게 구별한다. 제2장에서 소개한 표준적 결속 이론 A, B, C는 논항 결속의 이론이다. 영어 의문사의 외현적 이동이나 양화사의 비외현적 이동에 의해 남겨진 흔적은 결속변항으로서의 독립적 해석을 받는 것으로 다루어져 왔다. Larson & Segal(1995: 361)에서는 조응 관계를 다음 세 가지 유형으로 나누고 있다. (1가)의 'his'는 결속변항으로 쓰인 대명사이다. 이에 비해 (1나)의 'his'는 결속변항이 아닌, 화용적으로 논항 'Chris'와 동지시되는 대명사라고 한다. (1다)의 대명사 'him'도 결속변항이 아니다.

(1) 가. *Every man* agreed with *his* neighbor.
나. *Chris* agreed with *his* neighbor.
다. If Max agrees with *a neighbor*, then Bill always disagrees with *him*.

(1가)는 결속변항 조응, (1나)는 논항 조응, (1다)는 비결속 조응의 예이다. 그런데 (1가)와 (1나)는 중요한 공통점을 가지고 있다. VP-생략에 의한 '편승 해석'이 가능하다는 점이 그것이다.

(2) 가. *Every man* agreed with *his* neighbor, and John didn't.
나. *Chris* agreed with *his* neighbor, and John didn't.

(2가)는 편승 해석만이 가능하고 (2나)는 편승 해석과 함께 고정 해석도 가능하다. 중요한 것은 편승 해석의 의미론적 해석을 위해서는 다음과 같은 람다-추상의 의미 형식이 필요하다는 점이다.

(2)' 가. *Every man* [λx. x agreed with x's neighbor], and *Every woman* didn't [λx. x agreed with x's neighbor].
나. *Chris* [λx. x agreed with x's neighbor], and John didn't [λx. x agreed with x's neighbor].

(2가)'에서 후행절은 '모든 여성이 그 이웃에 동의하지 않았다'는 편승 해석의 의미 형식으로 합성된다. (2나)'에서는 e 타입의 논항인 'John'이 그의 이웃에 동의하지 않았다는 편승 해석을 얻을 수 있다. 두 경우 모두 편승 해석은 문장의 의미 합성 과정에서 형식적으로 람다-추상의 형식이 형성됨에 따라 얻어진다고 해야 합리적으로 설명된다. 특히 (2나)'의 편승 해석을 위해서는 람다-추상의 형식을 형성하는 절차가 필수적이다. Reinhart

(1983a, b), Heim & Kratzer(1998)과 위 (18)의 이 책의 결속 이론에서는 편승 해석을 가지는 경우, 선행사가 양화사, 의문사인 비논항의 경우나 선행사가 논항인 경우를 구별하지 않고 모두 람다 추상의 형식을 형성하는 결속변항 해석을 받는다고 설명한다.

Larson & Segal(1995: 371)에서는 양화사, 의문사의 결속변항 조응의 경우와 논항 조응의 경우를 구별해야 하는 근거로 다음을 비교하고 있다.

(3) 가. A person who knows every $woman_i$ loves her_i car.
나. [Every woman]$_i$ [a person who knows t_i] loves her_i car. (LF-이동 불가)
다. #[For every x such that x is a woman] [for some person y such that y knows x] [y loves x's car]

(4) 가. [A person who knows *Mary*] loves *her* car.
나. A person who knows Mary loves Mary's car.

양화사 구의 경우인 (3)의 경우 LF-이동을 적용하면 (3나)와 같은 복합명사구 제약을 위반하여 (3다)와 같은 부적격한 구조가 나타나는 것을 설명할 수 있는데, 같은 방법으로 'Mary'의 LF-이동을 적용하는 경우에는 (4가)가 (4나)의 적격한 의미를 갖게 되니, 양화사 구의 경우와 일반 명사구의 경우를 동일하게 LF-이동과 결속변항 해석의 방법으로 설명할 수 없다는 것이 이들의 취지이다.

그러나 이들이 비교한 (3)과 (4)는 모두 결속변항 조응이 이루어지지 않는다는 점에서 같다. (3가)와 (4가)는 모두 편승 해석이 이루어질 수 있는 환경이 아니다. 그러나 양화사 구 주어를 가진 (1가)와 고유명사 구 주어를 가진 (1나)는 둘 다 (2가, 나)'의 편승 해석을 가질 수 있다. 이들의 편승 해석은 (2가, 나)'에서 보인 것 같은 람다-추상의 의미 형식을 그 해석 과정에서 형성하는 것으로 가정하지 않으면 설명되지 않는다는 점이야말로, (1가)뿐 아니라 (1나)를 결속변항 조응으로 처리하는 근거인 것이다.

이들이 다른 문제점으로 제시한 예는 다음 (5)와 (6)이 대비되는 사실이다. (5)와 같이 의문사, 양화사는 '약성 넘기 제약'(WCO)을 위배하여 부적격한 문장으로 바르게 예측되는 데에 반해서 (6)의 'John'은 동일한 구조를 상정할 수 있음에도 불구하고 적격한 문장으로 판정된다. 그러므로 (6)은 논항 조응으로서, (5)의 비논항 조응과 근본적으로 다른 문법적 현상임을 증명한다는 것이다.

(5) 가. #Which boy_i does his_i mother love t_i?

나. #His_i mother loves every boy_i. (LF: every boy_i his_i mother loves t_i.)

(6) *His* mother loves *John*.

이들에 대해서도 같은 해명을 할 수 있다. (5가)가 부적격한 것은 S-구조를 바탕으로 부과되는 '약성 넘기 제약'을 위반하였기 때문이라고 설명할 수 있다. 그러나 (5나)는 대명사 'his'가 이를 성분통어하지 못하는 선행사와 동지표화되었기 때문에 부적격한 것이다. 양화사 'every boy'는 그 결속변항을 가져야 하는데 'his'가 그 결속변항이 되는 경우 S-구조에서 그 결속자에 의해 성분통어되어야 하는 원리(2.2.1절의 '통사적 동지표화와 변항 결속의 대응 원리')를 만족해야 한다. (6)에서 'his'는 결속변항이 아니므로 지시적 대명사로 해석될 수 있다.

5.5. 공범주 요소들의 의미 해석

원리매개변인 이론에서 공범주 요소로 설정하는 것들로는 요소들로는 'PRO', 'pro', 't'가 있다. 필자는 한국어의 공범주 요소의 목록에 공범주 허사 'e_{pleo}'가 추가되어야 한다고 본다. 그 특징들을 간단히 서술하기로 한다.

(1) 가. PRO: 지배를 받지도 않고, 의미 해석도 받지 않는, 순수한 통사론적 공범주 대명사이다.

EX. 소년은 낮잠을 자고 소는 혼자서 풀을 뜯는다.

[$_{CP}$ PRO [$_{C'}$ 소년은 낮잠을 자-∅-고]] 소는 혼자서 풀을 뜯는다.

나. pro: 지배를 받는 공범주 대명사로서, 공범주라는 점을 제외하면 일반 대명사와 같다.

EX. 왔다! [$_{IP}$ pro [$_{I'}$[$_{VP}$ 오-]-았-]]-다.

다. t: 이동의 결과로 남은 흔적이다. NP, DP 외의 범주도 흔적을 가질 수 있으므로, 이는 엄밀히 말해서 대명사라고 할 수 없다. 비논항 흔적과 논항 흔적으로 구별된다.

라. e_{pleo}: 허사에 해당하는 공범주 대명사이고, 지배를 받는다.

EX. 철수가 일어나지 않았다.

[$_{IP}$ e_{pleo} [$_{I'}$[$_{VP}$[$_{CP}$철수가 일어나지] 않-]-았-]]-다.

'PRO'와 허사 공범주 'e_{pleo}'는 무위적 해석을 받는다. 즉 의미 합성 과정에서 이들은 무시된다. 이들을 해석하는 규칙은 다음과 같이 설정된다(양정석 2017: 359, 2022가: 296).

(2) 무위적 공범주 주어를 가지는 구조의 의미 계승(= 제1장의 ⑨)
A가 분지교점이고 {B, C}가 그 딸성분들의 집합인 경우, B가 PRO 또는 허사 공범주 e_{pleo}이면,
⟦ A ⟧ = ⟦ C ⟧ 이다.

비논항 흔적 't'와 공범주 대명사 'pro'는 '④흔적 및 대명사 규칙'과 '⑤지표갱신치할당 규칙'에 따라 해석된다. 전자는 항상 결속변항으로 해석되고 후자는 일반 대명사처럼 결속변항으로 해석되기도 하고, 지시적 대명사처럼 해석되기도 한다. 논항 흔적은 제1장에서 제시한 ⑦ 규칙에 따라 해석된다. 이 규칙은 필자의 이전 연구 양정석(2019: 95, 2016나: 139, 2017: 227, 2022가: 295) 등에서 수정해 온 것이다.

(3) 논항 흔적 의미 해석 규칙(= 제1장의 ⑦)
(i) 논항 흔적 't_i'의 해석:
통사구조의 성분 A가 이동변형의 동지표 i를 가지는 흔적 't_i'이고, 동지표 'i'를 가지는 상위 성분이 B_i이면, 모든 치할당 함수 g에 대하여,
⟦ A ⟧^{g} = ⟦ B_i ⟧^{g}이다.
(ii) 이동변형의 선행사를 가지는 구조의 의미 계승:
A가 분지교점이고 {B, C}가 그 딸성분들의 집합인 경우, B가 이동변형의 동지표 'i'를 가지는 상위 성분이면, 모든 치할당 함수 g에 대하여,
⟦ A ⟧^{g} = ⟦ C ⟧^{g}이다.

어떤 흔적이 연산자에 성분통어되는 경우는 비논항 흔적이며, 그 외의 경우라도 대명사 동지표화 규칙에 따른 동지표를 가지는 대명사를 성분통어하는 흔적은 비논항 흔적이다. 그 외의 논항 흔적이 (3)에 의하여 의미 해석을 받는다.

5.6. 편승 해석의 의의와 VP-생략 구문(영어), '그리하-' 구문(한국어)

영어에서 VP-생략 구문의 편승 해석(sloppy identity reading), 비우기(gapping) 구

문의 해석이 문법 전체 조직에서 가지는 의의를 일찍이 통찰한 연구로 Sag(1976)이 있다. 먼저 VP-생략 구문에 대한 Sag(1976)의 설명을 소개하고, 이에 상응하는 한국어의 문법 사실, 즉 '그리하-' 구문과 비교하기로 한다.

다음 (1가) 문장은 (1나)처럼 후행절 VP가 삭제된 형식이고('∅'가 삭제된 VP를 표시한다), 그 논리적 의미는 (2가), (2나)와 같은 '편승 해석'을 갖거나 (3)과 같은 '고정 해석(strict identity reading)'을 가진다는 것이 그의 설명이다.

(1) 가. Betsy loves her dog, and Sandy does, too.
나. $Betsy_i$ loves her_i dog, and $Sandy_j$ does ∅, too.
(2) 가. $Betsy_i$, λx(x loves her_i dog) & $Sandy_j$, λy(y loves her_j dog)
나. $Betsy_i$, λx(x loves x's dog) & $Sandy_j$, λy(y loves y's dog)
(3) $Betsy_i$, λx(x loves her_i dog) & $Sandy_j$, λy(y loves her_i dog)

대명사 'her'를 가진 (2가)가 결속변항 'x'를 가진 (2나)의 형식으로 바뀌는 데에는 다음 (4)의 규칙이 작용한다고 한다. 'PRO'는 대명사(pronoun)이고 'BV'는 결속변항(bound variable)이다. (2가)의 선행절의 'her', 후행절의 'her'는 (4) 규칙에 따라 각각 'x'와 'y'가 된다. 이렇게 해서 얻어진 (2나)의 선행절의 람다 추상 형식 'λx(x loves x's dog)'와 후행절의 람다 추상 형식 'λy(y loves y's dog)'는 변수의 알파벳 표기만이 다를 뿐 그 논리적 의미는 동일한, 논리적 변이형('alphabetic variant')이다. 논리적 의미가 동일한 람다 추상 형식이 평행한 위치에 놓이는 조건 하에서, (람다 추상 형식에 대응되는) 'shallow structure'의 한 VP 내용이 삭제되는 것이 'VP-삭제'이다. Sag(1976)은 이 VP-삭제 규칙이 적용된 결과를 '표면구조(surface structure)'라고 부르고 있다.[398)]

(4) 대명사의 결속변항 해석 규칙('PRO→BV' 규칙)
NP_i , λx(. . .PRO_i. . .)
⇓
x

규칙 (4)의 문법 내에서의 위상을 생각해 보자. Sag(1976)에 의하면 (4)는 원리매개변인 이론의 S-구조에 상당하는 'shallow structure'에 적용되어 '논리형식'을 산출하는,

398) Sag(1976)의 'shallow structure'와 'surface structure'는 각각 원리매개변인 이론의 'S-구조(S-structure)'와 음성형태(PF)에 상당하는 것이다.

1차 의미해석 규칙('SI-I rule')이라고 한다. 1차 의미해석 규칙은 문법 내의 규칙이며, 다른 종류의 의미해석 규칙인 2차 의미해석 규칙들('SI-II rules')은 문법 영역 밖의 화용론적 규칙이라고 한다. 1차 의미해석 규칙이 문법 내의 규칙이라고 말하는 것을 보면 이 규칙의 적용 결과로 얻어지는 문장의 논리형식은 원리매개변인 이론의 논리형태(LF)와 동일한 것이 아니다.

(5) Sag(1976: 79)의 문법의 조직:

S
⇓(기저규칙들)
시초 구절표지
⇓(변형규칙들)
Shallow Structure ⇒(삭제규칙, 문체론적 규칙 등) 표면구조(Surface Structure)
⇓(SI-1규칙들: 의미해석규칙들)
논리형식

'Shallow Structure'에 적용되어 '표면구조'를 도출하는 규칙들에는 VP-삭제 규칙을 비롯한 여러 종류의 삭제 규칙들, 문체론적 규칙들이 포함된다. 의미 해석 규칙들은 두 종류로 나뉘는데, 'Shallow Structure'에 적용되어 '논리형식'을 도출하는 규칙들은 SI-1 규칙이라고 한다. 논리형식에 적용되어 담화화용론적 해석을 얻어내는 규칙들은 SI-2규칙들이다.

Sag(1976)의 'shallow structure'와 'surface structure'는 각각 원리매개변인 이론의 'S-구조(S-structure)'와 음성형태(PF)에 상당하는 것이다. 그러나 Sag(1976)의 '논리 형식(logical structure)'은 원리매개변인 이론의 논리형태(LF)와는 다른 것이다. 후자는 통사구조 표상 층위의 하나인 데에 반해서, 전자는 문법 내의 표상 형식이기는 하지만 의미론적 형식으로 간주된다.

'단일한 통사구조 가설'을 문법의 조직에 관한 기본 가설로 내세우는 이 책의 관점은 '논리형태(LF)'를 통사적 표상 층위로 상정하는 표준적 원리매개변인 이론보다 의미 해석 규칙의 적용 결과로서의 '논리형식'을 상정하는 위 (5)의 관점과 가깝다. 'Shallow Structure'를 'S-구조'와 동일시하면, 통사구조로는 이 S-구조만이 상정된다. 다만 영어의 VP-삭제 규칙은 (5)에서 보인 Sag(1976)의 견해와는 달리, 기저에서부터 설정되는 공범주 VP와 SI-1규칙 중의 하나인 공범주 VP 해석 규칙으로 설명된다.[399]

Sag(1976)의 'VP-삭제 규칙'은 통사구조의 VP의 내용이 S-구조에서 PF의 사상 과정에서 말 그대로 '삭제'된다는 것이다. 영어의 선행사 포함 삭제(ACD: antecedent-contained deletion) 구문은 이러한 삭제의 방법이 적용될 수 없음을 보여준다. (6다)와 같이 논리형태 이동을 적용하더라도 공범주 VP는 여전히 나타난다.

(6) 가. I read every novel that you did. (Heim & Kratzer 1998: 198)
  나. I read every novel that you did [$_{VP}$].
  다. [every novel that you did [$_{VP}$]]$_i$ [I PAST [read t_i]].

문제의 VP는 통사구조의 생성 초기부터 공범주로 생성되어야 함을 보이는 것이다. 이 점에서 일찍부터 비-삭제 이론을 주장한 Williams(1977)이 설득력을 가진다.

Williams(1977)에서는 VP-생략 현상에 대한 비-삭제 접근을 보이고 있다. 즉, VP-생략 현상은 기저에서부터 공범주가 생성되는 현상이라는 것이다. 간단한 예를 통해서 보이면, 생략된 VP 부분은 (7가)가 아닌 (7나)의 형식으로 기저 생성된다고 한다.

(7) 가. John can $[\Delta]_{VP}$
  나. John can $[[\Delta]_{V} [[\Delta]_{N}]_{NP}]_{VP}$

Sag(1976)과 마찬가지로 Williams(1977)도 VP-생략 현상과 비우기(gapping) 현상이 통사적으로 상이한 특성들을 가지는, 상이한 현상이라고 본다. 특히 Williams(1977)는 문장문법과 담화문법을 구분하면서, 문장문법의 규칙인 비우기(사실은 동사가 복원되어 논리형식을 만드는 절차)에 비해 담화문법의 규칙인 VP-생략(공범주인 VP가 복원되어 논리형식을 만드는 절차)은 순서상 뒤에 일어난다고 한다.

해석 규칙인 VP 복원 규칙의 적용례는 다음과 같다. (8가B)에 해석 규칙인 'VP 규칙'이 적용되면 (8나)와 같은 논리형식을 얻는다.

(8) 가. A: Bob left.
    B: Bill will $[\Delta]_{VP}$, too.
  나. Bill will $[\text{leave}]_{VP}$, too.

---

399) 영어의 VP-생략 현상을 이처럼 삭제 규칙 아닌 해석 규칙으로 설명하는 견해로 Williams(1977)이 있다. 삭제된 VP로 알려져 온 단위는 공범주로 존재한다고 본다.

Williams(1977)은 (7가)가 아닌 (7나)가 그 S-구조이고, 여기에서 공범주가 (8나)의 형식이 되는 것은 해석 규칙인 'VP 규칙'이 행하는 작용이라고 한다. 필자도 영어의 VP 생략 구문의 현상은 공범주가 기저에서 도입된 다음 해석 규칙에 따라 그 생략된 내용이 복원되는 현상이라고 본다. 다만 단일한 통사구조 층위인 S-구조에서 (7가)처럼 VP가 공범주로 도입되고, 선행하는 VP의 내용을 복원하는 해석 규칙이 그 다음에 적용된다고 가정한다.

Williams(1977: 105, 각주 3)에서 들고 있는 다음 예문(이는 다름아닌 ACD 구문이다)은 VP 생략 현상을 삭제 규칙이 아니라 해석 규칙으로 설명해야 함을 보이는 증거라고 판단한다.

(9) John ate everything he could.

필자는 이 문장이 (9가)'과 같은 통사구조(S-구조)를 가지며, 해석 규칙에 따라 (9나)'과 같이 조응되는 내용이 복원된다고 본다.

(9)' 가. John PAST [[eat t]$_{VP}$ everything he could [Δ]$_{VP}$]$_{VP}$.
나. John PAST [[eat t]$_{VP}$ everything he could [eat t]$_{VP}$]$_{VP}$.

이러한 ACD 구문의 경우 (9나)'과 같은 구조를 기저의 구조로 상정하는 것은 곤란하다. 이는 삭제 규칙 접근보다 해석 규칙 접근이 타당함을 보이는 증거이다.

필자가 영어의 VP-생략 현상을 해석 규칙으로 설명하는 주요 근거는 선행사 포함 삭제(ACD) 현상이다. 다른 예를 들어 보자.

(10) I read every novel that you did. (Heim & Kratzer 1998: 198)

이 영어 문장은 Heim & Kratzer(1998)에서 양화사 명사구의 논리형태(LF) 이동 변형을 통한 접근 방안을 정당화하기 위해 들었던 예이다. (10)의 논리형태 표상은 다음과 같다고 한다.[400)]

400) (7)은 Heim & Kratzer(1998: 199)의 나무그림이다.

(11)

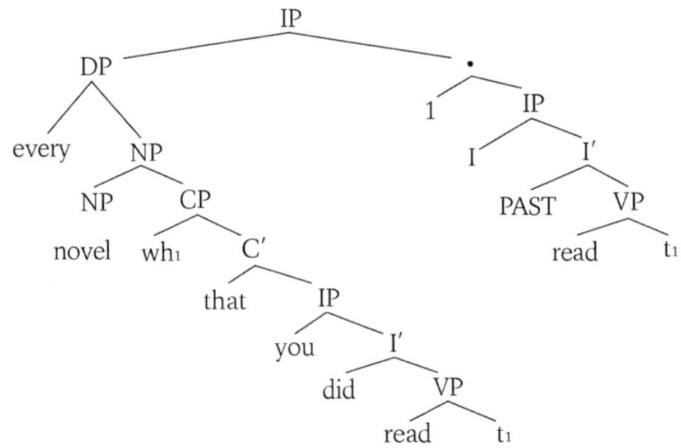

이들의 설명을 요약하면 다음과 같다. 첫째, 'every novel that you did' 부분이 주절의 'read'의 목적어 위치에 흔적을 남기고 논리형태 이동을 수행한다. 이동하면서 결속자(binder)인 지표 '1'의 교점을 형성한다. 둘째, 논리형태 층위에서 VP인 'read t_1' 구성성분을, 이동한 결과 표상의 VP 위치('did'의 보충어 위치)에 복사한다.

역시 두 가지 측면에서 이러한 접근 방안의 문제를 지적하고자 한다. 첫째, 앞에서 말한 바와 같이,[401] 결속자 지표 '1'을 새로 생성하면서 이동하는 논리형태 이동 절차는 구조보존 원리를 위배하는 것이다. '•'의 정확한 범주는 무엇인가? IP가 가장 가까운 대안일 듯하지만, 그 경우 부가어인 '1'은 최대투사이어야 하는데, 통사구조에서 단지 숫자에 불과한 것이 최대투사를 이룬다고 보기는 어렵고, 더군다나 그 왼쪽의 'DP'가 부가어로 존재하는데, 이에 더하여 오로지 술어추상규칙의 적용만을 위해 예비된 요소를 통사구조의 한 구성성분으로 설정하는 것은 무리이다.

둘째, 이들이 가정하는 논리형태 층위에서의 복사 절차는 인정할 수 없는 것이다. 이들은 영어의 'VP-삭제' 구문에서 '복사'가 일어나며, 이 복사 절차는 논리형태 층위에서 적용되는 문법 내적인 절차라고 본다. 그러나 이들이 말하는 복사 절차가 일어나는 것이 사실이라고 하더라도 이 절차는 문법 내적 절차가 아니라 담화화용적 절차로서의 복사로 간주하는 것이 타당하다. 영어에서 'VP-삭제' 현상은 (10)과 같은 단일 문장에서뿐 아니라 두 문장의 연속인 담화에서도 일어난다. (11)과 같은 통사구조에서 두 VP 간에 행해지는 '복사' 연산은 통사적 절차라고 볼 수도 있지만, (12)와 같은 담화의 두 문장 사이에 행해지는 '복사' 연산은 통사적 절차라고 인정할 수 없다. 그러함에도 불구하고 두 복사 절차는 동일한 형식적, 의미적 특성을 가진다. 이 점을 포착하는 방법은 이른바 '삭제'된

401) 위 5.1절 참조.

VP가 실제로 삭제된 것이 아니라, 통사적 기저에서부터 공범주 VP로 생성된 것이라고 간주하는 것뿐이다.

(12) (On Roman's birthday), Philipp went to his office. Marcel didn't.
(Heim & Kratzer 1998: 252)

(10)과 같은 ACD 문장에 대한 필자의 대안적인 설명은 다음과 같은 것이다. 첫째, ACD 문장에서 'every novel that you did' 부분은 논리형태 층위에서 이동된 것이 아니라, S-구조 층위의 이동이 실행된 것이다. S-구조 층위의 이동의 결과로 주어지는 통사구조도 역시 S-구조인데, 선행사와 그 흔적의 사이에 있는 VP 교점은 명사구 선행사와 흔적이 가지는 것과 동일한 지표가 부여된다고 가정한다. 둘째, 영어의 VP-삭제 구문에서 '삭제'된 'VP' 위치는 실제로 삭제된 것이 아니라, 공범주 VP이다. 즉 (10)의 영어 문장은 다음과 같은 S-구조를 가진다.

(13)

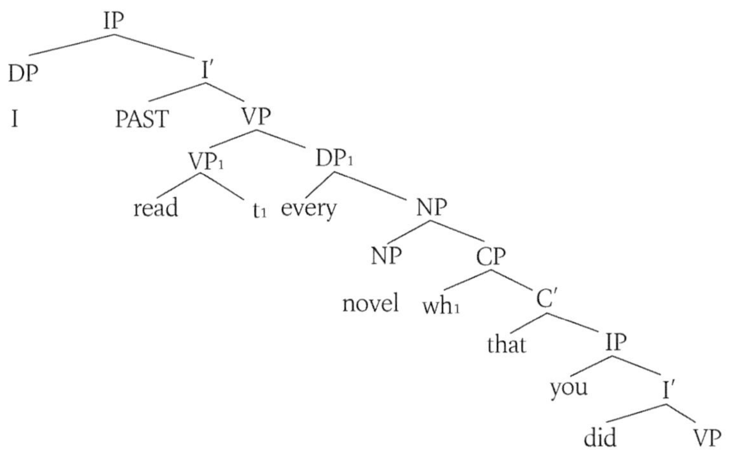

'Δ'는 VP 공범주를 나타낸다. 이 VP 구조 '$[_{VP}\ \Delta]$'는 통사적 조응사로서, 선행하는 VP 구조 '$[_{VP1}\ \text{read}\ t_1\ ]$'를 그 선행사로 갖게 된다. 이 두 VP 구성성분은 동일한, 술어추상규칙이 적용된 의미 형식을 갖게 된다.

이 ACD 구문의 기저를 (13)과 같은 것으로 상정하면, 이로부터 다음의 구조가 도출되는 것은 해석 규칙과 유사한 절차가 적용되어 이루어진 것이라고 보는 것이 자연스럽다.

(14)

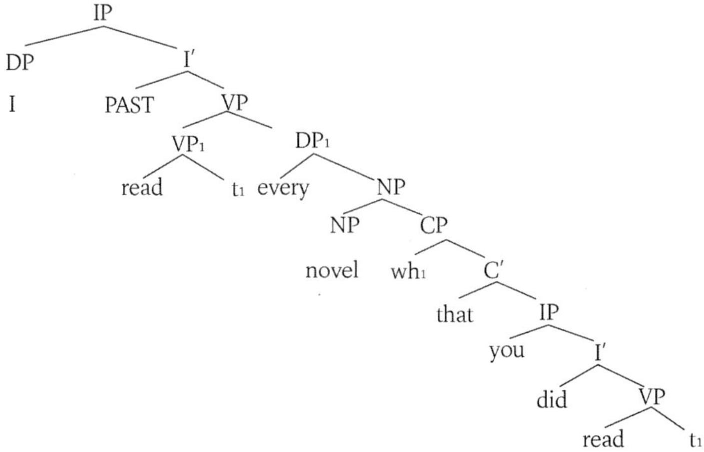

영어의 VP-생략 구문에 대응되는 내용을 표현하는 한국어의 상응 구문은 '그리하-' 구문이다. 한국어의 '그리하-' 구문은 '그리하-'의 삭제가 아닌 '그리하-'의 삽입 및 대체로 설명해야 한다는 것이 다음에서 보일 필자의 주장이다. 둘을 도식적으로 비교해 보면 다음과 같다.

(15) 영어의 VP-삭제와 한국어의 '그리하-' 삽입-대체 절차의 비교

영어: . . . [$_{VP}$ Δ] . . . ⇒(해석 절차로서의 복사) . . . [$_{VP}$ love her dog] . . .

조건: 두 VP에 대응하는 두 의미 형식의 동일성

한국어: . . . [$_{VP}$ 자기$_i$의 어머니를 돕-] . . .

⇒(PF 부문의 대체 · 삽입) . . . [$_{VP}$ 그리하-] . . .

⇒(의미론적 해석) . . . λx(x가 x의 어머니를 돕는다') . . .

조건: 두 VP에 대응하는 두 의미 형식의 동일성

영어에서는 공범주 VP 구성성분의 해석(복사), 한국어에서는 VP 구성성분의 '그리하-'로의 대체라는 점에서 차이는 있지만, 구조적으로 평행하는 두 VP가 모종의 대응되는 의미 형식의 동일성을 조건으로 복사 또는 삽입이 이루어진다는 점에서 두 현상은 동질적인 언어 사실이라고 할 수 있다.

한국어 '그리하-' 구문의 편승 해석과 관련된 통사의미적 처리 방안

람다 추상의 작용으로 얻어진 함수 형식과 '결속'과 '그리하-'는 어떤 상관관계를 가지

는 것일까? 5.1절의 (16)'과 (17)'에서 '그리하-' 구문의 통사구조의 대강을 보이기는 했으나 구체적 실행 절차를 명시하지는 못하였다. 논리형태 층위를 인정하지 않는 '단일 통사구조 가설' 하에서, '그리하-'는 S-구조로부터 음성형태(PF)로 사상하는 과정에서 삽입되는 요소로 간주된다. '단일 통사구조 가설'을 가정한다는 것은, S-구조가 유일한 통사구조이고, 곧 기저구조라는 뜻이다.

(16)과 같은 '그리하-' 문장은 (17가)와 같이 통사적으로 생성되고, (17나)와 같이 음운론적으로 해석되며, (17다)와 같이 의미론적으로 해석된다.

(16) 철수도 자기의 어머니를 도왔고, 인호도 그랬다.

(17) 가. 통사구조(S-구조):

$[_{CP}$ 철수도$_i$ $[_{IP_i}$ t_i $[_{VP}$ 자기$_i$의 어머니를 $t_j]$ t_k] 돕$_j$-았$_k$-고]

$[_{CP}$ 인호도$_l$ $[_{IP_l}$ t_l $[_{VP}$ 자기$_l$의 어머니를 t_m] t_n] 돕$_m$-았$_n$-다] : S-구조

나. PF-부문의 절차

(i) '그리하-'에 의한 VP 삽입-대체:

$[_{CP}$ 철수도$_i$ $[_{IP_i}$ t_i $[_{VP}$ 자기$_i$의 어머니를 t_j] t_k] 돕$_j$-았$_k$-고]

$[_{CP}$ 인호도$_l$ $[_{IP_l}$ t_l $[_{VP}$ 그리하-] t_n] 돕$_m$-았$_n$-다] : PF

(ii) 머리성분 C 범주 안의 흔적과 연결이 끊어진 '돕-'의 삭제:

$[_{CP}$ 철수도$_i$ $[_{IP_i}$ t_i $[_{VP}$ 자기$_i$의 어머니를 t_j] t_k] 돕$_j$-았$_k$-고]

$[_{CP}$ 인호도$_l$ $[_{IP_l}$ t_l $[_{VP}$ 그리하-] t_n] -았$_n$-다] : PF

(iii) 흔적 삭제:

$[_{CP}$ 철수도$_i$ $[_{IP_i}$ $[_{VP}$ 자기$_i$의 어머니를]] 돕$_j$-았$_k$-고]

$[_{CP}$ 인호도$_l$ $[_{IP_l}$ $[_{VP}$ 그리하-]] -았$_n$-다] : PF

(iv) 기타 음운론적 규칙 적용:

#철수도#자기의#어머니를#도왔고#인호도#그리하였다# : PF

다. 의미 해석 절차:

$[_{CP}$ 철수도$_i$ $[_{IP_i}$ t_i $[_{VP}$ 자기$_i$의 어머니를 t_j] t_k] 돕$_j$-았$_k$-고]

$[_{CP}$ 인호도$_l$ $[_{IP_l}$ t_l $[_{VP}$ 자기$_l$의 어머니를 t_m] t_n] 돕$_m$-았$_n$-다] : S-구조

⟦ 돕- ⟧ = λx. λy. y가 x를 돕는다'

⟦ -았- ⟧ = λp. perf[p] (p의 타입은 무엇이나 가능: 완료상의 본격적인 의미 기술은 제11장의 11.2.1절을 참고 바람)

⟦ $[_{IP_i}$ t_i $[_{VP}$ 자기$_i$의 어머니를 t_j] t_k] ⟧ =

λx. perf[x가 x의 어머니를 돕는다'] ('t_i'를 위해 ④, ⑤ii 적용, '자기$_i$'를 위해 ④, ⑤ii 적용, '돕$_j$-'의 흔적 't_j'를 위해 ⑦i 적용, '-았$_k$-'의 흔

적 ‘t_k’를 위해 ⑦i 적용, 술어추상규칙 ③ii 적용)

⟦ [$_{IPl}$ t_l [$_{VP}$ 자기$_l$의 어머니를 t_m] t_n] ⟧ =

λx. perf[x가 x의 어머니를 돕는다'] (‘t_l’를 위해 ④, ⑤ii 적용, ‘자기$_l$’를 위해 ④, ⑤ii 적용, ‘돕$_m$-’의 흔적 ‘t_m’를 위해 ⑦i 적용, ‘-았$_n$-’의 흔적 ‘t_n’를 위해 ⑦i 적용, 술어추상규칙 ③ii 적용)

위에서 가장 특징적인 절차는 (17가)의 통사구조의 VP 부분에 ‘그리하-’가 대체하는 (17나)(i)이다. 이에 따라 (17나)(ii)의 ‘돕-’의 삭제 절차가 진행된다. 이는 머리성분 이동이 실행된 후의 C 범주 안에 있는 ‘돕-’이 삭제되는 절차이다.402)

의미적으로도 ‘그리하-’는 선·후행절의 VP에 대응되는 의미가 같을 때 삽입되는 요소이다. 다만, 술어추상규칙(③(ii))의 적용에 따라 얻어지는 람다 추상의 의미 형식은 이 VP의 의미와 함께 그 앞의 주어의 흔적을 포함하는 IP의 의미로 도출되는 의미 형식인 것이다. 이는 앞에서 소개한 Sag(1976)에서 람다 추상의 의미 형식이 단순히 VP에 대응되는 것으로 설명했던 것과 대비된다.

(17)의 절차는 통사구조인 S-구조를 형성하는 과정에서 핵계층 원리 등 원리매개변인 이론의 일반적 원리들에 저촉되지 않고, ‘그리하-’ 삽입을 비롯한 음운론적 절차에서 무리한 점이 발견되지 않으며, 흔적 및 대명사의 결속변항 해석을 포함하는 의미 해석 절차에서도 제1장에서 제시한 의미 해석 규칙들에 따라 완전히 해석된다.

목적어에 대한 편승 해석을 가지는 VP-생략 구문(영어)과 ‘그리하-’ 구문(한국어)

영어에서 편승 해석을 가지는 현상으로는 ‘VP-생략’ 현상과 함께 ‘논항 잔여 IP 삭제(bare argument ellipsis)’ 현상이 독립된 현상으로 논의되어 왔으나, 필자는 후자를 VP-생략 현상의 한 종류로 본다. 한국어에서는 ‘그리하-’ 복사 현상을 편승 해석의 존재를 검사하는 기준으로 사용할 수 있다. 먼저 ‘VP-생략’ 현상과 다른 현상으로 논의된 영어의 ‘논항 잔여 IP 삭제’ 현상에 대해서 알아본 다음 한국어의 ‘그리하-’ 구문에서의 이들과 대응되는 현상을 살펴보기로 한다.

영어와 한국어의 이 구문들이 편승 해석을 가지는 것은 이들이 의미 해석 규칙의 하나인 술어추상규칙의 적용을 요구하는 구문 현상임을 보인다는 점에서 중요성이 있다. Reinhart(1983a: 64)에서 가져온 (18)의 세 예문은 (18)’과 같은 구조를 가지는 것으로

402) 최소주의 통사론의 관점을 따라, 삭제가 말 그대로의 삭제 절차가 아니라 음운론적으로 비가시적이 되는 절차라고 설명할 수도 있다.

분석할 수 있다.

(18) 대명사의 선행사가 목적어인 VP-생략 구문

가. The nurse referred Siegfried to his doctor, and Felix too.

나. We paid the professor his expenses, but not the assistant.

다. You can keep Rosa in her room for the whole afternoon, but not Zelda.

(18)' 가. The nurse [$_I$ refer$_i$-ed] [$_{VP}$ Siegfried$_j$ [$_{VPj}$ t_j t_i to his doctor]],
and e [$_I$ refer$_i$-ed] [$_{VP}$ Felix$_k$ [$_{VPk}$ t_k t_i to his doctor]] too.

'refer'의 I 범주로의 머리성분 이동과 함께 목적어가 VP의 부가어 위치로 이동하는 것으로 가정되었다. 이 경우의 '이동'은 S-구조를 형성하는 외현적 이동이다. (18가)'의 통사구조는 Sag(1976)과 같이 S-구조에서의 '삭제'를 가정하는 관점에서 기술된 것이다. 이를 (19가)에 반복한다. 영어에서 해석 절차로서의 '복사'(S-구조에서의 복사이다)를 가정하는 필자의 관점에서는,[403] 지표가 'k' 아닌 'j'를 가진 (19나)의 구조를 얻게 된다.

(19) 가. [$_{VP}$ Siegfried$_j$ [$_{VPj}$ t_j t_i to his doctor]]
[$_{VP}$ Felix$_k$ [$_{VPk}$ t_k t_i to his doctor]]

나. [$_{VP}$ Siegfried$_j$ [$_{VPj}$ t_j t_i to his doctor]]
[$_{VP}$ Felix$_k$ [$_{VPj}$ t_j t_i to his doctor]]

(19가)의 경우나, (19나)의 경우나, 선행절 VP의 경우나 후행절 VP의 경우나, 지표를 가진 VP(VP_j 또는 VP_k)는 람다 추상의 의미 형식으로 해석된다.[404]

(19)' 가. [$_{VP}$ Siegfried$_j$ λx. λy. y refer x to x's doctor]
[$_{VP}$ Felix$_k$ λx. λy. y refer x to x's doctor]
the nurse' refer Siegfried to Siegfried's doctor (and)
the nurse' refer Felix to Felix's doctor

나. [$_{VP}$ Siegfried$_j$ λx. λy. y refer x to x's doctor]

---

403) 이는 뒤의 5.7절에서 제시하는 원리이다. 이 경우 '복사'는 의미 해석 절차의 하나로서, S-구조에서의 복사이다. Heim & Kratzer(1998) 등 근래의 많은 논의에서는 논리형태 층위에서의 복사 연산을 가정하나, 필자는 통사구조로 S-구조 하나만을 가지고 운용하는 바탕에서, 영어의 경우, 이처럼 해석 절차인 복사 절차를 상정한다. 한국어의 경우에는 '그리하-'로 대체되는 VP가 공범주 VP 아닌 온전한 VP이므로, 이를 바탕으로 의미 해석이 이루어지고, PF 부문에서 '그리하-'로 대체된다.

404) 지표를 가진 'VPj', 'VPk'는 4.1절에서 수정된 형식의 술어추상규칙 ③(ii)가 적용될 조건이 된다.

[$_{VP}$ Felix$_k$ λx. λy. y refer x to x's doctor]
the nurse' refer Siegfried to Siegfried's doctor (and)
the nurse' refer Felix to Felix's doctor

즉, (19가)와 (19나)는 동일한 의미 형식을 도출하는 구조임을 확인할 수 있다.
한국어의 '그리하-' 구문도 목적어에 대한 편승 해석을 가지는 예들을 포함하고 있다.

(20) 김대위가 박상병을 자기 내무반으로 보냈고, 이대위도 심병장을 그랬다.
(i) 김대위가 박상병을 김대위의 내무반으로 보냈고, 이대위도 심병장을 김대위의 내무반으로 보냈다. (고정 해석)
(ii) 김대위가 박상병을 박상병의 내무반으로 보냈고, 이대위도 심병장을 박상병의 내무반으로 보냈다. (고정 해석)
(iii) 김대위가 박상병을 박상병의 내무반으로 보냈고, 이대위도 심병장을 심병장의 내무반으로 보냈다. (목적어에 대한 편승 해석)

'자기' 아닌 '그'가 사용되는 경우에는 문맥 밖의 인물 '공하사'를 지시하는 (iv)의 해석이 추가적으로 가능해진다.

(21) 김대위가 박상병을 그의 내무반으로 보냈고, 이대위도 심병장을 그랬다.
(i) 김대위가 박상병을 김대위의 내무반으로 보냈고, 이대위도 심병장을 김대위의 내무반으로 보냈다. (고정 해석)
(ii) 김대위가 박상병을 박상병의 내무반으로 보냈고, 이대위도 심병장을 박상병의 내무반으로 보냈다. (고정 해석)
(iii) 김대위가 박상병을 박상병의 내무반으로 보냈고, 이대위도 심병장을 심병장의 내무반으로 보냈다. (목적어에 대한 편승 해석)
(iv) 김대위가 박상병을 공하사의 내무반으로 보냈고, 이대위도 심병장을 공하사의 내무반으로 보냈다. (고정 해석)

(20)과 (21)에서 편승 해석이 가능한 것은 둘 다 (iii)의 경우이다. (20iii)의 편승 해석이 도출되는 절차는 다음과 같다.

(20)' (iii) 김대위가 [$_{VP}$ 박상병을$_i$ [$_{VP_i}$ t_i 자기$_i$의 내무반으로 보내-]]-었-고,
이대위도 [$_{VP}$ 심병장을$_j$ [$_{VP_j}$ t_j 자기$_j$의 내무반으로 보내-]]-었-다.

(S-구조)

김대위가 [$_{VP}$ 박상병을$_i$ [λx. λy. y가 x를 x의 내무반으로 보낸다']]-었-고,

이대위도 [$_{VP}$ 심병장을$_j$ [λx. λy. y가 x를 x의 내무반으로 보낸다']]-었-다.

('VP_i'와 'VP_j'에 술어추상규칙③(ii) 적용)

김대위가 [λy. y가 박상병'를 박상병'의 내무반으로 보낸다']]-었-고,

이대위도 [λy. y가 심병장'를 심병장'의 내무반으로 보낸다']]-었-다.

(λ-전환)

이처럼, 통사구조 층위로 단일한 S-구조 층위만을 상정하고도 (20)과 (21)의 편승 해석을 원활하게 이끌어낼 수 있다.

VP-생략은 의미 형식과 대응되는가?

최근의 생성 통사론의 연구나 형식의미론의 연구에서는 통사구조 표상의 하나인 논리형태(LF)에서 동일한 구성성분 중 하나가 음성형태(PF)에서 삭제되거나 비가시적으로 된다고 이론화하여 논리형태 표상 층위 설정을 정당화하는 것이 보통이다. VP-생략 구문에서 생략되는 부분이 의미 해석을 받기 위해서는 논리형태에서의 복사에 의해서 복원되어야 한다. 이 같은 개념적 바탕에서, Heim & Kratzer(1998: 250)에서는 음성형태에서의 삭제를 위한 논리형태의 조건을 다음과 같이 설정하고 있다.

(22) 삭제를 위한 논리형태 동일성 조건:
한 구성성분이 음성형태에서 삭제되기 위해서는 논리형태에서 그 대응되는 구성성분이 다른 구성성분의 복사(copy)이어야 한다.

복사란 이미 형성된 구성성분을 통사구조의 다른 위치에 재생하는 절차이다. 최근의 최소주의 통사론의 논의에서는 이동 변형이 복사와 병합을 합친 절차에 다름아니라는 인식이 표준적 인식이 되어 가고 있다(Hornstein et al. 2005).

(22)의 조건에서 사용된 '복사'의 개념을 이러한 표준적 생성문법의 복사 개념과 동일시할 경우, 근본적인 문제에 봉착하게 된다. 문장 단위 내부에서 복사가 이루어지는 경우는 문제가 없다. 그러나 두 문장이 연속되는 담화에서도 해당 '삭제' 현상이 일어난다. 앞에서 제시한 (12)를 다시 든다.

(12) (On Roman's birthday), Philipp went to his office. Marcel didn't.

(12)의 후속 문장에서도 (22)의 조건을 만족하기 위한 복사 절차가 실행되어야 한다. 그러나 이는 어떤 의미에서도 논리형태(LF)에서의 이동 변형과 동일한 것이 아니다. 논리형태 표상 층위는 논리형태 이동에 의해 형성되는 표상 층위이다. (12)의 VP-삭제 현상을 설명하기 위해서는 양화사 이동과는 다른, 가외의 통사적 절차로 '복사' 개념을 가정해야 한다.

영어의 VP-생략 구문에 대한 LF-복사 방안의 문제점을 보이는 현상으로 생각해 볼 다른 예는 다음과 같은 것이다.

(23) 가. John likes his teachers, and Bill does too.
나. $[_S$ John$_i$ $[_S$ t_i Infl $[_{VP}$ like his$_i$ teachers$]]]$ and
$[_S$ Bill$_j$ $[_S$ t_j Infl $[_{VP}$ like his$_i$ teachers$]]]$

LF-복사 방안에 따르면 (23나)와 같은 구조에서 후행절의 VP는 지표 'i'를 가지는 내용으로 복사된다. 그러면 복사의 결과로, 후행절은 't_j'와 'his$_i$'가 서로 다른 지표를 갖게 된다. 문제는 이 같이 지표가 표시된 후행절의 구조를 가지고는, 고정 해석의 의미 형식을 얻을 수는 있지만, 편승 해석의 의미 형식을 얻을 수는 없다는 것이다.

이러한 점들을 근거로, 이 책에서는 논리형태 층위에서의 복사와 같은 절차를 상정하지 않는다.

(22)에서는 VP-생략이 논리형태의 두 구성성분의 동일성을 조건으로 하여 일어나는 현상이라고 파악되고 있다. VP-생략이 VP에 대응되는 의미 형식의 동일성을 근거로 이루어진다고 생각하고 그 논리적 의미 형식을 제시하여 설명하던 적이 있었으나(Sag 1976), 이는 통사구조와 논리적 의미 형식 간의 대응이 정확히 어떤 것인지를 알지 못하던 시기의 생각일 뿐이다. 가령 (24)의 후행절에서 삭제된 VP에 대응하는 선행절의 의미 형식은 (25가)인가, (25나)인가?

(24) John likes his teachers, and Bill does too. (= (14가))
(25) 가. $\lambda x.$ $[_{VP}$ like x's teachers$]$
나. $\lambda x.$ $[_S$ x Infl $[_{VP}$ like x's teachers$]]$

과거에는 (25나)와 같은 것이 VP에 대응되는 의미 형식이라고 생각되던 적이 있었으나, 제1장에서 제시한 표준적인 의미 해석 규칙들에 따라 (25가)를 도출할 수는 없다.

(25나)는 도출할 수 있다. 그런데 이 형식은 VP에 대응되는 의미 형식이 아니라 S(또는 IP)에 대응되는 것이라고 하는 것이 타당하다.[405] 이는 삭제되는 VP에 대응되는 의미 형식은 VP 의미가 아니라 IP 의미라는 뜻이 된다.

위 (22)는 VP 삭제의 조건이 평행하는 두 VP의 의미 형식의 동일성이 아니라 논리형태의 두 VP 성분의 동일성이라고 서술함으로써 직접 의미 형식의 동일성을 언급하는 경우의 문제성을 피하고 있다. 논리형태는 의미 해석을 위한 통사구조이므로, 통사구조의 (동지표화된) 결속과 의미 해석된 의미 형식에서의 변항 결속의 대응은 S-구조와 논리형태의 대응에 관한 하나의 원리로 포착할 수 있다. 다음이 Heim & Kratzer(1998)에서 제시한 그와 같은 원리이다.

(26) 결속 원리
α와 β는 DP이고, β가 음성적으로 실현되는 형식이라고 하자. 그러면 α가 β를 S-구조에서 통사론적으로 결속하는 경우, 그리고 그 경우에만 α는 β를 논리형태(LF)에서 의미론적으로 결속한다. (Heim & Kratzer 1998: 264)

논리형태를 상정하지 않는 이 책의 관점에서는 이에 상응하는 원리를 S-구조에서의 동지표화와 의미론적 해석 과정에서의 결속변항의 대응으로 서술하기로 한다.

(27) 통사적 동지표화와 변항 결속의 대응 원리
통사적 규칙인 대명사의 동지표화 규칙(5.1절의 '동지표화 규칙')이 적용되어 동지표를 가진 대명사는 의미론적 해석 과정에서 결속변항으로 대응되어야 한다.

동지표화된 대명사와 의미론적 결속변항을 대응시키기 위해서는 의미 해석 규칙인 '술어추상규칙'을 적용해야 하고, 또 이 해석 규칙을 적용하기 위해서는 해당 통사구조에 'VP_i' 또는 'IP_i'와 같은 구조적 조건이 주어져야 한다. 영어의 '공범주-VP', 한국어의 조응 동사 '그리하-'는 (27)의 원리를 실행하는 데에 참여하는 여러 가지 장치들 중의 하나인 것으로, 이 장치가 단독으로 술어추상의 의미 형식과 대응되는 것은 아니라는 점을

---

405) 람다 추상의 의미 형식이 VP에 대응되는 경우를 한국어에서 관찰할 수 있다. (a)의 경우가 그 예이다. 필자의 견해에 따르면 이 경우 (b)의 통사구조를 바탕으로, 그 내부의 VP가 (c)의 람다 추상의 의미 형식으로 대응된다.
a. 그들이 철수를 자기 부모에게 돌려보냈다.
b. [$_{VP}$ 철수를i [$_{VP}$ ti 자기i 부모에게 돌려보내-]]
c. λx. λy. [y가 x를 x의 부모에게 돌려보낸다']

이상에서 논하였다.

VP-생략 현상은 통사론과 음운론의 대응에 있어서의 독립되는 현상일 뿐이고, 편승 해석에서의 VP 생략과 술어추상의 의미론적 형식과의 대응은 생략된 VP(또는 VP-공범주)가 결속변항으로 해석되는 통사구조의 대명사를 포함함으로 인하여 가능하게 되는 것이다.

5.7. 교호대명사 '서로'의 편승 해석에 대한 설명

'자기', '그'에 대한 편승 해석이 가능한 것처럼(1가, 나), 교호성 대명사 '서로'에 대한 편승 해석도 가능하다(2). (1가)의 '자기' 문장이 그러한 것처럼 (2)의 '서로' 문장은 편승 해석만이 가능하다. 표준적인 결속 이론에서나, 이 책의 결속 이론에서나, '서로'는 '자기'와 같이 재귀대명사라는 하위 부류로 상정되기 때문에 이 점이 잘 설명된다.406)

(1) 가. 철수도 자기의 어머니를 도왔고, 인호도 그랬다. (편승 해석)
    나. 철수도 그의 어머니를 도왔고, 인호도 그랬다. (편승 해석/고정 해석)
(2) 철수와 순희도 서로의 어머니를 도왔고, 인호와 옥이도 그랬다. (편승 해석)
(2)' 가. 편승 해석:
        [철수가 순희의 어머니를 돕고 순희가 철수의 어머니를 도왔고,
        인호가 옥이의 어머니를 돕고 옥이가 인호의 어머니를 도왔다]
    나. 고정 해석:
        *[철수가 순희의 어머니를 돕고 순희가 철수의 어머니를 도왔고,
        인호가 순희의 어머니를 돕고 옥이가 철수의 어머니를 도왔다]

(2)의 '그리하-' 구문을 해석하기 전에 교호대명사 '서로'를 포함하는 그 선행절만의 해석도 그리 간단치는 않음을 확인해 둘 필요가 있다. '서로'는 그것을 성분통어하는 't_i'와 동지표화되어 있고, 이 흔적은 다시 그것을 성분통어하는 '[철수와 순희]$_i$'와 동지표화되어 있다. 이들 통사구조는 S-구조이다. 문제는 통사구조의 동지표가 의미구조에서의 동일 지시체로 대응되지 않는다는 점이다.

406) '대명사 동지표화 규칙'에 의하면 재귀대명사는 그것을 성분통어하는 명사구가 있는 경우 그것과 반드시 동지표화되어야 한다. 이에 따라 결속변항으로 해석된다. 그러나 일반 대명사류 '그'는 동지표화가 안 될 수도 있고, 이에 따라 고정 해석도 얻을 수 있다.

(3) 가. 철수와 순희가 서로를 도왔다.

그 통사구조(S-구조): $[_{CP}$ [철수와 순희$]_i$-가 $[_{IPi}\ t_i\ [_{VPi}$ 서로$_i$-를 돕-]-았-]-다]

그 해석: [철수가 순희를 도왔고 순희가 철수를 도왔다]

나. 철수와 순희가 서로의 어머니를 도왔다.

그 통사구조(S-구조):

$[_{CP}$ [철수와 순희$]_i$-가 $[_{IPi}\ t_i\ [_{VPi}$ 서로$_i$-의 어머니를 돕-]-았-]-다]

그 해석: [철수가 순희의 어머니를 도왔고 순희가 철수의 어머니를 도왔다]

앞의 3.4절에서 소개했던 Heim, Lasnik & May(1991)에서는 영어의 교호대명사 'each other'의 의미를 다음과 같이 형식화하고 있다. 이를 원용한 안성호(1990/1993: 266-268)에서는 한국어의 '서로'를 영어의 'each other'처럼 두 구성성분을 가지는 '[D_i 서로$_j$]'로 상정하고, 여기에서 배분자 'D_i'가 논리형태 이동을 수행한다는 설명을 제시하였다. 논리형태 층위를 상정하면 '서로' 문장의 다음과 같은 교호성 해석을 체계적으로 포착할 수 있다('ζ''는 VP의 의미 형식).

(4) $\text{each other}_{i,j}\ \zeta \Rightarrow \lambda x.\ \forall x_i(x_i \cdot \Pi x)\ \ \forall x_j(x_j \cdot \Pi x\ \&\ x_i \neq x_j)\ \ \zeta'(x_i)$

그러나 앞의 3.4절에서는 교호대명사로 일관되게 처리할 수 없는 '서로'의 예들이 있음을 지적한 바 있다. 논리형태 층위를 상정하지 않는 이 책의 관점에서도 교호대명사 '서로'의 편승 해석과 위 (4)와 같은 독특한 교호성 해석을 포착할 수 있음을 보이기로 한다.

앞에서는 '그리하-'가 S-구조로부터 PF로 가는 과정에서 대체・삽입되는 요소라고 상정하였다. S-구조를 바탕으로 이루어지는 의미 해석 절차의 일부로 (5)와 (6)을 상정한다. VP가 '서로'를 포함하는 경우 '서로'를 VP의 부가어 위치에 복사하고, VP 내부의 '서로'는 변항의 하나로 해석하는 것이다.

(5) '서로' 복사 규칙:

$[_{VP}$ . . .서로$_i$. . .] ⇒ [서로$_i$$[_{VP}$ . . .서로$_i$. . .]]

(6) '[서로 VP]' 해석 규칙:

[서로$_i$ VP] $\Rightarrow \lambda x.\ \forall x_j(x_j \cdot \Pi x)\ \ \forall x_k(x_k \cdot \Pi x\ \&\ x_j \neq x_k)$ ⟦ $[_{VP}$ . . .서로$_i$. . .] ⟧ (x_j)

(5)-(6)의 규칙이 적용된 결과로 나타나는 형식은 통사구조가 아니고, 의미 해석 과정의

한 해석된 형식일 뿐이라는 점에 주의해야 한다.

(2)가 (2)'의 해석을 가지는 데에는 동지표화가 실행된 후의 (3)과 같은 통사구조(S-구조)를 바탕으로 (5)-(6)의 해석 규칙들이 적용되는 절차가 필요하다. '그리하-'는 S-구조로부터 PF로 진행되는 과정에서 VP에 대체·삽입되는 것이므로 (7)의 의미 해석 절차에는 관여하지 않는다.

(7) (2) 문장의 의미 해석 절차:

[철수와 영희-도]$_i$ [$_{IPi}$ t_i [$_{VP}$ 서로$_i$-의 어머니를 돕-]-었-]-고,
[인호와 순희-도]$_j$ [$_{IPj}$ t_j [$_{VP}$ 서로$_j$-의 어머니를 돕-]-었다. : S 구조

⇓('서로' 복사: 해석 규칙)

[철수와 영희-도]$_i$ [$_{IPi}$ t_i [서로$_i$ [$_{VP}$ 서로$_i$-의 어머니를 돕-]]-었-]-고,
[인호와 순희-도]$_j$ [$_{IPj}$ t_j [서로$_i$ [$_{VP}$ 서로$_j$-의 어머니를 돕-]]-었다.

⇓('[서로 VP]' 해석: 해석 규칙)

[철수와 영희-도]$_i$ [$_{IPi}$ t_i [$\lambda x. \forall x_j(x_j \cdot \Pi x)\ \forall x_k(x_k \cdot \Pi x \,\&\, x_j \neq x_k)$ ⟦ [$_{VP}$ x_k-의 어머니를 돕-] ⟧ (x_j)]-었-]-고,
[인호와 순희-도]$_j$ [$_{IPj}$ t_j [$\lambda x. \forall x_j(x_j \cdot \Pi x)\ \forall x_k(x_k \cdot \Pi x \,\&\, x_j \neq x_k)$ ⟦ [$_{VP}$ x_k-의 어머니를 돕-] ⟧ (x_j)]-었다.

⇓(내부의 VP의 일반적 해석)

[철수와 영희-도]$_i$ [$_{IPi}$ t_i [$\lambda x.\forall x_j(x_j \cdot \Pi x)\forall x_k(x_k \cdot \Pi x \,\&\, x_j \neq x_k)[\lambda y.[y$-가 x_k-의 어머니를 돕는다'$](x_j)$]-었-]-고,
[인호와 순희-도]$_j$ [$_{IPj}$ t_j [$\lambda x.\forall x_j(x_j \cdot \Pi x)\forall x_k(x_k \cdot \Pi x \,\&\, x_j \neq x_k)[\lambda y.[y$-가 x_k-의 어머니를 돕는다'$](x_j)$]-었다.

⇓(λ-전환)

[철수와 영희-도]$_i$ [$_{IPi}$ t_i [$\lambda x. \forall x_j(x_j \cdot \Pi x)\ \forall x_k(x_k \cdot \Pi x \,\&\, x_j \neq x_k)[x_j$-가 x_k-의 어머니를 돕는다']]-었-]-고,
[인호와 순희-도]$_j$ [$_{IPj}$ t_j [$\lambda x. \forall x_j(x_j \cdot \Pi x)\ \forall x_k(x_k \cdot \Pi x \,\&\, x_j \neq x_k)[x_j$-가 x_k-의 어머니를 돕는다']]-었다.

안성호(1990/1993)는 한국어의 교호대명사 '서로'를 영어의 'each other'처럼 두 구성성분을 가지는 '[D_i 서로$_j$]'로 상정하였다. 이는 배분자 'D_i'가 논리형태 이동을 할 수 있도록 조처한 것이다. 우선 영어의 (8)과 같은 문장이 (가)와 (나)의 두 구조로 기술되는 것처럼 한국어의 (9)와 같은 문장도 (10가)와 (10나)의 두 논리형태의 구조로 기술된다고 하였다. (9)의 통사구조는 그 S-구조를 보인 것이라고 한다.

(8) They think they like each other.

가. They think [[they]each$_1$] like [t$_1$ other]

나. [[They]each$_1$] think they$_1$ like [t$_1$ other]

(9) A와 B는 자기들이 서로를 좋아한다고 생각했다.

[$_{IP}$[A와 B]$_2$는 [$_{CP}$ [자기들]$_2$-이 [D$_1$ 서로$_3$]-를 좋아한다-고] 생각하-였]-다 (263쪽)

(10) 가. [$_{IP}$[A와 B]는 [$_{CP}$ [[자기들]D$_1$]-이 [t$_1$ 서로]-를 좋아한다-고] 생각하-였]-다

나. [$_{IP}$[[A와 B]D$_1$]는 [$_{CP}$ [자기들]$_1$-이 [t$_1$ 서로]-를 좋아한다-고] 생각하-였]-다

이러한 처리의 문제점을 네 가지로 나누어 지적하기로 한다.

첫째, 안성호(1990/1993: 266-268)에서 배분소 'D$_1$'의 논리형태 이동을 증명하기 위한 증거로 사용했던 세 종류의 예문들에 대한 해석에 오류가 있다.

(11) 가. [A와 B]는 몇몇 교사가 자기들에게 [D$_1$ 서로$_3$]가 바보라고 말했다고 주장했다. (=안성호의 266쪽: (114))

나. [A와 B]는 몇몇 교사가 걔들에게 [D$_1$ 서로$_3$]가 바보라고 말했다고 주장했다. (=안성호의 267쪽: (115))

(12) (=안성호의 268쪽: (116))

가. [A와 B]는 몇 명에게 자기들이 [D$_1$ 서로$_3$]를 좋아한다고 말했다.

나. [A와 B]는 몇 명에게 자기들이 [D$_1$ 서로$_3$]를 좋아한다는 사실을 고백했다.

그가 (11가)와 (11나)를 비교하는 취지는 다음과 같다. (11가)에서는 배분자 'D$_1$'가 최상위절의 주어인 '[A와 B]'에 논리형태 이동을 할 수도 있고 '자기들'에 논리형태 이동을 할 수도 있어서 중의적 해석이 가능하다. (11나)에서는 'D$_1$'가 '[A와 B]'에 논리형태 이동을 하는 경우, '[A와 B]D$_1$'은 비논항인 연산자가 되는데, 결속 이론상의 '대명사(pronominal)'로 상정된 '걔들'이 논리형태에서 비논항인 연산자에게 결속되면 안 된다는 제약 때문에 결국 'D$_1$'의 이동이 불가능해지므로, 'D$_1$'가 '자기들'에 이동하는 경우의 한 가지 해석만 갖게 된다는 것이다.

그러나 (11가, 나)는 안성호가 제시한 'A와 B'가 서로 바보라는 해석보다는 '몇몇 교사'가 서로 바보라고 했다는 해석을 가지며, 안성호가 설명한 (11가)와 (11나)의 해석의 차이는 존재하지 않는다. 따라서 이들은 'D$_1$'의 논리형태 이동의 증거가 될 수 없다. (12가)와 (12나)를 비교하는 이유는 후자의 경우 'D$_1$'의 최상위절 주어로의 이동이 복합명사구 제약(CNPC) 때문에 막혀서 그 이동으로 인한 해석을 제외한 한 가지 해석만을 가

지는데 (13가)의 경우는 두 가지 해석을 가진다는 것이다. 그러나 이러한 해석의 차이는 존재하지 않는 것으로 보인다. 이는 CNPC 제약이 작동하지 않음을 뜻하는 것이다.

둘째, 안성호(1990/1993)의 설명은 '서로'가 논항 위치에 서는 문장들에만 국한된 것이다. '서로'가 부사로 쓰인 다음 문장들은 그의 설명 방안에 근본적인 문제를 제기한다.

(13) 가. 두 물줄기가 서로 합쳐졌다.
　　나. (이혼했던) 철수와 순희는 서로 합쳐졌다.
　　다. (이혼했던) 철수는 순희와 서로 합쳐졌다.
(14) 가. 철수는 검은 물감과 흰 물감을 서로 섞었다.
　　나. 철수는 검은 물감을 흰 물감과 서로 섞었다.
(15) 가. 철수와 인호는 서로 자리를 바꾸었다.
　　나. 철수와 인호는 자리를 서로 바꾸었다.
(16) 가. 철수는 인호와 서로 자리를 바꾸었다.
　　나. 철수는 인호와 자리를 서로 바꾸었다.

셋째, 다음 (17가)와 같은 예에서는 공범주 배분자의 설정과 관련하여 매우 복잡한 절차가 고려되어야 할 것이다. 특히 (17나)에서는 (17가)에서 '서로'가 행하는 기능을 '상대'가 대신하고 있다.

(17) 가. 그들은 서로가 서로를 경원시한다.
　　나. 그들은 서로가 상대를 경원시한다.

넷째, 가장 큰 문제는 다음 형식의 '서로' 문장들이 제기한다. (13)에 상응하는 '서로'의 형식화는 주어가 복수 또는 접속 명사구이어서 복수성을 가지는 것을 전제하는데, 다음 예들에서는 주어가 복수성을 갖지 않음에도 불구하고 위 예들과 같은 교호성 의미를 표현하는 것이다.

(18) 가. 철수가 인호와 만났다.
　　나. 철수가 인호와 싸운다.
(19) 가. 철수는 인호와 서로 쳐다보았다.
　　나. 철수는 인호와 서로 공격하였다.

이 책의 방안을 요약하면 다음과 같다. 지시 층렬에서 대명사로서의 '서로'를 가지는 문장들은 (5)-(6)의 해석 규칙들을 이용하여 (7)과 같은 절차를 통하여 해석된다. 그러나 지시 층렬에서도 부사로서의 '서로'를 가지는 문장들은 대칭동사 문장들처럼 교호적 어휘의미구조를 바탕으로 기술된다. 기술 층렬에서는 대명사로서의 '서로'와 부사로서의 '서로'가 모두 교호적 어휘의미구조를 바탕으로 기술된다.

5.8. 마무리: 동지표를 가진 대명사와 결속변항의 대응 원리

이제까지 통사론적 동지표화와 람다-추상의 의미 형식과 편승 해석, 그리고 영어의 VP-생략 현상과 한국어의 '그리하-' 구문의 상관관계에 대해 고찰해 보았다. 영어의 VP-생략 현상을 연구한 Sag(1976)의 중요한 통찰은 영어의 VP-생략 구문에서 편승 해석이 가능한 것은 람다-추상의 의미론적 형식이 형성되기 때문이라는 것이었다. Reinhart(1983a, b)는 편승 해석과 람다-추상의 의미론적 형식 간의 상관성에 관한 이러한 통찰을 통사구조 상의 동지표화와 의미론적 변항 결속의 대응의 상관성으로 조정 해석하였다. Heim & Kratzer(1998)은 이를 다시 외현적 통사구조인 S-구조에서의 결속과 비외현적 통사구조인 논리형태에서의 결속 사이의 대응에 관한 원리로 정립하게 된다. 'S-구조에서 통사론적으로 결속'한다는 것은 성분통어 관계를 조건으로 동지표화된다는 것으로, Reinhart(1983a, b)의 개념과 같은 것이다. '의미론적 변항 결속'의 개념은, 변항 결속이 논리형태를 바탕으로 '술어추상규칙'이 적용되어 실행되므로, 논리형태(LF)에서 확인되는 것으로 바뀐 것이다.

(1) 결속 원리(Heim & Kratzer 1998: 264)
α와 β는 DP이고, β가 음성적으로 실현되는 형식이라고 하자. 그러면 α가 β를 S-구조에서 통사론적으로 결속하는 경우, 그리고 그 경우에만 α는 β를 논리형태(LF)에서 의미론적으로 결속한다.

통사구조로서의 논리형태 층위를 인정하지 않는 이 책의 관점에서는 대명사를 기준으로 서술한 다음과 같은 원리를 제시한다.

(2) 통사적 동지표화와 변항 결속의 대응 원리

대명사 동지표화 규칙이 적용되어 동지표를 가진 대명사는 의미론적 해석 과정에서 결속변항으로 대응되어야 한다.

이는 우선 통사 단위인 대명사가 동지표를 가지는 경우에 한해서 의미론적 결속변항과 대응됨을 명시한다. 의미론적 해석 절차도 문법의 일부이다. 그런데 의미론적 결속변항 해석이 가능하기 위해서는 해당 대명사가 통사구조인 S-구조에서 술어추상규칙이 적용될 동지표화된 구조를 형성해야 한다.[407] 이 구조는 람다추상의 의미론적 형식과 대응되고, 이를 통하여 통사구조의 동지표를 가진 대명사가 의미론적 결속변항과 대응되는 것이다.

그러면 영어의 VP-생략 구문과 한국어의 '그리하-' 구문은 이러한 결속의 대응 원리와 어떻게 관련되는가? VP-생략 구문과 한국어의 '그리하-' 구문은 편승 해석을 드러내는 통사적 특성이라는 의의가 있다. VP-생략 구문과 '그리하-'에 의해 편승 해석이 가능하다는 점은 통사론적 결속과 동시에 의미론적 결속이 존재함을 증명하는 증거가 된다는 점에서 중요하다. 이 책에서는 이러한 점을 통사구조에서 동지표를 가진 대명사와 의미론적 결속변항의 대응에 관한 (2)의 원리로 명문화하였다.

이상의 대명사, 흔적의 결속과 해석 절차의 이론화에서는 이 책의 '단일한 통사구조 가설'에 따른 방안을 추구해 보았다. 이로써 양화사 명사구의 해석에 관한 이 장 전반부의 가변 타입 접근 방안과 부합되는 일관된 이론화가 가능함을 보였다. 이는 생성문법의 표준적 설명 방안과 다른 방안을 추구한 것이다. 재귀대명사와 그 외의 대명사들의 통사적 분포의 차이를 '지배범주(governing category)' 개념을 사용하여 해석하는 것이 표준적 관행이나, 지배범주를 사용하지 않는 이론화가, 한국어가 영어의 경우와 다른 통사적 행태를 가지는 점을 설명하는 데에 유리하다고 보았다.

407) 결속변항 해석이 언제나 술어추상의 의미 형식('$\lambda x. [\ldots x \ldots]$')을 가지는 것은 아니다. 5.3절에서 다룬 E-유형 대명사의 해석(결속변항 해석을 부분적으로 포함하고 있다)을 위해서는 술어추상의 의미 형식이 형성되지 않는다. 그리고 양화사 명사구에 대응되는 의미 형식의 양화 연산자는 결속변항을 가지나 이를 위하여 그 해석 과정에서 술어추상의 의미 형식('$\lambda x. [\ldots x \ldots]$')이 언제나 형성되는 것은 아니다. 그러므로 (2)는 일방향적으로 해석되어야 한다. 통사구조에 동지표화된 대명사가 주어지는 경우, 이것이 의미론적으로 결속변항과 대응되어야 한다는 원리인 것이다.

제6장

한국어 양상 표현의 의미 해석

철학자 카르납(Rudolf Carnap)은 가능세계 개념을 도입함으로써 프레게의 양화·술어논리 체계를 획기적으로 확장하였다(Carnap 1943). 가능세계를 변수로 설정하면 이에 대한 보편(∀) 또는 존재(∃)의 양화가 가능하게 되어 자연언어의 양상 표현들이 양화·술어논리 체계에 의해 포착된다. 이에 따라 내포의미론(intensional semantics)의 체계가 수립된다.

이 장에서는 가능세계 변수에 대한 양화의 형식적 특성에, 힌티카(Hintikka 1962, 1969)의 접근가능성(accessibility) 개념, 그리고 크라처(Kratzer 1981, 1991a)의 양상기반과 순서근거로 정의되는 양상 개념을 기본 관점으로 하여 한국어 양상 표현들의 의미를 기술한다. '-더라', '-네', '-구나', '-지' 등의 양상 의미 분석을 시작으로 연결어미 '-으려고, -어야, -길래, -거든', 그리고 보조동사로 알려져 온 '두다, 보다, 버리다, 직하다, 법하다, 만하다, 듯하다, 성싶다'가 양상 의미를 가짐을 밝히고, 이전에 파생접미사로 다루어지기도 했던 동사 '답다'가 특별한 양상 의미의 표현이라는 것을 표준적 양상 이론에 입각하여 분석한다.

형식문법의 체계 안에서 양상 표현의 의미를 기술하는 일은 그 통사의미적 합성의 절차를 기술하는 일이 된다. 이제까지 그래 왔던 것처럼 합성성 원리를 준수하는 기술이 우리의 탐구의 적부를 판가름하는 궁극의 판단 기준이 될 것이다.

6.1. 양상 의미의 분석 방법[408)]

6.1.1. 양상에 관한 선행 연구

한국어의 대표적인 양상 요소는 '-겠-'이다. 이 요소와 관련된 문제를 중심으로 수많은 연구가 있어 왔으나, 특별히 주목되는 선행 연구 몇 가지만을 들기로 한다. 남기심(1972)은 '-겠-'이 미확인법의 표지로서, '추측', '의도', '능력'의 의미적 용법을 가진다고 정리함으로써 이후 연구의 방향을 제시하였다. 성기철(1979)은 '-겠-'이 '경험 당시, 즉 현재의 경험에 판단의 근거를 두는 추정'의 의미를 가진다고 관찰하였다.

이기용(1998: 149-189)는 양상논리학의 기초를 소개하고, '-겠-' 및 '-을 것-'을 가능 연산자(◇)로 기술할 토대를 제공하고자 하였다. 이는 이 두 요소를 가능 연산자로 간주

408) 6.1-6.5절의 내용은 '한국어 양상 표현의 통사·의미 분석'이라는 제목으로 언어와 정보 20권 2호(2016)에 실렸던 논문을 수정·보완하여 다시 서술한 것이다.

하는 최초의 논의라고 볼 수 있으며, 이후의 관련 논의에서 '짐작/추정/추측'의 의미를 바라보는 대체적인 견해를 대변한다고 할 수 있다.[409] 이 장에서도 이들을 가능세계 변수에 대한 존재 양화로 형식화한다(6.1.2절 참조). 이와는 다른 방향의 접근으로, 염재일(2005가)에서는 '-겠-'과 '-을 것-'의 의미 차이에 대한 종래 논의를 종합하고 이들을 형식의미론 체계에 통합할 가능성을 모색하였다. '-겠-'은 그 자체로 추론 행위의 표현이고, '-을 것-'은 추정의 양태[양상]를 나타내는 명제를 형성한다고 보고 이들을 형식화하고자 하였으나, 이들 요소를 포함하는 문장의 의미를 합성적으로 기술하는 데에는 이르지 못하였다. 송재목(2007)에서는 '의지/의도'를 나타내는 경우 외의 '-겠-'을 간접지식의 증거성 표지라고 규정하였다. 이러한 견해 역시 충분한 증거와 합성적 기술을 통해 보완되어야 하리라고 본다. 필자는 양정석(2015가)에서 추정의 '-겠-'을 가능 양상 요소로 가정하고 상위절의 명제태도 동사, '-더-' 등과 공존할 때의 판단자 의존 관계를 점검함으로써 이것이 양상 요소로서의 특징을 가짐을 관찰한 바 있다.[410] 이 장은 그 연장선상에서 '-겠-'의 의미를 형식화하고자 한다. 장경희(1985)에서는 '-겠-' 외에 '-더-, -네, -지, -구나, -은, -을' 등이 양상 의미를 가지며, 이들은 한국어의 문법범주로서의 양상 범주를 이룬다고 주장한다.[411] 이에 대해서는 6.3절에서 더 논의할 것이다.

증거성의 표현으로 다루어져 온 대표적 요소는 '-더-'이다. '-더-'의 의미에 관한 선행 연구들 중에서 주목되는 예는 다음과 같다. 남기심(1972)는 상·하위절 논항의 비-동지시 관계 등, '-더-' 문장이 가지는 주요 통사·의미적 제약들을 정리하였다. 서정수(1977가)는 '-더-'를 '보고'의 서법 요소로 규정하였는데, 그 제약의 하나로 '몸소 살핌'에 주목하였다. 이러한 관찰은 송재목(1998), 임동식(2010)에서 '-더-'가 증거성의 표지로 규정된 것으로 맥이 이어지는 것이라고 생각된다. 한동완(1996)은 '-더-'가 시제 표지의 하나라는 주장을 전개하면서, 인식 시점을 발화시 이전으로 옮기는 '시점 이동'을 이 요소의 본질적 기능으로 지적하였다.

'-더-'를 증거성으로 규정하거나 증거성 의미의 실현과 긴밀한 관련을 가지는 것으로 취급하는 것은 근래 연구의 주목할 만한 경향이다. 임동식(2010)은 '-더-'의 '직접 증거'

409) '-겠-'을 존재 양화보다는 보편 양화로 취급해야 한다는 견해를 염재일(2005가)에서 볼 수 있다. 사실상 이기용(1998) 말고는 '-겠-'이 가능 양상 요소로 취급된 연구를 찾아보기 힘들다. 그러나 의미론 개론서인 심재기·이기용·이정민(1984: 105 이후)에서 그와 같이 서술된 관계로, 현재 상당히 널리 퍼져 있는 견해라고 할 수 있다. 더 분명한 증거가 확인되기까지는 기존의 견해를 유지한다는 차원에서 이 장에서는 추정 의미의 '-겠-'을 존재 양화로 기술한다.

410) 필자의 논의는 '-더-'가 통사 단위가 아니고, 이어지는 요소들과 결합하여 통사 단위가 된다는 인식 하에서의 논의임에 주의할 필요가 있다. 뒤의 11.4절은 이 점에 대한 집중적 논증이다.

411) '양상 범주'는 그의 용어로는 '양태 범주'이다.

의미를 Heim & Kratzer(1998) 방식의 '전제'로 형식화하였다. 정경숙(2007)은 '-더-'와 '-네'가 '공간적 직시'의 의미를 표현하는 시제 요소로서, 그 자체로는 증거성 표지가 아니고, 오히려 '-더-'와 '-네'와 공존할 경우의 '∅', '-었-', '-겠-'이 증거성 표지라고 규정한다. 이 외에 송재목(1998, 2007), 박진호(2011나), 이정민(2014)에서도 '-더-', '-네'와 이 밖의 어미들이 증거성 의미를 가짐이 관찰되었다. 이정미(2011)은 '-더-'와 '-네'를 증거성 표현으로 분석하였는데, 증거성을 인식 양상의 하나로 해석하여 양상기반(modal base)과 순서근거(ordering source)를 가지는 Kratzer(1981, 1991a)의 양상 의미론 체계 하에서 기술하였다.

이정미(2011: 75-110)에서는 '-더-'의 증거성 의미를 인식 양상 의미의 일종으로 파악해야 할 근거로서, 조건문의 선행절에 '-더-'가 실현되는 점, '말하다'의 보문에 실현되는 '-더-'의 증거 획득자가 '말하다'의 주어인 점, '묻다'의 보문에 실현되는 '-더-'의 증거 획득자가 'NP-에게' 형식의 간접목적어 논항인 점, '-더-'가 명령/청유형의 보문에 실현되지 못하는 점, '생각하다/믿다'의 보문에 실현되지 못하는 점, '양상 종속화(modal subordination)' 현상(Roberts 1990)에서 영어의 'must'와 공통된 특성을 보이는 점, 비-동일 주어 제약에서 영어의 'must'와 공통된 특성을 보이는 점을 들었다. 필자는 마지막의 특성을 제외하고는 모두 타당한 근거로 받아들인다. 이에 따라 양정석(2015가)에서는 '-더-'의 기본적 의미를 인식 양상 의미로 기술하고, 특히 직접증거성은 전제 의미의 형식(함수의 영역 조건)으로 나타내었다. 이는 6.3절에 다시 제시된다.

보조동사로 알려져 온 '듯싶다, 성싶다, 듯하다, 법하다, 만하다, 직하다' 등이 양상 의미를 가진다는 것은 오래 전부터 주목되어 왔다. 특히 '싶다'의 의미에 대해서 차현실(1984), 김건희(2008), 변정민(2001), 박한기(2009) 등의 논의가 있어 왔으나 체계적인 양상 의미의 기술, 그 통사-의미 대응의 사실에 대한 기술이 이루어지지는 못하였다. 김지은(1998)에서는 보조동사로 알려져 온 '두다, 보다, 버리다, 주다', 나아가 '모르다, 생기다, 쉽다' 등 일반 동사가 가지는 특별한 양상 의미를 관찰하고 있다.

양상 표현을 대상으로 한 국어학자들의 연구에서 관찰되는 특징은 이론 체계에 기반하지 않은, 직관적 수준에서의 의미 특성에 관한 논의였다는 점이다. 그러나 몬태규 문법의 방법론을 바탕으로 출발한 이기용(1998)의 일련의 연구에서는 가능세계 개념에 입각한 한국어 양상 분석을 추구하여 왔다. 염재일(2005a)의 양상에 대한 연구, 그리고 정경숙(2007), 임동식(2010), 이정미(2011)의 증거성에 대한 연구는 표준적 형식의미론의 방법론에 입각한 본격적인 분석을 보여준다.

양상을 중심으로 한 내포(intension) 표현들이 가능세계 개념을 바탕으로 해석된다는 것은 표준적 형식의미론의 기본 아이디어이다. Hintikka(1962, 1969)로부터 인식 양상이 동사 '알다'의 의미를 매개로 한 '접근가능성(accessibility)' 관계를 이용해서 정의될 수 있다는 점이 제안되었다. 기준 세계와 가상의 세계(들)가 이 접근가능성 관계로 맺어진다는 것이다. 필연 인식 양상은 '내가 안다는 점에서 현 세계 w와 가상의 세계 w'이 접근가능성 관계를 맺는데, 이 관계에 의해서 맺어지는 가상의 세계들 모두에 주어진 명제가 참임'을 뜻하는 것이다. 믿음 양상 개념을 매개하는 접근가능성 관계는 기준 세계 w와 이로부터 믿음/생각의 관점에 따라 얻어진 가능세계들 w′ 사이의 관계이다.[412)]

한편, 표준적 형식의미론에서는 Stalnaker(1978, 2002)의 공유배경(common ground) 개념을 바탕으로 문장 의미 외의 맥락적 의미를 포함하는 의미의 기술을 추구하고 있다. 공유배경은 화자와 청자가 공유하는, 참이라고 믿는/받아들이는 명제들의 집합이다. 여기에서 '명제'는 이 명제가 그 세계에서 참이 되는, 그러한 세계들의 집합이라고 정의된다. 이러한 공유배경, 그에 입각한 명제의 해석은 이후 양상 의미론의 전개에 깊은 영향을 미쳤다.

Kratzer(1977, 1981, 1991a)는 양상을 설명하기 위해 대화배경(conversational background)이라는 개념을 창안하였다. 대화배경에는 두 가지가 있는데, 양상기반과 순서근거가 그것이다. 양상기반은 기준 세계에 적용되어 특정 양상적 관점에 따르는 명제들의 집합을 산출해내는 함수이고, 순서근거는 양상기반을 바탕으로 해서 산출된 세계들의 집합에 순서성을 부여하는 함수이다.

Portner(2009)는 표준적 형식의미론에서의 양상 표현에 대한 기술 방법을 종합하고 있는데, 이는 기본적으로 Kratzer(1981, 1991a)의 양상 의미론에 입각한 연구이다. Portner(2009)는 양상의 의미적 하위범주들을 체계화하고 있어 이 책에서 한국어 양상 표현들의 의미를 전체적으로 기술하는 준거가 된다.

Lewis(1979a)의 '자기지향적 태도(attitudes de se)'의 개념이 문법에서 중요한 역할을 하고 있다는 인식이 Chierchia(1989) 이래로 언어학자들에 의해 형식의미론, 생성통사론의 이론으로 구체화되어 왔다. Lasersohn(2005)에서는 기준 세계, 기준 시구간에 추가하여 기준 판단자라는 기준점이 내포적 의미를 명세화하는 데에 필요하다고 논의하였다. Stephenson(2007)은 이 기준 판단자 개념을 받아들이고, 자기지향성을 판단자 중심의 내포의미론에서 구현하기 위하여 '대안집합(alternatives: 대안적 세계-시간-판단자의 집합)'이라는 개념을 제안하였다. 대안집합의 형식적 정의에는 양상을 설명하기 위한

---

412) 양상논리 체계를 논의하는 논리학자들은 명제태도 동사 'know, believe, perceive'들을 양상 의미를 표현하는 요소로 본다. 특히 'believe'가 표현하는 양상 의미를 믿음 양상(doxastic modality)이라고 한다.

매개개념으로서의 Hintikka(1969)의 '접근가능성', Kratzer(1981, 1991a)의 '대화배경', Lasersohn(2005), Stephenson(2007)의 '기준 판단자', Lewis(1979a)의 '자기지향성'의 개념이 종합되어 있다.[413)]

양정석(2015가)에서는 이와 같은 기준 판단자 개념과 대안집합의 형식적 정의가 형식체계에 도입되는 절차를 체계적으로 논의하고, 이를 한국어 내포 표현의 3대 영역을 대표하는 주관성 형용사, 양상의 '-겠-', 증거성의 '-더-' 계통 어미들에 적용됨을 보였다. 이 장에서는 주관성 형용사를 제외한 양상과 증거성의 표현들을 대상으로 하여 표준적 형식의미론에 입각한 의미 기술을 보이고 아울러 이들 표현의 통사-의미 대응의 과정을 기술하고자 한다.

6.1.2. 한국어 양상 표현들의 형식적 분류

증거성이 넓은 의미의 양상에 포함된다는 것이 필자의 관점이다.[414)] 여기에서 '양상'은 증거성을 포함하는 뜻으로 쓴다. 양상 의미가 관찰되는 한국어 표현들을 그 통사적 차이를 기준으로 분류해 보면 다음과 같다. 다음 표현들을 양상 표현으로 선정한 것은 양상이 가능세계 변수에 대한 양화라는 형식적 특질로 정의된다는 필자의 기본 관점에 따른 것이다. 이에 따라 (5가)의 명제태도 동사도 양상 표현에 포함된다. (7)의 양상 부사는 이 장의 논의에서 다루지 않는다.

(1) 선어말어미: -겠-, -더-, …[415)]

(2) 어말어미

가. 평서형 종결어미: -네, -지, -구나/군, …

나. 명령/청유/약속형 종결어미: -어라, -자, -으마, …

다. 연결어미: -으려고, -어야, -길래, -거든, …

(3) 동사

---

413) 기준 판단자, 대안집합, 자기지향성 개념들의 도입과 관련한 철학자들, 언어학자들의 논의를 제7장에서 따로 정리할 것이다.

414) 이정미(2011)에서는 한국어의 '-더-', '-네'가 가지는 증거성 의미가 양상 의미의 하나라는 논증을 보이고, 이를 양상기반 함수로 나타내었다. 필자는 이 논증을 받아들인다. 다만 그 구체적인 의미 기술에서 '-더-'('-더라')의 의미 형식에 전제 의미로 직접증거성을 표시하는 것이 그 차이점이다.

415) '-더-'를 선어말어미로 분류한 것은 선행 연구에서의 관례에 따른 것이다. '-더-'가 통사 단위가 아니고, 이어지는 요소와 결합하여 단일 통사 단위가 된다는 점은 이전 연구자들의 견해와 뚜렷이 다른 필자의 견해이다. 11.6절의 논증을 참고하기 바람.

가. 명제태도 동사: 생각하다, 믿다, 추정하다, 추측하다, 알다, 원하다, …
나. 보조동사: (-는가/나) 보다, (-는가/나/을까/지/을) 성/(는) 듯 싶다,
(-고/으면) 싶다, (-는 듯/을) 듯 싶다, (-을) 만하다,
(-음) 직하다, (-어) 두다, (-어) 보다, (-어) 버리다, …

(4) 복합 형식: -을 것이다, -을 수 있다, -는 것 같다/을 것 같다, …

(5) 양상 부사: 확실히, 반드시, 꼭, 아마, …

(1)-(5)의 예들이 표현하는 양상은 의미론적 범주이며, 결코 문법범주로서 설정될 수 없다는 것이 필자의 관점이다. 문법범주란 통사 단위들의 계열(paradigm)이 특정 의미를 공유하는 경우에만 설정될 수 있는 것이다. 그러나 일부의 범위에 한정하여 양상을 문법범주로 파악하고자 하는 노력들이 꾸준히 있어 왔다. (1), (2)의 어미들, 또는 그 일부를 '명제 내용에 대한 화자의 주관적 태도'라는 의미와 관련지어 '양태' 또는 '서법'의 문법범주로 파악하는 것은 국어학계의 관행으로 이어져 왔다. 한 예로 장경희(1985)에서는 (1)의 '-겠-'과 '-더-', (2)의 '-네, -지, -구나', 그리고 관형사형어미 '-은, -을'을 묶어 문법범주로서의 양상 범주를 설정하고 있다. 그러나 관형사형 '-은'이 양상 의미를 가지고 '-을'과 대립된다는 판단은 의심스러우며, 일부 선어말어미와 일부 어말어미가 문법범주로서의 양상 범주를 이룬다고 설정하는 것은 통사-의미의 대응의 체계로서의 문법에 대한 적정한 인식을 결여한 것이다.

동사의 하위 부류에 대하여 적극적으로 양상의 하위 범주로서의 자격을 부여하려는 시도도 있다. 김지은(1998)은 (3나)의 일부를 포함하는 다음 (6)의 예들이 '양태용언'이라고 하는 용언의 하위 범주를 이룬다고 주장하였다. 다음은 그가 제시하는 '양태용언'의 예들이다.

(6) 보다1, 모르다, 생기다, 쉽다, 어렵다, 틀리다, (같다), 되다1, 안되다1, 좋다1;
좋다2, 되다2, 되다3, 안되다2; 두다, 주다, 보다2, 버리다, (-고) 싶다; 있다,
되다4, 되다5, 안되다3

"술을 많이 먹나 보다."의 '보다1', "국이 간이 맞는지 먹어 본다."의 '보다2'는 "철수가 나를 본다."의 일반 용언 '보다'와는 다른, 동음이의어로서의 양태용언들이라는 것이다. 그러나 명제태도 동사로 알려져 온 '생각하다, 믿다'나 '추정하다, 확신하다', 그리고 양상 의미를 가지는 것이 분명한 '확실하다, 틀림없다, 싶다('-을까 싶다')' 등은 양태용언에 포

함되지 않는다고 결론짓고 있다. 또 '같다'('정민이가 화가 난 것 같다.')는 양태용언과 일반 용언의 '중간단계적' 성격을 띤다고 하여 범주에 대한 판단을 유보하고 있다. 양상 의미와 함께 통사적인 특성에 따라 양태용언을 용언의 한 하위범주로 설정하는 것이 그의 연구의 목적이기는 하지만, 어느 하위범주에도 넣을 수 없는 '같다'와 같은 중간적 성격의 예가 발견되는 것은 이 하위 범주 설정에 문제를 제기한다. 필자는 양상이 의미론적 범주로서, 한국어에서 어느 특정 통사적 유형과도 대응되지 않으며, (3가-다)의 어느 한 유형을 문법범주로 상정하는 일도 가능하지 않다고 본다.

김지은(1998)에서는 (3나)의 일부 보조동사들이 가지는 양상 의미에 관하여 중요한 관찰을 하고 있다.[416)]

(7) 가. 칠십을 넘긴 옛 노인이 묘자리를 스스로 정하고 곽을 미리 파 <u>두는</u> 일도 있었다.
    나. 의류는 반드시 입어 <u>보고</u> 여유 있는 것을 산다.
    다. 어쩐지 김씨가 다시 올 것 같은 생각이 들어 성길네는 서둘러 가게 문을 닫아 <u>버렸다</u>.

(7가)의 '두다'는 노인들이 묘자리를 스스로 정하고 곽을 파는 행위가 죽음과 그 후에 일어날 수 있는 어떤 일에 대비하려는 의도에서 행해진 것임을 나타내며, (7나)의 '보다'는 옷을 입는 행위의 의도가 옷을 입는 것 자체에 있지 않고, 그 행위가 어떠한 결과를 가져오는가, 즉 옷의 크기가 자신의 몸에 비해 어떠한가를 아는 데에 있음을 나타내고, (7다)의 '버리다'는 가게문을 닫는 의도가 가게문을 닫지 않음으로써 생길 수 있는 다른 사태, 즉 김씨가 가게에 다시 오는 사태의 실현 가능성을 없애기 위한 것임을 나타낸다고 관찰하였다. 이들 동사가 나타내는 의미는 모두 선행 동사가 가리키는 행위와 관계된 주어의 '의도'를 표현한다고 한다. 이는 곧 소개하게 될 양상 의미의 변종들 중 '목적 양상(teleological modality)'이 가리키는 뜻이다. 가능세계 개념에 바탕을 둔 Kratzer(1977, 1981)의 양상 의미론에서는 '순서근거(ordering source)'라는 함수가 있어 양상 의미가 가지는 이러한 '목적'의 매개 의미를 표상해 준다.

6.1.3. 크라처의 양상 의미론과 양상의 의미론적 분류

표준적 형식의미론의 관점에 따른 양상 표현들의 분류와 의미 기술 방법을 가장 구체적, 포괄적으로 보여주는 연구는 Portner(2009)이다. 그는 형식의미론에서의 양상에 대

416) (9)는 김지은(1998: 32)의 예문이다.

한 표준적 이론인 Kratzer(1977, 1981, 1991a)의 양상 의미론을 받아들이고 이에 입각한 분석을 수행하고 있다.

Hintikka(1962, 1969)는 양상 의미의 핵심이 현실 세계로부터 가능세계에의 접근가능성을 표현하는 것이라는 점을 확립시켰다. 접근가능성(accessibility)에 상당하는 그의 표현은 '대안성(alternativeness)'이다. Kratzer(1997, 1981, 1991a)는 접근가능성이 대화배경이라는 매개변인을 가진 상대화된 함수임을 밝혀내었다. 대화배경이 다시 양상기반과 순서근거로 나누어진다는 것은 이미 말하였다. 이 외에도, 필연과 가능은 각각 보편(∀)과 존재(∃) 양화에 대응되는데, 이 때의 보편과 존재의 차이를 양상 효력(modal force)이라고 한다.

양상기반 함수 f를 매개로 상대화된 접근가능성 관계 R_f는 (8가)와 같이 정의할 수 있다. 이는 (8나, 다)의 정의를 바탕으로 하는데, 이들은 '명제'를 '이 명제가 참이 되는 해당 세계들의 집합'이라고 정의할 수 있음으로부터 유도되는 것이다.

(8) 가. $R_f(w, w')$ iff $w' \in \cap f(w)$
　나. f(w): '인식', '믿음' 등의 관점에서 산출되는 명제들의 집합
　다. ∩f(w): '인식', '믿음' 등으로 관점이 정해진 접근가능한 세계들의 집합

'f(w)'는 명제들의 집합인데, 명제는 다시 세계들의 집합이므로, '∩f(w)'는 그 명제들을 p1, p2, p3…이라고 나타낼 경우의 'p1∩p2∩p3, …'을 얻어내는 연산이다.

순서근거도 함수로서 명제들의 집합을 산출한다. 순서근거 g(w)는 w에서의 특정 양상적 관점에 따라 참이 되는, 그리고 특정의 순서성이 내포된 사실(명제)들의 집합이다. 함수로서의 순서근거 g(w)는 이를 바탕으로 한 순서 '$\leq_{g(w)}$'의 정의를 가능하게 한다. 이를 이용하여 가능세계들 사이의 순서를 (9)와 같이 나타낼 수 있다. Portner(1998, 2009)는 이를 바탕으로 함수 BEST의 정의를 이끌어내고 있다. BEST는 순서 '$\leq_{g(w)}$'를 바탕으로 우선순위가 가장 앞서는 세계들의 집합을 산출하는 함수이다. 이를 '최우선성 함수'라 칭할 수 있다. (10)은 Portner(1998)의 정의이다.[417]

417) 이정미(2011)에서는 세계 변수, 시구간 변수를 포함하는 (a)와 같은 정의를 보이고 있다. Stephenson(2007), 양정석(2015가)에서 도입한 기준 판단자 'j'를 더 추가하여 (b)와 같이 정의할 수도 있다(제7장의 논의 참조). 6.3절 이후의 한국어 양상 요소 분석에서는 (b)의 형식을 주로 활용할 것이다.

a. BEST(f, g, w, t) = ∩f(w, t)에 의해 산출되는 세계 w′들의 집합. 단, ∩f(w, t)에 의해 산출되는 $w'' \leq_{g(w,t)} w'$인 다른 세계 w″가 존재해서는 안 된다. (이정미 2011: 189)

b. BEST(f, g, w, t, j) = ∩f(w, t, j)에 의해 산출되는 세계-시간-판단자의 순서쌍 <w', t', x>들의 집합. 단, ∩f(w , t, j)에 의해 산출되는 $w'' \leq_{g(w,t,j)} w'$인 다른 세계 w″가 존재해서는 안 된다.

(9) w1 $\leq_{g(w)}$ w2 : '$\leq_{g(w)}$'는 순서근거 g(w)에 의해 주어지는 순서임. w1이 w2보다 더 우선적인 세계, 더 이상적인 세계이다.

(10) BEST(f, g, w) = ∩f(w)에 의해 산출되는 세계 w′들의 집합. 단, ∩f(w)에 의해 산출되는 w″$\leq_{g(w)}$ w′인 다른 세계 w″가 존재해서는 안 된다.
(Portner 1998: 771)

실례를 들어 보자. 보조동사의 하나로 다루어 온 '-어야 하다'는 (11)과 같은 세 가지 양상 의미를 표현한다. 그러나 이 세 경우의 '-어야 하다'를 서로 다른 어휘적 요소로 기술할 수는 없다. Kratzer(1981, 1991a)의 양상 의미론이 한 양상 요소의 의미 변이를 형식적으로 포착해 준다. 설명의 편의를 위하여 '-어야 하다'를 단일 통사 단위인 것처럼 나타내기로 한다. 그 의미 형식은 (12)와 같다.418)

(11) 가. 인호가 벌금을 물어야 한다. (의무 양상 deontic)
나. 이 술을 한번 맛보아야 한다/맛보셔야 합니다. (요망 양상 bouletic)
다. (두부를 만들기 위해서는) 콩을 사와야 한다. (목적 양상 teleological)

(12) $[\![$ -어야하다 $]\!]^{w,f,g}$ =
$[\lambda p_{<s,t>}.\ \forall w'[w' \in \text{BEST(circumstantial, deontic/bouletic/teleological, w)} \rightarrow p(w')] = 1]$

BEST 함수의 논항 위치에 있는 양상기반 함수 f는 'circumstantial' 하나로 고정되어 있고, 순서근거 함수 g는 '의무/요망/목적' 중의 하나가 선택될 수 있게 되어 있다. 발화 맥락에 따라 이 중 하나가 선택된다. 가령 (11가)는 대략 다음과 같은 절차로 그 의미 형식을 얻게 된다.

(13) $[\![$ 인호가 벌금을 물어야 한다 $]\!]^{w,f,g}$
= $[\lambda p_{<s,t>}.\ \forall w'[w' \in \text{BEST(circumstantial, deontic, w)} \rightarrow p(w')] = 1]$ (λw. $[\![$ 인호가-벌금을-물- $]\!]^{w,f,g}$) (함수적용)419)

418) (12)의 의미 형식은 뒤의 6.4절에서 수정된다.
'의무 양상'은 법이나 윤리적 규범에 따른 행위들의 집합을 대화배경으로 가지는 양상이다, '요망(要望) 양상'은 바람, 희망, 원망(願望)의 내용이 되는 행위나 사실들을, '목적 양상'은 선행 명제 내용이 목적으로 삼는 행위나 사실들의 집합을 대화배경으로 가지는 양상이다. Portner (2009: 135)에서는 이들을 순서근거 함수로 해석하고, 이들과 짝하여 '정황(circumstantial) 양상기반'을 설정한 바 있는데, 필자는 이를 따른 것이다. 정황 양상기반은 기준 세계에서 주어지는 사실들과 자연 법칙에 의해 추론되는 사실들의 집합이다.

419) 내포의미 표현을 논항으로 가지는 (a)의 함수적용규칙이 여기에 적용되었다. 이후의 논의에서는 (b)를 주로

$\forall w'[w' \in BEST(\text{ circumstantial, deontic, } w\ ) \rightarrow \lambda w.$ ⟦ 인호가-벌금을-물- ⟧ $^{w,f,g}(w')]$
$= 1$ (람다 전환)

$\forall w'[w' \in BEST(\text{ circumstantial, deontic, } w\ ) \rightarrow$ [세계 w'에서 인호가-벌금을-문다]
(람다 전환)

Portner(2009: 134-144)에서는 영어의 양상 조동사들이 나타낼 수 있는 양상 의미들을 다음과 같이 분류하고 있다. 이러한 분류의 착안점이 되고 있는 것은 양상기반 또는 순서근거를 매개로 형식화할 수 있는 실행 가능성이다. Portner(2009: 134-144)에 따르면 (14가)의 '인식 양상'은 인식 양상기반에 믿음 순서근거, 전형성 순서근거 등을 결합하여 기술된다. (14나)의 '우선성 양상'과 (14다)의 '동적 양상'은 모두 정황 양상기반을 가진다. 우선성 양상은 정황 양상기반에 의무, 요망, 목적의 순서근거를 결합하여 기술된다.[420] Portner(2009)는 Kratzer(1981, 1991a)를 따라서 양상기반 함수로 인식(epistemic)과 정황(circumstantial)의 두 가지만을 설정한다.

(14) 가. 인식 양상(epistemic modality)
A typhoon may hit the island./Mary must have a good reason for being late.
나. 우선성 양상(priority modality)
a. 의무 양상(deontic): The rich must give money to the poor.
b. 요망 양상(bouletic): You should try this chocolate.
c. 목적 양상(teleological): You should add some more salt to the soup.
다. 동적 양상(dynamic modality)
a. 의지 양상(volitional)

활용할 것이다.
a. 내포적 함수적용규칙(Heim & Kratzer 1998: 308): α가 분지교점이고 {β, γ}가 그 딸성분들의 집합이면, 어떠한 가능세계 w와 치할당 함수 a에 대해서도 다음이 성립한다.
⟦ β ⟧ ^{w,a}가 그 영역 안에 λw'. ⟦ γ ⟧ $^{w',a}$를 포함하는 함수이면,
⟦ α ⟧ ^{w,a} = ⟦ β ⟧ ^{w,a} (λw'. ⟦ γ ⟧ $^{w',a}$)이다.
b. 기준 시구간, 판단자를 추가한 내포적 함수적용규칙:
α가 분지교점이고 {β, γ}가 그 딸성분들의 집합이면, 모든 지표 <w,t,j>, 치할당 함수 a에 대해서 다음이 성립한다.
⟦ β ⟧ ^{w,t,j,a}가 그 영역 안에 λw'.λt'.λj'. ⟦ γ ⟧ $^{w',t',j',a}$를 포함하는 함수이면,
⟦ α ⟧ ^{w,t,j,a} = ⟦ β ⟧ ^{w,t,j,a} (λw'.λt'.λj'. ⟦ γ ⟧ $^{w',t',j',a}$)이다.

420) 우선성 양상의 하위범주로 요망(bouletic)과 목적(teleological)은 다소 혼동되기 쉬운 점이 있다. 'bouletic'이란 용어는 (14나b)의 영어 문장이 '당신이 이 초콜릿을 들기를/드시기를 요망한다.'는 뜻을 가진다는 데에 근거하여 '요망(要望)'으로 번역하였다. '희망', '원망(願望)'으로 번역되기도 한다. 목적 양상은 그 문장의 명제가 표현하는 상황이, 그 목적으로서의 다른 상황을 위한 것임을 나타낸다. (14나c)의 영어 문장은 수프에 소금을 치는 행동이 '수프가 입맛에 맞게 된다.'는 목적을 위한 행동임을 표현한다.

(i) 능력 양상(ability): John can swim.
(ii) 기회 양상(opportunity): You can see the ocean from here.
(iii) 성향 양상(dispositional): Mary will laugh if you tell her that.
b. 양화적 양상(quantificational):
A spider can be dangerous. (존재)
A spider will be dangerous. (보편)

(14다)의 a와 b의 구분은 의지의 유무에 따른 것이다. (14다a)는 의지를 가지는 사람의 행위를 표현하는 예이고, (14다b)는 의지를 갖지 않는 자연적 상황을 표현하는 예이다.

이상과 같은 분류의 틀에 한국어 양상 표현의 예를 배치해 보기로 한다.

(15) 가. 인식 양상
뉴욕에는 지금 비가 오겠다/뉴욕에는 지금 비가 올 것이다/뉴욕에는 지금 비가 올 수 있다.
나. 우선성 양상
a. 의무 양상: 인호가 벌금을 물어야 한다.
b. 요망 양상: 이 술을 한번 맛보아야 한다/맛보셔야 합니다.
c. 목적 양상: (두부를 만들기 위해서는) 콩을 사와야 한다.
다. 동적 양상
a. 의지 양상
(i) 능력 양상: 인호는 저 바위를 들 수 있다/나도 그 바위는 들겠다/ 인호도 그 정도 무게의 바위는 들 것이다.
(ii) 기회 양상: 이 위치에서 북한산을 볼 수 있다.
(iii) 성향 양상: (너무 놀리면) 그 아이는 울 수 있다.
b. 양화적 양상: 이곳에는 대나무가 자랄 수 있다/개는 물 수 있다/
(이 나무에 새집을 만들어 놓으면) 이 나무에는 딱따구리가 올 수 있다/이 나무에는 딱따구리가 올 것이다.

위 분류 (14)는 영어의 양상 조동사의 의미적 변이를 기준으로 한 것이다. 양상이 가능세계 변수에 대한 양화를 나타내는 의미론적 범주라는 필자의 관점에서 점검해 볼 때, 위 분류의 어디에도 귀속시키기 어려운 양상 표현의 예가 드러난다.

(16) '믿음/생각'의 의미:

가. 나는 밖에 비가 온다고 생각한다.

나. 비가 오는 듯하다.

다. 비가 오는 듯싶다.

라. 비가 올 듯하다.

마. 그 일로 나는 부자가 될 성싶었다.

(17) '의도'의 의미:

가. 내가 가겠다.

나. 나도 갈 것이다.

다. 인호가 가려고 한다.

(18) '예정'의 의미:

가. 신랑이 입장하시겠습니다.

나. (곧) 큰 경제 위기가 닥칠 것이다.

다. 비가 오려고 한다.

라. 외환 위기가 일어날 수 있다.

(19) '기대에 부합됨'의 의미:

가. 비가 올 법하다.

나. 인호는 이제 차를 살 만하다.

다. 쥐가 미끼를 먹었음 직하다.

(20) '원함'의 의미:

가. 나는 떠나고 싶다.

나. 나는 떠나기를 원한다/바란다/기대한다.

믿음 양상(doxastic modality)은 인식 양상과 함께 양상 개념의 토대를 이루는 의미론적 범주이다.[421] '믿다/생각하다'와 같은 동사 의미의 중심을 이룰 뿐만 아니라, 여러 가지 양상 보조동사들의 의미의 중심이 되기도 한다. (16다, 마)에서의 '싶다'는 '생각하다'와 공통된 의미를 가진다고 판단한다. 또한 다음 예는 '-은/는 듯하다/듯싶다'를 중심으로 한 (16)의 일련의 예들이 인식 양상 아닌 믿음 양상 의미를 바탕으로 한 표현임을

421) 자기지향성을 가지는 명제태도로서의 '믿음' 또는 '생각'에 관한 Lewis(1979a), Chierchia(1989)에서의 논의를 이어받아, Stephenson(2007)에서는 '믿음 대안집합(doxastic alternatives)'을 형식화하기에 이르렀다(cf. (23다)). 이에 따르면 영어의 'belive/think'는 믿음 대안집합의 원소들에 대한 보편 양화로 표상된다. 가능세계 변수에 대한 양화를 포함하므로 믿음 양상은 양상의 한 하위범주로 간주된다. (23가)의 인식 대안집합에 의해 표상되는 인식 양상은 앎/지식의 근거를 가지는지에 의해 방향이 정해지는 데에 비해서 (23다)의 믿음 대안집합에 의해 표상되는 믿음 양상은 그와 같은 근거와 무관한 의미 범주이다.

추정하게 한다. 인식 양상은 앎의 근거와 관련되는 양상인데, 선녀가 내려온다는 명제에 대해서 근거를 따지는 것은 무의미하다.

(21) 하늘에서 선녀가 내려온/내려오는 듯하다.

'선녀가 내려온다'라는 명제는 생각 속에서 만들어질 수는 있지만 이 명제에 대해서 근거를 따질 수는 없으니, 인식 양상 아닌 믿음(doxastic) 양상으로 보는 것이 타당하다.

(17)의 '의도' 의미도 양상 의미로 기술되어야 한다.[422] 따라서 (18), (19)와 같은 순서근거 의미와 짝하여 기술되는 '정황(circumstantial)' 양상, 위의 '믿음' 양상, 그리고 '인식' 양상과 함께 4가지 양상기반 함수를 설정하기로 한다. 이는 '인식'과 '정황'의 두 양상기반만을 설정하는 Kratzer(1981, 1991a), Portner(2009)에 비하여 '믿음'과 '의도'를 양상기반으로 추가한 것이다.

순서근거 함수도 Portner(2009)에서 설정하지 않은 새로운 함수를 도입할 필요가 있다. (16나-마)의 믿음 양상기반에 짝하여 실현되는 순서근거 함수로 '유사함'을 설정한다. (16나-마)의 예들이 가지는 의미의 특이성은, 믿음 양상기반에 의해 산출된 명제들이 참이 되는 세계들과, 감각에 의해서 관찰된 것과의 유사함이라는 기준에 의해 이 세계들에 순서성이 부여되는 데에 있다고 판단한다. 또, 임박한 미래 상황의 표현인 (18)의 예들을 양상 의미의 하나로서의 '예정'으로 해석하여, (19)의 '기대에 부합됨'과 함께 순서근거 함수로 설정한다. (18), (19)의 순서근거 함수들은 (18가)를 제외하고는 언제나 양상기반 함수 '정황'과 함께 실현된다. (20)의 '원함' 의미는 '믿음' 양상기반과 '요망(bouletic)' 순서근거의 결합으로 기술할 수 있다.

조정된 양상의 하위 체계는 양상기반과 순서근거의 함수들을 정리한 결과로 얻어진다. 각 함수의 명칭을 괄호 안에 로마자의 간단한 약어로 표시해 놓았다.

(22) 가. 양상기반 함수의 종류:
인식(epist), 의도(intend), 믿음(dox), 정황(circ)
나. 순서근거 함수의 종류:
의무(deon), 요망(boul), 목적(teleo), 능력(able), 기회(oppor),
의지적 성향(vol_dispo), 비의지적 성향(nonvol_dispo), 예정(scheduled),

422) Stephenson(2007)은 인식(epistemic) 양상, 믿음(doxastic) 양상과 구별하여 영어의 명제태도 동사 'intend'가 나타내는 의도(intention) 양상 의미를 주요 양상 의미의 하나로 확립하고 있다.

기대에 부합됨(expected), 전형성(stereo), 유사함(simil)

양상기반 함수 4가지를 기준으로 가능한 양상 의미와 예들을 나열해 보기로 한다.

① 인식 양상기반:
전형성 순서근거: 뉴욕에는 지금 비가 오겠다/뉴욕에는 지금 비가 올 것이다/ 뉴욕에는 지금 비가 올 수 있다.
능력 순서근거: 나도 그 바위는 들겠다/인호도 그 정도 무게의 바위는 들 것이다.
예정 순서근거: 내일은 비가 오겠습니다(일기 예보).
② 의도 양상기반
전형성 순서근거: 내가 가려고 한다/내가 가겠다/나도 갈 것이다.
예정 순서근거: 신랑이 입장하시겠습니다.
③ 믿음 양상기반
유사함 순서근거: 비가 올 것 같다/비가 오는 듯하다/비가 오는 듯싶다/그 일로 나는 부자가 될 성싶었다.
요망 순서근거: 제주도에 가고 싶다.
④ 정황 양상기반
의무 순서근거: 인호가 벌금을 물어야 한다.
요망 순서근거: 이 술을 한번 맛보아야 한다/맛보셔야 합니다.
목적 순서근거: (두부를 만들기 위해서는) 콩을 사와야 한다.
능력 순서근거: 인호는 저 바위를 들 수 있다.
기회 순서근거: 이 위치에서 북한산을 볼 수 있다.
의지적 성향 순서근거: (너무 놀리면) 그 아이는 울 수 있다.
비의지적 성향 순서근거: 외환 위기가 일어날 수 있다/이곳에는 대나무가 자랄 수 있다/개는 물 수 있다.
기대에 부합됨 순서근거: 비가 올 법하다/오늘은 비가 옴 직하다/비가 올 만하다.
예정 순서근거: 비가 오려고 한다/(곧) 큰 경제 위기가 닥칠 것이다.

이와 같이 한국어 양상 요소들의 의미를 기술하는 데에 필요한 매개적 함수들의 목록이 결정됨으로써, 위 (10)의 BEST 함수를 이용한 간결한 양상 의미의 정의가 가능하게 된다.

대화배경을 매개변인으로 한 접근가능성 관계를 형식화하는 유사한 방법으로, Stephenson(2007)에서는 다음과 같은 대안집합의 정의를 제시했다.[423] 종래 가정되던 기준 세계 'w'와 기준 시구간 't'에 기준 판단자 'j'를 추가하였고, 'j = x'와 같은 형식으로 Lewis(1979a)의 자기지향적 태도(attitudes de se) 개념을 포착한다.

(23) 가. 세계 w, 시간 t, 판단자 j의 기준에서의 인식 대안집합(Epistemic alternatives): $Epist_{w,t,j}$ = {<w',t',x>| 세계 w에서, 시간 t에 판단자 j가 아는 바는 세계 w'에서, 시간 t'에 **j=x**임과 양립 가능함}

나. 세계 w, 시간 t, 판단자 j의 기준에서의 의도 대안집합(Intention alternatives): $Intend_{w,t,j}$ = {<w',t',x>| 세계 w에서, 시간 t에 판단자 j가 의도하는 바는 세계 w'에서, 시간 t'에 **j=x**임과 양립 가능함}

다. 세계 w, 시간 t, 판단자 j의 기준에서의 믿음 대안집합(Doxastic alternatives): $Dox_{w,t,j}$ = {<w',t',x>| 세계 w에서, 시간 t에 판단자 j가 믿는 바는 세계 w'에서, 시간 t'에 **j=x**임과 양립 가능함}

인식 양상을 표현하는 '-을 것이다'는 (23가)를 활용한 다음과 같은 형식으로 기술할 수 있다.[424)]

(24) 가. ⟦-을것이다⟧^{w,t,j} = [λp. ∃<w',t',x>: <w',t',x> ∈ $Epist_{w,t,j}$ & p(w')(t')(x) = 1]

나. 뉴욕에는 지금 비가 올 것이다.

BEST 함수와 위 대안집합의 형식을 비교해 보자. 위 대안집합은 자기지향성 개념을 더 가지고 있고, 순서근거 개념을 포함하지 않는다. Stephenson(2007)에 의하면 위 대안집합의 형식에 순서근거 함수의 개념을 추가하여 양상 요소의 의미를 기술할 수 있다고 한다. (24나)의 예에서 확인되는 '전형성' 순서근거를 더하여 (24가)를 다시 형식화하면 다음과 같다.

(25) 가. ⟦-을것이다⟧^{w,t,j} = [λp. ∃<w',t',x>: <w',t',x> ∈ $Epist_{w,t,j}$ & <w',t',x>는 $Epist_{w,t,j}$의 원소이고 전형성 순서근거에 의해 순서지어진

423) 이는 제7장에서 기준 판단자 개념의 필요성을 논하면서 사용하게 될 형식들이다. 가령 '<w',t',x> ∈ $Epist_{w,t,j}$'는 '<w',t',x> ∈ BEST(epist, _ , w, t, j)'와 동일한 뜻을 나타내는데, 양상기반 함수를 중심으로 표시하는 데에는 문제가 없지만, 순서근거 함수를 더 구별하여 나타내고자 할 때는 표현이 용이하지 않다는 결점이 있다. 따라서 다음 제7장에서 판단자 개념과 자기지향성 개념의 도입과 관련한 토론을 위하여 사용하는 것 외에는 'BEST' 함수를 이용한 표기를 활용할 것이다.

424) '-을 것이다'는 한 통사적 단위를 이루지 않으나 여기에서는 잠정적으로 한 단위로 가정하여 그 앞의 명제('p')를 논항으로 취하는 것으로 나타낸 것이다. 이는 뒤에서 수정된다.

세계-시구간-판단자의 순서쌍이다 & p(w')(t')(x) = 1]

나. 뉴욕에는 지금 비가 올 것이다.

BEST 함수는 자기지향성 개념을 포함하지 않는다. 이 점은 어휘의미 기술에 다음과 같은 형식으로 포함할 수 있다. 또한, 세계 변수 w와 함께 시구간 변수 t와 판단자 변수 j를 추가하여 세계-시구간-판단자의 순서쌍들의 집합을 나타낼 수 있다.

(26) 가. $[\![$ -을것이다 $]\!]^{w,t,j}$ = λp. ∃<w',t',x>[<w',t',x> ∈ BEST(epistemic, stereo, w, t, j) & p(w')(t')(x) & j=x] = 1

나. 'BEST' 함수의 정의: BEST(f, g, w, t, j) = ∩f(w, t, j)에 의해 산출되는 세계-시간-판단자의 순서쌍 <w', t', x>들의 집합. 단, ∩f(w , t, j)에 의해 산출되는 w″ $\leq_{g(w,t,j)}$ w′인 다른 세계 w″가 존재해서는 안 된다.

다. 뉴욕에는 지금 비가 올 것이다.

(25가)와 (26가)의 두 가지 표상 형식은 본질적으로 동일한 내용을 표현하지만, BEST 함수의 형식이 좀더 간결하므로, 다음 절의 실제 분석에서는 이를 활용하여 양상 의미를 나타내려고 한다.[425)]

다음에서는 한국어의 각 양상, 증거성 표현들을 대상으로 그 의미를 기술하고, 그 통사·의미적 합성 절차를 밝혀 보기로 한다. 이들은 다음에 요약하는 것처럼 통사적으로 상이한 구조적 지위를 가진다.[426)]

(27) 가. '-겠-'은 동사구(VP)를 그 보충어로 취하는 굴절소(I)의 지위를 가진다. 재구조화된 단위 '-을 것이-'도 같은 지위를 가진다.

나. '-구나', '-지', '-네' 등은 IP를 그 보충어로 취하는 보문소(C)의 지위를 가진다. '-더라', '-더냐' 등도 그와 같은 지위를 가진다.

다. '-으려고', '-어야'는 IP를 그 보충어로 취하는 C의 지위를 가지며, 이에 이끌리는 선행절인 보문소구(CP)는 '시도하-', '하-', '되-'의 보충어가 되기도 하고, 후행절 동사구(VP 또는 I')의 부가어가 되기도 한다.

---

425) 자기지향성을 표시하는 'j = x' 부분은 논지와 직접적으로 관련되지 않는 경우에는 의미 형식에서 이를 생략하여 나타낼 것이다. 기준 판단자의 필요성에 대한 논증과, 판단자 'j'의 표시가 긴요한 문장들, 즉 판단자 의존 구문에 대한 기술은 제7장에서 보일 것이다.

426) 각 요소의 통사적 지위에 대한 자세한 논의는 양정석(2010: 348-419)에서 전개한 바 있다. 아울러 이 책 제2장 참조.

라. '-길래', '-거든'은 선행 IP를 보충어로, 후행 CP/IP를 명시어로 가지는 명시어 구조를 형성한다.
마. '-을듯', '-을성', '-을법' 등은 재구조화된 한 통사 단위의 C로서, 연결어미와 같은 지위를 가진다.
바. '-어 두-', '-어 보-', '-어 버리-'는 '-으려고 하-'와 같은 통사적 지위를 가지나, 내포절 보문소 '-어'와 주절 동사 '두/보/버리-'가 복합문 구조에서 재구조화에 의해 연계되는 점이 특이하다.

양상 요소들의 의미 분화는 위와 같은 통사적 차이와 함께 그 의미 형식의 차이에 의해 구체화된다. 특히 의미 형식에 판단자가 어떻게 명시되는지에 따라 그 의미가 뚜렷이 구별된다. 이하에서는 (10)의 BEST 함수를 활용하고, 영역 조건에 판단자 또는 그 외의 선택적 의미를 명시하여 양상 요소들의 의미를 기술할 것이다.

6.2. '-겠-'과 '-을 것이-'

'-겠-'에 관한 이전 연구 중에는 복합 형식 '-을 것이-'와의 비교를 통해서 '-겠-'의 의미 규정을 이끌어내려는 연구가 대다수라고 할 수 있다.[427] 장경희(1985)에서는 그 때까지의 연구가 확실성의 강약, 짐작의 근거가 지니는 특성, 표현의 직접성과 간접성을 기준으로 두 양상 표현의 의미 차이를 규명해 왔음을 보이고 있다. 그 자신은 '결과 짐작', '짐작', '의견', '의도'의 의미적 측면을 '-겠-'이 가지는 의미로 제시하고 있다. 이후로 현재까지, '-을 것이-'와 비교한 '-겠-'의 의미를 논급한 수많은 연구들이 있어 왔다. 이들 선행 연구 중에서 '-겠-'의 의미의 핵심에 다가간 의미 규정을 발견할 수 있으리라고 기대하는 것은 자연스럽다. 필자는 성기철(1979)의 '현장 또는 현재의 경험 사실에 근거를 둔 추정'을 그러한 의미 규정이라고 평가한다. 다음 두 예문이 '-을 것이-'와 비교한 '-겠-'의 의미의 핵심을 잘 드러내 준다.[428] 음식점에 가서 처음 보는 음식을 앞에 두고 하는 발화로 (28가)는 가능하지만, (28나)는 상대적으로 적합하지 않다.

(28) 가. 이거 맛있겠어.

427) 서정수(1977나, 1978가), 이기용(1998), 성기철(1979), 안명철(1983), 장경희(1985), 염재일(2005가) 등이 그와 같은 연구들이다.
428) (28가, 나)는 성기철(1979: 120)의 예문이다.

나. 이거 맛있을 거야.

공유배경(common ground)은 대화의 참여자인 화자와 청자가 공통적으로 믿고 있는 (그리고 청자가 믿고 있다고 화자가 믿고 있는) 명제들의 집합으로 정의되는데,[429] 대화가 진행됨에 따라 계속하여 갱신된다. 따라서 짐작/추정의 근거는 발화시를 기준으로 최근에 공유배경에 추가된 명제일 수도 있고, 상대적으로 더 오래된 명제일 수도 있다. 성기철(1979)의 '현장 또는 현재의 경험 사실에 근거를 둔 추정'이 의도하는 의미를 이렇게 '공유배경'을 매개로 한 표준적 형식의미론의 개념으로 해석하고자 한다.[430] '-을 것이-'와의 차이는, '-겠-'의 형식의미론적 정의에는 '공유배경에 최근 도입된 명제' 요건이 추가된다는 점이다. 이러한 제약은 화용적 전제로서의 성격을 갖게 된다.

'-겠-'이 가지는 추정 의미와 의도 의미의 차이와 관련하여, 이들을 두 개의 어휘적 기술로 분리해야 한다는 의미론적 견해(서정수 1977나, 1978가)와 한 의미로부터 화용적으로 전이되는 것으로 처리해야 한다는 화용론적 견해(이기용 1998)가 대립해 왔다. 양정석(2015가)에서는 논의 없이 의미론적 견해를 취하여 두 개의 '-겠-', 즉 '-겠-^{1}'과 '-겠-^{2}'의 의미 기술을 제시한 바 있다. 화용론적 견해의 대표적 논의인 이기용(1998)에서는 추정 의미가 의도 의미로 전이되는 몇 가지 조건을 제시하고 있으나, 그 조건들을 충족하는 경우 반드시 의도 의미로의 전이가 발생하지는 않는다는 문제가 제기된다.[431] 이 장에서는 양정석(2015가)의 방안을 유지하고 형식화 방법만을 조정하여, '-겠-'의 의미 기술을 (29가, 나)의 두 가지로 상정한다. -을 것이-'의 의미 기술 역시 (30가, 나)의 두 가지로 상정한다. 위에서 약정한 바와 같이 'epist'는 인식 양상기반 함수를 나타낸다. '-겠-'와 '-을것이-'의 타입은 모두 <<s,<i,<e,<e,t>>>>,<e,t>>로 가정된다. 공유배경과 관련한 요건, 즉 '공유배경에 최근 도입된 명제' 요건은 정의 성립 조건(definedness condition)으로 나타낸다.[432]

---

429) Stalnaker(1978, 2002) 참조.

430) 염재일(2005가)에서는 '-겠-'의 의미를 설명하면서 '공유 정보'란 용어를 사용하고 있는데, 이는 공유배경을 뜻하는 것으로 보인다.

431) 이기용(1998: 198-200)에서는 '의도의 성립 조건'으로, 1)불가능하다고 믿어지는 것은 의도의 대상이 될 수 없음, 2)의도의 대상은 아직 실현되지 않은 것이라야 함, 3)의도는 자기가 할 행동에 대한 확신을 필요로 함, 4)누군가 의도를 표명했다면, 청자는 그가 의도한 바를 실현할 것을 기대함 등을 제시했다. 그러나 이들은 각각 필요조건일 수는 있어도 충분조건은 되지 못한다. 한 어휘항목이 가지는 의미들 간의 전이에서 관찰되는 규칙성이라고 생각되지 않는다. 또한 뒤 (32)의 '의도' 의미 형식에서 명시된 판단자와 주어의 일치 조건을 '의도' 표현의 일부에만 선별적으로 표시하는 것도 어려움 중의 하나이다. 크라처의 양상 의미론이 가지는 변이 의미에 대한 설명력은 추정의 '-겠-' 내에서 전형성, 능력, 기대에 부합됨 간의 전이, 의도의 '-겠-' 내에서 전형성(stereo)과 예정(scheduled) 간의 전이를 설명하는 점에서 발휘된 것이라고 볼 수 있다.

(29) 가. $[\![\text{-겠-}^{1}]\!]^{w,t,j}$ = $[\lambda p_{<s,<i,<e,<e,t>>>>}.\ \lambda y_{e}.\ \exists<w',t',x>: <w', t', x> \in$ BEST(epist, stereo/able/scheduled, w, t, j) & p(w')(t')(x)(y) = 1 , 단 공유배경 속의 최근 정보 중에 p(w')(t')(x)(y)를 위한 근거가 있을 경우에만이 정의가 성립됨]

EX. 비가 오겠다/인호가 그 바위를 들겠다.

나. $[\![\text{-겠-}^{2}]\!]^{w,t,j}$ = $[\lambda p_{<s,<i,<e,<e,t>>>>}.\ \lambda y_{e}.\forall<w',t',x>: <w',t',x> \in$ BEST(intend, stereo, w, t, j) → p(w')(t')(x)(y) = 1, 단 공유배경 속의 최근 정보 중에 p(w')(t')(x)(y)를 위한 근거가 있을 경우에만 이 정의가 성립 됨]

EX. 내가 가겠다.

(30) 가. $[\![\text{-을것이-}^{1}]\!]^{w,t,j}$ = $[\lambda p_{<s,<i,<e,<e,t>>>>}.\ \lambda y_{e}.\exists<w', t', x>: <w',t',x> \in$ BEST(epist, stereo/able/nonvol_dispo /scheduled, w, t, j) & p(w')(t')(x) = 1]

EX. 뉴욕에는 지금 비가 올 것이다/인호도 그 정도 무게의 바위는 들 것이다/이 나무에는 딱따구리가 올 것이다/(곧) 큰 경제 위기가 닥칠 것이다.

나. $[\![\text{-을것이-}^{2}]\!]^{w,t,j}$ = $[\lambda p_{<s,<i,<e,<e,t>>>>}.\lambda y_{e}.\forall<w', t', x> : <w',t',x> \in$ BEST (intend, stereo, w, t, j) → p(w')(t')(x)(y) = 1]

EX. 내가 갈 것이다.

(29가)는 추정 의미의 '-겠-'이 함수로서, 공유배경의 최근 정보를 추정의 전제로 활용한다는 점을 명시하였다. '-을 것이-'의 기술인 (30가)는 이 부분의 규정을 갖지 않는다. 이 점이 앞에서 말한 (28가)와 (28나)의 차이를 설명한다. 그 차이는 Grice(1975)의 대화상 협조 원리와 양의 격률을 바탕으로 해서 설명된다. 양의 격률은 더 제보적인 정보를 전달할 수 있는 발화를 요구하는데, (28)의 두 문장 중 '-겠-'의 표현인 (가)가 그와 같은 발화이다. (29가)는 (30가)에 비해서 한정적 정보를 추가로 더 가지기 때문이다. 그러므로 해당 맥락에서 (나)는 협조 원리를 따르지 않는 발화가 되어, 상대적으로 부적절한

---

432) 필자는 이전에 이 요건을 p에 관한 영역 조건으로 나타냈다. 그러나 공유배경을 이루는 요소는 명제(타입 <s,<i,<e,t>>>)인데 (29)의 의미 형식에서 p는 속성(타입 <s,<i,<e,<e,t>>>>)으로 규정되기 때문에 p에 관한 영역 조건으로 공유배경의 명제를 언급할 수 없다는 문제가 있다. 정의 성립 조건의 형식으로 표시하면 이러한 문제점을 피할 수 있다. '단 …'과 같은 부분이 정의 성립 조건이다. '…' 부분은 영역 조건과 마찬가지로 전제로서의 특성을 가진다.

형식적 처리와 관련한 두 가지 잠재적 문제에 대한 필자의 처리 방안을 지적하기로 한다. 먼저, (29), (30)의 의미 형식은 함수 형식으로 VP 부분의 의미를 첫째 논항(p)으로 취하도록 되어 있다. VP는 <e,t> 타입으로 규정되는데, 앞의 각주 419에서 제시된 '세계, 시구간, 판단자 변수를 활용하는 내포적 함수적용규칙'이 적용되면 VP 부분이 <s,<i,<e,<e,t>>>> 타입이 되어 '-겠-'의 논항으로 취해진다. 다음으로, '비가 왔겠다'와 같이 두 개의 선어말어미가 이어지는 경우의 의미 합성 문제인데, 양정석(2010)에서는 '-었-겠-'이 통사적으로 재구조화된 복합 단위로서의 굴절소(I)라고 상정한 바 있다. '-었-'의 함수적 형식과 '-겠-'의 함수적 형식이 합성되어 만들어지는 복합 단위의 함수 형식도 '-겠-'과 동일한 타입을 가지는 것으로 상정하여 이것이 VP의 의미를 논항으로 취하는 것을 체계적으로 설명할 수 있다.

발화로 판정되는 것이다.

앞에서 '예정 양상'의 예로 들었던 다음 문장을 기존 연구에서는 심성공간의 융합(조숙환 2009)이나, 환유의 한 가지로서의 행위자 전이(박재연 2013)로 설명해 왔다.

(31) 신랑이 입장하시겠습니다. (=18가)

이러한 '예정(scheduled)'의 의미는 의도의 양상기반 의미와 짝하여 실현되는 순서근거 의미라고 판단한다. (29나)의 전형성(stereo) 의미와 이를 통합하기 위하여 '-겠-^{2}'의 규정을 다음과 같이 수정한다.

(32) $[\![\text{-겠-}^{2}]\!]^{w,t,j} = [\lambda p_{<s,<i,<e,<e,t>>>>}.\lambda y_{e}.\ [\forall <w',t',x>: <w',t',x> \in \mathrm{BEST}(\mathrm{intend}, \mathrm{stereo/scheduled}, w, t, j) \rightarrow p(w')(t')(x)(y)$, 순서근거가 stereo일 경우 $j = y]$
$= 1$, 단, 공유배경 속의 최근 정보 중에 $p(w')(t')(x)(y)$를 위한 근거가 있을 경우에만 이 정의가 성립됨]

조숙환(2009), 박재연(2013)은 순서근거 의미의 변이에 작용하는 일반적 원리를 발견하고자 하는 시도로 이해할 수 있다. 그러나 이들의 시도는 아직 명시적 기술이 가능한 단계에 이르렀다고 말할 수 없다. (32)의 규정은 '-겠-'이 나타내는 의도 의미와 예정 의미를 화용적 맥락에 따른 의미 전이 현상으로 처리할 길을 연 것이라고 할 수 있다.

이상에서 필자는 의도 의미를 양상 의미의 하나로 가정하였다. 그러나 기존 연구자 중에는 의도 의미가 진리치를 갖지 않는 것이라 하여 양상 의미와는 별도의 화행 의미로 기술되어야 한다고 주장하는 경우가 있다.[433] 뒤의 '-거든'에 관한 논의에서는 의도의 '-겠-'은 물론 명령형, 청유형, 약속형 어미들도 의도의 양상 의미를 가진다는 입장을 표명하고자 한다.

6.3. '-더라', '-네', '-구나', '-지'의 양상 의미

양정석(2015가)에서는 '-더-'와 '-네'가 인식 양상으로서 '인식 대안집합 $\mathrm{Epist}_{w,t,j}$'을

433) 염재일(2005나)에서는 '-거든' 조건문의 후행절에 실현되는 '-겠-'이 명령형, 청유형, 약속형과 마찬가지로 '의지(volition)'를 나타낸다고 보고, 의지를 나타내는 경우는 진리조건적 분석이 아닌 적정 조건적 분석을 받아야 하는 화행으로 기술되어야 한다고 주장하고 있다.

가지며, 아울러 그 어휘의미 기술에 영역 조건으로 판단자 j와 관련한 '직접 증거'의 제약을 부여한다고 기술하였다.[434] (33가)는 6.1절의 논의의 결과를 바탕으로 조정된 '-더라'의 의미 형식이다.[435] '-더-'는 통사 단위가 되지 못한다는 판단에 따라,[436] 종결어미로서의 '-더라'의 어휘의미를 기술한 것이다. 증거성 의미의 기술을 위하여 필요한, 기준 맥락으로서의 현실 맥락 'c^*'도 해석 함수에 추가한다.

(33) 가. $[\![$-더라$]\!]^{c^*;\ w,t,j}$ = $[\lambda p$: $p \in D_{<s,<i,<e,t>>>}$이고, j는 p에 관한 직접 증거를 가질 것. $\forall <w',t',x> : [SAY(s(c^*), a(c^*), <w',t',x> \in BEST(epist, stereo, w, t'', j) \rightarrow p(w')(t')(x)) \ \&\ t'' < t \ \&\ t = now \ \&\ j = s(c^*)] = 1\ ]$

나. 밖에 비가 오더라.

'직접 증거'는 다음과 같이 규정된다.

(34) j가 p에 관한 직접 증거를 가진다는 것은,

i) j가 자신에 관한 서술이 아닌 사건 또는 상태 p가 참임에 대한 지각적 근거를 가지거나,

ii) j가 자신의 내적 감각 상태에 관한 서술 p의 주체라는 뜻이다.

'-더라'의 정의 (33)에는 '$j = s(c^*)$'와 같이 판단자가 화자임이 명시된다. 보문에도 '-더라'가 실현될 수 있는데, 이런 경우를 위하여 7.2.6절에서는 재구조화된 '-더라고'의 정의를 따로 설정할 것이다. '-더라고'의 정의에는 '$j = s(c^*)$' 부분이 명시되지 않으므로 의미 합성 과정에서 상위절의 판단자와 자연스럽게 동일시된다.

---

434) 'c^*'는 현실 맥락, '$s(c^*)$'는 화자, '$a(c^*)$'는 청자를 나타낸다. 양정석(2015가)에서 제시한 형식을 다시 들면 다음과 같다.

a. $[\![$-더라$]\!]^{c^*;\ w,t,j}$ = λp: $p \in D_{<s,<i,<e,t>>>}$이고, j는 p에 관한 직접 증거를 가질 것. $[SAY(s(c^*), a(c^*), \forall <w',t',x> \in Epist_{w,t'',j} : p(w')(t')(x)) \ \&\ t'' < now \ \&\ t = now \ \&\ j = s(c^*)] = 1$

435) 이정미(2011: 190)에서는 직접증거성 제약을 양상기반의 일부로 기술한다. (a)에서 'SO(sensory observation)'가 그것이다. ST, DX는 각각 이 책의 stereo, dox에 해당한다.

a. -더- $\Rightarrow \lambda p_{<s,<i,t>>}.\ \lambda w.\ \lambda t.\ [t'' < t \ \&\ \forall w'[w' \in BEST(SO, ST/DX, w, t'') \rightarrow p(w')(t'')]]$

436) 양정석(2008, 2012) 참조. 관형사형 '-던'은 (33)에서와 같은 영역 조건을 갖지 않는다. 연결어미 '-든가', '-든지'도 어원상으로는 '-더-'를 가지는 것이지만 그 의미는 (33)와 연관지을 수 없다. '-더니'는 '-더-'와 '-니(까)'의 결합으로 취급되어 왔으나 '*-더니까'와 같은 형식이 불가하다. 현대 한국어에서 쓰이는 '-더-' 계통 어미들 중 언급되지 않은 것을 들면 다음과 같은 한정된 소수가 있을 뿐이다. 따라서 다음 어미들은 각각 독립된 어휘항목으로서, (33가)에 준하는 형식으로 기술되어야 한다.

a. -더군/더구나, -더구먼, -더냐, -던가, -던고, -던데, -던지, -데, -습디다, -습디까

'-더-'가 통사 단위를 이루는 것으로 보아서는 안 된다는 독립적인 논증을 11.6절에서 전개한다.

'-네'가 '-더-'와 함께 증거성의 표현이라는 점은 최근의 선행 연구에서 타당한 인식이 이루어지고 있다(임동식 2010, 이정미 2011).[437] 특히 이정미(2011)에서는 증거성이 인식 양상의 일종이라고 기술하였다. 필자도 양정석(2015가 및 이 책 제7장)에서 이 점을 수용하였다. '-네'의 의미는 다음과 같이 기술된다. 기준 판단자 j가 직접 증거를 가지는 점이 함수의 영역 조건으로 명시되는 것이 '-네'와 '-더라'의 공통점이다.

(35) 가. $[\![$-네$]\!]^{c*;\ w,t,j}$ = $[\lambda p$: $p \in D_{<s,<i,<e,t>>>}$이고, j는 p에 관한 직접 증거를 가질 것. $\forall$<w',t',x>[SAY(s(c*), a(c*), <w',t',x>$\in$BEST(epist, stereo, w, t", j) $\rightarrow$ p(w')(t')(x)) & t" o t & t = now & j = s(c*)] = 1]

나. 쟤가 비를 맞고 오네.

'-네'와 마찬가지로, '-구나'와 '-지'는 보문에서 실현되지 않는다. 화자와 청자가 이들의 의미 기술에서 명시된다는 점이 이들의 형식적 공통점이다. '-구나'에 대해서 장경희(1985)는 '새로 앎'으로 규정한 바 있다. '-지'는 '이미 앎'이라 하여 앞서는 내용이 구정 보임을 나타내는 것으로 파악하고 있다. 남기심(2001: 388-393)에서는 이 어미들의 의미 규정에 화자와 청자, 그리고 전제의 매개 개념을 도입하였다. '-구나'는 앞서는 내용에 대한 전제가 없고, 화자가 청자의 지식, 믿음을 고려하지 않는 표현이라고 규정한다. '-지'는 전제가 있고, 화자가 청자의 지식, 믿음을 수용하는 표현이라고 한다. '-네'도 '-구나'처럼 전제가 없다는 점에서는 같지만 화자가 청자의 지식, 믿음을 고려하는 표현이라는 점에서 차이가 난다고 설명하였다.

공유배경, 기준 판단자 개념을 활용함으로써 '-더-', '-네', '-구나', '-지'가 나타내는 의미의 공통점과 차이점을 명시적으로 기술할 수 있게 된다.[438] '-지'는 믿음 양상기반과, 이에 짝하는 전형성 순서근거를 가지는 것으로 규정되었다.

(36) 가. $[\![$-구나$]\!]^{c*;\ w,t,j}$ = $[\lambda p$: $p \in D_{<s,<i,<e,t>>>}$이고, 공유배경 속의 최근 정보 중에 p

437) 동음이의적 형태소로서의 다른 '-네'(예사낮춤의 '-네')가 독립적인 어휘항목으로 존재한다는 점은 주의를 요한다. 이기동(1987: 103)에서는 다음 대화 중 (b)의 '-네'를 (35)와 같은 직접 증거의 '-네' 논의에 포함하여 다루는 오류를 범하고 있다.

a. 그 꽃은 매우 곱지?

b. 아닐세, 매우 더럽네!

438) (37)은 평서형의 '-지'에 대한 기술이다. 의문형("인호가 가지?"), 명령형("어서 가지."), 청유형("우리 함께 가지.")의 '-지'는 합성성 원리를 고려하여 각각 다른 형식의 의미 기술을 실행해야 한다. 제8장과 제9장에서 이들에 대한 구체적인 기술을 보일 것이다.

를 위한 근거가 있음. $\forall\langle w',t',x\rangle$: SAY(s(c*), a(c*), $\langle w',t',x\rangle \in$ BEST(epist, stereo, w, t, j) $\rightarrow$ p(w')(t')(x)) & t = now & j = s(c*)] = 1

나. 비가 오는구나.

(37) 가. $[\![$-지$]\!]^{c*;\ w,t,j}$ = [λp: $p \in D_{\langle s,\langle i,\langle e,t\rangle\rangle\rangle}$이고, p는 공유배경 속의 정보임. $\forall\langle w',t',x\rangle$: SAY(s(c*), a(c*), $\langle w',t',x\rangle \in$ BEST(dox, stereo, w, t, j) $\rightarrow$ p(w')(t')(x)) & t=now & j = s(c*)] = 1

나. 인호는 인성이 좋지.

'-구나'의 '새로 앎'의 뜻은 영역 조건의 '공유배경 속의 최근 정보'라는 기술로 명시되었다. 이 내용이 (29가, 나)의 '-겠-[1]'과 '-겠-[2]'의 의미 기술에서 사용되었던 것이라는 점은 주의를 요한다. '-지'의 '이미 앎'의 뜻은 영역 조건의 '공유배경 속의 정보'라는 기술로 명시되었다. 또 공유배경 속의 정보는 화자와 청자가 공유하는 것이므로 이들 표현이 '청자를 의식하는 표현'이라고 한 관찰(남기심 2001)을 포착한 결과가 되었다.

'-겠-'과 '-구나'는 인식 양상 요소라는 점, '공유배경 속의 최근 정보'를 활용한 정의가 필요하다는 점에서 공통된다. '-구나'와 '-지'의 차이는 인식 양상기반과 믿음 양상기반의 차이와 아울러, (36)과 (37)의 영역 조건의 차이로 명시된다.

6.4. 양상 표현 연결어미

이 절에서는 연결어미들이 양상 의미를 가지는 경우를 지적한다. 본격적인 의미 기술은 제10장에서 상론할 것이다.

6.4.1. '-으려고'와 '-어야'의 양상 의미

앞의 (12), (13)에서 한 단위의 양상 요소처럼 나타낸 '-어야 하다'는 통사적으로 한 단위를 이루지 않는다. '-으려고 하다'도 그러하다. 이들은 다음과 같은 통사구조 안에서 하위절 보문소와 상위절 동사가 연결된 표현들이다.[439)]

(38) 가. 내가 가려고 한다/시도한다/노력한다.

---

439) 다음의 통사구조 설정에 대한 근거는 2.3.4절과 2.4절에서 제시한 바 있다. 'IP-으려고'는 동사의 보충어(38가)와 VP의 부가어(38나)로, 'IP-어야'는 동사의 보충어(39가)와 I'의 부가어(39나)로 상정되었다.

내가 [$_{VP}$ [$_{CP}$ [$_{IP}$ e 가-∅-]-으려고] 하-]-ㄴ다.

나. 인호가 공부하려고 도서관에 간다.

인호가 [$_{VP}$ [$_{CP}$ [$_{IP}$ e 공부하-∅-]-으려고][$_{VP}$ 도서관에 가-]]-ㄴ다.

(39) 가. 내가 가야 한다/된다.

내가 [$_{VP}$ [$_{CP}$ [$_{IP}$ e 가-∅-]-아야] 하-]-∅-ㄴ다.

나. 곡식이 비가 와야 잘 자란다.

곡식이 [$_{I'}$ [$_{CP}$ [$_{IP}$ 비가 오-∅-]-아야] [$_{I'}$[$_{VP}$ 잘 자라-]-∅-]-ㄴ다.

'-으려고'는 의도, 정황의 양상기반과 전형성, 예정의 순서근거를 가지는 것으로 상정된다. '-어야'는 정황의 양상기반, 의무, 요망, 목적의 순서근거를 가지는 것으로 상정된다. 이들은 둘 다 두 개씩의 어휘적 기술을 가지고 있어서, (38), (39)의 네 개의 통사구조를 바탕으로 해석된다.[440)]

(40) 가. 내가 가려고 한다/시도한다/노력한다(의도). 비가 오려고 한다(예정).

나. 인호가 공부하려고 도서관에 간다/비가 오려고 습도가 높아졌다.

(41) 가. $[\![$ -으려고^1 $]\!]^{w,f,g}$ = $[\lambda p_{<s,t>}. \lambda q_{<s,t>,<e,t>>}$: q는 '시도하-'류의 사건. λx: $x \in D_e$. $\forall w'[[w' \in BEST(intend/circ, stereo/scheduled, w) \rightarrow p(w')] \,\&\, q(x, p)] = 1]$

나. $[\![$ -으려고^2 $]\!]^{w,f,g}$ = $[\lambda p_{<s,t>}. \lambda q$: $q \in D_{<s,<e.t>>}$. λx: $x \in D_e$. $\forall w'[w' \in BEST(intend/circ, stereo/scheduled, w\ ) \rightarrow p(w')] \,\&\, q(w)(x) \ = 1]$

한 예로, (41가)의 '-으려고'의 의미 기술을 바탕으로 문장의 의미가 해석되는 과정은 다음과 같다.

(42) "내가 가려고 한다."의 해석:

가. $[\![$ e 가- $]\!]$ ⇒ 나-간다'

나. $[\lambda p_{<s,t>}. \lambda q$: $q \in D_{<<s,t>,<e,t>>}$이고 f는 '시도하-'류의 사건. λx: $x \in D_e$. $\forall w'[w' \in BEST(intend/circ, stereo/scheduled, w) \rightarrow p(w')] \,\&\, q(x, p)\ ]$(나-간다')(하-')(나')

(함수적용규칙)441)

다. $[\lambda q$: $q \in D_{<<s,t>,<e,t>>}$이고 f는 '시도하-'류의 사건. λx: $x \in D_e$. $\forall w'[w' \in$

440) '-으려고'와 '-어야'의 의미 형식인 (41), (44), (45)에는 시구간 변수와 판단자 변수를 생략하였다. 이 경우를 위해서는 각주 419의 (a)에 주어진 함수적용규칙을 적용해야 한다. 그 외에는 Heim & Kratzer(1998)의 관련 통사·의미 합성 절차를 동일하게 활용할 수 있다.

441) 각주 419의 (a)로 주어진 '내포적 함수적용규칙'이 적용된 것이다.

BEST(intend/circ, stereo/scheduled, w) → 나-간다'(w')] & q(x, 나-간다')](하-')
(나') (λ-전환)

라. [λq: q∈$D_{<<s,t>,<e,t>>}$이고 q는 '시도하-'류의 사건. λx: x∈D_e. ∀w'[w'∈
BEST(intend/circ, stereo/scheduled, w) → 나-간다'(w')] & q(x, 나-간다')](λP:
P∈$D_{<s,t>}$. λy: y∈D_e. 시도한다'(y,P))(나') ('하-'의 타입 전이, 의미 보충)

마. [λx: x∈D_e. ∀w'[w' ∈ BEST(intend/circ, stereo/scheduled, w) → 나-간다'(w')]
& λP: P∈$D_{<s,t>}$. λy: y∈D_e. 시도한다'(y,P)(나-간다')(x)](나') (λ-전환)

바. [λx: x∈D_e.∀w'[w' ∈ BEST(intend/circ, stereo/scheduled, w) → 나-간다'(w')]
& 시도한다'(x, 나-간다')](나') (λ-전환)

사. [∀w'[w' ∈ BEST(intend/circ, stereo/scheduled, w) → 나-간다'(w')]
& 시도한다'(나', 나-간다')] (λ-전환)

(42다, 라)는 '하-'에 대하여 <<s,t>,<e,t>> 타입일 것, '시도하-'류의 사건일 것이 요구되고, 이에 따라 화용상의 타입 전이와 그에 따른 의미 보충이 이루어짐을 보여준다.[442)]

(41나)의 의미 기술을 바탕으로 (38나)의 통사구조에서 '-으려고' 문장이 해석된 결과는 다음과 같다.

(43) "인호가 공부하려고 도서관에 간다."의 해석:
∀w'[w' ∈ BEST(intend, stereo, w) → 공부한다'(w')(인호)] & 도서관에-간다'(w)(인호)

위에서 정황의 양상기반과 의무, 요망, 목적의 순서근거를 가지는 양상 표현으로 기술한 '-어야 하다' 도 보문소 '-어야'와 주절 동사 '하-'로 나누어 기술되어야 한다. 이 연결어미도 (39가, 나)의 두 가지 통사구조에서 해석되어야 한다.[443)]

(44) 가. ⟦ -어야^1 ⟧^{w,f,g}
= [λ$p_{<s,t>}$. λq: q∈$D_{<<s,t>,<e,t>>}$이고 q는 '마땅하-'류의 사건. λx: x∈D_e.
∀w'[w' ∈ BEST(circ, deon/boul/teleo, w) → p(w')] & q(x, p) = 1]

---

442) 이렇게 전제가 주어지고 화용적 맥락에서 그 전제가 충족되는 절차는 Lewis(1979b)의 '전제보충(accommodation)'의 한 예라고 본다.

443) (45나)에 든 세 예문의 통사구조는 (39나)에 제시한 통사구조와 같지 않다. 양정석(2010)에서는 이 세 예문의 경우, 선행절이 그 원래의 위치인 I' 부가어 위치에 흔적을 남기고 문두로 이동한 것으로 설명하였다. 그러므로 그 의미 해석을 위해서는 선행절이 흔적이 놓인 I' 부가어 위치로 복원되는 절차가 필요하다.

나. 인호가 벌금을 물어야 한다/이 음식을 맛보셔야 합니다/콩을 사와야 한다.

(45) 가. $[\![$-어야$^2]\!]^{w,f,g}$

$= [\lambda p_{<s,t>}.\ \lambda q{:}\ q \in D_{<s,<e,t>>}.\ \lambda x{:}\ x \in D_e.\ \forall w'[w' \in \text{BEST}(\text{circ}, \text{deon/boul/teleo}, w) \ \&\ q(w')(x)] \rightarrow p(w') = 1]$[444)]

나. 네가 과태료를 내야 인호가 압류된 자동차를 찾을 수 있다/저희 가게를 찾아주셔야 저희가 힘이 납니다/비가 와야 곡식이 잘 자란다.

연결어미 '-으려고[1]'과 '-어야[1]'에 대한 위 의미 기술에서는 이들이 각각 3개의 논항을 취하며, 그 중의 하나인 주절 동사를 취하여 그것에 대한 의미적 제약을 부과한다고 상정하였다. 이러한 의미 기술을 상정하지 않을 수 없는 가장 큰 이유는, 그 주절 동사가 '하-'로 실현될 수 있기 때문이다. '-으려고', '-어야' 외에 '-듯이', '-고자', '-도록', '-음직', '-기로', '-고는', '-으면', '-을락말락', '-게' 등과 같은 다양한 종류의 연결어미들 또는 연결어미에 상당하는 복합 형식들이 이렇게 주절 동사로서의 '하-'와 공존한다.[445)]

통사구조에서 이들 연결어미의 절은 상위 동사 '하-'의 보충어 위치에 설정된다. 그러나 그 의미적 관계에 있어서는 머리성분(head)이 그 보충어에 대해 선택제약을 부과하는 일반적 의미 관계를 상정하기가 곤란하다. 그러나 위에서처럼 연결어미나 연결어미에

---

444) (45나)에 예시된 '-어야' 구문은 종래 필요조건을 중심으로 표현하는 조건문이라고 알려져 왔다(이광호 1980). (45가)의 의미 형식은 '-어야' 구문이 필요조건 조건문이라는 가정과 함께, 조건문의 의미에 대한 표준적 견해로 받아들여지는 Kratzer(1981)의 해석을 반영하고자 한 것이다. Kratzer(1981)에 의하면 'if p, q' 형식의 영어 조건문에서 선행절의 p는 후행절 q에 포함된 양상 연산자에 대해 제한하는 의미적 역할을 가진다고 한다. 대화배경 f(w)를 포함하여 'if p, q'의 의미 관계를 나타내면 (a)와 같다.

a. $\cap(f(w) \cup \{p\}) \subset q$

한국어의 'p-어야, q' 문장의 의미 관계는 'if q, p'와 대등하되, 'p-어야'는 '-어야하다'가 가지는 양상 연산자를 포함한다고 볼 수 있다. 이러한 고려의 결과 'p-어야, q'의 의미는 (b)와 같이 상정된다. (45가)는 (b)를 바탕으로 한 형식이다.

b. $\lambda p.\lambda q.\ \forall w'[w' \in \text{BEST}(\text{circ}, \text{deon/boul/teleo}, w) \ \&\ q(w')] \rightarrow p(w')$

445) 다음은 '하-'가 동사로서 연결어미 절을 통사적 보충어로 취하는 예들이다. 3.5절에서 이들 '하-' 구문의 의미 분석을 보인 바 있다.

a. 좌우 포청 포교들이 성안 성밖으로 가을 중 쏘대듯(이) 하였다(허웅 1995)/그는 어떻게든 징집에서 빠지고자 하였다/공부를 열심히 하도록 해라/그 사람이 힘꼴이나 씀 직하다/우리는 '아미 문화촌'을 찾기로 하였다/그 아이가 가끔 집안으로 뛰어 들어오고는 했다/나는 그를 만났으면 한다/천장에 손이 닿을락말락 한다/어머니가 철수를 들어오게 하였다.

b. 인호가 나를 아는 체한다/인호가 나를 아는 척한다/인호가 함정에 빠질 뻔하였다/인호가 너를 못 믿을 법하다/비가 오는 듯하다/비가 올 듯하다/인호는 이제 차를 살 만하다.

c. 나는 내일 제주도에 갈까 한다/철 늦은 눈이 내리는가 한다/철 늦은 눈이 내리나/내렸나 한다/지금 갈까말까 하는 중이다/제 시간에 도착할지말지 하다.

d. 그가 사람을 잘 믿기는 한다/그가 자기 집에 있기는 한다/그가 착하기는 하다/그가 자기 집에 있기는 하다/돈 많은 사람이 오기도/까지/조차/만 한다/그는 착하기도/까지/조차/만 하다.

상당하는 요소들이 의미적으로 3개의 논항을 요구한다고 상정하면, (42)에서 보인 것처럼, 일반적 의미 합성의 원리에 부합되는 체계적 설명이 가능하게 된다.

6.4.2. '-길래'와 '-거든'의 양상 의미

이 두 연결어미도 양상 의미를 가지고 있다. 우선, 각각의 예문과 그 통사구조를 보이면 다음과 같다.

(46) 가. 비가 오길래 내가 우산을 샀어.
나. [$_{CP}$ [$_{C'}$[$_{IP}$ 비가 오-∅-][$_{C}$ -길래]][$_{CP}$ 내가 우산을 샀어]]
(47) 가. 비가 오거든 우산을 가지고 가라.
나. [$_{CP}$ [$_{C'}$[$_{IP}$ 비가 오-∅-][$_{C}$ -거든]][$_{CP}$ e 우산을 가지고 가라]]

연결어미 '-길래'는 인식 양상 의미를 내포하고 있다. 이 외에 '-길래'가 가지는 의미상의 특징을 세 가지로 요약할 수 있다. '이유'를 나타내는 점, 직접증거성에 관한 영역 조건을 가지는 점, 그리고 인식 시간이 기준 시간보다 앞서는 점(t"< t)이 그것이다. 뒤의 두 가지는 '-더라'가 가지는 핵심적 의미 형식과 동일한 것이다.[446)]

(48) 가. 비가 오길래 나는 우산을 가지고 나갔다.
나. *비가 오길래 나는 우산을 가지고 나갈 것이다.
(49) ⟦-길래⟧^{w,t,j}
= [λp: p∈D$_{<s,<i,<e,t>>>}$이고, j는 p에 관한 직접 증거를 가질 것. λq$_{<s,<i,<e,t>>>}$.
∀<w',t',x>: <w',t',x> ∈ BEST(epist, stereo, w, t", j) & p(w')(t')(x) &
q(w')(t')(x)의 이유가 p(w')(t')(x)임 & t"< t & j = s(c*)] = 1

(46나)의 구조를 통해 알 수 있는 것처럼, p는 선행절의 '-길래'에 앞서는 부분(IP)의 의미이고 q는 후행절인 CP 부분의 의미이다.

'-길래'와 '-더라'가 공통된 의미 형식을 가지는 것은 두 요소가 가지는 다음과 같은 패턴의 공통성을 설명해 준다.[447)]

446) 앞의 (33) 참조. 양정석(2011)에서는 '-기에'가 발화시 이전의 참조시를 설정하는 특징을 가진다는 점에서 '-더라'와 공통된다고 정리한 바 있다. 같은 특징을 가지는 이 외의 연결어미로 '-자'가 있다. '-기에'는 '-길래'와 대부분의 의미적 특징을 공유하고 있어 동일한 연결어미로 취급되어 오기도 하였다. 필자는 둘을 서로 다른 연결어미로 분리해야 한다고 보는 안주호(1998), 염재일(2012)의 견해에 동의한다.
447) '-길래' 구문의 의미 제약에 대해서는 염재일(2012)에서 정밀하게 관찰하여 그 형식의미론적 기술을 제시하였다.

(50) 가. 인호가/네가/$^{??}$내가 대흥극장으로 들어가더라.

　　나. $^{??}$인호는/$^{??}$너는/나는 순희가 싫더라.

(51) 가. 인호가/네가/$^{??}$내가 오길래 순희도 온 거다.

　　나. $^{??}$인호는/$^{??}$너는/나는 순희가 싫길래 그 날 모임에 빠진거다.

조건의 연결어미 '-거든'도 '-길래'와 공통된 점을 가지고 있다. '-길래'와 마찬가지로, '-거든'도 인식 양상 의미를 가지는 연결어미이며, 그 명시어인 후행절에 대한 의미적 제약을 부여한다. 그러나 '-길래'와 달리, '-거든'은 그 명시어인 후행절이 의도의 표현일 것을 요구한다.[448] (52)의 예문들에서 선어말어미'-겠-', 명령형/청유형/약속형'-어라/자/으마'가 가지는 의미상의 공통점은 의도이다. (53)처럼 후행절이 평서형인 경우에도 맥락에 따라 적격한 문장이 될 수 있다. 이는 후행절에 대한 의도 제약이 전제보충(accommodation)에 의해 충족될 수 있기 때문이라고 생각된다. 이상의 고려에 따라 (54)의 의미 기술을 상정한다.

(52) 가. 비가 오거든 내가 빨래를 걷어들이겠다.

　　나. 비가 오거든 네가 빨래를 걷어들여라.

　　다. 비가 오거든 우리가 빨래를 걷어들이자.

　　라. 비가 오거든 내가 빨래를 걷어들이마.

　　마. *비가 오거든 내가/네가/그 사람이 빨래를 걷어들였다.

(53) $^{?}$비가 오거든 내가 빨래를 걷어들인다.

(54) ⟦ -거든 ⟧^{w,t,j} =

　　[$\lambda p_{<s,<i,<e,t>>>}$. $\lambda q_{<s,<i,<e,t>>>}$: q는 양상기반 함수 intend를 포함할 것.[449]

　　$\forall$<w',t',x> : <w',t',x> $\in$ BEST(epist, stereo, w , t'', j) & p(w')(t')(x)

　　$\rightarrow$ q(w')(t')(x) & t'' > t = 1]

이 책 10.4절에서 이에 대한 비판과 대안을 보일 것이다. (49)는 그 논증의 결과이다.

448) 염재일(2012)에서는 '-길래' 구문과 '-거든' 구문의 후행절에서의 서법의 분포가 상보적이라고 관찰하고 있다. 즉 '-길래' 구문에서는 평서법과 의문법으로, '-거든' 구문에서는 명령법과 청유법, 약속법으로 제한된다는 것이다.

449) 이는 (52)의 의도의 '-겠-', 명령/청유/약속의 어미'-어라/자/마'가 의도 양상기반을 가지는 형식으로 기술된다고 가정한 것이다. 한 예로, 명령형 '-어라'의 의미는 대략 (a)와 같은 형식으로 기술된다. 'IMP'는 명령의 수행동사이다. 이를 신호로 p를 중심으로 한 내용이 Portner(2004, 2007)의 '행동목록(To-do list)'에 상응하는 명제들의 집합에 추가된다고 가정한다.

　a. $\lambda p.\forall$<w',t',x>: [IMP(s(c*), a(c*), <w',t',x> $\in$ BEST(intend, stereo, w, t, j) $\rightarrow$ p(w')(t')(x))]

　8.7절에서는 단언 명제들의 집합으로서의 공유배경과 비교되는 명령문의 행동지침들의 집합 '행동목록'을 담화표상에 포함해야 함을 보일 것이다.

't" > t'는 인식 시간이 기준 시간 이후임을 나타낸다. 이는 시제 표지가 가지는 의미와 흡사한 바 있다.[450] 선행절도 양상(인식 양상)이 내포되며, 후행절에 대한 요구 조건으로도 의도의 양상 의미가 부과된다.

(54)에서 '-거든'의 의미 기술은 그 영역 조건으로 후행절이 의도의 양상기반 함수를 가질 것을 요구하고 있다. (52)의 예문들에서 그 후행절은 선어말어미 '-겠-', 명령형/청유형/약속형 어미에 이끌리고 있다. 종래 연구에서 이들 어미의 의미는 '의도'이며, 이 '의도'는 또한 양상 의미라고 하는 것이 지배적인 견해라고 할 수 있다.[451] (54)의 의미 기술은 이러한 종래의 관행을 수용한 것이다. 그러나 '-거든' 구문의 의미에 관한 형식의미론적 분석인 염재일(2005나)에서는 후행절의 이러한 어미들이 진리조건적 의미를 표현하지 않기 때문에 적정 조건에 입각한 화행 의미로의 분석이 요구된다고 보았다. 이러한 견해는 (54)에 반대되는 것이다.

그러나 한국어에서 의도 의미는 문법적 형식에 의해 실현되는 의미이다. '-으려고'와 같은 연결어미가 기본적으로 의도를 위한 형식으로 주어져 있으며, '-겠-'과 같은 선어말어미가 인식 양상 의미와 함께 의도 의미를 표현한다. 위 (52)에서 관찰한 바와 같이, '-거든' 구문에서 후행절에 실현되는 어미들이 공통으로 나타내는 의미는 의도 이외의 다른 것일 수 없다. 합성성 원리에 따르면, 문장의 하위 성분의 의미가 비진리조건적 의미를 가지면서 전체 문장의 의미가 진리치를 가질 수는 없다. 이런 견지에서 의도를 양상 의미의 하나로 보아 형식화한 (54)는 합성적 처리를 가능하게 하는 장점이 있다고 보겠다.

Portner(2007)에서는 명령문의 의미를 양상 의미와는 다른 독립된 행동 의미로 기술하되, 화용적으로 둘 사이의 전이가 용이하도록 이론을 구성하고 있다. 그는 명령문의 의미(명령/제안/권유)와 양상 문장의 의미(의무/요망/목적)가 평행적이라는 점에 착안하여, 명령문의 행동에 관한 지침이 양상 의미의 순서근거로 전이되게 하는 선택함수를 고안하여 두 영역(명령의 화행 의미와 양상의 진리조건적 의미)의 상호작용을 설명하고 있다.

'-거든' 구문의 후행절에 실현된 명령문이 화행의 의미 형식으로 주어지더라도 구체적 화용적 맥락에서 Portner(2007)의 선택함수들의 도움으로 행동 의미가 양상 의미로 전이되는 것이 설명될 수 있다. 그러나 중요한 것은, 이 구문의 의미 제약을 부여하는 주체

450) 양정석(2011)에서는 한국어가 무시제 언어라는 가정에서, 한국어의 시간적 선후관계 해석이 부분적으로 연결어미들에 의해서 이루어진다는 것을 기술한 바 있다. '-길래'와 거의 같은 특징을 가지는 '-기에'는 참조시를 발화시 이전으로, '-거든'은 참조시를 발화시 이후로, '-으나, -지만, -는데'는 참조시를 발화시와 동시로 설정하는 기능을 가진다. 이들 연결어미의 통사적 특징은 모두 명시어 구조를 형성하는 데에 있다고 보았다. 즉, 연결어미 왼쪽의 IP를 보충어로 취하며 그 오른쪽의 CP나 IP를 명시어로 가진다.

451) 대표적인 논의로 이기갑(1987), 이정민(1975) 참조.

는 연결어미 '-거든'이며, 제약의 내용은 양상 의미로서의 의도라는 것이다. (52)의 여러 가지 형식 중에서 (52가)의 '-겠-'은 화행 의미로 기술하기 어렵다. 이러한 한국어의 현상은 명령 의미와 양상 의미의 전이에 관한 Portner(2007)의 이론에서도 만족스럽게 포착되지 않는다고 결론짓는다.

6.5. 양상 의미를 표현하는 보조동사

보조동사도 양상 의미를 가질 수 있다. 이를 더 엄밀하게 표현하면, 내포절의 보문소와 상위절 동사의 불연속적 복합 단위가 양상 의미를 가진다는 뜻이다.

6.5.1. 보조동사 '두다, 보다, 버리다'의 양상 의미

6.1.2절에서는 보조동사 '두다', '보다', '버리다'가 양상 의미를 표현하고, 그 양상 의미는 '목적 양상'이라고 말한 바 있다. 이들은 형식적으로도 그 선행하는 보문의 표지가 '-어'라는 공통성이 있다. 이들 세 보조동사 구성은 재구조화의 적용을 받는 복합 요소이다.

양정석(2010)에서 제시한 통사적 해석 원리로서의 재구조화의 구체적 적용 절차는 다음과 같다. 어휘부에 두 개의 요소로 이루어진 어휘항목이 등재된다. 두 요소 각각에는 재구조화 지표 'i'가 위첨자로 표시된다. 통사구조에서 상·하위 구의 머리성분(head)을 확인하여 이것이 어휘부에 재구조화 지표로 표시된 복합 요소임이 점검되는 경우, 함수 형식으로 기술된 복합 형식의 의미가 통사구조의 하위 머리성분에 주어져서, 그 위치에서 인접 성분에 함수적용규칙이 실행된다.[452)]

(55) 가. 개가 뼈다귀를 묻어 두었다/보았다/버렸다.

나. 개가 $[_{VP}$ $[_{CP}$ e 뼈다귀를 묻-어^{i}] $[_{V}$ 두/보/버리-]^{i}]]-었다

452) 양정석(2010: 356-365)에서는 '묻어 두-'와 같은 보조동사 구성의 경우, 재구조화 지표가 '묻-', '-어', '두-'의 세 곳에 표시된다고 하였으나, 이 책에서는 '-어'와 '두-'의 두 곳에만 표시되는 것으로 실행 방법을 조금 달리한다. 즉 '-어^{i} 두-^{i}'가 한 어휘적 단위가 되어 그 함수적 의미가 인접한 선행 IP에 적용되는 것으로 본다. 또한 양정석(2010)에서는 개념의미론의 의미 표상 방법을 바탕으로 하였던 까닭에 재구조화 영역 내의 요소들의 의미 합성에서도 다른 경우와 동일하게 '단일화(unification)' 방식이 적용된다고 설명하였으나, 여기에서는 하위구의 머리성분에만 함수적 의미 형식이 주어져서 그 선행 성분에 함수 적용이 이루어진다고 가정한다. 재구조화 지표를 가지고 있는 상위구 머리성분은 무시되어, 이미 함수 적용이 이루어진 하위구의 의미 형식이 상위구의 의미 형식으로 주어지는 것으로 본다.

세 복합 요소의 의미 기술은 (56)과 같다.[453)]

(56) 가. $[\![$-어^i 두-$^i]\!]^{w,t,j}$ = $[\lambda p_{<s,<i,<e,t>>>}$. $\forall$<w',t',x>: <w',t',x> $\in$ BEST(circ, teleo, w, t, j) → p(w')(t')(x), 여기에서 teleo(w)는 이후의 활용을 목적으로, 유지하거나 보존하는 행위들의 집합 = 1]

나. $[\![$-어^i 보-$^i]\!]^{w,t,j}$ = $[\lambda p_{<s,<i,<e,t>>>}$. $\forall$<w',t',x>: <w',t',x> $\in$ BEST(circ, teleo, w, t, j) → p(w')(t')(x), 여기에서 teleo(w)는 이후의 완성이나 해결을 목적으로 시도하는 행위들의 집합 = 1]

다. $[\![$-어^i 버리-$^i]\!]^{w,t,j}$ = $[\lambda p_{<s,<i,<e,t>>>}$. $\forall$<w',t',x>: <w',t',x> $\in$ BEST(circ, teleo, w, t, j) → p(w')(t')(x), 여기에서 teleo(w)는 이후의 긍정적, 유익한 상황 조성을 목적으로, 장애물이나 부정적 상황을 폐기하는 행위들의 집합 = 1]

(55나)의 구조를 바탕으로 (56가)의 양상 의미 형식을 적용하면 대략 (57나)가 얻어진다.

(57) 가. 개가 $[_{VP}$ $[_{CP}$ e 뼈다귀를 묻-어$^i]$ $[_V$ 두-$]^i$ $]]$-ㄴ다.

나. [$\forall$<w',t',x>: <w',t',x> $\in$ BEST(circ, teleo, w, t, j) → 개가-뼈다귀를-묻는다'(w')(t')(x), 여기에서 teleo(w)는 이후의 활용을 목적으로, 유지하거나 보존하는 행위들의 집합]

하위구인 보문소구의 머리성분 '-어'에 함수적 의미 형식인 (56가)가 주어진다. 이 함수가 선행 성분 'e 뼈다귀를 묻-'에 적용되면 (57나)가 얻어지는데, 이 의미 형식은 CP의 의미 형식이자 그 상위구인 VP의 의미 형식이다.

앞의 (7)의 예문들을 다시 들어 보자.

(7) 가. 칠십을 넘긴 옛 노인이 묘자리를 스스로 정하고 곽을 미리 파 <u>두는</u> 일도 있었다.

나. 의류는 반드시 입어 <u>보고</u> 여유 있는 것을 산다.

다. 어쩐지 김씨가 다시 올 것 같은 생각이 들어 성길네는 서둘러 가게문을 닫아 <u>버렸다</u>.

---

453) (56)의 세 가지 의미 형식들에서 '여기에서 …' 부분은 순서근거 teleo(w)의 내용을 한정하는 기능을 가진다. 이 부분은 전체 의미 형식이 전제하는 내용이 아니고, 함의하는 내용이라고 가정한다(위 (29), (32)의 정의 성립 조건이 전제의 성격을 가짐과 대조된다). 뒤의 6.5.2절의 (59), (60), (61)의 의미 형식들도 마찬가지이다. 표기 형식에서 주의할 점으로, 통사적 단위에 붙은 위첨자 'i'는 재구조화 지표이고, 의미 형식의 일부로서의 'i'는 시구간(interval)의 타입을 나타내는 것이므로 서로 무관한 것이다. 재구조화 지표를 위첨자 'i'로 나타낸 것은 양정석(2010)과의 표기상의 일관성을 위한 것이다.

(7가)의 경우, 노인이 이후의 활용을 목적으로, 유지하거나 보존하는 행위들이 공통적으로 참이 되는 모든 세계에서 노인이 묘 자리를 정하고 곽을 파는 행위가 참이 된다는 뜻을 (56가)의 정의를 통해 이끌어낼 수 있다. (7나)의 경우, 옷을 사는 것을 목적으로 시도하는 행위들이 공통적으로 참이 되는 모든 세계에서 의류를 입는 행위가 참이 된다는 뜻을 (56나)의 정의를 통해 이끌어낼 수 있다. (7다)의 경우, 성길네가 이후의 긍정적, 유익한 상황 조성을 목적으로 장애물이나 부정적 상황을 폐기하는 행위들이 공통적으로 참이 되는 모든 세계에서 성길네가 가게문을 닫는 행위가 참이 된다는 뜻을 (56다)의 정의를 통해 이끌어낼 수 있다.

6.5.2. 그 외 보조동사 구문의 양상 의미: '-음직', '-을법', '-을만', '-는듯/을듯/은 듯', '-을성', '-을수', '-는것/을것/은것'[454)]

허웅(1995: 384)에서는 최현배(1937) 이래로 보조동사 '직하다'의 구문으로 알려져 온 (58가)의 문장을 어미 '-음직'과 동사 '하다'를 가지는 예로 분석한 바 있다. 보조동사 구문을 복합문 구조로 분석하는 입장에 서서 그 구조를 (58나)와 같이 보일 수 있다.[455)] 이는 결국 위 (38가), (39가)의 구조와 같은 것으로, '-음직'은 '-으려고', '-어야'처럼 보문소 범주로 간주된 것이다.

(58) 가. 쥐가 미끼를 먹었음직 하다.
　　 나. [쥐가 [$_{VP}$ [$_{CP}$ [$_{IP}$ e 미끼를 먹-었-]-음직] 하-]-다]

'-을법', '-을만'과 '-는듯/은듯/을듯', '-을성' 등도 보조동사 구문을 형성하는 것으로 알려져 온 것들이지만 이들도 (58나)와 같은 통사구조 분석이 합당한 예라고 본다. 이러한 분석을 확장하여 '-을수 있다'의 '-을수', '-는것/은것/을것 같다'의 '-는것/은것/을것'도 같은 통사구조를 가지는 것으로 기술하고자 한다.

(58)과 같이 분석된 '-음직'은 양상 요소로서, 정황 또는 상황이 판단자의 경험에 의해

454) 이후로 '-음직, -는것, -을것, -는듯, -을성, -을만, -을수' 등이 한 단위의 연결어미로 기능한다는 점을 강조하기 위하여 현행 한글맞춤법을 무시하고 이와 같이 붙여 표기할 것이다. 이들을 포함한 문장이 보조동사 구문일 수 없다는 지적은 오래 전부터 있어 왔다. 양정석(2010: 348-385)에서는 이 점을 포함하여 보조동사 구문의 통사구조를 전반적으로 정리하여 기술한 바 있다. 그러나 '-는것, -는듯, -을성, -을만, -을수'를 각기 한 연결어미 단위로 취급하는 것은 양정석(2016가)로부터 새롭게 시도한 것이다.

455) '-음직' 구문과 일반 보조동사 구문의 통사구조에 대한 이러한 견해는 양정석(2010: 348-385)에서 제시한 바 있다.

형성된 기대의 수준에 이르는 가능세계들의 집합이 존재하고, '쥐가 미끼를 먹었다'는 완료된 사실이 이 세계들 일부에서 참이 된다는 뜻을 표현한다. 이를 다음과 같이 형식화하기로 한다.

(59) $[\![\text{-음직}^i \text{ 하-}^i]\!]^{w,t,j}$ = $[\lambda p\text{: } p \in D_{<s,<i,<e,t>>>}$이고 p는 j에게 긍정적 사건임. $\exists$<w',t',x>: <w',t',x> $\in$ BEST(circ, expected, w, t, j) & p(w')(t')(x), 여기에서 expected(w)는 판단자 j의 기대의 수준에 도달한 상황들의 집합 = 1]

'-음직'과 의미상으로 공통되는 예로 '-을법'과 '-을만'이 있다. 이들은 기대에 부합됨(expected)의 순서근거를 공통으로 가진다. 이 둘은 해당 명제가 판단자에게 긍정적 사건임을 요구하는 영역 조건을 갖지 않는다.

(60) 가. $[\![\text{-을법}^i \text{ 하-}^i]\!]^{w,t,j}$ = $[\lambda p\text{: } p \in D_{<s,<i,<e,t>>>}$. $\exists$<w',t',x>: <w',t',x> $\in$ BEST(circ, expected, w, t, j) & p(w')(t')(x), 여기에서 expected(w)는 판단자 j의 기대의 수준에 도달한 상황들의 집합 = 1]

나. 지금쯤 눈이 올법 하다.

(61) 가. $[\![\text{-을만}^i \text{ 하-}^i]\!]^{w,t,j}$ = $[\lambda p\text{: } p \in D_{<s,<i,<e,t>>>}$. $\forall$<w',t',x>: <w',t',x> $\in$ BEST(circ, expected, w, t, j) → p(w')(t')(x), 여기에서 expected(w)는 판단자 j의 기대의 수준에 도달한 상황들의 집합 = 1]

나. 인호는 이제 차를 살만 하다.

'-음직', '-을법', '-을만'이 정황 양상기반을 가지는 요소들임에 비하여 '-는듯/은듯/을듯', '-을성'은 믿음 양상기반을 가지는 요소들이다. '-은듯'과 '-을듯'은 '-는듯'의 '-는'에 '-었-', '-겠-'이 형태음운론적으로 축약되어 생겨난 형식이므로,[456] (62)의 한 개의 의미 정의만으로 충분하다. 비슷한 양상 의미를 가지는 '-을성'은 (63)과 같은 독립된 의미 정의를 필요로 한다. '-는듯'과 '-을성'이 공통으로 가지는 의미적 특이성은 '싶다' 동사 부류가 가지는 의미에 대한 요구를 가지는 점에 있다.[457] 이 점은 영역 조건으로 명시된다.

456) 양정석(2008, 2012)에서는 관형사형 '-은', -을'이 각각 '-었-'과 '-는', '-겠-'과 '-는'의 형태음운론적 축약형이라고 설명하였다. '-은듯'과 '-을듯'은 각각 '-었-는-듯', '-겠-는-듯'의 형태소 결합이다. '-는듯'은 두 통사적 단위의 결합으로 상정되므로, 형태음운론적 과정에서 그 앞의 '-는'만이 '-었-', '-겠-'과 축약되는 것이 가능하다.

457) '비가 온듯/올듯/오는듯 하다.'처럼 '싶다' 대신 '하다'가 실현되는 문장에서는 영역 조건에 따라 발화 맥락에서 '하-'의 의미가 '싶-'의 의미로 전제보충(accommodation)되는 것으로 본다. (62)와 (63)에서는 '-는듯'과 '-을성'의 차이가 't' o t'(시구간이 겹침) 와 't' ≥ t'(t가 t'의 이전시이거나 동시임)의 차이로만 표시되고 있으나, 더 명세화되어야 한다. 그 의미 차이를 밝히는 일은 향후의 과제로 남겨 둔다.

(62) ⟦-는듯⟧^{w,t,j} = [λp: $p \in D_{<s,<i,<e,t>>>}$. λq: $q \in D_{<<s,t>,<e,t>>}$이고 q는 '싶-' 부류. λy: $y \in D_e$. $\exists <w',t',x>$: $<w',t',x> \in$ BEST(dox, simil, w, t, j) & p(w')(t')(x) & q(y, p) & t' o t = 1]

(63) ⟦-을성⟧^{w,t,j} =
[λp: $p \in D_{<s,<i,<e,t>>>}$. λq: $q \in D_{<<s,<i,<e,t>>>,<e,t>>}$이고 q는 '싶-'부류. λy: $y \in D_e$. $\exists <w',t',x>$: $<w',t',x> \in$ BEST(dox, simil, w, t, j) & p(w')(t')(x) & q(y, p) & $t' \geq t$ = 1]

보조동사 구문으로 다루어져 온 것은 아니지만, '-을수 있다'의 '-을수'도 위와 같은 방법으로 복합 양상 요소로 취급할 수 있다. '-을수'에 의해 표현되는 양상 의미의 변이는 (64)와 같다. 이 문장들은 모두 (58나)와 동일한 통사구조를 가진다. 한 예로 (64가)의 통사구조는 (65)와 같다. '-을수'의 의미는 (66)의 두 가지 형식으로 기술된다.

(64) 가. 인호는 저 바위를 들수 있다. (능력)
나. 이 위치에서 북한산을 볼수 있다. (기회)
다. (너무 놀리면) 그 아이는 울수 있다. (의지적 성향)
라. 이곳에는 대나무가 자랄 수 있다/개는 물수 있다. (비의지적 성향)
마. 뉴욕에는 지금 비가 올수 있다. (인식-전형성)

(65) [인호는 [e 저 바위를 들-을수] 있-]-다

(66) 가. ⟦-을수^{i} 있-^{i}⟧^{w,t,j} = [λp: $p \in D_{<s,<i,<e,t>>>}$. $\exists <w',t',x>$: $<w',t',x> \in$ BEST(circ/epist, able/oppor/vol_dispo/nonvol_dispo/stereo, w, t, j) & p(w')(t')(x) = 1]
나. ⟦-을수^{i} 없-^{i}⟧^{w,t,j} = [λp: $p \in D_{<s,<i,<e,t>>>}$. $\neg \exists <w',t',x>$: $<w',t',x> \in$ BEST (circ/epist, able/oppor/vol_dispo/nonvol_dispo/stereo, w, t, j) & p(w')(t')(x) = 1]

위에서는 '-을것이-'를 한 단위의 굴절소(I)로 처리한 바 있다. 이와는 별도로 '-는것'을 한 단위의 보문소(C)로 취급한다. '-을것'과 '-은것'은 여기에 미확인법의 '-겠-', 완료상의 '-었-'과의 형태음운론적 축약을 통해 얻어진 형식이라고 본다.[458] 보문의 머리성분인 '-는것'은 다시 주절 동사 '같-'과 연계하여 단일한 양상 요소가 된다. 그 의미는 정황 양상기반(circ)과 유사함 순서근거(simil)에 의해 결정되는 것으로 본다.

458) 이는 위 '-은듯', '-을듯'의 경우와 동일한 방법으로 설명되는 것이다.

(67) 가. 비가 오는것 같다/비가 올것 같다/비가 온것 같다.

나. [비가 [e 오-는것] 같-]-다

다. $[\![\text{-는것}^{i}\ \text{같-}^{i}]\!]^{w,t,j} = [\lambda p_{<s,<i,<e,t>>>}.\ \exists <w',t',x> : <w',t',x> \in$ $\text{BEST}(circ,\ simil,\ w,\ t,\ j\ )\ \&\ p(w')(t')(x) = 1]$

이 문장 역시 위 (58)과 동일한 통사구조를 가진다. '-는것^{i} 같-^{i}'과 같은 형식으로 어휘부에 등재되고, (67나)와 같은 통사구조에서 (67다)와 같은 복합 형식의 함수적 의미가 '-는것'에 부여되어, 내포절의 보문소 위치에서 인접하는 보문('e 오-')의 의미를 그 논항으로 취하게 된다.

이제까지 관형사형어미와 명사의 결합으로 이루어진 복합 보문소들은 모두 양상 의미를 가졌으나, '-는것'은 그 자체만으로는 양상 의미를 갖지 않는 것으로 보인다. 그러나 이 경우도 상·하위구의 머리성분인 '같-'과 '-는것'이 구조를 유지한 채 재구조화된 형식으로 양상 의미를 표현한다고 보겠다.

(67다)의 정의를 바탕으로 '비가 오는것 같다' 문장의 의미를 설명해 보자. 정황 양상 기반이 산출하는 명제들의 집합은 현재 상황 맥락과 자연적 법칙으로부터 추론되는 온갖 명제들의 집합이다. 이 온갖 명제들이 참이 되는 세계들의 집합은 다시 관찰된 결과와 유사한지를 기준으로 순서지어진 세계들의 집합이 된다. 이 세계들의 일부에서 비가 오는 것이 참임을 표현하는 것이 이 문장의 의미이다.

6.6. 동사 '답-'의 양상 의미[459)]

6.6.1. '답-'에 관한 이전의 연구

한국어 문법 연구에서 양상 의미를 가지는 요소로 분석되어 온 것으로는 '-겠-' 과 '-을 것이-'가 대표적이다.[460)] 연구가 쌓여감에 따라 보조용언이나 종결어미, 연결어미들이

459) 이 절은 "'답다'의 양상 의미와 그 통사의미적 합성'이라는 제목으로 한글 81권 1호(2020)에 실렸던 논문을 부분적인 오류를 수정하여 제시하는 것이다. 여기에서 '동사'라는 용어는 한국어의 동사와 형용사와 지정사를 하나의 통사범주로 묶어서 지칭하는 것이다. 뒤에서 언급하는 김창섭(1996)처럼 '형용사'라고 지칭해도 무방하다.

460) 'modality'에 대응하는 한국어 용어로 '양상'을 쓴다. '양태'란 용어가 사용되어 오기도 하였으나, 언어학과 논리학 연구에서 '양상'이 더 오래된 용어이며, 특히 이 책에서 옹호하는 형식의미론적 전통의 논의들이 양상이란 용어를 선호하여 왔음을 존중하고자 하는 것이다(이정민 1975, 이익환 1983, 심재기·이정민·이기용 1984, 이기용1998). 형식의미론의 전통에서 양상은 가능세계들에 대한 양화라는 형식적 특성으로 정의된다. '양태'란 용어를 사용하는 연구들에서는 대개 이를 한국어의 문법범주의 하나로 간주하고 있는데(대표적 연구는 장경희 1985,

양상 의미를 가짐이 관찰되었다. 그러나 이러한 종래의 양상 연구는 직관적 의미 분석으로 특징지을 수 있다. 양상 의미에 대한 명시적 기술이 형식의미론의 방법론에서 가장 성공적으로 이루어졌다고 하는 점은 널리 인정되는 바라고 하겠다.[461] 이 절은 표준적 형식의미론의 방법에 따라 한국어 양상 요소들의 의미를 기술하는 시도의 일환이다.[462] 형용사 '답다'를 표준적 형식의미론의 방법에 따라 분석함으로써, '답다'가 양상 요소이며, '답다'의 양상 의미가 합성성 원리를 준수하는 체계적 통사의미론적 기술의 대상이 된다는 것을 밝히고자 한다.

'답-'의 통사적 지위에 관해서는 초기에 이를 파생접미사의 하나로 간주하다가,[463] 근래에 와서는 일반 용언, 즉 형용사와 다름없는 단위라는 점을 널리 인정하고 있다. 김창섭(1984)에서는 구를 취하는 '답-'의 특성에 대해 최초로 지적하였고,[464] 김창섭(1996: 167-173)에서는 구를 취하는 '답다'가 단어로서 형용사라는 점을 분명히 하였다.

노대규(1981)에서는 'N1-이 N2-답다' 문장의 '답-'의 의미 기술을 목표로, N2가 N1의 의미를 그 한 원소로 가지는 집합으로서의 의미를 나타낸다는 점, N1이 특정적 의미를 가진다는 점, N1이 특정한 개체를 가리킬 수 없는 명사인 경우 '지시사, 수량사, 한정사, 관형구절' 등이 결합하여 N1이 특정적 의미를 갖도록 한다는 점, 그리고 'N1-이 N2-답다' 문장과 'N1-이 N2-이다' 문장이 함의 관계를 가진다는 점을 드러내었다.[465] '답다' 문장은 대응되는 '이다' 문장의 의미를 전제 의미로 가진다는 것이 필자의 생각이다. 이는 형식의미론적 기술에서 진리조건적 함수로서의 '답-'이 가지는 정의 성립 조건(definedness condition)으로 포착된다.[466]

1995), 이러한 용어법과 거리를 두기 위해서도 '양상'이란 용어가 필요하다. 양상은 한국어에서 문법범주가 아니고, 의미론적 범주일 뿐이다(양정석 2017: 2장).

461) 형식의미론은 Frege(1879) 이래의 양화·술어논리 체계를 자연언어 의미의 기술에 활용하는 의미 연구의 전통이다. 형식의미론 체계의 기초와 양상 의미의 형식화에 대해서는 이익환(1983), 심재기·이기용·이정민(1984), 이기용(1998)에서 소개하고 있다.

462) 표준적 형식의미론의 구체적인 실행의 예로는 Heim & Kratzer(1998), Heim & von Fintel(2011)을 참고할 수 있다. 양정석(2015가)에서는 양상과 증거성 표현, 주관성 형용사 구문의 의미 기술을 완전히 하기 위하여 기준 세계, 기준 시구간에 더하여 '기준 판단자'의 개념이 요구됨을 논하였다. 양정석(2017)은 현대 한국어의 양상 표현들 전반에 대한 형식의미론적 분석인데, '답다'는 다루지 못했다.

463) '답-'을 파생접미사로 처리하는 대표적 연구는 최현배(1937/1971)이다.

464) 진정한 형용사 파생접미사로서의 '-답-'을 가지는 예로 '정답다, 꽃답다, 꼴답다, 참답다, 실답다, 아름답다, 아리땁다'를 들었다.

465) 의미구조와 통사적 기저구조를 동일시하는 생성의미론의 방식에 따른 기저구조를 제시하였는데(98쪽), 이 기저구조로부터 '순이는 여자답다'와 같은 '답다' 문장의 표면구조가 어떠한 절차를 거쳐 도출되는지는 기술하지 않고 있다. 과거 1970, 1980년대의 생성의미론적, 변형론적 연구의 근본적 문제점들(일례로 무제약적 변형규칙들을 상정해야 한다는 점)을 공유하는 것이라고 평가할 수 있다.

김지은(1988)에서는 '답-'이 '기대의미 특성'으로 요약할 수 있는 의미를 가진다고 관찰하였다. 기대의미 특성이란 개념은 크루즈(Cruse 1986)로부터 원용한 것이라고 하는데, 크루즈는 퍼스(Firth)의 맥락주의(contextualism)의 관점에서, 공존하는 단어들의 결합에서 한 단어가 이와 어울려서 사용되는 다른 단어의 쓰임을 기대한다는 의미에서 기대의미 특성을 정의한 것이다. 'A dog barks.'와 같은 단어들의 결합에서 'dog'는 'barks'를 기대하므로 'barks'는 'dog'의 기대의미 특성의 하나가 된다. 유사한 예를 통해서 얻어진 '짖는다, . . .'와 같은 특성들이 모여서 개의 전형적 의미를 이룬다는 것이다.

김지은(1988)은 '답-'의 의미가 N2의 '기대의미 특성'을 만족하는 의미라고 하지만, 한국어의 형태소 '답-'은 크루즈의 원래 의미로서의 '기대의미 특성'으로 포착할 수 없는 다른 의미를 더 가진다. '이 개가 저 개보다 더 개답다.'와 같은 예에서 알 수 있는 것처럼, '답-'이 가지는 전형성은 비교가 가능한 전형성이다. 또한 일반 언중이 사용하는 발화에서 발견되는 전형적 기대의미 특성과는 다른, 화자의 판단에 따라 상정된 이상적인 특성에 부합됨을 표현할 수도 있다. '너는 진짜 너다웠다.'에서 뒤의 '너'가 가지는 기대의미 특성은 화자만이 상정하는 것이다. 이러한 점들은 크루즈의 원래 개념으로서의 '기대의미 특성'으로 포착하기 어렵다.

'기대의미 특성'을 양상 의미의 하나로서의 '기대에 부합됨'으로 해석하는 것이 이 절의 주안점이다. 이런 의미에서 '답-'의 '기대의미 특성'과 관련한 김지은(1988)의 관찰은 유익하다.

이 절에서는 노대규(1981), 김지은(1988)의 관찰을 적극 활용하여 발전시키려고 한다. 그러나 이들은 '답-'이 양상 의미를 가지는 점을 인식하지 못하였고, 관찰된 의미가 그 통사의미적 합성의 과정에서 어떻게 기여하는지에 대한 정해진 견해를 갖지 못하였다. 이 절에서는 크라처의 양상의미론의 양상기반과 순서근거 개념에 입각하여 각종 양상 의미들의 하위 분류 체계를 제시하고, '답다'의 양상 의미를 정의하며, '답다' 문장의 통사의미적 합성 절차를 밝히려고 한다.

양상 의미에 대한 체계적 기술은 무엇보다도 해당 양상 요소의 통사구조에서의 위치를 기반으로 한 의미 해석 절차를 제시해야 한다. 양상기반과 순서근거 개념을 매개로 하는 표준적 형식의미론의 방법이 우수한 점은 양상 요소를 포함하는 문장의 통사구조에 바탕을 둔 합성적 의미 도출을 가능하게 한다는 데에 있다. 이 절은 '답다' 문장에서의

466) 정의 성립 조건의 형식을 활용한 '답-'의 의미 정의는 6.6.3절의 (30)에 제시된다.

양상 의미의 합성 과정을 구체적으로 기술함으로써 이 점을 보이고자 한다.

6.6.2. 양상 의미의 분석 방법: 순서근거 '기대에 부합됨'을 중심으로

생성문법 이론은 통사론 중심의 이론으로서, 통사구조와 대응되는 의미구조의 형식과는 직접적으로 무관한, 통사구조의 형성과 그 제약에 관한 이론으로 발전하여 왔다. 생성문법 이론의 창시자인 촘스키 자신은 의미구조 형성의 이론이나 통사구조로부터 의미구조를 해석하는 과정에 관한 이론을 제시한 적이 없다. 그러나 초기의 생성문법을 운용하는 원리 중에는 '의미 보존 가설'과 같은 것이 있는데, 어떤 두 통사구조, 또는 이들과 대응되는 두 문장들 간의 의미의 동일성 여부를 가리기 위해서는 진리조건적 의미의 동일성 여부가 그 판정의 기준이 되는 것이 관례였다.

근래에는 생성문법 이론가들 중에서도 문법의 한 부문으로서의 의미 부문, 즉 통사구조로부터 의미 표상으로의 사상에 관한 이론을 제안하는 일이 있어 왔다.[467] 이와는 다른 방향에서, 프레게(Frege 1879) 이래의 기호논리학 체계를 바탕으로 자연언어 문장의 진리조건적 의미를 분석하는 연구 전통을 생성문법의 통사론 체계와 접맥시키는 연구의 흐름이 있어 왔다. 하임·크라처(Heim & Kratzer 1998)는 후자의 연구 성과를 집대성해서 소개하고 있다. 이 책에서 '표준적 형식의미론'이라고 지칭한 것은 구체적으로 이 책에서의 의미 분석들을 뜻하는 것이다.[468]

다음은 표준적 형식의미론에서 인접하는 두 구성성분의 함수적 합성을 위하여 사용하는 대표적 규칙인 함수적용규칙이다.[469] (1가)는 양상 의미 해석에 활용할 수 없다. (1나)처럼 해석 함수에 기준 세계 'w'를 도입해야 비로소 양상 의미를 해석할 수 있다.

(1) 가. 외연의미론의 함수적용규칙(=제1장의 ①(i))

A가 분지교점이고 B와 C가 그 딸성분(daughter)들일 경우, 모든 치할당 함수 g에 대하여, $⟦B⟧^g$가 함수로서, 그 영역이 $⟦C⟧^g$를 포함하면,

$⟦A⟧^g = ⟦B⟧^g(⟦C⟧^g)$이다.

467) Jackendoff(1990, 2002)는 개념의미론의 입장에서 생성 통사론의 통사구조와 의미구조의 대응에 관한 체계를 수립하였다. Larson & Segal(1995)는 원리매개변인 이론의 통사론을 바탕으로 타르스키(A. Tarski)적 진리조건적 의미 해석 이론을 제시하였다. 양상 의미론을 중심으로 한 내포의미론에 대하여 진전된 대안을 제시하지 못하는 점을 이들의 공통된 한계로 지적하고자 한다.

468) Heim & Kratzer(1998)은 주로 외연의미론을 전개하였고, 양상을 비롯한 내포의미론의 현상들에 대한 표준적 형식의미론의 분석은 Von Fintel & Heim(2011)에서 제시하고 있다. 이들은 원리매개변인 이론의 통사구조를 바탕으로 영어의 주요 구문들의 의미 해석을 이끌어낸다.

469) 이 두 종류의 함수적용규칙은 제1장에서 제시한 것이다.

나. 내포의미론의 함수적용규칙(=제1장의 ①(ii))

A가 분지 교점이고 {B, C}가 그 딸성분들의 집합이면, 모든 가능세계 w와 치할당 함수 g에 대하여 다음이 성립한다.

$[\![B]\!]^{w,g}$가 그 영역 안에 $\lambda w'. [\![C]\!]^{w',g}$를 포함하는 함수이면,

$[\![A]\!]^{w,g} = [\![B]\!]^{w,g}(\lambda w'. [\![C]\!]^{w',g})$이다.

양상기반, 순서근거 함수를 통하여 얻어진 가능세계들을 양화하는 것을 핵심 작용으로 가지는 크라처(Kratzer 1977, 1981, 1991a)의 양상 이론은 양상에 대한 표준적 이론으로 널리 인정받고 있다. 포트너(Portner 2009)에서는 크라처의 양상 이론에 입각한 기술의 장치들을 정제하여 접근가능성 함수 'BEST'의 정의를 이끌어내었다. BEST는 순서근거 함수 g(w)에 기반한 순서 '$\leq_{g(w)}$'를 바탕으로 가장 이상적인, 우선순위가 가장 앞서는 세계들의 집합을 산출하는 함수이다. (2)는 BEST 함수의 정의이고 (3)은 순서 '$\leq_{g(w)}$'의 정의이다.

(2) BEST(f, g, w) = ∩f(w)에 의해 산출되는 세계 w′들의 집합. 단, ∩f(w)에 의해 산출되는 $w'' \leq_{g(w)} w'$인 다른 세계 w″가 존재해서는 안 된다. 여기에서 'f'는 양상기반 함수, 'g'는 순서근거 함수임. (Portner 1998: 771)

(3) $w1 \leq_{g(w)} w2$: '$\leq_{g(w)}$'는 순서근거 g(w)에 의해 주어지는 순서임. w1이 w2보다 더 우선적인 세계, 더 이상적인 세계이다.

양상기반과 순서근거의 뜻을 더 잘 이해하기 위해 실례를 들어 보자. '-을 것이-'는 기본적으로 (4가)와 같은 인식 양상의 의미를 표현하는데, (4나)와 같은 예정된 상황을 나타낼 수도 있다. 후자의 예정 의미도 양상 의미의 하나로 취급할 수 있다.[470] (4가)의 인식 양상은 양상기반 함수로 '인식', 순서근거 함수로 '전형성'이 선택된 것이다. (4나)의 예정 양상은 양상기반 함수로 '정황(circumstantial)', 순서근거 함수로 '예정'이 사용되었다.

470) 이전 연구에서 예정은 시제 의미나 상의 한 종류로 파악되기도 하였다. 그러나 '-을 것이-'를 통사 범주로서의 시제나 상으로 규정하기는 어렵고, '-겠-'과 함께 양상 의미를 나타내는 단위로 기술하는 것이 가장 타당하다(양정석 2008). 이런 전제에서 이 요소의 변이 의미의 하나로 판단되는 '예정' 의미를 크라처의 양상 이론의 순서근거 함수의 하나로 처리하는 것이다. Portner(1998)에서 영어의 진행상 요소 'be-ing'를 크라처의 양상 이론에 따라 '정황' 양상기반과 새로 고안한 '중단되지 않음(NI: not interrupted)'이라는 순서근거 함수로 기술한 것은 시사하는 바가 크다.

(4) 가. 뉴욕에는 지금 눈이 올 것이다.

나. (곧) 큰 한파가 닥칠 것이다.

(4)' 가. '뉴욕에는 지금 눈이 올 것이다.'의 의미 형식:

[∃w'[w' ∈ BEST(인식, 전형성, w) & 뉴욕에는-지금-눈이-온다(w')] = 1]

나. '큰 한파가 닥칠 것이다.'의 의미 형식:

[∃w'[w' ∈ BEST(정황, 예정, w) & 큰-한파가-닥친다(w')] = 1]

(4가)'은 화자의 인식의 관점에서 산출된 가능세계들의 일부에서 '뉴욕에 지금 눈이 온다'가 참('1'로 나타냄)이 됨을 나타낸다. 정황 양상은 기준 세계에서 주어진 온갖 사실(명제)들과, 이들로부터 자연적 법칙에 따라 추론/예측되는 온갖 사실(명제)들의 집합이다. 예정이 순서근거라는 것은 이 사실들에 '예정'이라는 특정 관점에서의 순서성을 부여한다는 뜻이다. 즉, (4나)'은 정황과 예정의 관점에서 산출된 가능세계들의 일부에서 '큰 한파가 닥친다'가 참이 됨을 나타낸다.

(4가)와 (4나)에서 사용된 '-을 것이-'는 서로 다른 어휘 요소일 수 없다. 다음처럼 하나의 어휘항목으로 기술할 수 있다. 양상기반은 '인식/정황'으로, 순서근거는 '전형성/예정'으로, 잠재적으로 가능한 선택지를 모두 명세화하여, 발화 맥락에 따라 인식-전형성, 정황-예정의 쌍이 선택되도록 한다. 크라처의 양상 이론은 이러한 전이적 양상 의미의 단일한 기술을 가능하게 한다.

(5) ⟦-을것이-⟧ ^{w} =

[λ$p_{<s,t>}$. ∃w'[w' ∈ BEST(인식/정황, 전형성/예정, w) & p(w')] = 1]

양상 의미가 전이되는 현상을 보여주는 다른 예를 들어 보자. 보조동사의 하나로 다루어 온 '-어야 하다'는 (6)과 같은 세 가지 양상 의미를 표현한다. 그러나 이 세 경우의 '-어야 하다'를 서로 다른 어휘 요소로 기술할 수는 없다. 크라처의 양상 이론이 한 양상 요소의 의미 변이를 형식적으로 포착하게 해 준다. 설명의 편의를 위하여 '-어야한다'를 단일 통사 단위인 것처럼 나타내기로 한다.[471] 그 의미 형식은 (7)과 같다.[472]

---

471) 자세한 기술은 이미 3.5.2.3절과 6.4.1절에서 보인 바 있다.

472) 의무 양상이 정황 양상기반을 바탕으로 순서를 부여하는 양상이라는 뜻을 '돈 있는 사람은 가난한 사람들을 구제해야 한다'라는 문장과 관련하여 생각해 보자. '정황'은 도덕과 무관하게, 객관적 세계에서 관찰할 수 있고 추론 가능한 모든 사실과 행동들을 산출해 내는 것이다. 물리적으로 가능한 모든 행동 중에서 도덕 규범에 꼭 부합하는, 도덕적인 행동만을 하는 사람들이 사는 이상적인 세계들을 상정하고, 이 세계들 모두에서 '돈 있는 사람이 가난한 사람들을 구제한다'라는 명제가 참으로 성립함을 (6가)의 의무 양상 문장이 표현하는 것이다.

(6) 가. 인호가 벌금을 물어야 한다. (의무 양상 deontic)

나. 이 술을 한번 맛보셔야 합니다. (요망 양상 bouletic)

다. (두부를 만들기 위해서는) 콩을 사와야 한다. (목적 양상 teleological)473)

(7) ⟦ -어야한다 ⟧ ^{w} =

$[\lambda p_{<s,t>}. \forall w'[w' \in \text{BEST}(\text{정황}, \text{의무/요망/목적}, w) \rightarrow p(w')] = 1]$

BEST 함수의 논항 위치에 있는 양상기반 함수는 '정황'으로 고정되어 있고, 순서근거 함수는 '의무/요망/목적' 중의 하나가 선택될 수 있게 되어 있다. 양상 의미의 담화화용적 전이에 대한 설명력이 크라처의 양상 이론의 장점 중 하나인데, 이 점을 포착·기술하는 장치라고 하겠다. 발화 맥락에 따라 '의무', '요망', '목적' 중의 하나가 선택된다. '의무'가 선택되었다고 가정하면, (6가)는 대략 다음과 같은 절차로 그 의미 형식을 얻게 된다.

(8) ⟦ 인호가 벌금을 물어야 한다 ⟧ ^{w}

= $[\lambda p_{<s,t>}. \forall w'[w' \in \text{BEST}(\text{정황}, \text{의무}, w) \rightarrow$
$p(w')] = 1]$ (λw. ⟦ 인호가 벌금을 물- ⟧ ^{w}) ((1나) 적용)

= $\forall w'[w' \in \text{BEST}(\text{정황}, \text{의무}, w) \rightarrow$
λw. ⟦ 인호가 벌금을 물- ⟧ ^{w}(w')] = 1 (람다 전환)

iff $\forall w'[w' \in \text{BEST}(\text{정황}, \text{의무}, w) \rightarrow$
[세계 w'에서 인호가-벌금을-문다] (람다 전환)

현실 세계 w에서 '인호가 벌금을 물어야 한다.'라는 문장의 의미는 '∀w'[w' ∈ BEST(정황, 의무, w) → [세계 w'에서 인호가-벌금을-문다]', 즉 정황 양상기반과 의무 순서근거에 의해 산출된 명제들이 참이 되는 가능세계들 모두에서 인호가 벌금을 무는 것이 참이 된다는 것이다.

'답다'가 양상 의미를 가진다는 것이 이 절의 주요 논점이다. '답다'의 양상 의미와 가까운 한국어의 다른 요소에는 보조용언으로 다루어 온 '-음 직하다'와 '-을 만하다'가 있

'예정' 순서근거가 '의무'와 마찬가지로 '정황' 양상기반을 가지는 점도 위와 같은 맥락에서 이해할 수 있다. 뒤에서는 '답다'의 양상 의미를 '정황' 양상기반과 '기대에 부합됨' 순서근거로 기술하게 되는데, 여기에도 같은 논리가 적용된다.

473) 목적 양상은 양상 요소의 선행 명제가 목적을 표현함을 뜻하는 것이 아니고, 선행 명제가 다른 목적을 위한 사태임을 표현하는 것이라는 점에 주의해야 한다. (a)는 Portner(2009: 36)에서 'must'의 목적 양상의 쓰임을 보이는 예로 든 것이다.

a. To get to my house, you must take a ferry.

다. 최현배(1937/1971: 536)에서는 보조형용사 '직하다', '만하다'의 의미를 '으뜸 움직씨의 뒤에 쓰혀서, 그 움직임을 하기에 가당한 갑어치(價値)가 있음을 나타내는 도움 그림씨'라고 지적하였는데, 접미사로 규정된 '답-'의 의미도 '갑어치가 있다'라고 서술(최현배1971: 675)한 것을 보면 이들이 모종의 공통된 의미를 가지는 것으로 파악하였음을 추정할 수 있다. 필자는 이들이 공통적으로 '정황' 양상기반과 '기대에 부합됨'이라는 특수한 순서근거 함수를 가지는 양상 표현이라고 본다.[474] 통사적으로는 '-음직'과 '-을만'이 단일 단위를 이룬다고 상정한다.[475]

(9) 쥐가 미끼를 물었음 직하다.

$[_{IP}$ e $[_{VP}$ $[_{CP}$ 쥐가 미끼를 물었음직] 하-]-∅-]-다.

(10) 쥐가 미끼를 물었을 만하다.

$[_{IP}$ e $[_{VP}$ $[_{CP}$ 쥐가 미끼를 물었을만] 하-]-∅-]-다.

(11) ⟦ -음직 하- ⟧^{w} =

[λp: p∈$D_{<s,t>}$이고 p는 판단자에게 긍정적 상황임. ∃w':

w' ∈ BEST(circ, expected, w) & p(w'), 여기에서 expected(w)는 판단자의

기대의 수준에 도달한 사실(명제)들의 집합] = 1

(12) ⟦ -을만 하- ⟧^{w} =

[λp: p∈$D_{<s,t>}$. ∀w': w' ∈ BEST(circ, expected, w) →

p(w')(t')(x), 여기에서 expected(w)는 판단자의 기대의 수준에 도달한 사실

(명제)들의 집합] = 1

'-음 직하다'의 의미 정의 (11)과 '-을 만하다'의 의미 정의 (12)에 주어진 이들의 의미적 특성은, 둘 다 '정황(circ)' 양상기반과 '기대에 부합됨(expected)' 순서근거를 가지는 점에서 공통되며, '-음 직하다'는 존재 양화, '-을 만하다'는 보편 양화로 그 양상효력이 다르다는 것이다. 특히 (11)의 '-음 직하다'의 정의에는 선행 명제(p)가 판단자(화자)에게

474) 양정석(2017: 153-156, 216-217) 및 이 책 6.5절에서는 '법하다'를 '직하다, 만하다'와 함께 '기대에 부합됨'의 순서근거 의미를 표현하는 예로 묶어서 다루었다. 최현배(1971: 532-534)에서는 '법하다'를 '듯하다, 듯싶다, 보다, 싶다'와 함께 '미룸 도움 그림씨(추측보조형용사)'의 하나로 포함하고 있다. (11), (12)는 양정석(2017) 및 이 책 6.5.2절에서 제시한 의미 형식에 있었던 판단자 매개변수와 시구간 매개변수를 설명의 편의상 제외한 형식이다. 완전한 의미 기술에는 이들이 포함되어야 한다.

475) '-음직'을 이음씨끝(접속어미)의 하나로 처리한 선례는 허웅(1995: 384)이다. '-을만'은 관형형어미와 명사가 재구조화하여 접속어미의 기능을 담당하는 단위(양정석 2010의 용어로는 '보문소')로 쓰인 것으로 분석한다. (11), (12)의 의미 형식에서 변수 p에 대한 영역 조건(domain condition)인 'p∈$D_{<s,t>}$'는 명제 p가 <s,t> 타입 명제들의 집합 '$D_{<s,t>}$'의 원소이어야 한다는 뜻이다. 's'는 세계, 't'는 진리치(참 또는 거짓)의 타입을 나타낸다. 이후의 의미 형식에 나타나는 'e'는 개체의 타입이고, '<e,t>'는 속성의 타입이다.

긍정적 사건이라는 전제가 명시되어, 가령 '?그분의 병세가 악화되셨음 직하다.'와 같은 표현의 화용상의 부적격성을 예측하게 해 준다.[476]

(13) 가. 쥐가 미끼를 물었음 직하다.
나. 인호가 너의 말을 믿었음 직하다.
다. 이번 경기에 손흥민이 뛺 직하다.
라. 순희는 인호가 싫음 직하다.
마. 그가 파산했다는 것이 사실임 직하다.
바. 박찬호가 다음 타자임 직하다.

(13)' 가. ?그 사람은 학자임 직하다.
나. ?그 사람은 김대감의 아들임 직하다.
다. ?그는 메이저리그의 투수임 직하다.

(14) 가. 쥐가 미끼를 물었을 만하다.
나. 인호가 지금쯤 차를 살 만하다.
다. 나는 지금의 괴로움을 견딜 만하다.
라. 내장산의 가을 단풍은 한번쯤 구경할 만하다.
마. 이번 경기에 손흥민이 뛸 만하다.
바. 순희는 인호가 싫을 만하다.
사. 박찬호가 다음 타자일 만하다.
아. 그 사람의 반응이 즉각적일 만하다.

(14)' 가. ?그 사람은 학자일 만하다.
나. ?그 사람은 김 대감의 아들일 만하다.
다. ?그는 메이저리그의 투수일 만하다.

'-음 직하다', '-을 만하다'에 선행하는 명제는 단계 수준 술어(stage-level predicate)를 가지는 표현이어야 하는 것으로 보인다. '답다'는 이들과 달리 명사구가 선행해야 하고, 그 명사구는 의미적으로 개체 수준 술어(individual-level predicate)이어야 한

476) 그러나 그분의 병세가 악화되는 것이 화자에게 긍정적인 것으로 판단되는 특수한 상황에서는 적격한 발화로 쓰일 수 있다. (13라, 마)도 '순희가 인호를 싫어하는 상황', '그가 파산했다는 것이 사실인 상황'이 화자에게 긍정적 상황인 경우에 적격한 발화로 해석된다.
다음 예들에 대한 적격성 판단은 화자에 따라 다소 차이가 있는 듯하다. 영역 조건으로 표시되는 전제를 위반하는 경우 화용적인 전제보충(presupposition accommodation: Lewis 1979b 참조)의 작용에 따라 다시 적격성을 얻을 여지가 있기 때문에 적격성 판단의 불일치가 쉽게 나타나는 것으로 보인다. 이 절의 논지와 직결되는 것은 '답-'의 선행 보충어가 개체 단계 술어라는 조건을 가짐을 보이는 (15)와 (15)'의 대비인데, 필자가 설문한 한국어 모어 화자 누구도 이러한 적격성의 대비를 부정하지 않았다.

다.[477] (15)'은 위 (13)', (14)'과 뚜렷이 대비되는 것이다. 이것이 이들과 '답다'의 주요 차이점이다. 뒤의 6.6.3절에서 이러한 '답다'의 의미 특성을 진리조건적 정의 내의 변수에 대한 영역 조건으로 포착하려고 한다.

(15) 가. *그가 파산했다는 것이 사실답다.
　　나. *그 사람의 반응이 즉각적답다.
　　다. *박찬호가 다음 타자답다.
(15)' 가. 그 사람은 학자답다.
　　나. 그 사람은 김 대감의 아들답다.
　　다. 그는 메이저리그의 투수답다.

한국어에서 '인식'과 '정황'의 두 양상기반 함수를 가지는 양상 표현들을 예시하면 다음과 같다. 각각에 대해서 두 양상기반과 짝이 되는 순서근거 함수들의 예를 제시하였다.[478]

① 인식 양상기반:
　전형성 순서근거: 뉴욕에는 지금 비가 오겠다/뉴욕에는 지금 비가 올 것이다/뉴욕에는 지금 비가 올 수 있다.
　능력 순서근거: 나도 그 바위는 들겠다/인호도 그 정도 무게의 바위는 들 것이다.
② 정황 양상기반
　의무 순서근거: 인호가 벌금을 물어야 한다.
　요망 순서근거: 이 술을 한번 맛보셔야 합니다.
　목적 순서근거: (두부를 만들기 위해서는) 콩을 사와야 한다.
　능력 순서근거: 인호는 저 바위를 들 수 있다.
　기회 순서근거: 이 위치에서 북한산을 볼 수 있다.
　의지적 성향 순서근거: (너무 놀리면) 그 아이는 울 수 있다.
　비의지적 성향 순서근거: 이곳에는 대나무가 자랄 수 있다/개는 물 수 있다.
　예정 순서근거: 비가 오려고 한다/큰 한파가 닥칠 것이다.
　기대에 부합됨 순서근거: 오늘은 비가 옴 직하다/비가 올 만하다/그 사람은 학자답다.

---

477) 이 점을 뒤의 의미 정의 (30)에서 진리조건적 정의 안에 보충어 명사구의 의미에 대한 영역 조건으로 포함하였다. 궁극적으로는 이러한 의미 조건이 진리조건적 의미 형식과는 다른 형식, 즉 [부록]에서 설명한 의미구조 내의 별도의 층렬인 '기술 층렬(descriptive tier)'에 표시되어야 한다고 본다.
단계 수준 술어와 개체 수준 술어의 개념 구분은 Carlson(1977) 및 Kratzer(1989) 참조.
478) '예정'과 '기대에 부합됨'을 제외하고는 모두 Portner(2009)에 제시된 양상의 하위 개념들이다.

이와 같이 한국어 양상 요소들의 의미를 기술하는 데에 필요한 매개적 함수들을 위 (2)의 BEST 함수에 포함함으로써 다양한 양상 의미의 기술이 가능하게 된다. '답다'의 양상 의미는 양상기반 '정황'과 순서근거 '기대에 부합됨'으로 기술된다.

6.6.3. '답-'의 의미 정의와 통사-의미 합성

'답다'의 통사적 특징을 잘 보여주는 예문은 (16)과 같은 것이다. 우선, 명사구를 보충어로 취하고 있는 (16)의 예를 통하여 '답다'가 2자리 서술어임이 확인된다. 이에 비하면 (17)의 '답-'은 명사 어근 '꽃'에 결합된 파생접사에 지나지 않는다. 수식어 '아름다운'이 '꽃'과 결합하여 명사구를 형성하는 것은 불가능하다.[479]

(16) 그는 명문가의 자제답다.
(17) 그는 (*아름다운) 꽃다운 나이에 저 세상으로 갔다.

'답-'이 2자리 서술어라는 점은 계사 '이-'와 공통되는 것이다. '답-'에 선행하는 명사구에 격조사가 부착되지 못하는 점, 의존 형식이라는 점도 '이다'와 공통된다. 이 점은 '이-'와 '답-'이 공통적으로 가지는 형태음운론적 특성으로 기술할 수 있다. 그러나 그 보충어 위치에 '-기' 명사절, '-음' 명사절이 실현될 수 있는 '이-'와는 달리 '답-'은 그것이 불가능하다.[480] 이에 대해서는 '답-'의 어휘의미적 제약과 이에 따른 화용론적 설명이 주어질 수 있다.

(18) 가. 그는 명문가의 자제답다.
나. *그는 명문가의 자제가/와/에/로답다.
다. *그가 한 행동은 잘못을 저질러 놓고 시치미를 떼기다웠다.
라. *그가 고개를 갸웃한 것은 필시 나를 의심하였음다웠다.
(19) 가. 그는 명문가의 자제이다.
나. *그는 명문가의 자제가/와/에/로이다.
다. 그가 한 행동은 잘못을 저질러 놓고 시치미를 떼기였다.

479) 용언 어간이 파생접사로 변화하여 쓰이는 것은 매우 흔한 현상이다. 동사 '되다'와 '참되다'의 파생접사 '되'의 경우를 그 단적인 예로 들 수 있다. '이-'의 경우에도 파생접사처럼 쓰이는 '세계적이다, 다행이다, . . .'의 용법이 있다(양정석 2001가). 용언 어간으로서의 '답-'이 '꽃답다, 정답다, 아름답다, . . .'와 같이 파생접사로 변화한 예를 가지는 것은 아주 자연스러운 일이다.

480) '이다' 문장의 통사적 특성에 대해서는 양정석(2001가)를 참고하기 바람.

라. 그가 고개를 갸웃한 것은 필시 나를 의심하였음이었다.

'답-'의 보충어 위치에 놓이는 명사구의 다양한 유형을 열거하면 다음과 같다. 의미적으로는 속성을 나타내는 명사구가 가장 자연스러우나, '교육, 발전'처럼 서술성 명사의 쓰임을 가지는 명사들도 이 위치에 실현될 수 있다. 대명사, 고유명사도 가능하다. '-와'에 의한 접속 명사구도 가능하다.[481)]

(20) 가. 그 집은 재벌이 사는 집답지 않게 평범한 집이었다.
나. 그는 한때 세계 챔피언을 지낸 선수답게 기량이 뛰어났다.
다. 그 학교의 교육은 전통 있는 명문 사학의 교육답게 체계적으로 운영된다.
라. 그 학교의 발전은 김 교장이 이끈 발전답게 내실이 있다.
마. 그의 행복은 오랜 수도생활 끝에 얻은 행복답게 내적으로 충만한 것이었다.
바. 선의 신비야말로 동양의 신비답지요.
사. 좀 공부하는 것답게 공부할 수 없니?
아. 그런 사람에게 그런 말을 하다니 과연 너답다.
자. 이번 행동은 철수답지 않다.
차. 그들은 세계 물리학계가 주목하는 스승과 제자답게 끊임없이 뛰어난 연구 결과를 발표하고 있다.

노대규(1981)에서는 접미사 '답-'이 자기판단 형용사를 파생시킨다고 지적한 바 있다. '자기판단 형용사'는 '주관성 형용사(또는 '느낌형용사')를 가리키는 것으로 보인다.[482)] 그러나 1인칭 주어 제약을 가지는 것이 주관성 형용사의 특징인데, '답다' 문장은 이 제약을 갖지 않는다.

(21) 나는/?*너는/?*그는 인호가 싫다.
(22) ?나는/너는/그는 부잣집 아들답다.

그러므로 '답-'은 주관성 형용사로 간주할 수 없다. (22)에서 주어가 '나'일 경우 부적격한 발화가 되는 것은 '답다' 문장이 양상 표현이기 때문이다. 이것은 '?나는 부잣집 아들일 것이다/부잣집 아들이겠다/부잣집 아들임에 틀림없다.'와 같은 양상 표현들이 부적

481) (20가-아)는 김창섭(1984: 147)의 예이다.
482) 주관성 형용사의 통사의미적 제약에 대한 형식의미론적 설명으로는 양정석(2017)을 참고하기 바람.

격한 것과 같은 현상이다.

'답다' 문장의 일반적 통사구조는 다음과 같이 설정된다.[483]

(23) 그는 명문가의 자제답다.

$[_{CP}\ [_{IP}\ [_{NP}$ 그는$]_i\ [_{I'}\ [_{VP}\ t_i\ [_{V'}\ [_{NP}$ 명문가의 자제$]\ [_{V}$ 답-$]]]\ [_{I}\ \text{-}\varnothing\text{-}]]]$ -다$]$

흔적과 그 선행사를 해석하는 규칙은 제1장에서 제시한 다음 규칙이다. 흔적은 그 선행사의 내용과 동일한 의미 형식으로 해석되며(i), 흔적이 해석되고 나면 그 선행사의 의미 형식은 무시된다(ii)는 것이다. 이들이 적용되는 예는 뒤에서 살펴보기로 한다.

(24) 논항 흔적 의미 해석 규칙

(i) 흔적 't_i'의 해석:

통사구조의 성분 A가 이동변형의 동지표 i를 가지는 흔적 't_i'이고, 동지표 'i'를 가지는 상위 성분(선행사)이 B_i이면, 모든 치할당 함수 g에 대하여,

$[\![A]\!]^g = [\![B_i]\!]^g$이다.

(ii) 이동변형의 선행사를 가지는 구조의 의미 계승:

A가 분지교점이고 {B, C}가 그 딸성분들의 집합인 경우, B가 이동변형의 동지표 'i'를 가지는 상위 성분(선행사)이면, 모든 치할당 함수 g에 대하여,

$[\![A]\!]^g = [\![C]\!]^g$이다.

'답-'으로 말미암아 나타나는 '답다' 문장의 양상 의미는 무엇인가? 이를 (23)의 예를 들어 간략히 묘사해 보기로 하자. 보충어인 '명문가의 자제'가 가지는, 기대되는 의미는 대략 품행이 바른 것, 공부를 많이 해서 학식이 풍부한 것, 대의를 중시하는 사고를 가지는 것 등을 들 수 있다.[484] '명문가의 자제'를 중심으로 환기되는 이러한 기대되는 의미, 기대되는 가치에 주어로 지칭되는 인물의 행동이 부합된다는 뜻을 (23) 문장은 표현한다. 그런데 기대되는 의미는 화자에 따라 다를 수 있는 것이므로 사물이나 명제들의 분류적 의미로 명시할 수 없다. 이것이 '기대에 부합됨'을 양상 의미의 하나로 설정해야 하는 이유이다.

---

483) 주어 명사구가 VP의 명시어 위치에 흔적을 남기는 것으로 기술되었음에 유의해야 한다. 통사구조 형성을 위한 원리와 규칙들의 체계에 대해서는 양정석(2010) 및 이 책 제2장을 참고하기 바람.

484) 이러한 명제들은 언중들이 일반적으로 환기하는 것이라기보다는, 다분히 개개의 화자가 가지는 주관적 판단에 따라 환기되는 것이라고 생각된다.

보충어의 명사구를 중심으로 환기되는 '기대되는 의미'는 부정적인 의미일 수도 있다. 비꼬는 의미로 다음과 같이 표현될 수도 있다.

(25) 가. 그는 네가 고른 남자답다.
나. 그는 후진국의 정치인답다.

예문 (25가)가 가지는 양상 의미는 다음과 같이 풀이된다. '답-'의 보충어 '네가 고른 남자'의 의미로 기대되는 것은 '인품/자질이 훌륭하지 않다'와 같은 것이다. 화자가 '너'의 사람 보는 눈이 우수하지 않다고 보는 개인적 견해를 가지고 있다는 것이 이러한 판단의 배경이다. 주어인 '그'가 이 기대되는 의미에 부합된다는 것이 이 문장의 의미라고 하겠다.

'답다' 문장의 주어 위치에는 항상 사람 명사만이 올 수 있는 것이 아니다.

(26) 이 물건은 X기업이 만든 제품답다.

'X기업이 만든 제품'은 속성 의미를 가진다. 이 속성을 바탕으로 '답다'는 'X기업이 만든 제품'의 가장 전형적인, 또는 이상적인 속성을 상정하게 하여, 주어인 '이 물건'이 이에 속한다고 서술한다.

그런데, '기대에 부합됨'의 의미는 '답다'가 가지는 양상 의미의 전부가 아니다. 다른 양상 의미는 '정황' 의미이다. 양상기반의 하나로서의 '정황'은 기준 세계를 바탕으로 해서 이 기준 세계에 있는 자연적 법칙에 따라 예측되는 온갖 명제들을 산출하는 함수이다. '기대에 부합됨'의 양상 의미도 명제들의 집합을 산출한다고 하였다. '기대에 부합됨'에 따른 명제들은 '정황'에 따른 명제들을 한정한다. '기대에 부합됨' 양상 의미가 '정황' 양상 의미를 한정한다는 것은, 정황에 의해 산출되는 명제들이 기대에 부합됨에 의해 순서성을 갖게 된다는 뜻이다. 순서성을 가진 명제들은 다시 그 명제들이 참이 되는 순서를 가진 세계들의 집합을 이끌어낸다.

이 외에도, '답다' 문장은 전제 의미를 가진다. 'A는 B답다'는 'A는 B이다'를 전제한다. (22), (25가, 나), (26)에서 '너는/그는 부잣집 아들이다', '그는 네가 고른 남자이다/그는 후진국의 정치인이다', '이 물건은 X기업이 만든 제품이다'가 참으로 성립한다. 노대규(1981)에서는 'A는 B답다'가 'A는 B이다'를 '함의'한다고 관찰한 바 있다.[485] 'A는 B답

485) 노대규(1981)에서의 '함의'는 Smith & Wilson(1979: 165)에서 말하는 '배경함의(background entailment)'를

다'를 부정해도 'A는 B이다'가 참이라는 점이 유지되는 것은 둘의 관계가 전제라고 판단하는 증거이다. 비근한 예로, '같다' 문장은 이러한 전제 의미를 갖지 않는다. '같다' 문장을 부정하면 관련되는 '이다' 문장이 참일 수도 있고, 거짓일 수도 있다.

(27) 가. 그는 학생답다. → 그는 학생이다.
　　나. 그는 학생답지 않다. → 그는 학생이다/*학생이 아니다.
(28) 가. 그 집은 재벌이 사는 집 답다. →
　　　그 집은 재벌이 사는 집이다/*그 집은 재벌이 사는 집이 아니다.
　　나. 그 집은 재벌이 사는 집 답지 않다. →
　　　그 집은 재벌이 사는 집이다/*그 집은 재벌이 사는 집이 아니다.
　　cf. 그 집은 재벌이 사는 집 같지 않다. →
　　　그 집은 재벌이 사는 집이다/그 집은 재벌이 사는 집이 아니다.

이상에서 관찰한 '답다' 문장의 의미의 주요 요소는 다음과 같이 요약된다.

(29) 'A는 B답다'의 의미:
　가. '정황' 양상기반: 현실 세계/상황으로부터 자연 법칙에 의해 예측/추리되는 온갖 사실(명제)들
　나. '기대에 부합됨' 순서근거: 현실 세계/상황으로부터, 기대되는 전형적인, 또는 이상적인 가치의 기준에 비추어 부합됨을 판단하여 선택된 명제들
　다. B는 개체 수준 술어이어야 한다.
　라. 전제 의미: 'A가 B이다'라는 사실이 참이다.

이러한 점들을 반영하여 '답다'의 의미를 형식화하기로 한다.

(30) ⟦답-⟧^{w} =
　[λB: $B \in D_{<e,t>}$ & B는 개체 수준 술어. λA: $A \in D_e$. λw: $w \in D_s$.
　$A \in \{x : \forall w'[w' \in \text{BEST}(\text{circ, expected}, w) \rightarrow \exists x. B(x)(w')]\} = 1$,
　단 이 정의는 $B(A) = 1$인 경우에만 성립됨]

(30)의 의미 형식을 살펴보자. 우선 'A가 B답다'가 'A가 B이다'를 전제한다는 (29라)

가리키는 것이다. 배경함의는 공유배경(common ground)에 의해 함의되는 명제라는 뜻으로(cf. Stalnaker 1978), 표준적 형식의미론 연구에서 '전제(presupposition)'의 뜻으로 사용하는 것이다.

의 내용은 B(A)가 참이라는 정의 성립 조건으로 명시되었다.[486] 즉 화자와 청자가 공히 B(A)가 참이라고 받아들이는 경우에만 'A가 B답다'라는 문장을 적격하게 발화할 수 있다. 또한, B가 개체 수준 술어이어야 한다는 요구를 영역 조건의 일부로 명시하였는데, 이는 위 (15)와 (15)'의 대비를 포착하기 위한 것이다.

(29가, 나)의 내용은 BEST 함수의 매개적 함수 '정황(circ)' 양상기반과 '기대에 부합됨(expected)' 순서근거로 명시되었다. (30)이 양상 의미에 대한 기술인 이유는 이 두 함수를 포함하는 BEST 함수와, 이에 의해 산출된 세계들에 대한 양화(∀w')의 형식을 갖기 때문이다. 양상의 본질적 작용은 명제를 단위로 하여 그 명제가 참이 될 수 있는 가능세계들을 양화하는 데에 있다. (30)의 의미 형식에서는 보충어 명사구의 의미 B를 술어로 가지는, 그 속성을 가지는 개체들의 일부에 대해 서술하는 명제 '∃x. B(x)(w)'를 상정하여 이 명제가 '∀w''로 양화된 세계(모든 가능세계)에서 성립되는 것으로 나타내고 있다. 이러한 명제에 대한 양화, 즉 양상의 형식은 다시 개체 변수 x에 대한 조건이 되어 x의 집합을 형성하도록 설정하였다. 이에 따라 보충어 명사구를 취한 'B답다'의 의미 형식은 <e,<s,t>> 타입의 특별한 속성의 형식이 된다. 주어 명사구를 취한 완성된 문장 'A가 B답다'는 <s,t> 타입의 명제가 된다.

구체적인 문장을 예로 들어 그 통사의미적 합성 절차를 보이기로 한다.

(31) "인호는 학생답다."의 의미 합성:

$[_{CP}\ [_{IP}\ [_{NP}$ 인호는$]_i\ [_{I'}\ [_{VP}\ t_i\ [_{V'}\ [_{NP}$ 학생$][_{V}$ 답-$]]][_{I}$ -∅-$]]]$-다$]$ (통사구조)

$[\![\ [_{NP}$ 학생$]\ [_{V}$ 답-$]\ ]\!]^{w}$ =

$[\lambda B: B \in D_{<e,t>}. \lambda A: A \in D_e. \lambda w: w \in D_s. A \in \{x : \forall w'[w' \in BEST(circ, expected, w) \rightarrow \exists x. B(x)(w')]\} = 1$, 단 이 정의는 $B(A) = 1$인 경우에만 성립됨$]([\lambda y: y \in D_e. y =$학생$])$ ((1가)의 함수적용규칙 적용)

$[\lambda A: A \in D_e. \lambda w: w \in D_s. A \in \{x : \forall w'[w' \in BEST(circ, expected, w) \rightarrow \exists x. [x =$ 학생$](w')]\} = 1$ (람다 전환)

$[\![\ t_i\ [_{V'}\ [_{NP}$ 학생$]\ [_{V}$ 답-$]]\ ]\!]^{w}$ =

$[[\lambda A: A \in D_e. \lambda w: w \in D_s. A \in \{x : \forall w'[w' \in BEST(circ, expected, w) \rightarrow \exists x. [x =$ 학생$](w')]\} = 1]$(인호') ((1가)의 함수적용규칙, 흔적 해석(24i))

$[\lambda w: w \in D_s.$ 인호' $\in \{x : \forall w'[w' \in BEST(circ, expected, w) \rightarrow$

486) 표준적 형식의미론에서 전제를 표시하는 방법은 이처럼 정의 성립 조건(definedness condition)의 형식으로 나타내는 방법과, 변수에 대한 한정을 가하는 영역 조건(domain condition)으로 나타내는 방법이 있다. 후자의 방법이 사용된 예로는 앞의 (11)이 있다. 명제인 변수 p에 대한 조건으로 서술된 '판단자에게 긍정적 상황임'은 이 함수가 적용되는 영역(domain)을 한정하는 것인데, 이것도 전제 의미의 하나이다.

∃x. [x = 학생](w′)]} = 1] (람다 전환)

⟦ [$_{NP}$ 인호는]$_i$ [$_{I'}$ [$_{VP}$ t_i [$_{V'}$ [$_{NP}$ 학생] [$_V$ 답-]]][$_I$ -∅-]] ⟧^{w} =

[λw: w∈D_s. 인호’ ∈ {x : ∀w′[w′∈ BEST(circ, expected, w) →

∃x. [x = 학생](w′)]} = 1] (흔적 해석(24ii))

마지막의 두 단계에서 적용된 ‘흔적 해석’ 규칙은 위 (24)에 제시된 것이다.

‘인호가 학생답다’는 우선 ‘인호가 학생이다’를 전제하고, 주어진 현실 세계의 상황으로부터 자연적으로 도출되는 온갖 명제들이 일관되게 참이 되는 세계들, 그리고 이 세계들 중 그 명제들이 기대에 부합되는 세계들 모두에서 ‘학생임’이 참이 되는, 그러한 사람들의 집합에 인호가 속함을 의미한다.[487]

(30)의 의미 정의에 의하면 A는 e 타입으로서 개체, B는 <e,t> 타입으로서 술어일 것이 요구된다. ‘인호는 학생답다’와 같은 전형적인 예와는 달리, 위 (20)에 제시한 여러 가지 ‘답다’ 문장들 중에는 이에 부합되지 않는 듯이 보이는 것이 있다. 그러나 이들은 모두 명사구의 의미 타입 전이에 관한 일반적 규칙들에 의해 설명할 수 있다.[488]

(32) 가. 그런 사람에게 그런 말을 하다니 과연 너답다.
　　나. 이번 행동은 인호답지 않다.
(33) 가. 그 학교의 교육은 전통 있는 명문 사학의 교육답게 체계적으로 운영된다.
　　나. 그 학교의 발전은 김 교장이 이끈 발전답게 내실이 있다.
　　다. 그의 행복은 오랜 수도생활 끝에 얻은 행복답게 내적으로 충만한 것이었다.
　　라. 선의 신비야말로 동양의 신비답지요.
(34) 좀 공부하는 것답게 공부할 수 없니?

(32)는 대명사 ‘너’가, 고유명사 ‘인호’가 보충어 위치에 실현됨을 보인다. 둘 다 기본 타입을 개체 타입(e)으로 설정하고, ‘낱개체의 술어화 규칙’의 적용에 따라 (30)의 요구에 부합되는 것을 설명할 수 있다. (33)의 ‘교육’, ‘발전’처럼 사건 의미를 가지는 명사는 종류(kind) 의미의 e 타입으로 설정되고, 이것이 속성화하는 것으로 설명할 수 있다. ‘행복’, ‘신비’도 기본적으로 e 타입의 종류인데, 속성화하여 <e,t> 타입이 되는 것으로 볼

487) 전제가 되는 ‘인호가 학생이다’라는 점이 왜 다시 충족되어야 하는지에 대해 의문을 표하는 이들이 있다. 전제로 주어진 ‘인호가 학생이다’라는 사실은 현실 세계에서 성립하는 것이다. 매개적 함수 ‘circ’와 ‘expected’의 작용으로 산출되는 세계들은 현실 세계와는 다른 가능세계들이고, 이 세계들에서 성립되는 ‘x가 학생이다’라는 명제는 현실 세계의 사실이 아닌, 아주 다른 내용을 가지는 것이다.

488) 타입 전이 규칙들에 대해서는 3.1.2절에서 자세히 설명한 바 있다.

수 있다. 그러므로 '답-'의 보충어의 위치의 <e,t> 타입의 요구에 부합된다. (34)는 보충어 위치에 의존명사 '것'에 의한 명사구가 실현되었다. 이 경우 '것'은 보문관형절과 결합하여 종류의 개체 의미를 산출하므로(3.1.3절 참조) 이것이 '종류의 술어화 규칙'에 따라 <e,t> 타입으로 전이되는 데에는 문제가 없다.

이상에서는 '답다' 문장의 통사구조를 제시하고, 양상 의미를 기술하였으며, 그 전제 의미를 명시하였다. 주어, 보충어 위치에 놓이는 명사구들이 주어진 의미 타입에 대한 요구를 위반하는 듯이 보이는 예들은 일반적 타입 전이 규칙에 의하여 그 위반성이 해소되는 현상임을 보였다.

'답-'이 양상 의미를 가진다는 점은 앞선 연구에서 단편적으로 지적되어 왔다. 이 절에서는 표준적 형식의미론의 명시적 양상 분석 방법론을 소개하여 한국어의 정규적 양상 표현들이 이에 따라 효과적으로 분석됨을 보이고, '답-'이 가지는 독특한 양상 의미가 이러한 방법론에 따라 체계적으로 기술됨을 밝혔다.

형식의미론의 전통에서는 가능세계에 대한 양화의 형식으로 양상 의미를 나타낸다. 현실 세계를 바탕으로 가능세계들을 산출하는 함수인 접근가능성 함수는 특정 양상적 관점에 따른 명제들의 집합을 산출하는 양상기반 함수와 순서근거 함수를 매개로 하여 형식화되는데, '답다'의 양상 의미는 정황 양상기반과, 새로 도입된 '기대에 부합됨'이라는 순서근거를 설정하여 기술하였다. 명제를 범위로 하는 양상 요소인 '-음 직하다', '-을 만하다'와는 달리, '답다'는 명사구와 결합하여 양상 의미를 포함하는 특별한 속성의 의미 형식을 형성하는 점에서 특징적이다. 이와 같은 의미 분석과 정합되는 '답다' 문장의 통사구조를 결정하고, 이에 따라 합성성 원리를 준수하는 의미 합성 절차를 체계적으로 보였다.

6.7. 마무리

이상에서는 Kratzer(1981, 1991a), Portner(2009)의 양상 의미론에 기반하여 한국어 양상 요소들에 대한 통사의미론적 분석을 실행하였다. 변수로서의 가능세계, 시구간 개념에, 필자의 이전 연구 양정석(2015가)에서 도입한 기준 판단자 개념을 추가적으로 활용함으로써 한국어 양상 요소들에 대한 한층 정밀한 형식의미론적 분석에 다가갈 수 있게 되었다. 4개의 양상기반 함수, 11개의 순서근거 함수를 정비하고, 이들의 쌍을 Portner(1998, 2009)의 BEST 함수에 결합함으로써 다양한 양상 의미를 형식화할 수 있는 토대를 마련하였다.

증거성의 '-더라'와 '-네'는 보문소로서 인식 양상의 의미를 가지는 것으로 기술되었으며, 그 영역 조건에 직접증거성의 요구가 명시되었다. 굴절소 '-겠-'과 '-을것이-'는 그 정의 성립 조건으로 '공유배경 속의 최근 정보 근거'의 요구를 가지는지 여부로 구별되었다. 보문소 '-구나'와 '-지'의 의미 기술도 영역 조건에 공유배경 속의 정보를 참조하도록 설정되었다. '-구나'는 '-겠-'과 유사하게 '최근 정보'에 대한 전제가 그 영역 조건에 표시된다. '-지'는 공유배경 속의 정보의 존재만을 전제로 가진다.

양상의 의미를 표현하는 보조동사 구문, 양상의 의미를 표현하는 연결어미 문장, 연결어미에 상응하는 복합 요소가 양상의 의미를 표현하는 구문은 모두 내포절의 머리성분이 양상 의미를 가지고 주절 동사(V), 동사구(VP), 굴절소구(I'또는 IP), 보문소구(CP)를 선택제약하는 관계를 가지는 것으로 기술되었다. 내포절의 머리성분은 선행하는 절을 그 첫째 논항으로 취하고, 다음으로 오른쪽의 주절 동사나 동사구, I', IP, CP를 그 둘째 논항으로 취한다. '-으려고', '-어야', '-길래', '-거든'은 각기 그 통사적 지위와 양상 의미의 형식에 있어서 독자적인 특징을 가지고 있다. -으려고'는 VP 부가어, '-어야'는 I' 부가어를 이끄는 요소이다. '-길래', '-거든'은 명시어 구조의 머리성분이 되는 요소들이다. 이 연결어미들은 그 의미 형식에 있어서도 독특한 점들을 가진다. 특히, 연결어미 '-길래'는 증거성 표현 '-더라', '-네'와 공통된 의미 성분들을 가진다. '-거든'은 후행절에 의도의 양상 의미를 부과함으로써, 명령문, 청유문, 약속문과 의도의 '-겠-' 문장이 공통된 의도의 표현임을 알 수 있게 하는 기준이 되어 준다.

보조동사 '두다', '보다', '버리다'는 하위절의 머리성분인 연결어미 '-어'와 (구조를 유지한 채) 재구조화하여 단일한 단위의 양상 의미를 표현하는 것으로 기술되었다. 이들이 목적 양상을 나타낸다는 점도 이들이 공통으로 가지는 특징이라는 것을 밝혔다. 보조동사 구문에 내포된 요소로 인식되어 왔던 '-음직, -을만, -을법, -는듯, -을성'과, 보조동사 구문과는 다른 구문의 요소로 인식되어 온 '-는것, -을수'는 각각 한 단위의 머리성분으로서, 선행하는 절과 이어지는 동사를 논항으로 취하여 양상 의미를 실현시킨다. 이들 중 '-음직, -을만, -을법, -는것, -을수'는 하위절의 머리성분으로서, 이어지는 동사인 상위절 동사와 재구조화에 의해 연계된다.

이 외에, 양상 의미를 표현하는 특별한 동사 구문으로서 '답-' 문장의 통사의미적 합성을 보였다. 이전 연구에서 파생접미사로 분석되기도 했던 '답-'이 명제에 대한 가능세계에서의 참/거짓 판단을 표현한다는 내용은 양상 이론이라는 방법론을 통해서 처음으로 밝혀지게 된 것이다.

통사적 구성성분 구조에 입각한 개념으로서의 합성성 원리를 구현하는 것이 이 책의 궁극의 목적이다. 양상 표현들은 그 변이 의미가 다양하여 맥락에 따른 변화가 예측하기 어렵다는 점은 널리 알려져 있다. 이 장에서 분석 대상으로 삼은 요소들이 현재로서 완전한 합성적 분석을 얻었다고 말하기는 어렵다. 그러나 여러 통사적, 의미적 유형을 대표하는 자료들을 서로 비교하면서 전반적인 분류의 체계를 세워 본 것은 한국어 양상 표현들에 대한 완전한 통사의미론적 기술을 위해 기여하는 바가 적지 않다고 생각한다.

제7장

맥락, 판단자의 도입과 판단자 의존 의미의 해석

기준 맥락과 기준 판단자는 이미 제6장에서 부분적으로 활용한 바 있다. 이 장에서는 이 두 개념의 도입 필요성을 자세히 논의하고, 해석 함수에 맥락, 세계, 시구간, 판단자 매개변인을 모두 포함하는 의미 해석 체계를 발전시킨다. 아울러 인용동사와 인용문의 기술에 기준 맥락과 구별되는 인용 맥락이 활용되는 구체적인 예들을 논의한다.

한국어의 다음 표현들은 기본적으로 화자의 주관적 판단을 나타낸다는 점에서 공통된다.[489] 형용사 어간(1가)과 선어말어미(1나, 1다), 또는 내포절 어미와 주절 동사/형용사 어간의 결합(1다)이 단일한 통사 범주를 이룰 수는 없으므로, 이들이 가지는 공통성은 의미론적인 접근 방향에서 포착하는 것이 타당할 것이다.

(1) 가. 주관성 형용사: 좋-, 싫-, 춥-, …
　나. 증거성(evidentiality)의 표현: '-더-' 계통 어미들, '-네'
　다. 양상(modality)의 표현:
　　'-겠-', '-을 것이-', '-는가/나 보다', '-는가/나 하다', '-는가/나/지 싶다', '-고 싶다', '-는/은/을 듯싶다', '-을 성싶다', '-는/은/을 모양이다', '-음직하다', '-을 법하다', '-을 수 있다', '-는/은/을 것 같다', 양상 의미의 연결 어미들, 의문형어미들, 명제태도 동사들

이 표현들을 가지는 구문을 '주관적 판단 구문'이라고 지칭하기로 한다. 이 장의 주요 목표는 이들에 의해서 형성되는 구문들의 공통성이 Lasersohn(2005), Stephenson (2007)의 '기준 판단자(judge of evaluation)'에 의존하는 해석을 가지는 점에 있다는 것을 보이는 것이다. 이는 합성성 원리를 준수하는 통합적인 한국어 의미 해석 체계를 수립하는 데에 불가결한 부분 작업이 될 것이다. (1다)는 양상이 다양한 표현으로 실현됨을 보인다. 이 장에서는 이들 양상 표현 중 '-겠-'과, 의문형어미 '-느냐', 명제태도 동사 '생각하-'만을 분석하려고 한다.

7.1절에서는 합성성 원리의 구현을 위한 형식의미론의 전통에서 '발화맥락(utterance context)', '특성의미(character)', '내용의미(content)'의 개념(Kaplan 1989)과, 기준 세계, 기준 시간에 더한 기준 판단자의 개념(Lasersohn 2005, Stephenson 2007)을 가능세계 의미론에 도입하는 과정을 보인다. 7.2절에서는 (1가)의 주관성 형용사, (1나)의 증

489) 이들이 공통으로 가지는 '주관적 판단'의 의미는 구체적으로는 '기준 판단자 의존'의 의미라고 본다. 7.2.2절 이후에 이를 위한, 형식화된 기술을 제시할 것이다. 이들 표현이 '화자'의 주관적 판단으로만 한정되지 않고 상위절 주어 또는 주어 외의 상위절 논항의 주관적 판단을 나타내기도 한다는 점이야말로 기준 판단자 도입의 주요 동기가 된다.

거성 표현 '-더-', (1다)의 양상 표현 '-겠-'을 중심으로 한 주관적 판단 구문들이 기준 판단자에 의존하는 해석을 받는 절차를 구체적으로 보일 것이다. 7.3절에서는 판단자 의존 관계 해석과 관련하여 난문제를 제기하는 '-더-'에 대해서 집중적으로 고찰한다. '-더-'의 의미에 대한 가능한 모든 형식의미론적 접근들을 찾아서 검토하고, 대안으로서 판단자 의존 관계를 중심 개념으로 하는 원리를 제안한다.

7.1. 맥락 개념과 판단자 개념의 필요성[490)]

여기에서는 맥락 개념과 판단자 개념을 둘러싼 철학자들, 언어학자들의 논쟁을 소개하고, 형식의미론적으로 이들 개념이 의미 해석 체계에 추가되는 과정을 알아본다. 먼저 기준 맥락 개념의 필요성을 논한 다음, 맥락주의와 상대주의의 논쟁을 소개함으로써 기준 맥락과 아울러 기준 판단자의 개념이 더 필요하다는 점을 정당화하고자 한다.

맥락주의와 상대주의는 Kaplan(1989)의 맥락 개념을 받아들임과 함께 생겨난 대립적 주장들이다. 해석 함수에 맥락 매개변수를 설정하는 것을 기정사실화할 때, 이에 더하여 맥락과 다른 새로운 매개변수가 설정되어야 하는지 여부를 둘러싼 논쟁이 발생하게 된 것이다.

먼저 기준점으로서의 맥락 개념이 필요하게 된 근거를 살펴보고(7.1.1절), 다음으로 맥락주의와 상대주의의 논쟁을 정리하여, 상대주의의 두 가지 방안인 '두 맥락 방안'과 '판단자 방안'을 구별해 내기로 한다(7.1.2절). 이 책의 관점인 '판단자 방안'의 입장에서 논의를 전개할 것이다. 7.1.3절에서는 '판단자 방안'의 관점에서 핵심적 위치를 차지하는 판단자 매개변수가 필요하게 된 근거를 정리한다. 7.1.4절에서는 한국어 종결어미와 인용동사의 의미 해석에서 맥락 매개변수가 행하는 역할을 간략히 설명한다.

7.1.1. 맥락 개념의 필요성

'맥락(context)' 개념이 형식의미론적 기술에 왜 필요한지를 생각해 보자.

직시 요소들(deictic elements)이야말로 맥락의 존재를 가정하지 않고는 설명할 수 없는 문법단위들이다.

---

490) 7.1절과 7.2절은 '기준 판단자의 도입과 주관성 형용사, 양상, 증거성'이라는 제목의 언어와 정보 19권 1호(2015) 게재 논문을 중심으로 수정·보완한 것이다.

(1) 나는 작가다.
(2) 너는 작가다.

가능세계 개념을 포함하는 진리조건적 의미론에서 문장의 의미는 명제라고 하였다. 명제를 세계, 시간의 함수라고 가정한다면, (1) 문장의 외연은 다음과 같이 이 명제 함수를 특정 세계 w_0, 특정 시간 t_0에 적용하여 얻어진다. 그 의미값은 참이다. '참임'을 '1'로 나타낸다.

(3) ⟦나는 작가다⟧$^{w,t}(w_0)(t_0)$ = 1 iff 세계 w_0, 시간 t_0에 나는 작가다

그러나 특정 세계 w_0, 특정 시간 t_0에 있어서 '나는 작가다'는 한 가지 뜻만 갖지 않는다. '나'로 지칭되는 사람이 실제로 작가인 '인호'이면 특정 세계 w_0, 특정 시간 t_0에 있어서 '나는 작가다'는 참이지만, '나'로 지칭되는 사람이 작가 아닌 '철수'이면 이 경우 '나는 작가다'는 거짓이 된다. 이러한 사실이 말해주는 바는, 맥락 개념 없이는 '나는 작가다'라는 한국어 문장의 진리치를 결정할 수 없다는 것이다.

그러나 (4)와 같이 기준 맥락(c) 및 특정 맥락 c_0를 도입하면, 특정 맥락 c_0의 화자가 '인호'인 경우, 특정 세계 w_0, 특정 시간 t_0에 있어서 '나는 작가다'가 참이 됨을 체계적으로 기술할 수 있다.

(4) ⟦나는 작가다⟧$^{c;w,t}(c_0)(w_0)(t_0)$ = 1 iff 세계 w_0, 시간 t_0에 맥락 c_0의 화자 $s(c_0)$는 작가다

만약 기준점으로서의 맥락을 도입하지 않고 기준 세계, 기준 시간과 함께 기준점으로서의 화자 sp만을 도입한다면 원활한 설명을 얻을 수 없다. (1)은 다음 (5)와 같이 기술할 수 있지만, (2)는 원하는 기술을 얻을 수 없다. (2)의 기술인 (6)은 맥락에 따라 달라지는 청자 '너'를 포착하여 기술하지 못한다.

(5) ⟦나는 작가다⟧$^{w,t,sp}(w_0)(t_0)$ = 1 iff 세계 w_0, 시간 t_0에 화자 sp는 작가다
(6) ⟦너는 작가다⟧$^{w,t,sp}(w_0)(t_0)$ = 1 iff 세계 w_0, 시간 t_0에 너는 작가다

기준점으로서의 화자 외에 기준점 청자를 도입하면 특정 세계와 특정 시간의 청자를 포착하여 기술할 수 있다. 그러나 보다 완전한 기술을 위해서는 화자, 청자 외의 직시

요소들 모두에 대해서도 해당 기준점 매개변수를 설정해야 할 것이다. (6가)'은 기준점 청자 adr를, (6나)'은 기준점 청자 adr와 함께 기준점 장소 pl을 추가한 형식이다.

(6)' 가. ⟦ 너는 작가다 ⟧ $^{w,t,sp,adr}(w_0)(t_0)$ = 1 iff

세계 w_0, 시간 t_0에 청자 adr는 작가다

나. ⟦ 여기에서 너는 작가다 ⟧ $^{w,t,sp,adr,pl}(w_0)(t_0)$ = 1 iff

세계 w_0, 시간 t_0에, 장소 pl에서 청자 adr는 작가다

(4)와 같이 기준점으로서의 맥락 변수를 도입하면 맥락을 이루는 요소로서의 화자와 청자와 장소를 단일한 기준 맥락만을 가지고 기술할 수 있으므로, (6)'과 같은 기술은 불필요하다. (7)이 그 실행한 예를 보여준다. (7나)는 (4)의 형식을 유지하고 화자와 청자와 맥락 내의 장소('여기')를 맥락의 함수로 나타낸 것이다.

(7) 가. ⟦ 너는 작가다 ⟧ $^{c;w,t}(c_0)(w_0)(t_0)$ = 1 iff

세계 w_0, 시간 t_0에 맥락 c_0의 청자 adr(c_0)는 작가다

나. ⟦ 여기에서 너는 작가다 ⟧ $^{c;w,t}(c_0)(w_0)(t_0)$ = 1 iff

세계 w_0, 시간 t_0에, 여기 here(c_0)에서, 맥락 c_0의 청자 adr(c_0)는 작가다

다음에서는 기준점으로서의 맥락을 설정하는 것이 필요함을 보충적으로 보이는 두 가지 예화를 들어 논의하기로 한다. 이들 예화는 맥락과 아울러 판단자 기준점의 필요성을 지지해 준다는 점에서 중요한 의의를 가진다.

루돌프 링겐즈에 관한 이야기

루돌프 링겐즈라는 기억상실증 환자가 있다고 가정하자.[491] 이 사람은 자신이 루돌프 링겐즈라는 것을 모른다. 이 사람이 장서수가 엄청난 어느 대학 도서관('스탠포드 대학 도서관'이라고 하자) 깊숙한 곳에서 길을 잃고 있다. 마침 루돌프 링겐즈에 관한 책이

491) 링겐즈에 관한 예화는 존 페리(Perry 1977)가 (a)를 중심으로 설정한 상황과 예문을 우리의 목적에 맞게 조정하여 한국어로 표현한 것이다. 이는 데이비드 루이스(Lewis 1979a)가 인용하여 논의함으로써 널리 유명하게 되었는데, 루이스가 보이고자 한 점은, 예를 들어, 다음 (b)와 같은 명제태도 동사 문장의 분석을 위해 자기지향적 태도(attitudes *de se*)의 개념이 필요하다는 것, 이 문장의 보문의 의미는 명제가 아니라 속성(property)이라는 것 등이다.

a. I am Rudolf Lingens.

b. Lingens thinks that he is in the Stanford library.

출판되어서 이 대학 도서관에 들어와 있었고, 루돌프 링겐즈가 이 책을 읽게 되었다. 그가 이 책에서 묘사되고 있는 링겐즈에 대하여 다음과 같이 말한다고 가정할 때, (8가)는 적절한 발화이고, (8나)는 부적절한 발화이다.

(8) 가. 그는 스탠포드 대학 도서관에 있다.
  나. ??나는 스탠포드 대학 도서관에 있다.

루돌프 링겐즈의 문제는, 세계에 대한 지식은 있는데, 맥락에 대한 지식은 없다는 것이다. (8가)가 적절한 발화인 것은, 자신인 줄 모르는 '그', 즉 링겐즈가 스탠포드 대학 도서관에 있다는, 세계에 관한 지식을 기억상실증 환자 링겐즈는 가지고 있기 때문이다. 링겐즈가 (8나)와 같이 말하는 것이 부적절한 이유는 맥락의 주요 요소인 화자 '나'가 세계와 연결된다는 점, 즉 맥락에 대한 지식을 링겐즈가 가지고 있지 않기 때문이다.

만약 링겐즈가 기억력을 회복하여 책에 서술된 링겐즈가 자기 자신임을 알게 되었다고 한다면, (8나)는 적절한 발화가 될 것이다. (8가)는 그대로 두고 이 경우의 발화의 적절성을 비교하면 다음과 같다.

(8)' 가. 그는 스탠포드 대학 도서관에 있다.
  나. 나는 스탠포드 대학 도서관에 있다.

(8)' 의 두 문장의 의미를 다음과 같이 나타낼 수 있다.

(9) 가. ⟦그는 스탠포드 대학 도서관에 있다⟧^{w} = 1 iff
  [∃x. 세계 w에서 x는 스탠포드 대학 도서관에 있다]
  나. ⟦나는 스탠포드 대학 도서관에 있다⟧^{c,w} = 1 iff
  [세계 w에서 sp(c)는 스탠포드 대학 도서관에 있다]

's(c)'는 맥락 c의 한 요소로서의 화자를 뜻한다. (9가)는 자신인 줄 모르는 '그', 즉 링겐즈가 스탠포드 대학 도서관에 있다는, 세계에 관한 지식을 링겐즈가 가지고 있다는 것을 표현한다. (9가)는 기준점인 세계 w에 상대적인 의미를 표현할 수 있다. 이에 비해서 (9나)는 세계에 대한 지식에 더하여 화자를 포함하는 맥락에 대한 지식을 가지는 (8나)'의 의미를 나타낸다. (9나)는 기준점인 세계 w와 기준점인 맥락 c에 상대적인 의미를 표현한다.

이 예화가 보여주는 점은, 자연언어의 의미를 진리조건적으로 기술하는 데에 세계 매개변수 w뿐 아니라 맥락 매개변수 c가 필요하다는 것이다.

불이 붙은 바지

커다란 거울 속에 비친 한 남자의 바지가 불이 붙어 있는 것을 쳐다보면서, 그것이 자신인 줄을 모르는 사람이 있다고 가정하자. 이 사람이 다음과 같이 말한다고 하면, (10가)는 영어 표현이나 한국어 표현이나 적절한 발화이고, (10나)는 영어 표현이나 한국어 표현이나 부적절한 발화이다.[492)]

(10) 가. His pants are on fire!
그의 바지에 불이 붙었다!
나. ??My pants are on fire!
??내 바지에 불이 붙었다!

이 경우, 거울 속에서 나타나는 상황은 현실의 맥락과는 다른 맥락의 상황이라고 말할 수 있다. 그 거울 속의 인물이 나 자신인 줄을 알지 못하는 경우에도 (10가)는 그 상황을 묘사하는 데에 아무런 문제가 없는, 적절한 발화이다. 그러나 (10나)는 거울 속의 인물이 발화 맥락의 화자 자신과 동일인이라는 것을 화자가 의식하는 경우에만 적절한 발화가 된다. 가정에 의하면 (10나)를 말하는 사람은 거울 속 인물이 화자 자신과 동일인이라는 것을 알지 못하므로, (10나)는 부적절한 발화이다.

(10가)와 (10나) 두 발화의 적절성의 차이는 발화가 참이 되는 기준점으로서 '세계'와는 다른 '맥락'이 필요함을 보이는 것이다. (10가)는 세계에 대한 지식만을 가져도 적절하게 발화될 수 있으나, (10나)는 세계에 대한 지식 외에 맥락에 대한 지식까지도 가져야만 적절한 발화가 될 수 있다. 두 문장의 의미를 나타내 보면 다음과 같다.

(10)' 가. $[\![\text{His pants are on fire}]\!]^{w} = 1$ iff
$[\exists x.\ x\text{'s pants are on fire in } w]$
나. $[\![\text{My pants are on fire}]\!]^{c,w} = 1$ iff
$[s(c)\text{'s pants are on fire in } w]$

---

492) (10가, 나)의 두 영어 문장은 Kaplan(1989)의 예인데, 이 역시 Lewis(1979a)의 논의를 통하여 유명하게 된 것이다. 여기에서도 상황 설정 및 예문의 형식을 우리의 목적에 맞게 조정하여 논의한다.

(10나)'에서와 같이 'c'로 표시되는 기준점 매개변수를 상정함으로써 이러한 맥락 개념을 정확하게 포착할 수 있다.

7.1.2. 맥락주의와 상대주의의 논쟁

맥락 매개변수를 도입하는 것은 지금에 와서는 형식의미론의 표준적 견해로 굳어졌다고 할 수 있다. 다음과 같은 명제태도 동사 구문들의 대비를 설명하는 일과 관련하여 두 가지 상이한 접근 방안이 대두되었다. 두 접근 방안은 맥락주의(contextualism)와 상대주의(relativism)로 지칭된다.

(11) 가. 링겐즈는 그가 스탠포드 대학 도서관에 있다고 생각한다.
　　나. ??링겐즈는 자기가 스탠포드 대학 도서관에 있다고 생각한다.
(12) 가. 김영호는 그의 바지가 불이 붙었다고 생각한다.
　　나. ??김영호는 자기의 바지가 불이 붙었다고 생각한다.

앞에서 언급한 링겐즈의 경우를 계속 가정하여 (11)의 두 문장의 의미를 고려해 보자. (11가) 문장은 기억상실증에서 회복하지 못한 상태에 있는 링겐즈에 대한 묘사로 적합한 예이다. 이에 비해서 (11나) 문장은 링겐즈가 기억상실증에서 회복한 경우에만 적합한 예로 쓰일 수 있다. 또, 거울에 자신의 바지가 불타는 모습을 보면서도 그것이 자신의 모습인 줄 알지 못하는 경우(이 사람의 이름을 '김영호'라고 가정한다)에 이 상황을 (12가)와 같이 묘사할 수는 있지만, 이 경우 (12나)와 같이 묘사할 수는 없다.

(11)과 (12) 두 쌍의 문장의 차이를 '그'와 '자기'의 통사적 특성의 차이를 통하여 설명하려고 시도할 수 있을 것이다. 그러나 '자기임'을 의식하는지 여부에 따라 명제태도 동사 구문의 보문에 쓰인 대명사가 다른 의미 해석을 가지는 국면은 현실의 맥락과는 또 다른 기준점을 설정해야만 제대로 포착·설명할 수 있다.

우선, 현실의 맥락이라는 기준점만을 가지고는 설명이 불가능하다는 점을 보이기로 한다. (11가, 나)'은 위 (11가, 나)의 의미를 나타낸 것이다.

(11)' 가. [링겐즈는 [x가(x=그) 스탠포드 대학 도서관에 있다]$^{c,w'}$ 생각한다]^{c,w}
　　나. [링겐즈는 [x가(x=자기) 스탠포드 대학 도서관에 있다]$^{c,w'}$ 생각한다]^{c,w}

w'은 생각/믿음 속의 가능세계라고 가정하기로 한다. 세계 w와 구별되는 세계 w' 속

의 인물 x가 w 속의 인물이 의식하는 존재라는 점을 위와 같이 가능세계와 현실의 맥락이라는 개념만을 가지고는 나타낼 수 없다. (11가)'의 의미 형식과 (11나)'의 의미 형식은 다르지 않다. 주절의 의미 형식의 해석 기준이 되는 맥락과 보문의 의미 형식의 해석 기준이 되는 맥락은 같은 것('c'로 표시된 것)이기 때문에 대명사 '그'와 대명사 '자기'의 차이를 기준 세계와는 다른 기준 맥락의 개념을 이용하여 구별하는 것도 불가능하다.

맥락주의는 기존의 맥락의 개념을 벗어나지 않는 한도에서 문제를 해결하고자 하는 방안이다. 이 방안에서는 기준점으로서의 맥락 외에는 판단의 맥락이나 판단자와 같은 다른 기준점을 인정하지 않는다. 필요한 경우에는 기준점 맥락을 바탕으로 한 추상적 집단과 같은 개념을 유도하여 판단의 기준으로 사용하더라도, 그와 같은 것을 해석 함수를 위한 새로운 매개변수로 설정하지는 않는다.[493] 그러나 (11), (12)와 같은 예는 순수한 맥락주의의 입장에서 해결하기가 극히 곤란하다.

상대주의는 단순한 기준 맥락 이외의 다른 기준점이 필요하다고 주장한다. 상대주의의 견해도 단일하지는 않다. 기존의 맥락 개념을 조정하여, '발화 맥락'과 구별되는 '판단 맥락' 또는 '사고 맥락'을 도입하거나,[494] 아예 다른 기준점으로 '판단자'와 같은 개념을 새로 도입하여 문제를 해결하고자 한다. 전자를 '두 맥락 방안', 후자를 '판단자 방안'이라고 지칭하기로 한다. 이 책에서는 '판단자 방안'의 입장을 지지한다.

'두 맥락 방안'에서 (11) 문장의 문제를 해결하는 방안은 대략 다음과 같은 해석을 부여하는 것이다. 보문의 대명사 '자기'는 판단 맥락의 화자(s(c'))로 해석되는데, 보문의 대명사 '그'는 이러한 맥락의 차이와 상관 없이 해석된다고 가정함으로써 두 문장의 차이를 설명할 수 있다.

(13) 가. [링겐즈는 [x가(x=그) 스탠포드 대학 도서관에 있다]$^{c',w'}$ 생각한다]^{c,w}
　　나. [링겐즈는 [sp(c')가(sp(c')=자기) 스탠포드 대학 도서관에 있다]$^{c',w'}$ 생각한다]^{c,w}

이에 비하여, 판단자 방안에서 (11) 문장을 해석하는 방법은 대략 다음과 같이 설명된다. 보문의 대명사 '자기'는 보문 명제의 판단자로 해석된다고 가정하여 설명할 수 있다. '생각하다' 문장에서 보문 명제의 판단자는 주절 주어와 동일시된다고 가정하면,[495] 합

493) 맥락주의를 유지하는 논의로 철학자 DeRose(1991), 언어학자 von Fintel & Gillies(2008) 등이 있다. 이들은 양상 표현을 중심으로 논의하였고, (11), (12)와 같은 예나, 주관성 형용사 구문과 대응되는 영어의 취향 서술어 표현에 대해서는 고려하지 않고 있다.

494) '판단의 맥락'을 설정한 예로는 철학자 MacFarlane(2005, 2007)이 있다. 그의 용어로는 'context of assessment'이다. '사고의 맥락(context of thought)'을 설정한 언어학자의 연구로는 Schlenker(2004)가 있다.

성성 원리를 준수하면서 전체 문장의 의미 형식을 도출할 수 있다. 보문의 주어인 대명사 ‘그’는 판단자로 해석되지 않고, 일반적인 지시적 대명사로 해석된다고 보면, 두 문장의 차이를 적절하게 설명할 수 있다.[496)]

(14) 가. [링겐즈는 [x가(x=그) 스탠포드 대학 도서관에 있다]$^{c,w',j'}$ 생각한다]^{c,w,j}

나. [링겐즈는 [j'이(j'=자기) 스탠포드 대학 도서관에 있다 & j' = 링겐즈]$^{c,w',j'}$ 생각한다]^{c,w,j}

상대주의의 두 가지 방안에 대하여 다음에서 계속하여 논의하기로 한다.

7.1.3. 상대주의의 두 접근 방안과 기준 판단자의 필요성

‘두 맥락 방안’을 추구하는 이론으로는, 철학자의 논의인 MacFarlane(2005, 2007), Egan(2007), Egan, Hawthorne & Weatherson(2005)와 언어학자의 논의인 Schlenker(2003)이 있고, ‘판단자 방안’을 추구하는 이론으로는 언어학자의 논의인 Lasersohn(2005), Stephenson(2007)이 있다. 필자는 판단자 방안을 따르고 있다.

‘두 맥락 방안’에서는 주절과 보문이 각각 서로 다른 화자를 가진다고 가정하는데, 여기에서 개념적 문제가 발생한다. ‘말하다’ 동사가 취하는 보문이 주절의 맥락과 다른 ‘인용의 맥락’에서 표현되는 것이라고 가정하는 것은 직관적으로 타당한 점이 있다. 이 경우에는 간접인용문의 보문을 직접인용문의 피인용 문장으로 복원하는 일이 어느 정도 가능하고, 주절의 화자와 구별되는 보문의 ‘화자’를 상정하는 일이 무리하지 않은 듯하다. 그러나 ‘생각하다’ 동사가 취하는 보문을 직접인용문의 피인용 문장으로 복원하는 것은 개념적으로 받아들이기 어렵다. ‘생각하다’를 비롯한 순수한 명제태도 동사는 다음과 같이 ‘말하다’, ‘묻다’, ‘제안하다’, ‘약속하다’와 같은 인용동사와는 뚜렷이 구별되는 언어적 행태를 보인다. 명제태도 동사의 문장은 직접인용문으로 복원할 수 없고, ‘NP-에게’ 형식의 의사 전달의 상대가 명시될 수 없다.

(15) 가. 인호는 비가 온다고 생각했다.

나. *인호는 “비가 온다.”라고/하고 생각했다.

(16) 가. 인호는 비가 온다고 말했다.

---

495) 이 가정은 명제태도 동사의 의미 기술에 주어져 있는 것이다. 뒤에서는 ‘생각하다’의 의미 기술에 대안집합 ‘$Dox_{w,t,j}$’의 판단자 ‘j’가 주절 주어와 동일하다는 규정을 둠으로써 이 점을 포착한다(7.2.4절의 (53가) 참조).

496) 일반적인 지시적 대명사 해석을 그저 ‘x’로 나타낸다.

나. 인호는 철수에게 "비가 온다."라고/하고 말했다.

(17) 가. 인호는 철수에게 비가 오느냐고 물었다.

나. 인호는 철수에게 "비가 오냐?"라고/하고 물었다.

(18) 가. 인호는 철수에게 저수지까지 걷자고 제안했다.

나. 인호는 철수에게 "저수지까지 걷자."라고/하고 제안했다.

(19) 가. 인호는 철수에게 내일까지 돈을 갚으마고 약속했다.

나. 인호는 철수에게 "내일까지 돈을 갚으마."라고/하고 약속했다.

따라서 '생각하다'가 취하는 보문의 화자와 청자를 상정하는 일은 타당하다고 볼 수 없다.

기준점으로서의 판단자 매개변수, 즉 '기준 판단자'의 필요성을 증명하는 좋은 증거는 주관성 형용사, 양상 요소가 보문에 실현되는 예이다. 이는 뒤에서 다시 활용하여 자세히 논의할 것이다.

(20) 인호는 철수가 싫다고 생각한다.

(21) 인호는 지금 뉴욕에 비가 오겠다고 생각한다.

(20)에서 '싫다'고 판단하는 주체는 주절 주어인 '인호'이다. '싫다'를 비롯해서, 모든 주관성 형용사들이 이 같은 특성을 보인다. (21)에서 양상 요소 '-겠-'이 표현하는 인식 양상 판단의 주체, 즉 추측하는 사람은 주절 주어인 '인호'이다. 두 구문의 경우 판단자와 주어 논항, 가상 세계의 판단자와 기준 세계의 판단자를 동일시하는 일정한 규정을 가진다.[497] 이와 같이 주관성 형용사, 양상 요소가 명제태도 동사 구문의 보문에 포함될 때 그 판단자가 주절 주어로 고정되는 현상은 매개변수로서의 기준 판단자를 상정하는 경우에 가장 효과적으로 포착된다. 이런 의미에서 위 현상은 기준 판단자의 필요성을 보이는 으뜸가는 증거가 된다.

기준 판단자의 필요성을 보이는 다른 증거로, 역시 주관성 형용사의 하나인 '맵다'의 예를 살펴보자.

한 사람의 주장에 대해 다른 사람이 반대 주장을 하는 경우에는 맥락이 주어진, 동일한 내용의미(content)에 대해서 부정해야 적합한 반대 주장으로 성립된다.[498] (22나)의

497) 이 규정이 '자기지향성'이다. 이 점을 7.2.2절에서 형식화하고, 7.2.3절 이후에는 주관성 형용사, 양상, 증거성, 명제태도 동사 문장을 통해 이 개념의 필요성을 확인할 것이다.

498) 내용의미(content)의 형식의미론적 의의에 대해서는 7.1.4절에서 설명한다.

'인호'의 발화는 반대 주장으로 성립되지 않는다. 예문의 바로 밑에 그 (약식의) 의미 형식을 보였다. 의미 형식 앞의 'ㄱ'은 그 부정을 표시한다.

(22) 가. (철수:) 나는 작가다.
　　[s(c*)는 작가다]$^{c^*}$, sp(c*)=철수
　나. (인호:) ??아냐, 나는 작가가 아니다.
　　ㄱ[s(c*)는 작가다]$^{c^*}$, sp(c*)=인호

다음은 반대 주장이 동일한 내용의미에 대한 부정이어야 함을 확인해 준다. (23나)와 (24나)의 '인호'의 발화는 적합한 반대 주장이 된다.

(23) 가. (철수:) 나는 작가다.
　　[sp(c*)는 작가다]$^{c^*}$, sp(c*)=철수
　나. (인호:) 아냐, 너는 작가가 아니다.
　　ㄱ[adr(c*)는 작가다]$^{c^*}$, adr(c*)=철수

(24) 가. (철수:) 순희는 작가다.
　　[순희는 작가다]$^{c^*}$, sp(c*)=철수
　나. (인호:) 아냐, 순희는 작가가 아니다.
　　ㄱ[순희는 작가다]$^{c^*}$, sp(c*)=인호

(23), (24)에서 적합한 반대 주장의 경우에는 그 앞의 주장과 진리치가 반대인 것을 관찰할 수 있다. (23), (24)에서 '철수'의 발화가 참이라면 그 부정인 '인호'의 반대 주장 발화는 거짓이어야 한다.

그런데 주관성 형용사 '맵다'의 문장은 이와는 다른 패턴을 보인다. 우선, 이 경우에도 맥락이 주어진, 내용의미(content)를 부정하는 것이 적합한 반대 주장이 된다는 것을 알 수 있다. 그러나, (23), (24)에서는 '철수'의 주장과 '인호'의 반대 주장이 상반되는 진리치를 가지는 데에 비해, (25)에서는 '철수'의 주장과 '인호'의 반대 주장이 동일한 진리치를 가질 수 있다. 즉 둘 다 참일 수 있다.

(25) 가. (철수:) 그 고추 맵다.
　　[그 고추 맵다]$^{c^*}$, sp(c*)=철수
　나. (인호:) 아냐, 그 고추 맵지 않다.

ㄱ[그 고추 맵다]^{c*}, sp(c*)=인호

화자를 나타내는 직시 요소 '나'가 주어로 실현되는 경우에는 (26나)의 발화가 적합한 반대 주장으로 성립하지 못한다. 이는 다시 주관성 형용사 표현 아닌 보통의 표현 (22)와 동일한 특징이다. '인호'의 반대 주장은 '철수'의 주장이 표현하는 내용의미를 부정하는 것이 아니므로 적합한 반대 주장으로 성립하지 못한다.

(26) 가. (철수:) 나는 그 고추 맵다.
　　[sp(c*)는 그 고추 맵다]^{c*}, sp(c*)=철수
　나. (인호:) ??아냐, 나는 그 고추 맵지 않다.
　　ㄱ[sp(c*)는 그 고추 맵다]^{c*}, sp(c*)=인호

(25)와 (26)에서 관찰되는 '맵다' 문장의 특징들, 특히 적합한 반대 주장이 성립되는 경우에, 주장과 반대 주장이 모두 참일 수 있다는 점을 형식적으로 기술하기 위해서는 기준 맥락와 함께 기준 판단자를 설정하는 것이 필요하다.

이제까지 (22)-(26)의 예문들에는 현실 기준 맥락(c*)을 설정한 의미 형식을 덧붙였다. 이러한 의미 형식에서는 (22)-(24)의 일반 서술어 문장들과 (25), (26)의 '맵다' 문장의 차이가 드러나지 않는다. 기준 판단자(j)를 아울러 설정한 의미 형식은 그 차이를 드러낸다.

(25)' 가. (철수:) 그 고추 맵다.
　　[j에게 그 고추 맵다]^{c*j}, sp(c*)=철수=j
　　[그 고추 맵다]^{c*j}, sp(c*)=철수
　나. (인호:) 아냐, 그 고추 맵지 않다.
　　ㄱ[j에게 그 고추 맵다]^{c*j}, sp(c*)=인호=j
　　ㄱ[그 고추 맵다]^{c*j}, sp(c*)=인호
(26)' 가. (철수:) 나는 그 고추 맵다.
　　[j에게 그 고추 맵다 & j=sp(c*)]^{c*j}, sp(c*)=철수
　나. (인호:) ??아냐, 나는 그 고추 맵지 않다.
　　ㄱ[j에게 그 고추 맵다 & j=sp(c*)]^{c*j}, sp(c*)=인호

(25)'의 예에서 '철수'의 주장이나 '인호'의 반대 주장은 두 가지 의미 형식으로 표시될

수 있다. (25나)'의 경우, 판단자 j가 화자와 동지시되는 첫째 의미 형식은 판단자가 화자인 '인호'로 정해지는 해석을 나타내며, 둘째 의미 형식은 판단자가 화자로 정해지지 않고, 잠재적으로 언어적, 화용적 요인에 의해 다른 개인이 판단자로 정해지는 해석을 나타낸다. 둘째 의미 형식의 경우에 철수의 주장 '[그 고추 맵다]'에 대한 인호의 반대 주장 '¬[그 고추 맵다]'는 적합한 반대 주장이 된다. 그러나 각각의 판단자는 서로 다른 화자인 '철수'와 '인호'이므로, 이 판단자가 결정된 후의 문장의 외연의미는 둘 다 참이 될 수 있다.

그러므로 (25가, 나)'의 둘째 해석에서와 같이, 나중 발화자인 '인호'의 반대 주장이 먼저 발화자인 '인호'의 주장의 동일한 내용의미를 부정할 수 있다. 따라서 '아냐, …'와 같은 반대 주장의 표현이 가능한 것이다. 이에 반하여, (26)'에서는 판단자와 화자가 동지시되는 하나의 해석이 어휘적으로 정해져 있어서 반대 주장이 앞의 주장의 내용의미(content)를 부정해야 한다는 요건을 충족시키지 못하게 되므로 부적합한 해석이 귀결되는 것이다.

다음에는 이 절에서 제시한 주관성 형용사 문장들의 의미 형식을 완전히 나타내기 위하여 필요한 맥락의 표시와, 맥락 표시를 그 주요 의미 성분으로 가지는 요소들인 종결어미들, 그리고 '말하다', '묻다' 등의 인용동사들에 관해서 고찰해 보기로 한다.

7.1.4. 맥락, 판단자의 표시와 종결어미, 인용동사

종결어미 '-다/더라', '-느냐/더냐', '-어라', '-자', '-으마'의 의미를 맥락 기준점과 판단자 기준점을 포함하여 형식화하는 방법을 강구해 보기로 한다. 또한 그 의미 형식에 있어서 공통점과 차이점을 가지는 인용동사 '말하다', '묻다', '명령하다', '제안하다', '약속하다'에 관해 고찰해 본다.

앞에서 여러 차례 언급한 카플란의 구상에 따르면 한 문장의 의미는 그 특성의미(character)와 내용의미(content)와 외연의미(extension)로 구별하여 형식화할 수 있다. 이제까지의 논의에서는 문장의 의미를 기술할 때 특성의미를 구체적으로 형식화하지 않고, 내용의미인 명제와 외연의미로서의 진리치만을 형식적으로 나타내었다.

문장의 외연의미는 참, 거짓의 진리치이며, 내포의미는 세계들로부터 진리치로 가는 함수이다. 여기에 맥락 개념이 추가되어야 완전히 통합적인 언어 의미의 기술이 가능해진다. 이 같은 관점에서 모든 언어 단위 'A'의 의미는 맥락, 세계, 시간, 판단자 매개변수를 가지는 (27가)와 같은 형식으로 나타낼 수 있다. 이것이 특성의미(character)이다.[499]

함수인 특성의미가 특정 맥락에 적용되면, 그 맥락에서의 내용의미(content)가 얻어진다. 현실 맥락 c*에서의 A의 내용의미를 (27나)와 같은 형식으로 나타낸다.[500]

(27) 가. $[\![A]\!]_{\chi} = \lambda c. [\![A]\!]^{c;w,t,j}$

나. $[\![A]\!]_{¢} = \lambda c. [\![A]\!]^{c;w,t,j}(c^*) = [\![A]\!]^{c^*;w,t,j}$

한국어 문장을 이루는 단위 중에서 어말어미는 절 단위의 문법적 유형을 표시하는 기능을 가진다. 그 중에서 종결어미는 뿌리문장(근문: root sentence)의 문법적 유형을 나타내는 요소로서, 맥락과의 연결을 직접적으로 담당하는 단위라고 할 수 있다.

평서형어미와 '말하다'

종결어미는 판단자와 화자 또는 청자와의 동지시를 그 의미 형식 내에 포함한다. 평서형어미 '-다'의 의미 형식에는 판단자와 화자가 동지시된다. 의문형어미 '-느냐'의 의미 형식에는 판단자와 청자가 동지시된다.

'-다'의 의미 형식을 보이면 (28가)와 같다. 종결형이 간접인용문의 내포절에 실현될 때에는 항상 '-고'와 함께 나타나는데, 이 경우의 의미 형식은 재구조화된 복합 형식 '-다고'의 의미 정의를 가진다.[501]

(28) 가. $[\![\text{-다}]\!]^{c^*;w,t,j} = [\lambda p_{<s,<i,<e,t>>>}. \text{SAY}(s(c^*), a(c^*), p(w)(t)(j))\ \&\ t = now\ \&\ j = s(c^*)] = 1$

나. $[\![\text{-다-고}]\!]^{c;w,t,j} = \lambda p_{<s,<i,<e,t>>>}. p(w)(t)(j) = 1$

'SAY'는 수행동사의 의미를 상정하여 표시한 것이나 지시적, 진리조건적 기술에서의 그 기능은 모호한 바가 있다. 다음과 같은 약정을 두기로 한다. 이는 위 수행동사 'SAY'의 이러한 모호성, 합성 과정에서 인용동사('말하-')와의 혼동 가능성을 배제하고자 취한 조처이다.

(29) SAY(x, y, P) = 1 iff assert(x, P)

---

499) A의 특성의미(character)를 '$[\![A]\!]_{\chi}$'로 나타낸다.

500) A의 내용의미(content)를 '$[\![A]\!]_{¢}$'로 나타낸다.

501) 이러한 정의는 제8장에서 더욱 정밀한 형식으로 수정된다.
이제까지 약식으로 표시하던 화자의 약호 'sp(c)'와 청자의 약호 'adr(c)'를 이후로 각각 's(c)'와 'a(c)'로 나타낼 것이다.

Kaplan(1989)으로부터 기준 맥락이 도입되었다는 것과, 그 도입 근거를 앞에서 설명하였다. 그러나 그는 맥락이 매개변수로서 어떤 연산자의 작용을 받을 수 있다는 점에 대해서는 반대하였다. Schlenker(2003)는 맥락이 연산자의 작용을 받는 자연언어의 증거가 있음을 논한 연구이다. '말하-'와 같은 인용동사는 맥락을 변수로 삼는 연산자의 대표적인 예가 된다. 이러한 인식을 바탕으로, 필자는 인용동사 '말하-'가 현실 맥락과 피인용 맥락을 연결짓는 연산자라고 가정한다.

Schlenker(2003)에서는 인용동사와 아울러 명제태도 동사들도 맥락과 맥락을 연결짓는 기능을 가진다고 간주한다.[502] 그러나 필자는 이들의 경우에는 맥락들에 대한 연산자의 작용을 인정하지 않으며, 다만 현실 맥락과 피인용 맥락이나 특수 맥락의 관계만을 형식화에 포함한다. '생각하다' 등의 명제태도 동사가 맥락을 도입한다는 주장은 받아들이지 않는다. 위 (15)-(19)에서 확인되듯이, 인용동사 '말하다', '묻다', '명령하다', '제안하다', '약속하다'는 간접인용절과 함께 직접인용절을 취할 수 있지만, '생각하다' 등의 명제태도 동사는 직접인용절을 취할 수 없다는 중요한 차이를 가진다. 또 전자는 인용된 맥락의 청자를 지시하는 'NP-에게' 형식의 논항을 가질 수 있지만 후자는 그것을 가질 수 없다.

인용동사 '말하-'가 두 맥락을 연결짓는 기능을 가짐에 비하여, 종결어미의 주요 기능은 맥락을 새로 도입하는 것이라고 본다. 이제 평서형어미 '-다'의 의미 형식을 기준 맥락까지 포함하여 제시하면 (30)과 같다.[503] 위 (28가)의 형식은 현실 맥락 'c*'를 람다 환원한 형식임을 알 수 있다. 그러므로 '-다'의 특성의미는 (31)과 같다.[504]

(30) $[\![\text{-다}]\!]^{c*;w,t,j} = [\lambda c_c.\ \lambda p_{<s,<i,<e,t>>>}.\ \mathrm{SAY}(s(c),\ a(c),\ p(w)(t)(j))\ \&\ t = now\ \&$
$j = s(c)](c^*) = 1$

(31) $[\![\text{-다}]\!]_X = [\lambda c_c.\ \lambda p_{<s,<i,<e,t>>>}.\ \mathrm{SAY}(s(c),\ a(c),\ p(w)(t)(j))\ \&\ t = now\ \&\ j = s(c)]$

예를 들면, '비가 온다'의 특성의미는 (32)와 같이 나타낼 수 있고, 현실 맥락 c*에서

---

502) 이는 '판단자 방안'과 대립되는 '두 맥락 방안'의 주요 실행례이다.

503) 다음 (a)는 임동식(2010: 198)의 정의이다. 'k'는 대입되어 들어갈 문장의 특성의미 형식이다. 'k(c*)'가 맥락에 특성의미가 적용되어 얻어진 문장의 내용의미이다. 그러므로 그에 따르면 한국어의 종결어미 '-다'는 그 자체로는 특성의미도, 내용의미도 갖지 않는 것으로 해석되는 셈이다.

a. $[\![\text{-다}]\!]^{c^*} = [\lambda k_{<c,<s,<i,<e,t>>>>}:\ plain(c^*)\ \&\ s(c^*)>a(c^*)\ \&\ c^* \in \mathrm{Dom}(k).\ k(c^*)$.

(여기에서 plain(c*)는 c*에서의 화계가 평어체임을, s(c*) > a(c*)는 c*의 화자의 사회적 지위가 c*의 청자보다 높음을 뜻함)

504) 'c_c'의 아래첨자로 표시된 'c'는 맥락이 가지는 타입을 뜻한다.

'비가 온다'의 내용의미(명제 의미)는 (33)과 같다.

(32) ⟦비가 온다⟧$_X$ = [λc_c. λw_s. λt_i. λj_e. SAY(s(c), a(c), w에서, t에, j에게, 비가 온다')
& t = now & j = s(c)]

(33) ⟦비가 온다⟧$^{c^*;w,t,j}$ = [λc_c. λw_s. λt_i. λj_e. SAY(s(c), a(c), w에서, t에, j에게, 비가 온다') & t = now & j = s(c)](c^*) = [λw_s.λt_i.λj_e. SAY(s(c^*), a(c^*), w에서, t에, j에게, 비가 온다') & t = now & j = s(c^*)]

현실 맥락 'c^*'는 이 맥락을 이루는 세계, 시간, 화자의 순서쌍 <w(c^*), t(c^*), s(c^*)>과 동일시된다. 그러므로 일반적 기준 맥락의 화자 s(c)가 현실 맥락에서는 s(c^*)로 바뀌는 것이다. 이러한 개념의 연장선상에서 현실 맥락의 청자는 a(c^*)가 된다.

앞에서 논의한 문장 '나는 작가다.'의 특성의미와 내용의미를 보이면 다음과 같다.

(34) ⟦나는 작가다⟧$_X$ = [λc_c.[λw_s.λt_i.λj_e. SAY(s(c), a(c), w에서 t에 j에게 s(c)는 작가다'](w)(t)(j)) & t = now & j = s(c)]

(35) ⟦나는 작가다⟧$^{c^*;w,t,j}$ = [λc_c.[λw_s.λt_i.λj_e. SAY(s(c), a(c), w에서 t에 j에게 s(c)는 작가다'](w)(t)(j)) & t = now & j = s(c)](c^*) =
[λw_s. λt_i. λj_e. SAY(s(c^*), a(c^*), w에서 t에 j에게 s(c)는 작가다'](w)(t)(j)) & t = now & j = s(c^*)]

맥락과 아울러 판단자도 종결어미 '-다'의 의미를 이루는 중요한 요소이다. '-다'의 의미 형식에는 판단자 j와 화자 s(c^*)의 동지시 관계가 명시되었다. 이 점은 주관성 형용사 '싫-'과 공존하는 문장의 해석에서 그 용도가 잘 드러난다. 판단자는 '싫-'의 의미를 이루는 중요한 요소이기도 하다. '싫-'의 의미 형식에는 그 첫째 논항과 판단자가 동지시되는데, 이에 따라 (36가)의 적격성이, 그리고 (36나, 다)의 부적격성이 설명된다.

(36) 가. 나는 인호가 싫다.
나. ??너는 인호가 싫다.
다. ??순희는 인호가 싫다.

인용동사 '말하-'의 의미를 다음과 같이 나타내기로 한다. '말하-'는 주절에서 표현되는 맥락과는 다른 내포절의 맥락, 즉 인용의 맥락(c')을 도입하는 특징을 가진다.[505]

(37) ⟦ 말하- ⟧$^{c*;w,t,j}$ =
[$\lambda p_{<s,<i,<e,t>>>}$. λx_e. λy_e. c*≠c' & s(c') = y & a(c') = x인 인용의 맥락 c'에서;
p(w(c'))(t(c'))(y)] = 1

이제 '말하다'의 보문으로 '내가 작가다.'와 같은 맥락 의존 문장이 내포되는 경우의 해석 절차를 살펴보자.

(38) ⟦ 인호는 철수에게 내가 작가라고 말한다 ⟧$^{c*;w,t,j}$ =
⟦ -다 ⟧$^{c*;w,t,j}$(λw.λt.λj. ⟦ 말하- ⟧$^{c*;w,t,j}$(λw'.λt'.λj'. ⟦ -다-고 ⟧$^{c*;w',t',j'}$(λw".
λt". λj". ⟦ 내가 작가-이- ⟧$^{c*;w",t",j"}$)) (철수')(인호')) =
⟦ -다 ⟧$^{c*;w,t,j}$(λw.λt.λj. ⟦ 말하- ⟧$^{c*;w,t,j}$(λw'.λt'.λj'. ⟦ -다-고 ⟧$^{c*;w',t',j'}$([λw".
λt". λj". w"에서, t"에, j"에게, s(c*)가 작가다']))(철수')(인호')) =506)
⟦ -다 ⟧$^{c*;w,t,j}$(λw.λt.λj. ⟦ 말하- ⟧$^{c*;w,t,j}$([λw'.λt'.λj'. w'에서, t'에, j'에게,
s(c*)가 작가다']))(철수')(인호')) =
⟦ -다 ⟧$^{c*;w,t,j}$([λx_e. λy_e. c*≠c' & s(c') = y & a(c') = x인 인용의 맥락 c'에서;
w(c')에서, t(c')에, y에게, s(c*)가 작가다'] (철수')(인호')) =
⟦ -다 ⟧$^{c*;w,t,j}$([c*≠c' & s(c') = 인호' & a(c') = 철수'인 인용의 맥락 c'에서;
w(c')에서, t(c')에, 인호'에게, s(c*)가 작가다']) = 1 iff
[SAY(s(c*), a(c*), c*≠c' & s(c') = 인호' & a(c') = 철수'인 인용의 맥락 c'에서; w(c')에서, t(c')에, 인호'에게, s(c*)가 작가다']

다음으로 '말하다'의 보문으로 '자기가 작가다'가 내포된 문장 '인호는 자기가 작가라고 말한다'의 해석을 살펴보자. 우선 '자기'의 해석은 판단자 해석을 갖거나 일반 대명사 해석을 가질 수 있다. 이 점을 (39)로 규정한다.

(39) ⟦ 자기$_i$ ⟧$^{c*;w,t,j,g}$ = $\begin{cases} j \\ g(i) \end{cases}$

(40) ⟦ 인호는 철수에게 자기$_i$가 작가라고 말한다 ⟧$^{c*;w,t,j}$ =
⟦ -다 ⟧$^{c*;w,t,j}$(λw.λt.λj. ⟦ 말하- ⟧$^{c*;w,t,j}$(λw'.λt'.λj'. ⟦ -다-고 ⟧$^{c*;w',t',j'}$(λw".
λt". λj". ⟦ 자기$_i$가 작가-이- ⟧$^{c*;w",t",j"}$))(철수')(인호')) =

---

505) (37)의 의미 형식에서 w(c')과 t(c')은 각각 맥락 c'의 세계, 맥락 c'의 시간을 뜻한다. 그러므로 이전에 세계, 시간을 나타내던 w, t와 같은 표시는 엄밀히 나타내면 w(c*), t(c*)로 나타내야 하는 것이다. 그러나 앞으로도 문맥에 의해서 자명한 경우에는 w(c*), t(c*)를 그저 w, t로 나타낼 것이다.

506) '-다고'의 해석은 위 (28나)를 활용한다.

⟦ -다 ⟧ $^{c*;w,t,j}$(λw.λt.λj. ⟦ 말하- ⟧ $^{c*;w,t,j}$(λw'.λt'.λj'. ⟦ -다-고 ⟧ $^{c*;w',t',j'}$([λw". λt". λj". w"에서, t"에, 판단자 j"에게, j"/g(i)가 작가다']))(철수')(인호')) = 1
iff [SAY(s(c*), a(c*), c*≠c' & s(c') = 인호' & a(c') = 철수'인 인용의 맥락 c'에서; w(c')에서, t(c')에, 인호'에게, 인호'/g(i)가 작가다']

마지막으로 도출된 의미 형식에서 '자기'에 대응하는 해석 '인호'/g(i)'는 판단자 해석('인호'')과 일반 대명사로서의 해석('g(i)')의 두 가지가 가능함을 보인다. 이 중 'g(i)'는 2.2.1절에서 제시한 통사론적 원리(대명사의 동지표화 규칙)에 따라 동지표화된 '자기'의 해석이므로, 결속변항이 되어, 결과적으로 '인호'를 가장 적합한 해석으로 선택하게 된다.

이 외에, '말하다'의 보문으로 '그가 작가다'가 내포된 문장 '인호는 그가 작가라고 말한다'의 해석은 다음과 같은 '그'의 의미 기술에 따라 '그'가 일반 대명사의 해석 'g(i)'만을 가지는 해석으로 도출된다.

(41) ⟦ 그$_i$ ⟧ $^{c*;w,t,j,g}$ = g(i)

(42) ⟦ 인호는 철수에게 그$_i$가 작가라고 말한다 ⟧ $^{c*;\ w,t,j}$ =
⟦ -다 ⟧ $^{c*;w,t,j}$(λw.λt.λj. ⟦ 말하- ⟧ $^{c*;w,t,j}$(λw'.λt'.λj'. ⟦ -다-고 ⟧ $^{c*;w',t',j'}$(λw". λt". λj". ⟦ 그$_i$가 작가-이- ⟧ $^{c*;\ w'',t'',j''}$))(철수')(인호')) =
⟦ -다 ⟧ $^{c*;\ w,t,j}$(λw.λt.λj. ⟦ 말하- ⟧ $^{c*;\ w,t,j}$(λw'.λt'.λj'. ⟦ -다-고 ⟧ $^{c*;\ w',t',j'}$([λw". λt". λj". w"에서, t"에, 판단자 j"에게, g(i)가 작가다']))(철수')(인호')) = 1 iff [SAY(s(c*), a(c*), [w에서, t에, j에게, c*≠c' & s(c') = 인호' & a(c') = 철수'인 인용의 맥락 c'에서; w(c')에서, t(c')에, 판단자 인호'에게, g(i)가 작가다'])]

'g(i)'의 해석은 지시적 해석으로서, '인호'가 될 수도 있고, '철수'가 될 수도 있다.

7.2. 주관성 형용사 문장의 의미 해석

7.2.1 주관성 형용사 문장에 대한 선행 분석

한국어에서의 판단자 의존 의미의 실현에 관한 메커니즘을 기술하는 데에는 주관성 형용사 구문에 대한 관찰이 중요한 위치를 차지한다. 이에 대한 이제까지의 연구는 이홍배(1970), 양인석(1972) 등의 변형론적, 통사론 중심적 연구와 김흥수(1989), 양정석

(1997), 유현경(1998), 김건희(2005), 이익환·이민행(2005) 등의 비변형론적, 의미론적 연구로 나눌 수 있다.

이홍배(1970)은 아직까지도 주관성 형용사 구문에 대한 가장 체계적인 이론으로 남아 있다. 이에 대한 검토를 통하여 주관성 형용사 문장의 적격성/부적격성의 구별이 형식적 이론 내에서 어떻게 포착되는지를 살펴볼 수 있다. '생성의미론'적 통사 이론의 범위 내에서 다음과 같은 변형 규칙이 주관성 형용사 문장의 적격성 여부를 예측한다.[507)]

(2) '하' 삭제 변형 규칙(이홍배 1970: 65)

NP - NP - $_{S}$[NP - $_{S}$[NP - X]$_{S}$ - 하]$_{S}$ - X

1 2 3 4 5 6 7 ⇒

1 2 3 4 5 Ø 7

조건: 7은 [+Linguistic]과 [+Communicative]를 포함해야 한다.

a) 7이 [+Declarative]를 포함하면 1≡3.

b) 7이 [+Question]을 포함하면 2≡3.

c) 3≡4이면 이 규칙은 의무적 규칙이다.

d) 3≡/≡4이면 이 규칙은 수의적 규칙이다.

(3) 가. 나는 춥다.

나. *나는 추워한다.

(4) 가. 철수는 춥다고 말했다.

나. *철수는 추워한다고 말했다.

(5) 가. 나는 인호가 좋다.

나. 나는 인호를 좋아한다.

(6) 가. 철수는 인호가 좋다고 말했다.

나. 철수는 인호를 좋아한다고 말했다.

(7) 가. *인호는 춥다.

나. *순희는 인호가 좋다.

---

507) 이홍배(1970)의 (2) 규칙에서 상위절 서술어인 X에는 동사 '말하-', '묻-'이 실현되기도 하고, '-다', '-느냐'와 같은 종결어미로 나타나는 수행동사(performative verb) 'SAY'와 'ASK'가 실현되기도 한다. 이 둘을 화자 논항과 청자 논항을 가지는 의미 형식으로 나타내면 이하에서 정리하는 주관성 형용사 구문의 단순문과 복합문, 의도의 '-겠-' 구문의 단순문과 복합문, 그리고 '-더-' 구문의 단순문과 복합문의 평행적인 사실들을 일반화하는 데에 유용하다. 이와 같은 의도에서, 7.2.3-7.2.6절의 의미 기술에서는 주절의 종결어미 '-다', '-느냐'의 의미 형식을 수행동사 'SAY'와 'ASK'를 활용하여 나타낼 것이다. 내포절의 '-다고', '-느냐고'의 의미 형식에는 이러한 수행동사를 나타내지 않는다.

(8) 가. *철수는 인호가 춥다고 말했다.
나. *철수는 순희가 인호가 좋다고 말했다.

(2)의 규칙에 따라 (3)-(8) 문장들의 적격성/부적격성 차이가 정확하게 예측된다.[508] 그러나 이 이론은 다음과 같은 문제점을 가지고 있다.

(9) 가. '춥다, 좋다'는 상태의 표현, '추워한다, 좋아한다'는 사건의 표현으로서 두 문장의 의미가 동일하지 않으므로, 둘을 통사적 변형규칙으로 연관지을 수 없다.
나. 다음 (b)의 부적격성을 예측하지 못한다. 이들 문장의 기저구조는 위 변형규칙의 조건 a)와 d)를 만족하게 되므로, '춥다' 문장과 '추워한다' 문장이 단순문, 복합문에서 모두 적격해야 한다.[509]
a. 나는/너는/인호는 오늘 날씨가 춥다고 말했다.
b. ??나는/??너는/??인호는 오늘 날씨를 추워한다고 말했다.
다. 다음 (a)가 부적격한 반면, '-겠-'이 개입된 (b)가 다시 적격성을 회복하는 현상을 예측하지 못한다.
a. ??순희는 인호가 싫다.
b. 순희는 인호가 싫겠다.
라. '-겠-'(의도 의미) 구문의 평행적 현상(후술), '-더-' 구문의 상반되는 현상(후술)을 예측하지 못한다.[510]

양상도 주관적 판단 의미를 표현하는 중요한 수단이다. 한국어의 대표적인 양상 요소는 '-겠-'이다. 이 요소와 관련된 문제를 중심으로 수많은 연구가 있어 왔으나, 특별히 주목되는 선행 연구 몇 가지만을 들기로 한다. 남기심(1972)은 '-겠-'이 미확인법의 표지로서, '추측', '의도', '능력'의 의미적 용법을 가진다고 정리함으로써 이후 연구의 방향을 제시하였다. 성기철(1979)은 '-겠-'이 '경험 당시, 즉 현재의 경험에 판단의 근거를 두는 추정'의 의미를 가진다고 관찰하였다. 이기용(1998)은 양상논리학의 기초를 소개하고 '-

508) 이홍배(1970)에서 '*' 표시는 통사적으로 부적격한 문장을 나타내는 것이다. 이후의 논의에서는 이들이 통사적 부적격문이 아니라 의미적으로 부적격한 문장이라고 보고 해당 예문들을 '??'로 표시할 것이다. '?'는 다소 어색하기는 하지만 문법적인 문장으로 판정되는 예임을 보이는 것이다.

509) (b)의 부적격성은 '추워하다'의 어휘개별적 의미 정보에 따라 설명된다고 본다.

510) 이홍배(1970)은 주로 주관성 형용사 구문에 국한된 이론으로서, 이후에 정리하는 '-겠- 구문, '-더-' 구문에서 관찰되는 판단자 의존적 특성들을 포괄하는 확장적 이론의 가능성을 보여주지 못한다. 필자가 아는 한, 이홍배(1970)은 물론, 이후에 나타나는 통사론적, 의미론적 이론들 중에서도 이 절, 7.2.1절에서 정리한 이 구문들의 제약의 패턴을 체계적으로 설명한 이론은 발견할 수가 없다.

겠-' 및 '-을 것-'을 가능 연산자로 기술할 토대를 논의하였다. 염재일(2005가)에서는 '-겠-'과 '-을 것-'의 의미 차이에 대한 종래 논의를 종합하고 이들을 형식의미론 체계에 통합할 기초를 마련하였다.

증거성의 표현으로 다루어져 온 대표적 요소는 '-더-'이다. '-더-'의 의미에 관한 선행 연구들 중에서 주목되는 예는 다음과 같다. 남기심(1972)는 상·하위절 논항의 비-동지시 관계 등, '-더-' 문장이 가지는 주요 통사·의미적 제약들을 정리하였다. 손호민(1975)는 '-더-'가 가지는 의미 요소들 중의 하나로 'PERCEIVE'에 주목하였다. 서정수(1977가)는 '-더-'를 '보고'의 서법 요소로 규정하였는데, 그 제약의 하나로 '몸소 살핌'에 주목하였다. 이러한 관찰들은 송재목(1998), 임동식(2010)에서 '-더-'가 증거성의 표지로 규정된 것으로 맥이 이어지는 것이라고 생각된다. 한동완(1996)은 '-더-'가 시제 표지의 하나라는 주장을 전개하면서, 인식 시점을 발화시 이전으로 옮기는 '시점 이동'을 이 요소의 본질적 기능으로 지적하였다. 이 외에 김영희(1981가), 유동석(1981), 임홍빈(1982, 1993), 이정민(2014) 등에서 '-더-'의 중요한 일면들이 지적되었다.

'-더-'를 증거성으로 규정하거나 증거성 의미의 실현과 긴밀한 관련을 가지는 것으로 취급하는 것은 근래 연구의 주목할 만한 경향이다. 임동식(2010)은 '-더-'의 '직접 증거' 의미를 Heim & Kratzer(1998) 방식의 '전제'로 형식화하였다. 정경숙(2007)은 '-더-'와 '-네'가 '공간적 직시'의 의미를 표현하는 시제 요소로서, 그 자체로는 증거성 표지가 아니고, 오히려 '-더-'와 '-네'와 공존할 경우의 '∅', '-었-', '-겠-'이 증거성 표지라고 규정한다. 이정미(2011)은 '-더-'와 '-네'를 증거성 표현으로 분석하였는데, 증거성을 인식 양상의 하나로 해석하여 양상기반(modal base)과 순서근거(ordering source)를 가지는 Kratzer(1981, 1991a)의 양상 의미론 체계 하에서 기술하였다.

이홍배(1970) 이래의 주관성 형용사 구문에 대한 연구에서 드러난 이 구문의 통사·의미적 제약의 사실을 정리해 보기로 한다. 양상 요소 '-겠-'의 일부 용법에서도 동일한 제약의 패턴이 나타난다는 점(후술), '-더-' 구문에서 반대 방향의 패턴이 나타난다는 점(후술)을 주의해서 비교해 볼 필요가 있다. 다음 주관성 형용사 구문이 단순문과 복합문에서 보이는 적격성/부적격성의 패턴은 '동지시 조건'을 그 핵심으로 가지고 있다.[511)]

511) (10나)는 담화·화용적 맥락에 따라 다시 적격성을 회복할 수 있다. 그러나 의문문인 (11가), 복합문인 (12나), 그리고 두 가지 특성을 겸유한 (13가)는 그것이 가능한 것 같지 않다. 적어도 (10나)와 차이가 난다는 점은 부정할 수 없다. 의도의 '-겠-' 구문인 (14)-(17)에서는 이 같은 평서법 단순문과 그 외 구문의 차이가 관찰되지 않는다.

(10) 가. 나는 인호가 싫다.
　　나. ??너는/??순희는 인호가 싫다.
(11) 가. ??나는/??순희는 인호가 싫으냐?
　　나. 너는 인호가 싫으냐?
(12) 가. 철수$_i$는 e$_i$/?자기$_i$가 인호가 싫다고 말했다.
　　나. ??철수는 네가/순희가 인호가 싫다고 말했다.
(13) 가. ??철수$_i$는 순희에게 e$_i$/자기$_i$가 인호가 싫으냐고 물었다.
　　나. 철수는 순희$_i$에게 e$_i$ 인호가 싫으냐고 물었다.

(12), (13)에서는 주관성 형용사 '싫-'로 말미암아 상위절 주어와 하위절 주어의 동지시가 이루어져야 한다. 나아가서, 평서법의 단순문이 이홍배(1970)에서 상정한 수행동사 'SAY'와 같은 것을 그 상위 서술어로 가지며, 의문법의 단순문이 수행동사 'ASK'와 같은 것을 그 상위 서술어로 가진다고 상정하면, (10), (11)의 단순문에서도 '싫-'로 말미암아 동일한 동지시 관계가 실현됨을 관찰할 수 있다.

의도의 '-겠-' 문장에서도 동일한 동지시 조건이 작동한다. (10)-(13)과 (14)-17)은 적격성/부적격성의 패턴에 있어서 정확히 일치하는데, 이는 주관성 형용사 '싫-', 양상의 요소 '-겠-'으로부터 말미암는 것이다. 다음 예문들에서 적격/부적격의 판단은 모두 '의도' 의미에 바탕을 둔 것임에 주의해야 한다.

(14) 가. 나는 그곳에 가겠다.
　　나. ??너는/??순희는 그곳에 가겠다.
(15) 가. ??내가/??그가 그곳에 가겠느냐?
　　나. 네가 그곳에 가겠느냐?
(16) 가. 철수는$_i$ 순희에게 e$_i$/?자기$_i$가 그곳에 가겠다고 말했다.
　　나. ??철수는 네가/순희가 그곳에 가겠다고 말했다.
(17) 가. ??철수$_i$는 순희에게 e$_i$/자기$_i$가 그곳에 가겠느냐고 물었다.
　　나. 철수는 순희$_i$에게 e$_i$ 그곳에 가겠느냐고 물었다.

이상의 '동지시 조건'을 다음과 같이 요약할 수 있다. 두 논항에 표시된 'α'가 두 논항의 동지시 관계를 나타낸다. 'F'는 주관성 형용사 '싫-'이나 양상 요소 '-겠-'이 가지는 핵심 의미를 나타내는 것이다.

(18) 가. SAY(X^{α}, Y, F(α, …))
나. ASK(X, Y^{α}, F(α, …))

주관성 형용사를 가지는 평서법의 절에서는 화자 또는 '말하다'의 주어와 '싫-'의 경험자 주어와의 동지시가 요구되며, 의문법의 절에서는 청자 또는 '묻다'의 간접목적어('NP-에게' 논항)와 '싫-'의 경험자 주어와의 동지시가 요구된다. 마찬가지로, '-겠-'을 가지는 평서법의 절에서는 화자 또는 '말하다'의 주어와 '-겠-' 절의 주어와의 동지시가 요구되며, 의문법의 절에서는 청자 또는 '묻다'의 간접목적어와 '-겠-' 절의 주어와의 동지시가 요구된다. 이는 주관성 형용사와 의도의 '-겠-'이 공통의 메커니즘을 가짐을 뜻하는 것이다. 뒤의 7.2.3절과 7.2.5절에서는 주관성 형용사와 의도의 '-겠-'이 주관적 판단의 의미를 표현하는 요소들이며, 이들 요소는 내재적으로 그 판단의 주체, 즉 '기준 판단자'를 결정하는 특성이 있다고 상정함으로써 이상의 사실을 설명할 것이다.

다음 패턴이 보여주는 '-더-' 문장의 통사·의미적 제약의 핵심은 '비-동지시 조건'이다.

(19) 가. ??내가 대흥극장에 들어가더라.
나. 네가/인호가 대흥극장에 들어가더라.
(20) 가. 내가/인호가 대흥극장에 들어가더냐?
나. ??네가 대흥극장에 들어가더냐?
(21) 가. ??철수$_i$는 e_i/자기$_i$가 대흥극장에 들어가더라고 말했다.
나. 철수는 네가/인호가 대흥극장에 들어가더라고 말했다.
(22) 가. 철수는 너에게/순희에게 내가/인호가 대흥극장에 들어가더냐고 물었다.
나. ??철수는 너$_i$에게/순희$_j$에게 네$_i$가/자기$_j$가 대흥극장에 들어가더냐고 물었다.

여기에서 나타나는 '-더-'의 비-동지시 조건을 요약하면 다음과 같다.[512)]

(23) 가. *SAY(X^{α}, Y, F'(α, F''(α, …))) : -더라, -데1, -습디다, -더니, -던데, -더구나, -더구만
나. *ASK(X, Y^{α}, F'(α, F''(α, …)) : -더냐, -데2, -습디까

'F''을 중심으로 관찰해 보면, '-더-' 문장에도 '동지시'의 요구가 작동하고 있음을 알

512) (23)에 제시한 '-더-' 결합 어미는 원리상 결합 가능한 어미들 중에서 극히 일부에 지나지 않으며, 그 결합형의 의미가 합성적으로 도출되지도 않는다(양정석 2008, 2011). 따라서 이들 각각을 단일한 어휘항목으로 간주하여 의미 기술을 해야 한다. 어원적으로 '-더-' 결합형에서 기원하는 '-던', '-든지', '-든가'는 (23)의 제약을 갖지 않으므로 증거성 표현의 예에서 제외한다.

수 있다. 즉, F"의 첫째 논항이 'α'만 아니면 위 (18)과 같은 동지시 조건이 만족되는 것이다. '-더-'가 나타내는 회상이나 직접 경험의 보고는 기본적으로 화자나 상위절 주어의 판단을 내포한다.

(24) 가. SAY(X^{α}, Y, F'(α, …))
  나. ASK(X, Y^{α}, F'(α, …))

뒤의 7.2.2절에서 형식적 기술 장치들이 준비되고 나면 (24)의 '동지시'의 사실은 '-더-'의 양상적 의미가, (23)의 '비-동지시'의 사실은 '-더-'가 가지는 증거성 의미가 유발하는 것임을 보이게 된다(7.2.6절).

주관성 형용사와 '-더-'가 공존하는 문장의 통사·의미적 제약은 다시 (18)의 '동지시 조건'이다. 주관성 형용사의 의미적 특성이 '-더-'의 의미적 특성을 흡수하는 것처럼 보인다.

(25) 가. 나는 인호가 싫더라.
  나. ??너는/??순희는 인호가 싫더라.
(26) 가. ??나는/??순희는 인호가 싫더냐?
  나. 너는 인호가 싫더냐?
(27) 가. 철수$_i$는 e_i/?자기$_i$가 인호가 싫더라고 말했다.
  나. ??철수는 네가/순희가 인호가 싫더라고 말했다.
(28) 가. ??철수$_i$는 순희에게 e_i/자기$_i$가 인호가 싫더냐고 물었다.
  나. 철수는 순희$_i$에게 e_i 인호가 싫더냐고 물었다.

증거성 표현의 다른 예인 종결어미 '-네'도 '-더-'와 동일한 통사·의미적 제약, 즉 '비-동지시 조건'을 가진다.[513] 그러나 (26)-(28)은 모두 '-네'가 가지는 형태통사론적 특성에 따라 실현 불가능하다. '-더라고', '-더냐고'라는 복합적 어휘항목은 존재하지만, '-네고'라는 복합적 어휘항목은 존재하지 않으므로, (27), (28)에 대응하는 문장 형식은 생성될 수 없다. 의문형 종결어미로서의 '-네'의 어휘항목은 존재하지 않으므로 (26)에 대응하는 문장 형식은 생성될 수 없다.

---

513) '-네'가 '-더-'와 유사하게 증거성 또는 증거성 관련 의미를 가진다는 관찰은 장경희(1985), 정경숙(2007), 이정미(2011)에서 있어 왔다.

(29) 가. ??내가 대흥극장에 들어가네.

나. 네가/인호가 대흥극장에 들어가네.

(30) 가. *내가/*인호가 대흥극장에 들어가네?

나. *네가 대흥극장에 들어가네?

(31) 가. *철수$_i$는 e_i/자기$_i$가 대흥극장에 들어가네고 말했다.

나. *철수는 네가/인호가 대흥극장에 들어가네고 말했다.

(32) 가. *철수는 너에게 내가/인호가 대흥극장에 들어가네고 물었다.

나. *철수는 너$_i$에게 네$_i$가 대흥극장에 들어가네고 물었다.

'-네'의 증거성 의미는 '-더-'에 준하여 기술할 수 있다고 보지만, 여기에서는 더 다루지 않는다.

근래의 증거성에 대한 연구인 임동식(2010), 송재목(2007) 등에서는 다음 (33), (34) 예들의 '-다-'(혹은 '-대/래-')를 보고 증거성(reportative evidentiality)을 표현하는 요소로 다루어 왔다.[514] 그러나 이들은 '-고'와 '하-'가 형태음운론적으로 생략된 형식으로 보아야 한다(남기심 1973, 채희락 2006). (35), (36)처럼 복합문 구성으로 분석하지 않을 수 없는 예의 존재는 이에 대한 강력한 증거가 된다.

(33) 가. 비가 온대/온단다/온답니다.

나. 걔가 반장이래/반장이란다/반장이랍니다.

(34) 가. 비가 오더래/오더란다/오더랍니다.

나. 걔가 반장이더래/반장이더란다/반장이더랍니다.

(35) 가. 걔가 너를 뻔뻔스럽대/뻔뻔스럽단다.

514) 이정미(2011)는 논문 앞부분에서 (33), (34)와 같은 예가 복합문 구성이라고 말하고 있으나, 뒷부분의 '비가 온다더라'에 대한 설명에서는 '비가 온다'와 같은 단순문에 '-더-'와 '-라'가 차례로 결합되면서 의미 합성이 이루어진다고 기술하고 있다. 이는 통사적 구성성분 구조에 대한 불철저한 인식을 보이는 것이다. 특히 (35), (36)의 예들은 그와 같은 처리를 부정한다.

이정민(2014: 2.4절)은 이들 예가 복합문 구성에서 '-고'와 '하-'가 차례로 삭제되고, '-다/냐/라/자'의 '아' 모음이 '애' 모음으로 바뀌는 형태음운론적 절차에 따라 생성된다고 설명하였으나, 한편 단순문 구성이라고 보아야만 할 용법도 있다고 주장하면서 다음 예를 제시했다.

a. 미아가 어지럽더래.

이 예는 '미아가 자신이 어지럽다고 말했다'는 뜻의, 복합문 구성에 바탕한 해석과, 단순문 구성에 바탕한 해석의 중의적 해석이 가능하다고 보고, 후자의 해석은 '-래'의 '보고 증거성' 표현으로 보아야 한다고 주장했다. 그러나 후자의 해석이 가능하다고 해도 그것은 정규적 용법이 아니고, 단순문 '??미아는 어지러워.'가 예외적으로 용인되는 수준의 해석 가능성에 지나지 않는다. '어지럽다'는 주관성 형용사의 하나이다. 이 예는 (10나)가 부적격하지만 예외적으로 용인되는 것과 같은 이유로 용인된다. 이러한 해석에서도 '??미아가 어지럽더래'('??'는 필자의 판단임)는 복합문 구조를 이룰 뿐이다.

나. 그 아이가 선생님을 인자하시답니다.
다. 사람들이 그분을 의인이랍니다.

(36) 가. 걔가 너를 뻔뻔스럽더래/뻔뻔스럽더란다.
나. 그 아이가 선생님을 인자하시더랍니다.
다. 사람들이 그분을 의인이더랍니다.

예외적으로 '친밀성'을 표현하는 어휘적 복합 형식이 존재한다. '-는단다, -는다네, -는다오, 는답니다'의 네 개로 제한된다(남기심 1973).

(37) 가. 나는 여기에 매일 온단다.
나. 나는 여기에 매일 온다네.
다. 나는 여기에 매일 온다오.
라. 저는 여기에 매일 온답니다/그분은 우리 회사 사장님이랍니다.

이 책에서는 이러한 '-단다' 등을 증거성 표현의 예에서 제외할 것이다.

7.2.2. 기준 판단자의 도입과 대안집합

형식의미론 연구는 프레게(G. Frege)의 합성성 원리를 구현하는 일을 궁극의 목적으로 가진다. 표준적 형식의미론에서의 합성성 원리의 구현은 기본적으로 다음 규칙을 통해서 이루어진다.[515)]

(38) 함수적용규칙(FA)
A가 분지교점이고 {B, C}가 그 딸성분(daughter)들의 집합이면, 어떠한 치할당 함수 g에 대해서도 다음이 성립한다.
$[\![B]\!]^g$가 그 영역 안에 $[\![C]\!]^g$를 포함하는 함수이면,
$[\![\alpha]\!]^g = [\![\beta]\!]^g([\![\gamma]\!]^g)$이다.

양상이나 명제태도 동사가 가지는 내포의미(intension)를 기술하기 위해서 가능세계 개념을 도입하는 것 역시 표준적 형식의미론의 실행 방법이다. (39), (40)은 가능세계(w)를 기준점으로 삼아 동사의 의미를 기술하는 예를 보여준다. 명제태도 동사는 가능세계

515) (38), (41)의 규칙들은 제1장에서 도입하였다.

변수에 대한 양화를 포함한다는 점에서 양상 표현의 일종이다. (41)은 기준 가능세계를 포함하는 내포적 함수 적용 규칙의 기본적 형식이다.

(39) 가. 1자리 술어의 내포의미: 타입 $<s,<e,t>>$

⟦ 뛰- ⟧^{w} = λx: $x \in D_e$. [세계 w에서 x가 뛴다]

나. 2자리 술어의 내포의미: 타입 $<s,<e,<e,t>>>$

⟦ 사랑하- ⟧^{w} = λx: $x \in D_e$. λy: $y \in D_e$. [세계 w에서 y가 x를 사랑한다]

(40) 명제태도 동사

가. ⟦ 생각하- ⟧^{w} = λp: $p \in D_{<s,t>}$.[λx: $x \in D$. 세계 w에서 x가 생각하는 바와 양립가능한, $w' \in W$인 모든 w'에 대하여, $p(w')=1$]

나. ⟦ 알- ⟧^{w} = λp: $p \in D_{<s,t>}$.[λx: $x \in D$. 세계 w에서 x가 아는 바와 양립가능한, $w' \in W$인 모든 w'에 대하여, $p(w')=1$]

(41) 내포적 함수적용규칙(IFA)

A가 분지교점이고 {B, C}가 그 딸성분들의 집합이면, 어떠한 가능세계 w와 치할당 함수 g에 대해서도 다음이 성립한다.

⟦ B ⟧^{w,g}가 그 영역 안에 $\lambda w'$. ⟦ C ⟧$^{w',g}$를 포함하는 함수이면,

⟦ A ⟧^{w,g} = ⟦ B ⟧^{w,g} ($\lambda w'$. ⟦ C ⟧$^{w',g}$)이다.

람다 표현의 세계 변수 w'이 기준 세계로부터 그 논항인 명제가 표현하는 세계로 접근하는 것을 가능하게 한다.

7.1절의 내용을 간단히 요약해 보자. Kaplan(1989)에 따르면 언어 표현은 '특성의미(character)'와 '내용의미(content)'의 두 가지 의미를 가진다.[516] 특성의미는 발화의 맥락들과 무관한 고정적 의미이다. 이에 대비되는 내용의미는 발화의 맥락이 정해진 의미이다. "나는 지금 서울에 있다."와 같은 발화는 어느 맥락(즉, 맥락1, 맥락2, …)에서도 동일한 특성의미를 갖지만, 각 맥락에서는 각기 구별되는 내용의미를 가진다. 이들을 형식화하기 위해 한 표현의 특성의미를 맥락들로부터 내용의미로 가는 함수라고 정의한다. 그리고 표현의 내용의미는 세계, 시간의 순서쌍(<w,t>: 이를 '지표 index'라고 지칭한다) 들로부터 외연으로 가는 함수라고 정의한다. 즉, 내용의미는 곧 내포의미(intension)와 같은 것이다. 그러므로 문장의 특성의미는 맥락들로부터 그 문장의 내포의미(즉, 명제)로 가는 함수인 셈이다.

516) 이정민 교수는 'character', 'content'에 대응하는 번역어로 각각 '원뜻', '내용'을 제안하였다(사적 담화).

(42) 가. 표현 α의 특성의미: $\lambda c.\lambda\langle w,t\rangle.[\![\alpha]\!]^{c;w,t}$
나. 맥락 c에서의 표현 α의 내용의미(=내포의미): $\lambda\langle w,t\rangle.[\![\alpha]\!]^{c;w,t}$

맥락을 기준점 매개변수로 활용하여 내포적 함수적용규칙을 수정하면 다음과 같다.

(43) 내포적 함수적용규칙(IFA')
A가 분지교점이고 {B, C}가 그 딸성분들의 집합이고, $[\![B]\!]^{c;w,t}$가 그 영역 안에 $\lambda w'.\lambda t'.[\![C]\!]^{c;w',t'}$를 포함하는 함수이면, 다음이 성립한다.
$[\![A]\!]^{c;w,t} = [\![B]\!]^{c;w,t}([\lambda w'.[\lambda t'.[\![C]\!]^{c;w',t'}]])$

Lasersohn(2005)에서는 의견의 차이, 취향의 차이를 기술하기 위해 '판단자(judge)'라는 새로운 기준점 매개변수를 도입하였다. Stephenson (2007)은 이를 받아들여, 종래의 세계, 시간의 지표(<w,t>)에 판단자 'j'를 더하여 <w,t,j>와 같이 나타내었다. 판단자는 개체로서, e 타입이다. 기준 세계, 기준 시간에 덧붙여 주관적 판단의 기준이 되는 기준 판단자를 도입함으로써, 주관적 판단 구문들에서의 판단자 의존 의미를 명시하는 것이 가능하게 된다.

(44) 가. $[\![$나$]\!]^{c;w,t,j}$ = s(c) = c의 화자
나. $[\![$너$]\!]^{c;w,t,j}$ = a(c) = c의 청자
(45) 가. $[\![$뛰-$]\!]^{c;w,t,j}$ = λx.[세계 w에서, 시간 t에, 판단자 j에게, x가 뛴다]
나. $[\![$책$]\!]^{c;w,t,j}$ = λx.[세계 w에서, 시간 t에, 판단자 j에게, x가 책이다]
(46) $[\![$싫-$]\!]^{c;w,t,j}$ = $\lambda x_e.\ \lambda y_e.$ [[세계 w에서, 시간 t에, 판단자 j에게, y에게 x가 싫다], 여기에서 j = y] (cf. Lasersohn 2005, Stephenson 2007)

(44), (45)의 어휘 요소들은 기준 판단자에 의존하는 해석을 갖지 않는다. 그러나 (46)의 주관성 형용사는 그 경험자 논항이 기준 판단자에 의존하는 해석을 가짐이 'j = y'와 같이 명시되었다.[517] 맥락 c와 지표 <w,t,j>를 기준점 매개변수로 활용하여 또 다시 수정

517) 이 의미 형식에는 의미역의 차이가 명시되지 않았으나, '경험자'와 같은 의미역이 명시되더라도 한국어의 주관성 형용사들은 (46)의 'j = y'와 같은 판단자 의존의 사실이 명시되어야 한다. 필자는 술어해체 분석에 의해 표시되는 의미역 구조가 의미구조의 한 층렬(기술 층렬: descriptive tier)로 명시되고, 이 장에서 논하는 의미 형식이 다른 층렬(지시 층렬: referential tier)로 나타내어지는 의미구조 표상의 체계를 제안한 바 있다(양정석 2011). [부록]에서 이러한 층렬 구분의 필요성을 더 논할 것이다. 그와 같은 가정에서의 기술 층렬에 '경험자'와 같은 의미역 특성이 별도로 명시되어야 한다고 본다.

한 내포적 함수적용규칙은 다음과 같다.

(47) 내포적 함수적용규칙(IFA")
A가 분지교점이고 {B, C}가 그 딸성분들의 집합이고, $[\![B]\!]^{c;w,t,j}$가 그 영역 안에 $\lambda w'.\lambda t'.\lambda j'.[\![C]\!]^{c;w',t',j'}$를 포함하는 함수이면, 다음이 성립한다.
$[\![A]\!]^{c;w,t,j} = [\![B]\!]^{c;w,t,j}([\lambda w'.[\lambda t'.[\lambda j'.[\![C]\!]^{c;w',t',j'}]]])$

Lewis(1979a) 등에 의해 주어진 '자기지향적 태도(attitudes de se)'의 개념이 문법에서 중요한 역할을 하고 있다는 인식이 Chierchia(1989) 이래로 언어학자들에 의해 형식의미론, 생성통사론의 이론으로 구체화되어 왔다. Stephenson(2007)은 자기지향성을 판단자 중심의 내포의미론에서 구현하기 위하여 다음과 같은 '대안집합(alternatives: 대안적 세계-시간-판단자의 집합)'의 정의에 그 관계('x = y')를 표시하였다.

(48) 가. 세계 w, 시간 t, 판단자 x의 기준에서의 믿음 대안집합(Doxastic alternatives): $Dox_{w,t,x}$ = {<w',t',y>| 세계 w에서, 시간 t에 판단자 x가 믿는 바는 세계 w'에서, 시간 t'에 **x = y**임과 양립 가능함}
나. 세계 w, 시간 t, 판단자 x의 기준에서의 인식 대안집합(Epistemic alternatives): $Epist_{w,t,x}$ = {<w',t',y>| 세계 w에서, 시간 t에 판단자 x가 아는 바는 세계 w'에서, 시간 t'에 **x = y**임과 양립 가능함}
다. 세계 w, 시간 t, 판단자 x의 기준에서의 의도 대안집합(Intention alternatives): $Intend_{w,t,x}$ = {<w',t',y>| 세계 w에서, 시간 t에 판단자 x가 의도하는 바는 세계 w'에서, 시간 t'에 **x = y**임과 양립가능함}

이제 다음 절에서는 7.2.1절에서 제시한 문장 패턴들을 차례로 검토하면서 이들이 가지는 제약이 기준 판단자의 존재로 말미암아 체계적으로 설명됨을 보이고자 한다. 명제태도 동사 '생각하다'/'믿다'의 의미 기술을 위해서는 (48가)가, 두 가지 용법의 '-겠-'의 양상 의미 기술을 위해서 (48나)와 (48다)가 활용됨을 보이게 된다. 증거성의 '-더-' 구문을 위해서는 (48나)를 포함하는 복합적 형식이 고안된다.

7.2.3. 주관성 형용사 구문과 판단자

한국어에서 주관성 형용사는 문법적 자연군을 형성하고 있다. 이 자연군은 '-어하-'의 결합에 의해서 '객관적' 어휘 요소('싫어하-' 등)를 형성하는 형태통사론적 특성에 의해 구별된다(양정석 1997: 228-244). 이들이 공유하는 의미론적 특성은 앞에서 제시한 (46)과 같은 형식의 정의를 가지는 점에 있다.[518)]

(46)' $[\![$ 싫- $]\!]^{c;w,t,j}$ = $[[\lambda x_e.\ \lambda y_e.$ 세계 w에서, 시간 t에, 판단자 j에게, y에게 x가 싫다$]$ $\&\ j = y\ ]$

종결어미들의 어휘의미적 정보를 다음과 같이 제시하기로 한다. (49나)의 의문형어미는 뒤에서 수정된다. c*는 현재 발화 맥락, s(c*)는 화자, a(c*)는 청자를 나타낸다.[519)]

(49) 가. $[\![$ -다 $]\!]^{c^*;\ w,t,j}$ = $[\lambda p_{<s,<i,<e,t>>>}.\ SAY(s(c^*),\ a(c^*),\ p(w)(t)(j))\ \&\ t = now\ \&\ j = s(c^*)] = 1$

나. $[\![$ -느냐 $]\!]^{c^*;\ w,t,j}$ = $[\lambda p_{<s,<i,<e,t>>>}.\ ASK(s(c^*),\ a(c^*),\ p(w)(t)(j))\ \&\ t = now\ \&\ j = a(c^*)] = 1$

다. $[\![$ -다-고 $]\!]^{c;\ w,t,j}$ = $\lambda p_{<s,<i,<e,t>>>}.\ p(w)(t)(j) = 1$

'SAY'와 'ASK'는 이홍배(1970)을 비롯한 생성의미론적 연구에서 통사구조 및 의미구

---

518) (46)에서 '여기에서 …'와 같은 형식으로 나타냈던 것을 '& …'로 바꾸었다. 이는 이 부분이 정의 성립 조건이 아니고 진리조건적 연접 연결사에 의한 연결임을 분명히 한 것이다.
기준 판단자는 언어철학, 형식의미론에서의 맥락주의(contextualism) 대 상대주의(relativism)의 논쟁에서 상대주의자들에 의해 도입되었다(7.1.2절 참조). 맥락주의 입장에서 이를 논박한 von Fintel & Gillies(2008)이 일부에서 호응을 얻고 있는 듯하나, 이들의 논증은 양상소 'must', 'might'의 예를 근거로 한 것이다. Stephenson(2007)에서는 이들 양상소와 함께 취향 형용사(predicates of personal taste) 'fun', 'tasty'의 문장을 근거로 기준 판단자 도입을 정당화하고 있다. 가령, (a) 문장은 (b)와 (c)의 두 가지로 해석된다. PRO_J는 판단자 j로 해석되는 통사구조의 공범주 대명사이다. pro는 일반적 공범주 대명사로서, 맥락에서 주어지는 화자 아닌 외재적 판단자로 해석된다. 이를 바탕으로 맥락에 따른 중의적 해석을 설명할 수 있고, 여기에서 기준 판단자 개념이 핵심적 역할을 한다.
a. The roller coaster is fun!
b. The roller coaster is fun for PRO_J
c. The roller coaster is fun for pro
한국어의 주관성 형용사 중 '싫다'와 같은 부류는 영어의 취향 형용사와 달리 (c)에 상당하는 해석을 갖지 않는다. 영어의 취향 형용사에 상당하는 한국어의 주관성 형용사의 부류로 '롤러코스터가 재미있어/재미없어.'와 같은 경우의 '재미있다/재미없다'가 있다('롤러코스터를 재미있어한다/재미없어한다.'처럼 '-어하-' 결합형이 가능하다. 이들은 '맵다' 부류와 같은 특징을 가진다.). 주관성 형용사 문장들(평서문/의문문, 단순문/복합문)의 제약의 패턴은 통사론적으로만은 포착할 수 없고, 의미론적으로도 기준 판단자의 개념 없이는 체계적으로 설명할 수 없다는 것이 이 장의 논의에서 보이고자 하는 점이다. 더욱이, 양상 표현인 의도의 '-겠-' 구문, 증거성 표현인 '-더-' 구문에서도 일관된 제약의 패턴들이 나타나는 것은 기준 판단자 개념을 도입함으로써만 만족스럽게 포착할 수 있다.

519) '-다-고'는 두 통사 단위인 '-다'와 '-고'가 통사적 재구조화에 의해 복합 보문소를 이룬 것으로 분석한 것이다(양정석 2010: 325-335).

조의 요소로 사용하던 '수행동사(performative verb)'이다. 전자는 다시 다음과 같은 정의를 가진다고 본다. 화용론적으로 단언(assert)은 공유배경(common ground)에 해당 명제를 추가하고자 하는 제의라고 가정한다(Stalnaker 1978, 2002).[520)]

(50) SAY(x, y, P) = 1 iff assert(x, P)

이제 7.2.1절에서 해결 과제로 제기한 예문들을 하나씩 설명하기로 한다. (10가, 나), (11가, 나)의 적격성/부적격성의 차이가 이들 의미 형식을 바탕으로 설명된다. '인호', '순희', '화자', '청자' 등의 개체들이 서로 동지시 또는 비-동지시됨을 확인하는 일은 이들이 Kamp et al.(1993)과 같은 담화표상이론의 담화 표상에 기록되는 담화지시체로 주어져 있는 것을 근거로 한다고 보겠다.[521)]

(10)' 가. "나는 인호가 싫다."의 의미 해석:

⟦-다⟧$^{c*;\ w,t,j}$(λw'.λt'.λj'.⟦나는 인호가 싫-⟧$^{c*;w',t',j'}$) =

⟦-다⟧$^{c*;\ w,t,j}$(λw'.λt'.λj'.⟦싫-⟧$^{c*;w',t',j'}$(인호')(s(c*))) = 1 iff

[SAY(s(c*), a(c*), [[세계 w에서, 시간 t에, s(c*)에게 인호'가 싫다] &

j = s(c*)]) & t = now & j = s(c*)]

나. "??순희는 인호가 싫다."의 의미 해석:

⟦-다⟧$^{c*;\ w,t,j}$(λw'.λt'.λj'.⟦싫-⟧$^{c;w',t',j'}$(인호')(순희')) = 1 iff

[SAY(s(c*), a(c*), [[세계 w에서, 시간 t에, 순희'에게 인호'가 싫다] &

j = 순희']) & t = now & j = s(c*)]

(11)' 가. "??나는 인호가 싫으냐?"의 의미 해석:

[ASK(s(c*), a(c*), [세계 w에서, 시간 t에, s(c*)에게 인호'가 싫다]

& j = s(c*)]) & t = now & j = a(c*)]

나. "너는 인호가 싫으냐?"의 의미 해석:

[ASK(s(c*), a(c*), [[세계 w에서, 시간 t에, s(c*)에게 인호'가 싫다] &

j = a(c*)]) & t = now & j = a(c*)]

---

520) 이는 표준적 형식의미론의 기본적 가정이다. 이와 유사한 방식으로 질문과 명령을 각각 질문집합(Question Set: QS)과 행동목록(To-Do list: TD)에 가능한 대답들과 행동들을 추가하는 절차라고 가정할 수 있다(Portner 2004, 2009: 188-196). 의문형어미의 의미 기술 (49나)에 주어진 'ASK'는 이 같은 절차를 위한 신호라고 볼 수 있다.

521) 이 책에서 상정하는 담화 표상의 구체적인 모습에 대해서는 제12장을 참고하기 바람.

(10나)'에서는 판단자 j가 '순희'이면서 화자('s(c*)')인 모순된 결과가 도출됨이 명시적으로 제시된다. 또 (11가)'에서는 판단자 j가 청자('a(c*)')이면서 화자('s(c*)')인 모순된 결과가 도출되었다.

주관성 형용사가 내포절의 서술어로 실현되는 복합문의 예들도 같은 방법으로 설명할 수 있다. 이들은 다음 소절에서 명제태도 동사들의 의미 형식을 도입한 후에 검토하기로 한다.

(10나)의 문장이 특정 상황맥락에서 적격성을 회복할 수 있다는 점은 또 하나의 문제로 제기된다. 이는 (18가)의 패턴을 위배하는 '-겠-' 문장 (14나), (16나)와, (18나)의 패턴을 위배하는 주관성 형용사 문장 (11가), (13가)가 적격성 회복이 불가능한 것과 대조적이다.

(51) 가. ??순희는 인호가 싫다. (= (10나))
　　 나. ??순희는 인호가 싫었다.

(51) 문장들의 적격성이 회복되는 현상은 '순희'를 포함하고 화자인 '나'를 포함하는 개인들의 집합을 상정하는 보충적 의미 해석 절차가 주어져 있다고 상정함으로써 설명 가능하게 된다.

(52) 가. 우리는 인호가 싫다.
　　 나. 우리 순희는 인호가 싫어.

(52가)는 '나'뿐 아니라 '나'를 포함하는 '우리'가 '동지시 조건'을 충족한다는 것을 보여주며, (52나)는 '우리'로 수식함으로써 해당 개인과 '나'를 포함하는 개인들의 집합을 상정하는 독특한 표현 방법이 존재함을 보여준다.[522] 이들 예((10나)와 (52가, 나))의 공통점은 주관성 형용사 '싫-'에 의해 부과되는 '화자'와의 동지시 조건을 직접 또는 간접의 방법으로 충족하게 된다는 것이다.

---

522) Stephenson(2007: 151-154)은 영어의 'want' 문장에서의 '부분 통제(partial control)' 현상을 설명하기 위하여 다음과 같은 형식을 제안하였다. '$PRO_{J\text{-}PLUR}$'는 'PRO_J' 및 'pro'와 교체 관계에 있는 통사구조의 공범주 대명사이다.
　a. $⟦ PRO_{J\text{-}PLUR} ⟧^{c;\, w,t,j}$ = Gc(j), 여기에서 Gc(x)는 x를 포함하는 맥락 c에서 현저한 개인들의 집합

7.2.4. 명제태도 동사, 의문형어미와 판단자

문법 요소 아닌 동사가 양상적 의미를 표현할 수 있다. 여기에서는 명제태도 동사 구문에서 나타나는 '기준 판단자 전이'의 현상을 동사의 어휘적 정보의 일부로 나타내고자 한다. 보문의 판단자는 상위절의 판단자와 같지 않다. 상위절 동사인 '생각하다'의 주어 논항이 믿음 대안집합의 정의에 따라 판단자(x)와 일치함으로써 보문 명제의 판단자가 된다.

(53) 가. ⟦ 생각하- ⟧^{w,t,j} = $\lambda p_{<s,<i,<e,t>>>}.\ \lambda z_e.\ \forall<w',t',x>\in Dox_{w,t,z}$: $p(w')(t')(x)$ = 1

나. ⟦ 인호는 비가 온다고 생각한다 ⟧^{w,t,j} =

[$\lambda p_{<s,<i,<e,t>>>}.\ \lambda z_e.\forall<w',t',x>\in Dox_{w,t,z}$: $p(w')(t')(x)=1](\lambda w''.\ \lambda t''.\ \lambda j''.$ ⟦ 비가 온다 ⟧$^{w'',t'',j''}$)(⟦ 인호 ⟧^{w,t,j}) = 1 iff

$\forall<w',t',x>\in Dox_{w,t,\text{인호}}$: ⟦ 비가 온다 ⟧$^{w',t',x}$ = 1 iff

[$\forall<w',t',x>\in Dox_{w,t,\text{인호}}$: w'에서, t'에, x에게, 비가 온다]

주관성 형용사와 명제태도 동사가 공존하는 예는 다음과 같다. (54가)에서는 공범주 e가 철수와 동지시됨으로 인하여 정해진 합성 절차에 따라 적격한 의미 형식이 도출되지만,[523)](54나)의 의미 형식에서는, 'x = 순희'가 되며 믿음 대안집합 Dox의 정의에 따라 'x'가 '철수'와 동일시되는 모순된 결과가 도출됨을 볼 수 있다.

(54) 가. 철수$_i$는 e_i 인호가 싫다고 생각한다.

⟦ 철수$_i$는 e_i 인호가 싫다고 생각한다 ⟧$^{c*;w,t,j}$ = 1 iff

[SAY(s(c*), a(c*), $\forall<w',t',x>\in Dox_{w,t,\text{철수}}$: [[세계 w'에서, 시간 t'에, 철수에게 인호가 싫다] & x = 철수]]) & t = now & j = s(c*)]

나. ??철수는 순희가 인호가 싫다고 생각한다.

⟦ 철수는 순희가 인호가 싫다고 생각한다 ⟧$^{c*;w,t,j}$ = 1 iff

[SAY(s(c*), a(c*), $\forall<w',t',x>\in Dox_{w,t,\text{철수}}$: [[세계 w'에서, 시간 t'에, 순희에게 인호가 싫다] & x = 순희]]) & t = now & j = s(c*)]

위 (49)에서 제시한 의문형어미의 의미 기술은 다음과 같이 수정된다.[524)] 여기에는 앞

523) 여기에서 공범주는 'e'로만 표시되었지만, 뒤에서는 이를 통사적으로 단일한 공범주 대명사 'pro'로 설정하여 의미적으로 중의적 해석을 얻는 방안을 실행할 것이다. (54가)의 해석 과정을 구체적으로 보이는 일은 그 때까지 유보해야 하겠다.

524) 다음 의문형어미의 의미 기술은 제9장에서 다시 수정될 것이다. (53), (56)의 '생각하-', '말하-'는 제8장에서,

에서 제시한 믿음 대안집합 Dox가 활용되었다.

(55) 어미들의 어휘적 의미 정보(수정된 것)

가. $[\![\text{-느냐}]\!]^{c^*;\ w,t,j}$ =

$[\lambda p_{<s,<i,<e,t>>>}.\ \mathrm{ASK}(s(c^*),\ a(c^*),\ \forall <w',t',x> \in Dox_{w,t,j}\text{:}\ \{p(w')(t')(x),\ \neg p(w')(t')(x)\})\ \&\ t = now\ \&\ j = a(c^*)] = 1$

나. $[\![\text{-느냐-고}]\!]^{c;\ w,t,j}$ =

$\lambda p_{<s,<i,<e,t>>>}.\ \forall <w',t',x> \in Dox_{w,t,j} : \{p(w')(t')(x),\ \neg p(w')(t')(x)\} = 1$

다음은 동사 '말하다'와 '묻다'의 어휘적 의미 정보이다. 앞에서 살펴본 수행동사 'SAY', 'ASK'와의 공통점을 고려하여, 일반 동사 '말하-', '묻-'의 기본 의미 형식을 'SAY'', 'ASK''로 나타낸다. (49다)의 '-다-고'에 이끌리는 내포절의 판단자는 상위절의 주어일 수도 있고, 상황맥락에 따라서는 주어 외의 지시체일 수도 있다. 그러나 (55나)의 '-느냐-고'에 이끌리는 내포절의 판단자는 언제나 상위절의 간접목적어('NP-에게') 논항이다. '묻다'의 어휘기재항에만 내포절의 판단자에 대한 제약을 명시하기로 한다.

(56) 가. $[\![\text{말하-}]\!]^{w,t,j} = \lambda p_{<s,<i,<e,t>>>}.\ \lambda x_e.\ \lambda y_e.\ \mathrm{SAY}'(y,\ x,\ p) = 1$

나. $[\![\text{묻-}]\!]^{w,t,j} = [\lambda p_{<s,<i,<e,t>>>}.\ \lambda x_e.\ \lambda y_e.\ \mathrm{ASK}'(y,\ x,\ p)\ \&\ j = x] = 1$

(56나)는 '묻다'의 간접목적어 논항(x_e)이 기준 판단자 'j'와 동지시됨으로써 이 문장에서 언제나 간접목적어가 판단자가 됨을 규정하고 있다.

(56)의 '말하다', '묻다'를 주절 동사로 가지는 복합문에서 평서형, 의문형 어미가 실현되는 경우의 의미 형식들은 다음과 같다.

(57) 가. 철수는 인호에게 비가 온다고 말한다.

[SAY(s(c*), a(c*), [SAY'(철수, 인호, [비가 온다])]) & j = s(c*)]

나. 철수는 인호에게 비가 오느냐고 묻는다.

[SAY(s(c*), a(c*), [ASK'(철수, 인호, $\forall <w',t',z> \in Dox_{w,t,\text{인호}}$: {[세계 w'에서, 시간 t'에, 판단자 z에게 비가 온다], ¬[세계 w'에서, 시간 t'에, 판단자 z에게 비가 온다]})]) & j = s(c*)]

(12)' 가. 철수$_i$는 e_i/$^?$자기$_i$가 인호가 싫다고 말한다.

'묻-'은 제9장에서 수정될 것이다.

[SAY(s(c*), a(c*), [SAY'(철수, ϕ, [[세계 w'에서, 시간 t'에, 판단자 x에게, 철수에게 인호가 싫다] & x = 철수])]) & j = s(c*)]

나. ??철수는 순희가 인호가 싫다고 말한다.

[SAY(s(c*), a(c*), [SAY'(철수, ϕ, [[세계 w'에서, 시간 t'에, 판단자 x에게, 순희에게 인호가 싫다] & x=순희]) & x=철수]) & j=s(c*)]

(13)' 가. ??철수$_i$는 순희에게 e$_i$/자기$_i$가 인호가 싫으냐고 묻는다.

[SAY(s(c*), a(c*), [ASK'(철수, 순희, ∀<w',t',z>∈Dox$_{w,t,x}$: {[세계 w'에서, 시간 t'에, z에게, x에게 인호가 싫다], ㄱ[세계 w'에서, 시간 t'에, z에게, x에게 인호가 싫다]}) & x=철수 & z=순희]) & j=s(c*)]

나. 철수는 순희$_i$에게 e$_i$ 인호가 싫으냐고 묻는다.

[SAY(s(c*), a(c*), [ASK'(철수, 순희, ∀<w',t',z>∈Dox$_{w,t,x}$: {[세계 w'에서, 시간 t'에, z에게, x에게 인호가 싫다], ㄱ[세계 w'에서, 시간 t'에, 순희에게, x에게 인호가 싫다]}) & z=순희 & x=순희]) & j=s(c*)]

이제까지의 주관성 형용사, 여러 종류의 어미들, 명제태도 동사들에 대한 의미 기술을 바탕으로 해당 복합문의 적격성과 부적격성의 해석을 체계적으로 이끌어낼 수 있다. 특히, (12나)'에서는 x=순희, x=철수인 모순된 결과가 도출되었다. (13가)'에서도 모순된 결과가 도출된다. 믿음 대안집합(Dox$_{w,t,x}$)의 정의에 따라 x와 z가 동일시되어야 하는데, z=순희('묻-'의 정의에 따라), x=철수(대명사 'e$_i$/자기$_i$'의 해석에 따라)와 같이 x와 z가 상이한 지시체를 갖기 때문이다. 반면, (13나)'은 'Dox$_{w,t,x}$'의 정의에 따라 x와 z가 동일시되고, 이들은 모두 '순희'를 지시체로 가지므로 적격한 문장임이 증명된다.

7.2.5. 양상 표현과 판단자

'-겠-'은 두 가지 어휘항목으로 나누어 기술하고자 한다. '추측'의 양상 표현 '-겠-'(-겠-^{1})의 의미는 인식 대안집합(Epist$_{w,t,j}$)을 가지는 (58가)와 같은 형식으로 나타내고,[525] '의도'의 양상 표현 '-겠-'(-겠-^{2})의 의미는 의도 대안집합(Intend$_{w,t,j}$)을 가지는 (58나)와 같은 형식으로 나타낸다.

---

525) 남기심(1972)의 '-겠-'의 세 가지 용법 중 '추측'과 '능력'을 하나로 통합한 것이 '-겠-^{1}'이다. 다음 (58)의 의미 형식은 Stephenson(2007: 44)의 영어 양상 조동사 'might'와 'must'의 의미 정의에 준하여 기술한 것이다. 두 경우의 '-겠-'의 타입을 <<s,<i,<e,<e,t>>>>, <e,t>>으로 설정하였는데, 이는 '-겠-'을 굴절소(I: Infl) 범주로 상정하였기 때문이다. p는 VP에, y는 주어 명사구에 해당하는 의미 형식이다.

a. $[\![\text{might}]\!]^{w,t,j} = \lambda p_{\langle s,\langle i,\langle e,t\rangle\rangle\rangle}. [\exists \langle w',t',x\rangle \in Epist_{w,t,j}: p(w')(t')(x)=1]$

b. $[\![\text{must}]\!]^{w,t,j} = \lambda p_{\langle s,\langle i,\langle e,t\rangle\rangle\rangle}. [\forall \langle w',t',x\rangle \in Epist_{w,t,j}: p(w')(t')(x)=1]$

(58) 가. $[\![\text{-겠-}^1]\!]^{w,t,j}$ =

$\lambda p_{<s,<i,<e,<e,t>>>>}.\ \lambda y_e.\ \exists<w',t',x> \in Epist_{w,t,j}:\ p(w')(t')(x)(y) = 1$

나. $[\![\text{-겠-}^2]\!]^{w,t,j}$ =

$[\lambda p_{<s,<i,<e,<e,t>>>>}.\ \lambda y_e.\ \forall<w',t',x> \in Intend_{w,t,j}:\ p(w')(t')(x)(y)\ \&\ j = y] = 1$

단일한 '-겠-'(58가)을 설정하고 (58나)의 의미는 재구조화에 의해 복합 단위를 이룬 '-겠-다'('-겠-고', '-겠으니', …)가 가지는 의미라고 취급할 가능성이 있으나,[526)] 본 논의는 합성적 처리 가능성을 보이는 것이 주목적이므로, 논지를 분명히 하기 위하여 위와 같은 중의적 처리를 고수하기로 한다.

인식 양상('추측')의 '-겠-¹'을 가지는 간단한 문장의 해석 절차를 예시해 보자.

(59) $[\![[_{CP}\ \text{인호가 뛰겠다}]]\!]^{w,t,j}$ =

$[\![\text{-다}]\!]^{c^*;\ w,t,j}([\![\text{-겠-}^1]\!]^{w,t,j}(\lambda w''.\ \lambda t''.\ \lambda j''.\ [\![\text{뛰-}]\!]^{w'',t'',j''})\ (\text{인호}')) = 1$ iff

$[\![\text{-다}]\!]^{c^*;\ w,t,j}([\lambda w.\lambda t.\lambda j.\exists<w',t',x>\in Epist_{w,t,j}$: [세계 w'에서, 시간 t'에, 판단자 x에게, 인호'가 뛴다]) =

$\lambda p_{<s,<i,<e,t>>>}.\ [SAY(s(c^*),\ a(c^*),\ p(w)(t)(j))\ \&\ t = now\ \&\ j = s(c^*)](\lambda w.\lambda t.\lambda j.$ $\exists<w',t',x>\in Epist_{w,t,j}$: [세계 w'에서, 시간 t'에, 판단자 x에게, 인호'가 뛴다]) = 1 iff

$[SAY(s(c^*),\ a(c^*),\ \exists<w',t',x>\in Epist_{w,t,j}$: [세계 w'에서, 시간 t'에, 판단자 x에게, 인호'가 뛴다])] $\&\ t = now\ \&\ j = s(c^*)]$

'-겠-¹'과 명제태도 동사 '생각하-'가 공존하는 경우의 해석은 다음과 같다.

(60) "철수는 인호가 뛰겠다고 생각한다."의 의미 형식:

$[\![\text{철수는 인호가 뛰-겠-다고 생각하-ㄴ다}]\!]^{w,t,j} = 1$ iff

$[[SAY(s(c^*),\ a(c^*),\ \forall<w',t',x>\in Dox_{w,t,\text{철수}}$: $[\exists<w'',t'',x''> \in Epist_{w',t',x}$: w'' 에서, t''에, x''에게, 인호가 뛴다])] $\&\ j = s(c^*)]$

'철수'와 'x'가 믿음 대안집합($Dox_{w,t,\text{철수}}$)에 의해 동일시되며, 다시 x와 'x''이 '-겠-'에 의해 도입된 인식 대안집합($Epist_{w',t',x}$)에 따라 동일시된다. 이는 '뛰겠다'는 추측의 주체와 '생각하는' 판단의 주체가 동일 인물이라는 한국어 화자의 직관을 정확하게 포착한

526) 양정석(2010)에서는 의도의 '-겠-'과 보문소 '-다'가 재구조화에 의해 복합 보문소 '-겠다'를 이루는 것으로 처리한 바 있다.

것이다.[527)]

위에서는 주관성 형용사와 인식 양상의 '-겠-'이 공존하는 경우 '부적격성의 해소'의 특징이 나타남을 관찰하였다((9다) 참조). 다음에 되풀이 제시하는 예들에서, 왼쪽의 주관성 형용사 문장은 부적격하나, '⇒' 표시 오른쪽의 '-겠-'을 가진 문장은 적격성을 회복한다.

cf. (10) 나. ??순희는 인호가 싫다. ⇒ 순희는 인호가 싫겠다. ((9다) 참조)

(11) 가. ??순희는 인호가 싫으냐? ⇒ 순희는 인호가 싫겠느냐?

(12) 나. ??철수는 순희가 인호가 싫다고 말했다. ⇒ 철수는 순희가 인호가 싫겠다고 말했다.

(13) 가. ??철수$_i$는 순희에게 e$_i$/자기$_i$가 인호가 싫으냐고 물었다. ⇒ 철수$_i$는 순희에게 e$_i$/자기$_i$가 인호가 싫겠느냐고 물었다.

(10나)의 '-겠-'을 가지는 문장의 의미 형식을 나타내면 다음과 같다.[528)]

(61) "순희는 인호가 싫겠다."의 의미 형식

⟦-다⟧^{w,t,j}(⟦-겠-^{1}⟧^{w,t,j}(λw". λt". λj". ⟦인호가 싫-⟧$^{w'',t'',j''}$)(순희')) = 1 iff [SAY(s(c*), a(c*), $\exists\langle w',t',x\rangle \in Epist_{w,t,j}$: [[세계 w'에서, 시간 t'에, 판단자 x에게 순희'에게 인호'가 싫다] & x=순희'] & t = now & j = s(c*)]

(61)에서는 '$Epist_{w,t,j}$'에 의한 'j'와 'x'의 동지시가 이루어지지 않는다. '-겠-'이 표현하는 인식 양상은 의무적이 아니어서, 주관성 형용사 '싫-'에 의한 'x = 순희', '-다'에 의한 'j = s(c*)'의 판단자 결정을 바꾸어 'j=x의 관계를 강제하지 않는 것으로 보인다. 이는 인식 양상 요소의 경우에 한해서 나타나는 특성이라고 생각된다. 이 점을 다음과 같이 명시하기로 한다.[529)]

---

527) 'j=s(c*)'가 나타내는 바는 철수의 생각하는 사실에 대한 판단자는 여전히 화자라는 점이다.

528) '-었-'을 개입시킨 (a)는 여전히 부적격한 표현이며, 특별한 맥락에서 그 부적격성이 해소될 수 있다는 점에 주의할 필요가 있다.

a. ??순희는 인호가 싫었다. (= (51나))

이는 앞의 '??순희는 인호가 싫다.'의 경우와 동일한 방법으로 i)그 부적격성의 발생, ii)특정 맥락에서의 부적격성의 해소의 과정을 설명할 수 있다.

529) Stephenson(2007: 131)은 영어의 'might'를 가진 (a)와 같은 예를 바탕으로 의무적 자기지향성 해석(obligatory de se interpretation)에 대한 인접성 요건(immediateness requirement)을 상정한 바 있다. (62)와 같이 서술함으로써 한국어의 경우와 영어의 (a)의 경우를 통합할 수 있다고 본다.

(62) 판단자 의존의 인접성 요건:

인식 양상 요소가 그 상위 요소와 판단자 의존 관계를 수립한 경우, 'Epist$_{w,t,j}$'의 판단자 'j'와 가능세계의 판단자('x')의 동일시를 수립하는 더 확장된 동지시 관계를 만들 수 없다.

이 요건에 대해서는 뒤의 7.3.2.3절에서 더 자세히 논의할 것이다.

(61)에서는 '-겠-'이 인접한 상위 요소 '-다'와 관련하여 'j = s(c*)'의 관계를 확립하고 있다. 따라서 이후에는 동지시 관계가 더 확장되어 'x = 순희''와 동지시되는 것이 (62)에 의해 제약된다. 이에 따라 (61)의 문장이 적격한 것으로 판정된다.

의도의 '-겠-^{2}'를 가지는 (14) 문장들의 적격성 대비('나는/$^{??}$순희는 그곳에 가겠다.')도 그 도출된 의미 형식을 가지고 설명할 수 있다.

(58) 나. ⟦ -겠-^{2} ⟧^{w,t,j} = $\lambda p_{<s,<i,<e,<e,t>>>>}$. λy_e. [[∀<w',t',x>∈Intend$_{w,t,j}$: p(w')(t')(x)(y) = 1] & j = y]

(14)' 가. "나는 그곳에 가겠다."의 의미 해석:

[SAY(s(c*), a(c*), [∀<w',t',x> ∈ Intend$_{w,t,j}$: [세계 w'에서, 시간 t'에, 판단자 x에게, s(c*)는 그곳에 간다] & x = s(c*)]) & t = now & j = s(c*)]

나. "$^{??}$순희는 그곳에 가겠다."의 의미 해석:

[SAY(s(c*), a(c*), [∀<w',t',x>∈Intend$_{w,t,j}$: [세계 w'에서, 시간 t'에, 판단자 x에게, 순희'는 그곳에 간다] & x = 순희']) & t = now & j = s(c*)]

(14가)'에서 유도된 의미 형식은 j와 x가 의도 대안집합(Intend$_{w,t,j}$)의 정의에 따라 동일시되는데, 이는 x = s(c*), j = s(c*)의 사실과 모순되지 않는다. 이에 비하여, (14나)'의 유도된 의미 형식은 'j = s(c*)'이면서 '의도' 대안집합의 정의에 따라 'j = x'인 x가 다시 'x = 순희''이 되므로, 결국 화자와 순희가 동지시되는 모순이 발생한다. 7.2.1절에서 제시한 의문문의 (15), 복합문의 (16), (17)도 '-겠-^{2}'의 의미 형식 (58나)를 바탕으로 그 적격성의 차이가 증명된다.

---

a. Sue thinks that Bill thinks it might be raining.
그는 (a)의 경우와 함께 (b)의 경우(이를 위해 '원함 대안집합 Want alternatives'이라는 새 대안집합 개념을 도입한다)도 의무적 자기지향성 해석이 해당 판단자 의존 요소로부터 가장 가까운 판단자 의존 요소에 적용되는 예로 들고 있다. 그러나 필자는 (b)는 (62)와 무관한 다른 요인에 의해 설명되어야 하리라고 본다.
b. Sue wants Bill to want to go to the party.

7.2.6. 증거성 표현과 판단자

필자는 '-더-'의 의미를 인식 양상과 직접증거성 의미의 결합으로 파악하고자 한다. '-더-'의 의미를 인식 양상 의미로 기술한 것은 이정미(2011)에 힘입은 바 크다.[530] 또한, 임동식(2010)을 따라서 직접증거성에 대한 요구를 영역 조건으로 나타내고자 한다. 앞의 7.2.1절에서 보인 '-더-'의 비-동지시 제약은 평서형어미 '-더라', 의문형어미 '-더냐'가 가지는 이 두 측면의 의미가 복합적으로 작용하여 생겨나는 것이라고 본다.[531]

(63) 가. ⟦ -더라 ⟧$^{c^*;\ w,t,j}$ =

λp: $p \in D_{<s,<i,<e,t>>>}$이고, j는 p에 관한 직접 증거를 가질 것. [[SAY(s(c*), a(c*), $\forall$<w',t',x>$\in$Epist$_{w,t'',j}$: p(w')(t')(x)) = 1] & t"< now & t = now & j = s(c*)]

나. ⟦ -더냐 ⟧$^{c^*;\ w,t,j}$ =

λp: $p \in D_{<s,<i,<e,t>>>}$이고, j는 p에 관한 직접 증거를 가질 것. [[ASK(s(c*), a(c*), $\forall$<w',t',x>$\in$Dox$_{w,t,j}$: $\forall$<w",t",x'>$\in$Epist$_{w',t',x}$: {p(w")(t")(x'), ¬p(w")(t")(x')}) = 1] & t'< now & t = now & j = a(c*)]

(64) 가. ⟦ -더라-고 ⟧$^{c;\ w,t,j}$ =

λp: $p \in D_{<s,<i,<e,t>>>}$이고, j는 p에 관한 직접 증거를 가질 것. [[$\forall$<w',t',x> $\in$ Epist$_{w,t'',j}$: p(w')(t')(x) = 1] & t"< t]

나. ⟦ -더냐-고 ⟧$^{c;\ w,t,j}$ =

λp: $p \in D_{<s,<i,<e,t>>>}$이고, j는 p에 관한 직접 증거를 가질 것. [[$\forall$<w',t',x> $\in$ Dox$_{w,t,j}$: $\forall$<w",t",x'>$\in$Epist$_{w',t',x}$: {p(w")(t")(x'), ¬p(w")(t")(x')} = 1] & t'< t]

---

530) 이정미(2011: 75-110)에서는 증거성 의미를 인식 양상의 일종으로 파악해야 할 증거를 다음과 같이 제시하고 있다. 조건문의 선행절에 '-더-'가 실현되는 점, '말하다'의 보문에 실현되는 '-더-'의 증거 획득자가 '말하다'의 주어인 점, '묻다'의 보문에 실현되는 '-더-'의 증거 획득자가 간접목적어('NP-에게') 논항인 점, '-더-'가 명령/청유형의 보문에 실현되지 못하는 점, '생각하다/믿다'의 보문에 실현되지 못하는 점, 비-동일 주어 제약이나 '양상 종속화' 현상 등에서 영어의 양상소 'must'와 공통된 특성을 보이는 점 등이다.

531) '-더-'는 통사 단위를 이루지 못하고, '-더라', '-더냐' 등이 독립된 통사 단위로서 단일한 어휘항목이 된다. '-더-'가 통사 단위를 이루지 못한다는 점을 11.6절에서 독립적으로 논증할 것이다.
또한, 두 통사 단위인 '-더라'와 '-고', '-더냐'와 '-고'가 재구조화에 의해 복합적 어휘항목 '-더라-고', '-더냐-고'를 이루는 것으로 본다(양정석 2010).
(63)의 '-더-' 요소들은 모두 인식의 시간이 기준 시간에 앞서는 시간적 선후관계가 명시되었다. 이는 '-더-'가 '인식시 과거 시제'의 표지라고 주장한 한동완(1996)의 관찰을 반영한 결과가 되었다. 그러나 이러한 시간적 선후관계의 사실이 '-더-'가 시제 표지인 충분한 증거가 되지는 않는다. 시간적 선후관계의 명시는 '-자, -다가'와 같은 연결어미들의 의미 기술에도 필요한데, 이 점에 근거해서 이들을 시제 표지라고 주장하지는 않을 것이다. 한국어 시간요소들의 시간 해석에 관해서는 제11장에서 자세히 논할 것이다.

증거성 표현이 가지는 두 가지 측면의 의미는 모두 판단자 개념을 매개로 한다. 인식 대안집합을 바탕으로 기술되는 인식 양상의 의미가 기준 판단자 개념을 포함한다는 것은 쉽게 알 수 있다. 직접증거성 의미는 함수의 영역 조건에 기준 판단자에 대한 참조를 명시함으로써 나타내었다. 영역 조건에 명시된 '직접 증거'는 다음과 같이 정의된다.[532)]

(65) j가 p에 관한 직접 증거를 가진다는 것은,
i) j가 자신에 관한 서술이 아닌 사건 또는 상태 p가 참임에 대한 지각적 근거를 가지거나,
ii) j가 자신의 내적 감각 상태에 관한 서술 p의 주체라는 뜻이다.

i)과 ii)의 두 경우를 보이는 예는 다음과 같다.

(65)' i) 비가 오더라/그 아이는 참 총명하더라/네 말이 맞더라/젖먹이동물도 알을 낳더라/오바마가 한국에 오더라. (이들은 모두 이정민 2014의 예문임)
cf. ??내가 오더라.
ii) 나는 인호가 싫더라/나는 춥더라.
cf. ??너는/??순희는 인호가 싫더라/??너는/??순희는 춥더라.

(65ii)는 (65ii)'과 같이 자신의 감각 상태를 서술하는 경우를 위한 기술이다. 자신의 감각에 관한 서술이라도 내적 감각 상태 아닌, 감각 작용으로서의 사건의 표현인 경우는 이에 포함되지 않는다. 다음 예의 부적격성은 이에 따라 설명된다.

(66) ??내가 나 자신의 목소리를 듣더라.

'-더-' 표현의 의미 기술에 '직접 증거'에 관한 영역 조건을 추가하는 방식은 임동식(2010: 177)을 원용한 것이다. 그러나 '-더-'의 판단자 의존 의미를 인식 양상의 정의를 통하여 포착하였고, 화자가 직접 증거를 가지는 것으로 규정하는 대신 판단자(j)가 직접 증거를 가지는 것으로 바꾸었다. 이는 '-더라고'와 '-더냐고'가 이끄는 내포절의 내용이 상위문의 주어와 'NP-에게' 논항을 판단자로 취하는 사실을 포착하기 위한 것이다. 또한 직접 증거에 대한 (65)의 제한을 명시함으로써 '-더-' 표현의 의미 정의를 더욱 실행가능

532) 이정민(2014)에서는 '주관적 경험'을 '외적 방향(outward directed)'과 '내적 방향(inward directed)'의 두 하위 범주로 구분해야 한다고 주장하였다. 내적 방향의 주관적 경험은 기본적으로 주관성 형용사가 나타내는 경험을 가리키는 것으로 본다. (65ii)의 '내적 감각 상태'는 이 범주를 가리키는 것으로 본다.

성 있는 함수 표현으로 만들었다.

위와 같은 의미 기술을 바탕으로 (19), (20) 문장의 적격성의 차이가 설명된다.

(19)' 가. ??내가 대흥극장에 들어가더라.

나. 네가 대흥극장에 들어가더라.

⟦ 네가 대흥극장에 들어가더라 ⟧ $^{c;w,t,j}$ =

λp: $p \in D_{<s,<i,<e,t>>>}$이고, j는 p에 관한 직접 증 거를 가질 것.

$[[SAY(s(c^*), a(c^*), \forall <w',t',x> \in Epist_{w,t'',j} : p(w')(t')(x) = 1)] \ \& \ t'' < now$

$\& \ j = s(c^*)](\lambda w''' . \lambda t''' . \lambda j'''$. ⟦ 네가 대흥극장에 들어가- ⟧ $^{c;w''',t''',j'''}$) =

λp: $p \in D_{<s,<i,<e,t>>>}$이고, j는 p에 관한 직접 증거를 가질 것. $[[SAY(s(c^*),$

$a(c^*), \forall <w',t',x> \in Epist_{w,t'',j} : p(w')(t')(x) = 1)] \ \& \ t'' < now \ \&$

$j = s(c^*)](\lambda w''' . \lambda t''' . \lambda j''' .$ [w''' 에서, t''' 에, j''' 에게 a(c*)가 대흥극장에 들어간다]) = 1 iff

[SAY(s(c*), a(c*), $\forall <w',t',x> \in Epist_{w,t'',j}$: [w', t'에, x에게 a(c*)가 대흥극장에 들어간다]) & t'' < now & j = s(c*)]

(20)' 가. 내가 대흥극장에 들어가더냐?

$[[ASK(s(c^*), a(c^*), \forall <w',t',x> \in Dox_{w,t,j} : \forall <w'',t'',x'> \in Epist_{w',t',x}$:

{[w''에, t''에, x'에게 s(c*)가 대흥극장에 들어간다], ㄱ[w''에, t''에, x'에게 s(c*)가 대흥극장에 들어간다]}) = 1] & t'< now & j = a(c*)]

나. ??네가 대흥극장에 들어가더냐?

(19가)', (20나)'은 '-더라', '-더냐'가 부여하는 영역 조건을 만족하지 못하여 부적격 판정을 받게 된다. (19가)'을 예로 들면, (67)와 같이 함수 적용이 이루어진 의미 형식을 바탕으로 영역 조건의 충족 여부가 판정된다. 영역 조건의 '직접 증거'는 그 정의 (65i), (65ii)와 연결되는데, 둘 다 충족되지 않는다. 우선 (67)에서는 자신에 관한 사건의 서술이 직접 증거의 한 요건인 (65i)에 위배됨을 확인할 수 있다. (67)의 밑줄 친 부분은 내적 감각 상태에 관한 서술이 아니므로 (65ii)에도 위배된다. (20나)'도 같은 방법으로 설명된다.

(67) ??내가 대흥극장에 들어가더라.

λp: $p \in D_{<s,<i,<e,t>>>}$이고, j는 p에 관한 직접 증거를 가질 것. $[[SAY(s(c^*), a(c^*),$ $\forall <w',t',x> \in Epist_{w,t'',j}$: $p(w')(t')(x) = 1)] \ \& \ t''< now \ \& \ j = s(c^*)]($<u>$\lambda w''' . \lambda t''' . \lambda j'''$. [w''' 에서, t''' 에, 판단자 j''' 에게, s(c*)가 대흥극장에 들어간다]</u>)

7.2.1절에서 제시한 '-더-' 구문의 복합문 (21가), (22나)의 부적격성의 원인도 같은 방법으로 설명할 수 있다.

(21)' 가. ??철수$_i$는 e$_i$/자기$_i$가 대흥극장에 들어가더라고 말했다.

나. 철수는 네가/인호가 대흥극장에 들어가더라고 말했다.

[SAY'(s(c*), a(c*), ∀<w',t',x>∈$Epist_{w,t'',철수}$: [w'에서, t'에, x에게 a(c*)가 대흥극장에 들어간다]) & t"<t]

(22)' 가. 철수는 너에게 내가 대흥극장에 들어가더냐고 물었다.

[[ASK'(s(c*), a(c*), ∀<w',t',x>∈$Dox_{w,t,a(c^*)}$: ∀<w",t",x'>∈$Epist_{w',t',x}$: {[w"에서, t"에, x'에게, s(c*)가 대흥극장에 들어간다], ㄱ[w"에서, t"에, x'에게, s(c*)가 대흥극장에 들어간다]}) = 1] & t'< t]

나. ??철수는 너$_i$에게 e$_i$/네$_i$가 대흥극장에 들어가더냐고 물었다.

그런데, 영역 조건에 위배되는 예는 맥락에 따라 다시 적격성을 회복할 수 있다. 적절한 화용적 보충(전제보충: presupposition accommodation)이 가해져서 다시 그 영역 조건을 충족할 수 있기 때문이다. (19가)'의 예에서는, 관찰되는 '나'가 꿈과 같은 특별한 맥락 속의 사건의 주체라면 관찰하는 '나'가 그에 대한 직접 증거를 가질 수 있다.

'-더-' 구문의 복합문인 (21가), (22나)의 부적격한 표현들도 적격성을 회복할 수 있는데, 이는 앞의 주관성 형용사, 의도의 '-겠-'의 경우와 대조되는 점이다. 이들 구문에서도 동지시와 관련한 제약이 작동한다. 그러나 '-더-' 구문에서는 맥락에 따른 부적격성 해소의 기제가 이들보다 훨씬 유연한 것으로 보인다. 이는 '-더-'의 제약이 '전제'로서, 영역 조건으로 표시되는 것이기 때문이라고 본다. 전제에 위배되는 경우는 그 표현이 적용되는 상황맥락이 달라짐에 따라 부적격성을 해소하는 일이 상대적으로 수월해진다.

다음은 주관성 형용사와 '-더-'가 공존하는 예이다. (25나)'과 (26가)'의 부적격성은 직접 증거에 관한 영역 조건의 위배로 말미암아 발생한다. (25나)'에서는 판단자 j가 화자인데 '-더라'의 논항에 해당하는 '너는 인호가 싫-'은 청자의 내적 감각 상태의 서술이어서 (65ii)에 어긋난다. (26가)'도 영역 조건을 충족하지 못하는 부적격문이다.

(25)' 가. 나는 인호가 싫더라.

[[SAY(s(c*), a(c*), ∀<w',t',x>∈$Epist_{w,t'',j}$: [w'에서, t'에, 판단자 x에게, s(c*)는 인호가 싫다]), x=s(c*)]& t'' < now & j = s(c*)]

나. ??너는 인호가 싫더라.

λp: $p \in D_{<s,<i,<e,t>>>}$이고, j는 p에 관한 직접 증거를 가질 것. [[SAY(s(c*), a(c*), $\forall$<w',t',x>$\in$Epist$_{w,t'',j}$: p(w')(t')(x) = 1)] & t"< now & j = s(c*)](λw‴ . λt‴ . λj‴ . [[w‴ 에서, t‴ 에, 판단자 j‴ 에게, a(c*)에게 인호가 싫다] & j‴ =a(c*)]])

(26)' 가. ??나는 인호가 싫더냐?

λp: $p \in D_{<s,<i,<e,t>>>}$이고, j는 p에 관한 직접 증거를 가질 것. [[ASK(s(c*), a(c*), $\forall$<w',t',x> $\in$ Epist$_{w,t'',j}$: p(w')(t')(x) = 1)] & t"< now & j = a(c*)](λw‴ . λt‴ . λj‴ . [[w‴ 에서, t‴ 에, 판단자 j‴ 에게, s(c*)는 인 호가 싫다] & j‴ = s(c*)]])

나. 너는 인호가 싫더냐?

[[ASK(s(c*), a(c*), $\forall$<w',t',x> $\in$ Epist$_{w,t'',j}$: {[w'에서, t'에, 판단자 x에게, a(c*)는 인호가 싫다], ㄱ[w'에서, t'에, 판단자 x에게, a(c*)는 인호가 싫다]}) & x=a(c*)] & t"< now & j = s(c*)]

7.2.1절의 (27나)와 (28가)도 영역 조건을 충족하지 못하는 부적격문이다. '말하다'의 주어인 '철수', '묻다'의 상대자 논항인 '순희'가 판단자 j가 되므로 이들과 다른 사람의 내적 감각 상태에 대한 서술은 (65ii)에 위배된다.

(27) 가. 철수$_i$는 e_i/?자기$_i$가 인호가 싫더라고 말했다.

나. ??철수는 네가/순희가 인호가 싫더라고 말했다.

(28) 가. ??철수$_i$는 순희에게 e_i/자기$_i$가 인호가 싫더냐고 물었다.

나. 철수는 순희$_i$에게 e_i 인호가 싫더냐고 물었다.

이제까지 살펴본 예들 중에서 복합문의 내포절에 '-더-'가 실현되는 구문들은 한 가지 문제를 제기한다. 이들에서 '-더라' 또는 '-더냐'의 판단자는 상위절의 주어 또는 간접목적어('NP-에게') 논항이었다. 한편, 정경숙(2007), 임동식(2011) 등에서는 '-더-'가 내포절에서 실현되는 것을 극히 예외적인 현상으로 다루어 왔다. 특히 임동식(2010: 119)은 'S-더라고' 형식을 가지는 내포문을 '직접인용문'으로 간주하기에 이르렀다. 그러나, 단적인 예로, (27가)와 같이 '자기'를 그 주어로 가지는 내포절이 직접인용절일 수는 없는 것이다. 이들에게 있어서 내포절에 실현되는 '-더-'는 언제나 화자를 가지는 발화맥락을 상정하여 설명할 수밖에 없다. 이제까지의 관찰은 이 구문의 제약이 기준 판단자와의 동지시에 바탕을 둔 직접 증거성 여부에서 발생한다는 것이었는데, 이들 이론에서는 이 점을 만족스럽게 포착할 수가 없다. 이러한 접근 방안들의 문제는 이들이 기준 판단자의 매개 변수를 갖지 않은 이론이라는 데에서 나온다고 하겠다. 그러므로 기준 판단자 개념을 가지는 이 장의 접근 방안이 '-더-'가 실현되는 단순문과 복합문의 예를 체계적으로 기술, 설명할 수 있는 이점을 가졌다고 결론짓는다.

7.3. 덧풀이: '-더-'의 형식의미론적 기술들에 대한 비판과 대안[533)]

'-더-'의 의미에 대한 이전 연구들에서의 의미 규정들을 세 가지 부류로 나누어 볼 수 있다. 첫째는 시간적 의미를 나타내는 요소로 기술해야 한다는 주장들이다.[534)] 둘째는 서법(mood)의 표지 또는 양상(modality) 요소로의 기술을 지향하는 주장들이다.[535)] 셋째는 '-더-'가 시제나 서법, 양상과는 다른 증거성(evidentiality)이라는 독립된 문법범주를 나타내는 요소라는 주장이다.[536)]

필자 자신의 견해는 '-더-'가 양상 의미를 가진다는 것으로, 위 둘째 부류에 속한다(양정석 2015가, 2017). 양상은 통사 범주가 아닌 의미론적 범주이다(Kratzer 1981, 1991a). 양상은 그 의미 표상에서 가능세계 변수에 대한 양화라는 형식적 특성으로 명시된다. 한국어에서 증거성은 의미론적 범주로서 양상의 한 종류이다. 증거성 의미를 나타내는 문법 요소들로 기원적으로 '-더-'를 가지는 어미들과 '-네'가 있는데, 이들은 한국어 문법 체계에서 단일한 문법범주를 이루지 않고, 의미 형식의 공통성만을 가지는 것으로

---

533) 이 절은 같은 제목으로 한국어 의미학 69집(2020)에 실렸던 논문을 다듬어서 제시하는 것이다.

534) 최현배(1937)는 '-더-'를 시제 형태소의 하나로 규정한 대표적 연구이다. '-더-'의 기준 시점 이동 기능에 주목한 연구로 한동완(1996), 이창덕(1988) 등을 찾아볼 수 있고, 정경숙(2005, 2007)은 형식의미론의 방법으로 '-더-'를 시제 표지로 규정한 연구이다. 드물지만 '-더-'를 상의 범주로 파악하는 견해가 없지 않다. '과거 비완결상'으로 규정한 이효상(1991)이 그와 같은 연구이다. 최동주(1995)는 종결형, 연결형의 '-더-'를 서법 표지로 규정하면서도 관형절의 '-더-'는 '비완료상(imperfective)'의 범주로 처리한다.

535) 고영근(1965), 남기심(1972)은 '-더-'를 서법 범주로서의 회상법, 미확인법 범주로 규정한다. 장경희(1985), 박재연(1999) 등에서는 양상 의미를 가지는 어미들을 찾아내어 이들에 양상('양태'라 지칭)의 문법범주를 부여하는 노력을 해 왔고, 근래의 형식의미론적 논의인 이정미(2011, 2013)는 그 문법범주는 명시하지 않은 채 '-더-'의 의미를 Kratzer(1981, 1991a) 방식의 양상 의미로 형식화했다. 화행(seech act) 이론에 입각한 연구인 김영희(1981가)도 넓게 서법(mood)의 문법범주로 처리하는 견해로 분류할 수 있다.

536) 이 견해를 본격적으로 제시한 논의는 송재목(1998, 2007, 2009)이다. 송재목(1998)에서는 '-더-'를 증거성 의미를 나타내는 형태소로 파악했으나 증거성 자체는 '증거양태'라 하여, 양상의 범주에 속하는 것으로 서술했다(그는 양상을 '양태'로, 상을 '양상'이라 지칭한다). 송재목(2007, 2009)에서는 독립된 문법범주로서의 증거성이라고 주장한다. 임동식(2010, 2014)은 형식의미론적으로 증거성 고유의 의미 형식을 기술하고자 했는데, 임동식(2010)과 임동식(2014)은 접근 방법이 다소 다르다.

본다. 그 공통의 의미 형식에는 인식 양상의 형식과 직접 증거성에 대한 전제의 형식이 포함된다. 이 절에서는 '-더-' 계통의 어미들 중에서 '-더라'와 '-더냐'를 들어 그 의미 정의를 제시하고, 이를 바탕으로 '-더-' 문장들의 의미 제약 현상과 의미 제약의 해소 현상을 설명한다.

'-더-'에 관한 선행 연구는 많으나, 이 절에서는 합성성 원리를 추구하는 표준적 형식의미론의 방법으로 이들 요소를 분석한 연구들을 중심으로 비판적 검토 작업을 실행하려고 한다.[537] 그러한 연구로는 '-더-'를 시제의 문법범주로 규정하는 정경숙(2005, 2007), 증거성 문법범주로 규정하는 임동식(2010, 2014), 인식 양상의 요소로 기술하는 이정미(2011, 2013)가 있다. '인칭 제약' 또는 '동지시 제약' 현상으로 알려져 온 현상들을 설명하는 데에 이들 이론은 공통적으로 문제성을 드러낸다. 이들의 이론에서 주어진 합리적인 점들을 취하고 오류를 제거하여 '-더-'를 가지는 문장의 의미를 이전보다 더 체계적으로 기술하는 방안을 제시할 것이다.

7.3.1 세 가지 형식의미론적 분석

7.3.1.1. 양상 개념에 기초한 분석

이정미(2011, 2013)는 양상기반(modal base)과 순서근거(ordering source)를 가지는 Kratzer(1981, 1991a)의 양상 의미론에 따라 '-더-'의 의미를 분석한다. '-더-'의 양상 의미는 '지각적 관찰(SO)'이라는 양상기반과, 발화 맥락에서 수의적으로 선택되는 두 순서근거 '전형성(ST: stereotypical)/믿음(DX: doxastic)'에 의해 규정된다.[538]

(1) '-더-'의 의미 정의:

$\lambda p \lambda w \lambda t[t'' < t \wedge \forall w' : w' \in BEST(SO, ST/DX, w, t'') \rightarrow p(w')(t'')]$

537) Heim & Kratzer(1998)은 표준적 형식의미론의 구체적 실행 방법을 집대성해서 보여주고 있다. 뒤에서 검토하는 '-더-'에 대한 세 가지 주요 접근은 모두 이 책의 방법에 따라 기술되고 있어, 공통의 기반에서 그 이론의 적합성 여부를 판단할 수 있다.

538) 이정미(2013: 29) 참조. 'BEST'는 기준 세계를 입력으로 삼아 그 값으로 가능세계들의 집합을 산출하는 '접근가능성(accessibility)' 함수이다. 이는 Kratzer(1981, 1991)의 양상에 관한 견해에 입각하여 Portner(1998, 2009)에서 구현한 형식이다. (1)의 'BEST(f, g, w, t)'와 같은 형식에서 f와 g는 특정의 양상의 관점에 따른 명제들의 집합을 산출하는 함수들로서, f는 양상기반(modal base) 함수, g는 순서근거(ordering source) 함수라고 지칭된다. 'BEST(f, g, w, t)'는 기준 세계 w와 기준 시구간 t를 입력으로 하여, f와 g로 구체화된 특정 양상의 관점에서의 세계들의 집합을 산출한다. 7.3.2절의 필자의 방안에서도 'BEST' 함수를 활용하여 양상 의미를 형식화한다.

'-더-'가 양상 요소임을 정당화하는 근거들을 이정미(2011, 2013)에서 보이고 있다. 그 중 타당성이 높은 것 세 가지를 검토해 보기로 한다.

첫째, 그는 1인칭 제약 또는 비-동일 주어 제약이라고 알려져 온 현상을 '-더-'가 양상 요소임을 정당화하는 첫째 근거로 들고 있다(이정미 2013: 19).[539]

(2) 가. 메리가/#내가 테니스를 치더라.

나. Mary/#I must be playing tennis now.

(2나)의 양상 표현은 양상 요소가 없는 단언 문장보다 단언 강도가 약한 표현이다. (2가)도 이 점에서 같다는 것이다. '내가 테니스를 치-' 부분이 나타내는 명제가 참임을 화자 자신이 알고 있는 상황에서, 단언 강도가 약한 양상 표현을 발화하는 것은 '최대한 정보량이 많은 발화를 해야 한다'는 화용상의 원리를 위반한 것이므로 적정한 발화가 아니다. 이 화용상의 원리는 Grice(1975)의 양의 격률임을 알 수 있다. (2가)의 '-더-' 문장이 단언 강도가 약한 표현이라는 점에서 양상 문장과 같다는 것은 '-더-'를 양상 요소로 규정하는 타당한 근거라고 본다.

둘째, '-더-'가 내포절에 실현될 수 있고, 내포절에 사용된 '-더-'의 증거 의미는 화자의 증거가 아니라 주절 주어의 증거를 나타내는데, 이는 '-더-'가 양상 표현임을 보이는 증거라고 한다.

(3) 철수는 비가 오더라고 말했다. (이정미 2013: 22)

Matthewson et al.(2007)에 의하면 증거성 문법범주를 가지는 언어 중에서도 증거성 표지가 위와 같은 관점에서의 양상 의미를 표현하는 St'át'imcets 말과 같은 유형이 있는데, 이 유형의 언어에서는 내포절에 증거성 표지가 나타날 수 있으며, 이 때 증거를 가지는 사람은 주절의 주어인 인물이 된다. 증거성 표지가 위와 같은 양상 의미를 갖지 않는 유형의 언어(Quechua 말이 그 예: Faller 2002)에서는 내포절에 증거성 표지가 나타나더라도 증거를 가지는 사람이 항상 '화자'라는 특징을 가진다. 이정미(2013)는 한국어에

539) 형식의미론 연구들에서 '#'는 통사론적 부적격성('*'로 표시)이 아닌 의미론적 부적격성 또는 화용론적 부적격성의 표시로 쓰인다. 필자 자신의 예문들에는 이런 경우 '??'로 표시하고, 그 부적격성의 정도가 상대적으로 낮은 것은 '?'로 표시한다.

도 증거성 '-더-'가 내포절에 쓰일 수 있고, 이 경우 주절의 주어가 증거를 가지는 사람으로 해석되므로, 증거성이 양상 의미를 가지는 St'át'imcets 말과 같은 경우로 보아야 한다고 주장했다.

임동식(2010)은 같은 특징을 보이는 다음의 예들을 상반되게 해석하고 있다. 그는 다음 예들이 용인불가능한 문장들이며, 이들이 용인가능한 경우는 '내포된 명제가 어제 존이 말한 내용의 직접 인용일 때뿐'이라고 말하고 있다(임동식 2010: 118).

(4) 가. 존은 어제 저녁에 사무실 문이 열려 있더라고 오늘 아침에 말했다.
　　나. 존은 어제 메리가 담요를 빨았더라고 오늘 아침에 말했다.

그러나 이 예들은 주절 주어 '존'이 내포절에 쓰인 '-더-'의 증거를 가지는 정상적인 내포문으로서의 간접인용문의 예임에 틀림없다. 현대 한국어에서 '-더-'는 간접인용절 내에 실현될 수 있다. 그 주절 동사로는 '말하다'를 비롯한 인용동사가 쓰인다.

(5) 철수는 자기가 제일 춥더라고 말했다/불평했다.

내포절 주어로 재귀대명사가 나타나는 것은 이 문장이 직접인용문 아닌 간접인용문임을 증명한다. '-더-'가 양상과는 독립되는 증거성 범주라고 상정하면 이처럼 '-더-'가 내포절에 실현되는 예를 설명하기 힘들다.

셋째, 이정미(2013: 23)에서는 (6)에서 보이는 '양상 종속화' 현상(Roberts 1990)이 '-더-'가 양상 의미를 가짐을 증명한다고 주장했다. 필자는 이를 타당한 것으로 받아들인다.

(6) 가. 도둑이 들었더라. #그는 욕실 창문으로 들어왔다.
　　나. 도둑이 들었더라. 그는 욕실 창문으로 들어왔음에 틀림없다.

'-더-'와 결합하는 시간요소들의 처리에 있어서 이정미(2011, 2013)은 몇 가지 문제점을 보이고 있다. '-었-'을 과거시제 표지, '-겠-'을 미래시제 표지, '-느-/∅'를 현재시제 표지로 상정한다.[540] '-었-'이 과거시제의 기능을 갖지 못하는 예, '-겠-'이 미래시제의 기능을 갖지 못하는 예들은 잘 알려져 있다.[541] 이들이 '-더-'에 선행하는 경우에도 문제를 일으킨다.

이정미(2011)에서는 '-었-'과 '-겠-'이 '-더-'와 공존할 때 '-더-'의 직접 증거성 의미는 간접 증거성인 '추론 증거성'의 의미로 전이된다고 설명했다. '-었-'은 과거시제 표지, '-겠-'은 미래시제 표지인데, 다음과 같은 예에서는 '-더-'에 의해 도입되는 과거의 증거 획득 시간이 '-었-'의 과거 시구간, '-겠-'의 미래 시구간과 비중첩(non-overlap)함으로써 추론 증거성의 의미가 발생한다고 한다.

(7) 가. 비가 왔더라.

나. 비가 오겠더라.

다음 (8)은 이러한 설명이 충분치 않음을 보여준다. 이는 '-었-'과 '-더-'가 공존하는 예인데도 추론 증거성의 의미를 보이지 않는다. (9)에서 추론의 의미가 포착된다 하더라도 그것은 '-겠-'이 미래시제인 것과는 관계가 없다. (10)에서는 '-겠-' 없이도 추론 증거성의 의미가 관찰된다.[542]

(8) 인호가 검은 옷을 입었더라.

(9) 비가 왔겠더라.

(10) 우리 부모님이 다음 주에 여행을 가시더라.

위와 같은 예 모두에 공통되는 '-더-'의 의미는 선행 명제에 관한 직접 증거라고 할 만한 상황을 감각적으로 경험했다는 점이다. 뒤의 7.3.1절에서는 이 점을 '-더-'의 의미 기술에 전제 의미로 포함할 것이다.

위에서는 '-더-'가 양상 요소임을 증명하는 이정미(2011, 2013)의 세 가지 근거를 요약했는데, 이들 근거는 필자도 받아들이는 것이다. 특히 첫째 근거는 중요성이 높다고

540) '-느-'를 통사 단위로 분석할 수 없음을 논증한 이 책 11.5절을 참고하기 바람.

541) '-었-', '-겠-'의 이러한 의미적 특징과 형태통사론적 사실에 관하여 양정석(2008) 참조.

542) '-었-', '-겠-'이 '-더-'와 공존할 때 추론 증거성 의미가 발생한다고 하는 이유는, '-더-' 자체로는 선행 명제가 과거에 직접 지각한 사실임을 나타내는 데에 비해, 이들과 공존할 때에는 선행 명제가 과거에 직접 지각한 부분적 사실을 근거로 추론한 그 이전의 사실, 그 미래의 사실을 나타낸다고 보기 때문이다. (10)에서는 '-겠-' 없이도 이런 의미의 추론 증거성이 표현된다.

본다. 이 절에서 기술하고자 하는 주요 대상인 '인칭 제약' 현상을 화용상의 원리를 통해 모두 설명할 가능성을 시사하기 때문이다. 필자의 입장은 위 세 가지 근거가 '-더-'의 양상 요소임을 증명하는 것은 맞지만, '-더-'는 한국어의 수많은 양상 표현의 요소들 중에서 그 자신의 특수한 의미를 가지는 요소이고, 다른 양상 요소들과 구별되는 '-더-' 자체의 의미는 전제 의미로 기술되어야 한다는 것이다.

'-더-' 자체의 의미를 드러내는 중요 현상은 다음과 같은 '인칭 제약' 현상이다. 단문의 평서문에서의 1인칭 주어 제약, 의문문에서의 2인칭 주어 제약, 그리고 '-더-'가 내포절의 평서문에 실현될 때 상·하위절 주어의 비-동지시 요구, '-더-'가 내포절의 의문문에 실현될 때 상위절 'NP-에게' 논항(여격어)과 하위절 주어의 비-동지시 요구 등은 일관된 개념에 따라 발생하는 체계적 현상이다. 양상 표현 일반이 가지는 특징과 함께 '-더-'만의 고유 의미로 말미암아 이러한 체계적인 현상이 생긴다.

(11) ??내가/네가/순희가 뛰더라.

(12) 내가/??네가/순희가 뛰더냐?

(13) 철수$_i$는 내가/??e$_i$/??자기$_i$가/순희가 뛰더라고 말했다.

(14) 철수는 인호$_i$에게 내가/??e$_i$/순희가 뛰더냐고 물었다.

더욱이, '-더-'의 의미가 특수하다는 점을 잘 드러내는 것은 위 '인칭 제약'이 '-겠-'에 의해서 해소됨을 보이는 다음과 같은 예들이다.

(15) 가. ??내가 인호를 만나더라.
　　나. 내가 인호를 만나겠더라.
　　다. 내가 인호를 만났겠더라.

(16) 가. ??순희는 인호가 싫더라.
　　나. 순희는 인호가 싫겠더라.
　　다. 순희는 인호가 싫었겠더라.

필자는 '-더-'의 형식의미론적 정의에 양상 의미와 함께 직접 증거성의 전제 의미가 주어진다고 상정함으로써 이러한 '-더-' 문장의 의미 현상을 체계적으로 설명할 수 있다고 본다. 이 점을 7.3.2절에서 밝힌다. 이정미(2011, 2013)의 순수한 양상 기반 이론은 특히 '-겠-'과 공존할 때 '-더-' 문장의 인칭 제약이 해소되는 현상들, 즉 (15), (16)의 예들에 대한 해결 방안을 제시하는 데에 충분하지 않다.

7.3.1.2. 독립된 직접증거성 범주를 지향하는 분석

'-더-'를 문법범주로서의 직접 증거성 표지로 분석하는 선행 연구로는 임동식(2010), 임동식·이정민(2014)이 있다. 임동식(2010)은 '-더-'가 가지는 직접증거성의 의미를 전제 의미로 파악하여, 함수적 형식으로 기술되는 '-더-'의 의미 정의에 영역 조건(domain condition)으로 나타낸다. 임동식의 이어지는 연구들(임동식 2014, 허세문·임동식·박유경 2015)에서는 기술 방법을 바꾸어, '-더-'의 직접증거성 의미를 상황과 상황 간의 포함관계에 관한 적정 조건으로 기술했다. 이는 Kratzer(2007)의 상황의미론에 입각하여 티벳 말의 증거성 문법 요소들을 분석한 Kalsang et al.(2013)의 방법을 원용한 것이다. 두 기술 방법을 차례로 검토해 보자.

첫째, 임동식(2010)에서는 '-더-'의 의미 정의를 다음과 같이 제시했다. 이는 선행 명제 p에 관한 동일성 함수(identity function)로 서술된 것인데, 맥락 변수 c에 관한 영역 조건의 형식으로 그 전제 의미가 명시되었다.[543]

(17) 모든 발화 맥락 c^*, 모든 발화 시구간 t^*, 모든 세계 w에 대하여,

⟦-더-⟧ = $\lambda p. \lambda c$: $\exists t$: t는 $t<t^*$이고 c에서의 현저한 시구간이며, 시구간 t에 화자 s(c)가 p와 양립가능한 직접 증거를 지각했어야 함. p

임동식(2010: 93-110)에서는 증거성 의미를 전제 의미로 기술해야 하는 근거들을 제시하고 있다. 그 중 몇 가지를 고려해 보기로 한다.

(17)에 영역 조건으로 명시된, '-더-'가 나타내는 전제 의미가 진리조건적 성격을 가지는지 여부가 임동식(2010: 93-110)에서의 주요 관심사이다(양상 의미는 진리조건적 의미라는 것이 일반적 가정임). 다음 부정문(18)과 의문문(19)의 예를 통해서는 부정과 의문이 '-더-' 문장의 진리조건적 의미에 영향을 미치지 않는다고 보고 있다. (18)은 '화자

543) For any utterance context c^*, any utterance time t^* and any world w,
⟦-te-⟧ = $\lambda p. \lambda c$: $\exists t<t^*$ which is salient in c and at t, s^c perceived direct evidence compatible with p. p (임동식 2010: 177)
c는 맥락, s^c는 맥락 c의 화자(이 책에서는 's(c)'로 나타냄)를 나타낸다.

가 둘의 만남을 보았다/지각했다'와 같은 함축을 갖지 않고, (19)는 둘의 만남에 관한 직접 증거를 가지는지 여부를 묻는다는 함축을 갖지 않는다는 것이다.

(18) 존이 메리를 안 만나더라.

(함축된 의미:) 존이 메리를 만나지 않았다는 것을 화자가 보았다/지각했다.

(19) 존이 메리를 만나더냐?

(함축된 의미:) 청자는 직접 증거에 입각해서 대답을 할 것이 기대된다.

이러한 해석상의 사실은 직접 증거성의 의미를 전제로 파악하는 그의 판단을 지지한다. 그러나 이것을 인식 양상 의미의 존재를 부정하는 증거로 해석할 수는 없다는 것이 필자의 판단이다.[544] '-더-'가 위에 명시된 전제 의미 외의 양상 의미를 더 가질 가능성이 있기 때문이다.

두 문장이 이어지는 담화에서 '-더-'의 '직접 지각'의 의미는 후속 문장에 의해 취소될 수 없다((20), (21)). 이는 '-더-'에 의해 표현되는 함축적 의미가 전제 의미인 것을 증명한다고 한다. 또, 전제 의미는 일반적으로 대화의 상대방에 의해 이의 제기되거나 교정될 수 있는데, (22), (23)에서 '-더-' 문장이 표현하는 '직접 증거'의 의미에 대해서 상대방이 이의 제기할 수 있는 것은 '-더-' 문장의 '직접 증거' 의미가 전제 의미인 것을 증명해 준다고 한다.[545]

(20) 비가 오더라. #나는 비가 오는 것을 보지 않았다.

(21) 비가 왔더라. #나는 비가 왔다고 추론하지 않았다.

(22) A: 어제 비가 왔더라.

B: 뭐라고? 잠시만. 너 어제 감옥에 있었는데, 비가 오는 것을 보았을 리가 없어.

(23) A: 어제 비가 오더라.

B: 뭐라고? 잠시만. 너 어제 오늘 계속 감옥에 있었는데, 무슨 근거로 그렇게 생각하니?

표준적 형식의미론에서 전제 의미를 형식화하는 방법은 (17)과 같이 함수의 영역 조

---

544) 임동식(2010: 110-126)에서도 '-더-'의 기술에 전제 의미와 함께 양상 의미를 포함할 가능성을 논의한 바 있다. 다만 그의 최종적 견해는 (17)과 같은 것이므로 이를 바탕으로 서술한다.

545) (20)-(23)은 임동식(2010: 104)에서 가져옴. 이들은 이정미(2010: 13)의 예문이라고 한다.

건으로 나타내거나 정의 성립 조건(definedness condition)으로 나타내는 것이다. 그런데 이러한 형식화 방법은 전제가 공유배경에 주어진 것, 공유배경의 명제들에 의해서 함의되는 것이라는 Stalnaker(1974)의 개념을 바탕으로 하고 있다. '-더-'에 의한 전제 의미는 전형적으로 새 정보로 도입되는 것이므로, 공유배경에 주어진 정보로서의 표준적 형식의미론의 전제 개념에 완전히 부합되지 않는 점이 있다. 임동식(2010)은 Schlenker(2007)의 '표현적 전제(expressive presupposition)' 개념이 '-더-' 문장의 전제 개념으로 적합하다고 결론 내리고 있다.[546] 필자도 '-더-' 문장이 이러한 개념에서의 전제 의미를 가진다고 가정한다.

(17)의 의미 정의는 선행 명제와 '-더-'의 의미가 합성된 결과가 맥락 변수 'c'의 함수인 Kaplan(1989)의 특성의미(character)로 기술되고 있다. 일반적 의미 합성 절차를 실행해 보면 그 문제성이 드러난다.

(24) 가. ⟦ 비가 오-더- ⟧ = [λp. λc: ∃t : t는 $t<t^*$이고 c에서의 현저한 시구간이며, 시구간 t에 화자 s(c)가 p와 양립가능한 직접 증거를 지각했어야 함. p](λw. 비가_온다′(w)) (함수적용규칙)

= [λc: ∃t : t는 $t<t^*$이고 c에서의 현저한 시구간이며, 시구간 t에 화자 s(c)가 p와 양립가능한 직접 증거를 지각했어야 함. λw. 비가_온다′(w)] (람다 전환)

나. $⟦ \text{DECL} ⟧^{c^*,w^*}$ = $\lambda k_{<c,st>}. k(c^*)$ (임동식·이정민 2012: 36)

다. ⟦ 비가 오-더-다 ⟧ = [$\lambda k_{<c,st>}. k(c^*)$]([λc: ∃t : t는 $t<t^*$이고 c에서의 현저한 시구간이며, 시구간 t에 화자 s(c)가 p와 양립가능한 직접 증거를 지각했어야 함. λw. 비가_온다′(w)]) (함수적용규칙)

= [λc: ∃t : t는 $t<t^*$이고 c에서의 현저한 시구간이며, 시구간 t에 화자 s(c)가 p와 양립가능한 직접 증거를 지각했어야 함. λw. 비가_온다′(w)](c^*)) (람다 전환)

⇒(전제 충족) [λw. 비가_온다′(w)]

546) 임동식(2010: 109)에서 요약된 Schlenker(2007: 237)의 표현적 전제 개념은 (i)직시적(indexical)이라는 것(특정 맥락과 관련하여 평가됨), (ii)태도를 가진다(attitudinal)는 것(해당 맥락의 화자의 심적 상태에 관한 어떤 것을 서술함), (iii)맥락의 변경이 가능하다(shiftable)는 것(기준 맥락이 현재 발화의 맥락과 동일할 필요가 없음)이다.

(24다)에서 영역 조건으로 표시된 전제가 충족되면 그 영역 조건의 내용은 사라지고 '[λw. 비가_온다'(w)]' 부분만 남는데, 이는 선후관계 의미('t<t*')는 물론 직접 증거성 의미가 사라진 형식이다. (24나)처럼 평서형 종결어미 '-다'가 선행 내용에 적용되어 현실 맥락 'c*'를 취한다는 설정은 사실상 무의미해진다.

7.3.2절에서 전개되는 필자의 방안에서는 전제를 정의 성립 조건으로 나타내고, 본 서술에 양상 의미 형식과 시간적 선후관계('인식시의 선시성') 의미를 명시하여 임동식의 정의 (17)이 가지는 문제점을 배제할 것이다.

'-더-'의 의미를 특성의미로 정의하는 것, '-더-' 고유의 의미를 영역 조건으로만 기술하는 것이 위와 같은 문제를 초래한다. '-더-'의 의미를 특성의미로 정의하는 것을 정당화하려는 시도가 임동식·이정민(2012)에서 있었다. 특히 의문문이 특성의미들의 집합이라는 가정 하에 '-더-' 문장의 문제를 해결하려고 했다. 형식의미론의 관행은 이와 달리 의문문의 의미가 명제들의 집합이라는 것이다(Hamblin 1973, 양정석 2017: 331-336). 임동식·이정민(2012)에서는 '-더-'를 포함하는 의문문의 의미 합성 절차를 다음과 같이 보이고 있다.[547)]

(25) 가. '존이 나를 찾더냐?'의 통사구조(LF):

[-더- [{$\mathrm{ID}_{<st,st>}$, $\mathrm{NEG}_{<st,st>}$}[λw. ⟦ John looked for s(c*) ⟧$^{c^*,w}$]]]

나. (가)의 해석: ⟦ (가) ⟧$^{c^*,w^*}$ = {λc: ∃t : t는 t<t*이고 c에서의 현저한 시구간이며, 시구간 t에 화자 s(c)가 p와 양립가능한 직접 증거를 지각했어야 함.

λw. ⟦ John looked for s(c*) ⟧^{c,w} , λc: ∃t : t는 t<t*이고 c에서의 현저한 시구간이며, 시구간 t에 화자 s(c)가 p와 양립가능한 직접 증거를 지각했어야 함.

λw. ⟦ John did not looked for s(c*) ⟧^{c,w} }

'-더-'가 의문문에 실현되는 예에 대한 형식의미론적 기술은 이전의 연구에서 시도되지 않았던 것이다. 주의할 점은, 의문문인 '-더-' 문장 (25)의 의미 형식에서 전제에 표시된 직접 증거를 지각하는 사람이 현실 발화 맥락의 청자('a(c*)')가 아닌, 맥락 변수의 화자('s(c)')로 기술되었다는 것이다.

547) (25가)는 임동식·이정민(2014)에서 나무그림으로 나타낸 것을 대괄호 표기법으로 바꾸었다. '{ID<st,st>, NEG<st,st>}'는 '-냐'에 해당하는 의문형어미의 의미이다. 이와 같은 통사구조를 정당화하는 일조차 쉽지는 않은 과제가 된다. '-더-'와 '-냐'를 각각 독립된 통사 단위로 상정해서는 안 되는 근본적 이유는 7.3.1.4절에서 요약하는 형태통사론적 사실이다.

그러나 이것은 한국어 '-더-' 의문문의 사실과 다르다. 의문문 "존이 나를 찾더냐?"를 발화하는 현실 맥락의 화자는 현실 맥락의 청자('a(c*)')가 선행 명제 '존이 나를 찾-'에 관한 직접 증거를 가지고 있음을 전제한다.

(26) 비가 오더냐? ??네가 비가 온 것을 보지 않았지만/귀로 듣지 않았지만.

(24다)는 전제 의미의 도출과 관련한 난점을 보여준다. 특성의미들의 집합으로 나타낸 (25나)는 '-더-'가 실현되는 의문문에서 현실 발화 맥락의 청자('a(c*)')가 직접 증거를 가지며, 이 점을 화자가 전제한다는 사실을 포착하지 못한다.

둘째, 임동식(2014), 허세문·임동식·박유경(2015)은 '-더-'가 기준상황(ES)과 정보상황(IS) 간의 포함 관계에 관한 적정 조건에 따라 제약된다고 주장했다. 이는 위에서 지적한 문제점들을 해결하기 위한 시도로 보이는데, 실행 과정에서 다른 문제가 발생한다.

티벳 말에는 직접 증거성과 간접 증거성을 포함하는 증거성의 네 하위 체계가 있고, 이 중 직접 증거성은 세 개의 문법 요소 ' 'dug'와 'shag'와 'song'이 있다고 한다. 'song'은 완결상에 쓰이는 것이고, 나머지 둘이 비완결상에 쓰이는데, 이 둘의 구별은 ES와 IS 간의 포함 관계의 차이(' 'dug'는 ES⊂IS, 'shag'는 ES⊃IS)에 따른다는 것이 Kalsang et al.(2013)의 결론이다.548)

(26) 가. chags 'dug.
break 'DUG
'그것이 깨졌다.' (그리고 화자가 그것이 깨지는 것을 보았다.)
나. chags shag.
break SHAG
'그것이 깨졌다.' (화자가 그것을 보고 있지만 깨지는 것을 보지는 못했다.)

임동식(2014)은 '-더-'가 'shag'와 같이 ES가 IS를 포함하는 경우(ES⊃IS)에도 사용되고, 이에 더하여 ES가 IS와 동일한 경우(ES⊃IS)에도 사용된다고 주장했다. '-더-'의 직접 증거성 의미는 'ES⊇IS'의 적정 조건을 통하여 정의된다고 한다.

---

548) 다음은 Kalsang et al.(2013: 530)의 예이다. 임동식(2014: 122)에도 인용되어 있다.

여기에는 반례가 있다. 부정문과 의문문에서 ‘‘dug’는 사용 가능하지만 ‘shag’는 사용할 수 없다.[549] 그러나 한국어의 ‘-더-’는 ‘shag’와 달리 부정문과 의문문에서 사용될 수 있다.

(27) 가. bum pa chags min ‘dug.
vase break NEG DIR
‘화분이 깨지지 않았다-‘dug.’
나. #bum pa chags min shag.
vase break NEG DIR
‘화분이 깨지지 않았다-shag.’
(28) 가. bum pa chags ‘dug gas?
vase break DIR Q
‘화분이 깨졌느냐-‘dug?’
나. #bum pa chags shag gas?
vase break DIR Q
‘화분이 깨졌느냐-shag?’

Kalsang et al.(2013)의 해석에 따르면 부정문은 IS는 가질 수 있지만 ES는 공집합이 된다. 따라서 언제나 IS⊃ES일 수밖에 없고, ES = IS도 불가능하다. 실제로 티벳 말에서는 부정문에 (27가)와 같이 IS⊃ES를 표현하는 ‘‘dug’가 사용되고, ES⊃IS를 표현하는 ‘shag’는 부적격하다. (28)의 의문문도 같은 점을 보여준다. 의문문은 예상되는 대답 명제들의 집합의 의미를 가진다고 하는 것이 근래 형식의미론에서 통용되는 견해이다. 이는 IS와 같은 것이고, 증거성 요소의 선행 명제 자체는 ES가 된다는 것이 Kalsang et al.(2013)의 해석이다. 따라서 IS⊃ES이고, (28)과 같은 사실이 정확하게 예측된다는 것이다.

한국어의 ‘-더-’는 다음과 같이 부정문, 의문문에도 실현된다.

(29) 가. 비가 안 오더라.

549) 다음은 Kalsang et al.(2013: 549)의 예이다.

나. 비가 오더냐?

임동식(2014)은 '-더-'가 ES⊒IS를 표현한다고 보는데, 이는 이상의 사실들과 정면으로 배치되는 것이다. (29가, 나)의 '-더-'는 그의 예측과는 달리, 오히려 IS⊃ES인 ''dug'의 특징을 보이는 것이다. (29가)에서는 ES가 공집합이므로 IS⊃ES이며, (29나)의 의문문에서도 위 설명에 따라 IS⊃ES가 된다.

Kalsang et al.(2013)의 상황 개념은 Kratzer(2007)의 상황의미론에 기반한 개념이다. 상황은 세계를 포괄하는 개념으로서, 상황들 간에는 전체-부분의 관계가 성립된다. 세계는 최대 상황으로 정의되고, 상황들 중에는 최소 상황인 것들도 있다. Kalsang et al.(2013)의 주요 논점은 시제가 시구간들 간의 선후 관계를 바탕으로 정의되는 것처럼, 직접 증거성이 상황들 간의 포함 관계를 바탕으로 정의될 수 있다는 것이다. 티벳 말 증거성 문법 요소들에 대한 Kalsang et al.(2013)의 기술, 특히 기준상황(ES)과 정보상황(IS)의 포함 관계의 차이를 바탕으로 한 직접 증거성 요소 ''dug'와 'shag'의 분석은 타당성이 높은 것으로 판단된다. 그러나 같은 개념에 입각한 임동식(2014)의 '-더-'의 분석은 오히려 티벳 말과 한국어의 증거성 의미의 표현 방식이 체계적으로 다르다는 것을 증명해 보이고 있다.

이 외에도, 증거성에 기반한 임동식의 위 두 방안에 대하여 제기되는 중요한 문제는 '인칭 제약' 현상이다. 특히 앞에서 이정미(2011, 2013)의 접근에 대해서 지적했던 (15), (16)의 예들은 인식 양상 의미를 가지는 '-겠-'이 인칭 제약 해소의 주요 요인임을 보여준다. '-더-'의 양상 의미를 인정하지 않는 그의 두 가지 접근 모두에 대하여 이 예들은 난문제가 된다.

7.3.1.3. 시간적 선후관계에 기초한 분석

정경숙(2005, 2007)에서는 '-더-'가 시제 표지라는 관점에서 그 시제 의미와 그것에 선행하는 시간 요소들에 대한 정의를 시도했다. 특이한 점은, 이 체계에서 '-더-', '-네'는 시제 표지이며, '-었-'은 완료상 표지와 증거성 표지의 중의적 요소로 규정된다는 것이다.[550]

'-었-'은 시제 표지가 아니고, '-더-'는 시제 표지라고 한다. '-더-'는 공간직시시제로서

550) 정경숙(2007)의 시제 체계에 대해서는 양정석(2015나, 이 책 11.2.2.3절)에서도 검토한 바 있다.

과거, '-네'는 공간직시시제로서 현재를 표시한다. 이 외에 '단순직시시제'가 있다고 상정하고, 그 표지로 현재의 '-는-/-∅-', 과거의 '-었었-'을 들고 있다.551)

(30) ⟦-더-⟧는 맥락 c가 $\tau(L_c) < t_c \wedge L_c \subseteq$ P-trace(s_c)인, 유일하고 현저한 시공간적 처소 L_c를 제공할 때에만 정의가 성립된다. 정의가 성립되는 경우, $⟦-더-⟧^c = L_c$가 된다.

두 가지 '-었-'의 의미 정의는 다음과 같다.552)

(31) 가. $⟦-었-^1⟧ = \lambda P. \lambda t. \exists e [\ \tau(e) < t \ \wedge \ P(e)]$ (완료상 표지)
나. $⟦-었-^2⟧ = \lambda P. \lambda L. \exists e [\ P(e) \ \wedge \ \tau(e) < \tau(L) \wedge \ L \subseteq \text{v-trace}(e) \ \wedge$
$\text{e-trace}(e) \cap \text{P-trace}(s_c) = \varnothing\ ]$ (증거성 표지)

(31가)는 참조시를 정하는 기능을 갖지 않는 완료상의 정의이다. (31나)는 증거성의 정의인데, 사건 흔적과 지각 흔적의 교집합이 공집합임(e-trace(e) ∩ P-trace(s_c) = ∅)이 규정된다. 증거성 표지인 '-었-2'는 '-더-'와 '-네' 앞에서만 실현되고, 그 외의 '-었-'은 완료상의 표지라고 한다.

이러한 분석이 가지는 첫째 문제점은 현대 한국어의 형태통사론적 사실들과 정합되는 의미 분석이 아니라는 점이다. 그는 자신의 시제 체계를 다음과 같이 도표화하고 있다(정경숙 2007: 213).

(32)

	단순 직시 시제	공간적 직시 시제
현재:	-는-/∅	-네
과거:	-었었-	-더-

551) (32)의 표를 참고하기 바람. tc는 발화시, sc는 맥락 c에서의 화자를 나타낸다. L은 시간 좌표들과 공간 좌표들의 집합을 지시하는 변수라고 한다. τ(L)은 시공간적 처소 L의 시구간을 뜻한다.

552) 다른 시간요소들, 즉 '-는-/-∅-'과 '-겠-'도 중의적으로 처리한다.
a. 가. $⟦-\varnothing\text{-}1⟧ = \lambda P. \lambda t. \exists e [\ t \subseteq \tau(e) \wedge P(e)]$
나. $⟦-\varnothing\text{-}2⟧ = \lambda P. \lambda L. \exists e [\ P(e) \ \wedge \ L \subseteq \text{e-trace}(e)\ ]$
b. 가. $⟦-겠\text{-}1⟧ = \lambda P. \lambda t. \exists e [\ t \leq \tau(e) \wedge P(e)]$
나. $⟦-겠\text{-}2⟧ = \lambda P. \lambda L. \exists e [\ P(e) \ \wedge \ \tau(L) \leq \tau(e) \wedge \ L \subseteq \text{v-trace}(e) \ \wedge \ \text{e-trace}(e)$
$\cap \text{P-trace}(sc) = \varnothing\ ]$

우선, 서로 계열적 대립을 보이지 않는 '-네'와 '-더-'를 한 문법범주의 하위범주들로 설정한 것은 불합리하다. '-네'와 '-더-'가 계열적으로 대립하지 않는다는 것은 이들이 문법적 자연군을 이루지 못한다는 것을 뜻한다. 그러므로 '-네'와 '-더-'가 시제 또는 증거성과 관련한 어떤 의미를 공유한다 하더라도 그것은 문법적 공통성이 아닌 것이다. 단순직시시제의 하위범주를 이루는 요소들도 유사한 문제를 제기한다. '-는-'과 '-었었-'은 계열적 대립을 이루지 못하며, 또한 '∅'는 '-는-'의 변이형으로서의 자격을 갖지 못한다(양정석 2008, 2012).

증거성 표지로 상정된 '-었-²'의 의미 정의인 (31나)에 관해서 그 예측에 반하는 예가 존재한다. 다음 예에서 사건 흔적과 지각 흔적의 교집합은 공집합이 아니다. 이들 예는 '-더-' 앞에서도 '-었-'이 완료상의 의미를 유지함을 보이고 있다. 이 문장들에서 '점령한' 시구간, '옷을 입은' 시구간은 화자가 그 사실을 인식하는 과거의 시구간과 겹친다.[553]

(33) 가. 까마귀 떼가 온 섬을 점령했더라.
　　 나. 순희가 검은 옷을 입었더라.

정경숙(2007)이 '-었-'을 완료상과 함께 증거성 표지로 규정하게 된 주요 동기는 '-었-'이 '-더-', '-네' 앞에 실현되는 경우의 해석이 항상 추론을 포함하는 듯하다는 것이다. 이에 따라 '-었-²'는 추론 증거성 표지가 된다.

(34) 가. 도둑이 들어왔더라.
　　 나. 도둑이 들어왔네.

외출했다가 돌아와서 집안의 물건들이 흐트러져 있고, 창문이 열려있는 것을 보고 나서 (34가, 나)와 같이 말할 수 있다. 추론하는 시점이 과거이면 (34가)의 발화가, 추론하는 시점이 현재이면 (34나)의 발화가 적합하다. 그러나 두 문장에서 '-더라', '-네'는 여전히 선행 명제에 관한 직접 지각의 증거가 있음을 표현하는 직접 증거성의 요소인 것이다. 완료상은 원래 상황 완료 이후의 결과 상태를 표현할 수 있다. 위 두 문장에서도 '-았-'은

553) (33)의 두 예문은 양정석(2015나)에서 든 것이다. 임동식(2014)에서도 다음 예를 들어 정경숙(2007)의 같은 점을 반증했다.
a. 존이 붉은 셔츠를 입었더라.

그와 같은 결과 상태의 뜻을 표현하는 것이고, '-더-', '-네'는 그러한 결과 상태에 관한 직접 증거를 화자가 가지고 있음을 표현할 뿐이다.

그는 '인칭 제약'으로 알려져 온 현상들을 '피동적 지각자(passive perceiver)'에 관한 조건을 부여하여 설명하려고 시도했다. (35가)의 '나오-'는 비대격동사이며 (35나)의 '울-'은 비능격동사인데, 비대격동사의 주어는 피동적 지각자의 특성을 가지는 것이 (35가)의 적격성의 이유라고 한다.

(35) 가. 내가 눈물이 나오더라.
나. ??내가 울더라.

그러나 다음 예에서 '예쁘-'가 부적격한 것은 '피동적 지각자'에 관한 단일한 원리를 가지고는 설명되지 않는다.

(36) ??나는 예쁘더라. cf. 그는/너는 예쁘더라.

'-더-' 문장이 가지는 '인칭 제약' 현상은 1인칭 주어와 그 외의 대상을 구별하는 모종의 의미론적 제약과, 별도의 제약 해소 절차를 상정해야 설명할 수 있다. 이 점을 7.3.2절에서 살펴볼 것이다.

7.3.1.4. '-더-'와 관련한 형태통사론적 질서

마지막으로 검토한 정경숙(2005, 2007)의 중요한 문제점은 한국어의 형태통사론적 질서에 부합되지 않는 이론이라는 점이다. (32)와 유사한 이원적 시제 체계를 최현배(1937), 한동완(1996) 등에서 볼 수 있다. '-더-'를 중심으로 시제 체계(또는 시제와 서법 체계)를 수립하고자 시도했던 선행 연구들 모두의 근본 문제는 현대 한국어에서 '-더-'가 통사 단위를 이루지 못한다는 사실을 인식하지 못했다는 것이다.[554] 이제까지 언급한 모든 이론들에서 '-더-'를 통사 단위로 가정했으므로, '-더-'의 통사 범주(시제, 서법, 양상)를 포함한 구 구조 규칙(혹은 핵계층 도식, 병합 연산)은 다음과 같은 어미들의 결

554) 이 점에 대한 논증을 11.6절에서 보인다. 여기에서는 형식의미론적 기술에 요구되는 합성성 원리의 준수와 관련되는 한도에서 간략히 서술한다.

합을 가지는 무한수의 비문을 생성해 낸다.555)

(37) 가. *비가 오더지. cf. 비가 오더군.
나. *비가 오더니? cf. 비가 오더냐?
다. *비가 오더니까 하늘이 맑아졌다. cf. 비가 오더니 하늘이 맑아졌다.

문법 이론은 해당 언어의 모든 문법적 문장을 누락됨이 없이 생성해 내야 하고(완전성 요건), 비문법적 문장의 생성을 배제해야 하는데(건전성 요건), '-더-'를 통사 단위로 상정하는 문법 이론은 건전성 요건을 위반하는 것이다. '-더-'가 (37)의 '-지, -으니, -으니까' 등 한국어의 대다수 어미와 결합되지 않는 사실을 설명할 유일한 방법은 '-더-'의 양상 의미나 증거성 의미, 시간적 선후관계 의미가 이들 어미와 의미적으로 충돌한다고 설명하는 것이다.556) 그러나 위에서 살펴본 세 부류의 형식의미론적 이론에서 제공하는 '-더-'의 의미 정의에 따르면, 극히 일부의 예를 제외하고는, '-더-'와 결합 불가능한 어말어미들을 배제할 수가 없다. 결국, 다음 15개의 어미들을 각각 통사 단위로 상정하고, 각각의 의미, 전제 의미를 그 어휘의미적 기술에 포함하는 방안이 남아 있을 뿐이다.

(38) -더라, -더구나, -더구려, -더구먼, -던걸, -습디다, -더냐, -던가, -데, -습디까;
-던; -던들, -던지, -던데, -더니

실질적으로 이 15개의 어미들에 대한 기술 방안을 제시하는 것이 '-더-'에 대한 연구의 과제가 된다. 연결어미 '-던들, -던지, -던데, -더니'를 단일한 통사 단위로 다루는 일은 이미 보편화된 것이다. 이 절에서는 평서형과 의문형을 대표하는 '-더라'와 '-더냐'에 집중하여 그 형식의미론적 기술 방안을 제시할 것이다.

---

555) 필자의 검사 결과에 따르면 현대 한국어에서 구어로 사용되는 어말어미 207개 중에서 155개가 '-더-'와의 결합을 거부한다. 이 점에 대해서 11.6절을 참고하기 바람.

556) 통사 부문에서는 '-더-'와 모든 어말어미가 이어지는 문장을 생성하고, 형태음운론 규칙을 통해서 '-더-'와 결합 가능한 어미들만을 취하는 방법을 생각해 볼 수 있다. 즉, 다음과 같은 변이형태 실현 규칙을 설정하는 것이다.
a. {더} → /더/ / __{다, 으냐, 은가, 은걸, 은들, 은지, 구나, 구려, 구먼, 은데, 으니, 은}
b. {더} → /데/ / __{으에}
c. {더} → /디/ / {습}__{다, 까}
그러나 (a)-(c)의 조건으로 주어진 어미들의 집합은 음운론적으로나 문법적으로 자연군을 이루지 못하므로, 이들은 진정한 언어 규칙이 아니다. 이들은 오히려 (38)의 복합적 어미들 15개가 현대 한국어의 통사 단위라는 점을 증명하는 것이다.

7.3.2. 대안: '-더-'는 양상, 증거성, 시간적 선후관계를 모두 포함한다

7.3.2.1. '-더-' 문장의 동지시 제약 현상

이제까지의 논의에서 직·간접적으로 드러난 '-더-' 문장들의 의미적 특징을 정리해 보자. ①-⑥의 예들에서는 일관된 패턴이 나타난다.

①단문에서 평서문의 1인칭 주어 제약, 의문문의 2인칭 주어 제약, 복합문에서 '-더-'가 평서문인 하위절에 실현될 때 상·하위절 주어의 비-동지시 요구, '-더-'가 의문문인 하위절에 실현될 때 상위절 'NP-에게' 논항과 하위절 주어의 비-동지시 요구가 존재한다.[557)]

(39) 가. $^{??}$내가 뛰더라.

나. 네가/순희가 뛰더라.

(40) 가. $^{??}$네가 뛰더냐?

나. 내가/순희가 뛰더냐?

(41) 가. $^{??}$철수$_i$는 e$_i$/자기$_i$가 뛰더라고 말했다.

나. 철수$_i$는 내가/순희가 뛰더라고 말했다.

(42) 가. $^{??}$철수는 인호$_i$에게 e$_i$ 뛰더냐고 물었다.

나. 철수는 인호에게 내가/순희가 뛰더냐고 물었다.

②주관성 형용사와 '-더-'가 공존할 때, 단문에서 주어 1인칭 제약이 해소되는 현상, 복합문에서 상-하위절 주어의 비-동지시 요구, 상위절 'NP-에게' 성분과 하위절 주어의 비-동지시 요구의 제약이 해소되는 현상이 나타난다. 그러나 화자 외의 인물은 오히려 제약된다.

(43) 가. 나는 철수가 싫더라.

나. $^{??}$너는/$^{??}$순희는 철수가 싫더라.

(44) 가. 너는 철수가 싫더냐?

나. $^{??}$나는/$^{??}$순희는 철수가 싫더냐?

557) 이들은 앞의 예문 (11)-(14)를 다시 든 것이다. 'e'는 내포절의 주어인 공범주이다.

(45) 가. 철수$_i$는 e_i/자기$_i$는 인호가 싫더라고 말했다.

나. ??철수는 내가/네가/순희가 인호가 싫더라고 말했다.

(46) 가. 철수는 인호$_i$에게 e_i 순희가 싫더냐고 물었다.

나. ??철수는 인호에게 나는/너는/철수는 순희가 싫더냐고 물었다.

③양상 표현인 '-겠-'과 '-더-'가 공존할 때 ①에서 관찰된 '-더라', '-더냐'의 제약들이 해소되는 현상이 나타난다.

(47) 가. 내가 뛰겠더라.

나. 네가/순희가 뛰겠더라.

(48) 가. 네가 뛰겠더냐?

나. 내가/순희가 뛰겠더냐?

(49) 가. 철수$_i$는 e_i/자기$_i$가 뛰겠더라고 말했다.

나. 철수는 내가/네가/인호가 뛰겠더라고 말했다.

(50) 가. 철수는 인호$_i$에게 e_i 뛰겠더냐고 물었다.

나. 철수는 인호에게 내가/네가/순희가 뛰겠더냐고 물었다.

④'싫-겠-더라', '싫-겠-더냐'처럼 주관성 형용사와 다른 양상 요소와 '-더-'가 공존하는 경우에도 ③에서의 제약 해소 절차가 작동하는 것으로 보인다. 그러나 (51가)-(54가)의 예문들이 완전히 자연스럽지는 않다.[558]

(51) 가. ?나는 철수가 싫겠더라.

나. 너는/순희는 철수가 싫겠더라.

(52) 가. ?너는 철수가 싫겠더냐?

나. 나는/순희는 철수가 싫겠더냐?

(53) 가. ?철수$_i$는 e_i/자기$_i$는 인호가 싫겠더라고 말했다.

나. 철수는 나는/너는/순희는 인호가 싫겠더라고 말했다.

(54) 가. ?철수는 인호$_i$에게 e_i 순희가 싫겠더냐고 물었다.

558) 7.3.2.3절에서는 이들이 의미 합성 과정의 원리를 위반하는 바가 없어 적격한 문장으로 판정됨을 보이고, 화자에 따라 부적격한 반응을 얻는 이유는 별도의 화용론적 원리가 작용한 결과임을 논할 것이다.

나. 철수$_i$는 인호에게 내가/네가/자기$_i$가 순희가 싫겠더냐고 물었다.

⑤ 위 ③과 ④의 예들에서는 '-겠-'이 개재될 때 '인칭 제약'이 해소된다. '-었-'도 그와 같은 효과를 가진다는 지적이 종종 있었으나,[559] 필자는 '-었-'이 '-겠-'과는 달리 인칭 제약 해소의 작용을 갖지 못한다고 판단한다. 다음은 위 ③의 예들에서 '-겠-' 대신 '-었-'을 대체한 것이다.

(55) 가. ??내가 (1번 타자로) 뛰었더라.
　　나. 네가/순희가 (1번 타자로) 뛰었더라.
(56) 가. ??네가 뛰었더냐?
　　나. 내가/순희가 뛰었더냐?
(57) 가. ??철수$_i$는 e_i/자기$_i$가 뛰었더라고 말했다.
　　나. 철수는 내가/네가/인호가 뛰었더라고 말했다.
(58) 가. ??철수는 인호$_i$에게 e_i 뛰었더냐고 물었다.
　　나. 철수는 인호에게 내가/네가/순희가 뛰었더냐고 물었다.

'뛰-' 대신 주관성 형용사 '싫-'이 실현된 다음 예들에서는 1인칭과 2·3인칭의 대비가 나타나지 않고, 대부분 자연스럽지 않다. 다만 (59나)의 경우는 '?'로 표시된 바와 같이 부적격성이 다소 완화된다.

(59) 가. ??나는 철수가 싫었더라.
　　나. ?너는/?순희는 철수가 싫었더라.
(60) 가. ??너는 철수가 싫었더냐?

559) 김영희(1981가: 63)에서 들고 있는 다음 예들은 '-었-'이 개재되는 '-더-' 문장의 적격성 판단에 연구자마다의 편차가 크다는 것을 보여준다. (a)의 "내가 손이 컸더라."와 주관성 형용사 문장 (c나)는 '??' 정도의 부적격한 문장으로 판정되어야 할 예들이라고 본다. 적절한 맥락에서 전제보충(accommodation: Lewis 1979b)의 작용으로 '-더라'의 전제를 다시 만족하여 적격성을 얻을 수는 있다. (c가)가 부적격하다는 점에는 동의한다((59가)-(62가)와 같은 유형의 예이다). 그 이유는 3절에서 제시하는 방안으로 설명되지 않는다. 별도의 화용론적 설명이 동원되어야 할 것으로 본다.
a. 내가/네가/그가 손이 컸더라.
b. 내가/네가/그가 손이 크겠더라.
c. 가. *나는 마음이 아팠더라.
　나. 너는/그는 마음이 아팠더라.

나. ??나는/??순희는 철수가 싫었더냐?

(61) 가. ??철수$_i$는 e_i/자기$_i$는 인호가 싫었더라고 말했다.

나. 철수는 ??나는/??너는/??순희는 인호가 싫었더라고 말했다.

(62) 가. ??철수는 인호$_i$에게 e_i 순희가 싫었더냐고 물었다.

나. 철수$_i$는 인호에게 ??내가/??네가/??자기$_i$가 순희가 싫었더냐고 물었다.

⑥ '-었-'과 '-겠-' 모두가 '-더-' 앞에 실현되는 경우의 적격성 여부를 관찰해 보자. 이들은 모두 적격한 문장이라고 판단된다.

(63) 가. 내가 (1번 타자로) 뛰었겠더라.

나. 네가/순희가 (1번 타자로) 뛰었겠더라.

(64) 가. 네가 뛰었겠더냐?

나. 내가/순희가 뛰었겠더냐?

(65) 가. 철수$_i$는 e_i/자기$_i$가 뛰었겠더라고 말했다.

나. 철수는 내가/네가/인호가 뛰었겠더라고 말했다.

(66) 가. 철수는 인호$_i$에게 e_i 뛰었겠더냐고 물었다.

나. 철수는 인호에게 내가/네가/순희가 뛰었겠더냐고 물었다.

'뛰-' 대신 주관성 형용사 '싫-'이 실현된 다음 예들에서는 ⑤에서와 달리, 다시 1인칭과 2·3인칭의 대비가 나타나는 것 같다.

(67) 가. ?나는 철수가 싫었겠더라.

나. 너는/순희는 철수가 싫었겠더라.

(68) 가. ?너는 철수가 싫었겠더냐?

나. 내가/순희가 철수가 싫었겠더냐?

(69) 가. ?철수$_i$는 e_i/자기$_i$는 인호가 싫었겠더라고 말했다.

나. 철수는 내가/네가/순희가 인호가 싫었겠더라고 말했다.

(70) 가. ?철수는 인호$_i$에게 e_i 순희가 싫었겠더냐고 물었다.

나. 철수$_i$는 인호에게 내가/네가/자기$_i$가 순희가 싫었겠더냐고 물었다.

이상의 사실들을 우리의 방안에서 정확하게 포착할 수 있는지 점검해 보기로 한다.

7.3.2.2. '-더-'의 의미 정의와 동지시 제약 현상의 설명

단일한 어휘항목으로 설정된 '-더라'의 의미 정의는 다음과 같다.560) 평서형어미로서의 '-더라'는 양상 의미와 전제 의미, 그리고 수행동사 'SAY'의 세 가지 상이한 차원의 의미를 가지는 것으로 기술되었다.561)

(71) $[\![\text{-더라}]\!]^{c*;w,t,j}$ =

$[\lambda p: p \in D_{<s,<i,<e,t>>>}.\ SAY(s(c^*),\ a(c^*),\ \forall <w',t',x> : <w',t',x> \in BEST$
$(epist,\ stereo,\ w,\ t'',\ j) \rightarrow p(w')(t')(x))\ \&\ t'' < t\ \&\ t = now\ \&\ j = s(c^*)$
$= x] = 1$, 단, 이 정의는 x = α인 p의 판단자 α가 존재하는 경우, α가 p와 관련된 직접 증거를 가져야만 성립된다.

(72) 비가 오더라.

위 정의에서 주목해야 할 점은 'j', 'x'로 표시되는 판단자 개념과, 양상의 형식적 표상과, 정의 성립 조건으로 표시된 전제의 개념이다. 첫째, 판단자는 표준적 형식의미론의 해석 함수에 설정하는 기준 세계, 기준 시간, 그리고 기준 맥락에 추가하여, 해당 세계와 해당 시간에서 명제의 참, 거짓을 판단하는 개인이 기준으로 주어진다고 상정한 것이다. 주관성 형용사와 양상 요소들은 판단자 개념이 두드러진 역할을 하는 예들이다.562)

---

560) (71)의 의미 정의는 전제 의미의 기술 형식이 영역 조건(domain condition)에서 정의 성립 조건(definedness condition)으로 바뀌어졌다는 점에서 7.2.6절 및 양정석(2015가, 2017)과 달라졌다.
위 (1)의 이정미(2011, 2013)의 정의에서는 명제를 <s,<i,t>>로 설정하여 '-더-'를 <<s,<i,t>>,<s,<i,t>>> 타입의 함수로 기술했는데, (71)은 기준 판단자를 추가하여 명제를 <s,<i,<e,t>>> 타입으로 설정하고, '-더라'를 <<s,<i,<e,t>>>,t> 타입의 함수로 기술한 것이다. 해석 함수에 기준 판단자(judge of evaluation)를 도입해야 할 필요성은 Stephenson(2007)에서 자세히 논하고 있다. (71)을 바탕으로 한 의미 합성을 위해서는 다음 함수적용규칙을 활용해야 한다(양정석 2017: 358). 이는 제1장에서 제시한 ①(iii)과 같은 것이다.
a. 함수적용규칙: α가 분지교점이고 {β, γ}가 그 딸성분들의 집합이면, 모든 지표 <w,t,j>, 치할당 함수 a에 대하여 다음이 성립한다.
$[\![\beta]\!]^{c*;\, w,t,j,a}$가 그 영역 안에 $\lambda w'.\lambda t'.\lambda j'.[\![\gamma]\!]^{w',t',j',a}$를 포함하는 함수이면,
$[\![\alpha]\!]^{c*;\, w,t,j,a} = [\![\beta]\!]^{w,t,j,a}(\lambda w'.\lambda t'.\lambda j'.[\![\gamma]\!]^{w',t',j',a})$이다.
명제의 타입을 <s,<i,<e,t>>>로 설정한 것은, 명제가 가능세계, 시구간(interval), 판단자(judge)의 순서쌍 <w,t,j>로부터 진리치 {1,0}으로 가는 함수임을 뜻하는 것이다.

561) 수행동사 'SAY'는 해당 명제를 공유배경(common ground)에 추가하고자 하는 제의, 즉 단언을 뜻하는 것으로 상정한다. 단언을 이런 뜻으로 쓰는 것은 Stalnaker(1978)의 가정으로서, 표준적 형식의미론적 연구에서 기본적 개념으로 받아들이는 것이다.

562) Stephenson(2007)은 판단자(judge)의 개념을 정립하고 영어의 취향 서술어('fun' 등)와 양상 요소들에 대한

둘째, '-더라'는 인식 양상 요소로 기술되었다. (72)는 비가 온다는 것을 알았음을 서술하는 문장으로서, 인식 양상 의미를 포함하고 있다. 이 점이 (71)의 의미 형식에 인식 양상기반 'epist'와 전형성 순서근거 'stereo'로 명시된 것이다. 인식시 't'''에서의 기준점은 <w, t'', j>이다. BEST(epist, stereo, w, t'', j)는 이 기준점에서의 인식 작용을 나타낸다.[563] 이 인식 작용에 의하여 세계와 시구간과 판단자의 순서쌍이 형성되는데, 그것이 <w', t', x>이다. 양화사의 하나인 양상은 이 순서쌍에 대해 양화하는 것으로 형식화되었다. '-더라' 앞의 명제 내용이 참인지, 거짓인지는 이 순서쌍을 기준으로 평가된다.

셋째, 위 정의에서는 전제가 '정의 성립 조건'의 형식으로 서술되었다. 정의 성립 조건에 명시된 '직접 증거'는 다음과 같은 별도의 규정을 바탕으로 확인된다.

(73) 판단자 α가 p와 관련된 직접 증거를 가진다는 것은,

i) α가 자신에 관한 서술이 아닌 사건 또는 상태 p의 참, 거짓 여부에 대한 지각적 근거를 가지거나,

ii) α가 자신의 내적 감각 상태에 관한 서술 p의 주체라는 뜻이다.[564]

다음은 의문형으로 쓰이는 '-더냐'를 한 어휘항목으로 삼아 의미 정의를 부여한 것이다.[565]

(74) ⟦-더냐⟧ $^{c*;w,t,j}$ =

$[\lambda p: p \in D_{<s,<i,<e,t>>>}.\ ASK(s(c^*),\ a(c^*),\ \forall <w',t',x>: <w',t',x> \in BEST(dox,$
$dubi,\ w,\ t,\ j) \rightarrow (\forall <w'',t'',x'> : <w'',t'',x'> \in BEST(epist,\ stereo,\ w',t',\ x)$
$\rightarrow p(w'')(t'')(x'))) \ \&\ t' < now \ \&\ j = s(c^*) \ \&\ x' = x = a(c^*)] = 1$, 단, 이 정의는 $x' =$ α인 p의 판단자 α가 존재하는 경우, α가 p와 관련된 직접 증거를 가져야만 성립된다.

(75) 비가 오더냐?

분석을 통해 판단자 의존의 관계가 일관된 의미적 제약의 요인이 됨을 밝혔다. 양정석(2017)은 이를 바탕으로 한국어 주관성 형용사와 양상 요소들 전반에 판단자 의존 관계가 내재되어 있음을 보였다.

563) 판단자 'j'가 판단의 작용을 하는 시구간은 't'''인데, 이 시구간은 기준 시구간 't'에 선행하는 것으로 명시되었다. 이로써 종래 많이 논의되어 온, '인식시', '증거 획득 시간'이 과거에 놓인다는 사실을 포착한다.

564) 이정민(2014)에서는 증거성 의미의 기술에서 외적 주관적 경험(outer-directed subjective experience)과 내적 주관적 경험(inner-directed subjective experience)을 구분하는 것이 중요하다는 점을 논한 바 있다. '내적 감각 상태'란 개념은 후자에 상응하는 개념으로 상정한다.

565) (74)의 의미 정의는 양정석(2017)에서 제시한 형식인데, 이 역시 (71)처럼 전제 의미를 정의 성립 조건(definedness condition)의 형식으로 바꾸어 기술했다.

여기에는 두 개의 양상이 작용하고 있다. 기본적으로 이 의미 형식은 <w,t,j>의 입장에서의 '회의'('dubi'가 이를 표시함)의 생각을 표현한다. 회의의 생각에서 형성되는 가능세계와 시구간과 판단자는 <w',t',x>이다. 이것은 곧 인식시의 세계-시구간-판단자가 된다. 즉, 인식시 't''에서의 기준점이 <w',t',x>이다. BEST(epist, stereo, w', t', x)는 이 기준점에서의 인식 작용을 나타낸다. 이 인식 작용에 의하여 또 다른 세계-시구간-판단자의 순서쌍 <w'',t'',x'>이 형성된다. '-더냐'의 선행 명제 내용이 참인지, 거짓인지는 이 순서쌍을 기준으로 평가된다.

(75)와 같은 '-더냐' 문장이 인식 양상의 표현이라는 것은, 이 문장이 비가 온다는 것을 인식했는지를 묻는 표현이기 때문이다. 이 인식 양상의 의미는 (74)의 의미 형식 내부의 인식 양상기반 'epist'과 전형성 순서근거 'stereo'를 통하여 명시되었다.

또, (75)를 발화하는 화자는 비가 온다는 사실의 판단에 관한 직접 증거를 발화 맥락의 청자(a(c*))가 가진다는 점을 전제한다(화자 전제). 이 점이 정의 성립 조건으로 명시된 '판단자 α가 p와 관련된 직접 증거를 가져야만'이라는 전제 의미의 형식으로 명시되었다. 청자 'a(c*)'는 'x' = x = a(c*)'와 같은 규정을 통하여 기준점 <w', t', x>와 <w'', t'', x'>에서의 판단자임이 표시되었다. (73i, ii)의 정의에 따라 기준점 <w'', t'', x'>에서의 판단자 x'을 중심으로 한, 직접 증거에 대한 판정이 가능하게 된다.

'-더냐' 문장에서도, '-더라' 문장에서처럼, 전제는 '화자'가 가지는 전제, 즉 '화자 전제'라는 점을 강조해야 하겠다. 발화 맥락의 청자의 기준에서 직접 증거를 판단하는 것은 결국 화자인 것이다.

7.3.1절에서 정리한 '-더-' 문장의 의미적 제약 현상들을 (71)과 (74)의 의미 정의를 바탕으로 설명해 보자. 설명 방법의 요점을 미리 말하면, 기준 판단자와 다른 판단자 사이의 동지시 관계를 그 어휘의미적 특성으로 가지는 '-겠-'과 '-다', 그리고 주관성 형용사 '싫-'을 바탕으로, '-더-'가 선행 명제의 성질에 따라 동지시 여부를 결정한다는 것이다. 여기에는 '판단자 의존 관계'가 주요 개념으로 활용된다.[566]

한 예로 발화 "내가 뛰더냐?"(40나)에 대한 해석 과정을 살펴보자. 발화의 해석을 위해서는 최소한 화자와 청자를 포함하는 맥락이 담화 표상에 기록되어 있어야 한다. 화자가 '철수'이고, 청자가 '인호'인 경우, 즉 그 담화 표상이 (76가)와 같다고 가정한다. 먼저 전제 의미가 만족되는지를 확인해야 한다. (76나)와 같이, 함수적용규칙이 적용된 후의 의미 형식을 가지고 전제의 충족 여부를 판정해야 한다.

566) 양정석(2017)에서는 판단자 의존의 특성을 보이는 한국어의 구문들을 전반적으로 고찰했다.

(76) “내가 뛰더냐?”의 해석:

가. 담화 표상: 맥락 c*의 화자 s(c*)=철수', 청자 a(c*)=인호'

나. ⟦-더냐⟧$^{c*;w,t,j}$(λw'.λt'.λj'. ⟦내가 뛰-⟧$^{c*;w',t',j'}$) =

[[λp: p∈$D_{<s,<i,<e,t>>>}$. ASK(s(c*), a(c*), ∀<w',t',x>: <w',t',x>∈ BEST(dox, dubi, w, t, j) → (∀<w",t",x'> : <w",t",x'>∈ BEST(epist, stereo, w', t', x) → p(w")(t")(x'))) & t'< now & j = s(c*) & x = x' = a(c*)] = 1, 단, 이 정의는 x' = α인 p의 판단자 α가 존재하는 경우, α가 p와 관련된 직접 증거를 가져야만 성립된다](λw'.λt'.λj'. s(c*)가_뛴다'(λw')(λt')(λj')

다. 전제 충족 후에 도출되는 의미 형식

ASK(s(c*), a(c*), ∀<w',t',x>: <w',t',x>∈BEST(dox, dubi, w, t, j) → (∀<w",t",x'> : <w",t",x'>∈ BEST(epist, stereo, w', t', x) → s(c*)가_뛴다'(w")(t")(x'))) & t'<now & j = s(c*) & x = x' = a(c*)

(73i)을 고려하면, a(c*)인 인호는 s(c*)인 철수에 관한 서술 ‘s(c*)가_뛴다''와 관련된 직접 증거를 가질 수 있다. 따라서 이 발화는 전제가 충족되어 적격한 발화로 판정된다. (76나)의 적격한 ‘함수-논항’의 구조에서 람다 전환이 실행되어 (76다)와 같은 의미 형식이 도출된다.[567)]

만약 같은 맥락에서 철수가 “??네가 뛰더냐?”(40가)라고 발화했다면 그 선행 명제는 ‘a(c*)가 뛴다'', 즉 ‘인호'가 뛴다''로서, 판단자 a(c*)인 인호는, (73i)에 따라, 자신에 관한 서술과 관련해서는 직접 증거를 갖지 못하므로, 결국 전제 오류의 부적격한 발화로 판정된다. (77가)와 같은 담화 표상을 바탕으로, (77나)와 같이, 함수가 명제 내용에 적용된 의미 형식을 가지고 전제의 충족 여부를 점검한 결과는 ‘전제 오류’이다.

---

567) (76다)의 의미 형식으로부터 추론규칙에 의해 (a)와 같은 명제들의 집합이 얻어진다. 이는 의문형어미에 공통적으로 표시되는 양상기반 ‘dox’, 순서근거 ‘dubi’에 의해서 촉발되는 것으로 본다. 이는 임동식(2010)에서 의문문을 특성의미들의 집합으로 기술한 것과 비교되는, 표준적 형식의미론의 관행과 부합되는 처리이다. 이렇게 의문문을 대답 명제들의 집합으로 처리하는 주요 근거는 질문과 대답으로 이루어진 담화의 적격성 조건을 기술하는 데에 이와 같은 형식이 유리하다는 점이다(양정석 2017: 331-336).

a. {(λw.λt.λj. ∀<w',t',j'> : <w',t',j'>∈ BEST(epist, stereo, w, t, j) → s(c*)가_뛴다'(w')(t')(j')), ¬(λw.λt.λj. ∀<w',t',j'>: <w',t',j'>∈ BEST(epist, stereo, w, t, j) → s(c*)가_뛴다'(w')(t')(j'))}

(77) “??네가 뛰더냐?”(40가)의 해석:

가. 담화 표상: 맥락 c^*의 화자 $s(c^*)$=철수', 청자 $a(c^*)$=인호'

나. ⟦-더냐⟧(⟦네가 뛰-⟧) =

$[[\lambda p: p \in D_{<s,<i,<e,t>>>}. ASK(s(c^*), a(c^*), \forall <w',t',x>: <w',t',x> \in BEST(dox, dubi, w, t, j) \rightarrow (\forall <w'',t'',x'> : <w'',t'',x'> \in BEST(epist, stereo, w', t', x) \rightarrow p(w'')(t'')(x'))) \,\&\, t' < now \,\&\, j = s(c^*) \,\&\, x = x' = a(c^*)] = 1$, 단, 이 정의는 $x' = \alpha$인 p의 판단자 α가 존재하는 경우, α가 p와 관련된 직접 증거를 가져야만 성립된다.]$(\lambda w. \lambda t. \lambda j.$ $a(c^*)$가_뛴다'(w)(t)(j))

위와 같은 방법으로 ‘-더라’ 문장과 ‘-더냐’ 문장에서의 전제 의미의 충족 여부를 점검하여, 최종적 의미 형식의 도출이 이루어지기 전에 그 발화의 적격성 여부를 판정할 수 있다. ①-④의 문장들을 이상의 방법으로 점검해 보자.

우선 일반 동사의 문장이 ‘-더라’의 보충어로 실현된 예인 위 ①의 예들 중에서 복합문인 (41가), (42가)는 단문의 경우와 동일한 합성 절차에 따라 형성된 의미 형식이 직접 증거에 관한 (73i)의 규정을 위반하여 부적격한 문장으로 판정된다.[568] (41가)를 예로 들면,

(78) “??철수는 자기가 뛰더라고 말했다.”(41가)의 해석:

가. 담화 표상: 인용 맥락 c'의 화자 $s(c')$=철수'

---

568) 복합문의 해석을 위해 필요한 요소들의 어휘의미적 정의는 다음과 같다. 특히 ‘-더라고’, ‘-더냐고’를 각각 독립된 형식으로 정의한다. 양정석(2017: 247-270)을 참고하기 바람.

a. ⟦-다⟧$^{c^*;w,t,j}$ $= [\lambda p_{<s,<i,<e,t>>>}. SAY(s(c^*), a(c^*), p(w)(t)(j)) \,\&\, t = now \,\&\, j = s(c^*)] = 1$

b. ⟦-더라-고⟧$^{c;w,t,j}$ $= [\lambda p: p \in D_{<s,<i,<e,t>>>}. \forall <w',t',x> : <w',t',x> \in BEST(epist, stereo, w, t'', j) \rightarrow p(w')(t')(x) \,\&\, t'' < t \,\&\, j = s(c) = x] = 1$, 단, 이 정의는 $x = \alpha$인 p의 판단자 α가 존재하는 경우, α가 p와 관련된 직접 증거를 가져야만 성립된다.

c. ⟦-더냐-고⟧$^{c;w,t,j}$ $= [\lambda p: p \in D_{<s,<i,<e,t>>>}. \forall <w',t',x>: <w',t',x> \in BEST(dox, dubi, w, t, j) \rightarrow (\forall <w'',t'',x'> : <w'',t'',x'> \in BEST(epist, stereo, w', t', x) \rightarrow p(w'')(t'')(x')) \,\&\, j = s(c) \,\&\, t' < t \,\&\, x = x' = a(c)] = 1$, 단, 이 정의는 $x' = \alpha$인 p의 판단자 α가 존재하는 경우, α가 p와 관련된 직접 증거를 가져야만 성립된다.

d. ⟦말하-⟧$^{c;w,t,j}$ $= [\lambda p_{<s,<i,<e,t>>>}. \lambda x_e.\ c \neq c' \,\&\, s(c') = x$인 인용의 맥락 c'에서, $p(w(c'))(t(c'))(x)] = 1$

e. ⟦묻-⟧$^{c;w,t,j}$ $= [\lambda p: p \in D_{<s,<i,<e,t>>>}. \lambda x_e.\lambda y_e.$ w에서, t에, j에게, $c \neq c' \,\&\, s(c') = y \,\&\, a(c') = x$인 인용의 맥락 c'에서, $p(w(c'))(t(c'))(x)] = 1$

(78)에서는 (d)의 ‘말하-’로 말미암아 인용 맥락 c'의 화자는 주절 주어 ‘철수’와 일치하고, (79)에서는 (e)의 ‘묻-’으로 말미암아 c'의 화자는 여격어(‘인호에게’)와 일치한다.

나. ⟦-다⟧(⟦말하-⟧(⟦-더라-고⟧(⟦자기가 뛰-⟧))(⟦철수는⟧)) =

⟦-다⟧(⟦말하-⟧([[λp: $p \in D_{<s,<i,<e,t>>>}$. $\forall$<w',t',x>:

<w',t',x> $\in$ BEST(epist, stereo, w, t'', j) $\rightarrow$ p(w')(t')(x) & t''< t

& t = now & j = x] = 1, 단, 이 정의는 s(c')=x=α인 p의 판단자 α가 존재하는 경우, α가 p와 관련된 직접 증거를 가져야만 성립된다](λw.

λt. λj. 철수'가_뛴다'(w)(t)(j) & j=철수'))(⟦철수는⟧))[569]

도출 과정의 이 단계에서 '-더라고'의 정의 성립 조건에 대한 충족 여부가 점검된다. 명제 'λw.λt.λj.철수'가_뛴다'(w)(t)(j) & j=철수''가 인용 맥락의 주어이고 판단자인 철수(s(c)=철수')에 대한 서술이 되어 (73i)을 충족하지 못하므로 전제 오류가 발생하여 더 이상의 합성 절차가 진행될 수 없다. 반대로, (41나)의 발화("철수는 내가/순희가 뛰더라고 말했다.")는 '나'/'순희'가 판단자인 철수와 다르므로 (73i)의 규정을 만족하여 적격한 문장으로 판정된다.

(42가)가 부적격한 이유, (42나)가 적격한 이유도 같은 방법으로 증명할 수 있다. (42가)는 다음 의미 합성 절차의 마지막 단계에서 명제 'λw.λt.λj.인호'가_뛴다'(w)(t)(j) & j=인호''가 (73i)을 위반하여 부적격한 발화로 판정되고, (42나)("철수는 인호에게 내가/순희가 뛰더냐고 물었다.")는 (73i)을 충족하여 적격한 발화로 판정된다. (42가)의 해석만을 보인다.

(79) "??철수는 인호$_i$에게 e_i 뛰더냐고 물었다."(42가)의 해석:

가. 담화 표상: 인용 맥락 c'의 화자 s(c')=철수', 청자 a(c')=인호'

나. ⟦-다⟧(⟦묻-⟧(⟦-더냐-고⟧(⟦인호가 뛰-⟧))(⟦인호에게⟧)(⟦철수는⟧)) =

⟦-다⟧$^{c^*;w,t,j}$(⟦묻-⟧$^{c^*;w,t,j}$([[λp: $p \in D_{<s,<i,<e,t>>>}$.$\forall$<w',t',x>: <w',t',x>$\in$

BEST(dox, dubi, w, t, j) $\rightarrow$ ($\forall$<w'',t'',x'> :<w'', t'', x'>$\in$ BEST(epist,

stereo, w', t', x) $\rightarrow$ p(w'')(t'')(x'))) & t'< t & j = x & x = x' = a(c')] = 1,

단, 이 정의는 x = α인 p의 판단자 α가 존재하는 경우, α가 p와 관련된 직접 증거를 가져야만 성립된다])(λw. λt. λj. 인호'가_뛴다'(w)(t)(j) & j=인호')(인호')(철수'))[570]

②의 (43)-(46)의 문장들은 주관성 형용사 '싫-'과 '-더라', '-더냐'가 공존하는 예들이

569) 'j = 철수''와 같은 형식은 재귀대명사 '자기'의 해석 결과로 얻어진다.
570) 'j = 인호''와 같은 형식은 공범주 'e'의 해석 결과로 얻어진다.

다. 이들 중 (43가, 나)의 두 유형만을 제시한다. 주관성 형용사의 의미 정의에 따라,[571)]그 주어와 판단자가 일치되는 것이 이 문장들이 적격성을 얻게 되는 이유이다. (43가, 나)'과 같은 의미 형식을 바탕으로 직접 증거성에 관한 정의 성립 조건의 충족 여부가 점검된다.

(43) 가. 나는 철수가 싫더라.

나. ??너는/??순희는 철수가 싫더라.

(43)' 가. ⟦나는 철수가 싫더라⟧ = ⟦-더라⟧(⟦나는 철수가 싫-⟧) =

$[[\lambda p: p \in D_{<s,<i,<e,t>>>}. SAY(s(c^*), a(c^*), \forall <w',t',x> : <w',t',x> \in$

$BEST(epist, stereo, w, t'', j) \rightarrow p(w')(t')(x)) \ \& \ t'' < t \ \& \ t = now$

$\& \ j = s(c^*) = x] = 1$, 단, 이 정의는 $x = \alpha$인 p의 판단자 α가 존재하는 경우, x가 p와 관련된 직접 증거를 가져야만 성립된다]($\lambda w. \lambda t. \lambda j.$ [세계 w에서, 시간 t에, 판단자 j에게, $s(c^*)$에게 철수'가_싫다, $j=s(c^*)$])

나. ⟦순희는 철수가 싫더라⟧ = ⟦-더라⟧(⟦순희는 철수가 싫-⟧) =

$[[\lambda p: p \in D_{<s,<i,<e,t>>>}. SAY(s(c^*), a(c^*), \forall <w',t',x> : <w',t',x> \in$

$BEST(epist, stereo, w, t'', j) \rightarrow p(w')(t')(x)) \ \& \ t'' < t \ \& \ t = now$

$\& \ j = s(c^*) = x] = 1$, 단, 이 정의는 $x = \alpha$인 p의 판단자 α가 존재하는 경우, x가 p와 관련된 직접 증거를 가져야만 성립된다]($\lambda w. \lambda t. \lambda j.$ [세계 w에서, 시간 t에, 판단자 j에게, 순희'에게 철수'가_싫다, j=순희'])

(43가)'에서 '$s(c^*)$에게 철수'가 싫다'는 판단자인 화자($s(c^*)$) 자신의 내적 감각 상태에 관한 서술이므로 (73ii)를 충족하여 전제를 만족, 적격 판정을 받는다. 반면 (43나)'에서 '순희'에게 철수'가 싫다'는 (73ii)를 충족하지 못하여 부적격 판정을 받게 된다. (45)의 복합문들도 같은 방법으로 그 적격성과 부적격성이 증명된다.

(45) 가. 철수$_i$는 e_i/자기$_i$는 인호가 싫더라고 말했다.

나. ??철수$_i$는 내가/네가/순희가 인호가 싫더라고 말했다.

---

571) '싫다'의 정의는 다음과 같다. 'j=x'의 판단자 의존 관계를 그 특성으로 가진다.

a. ⟦싫-⟧ $c;w,t,j = \lambda x.\lambda y.$ 세계 w에서, 시구간 t에, 판단자 j에게, y에게 x가 싫다 & j=x.

(43가)'에 주어진 의미 형식에서 "s(c*)에게 철수'가 싫다" 부분은 인용 맥락의 판단자인 's(c')', 즉 화자의 내적 감각 상태에 관한 서술이므로 (73ii)를 만족하여 적격한 발화로 판정된다. (44가)', (46가)'의 도출된 의미 형식들에서도 같은 점을 확인할 수 있다.

(44) 가. 너는 철수가 싫더냐?

나. ??나는/??순희는 철수가 싫더냐?

(46) 가. 철수는 인호i에게 ei 순희가 싫더냐고 물었다.

나. ??철수는 인호에게 나는/너는/철수는 순희가 싫더냐고 물었다.

이처럼 (43)-(46)의 의미 제약 현상들(②)은 어휘적 의미 기술과 함수적용규칙을 활용하여 모두 체계적으로 설명된다. (43)-(46)의 (가) 문장들이 적격한 문장으로 판정되는 이유는 주관성 형용사 '싫-'이 '내적 감각 상태에 관한 서술'을 형성함으로써 (73ii)의 규정에 부합되기 때문이다.

'-더냐'를 가지는 (44가)의 의문문에서도 청자와 동일시되는 인식 양상의 판단자(x=a(c*)의 'x')가 '싫-'에 의해 형성되는 '내적 감각 상태에 관한 서술'의 주체와 동일 인물이 되므로 (73ii)의 규정에 따라 적격한 문장으로 판정된다. 인용동사 '말하-'에 의해 인용 맥락이 생성되는 (45가), (46가)의 복합문들도 모두 (73ii)의 규정이 적용되어 적격한 문장으로 판정된다.

7.3.2.3. 동지시 제약 해소 현상의 설명: 판단자 의존의 인접성 요건

'-겠-'이 개재하는 ③, ④의 예들에서는 판단자들의 의존 관계를 규율하는 일정한 원리가 작용한다. 한 문장 안에 판단자가 여러 개가 있을 수 있다. 이런 경우 어휘의미적 기술과 의미 합성 규칙에 의해서 판단자들 간의 동지시 관계의 사슬이 형성된다. 상·하위의 판단자들의 동지시 관계가 형성된 다음, 그 일부 연결고리가 끊어지는 일이 있을 수도 있다. 양정석(2015가, 2017) 및 이 책 7.2.5절에서는 판단자 의존의 특성을 가지는 주관성 형용사와 '-겠-'이 공존하는 문장들인 (81)에서 판단자들의 동지시 관계가 부과되어 부적격성이 기대됨에도 불구하고, 결과적으로 적격한 문장으로 판정되는 이유를 (80)의 원리를 도입하여 설명했다.[572)]

---

572) 이는 양정석(2015가: 138, 2017: 72)의 정의에서 서술을 다소 수정한 것이다. (80)은 'j = x'를 'j ≠ x'로 만드는 것이 핵심 작용이라고 이해할 수 있다. Stephenson(2007: 129-133)에서는 영어의 다음 같은 문장에서 인식

(80) 판단자 의존의 인접성 요건:

인식 양상 요소가 그 상위 요소와 판단자 의존 관계를 수립한 경우, 기준 판단자와 가능세계의 판단자의 동일시를 수립하는 더 확장된 동지시 관계를 만들 수 없다.

(81) 가. 순희는 인호가 싫겠다. cf. ??순희는 인호가 싫다.

나. 순희는 인호가 싫겠더라. cf. ??순희는 인호가 싫더라.

다. 내가 인호를 만나겠더라. cf. ??내가 인호를 만나더라.

(81가)의 비교되고 있는 문장 "??순희는 인호가 싫다."는 '싫-'의 어휘의미 기술의 주어와 화자의 동지시 규정에 따른 문장의 의미 형식이 '화자=순희'와 같은, 현실 맥락과 모순되는 형식을 담고 있어서, 부적격한 표현으로 바르게 판정이 난다. (80)의 요점은, '-다'에 의한 '화자-판단자 동지시' 관계와, 양상 요소 '-겠-'에 의한 기준 판단자-가능세계의 판단자의 동지시 관계,[573] '싫-'에 의한 판단자-주어 동지시 관계에 의해서 동지시의 사슬('화자=양상의 두 판단자='싫-'의 주어')이 형성될 수 있지만, 양상 요소 '-겠-'의 두 판단자의 동지시 관계가 끊어져서, 모순된 동지시 형식을 만들지 않게 된다는 것이다. 이에 따라 (81)의 세 문장은 '싫-', '만나-'의 판단자가 '-겠다', '-겠더라'의 판단자인 화자와 동지시되지 않은 상태로 적격한 문장으로 해석되게 된다.

동지시 관계의 사슬이 형성되고, (80)의 요건에 따라 동지시가 부정되는 모습을 간단한 도식으로 나타내 보기로 한다. 각 어휘항목의 의미 정의에 따르면 '-다', '-더라'는 화자(s(c*))와 한 판단자의 의존 관계를, '-겠-'은 기준 판단자와 가능세계의 판단자와의 의존 관계를, 그리고 '싫-'은 기준 판단자와 주어의 의존 관계를 포함한다. '만나-'는 판단자 의존의 제약이 없다. 서로 다른 판단자들을 번호를 붙여 구별했다.

(82) 가. 순희는 인호가 싫겠다: (-다 (-겠- (싫-)))

(s(c*)=j1 = (j2=j3 = (j4=x))) ⇒((80) 적용)

(s(c*)=j1 = j2=/=j3 = j4=x)

양상 'might'에 의해 같은 효과가 발생한다고 관찰한 바 있다.

a. Sue thinks that Bill thinks it might be raining.

573) '-겠-'의 정의에는 기준 판단자 j와 가능세계의 판단자 x의 동지시가 표시된다.

a. ⟦-겠-⟧ c;w,t,j = λp.λw.λt.λt. ∃<w',t',x>: <w',t',x>∈BEST(f, g, w, t, j) & p(w')(t')(x) & j=x.

'j=x'는 인식 양상이 가지는 자기지향적 태도(De Se attitude)를 표상한 것이다(Lewis 1979a). 모든 인식 양상은 가능세계의 판단자가 기준 세계의 판단자 자신이라는 점이 기본적으로(by default) 가정되나, (80)과 같은 일반적 원리에 따라 그 점이 해소된다는 것이 설명의 원리인 것이다.

나. 순희는 인호가 싫겠더라: (-더라 (-겠- (싫-)))

(s(c*)=j1 = (j2=j3 = (j4=x))) ⇒((80) 적용)

(s(c*)=j1 = j2=/=j3 = j4=x)

다. 내가 인호를 만나겠더라: (-더라 (-겠- (만나-))) ⇒((80) 적용)

(s(c*)=j1 = (j2=j3 = (j4)))

(s(c*)=j1 = j2=/=j3 = j4)

(80)이 적용된 결과는 'j2=/=j3'와 같은 것이다. 이에 따라 (82가)에서는 x인 '순희'가 화자 s(c*)와 동지시되지 않아서 적격한 문장이 되고, (82나)에서는 (71)의 '-더라'의 정의에 있는 전제 내용 중 'p의 판단자 α가 존재하지 않는 경우'가 되어 전제가 적용되지 않고, 따라서 적격한 결과가 된다. (82다)에서도 전제가 적용되지 않아서 적격한 결과가 얻어진다.

(47)-(50)의 (가) 문장들(③)은 인식 양상 표현인 '-겠-'과 '-더라', '-더냐'가 공존할 때 '-더라', '-더냐'에 의해 주어지는 제약이 해소되는 현상으로 든 예들이었다. (80)과 같은 제약 해소의 원리를 통하여 이 문장들이 적격한 이유를 설명할 수 있다. (80)의 원리에 따라 인식 양상 '-겠-'에 의해 산출되는 가능세계의 판단자는 화자와 동지시되지 않으므로 (73i, ii)의 규정으로부터 자유롭게 된다. '-더라', '-더냐'로부터의 제약이 사라진 지금, 인식 양상에 의해 형성되는 가능세계에서, 그 주체가 누구든('나'이든, '너'이든, '순희'이든) 상관 없이, 어떤 명제도 참이 될 수 있는 것이다.

(47)' 가. 내가 뛰겠더라: (s(c*) = j = x = j' =/= x' = j")

[[λp: p∈$D_{<s,<i,<e,t>>>}$. SAY(s(c*), a(c*), ∀<w',t',x> : <w', t', x> ∈ BEST(epist, stereo, w, t", j) → p(w')(t')(x)) & t"< t & t = now & j=s(c*) = x] = 1, 단, 이 정의는 x = α인 p의 판단자 α가 존재하는 경우, x가 p와 관련된 직접 증거를 가져야만 성립된다](λw. λt. λj'. ⟦-겠-⟧ $^{c*;w,t,j'}$ (λw. λt. λj". [세계 w에서, 시간 t에, 판단자 j"에게, s(c*)가_뛴다])

나. 네가 뛰겠더라: : (s(c*)=j=x = j'=/=x' = j")

[[λp: p∈$D_{<s,<i,<e,t>>>}$. SAY(s(c*), a(c*), ∀<w',t',x> : <w',t',x> ∈ BEST(epist, stereo, w, t", j) → p(w')(t')(x)) & t"< t & t = now & j=s(c*) = x] = 1, 단, 이 정의는 x = α인 p의 판단자 α가 존재하는

경우, x가 p와 관련된 직접 증거를 가져야만 성립된다](λw. λt. λj'.

⟦-겠-⟧ $^{c^*;w,t,j'}$(λw.λt.λj".[세계 w에서, 시간 t에, 판단자 j"에게, a(c*)가_뛴다])

나. 순희가 뛰겠더라: : (s(c*)=j=x = j'=/=x' = j")

[[λp: p$\in$ $D_{<s,<i,<e,t>>>}$. SAY(s(c*), a(c*), $\forall$<w',t',x> : <w',t',x> $\in$

BEST(epist, stereo, w, t", j) $\rightarrow$ p(w')(t')(x)) & t"< t & t = now

& j = s(c*) = x] = 1, 단, 이 정의는 x = α인 p의 판단자 α가 존재하는 경우,

x가 p와 관련된 직접 증거를 가져야만 성립된다](λw.λt.λj'.

⟦-겠-⟧ $^{c^*;w,t,j'}$(λw.λt.λj".[세계 w에서, 시간 t에, 판단자 j"에게, 순희'_가 뛴다])

(48가)-(50가)의 예들도 같은 방법으로 설명된다. (49가)에서는 정상적인 의미 합성 절차에 따라 주절 주어가 내포절의 판단자(=인용된 맥락의 화자 s(c))가 되고, (50가)에서는 '묻다'의 여격어 '인호'가 내포절의 판단자(s(c))가 된다. 그러나 동지시 관계의 사슬의 전체 모습은 위 (82다)의 경우와 같아서, 내포절 주어가 무엇이든 적격한 문장으로 판정 받는다.

(48)' [내가/네가/인호가 뛰겠더냐?]

(s(c*)=j1 = j2=/=j3 = j4)

(49)' 철수$_i$는 [e_i/자기$_i$가/내가/네가/인호가 뛰겠더라고] 말했다.

(s(c)=j1 = j2=/=j3 = j4) (s(c)는 철수)

(50)' 철수$_i$는 인호$_j$에게 [e_j/자기$_i$가/내가/네가 뛰겠더냐고] 물었다.

(s(c)=j1 = j2=/=j3 = j4) (s(c)는 인호)

여기에 덧붙여서 '-더-' 문장에 '-었-'이 개재되는 위 ⑤의 (55가)-(58가) 예문들을 고려해 보자. '-겠-'과는 달리 '-었-'은 인식 양상 요소가 아니므로 (80)의 요건을 작동시키지 못한다. 그리하여 '-었-' 위치에 '-겠-'을 대체한 ③의 예문들 (47가)-(50가)과는 달리 부적격한 문장들로 판정받는다.

(55) 가. ??내가 (1번 타자로) 뛰었더라.

(56) 가. ??네가 뛰었더냐?

(57) 가. ??철수$_i$는 e_i/자기$_i$가 뛰었더라고 말했다.

(58) 가. ??철수는 인호$_i$에게 e_i 뛰었더냐고 물었다.

그러므로 위 문장들에 표시된 부적격성의 표시 '??'가 모든 한국어 화자의 판단을 반영한 것이라면 이제까지의 '-더-' 문장의 의미 해석 절차는 예측력이 높은 것이라고 할 수 있다.[574)]

④의 예문들 중에서 '싫-겠-더라', '싫-겠-더냐'처럼 주관성 형용사와 양상 요소와 '-더라/더냐'가 공존하는 (51)-(54)의 (가) 문장들의 경우에도 지금까지 논의한 제약 해소 절차가 작동한다.

(51) 가. ?나는 철수가 싫겠더라.

(s(c*)=j1 = j2=/=j3 = j4=x) : x는 '나(s(c*))'

나. 너는/순희는 철수가 싫겠더라.

(s(c*)=j1 = j2=/=j3 = j4=x) : x는 '너(a(c*))' 또는 '순희'

(52) 가. ?너는 철수가 싫겠더냐?

(s(c*)=j1 = j2=/=j3 = j4=x) : x는 '너(a(c*))'

나. 나는/순희는 철수가 싫겠더냐?

(s(c*)=j1 = j2=/=j3 = j4=x) : x는 '나(s(c*))'

(53) 가. ?철수$_i$는 [e_i/자기$_i$는 인호가 싫겠더라고] 말했다.

(s(c)=j1 = j2=/=j3 = j4=x) : s(c)는 '철수', x는 '철수'

나. 철수는 [나는/너는/순희는 인호가 싫겠더라고] 말했다.

(s(c)=j1 = j2=/=j3 = j4=x) : s(c)는 '철수', x는 '철수'/'a(c)'/'순희'

(54) 가. ?철수는 인호$_i$에게 [e_i 순희가 싫겠더냐고] 물었다.

(s(c)=j1 = j2=/=j3 = j4=x) : s(c)는 '인호', x는 '인호'

나. 철수$_i$는 인호에게 [내가/네가/자기$_i$가 순희가 싫겠더냐고] 물었다.

(s(c)=j1 = j2=/=j3 = j4=x) : s(c)는 '인호', x는 '인호'/a(c*)/ '철수'

---

574) 필자가 관찰한 바에 의하면 (56가)-(58가)의 부적격성은 대부분의 사람들이 받아들이나 (55가)에 대해서는 적격하다고 반응하는 사람들이 있다. 그러나 이는 전제보충(accommodation: Lewis 1979b)에 의해 '내가 뛴' 상황을 객관화하여 '나'를 사고 속의 관찰 가능한 개인으로 조정하여 해석한 예라고 본다. 이런 이유로 '생각해 보니, 내가 뛰었더라/어제 인호를 만났더라.'와 같은, 사고 속에서의 조정을 표현하는 발화가 자연스럽다.

이 모든 예에서 인식 양상 요소 '-겠-'으로 인하여 (80)이 작용하고, '-겠-'의 상위 요소들 '-더라/더냐/더라고/더냐고'의 판단자와 '싫-'에 의해서 형성되는 상태의 주체는 의존 관계를 갖지 않게 된다. 따라서 (51), (52)의 주어가 누구이든, (53), (54)의 내포절 주어가 누구이든, '-더라/더냐/더라고/더냐고'의 전제에 구애받지 않으므로, 이들 문장 모두 적격한 문장으로 판정받게 된다. (51)-(54)의 (가)와 (나) 문장들 모두 같은 방법으로 (80)의 '인접성 요건'이 적용되어, '-더라/더냐/더라고/더냐고'의 어휘의미 기술에 주어진 전제를 위반하지 않으므로 적격한 문장으로 예측된다.

이 예문들에 '?'가 표시되어 있는 것처럼, 이들은 필자를 포함한 일부 화자들에게 자연스러운 문장으로 받아들여지지 않는다. 필자의 판단으로는, 이는 위에서 설명한 '인접성 요건', 이에 따른 '-더-'의 어휘의미적 제약('j=x인 판단자 j가 있는 경우, 직접 증거성 전제를 충족해야 한다.')과는 무관한, 독립적인 이유로 부적격성이 유발된 것이다. 이정미(2013)에서는 양상 표현들에서 발견되는 부적격성이 화용론적 원리에 따라 설명되는 부적격성이라고 설명한 바 있는데, 이 경우도 그와 같은 해석이 필요하다고 본다. 나의 내적, 심리적 경험을 필연 양상이든, 가능 양상이든, 양상의 표현으로 발화하는 것은 Grice(1975)의 '양의 격률'을 위반하는 것이다. 양의 격률에 의하면 가능한 한 정보량이 많은 발화를 할 것이 요구되는데, 양상 표현은 양상 요소가 없는 단언 표현보다 적은 정보량을 가지기 때문이다.575)

⑤의 (59가)-(62가)가 모두 부적격한 이유는 '-더라', '-더냐'의 어휘의미와 그에 따른 제약 (73)으로 설명되지 않는다. 이들은 Grice(1975)의 네 가지 격률 중 방식(manner)의 격률을 위반한 것으로 설명된다. '-더-'에도 이전 시간의 의미가 표현되는데, '-었-'을 통해 이전 시간의 의미를 표현하는 것은 잉여적이므로, '간결히 표현하라.'는 방식의 격률을 위반한 것이다. 이에 비하면 (59나)-(62나)의 예들은 (43나)-(46나)의 경우와 동일한 이유로 부적격 판정을 받는다. 다만, 앞에서 이들 중 (59나)만은 그 부적격성의 정도가 경미하다고 했는데, 이는 (59나)가 전제보충(accommodation)에 의해 해석되기에 용이한 상황을 표현하기 때문인 것으로 보인다.

'-었-겠-더-'의 연속을 포함하는 ⑥의 예문들도 ③의 예문들처럼 (80)의 작용으로 모든 예가 적격할 것이 예측된다. (63)-(66)은 예측대로이지만, '싫다'의 예인 (67가)-(70가)는 경미한 부적격성 판단을 받는다. 이들 역시 ④의 '?' 표시된 예들처럼 '양의 격률'

575) 이정미의 양상적 분석과 위와 같은 화용론적 원리를 이용하여 '인칭 제약' 현상들을 충분히 설명할 가능성을 생각해 볼 수 있으나, 방금 보인 화용론적 설명은 ③, ④의 제약 해소 과정에 대해서는 적용될 수 없다. 이는 화용론적 원리 이전에 (71), (73), (74)와 (80)으로 서술된 의미론적 메커니즘이 작동하고 있음을 뜻하는 것이다.

을 위반한 예로 설명해야 한다.

강조해야 할 점은, 우리가 이 절에서 다룬 의미적 제약의 예들이 모두 이 같은 화용론적 원리를 통해서 설명되는 것은 아니라는 것이다. '-더라'와 '-더냐'의 의미 정의, 그리고 '인접성 요건'이 판단자 의존 관계의 제약과 제약 해소의 의미론적 과정을 규율한다는 점은 이 절의 논의를 통해 확인한 것이다.

이상에서는 '-더-'를 통사 단위로 간주하지 않고 '-더라'와 '-더냐'의 두 요소로 나누어서, 그 의미 정의를 각각 (71), (74)와 같이 제시했다. 이 두 요소는 양상 요소로서, '-더라'는 인식 양상기반과 전형성 순서근거, '-더냐'는 믿음-회의, 인식-전형성의 겹쳐진 양상 의미 구조를 가지는 것으로 기술했다. 둘 다 화자 전제로서 화자 또는 청자가 그 선행 상황에 대한 직접 증거를 가져야 한다는 요건을 가짐이 명시되었다.

'-더-' 문장의 의미 합성과 제약 현상들을 설명하기 위해서는 이들 문장에 실현되는 다른 요소들, 종결어미와 의문형어미, 인용동사, '-겠-'을 비롯한 다른 양상 요소, '싫다'를 비롯한 주관성 형용사들의 의미적 특성들을 함께 관찰·기술하는 일이 필수적이다. 이들과의 결합에서 발생하는 제약 현상들을 설명하는 장치로서, 그 의미에 대한 형식의미론적 정의 외에, 합성된 의미 형식을 바탕으로 그 적격성을 판정하는 원리가 존재한다는 데에 주목했다. '판단자 의존의 인접성 요건'과 같은 원리가 있어서 사슬과 같이 형성된 판단자들의 동지시 관계의 연속을 끊는 효과를 얻을 수 있는데, 이에 따라 '-겠-'을 포함한 '-더-' 문장에서 동지시 제약이 해소되는 현상을 설명했다. 이러한 현상에 대한 이 절의 분석은 한국어 문법에 판단자 의존 관계를 중심으로 한 체계적 의미론적 메커니즘이 작용함을 보인 의의가 있다.

7.4. 마무리

이 장에서는 판단자 의존의 해석을 특징으로 하는 한국어의 구문으로 주관성 형용사 구문, '의도'의 '-겠-' 구문, 인식 양상의 '-겠-' 구문, '-더-' 구문을 검토하여 그 의미 해석 절차를 기술하였다. 판단자 의존의 핵심적 형식은 'j=x'와 같은 것이다. 주관성 형용사와 의도의 '-겠-'은 그 상위 판단자 j와의 동일시를 직접 규정하는 데 비해, 양상 요소는 자신의 판단자 j와 그 하위 판단자인 가상적 세계에서의 판단자 x의 동일시를 대안집합의 정의에 의해 간접적으로 규정한다. 주관성 형용사 구문, '의도'의 '-겠-' 구문, '-더-' 구문에서는 상·하위 의미적 술어들 간의 판단자 의존성이 의무적으로 부과된다. 인식 양상의 '-겠-' 구문에서는 상·하위 의미적 술어들 간의 판단자 의존성이 주어지기는 하지만 의무적인 것은 아니다. 이 관찰을 바탕으로 '판단자 의존의 인접성 요건'이라는 일반적 제약을 이끌어냈다.

양상 표현 및 명제태도 동사의 의미를 기술하기 위한 매개 개념으로 Stephenson(2007)의 '믿음 대안집합', '인식 대안집합', '의도 대안집합'을 활용하였는데, 이들 대안집합은 기준 판단자와 가능세계의 판단자의 동일성(자기지향성)을 포착함으로써, 내포적 표현의 판단자 의존성을 구현하는 주요한 장치이다. '생각하다/믿다'의 의미 기술을 위해서는 믿음 대안집함을, 인식 양상의 '-겠-' 표현의 의미 기술을 위해서는 인식 대안집합을, 의도의 양상 의미를 가지는 '-겠-' 표현의 의미 기술을 위해서는 의도 대안집합을 활용하였다. 특히 증거성 표현 '-더-'의 의미 기술을 위하여 '인식 대안집합'을 활용하였다.

기준 판단자 및 대안집합의 개념을 도입함으로써 해결하게 된 점은 구체적으로 다음과 같은 것이다. 첫째, 주관성 형용사 구문의 동지시 제약과 그 제약 해소의 이유를 합성적 절차의 제시를 통해 설명할 수 있게 되었다. 둘째, 의도의 '-겠-' 구문의 동지시 제약과 그 제약 해소의 이유를 합성적 절차를 통해 설명할 수 있게 되었다. 셋째, '-더-' 구문의 비-동지시 제약과 그 제약 해소의 이유를 증거성 표현이 전제로서 가지는 '직접 증거' 요건을 통해서 설명할 수 있게 되었다. 넷째, 주관성 형용사와 '-겠-', 주관성 형용사와 '-더-', 주관성 형용사와 '-겠-'과 '-더-'가 공존하는 구문에서 판단자 의존의 관계가 맺어지는 현상을 원리에 입각하여, 합성적 절차의 제시를 통하여 설명할 수 있게 되었다. 요컨대, 선행 연구에서 주관성 형용사의 '인칭 제약/동지시 제약'과 '-더-' 구문의 '비-인칭 제약/비-동지시 제약'으로 지칭해 온 이들 구문의 제약 현상이 '기준 판단자'의 개념을 매개로 한 통합적 설명을 얻게 되었다.

제8장

명령문, 청유문, 약속문의 의미 해석

명령문, 청유문, 약속문은 양상 표현으로서, 의도 양상(intentional modality)을 나타내는 구문이라는 것이 이 장의 논점이다.[576] 명령문, 청유문, 약속문의 특징적인 통사구조를 보이고, 그 통사구조와 명령형어미, 청유형어미, 약속형어미의 형식의미론적 정의를 바탕으로 문장 의미를 도출하는 절차를 정확하게 기술함으로써 이들 구문 현상이 모두 합성성 원리를 준수하는 구문 현상임을 증명할 것이다.

명령문이 양상의 표현이라는 논의는 이전에도 있었지만(한정혜 1997, Kaufmann 2012), 이들이 생각한 양상의 종류는 '의무 양상(deontic modality)'이었다. 이 장에서는 명령문과 청유문, 약속문이 의도 양상의 표현이라고 주장한다. 의도 양상은 담화화용론적 절차에 따라 의무 양상과 동일시된다. 명령문, 청유문, 약속문이 하나의 의미 범주를 이루고, 그 의미 범주가 의도 양상의 범주라는 점을 증명하는 사실은 한국어의 연결어미 '-거든'과 '-거든' 접속문에서 찾아진다. 이 장에서는 이와 아울러, 한국어와 계통적으로 다른 언어인 중국어와 베트남어에서도 '-거든' 접속문에 대응되는 구문이 발견된다는 점에 주목할 것이다.

8.1. 의도 구문의 통사구조의 특징

명령문, 청유문, 약속문을 통칭해서 '의도 구문'이라고 지칭하기로 한다. 한국어 의도 구문은 다음과 같은 요소들에 의해서 형성된다.

(1) 가. '-어라, -어^{2}, -으오^{2}, -지^{2}, -읍시오, -으려무나'(명령형어미), '-으라'(문어체), '-으라고'(인용절의 복합적 명령형어미)
나. '-자, -읍시다, -어^{3}, -으오^{3}, -지^{3}'(청유형어미), '-자고'(인용절의 복합적 청유형어미)
다. '-으마, -을게, -음세, -지^{4}'(약속형어미), '-으마고'(인용절의 복합적 약속형어미)
라. '-겠-'(의도의 선어말어미)
마. '-으려고 하-' 구문의 '-으려고'
바. '-을래^{2}'

이 요소들을 바탕으로 그 문장의 의미 해석 과정을 기술하기 위해서는 먼저 그 통사구

576) 이 장은 양정석(2022가)의 제3장 '한국어 의도 구문의 형식문법'의 내용을 토대로 수정·발전시킨 내용을 서술한 것이다.

조에 대한 관점이 정립되어야 한다.

이 책에서 내내 강조해 온 합성성 원리는 '구성성분들이 결합되는 방식의 함수'라는 점을 그 원리의 주요 부분으로 가진다. 이는 합성성 원리가 통사구조에 바탕을 둔 의미 합성의 원리임을 뜻하는 것이다. 한국어 명령문, 청유문, 약속문의 통사구조에 관한 이 장의 논점을 다음과 같이 명시하기로 한다.

(2) 명령형어미, 청유형어미, 약속형어미의 통사 범주는 보문소(C)로서, 굴절소구(IP)를 보충어로 취하고, 명사구를 명시어로 취하여 다음과 같은 보문소구(CP)를 형성한다.

$[_{CP}\ DP_i\ [_{C'i}[_{IPi}\ t_i\ [_{I'}\ VP\ I\ ]]\ C\ ]]$

특히, 주어로 알려진 'DP'가 CP의 명시어 위치에 있고, 그 전형적 위치로 알려진 IP의 명시어 위치에는 동지표화된 흔적(t)을 가지는 점을 주의해야 한다.

의도 구문의 의미 해석에 관한 이 장의 논점은 다음과 같다.

(3) 명령문/청유문/약속문의 의미는 명령형/청유형/약속형 어미의 다음과 같은 형식의 의미 정의에 따라 해석된다.

가. 명령형어미: λp: $p \in D_{<s,<i,<e,et>>>}$. λx_e: x는 c*의 현저한 개체이고 x = a(c*).
[IMP(s(c*), a(c*), ∀<w', t', y>: <w', t', y> ∈ BEST(intend, stereo, w, t, j) → p(w')(t')(y)(x))]

나. 청유형어미: λp: $p \in D_{<s,<i,<e,et>>>}$. λx_e: x는 c*의 현저한 개체이고
x = Gc*(s(c*)) = Gc*(a(c*)). [HORT(s(c*), a(c*), ∀<w', t', y>: <w', t', y> ∈ BEST(intend, stereo, w, t, j) → p(w')(t')(y)(x))]

다. 약속형어미: λp: $p \in D_{<s,<i,<e,et>>>}$. λx_e: x는 c*의 현저한 개체이고
x = s(c*).[PROM(s(c*), a(c*), ∀<w', t', y>: <w', t', y> ∈ BEST(intend, stereo, w, t, j) → p(w')(t')(y)(x))]

명령문/청유문/약속문은 '주어'가 생략된 형식으로 실현되는 경우가 흔하지만 그럴 경우라도 무주어문이나 동지표화된 '연산자-흔적(O_i . . . t_i)'을 가지는 구조가 아닌, 공범주 대명사(pro)를 CP 명시어 위치에, 그 흔적을 IP 명시어 위치에 가지는 구조(pro_i . . . t_i)라는 것이 (2)의 통사구조가 명시하는 점이다. 명령문/청유문/약속문의 이른바 '주어'에 대한 제약(명령문은 청자로, 약속문은 화자로, 청유문은 화자와 청자를 포함하는 복수의 인물로 한정되는 제약)은 통사론적으로 예측되는 특징이 아니고, 그 어미들의 의

미 기술에서 명시어로 실현될 대상에 대한 전제의 형식(영역 조건: domain condition)으로 포착되어야 한다는 점이 (3)이 뜻하는 요점이라고 하겠다.[577]

동사구조에 내한 위 (2)의 결론은 다음과 같은 통사적 특징들을 바탕으로 이끌어낸 것이다.

명령문의 주어는 전형적으로 2인칭 명사항이 사용된다. 청유문의 주어는 전형적으로 1인칭 복수의 명사항이 사용된다. 약속문의 주어는 전형적으로 1인칭의 명사항이 사용된다. 주어가 생략되는 경우에도 이와 같은 생략된 주어의 내용이 복원될 수 있다.

(4) 가. 네가 가라./ e 가라.
  나. 우리가 가자./ e 가자.
  다. 내가 가마./ e 가마.

명령문/청유문의 주어로 3인칭 명사항이 사용될 수 있다. 약속문에서는 이것이 제약된다.[578]

(5) 가. 철수가 가라.
  나. 철수가 가자.
  다. ??철수가 가마.

명령문/청유문/약속문은 '-고'에 의해 결합되는 연접의 선행절, '-거나'에 의해 결합되는 이접의 선행절, '-으면'에 의해 결합되는 조건의 선행절을 가질 수 있다.

(6) 가. 인호도 가고 너도/철수도 가라.
  나. 인호도 가고 우리도/철수도 가자.

---

577) (3)의 의미 정의에 'x'에 이어지는 ': x는 c*의 현저한 개체이고 x = a(c*).' 부분이 이 변수 'x'에 대입될 수 있는 개체들의 영역(domain)을 한정하는, 영역 조건이다. Heim & Kratzer(1998)에서 이 영역 조건의 형식은 화용적 전제를 나타내는 형식이다.
'$G_c(x)$'는 x를 포함하는 맥락 c에서 현저한 개인들의 집합으로서의 집단(group)을 나타낸다. '$G_{c*}(x)$'는 x를 포함하는 현실 맥락 c*에서 현저한 개인들의 집단이다. 이러한 표시는 Stephenson(2007: 151-154)를 따른 것이다.

578) (3)의 약속형어미의 정의에서 'x = s(c*)'와 같은 영역 조건에 따라 전제보충(accommodation)되는 경우 다음의 '아빠'와 같은 3인칭 명사항이 주어로 사용될 수 있다.
a. 아빠가 가마.
엄격히 말하면 명령문, 청유문에서 3인칭 명사항이 사용되는 것도 이와 같은 전제보충 작용의 결과이다. 전제보충의 개념은 Lewis(1979b)에 근거한 것이다.

다. 인호도 가고 나도 가마.

(7) 가. 인호가 가거나 네가/철수가 가라.

나. 인호가 가거나 우리가/철수가 가자.

다. 인호가 가거나 내가 가마.

(8) 가. 인호가 가면 너도/철수도 가라.

나. 인호가 가면 우리도/철수도 가자.

다. 인호가 가면 나도 가마.

명령문/청유문/약속문은 모두 부름말(호격어)을 문두에 가지는 구조로 실현될 수 있다. 이런 경우, 부름말은 DP 범주의 구로서 (2)의 통사구조의 CP의 왼쪽에 부가어로 결합된다고 본다.

(9) 가. 철수야, 네가 가라.

나. 철수야, 우리가 가자.

다. 철수야, 내가 가마.

(10)의 예들에서 부름말 다음에 실현된 '도는', '점심은', '오늘 점심은'은 종래 전형적 주제어의 위치라고 생각되어 왔으나, 필자는 주제어가 반드시 CP의 명시어 위치로 한정되지는 않는다는 견해를 가지고 있다. 주제어가 CP의 명시어에 위치하는 것이 전형적인 경우라고 할 수 있지만, CP의 왼쪽에 부가어로 결합될 수도 있다. (10)', (10)''의 문장들처럼 부가어인 명사항을 하나 더 추가한 구조가 형성될 수도 있다.[579] (10)의 세 문장에서 CP의 명시어에 위치하는 명사항은 공범주 'pro'이다. (10)'의 세 문장에서 CP의 명시어에 위치하는 명사항은 외현적 범주 '네가', '우리(가)', '나는'이다. 이들 'pro'와 '네가', '우리(가)', '나는'의 의미가 'B'의 의미 정의의 'λx'에 의해 취해져서 IP의 의미 형식으로 형성되는 'p'의 논항이 된다.

(10) 가. 철수야, 도(道)는 노자를 읽어라.

나. 친구들, 점심은 신촌설렁탕집으로 가자.

다. 철수야, 오늘 점심은 신촌설렁탕집으로 가마.

(10)' 가. 철수야, 도는 네가 노자를 읽어라.

나. 친구들, 점심은 우리(가) 신촌설렁탕집으로 가자.

579) '철수야', '친구들'과 같은 구성성분을 CP의 부가어로 도입하는 것은 가장 온당한 선택이다.

다. 철수야, 오늘 점심은 나는 신촌설렁탕집으로 가마.

(10)'' 가. 철수야, 도는 철수가 노자를 읽어라.

나. 친구들, 점심은 우리 친구들 모두 신촌설렁탕집으로 가자.

다. 철수야, 오늘 점심은 형이 신촌설렁탕집으로 가마.

위 문장들의 통사구조는 다음과 같다. (가)의 명령문의 구조만을 제시하지만, (나)의 청유문, (다)의 약속문도 그 통사구조의 골격은 같다.

(10) 철수야, 도(道)는 노자를 읽어라.

[$_{CP}$[$_{DP}$ 철수야][$_{CP}$[$_{DP}$ 도는][$_{CP}$[$_{DP}$ pro]$_i$[$_{C'i}$[$_{IP}$ t_i [$_{I'}$ [$_{VP}$ 노자를 읽-] I]][$_C$ -어라]]]]]

(10)' 철수야, 도는 네가 노자를 읽어라.

[$_{CP}$[$_{DP}$ 철수야][$_{CP}$[$_{DP}$ 도는][$_{CP}$[$_{DP}$ 네가]$_i$[$_{C'i}$[$_{IP}$ t_i [$_{I'}$ [$_{VP}$ 노자를 읽-] I]][$_C$ -어라]]]]]

(10)'' 철수야, 도는 철수가 노자를 읽어라.

[$_{CP}$[$_{DP}$ 철수야][$_{CP}$[$_{DP}$ 도는][$_{CP}$[$_{DP}$ 철수가]$_i$[$_{C'i}$[$_{IP}$ t_i [$_{I'}$ [$_{VP}$ 노자를 읽-] I]][$_C$ -어라]]]]]

(3)에서 명시된 것처럼, 의미론적으로 명령문/청유문/약속문이 공통적으로 의도 양상 의미를 나타낸다고 판단하는 주요 근거는 다음과 같다.

한국어에서 명령문/청유문/약속문은 '-거든' 연결어미의 후행절에 실현되는 공통 특징을 가진다. 이 공통 특징은 공통의 의미적 특징이라고 판단된다. 필자는 이를 '의도 양상'이라는 단일한 의미론적 범주라고 가정하고 이 점을 정당화하고자 하는 것이다.[580]

(11) 가. 인호가 오거든 떠나라/떠나/떠나시오/떠나십시오.

나. 인호가 오거든 떠나자/떠납시다.

다. 인호가 오거든 떠나마/떠날게/떠남세.

라. 인호가 오거든 나는 떠나겠다. ('의도'의 뜻으로)

마. 인호가 오거든 나는 떠날 것이다. ('의도'의 뜻으로)

바. 인호가 오거든 나는 떠나려고 한다.

---

580) 다음과 같은 '-거든' 접속문의 후행절에 분포하는 문장 유형을 '의도 구문'이라고 지칭한 것은 이기갑(1987)이다. 그는 (a), (b)의 예를 들어 '-어야 한다' 문장, '-고 싶다' 문장은 의도 구문에서 제외하였다. 필자도 대체로 이 판단을 따르지만, '-어야 한다' 문장은 그 비문성이 덜하다고 보아 (11아)를 '??'로 표시하였다. '-어야 하-'는 의무 양상의 표현인데 전제보충의 작용에 의해 '-거든'이 요구하는 의도의 의미로 쉽게 전이될 수 있는 것이 그 이유라고 생각한다.

a. *비가 그치거든 가야 한다.

b. *비가 그치거든 가고 싶다.

사. *인호가 오거든 나는 떠나고 싶다.

아. ??인호가 오거든 너는 떠나야 한다.

동사 활용형으로서의 명령법을 가지는 독일어, 불어 등의 인도유럽어에서는 청유문의 표현에 명령법의 활용형이 사용되는 특성을 가진다. 명령문과 청유문이 문법적으로 구분되지 않는 것은 현대 표준 중국어(Mandarin Chinese)도 마찬가지로서, 문장 말미에 어기조사 '吧'를 더하여 명령문과 청유문을 만든다. 그런데, 이 '吧'는 명령문, 청유문 외에도 약속문의 표현을 위해 쓰인다('吧'는 생략될 수도 있다). 의문문을 위해서는 독립된 어기조사 '嗎'를 사용한다. 이렇게 명령문/청유문/약속문에 공통적으로 쓰이는 문법 요소('吧')가 존재하는 것은 이 세 유형의 문장이 공통적으로 가지는 의도 양상 의미의 존재를 증명하는 것이라고 본다.[581)]

(12) 가. 여기에 앉아라.

나. 你坐這里吧。

(13) 가. 여기에 앉자.

나. 我們一起坐這里吧。

(14) 가. 그 일은 내가 맡으마.

나. 那件事我做吧。

한국어에서 명령문, 청유문, 약속문은 서로 다른 문법 요소들에 의해 구별되지만 위 (11)에서 보이는, '-거든'에 의해 제약되는 공통 특성을 가진다. 중국어에서는 명령문, 청유문, 약속문이 공통의 표지 '吧'를 가진다. (11)에서 보이는 한국어의 의도 구문들이 공통으로 가지는 특성, (12)-(14)에서 보이는 중국어의 명령문/청유문/약속문의 공통의 특성은 의미론적으로 의도 양상 의미를 드러내는 특성이라고 판단한다.[582)]

명령문/청유문/약속문의 통사구조를 제시한 선행 연구 중에서 필자의 견해와 비교할 만한 대표적 예를 들어서 검토하기로 한다. Zanunttini(2008: 197)에서는 기능 범주 'Jussive^{0}'와 'JussiveP'를 포함하는 다음과 같은 통사구조를 제안하여 명령문, 청유문, 약속문의 통사적 공통성을 포착하고자 하였다.[583)] 명령문의 경우, 통사적으로 청자를 표

581) 다음의 중국어 예문은 류력녕(2020)의 것이다.

582) 8.6절에서는 중국어의 '吧'와 대응되는 용법을 가지는 베트남어 문법 요소가 존재한다는 점을 보인다. 또 한국어의 '-거든'처럼 선행절을 그 보충어로 취하고 후행절을 그 명시어로 취하는 접속 요소들이 존재한다는 점을 보일 것이다. 이는 그 후행절인 명시어가 의도 구문일 것을 요구하는 (10)과 같은 구문이 한국어, 중국어, 베트남어에 존재한다는 증명이 된다.

시하는 자질인 [+2p]가 'Jussive^0'와 하위 구인 XP의 명시어($subject_i$)에 주어지고, 이어서 Chomsky(2000)의 '일치(Agree) 연산'의 작용에 따라 자질 점검, 비해석성 자질 삭제가 일어나서 동사석 인허가 이루어진다. (15)에서 일치 연산은 'Jussive^0'와 이것이 성분통어하는 '$subject_i$' 사이에 실행된다. 구체적으로는 (15가)'이 (15나)'으로 바뀐다. 머리성분 범주 'Jussive'는 'J'로 줄여서 나타낸다.

(15) $[_{JP}$ OPERATOR $[J^0$ $[_{XP}$ $subject_i$ $[X^0$ $[_{vP}$ t_i [v VP]]]]]]

(15)' 가. $[_{JP}$ OPERATOR $[J^0_{\{[person:2]i\}}$ $[_{XP}$ $subject_{i\{[person:2]u\}}$ $[X^0$ $[_{vP}$ t_i [v VP]]]]]]

나. $[_{JP}$ OPERATOR $[J^0_{\{[person:2]i\}}$ $[_{XP}$ $subject_{i\{[person:2]u\}}$ $[X^0$ $[_{vP}$ t_i [v VP]]]]]]

(일치 연산 적용, 자질 점검, 자질 삭제)

이는 명령문의 의미를 양상 의미 아닌 수행 의미로 기술한 이론을 전개한 Portner(2005, 2007)의 의미 기술에 적합한 통사구조로 고안된 것이다. 가령, 명령문 '앉아라!'의 의미는 공유배경(common ground)과는 별도의 기록 공간인 행동목록(TDL: To-do list)에 다음 (16)과 같은 형식으로 추가된다고 한다. (16)은 <e,<s,t>> 타입의 속성(property)의 의미 형식인데, 이는 (17가)와 같은 통사구조를 바탕으로 (18)의 규칙을 적용하여 얻어지는 의미 형식이다.

(16) 명령문 '앉아라!'의 의미: λx: x=a(c). λw. w에서 x가 앉는다'

(17) 가. $[_{T\text{-}JP}$ $T\text{-}J^0_{\{[person:2]i,[case:nom]u\}}$ $[_{vP}$ $[subject_{\{[person:2]u,[case:nom]u\}}][_{v'}$ v VP]]]

나. [λx: x=a(c). λw. vP'(x)(w)]] (Zanunttini et al. 2012: 1264)

(18) 가. 임의의 구 XP에 대하여,

$[\![J^0_{[person:n]k}\ XP]\!]^{g,c} = [\lambda x: x= [\![[person:n]_k]\!]^{g,c}.\ [\![XP]\!]^{g[k\rightarrow x],c}]$

나. '$[\![[person:n]_k]\!]^{g,c}$'의 뜻:

a. $[\![[person:1]_k]\!]^{g,c}$ = g(k), 단 g(k) = s(c)인 경우에만 이 정의는 성립된다.

b. $[\![[person:2]_k]\!]^{g,c}$ = g(k), 단 g(k) = a(c)인 경우에만 이 정의는 성립된다.

c. $[\![[person:1\oplus 2]_k]\!]^{g,c}$ = g(k), 단 g(k) = us(c)인 경우에만 이 정의는 성립된다.[584]

문제는, Zanunttini(2008), Pak et al.(2008), Zanunttini et al.(2012)에서 제시한 증

583) Pak et al.(2008), Zanunttini et al.(2012)에서도 유사한 구조를 제안하였다. 후자에서는 'T'가 'Jussive^0'에 머리성분 부가된 'T-Jussive^0'가 'subject'에 일치 연산(Agree)의 작용을 가한다고 한다.

584) 'us(c)'는 맥락 c에서 화자와 청자(들)로 이루어지는 집단을 표시한다. 'x = us(c)'는 필자의 표기 'x = Gc(s(c)) = Gc(a(c))'와 동일한 것이다.

거들(뒤의 두 논문에서는 특히 한국어의 명령문/청유문/약속문의 증거를 들고 있음)이 (15), (17가)의 통사구조와 (16)-(18)의 해석 절차를 위한 충분한 증거가 되지 못한다는 것이다. 특히, (16)-(18)의 의미 해석 방법은 명령문/청유문/약속문의 의미를 정확히 해석하지 못한다. 이 점에 대해서 구체적으로 살펴보자.

(19) 가. 네가 앉아라.
나. 철수가 앉아라.
다. 김철수 대리가 앉아라.
라. 몸이 불편한 사람이 앉아라.

(17), (18)의 해석 절차에 의하면, '너=철수=김철수 대리'가 현실 맥락의 사실일 경우, (19)의 예들에서 '네가'와 '철수가'와 '김철수 대리가'의 해석은 전혀 구별되지 않는다. 도출되는 의미 형식은 (20)의 마지막 행의 형식밖에는 없는 것이다. 그러나 (19가, 나, 다, 라)의 의미론적 형식은 각각 그 주어로 'a(c*)'를 가지는 형식, '철수'를 가지는 형식, '김철수 대리'를 가지는 형식, '몸이 불편한 사람'을 가지는 형식이어야 한다.[585)]

(20) [$_{T\text{-}JP}$ -아라$_{\{[person:2]i,[case:nom]u\}}$ [$_{vP}$ [김철수대리가$_{\{[person:2]u,[case:nom]u\}}$][$_{v'}$ v [$_{VP}$ 앉-]]]]
[$_{T\text{-}JP}$ -아라$_{\{[person:2]i,[case:nom]u\}}$ [$_{vP}$ [김철수대리가$_{\{[person:2]u,[case:nom]u\}}$][$_{v'}$ v [$_{VP}$ 앉-]]]]
(자질 점검, 비해석성 자질의 삭제)
⟦ [$_{J0}$ -아라$_{[person:2]k}$] [$_{vP}$ [김철수대리가$_{k}$][$_{v'}$ v [$_{VP}$ 앉-]]] ⟧^{g,c}
= [λx: x= ⟦ [person:2]$_{k}$ ⟧^{g,c}. ⟦ [$_{vP}$ [김철수대리가$_{k}$][$_{v'}$ v [$_{VP}$ 앉-]]] ⟧$^{g[k\rightarrow x],c}$]
= [λx: x=g(k). [λy. λw'. w'에서 y가 앉는다'](x)(w)]]], 단 g(k) = a(c)인 경우에만 이 정의는 성립된다.
[λx. w에서 x가 앉는다'], 단 x = a(c)인 경우에만 이 정의는 성립된다.

다시 말하면, (20)의 통사구조와 그 해석 과정에서 '김철수 대리가'를 '네가'나 '철수가'나 '몸이 불편한 사람'으로 교체하더라도 그 해석 결과는 전혀 달라지지 않는다. 그 주어로 'a(c*)'를 가지는 형식, '철수'를 가지는 형식, '김철수 대리'를 가지는 형식, '몸이 불편한 사람'을 가지는 형식을 구별해서 도출할 방도가 없다.

---

585) 'i'는 해석성 자질, 'u'는 비해석성 자질을 뜻한다. 최소주의 통사론 체계에 따르면 비해석성 자질이 의미 해석을 위한 통사구조 층위인 논리형태(LF)에 남아 있으면 도출이 파탄되므로 논리형태 이전의 단계에서 삭제되어야 한다. Hornstein et al.(2005) 참조.

이들이 (15)와 같은 통사구조를 보이고 있는 것으로 미루어 (19나, 다, 라)의 문장의 경우 'subject'가 'OPERATOR'의 위치로 이동하는 절차를 더 가지는 것으로 상정한다고 생각해 볼 수 있다. 그러나 이러한 처리 가능성은 앞에서 든 (10가, 나, 다), (10가, 나, 다)', (10가, 나, 다)''의 예들이 원천적으로 배제한다. 즉 이러한 구조에서 '철수가', '김철수 대리가', '몸이 불편한 사람이'는 JP(또는 T-JP)의 명시어 위치로 이동할 수 없다.

(2)의 통사구조와 (3)의 명령형어미의 의미 정의를 바탕으로 한 필자의 분석은 다음과 같다. (19)의 네 문장의 통사구조 모두에서 '$[_{C'i}[_{IP}$ t_i $[_{I'}$ $[_{VP}$ 앉-] I]]' 부분은 제2장의 술어 추상규칙 ③ii에 따라 <s,<i,<e,et>>> 타입의 술어가 되어 'λp'의 변수 'p'에 대입되는 부분이다.[586]

(19)' 가. 네가 앉아라.

$[_{CP}[_{DP}$ 네가$]_i$ $[_{C'i}[_{IP}$ t_i $[_{I'}$ $[_{VP}$ 앉-] I]] $[_{C}$ -아라]]]

[IMP(s(c*), a(c*), ∀<w', t', y>: <w', t', y> ∈ BEST(intend, stereo, w, t, j)

→ w'에서, t'에, y에게, a(c*)가 앉는다']

나. 철수가 앉아라.

$[_{CP}[_{DP}$ 철수가$]_i$ $[_{C'i}[_{IP}$ t_i $[_{I'}$ $[_{VP}$ 앉-] I]] $[_{C}$ -아라]]]

[IMP(s(c*), a(c*), ∀<w', t', y>: <w', t', y> ∈ BEST(intend, stereo, w, t, j)

→ w'에서, t'에, y에게, 철수'가 앉는다']

다. 김철수 대리가 앉아라.

$[_{CP}[_{DP}$ 김철수대리가$]_i$ $[_{C'i}[_{IP}$ t_i $[_{I'}$ $[_{VP}$ 앉-] I]] $[_{C}$ -아라]]]

[IMP(s(c*), a(c*), ∀<w', t', y>: <w', t', y> ∈ BEST(intend, stereo, w, t, j)

→ w'에서, t'에, y에게, 김철수대리'가 앉는다']

라. 몸이 불편한 사람이 앉아라.

$[_{CP}[_{DP}$ 몸이 불편한 사람이$]_i$ $[_{C'i}[_{IP}$ t_i $[_{I'}$ $[_{VP}$ 앉-] I]] $[_{C}$ -아라]]]

[IMP(s(c*), a(c*), ∀<w', t', y>: <w', t', y> ∈ BEST(intend, stereo, w, t, j)

→ w'에서, t'에, y에게, 몸이불편한사람'이 앉는다']

'너', '철수', '김철수대리', '몸이 불편한 사람'이 현실 세계에서 동일 인물, 즉 a(c*)인 것은 영역 조건으로 표시된 전제 내용에 의해 알게 된다.[587]

---

586) 구체적인 도출 절차는 8.2절에서 보일 것이다.

587) (3)의 의미 정의에서 x에 대한 영역 조건으로 표시된 'x = a(c*)'가 이 점을 나타낸다. 영역 조건으로 기술된 전제 내용은 전제 충족이 확인된 다음에는 의미 형식에서 사라진다. 다만 공유배경의 기록으로는 남게 된다고 가정한다.

또한, 명령문/청유문/약속문에서 CP의 명시어는 맥락상 현저한 개체이어야 하는데, 이는 인도유럽어의 한정서술(definite description)의 구를 기술할 때에 그러한 것처럼, 전제의 형식으로, 즉 영역 조건으로 기술할 만한 의미론적 특징이다. 필자의 대안은 (3)에서 요약한 것과 같이 청자/화·청자/화자에 관한 정보를 명령형/청유형/약속형 어미들의 전제 의미로 명세화하는 것이다.

8.2. 명령형/청유형/약속형 어미의 의미 정의와 문장 의미 합성

명령형어미 '-어라', 청유형어미 '-자', 약속형어미 '-으마'가 양상 의미를 가진다는 것이 의도 구문에 관한 필자의 주요 주장이다. 그 양상 의미는 양상기반 함수 '의도(intend)'에 의해 명시된다. 이들 어미는 이와 함께 화행 의미도 가진다. 서술형어미의 수행동사 SAY, 의문형어미의 수행동사 ASK처럼, 명령형어미, 청유형어미, 약속형어미도 양상 의미와 수행동사 의미(각각 'IMP, 'HORT', 'PROM'으로 표시됨)를 그 의미 형식 안에 포함하는 것으로 본다. 이러한 내용을 가지는 이들 어미의 의미 정의를 8.1절의 (3)에 제시한 바 있다.

명령형/청유형/약속형 어미의 양상 의미는 모두 의도 양상기반과 전형성(stereo) 순서근거를 가지는 것으로 설정한다. 이들 간의 주요 의미 차이는 주어 명사구가 맥락의 한 요소인 청자일 것이 요구되느냐(명령형), 화자·청자를 포함한 집합일 것이 요구되느냐(청유형), 또는 화자일 것이 요구되느냐(약속형)에 있다. 이들 어미의 의미 정의에서는 변수 'x'에 대한 영역 조건으로 이 점이 표시되었다. 'p'의 타입 <s,<i,<e,et>>>는 보충어인 IP가 속성(property)의 의미 형식일 것을 요구하는 것이다(Stephenson 2007, 양정석 2017).[588] 위 (2)에 제시한 통사구조에 따라 ③(ii)의 술어추상규칙(PA)이 적용됨으로써 이 요구가 만족된다.

명령형어미, 청유형어미, 약속형어미를 대표하는 어미로 각각 '-어라', '-자', '-으마'를 들어 그 의미 정의를 보이면 다음과 같다.

(1) 가. $[\![\text{-어라}]\!]^{c^*;w,t,j} = [\lambda p\text{: } p \in D_{<s,<i,<e,et>>>}.\ \lambda x_e\text{: } x\text{는 } c^*\text{의 현저한 개체이고 } x=a(c^*).$
$[IMP(s(c^*), a(c^*), \forall <w', t', y>\text{: } <w', t', y> \in BEST(intend, stereo, w, t, j)$

588) 기준 세계, 기준 시구간, 기준 판단자를 포함하는 Stephenson(2007), 양정석(2017)의 체계에서는 명제의 타입은 <s,<i,<e,t>>>, 술어/속성의 타입은 <s,<i,<e,et>>>가 된다.

$\rightarrow p(w')(t')(y)(x))$ & $y=j] = 1$

나. $[\![\text{-자}]\!]^{c^*;w,t,j} = [\lambda p: p \in D_{<s,<i,<e,et>>>}. \lambda x_e$: x는 c^*의 현저한 개체이고 $x=G_{c^*}(s(c^*))-G_{c^*}(a(c^*))$. $[\text{HORT}(s(c^*), a(c^*), \forall <w', t', y>: <w', t', y> \in \text{BEST}(\text{intend}, \text{stereo}, w, t, j) \rightarrow p(w')(t')(y)(x))$ & $y=j] = 1$

다. $[\![\text{-으마}]\!]^{c^*;w,t,j} = [\lambda p: p \in D_{<s,<i,<e,et>>>}. \lambda x_e$: x는 c^*의 현저한 개체이고 $x=s(c^*)$. $[\text{PROM}(s(c^*), a(c^*), \forall <w', t', y>: <w', t', y> \in \text{BEST}(\text{intend}, \text{stereo}, w, t, j) \rightarrow p(w')(t')(y)(x))$ & $y=j] = 1$

명령문, 청유문, 약속문의 통사의미적 합성 절차는 서술문에서의 그것과 다름없이, 기본적으로 제1장의 ①(iii)의 함수적용규칙(IFA)이 활용되어 진행된다. (1가-다)의 어미의 의미 정의를 바탕으로 하는 그 문장의 의미 해석 절차를 하나하나 보이기로 한다.

명령형어미 '-어라'에 의해 형성되는 명령문 (2가)의 의미 해석 절차는 (3)와 같다. (3)의 통사구조에서 'pro' 대신에 '너는', '인호는', '나는', '그 사람은'을 교체하면 같은 절차에 의해 도출된 의미 형식에 따라 (2가, 나, 다) 문장의 적격성, (2라, 마) 문장의 부적격성이 설명된다. (2가-마)의 발화에서 화자($s(c^*)$)는 '철수', 청자($a(c^*)$)는 '인호'라고 가정한다.

(2) 가. 떠나라.
나. 너는 떠나라.
다. 인호는 떠나라.
라. *나는 떠나라.
마. *그 사람은 떠나라.

(3) 명령문 '떠나라.'의 해석:

$[\![[_{CP}\ pro_i\ [_{C'}\ [_{IPi}\ t_i$ 떠나-Ø-]-어라]] $]\!]^{c^*;w,t,j} =$

$[\![[_{C'}$ -어라] $]\!]^{c^*;w,t,j}(\lambda w'.\lambda t'.\lambda j'. [\![[_{IPi}\ t_i$ 떠나-Ø-] $]\!]^{c^*;w',t',j'})([\![\ pro_i\ ]\!]^{c^*;w,t,j})$ (IFA, FA)

$[\lambda p: p \in D_{<s,<i,<e,et>>>}. \lambda x_e$: x는 c^*의 현저한 개체이고 $x=a(c^*)$. $[\text{IMP}(s(c^*), a(c^*), \forall <w', t', y>: <w', t', y> \in \text{BEST}(\text{intend}, \text{stereo}, w, t, j) \rightarrow p(w')(t')(y)(x)$ & $y=j]([\lambda w''.\lambda t''.\lambda j''. \lambda z.$ w"에서, t"에, j"에게, z가 떠난다'$])(g(i))$

('-어라'의 어휘기재항, PA, pro의 해석)

$[\lambda x_e$: x는 c^*의 현저한 개체이고 $x=a(c^*)$. $[\text{IMP}(s(c^*), a(c^*), \forall <w', t', y>: <w', t', y> \in \text{BEST}(\text{intend}, \text{stereo}, w, t, j) \rightarrow$ w'에서, t'에, y에게, x가 떠난다' & $y=j]$(인호')

(λ-전환, $g(i)=a(c^*)$=인호')

$[\text{IMP}(s(c^*), a(c^*), \forall <w', t', y>: <w', t', y> \in \text{BEST}(\text{intend}, \text{stereo}, w, t, j)$

→ w'에서, t'에, y에게, 인호'가 떠난다' & y=j] (λ-전환)

(2나, 다)가 적격한 것은 '너', '인호'가 이 발화의 청자이기 때문이다. '나'(=s(c*)=철수)와 '그 사람'은 이 발화의 청자 '인호'와 동일하지 않기 때문에 (2라, 마)는 부적격한 문장으로 판정된다.

청유문 (4가)는 (4나)의 절차를 통해 해석된다.

(4) 가. 떠나자.

나. ⟦ [$_{CP}$ pro$_i$ [$_{C'}$ [$_{IPi}$ t$_i$ 떠나-Ø-]-자]] ⟧ $^{c*;w,t,j}$ =

⟦ [$_{C'}$ -자] ⟧ $^{c*;w,t,j}$(λw'.λt'.λj'. ⟦ [$_{IPi}$ t$_i$ 떠나-Ø-] ⟧ $^{c*;w',t',j'}$)(⟦ pro$_i$ ⟧ $^{c*;w,t,j}$)

(IFA, FA)

[λp: p∈D$_{<s,<i,<e,et>>>}$. λx$_e$: x는 c*의 현저한 개체이고 x = G$_{c*}$(s(c*)) = G$_{c*}$(a(c*)).[HORT(s(c*), a(c*), ∀<w', t', y>:<w', t', y>∈ BEST(intend, stereo, w, t, j) → p(w')(t')(y)(x)) & y=j]([λw".λt".λj". λz. w"에서, t"에, j"에게, z가 떠난다'])(g(i)) ('-자'의 어휘기재항, PA, pro의 해석)

[λx$_e$: x는 c*의 현저한 개체이고 x = G$_{c*}$(s(c*)) = G$_{c*}$(a(c*)).

[HORT(s(c*), a(c*), ∀<w', t', y>: <w', t', y> ∈ BEST(intend, stereo, w, t, j) → w'에서, t'에, y에게, x가 떠난다' & y=j](g(i)) (λ-전환)

[HORT(s(c*), a(c*), ∀<w', t', y>: <w', t', y> ∈ BEST(intend, stereo, w, t, j) → w'에서, t'에, y에게, g(i)가 떠난다' & y=j]

(λ-전환, g(i) = G$_{c*}$(s(c*)) = G$_{c*}$(a(c*)))

약속문 (5가)는 (5나)와 같은 절차를 통해 해석된다.

(5) 가. 떠나마.

나. ⟦ [$_{CP}$ pro$_i$ [$_{C'}$ [$_{IPi}$ t$_i$ 떠나-Ø-]-으마]] ⟧ $^{c*;w,t,j}$ =

⟦ [$_{C'}$ -으마] ⟧ $^{c*;w,t,j}$(λw'.λt'.λj'. ⟦ [$_{IPi}$ t$_i$ 떠나-Ø-] ⟧ $^{c*;w',t',j'}$)(⟦ pro$_i$ ⟧ $^{c*;w,t,j}$) (IFA, FA)

[λp: p∈D$_{<s,<i,<e,et>>>}$. λx$_e$: x는 c*의 현저한 개체이고 x=s(c*).

[PROM(s(c*), a(c*), ∀<w', t', y>: <w', t', y> ∈ BEST(intend, stereo, w, t, j) → p(w')(t')(y)(x)) & y=j]([λw".λt".λj". λz. w"에서, t"에, j"에게, z가 떠난다'])(g(i))

('-으마'의 어휘기재항, PA, pro의 해석)

[λx$_e$: x는 c*의 현저한 개체이고 x=s(c*). [PROM(s(c*), a(c*),

∀<w',t',y>: <w', t', y> ∈ BEST(intend, stereo, w, t, j) → w'에서, t'에,

y에게, x가 떠난다' & y=j](철수') (λ-전환, g(i)=s(c*)=철수')
[PROM(s(c*), a(c*), ∀<w', t', y>: <w', t', y> ∈ BEST(intend, stereo, w, t, j) → w'에서, t'에, y에게, 철수'가 떠난다' & y=j] (λ-전환)

단순문 구조의 명령문, 청유문, 약속문이 의도의 양상을 표현하는 구문이라는 것을 살펴보았다. 다음은 복합문인 간접인용문이 명령형어미, 청유형어미, 약속형어미에 이끌리는 인용절을 내포하는 경우의 의미 합성에 대해 알아보기로 한다.

8.3. 간접인용문의 의미 합성

명사절에도 실현되는 의문형어미와는 달리, 명령형/청유형/약속형 어미가 내포절에 실현되는 경우는 '-으라고', '-자고', '-으마고'를 가지는 인용절의 경우밖에 없다. 간접인용절의 명령형 '-으라고', 청유형 '-자고', 약속형 '-으마고'의 의미 정의는 위에서 설정한 '-어라', '-자', '-으마'와는 별도로 정의한다. 제2장의 논의를 바탕으로 간접인용절의 '-다고', '-느냐고', '-으라고', '-자고', '-으마고'는 단일한 통사 단위로 처리한다. '-어라', '-자', '-으마'의 정의에서와 달리 'IMP', 'HORT', 'PROM' 등으로 표시되는 수행동사 의미 요소가 제거되었는데, 이는 내포절의 명령형/청유형/약속형이 화행(speech act)의 효력을 갖지 않는다는 점을 반영한 것이다.

(1) 가. ⟦-으라고⟧$^{c;\ w,t,j}$ = [λp: p∈$D_{<s,<i,<e,et>>>}$. λx_e: x=a(c). ∀<w', t', y>: <w', t', y> ∈ BEST(intend, stereo, w, t, j) → p(w')(t')(y)(x)) & y=j] = 1
나. ⟦-자고⟧$^{c;\ w,t,j}$ = [λp: p∈$D_{<s,<i,<e,et>>>}$. λx_e: x = Gc(s(c)) & x = Gc(a(c)). ∀<w', t', y>: <w', t', y> ∈ BEST(intend, stereo, w, t, j) → p(w')(t')(y)(x)) & y=j] = 1
다. ⟦-으마고⟧$^{c;\ w,t,j}$ = [λp: p∈$D_{<s,<i,<e,et>>>}$. λx_e: x=s(c). ∀<w', t', y>: <w', t', y> ∈ BEST(intend, stereo, w, t, j) → p(w')(t')(y)(x)) & y = j] = 1

이들을 내포하는 간접인용문의 동사(인용동사)는 (2)와 같은 의미 기술을 가진다.[589)]

589) '말하다'와 '묻다'의 의미 정의는 다음과 같다. '묻다'의 의미 정의는 뒤의 제5장에서 의문 구문의 의미 합성을 상론하는 과정에서 수정될 것이다.
a. ⟦말하-⟧$^{c*;w,t,j}$ = [λ$p_{<s,<i,<e,t>>>}$. λx_e. λy_e. (c* ≠ c' & s(c') = y & a(c') = x)인 인용의 맥락 c'에서;

(3)은 '생각하다'가 양상의 표현이고, 인용의 맥락을 새로 도입하지 않는다는 점에서 이들 인용동사와 형식적으로 다름을 보인다. '생각하다'는 믿음 양상기반 함수(dox)를 가지는 양상의 표현이다.

(2) 가. ⟦ 명령하- ⟧ $^{c^*;w,t,j}$ =

[λp: p$\in$ $D_{<s,<i,<e,t>>>}$ & p는 양상기반 함수 'intend'를 포함할 것.

λx_e. λy_e. c*≠c' & s(c') = y & a(c') = x인 인용(명령)의 맥락 c'에서,

p(w(c'))(t(c'))(y)] = 1

나. ⟦ 제안하- ⟧ $^{c^*;w,t,j}$ =

[λp: p$\in$ $D_{<s,<i,<e,t>>>}$ & p는 양상기반 함수 'intend'를 포함할 것. λx_e. λy_e.

c*≠c' & s(c') = y & a(c') = x인 인용(제안)의 맥락 c'에서,

p(w(c'))(t(c'))(y) = 1

다. ⟦ 약속하- ⟧ $^{c^*;w,t,j}$ =

[λp: p$\in$ $D_{<s,<i,<e,t>>>}$ & p는 양상기반 함수 'intend'를 포함할 것.

λx_e. λy_e. c*≠c' & s(c') = y & a(c') = x인 인용(약속)의 맥락 c'에서,

p(w(c'))(t(c'))(y)] = 1

(3) ⟦ 생각하- ⟧ $^{c^*;w,t,j}$ =

[$\lambda p_{<s,<i,<e,t>>>}$. λx_e. ∀<w',t',j'>: <w',t',j'> ∈ BEST(dox, stereo, w, t, x)

& x = j' → p(w')(t')(j')] = 1

구체적인 명령문, 청유문, 약속문의 의미 합성 과정을 예시하기로 한다. 여기에서 화자(s(c*))는 '철수', 청자(a(c*))는 '순희'라고 가정한다.

(4) 김대위는 인호에게 출발하라고 명령했다.

[김대위는 인호에게 [$_{CP}$ pro$_i$ [$_{IPi}$ t$_i$ 출발하-Ø-]-으라고] 명령하-]

(5) 가. *김대위는 인호에게 내가 출발하라고 명령했다.

나. *김대위는 인호에게 네가 출발하라고 명령했다.

다. *김대위는 인호에게 그 사람은 출발하라고 명령했다.

('인호=그 사람'인 경우 외에는 부적격)

---

p(w(c'))(t(c'))(y)] = 1

b. ⟦ 묻- ⟧ $^{c^*;w,t,j}$ =

[λp: p ∈ $D_{<s,<i,<e,t>>>}$ & p는 순서근거 함수 'dubi'를 포함할 것. λx_e.λy_e. w에서, t에, j에게, (c* ≠ c' & s(c') = y & a(c') = x)인 인용의 맥락 c'에서; p(w(c'))(t(c'))(x)] = 1

(4) 문장을 해석하기 위해 우선 그 내포절인 간접인용절을 (6)과 같이 해석하고, 이를 이용하여 그 복합문의 해석을 (7)과 같이 도출한다. (5가-다)의 문장들이 부적격한 것은 'pro'가 시시하는 '인호' 대신 전체 문장의 화자 '나', 청자 '너', '인호'와 동지시될 수 없는 '그 사람'이 사용되었기 때문이다.

(6) ⟦ [$_{CP}$ pro$_i$ [$_{C'}$ [$_{IPi}$ t$_i$ 출발하-Ø-]-으라고]] ⟧$^{c;w,t,j}$ =
⟦ [$_{C'}$ -으라고] ⟧$^{c;w,t,j}$(λw'.λt'.λj'. ⟦ [$_{IPi}$ t$_i$ 출발하-Ø-] ⟧$^{c;w',t',j'}$)(⟦ pro$_i$ ⟧$^{c;w,t,j}$) (IFA, FA)
[λp: p∈D$_{<s,<i,<e,et>>>}$. λx$_e$: x=a(c). ∀<w', t', y>: <w', t', y> ∈ BEST(intend, stereo, w, t, j) → p(w')(t')(y)(x)) & y=j]([λw".λt".λj". λz. w"에서, t"에, j"에게, z가 출발한다'])(g(i)) ('-으라고'의 어휘기재항, PA, pro의 해석)
[λp: p∈D$_{<s,<i,<e,et>>>}$. λx$_e$: x=a(c). ∀<w', t', y> : <w', t', y> ∈ BEST(intend, stereo, w, t, j) → p(w')(t')(y)(x)) & y=j]([λw".λt".λj". λz. w"에서, t"에, j"에게, z가 출발한다'])(인호') (pro=g(i)=a(c)=인호')
[∀<w', t', y>: <w', t', y> ∈ BEST(intend, stereo, w, t, j) → w'에서, t′에, y에게, 인호'가 출발한다' & y=j] (λ-전환)

(7) ⟦ [김대위는 인호에게$_i$ [$_{CP}$ pro$_i$ [$_{C'}$ [$_{IPi}$ t$_i$ 출발하-Ø-]-으라고]] 명령하-] ⟧$^{c^*;w,t,j}$ =
⟦ 명령하- ⟧$^{c^*;w,t,j}$(⟦ [$_{CP}$ pro$_i$ [$_{C'}$ [$_{IPi}$ t$_i$ 출발하-Ø-]-으라고]] ⟧$^{c^*;w,t,j}$)
(⟦ 인호에게 ⟧$^{c^*;w,t,j}$) (⟦ 김대위는 ⟧$^{c^*;w,t,j}$) =
[λp: p∈ D$_{<s,<i,<e,t>>>}$ & p는 양상기반 함수 'intend'를 포함할 것.
λx$_e$. λy$_e$. c*≠c' & s(c') = y & a(c') = x인 인용(명령)의 맥락 c'에서; p(w(c'))(t(c'))(y)](λw.λt.λj. ∀<w', t', y'>: <w', t', y'> ∈ BEST(intend, stereo, w, t, j) → w'에서, t'에, y'에게, 인호'가 출발한다' & y'=j)(인호')(김대위')
(IFA, FA; 전제 충족)
[λx$_e$. λy$_e$. c*≠c' & s(c') = y & a(c') = x인 인용(명령)의 맥락 c'에서; ∀<w', t', y'>: <w', t', y'> ∈ BEST(intend, stereo, w(c'), t(c'), y) → w'에서, t'에, y'에게, 인호'가 출발한다' & y'=j](인호')(김대위') (λ-전환)
[c*≠c' & s(c') = 김대위' & a(c') = 인호'인 인용(명령)의 맥락 c'에서; ∀<w', t', y'>: <w', t', y'> ∈ BEST(intend, stereo, w(c'), t(c'), y) → w'에서, t'에, y'에게, 인호'가 출발한다' & y'=김대위'] (λ-전환)

마지막으로 도출된 의미 형식이 (4)의 해석된 의미(완료상 '-었-'과 종결어미 '-다'의 의미는 생략)이다. 발화 맥락과 다른, 화자가 김대위이고 청자가 인호인 인용의 맥락 c'에서, 이 맥락의 판단자인 '김대위'의 의도에 따라 상정된 가능세계 w', 시간 t'에서, 그리고 판단자 y'(김대위)에게, 인호가 출발하는 경우에 (4) 문장은 참이 된다.

전체 문장의 종결어미의 의미까지 적용된 결과는 다음과 같다.[590] (4)의 '-었다' 대신에 종결어미 '-다'를 가진 문장을 예로 든다. 여전히 현실 맥락의 화자는 '철수', 청자는 '순희'라고 가정한다.

(9) '김대위는 인호에게 출발하라고 명령한다.'의 의미 해석:

⟦[김대위는 인호에게$_i$ [$_{CP}$ pro$_i$ [$_{C'}$ [$_{IPi}$ t_i 출발하-Ø-]-으라고]] 명령하-Ø -ㄴ다]⟧$^{c*;w,t,j}$ =
[s(c*)=철수' & a(c*)=순희' & c*≠c' & s(c') = 김대위' & a(c') = 인호'인
인용(명령)의 맥락 c'에서; ∀<w', t', y'>: <w', t', y'> ∈ BEST(intend, stereo,
w(c'), t(c'), y) → w'에서, t'에, y'에게, 인호'가 출발한다' & y'=김대위']

이와 같은 방법으로 '-자고', '-으마고'를 가지는 간접인용문의 해석을 얻을 수 있다. 먼저 청유형 간접인용절을 내포하는 간접인용문 (10)의 해석 절차는 (11), (12)와 같다.

(10) 김대위는 인호에게 출발하자고 제안했다.

[김대위는 인호에게 [$_{CP}$ pro$_i$ [$_{IPi}$ t_i 출발하-Ø-]-자고] 제안하-]

(11) ⟦[$_{CP}$ pro$_i$ [$_{C'}$ [$_{IPi}$ t_i 출발하-Ø-]-자고]]⟧$^{c;\ w,t,j}$ =
⟦[$_{C'}$ -자고]⟧$^{c;w,t,j}$(λw'.λt'.λj'. ⟦[$_{IPi}$ t_i 출발하-Ø-]⟧$^{c;w',t',j'}$)(⟦ pro$_i$ ⟧$^{c;w,t,j}$) (IFA, FA)
[λp: p∈D$_{<s,<i,<e,et>>>}$. λx$_e$: x=Gc(s(c))=Gc(a(c)). ∀<w', t', y>: <w', t', y> ∈
BEST(intend, stereo, w, t, j) → p(w')(t')(y)(x))&y=j]([λw".λt".λj". λz. w"에서,
t"에, j"에게, z가 출발한다'])(g(i)) ('-자고'의 어휘기재항, PA, pro의 해석)
[λx$_e$: x=Gc(s(c))=Gc(a(c)).∀<w', t', y>: <w', t', y> ∈ BEST(intend, stereo, w,
t, j) → [λz. w'에서, t'에, y에게, z가 출발한다'](x)) & y=j](g(i)) (λ-전환)
[∀<w', t', y>: <w', t', y> ∈ BEST(intend, stereo, w, t, j)→ w'에서, t'에, y에
게, g(i)가 출발한다' & y=j] (λ-전환, g(i)=Gc(s(c))=Gc(a(c)))

(12) ⟦[김대위는 인호에게$_i$ [$_{CP}$ pro$_i$ [$_{C'}$[$_{IPi}$ t_i 출발하-Ø-]-자고]]제안하-]⟧$^{c*;w,t,j}$ =
⟦제안하-⟧$^{c*;w,t,j}$ (⟦[$_{CP}$ pro$_i$ [$_{C'}$ [$_{IPi}$ t_i 출발하-Ø-]-자고]]⟧$^{c*;w,t,j}$)
(⟦인호에게⟧$^{c*;w,t,j}$)(⟦김대위는⟧$^{c*;w,t,j}$) =
[λp: p∈ D$_{<s,<i,<e,t>>>}$ & p는 양상기반 함수 'intend'를 포함할 것. λx$_e$. λy'$_e$.
c*≠c' & s(c') = y' & a(c') = x인 인용(제안)의 맥락 c'에서;
p(w(c'))(t(c'))(y')]([λw.λt.λj. ∀<w', t', y> : <w', t', y> ∈ BEST(intend,

590) '-었-'의 의미는 여전히 고려되지 않았다.

stereo, w, t, j) → w'에서, t'에, y에게, g(i)가 출발한다' & y = j])(인호')(김대위')

(IFA, FA)

[λx_e. $\lambda y'_e$. c*≠c' & s(c') - y' & a(c') = x인 인용(제안)의 맥락 c'에서;
[∀<w', t', y> : <w', t', y> ∈ BEST(intend, stereo, w(c'), t(c'), y') →
w'에서, t'에, y에게, g(i)가 출발한다' & y=y'](인호')(김대위') (λ-전환)
[c*≠c' & s(c') = 김대위' & a(c') = 인호'인 인용(제안)의 맥락 c'에서;
[∀<w', t', y> : <w', t', y> ∈ BEST(intend, stereo, w(c'), t(c'), 김대위') →
w'에서, t'에, y에게, g(i)가 출발한다' & y=김대위']

(λ-전환, 여기에서 g(i)=Gc(s(c))=Gc(a(c))

청유문에 특징적인 기호 'Gc(x)'는 'x'를 포함하는 맥락상의 개체들의 집단(group)을 나타낸다. 따라서 'pro_i'의 의미 'g(i)'는 인용 맥락의 화자 '김대위'와 청자 '인호'를 포함하는 집단을 뜻하게 된다.

전체 문장의 종결어미 '-다'의 의미까지 적용된 결과는 다음과 같다.591) 여전히 현실 맥락의 화자는 '철수', 청자는 '순희'라고 가정한다.

(13) ⟦[김대위는 인호에게$_i$ [$_{CP}$ pro_i [$_{C'}$ [$_{IPi}$ t_i 출발하-Ø-]-자고]] 제안하-Ø -ㄴ다]⟧$^{c*;\ w,t,j}$ =
[s(c*)=철수' & s(c*)=순희' & c*≠c' & s(c') = 김대위' & a(c') = 인호'인 인용(제안)의 맥락 c'에서; [∀<w', t', y> : <w', t', y> ∈ BEST(intend, stereo, w(c'), t(c'), 철수') → w'에서, t'에, y에게, g(i)가 출발한다' & y=김대위'] (여기에서 g(i)=Gc(s(c))=Gc(a(c)))

다음으로, 약속형 간접인용절을 내포하는 간접인용문 (14)의 해석 절차는 (15), (16)과 같다.

(14) 김대위는 인호에게 곧 출발하마고 약속했다.
[김대위는 인호에게 [$_{CP}$ pro_i [$_{IPi}$ t_i 곧 출발하-Ø-]-으마고] 약속하-]

(15) ⟦[$_{CP}$ pro_i [$_{C'}$ [$_{IPi}$ t_i 출발하-Ø-]-으마고]]⟧$^{c;w,t,j}$ =
⟦[$_{C'}$ -으마고]⟧$^{c;w,t,j}$(λw'.λt'.λj'. ⟦[$_{IPi}$ t_i 곧-출발하-Ø-]⟧$^{c;w',t',j'}$)(⟦pro_i⟧$^{c;w,t,j}$)

(IFA, FA)

[λp: p∈$D_{<s,<i,<e,et>>>}$. λx_e: x=s(c). ∀<w', t', y>: <w', t', y> ∈ BEST(intend, stereo, w, t, j) → p(w')(t')(y)(x)) & y=j]([λw". λt". λj". λz. w"에서, t"에, j"에

591) 여기에서도 '-었-'의 의미는 고려되지 않았다.

게, z가 곧-출발한다'])(g(i))　　　('-으마고'의 어휘기재항, PA, pro의 해석)

$[\lambda x_e$: x=s(c). ∀<w', t', y>: <w', t', y> ∈ BEST(intend, stereo, w, t, j) →

[λz. w'에서, t'에, y에게, z가 출발한다'](x)) & y = j](g(i))　　　(λ-전환)

[∀<w', t', y>: <w', t', y> ∈ BEST(intend, stereo, w, t, j)→ w'에서, t'에,

y에게, g(i)가 출발한다' & y=j]　　　(λ-전환, g(i)=김대위')

(16) ⟦ [김대위는 인호에게$_i$ [$_{CP}$ pro$_i$ [$_{C'}$[$_{IPi}$ t$_i$ 곧 출발하-Ø-]-으마고]]약속하-] ⟧$^{c*;w,t,j}$ =

⟦ 약속하- ⟧$^{c*;w,t,j}$ (⟦ [$_{CP}$ pro$_i$ [$_{C'}$ [$_{IPi}$ t$_i$ 곧 출발하-Ø-]-으마고]] ⟧$^{c*;w,t,j}$)

(⟦ 인호에게 ⟧$^{c*;w,t,j}$)(⟦ 김대위는 ⟧$^{c*;w,t,j}$) =

[λp: p∈ $D_{<s,<i,<e,t>>>}$ & p는 양상기반 함수 'intend'를 포함할 것. λx_e. $\lambda y'_e$.

c*≠c' & s(c') = y' & a(c') = x인 인용(약속)의 맥락 c'에서;

p(w(c'))(t(c'))(y')]([λw. λt. λj. ∀<w', t', y>: <w', t', y>∈BEST(intend, stereo,

w, t, j)→ w'에서, t'에, y에게, g(i)가 출발한다' & y=j])(인호')(김대위') (IFA, FA)

[λx_e. $\lambda y'_e$. c*≠c' & s(c') = y' & a(c') = x인 인용(약속)의 맥락 c'에서;

∀<w', t', y>: <w', t', y> ∈ BEST(intend, stereo, w(c'), t(c'), y')→ w'에서,

t'에, y에게, g(i)가 출발한다' & y=y'](인호')(김대위')　　　(λ-전환)

[c*≠c' & s(c') = 김대위' & a(c') = 인호'인 인용(약속)의 맥락 c'에서;

∀<w', t', y>: <w', t', y> ∈ BEST(intend, stereo, w(c'), t(c'), 김대위') →

w'에서, t'에, y에게, g(i)가 출발한다' & y=김대위']　(λ-전환, 여기에서 g(i)=김대위')

약속문이 명령문과 구별되는 뚜렷한 차이는 'pro$_i$'의 해석인 'g(i)'가 인용 맥락의 청자('a(c)')가 아닌 인용 맥락의 화자('s(c)')라는 점이다. 전체 문장의 종결어미 '-다'의 의미까지 적용된 결과는 다음과 같다. 여전히 현실 맥락의 화자는 '철수', 청자는 '순희'라고 가정한다.

(17) ⟦ [김대위는 인호에게$_i$ [$_{CP}$ pro$_i$ [$_{C'}$ [$_{IPi}$ t$_i$ 출발하-Ø-]-으마고]] 약속하-Ø$^{-ㄴ다}$] ⟧$^{c*;w,t,j}$ =

[s(c*)=철수' & s(c*)=순희' & c*≠c' & s(c')=김대위' & a(c')=인호'인 인용

(약속)의 맥락 c'에서; ∀<w', t', y>: <w',t',y> ∈ BEST(intend, stereo, w(c'),

t(c'), 김대위')→ w'에서, t'에, y에게, g(i)가 출발한다' & y=김대위']

(여기에서 g(i)=s(c'))

이상에서는 복합문인 간접인용문이 명령형어미, 청유형어미, 약속형어미에 이끌리는 인용절을 내포하는 경우의 의미 합성 절차를 살펴보았다. 의미 합성의 결과로 주어진 의미 형식들을 통하여, 내포절인 간접인용절은 의도 양상의 표현임을 확인할 수 있다.

8.4. 의도 양상 문법 요소들의 통사의미론

'-거든'의 후행절에 실현되는 특성으로 확인되는 의도 구문의 예에는 명령문, 청유문, 약속문 외에도 '-겠-' 구문, '-을 것이-' 구문, '-으려고 하-' 구문이 포함된다(8.1절의 (11) 참조). 이기갑(1987)에서 관찰한 것처럼, 다음 (1라, 마, 바)의 '-고 싶-', '-어야 하-' 구문은 이 위치에 실현되는 것이 제약된다. 이는 의도 양상과 의무 양상이 서로 구별되는 양상의 종류라는 점을 증명하는 것이다. '-겠-' 구문, '-을 것이-' 구문, '-으려고 하-' 구문을 포함하는 '-거든' 문장들의 통사구조는 (1)'과 같다.

(1) 가. 인호가 오거든 나는 떠나겠다. ('의도'의 뜻으로)
나. 인호가 오거든 나는 떠날 것이다. ('의도'의 뜻으로)
다. 인호가 오거든 나는 떠나려고 한다.
라. *인호가 오거든 나는 떠나고 싶다.
마. ??인호가 오거든 나는 떠나야 한다.
바. ??인호가 오거든 너는 떠나야 한다.

(1)' 가. 인호가 오거든 나는 떠나겠다. ('의도'의 뜻으로)
[$_{CP}$ [$_{C'}$ [$_{IP}$ 인호가 오-∅-]-거든] [$_{CP}$[$_{IP}$ 나는 떠나-[$_{I}$ -겠-]]-다]]
나. 인호가 오거든 나는 떠날 것이다. ('의도'의 뜻으로)
[$_{CP}$ [$_{C'}$ [$_{IP}$ 인호가 오-∅-]-거든] [$_{CP}$[$_{IP}$ 나는 떠나-[$_{I}$ -을것이-]]-다]]
다. 인호가 오거든 나는 떠나려고 한다. ('의도'의 뜻으로)
[$_{CP}$ [$_{C'}$ [$_{IP}$ 인호가 오-∅-]-거든] [$_{CP}$[$_{IP}$ 나는 [$_{VP}$[$_{CP}$[$_{IP}$ e [$_{VP}$ 떠나-]-∅-]-으려고] [$_{V}$ 하-]]-∅-]-ㄴ다]]

필자는 의도 양상을 표현하는 어미의 목록에 '-을래'를 추가하고자 한다. 이는 '-으려고 하-'와 관련을 가지는 형식인데, 복합문을 형성하는 '-으려고 하-'와는 달리 '-을래'는 단일한 종결어미로 취급하고자 한다. '-을래' 문장은 '-거든' 연결어미 문장의 후행절에 실현될 수 있다. 그 통사구조는 8.1절에서 제시한 전형적 의도 구문의 구조이다.

(2) 인호가 오거든 나는 떠날래.
[$_{CP}$ [$_{C'}$ [$_{IP}$ 인호가 오-∅-]-거든] [$_{CP}$ 나는$_{i}$ [$_{C'}$ [$_{IPi}$ t_{i} 떠나-Ø-]-을래]]]

8.4.1절에서는 먼저 '-겠-' 구문, '-을 것이-' 구문을 살펴보고, 다음으로 8.4.2절에서는

복합 형식 '-겠다고'의 문제를 점검한다. 8.4.3절은 '-으려고 하-' 구문과 이에 관련되는 '-을래' 구문을 분석하고, '-으려고 하-' 구문의 처리 과정에서 제기되는 재구조화 원리와의 관련 문제를 해결한다. (1다)의 '-으려고 하-' 구문은 필자의 이전 처리(양정석 2017)를 기반으로 그 의도 의미의 합성 절차를 보이려고 한다. 8.4.4절에서는 '허락' 의미의 명령형 '-으려무나'에 관해 살펴보고, 8.4.5절에서는 한국어 명령형/청유형/약속형 어미들의 의미 정의를 재정리한다.

8.4.1. '-겠-'과 '-을 것이-'

양정석(2017)에서는 의도의 '-겠-'의 의미 표상을 제시한 바 있다. 이 책에서는 이 설명을 유지하고 '-을 것이-'에 대해서도 같은 방향의 분석을 보이고자 한다.

'-겠-'이 가지는 추정(인식 양상) 의미와 의도 의미의 차이와 관련하여, 이들을 두 개의 어휘적 기술로 분리해야 한다는 의미론적 견해(서정수 1977나, 1978)와 한 의미로부터 화용적으로 전이되는 것으로 처리해야 한다는 화용론적 견해(이기용 1998)가 대립하여 왔다. 화용론적 견해의 대표적 논의인 이기용(1998)에서는 추정 의미가 의도 의미로 전이되는 몇 가지 조건을 제시하고 있으나, 그 조건들을 충족하는 경우 반드시 의도 의미로의 전이가 발생하지는 않는다는 문제가 제기된다. 이기용(1998: 198-200)에서는 '의도의 성립 조건'으로, 1)불가능하다고 믿어지는 것은 의도의 대상이 될 수 없음, 2)의도의 대상은 아직 실현되지 않은 것이라야 함, 3)의도는 자기가 할 행동에 대한 확신을 필요로 함, 4)누군가 의도를 표명했다면, 청자는 그가 의도한 바를 실현할 것을 기대함 등을 제시하였다.

그러나 이들은 각각 '-겠-'이 의도 의미를 갖기 위한 필요조건일 수는 있어도 충분조건은 되지 못한다. 한 어휘항목이 가지는 의미들 간의 전이에서 관찰되는 규칙성이라고 생각되지 않는다. 필자는 의미론적 견해를 취하여, 두 개의 '-겠-', 즉 '-겠-[1]'과 '-겠-[2]'을 나누어 기술한다.

다음에서 '-겠-[2]'가 의도 양상의 어미이다. 그 의미 기술에는 의도 양상기반('intend')을 가지는 의도 양상의 표현임이 명시되었다. 또한 전제를 표시하는 영역 조건에 주어 논항이 해당 맥락의 화자임('y = s(c)')이 명시되었다.[592]

592) 'y = s(c)'의 'c'는 단순문에서 'c*'가 된다. 즉 'y = s(c*)'로 바뀐다.
'-겠-1'과 '-겠-2'는 굴절소(I) 범주로 상정된다(양정석 2010). (3가, 나)의 '-겠-1', '-겠-2'의 첫째 논항 p가 속성타입('<s,<i,<e,<e,t>>>>')인 것은 명령형/청유형/약속형 어미들처럼 술어추상규칙(③(ii)이 적용된 결과로 얻어지는 것이 아니고, 굴절소의 보충어인 VP가 전형적으로 가지는 타입인 것이다((5)의 통사구조를 참조할 것).

(3) 가. $[\![\text{-겠-}^{1}]\!]^{c;w,t,j} = [\lambda p_{<s,<i,<e,<e,t>>>>}.\ \lambda x_{e}.\ \exists <w',t',j'>: <w',t',j'> \in$
BEST(epist, stereo/able/scheduled, w, t, j) & $p(w')(t')(j')(x) = 1$,
단 공유배경 속의 최근 정보 중에 $p(w')(t')(j')(x)$를 위한 근거가 있을 경우에만 이 정의가 성립됨]
EX. 비가 오겠다/인호가 그 바위를 들겠다.

나. $[\![\text{-겠-}^{2}]\!]^{c;w,t,j} = [\lambda p_{<s,<i,<e,<e,t>>>>}.\ \lambda x_{e}: x = s(c).\ \forall <w',t',j'>: <w',t',j'>$
$\in$ BEST(intend, stereo, w, t, j) $\rightarrow p(w')(t')(j')(x) = 1$,
단 공유배경 속의 최근 정보 중에 $p(w')(t')(j')(x)$를 위한 근거가 있을 경우에만 이 정의가 성립됨]
EX. 내가 가겠다.

복합 형식인 '-을것이-'도 같은 방법으로 기술한다(양정석 2015가, 2017). 다음에서 '-을것이-²'가 의도 양상의 복합적 어미이다.

(4) 가. $[\![\text{-을것이-}^{1}]\!]^{c;w,t,j} = [\lambda p_{<s,<i,<e,<e,t>>>>}.\ \lambda x_{e}.\ \exists <w',t',j'>: <w',t',j'> \in$
BEST(epist, stereo/able/nonvol_dispo/scheduled, w, t, j) & $p(w')(t')(j')(x) = 1]$
EX. 뉴욕에는 지금 비가 올 것이다.

나. $[\![\text{-을것이-}^{2}]\!]^{c;w,t,j} = [\lambda p_{<s,<i,<e,<e,t>>>>}.\ \lambda x_{e}: x = s(c). \forall <w',t',j'>:$
$<w',t',j'> \in$ BEST(intend, stereo, w, t, j) $\rightarrow p(w')(t')(j')(x) = 1]$
EX. 내가 갈 것이다.

의도 양상 의미를 나타내는 '-겠-' 구문, '-을것이-' 구문의 통사구조는 위 (1가, 나)'과 같다. 해당 부분만을 살펴보자.

(5) 가. 나는 떠나겠다. ('의도'의 뜻으로)
$[_{CP}[_{IP}$ 나는 $[_{I'}$ $[_{VP}$ 떠나-$][_{I}$ -겠-$]]]$-다$]$

나. 나는 떠날 것이다. ('의도'의 뜻으로)
$[_{CP}[_{IP}$ 나는 $[_{I'}$ $[_{VP}$ 떠나-$][_{I}$ -을것이-$]]]$-다$]$

(3나)의 '-겠-'의 정의, (3나)의 '-을것이-'의 정의는 VP의 의미를 첫째 논항('p')으로, IP의 명시어인 주어 명사항의 의미를 둘째 논항('x')으로 취하여 의도의 의미 형식을 형성한다. 앞에서의 의도 구문들이 술어추상규칙이 적용된 IP의 의미를 첫째 논항으로 취

하고 CP의 명시어를 둘째 논항으로 취하였던 것과 비교된다.

8.4.2. '-겠다고'의 문제와 간접인용절 복합 어미들의 재정의

'-겠-'과 '-을것이-'는 모두 인식 양상과 의도 양상의 용법을 가지므로 각각 두 개의 동음이의적 요소로 나누어 기술하였다. 특이한 점은, '-겠-'의 경우 간접인용절에서도 의도 양상의 용법을 보이는 반면, '-을것이-'는 간접인용절에서 의도 양상의 용법을 갖지 않는다는 것이다. (6가, 나)가 그 점을 보여준다. (7가)의 '하-'는 '추정하다' 외에 '약속하다, 의도를 표현하다'의 의미로 해석되는 데에 반해서 (7나)의 '하-'는 그저 '말하다' 정도의 의미로만 해석된다.

(6) 가. 철수는 자기가 가겠다고 말했다. i)인식 양상(추정) ii)의도 양상
나. 철수는 자기가 갈 것이라고 말했다. i)인식 양상(추정) ii)*의도 양상
(7) 가. 철수는 자기가 가겠다고 했다. i)인식 양상(추정) ii)의도 양상
나. 철수는 자기가 갈 것이라고 했다. i)인식 양상(추정) ii)*의도 양상

(7가, 나)의 대비는 주목할 만하다. '하다'는 포괄동사로서, 언어적 문맥 또는 화용적 맥락에 따라 구체적인 의미가 정해진다.[593] (7가, 나)에서 '약속하다' 의미와 '말하다' 의미의 실현은 '-겠-'의 유무로 인한 것이라고 봄이 타당하다. 인용절 안의 '-겠-'이 주절의 동사에 대해 선택제약하는 이 특성이 주목할 점이다.

(7가)와 같이 주절 동사 '하-'가 의미 보충의 절차를 거쳐서 '약속하다, 의도를 표현하다'의 의미 해석을 가지는 것을 설명하기 위해서는 '-겠다고'를 한 단위로 설정하여 그 의미를 기술하는 것이 필요하다. 이 복합 단위의 의미 정의에 한 논항의 영역 조건으로 이들 동사의 의미 유형을 명세화해야 (7가)에서 '하-'의 구체적 의미를 해석할 수 있다.[594]

복합 단위인 '-겠다고'가 주절 동사의 의미를 선택제약한다는 것이 요점이다. 그런데 앞에서 보인 인용동사 '명령하다, 제안하다, 약속하다'와 '말하다, 묻다'의 의미 기술에는 그 의미 형식이 명령의 행위, 제안의 행위, 약속의 행위의 기술이라는 점이 나타나 있지 않다. '약속하다'의 예를 가져와 보기로 하자.

593) '하-'의 가능한 모든 통사의미적 해석 방법을 양정석(2019)에서 정리한 바 있다.

594) 주절 동사의 유형에 대한 명시는 영역 조건이고, 영역 조건은 전제 의미를 명시하는 것이므로, 이 의미 해석 과정은 전제 의미에 부합되는 의미를 보충하는 '전제보충(accommodation)'의 해석 과정이다(cf. Lewis 1979b).

(8) 이전의 '약속하다': ⟦ 약속하- ⟧ $^{c*;w,t,j}$ =

[λp: p$\in D_{<s,<i,<e,t>>>}$ & p는 양상기반 함수 'intend'를 포함할 것.

λx_e. λy_e. c*≠c' & s(c') = y & a(c') = x인 인용(약속)의 맥락 c'에서;

p(w(c'))(t(c'))(y)] = 1

이를 다음과 같이 수정한다. 인용의 행위를 나타내는 의미 요소로 'CITE'를 추가하기로 한다. 이 외에는 이전과 다름이 없다. '-겠다고'가 이 인용 행위 표시 요소 'CITE'를 선택하도록 조치한 것이 이러한 수정 작업의 요점이다. 그 타입도 <<s,<i,<et>>>,eet>로서, 이전과 다름이 없다.[595)]

(9) 수정된 '약속하다': ⟦ 약속하- ⟧ $^{c*;w,t,j}_{<<s,<i,<et>>>,eet>}$ =

[λp: p$\in D_{<s,<i,<e,t>>>}$ & p는 양상기반 함수 'intend'를 포함할 것.

λx_e. λy_e. w에서, t에, j에게, $\text{CITE}_{+\text{약속}}$(s(c'), a()) & c*≠c' & s(c') = y &

a(c') = x인 인용(약속)의 맥락 c'에서; p(w(c'))(t(c'))(y)] = 1

이상의 고려를 반영한 복합 단위 '-겠다고'의 의미 정의는 다음과 같다.

(10) 의도 양상의 ⟦ -겠다고 ⟧ $^{c;w,t,j}_{<<s,<i,<eet>>>,<e,<<s,<i,et>>,eet>,eet>>>}$ =

[λp: p$\in D_{<s,<i,<eet>>>}$. λx_e: x=s(c). $\lambda f_{<<s,<i,et>>,eet>}$: f는 인용동사 '$\text{CITE}_{+\text{약속}}$'을 포함할

것. λy_e.λz_e.∀<w', t', j'>: <w', t', j'> ∈ BEST(intend, stereo, w, t, j) →

f(p(w')(t')(j')(x))(y)(z) & j'=j] = 1

(7가) 문장의 도출 과정을 보이기로 한다. 발화 상황의 화자는 '영수', 청자는 '순희'라고 가정한다.

(11) 가. '철수는 인호에게 자기가 가겠다고 한다.'의 통사구조:

[$_{IP}$ 철수는 [$_{I'}$ [$_{VP}$ 인호에게 [$_{VP}$ [$_{CP}$ 자기가$_i$ [$_{C'}$ [$_{IPi}$ t_i 가-∅]-겠다고]]

[$_V$ 하-]]]∅]]-ㄴ다

나. (11가)의 해석 절차:

⟦ [$_{IPi}$ t_i 가-∅] ⟧ $^{c*;w,t,j}$ = λx. x가-간다' (술어추상규칙 ③(ii))

595) 형식의미론적 기술은 타입 체계의 논리에 바탕을 둔 의미 기술이라는 점을 항시 유의해야 한다. '<s,<i,<et>>>'는 이 책에서 명제의 타입을 표시하는 것으로, 종래의 논의에서의 '<s,t>'에 상응하는 것이다. '<e,t>'를 'et'로, '<e,<e,t>>'를 'eet'로 간략화한다는 점도 아울러 유의해야 한다.

$[\![$ [$_{CP}$ 자기가$_i$ [$_{C'}$ [$_{IPi}$ t_i 가-∅]-겠다고] $]\!]^{c^*;w,t,j}$ =

$[\![$ -겠다고] $]\!]^{c^*;w,t,j}$($\lambda w'.\lambda t'.\lambda j'$. $[\![$ [$_{IPi}$ t_i가-∅] $]\!]^{c;w',t',j'}$)($[\![$ 자기가$_i$ $]\!]^{c^*;w,t,j}$)

= [$\lambda f_{<<s,<i,et>>,eet>}$: f는 인용동사 ‘$CITE_{+약속}$’을 포함할 것. $\lambda y_e.\lambda z_e.\forall <w', t', j'>$:

$<w', t', j'> \in$ BEST(intend, stereo, w, t, j) → f($\lambda w'.\lambda t'.\lambda j'$. [w'에서, t'에,

y'에게, g(i)가-간다'])(y)(z) & j'=j] = 1] (IFA, $[\![$ 자기가$_i$ $]\!]^{c^*;w,t,j}$ = g(i), λ-전환)

$[\![$ (11가) $]\!]^{c^*;w,t,j}$ =

[SAY(s(c*)=영수', s(c*)=순희', $CITE_{+약속}$(s(c'), a(c')) & (c*≠c' & s(c') =

철수' & a(c') = 인호')인 인용(약속)의 맥락 c'에서; ∀<w', t', y'>:

<w', t', y'> ∈ BEST(intend, stereo, w(c'), t(c'), y) → w'에서, t'에, y'에게,

철수'가-간다' & y'=철수']) (IFA, λ-전환)

그러므로, (7가)는 의도 양상의 ‘-겠다고’가 사용된 것이고 (7나)는 의도 양상을 포함하지 않은 ‘-다고’가 쓰인 것이다. ‘-겠다고’는 하나의 복합 단위로 재구조화되지만, ‘-을 것이라고’는 하나의 복합 단위로 재구조화되지 않는다.596)

앞에서 제시한 인용동사 ‘명령하다, 제안하다, 약속하다, 말하다, 묻다’의 의미 정의들은 이상의 논의 과정에서 알게 된 사실을 바탕으로 수정되어야 한다. 이들 인용동사에 대한 ‘-으라고, -자고, -으마고, -다고, -느냐고’의 선택제약을 명시할 수 있도록, 이들 인용동사는 모두 ‘$CITE_{+f}$(s(c), a(c))’의 형식을 연접항으로 가진다고 상정한다.

(12) 가. 이전의 ‘명령하다’: $[\![$ 명령하- $]\!]^{c^*;w,t,j}$ =

[λp: $p \in D_{<s,<i,<e,t>>>}$ & p는 양상기반 함수 ‘intend’를 포함할 것.

$\lambda x_e.\ \lambda y_e$. c*≠c' & s(c') = y & a(c') = x인 인용(명령)의 맥락 c'에서;

p(w(c'))(t(c'))(y)] = 1

나. 수정된 ‘명령하다’: $[\![$ 명령하- $]\!]^{c^*;w,t,j}$ =

[λp: $p \in D_{<s,<i,<e,t>>>}$ & p는 양상기반 함수 ‘intend’를 포함할 것.

$\lambda x_e.\ \lambda y_e$. w에서, t에, j에게, $CITE_{+명령}$(s(c'), a(c')) & (c*≠c' & s(c') = y

& a(c') = x)인 인용(명령)의 맥락 c'에서; p(w(c'))(t(c'))(y)] = 1

(13) 가. 이전의 ‘제안하다’: $[\![$ 제안하- $]\!]^{c^*;w,t,j}$ =

[λp: $p \in D_{<s,<i,<e,t>>>}$ & p는 양상기반 함수 ‘intend’를 포함할 것. $\lambda x_e.\ \lambda y_e$.

c*≠c' & s(c') = y & a(c') = x인 인용(제안)의 맥락 c'에서;

p(w(c'))(t(c'))(y) = 1

596) 재구조화의 개념에 대해서는 양정석(2010: 176-216)의 논의를 참고하기 바람.

나. 수정된 '제안하다': ⟦ 제안하- ⟧ $^{c*;w,t,j}$ =

[λp: p∈ $D_{<s,<i,<e,t>>>}$ & p는 양상기반 함수 'intend'를 포함할 것.

λx_e. λy_e. w에서, t에, j에게, $CITE_{+제안}$(s(c'), a(c')) & (c*≠c' & s(c')= y &

a(c') = x)인 인용(제안)의 맥락 c'에서; p(w(c'))(t(c'))(y) = 1

(14) 가. 이전의 '약속하다': ⟦ 약속하- ⟧ $^{c*;w,t,j}$ =

[λp: p∈ $D_{<s,<i,<e,t>>>}$ & p는 양상기반 함수 'intend'를 포함할 것.

λx_e. λy_e. c*≠c' & s(c') = y & a(c') = x인 인용(약속)의 맥락 c'에서;

p(w(c'))(t(c'))(y)] = 1

나. 수정된 '약속하다': ⟦ 약속하- ⟧ $^{c*;w,t,j}$ =

[λp: p∈ $D_{<s,<i,<e,t>>>}$ & p는 양상기반 함수 'intend'를 포함할 것.

λx_e. λy_e. w에서, t에, j에게, $CITE_{+약속}$(s(c'), a(c')) & c*≠c' & s(c')=y

& a(c') = x인 인용(약속)의 맥락 c'에서; p(w(c'))(t(c'))(y)] = 1

'말하다'의 의미 정의도 아울러 밝히기로 한다. '말하다'는 의사소통 행위를 나타내는 'CITE'에 구체적 자질이 명시되지 않은, 상대적으로 포괄적 의미를 가지는 인용동사이다. 위 (6나)에서 간접인용절의 '-을 것이라고'을 가진 간접인용문의 주절 동사로 쓰일 수 있는 것은 이 점 때문이다.

(15) 가. 이전의 '말하다': ⟦ 말하- ⟧ $^{c*;w,t,j}$ =

[$\lambda p_{<s,<i,<e,t>>>}$. λx_e. λy_e. c*≠c' & s(c') = y & a(c') = x인 인용의 맥락

c'에서; p(w(c'))(t(c'))(y)] = 1

나. 수정된 '말하다': ⟦ 말하- ⟧ $^{c*;w,t,j}$ =

[$\lambda p_{<s,<i,<e,t>>>}$. λx_e. λy_e. w에서, t에, j에게, CITE(s(c'), a(c')) &

(c*≠c' & s(c') = y & a(c') = x)인 인용의 맥락 c'에서;

p(w(c'))(t(c'))(y)] = 1

믿음 양상을 표현하는 동사 '생각하다'의 의미 정의도 수정되어야 한다. 인용동사들의 의미 형식에 인용의 행위를 특징적으로 나타내는 'CITE'를 설정한 것처럼, '생각하다'의 의미 기술에 이에 상응하는 의미 요소 'THINK'를 설정한다.[597]

---

597) '생각하다'의 의미 정의의 이전 형식은 양정석(2017: 66)의 다음 정의를 'BEST' 함수를 이용하여 다시 기술한 것이다. 여기에서는 '$Dox_{w,t,z}$'의 정의에 따라 'z=x'라는 정보가 포함된다.

a. [$\lambda p_{<s,<i,<e,t>>>}$. λz_e. ∀<w',t',x> ∈ Doxw,t,z: p(w')(t')(x)] = 1

양정석(2022가: 97)에서 (16가, 나)와 같은 형식을 제시하였다. 부분적으로 표기상의 오류가 발견되어 바로잡았다.

(16) 가. 이전의 '생각하다': $[\![\text{생각하-}]\!]^{c^*;w,t,j} =$

$[\lambda p_{<s,<i,<e,t>>>}.\ \lambda x_e.\ \forall <w',t',j'>: <w',t',j'> \in BEST(dox, stereo, w, t, x)$

$\&\ x = j' \rightarrow p(w')(t')(j')] = 1$

나. 수정된 '생각하다': $[\![\text{생각하-}]\!]^{c^*;w,t,j} =$

$[\lambda p_{<s,<i,<e,t>>>}.\ \lambda x_e.\ THINK(x)\ \&\ \forall <w',t',j'>: <w',t',j'> \in BEST(dox,$

$stereo, w, t, x)\ \&\ x = j' \rightarrow p(w')(t')(j')] = 1$

8.3절에서 제시한 간접인용절의 어미들 '-으라고', '-자고', '-으마고'의 의미 정의는 인용동사에 대한 선택제약을 포함하도록 수정해야 한다. 위에서 보인 것처럼 인용동사는 모두 'CITE(s(c), a(c))'의 형식을 포함한다.

(17) 가. 이전의 '-으라고': $[\![\text{-으라고}]\!]^{c;w,t,j}_{<<s,<i,eet>>,et>} =$

$[\lambda p: p \in D_{<s,<i,<e,et>>>}.\ \lambda x_e: x=a(c).\ \forall <w', t', y> : <w', t', y> \in BEST(intend,$

$stereo, w, t, j) \rightarrow p(w')(t')(y)(x))\ \&\ y=j] = 1$

수정된 '-으라고': $[\![\text{-으라고}]\!]^{c;w,t,j}_{<<s,<i,<e,et>>>,<e,<<<s,<i,et>>,eet>,eet>>>} =$

$[\lambda p: p \in D_{<s,<i,<e,et>>>}.\ \lambda x_e: x=a(c).\ \lambda f_{<<s,<i,et>>,eet>}$: f는 인용동사 '$CITE_{+\text{명령}}$'을 포함할 것. $\lambda y_e.\lambda z_e.\forall <w', t', j'>: <w', t', j'> \in BEST(intend, stereo, w, t, j) \rightarrow$

$f(p(w')(t')(j')(x))(y)(z)\ \&\ j'=j] = 1$

나. 이전의 '-자고': $[\![\text{-자고}]\!]^{c;w,t,j}_{<<s,<i,eet>>,et>} =$

$[\lambda p: p \in D_{<s,<i,<e,et>>>}.\ \lambda x_e: x=Gc(s(c))=Gc(a(c)).\ \forall <w', t', y>: <w', t', y>$

$\in BEST(intend, stereo, w, t, j) \rightarrow p(w')(t')(y)(x))\ \&\ y=j] = 1$

수정된 '-자고': $[\![\text{-자고}]\!]^{c;w,t,j} =$

$[\lambda p: p \in D_{<s,<i,<e,et>>>}.\ \lambda x_e: x=Gc(s(c))=Gc(a(c)).\ \lambda f_{<<s,<i,et>>,eet>}$: f는 인용동사 '$CITE_{+\text{제안}}$'을 포함할 것. $\lambda y_e.\ \lambda z_e.\forall <w', t', j'>: <w', t', j'> \in BEST(intend,$

$stereo, w, t, j) \rightarrow p(w')(t')(y)(x))\ \&\ j' = j] = 1$

다. 이전의 '-으마고': $[\![\text{-으마고}]\!]^{c;w,t,j}_{<<s,<i,eet>>,et>} =$

$[\lambda p: p \in D_{<s,<i,<e,et>>>}.\ \lambda x_e: x=s(c).\ \forall <w', t', j'> : <w', t', j'> \in BEST(intend,$

$stereo, w, t, j) \rightarrow p(w')(t')(y)(x))\ \&\ j' = j] = 1$

수정된 '-으마고': $[\![\text{-으마고}]\!]^{c;w,t,j} =$

$[\lambda p: p \in D_{<s,<i,<e,et>>>}.\ \lambda x_e: x = s(c).\ \lambda f_{<<s,<i,et>>,eet>}$: f는 인용동사 '$CITE_{+\text{약속}}$'을 포함할 것. $\lambda y_e.\lambda z_e.\ \forall <w', t', j'>:<w', t', j'> \in BEST(intend, stereo, w, t, j) \rightarrow$

$p(w')(t')(y)(x))\ \&\ j' = j] = 1$

주절 동사 '명령하다, 제안하다, 약속하다', 간접인용절의 어미 '-으라고, -자고, -으마고'를 가지는 간접인용문의 대표로 '명령하다' 문장을 들어 그 의미 형식 도출 과정을 보이기로 한다. 다음은 '김대위가 인호에게 출발하라고 명령한다.'의 의미 해석 절차이다.

(18) 가. 수정된 '명령하다': ⟦명령하-⟧$^{c*;w,t,j}_{<<s,<i,<e,t>>>,eet>}$ =

[λp: $p \in D_{<s,<i,<e,t>>>}$ & p는 양상기반 함수 'intend'를 포함할 것.
λx_e. λy_e. w에서, t에, j에게, $CITE_{+명령}(s(c'), a(c'))$ & $(c^* \neq c'$ & $s(c') = y$
& $a(c') = x)$인 인용(명령)의 맥락 c'에서; $p(w(c'))(t(c'))(y)] = 1$

나. 수정된 '-으라고': ⟦-으라고⟧$^{c;w,t,j}_{<<s,<i,<e,et>>>,<e,<<<s,<i,et>>,eet>,eet>>>}$ =

[λp: $p \in D_{<s,<i,<e,et>>>}$. λx_e: $x=a(c)$. $\lambda f_{<<s,<i,et>>,eet>}$: f는 인용동사 '$CITE_{+명령}$'을 포함할 것.
$\lambda y_e.\lambda z_e.\forall \langle w', t', j'\rangle: \langle w', t', j'\rangle \in BEST(intend, stereo, w, t, j) \rightarrow$
$f(p(w')(t')(j')(x))(y)(z)$ & $j'=j] = 1$

(19) ⟦[CP proi [C' [IPi ti 출발하-Ø-]-으라고]]⟧$^{c;\ w,t,j}$ =

⟦[$_{C'}$ -으라고]⟧$^{c;w,t,j}$($\lambda w'.\lambda t'.\lambda j'$.⟦[$_{IPi}$ t_i 출발하-Ø-]⟧$^{c;w',t',j'}$)(⟦pro_i⟧$^{c;w,t,j}$) (IFA, FA)

[λp: $p \in D_{<s,<i,<e,et>>>}$. λx_e: $x=a(c)$. $\lambda f_{<<s,<i,et>>,eet>}$: f는 인용동사 '$CITE_{+명령}$'을 포함할 것. $\lambda y_e.\lambda z_e.\forall \langle w', t', j'\rangle: \langle w', t', j'\rangle \in BEST(intend, stereo, w, t, j) \rightarrow$
$f(p(w')(t')(j')(x))(y)(z)$ & $j'=j] = 1]$([$\lambda w''.\lambda t''.\lambda j''$. λv. w''에서, t''에, j''에게, v가 출발한다'])(g(i)) ('-으라고'의 어휘기재항, PA, pro의 해석)

[λx_e: $x=a(c)$. $\lambda f_{<<s,<i,et>>,eet>}$: f는 인용동사 '$CITE_{+명령}$'을 포함할 것.
λy_e. λz_e. $\forall \langle w', t', j'\rangle: \langle w', t', j'\rangle \in BEST(intend, stereo, w, t, j) \rightarrow$ f([w''에서, t''에, j''에게, x가 출발한다'])(y)(z) & $j'=j] = 1$](g(i)) (λ-전환)

[$\lambda f_{<<s,<i,et>>,eet>}$: f는 인용동사 '$CITE_{+명령}$'을 포함할 것. $\lambda y_e.\lambda z_e$. $\forall \langle w', t', j'\rangle : \langle w', t', j'\rangle \in$ BEST(intend, stereo, w, t, j) $\rightarrow$ f([w''에서, t''에, j''에게, g(i)가 출발한다'])(y)(z) & $j'=j] = 1$

(20) ⟦[김대위는 인호에게i [CP proi [C' [IPi ti 출발하-Ø-]-으라고]] 명령하-]⟧$^{c*;w,t,j}$ =

⟦[CP proi [C' [IPi ti 출발하-Ø-]-으라고]]⟧$^{c*;w,t,j}$(⟦명령하-⟧$^{c*;w,t,j}$)(⟦인호에게⟧$^{c*;w,t,j}$)(⟦김대위는⟧$^{c*;w,t,j}$) = [$\lambda f_{<<s,<i,et>>,eet>}$: f는 인용동사 '$CITE_{+명령}$'을 포함할 것. $\lambda y_e.\lambda z_e$. $\forall \langle w', t', j'\rangle : \langle w', t', j'\rangle \in BEST(intend, stereo, w, t, j) \rightarrow$ f([w''에서, t''에, j''에게, g(i)가 출발한다'])(y)(z) & $j'=j] = 1$]([λp: $p \in D_{<s,<i,<e,t>>>}$ & p는 양상기반 함수 'intend'를 포함할것. λx_e. λy_e. w에서, t에, j에게, $CITE_{+명령}(s(c'), a(c'))$ & $(c^* \neq c'$ & $s(c') = y$ & $a(c') = x)$인 인용(명령)의 맥락 c'에서; $p(w(c'))(t(c'))(y)] = 1$])(인호)(김대위) (FA)

[$\lambda y_e.\lambda z_e.\forall \langle w', t', j'\rangle: \langle w', t', j'\rangle \in BEST(intend, stereo, w, t, j) \rightarrow$ [λp: $p \in D_{<s,<i,<e,t>>>}$

& p는 양상기반 함수 'intend'를 포함할 것.

λx_e. λy_e. w에서, t에, j에게, CITE$_{+명령}$(s(c'), a(c')) & (c*≠c' & s(c') = y & a(c') = x)인 인용(명령)의 맥락 c'에서; p(w(c'))(t(c'))(y)] = 1](λw". λt". λj". [w"에서, t"에, j"에게, g(i)가 출발한다'])(y)(z) & j'=j] = 1])](인호)(김대위) (λ-전환, IFA)

[$\lambda y_e.\lambda z_e.\forall$<w', t', j'>: <w', t', j'> ∈ BEST(intend, stereo, w, t, j) → [λx_e. λy_e. w에서, t에, j에게, CITE$_{+명령}$(s(c'), a(c')) & (c*≠c' & s(c') = y & a(c') = x)인 인용(명령)의 맥락 c'에서; w(c')에서, t(c')에, y에게, g(i)가 출발한다'] =1](y)(z) & j'=j] = 1])](인호)(김대위) (λ-전환)

[$\lambda y_e.\lambda z_e.\forall$<w', t', j'>: <w', t', j'> ∈ BEST(intend, stereo, w, t, j) → [w에서, t에, j에게, CITE$_{+명령}$(s(c'), a(c')) & (c*≠c' & s(c') = z & a(c') = y)인 인용(명령)의 맥락 c'에서; w(c')에서, t(c')에, z에게, g(i)가 출발한다' & j'=j] = 1](인호)(김대위) (λ-전환)

[∀<w', t', j'>: <w', t', j'> ∈ BEST(intend, stereo, w, t, j) → w에서, t에, j에게, CITE$_{+명령}$(s(c'), a(c')) & (c*≠c' & s(c') = 김대위 & a(c') = 인호)인 인용(명령)의 맥락 c'에서; w(c')에서, t(c')에, 김대위에게, g(i)가 출발한다' & j'=j] (λ-전환)

아무런 양상 의미를 갖지 않는 '-다고'의 의미 정의는 'CITE'에 대한 요구를 포함하는 형식으로, 최소한으로만 수정된다. 간접인용절에 '-다고'가 사용되는 (21나)와 (21다)의 합성 절차는 각각 (22), (23)과 같다.

(21) 가. 수정된 '-다고'의 정의

⟦ -다고 ⟧$^{c;w,t,j}_{<<s,<i,et>>,<<<s,<i,et>>,eet>,eet>>>}$ =

[λp: $p \in D_{<s,<i,et>>}$. $\lambda f_{<<s,<i,et>>,eet>}$: f는 인용동사 'CITE'를 포함할 것. $\lambda y_e.\lambda z_e$. f(p(w)(t)(j))(y)(z)] = 1

나. 철수는 인호에게 비가 온다고 말한다.

다. 철수는 인호에게 비가 온다고 한다.

(22) '철수는 인호에게 비가 온다고 말한다.'의 해석:

⟦ 철수는 인호에게 비가 온다고 말한다 ⟧$^{c*;w,t,j}$ =

⟦ -다고 ⟧$^{c*;w,t,j}$(⟦ 비가 오- ⟧$^{c*;w,t,j}$)(⟦ 말하- ⟧$^{c*;w,t,j}$)(⟦ 인호 ⟧$^{c*;w,t,j}$)(⟦ 철수 ⟧$^{c*;w,t,j}$)

= [[λp: $p \in D_{<s,<i,et>>}$. $\lambda f_{<<s,<i,et>>,eet>}$: f는 인용동사 'CITE'를 포함할 것. $\lambda y_e.\lambda z_e$. f(p(w)(t)(j))(y)(z)] = 1](λw', λt', λj'. [w'에서, t'에, j'에게, 비가-온다'])

($\lambda p_{<s,<i,<e,t>>>}$. λx_e. λy_e. [w에서, t에, j에게, CITE(s(c*), a(c*)) & (c*≠c' & s(c') = y & a(c') = x)인 인용의 맥락 c'에서; p(w(c'))(t(c'))(y)] = 1)(인호)(철수) iff w에서, t에, j에게, CITE(s(c'), a(c')) & (c*≠c' & s(c') = y & a(c') = x)인 인용의 맥락 c'에서; 세계 w(c')에서, 시구간 t(c')에, 판단자 철수에게, 비가-온다'

(23) '철수는 인호에게 비가 온다고 한다.'의 해석:

⟦ 철수는 인호에게 비가 온다고 한다 ⟧$^{c*;w,t,j}$ =

⟦ -다고 ⟧$^{c*;w,t,j}$(⟦ 비가 오- ⟧$^{c*;w,t,j}$)(⟦ 하- ⟧$^{c*;w,t,j}$)(⟦ 인호 ⟧$^{c*;w,t,j}$)(⟦ 철수 ⟧$^{c*;w,t,j}$) =

[[λp: p∈$D_{<s,<i,et>>}$. λ$f_{<<s,<i,et>>,eet>}$: f는 인용동사 'CITE'를 포함할 것. λy_e.λz_e. f(p(w)(t)(j))(y)(z)] = 1](λw', λt', λj'. [w'에서, t'에, j'에게, 비가-온다'])(HA)(인호)(철수) iff

[λ$f_{<<s,<i,et>>,eet>}$: f는 인용동사 'CITE'를 포함할 것. λy_e.λz_e. f(λw", λt", λj". [w"에서, t"에, j"에게, 비가-온다'])(y)(z) = 1](HA)(인호)(철수) (IFA, λ-전환)

[λ$f_{<<s,<i,et>>,eet>}$: f는 인용동사 'CITE'를 포함할 것. λy_e.λz_e. f(λw".λt".λj". [w"에서, t"에, j"에게, 비가-온다'])(y)(z)] = 1]([λ$p_{<s,<i,<e,t>>>}$. λx_e. λy_e. [w에서, t에, j에게, CITE(s(c'), a(c')) & (c*≠c' & s(c') = y & a(c') = x)인 인용의 맥락 c'에서; p(w(c'))(t(c'))(y)] = 1])(인호)(철수) (HA의 구체적 의미로의 전이)598)

[λy_e.λz_e. [λ$p_{<s,<i,<e,t>>>}$. λx'$_e$. λy'$_e$. [w에서, t에, j에게, CITE(s(c'), a(c')) & (c*≠c' & s(c') = y′ & a(c') = x')인 인용의 맥락 c'에서; p(w(c'))(t(c'))(y') = 1](λw". λt". λj". [w"에서, t"에, j"에게, 비가-온다'])(y)(z)] = 1](인호)(철수) (λ-전환)

[λy_e.λz_e. [λ$p_{<s,<i,<e,t>>>}$. λx'$_e$. λy'$_e$. [w에서, t에, j에게, CITE(s(c'), a(c')) & (c*≠c' & s(c') = y′ & a(c') = x')인 인용의 맥락 c'에서; p(w(c'))(t(c'))(y') = 1](λw", λt", λj". [w"에서, t"에, j"에게,비가-온다'])(인호)(철수)] = 1] (λ-전환)

[λx'$_e$. λy'$_e$. [w에서, t에, j에게, CITE(s(c'), a(c')) & (c*≠c' & s(c') = y′ & a(c') = x')인 인용의 맥락 c'에서; [w(c')에서, t(c')에, y'에게, 비가-온다']](인호) (철수)] = 1] (λ-전환)

[w에서, t에, j에게, CITE(s(c'), a(c')) & (c*≠c' & s(c') = 철수 & a(c') = 인호)인 인용의 맥락 c'에서; w(c')에서, t(c')에, 철수에게, 비가-온다'] (λ-전환)

주절 동사로 '하다'를 가지는 문장 의미의 도출 과정 (23)은 매우 복잡한 듯하지만, 각 단계마다 이미 확립된 의미 해석 규칙들만을 적용하여 그 정확한 의미 형식을 도출할 수 있다.

598) 앞 의미 형식에서 'f'의 'CITE'에 대한 요구에 따라 이를 포함하는 포괄적 동사 '말하-'의 의미 형식을 취하는 것으로 본다. 3.5.2절에서는 포괄동사 '하-'의 의미 형식을 'HA'로 나타내어 이와 같은 취지의 해석 과정을 설명하였다. 다만 'HA'와 관련한 타입 전이 절차를 명시하지는 않았다.

이로써 (6가, 나), (7가, 나)의 대비적 사실들이 모두 설명된다.

이 절에서는 인용동사 '명령하다, 제안하다, 약속하다'와 간접인용절의 어미 '-으라고, -자고, -으마고'를 중심으로 하는 간접인용문의 의미 형식 도출에 관한 필자의 최종적 견해를 밝혔다. 한국어 문법의 특질은 어미 요소들이 문장의 통사구조와 그 합성적 의미의 형성에 근본 요인이 되는 점이라는 것이 필자의 오랜 지론이다. '-으라고, -자고, -으마고', 나아가 '-겠다고'는 복합 단위를 이루어 그 선행 절 단위에 대한 선택제약을 가하며, 동시에 그 주절 동사에 대한 선택제약을 가한다.

8.4.3. '-으려고 하-'와 '-을래'; 재구조화 원리와의 관련

양정석(2017: 221-223)에서는 '-으려고'를 세 가지 용법으로 나누어서 그 통사의미적 해석을 보인 바 있다. 본 연구의 고찰 대상인, '의도' 양상 의미를 가지는 경우는 다음과 같다. 이 경우의 '-으려고'는 특정 동사 의미에 대한 요구를 영역 조건으로 부과한다. 그 의미 정의인 (25가)에서는 'p'가 명제 타입으로 설정되고, 그 통사구조인 (25나)에서는 내포절의 주어 공범주로 'pro'가 설정된다.[599]

(24) 가. 나는 떠나려고 한다.
나. 나는 떠나려고 시도했다.
다. 나는 떠나려고 생각한다.

(25) 가. ⟦-으려고^1⟧^{w,t,j} =
$[\lambda p_{<s,<i,<e,t>>>}.\ \lambda f{:}\ q \in D_{<<s,<i,<e,t>>>,<e,t>>}$이고 f는 '시도하/생각하-'류.
$\lambda x_e.\ \forall <w',t',y>{:}\ <w',t',y> \in BEST(intend, stereo, w, t, x)\ \&$
$\mathbf{x} = \mathbf{y} \rightarrow f(p(w')(t')(y))(x))] = 1$
나. [나는 [[[pro 떠나-]-으려고] 하-]]-ㄴ다.

먼저, (26)과 같이 '하-'가 발화 맥락에서 '시도하다'와 같은 동사 어휘의미를 얻게 된다고 가정하자. 그러면 (27)과 같은 해석 절차를 통해 (25나)의 통사구조가 해석되어 그 의미 형식을 도출할 수 있다.

599) (25가)의 의미 정의는 양정석(2017: 222)에서 불충분하게 기술되었던 것을 정정한 것이다. 양정석(2017)의 제4장에는 '-으려고 하-'의 의미 정의가 '-어야 하-'의 두 가지 형식(보문의 어미 '-어야'가 주절 동사를 논항으로 취하는 형식과, 접속문의 어미인 '-어야'가 선행절과 후행절을 논항으로 취하는 형식)과 같은 방법으로 기술되고 있다.

(26) ⟦ 하- ⟧ = λp$_{<s,<i,<e,t>>>}$. λx$_e$. 시도한다'(x,p)

(27) ⟦ [나는 [[[pro 떠나-]-으려고] 하-]] ⟧ =

⟦ -으려고 ⟧(⟦ pro$_i$ 떠나- ⟧)(⟦ 시도하- ⟧)(s(c*)) =

[λp$_{<s,<i,<e,t>>>}$. λf: f∈D$_{<<s,<i,<e,t>>>,<e,t>>}$이고 q는 '시도하/생각하-'류. λy$_e$. ∀<w',t',x>:<w',t',x> ∈ BEST(intend, stereo, w, t, y) & **y=x**→ q(p(w')(t')(x))(y)) = 1](⟦ pro$_i$ 떠나려고 ⟧)(⟦ 시도하- ⟧)(s(c*)) =

[λp$_{<s,<i,<e,t>>>}$. λf: f∈D$_{<<s,<i,<e,t>>>,<e,t>>}$이고 q는 '시도하/생각하-'류. λy$_e$. ∀<w',t',x>: <w',t',x> ∈ BEST(intend, stereo, w, t, y) & **y=x**→ q(p(w')(t')(x))(y)) = 1](λw". λt". λx". [w"에서, t"에, x"에게, g(i)가 떠난다'])([λr$_{<s,<i,<e,t>>>}$. λx$_e$. 시도한다'(x,p)])(s(c*))

[λf: f∈D$_{<<s,<i,<e,t>>>,<e,t>>}$이고 f는 '시도하/생각하-'류. λy$_e$.∀<w',t',x>: <w',t',x> ∈ BEST(intend, stereo, w, t, y) & **y=x**→ f(λw". λt". λx". [w"에서, t"에, x"에게,g(i)가 떠난다'](w')(t')(x))(y)) = 1]([λr$_{<s,<i,<e,t>>>}$.λx$_e$. 시도한다'(x,p)])(s(c*))

[λq: f∈D$_{<<s,<i,<e,t>>>,<e,t>>}$이고 f는 '시도하/생각하-'류. λy$_e$.∀<w',t',x>: <w',t',x> ∈BEST(intend, stereo, w, t, y) & **y=x**→ f([w'에서, t'에, x에게, g(i)가 떠난다'])(y)) = 1]([λr$_{<s,<i,<e,t>>>}$. λx$_e$. 시도한다'(x,r)])(s(c*)) iff

λy$_e$.∀<w',t',x>: <w',t',x> ∈ BEST(intend, stereo, w, t, y) & **y=x**→ [λr$_{<s,<i,<e,t>>>}$. λx$_e$. 시도한다'(x,r)]([w'에서, t'에, x에게, g(i)가떠난다'])(y)) = 1](s(c*))

λy$_e$.∀<w',t',x>: <w',t',x> ∈ BEST(intend, stereo, w, t, y) & **y=x** → [시도한다'(y,[w'에서, t'에, x에게, g(i)가 떠난다'])])) = 1](s(c*))

∀<w',t',x>: <w',t',x> ∈ BEST(intend, stereo, w, t, s(c*)) & **y=x** → [시도한다'(s(c*),[w'에서, t'에, x에게, g(i)가 떠난다'])])) (g(i)=s(c*))

이 밖의 경우의 '-으려고' 구문으로는 '예정' 양상 의미를 가지는 (28)의 예들과, 일반적 접속문 구조(부가어 구조)의 경우인 (30)의 예들이 있다.[600] (28)의 경우는 그 통사구조 (29나)에서 보는 것처럼, 주절 주어에 허사 공범주 'e_{pleo}'가 설정된다.[601] (29가)의 의미 정의에서는 위에서처럼 'p'가 명제 타입으로 설정된다. 주절 동사에 대한 영역 조건이 부여되지 않는다는 점도 이 '예정'의 '-으려고 하-' 구문이 '의도'의 '-으려고 하-' 구문

600) 양정석(2010: 385-440)에서는 종래 일반적 접속문의 선행절로 인식되어 온 대부분의 연결어미 절들을 'VP 부가어'나 'IP 부가어', 또는 'I' 부가어'로 분석한 바 있다.

601) 허사 공범주 'e_{pleo}'를 설정하는 근거에 대해서는 양정석(2016나)에서 논의하였다.

과 뚜렷이 구별되는 문법적 구문이라는 것을 반영한다. 이 구문의 생성 과정에는 '-어 보-' 등의 보조동사 구문들에서처럼 재구조화가 개재되는 것으로 본다(양정석 2016나). (81)의 예들에서는 '-으려고'가 일반적 접속의 기능을 수행하면서 선행절만 의도 양상, 예정 양상의 의미를 표현하게 한다.

(28) 가. 비가 오려고 한다.

나. 인호가 넘어지려고 한다.

다. *비가 오려고 시도한다/생각한다.

(29) 가. ⟦-으려고^{i} 하-^{i}⟧^{w,t,j} =

$[\lambda p_{\langle s,\langle i,\langle e,t\rangle\rangle\rangle}.\ \forall\langle w',t',y\rangle : \langle w',t',y\rangle \in \text{BEST}(\text{circ},\ \text{scheduled}, w, t, j) \rightarrow$

$p(w')(t')(y)] = 1$

나. [e_{pleo} [[비가 오-]-으려고] 하-]-ㄴ다.

(30) 가. 인호가 공부하려고 도서관에 갔다.

[$_{CP}$[$_{IP}$ 인호가 [$_{I'}$ [$_{VP}$ [$_{CP}$ e 공부하려고][$_{VP}$ 도서관에 가-]]-았-]-다]]

나. 비가 오려고 습도가 높아졌다.

[$_{CP}$[$_{CP}$ 비가 오려고]$_{i}$ [$_{CP}$[$_{IP}$ 습도가 [$_{I'}$ [$_{VP}$ t_{i} [$_{VP}$ 높아지-]]-었-]-다]]

(31) ⟦-으려고^{2}⟧^{w,t,j} =

$[\lambda p:\ p \in D_{\langle s,\langle i,\langle e,t\rangle\rangle\rangle}.\ \lambda f:\ f \in D_{\langle s,\langle i,\langle e,\langle e.t\rangle\rangle\rangle\rangle}.\ \lambda x:\ x \in D_{e}.\ \forall\langle w',t',y\rangle :$

$\langle w',t',y\rangle \in \text{BEST}(\text{intend/circ},\ \text{stereo/scheduled}, w, t, j)\ \&\ j = y \rightarrow$

$p(w')(t')(y)\ \&\ f(w')(t')(y)(x)] = 1$

통사적 구성성분을 이루지 않는 내포절의 '-으려고'와 상위절의 '하-'가 통사적 재구조화 원리에 의해 연계되어 '예정' 양상을 표현하는 (28)의 경우를 자세히 살펴보자.602) '-으려고 하-'를 (29)와 같이 재구조화된 복합 머리성분(head)으로 설정하여 그 어휘적 의미를 기술하는 것은 양정석(2016나)에서 '-어 보-', '-어 두-' 보조동사 구문의 통사·의미를 기술했던 방법을 따른 것이다. 이런 구문에 활용할 수 있도록 이미 제1장에서 의미해석 규칙들 중의 하나로 '⑦ 재구조화 지표를 가지는 구조의 의미 합성 규칙'을 설정하였다.

⑦ 재구조화 지표를 가지는 구조의 의미 합성

(i) 재구조화 원리의 적용에 따라 최상위구 머리성분이 갖게 된 의미구조를 최하위구 머리

602) 통사론의 원리인 재구조화 원리에 대해서는 양정석(2010: 176-216, 356-365)에서 자세히 서술하였다.

성분이 물려받는다.

(ii) A가 분지교점이고 {B, C}가 그 딸성분들의 집합인 경우, B가 재구조화 지표 'i'를 가지는, 최하위구 아닌 상위구의 머리성분이면, 모든 지할당 함수 g에 대하여,
⟦ A ⟧^{g} = ⟦ C ⟧^{g}이다.

이 규칙은 최하위구의 머리성분 '-으려고', 상위구의 머리성분 '하-' 중에서 상위구의 '하-'의 의미는 무시하라는 지침이다. 이러한 지침의 전제는 최하위구의 '-으려고'가 전체 단위 '-으려고 하-'의 의미 정의를 물려받아서 적용한다는 것이다. 이 점은 이동 변형된 선행사의 의미구조를 흔적이 물려받고, 이동한 선행사의 의미구조는 무시되는 것으로 규정한 제1장의 규칙 ⑨와 유사한 것이다.

(32) '비가 오려고 한다.'의 통사구조((29나)에 재구조화 지표 'i'가 표시됨):
[e_{pleo} [[비가 오-]-으려고^{i}] 하-^{i}]-ㄴ다.

(33) '비가 오려고 한다.'의 통사의미적 합성 절차
⟦ 비가 오-으려고^{i} ⟧ = ⟦ -으려고^{i} ⟧ (λw". λt". λy". ⟦ 비가 오- ⟧) (①(iii) 적용)
[$\lambda p_{<s,<i,<e,t>>>}$. [∀<w',t',y>: <w',t',y> ∈ BEST(circ, scheduled, w, t, j) → p(w')(t')(y)] = 1](λw". λt". λy". 세계 w"에서, 시구간 t"에, 판단자 y"에게, 비가 온다') ((29가)의 의미 정의, ⑦ 적용)
[∀<w',t',y>: <w',t',y> ∈ BEST(circ, scheduled, w, t, j) → 세계 w'에서, 시구간 t'에, 판단자 y에게, 비가 온다'] (λ-전환)
⟦ 비가 오-으려고^{i} 하- ⟧ = ⟦ 비가 오-으려고^{i} ⟧ (⑦(ii) 적용)

다음으로 '-을래'는 '-으려고 해'의 비표준어형인 '-을라고 해'로부터 대략 다음과 같은 축약 절차를 통해 발달한 종결어미라고 본다.

(34) 가. -을라고 해 → -을라 해 ('-고' 삭제)
나. -을라 해 → -을라 애 ('ㅎ' 삭제)
다. -을라 애→ -을래 (규칙 'ㅏ+ㅐ→ㅐ')

그러나 그 기원으로 생각되는 '-을라고 해'는 비표준어형으로 받아들여지고 있고, 그 축약 과정에 대한 표준적인 기술 방법인 남기심(1973)에서 '하-'와 관련한 축약형을 형성하는 형태음운론 규칙 중 '-고' 삭제 규칙은 인용 보문자 '-고'에 대해서만 적용되는

것으로, (34가)와 같이 한 단위의 연결어미 '-을라고'에 적용될 수는 없는 것이다.603) 이와 같은 근거에 따라 '-을래'를 단일한 종결어미로 가정하는 것이다.

(35) 가. $[\![\text{-을래}]\!]^{c*;w,t,j}$ = $[\lambda p\text{: } p \in D_{<s,<i,<e,et>>>}. \lambda x_e$: x는 c*의 현저한 개체이고
$x=s(c^*)$. $\forall$<w', t', y>: <w', t', y> $\in$ BEST(intend, stereo, w, t, j) $\rightarrow$
p(w')(t')(y)(x) & y=j] = 1

나. $[_{CP}$ 나는$_i$ $[_{C'}$ $[_{IPi}$ t_i 떠나-Ø-]-을래]]

이 '-을래'의 의미 정의와 이 요소가 실현되는 통사구조는 어원적으로 연관됨직한 (24가)의 '-으려고 하-'와 동일하지 않다. 이제까지 논의한 의도 양상의 요소들 중 이 '-을래'의 정의와 가장 가까운 것은 약속형어미 '-으마'라고 할 수 있다. 그러나 '-으마'의 정의가 가지고 있던 수행동사 'PROM'이 (35가)에는 제거되었으므로 '-으마'와 꼭 같지는 않다.604)

'-을래' 문장의 의미 형식과, 그것을 바탕으로 도출되는 담화 의미 표상을 다음과 같이 나타낼 수 있다.

(36) '내가 갈래.'의 의미 형식:

$[\![\text{내가 갈래}]\!]^{c*;w,t,j}$ = $[\![\text{-을래}]\!]^{c*;w,t,j}$($[\![\text{내가 가-}]\!]^{c*;w,t,j}$) =

$[\lambda p\text{: } p \in D_{<s,<i,<e,et>>>}. \lambda x_e$: x는 c*의 현저한 개체이고 x=s(c*). [$\forall$<w', t', y>:
<w', t', y> $\in$ BEST(intend, stereo, w, t, j) $\rightarrow$ p(w')(t')(y)(x) & y=j] = 1](λ
w". λt". λy". 세계 w"에서, 시구간 t"에, 판단자 y"에게, 비가 온다')

[$\forall$<w',t',y>: <w',t',y> $\in$ BEST(intend, stereo, w, t, j) $\rightarrow$ 세계 w'에서,
시구간 t'에, 판단자 y에게, s(c*)가 간다']

(37) '내가 갈래.'의 담화 의미 표상:

c*:s(c*):{s(c*)가 간다'}

(37)는 공적인 TD에 추가되기 전 화자 개인의 정보상태에 기재된 정보로서의 담화

603) 남기심(1973)이 분석한 예는 인용절 어미가 서술형인 경우('-다고 해 → 대'), 의문형인 경우('-느냐고 해 → -느 '), 명령형인 경우('-으라고 해 → -으래'), 청유형인 경우('-자고 해 → -재')의 네 가지인데, 이들은 모두 인용 보문자 '-고'를 가지는 경우이다.

604) '-을래'는 청자가 화자와 매우 친근한 사이일 경우에만 사용될 수 있다는 특별한 맥락상의 제약을 가지므로 이러한 점들이 명세화되어야 한다. 이 점에 관해서는 한국어 의도형어미들의 의미 정의를 전반적으로 정리하는 8.5절에서 논의하기로 한다.

의미 표상이다. 발화 상황에서의 여러 가지 조건에 따라 이 내용이 책임성을 가지는 내용으로 화·청자에게 인식되면 (37)은 (38)과 같은 형식으로 행동목록 TD의 집합에 추가된다.

(38) '내가 갈래.'의 담화 의미 표상:
c*:TD:{s(c*)가 간다'}

이와 같이 의도 양상의 '-으려고 하-' 문장과 '-을래' 문장이 합성성 원리를 준수하는 통사의미적 해석을 받게 된다.

8.4.4. 존재 양화의 의도 양상 '-으려무나'

'-으려무나'는 '허락'의 화행을 표현한다고 알려져 왔다. 필자의 관점에 따르면 이는 의미론적으로 존재 양화의 의도 양상을 표현하는 어미이다. 다음과 같이 '-거든' 연결어미 문장의 후행절로 실현될 수 있다는 것은 '-으려무나' 절이 의도 양상의 표현임을 증명한다.

(39) 인호가 오거든 너는 떠나려무나.

이와 반면에 의무 양상의 표현인 '-어야 하-' 구문이나, 이 의무 양상의 존재 양화 표현이라고 생각되는 '-어도 좋-' 구문은 '-거든' 문장의 후행절로 실현되는 것이 제약된다.

(40) 가. ??인호가 오거든 너는 떠나야 한다.
나. ??인호가 오거든 너는 떠나도 좋다.

'-으려무나'가 특이한 점은 존재 양화의 양상 표현이라는 점이다. 이 점을 포착하는 이 어미의 의미 정의는 (41)과 같다. 담화화용론적 추론규칙의 적용에 따른 담화 의미 표상은 (43)와 같다.

(41) $[\![$ -으려무나 $]\!]^{c*;w,t,j}$ =
$[\lambda p: p \in D_{<s,<i,<e,et>>>}. \lambda x_e: x = a(c^*). \exists <w',t',y>: <w',t',y> \in BEST(intend, stereo, w, t, j)\ \&\ j = y\ \&\ p(w')(t')(y)(x)] = 1$

(42) ⟦ 너는 떠나려무나 ⟧ $^{c*;w,t,j}$ =

∃<w',t',y>: <w',t',y> ∈ BEST(intend, stereo, w, t, j) & j = y & 세계 w'에서, 시구간 t'에, 판단자 y에게, a(c*)가 떠난다'

(43) c*(s(c*)=철수, a(c*)=인호):TD:허락:{a(c*)가 떠난다'}

존재 양화의 의도 양상이 허락의 화행으로 인식되는 데에는 다음과 같은 원리가 작용하는 것으로 본다.

(44) 존재 양화의 의도 양상 명제는 TD에서 '허락'의 명제로 기재된다.

의무 양상의 보편, 존재 양화 표현인 다음 두 문장의 의미 형식을 살펴보자. 한국어에서 보편 의무 양상의 표현 방법은 (45)와 같이 '-어야 하-' 구문을 활용하는 것이다.[605] 존재 의무 양상은 '-어도' 연결어미의 접속문 형식을 활용하여 표현한다.[606]

(45) 너는 떠나야 한다.

∀<w',t',x>: <w',t',x> ∈ BEST(circ, deon, w, t, j) → w'에서, t'에, x에게, 마땅하다'(s(c*), [a(c*)가 떠난다'])

(46) 너는 떠나도 좋다.

[∃<w',t',y>: <w',t',y> ∈ BEST(circ, deon, w, t, j) & 세계 w'에서, 시구간 t'에, 판단자 y에게, a(c*)가 떠난다' &세계 w'에서, 시구간 t'에, 판단자 y에게, s(c*)에게는 g(i)가 좋다']

(g(i)는 공범주 대명사의 의미로서 발화 맥락에 따라 해석됨)

한국어에서 의도 양상의 표현은 정해진 어미들에 의해서 보편 양화 표현과 존재 양화 표현이 체계적으로 분화되어 있는 데에 비해서, 의무 양상은 정해진 어미에 의해 표현되지도 않고, 보편 양화 표현과 존재 양화 표현이 체계적으로 분화되어 있지도 않다.

이상의 설명이 가능하다는 점은 명령형어미를 양상 요소로 간주함으로써 얻는 이득이

---

605) '-어야'는 '-으려고'와 마찬가지로, 보문의 어미로서 주절 동사를 논항으로 취하는 형식과, 접속문의 어미로서 선행절과 후행절을 논항으로 취하는 두 가지 의미 형식으로 기술되어야 한다(양정석 2017: 351).

606) 양보의 연결어미 '-어도'의 의미 정의는 양정석(2020나: 73)에서 제시한 바 있는데, 그 곳에서는 양상기반 함수로 인식 양상 'epist'만, 순서근거 함수로 전형성 'stereo'만 설정하였다. (a)와 같이 정정해야 한다.

a. [λp. λp. ∃<w',t',x>: <w',t',x> ∈ BEST(epist/circ, stereo/deon, w, t, j) & j=x & p(w')(t')(x) & q(w')(t')(x) = 1, 단, q는 p와 관련하여 기대되는 상황과 상반되는 상황일 경우에만 이 정의가 성립됨]

양정석(2020나: 73)에서도 '-어도' 문장의 의미가 존재 양화(∃)의 형식임을 분명히 한 바 있다.

다. 특히 한국어에 존재 양화의 의도 양상이 독립된 명령형어미 '-으려무나'에 의해 표현된다는 사실은 명령형어미를 양상 요소로 기술하는 이 책의 기본 관점이 타당함을 보이는 한 가지 증거가 된다.

8.5. 한국어 의도 양상 요소 재정리

한국어의 종결어미들이 화자와 청자의 사회적 관계와 해당 문장이 발화되는 특정 맥락을 표시하는 기능을 가진다는 점은 전통문법적 연구에서부터 오랫동안 관심을 끌어온 주제이다. 종결어미의 의미의 완전한 형식화에는 이러한 사실들이 포함되어야 한다. 이 절에서는 앞에서의 논의 결과로 얻어진 의미 형식에 사회적 관계와 맥락의 특성을 추가하여 형식화하는 방법을 고안해 보기로 한다.

명령형어미 '-어라'는 청자(a(c))가 화자(s(c))와 동등하거나 손아래의 사람임을 나타낸다. 이러한 사회적 관계의 의미는 전제 의미로서, 문장의 단언 의미가 부정되더라도 부정되지 않는다. 그러므로 이를 정의 성립 조건으로 표시할 수 있다. 사회적 관계에서의 손위, 손아래의 관계를 (1)과 같이 형식화하면, '-어라'의 의미 정의는 (2)와 같이 나타낼 수 있다.

(1) '$a(c^*) \leq_{social\text{-}relation} s(c^*)$'는 $a(c^*)$가 $s(c^*)$와 사회적 관계에 있어서 손아래이거나 동등함을 나타낸다.

(2) $[\![$-어라$]\!]^{c^*;w,t,j}$ =

λp: $p \in D_{<s,<i,<e,et>>>}$. λx_e: x는 c^*의 현저한 개체이고 $x = a(c^*)$. $IMP(s(c^*), a(c^*),$

$\forall <w', t', y>: <w', t', y> \in BEST(intend, stereo, w, t, j) \rightarrow p(w')(t')(y)(x)),$

단 $a(c^*) \leq_{social\text{-}relation} s(c^*)$.

'-어'는 화·청자가 격의 없는 사회적 관계일 때에 쓰는 어미이다. 사회적 높낮이 관계의 표시인 (1)이 사용되지 않는다. 무엇보다도 '-어'가 특징적인 점은 명령의 발화 외에도 서술, 청유의 발화, 나아가 질문의 발화에 두루 쓰일 수 있다는 것이다. 이러한 어미로는 '-으오'와 '-지'가 있다. '-지'는 약속의 발화에도 쓰인다. 이들의 경우 각각의 용법을 동음이의적 단위로 설정하기로 한다.[607]

---

607) '-어'와 '-으오', '-지'에 위첨자 '1'이 붙는 경우는 뒤의 9.8절에서 재정리하는 의문형어미의 경우이다.

(3) 가. $[\![$-어$^2]\!]^{c*;w,t,j}$ =

λp: $p \in D_{<s,<i,<e,et>>>}$. λx_e: $x = a(c^*)$. IMP($s(c^*)$, $a(c^*)$, $\forall$<w', t', y>: <w', t', y> $\in$ BEST(intend, stereo, w, t, j) $\rightarrow$ p(w')(t')(y)(x)), 단 $s(c^*)$와 $a(c^*)$는 격의 없는 사회적 관계임.

나. $[\![$-어$^3]\!]^{c*;w,t,j}$ =

λp: $p \in D_{<s,<i,<e,et>>>}$. λx_e: $x = Gc(s(c^*)) = Gc(a(c^*))$. HORT($s(c^*)$, $a(c^*)$, $\forall$<w', t', y>: <w', t', y> $\in$ BEST(intend, stereo, w, t, j) $\rightarrow$ p(w')(t')(y)(x)), 단 $s(c^*)$와 $a(c^*)$는 격의 없는 사회적 관계임.

(4) 가. $[\![$-으오$^2]\!]^{c*;w,t,j}$ =

λp: $p \in D_{<s,<i,<e,et>>>}$. λx_e: $x = a(c^*)$. IMP($s(c^*)$, $a(c^*)$, $\forall$<w', t', y> : <w', t', y> $\in$ BEST(intend, stereo, w, t, j) $\rightarrow$ p(w')(t')(y)(x)), 단 $s(c^*)$와 $a(c^*)$는 동등한 사회적 관계이나 서로 격식을 차리는 관계임.

나. $[\![$-으오$^3]\!]^{c*;w,t,j}$ =

λp: $p \in D_{<s,<i,<e,et>>>}$. λx_e: $x = Gc(s(c^*)) = Gc(a(c^*))$. HORT($s(c^*)$, $a(c^*)$, $\forall$<w', t', y>: <w', t', y> $\in$ BEST(intend, stereo, w, t, j) $\rightarrow$ p(w')(t')(y)(x)), 단 $s(c^*)$와 $a(c^*)$는 동등한 사회적 관계이나 서로 격식을 차리는 관계임.

(5) 가. $[\![$-지$^2]\!]^{c*;w,t,j}$ =

λp: $p \in D_{<s,<i,<e,et>>>}$. λx_e: $x = a(c^*)$. IMP($s(c^*)$, $a(c^*)$, $\forall$<w', t', y>: <w', t', y> $\in$ BEST(intend, stereo, w, t, j) $\rightarrow$ p(w')(t')(y)(x)), 단 $a(c^*) \leq_{social\text{-}relation} s(c^*)$ & $s(c^*)$와 $a(c^*)$가 친근한 사회적 관계임.

나. $[\![$-지$^3]\!]^{c*;w,t,j}$ =

λp: $p \in D_{<s,<i,<e,et>>>}$. λx_e: $x = Gc(s(c^*)) = Gc(a(c^*))$. HORT($s(c^*)$, $a(c^*)$, $\forall$<w', t', y>: <w', t', y> $\in$ BEST(intend, stereo, w, t, j) $\rightarrow$ p(w')(t')(y)(x)), 단 $a(c^*) \leq_{social\text{-}relation} s(c^*)$ & $s(c^*)$와 $a(c^*)$가 친근한 사회적 관계임.

다. $[\![$-지$^4]\!]^{c*;w,t,j}$ =

λp: $p \in D_{<s,<i,<e,et>>>}$. λx_e: $x = s(c^*)$. PROM($s(c^*)$, $a(c^*)$, $\forall$<w', t', y>: <w', t', y>$\in$ BEST(intend, stereo, w, t, j) $\rightarrow$ p(w')(t')(y)(x)), 단 $a(c^*) \leq_{social\text{-}relation} s(c^*)$ & $s(c^*)$와 $a(c^*)$가 친근한 사회적 관계임.

각각은 상이한 억양을 수반하므로, 엄밀히 말하면 '동음이의적'이란 말은 정확한 표현은 아니다. '동음이의적' 단위들을 억양을 수반한 채로 각각 독립된 어휘항목으로 설정하는 것이 가장 온당한 방안이라고 판단한다. 대안적 처리로는 비분절 형태소(cf. 박창해 1962)로서의 명령형, 청유형 요소를 통사적 머리성분으로 상정하고 서술형의 '-어'에 통사적 절차를 통하여 결합된다고 하는 방안이 가능하다. 그러나 그 경우 이런 비분절 형태소가 수많은 종결어미들 중 왜 '-어', '-으오', '-지'에만 결합 가능한지를 해명해야 하는 부담을 지게 된다.

'-어'와 '-으오'와 '-지'는 질문과 명령과 청유의 발화에 두루 쓰일 수 있다. 이 중 '-지'는 약속의 발화에도 쓰일 수 있다는 특이성이 있다. (6마), (7마)가 부적격한 데에 비해서 (8마)는 적격하나.

(6) 가. 철수가 내일 너에게 500만원을 줘. (서술)
　나. 철수가 내일 너에게 500만원을 줘? (질문)
　다. 너 내일 나에게 500만원을 줘. (명령)
　라. 우리 내일 철수에게 500만원을 줘. (청유)
　마. ??내가 내일 너에게 500만원을 줘. (약속의 발화로)
(7) 가. 철수가 내일 당신에게 500만원을 주오. (서술)
　나. 철수가 내일 당신에게 500만원을 주오? (질문)
　다. 내일 나에게 500만원을 주오. (명령)
　라. 우리 내일 철수에게 500만원을 주오. (청유)
　마. ??제가 내일 댁한테 500만원을 주오. (약속의 발화로)
(8) 가. 철수가 내일 너에게 500만원을 주지. (서술)
　나. 철수가 내일 너에게 500만원을 주지? (질문)
　다. 너 내일 나에게 500만원을 주지. (명령/권고)
　라. 우리 내일 철수에게 500만원을 주지. (청유/제안)
　마. 내가 내일 너에게 500만원을 주지. (약속의 발화로)

'-으오'는 s(c*)와 a(c*)가 동등한 사회적 관계이나 격식을 차리는 관계임을 나타낸다. 과거에는 이를 형에게 쓰는 표현으로 권하던 적이 있었으나, 현재 한국어의 발화에서 그와 같은 경우에 쓰이는 일은 상상하기가 어렵다.

'-으려무나'는 '허락'의 화행(speech act)을 표현하는 어미로 알려져 왔다. 본 연구에서는 이 허락의 화행이 '-으려무나'의 기본 의미인 존재 양화의 의도 양상으로부터 유도되는 화용적 의미라고 파악한다. 그 의미 정의는 다음과 같다.

(9) $[\![\text{-으려무나}]\!]^{c^*;w,t,j}$ =
$\lambda p{:}\ p \in D_{<s,<i,<e,et>>>}.\ \lambda x_e{:}\ x = a(c^*).\ \text{IMP}(s(c^*), a(c^*), \exists <w', t', y> : <w', t', y> \in \text{BEST}(\text{intend}, \text{stereo}, w, t, j) \rightarrow p(w')(t')(y)(x)),\ \text{단}\ a(c^*) \leq_{\text{social-relation}} s(c^*).$

'-으라'도 명령형어미 중에서 독특한 위치를 차지한다. 이 어미를 발화함으로써 현실 맥락과는 다른 맥락을 환기하는 기능을 가진다는 점이 이 명령형어미의 독특한 점이다. 맥락 c는 현실 맥락과 다른 가상의 맥락이라고 규정하는 것이 타당하다. 이를 '문어적 맥락'이라고 지칭하기로 한다. 문어적 맥락 c를 이루는 세계들 또는 상황들은 전형적으로 글로 쓰여진 담화 속의 상황들이다. 친한 친구에게 하는 발화로나, 손아래 사람에게 하는 발화로나, (10나)는 극히 부자연스럽다. 이 어미는 원래 현실 맥락 c*가 아닌 문어적 맥락 c에서 적격하게 쓰이도록 주어진 어미이기 때문이다.

(10) 가. 철수야, 너도 예수님을 믿어라.

나. ??철수야, 너도 예수님을 믿으라.

(11) $[\![\text{-으라}]\!]^{c;w,t,j}$ =

$\lambda p\colon p \in D_{<s,<i,<e,et>>>}. \lambda x_e\colon x = a(c)$ & $a(c)$는 집단 & c는 문어적 맥락임.

$IMP(s(c), a(c), \forall <w', t', y>\colon <w', t', y> \in BEST(intend, stereo, w, t, j) \rightarrow$

$p(w')(t')(y)(x))$, 단 $a(c) \leq_{social\text{-}relation} s(c)$.

'-읍시오'는 s(c*)와 a(c*)가 서로 격식을 차리는 사회적 관계임을 나타내는, 대표적인 격식체의 명령형어미이다. a(c*)가 s(c*)와 동등한 사회적 관계에 있거나, 손위 사람인 경우에 사용된다. 주체높임의 '-으시-'를 동반한 '-으십시오(-으십쇼)'로 쓰이는 것이 보통이다.

(12) $[\![\text{-읍시오}]\!]^{c^*;w,t,j}$ =

$\lambda p\colon p \in D_{<s,<i,<e,et>>>}. \lambda x_e\colon x = a(c^*).\ IMP(s(c^*), a(c^*), \forall <w', t', y>\colon$

$<w', t', y> \in BEST(intend, stereo, w, t, j) \rightarrow p(w')(t')(y)(x))$,

단 $s(c^*) \leq_{social\text{-}relation} a(c^*)$이고 s(c*)와 a(c*)가 서로 격식을 차리는 관계임.

청유형 '-자'는 청자가 화자와 동등한 사회적 관계에 있거나 손아래 사람인 경우에 사용되는 전형적인 청유형어미이다. '-읍시다'는 가장 전형적인 격식체의 청유형어미이다. '-읍시다'는 a(c*)가 s(c*)와 동등한 사회적 관계이거나 손위 사람이고, s(c*)와 a(c*)가 격식을 차리는 사회적 관계임을 나타낸다. 주체높임의 '-으시-'를 동반한 '-으십시다'로 쓰이는 것이 보통이다.

(13) 가. $[\![\text{-자}]\!]^{c^*;w,t,j}$ =

$\lambda p\colon p \in D_{<s,<i,<e,et>>>}. \lambda x_e\colon x = Gc(s(c^*)) = Gc(a(c^*)).\ HORT(s(c^*), a(c^*),$

$\forall$<w', t', y>: <w', t', y> $\in$ BEST(intend, stereo, w, t, j) $\rightarrow$ p(w')(t')(y)(x)),
단 a(c*) $\leq_{social\text{-}relation}$ s(c*).

나. ⟦ -읍시다 ⟧ $^{c*;w,t,j}$ =
λp: p∈$D_{<s,<i,<e,et>>>}$. λx_e: x = Gc(s(c*)) = Gc(a(c*)). HORT(s(c*), a(c*),
$\forall$<w', t', y>: <w', t', y> $\in$ BEST(intend, stereo, w, t, j) $\rightarrow$ p(w')(t')(y)(x)),
단 s(c*) $\leq_{social\text{-}relation}$ a(c*)이고 s(c*)와 a(c*)가 서로 격식을 차리는 관계임.

약속형 '-으마'는 청자가 화자와 동등한 사회적 관계에 있거나 손아래 사람인 경우에 사용되는 어미이다. 약속형 '-을게'는 a(c*)가 s(c*)와 동등하거나 손아래 사람이고, s(c*)와 a(c*)가 극히 친근한 사회적 관계임을 나타낸다. 약속형 '-음세'는 a(c*)가 s(c*)와 동등하거나 손아래 사람이라는 점에서 '-을게'와 같으나, s(c*)와 a(c*)가 모두 중년 이상의 연배이고, s(c*)와 a(c*)가 극히 친근한 사회적 관계는 아니어서 '적당한 사회적 거리'를 두고자 하는 맥락에서 쓰인다는 특이한 점이 있다.

(14) 가. ⟦ -으마 ⟧ $^{c*;w,t,j}$ =
λp: p∈$D_{<s,<i,<e,et>>>}$. λx_e: x = s(c*). PROM(s(c*), a(c*), $\forall$<w', t', y>:
<w', t', y> $\in$ BEST(intend, stereo, w, t, j) $\rightarrow$ p(w')(t')(y)(x)),
단 a(c*) $\leq_{social\text{-}relation}$ s(c*).

나. ⟦ -을게 ⟧ $^{c*;w,t,j}$ =
λp: p∈$D_{<s,<i,<e,et>>>}$. λx_e: x = s(c*). PROM(s(c*), a(c*), $\forall$<w', t', y>: <w',
t', y> $\in$ BEST(intend, stereo, w, t, j) $\rightarrow$ p(w')(t')(y)(x)),
단 a(c*) $\leq_{social\text{-}relation}$ s(c*)이고 s(c*)와 a(c*)가 극히 친근한 사회적 관계임.

다. ⟦ -음세 ⟧ $^{c*;w,t,j}$ =
λp: p∈$D_{<s,<i,<e,et>>>}$. λx_e: x = s(c*). PROM(s(c*), a(c*),$\forall$<w', t', y>: <w',
t', y> $\in$ BEST(intend, stereo, w, t, j) $\rightarrow$ p(w')(t')(y)(x)),
단 a(c*) $\leq_{social\text{-}relation}$ s(c*)이고 s(c*)가 a(c*)와 적당한 사회적 거리를 두고자 함.

'-을래'도 의도 양상의 요소이다. 이는 화자 자신의 행동을 표현한다는 점에서는 '약속형'과 공통적 의미 형식을 갖지만 화행의 하나로서의 '약속'의 기능을 가진다고는 볼 수 없다. 약속형어미들과는 달리 수행동사 'PROM'을 갖지 않는 형식으로 기술하기로 한다.[608] a(c*)가 s(c*)와 동등하거나 손아래 사람이고, s(c*)와 a(c*)가 극히 친근한 사회

608) 이 차이의 본질은 무엇인가? '사회적 행위에 책임성을 가지고 개입함'의 유무가 그 차이라고 생각한다. 뒤의

적 관계임을 나타낸다.

(15) $[\![$ -을래^{2} $]\!]^{c^*;w,t,j}$ =

$\lambda p\colon p \in D_{<s,<i,<e,et>>>}.\ \lambda x_e\colon x = s(c^*).\ \forall <w', t', y>\colon <w', t', y> \in BEST(intend, stereo, w, t, j) \rightarrow p(w')(t')(y)(x))$, 단 $a(c^*) \leq_{social\text{-}relation} s(c^*)$이고 $s(c^*)$와 $a(c^*)$가 극히 친근한 사회적 관계임.

이상의 방법으로 의도 양상을 표현하는 종결어미들을 전반적으로 형식화할 수 있다.

8.6. 의도 구문과 연접, 이접, 조건의 표현

연접의 '-고, -으며' 연결어미 문장과 이접의 '-거나' 연결어미 문장은 명령문/청유문/약속문 안의 구성성분으로 내포될 수 있다. 그러나 명령형의 절, 청유형의 절, 약속형의 절은 연접의 연결어미 '-고, -으며', 이접의 연결어미 '-거나'에 의해 접속될 수 없다. (3)이 이 점을 보여준다. (6)에서 드러나는 것처럼 조건문인 '-으면' 연결어미 문장도 유사한 통사적 분포를 보인다.[609]

(1) 가. 철수도 오고 인호도 와라.
　　나. 서울에도 가고 부산에도 가자.
　　다. 서울에도 가고 부산에도 가마.
(2) 가. 순희는 철수도 오고 인호도 오라고 말했다.
　　나. 순희는 서울에도 가고 부산에도 가자고 말했다.
　　다. 순희는 서울에도 가고 부산에도 가마고 약속했다.
(3) 가. *철수도 와라고/와라거나 인호도 와라.
　　나. *서울에도 가자고/가자거나 부산에도 가자.
　　다. *서울에도 가마고/가마거나 부산에도 가마.
(4) 가. 철수가 오면 인호도 와라.

8.7.2절에서 '책임성(commitment)'이라고 지칭하는 개념이 이를 뜻하는 것이다. 극히 친근한 사이에서도 '-을게'는 이 책임성을 가지는 약속의 표현에 사용되고, '-을래'는 이 책임성을 갖지 않는 단순한 의도의 표현에 사용된다.

609) 양정석(2010: 385-434)에서는 '-고, -으며, -거나' 연결어미의 절이 모두 IP에 부가되는 부가어이고, '-으면' 연결어미의 절은 I'에 부가되는 부가어라는 점을 논증한 바 있다.

나. 철수가 가면 우리도 떠나자.
다. 철수가 오면 나도 가마.

(5) 가. 순희는 철수가 오면 인호도 오라고 말했다.
나. 순희는 철수가 가면 떠나자고 말했다.
다. 순희는 철수가 오면 가마고 약속했다.

(6) 가. *철수가 와라면 인호도 와라.
나. *철수가 가자면 우리도 떠나자.
다. *철수가 오마면 나도 가마.

(3), (6)의 사실은 어말어미가 한 동사에 두 개 결합될 수 없는 한국어의 형태론적 구조의 제약으로 말미암은 것이다. 이와 같은 형태론적 제약이 없는 영어에서는 이와 대응되는 구조가 표현될 수 있다. 영어의 이와 같은 구조는 명령문을 양상 명제로 분석하지 않는 연구들(일례로 Portner 2005, 2007, 2019)에서는 큰 난문제로 제기된다. 진리치를 갖지 않는 단위로 규정된 명령문들이 진리조건적 연접과 이접 연산자에 의해서 합성되는 모순적 사실을 드러내기 때문이다.[610)]

(7) 가. Come one step further, and step on this point.
한 발짝 더 가까이 오고/와서 이 지점을 밟아라.
나. Come one step further, or step on this point.
한 발짝 더 가까이 오거나 이 지점을 밟아라.

접속문을 취하여 명령형어미, 청유형어미, 약속형어미의 의미 작용이 가해짐을 표현하는 (1) 문장들의 경우, 그 의미 해석 과정을 기술하는 일은 이제까지 보였던 작업을 반복하는 일에 지나지 않는다. 여기에서는 대표적인 예로 조건문에 명령형어미, 청유형어미, 약속형어미의 의미 작용이 가해짐을 표현하는 (4) 문장들의 의미 해석 과정을 기술하기로 한다. (4)'은 이 문장들의 통사구조를 간략히 나타낸 것이다.

(4)' 가. [[철수가 오면 인호도 오-]-아라]
나. [[철수가 가면 우리도 떠나-]-자]
다. [[철수가 오면 나도 가-]-으마]

610) 이런 관점에서의 비판과 이러한 구문들에 대한 양상적 처리 방안은 Kaufmann(2012: 221-254)에서 전개된 바 있다.

이들의 의미 형식은 다음과 같이 도출된다. 표준적 형식의미론의 관행에 따르면 조건문은 양상 표현으로 기술된다. 선행절 명제가 성립하는 세계들의 집합과 주어진 양상적 배경(대화배경: 양상기반과 순서근거)에서 주어지는 세계들의 집합의 교집합인 세계들 모두에서 후행절 명제가 성립됨을 표현하는 것이 조건문이다.[611] 조건문의 명령문, 청유문, 약속문은 의도 양상 구조의 내부에 인식 양상 구조가 내포된, 겹쳐진 양상 구조를 도출한다.

(8) 가. 철수가 오면 인호도 와라.

⟦[[철수가 오면 인호도 오-]-아라]⟧$^{c*;w,t,j}$ =
[IMP(s(c*), a(c*), ∀<w', t', x>: <w', t', x> ∈ BEST(intend, stereo, w, t, j)
→ (∀<w", t", x">: <w", t", x"> ∈ BEST(epist, stereo, w', t', x) & 세계 w"에서, 시구간 t"에, 판단자 x"에게, 철수가 온다' → 세계 w"에서, 시구간 t"에, 판단자 x"에게, 인호도 온다')]

나. 철수가 가면 우리도 떠나자.

⟦[[철수가 가면 인호도 우리도 떠나-]-자]⟧$^{c*;w,t,j}$ =
[HORT(s(c*), a(c*), ∀<w', t', x>: <w', t', x> ∈ BEST(intend, stereo, w, t, j)
→ (∀<w", t", x">: <w", t", x"> ∈ BEST(epist, stereo, w', t', x) & 세계 w"에서, 시구간 t"에, 판단자 x"에게, 철수가 간다' → 세계 w"에서, 시구간 t"에, 판단자 x"에게, 우리도 떠난다')]

다. 철수가 오면 나도 가마.

⟦[[철수가 오면 나도 가-]-으마]⟧$^{c*;w,t,j}$ =
[PROM(s(c*), a(c*), ∀<w', t', x>: <w', t', x> ∈ BEST(intend, stereo, w, t, j) → (∀<w", t", x">: <w", t", x"> ∈ BEST(epist, stereo, w', t', x) & 세 계 w"에서, 시구간 t"에, 판단자 x"에게, 철수가 온다' → 세계 w"에서, 시구간 t"에, 판단자 x"에게, s(c*)도 간다')]

Kaufmann(2012)에서 분석한 다음과 같은 영어 구문은 명령문을 진리치를 갖지 않는 수행적 단위로 간주하는 이론들에 또 다른 난제가 된다. 선행절은 명령문인데 의미상으로는 조건을 나타낸다.

(9) 가. Come in time, and you'll get a seat.

611) 한국어의 '-으면' 조건문이 이러한 뜻의 양상 표현이라는 점을 자세히 논한 양정석(2020가)를 참고하기 바람.

제 시간에 오면 너는 자리를 얻을 것이다.

나. Be on time, or you'll lose your job.

시간을 지키지 않으면 너는 직장을 잃을 것이다.

(9)' 가. *제 시간에 와라고 너는 자리를 얻을 것이다.

나. *시간을 지켜라거나 너는 직장을 잃을 것이다.

Kaufmann(2012: 240)에서는 (9가)와 (9나)를 'and', 'or'가 머리성분이고 후행절이 보충어이며 선행절이 명시어인 구조로 분석하였다. 'and', 'or'의 통사 범주는 보문소(C)라고 한다.

(10) 가. Come in time, and you'll get a seat.

나.

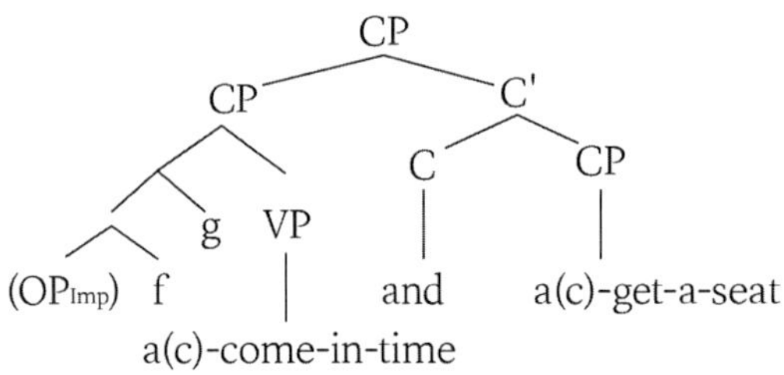

한국어 접속문의 일부 구문이 '명시어 구조'로 기술되어야 한다는 것이 양정석(2005/2010) 이래로 계속해 온 필자의 주장이다. 다음의 한국어 예들에서는 연결어미 '-거든', '-자'가 C 범주로서, 그 왼쪽의 선행절인 IP를 보충어로, 그 오른쪽의 후행절인 CP를 명시어로 가지는 구조를 형성한다고 본다. 특히 (11가)의 한국어 문장에서 '-거든'은 그 명시어인 후행절이 의도 양상의 표현일 것을 요구한다는 점을 그 함수의 영역 조건으로 가진다는 것이 이 책의 제2장에서부터 강조해 온 점이다.[612]

(11) 가. 비가 오거든 우산을 사라.

[$_{CP}$ [$_{C'}$ [$_{IP}$ 비가 오-∅-]-거든] [$_{CP}$ e 우산을 사-∅-라]]

나. 비가 오자 새들이 모두 사라졌다.

[$_{CP}$ [$_{C'}$ [$_{IP}$ 비가 오-∅-]-자] [$_{CP}$ 새들이 모두 사라지-었-다]]

612) '-거든'은 다음 (11가)의 통사구조를 바탕으로 선행절 명제와 후행절 명제를 그 논항들로 취한다. 그 의미 정의와, 관련된 논증은 양정석(2016가, 2017: 122, 2020나)에 제시되어 있다.

영어, 독일어에 (10)과 같은 명시어 구조가 존재하고, 더욱이 선행절이 명령문이며, 이 선행절이 조건을 나타낸다는 점은 한국어 자료를 근거로 명시어 구조 분석의 필요성을 강조해 온 필자의 주장이 보편적 근거에 의해 지지됨을 보이는 것이라고 생각한다. '-거든'의 의미 기술에 그 후행절이 의도 양상을 가져야 한다는 요구를 전제 의미로 설정하는 것처럼, (10)과 같은 영어 문장에서도, 보통의 용법과 구별되는 동음이의적 'and'('and^{2}')가 선행절에 의도 양상을 가져야 한다는 요구를 전제 의미로 설정할 수 있을 것이다.

영어, 독일어에도 보문소 범주(C)가 그 명시어에 의도 양상 명제에 대한 전제를 부과하는 현상이 있다는 것을 알아보았다. 최근의 연구는 또 다른 언어, 중국어와 베트남어를 대상으로 동일한 점을 증명하고 있다. 담홍달(2022)은 중국어에서, 양정석·류력녕·레티탐(2023)은 중국어와 베트남어에서 과거에 접속사로 알려져 온 특정 요소들이 후행절에 대해 의도 양상 의미를 전제로 부과하는 사실이 있음을 보고하고 있다.

중국어에서 조건문은 '要是'나 '如果/假如'를 선행절의 앞머리에 두는 접속문으로 표현된다. 이 중에서 (12가)의 '要是' 접속문은, 한국어의 '-거든' 접속문처럼, 후행절이 의도 양상의 표현일 것을 요구하는 특징이 있다.[613]

(12) 가. 要是你遇見朋友，把消息告訴他吧!
　　네가 친구를 만나거든 이 소식을 전해라.
나. 如果你有困難，我可以幫助你。
　　만약 네게 어려움이 있으면 내가 도와줄 수 있다.
다. 假如你有困難，我可以幫助你。
　　만약 네게 어려움이 있으면 내가 도와줄 수 있다.

(12가)의 '要是' 접속문의 후행절은 의도의 의미를 나타내는 명령문, 청유문, 약속문일 때에 가장 자연스럽다. 앞에서 언급한 양상의 요소 '吧'가 명령문, 청유문, 약속문인 후행절에 나타난다는 점은 주목할 만하다.

(13) 가. 要是你遇見朋友，把消息告訴他吧!
　　네가 친구를 만나거든 이 소식을 전해라.
나. 要是考試通過，我們開慶祝派對吧!

613) 담홍달(2022)에서는 중국어의 '要是' 접속문이 그 후행절에 의도 의미를 요구한다는 점과 시간적 선후관계의 특징을 근거로 (14나)와 같은 명시어 구조로 기술하였다. 중국어의 사실은 담홍달(2022)에 바탕을 둔 것이다.

시험에 통과하거든 우리 축하 파티를 엽시다.

다. 要是考試通過，我爲你開慶祝派對吧!

시험에 통과하거든 네가 축하 파티를 열어 줄게.

(13)은 후행절에 의도 구문을 요구하는 특징적 구문으로서의 '要是' 접속문과, 의도 구문을 표시하는 표지인 '吧'가 동시에 함께 실현된 전형적인 예를 보여주는 것이다. 이러한 사실을 근거로, '要是' 접속문의 통사구조를 (14나)와 같이 명시어 구조로 설정한다.[614)]

(14) 가. 要是你遇見朋友，把消息告訴他吧!

네가 친구를 만나거든 이 소식을 전해라.

나. [$_{CP}$ [$_{C'}$ [$_C$ 要是][$_{IP}$ 你遇見朋友]] [$_{MP}$ 把消息告訴他吧]]

베트남어에서 조건문은 '要是'나 'nếu'나 'hễ', 'giá', 'giả sử''를 선행절의 앞머리에 두는 접속문으로 표현된다. 이 중에서 (15가)의 'nếu' 접속문은 후행절이 의도 양상의 표현일 것을 요구하는 특징이 있다.

(15) 가. Nếu S_1 - (thì) S_2 - (đi).

Nếu (cậu) mệt thì cậu nghỉ ngơi đi.

Nếu 2s.sg 피곤하다 thì 2s.sg 쉬다 đi

네가 피곤하거든/피곤하면 쉬어라.

나. Hễ S_1 - (thì) S_2 - (đi).

Hễ mùa xuân đến thì hoa nở.

Hễ 봄 오다 thì 꽃 피다

봄이 오면/봄이 올 때마다 꽃이 핀다.

다. Giá S_1 - (thì) S_2

614) 다음 (14나)는 담홍달(2022)에서 제시한 구조이다. 鄧思穎(2019)에서는 중국어의 다른 접속문인 '...而且...' 접속문에서 '而且'를 보문소(C) 범주로 설정하여 다음과 같은 구조('명시어 구조')를 제시한 바 있다.

a. [$_{CP}$ [$_{CP}$ 不但價錢貴] [$_{C'}$ [$_C$ 而且] [$_{TP}$ 東西也不好]]]

담홍달(2022)에서는 (14나)처럼 후행절이 명시어인 구조와 함께 (a)처럼 선행절이 명시어인 구조를 모두 중국어 접속문의 구조로 설정해야 함을 논증하고 있다. 그가 적절히 지적한 것처럼, 핵계층 이론에 따르면 보충어와 머리성분의 어순을 결정하는 매개변인(한국어의 '머리성분-뒤', 중국어의 '머리성분-앞' 매개변인)은 존재하지만, 명시어 또는 부가어의 어순을 결정하는 원리는 존재하지 않기 때문에 한 언어에서 두 가지의 명시어 어순이 허용되는 것이다.

Giá tôi có giọng hát hay thì tôi đã làm ca sĩ.
Giá 나 있다 목소리 좋다 thì 나 I(과거) 하다 가수
내가 목소리가 좋았으면 가수가 되었을텐데.

라. Giả sử S_1 - (thì) S_2 - (đi).
Giả sử hôm nay cậu trúng sổ xố thì cậu sẽ làm gì?
Giả sử 오늘 2s.sg 당첨되다 로또 thì 2s.sg I(미래) 하다 무엇
오늘 네가 로또에 당첨되면 무엇을 할 거야?

(15가)의 'nếu' 접속문의 후행절은 의도의 의미를 나타내는 명령문, 청유문, 약속문이어야 한다. 중국어의 '吧'에 상응하는 양상의 요소 'đi'가 명령문, 청유문, 약속문인 후행절에 나타난다는 점도 주목할 만하다. (18)의 후행절에 나타나는 'sẽ'는 한국어의 '-겠-'이나 '-을것이-'처럼 의도의 의미와 함께 미래의 의미를 표현한다.

(16) 가. Nếu (cậu) mệt thì cậu nghỉ ngơi đi.
Nếu 2s.sg 피곤하다 thì 2s.sg 쉬다 đi
네가 피곤하거든/피곤하면 쉬어라.

나. Nếu (cậu) mệt thì cậu hãy nghỉ ngơi đi.
Nếu 2s.sg 피곤하다 thì 2s.sg Adv 쉬다 đi
네가 피곤하거든/피곤하면 쉬어라.

다. Nếu (cậu) mệt thì cậu nên nghỉ ngơi đi.
Nếu 2s.sg 피곤하다 thì 2s.sg Adv 쉬다 đi
네가 피곤하거든/피곤하면 쉬어라.

라. Nếu cậu gặp bạn bè thì hãy chuyển tin này nhé.
Nếu 2s.sg 만나다 친구 thì Adv 전하다 소식 이 nhé.
네가 친구를 만나거든 이 소식을 전해라.

마. Nếu mọi người đã đến đông đủ thì chúng ta bắt đầu cuộc họp thôi.
Nếu 모두 사람 I(과거) 오다 빠짐없이 thì 우리 시작 회의 thôi
모두 빠짐없이 왔거든/왔으면 회의를 시작합시다.

(17) 가. Nếu cần thì (hãy) gọi điện cho mình nhé.
Nếu 필요하다 thì Adv 전화하다 -에게 1s.sg nhé
필요하면 나에게 전화해.

나. Nếu anh muốn gặp giám đốc thì xin đợi ông ấy đến 3 giờ.
Nếu 2s.sg 원하다 만나다 사장님 thì please 기다리다 3s.sg -까지 3시

사장님을 만나고 싶으면 3시까지 그를 기다리십시오.

(18) 가. Nếu không bận thì mình sẽ đến thăm nhà cậu.
Nếu Neg 바쁘나 thì 1s.sg I(미래) 가다 방문하다 집 2s.sg
내가 바쁘지 않으면 네 집에 놀러갈게/놀러가겠다/놀러갈 것이다.

나. Nếu cậu gặp khó khăn thì mình sẽ giúp.
Nếu 2s.sg 겪다 어려움 thì 1s.sg I(미래) 돕다
네가 어려움을 겪으면 내가 도와줄게/도와주겠다/도와줄 것이다.

다. Nếu bộ phim đó hấp dẫn thì tôi sẽ xem.
Nếu 영화 그 재미있다 thì 1s.sg I(미래) 보다
그 영화가 재미있으면 내가 볼게/보겠다/볼 것이다/보마.

라. Nếu anh bận thì tôi sẽ không đến.
Nếu 2s.sg 바쁘다 thì 1s.sg I(미래) Neg 가다
네가 바쁘면 내가 가지 않을게/가지 않겠다/가지 않을 것이다.

(16)-(18)에서 보는 바와 같이 'nếu' 접속문의 후행절은 의도 의미를 나타내는 것이어야 한다. 이를 근거로 'nếu' 접속문의 통사구조를 (19)와 같이 명시어 구조로 설정한다.

(19) [$_{CP}$ [$_{C'}$ [$_{C}$ nếu] [$_{IP}$ (cậu) mệt]] [$_{MP}$ (thì) cậu nghỉ ngơi đi]]
(네가) 피곤하거든 쉬어라.

한국어의 연결어미 '-거든'이 가지는 통사론적, 의미론적 중요성은 이 책의 제2장에서부터 강조해 왔다. 이상의 논의는 계통적으로 아주 다른 언어들에서 그 통사구조와 의미적 특징이 하나로 모이는 구문 현상이 존재한다는 흥미로운 사실을 드러내었다. 이 사실들에 대해 합성성 원리를 준수하는 명시적인 통사의미론적 해석 절차를 제시한다는 점에서 이 책의 연구는 이전의 어느 연구와도 차별화되는 것이라고 할 수 있다.

8.7. 명령문, 청유문, 약속문의 담화화용론

8.7.1. 추론규칙과 담화 의미 표상

8.2절과 8.3절에서는 단순문인 명령문, 청유문, 약속문과, 명령절/청유절/약속절을 내포하는 간접인용문의 의미론적 해석 방법을 보였다. 담화화용론적으로 명령문/청유문/

약속문과 내포절인 명령절/청유절/약속절의 의미 형식은 담화 표상에 '행동목록(TD: To-Do list)'이라는 집합의 원소로 전환된다.[615] 담화 표상에서 이들이 구체적으로 어떤 형식으로 표상되는지 알아보기로 한다.

명령문과 청유문, 약속문은 의미론적 절차에 따라 명제의 형식으로 도출되는데, 이들은 담화 표상에서 이들 명제 각각을 원소로 가지는 집합(한원소집합: singleton set)의 형식으로 전환된 다음 '행동목록(TD)'에 추가된다. 내포절인 명령절, 청유절, 약속절의 명제는 인용동사 '명령하-', '제안하-', '약속하-'에 의해 도입되는 맥락 기호 아래 집합의 형식으로 표시된다.

먼저 단순문인 명령문, 청유문, 약속문의 의미 형식이 담화 표상의 행동목록에 추가되는 과정을 살펴보자.

명령문의 의미 형식을 담화 의미 표상으로 전환하는 규칙은 의미론적 해석 규칙들의 적용 후에 적용되어 하나의 명제로 이루어진 집합, 즉 한원소집합(singleton set)을 이끌어낸다.

(1) '떠나라'의 의미 형식과 담화 의미 표상(8.2절의 (3))
　[IMP(s(c*), a(c*), ∀<w', t', y>: <w', t', y> ∈ BEST(intend, stereo, w, t, j)
　→ w'에서, t'에, y에게, 인호'가 떠난다' & y=j] ⇒ c*:TD:{인호'가 떠난다'}

여기에서 적용된 담화화용론적 추론규칙의 일반적 형식은 다음과 같다. 명제 P를 원소로 가지는 집합이 얻어지는데, 이 원소는 집합인 행동목록(TD)에 추가된다.

(2) 의도 명제(명령문)를 TD의 행동지침으로 전환하기(추론규칙):
　[IMP(s(c), a(c), ∀<w', t', y>: <w', t', y> ∈ BEST(intend, stereo, w, t, j)
　→ 세계 w'에서, 시구간 t'에, 판단자 y에게, P & y=j] ⇒ c:TD:{P}

명제 형식인 청유문의 의미 형식을 담화 표상으로 전환하는 규칙은 (3)과 같고 8.2절에서 보인 명령문의 의미 형식에 이 규칙을 적용하면 (4)가 된다.

---

615) 행동목록 'TD'는 뒤의 제9장에서 소개하는 질문집합 'QS'와 함께 Portner(2004, 2009)에서 도입한 담화 의미 표상 내의 기록 공간이다. 양정석(2017: 322-338)에서 'TD'와 'QS'를 담화 의미 표상의 일부분으로 수용하는 방안을 논의한 바 있다. 주의할 점은, Portner(2004)가 TD의 원소인 행동지침을 <e,<s,t>> 타입의 속성으로 간주하는 반면 필자는 이를 <s,t> 타입의 명제로 간주한다는 것이다.

(3) 의도 명제(청유문)를 TD의 행동지침으로 전환하기(추론규칙):

[HORT(s(c), a(c), ∀<w', t', y>: <w', t', y> ∈ BEST(intend, stereo, w, t, j)

→ 세계 w'에서, 시구간 t'에, 판단자 y에게, P & y=j]

⇒ c:TD:{P}

(4) 청유문 "떠나자."의 의미 형식(8.2절의 (4))

[HORT(s(c*), a(c*), ∀<w', t', y>: <w', t', y> ∈ BEST(intend, stereo, w, t, j) →

세계 w'에서, 시구간 t'에, 판단자 y에게, g(i)가 떠난다' & y=j]

(여기에서 g(i)=G_{c^*}(s(c*))=G_{c^*}(a(c*)))

⇒ c*:TD:{G_{c^*}(s(c*))=G_{c^*}(a(c*))가 떠난다'}

명제 형식인 약속문의 의미 형식을 담화 표상으로 전환하는 규칙은 (5)와 같고, 위 8.2절에서 보인 약속문 "떠나마."의 의미 형식에 이 규칙을 적용하면 (6)이 된다.

(5) 의도 명제(약속문)를 TD의 행동지침으로 전환하기(추론규칙):

[PROM(s(c), a(c), ∀<w', t', y>: <w', t', y> ∈ BEST(intend, stereo, w, t, j)

→ w'에서, t'에, y에게, P & y=j]

⇒ c:TD:{P}

(6) 약속문 "떠나마."의 의미 형식(8.2절의 (5))

[PROM(s(c*), a(c*), ∀<w', t', y>: <w', t', y> ∈ BEST(intend, stereo, w, t, j) →

w'에서, t'에, y에게, s(c*)가 떠난다' & y=j]

⇒ c*:TD:{s(c*)가 떠난다'}

다음으로 명령절, 청유절, 약속절을 내포한 간접인용문의 경우를 살펴보자. 내포절인 명령절, 청유절, 약속절은 인용동사 '명령하-', '제안하-', '약속하-'에 의해 도입되는 맥락 기호 아래 집합의 형식으로 표시된다. 간접인용문의 의미 합성을 논한 위 8.3절의 (9)의 명령절 내포문 해석을 (7)로 다시 제시한다.

(7) "김대위는 인호에게 출발하라고 명령한다."

⟦ [김대위는 인호에게$_i$ [$_{CP}$ pro$_i$ [$_{C'}$ [$_{IPi}$ t$_i$ 출발하-Ø-]-으라고]] 명령하-Ø -ㄴ다] ⟧$^{c*;w,t,j}$ =

[s(c*)=철수' & s(c*)=순희' & c*≠c' & s(c') = 김대위' & a(c') = 인호'인

인용(명령)의 맥락 c'에서; ∀<w', t', y'>: <w', t', y'> ∈ BEST(intend, stereo,

w(c'), t(c'), y) → w'에서, t'에, y'에게, 인호'가 출발한다' & y'=김대위']

(7)의 의미 형식의 내부에서 명령절에 해당하는 의미 형식은 집합의 형식으로 전환된다. 명령절의 명제는 집합의 형식으로 인용의 맥락 c'을 기준으로 배열된다.

(8) [s(c*)=철수' & s(c*)=순희' & c*≠c' & s(c') = 김대위' & a(c') = 인호'인
인용(명령)의 맥락 c'에서; ∀<w', t', y'>: <w', t', y'> ∈ BEST(intend, stereo,
w(c'), t(c'), y) → w'에서, t'에, y'에게, 인호'가 출발한다' & y'=김대위']
⟹
[s(c*)=철수' & s(c*)=순희' & c*≠c' & s(c') = 김대위' & a(c') = 인호'인
인용(명령)의 맥락 c'에서; c':TD:{인호'가 출발한다'}]

'-자고' 간접인용문이 도출되는 절차는 다음과 같다. 위 8.3절의 청유절 내포문 (13)의 통사구조와 그 의미 형식을 (9)로 다시 제시한다.

(9) ⟦[김대위는 인호에게$_i$ [$_{CP}$ pro$_i$ [$_{C'}$ [$_{IPi}$ t$_i$ 출발하-Ø-]-자고]] 제안하-Ø -ㄴ다]⟧$^{c*;\ w,t,j}$ =
[s(c*)=철수' & s(c*)=순희' & c*≠c' & s(c') = 김대위' & a(c') = 인호'인
인용(명령)의 맥락 c'에서; ∀<w', t', y'>: <w', t', y'> ∈ BEST(intend, stereo,
w(c'), t(c'), y) → w'에서, t'에, y'에게, Gc(s(c))=Gc(a(c))가 출발한다' & y'=김대위'] ⟹
[s(c*)=철수' & s(c*)=순희' & c*≠c' & s(c') = 김대위' & a(c') = 인호'인
인용(명령)의 맥락 c'에서; c':TD:{Gc(s(c'))=Gc(a(c'))가 출발한다'}]

'-으마고' 간접인용문이 도출되는 절차는 다음과 같다. 8.3절의 약속절 내포문 (17)의 통사구조와 그 의미 형식을 (10)으로 다시 제시한다.

(10) ⟦[김대위는 인호에게$_i$ [$_{CP}$ pro$_i$ [$_{C'}$ [$_{IPi}$ t$_i$ 출발하-Ø-]-으마고]] 약속하-Ø -ㄴ다]⟧$^{c*;w,t,j}$ =
[s(c*)=철수' & s(c*)=순희' & c*≠c' & s(c') = 김대위' & a(c') = 인호'인
인용(약속)의 맥락 c'에서; ∀<w', t', y'>: <w', t', y'> ∈ BEST(intend,
stereo, w(c'), t(c'), y) → w'에서, t'에, y'에게, 인호'가 출발한다' & y'=김대위'] ⟹
[s(c*)=철수' & s(c*)=순희' & c*≠c' & s(c') = 김대위' & a(c') = 인호'인
인용(약속)의 맥락 c'에서; {∀<w', t', y'>: <w', t', y'> ∈ BEST(intend,
stereo, w(c'), t(c'), y) → w'에서, t'에, y'에게, 인호'가 출발한다' & y'=김대위'}] ⟹
[s(c*)=철수' & s(c*)=순희' & c*≠c' & s(c') = 김대위' & a(c') = 인호'인
인용(약속)의 맥락 c'에서; c':TD:{김대위'가 출발한다'}]

명령문, 청유문, 약속문이 의미론적으로 의도 양상의 명제로 해석되고, 이것이 다시 담화화용론적 추론규칙의 적용에 따라 담화 표상에 '행동목록(TD)'이라는 집합의 원소로 전환됨을 보였다. 명령문, 청유문, 약속문은 의미론적 절차에 따라 명제의 형식으로 도출되는데, 이는 담화 표상에서 이 명제를 원소로 가지는 집합(한원소집합: singleton set)의 형식으로 전환된 다음 행동목록(TD)에 추가된다. 명령문, 청유문, 약속문의 명제 형식은 현실 맥락 c^* 아래 집합의 형식으로 표시된다. 명령절의 명제는 집합의 형식으로 인용의 맥락 c'을 기준으로 배열된다. 의도 명제의 행동지침으로의 전환을 실행하는 일반화된 추론규칙은 다음과 같다.

(11) 의도 명제의 행동지침으로의 전환(추론규칙):

$[\forall \langle w', t', y\rangle: \langle w', t', y\rangle \in$ BEST(intend, stereo, w, t, j) $\rightarrow$ w'에서, t'에, y에게, P & y=j]

$\Rightarrow$ c:TD:{P}

이상에서는 문장의 의미론적 표상을 담화 의미 표상의 일부로 전환하는 절차에 대하여 설명하였다. 다음은 담화 의미 표상을 바탕으로 하여 수행되는 담화화용론적 해석 절차와 그 해석 과정을 규율하는 원리들에 대하여 알아보기로 한다.

8.7.2. 공유배경, 행동목록, 대화배경, 책임성

의도 양상을 표현하는 명령문과 의무 양상의 표현은 담화의 맥락을 특정의 의무, 요망, 목적의 맥락으로 바꾸어 놓는다. Portner(2007)은 명령문이 의미론적으로 양상 표현이 아니고, <e,st> 타입의 속성 표현이라고 한다. 그러나 명령문의 속성 표현과 양상 문장(특히 '의무' 양상 문장)의 표현이 공통으로 '의무'의 선택함수를 산출함으로써 서로 연관된다고 한다. 명령문의 의미와 양상 의미 사이의 연결이 어떻게 이론화되는지 알아보기로 한다.

(12) 세계들 간의 순서

$w_1, w_2 \in \cap CG$인 임의의 세계들 w_1, w_2와 담화의 참여자 i에 대하여, $w_1 <_i w_2$는 다음과 같이 정의된다.[616]

---

616) 참여자 i가 가진 행동목록의 행동들이 많이 행해지는 세계라는 점에서 w_2가 w_1보다 더 나은 세계('better world')라는 것이 Portner(2007)의 설명이다. Kaufmann(2012: 51)이 지적하는 것처럼 '$w_1 < w_2$'의 순서는

$P \in T(i)$인 어떤 P에 대하여, $P(w_2)(i) = 1$이고 $P(w_1)(i) = 0$이며, $Q \in T(i)$인 모든 Q에 대하여 $Q(w_1)(i) = 1$이면 $P(w_2)(i) = 1$이다(T(i)는 담화 참여자 i의 행동 지침들의 집합).

(13) 담화 참여자의 책임성(commitment)

임의의 담화 참여자 i에 대하여, 대화의 참여자들은 누구나, $w_1 \in \cap CG$인 어떠한 세계 w_1에서의 어떠한 행동들도 $w_1 <_i w_2$의 조건을 만족하는 어떠한 세계 $w_2(\in \cap CG)$도 존재하지 않게 행해진다는 뜻에서, i의 행동들이 합리적이고 협조적인 행동이라고 합의하게 된다.

(13)은 명령문이나 양상 문장에 의해 주어진 의무, 요망, 목적의 상황과 부합되는 행동을 하는 것이 합리적이고 협조적인 행동을 하는 것이라는 원리이다. 그러한 행동이 '책임성을 가지고 관여하는'(commit) 행동이다. 다음 (14)-(17)은 명령문에 의해서, 또는 양상 문장에 의해서 의무, 요망, 목적의 상황과 부합되는 행동 또는 명제들을 산출하는 함수들을 정의한 것이다. (18), (19)는 선택함수와 행동목록들을 중심으로 이루어진 맥락을 바탕으로, 담화화용적 해석의 일반 원리를 서술한 것이다.

(14) 선택함수(selection function)

임의의 개인 x의 선택함수 h는 두 개의 논항, 즉 세계 w와 명제들의 집합 S를 취하여 S의 부분집합을 그 값으로 내어놓는 함수이다. $h_x(w, S)$의 형식으로 나타낸다.[617]

(15) 의무 선택함수(a selection function as deontic)

임의의 개인 x와 임의의 세계 w와 임의의 명제들의 집합 S에 대하여, $deontic_x(w, S)$는 그 정의 성립 조건이 만족될 경우 다음과 같은 정의를 가진다.

$deontic_x(w, S)$ = {p: $p \in S \wedge$ p는 x가 w에서의 의무에 관여됨을 표명한다}

(16) 요망 선택함수(a selection function as bouletic)

임의의 개인 x와 임의의 세계 w와 임의의 명제들의 집합 S에 대하여, $bouletic_x(w, S)$는 그 정의 성립 조건이 만족될 경우 다음과 같은 정의를 가진다.

$bouletic_x(w, S)$ = {p: $p \in S \wedge$ p는 x가 w에서 요망하는 바를 표명한다}

(17) 목적 선택함수(a selection function as teleological)

임의의 개인 x와 임의의 세계 w와 임의의 명제들의 집합 S에 대하여, $teleo_x(w, S)$는 그 정의 성립 조건이 만족될 경우 다음과 같은 정의를 가진다.

$teleo_x(w, S)$ = {p: $p \in S \wedge$ p는 w에서의 x가 목적하는 바를 표명한다}

Kratzer(1991a) 등에서 사용하던 순서 개념과 반대 방향이다. 제6장 등에서 사용된, 순서근거 g(w)에 의해 주어지는 순서 '$w_1 <_{g(w)} w_2$'는 'w_1'이 'w_2'보다 주어진 양상의 특징이 성립한다는 점에서 더 이상적인 세계, 우선적인 세계임을 나타내는 것으로, Kratzer(1991a) 등의 표준적 양상 이론에서 사용해 온 약정이다.

617) 이하에서 '명제들의 집합'은 Portner(2007)에서 '속성들의 집합'과 '명제들의 집합'으로 표현된 것들을 하나로 통일한 것이다.

(18) 명령문의 화용적 기능

명령문 ϕ_{imp}의 전형적 담화 기능은 다음과 같다. C는 맥락으로서, <CG, Q, T, h>의 형식을 취한다(CG: 공유배경, Q: 질문집합, T: 행동목록, h: 선택함수).

a. C + ϕ_{imp}는 $h_{청자}$(w, $T_{청자}$)가 정의 성립 조건을 만족하는 경우 그 정의가 성립된다.

b. C + ϕ_{imp}가 그 정의 성립 조건을 만족하는 경우, C + ϕ_{imp} = <CG', Q, T', h> 이며 다음 조건을 만족해야 한다.

(i) T'은 T'(청자) = T(청자) ∪ { ⟦ ϕ_{imp} ⟧ }인 경우를 제외하고는 T와 같고,

(ii) CG' = CG ∪ {{w ∈ ∩CG : 임의의 명제들의 집합 S에 대하여, $h_{청자}$(w, S)의 정의가 성립하는 경우, ⟦ ϕ_{imp} ⟧ ∈ $h_{청자}$(w, S)이다.}}

(19) 담화화용적 해석의 두 가지 원리

a. 맥락이 <CG, Q, T, h, f, g>와 같은 형식으로 주어진 경우, 모든 대화의 참여자 α, P ∈ T(α)를 만족하는 모든 P, w ∈ ∩CG를 만족하는 모든 w에 대하여, P(α) ∈ g(w)이다.

b. 하나의 선택함수가 한 담화 단위를 통하여 동일하게 유지되어야 한다.

(19a)에서 'f'와 'g'는 대화배경 함수의 두 종류인 양상기반 함수와 순서근거 함수이다. (19a)는 행동목록이 대화배경에 포함된다(행동지침이 대화배경의 원소가 된다)는 원리를 서술하는 것이다.[618] Portner(2007)에서는 (19)의 두 원리가 적용되는 예로 다음을 들고 있다.

(20) A: Pay your taxes!

B: OK. #In view of my moral obligations, should I pay?

(19a)에 따라 명령문인 A의 발화의 '네가 세금을 낸다'라는 명제는 '의무' 대화배경에 포함된다. 또, 명령문인 A의 발화는 의무 선택함수를 산출하고 있다. B의 발화도 의무 양상 'should'를 사용함으로써 같은 의무 선택함수를 산출하는데 이것은 잉여적이어서 (19b)를 위반한다. 만약 B가 다른 선택함수를 산출하려고 의도했다면 그 경우에도 한 담화 단위에서 하나의 선택함수를 사용해야 한다는 (19b)를 위반한 것이다.

명령문이 양상 표현임을 부정하는 Portner(2007)와는 달리, 필자는 명령문이 양상 표현이고, 또 의도 양상의 표현이라고 가정한다. 앞에서 서술한 것처럼 명령문의 의미론적

618) 이는 행동지침이 대화배경이라는 명제들의 집합의 원소가 된다는 뜻과 같은 것이므로 'P(α) ∈ g(w)'와 같이 명시되었다.

형식의 의도 양상을 근거로 행동목록에 행동지침이 명제의 형식으로 추가된다.[619]

8.7.3. 의도 양상이 다른 전이 의미들의 기본 의미다

어휘항목들의 의미 정의를 바탕으로 합성된 문장의 진리조건적 의미 형식이 주어지고, 이를 근거로 맥락에 따른 화용론적 해석이 실행된다. 양정석(2017)에서 맥락을 기준으로 배열, 조직화되는 담화 표상의 기술 방안을 제시한 바 있다. 화용론적 해석은 담화 표상에 주어진 의미 형식을 바탕으로 행해진다. Grice(1975), Sperber & Wilson(1986)의 대화상의 원리를 이용하여 의문문, 명령문의 화용적 의미 전이를 설명한 Wilson & sperber(1988), Clark(1993)의 선례를 따라서 다음과 같은 부류의 비정규적 명령문들을 고려해 보기로 한다.

(21) 가. 가다가 첫 번째 신호등에서 우회전하세요. [조언]
나. 매일 아침 식후 2알씩 복용하세요. [안내/가르침]
다. 추석 잘 보내세요. [축원]
라. 조용히 해라! 혼난다. [위협/경계]
마. 그래, 가져가라. [허락]

한 예로 Wilson & sperber(1988)의 설명에 의하면 이들은 기본 의미 '성취 잠재력(achievability)과 요망성(desirability)'으로부터 전이된 의미라고 한다. 필자는 '의도 양상' 의미가 이들 서로 다른 전이적 의미를 도출해 낼 수 있는 기본 의미라고 생각한다. 조언, 안내, 가르침, 축원, 위협, 경계, 허락에 공통된 의미는 화자의 의도이다. Kratzer(1981, 1991a)의 양상 이론의 틀 안에서 설명하면, '의도 양상'은 양상기반(modal base) 함수이다.[620] 정황 양상기반이 '의무', '요망', '목적'의 순서근거에 의해 다양한 전이 의미로 실현되는 것과 같이 의도 양상도 여러 가지 전이 의미로 실현된다는 것이 필자의 판단이다. 다만 (21)의 각 전이 의미들의 용례는 몇 가지가 첨삭되어 재배열되어야 한다.

(22) 명령

---

619) Portner(2007)은 행동목록(TD)의 원소인 행동지침을 속성으로 간주하지만, (12)-(19)의 이론화에서는 속성을 대화 참여자를 논항으로 취한 명제로 취급하여 같은 이론을 전개할 수 있다. 필자는 이러한 관점에 따라 (12)-(19)의 개념과 원리들을 활용한다.

620) Kratzer(1981, 1991)에는 '의도'가 양상기반 함수의 하나로 설정되어 있지 않다. 제2장의 자세한 논의를 참고하기 바람.

가. 중대장에게 귀대 보고해라. [명령]

나. 조용히 해라! 혼난다. [위협/경계]

(23) 권유

가. 이것 좀 드셔 보세요. [권유]

나. 추석 잘 보내세요. [축원]

(24) 목적을 위한 조언

가. 가다가 첫 번째 신호등에서 우회전하세요. [조언]

나. 매일 아침 식후 2알씩 복용하세요. [안내/가르침]

다. 논문 원고를 가지고 지도교수와 자주 상의를 해라. [충고]

(25) 허락

가. 그래, 가져가라. [허락]

나. (그렇게 말하고 싶으면) 너 먼저 얘기해라. [양보]

명령문인 (22), (23), (24)의 세 가지 의미는 정황 양상(양상기반)을 바탕으로 한 세 가지 전이 양상(순서근거)의 의미 '의무', '요망', '목적'과 대응된다. 즉 (22)의 '명령'은 '의무' 양상과 같이 '의무'를 부과한다. (23)의 '권유'는 '요망' 양상과 같이 화자가 요망/희망하는 상황을 기대하고 있다. (24)의 명령문들이 표현하는 '조언'은 '목적' 양상과 같이 이들 행동이 어떤 목적을 가정한 행동임을 나타내고 있다. 이들에 비해서 (25)의 '허락'은 다른 기준에서 위 명령문 표현들과 구별된다. '허락'의 명령문도 양상 표현과 대응된다. (22)-(24)의 명령문들과 대응되는 양상 표현들이 보편 양화로 나타낼 수 있는 양상(필연성)임에 비해서, (25)의 '허락'에 대응되는 양상은 존재 양화의 표현, 즉 가능성과 대응되는 것으로 생각된다.

이 절에서는 명령문의 세 가지 전이 의미와 양상 표현의 세 가지 전이 의미의 대응 관계에 대해 고려해 보았다. 다음으로 8.7.4절에서는 명령문이 어찌하여 보편 양화에 대응되는 '의무'와 존재 양화에 대응되는 '허락'을 아울러 표현할 수 있는지 논의해 보기로 한다.

8.7.4. 명령문과 양상 표현의 관계

8.7.4.1 의도 양상과 의무 양상의 관계

명령문, 청유문, 약속문은 의도 양상을 표현한다는 것이 본 연구의 주요 논점이다. 종래 명령문을 양상 표현으로 기술해 온 논의들(한정혜 1997, 1998, Kaufmann 2012)은 명령문이 의무 양상을 표현한다고 본다. 의도 양상과 의무 양상의 관계는 정확히 어떤 것인가? (132a)와 같이 주어진 맥락에서 의도 양상을 표현하는 명령문은 담화화용상의 여러 가지 요인에 따라 의무, 요망, 목적 선택함수의 표현으로 전환된다. 각 선택함수에 의한 표현은 각각 명령, 권유, 조언으로 화자/청자에게 인식된다. 필자는 다음과 같은 화용적 논리에 따라 의도 양상의 명제가 의무 양상의 명제로 전환된다고 본다.

의도 양상에서 주어지는 책임성(책임성을 가진 관여: commitment)은 화자로부터 나온다. 의도 양상 문장이 발화되면 그 명제는 공유배경의 부분인 행동목록에 추가된다. 명령문인 경우, 그 명제는 청자의 행동목록으로, 청자('a(c)')의 기호 아래 기록된다. 청자의 행동목록의 일부로 기록된 양상 문장의 명제는, 청자가 그 책임성을 수락하는 경우, 진정한, 객관적 공유배경으로 받아들여진다. 의무 양상에서 주어지는 책임성은 맥락의 화자/청자와는 독립적인, 객관적인, 사회적 권위로부터 온다. 따라서 객관적 공유배경으로 받아들여진 명제는 객관적, 사회적 권위를 가지는 명제가 되어, 의무 양상의 명제와 같아지는 것이다. 8.7.2절의 담화화용론 체계에 의거하여 표현하면 의도 양상의 명제나 의무 양상의 명제나 모두 의무 선택함수의 작용에 따라 '의무의 명제'가 되어 맥락의 구성원이 된다.

의도 양상이 의무 양상과 같이 의무의 표현으로 인식되는 데에는 다음과 같은 원리가 작용하는 것으로 보인다.

(26) 의무 양상 명제는 행동목록(TD)에서 의무 선택함수의 적용을 받는다. 의도 양상 명제도 행동목록(TD)에서 의무 선택함수의 적용을 받는다.

이상의 추론은 명령문, 청유문, 약속문이 표현하는 의도 양상이 의무 양상과 독립적인 것이라는 전제에서 행해진 것이다. 의무 양상이 명령문, 청유문, 약속문의 의도 양상과 별개의 것이라는 점은 8.1절에서 보인 '-거든'과의 공존 제약의 특징을 통하여 확인할 수 있다((27)은 8.1절의 (11)을 다시 든 것임).

(27) 가. 인호가 오거든 떠나라/떠나십시오.
나. 인호가 오거든 떠나자/떠납시다.
다. 인호가 오거든 떠나마/떠날게/떠남세.
라. 인호가 오거든 나는 떠나겠다. ('의도'의 뜻으로)
마. 인호가 오거든 나는 떠날 것이다. ('의도'의 뜻으로)
바. 인호가 오거든 나는 떠나려고 한다.

사. *인호가 오거든 나는 떠나고 싶다.
아. ??인호가 오거든 너는 떠나야 한다.

(가)-(바)는 모두 후행절이 의도 양상의 표현이다. 이에 비해 (사)는 후행절이 요망 양상의 표현이어서, 후행절에 의도 양상 표현을 요구하는 '-거든'의 제약을 위반한다. (아)의 후행절은 의무 양상의 표현이다. 이를 통하여 '-거든'의 의도 양상에 대한 요구는 해당 언어 표현이 가지는 일차적인 의미 특성에 대한 요구임을 알 수 있다. (26)의 원리에 따르면 의도 양상의 명제도 담화화용론적 추론에 따라 의무 명제로 전환될 수 있고, 실제로 (아) 문장은 담화화용론적 '전제보충(accommodation)'의 절차에 따라 맥락에 부합되는 적절한 해석을 받을 수도 있다.

8.7.4.2. 필요조건 조건문과 명령문의 상충

양정석(2020나: 60)에서는 필요조건의 한국어 '-어야' 조건절, 필요조건의 영어 'only if' 절이 그 주절에 명령문이 실현되는 것을 제약한다는 사실을 지적하였는데, 그 이유로는 다만 "이 경우의 제약은 필요조건 의미를 가지는 요소가 가지는 보편적 의미론적 제약으로서, 통사적 제약과는 무관한 것이다."라고 서술한 바 있다.[621] 해당 제약이 통사적 제약과 무관한 것이라는 점은 여전히 필자의 관점으로 유지한다. 다만, 그 의미적 제약이 보편적 성격을 가지는 것인지는 판단하기 어렵다. 여기에서는 관련 사실에 대해 간단히 관찰해 보기로 한다.

(28) ?Leave only if it rains!
?비가 와야 떠나라.

명령문뿐 아니라 청유문/약속문이 모두 제약된다.

(29) ?Let's leave only if it rains!
?비가 와야 떠나자.
(30) ?비가 와야 떠나마.

621) 이 책의 2.4.2.2절에서도 '-어야'의 후행절에 대한 선택제약의 특성은 '당위적 조건'의 의미가 가지는 보편적, 의미적 특성에 따라 설명할 수 있다고 지적하였다.
a. 그 사람이 와야 나는 가겠다.
b. *그 사람이 와야 너는 가라/우리는 가자.

이들의 '?'의 이유가 통사적 제약이 아님은 분명하지만, 보편적 의미론적 제약이라고도 볼 수 없다. 이들의 부적격성은 한국어의 연결어미 '-어야', 영어의 'only if'가 가지는 특별한 의미가 명령형어미, 청유형어미, 약속형어미의 의미와 상충함으로 말미암아 발생하는 것이다.

명령형/청유형/약속형 어미의 의미 형식을 '-어야'의 의미 형식과 비교함으로써 이상의 예들의 부적격성의 이유를 설명할 수 있다. 최현배(1937/1971: 403)에서 '-어야'와 공존하는 보조동사 '하다'에 부여한 의미 '마땅함(당위)'은 의무 양상으로 해석된다(양정석 2016나). 그러므로 내부의 의무 양상과 외부의 의도 양상이 겹쳐진 양상 구조가 부적격한 것이 위와 같은 현상의 요인인 것이다.

이와 같은 겹쳐진 양상 구조를 잘 살펴보면 직관적으로도 변칙적이다. 의무는 발화하는 화자가 부과하는 것이 아니고 행위의 주체에 대해 외부에서 부과하는 것이다. 이에 비해 명령문의 의도는 화자가 청자에게 부과하는 것이고, 청유문의 의도는 화자가 청자와 자기 자신에게 부과하는 것이며, 약속문의 의도는 화자가 자기 자신에게 부과하는 것이다. 어느 경우에나 외부에서 부과하는 의무에 화자가 모종의 영향력을 미치고자 하는 상황이 발생한다. 이 제약을 다음과 같이 도식화할 수 있다.

(31) *[의도 양상[의무 양상[P]]]

(28)-(30)의 한국어 표현들의 부적격성은 (31)과 같은 일반적 제약에 따라 발생하는 것이다.

영어의 경우, 'only if' 절이 명령문과 공존하는 것이 부적격한 데에는 한국어에서와는 다른 요인이 작용하는 것으로 보인다. 'only if'는 초점사 'only'를 포함하고 있다. 초점사들은 특별한 전제 의미를 표현하는데, 이것이 영어에서 'only if' 절과 명령문의 공존의 부적격성을 설명해 줄 것으로 보인다.[622]

8.7.4.3. 명령에서 허락으로

(32), (33)은 명령문이 '허락'의 의미를 표현하는데, 이는 의무논리(deontic logic)의 연구에서 보편 양화(∀)와 대비되는 존재 양화(∃)의 표현으로 알려져 왔다.

622) 영어의 'only if' 구문이 가지는 의미적 제약에 대해서는 von Fintel(1994)에서 심층적 분석이 주어진 바 있다.

(32) 그래, 가져가라. [허락]

(33) (그렇게 말하고 싶으면) 너 먼저 얘기해라. [허락/양보]

화용론적 의미 전이의 메커니즘이 과연 보편 양화에서 존재 양화로, 양상 효력의 변화를 포함하는지에 대한 설명이 필요하다.

그러나 (32), (33)의 '허락'은 보편 양화의 의도 양상의 표현이라는 것이 필자의 판단이다. 우선 한국어에는 존재 양화의 의도 양상 어미(명령형어미)가 어휘항목으로 주어져 있다는 점을 고려해야 한다. '-으려무나'가 그것이다. Kaufmann(2012: 171-176)에서는 명령문을 보편 양화인 '의무' 양상으로 설정하고서도 '허락'의 의미로의 화용적 전이를 설명할 수 있음을 보여주었다. 그에 따르면 (32), (33)과 같은 '허락'의 명령문들은 보편 양화(∀)의 효력을 가지는 양상의 표현이고, 이 보편 양화가 존재 양화(∃)로 바뀌는 의미론적 작용은 있지 않다고 한다. (32)의 발화를 예로 들어 명령문이 '허락'의 표현이 되는 과정을 서술해 보자.

(34) 가. 명령문으로 표현된 의도 양상의 명제는 행동목록 중의 청자의 행동지침으로 기록된 다음 객관적 공유배경의 의무 선택함수의 표현으로 전환된다.
나. "그래, 가져가라!"의 발화와 관련시키면, 이 발화 이전의 맥락에서는 '가져가기'가 금지되어 있고, 가져가지 않는 것이 의무의 선택함수의 표현으로 주어져 있다.
다. 청자가 '가져가기'를 원하는 상황에서 화자가 "그래, 가져가라!"라는 명령문을 발화하여 의도 양상 명제가 형성되면, 이 의도 양상 명제가 가지는 '의무/요망/목적'의 선택함수의 기능은 '가져가기'를 바라는 청자의 '요망' 선택함수와 상호작용하여 '허락'으로 해석되게 된다.

보편 양화의 양상 표현으로서의 명령문은, 그것을 위반할 경우 화자가 불만족하게 된다. 한편 청자가 해당 행동을 원하는 경우, 권위를 가지는 화자가 보편 양화의 양상 표현 (32)를 발화하는 순간, '명령'은 청자에게 '허락'으로 받아들여진다.

8.8. 마무리

이 장에서는 명령문, 청유문, 약속문의 통사의미적 기술 문제를 고찰하였다. 명령문, 청유문, 약속문은 양상 표현으로서, 의도 양상(intentional modality)을 나타내는 구문이라는 것이 이 장의 논점이다. 명령문, 청유문, 약속문은 다음과 같은 특징적 통사구조를 가진다. 명령형어미, 청유형어미, 약속형어미의 통사 범주는 보문소(C)로서, 굴절소구(IP)를 보충어로 취하고, 명사구를 명시어로 취하여 다음과 같은 보문소구(CP)를 형성한다. CP의 명시어와 IP의 명시어인 흔적은 동지표로 맺어져 있어서, 이를 바탕으로 술어 추상규칙이 적용되어 IP 구성성분이 술어 의미 형식으로 해석된다.

(1) $[_{CP}\ DP_i\ [_{C'i}[_{IPi}\ t_i\ [_{I'}\ VP\ I\ ]]\ C\ ]]$

이 장에서는 명령형어미, 청유형어미, 약속형어미의 형식의미론적 정의, 통사구조로부터 이들 어미의 의미 정의를 바탕으로 문장 의미를 도출하는 절차를 정확하게 기술함으로써 이들 구문 현상이 모두 합성성 원리를 준수하는 구문 현상임을 증명하였다.

명령문이 의무 양상의 표현이라는 주장은 이전 연구에서도 있었다. 이 장에서는 명령문과 청유문, 약속문이 의무 양상 아닌 의도 양상의 표현임을 보이고, 이것이 의무 양상과 동일시되는 것은 화용론적 절차에 따른 것이라고 설명하였다.

제9장

의문문의 의미 해석

다음과 같은 현대 한국어 의문형어미에 이끌리는 문장과, 이들에 이끌리는 절을 포함하는 복합문을 통칭하여 '의문 구문'이라고 지칭하기로 한다.623)

(1) 가. -니, -냐, -느냐^1, -는가^1, -는지^1, -어^1, -으오^1, -을까요, -나^1, -나요, -습니까, -더냐, -습디까, -데, -던가, -을래^1, -지^1
　나. -는가^2, -느냐^2, -는가^2(명사절의 의문형어미)
　다. -느냐고, -더냐고(간접인용절의 복합적 의문형어미)
　라. -나^2, -을까('자문'의 의문형어미)624)

'의문 구문'은 기존 연구에서 널리 '의문문'이라고 지칭해 온 것과 대체로 같으나, 종래의 용어 '의문문'은 위 어미들이 내포절을 이끄는 경우의 내포문과 전체 문장을 이끄는 경우를 혼동하는 문제가 있으므로, 이를 피하고자 할 경우 새 용어 '의문 구문'을 사용할 것이다. 의문형어미들이 이끄는 복합문 내의 내포절은 '의문절', 의문형어미를 문말에 가지는 단순문, 복합문은 그대로 '의문문'이다. 의문사인 명사 '누구, 무엇, 언제, 어디', 형용사 '어떠하-', 부사 '왜', 의문 관형사 '어느, 어떤, 무슨, 웬'은 위 어미들과 호응하는 특징이 있다. 의문사인 명사가 이루는 구 형식, 의문 관형명사와 명사구가 결합한 형식을 '의문사 구'라고 지칭한다.

현대 한국어의 의문 구문들을 일차적으로 의문형어미를 기준으로, 이차적으로 의문사를 기준으로, 그 통사적 특징에 따른 유형화를 보이고, 각 유형의 의문 구문이 가지는 의미론적 특성을 관찰하여, 프레게의 합성성 원리를 준수하는 형식문법적 기술을 제시하는 것이 이 장의 목적이다. 의문 구문을 구성하는 주절 또는 내포절의 의문형어미가 양상 의미를 가진다는 것이 이 책의 기본 관점으로서, Kratzer(1981, 1991a)의 양상 이론에 입각하여 현대 한국어 의문형어미, 의문 구문의 통사의미론적 기술을 실행하고자 한다.625) 의문사의 의미를 존재 양화사의 의미와 같은 형식으로 기술하는 Karttunen(1977)의 아이디어를 의문 구문의 통사의미적 합성 절차에서 주요 요소로 활용하게 된다.

---

623) 이 장은 '한국어 의문 구문의 형식문법'이라는 제목의 배달말 69집(2021)의 논문을 바탕으로 그 동안 수정·발전시킨 내용을 포함한 것이다.

624) '-나, -을까'는 화자의 대답을 요구하지 않는 자문의 기능을 갖지만 '-나요, -을까요'는 대답을 요구하는 일반적 의문형어미의 기능을 가진다.

625) 필자는 일련의 연구 양정석(2015가, 2016가, 나, 2017, 2020가, 나)를 통하여 한국어 양상 표현에 대한 기술을 진행해 왔다.

9.1. 선행 연구와 의문 구문의 유형화

기존의 한국어 의문 구문에 대한 연구는 의문형어미의 형태론적 분류와, 이에 상응하는, 서법을 기준으로 한 문장의 분류, 의문사의 문법적, 어휘의미적 특징에 관한 사전적 기술을 중심으로 한 것(최현배 1937, 김광해 1983, 서정수 1994, 허웅 1995, 김은섭 2005), 생성 통사론의 특정 주제를 추구한 것(서정목 1987, 1989), 그리고 형식의미론적 연구(이익환 1979, 홍민표 1995, 1999, 임동식 2010)로 나눌 수 있다.

서정목(1987, 1989)에서는 주로 경상도 방언을 자료로 삼아, 의문사 구의 초점 위치로의 논리형태(LF) 이동, 의문사와 의문형어미의 일치와 그에 대한 제약 등의 통사론적 주제들을 논의하였다. 이와 같은 논의는 한국어에서 의문사 구의 논리형태 이동에 대한 명시적 증거들을 제시할 것이 기대되나, 그 뚜렷한 논증을 찾을 수가 없다. 논리형태 설정의 궁극의 동기는 의문사와 양화사의 논리적 관련성인데(May 1985), 이들의 논리적 의미에 대한 분석은 시도되지 않았다.

이익환(1979)는 몬태규 문법(Montague 1974)의 방법에 따른 한국어 의문 구문 분석의 시초이다. 의문 구문의 의미를 정의하는 방식은 Karttunen(1977)을 따른 것이다. 의문 구문을 수행문으로부터 이끌어 내는 방식은 생성의미론의 영향이다. 또, '-느냐', '-는지', '-는가'를 '-는+야', '-는+지', '-는+가'로 분석하고 '야', '지', '가'는 추상적 의문 형태소(Q-형태소)의 실현이라고 처리하는 것은 비현실적인 분석이다. '-느냐', '-는지', '-는가'는 더 나눌 수 없는 최소의 통사 단위인 것이다(남기심 1982, 양정석 2012).[626] 매우 임시방편적으로 설정된 통사구조에 바탕을 둔 통사-의미 대응 절차의 기술은 이 연구의 가장 큰 문제점이다. 이 장에서는 원리매개변인 이론의 일반화된 통사구조 형성 원리에 부합되는 통사구조를 바탕으로 하여 합성성 원리를 준수하는 의미 해석의 체계를 제시하려고 한다.[627]

---

626) 이 점과 함께 '는'을 서법 표지로 간주하는 것, '어느', '무슨'을 형용사라고 지칭하는 것도 한국어 통사구조에 대한 인식이 초보적 수준에 머물고 있음을 보이는 단적인 예들이다. 의문사가 강세를 받는다는 관찰(이익환 1979: 190)은 초기의 관찰로서 긍정적인 측면이다. 이 점은 장석진(1975), 최재웅(1985), 서정목(1987)에서도 관찰된 바 있다.

627) 한국어 의문 구문 전체에 대한 본격적인 연구는 아니지만, 홍민표(1995, 1999)는 의문 구문에서의 초점의 작용에 관한 관찰을 Krifka(1999)의 '구조화된 의미 표상' 방법을 통해 이론화하였다. 그는 단일한 구조 표상 안에 Rooth(1985, 1992)의 대안형 의미론의 요소인 '대안형(alternative)들의 집합' 의미를 표상하고자 하였다. 이와 달리 이 책에서는 의문사를 포함한 의문 구문의 의미는 명제 의미인 양상 의미 형식으로 표상하고, 초점 의미(대안형들의 집합)는 담화 표상에서 이끌어내고자 한다. 그 방안은 양정석(2017: 331-336)에서 보인 바 있다. 임동식(2010)에서는 '-냐', '-더냐'에 한정하여, 의문 구문의 의미가 '명제들의 집합'이라는 Hamblin(1973)의 관점을 발전시키고자 하였다. 그의 결론은 의문문이 맥락의 함수인 '특성의미(character)'라는 것이다(이에 대한 비판은

다음은 의문형어미가 주절(root sentence)을 이끄는 경우이다. (2)는 보통의 의문형어미, (3)은 자문의 의문형어미가 의문문을 형성하는 예이다. 전자는 청자의 대답을 예상하는 경우이고, 후자는 화자가 화자 스스로에게 묻는 형식으로서, 청자의 대답을 요구하지 않는 특징이 있다.

(2) 가. 인호가 왔니?
나. 누가 왔니?
다. 누가 무엇을 보았니?
(3) 가. 인호가 오나/올까?
나. 누가 오나/올까?
다. 누가 무엇을 보았나/보았을까?

다음은 명사절이 주어, 목적어, 여러 종류의 부사어, '이다' 앞의 보충어로 쓰이는 경우로 나눈 것이다. '-는지' 대신에 '-는가', '-느냐'를 교체해도 대체로 같은 유형의 적격한 문장들을 얻는다. 그러나 '-느냐고'를 교체하면 비문이 된다.

다음은 의문형어미가 명사절을 이끄는 경우이다.

(4) 가. 인호가 오는지가 문제다.
나. 누가 오는지가 문제다.
(5) 가. 인호가 오는지를 알아보겠다.
나. 나는 누가 오는지를 알아보겠다.
(6) 가. 그 일의 성공 여부는 인호가 협조하는지에 달려 있다/의존한다.
나. 그 일의 성공 여부는 누가 협조하는지에 달려 있다/의존한다.
(7) 가. 그 일의 성공 여부는 인호가 협조하는지로 결정된다.
나. 그 일의 성공 여부는 누가 협조하는지로 결정된다.
(8) 가. 그 일의 성공 여부는 인호가 협조하는지와 밀접히 관련된다.
나. 그 일의 성공 여부는 누가 협조하는지와 관련된다.
(9) 가. 그 일의 성공에 중요한 변수가 되는 것은 인호가 협조하는지이다.
나. 그 일의 성공에 중요한 변수가 되는 것은 누가 협조하는지이다.
(4)' 가. *인호가 오느냐고가 문제다.
나. *누가 오느냐고가 문제다.

양정석 2017: 261-266을 참고 바람). 그의 연구는 한국어 의문 구문 전반에 대한 기술이라기보다는, 증거성과 관련한 특정 통사의미적 현상에 대한 해석에 집중한 것이다.

(5)' 가. *철수는 인호가 오느냐고를 알아보았다/물었다.
나. *철수는 누가 오느냐고를 알아보았다/물었다.
(6)' 가. *그 일의 성공 여부는 인호가 협조하느냐고에 달려 있다/의존한다.
나. *그 일의 성공 여부는 누가 협조하느냐고에 달려 있다/의존한다.
(7)' 가. *그 일의 성공 여부는 인호가 협조하느냐고로 결정된다.
나. *그 일의 성공 여부는 누가 협조하느냐고로 결정된다.
(8)' 가. *그 일의 성공 여부는 인호가 협조하느냐고와 밀접히 관련된다.
나. *그 일의 성공 여부는 누가 협조하느냐고와 관련된다.
(9)' 가. *그 일의 성공에 중요한 변수가 되는 것은 인호가 협조하느냐고이다.
나. *그 일의 성공에 중요한 변수가 되는 것은 누가 협조하느냐고이다.

'-느냐고'는 복합 형식으로 단일한 통사 단위(C 범주)의 역할을 한다. '-느냐고'는 인용동사의 보충어에만 쓰인다. '-느냐, -는지, -는가'가 주어, 목적어, 후치사를 가지는 부사어 위치, 그리고 '이다' 앞의 보충어 위치에 쓰일 수 있는 것과는 차이가 있다.

다음은 의문형어미('-느냐고')가 간접인용절을 이끄는 경우이다.

(10) 가. 철수는 인호가 오느냐고 물었다.
나. 철수는 누가 오느냐고 물었다.
(10)' 가. *철수는 인호가 오는지고/오는가고 물었다.
나. *철수는 누가 오는지고/오는가고 물었다.

필자는 한국어에 통사적 개념으로서의 접속은 존재하지 않는다고 본다. 연결어미 절이 부가어로, 보충어로 실현되거나, 명시어 구조를 이루는 것뿐이다(이 책 제2장, 양정석 2010: 385-440). (11)은 후행절 CP에 선행절 CP가 부가된, 부가어 구조([CP[CP]])의 예들이다. (11)은 통사-의미 대응의 독특한 방식을 보여준다. 이것과 대비되는 (12)는 연접(conjunction)을 기본 의미로 가지는 '-고'와 이접(disjunction)을 기본 의미로 가지는 '-거나'에 의해 연결된 보통의 '접속문'이 의문형어미에 이끌리는 예들이다. '-고' 연결어미 절, '-거나' 연결어미 절은 후행절의 IP에 부가되는 부가어로 상정된다(이 책 제2장, 양정석 2010).

(11) 가. 인호가 왔니, 철수가 왔니?
나. 인호가 왔습니까, 철수가 왔습니까?

(12) 가. 인호가 왔고/왔거나 철수가 왔니?
나. 인호가 왔고/왔거나 철수가 왔는지가 문제다.
인호가 왔고/왔거나 철수가 왔는가가 문제다.
인호가 왔고/왔거나 철수가 왔느냐가 문제다.
다. 누가 갔고/?갔거나, 무엇이 발견되었는지가 문제다.
누가 갔고/?갔거나, 무엇이 발견되었는가가 문제다.
누가 갔고/?갔거나, 무엇이 발견되었느냐가 문제다.
라. 순희는 인호가 왔고/왔거나, 철수가 왔느냐고 물었다.
순희는 누가 갔고/?갔거나, 무엇이 발견되었느냐고 물었다.

(13) 가. 인호가 왔는지, (그리고/또는)철수가 왔는지가 문제다.
인호가 왔는가, (그리고/또는)철수가 왔는가가 문제다.
인호가 왔느냐, (그리고/또는)철수가 왔느냐가 문제다.
나. 누가 갔는지, (그리고/또는)무엇이 발견되었는지가 문제다.
누가 갔는가, (그리고/또는)무엇이 발견되었는가가 문제다.
누가 갔느냐, (그리고/또는)무엇이 발견되었느냐가 문제다.
다. 순희는 인호가 왔느냐고, (?그리고/?또는)철수가 왔느냐고 물었다.
순희는 누가 갔느냐고, (그리고/?또는)무엇이 발견되었느냐고 물었다.

(13)은 공백화(gapping) 구문의 한 형식으로서, 의문형어미 고유의 통사적 특징이나 의미적 기여를 보이는 예는 아니다.

9.2. 의문사의 양화사 해석

논리형태 이동 접근에 따른 의문사 의미 합성의 문제

의문 구문의 통사의미론에 대한 언어학적 연구는 Karttunen(1977)에서 본격적으로 출발한다. 그에 따르면 의문사는 양화사의 한 종류이다. 이를 바탕으로 의문사를 포함하는 의문문이 프레게의 합성성 원리를 준수하면서 통사의미적 합성 절차를 실행한다. 생성 통사론의 통사구조를 바탕으로 운용하는 표준적 형식의미론(Heim & Kratzer 1998)에서는 양화사 구가 논리형태 이동에 의해 논리적인 양화 연산자('∀x' 또는 '∃x')의 위치에 놓인다고 설명한다(이동 접근). 필자는 이 작용을 타입 전이 규칙(type shifting rule)이 맡아서 처리한다고 본다(가변 타입 접근).[628] 다음에서는 의문사에 대한 이동 접근 방안을 소개하고 이의 문제점을 지적하여 가변 타입 접근 방안의 필요성을 드러내고자 한다.

제4장에서는 비이동적, 가변 타입 접근에서 다양한 통사적 위치에 있는 양화사, 양화 관형사들의 의미 형식을 체계적으로 도출할 수 있음을 보였다. 이 절에서는 의문사의 의미 형식을 같은 방법으로 도출하려고 한다. 기존 형식의미론적 연구에서 이에 관한 표준적 방안은 이동 접근의 방안이다. 이 절에서는 표준적 방안을 알아보고 그 문제점을 지적해 보기로 한다.

Karttunen(1977) 이후로 영어 의문사 'who', 'what'의 형식의미론적 기술은 이들을 존재 양화사의 형식으로 나타내는 것이 관행으로 자리 잡았다. 이익환(1979)의 한국어 의문사 분석은 이를 응용한 것이다. 이 책에서도 한국어의 의문사를 존재 양화사로 기술하고자 한다.

명사구로 쓰이는 '누구', '무엇'과 명사 수식어로 쓰이는 '어떤', '무슨', '어느'의 어휘 의미 정의의 기본 형식은 다음과 같다.[629] 이들은 모두 앞 절에서 제시한 양화사, 양화 관형사의 기본 의미 형식과 같다.

(14) 가. 누구^1: (타입 <et,t>) [λf_{et}. $\exists x$[w에서 x는 사람이다 & f(x)] = 1]
　　나. 무엇^1: (타입 <et,t>) [λf_{et}. $\exists x$[w에서 x는 사물이다 & f(x)] = 1]
(15) 가. 어떤^1: (타입 <et,<et,t>>) [λf_{et}. λg_{et}. $\exists x$[w에서 f(x) & g(x)] = 1]
　　나. 무슨^1: (타입 <et,<et,t>>) [λf_{et}. λg_{et}. $\exists x$[w에서 x는 사물이다 & f(x) & g(x)] = 1]
　　다. 어느^1: (타입 <et,<et,t>>) [λf_{et}. λg_{et}. $\exists x$[w에서 f(x) & g(x)] = 1]

한국어에서 이 요소들은 모두 의문문뿐 아니라 서술문에도 쓰일 수 있다.[630] 서술문에서 쓰일 때에는 존재 양화사로서의 불확정(indeterminate) 용법만을 가진다. 의문문에서는 특별한 강세의 유무에 따라 의문사 용법과 불확정 용법 두 가지로 쓰인다.[631]

---

628) 가변 타입 접근(flexible types approach)에 대한 소개는 Heim & Kratzer(1998: 179-184)에서 볼 수 있고, 그 체계적인 이론은 Hendriks(1993)에서 볼 수 있다. 후자는 범주문법의 방법에 입각한 연구이다.

629) 뒤에서는 이들 각각을 의문사 용법과 불확정 용법의 두 가지 의미 형식으로 기술할 것이다.

630) '어느'는 예외적으로 의문문에서만 쓰인다.

631) 의문사 용법은 이어지는 다른 단어에 비해 의문사에 강세를 가하여 발음하고, 반대로 불확정 용법은 이어지는 다른 단어에 강세를 가하고, 불확정 요소는 약하게 발음한다. 불확정 용법만을 가지는 서술문에서도 발음의 특징은 같다.
'*누구가'는 형태음운론 절차에 따라 항상 '누가'로 실현된다.

(16) 가. 누가 왔다.
　　나. 누가 왔니?
(17) 가. 무엇이 배달됐다.
　　나. 무엇이 배달됐니?
(18) 가. 무슨 책이 배달됐다.
　　나. 무슨 책이 배달됐니?

‘무슨’은 그 피수식어가 사람 아닌 사물이라는 제약을 부여한다. ‘어떤’과 ‘어느’의 의미 차이는, ‘어느’가 그 수식하는 명사구의 속성을 가지는 둘 이상의 개체들의 존재를 전제하는 데에 비해서 ‘어떤’은 그러한 전제를 갖지 않는다는 점이다. (20)의 두 문장은 두 사람 이상의 학생의 존재가 전제되는 상황에서는 적격한 발화가 된다.

(19) 가. 어떤 학생이 찾아왔다.
　　나. 어떤 학생이 찾아왔니?
(20) 가. $^{?}$어느 학생이 찾아왔다. (학생이 둘 이상이 존재하지 않는 경우)
　　나. $^{?}$어느 학생이 찾아왔니? (같음)

위 (14), (15)의 5가지 의문사 형식들 중에서 <et,t> 타입 의문사의 대표로 ‘누구^{1}’을, <et,<et,t>> 타입 의문사의 대표로 ‘어떤^{1}’을 들어 논의하고자 한다.

한국어의 의문문을 의문문으로 만드는 핵심적 요소는 의문형어미이다. Karttunen (1977)의 취지를 살리되 생성문법의 통사론을 반영하여 조정한 의문형어미 ‘-니’의 의미 정의는 다음과 같다.[632)]

(21) $⟦[_{C}\text{-니}]⟧ = \lambda p_{<s,t>}.\ \lambda q_{<s,t>}.\ p = q$

형식의미론의 표준적 방법(Heim & Krater 1998, von Fintel & Heim 2016)에 따른 의문사의문문의 의미 해석 절차는 다음과 같다.[633)] (14)의 ‘누구’, ‘무엇’의 의미 형식이 앞에서 살펴본 양화사 ‘일부’의 의미 형식과 동일하다는 점에 주의해야 한다. von Fintel

632) (21)은 von Fintel & Heim(2016)에서 추상적 의문 보문소 ‘?’의 의미로 제시한 형식이다.
633) (22나)는 von Fintel & Heim(2016)에서 영어 의문사의문문의 통사구조(논리형태: LF)로 제시한 것과 본질적으로 같은 것이다. 해석 과정에서 ‘OP’는 전혀 진리조건적 의미를 갖지 않고, 제1장의 ‘③술어추상규칙(PA)’이 두 차례(‘7’의 경우와 ‘3’의 경우) 적용된다. 뒤에서 전개하는 필자의 견해는 논리형태 아닌 S-구조가 의미 형식으로 대응, 해석된다는 것이다.

& Heim(2016)에서는 의문사가 '-니'보다 상위 구성성분으로 설정되고, 양화사가 '-니'보다 하위 구성성분으로 설정되는 것이 둘의 차이를 설명한다고 본다. 한국어의 의문사는 의문사 용법과 불확정 용법으로 중의적인데, 이들 논의의 취지에 따르면 이 두 용법의 차이를, 각각 '-니'의 상위, '-니'의 하위에 의문사를 설정하여 설명할 수 있을 것이다. (22나)는 '누구^1'가 CP에 부가되어 '-니' 보다 상위 구성성분으로 위치하는 구조이다.[634] '누구^1'의 의문사로서의 의미를 포착할 것이 기대된다.

(22) 가. 누가 왔니?

나. $\text{OP}_7\ [_{CP7}\,[_{DP}\,\text{누구가}]_3\,[_{CP3}\ [_{IP3}\ t_3\ [_{I'}\,[_{VP}\,\text{오-}][_{I}\,\text{-았-}]]][_{C}\,\text{-니}\ t_7]]]$

(22)' $\llbracket\,\text{OP}_7\ [_{CP7}\,[_{DP}\,\text{누구가}]_3\,[_{CP3}\ [_{IP3}\ t_3\ [_{I'}\,[_{VP}\,\text{오-}][_{I}\,\text{-았-}]]][_{C}\,\text{-니}\ t_7]]]\,\rrbracket^{w}$

$= \lambda p.\ \llbracket\,[_{DP}\,\text{누구가}]_3\,[_{CP3}\,[_{IP3}\ t_3\,[_{I'}\,[_{VP}\,\text{오-}][_{I}\,\text{-았-}]]][_{C}\,\text{-니}\ t_7]]\,\rrbracket^{w,[7\rightarrow p]}$ (PA)

$= \lambda p.\ \llbracket\,[_{DP}\,\text{누구가}]_3\,\rrbracket^{w,[7\rightarrow p]}(\llbracket\,[_{CP3}[_{IP3}\,t_3\,[_{I'}\,[_{VP}\,\text{오-}][_{I}\,\text{-았-}]]][_{C}\,\text{-니}\ t_7]]\,\rrbracket^{w,[7\rightarrow p]})$ (FA)

$= \lambda p.\ [\lambda f_{et}.\ \exists x[w\text{에서 } x\text{는 사람이다 } \&\ f(x)] = 1](\lambda y.\ \llbracket\,[[\,t_3\,[_{I'}[_{VP}\,\text{오-}]$
$[_{I}\,\text{-았-}]]][_{C}\,\text{-니}\ t_7]]\,\rrbracket^{w,[7\rightarrow p,3\rightarrow y]})$ (PA, FA)

$= \lambda p.\ [\lambda f_{et}.\ \exists x[w\text{에서 } x\text{는 사람이다 } \&\ f(x)] = 1](\lambda y.\ \llbracket\,[_{C}\,\text{-니}\ t_7]]\,\rrbracket^{w,[7\rightarrow p,3\rightarrow y]}$
$(\lambda w'.\ \llbracket\,[\,t_3\,[_{I'}\,[_{VP}\,\text{오-}][_{I}\,\text{-았-}]]]\,\rrbracket^{w',[7\rightarrow p,3\rightarrow y]}))$ (IFA)

$= \lambda p.\ [\lambda f_{et}.\ \exists x[w\text{에서 } x\text{는 사람이다 } \&\ f(x)] = 1](\lambda y.[\lambda p_{<s,t>}.\ \lambda q_{<s,t>}.$
$p = q](p)(\lambda w'.\ \llbracket\,[\,t_3\,[_{I'}\,[_{VP}\,\text{오-}][_{I}\,\text{-았-}]]]\,\rrbracket^{w',[7\rightarrow p,3\rightarrow y]})$ ('-니'의 어휘의미)

$= \lambda p.\ \exists x[w\text{에서 } x\text{는 사람이다 } \&\ [p = \lambda w'.\ w'\text{에서 } x\text{가 왔다}']]$ (λ-전환)

다음 (23나)는 '누구'가 IP에 부가되어 '-니' 보다 하위 구성성분으로 위치하는 구조이다. '누구'의 불확정적 의미를 포착할 것이 기대된다.

(23) 가. 누가 왔니?

나. $\text{OP}_7\ [_{CP7}\,[_{IP}\,[_{DP}\,\text{누구가}]_6\ [_{IP6}\ t_6\ [_{I'}\,[_{VP}\,\text{오-}][_{I}\,\text{-았-}]]][_{C}\,\text{-니}\ t_7]]$

(23)' $\llbracket\,\text{OP}_7\ [_{CP7}\,[_{IP}\,[_{DP}\,\text{누구가}]_6\ [_{IP6}\ t_6\ [_{I'}\,[_{VP}\,\text{오-}][_{I}\,\text{-았-}]]][_{C}\,\text{-니}\ t_7]]\,\rrbracket^{w}$

$= \lambda p.\ \llbracket\,[_{IP}[_{DP}\,\text{누구가}]_6\ [_{IP6}\ t_6\ [_{I'}\,[_{VP}\,\text{오-}][_{I}\,\text{-았-}]]][_{C}\,\text{-니}\ t_7]\,\rrbracket^{w,[7\rightarrow p]}$ (PA)

$= \lambda p.\ \llbracket\,[_{C}\,\text{-니}\ t_7]\,\rrbracket^{w,[7\rightarrow p]}(\lambda w'.\ \llbracket\,[_{DP}\,\text{누구가}]_6\ [_{IP6}\ t_6\ [_{I'}\,[_{VP}\,\text{오-}]$
$[_{I}\,\text{-았-}]]]\,\rrbracket^{w',[7\rightarrow p]})$ (IFA)

634) von Fintel & Heim(2016)에서는 의문사가 CP의 명시어 위치에 놓이는 구조를 상정하고 있지만, 그럴 경우 I′ 구성성분에 인접하게 되어 술어추상규칙(PA)을 적용하기가 어렵게 되므로 이와 같은 구조를 상정하였다. 의문사를 CP의 명시어 위치에 설정하는 이유는 이 위치에서 [WH] 자질을 가지는 보문소(C) 요소에 의해 허가된다는 통사적 원리를 설정하여 의문사 이동을 규율할 수 있다고 보기 때문이다. 뒤에서는 이러한 원리를 상정하지 않고 두 용법의 차이를 설명한다.

= $\lambda p. [\lambda m_{<s,t>}. \lambda n_{<s,t>}. m = n](\lambda w''. ⟦ t_7 ⟧^{w'',[7\rightarrow p]})(\lambda w'. ⟦ [_{DP}$ 누구가$]_6$ $[_{IP6}\ t_6\ [_{I'}\ [_{VP}$ 오-$][_{I}$ -았-$]]] ⟧^{w',[7\rightarrow p]})$ ('-니'의 어휘의미, IFA)

= $\lambda p. [\lambda m_{<s,t>}. \lambda n_{<s,t>}. m = n](p)(\lambda w'. ⟦ [_{DP}$ 누구가$]_6$ $[_{IP6}\ t_6\ [_{I'}\ [_{VP}$ 오-$]$ $[_{I}$ -았-$]]] ⟧^{w',[7\rightarrow p]})$ (흔적/대명사 규칙)635)

= $\lambda p. [\lambda n_{<s,t>}. p = n](\lambda w'. ⟦ [_{DP}$누구가$]_6 ⟧^{w',[7\rightarrow p]}([_{IP6}\ t_6\ [_{I'}\ [_{VP}$ 오-$]$ $[_{I}$ -았-$]]] ⟧^{w',[7\rightarrow p]}))$ (λ-전환, FA)

= $\lambda p. [\lambda n_{<s,t>}. p = n](\lambda w'.[\lambda f_{et}. \exists x[w'$에서 x는 사람이다 & $f(x)]$ $= 1]([_{IP6}\ t_6\ [_{I'}\ [_{VP}$ 오-$][_{I}$ -았-$]]] ⟧^{w',[7\rightarrow p]}))$ ('누구[1]'의 어휘의미)

= $\lambda p. [\lambda n_{<s,t>}. p = n](\lambda w'.[\lambda f_{et}. \exists x[w'$에서 x는 사람이다 & $f(x)] = 1]$ $(\lambda y. ⟦ [\ t_6\ [_{I'}\ [_{VP}$ 오-$][_{I}$ -았-$]]] ⟧^{w',[7\rightarrow p,6\rightarrow y]}))$ (PA)

= $\lambda p. [\lambda n_{<s,t>}. p = n](\lambda w'.[\lambda f_{et}. \exists x[w'$에서 x는 사람이다 & $f(x)] = 1]$ $(\lambda y.\ w'$에서 y가 왔다')) ('오-', '-았-'의 어휘의미, FA, 흔적/대명사 규칙)

= $\lambda p. [p = \lambda w'.\exists x[w'$에서 x는 사람이다 & w'에서 x가 왔다']] (λ-전환)

이와 같이 존재 양화사가 작용하는 세계가 w'인 의미 형식이 도출되었다. 존재 양화사가 작용하는 세계가 w인 위 (22)'의 마지막 의미 형식과 비교해 보아야 한다.

(24) 가. $\lambda p. \exists x[w$에서 x는 사람이다 & $[p = \lambda w'.\ w'$에서 x가 왔다']] ((22)'의 의문사 해석)

나. $\lambda p. [p = \lambda w'.\exists x[w'$에서 x는 사람이다 & w'에서 x가 왔다']] ((23)'의 불확정 해석)

von Fintel & Heim(2016)에서는 이와 같은 영향권의 상대적 차이가 의문사 구문의 두 가지 의미 해석을 포착한다고 설명하였다. (24나)의 의미 형식은 '일부 학생이 왔니?'('Did somebody come?')와 같이 존재 양화사를 가진 의문문의 의미와 진리조건적으로 동일하다고 한다. 뒤에서는 논리형태에 바탕을 둔 위와 같은 해석 절차를 받아들이지 않고, S-구조에 상당하는 통사구조를 바탕으로 위 두 가지 해석을 이끌어낸다. 의문사 용법의 해석은 의문사의 전제 서술이 현실 세계 w*에서의 서술이라는 점을 이용한다.

이상에서는 논리형태를 바탕으로 표준적 형식의미론적 해석을 실행하는 von Fintel & Heim(2016)의 의문사 구문 분석 방안을 소개하였다. 이 책에서는 이를 취하지 않고 타

635) 이 규칙 및 관련 지표의 해석에 관해서는 Heim & Kratzer(1998: 111, 112) 참조.

입 전이 규칙 방안을 실행한다. 후자의 접근 방안을 취하는 이유를 몇 가지로 정리해 보기로 한다.

첫째, 진리조건적 의미 해석만을 위한 임시방편적 통사구조를 설정하고 있다. Heim & Kratzer(1998)에서는 선행사와 이동 변형의 흔적을 포함하는 구조 사이에 술어추상 규칙(PA)을 위한 지표 교점(index node)을 추가로 만들어서 3분지 구조를 형성한다. von Fintel & Heim(2016)에서도 이러한 통사구조를 가정하고 있는데 이는 핵계층 이론(X-bar theory)에 의해 생성되지 않는 구조로서, 구조보존 원리를 위배하는 것이다. (22나)에서는 이 문제를 피하기 위하여 잠정적으로 '누구가'가 이동하여 CP의 부가어 위치에 놓이게 된 것으로 나타냈으나, 여기에도 문제가 있다. CP의 명시어 위치가 비어 있음에도 불구하고 왜 이 위치로 이동하지 않느냐는 것이다.

또한, 논리형태 표상에서 '[? ti]', D-구조에서 '[? OP]'와 같은 구조를 설정하는데('?'는 보문소), 이것도 의미 해석만을 위한 통사구조이다. 연산자 OP가 머리성분인 의문형 어미에 부가되는 구조는 통사론적으로 정당화되기 어렵다.

둘째, 논리형태 이동 접근을 취하는지 여부와 상관없이 타입 전이 규칙은 다른 독립적 근거에서 필요한 규칙의 형식이다. Partee & Rooth(1983)에서 보인 것처럼, 영어 접속사 'and'의 분포에 따른 다양한 진리조건적 의미를 기술하기 위해서는 타입 전이 규칙이 꼭 필요하다. 이동 변형을 가정하지 않고 타입 전이 규칙만을 사용하여 양화사, 의문사의 의미 사실들을 포착할 수 있다면 그 편을 택하는 것이 타당하다.

셋째, '-나', '-을까'는 대답을 요구하지 않는 자문의 표현인데, 이들이 표현하는 불확실성은 양상 요소가 가지는 의미의 특징인 것이다. 의문형어미의 목록에 이들이 포함된다는 것은 의문형어미가 기본적으로 양상 의미를 표현하는 것임을 시사한다. 다음 4.4절에서는 의문형어미들이 양상 의미를 나타내고, 특히 이들의 공통적 양상 의미 요소인 '회의'가 '명제들의 집합'의 형성을 촉발한다고 설명할 것이다. 이러한 기술에서는 이동 접근이 필요하지 않다.

넷째, 한 문장에서 두 개의 의문사가 실현되는 경우 두 의문사가 양화하는 개체(개인)는 모두 현실 세계의 개체이어야 한다. 이 점을 포착하는 가장 효과적인 방법은 이 점을 전제 의미로 나타내는 것이다. 뒤에서는 의문사 용법이 불확정 용법과 다른 점이, 양화되는 개체가 현실 세계의 개체임이 전제 서술에 표시되는 점이라고 설명할 것이다. 이러한 기술에서는 이동 접근이 필요하지 않다.

9.3. 의문 구문의 통사의미적 합성

9.3.1. 양상 요소로서의 의문형어미

이 절에서는 의문형어미가 양상 요소의 한 종류라는 점을 밝히고자 한다. 우선, Kratzer(1981, 1991)의 양상 의미론의 기본 개념인 양상기반(modal base)과 순서근거(ordering source)가 가능세계 의미론의 전통에서 어떤 동기로 도입되었는지를 이해할 필요가 있다. 표준적 형식의미론의 관점에서 양상은 가능세계 변수에 대한 양화로 특징지어진다. 가능세계 변수는 현실 세계로부터의 접근가능성(accessibility) 함수를 통해 주어진다고 가정된다. 철학자의 연구인 Hintikka(1962, 1969)는 양상 의미의 핵심이 현실 세계로부터 가능세계로의 접근가능성을 표현하는 것이라는 점을 확립시켰다. 이런 배경에서 Kratzer(1981, 1991)는 접근가능성이 대화배경(conversational background)이라는 매개변인을 가진 상대화된 함수임을 밝혔다. 대화배경은 다시 양상기반 함수와 순서근거 함수로 나누어진다.

Portner(1998, 2009)는 양상기반 함수와 순서근거 함수를 매개로 한 접근가능성 함수 'BEST'를 다음 (1)과 같이 고안하였다. 'f(w)'는 양상기반 함수, 'g(w)'는 순서근거 함수이다. 'BEST'는 우선순위가 가장 앞서는 세계들의 집합을 산출하는 함수인데, 순서근거 함수 'g(w)'를 통해 정의되는 (2)의 '$\leq_{g(w)}$'를 이용해서 다시 정의된다. 필자는 궁극적으로 가능세계 변수 외에 시구간 변수 t, t′, 판단자 변수 j, j′을 포함하는 (3)과 같은 정의를 이용하여 양상 의미를 표상한다.[636]

(1) BEST(f, g, w) = ∩f(w)에 의해 산출되는 세계 w′들의 집합. 단, ∩f(w)에 의해 산출되는 w″$\leq_{g(w)}$ w′인 다른 세계 w″가 존재해서는 안 된다. (Portner 1998: 771)

(2) w1 $\leq_{g(w)}$ w2 : '$\leq_{g(w)}$'는 순서근거 g(w)에 의해 주어지는 순서임. w1이 w2보다 더 우선적인 세계, 더 이상적인 세계이다.

(3) BEST(f, g, w, t, j) = ∩f(w, t, j)에 의해 산출되는 세계-시간-판단자의 순서쌍 <w', t', x>들의 집합. 단, ∩f(w , t, j)에 의해 산출되는 w″ $\leq_{g(w,t,j)}$ w′인 다른 세계 w″가 존재해서는 안 된다.

636) 논의의 편의에 따라 (1) 또는 (3)의 형식을 임의로 선택해서 사용할 것이다. 'j', 'j''로 표시되는 판단자(judge) 개념을 도입한 대표적인 언어학적 논의는 Stephenson(2007)이다. 양정석(2015, 2017)에서는 한국어 주관성 형용사 구문과 양상 구문의 통사의미적 분석을 위하여 기준 판단자의 개념이 필요함을 논한 바 있다.

Kratzer(1981, 1991)에서는 양상기반 함수로 '인식(epistemic)'과 '정황(circumstantial)'의 두 가지만이 설정되고 있다. 필자는 '믿음(doxastic) 양상'이 양상기반 함수로 더 설정되어야 한다고 본다.[637]

인식 양상이 믿음 양상과 본질적으로 다른 점은 근거를 가진다는 것이다. 서양 철학의 전통에서 'doxastic'은 근거를 갖지 않는 의견을 뜻하는 것으로 이해되어 왔다. Kratzer(1991)에서는 믿음 양상을 '인식 양상기반'에 '믿음 순서근거'가 가해진 것으로 처리한 바 있는데, 이는 근거를 가진 의견들을 근거를 갖지 않는 의견들을 통해서 순서 짓는다는 뜻이 되므로 불합리하다. 필자는 믿음(doxastic)을 양상기반의 새 종류로 분리하고, 이 개념을 좀더 확대해서, '의견'뿐 아니라 '요망(要望, 원함 bouletic)', '상상' 등을 포함하는 넓은 의미의, 근거를 갖지 않는 생각을 뜻하는 것으로 해석하여 사용하고자 한다.[638] 세 가지 양상기반 함수와, 각 양상기반 함수를 바탕으로 작용하는 순서근거 함수들은 다음과 같다.

(4) 가. 인식(epistemic) 양상기반:

전형성 순서근거: 북경에는 지금 비가 오겠다/북경에는 지금 비가 올 것이다/북경에는 지금 비가 올 수 있다.

능력 순서근거: 나도 그 바위는 들겠다.

예정 순서근거: 내일은 비가 오겠습니다(일기 예보).

나. 정황(circumstantial) 양상기반

의무 순서근거: 철수가 체납된 세금을 물어야 한다.

목적 순서근거: (두부를 만들기 위해서는) 콩을 사와야 한다.

능력 순서근거: 너는 저 바위를 들 수 있다.

기회 순서근거: 이 위치에서 치악산을 볼 수 있다.

의지적 성향 순서근거: (너무 놀리면) 저 아이는 울 수 있다.

---

637) 종래의 한국어 연구에서 양상 의미의 하나로 널리 인정되어 온 의도(intention) 의미도 양상기반의 하나로 설정되어야 한다. 한국어에서 의도의 표현은 연결어미 '-거든'에 의해 이루어지는 의도 조건 구문의 후행절로 사용될 수 있다. 이에 비해 요망(bouletic)의 양상 표현은 이 위치에 사용될 수 없다.

a. 가. 인호가 오거든 가겠다.

나. 인호가 오거든 떠나라/떠나자/떠나마.

b. 가. ?*인호가 오거든 떠나고 싶다.

나. ?*인호가 오거든 떠나기를 원한다/바란다/기대한다.

Stephenson(2007)에서는 'doxastic', 'intention'의 개념을 독립적인 접근가능성 함수로 정의한 바 있는데, 이들은 순서근거 함수가 적용되기 이전의 양상기반 함수와 같은 기능을 가지는 것이다.

638) 믿음 양상을 독립된 양상기반 함수로 처음 제안한 것은 양정석(2016가)이다. 양정석(2015)에서는 '-더냐'를 예로 들어 한국어 의문형어미를 믿음 양상(doxastic modality)을 나타내는 것으로 기술한 바 있다.

비의지적 성향 순서근거: 이곳에서는 감나무가 자랄 수 있다.
기대에 부합됨 순서근거: 비가 올 법하다/올 만하다/올 직하다.
예정 순서근거: 비가 오려고 한다/큰 기상 위기가 닥칠 것이다.
다. 믿음(doxastic) 양상기반
요망 순서근거: 개마고원에 가고 싶다.
유사함 순서근거: 비가 오는 듯하다/비가 오는 듯싶다/그 일로 나는 부자가 될 성싶었다/비가 올 것 같다.
반사실성 양상 순서근거: 인호가 일찍 왔더라면 순희를 만났을 것이다.
회의 순서근거: 비가 오나?/비가 올까?/비가 오니?/인호는 비가 오느냐고 물었다.

믿음 양상기반 (4다)에 속하는 네 가지 순서근거, 즉 요망 양상과 유사함 양상과 반사실성 양상과 회의 양상을 차례로 음미해 보자.

첫째, '요망(要望)'은 사고나 생각에 의해 형성된 세계들 중에서 원하는 것이 실현되는 세계들을 선택하는 함수이다. 요망이 믿음/생각 양상기반을 바탕으로 하는 작용이라는 점에 대해서는 이의가 있을 수 없다.

둘째, '유사함'은 생각이나 상상에 의해 형성된 세계들을 현실 세계와 비교하여 유사한 세계들에서 해당 명제 p가 성립됨을 표현하는 양상의 종류이다. '-는 듯하다', '-는 듯싶다', '-을 성싶다', '-을 것 같다'가 양상의 표현이라는 것은 부정할 수 없다.

다음 예는 '비유'의 표현으로 받아들여진다. '용이 하늘로 올라간다'는 명제는 생각 속에서 만들어질 수는 있지만, 이 명제에 대해서 근거를 따질 수는 없다(인식 양상이 아니다). 이 명제가 자연 법칙에 의해 추론되는 어느 세계에서 참이 되는 것을 기대할 수도 없다(정황 양상이 아니다). 생각 속에 형성한 '용이 하늘로 올라가는' 세계들의 집합을 '유사함'의 순서근거에 의해 순서짓고, 이를 양화하는 것이 양상 표현 (5)의 의미이다.

(5) 용이 하늘로 올라가는 듯하다.

셋째, '반사실성 양상(counterfactual modality)'은 현실 세계의 상황과 반대로 가정된 상황을 설정하여 명제 p와 특정의 연관 관계를 가지는 것을 표현하는 양상 의미이다. 반사실적 상황을 설정하는 것은 생각 속에서 가능한 것이므로 이 역시 믿음/생각 양상의 한 종류로 기술하는 것이 타당하다.

넷째, 반사실성이 현실 상황과 반대의 상황을 설정하는 것과 유사한 방식으로, '의문/회의'는 가변적인 세계들의 집합들을 상정한다. 위 (4가-다)의 모든 경우에 세계 w들의 집합에 대하여 명제 p가 성립됨을 확인할 수 있는 것처럼 '의문/회의'도 그러하다. 따라서 '의문/회의'는 양상의 일종이다. 특히 '의문/회의'는 모순되는 두 세계들의 집합들 또는 상보적인 둘 이상의 세계들의 집합들을 형성하여 각 경우에 명제 p의 성립 여부를 확인하는 것이 특이하다.

한국어 의문형어미 중에는 청자에게 대답을 요구하는 보통의 의문형어미와는 다른, 회의(dubitative)의 의미만을 고유하게 표현하는 어미들이 있다. 이 장 서두의 (1라)에 '자문의 의문형어미'로 제시한 '-나'와 '-을까'가 그것이다. 이러한 예는 질문과 구별되는 '회의 양상'의 존재를 증명하는 것이다.[639]

(6) 가. 인호가 오나?
　　나. 인호가 올까?

다음과 같은 '의심스러움'의 표현도 믿음 양상의 표현으로 볼 수 있다. 이 경우 주절 동사의 의미와 호응하는 '-는지'도 믿음 양상을 나타내는 요소로 기술하는 것이 자연스럽다.

(7) 인호가 숙제를 했는지가 의심스럽다.

표준적 양상 의미론에 따르면 이러한 '의심스러움'의 표현은 인식 양상기반에 믿음/생각의 순서근거를 설정하여 기술해야 할 것이다. 그러나 기본적으로 믿음(doxastic)은 인식(epistemic)이 함의하는 것이고, 역으로 인식을 믿음이 함의할 수는 없다. 그러므로 인식적으로 접근가능한 세계들을 믿음에 의하여 순서 짓는 일은 성립할 수 없다. 반면, 위와 같은 예의 '의심스러움'은 그 자체가 순서성을 가지는 양상적 의미이므로, 이를 순서근거의 하나로 간주하면, 그 양상기반은 순서성을 갖지 않는 믿음/생각의 의미라고 상정하는 것이 타당하다. 이 경우의 순서근거는 위 '-나, -을까'와 같이 '회의 양상'으로 규정할 수 있다.

이상의 사실들을 반영하여 의문형어미의 의미 기술에 '믿음(dox)' 양상기반과 '회의

---

639) Palmer(1986: 31, 89)에서는 Serrano 등의 언어에서 회의(dubitative) 양상을 기본적으로 표현하는 요소가 의문문 형성에 참여하는 현상을 보고하고 있다. 뒤에서 순서근거 함수를 표시하는 약호 'dubi'는 이 '회의(dubitative)' 양상으로부터 연유하는 것이다.
남기심(2001: 394)에서는 (6가)의 '-나'를 의문형어미가 아닌 양상의 요소로 서술하였다. 그러나 높임의 '-요'를 결합한 '-나요'는 의문형어미가 된다고 한다.

(dubi)' 순서근거를 가지는 BEST 함수를 사용한다. 이러한 기술이 통사구조를 바탕으로 의미구조를 해석하는 과정에서의 합성성 원리의 준수를 가능하게 한다는 점이야말로 프레게 기획(Heim & Kratzer 1998: 13)에 따라 한국어 통사의미 체계를 완성하고자 하는 이 책의 연구가 취하는 점이다.

9.3.2. 의문형어미의 의미 정의

이 장 서두의 (1가-라)에서 제시한 의문형어미들 중 대표적 네 가지를 들어 그 의미 정의를 보이기로 한다. '-니'의 의미 형식은 수행동사 'ASK'와, 가상의 세계에서의 판단자가 현실 맥락의 청자로 정해진 것($x = a(c^*)$)이 특징이다. 명사절에 실현되는 '-는지'는 수행동사 'ASK'도 갖지 않고 가상의 세계의 판단자에 대한 명시도 되어 있지 않다. 인용동사 '묻다' 등의 보문에 실현되는 '-느냐고'는 수행동사 'ASK'를 갖지 않고, 가상의 세계에서의 판단자가 인용동사에 의해 도입된 인용 맥락의 청자로 정해져 있다($x = a(c)$). 이는 특히 '묻다'류 동사에 대한 선택제약을 부과하는 형식이다. 자문의 의문형어미 '-나'와 '-을까'는 수행동사 'ASK'를 갖지 않고, 가상의 세계에서의 판단자가 현실 맥락의 화자로 정해진다($x = s(c^*)$). 이들은 모두 공통된 양상 의미를 가진다.[640]

(8) 가. 보통의 의문형어미 '-니'의 정의[641]

$\lambda p_{<s,<i,<e,t>>>}.\ [ASK(s(c^*), a(c^*), \forall <w',t',x>: <w',t',x> \in BEST(dox, dubi, w, t, j) \rightarrow p(w')(t')(x)) \ \&\ x = a(c^*)]$

나. 명사절의 의문형어미 '-는지'의 정의[642]

$\lambda p_{<s,<i,<e,t>>>}.\ [\forall <w',t',x>: <w',t',x> \in BEST(dox, dubi, w, t, j) \rightarrow p(w')(t')(x))]$

다. 인용절의 의문형어미 '-느냐고'

$\lambda p_{<s,<i,<e,t>>>}.\ \lambda f_{<<s,<i,<e,t>>>,eet>}.\ \lambda x_e.\ \lambda y_e.\ f(p)(x)(y) \ \&\ x = a(c) \ \&\ [\forall <w',t',x>: <w',t',x> \in BEST(dox, dubi, w, t, j) \rightarrow p(w')(t')(x))]$

라. '자문'의 의문형어미 '-나[2]', '-을까'

---

640) 타입 <s,<i,<e,t>>>는 시구간(t)과 판단자(j)를 가지는 경우의 명제의 타입이다(Stephenson 2007). 이를 필요에 따라 임의로 줄여서 <s,t>로 나타내기로 한다.

641) 이 장 서두의 (1가)에 제시한 이 외의 의문형어미 '-냐', '-으오', '-나', '-습니까', '-어', '-어요'도 (8가)를 공통의 형식으로 가지는 것으로 기술되어야 한다. '-더냐', '-더냐고'의 의미 정의는 양정석(2017, 2020가)에서 제시한 바 있다.

642) 명사절에 쓰이는 '-는가', '-느냐'도 같은 형식으로 기술되나, 비진리조건적 의미 자질 '+문어체'가 덧붙여진다. 이러한 자질의 처리에 대해서는 양정석(2020나)를 참고하기 바람.

$$\lambda p_{<s,<i,<e,t>>>}.\ [\forall<w',t',x>: <w',t',x>\in BEST(dox,\ dubi,\ w,\ t,\ j) \rightarrow p(w')(t')(x))\ \&\ x = s(c^*)]$$

한 예로 “비가 오니?”의 의미 형식은 다음과 같이 명제(<s,<i,<e,t>>>)의 형식으로 기술된다. 문장 단위의 의미 형식에 이 문장이 의문문임을 나타내는 것은 순서근거 함수 ‘dubi(회의)’와 수행동사 ‘ASK’이다. (8)의 정의들을 통하여 드러나는 의문문, 의문절들의 공통점은 ‘dubi’를 가지는 양상 의미 형식을 가진다는 것이다.

(9) $\forall<w',t',j'> : <w',t',j'> \in BEST(dox, dubi, w, t, j) \rightarrow$ 세계 w'에서, 시구간 t'에, 판단자 j'에게, 비가-온다'
EX. 비가 오니?
철수는 인호에게 비가 오는지를 물었다.
철수는 인호에게 비가 오느냐고 물었다.
비가 오나?/비가 올까?

의문형어미를 양상 의미 형식으로 기술하는 것이 유리함을 보이는 한 가지 예는 의문절이 다른 양상 요소와 공존할 때 다른 양상으로 동화되는 현상이다.

(10) 나는 누가 오는지(를) 알았다/깨달았다.

(8나)에서는 ‘-는지’가 믿음 양상의 요소라고 가정하였다. ‘알다/깨닫다’는 인식 양상의 요소이다. 이 경우의 전체 문장은 두 개의 양상 요소가 겹쳐진 의미 형식으로 해석된다.

(11) 가. 나는 철수가 오는지를 알았다/깨달았다.
나. [인식양상 [믿음양상 [철수가 온다]] ⇒
다. [인식양상 [철수가 온다]]

두 개의 양상 요소가 겹쳐질 경우 하나의 양상 요소로 단일화되는 현상은 양상 의미 표현에서 흔히 발견되는 현상이다.[643] 의문형어미를 양상 요소로 기술하면 두 양상 요소

643) 양상 요소들의 축약을 규율하는 다른 추론규칙들의 예를 양정석(2017, 2020나)에서 제시한 바 있다. 이 책의 10.1절에서도 이들을 제시한다.

가 하나로 축약되는 추론규칙의 형식으로 이 현상을 설명할 수 있다. 이는 의문형어미 '-는지'를 양상 요소로 가정함으로써 얻게 되는 설명력의 하나라고 본다.

9.3.3. 의문사 구문의 의미 합성

의문 구문의 기술에서 가장 난해한 부분은 의문사 구의 통사구조 생성과 그 의미 해석이다. 위 9.2절에서는 이동 접근 방안을 소개하고, 그 문제점들을 지적하였다. 이 절에서는 그 대안으로서의 가변 타입 접근 방안을 제시하고자 한다.

제4장에서는 양화사와 양화 관형명사를 위한 타입 전이 규칙을 제시하였다. 의문사 '누구'와 의문 관형명사 '어떤'을 타입 <et,t>와 <et,<et,t>>의 양화사로 가정하면 이미 제시한 타입 전이 규칙을 의문사 구문의 의미 합성을 위해서도 활용할 수 있다. 의문사가 보통의 양화사와 다른 중요한 점은 통사적으로 의문형어미와 호응한다는 점이고, 의미적으로 전제 의미를 가진다는 점이다. 이는 의문사 용법에 국한되는 사실들이다.

논항 위치로서의 주어와 목적어, V'의 보충어, 부가어 위치로서의 VP 부가어에 '누구'가 실현되는 경우의 '누구'의 타입과 의미 정의는 다음과 같다. 이들은 각각 전제 의미를 가지는 의문사 용법의 의미 정의와 전제 의미를 갖지 않는 불확정 용법의 의미 정의 두 가지를 가진다.[644] (12가)의 용법을 기본으로 다른 통사적 위치의 '누구'의 의미 형식들을 제4장의 양화사 해석에서 활용한 타입 전이 규칙과 유사하 규칙을 도출할 수 있다.[645]

(12) 가. 누구$_{[+wh]}^{1}$ (타입 <et,t>) [$\lambda f_{et}.\ \exists x$[x는 사람이다 & $f(x)] = 1$], 단 현실 세계 w*에서 $\exists x$[x는 사람이다]
누구^{1} (타입 <et,t>) [$\lambda f_{et}.\ \exists x$[x는 사람이다 & $f(x)] = 1$]
EX. 누가 왔니?

나. 누구$_{[+wh]}^{2}$ (타입 <<e,et>,et>) [$\lambda f_{<e,et>}.\ \lambda x_{e}.\ \exists y$[y는 사람이다 & $f(y)(x)] = 1$], 단 현실 세계 w*에서 $\exists y$[y는 사람이다]
누구^{2} (타입 <<e,et>,et>) [$\lambda f_{<e,et>}.\ \lambda x_{e}.\ \exists y$[y는 사람이다 & $f(y)(x)] = 1$]
EX. 인호가 누구를 만났니?

---

644) 표준적 형식의미론에서 전제 의미를 나타내는 방법에는 변수의 영역 조건으로 나타내는 방법과 정의 성립 조건(definedness condition)으로 나타내는 방법이 있는데, 여기에서는 정의 성립 조건으로 나타냈다. '단' 이후의 서술이 정의 성립 조건이다.

645) '무엇'은 (12가)의 '누구'의 예에 준하여 다음 두 개의 의미 정의로 기술된다.
a. 무엇$_{+wh}^{1}$: [$\lambda f_{et}.\ \exists x$[x는 사물이다 & $f(x)]_{[+wh]} = 1$], 단 현실 세계 w*에서 $\exists x$[x는 사물이다]
b. 무엇^{1}: [$\lambda f_{et}.\ \exists x$[x는 사물이다 & $f(x)]_{[+wh]} = 1$]

다. 누구$_{[+wh]}^{3}$ (타입 <<e,<e,et>>,<e,et>>) [$\lambda f_{eeet}.\ \lambda y_e.\ \lambda x_e.$ [$\exists$z[z는 사람이다 & f(z)(y)(x)] = 1], 단 현실 세계 w*에서 $\exists$z[z는 사람이다]

누구^{3} (타입 <<e,<e,et>>,<e,et>>) [$\lambda f_{eeet}.\ \lambda y_e.\ \lambda x_e.$ [$\exists$z[z는 사람이다 & f(z)(y)(x)] = 1]

EX. 김 교수가 선물을 누구에게 주었니?

라. 누구$_{[+wh]}^{4}$ (타입 <<e,et>,et>) [$\lambda f_{eet}.\ \lambda x_e.$ $\exists$y[y는 사람이다 & f(y)(x)] = 1], 단 현실 세계 w*에서 $\exists$y[y는 사람이다]

누구^{4} (타입 <<e,et>,et>) [$\lambda f_{eet}.\ \lambda x_e.$ $\exists$y[y는 사람이다 & f(y)(x)] = 1]

EX. 김 교수가 누구를 선물을 주었니?

의문사 '누구'는, 양화사와는 달리, I' 부가어 위치와 V' 부가어 위치에 실현될 수 없다. (12)는 이 두 경우를 제외한 4가지 통사구조의 위치에 '누구'가 실현될 때의 그 의미 정의를 기술한 것이다.

(13) 가. ??학생이 누가 왔니?

나. ??김 교수는 학생을 누구를 만났니?

의문사는 모두 전제 의미를 가지는데, 그 전제는 양화사에 대한 영역 한정(domain restriction)을 하는 것이다. 이중주어문, 이중목적어문에서 선행 'NP-이', 선행 'NP-를' 성분은 이어지는 'NP-이', 선행 'NP-를' 성분의 영역을 한정하는 기능을 가진다. 이렇게 영역 한정이 겹치는 잉여성으로 말미암아 (13)의 예들이 부적격하게 되는 것으로 보인다.

'누구, 무엇'이나 '어느 NP, 어떤 NP' 형식의 의문사 구가 통사적 이동을 실행하지 않는다는 가정 하에서 그 의미 해석을 얻어내는 절차를 다음과 같이 정리해 보기로 한다. (12)와 같은 어휘부 기술을 바탕으로 (14가, 나)의 통사적 허가 절차와 (14다-바)의 의미 해석 절차가 진행된다.

(14) 가. 의문사 구 허가 조건: 의문사 구는 음운론적 강세와 연결된 초점을 가지는 경우 의문형어미에 최대통어(m-command)되어 의문 자질 '+wh'가 표시되어야 한다.

나. 의문 자질 표시: 의문형어미는 C 범주로서 '+wh' 자질을 가지고, 그것에 최대통어되는 의문사 구(NP 범주)에 자질 '+wh'를 표시한다. 의문 자질 표시는 통사적 절차이면서, 이 결과로 의문 자질 '+wh'가 표시된 통사 범주 'NP_{+wh}', 즉 '[누구]$_{+wh}$', '[무

엇]$_{+wh}$', '[어떤$_{+wh}$ NP]$_{+wh}$'는 의미 합성과정에서 '+wh' 자질을 가진 어휘부의 의문사 의미 형식으로 해석된다.

다. 의문사의 어휘적 의미 형식은 (12)에서처럼 두 가지로 주어진다.

라. 불확정 해석이나, 의문사 해석이나, 실현된 위치에 따라 (12)의 어휘적 의미 형식을 바탕으로 타입 전이 규칙이 적용되어 상위 타입의 해석이 주어진다.

마. 의문 자질이 표시된 '누구/무엇'이나 그것이 표시되지 않은 '누구/무엇'은 일반적 의미 합성 규칙들의 적용을 받아 그 문장 의미 도출에 참여한다.

바. 의문형어미의 정의에 주어진 양상적 의미 요소 'dubi'에 따라 의문 구문의 양상적 문장 의미 형식을 명제들의 집합으로 전환하는 추론규칙이 적용될 수 있다.

(14가)는 음운론적 강세로 지지되는 통사구조의 초점 표시 '[Focus]'와 같은 것을 가정하는 것이다. 이 경우에만 의문사가 '+wh' 자질을 갖게 된다. 불확정 용법의 의문사는 이러한 절차가 적용되지 않고, 결과적으로 존재 양화사의 의미로만 해석된다. 불확정 해석, 의문사 해석과 상관없이 의문사는 양화사로 해석된다.

(14다-마)는 양상 의미 형식의 명제를 도출하는 의미론적 해석 절차이다. (14바)는 양상 의미 형식을 바탕으로 명제들의 집합을 이끌어내는 절차로서, 이는 담화화용론적 절차로 상정된다.

주어 위치의 의문사(의문사 용법) '누구^{1}'을 포함하는 의문문의 예 하나만을 들어 위 (14)의 통사의미적 해석 절차를 확인해 보자.

(15) '누가 왔니?'의 통사의미적 해석 절차

가. 통사구조: [$_{CP}$[$_{IP}$누가 오-았-][$_{C}$-니]]

나. 의문 자질 표시: [$_{CP}$[$_{IP}$누가$_{+wh}$ 오-았-][$_{C}$-니$_{+wh}$]]

다. '누구$_{[+wh]}^{1}$'을 이용한 의미 합성

⟦ [$_{IP}$누가$_{+wh}$ 오-았-] ⟧$^{w^*}$ = [∃x[x는 사람이다 & w′에서 x가 왔다′], 단 현실 세계 w*에서 ∃x[x는 사람이다]]

⟦ [$_{CP}$[$_{IP}$누가$_{+wh}$ 오-았-][$_{C}$-니$_{+wh}$]] ⟧$^{w^*}$ =

⟦ [$_{C}$-니$_{+wh}$]] ⟧$^{w^*}$(λw′. ⟦ [$_{IP}$누가$_{+wh}$ 오-았-] ⟧$^{w'}$) =

[ASK(s(c*), a(c*), ∀w': w'∈BEST(dox, dubi, w*) → ∃x[x는 사람이다 & w′에서 x가 왔다′)]], 단 현실 세계 w*에서 ∃x[x는 사람이다])

라. 담화화용론적 절차로서의 (14바)의 추론규칙 적용:

{λw′. ∃x[w′에서 x는 사람이다 & w′에서 x가 왔다′], 단 현실 세계 w*에서 ∃x[x는 사람이다]}

마. 담화상 영역을 {철수, 인호, 순희}로 가정할 때의 명제들의 집합:
{λw'. w'에서 철수는 사람이다 & 철수가 왔다', λw'. w'에서 인호는 사람이다 & 인호가 왔다', λw'. w'에서 순희는 사람이다 & 순희가 왔다', λw'. w'에서 철수와 인호는 사람이다 & 철수와 인호가 왔다', λw'. w'에서 철수와 순희는 사람이다 & 철수와 순희가 왔다', λw'. w'에서 인호와 순희는 사람이다 & 인호와 순희가 왔다', λw'. w'에서 철수와 인호와 순희는 사람이다 & 철수와 인호와 순희가 왔다'}

이 절차에서 사용된 (14바)의 추론규칙은 다음과 같이 일반화할 수 있다.

(16) 명제들의 집합 형성 추론규칙:
$[ASK(s(c^*), a(c^*), \forall w'[\, w' \in BEST(dox, dubi, w^*) \rightarrow p(w')]$, 단 $q(w^*)$
$\Rightarrow [\lambda r.\, r = \lambda w'.\, p(w')$, 단 $q(w^*)]$ $(= \{p(w')$: 단 $q(w^*)\})$

(16)은 의문문의 의미가 대답 명제들의 집합이라는 Hamblin(1973), Karttunen(1977)의 주장을 담화화용론적 차원에서 포착하고자 하는 것이다.646) 양상 의미 표상으로 나타낸 의문문의 의미는 합성성 원리를 준수하여 도출한 의미론적 표상이지만, 담화화용론적으로는 이를 명제들의 집합으로 나타내는 것이 필요하다. 그 한 가지 필요성은 담화상 적격성 조건을 만족하기 위한 것이다. 질문에 대한 대답이 담화상 적격하기 위해서는 그 대답이 의문문을 형성하는 명제들의 집합의 한 원소이어야 한다.647)

현실 세계 w*에서 사람의 존재에 대한 전제 하에, 회의/의문의 모든 가능세계 w'에서 '사람의 일부가 왔다'는 점이 참이라는 것이 의문사 용법의 의문 구문의 의미라고 하겠다. 의문사는 현실 세계에서의 존재 전제를 가지는 경우와, 그러한 전제를 갖지 않고, 존재 양화사와 동일한 의미를 가지는 경우를 두 개의 어휘적 의미로 설정함으로써, 이것을 포함하는 문장의 중의성을 설명하였다. 존재 전제를 갖지 않는 '누구' 문장은 '일부'를 포함하는 여부의문문과 진리조건적으로 동일한 의미를 표현한다.

646) 엄밀히 말하면 (15마)는 Hamblin(1973), Karttunen(1977) 방식의 이론에서 예측되는 명제들의 집합과 동일하지도 않고, Groenendijk & Stokhof(1984) 방식의 이론에서 예측되는 명제들의 집합('분할집합')과 동일하지도 않다. 뒤에서 보다 명확한 필자의 방안을 보일 것이다.
647) 질문과 대답으로 이루어지는 담화를 위하여 이 같은 적격성 조건이 존재하고, 이 점을 기술하기 위해 담화 표상이 필요함을 논증한 양정석(2017: 331-336)을 참고하기 바람.

9.3.4. 의문 관형명사 '어떤/어느/무슨'을 포함하는 의문 구문

명사를 수식하는 의문사 '어떤'도 이중주어문, 이중목적어문에서 제약된다.

(17) 가. ??학생들이 어떤 학생들이 왔니?
나. ??김 교수는 학생들을 어떤 학생들을 만났니?

(12)의 의문사 '누구'가 실현되는 4개의 통사적 위치에 의문 관형명사 '어떤'이 실현된다. 이 4개의 통사적 위치에 놓이는 '어떤'의 의미 정의와 이를 이용한 문장 의미의 합성 절차를 보이기로 한다.648) 다음은 차례로 (12)의 '누구'에 대응되는 의문 관형명사의 의미 정의이다. '누구'의 경우에서와 마찬가지로, (18가)의 용법을 기본으로 다른 통사적 위치의 '어떤'의 의미 형식들을 일반화된 타입 전이 규칙을 통하여 도출할 수 있다.

(18) 가. 어떤$_{+wh}^{1}$ (타입 <et,<et,t>>)
$[\lambda f_{et}.\ \lambda g_{et}.\ \exists x[f(x)\ \&\ g(x)] = 1]$, 단 현실 세계 w*에서 $\exists x[f(x)]$
어떤^{1} (타입 <et,<et,t>>)
$[\lambda f_{et}.\ \lambda g_{et}.\ \exists x[f(x)\ \&\ g(x)] = 1]$
EX. 어떤 학생이 왔니?
나. 어떤$_{+wh}^{2}$ (타입 <et,<<e,et>,et>>)
$[\lambda f_{et}.\ \lambda g_{eet}.\ \lambda x_{e}.\ \exists y[f(y)\ \&\ g(y)(x)] = 1]$, 단 현실 세계 w*에서 $\exists x[f(x)]$
어떤^{2} (타입 <et,<<e,et>,et>>)
$[\lambda f_{et}.\ \lambda g_{eet}.\ \lambda x_{e}.\ \exists y[f(y)\ \&\ g(y)(x)] = 1]$
EX. 인호가 어떤 학생을 만났니?
다. 어떤$_{+wh}^{3}$ (타입 <et,<<e,<e,et>>,<e,et>>>)
$[\lambda f_{et}.\ \lambda g_{eeet}.\ \lambda y_{e}.\ \lambda x_{e}.\ [\exists v[f(v)\ \&\ g(v)(y)(x)] = 1]$, 단 현실 세계 w*에서 $\exists x[f(x)]$
어떤^{3} (타입 <et,<<e,<e,et>>,<e,et>>>)
$[\lambda f_{et}.\ \lambda g_{eeet}.\ \lambda y_{e}.\ \lambda x_{e}.\ [\exists v[f(v)\ \&\ g(v)(y)(x)] = 1]$
EX. 김 교수가 선물을 어떤 학생에게 주었니?
라. 어떤$_{+wh}^{4}$ (타입 <et,<<e,et>,et>>)

648) 이 4개의 의미 정의는 위 (12)에서 제시한 '누구'의 4개의 정의와 대응된다.

$[\lambda f_{et}.\ \lambda g_{eet}.\ \lambda x_{e}.\ \exists y[f(y)\ \&\ g(y)(x)] = 1]$, 단 현실 세계 w^*에서 $\exists x[f(x)]$

어떤[4] (타입 $<et,<<e,et>,et>>$)

$[\lambda f_{et}.\ \lambda g_{eet}.\ \lambda x_{e}.\ \exists y[f(y)\ \&\ g(y)(x)] = 1]$

EX. 김 교수가 어떤 학생을 선물을 주었니?

(18가)를 이용하여 의문사 용법의 '어떤 학생이 왔니?'의 의미 합성 결과를 보이면 (19가)와 같다. 여기에 (16)을 적용하면 (19나)를 얻는다.

(19) 가. $[ASK(s(c^*), a(c^*), \forall w': w' \in BEST(dox,\ dubi,\ w^*) \rightarrow \exists x[x\text{는 학생이다}\ \&\ w'\text{에서 } x\text{가 왔다}')]$, 단 현실 세계 w^*에서 $\exists x[x\text{는 학생이다}])$

나. $\lambda p.\ p = \lambda w'.\ \exists x[w'\text{에서 } x\text{는 학생이다}\ \&\ w'\text{에서 } x\text{가 왔다}'$, 단 현실 세계 w^*에서 $\exists x[x\text{는 학생이다}]$

불확정 용법의 '어떤 학생이 왔니?'의 의미 합성 결과를 보이면 다음과 같다.

(20) 가. $[ASK(s(c^*), a(c^*), \forall w': w' \in BEST(dox,\ dubi,\ w^*) \rightarrow \exists x[x\text{는 사람이다}\ \&\ w'\text{에서 } x\text{가 왔다}')]])$

나. $\lambda p.\ p = \lambda w'.\ \exists x[w'\text{에서 } x\text{는 학생이다}\ \&\ w'\text{에서 } x\text{가 왔다}'$

(20나)는 명제 p의 집합이되, 그 안에서 존재 양화되는 개체들('x')은 현실 세계의 담화상 영역의 개체들이 아니므로, 불확정적 개체들을 대상으로 한 존재 양화 서술이 될 뿐이다. 이 질문에 대한 대답은 '예' 또는 '아니요'가 된다.

이 외의 의문 관형명사로 '무슨, 어느, 몇, 누구의, 웬' 등이 있다. '몇, 누구의, 웬' 등에 대한 기술은 39.3.1절에서 별도로 제시한다.

(21) 가. $\text{무슨}_{+wh}{}^{1}$: (타입 $<et,<et,t>>$) $[\lambda f_{et}.\ \lambda g_{et}.\ \exists x[x\text{는 사물이다}\ \&\ f(x)\ \&\ g(x)]_{[+wh]} = 1$, 단, 세계 w^*에서 $\exists x[f(x)]$.

무슨^{1}: (타입 $<et,<et,t>>$) $[\lambda f_{et}.\ \lambda g_{et}.\ \exists x[x\text{는 사물이다}\ \&\ f(x)\ \&\ g(x)]_{[+wh]} = 1]$

나. $\text{어느}_{+wh}{}^{1}$: (타입 $<et,<et,t>>$) $[\lambda f_{et}.\ \lambda g_{et}.\ \exists x[f(x)\ \&\ g(x)]_{[+wh]} = 1]$, 단 세계 w^*에서 $\exists x[f(x)]$이고 x는 둘 이상의 개체임.

의문 관형명사 '어떤, 무슨'은 모두 의문문뿐 아니라 서술문에도 쓰일 수 있다. 의문문에서는 의문사 용법과 불확정 용법 두 가지로 쓰이지만, 서술문에서 쓰일 때에는 존재 양화사로서의 불확정 용법만을 가진다. 그러나 '어느'는 (24)에서 보는 것처럼 서술문에서 쓰이는 것이 제약된다. (21나)는 이 점을 반영한 것이다.

(22) 가. 어떤 책이 배달됐다.
　　나. 어떤 책이 배달됐니?
(23) 가. 무슨 책이 배달됐다.
　　나. 무슨 책이 배달됐니?
(24) 가. ??어느 책이 배달됐다.
　　나. 어느 책이 배달됐니?

9.3.3절에서는 양화사로서의 의문사 '누구[1]'이 의문문의 주어인 경우, 이 절에서는 양화 관형사로서의 의문사 '어떤[1]'이 의문절의 주어 위치에 놓이는 경우의 의미 합성 절차를 살펴보았다. 담화상의 영역에 주어진 개인들 '영호, 인호, 순희'가 모두 학생일 경우, 의문사의 의문문 '누가 왔니?'와 의문 관형사의 의문문 '어떤 학생이 왔니?'는 동일한 의미임을 그 의미 합성 절차를 비교하여 확인할 수 있다.

9.3.5. 의문사를 포함하는 절이 관계절인 경우

한국어의 관계관형절은 (25나)와 같은 통사구조를 가진다. 관계관형절 내에 '누구'가 포함된 문장도 의문사 해석과 불확정 해석을 가진다.

(25) 가. 누구를 좋아하는 남학생이 저기에 와 있니?
　　나. [O_i [t_i 누구를 좋아하는]] 남학생이 저기에 와 있니?

관계관형절 해석의 절차는 의문사 구 해석의 절차와 독립적으로 실행된다. 관계관형절 CP는 독립적으로 '술어추상규칙(PA)'에 따라 람다 추상의 함수 형식이 도출된다. 통사구조를 바탕으로 의문형어미 '-니'에 의해 최대통어(m-command)되는 관계관형절 내의 '누구'는 의문 자질이 표시되어 의문사의 의미(전제를 가지는 존재 양화사의 의미)로 해석된다.

(26) 의문사 해석 문장 의미의 도출

가. ⟦누구$_{[+wh]}^2$⟧^{w*} = [$\lambda f_{<e,et>}$. λx_e. ∃y[y는 사람이다 & f(y)(x)] = 1], 단 현실 세계 w*에서 ∃y[y는 사람이다]

⟦t_i 누구를 좋아하-⟧^{w*,g} = [$\lambda f_{<e,et>}$. λx_e. ∃y[w에서 y는 사람이다 & f(y)(x)] = 1, 단 현실 세계 w*에서 ∃y[y는 사람이다]](λz. λv. w에서 v가 z를 좋아한다′)(g(i))

[∃y[w에서 y는 사람이다 & w에서 (g(i))가 y를 좋아한다′, 단 현실 세계 w*에서 ∃y[y는 사람이다]]

⟦O_i [t_i 누구를 좋아하는]⟧^{w*,g} = [λx.∃y[w에서 y는 사람이다 & w에서 x가 y를 좋아한다′, 단 현실 세계 w*에서 ∃y[y는 사람이다]]

⟦[O_i [t_i 누구를 좋아하는]] 남학생⟧^{w*,g} = [λx.∃y[w에서 y는 사람이다 & w에서 x가 y를 좋아한다′] & x는 남학생이다], 단 현실 세계 w*에서 ∃y[y는 사람이다]

[ιx.∃y[w에서 y는 사람이다 & w에서 x가 y를 좋아한다′] & x는 남학생이다], 단 현실 세계 w*에서 ∃y[y는 사람이다] ('et→e' 타입 전이: 이오타화)

⟦O_i [t_i 누구를 좋아하는]] 남학생이 저기에 와 있-⟧^{w*,g} = [ιx.∃y[w에서 y는 사람이다 & w에서 x가 y를 좋아한다′] & x는 남학생이다]가 저기에-와-있다′], 단 현실 세계 w*에서 ∃y[y는 사람이다]

⟦-니⟧^{w*,g}(⟦O_i [t_i 누구를 좋아하는]] 남학생이 저기에 와 있-⟧^{w*,g}) = [ASK(s(c*), a(c*), ∀w′: w′∈BEST(dox, dubi, w) → [ιx. ∃y[w′에서 y는 사람이다 & w′에서 x가 y를 좋아한다′ & x는 남학생이다]]가 저기에-와-있다′, 단 현실 세계 w*에서 ∃y[y는 사람이다]]]

나. 담화화용론적 절차로서의 (16)의 추론규칙 적용:

λp. p = λw′. [ιx. ∃y[w′에서 y는 사람이다 & w′에서 x가 y를 좋아한다′ & x는 남학생이다]]가 저기에-와-있다′, 단 현실 세계 w*에서 ∃y[y는 사람이다]]

다음은 불확정 해석의 도출 절차이다.

(27) 불확정 해석 문장 의미의 도출

가. ⟦누구^2⟧^{w,g} = [$\lambda f_{<e,et>}$. λx_e. ∃y[y는 사람이다 & f(y)(x)] = 1]

⟦t_i 누구를 좋아하-⟧^{w,g} = [$\lambda f_{<e,et>}$. λx_e. ∃y[w에서 y는 사람이다 & f(y)(x)] = 1](λz. λv. w에서 v가 z를 좋아한다′)(g(i)) iff

[∃y[w에서 y는 사람이다 & w에서 (g(i))가 y를 좋아한다′]

⟦O_i [t_i 누구를 좋아하는]⟧^{w,g} = [λx.∃y[w에서 y는 사람이다 & w에서 x가 y를 좋아한다′]

⟦ [O_i [t_i 누구를 좋아하는]] 남학생 ⟧ ^{w,g} = [λx.∃y[w에서 y는 사람이다 & w에서 x가 y를 좋아한다′] & x는 남학생이다]

[ιx.∃y[w에서 y는 사람이다 & w에서 x가 y를 좋아한다′] & x는 남학생이다]

(‘et→e’ 타입 전이)

⟦ O_i [t_i 누구를 좋아하는]] 남학생이 저기에 와 있- ⟧ ^{w,g} =

[ιx.∃y[w에서 y는 사람이다 & w에서 x가 y를 좋아한다′] & x는 남학생이다]가 저기에-와-있다′]

⟦ -니 ⟧ ^{w,g}(⟦ O_i [t_i 누구를 좋아하는]] 남학생이 저기에 와 있- ⟧ ^{w,g}) =

[ASK(s(c*), a(c*), ∀w′: w′∈BEST(dox, dubi, w) → [ιx. ∃y[w′에서 y는 사람이다 & w′에서 x가 y를 좋아한다′ & x는 남학생이다]]가 저기에-와 -있다′]]

나. 담화화용론적 절차로서의 (16)의 추론규칙 적용:

λp. p = λw′. [ιx. ∃y[w′에서 y는 사람이다 & w′에서 x가 y를 좋아한다′ & x는 남학생이다]]가 저기에-와-있다′]

(27)와 같이 해석되는 의문문은 여부의문문으로서 이에 대한 대답은 ‘예’ 또는 ‘아니요’가 된다.

9.3.6. 의문형어미와 간접인용절

‘묻다’는 인용동사로서, ‘-느냐고’에 이끌리는 절이 보문인 경우와 ‘-는지/느냐/는가’에 이끌리는 절이 보문인 경우의 두 가지 문장 형식에 쓰일 수 있다. 다음이 그 예이다.

(28) 철수는 인호에게 누구를 만났느냐고 물었다.
(29) 철수는 인호에게 누구를 만났는지/느냐/는가를 물었다.

‘-느냐고’와 ‘-는지/느냐/는가’의 중요한 차이점은, 전자는 주절 동사로 ‘하-’가 쓰일 수 있는 반면, 후자는 그것이 쓰일 수 없다는 것이다.

(30) 가. 철수는 인호가 누구를 만났느냐고 물었다.
나. 철수는 인호가 누구를 만났는지/?만났느냐/?만났는가(를) 물었다.

(30)′ 가. 철수는 인호가 누구를 만났느냐고 했다.
나. *철수는 인호가 누구를 만났는지/만났느냐/만났는가(를) 했다.

이 현상은 '-느냐고'가 2자리 함수로서, 그 왼쪽의 절과 함께 오른쪽의 주절 동사를 그 논항으로 취하는 반면, '-는지, -느냐, -는가'는 1자리 함수로서 그 선행절만을 논항으로 취한다고 설정해야 설명할 수 있다. (30가)'에서는 '-느냐고'의 요구에 따라 '하-'의 의미 조정이 실행되어 적절한 해석이 이루어질 수 있으나,[649] (30나)'에서는 그것이 불가능하다. 이 점을 설명하기 위하여 선행절과 함께 '묻다'류 인용동사를 그 한 논항으로 요구하는 (8다)의 '-느냐고'의 의미 정의를 활용한다. 인용동사 '묻-'의 의미 정의는 다음과 같다. (28)의 '-느냐고' 문장의 의미 합성 절차는 (32)와 같다.

(31) ⟦묻-⟧$^{c*;w,t,j}$ = [λ$p_{<s,<i,et>>}$. λx_e. λy_e. w에서, c*≠c' & s(c') = y & a(c') = x인 인용의 맥락 c'에서; p(w(c'))(t(c'))(j(c'))] = 1

(32) 가. [$_{CP}$ 철수는 [$_{VP}$ 인호에게 [$_{VP}$[$_{CP}$ e 누구를 만났-느냐고] 묻-]]-었다]

나. '누구$_{[+wh]}$^{2}'에 따른 해석:

⟦-느냐고⟧(λw″. λt″. λj″. ⟦인호가 누구를 만났-⟧$^{w'',t'',j''}$)(⟦묻-⟧)(⟦인호에게⟧)(⟦철수가⟧) = ((8다), IFA)

λ$p_{<s,<i,<e,t>>>}$. λ$f_{<<s,<i,<e,t>>>,eet>}$. λx_e. λy_e. f(p)(x)(y) & x = a(c) & [∀<w',t',x>: <w',t',x>∈BEST(dox, dubi, w, t, j) → p(w')(t')(x))](λw″. λt″. λj″. ⟦인호가 누구를 만났-⟧$^{w'',t'',j''}$)([λ$p_{<s,<i,et>>}$. λx_e. λy_e. w에서, c*≠c' & s(c') = y & a(c') = x인 인용의 맥락 c'에서; p(w(c'))(t(c'))(j(c'))] = 1)(인호)(철수)

λ$f_{<<s,<i,<e,t>>>,eet>}$. λx_e. λy_e. f([λw″. λt″. λj″. ⟦인호가 누구를 만났-⟧$^{w'',t'',j''}$])(x)(y) & x = a(c) & [∀<w',t',x>: <w',t',x> ∈ BEST(dox, dubi, w, t, j) → [λw″. λt″. λj″. ⟦인호가 누구를 만났-⟧$^{w'',t'',j''}$](w')(t')(x))]([λ$p_{<s,<i,et>>}$. λx_e. λy_e. w에서, c*≠c' & s(c') = y & a(c') = x인 인용의 맥락 c'에서; p(w(c'))(t(c'))(j(c'))] = 1)(인호)(철수)

λx_e. λy_e. [λ$p_{<s,<i,et>>}$. λx_e. λy_e. w에서, c*≠c' & s(c') = y & a(c') = x인 인용의 맥락 c'에서; p(w(c'))(t(c'))(j(c'))] = 1]([λw″. λt″. λj″. ⟦인호가 누구를 만났-⟧$^{w'',t'',j''}$])(x)(y) & x = a(c) & [∀<w',t',x>: <w',t',x> ∈ BEST(dox, dubi, w, t, j) → [λw″. λt″. λj″. ⟦인호가 누구를 만났-⟧$^{w'',t'',j''}$](w')(t')(x))](인호)(철수)

λx_e. λy_e. [λx_e. λy_e. w에서, c*≠c' & s(c') = y & a(c') = x인 인용의 맥락 c'에서; ⟦인호가 누구를 만났-⟧$^{w(c'),t(c'),j(c')}$] = 1](x)(y) & x = a(c) & [∀<w',t',x>: <w',t',x>∈BEST(dox, dubi, w, t, j) → ⟦인호가 누구를 만났-⟧$^{w',t',x}$)](인호)(철수)

λx_e. λy_e. [w에서, c*≠c' & s(c') = y & a(c') = x인 인용의 맥락 c'에서; ⟦인호가 누구를 만났-⟧$^{w(c'),t(c'),j(c')}$] = 1] & x = a(c) & [∀<w',t',x>: <w',t',x>∈BEST(dox, dubi, w, t, j) → ⟦인호가 누구를 만났-⟧$^{w',t',x}$(인호)(철수)

649) 이 경우의 '하-'의 의미 조정 과정에 대한 설명은 3.5절에서 제시하였다.

[w에서, c*≠c' & s(c') = 철수 & a(c') = 인호인 인용의 맥락 c'에서; ⟦ 인호가 누구를 만났- ⟧ $^{w(c'),t(c'),j(c')}$] = 1] & 인호 = a(c) & [∀<w',t',x>: <w',t',x> ∈ BEST(dox, dubi, w, t, j) → ⟦ 인호가 누구를 만났- ⟧ $^{w',t',인호}$)]

[w에서, c*≠c' & s(c') = 철수 & a(c') = 인호인 인용의 맥락 c'에서; w(c')에서, t(c')에, j(c')에게, ∃y[y는 사람이다 & 인호가 y를 만났다'] & 인호 = a(c') &[∀<w',t',x>: <w',t',x>∈BEST(dox, dubi, w, t, j) → w'에서, t'에, 인호에게, ∃y[y는 사람이다 & 인호가 y를 만났다')], w*에서 ∃y[y는 사람이다.

다. '누구[2]'에 따른 해석(불확정 해석)

[w에서, c*≠c' & s(c') = 철수 & a(c') = 인호인 인용의 맥락 c'에서; w(c')에서, t(c')에, j(c')에게, ∃y[y는 사람이다 & 인호가 y를 만났다'] & 인호 = a(c') & [∀<w',t',x>: <w',t',x>∈BEST(dox, dubi, w, t, j) → w'에서, t'에, 인호에게, ∃y[y는 사람이다 & 인호가 y를 만났다')]

(32나)에서 도출된 의문사 해석의 의미 형식은 다음과 같은 의미 형식으로 전환될 수 있다. 이는 다시 비결속 변항 'y'에 담화상의 영역에 주어진 개인들을 하나씩 대입한 명제들의 집합으로 해석되게 된다.

(33) [w에서, c*≠c' & s(c') = 철수 & a(c') = 인호인 인용의 맥락 c'에서; w(c')에서, t(c')에, j(c')에게, ∃y[y는 사람이다 & 인호가 y를 만났다'] & 인호 = a(c') & λp. p = [λw'. ∃y[w'에서 y는 사람이다 & w'에서 인호가 y를 만났다'], w*에서 ∃y[y는 사람이다]]

9.3.7. 의문형어미와 보문 명사절

다음은 의문절이 타동사 구조의 목적어로, 자동사 구조의 주어로 안기는 예들이다. 이 경우 의문형어미로는 '-는지/느냐/는가'가 쓰이고, '-느냐고'는 쓰이지 않는다.

(34) 가. 인호는 누가 왔는지/왔느냐/왔는가를 안다/모른다/궁금해한다.
나. 누가 왔는지/왔느냐/왔는가가 불확실하다/문제이다.

(35) 가. *인호는 누가 왔느냐고 안다/모른다/궁금해한다.
나. *누가 왔느냐고가 불확실하다/문제이다.

의문절이 타동사 구조의 목적어로 쓰인 (34가)는 전형적인 명제태도 동사 구문이다.

‘알다’는 인식 양상을 표현하는 동사로 알려져 있다. (36)이 그 정의이다.

(36) 가. ⟦알-⟧$^{c*;w,t,j}$ = $[\lambda p_{\langle s,\langle i,\langle e,t\rangle\rangle\rangle}.\ \lambda x_e.\ \forall\langle w',t',x\rangle: \forall\langle w',t',x\rangle \in$ BEST(epist, stereo, w, t, j) → p(w')(t')(x)] = 1

나. ⟦-는지⟧$^{c*;w,t,j}$ = $\lambda p_{\langle s,\langle i,\langle e,t\rangle\rangle\rangle}.\ [\forall\langle w',t',x\rangle: \langle w',t',x\rangle \in$ BEST(dox, dubi, w, t, j) → p(w')(t')(x))]

(37) [$_{CP}$ 인호는 [$_{VP}$[$_{CP}$ 누가 왔-는지] 알-]]-ㄴ다]

(38) 가. ‘누구$_{+wh}$[1)]’에 따른 합성:

⟦누가 왔-는지⟧$^{c*;w*,t,j}$ = $\forall\langle w',t',x\rangle: \langle w',t',x\rangle \in$ BEST(dox, dubi, w, t, j) → ∃x[x는 사람이다 & w'에서 x가 왔다'], 단 현실 세계 w*에서 ∃x[x는 사람이다]

⟦알-⟧(⟦누가 왔-는지⟧)(⟦인호는⟧) =

$[\lambda y_e.\ \forall\langle w',t',x\rangle: \langle w',t',x\rangle \in$ BEST(epist, stereo, w,t,인호') → $\forall\langle w'',t'',j'\rangle: \langle w'',t'',j'\rangle \in$ BEST(dox, dubi, w',t',인호') → ∃x[x는 사람이다 & w"에서 x가 왔다'], 단 현실 세계 w*에서 ∃x[x는 사람이다]

나. ‘누구[1)]’에 따른 합성:

⟦알-⟧(⟦누가 왔-는지⟧)(⟦인호⟧) = $\lambda y_e.\ \forall\langle w',t',x\rangle: \langle w',t',x\rangle \in$ BEST(epist, stereo, w, t, 철수') → $\forall\langle w'',t'',j'\rangle: \langle w'',t'',j'\rangle \in$ BEST(dox, dubi,w',t',인호') → ∃x[x는 사람이다 & w"에서 x가 왔다']

(38가, 나)의 도출된 형식은 인식 양상의 영향권 안에 다시 ‘회의(dubi)’의 믿음 양상 형식이 안긴 구조로 되어 있다. 이런 경우 위의 (11)에서 제시한 절차에 따라 인식 양상의 형식으로 바뀌게 된다.

(38)' 가. 의문사 해석: $[\lambda y_e.\ \forall\langle w',t',x\rangle: \langle w',t',x\rangle \in$ BEST(epist, stereo, w, t, 인호') → ∃x[x는 사람이다 & w'에서 x가 왔다'], 단 현실 세계 w*에서 ∃x[x는 사람이다]

나. 불확정 해석: $[\lambda y_e.\ \forall\langle w',t',x\rangle: \langle w',t',x\rangle \in$ BEST(epist, stereo, w, t, 철수') → ∃x[x는 사람이다 & w'에서 x가 왔다']

결과적으로 얻어진 두 의미 형식은 같은 내용을 표현한다. (38가)'은 믿음 양상의 회의 순서근거 ‘dubi’를 갖지 않음으로써 그 전제 의미에도 불구하고 의문사 해석을 갖지 못한다. (38나)'도 불확정 해석만을 갖게 된다.

(38가, 나)의 도출된 의미 형식들은 겹쳐진 양상의 구조를 형성하고 있다. ‘알다’ 대신

에 이것의 부정인 '모른다'를 대체하는 경우 흥미로운 현상이 발생한다.

(39) 인호는 누가 왔는지(를) 모른다.

'IP-는지 모르다'는 전체적으로 'IP-는지'의 양상 의미 형식과 같아진다. 인식 양상 판단을 부정하는 경우 '회의'의 믿음 양상으로 전환하는 추론규칙이 작용하는 것으로 보인다.

위에서 든 (7)의 예를 다시 살펴보자.

(7) 인호가 숙제를 했는지가 의심스럽다.

'의심스럽다'는 회의의 믿음 양상을 표현한다고 본다. '-는지'에 의해 역시 회의의 믿음 양상이 표현된다. 즉 이 경우도 겹쳐진 양상 구조를 이루고 있다. 동일한 회의의 양상이 겹쳐지는 경우 하나의 양상 요소로 단일화되는 추론규칙이 존재한다고 가정하는 것은 자연스럽다. (39)도 이와 같은 작용에 따라 회의의 믿음 양상을 표현하게 되는 것이라고 생각한다.

(34나)의 '불확실하다', '문제이다'는 그 보문이 회의의 양상을 취하는 술어들이다. 그 보문을 양상 표현의 명제(타입 <s,t> 또는 <s,<i,<e,t>>>)로 설정함에 따라 통사-의미 합성 절차가 원활히 이루어진다.

9.3.8. 의문형어미와 접속문

한국어에서 의문사 포함 절이나 의문절이 접속되는 경우는 다음 세 가지로 나누어 기술된다.

연접의 여부의문문

(40) 가. 비가 오고 눈이 오니?
　　나. 철수는 비가 오고 눈이 오는지 물었다/안다.

이접의 여부의문문

(41) 가. 비가 오거나 눈이 오니?
　　나. 철수는 비가 오거나 눈이 오는지 물었다/안다.

선택지의문문

(42) 가. 인호가 왔니, 철수가 왔니?

나. 인호가 왔습니까, 철수가 왔습니까?

(40)과 (41)의 예문들은 의문형어미에 의해 이끌리는 선행 구성성분이 연접의 '-고', 이접의 '-거나'에 의해 결합되었을 뿐, 여부의문문의 형식임에는 차이가 없다. 그 통사구조는 다음과 같다.

(43) 가. $[_{CP}$ $[_{IP}$ $[_{CP}$ $[_{IP}$ 비가 오-∅-]-고/거나] $[_{IP}$ 눈이 오-∅-]]-니]

나. 철수는 $[_{IP}$ $[_{CP}$ $[_{IP}$ 비가 오-∅-]-고/거나]$[_{IP}$ 눈이 오-∅-]]-는지 물었다

그러므로 이들 문장의 의미 합성은 앞에서 제시한 '-니' 의문절, '-는지' 의문절의 예에 따라 정상적으로 실행할 수 있다.

그러나 (42)의 선택지의문문은 통사-의미 대응에 있어서 특이한 점을 가진다. 우선, 선행절이나 후행절에 의문사가 나타날 수 없다.

(42)' 가. *누가 왔니, 무엇이 왔니?

나. *인호가 누구를 좋아하니, 철수가 누구를 좋아하니?

또한 선택지의문문이 다시 내포될 수도 있고, 겹칠 수도 있다.

(44) 선택지의문문이 내포된 예:

그는 비가 오는지, (또는) 눈이 오는지 물었다/비가 오느냐, 눈이 오느냐가 문제이다/나는 비가 오느냐, 눈이 오느냐가 궁금하다/알고 싶다.

(45) 선택지의문문의 겹침:

그는 비가 오는지 안 오는지, (또는) 눈이 오는지 안 오는지 물었다/안다.

한국어의 선택지의문문인 (42) 또는 (44)에 대해서는 이전 한국어 연구에서 명시적인 형식으로 기술된 적이 없었다. 이에 대한 필자의 기술 방안은 다음과 같은 구문규칙이다. (43)은 CP에 CP가 부가되는 구조에 구문적 의미가 대응됨을 규정하는 구문규칙의 형식이다.[650)]

(43) 선택지의문문 구문규칙

$[_{CP}\ [_{CP}\ [_{IP}\ \alpha\ ]\ C_m][_{CP}\ [_{IP}\ \beta\ ]\ C_n]]$의 구조는 다음 의미 형식으로 해석된다(조건: C_m과 C_n은 의문 자질을 가지는 보문소이고 $C_m = C_n$).

$\forall\langle w',t',j'\rangle[\ \langle w',t',j'\rangle \in \mathrm{BEST}(dox,\ dubi,\ w,t,j)\ \&\ j = j' \rightarrow \alpha'(w')(t')(j') \vee \beta'(w')(t')(j')]$, 단, 여기에서 α'과 β'은 α와 β의 의미 형식임.

이 규칙의 통사구조 부분은 생성문법의 표준적인 방법에 따라 도출되는 구조이다. (43)은 일반적인 형성 원리(핵계층 이론 X-bar theory)에 의해 주어진 통사구조의 부분과 그에 대응되는 의미구조를 연결 짓고 있다. 몬태규 문법의 방법을 따르는 Karttunen(1977), 이익환(1979), Groenendijk & Stokhof(1984)의 규칙들이 구문 특정적 성격을 가진다는 것은 주지하는 바이다. 필자는 생성문법 하에서의 의미 해석의 기술에도 부분적으로 구문규칙의 형식이 필요하다는 점을 받아들인다.

9.3.9. 다중 의문사 문장의 해석

의문사 용법의 의문사가 한 문장에 2개 이상 실현될 수 있다. 이러한 경우에도 의문사는 양화사 해석과 같은 방법으로, 밑에서부터 위로(bottom-up) 차례로 합성된다. 두 의문사가 모두 의문사 용법으로 쓰이는 경우, 둘 다 현실 세계 w*에서의 개체들의 존재에 대한 전제를 갖게 된다.

(44) ⟦ 누가 무엇을 보았니 ⟧ $^{c*;w*}$=

[∀w': w'∈BEST(dox, dubi, w*) → ∃x[w'에서 x는 사람이다 & ∃y[w'에서 y는 사물이다 & w'에서 x가 y를 보았다], 단 w*에서 ∃y[y는 사물이다], 단 w*에서 ∃x[x는 사람이다]

이러한 문장에서도 두 의문사가 양화하는 개체는 모두 현실 세계의 개체이다. (44)의 전제 서술은 이 점을 포착한다. (44)로부터 담화화용론적 규칙으로서의 (14바)의 추론규칙이 적용되어 Hamblin(1973), Karttunen(1977)의 의미에서의 '명제들의 집합'이 얻어진다.

---

650) 양정석(2014)에서는 (43)과 같은 구문규칙(=부가어 대응규칙)의 형식으로 기술해야 할 한국어의 연결어미 문장, 부사격조사 문장들을 전반적으로 검토하고, 한국어 구문규칙들의 목록을 제시한 바 있다. (43)의 규칙을 이 목록에 추가해야 한다.

9.4. 의문 구문 해석 체계의 조정

9.4.1. 의미 형식에서 담화 의미 표상으로

이 절에서는 의미론적 표상인 의문문의 의미 형식이 담화 의미 표상으로 전환되는 절차를 자세히 보이기로 한다.

제8장에서는 명령문과 청유문, 약속문이 담화 표상에서 '행동목록(TD: To-Do list)'이라는 집합의 형식으로, 맥락 기호(c*)를 기준으로 기재된다고 설명하였다. 내포절인 명령절, 청유절, 약속절은 인용동사 '명령하-', '제안하-', '약속하-'에 의해 도입되는 맥락 기호(c′) 아래 역시 행동목록이라는 집합의 형식으로 배열되었다.

의문문과 의문절도 이와 유사한 방식으로 담화 의미 표상에 기재된다. 의문문은 담화 의미 표상에서 '질문집합(QS: Question Set)'이라는 집합의 형식으로, 맥락 기호(c*)를 기준으로 기재된다.[651] 내포절인 의문절은 인용동사 '묻-'에 의해 도입되는 맥락 기호(c′) 아래 질문집합의 형식으로 기재된다.

의문 구문이 의도 구문과 다른 점은 복수의 명제들의 집합을 형성한다는 것이다. 앞에서는 의문형어미의 의미론적 구조에서 핵심 요소인 회의 양상 'dubi'를 신호로 담화화용론적 추론규칙이 발동되어 대안형인 명제들의 집합이 형성된다고 설명하였는데, 그 구체적 절차를 상론하지는 못하였다. 의미론적 의미 형식을 바탕으로 담화 의미 표상을 이끌어내는 과정에서는 매개적 역할을 담당하는 연산자 'ALT'가 사용된다. 이는 대안형들의 집합을 산출하는 연산자로서, Aloni(2007)에서 고안한 연산자이다.

9.3절의 (15)로 제시한 의문사의문문 '누가 왔니?'의 통사의미적 해석 절차를 다시 들어 보자.

(1) '누가 왔니?'의 통사의미적 해석 절차

가. 통사구조: $[_{CP}[_{IP}$누가 오-았-$][_{C}$-니$]]$

나. 의문 자질 표시: $[_{CP}[_{IP}$누가$_{+wh}$ 오-았-$][_{C}$-니$_{+wh}]]$

다. '누구$_{[+wh]}{}^{1}$'을 이용한 의미 합성

$[\![\,[_{IP}$누가$_{+wh}$ 오-았-$]\,]\!]^{w^*}$ = [∃x[x는 사람이다 & w′에서 x가 왔다′], 단 현실 세계 w*에서 ∃x[x는 사람이다]]

651) 담화 의미 표상의 일부로 TD와 함께 QS를 설정하는 것은 Portner(2004, 2009)를 따르는 것이다. 그러나 Portner(2004)가 TD의 원소인 행동지침을 <e,<s,t>> 타입의 속성으로 가정하는 데에 반해 이 책에서는 <s,t> 타입의 명제로 가정한다는 차이점을 다시 강조해야 하겠다. QS도 <s,t> 타입의 명제들의 집합이다.

$[\![$ [CP[IP누가$_{+wh}$ 오-았-][C-니$_{+wh}$]] $]\!]^{w^*}$ =

$[\![$ [C-니$_{+wh}$]] $]\!]^{w^*}$(λw'. $[\![$ [IP누가$_{+wh}$ 오-았-] $]\!]^{w'}$) =

[ASK(s(c*), a(c*), ∀w': w'∈BEST(dox, dubi, w*) → ∃x[x는 사람이다 & w'에서 x가 왔다')]], 단 현실 세계 w*에서 ∃x[x는 사람이다]

라. 담화화용론적 절차로서의 추론규칙 적용:

{λw'. ∃x[w'에서 x는 사람이다 & w'에서 x가 왔다'], 단 현실 세계 w*에서 ∃x[x는 사람이다]}

마. 담화상 영역을 {철수, 인호, 순희}로 가정할 때의 명제들의 집합:

{λw'. w'에서 철수는 사람이다 & 철수가 왔다', λw'. w'에서 인호는 사람이다 & 인호가 왔다', λw'. w'에서 순희는 사람이다 & 순희가 왔다', λw'. w'에서 철수와 인호는 사람이다 & 철수와 인호가 왔다', λw'. w'에서 철수와 순희는 사람이다 & 철수와 순희가 왔다', λw'. w'에서 인호와 순희는 사람이다 & 인호와 순희가 왔다', λw'. w'에서 철수와 인호와 순희는 사람이다 & 철수와 인호와 순희가 왔다'}

이 절차 중의 (1라)에서 적용된 추론규칙의 형식은 다음과 같다.

(2) 명제들의 집합 형성 추론규칙:

[ASK(s(c*), a(c*), ∀w'[w'∈BEST(dox, dubi, w*) → p(w')], 단 q(w*)

⇒ [λr. r = λw'. p(w'), 단 q(w*)] (= {p(w'): 단 q(w*)})

여기에서 'λr. r = λw'. p(w')'는 Karttunen(1977)의 방식으로 명제들의 집합을 형성하는 함수이다. (1다)에서 도출된 의문사의문문 '누가 왔니?'의 의미 형식에 추론규칙 (2)를 적용하면 다음과 같다.

(3) [ASK(s(c*), a(c*), ∀w': w'∈BEST(dox, dubi, w*) → ∃x[w'에서 x는 사람이다 & w'에서 x가 왔다')]], 단 현실 세계 w*에서 ∃x[x는 사람이다]

⇒ {λw'. w'에서 철수'는 사람이다 & w'에서 철수'가 왔다',

λw'. w'에서 인호'는 사람이다 & w'에서 인호'가 왔다',

λw'. w'에서 순희'는 사람이다 & w'에서 순희'가 왔다'}

(규칙 (2) 적용, 공유배경에 철수, 인호, 순희가 있을 때)

이러한 결과는 제4장에서 이끌어 낸 의문문 '누가 왔니?'의 최종 의미 (1마)와 일치하지 않는다. (1마)는 뒤의 9.9.3절에서 검토하는 Groenendijk & Stokhof(1984)의 이론에 따라 도출되는 의문사의문문의 의미에 가까운 것이다.[652] (3)의 명제들의 집합은 Karttunen(1977)의 이론에 따라 도출되는 의문사의문문의 의미로서, 이 차이는 두 이론의 의문문에 대한 정의의 차이를 단적으로 보여주는 것이다.

담화상의 영역에 세 명의 개인 '철수, 인호, 순희'가 있을 때 의문사의문문 '누가 왔니?'에 대한 가능한 대답에 (4가-라)가 포함되는지가 두 이론 중 하나를 취하는 근거가 된다.

(4) 가. 철수와 인호가 왔다.
　　나. 철수와 순희가 왔다.
　　다. 인호와 순희가 왔다.
　　라. 철수와 인호와 순희가 왔다.

필자는 '누가 왔니?'의 가능한 대답으로 (4가-라) 모두가 포함된다고 본다. 이는 의문사의문문의 의미에 대한 Karttunen(1977)의 기술보다 Groenendijk & Stokhof(1984)의 기술이 더 사실에 부합된다고 판단하는 것과 같다.

이상과 같은 고려에 따라 Groenendijk & Stokhof(1984) 이론의 방식으로 의문문의 의미를 형식화해 보자. 추론규칙 (2)의 적용 절차에 매개적 단계를 추가하기로 한다. (2)는 대안형들의 집합을 산출하는 연산자 'ALT'를 가진 다음과 같은 형식으로 대체된다.[653]

(5) 명제들의 집합 형성 추론규칙:
　　$\forall w'[\, w' \in BEST(dox,\ dubi,\ w^{*}) \rightarrow p(w')]$
　　$\Rightarrow ALT(p(w'))$

의문사의문문의 경우, 의문사가 가지는 전제 형식은 이 절차의 적용과는 독립적인 절차에 따라 전승된다. 그러므로 (1다)의 의미론적 형식에 (5)의 추론규칙이 적용된 결과로 형성된, 보다 구체적인 형식은 다음과 같은 것이다. 'QS'는 질문집합(question set)의 표시로서, 순서근거 'dubi'를 신호로 삼아, 집합 형식으로 주어지는 'ALT' 연산의 결과를

---

652) 엄밀히 말하면 Groenendijk & Stokhof(1984)에 따라 도출되는 의문사의문문의 의미는 (1마) 자체가 아니고, 여기에 (1마)의 집합을 이루는 명제들이 성립하는 세계들의 집합이 서로의 교집합을 갖지 않는다는 제한 조건을 추가로 가지는 것이다.

653) 연산자 'ALT'는 Aloni(2007)에서 고안한 것을 본 논의의 필요에 따라 조정하여 활용한다.

그 오른쪽에 추가한다고 약정한다.[654] 'prs'는 그 오른쪽의 형식이 전제(presupposition)임을 나타낸다. 의문문의 의미 형식의 일부인 전제 내용도 질문집합 QS에 그대로 전승된다고 가정한다.

(6) 의문문 의미 형식의 담화 의미 표상으로의 전환

$[ASK(s(c^*), a(c^*), \forall w'[\, w' \in BEST(dox,\ dubi,\ w^*) \rightarrow p(w')]$, 단 $q(w^*)$

$\Rightarrow c^*{:}QS{:}\ ALT(p(w')),\ prs{:}\ q(w^*)$

의미론적 형식에서 영역 조건의 형식이나 정의 성립 조건의 형식으로 표시된 전제는 위와 같은 형식으로 공유배경에 추가되어 기존 공유배경이나 행동목록이나 질문집합의 명제들과 상호작용하게 된다고 상정한다.[655]

연산자 'ALT'의 작용은 다음과 같이 요약된다.[656] 'x'가 현실적으로 개체 하나만인 고유명사일 경우에는 'ALT(x)'는 그 개체 하나만을 원소로 가지는 한원소집합(singleton set)이 되고, 둘 이상의 개체를 가리킬 때에는 그 개체들을 원소로 가지는 집합이 된다. 'f'가 속성일 때 'ALT(f)'는 하나의 속성을 원소로 가지는 한원소집합 '{f}'이 된다. (7다)는 w'이 기준 세계인 경우, 그 세계에서의 명제 p가 그 세계 변수를 추상한 명제들의 집합이 됨을 나타낸다. (7라, 마)는 양화된 문장에 'ALT' 연산자가 작용할 때의 해석 방법을 보여준다.

(7) ALT의 작용:

가. $ALT(x_e) \equiv \{x\}$

나. $ALT(f_{<e,t>}) \equiv \{f\}$

다. $ALT(p_{<s,t>}(w')) \equiv \{\lambda w'.\ p_{<s,t>}(w')\}$

---

654) 더욱 정밀히 표현하여, 회의 순서근거 함수 'dubi'에 의해 촉발된 대답 명제들의 집합 형성 과정이 수의적으로 실행될 수 있고(이는 화자의 개인 정보상태에 형성된다), 수행동사 'ASK'가 존재하는 경우에는 이 대답 명제들의 집합이 필수적으로 질문집합 QS에 추가된다고 약정한다. 양정석(2017: 63)에서는 'ASK'가 질문집합에 가능한 대답 명제들을 추가하도록 촉발하는 신호라고 가정하였다. 이 책에서는 관련된 과정을 'dubi'와 'ASK'에 의해 촉발되는 두 단계의 절차로 나누는 것이다.

'ALT'의 작용은 이들과는 독립적인 것이다. 뒤의 9.5절에서는 의문문 아닌 구문('-이나, -도, -이라도' 구문)에서도 'ALT'의 작용이 관찰됨을 보일 것이다.

655) 넓은 의미의 공유배경은 서술문의 명제를 포함하는 좁은 의미의 공유배경인 CG와, 의문 구문과 관련된 질문집합 QS와, 의도 구문과 관련된 행동목록 TD로 이루어진다. 양정석(2017: 325-338)에서는 담화 표상에 이들을 위치시키는 방안에 대하여 전반적으로 논의하였다.

656) 대안형을 산출하는 연산자 'ALT'는 Aloni(2007)에서 제안한 것이다. (7)은 이를 본 논의의 필요에 따라 조정한 것이다.

라. $ALT(\exists x[f(x)]) \equiv \exists x[ALT(f(x))] \equiv \exists x\{f(x)\}$

마. $ALT(\forall x[f(x)]) \equiv \forall x[ALT(f(x))] \equiv \forall x\{f(x)\}$

(8) 질문집합(QS)에서의 ALT의 작용:

$$<QS: ALT(p(w)),\ prs: q(w^*)> \equiv <QS: \lambda w.\ \lambda w'.\ p(w) = p(w'),\ prs: q(w^*)>$$

(7라, 마)의 형식은 다시 다음과 같은 값을 가지는 것으로 해석한다. 결국, 'ALT' 연산자가 작용하는 경우 보편 양화와 존재 양화는 동일한 값을 갖게 된다.

(7)' 라. $\exists x[ALT(f(x))] \equiv \exists x\{f(x)\} \equiv \{f(a),\ f(b),\ f(c)\}$
(공유배경의 개체가 a, b, c일 때)

마. $\forall x[ALT(f(x))] \equiv \forall x\{f(x)\} \equiv \{f(a),\ f(b),\ f(c)\}$
(공유배경의 개체가 a, b, c일 때)

(8)은 의문문의 명제의 부분 형식에 적용된 'ALT'의 작용을 보이는데, 여기에는 Groenendijk & Stokhof(1984)에서 고안된 분할집합(partition)의 형식이 활용된다. 질문집합에 주어진 의문문의 의미 형식은 (6)과 (8)이 차례로 적용되어 분할집합의 형식으로 바뀐다.[657]

의문문이 명제들의 집합으로 표시될 때 집합의 원소인 명제들을 대안형(alternatives)라고 한다. Hamblin(1973)은 의문문의 의미를 둘 이상의 대안형들의 집합으로 나타내고, 의문문의 의미 합성을 새로운 방식의 합성 규칙을 통해 실행하는 '대안형 의미론(Alternative Semantics)'을 창안하였다.[658] 이 체계에서 서술문은 단일한 대안형을 가지는 한원소집합(single set)으로 나타낸다. Groenendijk & Stokhof(1984)에서는 의문문의 의미가 대답 명제들의 집합이라는 Hamblin(1973), Karttunen(1977)의 정의 대신, 의문문이 세계들의 집합의 분할집합이라는 새로운 방식의 정의를 제시하였는데, 이에 따르면 (1마)에 상응하는 다음과 같은 분할집합이 얻어진다. 'W'는 세계들의 집합이다.[659]

---

657) 의문문의 의미 형식을 Groenendijk & Stokhof(1984)의 분할집합의 형식으로 전환하는 (20)의 발상은 Kratzer(2006)로부터 취한 것이다. 뒤의 9.10.2절에서 햄블린 함수적용 규칙을 중심으로 하는 대안형 산출의 체계를 새롭게 수립한 Kratzer(2006)의 형식화 방법을 소개한다.

658) Rooth(1985, 1992)의 대안형 의미론은 햄블린의 아이디어를 초점(focus) 문장의 해석을 위해 확대·발전시킨 것이다. 이러한 서술은 Kratzer(2006), von Fintel & Heim(2016)에 바탕을 둔 것이다. Kratzer(2006)에서는 이 아이디어에 따른 새로운 방식의 의미 합성 규칙을 '햄블린 함수적용'이라고 명명하고 이를 완전하게 실행하는 실행 규칙들의 체계를 제시하였다. 뒤의 9.10.2절을 참고할 것.

659) 담화상 고려되는 개체들의 집합이 공유배경, 즉 맥락집합(context set)을 이루는 세계들에서의 개체들의 집합이

(9) '누가 왔니?'의 의미인 분할집합(공유배경에 철수, 인호, 순희가 있을 때):

λw. λw'. [λx. w에서 x가 왔다] = [λx. w'에서 x가 왔다] ≡

{w: 세계 w에서 철수가 왔다}	
{w: 세계 w에서 인호가 왔다}	
{w: 세계 w에서 순희가 왔다}	
{w: 세계 w에서 철수와 인호가 왔다}	
{w: 세계 w에서 철수와 순희가 왔다}	
{w: 세계 w에서 인호와 순희가 왔다}	
{w: 세계 w에서 철수와 인호와 순희가 왔다}	W
{w: 세계 w에서 아무도 안 왔다}	

새로 조정된 장치들을 이용하여 여부의문문 '인호가 왔니?'의 담화 의미 표상 도출 절차를 보이면 다음과 같다.

(10) ASK(s(c*), a(c*), ∀w': w'∈BEST(dox, dubi, w*) → w'에서 인호가-왔다')

⇒ <QS: ALT([w'에서 인호가 왔다])>

⇒ <QS: λw. λw'. [w에서 인호가 왔다 = w'에서 인호가 왔다]>

이 도출 결과는 분할집합의 뜻에 따라 다음과 같이 해석된다.

(11) λw. λw'. [w에서 인호가 왔다 = w'에서 인호가 왔다] ≡

{w: 세계 w에서 인호가 왔다}	
{w: 세계 w에서 ㄱ[인호가 왔다]}	W

(9)와 (11)에서 분할집합을 나타내는 네모꼴의 표 오른쪽 하단의 'W'는 세계들의 집합을 나타낸다고 하였다. 이 'W'가 어떤 세계들의 집합인지 생각해 보자.

담화가 진행될 때 화자와 청자가 지시의 근거로 가지는 어떤 것을 '담화상의 영역(domain of discourse)'이라고 하는데, 이는 공유배경을 바탕으로 얻어지는 것이다. 공유배경은 화자와 청자가 공통적으로 믿고 있는 명제들의 집합이다. 이 명제들이 성립하는 세계들의 집합들의 합집합이 '맥락집합(context set)'이다.

그러므로 'W'는 기본적으로 맥락집합과 동일한 것이라고 할 수 있다. 필자는 의문문의 의미로 도출되는 분할집합에서 그 모체가 되는 세계들의 집합 'W'는 의문형어미의 양상

듯이, 이 'W'도 공유배경, 즉 맥락집합을 이루는 세계들의 집합이라고 가정하는 것이 표준적인 해석이다. 필자는 이에서 더 나아가 'W'가 믿음(doxastic) 양상기반에 의해 산출된 세계들의 집합이라고 해석한다.

기반 함수 '믿음(doxastic)'이 맥락집합에 함수적 작용을 가하여 산출한 세계들의 집합이라고 본다.[660] 양상의 표현인 의문문은 믿음 양상기반 함수에 의해 산출된 세계들의 집합을 분할집합으로 재편성한다. 믿음 양상에 의한 세계들을 분할집합으로 재편성한다는 것은 그 세계들을 그 특별한 방식으로 순서 짓는 것과 같다. 따라서 분할집합의 특별한 구조화 방식은 의문형어미가 가지는 순서근거 함수 '회의'의 작용에 의한 것이라고 볼 수 있다. 요컨대, 'W'는 믿음(doxastic) 양상 의미를 가지는 명제들이 성립하는 세계들의 집합이고, 그 분할집합인 (9), (11)은 '회의' 함수에 의해 순서지어진 분할집합이다.

Wilson & Sperber(1988)는 명령문이 표현하는 '명령, 조언, 안내, 축원, 위협, 허락' 등의 의미가 기본 의미 '성취 잠재력(achievability)과 요망성(desirability)'으로부터 전이된 의미라고 설명하였다. 의문문은 사고의 요망성(desirability of thoughts)을 바탕으로 다양한 화용적 의미로 전이된다고 한다. 즉, 사고의 세계에 존재하는 긍정, 부정의 명제를 청자가 답해 주기를 기대하는/요망하는 화자의 태도를 표현하는 것이 의문문이라는 것이다. 긍정 의문문은 긍정의 명제, 부정 의문문은 부정의 명제에 대한 사고 속에서의 기대/요망을 표현한다고 보고 있다. 의문문을 사용할 때 사고 속에서 명제들의 성립, 불성립과 관련한 복잡한 가능성들을 계산한다고 가정하는 것은 자연스럽다. 의도와 의무, 권유, 목적, 허락 등의 화행을 표현하는 명령문에 비해서 의문문은 사고 속의 세계들의 순서 짓기를 훨씬 엄격한 방식으로 수행하는 것이 다르기는 하지만, 이 역시 가능세계의 집합을 산출하고 이를 순서 짓는다는 의미에서 양상 작용의 하나임에는 다를 바 없다.

9.4.2. 보문 구조와 접속 구조에서의 의문문

의도 구문에서와 마찬가지로 의문 구문에서도, 복합문은 기본적으로 인용동사와 간접인용절 복합 어미('-느냐고')를 가지는 간접인용문의 형식으로 표현된다. 먼저 간접인용절 복합 어미를 가지는 간접인용문의 의미 해석 방법을 설명하고, 다음으로 '생각하다, 알다' 등의 일반 명제태도 동사가 의문절을 취하는 복합문의 의미 해석 방법에 대해 생각해 보기로 한다. 그런 다음 접속문 구조에서의 의문 구문의 표현에 대한 제4장의 논의를 보충한다.

660) 한국어의 의문형어미들이 '믿음' 양상기반과 '회의' 순서근거로 특징지어지는 양상 요소라는 점은 이 책의 처음부터 지금까지 내내 견지해 온 관점이다.

9.4.2.1. 인용동사의 보문인 의문절

의도 구문에서와 마찬가지로, 의문 구문의 복합문 중에는 양상 요소인 복합 어미들의 작용에 따라 그 의미 해석을 해야 하는 구문이 있다.[661] (12)가 그 전형적인 문장 형식을 보여준다. 주절 동사 '묻다'의 의미 정의를 (13)과 같이 수정하기로 한다. 아울러 의문절의 복합 어미 '-느냐고'의 의미 정의를 (14)와 같이 수정하기로 한다.

(12) 철수는 인호에게 비가 오느냐고 묻는다.

(13) 가. 이전의 '묻다': ⟦묻-⟧ $^{c*;w,t,j}$ =

[λp: p∈ $D_{<s,<i,<e,t>>>}$ & p는 순서근거 함수 'dubi'를 포함할 것.
$\lambda x_e.\lambda y_e$. w에서, t에, j에게, c*≠c' & s(c') = y & a(c') = x인 인용의 맥락 c'에서; ∀<w',t',j'>: <w',t',j'>∈ BEST(dox, dubi, w(c'), t(c'), x) & x = j' → p(w')(t')(j')] = 1

나. 수정된 '묻다': ⟦묻-⟧ $^{c*;w,t,j}$ =

[λp: p∈ $D_{<s,<i,<e,t>>>}$ & p는 순서근거 함수 'dubi'를 포함할 것.
$\lambda x_e. \lambda y_e$. w에서, t에, j에게, $\text{CITE}_{+질문}$(s(c*), a(c*)) & (c*≠c' & s(c') = y & a(c') = x)인 인용의 맥락 c'에서; ∀<w',t',j'>: <w',t',j'> ∈ BEST(dox, dubi, w(c'), t(c'), x) & x = j' → p(w')(t')(j')] = 1

(14) 가. 이전(제7장)의 '-느냐고': ⟦-느냐고⟧ $^{c;w,t,j}_{<<s,<i,et>>,t>}$ =

[λp: p∈$D_{<s,<i,et>>}$. ∀<w', t', j'>: <w', t', j'> ∈ BEST(dox, dubi, w, t, j) → p(w')(t')(j'))] = 1

나. 수정된 '-느냐고': ⟦-느냐고⟧ $^{c;w,t,j}_{<<s,<i,et>>,<<<s,<i,et>>,eet>,eet>>}$ =

[λp: p∈$D_{<s,<i,et>>}$. $\lambda f_{<<s,<i,et>>,eet>}$: f는 인용동사 '$\text{CITE}_{+질문}$'을 포함할 것.
$\lambda x_e.\lambda y_e$.∀<w', t', j'>: <w', t', j'> ∈ BEST(dox, dubi, w, t, j) → f(p(w')(t')(j'))(x)(y) & j' = a(c) & j = s(c)] = 1

(13나)와 (14나)를 중심으로 합성된 (12) 문장의 의미 형식은 다음과 같다.

(15) ⟦-느냐고⟧(⟦비가 오-∅-⟧)(⟦묻-⟧)(⟦인호에게⟧)(⟦철수는⟧) =
[[λp: p∈$D_{<s,<i,et>>}$. $\lambda f_{<<s,<i,et>>,eet>}$: f는 인용동사 '$\text{CITE}_{+질문}$'을 포함할 것. $\lambda x_e. \lambda y_e$.
∀<w', t', j'>: <w', t', j'> ∈ BEST(dox, dubi, w, t, j) → f(p(w')(t')(j'))(x)(y) & j' = a(c) & j = s(c)] = 1]([λw″. λt″. λj″. w″에서, t″에, j″에게, 비가-온다′])([λp: p ∈ $D_{<s,<i,<e,t>>>}$ & p는 순서근거 함수 'dubi'를 포함할 것. $\lambda x_e. \lambda y_e$. w에서, t에, j에게,

661) 의도절이 언제나 복합 어미를 가지는 데에 반해서 의문절은 '-는지, -느냐, -는가'와 같은 단일한 단위에 의해 형성되기도 한다. 곧 이어서 논의하는 '명제태도 동사 구문'인 의문 구문은 이 세 개의 어미들에 의해 형성되는 구문이다.

CITE$_{+질문}$(s(c*), a(c*)) & (c*≠c' & s(c') = y & a(c') = x)인 인용의 맥락 c'에서; ∀<w',t',j'>: <w',t',j'> ∈ BEST(dox, dubi, w(c'), t(c'), x) & x = j' → p(w')(t')(j')])(인호)(철수) (FA, IFA)

w에서, t에, j에게, CITE$_{+질문}$(s(c*), a(c*)) & (c*≠c' & s(c') = 철수 & a(c') = 인호)인 인용(질문)의 맥락 c'에서; ∀<w',t',j'>: <w',t',j'> ∈ BEST(dox, dubi, w(c'), t(c'), 인호) & 인호 = j' → w'에서, t'에, j'에게, 비가-온다′ (λ-전환)

(15)의 마지막 단계에 도출된 의미 형식은 담화화용론적 추론규칙에 따라 (16)의 형식으로 전환되고, 이는 다시 분할집합 형식을 포함하는 (17)로 전환된다.

(16) w에서, t에, j에게, CITE$_{+질문}$(s(c*), a(c*)) & (c*≠c' & s(c') = 철수 & a(c') = 인호)인 인용의 맥락 c'에서; ALT([w'에서, t'에, j'에게 비가-온다′])

(17) w에서, t에, j에게, CITE$_{+질문}$(s(c*), a(c*)) & (c*≠c' & s(c') = 철수 & a(c') = 인호)인 인용의 맥락 c'에서; λw'. λt'. λj'. [w'에서, t'에, j'에게, 비가-온다′] = [w' 에서, t'에, j'에게 비가-온다′]

의문절을 형성하는 복합 어미에는 '-더냐고'도 있는데, 이는 '겹쳐진 양상 구조'의 특징을 보인다.[662] 그 의미 정의는 9.8절에서 제시하기로 한다.

9.4.2.2. 비인용절 보문인 의문절

복합 어미들에 의한 간접인용문으로서의 의문 구문에 대한 인식을 기초로 삼아 명제태도 동사 구문을 관찰해 보자. '-는지, -느냐, -는가'와 '-을까, -나'는 명제태도 동사 구문의 '명제'를 이끄는 요소들이라고 가정할 수 있다. (18), (19)의 예들은 '-는지, -느냐, -는가'와 '-을까, -나'가 명제태도 동사 '알다', '궁금해하다'의 목적어인 명제를 회의 양상의 명제로 특성화하는 의문형어미라는 것이 타당한 기술 방안임을 보여준다.

662) '-겠다고'를 재구조화된 복합 어미로 처리한 것처럼 '-겠느냐고'나 '-겠냐고'도 그와 같이 처리해야 하지 않느냐는 문제 제기가 예상된다. 그러나 다음 예에서 관찰되는 것처럼, 이 두 예에서 '-겠-'이 의도의 의미를 갖더라도 주절 동사에 대한 선택제약을 가하지 않는다. 다음에서 '하-'는 '약속하다, 의도를 표현하다'와 같은 의미로 해석되지 않고, 그저 '묻다'의 의미로만 해석된다. 여기에서 '하-'가 '묻다'의 의미로 구체화되는 것은 (14나)의 '-느냐고'의 선택제약에 의한 것이다.

a. 철수는 인호에게 떠나겠느냐고 했다.

b. 철수는 인호에게 떠나겠냐고 했다.

내포절에서 표현되는 '-겠-'의 의도 의미는 동음이의 요소로 분리된 '-겠-^{2}'가 표현하는 것이다.

(18) 가. 나는 내일 비가 오는지를 안다.
　　나. 나는 내일 비가 오느냐를 알고 싶다.
　　다. 나는 내일 비가 오는가를 알고 싶다.
(19) 가. 그는 내일 비가 올까를 궁금해했다.
　　나. 그는 내일 비가 오나를 궁금해했다.

(20가, 나)와 (21가)는 '-는지, -느냐'와 '-을까'의 문장에 대하여 이와 같은 기술 방안이 타당함을 보이는 증거라고 해석된다. 이들은 '-는지, -느냐'와 '-을까'가 주절 동사에 대한 선택제약의 특성을 갖지 않음을 증명하는 것이기 때문이다.

(20) 가. *비가 오는지 했다.
　　나. *비가 오느냐 했다.
　　다. 비가 오는가 했다./그 사람이 나를 의심하는가 한다/생각한다/싶다.
(21) 가. *비가 올까 했다/*비가 올까 한다.
　　나. 비가 오나 했다/비가 오나 한다/생각한다/싶다.

(20가, 나)와 (21가)가 용인되지 않는 것은 의문형어미 '-는지, -느냐, -을까'가 주절 동사에 대한 선택제약의 능력을 갖지 않기 때문이라고 설명할 수 있다. 그런데, 이런 관점에서 보면 (20다), (21나)는 '-는가', '-나'가 주절 동사에 대한 선택제약을 가하는 특수한 구문이다.

위 사실의 기술에 대한 필자의 방침은 다음과 같다. '-는가'와 '-나'는 중의적 의문형어미로서, 그 선행 명제를 회의 양상 명제로만 만드는 의미 정의와 함께, 그 주절 동사로 '생각하다'와 '싶다'의 공통 의미 특성을 요구하는 의미 정의를 가진다. 다음은 '-는지, -느냐, -는가'와 '-을까, -나'의 의미 정의이다. (22가)는 앞 장의 이 장 서두에서 '명사절의 의문형어미'의 대표적 어미로 들었던 '-는지'의 의미 정의이다. '-느냐'의 의미 정의도 같은 형식을 가진다. (22다)는 '자문의 의문형어미'의 예로 들었던 '-을까'의 의미 정의이다. 그곳에서는 이들이 각각 하나의 의미 정의를 가지는 것으로 제시하였다. (20), (21)의 사실을 반영하여, '-는가'와 '-나'는 (23가, 나)와 같이 두 개씩의 의미 정의를 가지는 것으로 기술한다.

(22) 가. '-는지'의 의미 정의: $[\![\text{-는지}]\!]^{c;w,t,j}_{<<s,<i,et>>,t>}$ =
$[\lambda p\text{: } p \in D_{<s,<i,et>>}. \forall <w', t', j'>\text{: } <w', t', j'> \in \text{BEST}(dox, dubi, w, t, j) \rightarrow$

$p(w')(t')(j'))] = 1$

나. '-느냐'의 의미 정의: $[\![$-느냐$]\!]^{c;w,t,j}_{<<s,<i,et>>,t>}$ =

$[\lambda p: p \in D_{<s,<i,et>>}. \forall <w', t', j'>: <w', t', j'> \in BEST(dox, dubi, w, t, j) \rightarrow$
$p(w')(t')(j'))] = 1$

다. '-을까'의 의미 정의: $[\![$-을까$]\!]^{c;w,t,j}_{<<s,<i,et>>,t>}$ =

$[\lambda p: p \in D_{<s,<i,et>>}. \forall <w', t', j'>: <w', t', j'> \in BEST(dox, dubi, w, t, j) \rightarrow$
$p(w')(t')(j'))] = 1$

(23) 가. '-는가'의 의미 정의: $[\![$-는가$]\!]^{c;w,t,j}_{<<s,<i,et>>,t>}$ =

(i) $[\lambda p: p \in D_{<s,<i,et>>}. \forall <w', t', j'>: <w', t', j'> \in BEST(dox, dubi, w, t, j) \rightarrow$
$p(w')(t')(j'))] = 1$

(ii) $[\lambda p: p \in D_{<s,<i,et>>}. \lambda f: f \in D_{<<s,<i,et>>,et>}$: f는 THINK를 포함할 것. $\lambda x.$
$\forall <w', t', j'>: <w', t', j'> \in BEST(dox, dubi, w, t, j) \rightarrow$
$f(p(w')(t')(j')))(x)] = 1$

나. '-나'의 의미 정의: $[\![$-나$]\!]^{c;w,t,j}_{<<s,<i,et>>,t>}$ =

(i) $[\lambda p: p \in D_{<s,<i,et>>}. \forall <w', t', j'>: <w', t', j'> \in BEST(dox, dubi, w, t, j) \rightarrow$
$p(w')(t')(j'))] = 1$

(ii) $[\lambda p: p \in D_{<s,<i,et>>}. \lambda f: f \in D_{<<s,<i,et>>,et>}$: f는 THINK를 포함할 것. $\lambda x.$
$\forall <w', t', j'>: <w', t', j'> \in BEST(dox, dubi, w, t, j) \rightarrow$
$f(p(w')(t')(j')))(x)] = 1$

제8장에서 수정한 '생각하다'의 의미 정의를 가져오기로 한다. 아울러 '궁금해하다'의 의미 정의를 제시한다.

(24) 가. $[\![$생각하-$]\!]^{c*;w,t,j}$ =

$[\lambda p_{<s,<i,<e,t>>>}. \lambda x_e. THINK(x) \& \forall <w',t',j'>: <w',t',j'> \in BEST(dox, stereo, w, t, x)$
$\& x = j' \rightarrow p(w')(t')(j') = 1]$

EX. 철수는 비가 오는가 생각한다/비가 오나 생각한다/철수는 인호가 성실하다고 생각한다.

나. $[\![$궁금해하-$]\!]^{c*;w,t,j}$ =

$[\lambda p_{<s,<i,<e,t>>>}$: p는 순서근거 함수 'dubi'를 포함할 것. $\lambda x_e.$ THINK(x)
$\& \forall <w',t',j'>: <w',t',j'> \in BEST(dox, stereo, w, t, x) \& x = j' \rightarrow p(w')(t')(j') = 1]$

EX. 철수는 비가 오는가 궁금해한다/철수는 비가 오나 궁금해한다/*철수는 인호가 성실하다고 궁금해한다.

특히, (24나)의 예문들은 '궁금해하다'가 그 보문으로 의문형어미 '-는가', '-나'에 이끌리는 의문절만을 요구한다는 사실을 보여준다.[663)]

그러나 이상의 의미 정의가 의문형어미 '-는지, -느냐, -는가'와 '-을까, -나'의 완결된 의미 정의라고 할 수는 없다. 양정석(2010: 374-375)에서 관찰한 다음 구문들의 특징을 아울러 고려하지 않으면 안 된다.[664)]

(25) '-나/는가/을까/는지 싶-'
　가. 철수가 성적이 제일 잘 나오지 않았나 싶다.
　나. 철수가 성적이 제일 잘 나오지 않았는가 싶다.
　다. 철수가 성적이 제일 잘 나오지 않았을까 싶다.
　라. 철수가 성적이 제일 잘 나오지 않았는지 싶다.
(26) '-나/는가 보-'
　가. 철수가 성적이 제일 잘 나왔나 보다.
　나. 철수가 성적이 제일 잘 나왔는가 보다.
　다. *철수가 성적이 제일 잘 나왔을까 보다.
(27) '-나/는가/을까 하-'
　가. 철수가 성적이 제일 잘 나오지 않았나 한다.
　나. 철수가 성적이 제일 잘 나오지 않았는가 한다.
　다. 철수가 성적이 제일 잘 나오지 않았을까 한다.

최현배(1937/1971: 534)에서는 '싶다'와 '보다'를 보조형용사('미룸 도움그림씨')로 간주하고, 이들이 의문형 종결어미 뒤에만 쓰인다고 기술하고 있다. 그러나 (28)에서 보는 것처럼 '싶다'는 의문형어미 외의 어미들과도 공존한다. (29)는 '보다'가 의문형어미와 공존하기는 하지만, 최현배(1937)의 다른 보조용언들과는 달리, 특정 어미와 한정적으로 공존하지 않는다는 것을 보여준다. 이에 비해 (27)의 '하다'는 의문형어미로는 '-나', '-는가', '-을까'와만 공존한다.[665)]

---

663) 명제태도 동사 '궁금해하다'에 대해서는 뒤에서 다시 논의하기로 한다.

664) 이전 연구에서 이들은 대개 보조동사 구문의 일종으로 다루어져 왔다. 엄정호(1990)에서 이 구문에 대한 자세한 관찰을 보인 바 있다. 이들 구문에 대한 연구의 과제는 이들 각각의 통사구조를 결정하는 일과 함께, 그 통사의미적 합성 과정을 밝히는 일이다. 이 점이 이전 연구에서는 분명히 인식되지 못하였다. 필자는 이 과제에 대한 해결 방안을 제시하고자 하는 것이다.

665) (21가)는 '하다'가 '-을까'와 공존하지 못한다는 것을 보여준다. (30가)처럼 '하다'가 '-을까'와 공존하는 경우는 '-을까'의 선행 명제가 부정의 명제일 때에 한한다.

(28) 가. 그 정도의 일이 이루어지는 데도 긴 세월이 필요하구나 싶어 감개가 무량했다.
나. 그 때 나는 세상이 내 것이라 싶었다.
다. 가든지 있든지 빨리 결단이 났으면 싶다. (이상 허웅 1995에서)

(29) 가. 산은 물을 끼어야만 어울리나 보다.
나. 돈이 없는가 보다./너는 어리석은 사람인가 보다.
다. 경치가 아름답던가 보다./차가 붐비던가 보다.
라. 아마 좋지 않은 일이 생기려나 보다.
마. 공부를 좀 할까 보다. (이상 허웅 1995에서)

(30) 가. 철수가 성적이 제일 잘 나오지 않았나/않았는가/않았을까 한다.
나. *철수가 성적이 제일 잘 나오지 않았는지/않았느냐 한다.

(25), (26)의 경우, 이들 구문의 의미는 '싶-'과 '보-'가 가지는 선택제약을 바탕으로 기술해야 할 것으로 본다. '하-'를 주절 동사로 가지는 (27)의 경우는 이제까지 활용했던 두 가지 기술 전략을 차례로 검토해 볼 필요가 있다. '하-'를 주절 동사로 가지는 구문은 내포절의 어미의 선택제약에 따라 '하-'의 구체적 의미를 실현시키는 방안과, 내포절 어미와 '하-'가 재구조화에 의해 연계됨을 이용하는 방안 중 하나를 택하는 것이 이제까지의 기술 전략이었다.

(31) 가. 철수가 학교에 갔나 싶다.
[pro [[철수가 학교에 갔-나] 싶-]-다]
나. 철수가 학교에 갔나 보다.
[pro [[철수가 학교에 갔-나] 보-]-다]
다. 철수가 학교에 가지 않았나 한다.
[e_{pleo} [[철수가 학교에 가지 않았-나] 하-]-ㄴ다]

(32) ⟦ 싶- ⟧ =
[λp: $p \in D_{<s,<i,<e,t>>>}$ & p는 양상기반 함수 'dox'를 포함할 것.
λx_e: $x = s(c^*)$. THINK($s(c^*)$) & $\forall$<w',t',j'> : <w',t',j'> $\in$ BEST(dox, stereo, w, t, j) & j = j' $\rightarrow$ p(w')(t')(j')] = 1

(33) ⟦ 철수가 학교에 갔나 싶- ⟧ = ⟦ 싶- ⟧(⟦ 철수가 학교에 갔나 ⟧)(⟦ pro ⟧)

(34) ⟦ 보- ⟧ =
[λp: $p \in D_{<s,<i,<e,t>>>}$ & p는 순서근거 함수 'dubi'를 포함할 것.
λx_e: $x = s(c^*)$. $\forall$<w',t',j'>:<w',t',j'>$\in$ BEST(dox, simil, w, t, j) & j = j' = s(c*)
$\rightarrow$ p(w')(t')(j')] = 1

(35) ⟦ 철수가 학교에 갔나 보- ⟧ =
⟦ 보- ⟧ (⟦ 철수가 학교에 갔나 ⟧)(⟦ pro ⟧)

'싶다' 구문의 주어가 항상 공범주 'pro'로만 실현되는 것은 아니다. 1인칭 주어 명사항이 실현될 수도 있다. (32)의 '싶-'의 의미 정의는 이 사실을 포착하는 데에 성공하고 있다. (36다)는 내포절에 의문형어미 아닌 '-었으면'과 같은 어미가 실현될 수도 있고, 이 경우에도 주어가 외현적 1인칭 명사항으로 실현됨을 보인다.[666] 그러나 '보다' 구문의 주어는 항상 공범주 'pro'로만 실현된다.

(36) 가. 철수가 학교에 갔나 싶다.
나. 나는/?*너는/?*인호는 철수가 학교에 갔나 싶다.
다. 나는/?*너는/?*인호는 순희를 만났으면 싶다.
(37) 가. 철수가 학교에 갔나 보다.
나. *나는/*너는/*인호는 철수가 학교에 갔나 보다.

이들에 비해서 (27), (31다)의 구문은 내포절 연결어미와 주절 동사 '하-'의 재구조화에 의한 연계를 특징으로 한다.[667]

(38) 가. 철수가 성적이 제일 잘 나오지 않았나/않았는가/않았을까 한다.
나. *철수가 성적이 제일 잘 나왔나/나왔는가/나왔을까 한다.
(39) 가. 철수가 제일 일찍 안 왔나/안 왔는가/안 왔을까 한다.
나. *철수가 제일 일찍 왔나/왔는가/왔을까 한다.
(40) '-나^i 하-^{i}'의 의미 정의:
⟦ -나^i 하-^{i} ⟧ = [λp: p∈$D_{<s,<i,et>>}$: p는 부정소를 포함할 것. λx.
∀<w', t', j'>: <w', t', j'> ∈ BEST(dox, dubi, w, t, j) & j = j' → ¬p(w')(t')(j')] = 1
(41) '-는가^i 하-^{i}'의 의미 정의:
⟦ -는가^i 하-^{i} ⟧ = [λp: p∈$D_{<s,<i,et>>}$: p는 부정소를 포함할 것. λx.
∀<w', t', j'>: <w', t', j'> ∈ BEST(dox, dubi, w, t, j) & j = j' → ¬p(w')(t')(j')] = 1

'-나 하-'와 '-는가 하-'는 의문형어미와 주절 동사 '하-'가 재구조화에 의해 연계된다

666) '-었으면'은 믿음(doxastic) 양상기반과 요망(bouletic) 순서근거를 가지는 양상 요소이다. 따라서 '-었으면'에 이끌리는 (36다)의 내포절은 (32)의 의미 정의에서 'p'에 대한 영역 조건을 만족한다.
667) 이는 이 문장의 해석 과정에서 제1장의 규칙 ⑦이 적용되어야 함을 뜻한다.

는 통사론적 특이성과 함께, 선행 명제가 부정소를 가질 것을 요구한다는 의미론적 특이성을 아울러 가지는 것이다. (38가)의 한 문장을 들어서 '-나 하-'의 의미 정의 (40)이 적용되는 절차를 확인해 보자.

(38)' '-나^{i} 하-^{i}' 문장의 해석:

$[_{IP}\ e_{pleo}\ [_{I'}[_{VP}[_{CP}[_{IP}$ 철수가 성적이 잘 나오지 않-았-]-나^{i}] 하-^{i}][$_{I}$ ∅]]]-ㄴ다

⟦ $[_{I'}[_{VP}[_{CP}[_{IP}$ 철수가 성적이 잘 나오지 않-았-]-나^{i}] 하-^{i}][$_{I}$ ∅]] ⟧ =

⟦ -나^{i} 하-^{i} ⟧ (⟦ $[_{IP}$ 철수가 성적이 잘 나오지 않-았-[$_{I}$ ∅]] ⟧) (제1장의 ⑦ 적용)

[λp: p∈$D_{<s,<i,et>>}$: p는 부정소('ㄱ')를 포함할 것. ∀<w', t', j'>: <w', t', j'> ∈ BEST(dox, dubi, w, t, j) & j = j' → ㄱp(w')(t')(j')] = 1](λw", λt", λj". ㄱ[w"에서, t"에, j"에게, 철수가 성적이 잘 나왔다′]) (IFA: ①(iii))

∀<w', t', j'>: <w', t', j'> ∈ BEST(dox, dubi, w, t, j) & j = j' → ㄱ[w'에서, t'에, j'에게, 철수가 성적이 잘 나왔다′] (λ-전환)

⟦ $[_{IP}\ e_{pleo}\ [_{I'}[_{VP}[_{CP}[_{IP}$ 철수가 성적이 잘 나오지 않-았-]-나^{i}] 하-^{i}][$_{I}$ ∅]]] ⟧ =

∀<w', t', j'>: <w', t', j'> ∈ BEST(dox, dubi, w, t, j) & j = j' → ㄱㄱ[w'에서, t'에, j'에게, 철수가 성적이 잘 나왔다′] (제1장의 ⑧ 적용)

∀<w', t', j'>: <w', t', j'> ∈ BEST(dox, dubi, w, t, j) & j = j' → [w'에서, t'에, j'에게, 철수가 성적이 잘 나왔다′] (ㄱㄱP = P)

이와 동일한 방식의 기술을 필요로 하는 다른 의문형어미로 '-을까'가 있다. '-을까 하-'도 의문형어미와 주절 동사 '하-'의 재구조화에 의한 연계를 특징으로 가지며 그 선행 명제에 부정소를 요구하는 의미론적 특징을 가진다. 이에 더하여, 재구조화에 의해 연계된 형식 '-을까 하-'는 회의 양상과 함께 의도 양상을 아울러 표현하는 독특한 점을 추가로 가진다.

'-을까 하-'가 그 선행 명제에 부정소를 요구하는 의미론적 특징을 가진다는 점은 다음 예들을 통해서 확인할 수 있다.

(42) 가. 오후에 비가 오지 않을까 한다.
　　나. *오후에 비가 올까 한다.
(43) 가. 오후에 비가 오지 않을까 생각한다.
　　나. 오후에 비가 올까 생각한다.
(44) 가. 오후에 비가 오지 않을까 싶다.

나. 오후에 비가 올까 싶다.

'-을까 하-'가 회의 양상과 의도 양상을 아울러 표현하는 점은 다음 예들을 통하여 확인된다. (46가)와 (46나)는 명제태도 동사 '생각하다', '싶다'가 그 명제에 '회의' 명제를 허용하는 성질을 가지는 점을 바탕으로 설명되는 예들이다.

(45) 가. 나는 내일 서울에 갈까 한다.
나. *너는 내일 서울에 갈까 한다.
다. *철수는 내일 서울에 갈까 한다.
(46) 가. 나는/철수는 내일 서울에 갈까 생각한다.
나. 나는/?*철수는 내일 서울에 갈까 싶다.

이상의 관찰을 반영하여 '-을까 하-'의 의미 정의를 두 개로 나누어 제시하기로 한다. (48)과 (49)는 각 의미 정의를 활용한 문장의 해석 절차를 보인 것이다.

(47) 가. '-을까 하-^{1}'(회의 양상)
⟦ -을까^i 하-^{i} ⟧ = [λp: p∈$D_{<s,<i,et>>}$: p는 부정소('ㄱ')를 포함할 것.
∀<w', t', j'>: <w', t', j'> ∈ BEST(dox, dubi, w, t, j) & j = j' → ¬p(w')(t')(j')] = 1
나. '-을까 하-^{2}'(의도 양상과 회의 양상의 겹침)
⟦ -을까^i 하-^{i} ⟧ = [λp: p∈$D_{<s,<i,et>>}$. λx.∀<w', t', j'>: <w', t', j'> ∈ BEST(dox, dubi, w, t, j) & j = j' → (∀<w", t", j">: <w", t", j"> ∈ BEST(intend, stereo, w', t', j') & j' = j" →p(w")(t")(j"))] = 1
(48) '-을까 하-^{1}' 문장의 해석:
$[_{IP}$ e_{pleo} $[_{I'}[_{VP}[_{CP}[_{IP}$ 오후에 비가 오지 않-$[_I$ ∅]]-을까^i] 하-^{i}]$[_I$ ∅]]]-ㄴ다
⟦ $[_{I'}[_{VP}[_{CP}[_{IP}$ 오후에 비가 오지 않-$[_I$ ∅]]-을까^i] 하-^{i}]$[_I$ ∅]] ⟧ =
⟦ -을까^i 하-^{i} ⟧ (⟦ $[_{IP}$ 오후에 비가 오지 않-$[_I$ ∅]] ⟧) (⑦ 적용)
[λp: p∈$D_{<s,<i,et>>}$: p는 부정소('ㄱ')를 포함할 것. ∀<w', t', j'>: <w', t', j'> ∈ BEST(dox, dubi, w, t, j) & j = j' → ¬p(w')(t')(j')] = 1](λw". λt". λj". ㄱ[w"에서, t"에, j"에게, 오후에-비가-온다′]) (IFA: ①(iii))
∀<w', t', j'>: <w', t', j'> ∈ BEST(dox, dubi, w, t, j) & j = j' → ㄱ[w'에서, t'에, j'에게, 오후에-비가-온다′] (λ-전환)
⟦ $[_{IP}$ e_{pleo} $[_{I'}[_{VP}[_{CP}[_{IP}$ 오후에 비가 오지 않-$[_I$ ∅]]-을까^i] 하-^{i}]$[_I$ ∅]]] ⟧ =
∀<w', t', j'>: <w', t', j'> ∈ BEST(dox, dubi, w, t, j) & j = j' → ㄱㄱ[w'에서, t'에, j'에

게, 오후에-비가-온다′] (⑧ 적용)

∀<w', t', j'>: <w', t', j'> ∈ BEST(dox, dubi, w, t, j) & j = j' → [w'에서, t'에, j'에게, 오후에-비가-온다′] (¬¬P = P)

(49) '-을까 하-^{2}' 문장의 해석

$[_{IP}$ 철수는 $[_{I'}[_{VP}[_{CP}[_{IP}$ pro 내일 서울에 가-$[_{I}$ ∅]]-을까^{i}] 하-^{i}]$[_{I}$ ∅]]]-ㄴ다

⟦ 철수는 내일 서울에 갈까 한다 ⟧ =

⟦ -을까^{i} 하-^{i} ⟧ (⟦ pro 내일 서울에 가- ⟧)(⟦ 철수는 ⟧) =

[[λp: p∈$D_{<s,<i,et>>}$. λx.∀<w', t', j'>: <w', t', j'> ∈ BEST(dox, dubi, w, t, j) & j = j' → (∀<w", t", j">: <w", t", j"> ∈ BEST(intend, stereo, w', t', j') & j' = j" →p(w")(t")(j"))] = 1](λw". λt". λj". [w"에서, t"에, j"에게, g(i)가-내일-서울에-간다′])(철수) (각 단어의 의미 정의, IFA, FA)

∀<w', t', j'>: <w', t', j'> ∈ BEST(dox, dubi, w, t, j) & j = j' → (∀<w", t", j"> : <w", t", j"> ∈ BEST(intend, stereo, w', t', j') & j' = j" → w"에서, t"에, j"에게, g(i)가-내일-서울에-간다′) (λ-전환, g(i) = 철수)

두 경우 모두 내포절 연결어미 '-을까'와 주절 동사 '하-'의 재구조화에 의한 연계를 특징으로 한다. 재구조화 지표를 가지는 통사구조를 바탕으로 그 의미 형식을 도출하는 절차에는 제1장의 규칙 ⑦이 활용되었다.

9.4.2.3. 명제태도 동사 '알다', '생각하다', '궁금해하다'

필자는 어말어미들이 문장의 구조적 유형의 차이를 표시하는 것이 한국어 통사구조의 특질이라고 판단하고, 보문을 이루는 의문절들에 대해서도 그 의문형어미의 통사의미적 역할에 주의하는 기술의 태도를 견지해 왔다. 이제까지 논의한 보문 구조의 문장들은 보문을 이끄는 의문형어미의 통사의미적 역할이 중심이 되는 특징을 가지고 있었다. 이제는 상대적으로 명제태도 동사의 역할이 두드러지는 의문절 보문의 예들을 살펴보기로 한다.

명제태도 동사 '알다'와 '생각하다'의 보문에는 의문형어미가 실현될 수 있으나 의문형어미 아닌 어미가 실현될 수도 있다. 그러나 명제태도 동사 중에는 '궁금해하다'와 같이 의문형어미만이 실현되는 동사도 있다.

(50) 가. 철수는 인호가 어디에 갔는지를 안다.

나. 철수는 인호가 서울에 갔음을 안다.

(51) 가. 철수는 인호가 어디에 갔는지를 생각했다.
　　 나. 철수는 인호가 서울에 갔음을 생각했다.

(52) 가. 철수는 비가 오는지를/오는가를/오느냐를 궁금해한다.
　　 나. 철수는 비가 오나/올까 궁금해한다.
　　 다. *철수는 인호가 성실하다고 궁금해한다.
　　 라. *철수는 인호가 성실함을 궁금해한다.

위에서 관찰되듯이 '알다'는 '생각하다'와 가장 유사한 부류의 동사이다. '알다'의 용법 중에는 심지어 '생각하다'로 대체하여도 동일한 의미를 표현하는 (54가)와 같은 예도 있다.

(53) 가. 철수는 비가 오는지(를) 알았다/?철수는 비가 오는가(를) 알았다/??철수는 비가 오느냐(를) 알았다/*철수는 비가 오나 알았다.
　　 나. 철수는 비가 오는지(를) 생각했다/?철수는 비가 오는가(를) 생각했다/??철수는 비가 오느냐(를) 생각했다/?*철수는 비가 오나 생각했다.

(54) 가. 철수는 인호가 서울에 갔다고 알고 있다/안다.
　　 나. 철수는 인호가 서울에 갔다고 생각하고 있다/생각한다.

앞에서 이미 제시한 '생각하다'의 의미 정의 (55)를 본따서 '알다'의 의미 정의를 (56)과 같이 시도해 보기로 한다. 두 의미 형식을 이와 같이 설정한 의도는, 두 동사가 공통적으로 '생각'을 나타내며, '생각하다'는 믿음 양상을 표현하는 데에 비해서 '알다'는 인식 양상을 표현한다는 것이다.

(55) $[\![\text{생각하-}]\!]^{c*;w,t,j} =$

$$[\lambda p_{<s,<i,<e,t>>>}.\ \lambda x_e.\ \text{THINK}(x)\ \&\ \forall<w',t',j'>: <w',t',j'> \in \text{BEST}(\text{dox}, \text{stereo}, w, t, x)\ \&\ x = j' \rightarrow p(w')(t')(j') = 1]$$

(56) $[\![\text{알-}]\!]^{c*;w,t,j} =$

$$[\lambda p_{<s,<i,<e,t>>>}.\ \lambda x_e.\ \text{THINK}(x)\ \&\ \forall<w',t',j'>: <w',t',j'> \in \text{BEST}(\text{epist}, \text{stereo}, w, t, x)\ \&\ x = j' \rightarrow p(w')(t')(j') = 1]$$

명제태도 동사의 보문이 의문절인 경우에는 전형적으로 의문형어미 '-는지/느냐/는가'가 쓰이고, '-느냐고'는 쓰이지 않는다. (57가, 나)는 의문절이 타동사 구조의 목적어로, 자동사 구조의 주어로 안기는 예들이다. (57다)는 두 개의 의문절이 동사의 두 논항으로 안기는 예들이다.

(57) 가. 인호는 누가 왔는지/왔느냐/왔는가를 안다/모른다/궁금해한다.

나. 누가 왔는지/왔느냐/왔는가가 불확실하다/문제이다.

다. 누가 당선되었는지는 누가 출마했는지에 의존한다/출마했는지와 연관된다.

의문절에 의문사가 실현된 '알다' 문장의 해석 절차를 보이면 다음과 같다.

(58) '인호는 누가 왔는지 안다.'의 해석:

가. $[_{CP}$ 인호는 $[_{VP}[_{CP}$ 누가 왔-는지] 알-]]-ㄴ다]

나. ⟦ 알- ⟧ $^{c*;w,t,j}$(⟦ 누가 왔-는지 ⟧)(⟦ 인호는 ⟧)

다. [λ$p_{<s,<i,<e,t>>>}$. λx_e. THINK(x) & ∀<w',t',j'>: <w',t',j'> ∈ BEST(epist, stereo, w, t, x) & x = j' → p(w')(t')(j')](λw. λt. λj. ∀<w″,t″,j″>[<w″,t″, j″> ∈ BEST(dox, dubi, w, t, j) → ∃x[세계 w″에서, 시구간 t″에, 판단자 j″에게, x는 사람이다 & x가 왔다])(인호)

라. THINK(인호) & ∀<w',t',j'>: <w',t',j'> ∈ BEST(epist, stereo, w, t, 인호) & j' = 인호 → (∀<w″,t″,j″>[<w″,t″,j″> ∈ BEST(dox, dubi, w', t', j') → ∃x[세계 w″에서, 시구간 t″에, 판단자 j″에게, x는 사람이다 & x가 왔다])

(58라)는 인식 양상의 영향권 안에 다시 '회의(dubi)'의 믿음(doxastic) 양상 형식이 안긴 '겹쳐진 양상 구조'로 되어 있다. 믿음 양상의 형식은 의문형어미 '-는지'로 말미암은 것이다.

의문절인 보문을 취하는 동사들은 의미적으로 일정한 부류를 이룬다. 이들은 내포의미(intension)를 가지는 동사들이다. 다음은 Karttunen(1977)에서 제시한 목록과 대응되는 한국어 동사의 목록이다.

(59) 가. 궁금함 동사: 묻다, 궁금하다, 궁금해하다, 조사하다

나. 추정 동사: 추측하다, 추정하다

다. 의견 동사: 확실하다, 확신하다, 의문이다, 불확실하다

라. 관련성 동사: 관계되다

마. 의존성 동사: 의존하다, 상관되다, 연관되다

이들은 그 논항으로 명제(타입 <s,t> 또는 <s,<i,<e,t>>>)를 가지는 동사들이다. (가)-(다)의 동사들은 한 개의 명제 논항을, (라)-(마)의 동사들은 두 개의 명제 논항을 취하는 특성이 있다.

von Fintel & Heim(2016)에서는 보문인 의문절의 의미(타입 '<<s,t>,t>'의 명제들의 집합의 형식으로 기술)를 보통의 명제 의미(타입 '<s,t>'의 형식으로 기술)로 전환하는 연산자('ANS' 연산자)를 도입하고 있다. 표준적 형식의미론의 처리에 따르면 (59)의 동사들을 가지는 문장들에서는 언제나 이와 같은 절차가 추가적으로 요구된다. 그러나 이제까지 보인 이 책의 방안에서는 이러한 절차는 불필요하다. 의문절은 양상 의미를 가지는 명제로서, 그 타입이 '<s,t>'이므로, 일반적 내포적 함수적용규칙(IFA: 제1장의 ①(ii))을 적용하면 그만이다. 이것이 의문절 보문을 내포하는 구문을 처리하는 데에 있어서 이 책의 방안이 가지는 장점이라고 하겠다.

양정석(2017) 이래로 필자는 '묻다'를 비롯한 인용동사들이 현실 맥락 아닌 새 맥락을 도입하는 기능을 가지는 데에 반해서 '생각하다', '알다'를 비롯한 명제태도 동사들은 새 맥락 도입의 기능을 갖지 않는 것으로 가정해 왔다. 이 절의 논의에서도 이 가정을 계속 유지하였다. 한국어에서 의문절 보문을 내포하는 구문은 일반 명제태도 동사의 구문 외에도 인용동사의 구문이 있다. 이 외에 주절 동사로 '하다'가 실현되는 구문도 있다. 내포절의 의문형어미와 '하-'가 통사적 재구조화 원리에 의해 연계되어 특별한 의미 해석 규칙의 적용을 받는 경우도 있다. 이러한 복잡한 통사의미적 합성의 사실을 포착하는 데에 의문절이 양상 명제의 표현이라는 필자의 가정은 대단히 효과적인 것이라고 판단한다.

9.4.2.4. 접속구조에서의 의문문의 해석

앞에서는 접속문의 의문문인 (60)과 (61), 또는 의문문의 접속인 (62)의 예들에 대한 기술 방안을 제시하였으나 그 의미 형식 도출 절차에 대해서는 충분한 설명을 보이지 못하였다.

(60) 가. 비가 오고 눈이 오니?
　　나. 인호는 비가 오고 눈이 오는지 안다.
　　다. 철수는 인호에게 비가 오고 눈이 오는지 물었다.
(61) 가. 비가 오거나 눈이 오니?
　　나. 인호는 비가 오거나 눈이 오는지 안다.
　　다. 철수는 인호에게 비가 오거나 눈이 오는지 물었다.

(62) 가. 인호가 왔니, 철수가 왔니?

나. 순희는 인호가 왔는지, 철수가 왔는지 안다.

다. 순희는 인호가 왔는지, 철수가 왔는지 물었다.

(60), (61)의 각 문장의 통사구조와 이를 바탕으로 도출된 의미 형식을 보이기로 한다.

(60)' 가. [$_{CP}$ [$_{IP}$ [$_{CP}$ 비가 오-∅-고] [$_{IP}$ 눈이 오-∅-]]-니]

ASK(s(c*), a(c*), ∀<w',t',j'> : <w',t',j'> ∈ BEST(dox, dubi, w*, t, j) & j = j' → [w'에서, t'에, j'에게, 비가-온다' & 눈이- 온다'])

나. 인호는 [$_{VP}$[$_{CP}$ [$_{IP}$ [$_{CP}$ 비가 오-∅-고] [$_{IP}$ 눈이 오-∅-]]-는지] [$_{V}$ 알-]]-ㄴ다.

THINK(인호) & ∀<w',t',j'>: <w',t',j'> ∈ BEST(epist, stereo, w, t, 인호) & j' = 인호 → (∀<w″,t″,j″> : <w″,t″,j″> ∈ BEST(dox, dubi, w', t', j') → 세계 w″에서, 시구간 t″에, 판단자 j″에게, 비가-온다' & 눈이- 온다'))

⇒ THINK(인호) & ∀<w',t',j'>: <w',t',j'> ∈ BEST(epist, stereo, w, t, 인호) & j' = 인호 → 세계 w'에서, 시구간 t'에, 판단자 j'에게, 비가 -온다' & 눈이- 온다'

(추론규칙: 인식 양상으로의 단일화)668)

다. 인호는 (철수에게) [$_{VP}$[$_{CP}$ [$_{IP}$ [$_{CP}$ 비가 오-∅-고] [$_{IP}$ 눈이 오-∅-]]-는지] [$_{V}$ 묻-]]-었다.

CITE$_{+질문}$(인호) & (c*≠c' & s(c') = 인호 & a(c') = 철수)인 인용의 맥락 c'에서; w(c')에서, t(c')에, j(c')에게, ∀<w',t',j'>: <w',t',j'> ∈ BEST(dox, dubi, w(c'), t(c'), j(c')) → w'에서, t'에, j'에게, 비가-온다' & 눈이- 온다'

(61)' 가. [$_{CP}$ [$_{IP}$ [$_{CP}$ 비가 오-∅-거나] [$_{IP}$ 눈이 오-∅-]]-니]

ASK(s(c*), a(c*), ∀<w',t',j'> : <w',t',j'> ∈ BEST(dox, dubi, w*, t, j) & j = j' → [w'에서, t'에, j'에게, 비가-온다' ∨ 눈이- 온다'])

나. 인호는 [$_{VP}$[$_{CP}$ [$_{IP}$ [$_{CP}$ 비가 오-∅-거나] [$_{IP}$ 눈이 오-∅-]]-는지][$_{V}$ 알-]]-ㄴ다.

THINK(인호) & ∀<w',t',j'>: <w',t',j'> ∈ BEST(epist, stereo, w, t, 인호) & j' = 인호 → (∀<w″,t″,j″> : <w″,t″,j″> ∈ BEST(dox, dubi, w', t', j') → 세계 w″에서, 시구간 t″에, 판단자 j″에게, 비가-온다' & 눈이- 온다'))

⇒ THINK(인호) & ∀<w',t',j'>: <w',t',j'> ∈ BEST(epist, stereo, w, t, 인호) & j' = 인호 → 세계 w'에서, 시구간 t'에, 판단자 j'에게, 비가-온다' ∨ 눈이- 온다'

---

668) 겹쳐진 양상 구조를 하나의 양상 명제로 단일화하는 일반적인 추론규칙들이 존재한다(문법의 조직에 관한 제1장의 그림 (9)를 참조 바람). 겹쳐진 양상 구조를 단일화하는 다른 추론규칙의 예를 10.1절에서 더 보일 것이다.

a. 추론규칙:

∀w' ∈ BEST(**epist**, **stereo**, w): ∀w"∈BEST(**dox**, **dubi**, w'): p(w") ⇒

∀w' ∈ BEST(**epist**, **stereo**, w): p(w')

(추론규칙: 인식 양상으로의 단일화)[669]

다. 인호는 [$_{VP}$[$_{CP}$ [$_{IP}$ [$_{CP}$ 비가 오-∅-거나] [$_{IP}$ 눈이 오-∅-]]-는지] [$_{V}$ 묻-]]-었다.
CITE$_{+질문}$(인호) & (c*≠c' & s(c') = 인호 & a(c') = 철수)인 인용의 맥락 c'에서; w(c')에서, t(c')에, j(c')에게, ∀<w',t',j'>: <w',t',j'> ∈ BEST(dox, dubi, w(c'), t(c'), j(c')) → w'에서, t'에, j'에게, 비가-온다' ∨ 눈이-온다'

(62)는 '선택지의문문'의 예이다. 이는 9.3.8절에서 설정한 (63)과 같은 구문규칙에 따라 그 의미가 해석된다.[670]

(63) 선택지의문문 구문규칙(9.3.8절의 규칙을 수정한 형식)
[$_{CP}$ [$_{CP}$ [$_{IP}$ α] C_m][$_{CP}$ [$_{IP}$ β] C_n]]의 구조는 다음 의미 형식으로 해석된다(조건: C_m과 C_n은 의문 자질을 가지는 보문소이고 C_m = C_n).
∀<w',t',j'>[<w',t',j'> ∈ BEST(dox, dubi, w,t,j) & j = j' → α'(w')(t')(j') ∨ β'(w')(t')(j')] 단, 여기에서 α'과 β'은 α와 β의 명제(타입 <s,<i,et>>) 의미 형식임.

이 규칙의 지위는 사실상 제1장의 의미 해석 규칙들 ①-⑨와 동등한 것이다. 특수한 규칙인 이 규칙이 먼저 적용된 다음 ①-⑨ 중의 필요한 규칙들이 이어서 적용되어 이 문장의 완전한 해석을 실행한다. (62가, 나) 문장의 의미 형식 도출 과정을 보이기로 한다.

(62)' 가. [$_{CP}$ [$_{CP}$ 인호가 오-았-니] [$_{CP}$ 철수가 오-았-니]]
∀<w',t',j'>[<w',t',j'> ∈ BEST(dox, dubi, w,t,j) & j = j' → ⟦ 인호가 오-았- ⟧(w')(t')(j') ∨ ⟦ 철수가 오-았- ⟧(w')(t')(j')] (규칙 (63) 적용)
∀<w',t',j'>[<w',t',j'> ∈ BEST(dox, dubi, w,t,j) & j = j' → λw". λt". λj". [w"에서, t"에, j"에게, 인호가-왔다'](w')(t')(j') ∨ λw". λt". λj". [w"에서, t"에, j"에게, 철수가-왔다'](w')(t')(j')] (어휘적 단위들의 정의, λ-전환)
∀<w',t',j'>[<w',t',j'> ∈ BEST(dox, dubi, w,t,j) & j = j' → w'에서, t'에, j'에게, 인호가-왔다' ∨ w'에서, t'에, j'에게, 철수가-왔다'] (λ-전환)
나. 순희는 [$_{CP}$ [$_{CP}$ [$_{CP}$ 인호가 오-았-는지] [$_{CP}$ 철수가 오-았-는지]][$_{V}$ 알-]]

669) 여기에서도 앞의 각주의 추론규칙 (a)가 적용된다.
670) 이는 9.3.8절의 (43)으로 제시한 규칙과 같으나, 다만 α'과 β'이 α와 β의 '명제 의미 형식'이어야 한다고 한정하였다. 이는 'α''이 실제적으로 'λw". λt". λj". ⟦ α ⟧$^{w",t",j"}$'과 같은 형식이어야 함을 뜻하는 것이다. (62가)'에서 그 적용례를 확인할 수 있다.

-았-다.
∀<w,t,j>[<w,t,j> ∈ BEST(stereo, epist, w",t",j") & j" = j →
∀<w',t',j'>[<w',t',j'> ∈ BEST(dox, dubi, w,t,j) & j = j' → 세계 w'에서, 시구간 t'에, 판단자 j'에게, 인호가-왔다' ∨ 세계 w'에서, 시구간 t'에, 판단자 j'에게, 철수가-왔다']]

(62가, 나)'은 다음 (64)의 추론규칙의 적용 결과 (62가, 나)''의 형식으로 바뀐다.

(64) 명제들의 집합 형성 추론규칙(= 9.3.3절의 (16))
[ASK(s(c*), a(c*), ∀w'[w'∈BEST(dox, dubi, w*) → p(w')], 단 q(w*)
⇒ [λr. r = λw'. p(w'), 단 q(w*)] (= {p(w'): 단 q(w*)})

(62)'' 가. [$_{CP}$ [$_{CP}$ 인호가 오-았-니] [$_{CP}$ 철수가 오-았-니]]
λp. [p = λw'. 세계 w'에서, 인호가-왔다' ∨ p = λw'. 세계 w'에서, 철수가 -왔다']
나. 순희는 [$_{CP}$ [$_{CP}$ [$_{CP}$ 인호가 오-았-는지] [$_{CP}$ 철수가 오-았-는지]][$_{V}$ 알-]]-았-다.
∀<w,t,j>[<w,t,j> ∈ BEST(stereo, epist, w",t",j") & j" = j → [λp.[p = λw'. 세계 w'에서, 인호가-왔다' ∨ p = λw'. 세계 w'에서, 철수가-왔다']]

(62나, 다)의 내포절은 선택지의문문으로서의 해석 외에 다음과 같은 비우기(gapping) 구문으로서의 해석도 가능하다.

(65) 나. 순희는 인호가 왔는지 (알고), (순희는) 철수가 왔는지 안다.
다. 순희는 인호가 왔는지 (물었고), (순희는) 철수가 왔는지 물었다.

이와 같이 두 통사적 구조에 따르는 두 가지 해석을 가진다.

9.4.3. 의문사, 의문 관형명사 해석의 몇 가지 문제

9.4.3.1. '웬'과 '몇'

앞에서는 다음과 같은 예의 의문 관형사 '어떤', '무슨', '어느'의 의미 정의를 제시한 바 있다.

(66) 가. 어떤 책이 배달됐니?

나. 무슨 책이 배달됐니?
다. 어느 책이 배달됐니?

의문 관형사의 다른 예로 '웬'과 '몇'이 있다. '웬'은 '어떤'과 기본 의미 형식(존재 양화사)이 같지만 그 피수식어 '책'이 전혀 생각 밖의 책이라는 전제를 더 가진다. '몇'도 존재 양화사라는 점에서 '어떤'과 기본 의미 형식이 같은데, 일정한 수치를 그 대답으로 요구한다는 특징이 있다.

(67) 웬 책이 배달됐니?
(68) 몇 사람이 왔니?

'웬'이 '어떤, 무슨, 어느'와 다른 점은 그 영역 한정, 또는 전제의 내용이다. '어떤 N' 형식의 구를 이루는 '어떤'은 의문 관형사 중에서 가장 중립적 의미를 나타낸다. 중립적이라는 것은 그 영역인 'N'에 대한 특별한 한정이나, 특별한 전제 의미를 갖지 않는다는 뜻이다. '무슨 N'은 'N'이 사람 아닌 사물(또는 무정(-animate)의 사물)일 것을 요구한다. '어느 N'은 현실 세계 또는 현실 맥락에 'N'의 내용이 될 개체가 둘 이상 존재할 것을 요구한다.[671)]

이에 비해서 '웬 N'은 'N'이 나타내는 개체(또는 개체들의 집합)의 정체를 화자가 알지 못함을 전제한다. '정체를 알지 못함'의 형식의미론적 표현은 'N이 가리키는 개체들이 화자의 개인 정보 상태 안에 있지 않음이 전제됨'과 같은 것이다. 이 점을 다음 '웬'의 의미 정의에 반영하기로 한다.

(69) 가. 웬$_{+wh}^{1}$: (타입 $<et,<et,t>>$) $[\lambda f_{et}. \lambda g_{et}. \exists x[f(x)\ \&\ g(x)]_{[+wh]} = 1]$, 단 세계 w*에서 $\exists x[f(x)]$이고, x는 s(c*)의 정보 상태 안에 있지 않음.
나. 웬^{2}: (타입 $<et,<et,t>>$) $[\lambda f_{et}. \lambda g_{et}. \exists x[f(x)\ \&\ g(x)] = 1]$, 단 x는 s(c*)의 정보 상태 안에 있지 않음.

의문사 용법 아닌 불확정 용법의 '웬'도 개체들이 화자의 개인 정보 상태 안에 있지 않다는 전제 의미에 있어서는 동일하다.

(68)의 예에서 '몇'은 구체적 수치를 대답으로 요구한다. '몇 N'에서 'N'의 영역을 수

671) 앞에서 지적했듯이, '어느'는 의문사 용법만을 가질 뿐이고, 불확정 용법은 갖지 않는다.

(number)로 한정하는 것이 의문 관형사 '몇'의 고유 의미이다. 이 역시 의문사 용법과 불확정 용법의 두 가지 용법을 가진다. (70)의 정의를 바탕으로, 양화사 의미 형식에 적용되는 일반적 의미 전이의 메커니즘에 따라 '몇 N'을 포함하는 모든 구문에서의 의미 해석이 이루어지는 것으로 본다.

(70) 가. $몇_{+wh}^{1}$: (타입 $<et,<et,t>>$) $[\lambda f_{et}. \lambda g_{et}. \exists x[x는\ 수이다\ \&\ f(x)\ \&\ g(x)]_{[+wh]} = 1]$,
단 세계 w^*에서 $\exists x[f(x)]$이다.
나. $몇^{2}$: (타입 $<et,<et,t>>$) $[\lambda f_{et}. \lambda g_{et}. \exists x[x는\ 수이다\ \&\ f(x)\ \&\ g(x)] = 1]$

의문 관형사 '몇'이 실현되는 의문문의 한 가지 제약 현상을 살펴보자.

(71) 가. 몇 사람이 왔니?
나. $^{?}$몇 학생이 왔니?
다. $^{??}$몇 회사원이 왔니?
라. $^{??}$몇 책이 배달됐니?
(72) 가. 몇 사람의 학생이 왔니?
나. 몇 명의 학생이 왔니?
다. 몇 명의 회사원이 왔니?
라. 몇 권의 책이 배달됐니?

(71나-라)의 부적격성의 요인은 관형사 '몇'의 피수식어로 분류사가 사용되어야 한다는 요구를 위반하였기 때문이다. '사람'은 분류사로 쓰일 수 있다. 특별한 맥락에서 '학생'도 분류사로 쓰일 수 있다. 그러나 그러한 판단이 그리 확고한 것은 아니라는 점을 (71나)가 보여준다. '회사원', '책'의 분류사로서의 쓰임은 더욱 받아들여지기 어렵다는 것을 (71다, 라)는 보여준다.

9.4.3.2. '누구의 책', '무엇의 냄새'의 문제

'누구', '무엇'이 조사 '-의'를 취하여 관형어가 될 때에는 앞에서 언급한 의문 관형명사 '어떤', '어느', '무슨'의 해석과 판연히 다른 해석을 가진다. 다음 (73)의 예들에서 '누구의 책/시집/사진'은 '누가 주문한 책, 누가 출판한 시집, 누구를 찍은 사진, 누가 찍은 사진' 등과 같이 동사의 의미를 매개로 하는 의미로 해석된다. (73)'의 예들의 '무엇'도 같은 방식으로 해석된다. '누구/무엇의 N' 형식이 주어 아닌 목적어인 경우에도 같은 방식으로 해석된다는 것을 (74), (74)'은 보여준다. 물론 '누구/무엇의 N' 형식은 후치사구인 'NP-P' 구조의 'NP' 자리에도 나타날 수 있고, VP의 부가어인 'NP-를'에도 나타날 수 있다.

(73) 가. 누구의 책이 배달됐니?
  나. 누구의 시집이 잘 팔리니?
  다. 누구의 사진이 배달됐니?
(73)' 가. 무엇의 위치가 여기에서 제일 가깝니?
  나. 무엇의 냄새가 나니?
  다. 무엇의 사진이 철수 방 벽에 걸려 있니?
(74) 가. 집배원이 누구의 책을 배달했니?
  나. 저 코너에서 누구의 시집을 파니?
  다. 집배원이 누구의 사진을 배달했니?
(74)' 가. 망원경으로 무엇의 위치를 찾아냈니?
  나. 너는 무엇의 냄새를 좋아하니?
  다. 철수가 무엇의 사진을 벽에 걸었니?
(75) 가. 철수가 누구의 친구에게 선물을 주었니?
  나. 철수가 누구의 집에 선물을 보냈니?
(75)' 가. 철수가 무엇의 냄새에 향수 냄새를 가미했니?
  나. 철수가 무엇의 사진에 금테두리를 둘렀니?
(76) 가. 철수가 누구의 친구를 선물을 주었니?
  나. 철수가 누구의 집을 선물을 보냈니?
(76)' 가. 철수가 무엇의 냄새를 향수 냄새를 가미했니?
  나. 철수가 무엇의 사진을 금테두리를 둘렀니?

주어 위치에 놓이는 '누구/무엇의 N'의 '누구/무엇'의 의미를 바탕으로, 제4장에서 보인 일반적 타입 전이 규칙에 따라 목적어 위치, 후치사구 내의 명사구 위치, VP 부가어 위치에서의 '누구/무엇'의 전이 의미가 결정된다는 것이 이 절의 설명 방안이다. 이중주어문의 I' 부가어 위치, 이중목적어문의 V' 부가어 위치에는 '누구/무엇의 N' 형식의 구가 실현되는 것이 제약된다.

(77) 가. ??학생이 누구의 친구가 왔니?

나. ??냄새가 무엇의 냄새가 나니?

(78) 가. ??김 교수가 학생을 누구의 친구를 만났니?

나. ??철수가 냄새를 무엇의 냄새를 맡았니?

그러므로 잠재적으로 가능한 위 6가지 통사적 위치 중에서 4가지 경우의 전이 의미를 기술하기로 한다. 9.3.3절에서 제시한 '누구'의 네 가지 의미 정의와 연속됨을 보이기 위해 각각 5, 6, 7, 8 네 가지의 위첨자 숫자를 붙여서 나타내기로 한다.[672)]

(79) 가. 누구$_{[+wh]}^{5}$ (타입 <et,<et,t>>) $[\lambda f_{et}. \lambda g_{et}. \exists x[g(\iota y[x \text{ HAVE } y \ \& \ f(y)])] = 1]$,

단 현실 세계 w*에서 $\exists x$[x는 사람이다]

EX. 누구의 책이 배달됐니?

누구^{5} (타입 <et,<et,t>>) $[\lambda f_{et}. \lambda g_{et}. \exists x[g(\iota y[x \text{ HAVE } y \ \& \ f(y)])] = 1]$

EX. 누구의 책이 배달됐니?/누구의 책이 배달됐다.

나. 누구$_{[+wh]}^{6}$ (타입 <et,<eet,et>>) $[\lambda f_{et}. \lambda g_{eet}. \lambda x_{e}. \exists y[g(\iota z[y \text{ HAVE } z \ \& \ f(z)])(x)] = 1]$, 단 현실 세계 w*에서 $\exists y$[y는 사람이다]

EX. 집배원이 누구의 책을 배달했니?

누구^{6} (타입 <et,<eet,et>>) $[\lambda f_{et}. \lambda g_{eet}. \lambda x_{e}. \exists y[g(\iota z[y \text{ HAVE } z \ \& \ f(z)])(x)] = 1]$

EX. 집배원이 누구의 책을 배달했니?/집배원이 누구의 책을 배달했다.

다. 누구$_{[+wh]}^{7}$ (타입 <et,<eeet,eet>>) $[\lambda f_{et}. \lambda g_{eeet}. \lambda y_{e}. \lambda x_{e}. \exists v[g(\iota z[v \text{ HAVE } z \ \& \ f(z)])(y)(x)] = 1]$, 단 현실 세계 w*에서 $\exists v$[v는 사람이다]

EX. 철수가 누구의 친구에게 선물을 주었니?

누구^{7} (타입 <et,<eeet,eet>>) $[\lambda f_{et}. \lambda g_{eeet}. \lambda y_{e}. \lambda x_{e}. \exists v[g(\iota z[v \text{ HAVE } z \ \& \ f(z)])(y)(x)] = 1]$

EX. 철수가 누구의 친구에게 선물을 주었니?/철수가 누구의 친구에게 선물을 주었다.

라. 누구$_{[+wh]}^{8}$ (타입 <et,<eet,et>>) $[\lambda f_{et}. \lambda g_{eet}. \lambda x_{e}. \exists y[g(\iota z[y \text{ HAVE } z \ \& \ z\text{는 사람이다} \ \& \ f(z)])(x)] = 1]$, 단 현실 세계 w*에서 $\exists v$[v는 사람이다]

EX. 철수가 누구의 친구를 선물을 주었니?

누구^{8} (타입 <et,<eet,et>>) $[\lambda f_{et}. \lambda g_{eet}. \lambda x_{e}. \exists y[g(\iota z[y \text{ HAVE } z \ \& \ z\text{는 사람이다} \ \& \ f(z)])(x)] = 1]$

EX. 철수가 누구의 친구를 선물을 주었니?/철수가 누구의 친구를 선물을 주었다.

---

672) 'x HAVE y'는 'x가 y를 가지고 있다'를 중심으로 하는 의미로서, 담화화용론적으로 그 구체적인 의미가 해석된다고 가정한다.

(79가, 나, 다, 라)에서 의문사 용법의 예문의 해석을 보이면 다음과 같다.

(79)' 가. "누구의 책이 배달됐니?"의 의미 해석:

⟦ 누구의 책 ⟧ = ⟦ 누구$_{[+wh]}^{5}$ ⟧ (⟦ 책 ⟧)[673] =

[λf_{et}. λg_{et}. ∃x[g(ky[x HAVE y & f(y)])] = 1](λz. z = 책), 단 현실 세계 w*에서 ∃x[x는 사람이다]]

[λg_{et}. ∃x[g(ky[x HAVE y & y = 책])] = 1], 단 현실 세계 w*에서 ∃x[x는 사람이다]]

⟦ 누구의 책이 ⟧ (⟦ 배달됐- ⟧) =

[∃x[ky[x HAVE y & y = 책]이 배달됐다'])], 단 현실 세계 w*에서 ∃x[x는 사람이다]]

⟦ 누구의 책이 배달됐니? ⟧ = ⟦ -니 ⟧ (⟦ 누구의 책이 ⟧ (⟦ 배달됐- ⟧)) =

[ASK(s(c*), a(c*), ∀w': w'∈BEST(dox, dubi, w*) → ∃x[w'에서 x는 사람이다 & w'에서 ky[x HAVE y & y = 책]이 배달됐다'], 단 현실 세계 w*에서 ∃x[x는 사람이다]

나. "집배원이 누구의 책을 배달했니?"의 의미 해석:

⟦ 누구의 책 ⟧ = ⟦ 누구$_{[+wh]}^{6}$ ⟧ (⟦ 책 ⟧) =

[λg_{eet}. λx_{e}. ∃y[g(kz[y HAVE z & z = 책])(x)] = 1], 단 현실 세계 w*에서 ∃x[x는 사람이다]]

⟦ 누구의 책을 ⟧ (⟦ 배달했- ⟧)(⟦ 집배원 ⟧) =

[λg_{eet}. λx_{e}. ∃y[g(kz[y HAVE z & z = 책])(x)] = 1]([λm_{e}. λn_{e}. n이 m을 배달했다'])(ιk[k = 집배원]), 단 현실 세계 w*에서 ∃x[x는 사람이다]]

[∃y[ιk[k = 집배원]이 kz[y HAVE z & z = 책]를 배달했다'] = 1], 단 현실 세계 w*에서 ∃x[x는 사람이다]]

⟦ 집배원이 누구의 책을 배달했니 ⟧ =

[ASK(s(c*), a(c*), ∀w': w'∈BEST(dox, dubi, w*) → ∃y[w'에서 ιk[k = 집배원]이 kz[y HAVE z & z = 책)]를 배달했다'], 단 현실 세계 w*에서 ∃y[y는 사람이다]

다. "철수가 누구의 친구에게 선물을 주었니?"의 의미 해석:

[ASK(s(c*), a(c*), ∀w': w'∈BEST(dox, dubi, w*) → [∃v[w'에서 철수가 ιz[v HAVE z & z=친구]에게 kx[x = 선물]을 주었다], 단 현실세계 w*에서 ∃v[v는 사람이다]

라. "철수가 누구의 친구를 선물을 주었니?"의 의미 해석:

⟦ 누구의 친구를 선물을 주었- ⟧ = ⟦ 누구$_{[+wh]}^{8}$ ⟧ (⟦ 친구 ⟧)(⟦ 선물을 주었- ⟧) =

[λg_{eet}. λx_{e}. ∃y[g(ιz[y HAVE z & z는 사람이다 & z=친구)])(x)] = 1](⟦ [$_{VPi}$ 선물을 t_i-에

673) '-의'의 의미도 동일성 함수로 정의된다. 이에 따라 '⟦ 누구의 ⟧ = ⟦ 누구 ⟧'가 된다. 제1장에서부터 한국어의 조사들은 동일성 함수로 정의된다고 가정하여 왔다.

게 주었-] ⟧), 단 현실 세계 w*에서 ∃x[x는 사람이다]

[λg_{eet}. λx_e. ∃y[g(ιz[y HAVE z & z는 사람이다 & z=친구)])(x)] = 1](λm. λn. [n이 m에게 κv[v=선물]을 주었다']), 단 현실 세계 w*에서 ∃y[y는 사람이다]

[λx_e. ∃y[x가 ιz[y HAVE z & z는 사람이다 & z=친구)]에게 ιk[k=선물]을 주었다')(x)] = 1], 단 현실 세계 w*에서 ∃y[y는 사람이다]

⟦ 철수가 누구의 친구를 선물을 주었니 ⟧ =

[ASK(s(c*), a(c*), ∀w': w'∈BEST(dox, dubi, w*) →

∃y[w'에서 철수가 ιz[y HAVE z & z는 사람이다 & z=친구)]에게 κv[v=선물]을 주었다'] = 1], 단 현실 세계 w*에서 ∃y[y는 사람이다]

(79가, 나, 다, 라)'의 네 경우 모두, 현실 세계 w*에 존재하는 사람들을 y에 대입한 명제들의 집합이 담화 의미 표상으로 산출된다.

9.4.4. 의문사와 의문 관형명사의 타입 전이 규칙 재정리

이 절에서는 의문사 '누구'와 '무엇', 의문 관형사 '어떤'의 모든 분포 위치에 따른 의미 형식들을 타입 전이 규칙의 형식으로 정리해 보기로 한다. 우선 앞에서 제시한 '누구'의 네 가지 전이 의미들에 대한 의미 정의와 9.3.3절에서 살펴본 '누구'의 네 가지 의미 정의를 하나로 모아 보기로 한다.

(80) 가. 누구$_{[+wh]}^{1}$ (타입 <et,t>) [λf_{et}. ∃x[x는 사람이다 & f(x)] = 1], 단 현실 세계 w*에서 ∃x[x는 사람이다]

EX. 누가 왔니?

누구^{1} (타입 <et,t>) [λf_{et}. ∃x[x는 사람이다 & f(x)] = 1]

EX. 누가 왔니?/누가 왔다.

나. 누구$_{[+wh]}^{2}$ (타입 <<e,et>,et>) [$\lambda f_{<e,et>}$. λx_e. ∃y[y는 사람이다 & f(y)(x)] = 1], 단 현실 세계 w*에서 ∃y[y는 사람이다]

EX. 김 교수가 누구를 만났니?

누구^{2} (타입 <<e,et>,et>) [$\lambda f_{<e,et>}$. λx_e. ∃y[y는 사람이다 & f(y)(x)] = 1]

EX. 김 교수가 누구를 만났니?/김 교수가 누구를 만났다.

다. 누구$_{[+wh]}^{3}$ (타입 <<e,<e,et>>,<e,et>>) [λf_{eeet}. λy_e. λx_e. [∃z[z는 사람이다 & f(z)(y)(x)] = 1], 단 현실 세계 w*에서 ∃z[z는 사람이다]

EX. 철수가 누구에게 선물을 주었니?

누구^{3} (타입 <<e,<e,et>>,<e,et>>) [λf_{eeet}. λy_{e}. λx_{e}. [∃z[z는 사람이다 & f(z)(y)(x)] = 1]

EX. 철수가 누구에게 선물을 주었니?/철수가 누구에게 선물을 주었다.

라. 누구$_{[+wh]}^{4}$ (타입 <<e,et>,et>) [λf_{eet}. λx_{e}. ∃y[y는 사람이다 & f(y)(x)] = 1], 단 현실 세계 w*에서 ∃y[y는 사람이다]

EX. 철수가 누구를 선물을 주었니?

누구^{4} (타입 <<e,et>,et>) [λf_{eet}. λx_{e}. ∃y[y는 사람이다 & f(y)(x)] = 1]

EX. 철수가 누구를 선물을 주었니?/철수가 누구를 선물을 주었다.

마. 누구$_{[+wh]}^{5}$ (타입 <et,<et,t>>) [λf_{et}. λg_{et}. ∃x[g(ky[x HAVE y & f(y)])] = 1], 단 현실 세계 w*에서 ∃x[x는 사람이다]

EX. 누구의 책이 배달됐니?

누구^{5} (타입 <et,<et,t>>) [λf_{et}. λg_{et}. ∃x[g(ky[x HAVE y & f(y)])] = 1]

EX. 누구의 책이 배달됐니?/누구의 책이 배달됐다.

바. 누구$_{[+wh]}^{6}$ (타입 <et,<eet,et>>) [λf_{et}. λg_{eet}. λx_{e}. ∃y[g(kz[y HAVE z & f(z)])(x)] = 1], 단 현실 세계 w*에서 ∃y[y는 사람이다]

EX. 집배원이 누구의 책을 배달했니?

누구^{6} (타입 <et,<eet,et>>) [λf_{et}. λg_{eet}. λx_{e}. ∃y[g(kz[y HAVE z & f(z)])(x)] = 1]

EX. 집배원이 누구의 책을 배달했니?/집배원이 누구의 책을 배달했다.

사. 누구$_{[+wh]}^{7}$ (타입 <et,<eeet,eet>>) [λf_{et}. λg_{eeet}. λy_{e}. λx_{e}. ∃v[g(ιz[v HAVE z & f(z)])(y)(x)] = 1], 단 현실 세계 w*에서 ∃v[v는 사람이다]

EX. 철수가 누구의 친구에게 선물을 주었니?

누구^{7} (타입 <et,<eeet,eet>>) [λf_{et}. λg_{eeet}. λy_{e}. λx_{e}. ∃v[g(ιz[v HAVE z & f(z)])(y)(x)] = 1]

EX. 철수가 누구의 친구에게 선물을 주었니?/철수가 누구의 친구에게 선물을 주었다.

아. 누구$_{[+wh]}^{8}$ (타입 <et,<eet,et>>) [λf_{et}. λg_{eet}. λx_{e}. ∃y[g(ιz[y HAVE z & z는 사람이다 & f(z)])(x)] = 1], 단 현실 세계 w*에서 ∃y[y는 사람이다]

EX. 철수가 누구의 친구를 선물을 주었니?

누구^{8} (타입 <et,<eet,et>>) [λf_{et}. λg_{eet}. λx_{e}. ∃y[g(ιz[y HAVE z & z는 사람이다 & f(z)])(x)] = 1]

EX. 철수가 누구의 친구를 선물을 주었니?/철수가 누구의 친구를 선물을 주었다.

의문사 용법과 불확정 용법 각각 8개씩의 전이 의미가 '누구'가 가질 수 있는 의미의 모든 가능성이라고 생각된다.[674] 이 8개의 전이 의미 실현은 다음과 같은 의미 전이 규칙이 '누구'의 분포적 조건에 따라 작용한 결과라고 본다.

(81) 가. 의문사 용법의 '누구'의 의미 전이 규칙:

'$누구_{[+wh]}{}^{1}$'은 기본 타입 <et,t>로 [[λf_{et}. ∃x[x는 사람이다 & f(x)] = 1], 단 현실 세계 w*에서 ∃x[x는 사람이다]]의 해석을 가지며, 다음의 전이된 해석을 가질 수 있다.

<<e,et>,et> [$\lambda f_{<e,et>}$. λx_e. ∃y[y는 사람이다 & f(y)(x)] = 1], 단 현실 세계 w*에서 ∃y[y는 사람이다]

<<e,<e,et>>,<e,et>> [λf_{eeet}. λy_e. λx_e. [∃z[z는 사람이다 & f(z)(y)(x)] =1], 단 현실 세계 w*에서 ∃z[z는 사람이다]

<<e,et>,et> [λf_{eet}. λx_e. ∃y[y는 사람이다 & f(y)(x)] = 1], 단 현실 세계 w*에서 ∃y[y는 사람이다]

<et,<et,t>> [λf_{et}. λg_{et}. ∃x[g(ky[x HAVE y & f(y)])] = 1], 단 현실 세계 w*에서 ∃x[x는 사람이다]

<et,<eet,et>> [λf_{et}. λg_{eet}. λx_e. ∃y[g(kz[y HAVE z & f(z)])(x)] = 1], 단 현실 세계 w*에서 ∃y[y는 사람이다]

<et,<eeet,eet>> [λf_{et}. λg_{eeet}. λy_e. λx_e. ∃v[g(ιz[v HAVE z & f(z)])(y)(x)] = 1], 단 현실 세계 w*에서 ∃v[v는 사람이다]

<et,<eet,et>> [λf_{et}. λg_{eet}. λx_e. ∃y[g(ιz[y HAVE z & z는 사람이다 & f(z)])(x)] = 1], 단 현실 세계 w*에서 ∃v[v는 사람이다]

나. 불확정 용법의 '누구'의 의미 전이 규칙:

'$누구^{1}$'은 기본 타입 <et,t>로 [[λf_{et}. ∃x[x는 사람이다 & f(x)] = 1]의 해석을 가지며, 다음의 전이된 해석을 가질 수 있다.

<<e,et>,et> [$\lambda f_{<e,et>}$. λx_e. ∃y[y는 사람이다 & f(y)(x)] = 1]

<<e,<e,et>>,<e,et>> [λf_{eeet}. λy_e. λx_e. ∃z[z는 사람이다 & f(z)(y)(x)] =1]

<<e,et>,et> [λf_{eet}. λx_e. ∃y[y는 사람이다 & f(y)(x)] = 1]

<et,<et,t>> [λf_{et}. λg_{et}. ∃x[g(ky[x HAVE y & f(y)])] = 1]

<et,<eet,et>> [λf_{et}. λg_{eet}. λx_e. ∃y[g(kz[y HAVE z & f(z)])(x)] = 1]

---

674) '누구'가 이 외의 통사적 위치에서 실현되는 예로 다음과 같은 예를 생각해 볼 수 있다. 그러나 (a)의 '누구'는 타동사 '연구하다' 문장의 주어 위치에 놓이는 '누구'와 같은 방법으로 해석할 수 있다. '무엇'은 목적어 위치의 '누구'와 같은 방법으로 해석할 수 있다. 의문사가 서술성 명사의 논항인 경우는 모두 이와 같은 방법으로 해석된다.

a. 너는 누구의 무엇의 연구를 오래 기억하니?

<et,<eeet,eet>> [$\lambda f_{et}.\ \lambda g_{eeet}.\ \lambda y_e.\ \lambda x_e.$ ∃v[g(ιz[v HAVE z & f(z)])(y)(x)] = 1]
<et,<eet,et>> [$\lambda f_{et}.\ \lambda g_{eet}.\ \lambda x_e.$ ∃y[g(ιz[y HAVE z & z는 사람이다 & f(z)])(x)] = 1]

의문사 용법의 8개 전이 의미 실현 규칙 (81가)와 불확정 용법의 8개 전이 의미 실현 규칙 (81나)는 하나로 통합될 수 있을 것으로 보인다.

의문사 '무엇'의 전이 의미 실현 규칙도 위 '누구'의 경우와 같은 형식으로 기술할 수 있다. 의문사 용법의 전이 의미 실현 규칙만을 보이기로 한다.[675)]

(82) 가. 의문사 용법의 '무엇'의 의미 전이 규칙:

'무엇$_{[+wh]}$[1)]'은 기본 타입 <et,t>로 [[$\lambda f_{et}.$ ∃x[x는 사람이다 & f(x)] = 1], 단 현실 세계 w*에서 ∃x[x는 사람이다]]의 해석을 가지며, 다음의 전이된 해석을 가질 수 있다.

<<e,et>,et> [$\lambda f_{<e,et>}.\ \lambda x_e.$ ∃y[y는 사물이다 & f(y)(x)] = 1], 단 현실 세계 w* 에서 ∃y[y는 사물이다]

<<e,<e,et>>,<e,et>> [$\lambda f_{eeet}.\ \lambda y_e.\ \lambda x_e.$ [∃z[z는 사물이다 & f(z)(y)(x)] =1], 단 현실 세계 w*에서 ∃z[z는 사물이다]

<<e,et>,et> [$\lambda f_{eet}.\ \lambda x_e.$ ∃y[y는 사물이다 & f(y)(x)] = 1], 단 현실 세계 w*에서 ∃y[y는 사물이다]

<et,<et,t>> [$\lambda f_{et}.\ \lambda g_{et}.$ ∃x[g(ky[x HAVE y & f(y)])] = 1], 단 현실 세계 w* 에서 ∃x[x는 사물이다]

<et,<eet,et>> [$\lambda f_{et}.\ \lambda g_{eet}.\ \lambda x_e.$ ∃y[g(kz[y HAVE z & f(z)])(x)] = 1], 단 현실 세계 w*에서 ∃y[y는 사물이다]

<et,<eeet,eet>> [$\lambda f_{et}.\ \lambda g_{eeet}.\ \lambda y_e.\ \lambda x_e.$ ∃v[g(ιz[v HAVE z & f(z)])(y)(x)] = 1], 단 현실 세계 w*에서 ∃v[v는 사물이다]

<et,<eet,et>> [$\lambda f_{et}.\ \lambda g_{eet}.\ \lambda x_e.$ ∃y[g(ιz[y HAVE z & z는 사람이다 & f(z)])(x)] = 1], 단 현실 세계 w*에서 ∃y[y는 사물이다]

의문사 '누구'와 '무엇', 나아가서 제4장에서 제시한 '모두'의 의미 전이 규칙을 하나로 일반화할 가능성을 추구해 볼 수 있다. 의문사 또는 양화사의 의미 해석에 관한 가변 타입 접근 방안이 합성성 원리를 준수하는 체계적인 통사의미적 해석 방안이 된다는 점은

675) 맨 마지막의 전이 의미는 (a)와 같은 예의 해석을 위한 것이라 제외해 버릴 가능성을 생각할 수 있지만, '허수아비의 친구'와 같은 대답과 상응하는 질문으로 쓰일 수 있으므로 유효한 전이 의미의 하나로 인정하기로 한다.
a. 철수가 무엇의 친구를 선물을 주었니?

이상에서 제시한 규칙의 형식을 검토하는 것만으로도 분명해졌다고 본다.

‘어떤’의 의미 전이 규칙도 아울러 제시하기로 한다.

(83) 가. 의문사 용법의 의문 관형사 ‘어떤’의 의미 전이 규칙:

‘어떤$_{[+wh]}$[1]’은 기본 타입 <et,<et,t>>로 $[[\lambda f_{et}.\ \lambda g_{et}.\ \exists x[f(x)\ \&\ g(x)] = 1]$, 단 현실 세계 w*에서 ∃x[x는 사람/사물이다]]의 해석을 가지며, 다음의 전이된 해석을 가질 수 있다.

<et,<eet,et>> $[\lambda f_{et}.\ \lambda g_{eet}.\ \lambda x_{e}.\ \exists y[\lambda f(y)\ \&\ g(y)(x)] = 1]$, 단 현실 세계 w*에서 ∃y[y는 사람/사물이다]

<et,<eeet,eet>> $[\lambda f_{et}.\ \lambda g_{eeet}.\ \lambda y_{e}.\ \lambda x_{e}.\ [\exists z[f(z)\ \&\ g(z)(y)(x)] = 1]$, 단 현실 세계 w*에서 ∃z[z는 사람/사물이다]

<et,<eet,et>> $[\lambda f_{et}.\ \lambda g_{eet}.\ \lambda x_{e}.\ \exists y[f(y)\ \&\ g(y)(x)] = 1]$, 단 현실 세계 w*에서 ∃y[y는 사람/사물이다]

<et,<et,<et,t>>> $[\lambda f_{et}.\ \lambda g_{et}.\ \lambda h_{et}.\ \exists x[h(ky[f(x)\ \&\ x\ \text{HAVE}\ y\ \&\ g(y)])] = 1]$, 단 현실 세계 w*에서 ∃x[x는 사람/사물이다]

<et,<et,<eet,et>>> $[\lambda f_{et}.\ \lambda g_{et}.\ \lambda h_{eet}.\ \lambda x_{e}.\ \exists y[h(kz[f(y)\ \&\ y\ \text{HAVE}\ z\ \&\ g(z)])(x)] = 1]$, 단 현실 세계 w*에서 ∃y[y는 사람/사물이다]

<et,<et,<eeet,eet>>> $[\lambda f_{et}.\ \lambda g_{et}.\ \lambda h_{eeet}.\ \lambda y_{e}.\ \lambda x_{e}.\ \exists v[h(\iota z[f(v)\ \&\ v\ \text{HAVE}\ z\ \&\ g(z)])(y)(x)] = 1]$, 단 현실 세계 w*에서 ∃v[v는 사람/사물이다]

<et,<et,<eet,et>>> $[\lambda f_{et}.\ \lambda g_{et}.\ \lambda h_{eet}.\ \lambda x_{e}.\ \exists y[h(\iota z[f(y)\ \&\ y\ \text{HAVE}\ z\ \&$ z는 사람이다 $\&\ g(z)])(x)] = 1]$, 단 현실 세계 w*에서 ∃v[v는 사람/사물이다]

나. 불확정 용법의 의문 관형사 ‘어떤’의 의미 전이 규칙:

‘어떤[1]’은 기본 타입 <et,<et,t>>로 $[[\lambda f_{et}.\ \lambda g_{et}.\ \exists x[f(x)\ \&\ g(x)] = 1]$의 해석을 가지며, 다음의 전이된 해석을 가질 수 있다.

<et,<eet,et>> $[\lambda f_{et}.\ \lambda g_{eet}.\ \lambda x_{e}.\ \exists y[\lambda f(y)\ \&\ g(y)(x)] = 1]$

<et,<eeet,eet>> $[\lambda f_{et}.\ \lambda g_{eeet}.\ \lambda y_{e}.\ \lambda x_{e}.\ [\exists z[f(z)\ \&\ g(z)(y)(x)] = 1]$

<et,<eet,et>> $[\lambda f_{et}.\ \lambda g_{eet}.\ \lambda x_{e}.\ \exists y[f(y)\ \&\ g(y)(x)] = 1]$

<et,<et,<et,t>>> $[\lambda f_{et}.\ \lambda g_{et}.\ \lambda h_{et}.\ \exists x[h(ky[f(x)\ \&\ x\ \text{HAVE}\ y\ \&\ g(y)])] = 1]$

<et,<et,<eet,et>>> $[\lambda f_{et}.\ \lambda g_{et}.\ \lambda h_{eet}.\ \lambda x_{e}.\ \exists y[h(kz[f(y)\ \&\ y\ \text{HAVE}\ z\ \&\ g(z)])(x)] = 1]$

<et,<et,<eeet,eet>>> $[\lambda f_{et}.\ \lambda g_{et}.\ \lambda h_{eeet}.\ \lambda y_{e}.\ \lambda x_{e}.\ \exists v[h(\iota z[f(v)\ \&\ v\ \text{HAVE}\ z\ \&\ g(z)])(y)(x)] = 1]$

$\langle et,\langle et,\langle eet,et\rangle\rangle\rangle$ $[\lambda f_{et}.\ \lambda g_{et}.\ \lambda h_{eet}.\ \lambda x_{e}.\ \exists y[h(\iota z[f(y)\ \&\ y\ \text{HAVE}\ z\ \&$ z는 사람이다 $\&\ g(z)])(x)] = 1]$

의문사 '누구'와 '무엇', 의문 관형사 '어떤'의 모든 의미 전이의 가능성은 서로 체계적으로 대응되어 있는 것이다. 제4장에서 보인 양화사 '일부'와 양화 관형사 '일부(의)'의 의미 전이의 가능성도 의문사, 의문 관형사의 의미 전이 가능성과 체계적으로 대응된다. 그러므로 특정 의문사나 양화사의 의미 전이 규칙들을 (81), (82), (83)와 같은 방식으로 어휘항목마다 나누어서 기술하는 대신, 의미 형식을 근거로 한 추론규칙, 또는 의미 공준으로 일반화하는 일이 가능할 것으로 본다.

9.5. 의문사와 보조사 '-이나, -이라도, -도'의 상호작용

의문사가 보조사 '-이나, -이라도, -도'와 공존할 때에는 매우 복잡한 의미적 효과들이 나타난다. 유의해야 할 점은 의문사와 공존하는 '-이나'와 '-이라도'는 보편 양화의 의미 효과를 가진다는 것이다.[676)]

(1) 가. 누구나 왔다/어떤 학생이나 왔다.
나. 누구라도 왔다/어떤 학생이라도 왔다.
다. *누구도 왔다/*어떤 학생도 왔다.
(2) 가. $^{?}$누구나 안 왔다/$^{?}$어떤 학생이나 안 왔다.

---

676) '?' 표시를 한 (2가, 나)는 다소 부자연스럽기는 하지만, 이들이 적절하게 쓰이는 상황을 얼마든지 생각할 수 있다.
a. 그러한 조건에서는 누구나/어떤 학생이나 안 오지.
b. 그러한 조건에서는 누구라도/어떤 학생이라도 안 오지.
(1), (2)에서 의문사를 '아무'로 교체하여도 동일한 패턴을 보인다.
c. 가. 아무나 왔다/아무 학생이나 왔다.
나. 아무라도 왔다/아무 학생이라도 왔다.
다. *아무도 왔다/*아무 학생도 왔다.
d. 가. $^{?}$아무나 안 왔다/$^{?}$아무 학생이나 안 왔다.
나. $^{?}$아무라도 안 왔다/$^{?}$아무 학생이라도 안 왔다.
다. 아무도 안 왔다/아무 학생도 안 왔다.
'아무'는 의문사가 아니다. '아무'가 가지는 고유의 기능은 Kadmon & Landman(1993)의 뜻에서 '영역 확장(domain-widening)'의 작용을 한다는 것이다(최진영 2007). 공유배경에서 주어지는 개체들의 집합 외의 개체를 추가함으로써 담화상의 영역을 확장하는 것이다. '누구'의 경우에는 기존의 영역에 있는 개체들만을 고려한다.

나. ?누구라도 안 왔다/?어떤 학생이라도 안 왔다.
다. 누구도 안 왔다/어떤 학생도 안 왔다.

의문사 용법의 '누구'가 '-도'와 공존할 때의 전형적인 특성은 부정극어 현상이다. (1다)와 비교한 (2다)가 적격한 문장이 되는 것은 '-도'가 부정극어 현상의 주 요인이 되는 요소이기 때문이다. (2다)가 적격한 표현으로 쓰일 때도 있는데(cf. (3)), 그 경우 '누구'는 불확정 용법의 '누구'인 것이다. 이 점을 근거로, 이 세 종류의 예문에서 지금 문제 삼고 있는 의미 현상의 요인이 되는 '누구'가 의문사 용법의 '누구'라고 판단할 수 있다.

(3) 그래, 네가 말한 그 누구도 왔다.

이들 보조사를 분석하는 형식의미론적 연구들의 주요 관심사는 부정극어 현상이었다. 그러나 필자는 부정극어 현상을 드러내는 '-도'보다는 '-이나'와 '-이라도'에 더 관심이 있다. 이 두 요소가 특정 양상 의미를 전제 의미로 가진다는 것이 이 절의 주요 논점이다.

최진영(2007)은 형식의미론적 연구 중에서 위 세 보조사와 한국어 의문사 및 '아무' 간의 의미적 상호작용의 사실을 가장 포괄적으로 관찰한 연구이다. 특히 '-이나'가 von Fintel(2000)에서 분석한 영어 'whatever' 구문의 양상 의미적 작용을 그 의미의 주요 요소로 가진다는 판단은 주목할 만하다.

von Fintel(2000)에서는 'whatever'의 'ever'가 가지는 의미적 기여가 '반사실성 양상 또는 인식 양상에 기반한 의미의 변동'이라는 전제 의미임을 논한 바 있다. 이에 따른 'whatever' 문장(일례로 (4))의 의미 형식의 골격은 (5)와 같다. F는 양상기반, P는 대략 'whatever tool was handy'와 같은 절의 의미, Q는 그 외 부분의 의미이다. (5나)의 전제 의미는 F의 양상 의미를 기반으로, 기준 세계 w와 최소한으로만 다른 세계 w′를 산출(이것이 'min'의 기능이다)하여 그에 대해서 보편 양화 작용을 가하는 구조로 되어 있다.

(4) I grabbed whatever tool was handy.
(5) 가. 'whatever(w)(F)(P)(Q)'의 단언 의미: $Q(w)(\iota x.\ P(w)(x))$
  나. 그 전제 의미: $\forall w' \in min_w[F \cap (\lambda w'.\ \iota x.\ P(w')(x) \neq \iota x.\ P(w)(x))]$:
    $Q(w')(\iota x.\ P(w')(x)) = Q(w)(\iota x.\ P(w)(x))$

이를 응용한 최진영(2007: 114)의 '-이나' 문장에 대한 의미 분석은 대략 다음과 같다. (1가)와 같은 '-이나' 문장들이 가지는 보편 양화의 의미 효과는 양상기반에 의해 산출된 세계들에 대한 보편 양화사의 작용으로 인한 것이라고 해석된다. 그는 양상기반 'F'를 반사실성(counterfactual) 양상으로 국한하고 있다.

(6) '의문사/아무(N)-이나(w_0)(F)(P)(Q)'의 의미

가. 단언 의미: $\exists x[P(w_0)(x)\ \&\ Q(w_0)(x)]$

'현실 세계 w에서 속성 P를 가지고 동시에 속성 Q를 가지는 개체가 적어도 하나 존재한다.'

나. 전제 의미: $\forall w' \in min_{w0}[F \cap \lambda w''. P(w'') \neq P(w_0)]$: $\exists x[P(w')(x)\ \&\ Q(w')(x)] = \exists x[P(w_0)(x)\ \&\ Q(w_0)(x)]$

'w'에서 속성 P를 가지는 개체들의 집합이 w_0에서 속성 P를 가지는 개체들의 집합과 다르다는 점에서, w'이 w_0와 최소한으로만 다른, 모든 반사실성 세계 w'에서, 단언된 명제 $\lambda w. \exists x[P(w)(x)\ \&\ Q(w)(x)]$는 현실 세계 w_0에서 가지는 진리치를 w'에서도 똑같이 가진다.'

한편, 최진영(2007)의 '-이라도'와 '-도'에 대한 의미 분석은 이와 다른 방식으로 실행되고 있다. 즉, 다음과 같이 Rooth(1985)의 대안형(alternative)들의 집합 C를 통사구조의 구성성분으로도 이용하고, 의미 기술에도 이용하여, 대안형들 간의 개연성/기대가능성의 비교를 전제 의미에 활용하고 있다.[677]

(7) '의문사(N)-이라도(P)(Q)'의 의미

가. 통사구조(LF): [-이라도 C [. . .[의문사(N) x]$_F$. . .]]

나. C는 대안형들의 집합으로서, 대안형은 해당 문장에서 '[의문사(N) x]$_F$'(초점) 부분을 고려되고 있는 개체들 중의 하나로 대체한 문장 의미이다. (cf. Rooth 1985).

다. 단언 의미: $\exists x[P(w)(x)\ \&\ Q(w)(x)]$

라. 전제 의미:

(i)척도 전제: 단언되는 문장 의미는 가장 높은(쉬운) 개연성을 가지는 명제임.

(ii)존재 전제: 단언되는 문장 의미에서 초점으로 주어지는 개체 외의 다른 개체를 대입한 명제 의미가 성립됨.

---

677) '-도'는 'even' 의미와 'also' 의미의 두 가지 용법으로 나누고 있다. (102)는 'even' 의미만을 나타낸 것이다.

(iii)배타성 전제: 가장 높은 개연성의 명제만이 성립됨: 이 명제가 남아 있는 유일한 가능성임.

(8) '의문사(N)-도(P)(Q)'의 의미

가. 통사구조(LF): [-도 C [. . .[의문사(N) x]$_F$. . .]]

나. C는 대안형들의 집합으로서, 대안형은 해당 문장에서 '[의문사(N) x]$_F$'(초점) 부분을 고려되고 있는 개체들 중의 하나로 대체한 문장 의미이다.

다. 단언 의미: $\exists x[P(w)(x)\ \&\ Q(w)(x)]$

라. 전제 의미:

(i)척도 전제: 단언되는 문장 의미는 가장 낮은(어려운) 개연성을 가지는 명제임.

(ii)존재 전제: 단언되는 문장 의미에서 초점으로 주어지는 개체 외의 다른 개체를 대입한 명제 의미가 성립됨.

보조사 '-이나', '-이라도', '-도'가 개재하는 문장의 형식의미론적 기술이 난해한 과제임은 잘 알려져 있다. (6)-(8)이 보이는 문제는, 그 단언 의미를 추출하여 명세화하기가 곤란하다는 점과, 그 전제 의미에서 가정하는 '대안형들의 집합'을 형성하기 위해서는 구체적인 문장의 의미가 모두 도출되어야 한다는 점이다.

필자는 이러한 난점이 초점 문장의 이론화와 관련한 근본적 어려움이라는 점을 인식하여,[678] 현재 단계에서는 '-이나, -이라도, -도'가 의문사와 공존하는 문장의 해석에 관한 개괄적인 방안을 제시하는 것으로 만족하고자 한다. 이 문제에 관한 최진영(2007)의 위 (6)-(8)도 완성된 해결 방안이 아님은 분명하다.

필자는 '-이나'가 양상 의미를 전제 의미의 일부로 가진다는 최진영(2007)의 판단을 받아들인다. 다만 그 양상의 종류는 반사실성 양상이 아니라 양정석(2016가, 2017, 2020라)에서 도입한 '기대에 부합됨'의 양상이다.[679] 나아가 '-이라도', '-도'의 의미 기술 (7), (8)에 포함된 '척도 전제' 의미도 '기대에 부합됨'의 양상 의미를 표현한다고 본다.

Guerzoni & Lim(2007: 278)은 영어의 초점사 'even'의 문장에서 초점사 'even'이 이를 제외한 문장을 그 작용의 범위로 삼으며, 대안형 집합 C를 형성하고, 그 문장 의미는 다음과 같은 'p(w)'의 단언 의미와 '존재 전제', '척도 전제'의 전제 의미를 가지는 것으로 설명할 수 있음을 보였다. '$p <_{likely/expected} q$'는 개연성의 높고 낮음, 또는 기대에 부합됨이라는 기준에서 명제 p가 명제 q보다 정도가 더 낮음을 뜻한다. 필자는 이를 '기대

678) '-이나, -이라도, -도'에 이끌리는 명사구(보조사구)는 초점을 받는다고 판단한다.

679) '기대에 부합됨'은 '정황(circumstantial)' 양상기반에 더해지는 순서근거 함수이다.

에 부합됨' 양상의 관점에서 두 명제를 비교하는 연산자로 상정한다.[680]

(9) ⟦ even ⟧ (C)(p)(w) = p(w), 단 이 정의는 다음 두 조건이 충족되는 경우에만 성립한다: $\exists q \in C\,[\,q \neq p\ \&\ q(w) = 1\ \&$ (존재 전제)
$\forall q \in C\,[\,q \neq p \rightarrow p <_{likely/expected}\ q\,]$ (척도 전제)

(9)에도 대안형들의 집합 C가 활용된다. 집합 C를 구성하는 대안형들은 문장에서 초점 성분을 동일 의미 타입의 요소로 대체하여 얻는다는 것이 Rooth(1985)의 설명이다. 필자의 판단으로는, 대안형을 얻는 절차는 담화화용론의 절차로서, 의미론의 해석 규칙 체계(제1장의 ①-⑨와 같은 것)에서 보는 것과는 다른 절차이다. 대안형들의 집합 C는 의미론적 의미 형식을 기초로, 담화 의미 표상에 기록된 정보들을 고려하여 형성해 가는 것이다. 그러나 의미론적 합성 과정에서는 이는 다만 기호 'C'로만 표시될 뿐이고, C의 정확한 내용은 알 수 없다.

(9)의 형식으로 '-이나' 문장, '-이라도' 문장, '-도' 문장의 의미를 나타내면 다음과 같다.

(10) ⟦ -이나 ⟧ (C)(p)(w) = p(w), 단 이 정의는 다음 두 조건이 충족되는 경우에만 성립한다:
$\exists q \in C\,[\,q \neq p\ \&\ q(w) = 1\ \&$ (존재 전제)
$\forall q \in C\,[\,q \neq p \rightarrow p <_{expected}\ q\,]$ (척도 전제)

(11) ⟦ -이라도 ⟧ (C)(p)(w) = p(w), 단 이 정의는 다음 세 조건이 충족되는 경우 에만 성립한다:
$\exists q \in C\,[\,q \neq p\ \&\ q(w) = 1\ \&$ (존재 전제)
$\forall q \in C\,[\,q \neq p \rightarrow q <_{expected}\ p\,]\ \&$ (척도 전제)
가장 높은 개연성의 명제인 p만이 성립되고, 이 명제가 남아 있는 유일한 가능성임. (배타성 전제)

(12) ⟦ -도 ⟧ (C)(p)(w) = p(w), 단 이 정의는 다음 두 조건이 충족되는 경우에만 성립한다:
$\exists q \in C\,[\,q \neq p\ \&\ q(w) = 1\ \&$ (존재 전제)
$\forall q \in C\,[\,q \neq p \rightarrow p <_{expected}\ q\,]$ (척도 전제)

---

680) 이후에는 이를 더 간략히 '$p <_{expected} q$'로 표시한다. '$p <_{expected} q$'는 'p가 기대에 부합됨의 관점에서 q보다 그 부합도가 낮다'는 뜻을 나타낸다. 양정석(2020나), 이 책 10.2절에서는 이 관계를 이용하여 양보 연결어미 '-어도, -더라도, -을지라도, -을망정, -을지언정, -기로서니, -은들'의 의미 정의의 전제 서술에 '기대에 부합됨'의 양상 의미를 가지는 명제들의 비교가 포함되는 것으로 기술하였다.

이 세 의미 정의를 비교해 보면 '-이나'와 '-도'는 단언 의미와 전제 의미에 전혀 차이가 없다. 그 차이는 '-도'가 부정소에 대한 요구를 가진다는 점이다. 이에 대해서는 곧 언급할 것이다.

'-이나'와 '-이라도'와 '-도'는 모두 대안형 산출의 기능을 가진다고 상정한다. 이들의 의미 정의에는 'ALT' 연산자의 도입을 촉발하는 자질 '+alt'가 포함된다고 가정한다.

'-이나'와 '-이라도'는 보편 양화의 의미를 표현하는데 이는 9.4.1절에서 제시한 대안형 집합 형성 연산자 'ALT'의 의미적 효과이다. 담화상의 영역에 있는 개체들을 대입한 명제들을 모두 나열한 집합은 그 개체들에 대한 보편 양화와 상통하는 것이다. '-도'는 부정소를 꼭 필요로 하는 부정극어 구문을 형성한다는 점에서 다른 두 보조사와 구별된다. 이러한 점들을 반영하여 세 보조사의 의미를 다음과 같이 정의한다. '-도'는 존재 전제와 척도 전제를 모두 가지는 '-도', 즉 '-도¹'과 존재 전제만을 가지는 '-도', 즉 '-도²'의 두 동음이의적 요소들로 나누기로 한다. 부정극어를 형성하는 '-도¹'의 기능을 잠정적으로 (13다)의 전제 의미의 일부로 명시한다.[681]

(13) 가. $⟦\text{-이나}⟧_{<\sigma,\tau>} = \lambda A_{<\sigma,\tau>}. [A]_{[+alt]}$, 단 $\exists q \in C [q \neq p \ \& \ q(w) = 1] \ \&$
$\forall q \in C [q \neq p \rightarrow q <_{expected} p]$.

나. $⟦\text{-이라도}⟧_{<\sigma,\tau>} = \lambda A_{<\sigma,\tau>}. [A]_{[+alt]}$, 단 $\exists q \in C [q \neq p \ \& \ q(w) = 1] \ \&$
$\forall q \in C [q \neq p \rightarrow p <_{expected} q]$

다. $⟦\text{-도}^1⟧_{<\sigma,\tau>} = \lambda A_{<\sigma,\tau>}. [A]_{[+alt]}$, 단 $\exists q \in C [q \neq p \ \& \ q(w) = 1] \ \&$
$\exists q \in C [q \neq p \rightarrow p <_{expected} q]$ & '$[A]_{[+alt]}$'는 부정소('ㄱ')의 영향권 안에 들어야 함.

(14) $⟦\text{-도}^2⟧_{<\sigma,\tau>} = \lambda A_{<\sigma,\tau>}. [A]_{[+alt]}$, 단 $\exists q \in C [q \neq p \ \& \ q(w) = 1]$

이들 보조사는 모두 동일성 함수로 기술되었다. 의미론적 형식에 붙어 있는 '+alt' 자질로 말미암아 다음과 같은 담화화용론적 추론규칙이 적용되어 명제 형식 'p'가 'ALT(p)'로 바뀌고, 연산자 'ALT'의 작용에 따라 해당 명제의 형식에 따른 대안형들의 집합이 산출된다고 본다.

(15) '+alt' 자질을 가지는 명제 형식 p를 ALT(p)로 바꾸라.
$[p]_{[+alt]} \Rightarrow ALT(p)$

681) '-도'가 통사구조에서 부정 요소와의 특정 통사적 관계 하에서 허가된다는 통사론적 기술이 더 필요하다고 본다.

제4장에서는 '누구', '무엇' 등 의문사가 의문사 용법과 불확정 용법을 가지는 것을 근거로 각각 두 개의 의미 정의를 가지는 것으로 상정하였다. '누구나, 누구도, 누구라도'에서 사용되는 '누구'의 의미는 이 중 의문사 용법이라는 것이 위에서의 판단이었다. '[+wh]' 자질을 가지는 의문사 용법이 이들 보조사와 상호작용한다는 것이다. 이들 보조사의 (10)-(12)과 같은 의미 정의는 '[+wh]' 자질을 가지는 의문사의 의미 정의, 현실세계의 사실에 관한 전제를 가지는 의문사의 의미 정의와 상호작용한다.

9.3.3절에서는 의문사가 의문형어미에 의해 최대통어(m-command)되어야만 통사적으로 허가되고, 의미적으로도 적절한 의미 합성이 이루어진다고 서술하였다. (16)은 9.3.3절의 (14가, 나)를 다시 든 것이다. 이를 (17)로 수정한다. 의문형어미가 의문사를 허가할 수 있는 것처럼 보조사 '-이나, -이라도, -도'도 의문사를 허가할 수 있다.

(16) 가. 의문사 구 허가 조건: 의문사 구는 음운론적 강세와 연결된 초점을 가지는 경우 의문형어미에 최대통어(m-command)되어 의문 자질 '+wh'가 표시되어야 한다.
나. 의문 자질 표시: 의문형어미는 C 범주로서 '+wh' 자질을 가지고, 그것에 최대통어되는 의문사 구(NP 범주)에 자질 '+wh'를 표시한다. 의문 자질 표시는 통사적 절차이면서, 이 결과로 의문 자질 '+wh'가 표시된 통사 범주 'NP_{+wh}', 즉 '$[누구]_{+wh}$', '$[무엇]_{+wh}$', '$[어떤_{+wh} NP]_{+wh}$'는 의미 합성 과정에서 '+wh' 자질을 가진 어휘부의 의문사 의미 형식으로 해석된다.

(17) 의문사 구의 통사적 허가 조건
가. 의문사 구 허가 조건: 의문사 구는 음운론적 강세와 연결된 초점을 가지는 경우 '+wh'자질을 가지는 의문형어미, '+wh' 자질을 가지는 보조사에 최대통어(m-command)되어 의문 자질 '+wh'가 표시되어야 한다.
나. 의문 자질 표시: 의문형어미는 C 범주로서 '+wh' 자질을 가지며, 일부 보조사는 D 범주로서 역시 '+wh' 자질을 가진다. 이들은 이들에 의해 최대통어되는 의문사 구(NP 범주)에 자질 '+wh'를 표시한다. 의문 자질 표시는 통사적 절차이면서, 이 결과로 의문 자질 '+wh'가 표시된 통사 범주 'NP_{+wh}', 즉 '$[누구]_{+wh}$', '$[무엇]_{+wh}$', '$[어떤_{+wh} NP]_{+wh}$'는 의미 합성 과정에서 '+wh' 자질을 가진 어휘부의 의문사 의미 형식으로 해석된다.

(17)은 통사적 허가 조건이다. 의미론적 의미 형식을 담화화용론적 의미 형식으로 전환하는 규정인 (15)와는 구별되어야 한다.

한 예로, 담화상의 영역에 '철수', '인호', '순희'의 세 개인이 있다고 가정할 때 '어떤 학생이나 잘 잤다'와 같은 문장은 다음과 같이 해석된다.

(18) '어떤 학생이나 잘 잤다.'의 해석:

[[[어떤 학생]이나$_{[+wh]}$] 잘 자-었-다] ⇒(의문사 구 허가 조건)

[[[어떤$_{[+wh]}$ 학생]이나$_{[+wh]}$] 잘 자-었-다]

⟦ 어떤$_{[+wh]}$ 학생 ⟧$_{<et,t>}$ = λf_{et}. ∃x[x가-학생이다' & f(x)]$_{[+wh]}$, 단 w*에서 ∃x[x가-학생이다']

⟦ -이나 ⟧$_{<et,t>}$ = $\lambda P_{<et,t>}$. [P]$_{[+alt]}$, 단 $\forall q \in C\ [q \neq p \rightarrow p <_{expected}\ q\ ]$.

⟦ 잘-잤다 ⟧$_{et}$ = λx. x가-잘-잤다'

⟦ [[어떤 학생]-이나] ⟧ =

[$\lambda P_{<et,t>}$. [P]$_{[+alt]}$]([λf'. ∃x[x가-학생이다' & f'(x)]], 단 w*에서 ∃x[x가-학생이다']]), 단 $\forall q \in C\ [q \neq p \rightarrow p <_{expected}\ q\ ]$.

[λf'. ∃x[x가-학생이다' & f'(x)], 단 w*에서 ∃x[x가-학생이다'], 단 $\forall q \in C\ [q \neq p \rightarrow p <_{expected}\ q\ ]_{[+alt]}$

⟦ 어떤$_{[+wh]}$ 학생이나 잘 잤다 ⟧ =

[λf'. ∃x[x가-학생이다' & f'(x)], 단 w*에서 ∃x[x가-학생이다'], 단 $\forall q \in C\ [q \neq p \rightarrow p <_{expected}\ q\ ]_{[+alt]}$(λx. x가-잘-잤다')

[∃x[x가-학생이다' & x가-잘-잤다'], 단 w*에서 ∃x[x가-학생이다'], 단 $\forall q \in C\ [q \neq p \rightarrow p <_{expected}\ q\ ]_{[+alt]}$

[∃x[x가-학생이다' & x가-잘-잤다']$_{[+alt]}$, 단 w*에서 ∃x[x가-학생이다'], 단 $\forall q \in C\ [q \neq p \rightarrow p <_{expected}\ q\ ]$

ALT([∃x[x가-학생이다' & x가-잘-잤다']]), 단 w*에서 ∃x[x가-학생이다'], 단 $\forall q \in C\ [q \neq p \rightarrow p <_{expected}\ q\ ]$

⇒(담화화용론적 추론규칙)

{철수가-학생이다' & 철수가-잘-잤다', 인호가-학생이다' & 인호가-잘-잤다', 순희가-학생이다' & 순희가-잘-잤다'}

이 절에서는 '누구, 어떤' 등의 의문사와 '-이나, -이라도, -도' 등의 보조사가 공존하는 문장에서의 의미의 상호작용을 관찰하고, 그 통사구조를 바탕으로 의미 형식, 담화 의미 표상의 도출 과정을 기술하는 필자의 전반적인 관점을 보였다. '-이나, -이라도, -도'와 의문사의 의미 상호작용을 체계적으로 기술하기 위해서는 이들 보조사가 의문형어미와 같이 의문사 자질을 점검하는 통사적 허가 절차를 상정해야 한다는 점을 밝혔다. 의미 형식이 담화화용론적 의미 표상으로 전환되는 과정에서 대안형 형성을 위한 자질 '+alt'가 작용한다는 점도 밝혔다. 그러나 의문문과 초점 문장의 해석을 위한 대안형 의미론의 연구 성과들을 반영한 통합적 체계를 제시하는 데에는 이르지 못하였다.

9.6. 반어의문문

반어의문문(rhetorical question)은 그 대응되는 일반 의문문과 그 음운론적 억양에서 뚜렷한 차이가 있다고 말하기는 어렵다. 표정과 같은 비언어적 징표와 그 외의 발화 상황에서의 특징들을 동반하기는 하나 이를 언어학적 기술로 객관화하기는 불가능한 것으로 보인다.

(1) 가. 내가 너를 쳤니? (일반 의문문)
　　나. 누가 너를 쳤니? (일반 의문문)
(2) 가. 내가 너를 쳤니? (반어의문문)
　　나. 누가 너를 쳤니? (반어의문문)

반어의문문의 의미의 핵심은 의문형어미를 제외한 선행 명제에 대한 부정을 전제로 가진다는 점이다.

(2)' 가. 내가 너를 쳤니? (반어의문문)
　　　전제: 내가 너를 치지 않았다. (¬[내가-너를-쳤다'])
　　나. 누가 너를 쳤니? (반어의문문)
　　　전제: 고려되는 담화의 영역 내의 개인들 중 '너'를 친 사람은 존재하지 않는다.
　　　　(¬∃x[x가 너를-쳤다'])

특히 (2나)'은 의문사 '누구'를 존재 양화사로 기술하는 필자의 입장을 지지하는 증거라고 생각된다. 존재 양화에 대한 부정은 양화되는 개체들에 대한 서술 모두에 대한 부정인데, 이 점을 형식화하는 데에 의문사 '누구'를 존재 양화사로 나타내는 것보다 더 분명한 방법은 없다.

반어의문문을 형식문법 내에서 기술하는 일은 그 도출 과정을 명시하는 일이다. 이를 위해서는 반어의문문이 가지는 다음과 같은 사실들이 정리되어야 한다.

(3) 가. '-니$_{+반어}^{2}$'는 '-니^{1}'와 구별되는, 독립된 어휘항목으로 처리된다.
   나. 선행 명제를 q라고 하면, 반어의문문 'p = q-니'의 전제 의미는 '¬q'이다.
      예: 반어의문문 (2가)의 전제: ¬[내가-너를-쳤다']
         반어의문문 (2나)의 전제: ¬∃x[x가 너를-쳤다']

특히 반어의문문이 의문형어미를 제외한 선행 명제에 대한 부정을 전제로 가진다는 점이 (3나)로 명시되었다. 이는 의문문의 명제 의미가 담화화용적 해석의 시점에 가능한 대답 명제들의 집합의 형식으로 전환되는 것과는 다른, 독립적인 형식으로 주어지는 것이어서, 의문문의 일종이면서 독특한 전제 의미를 가지는 반어의문문의 의미적 특징을 효과적으로 포착하게 해 준다. 이미 제시한 바 있는 '-니^{1}'의 의미 정의와 대비하여 '-니$_{+반어}^{2}$'의 의미 정의를 보이기로 한다.

(4) '-니^{1}': $\lambda p_{<s,<i,<e,t>>>}$. [ASK(s(c*), a(c*), ∀<w',t',x>: <w',t',x>∈BEST(dox, dubi, w, t, j) → p(w')(t')(x)) & x = a(c*)]
   '-니$_{+반어}^{2}$': $\lambda p_{<s,<i,<e,t>>>}$. [ASK(s(c*), a(c*), ∀<w',t',x>: <w',t',x> ∈ BEST(dox, dubi, w, t, j) → p(w')(t')(x)) & x = a(c*)], 단 ¬p(w*)(t*)(j).

정의 성립 조건(definedness condition)으로 나타낸 서술 '¬p(w*)(t*)(j)'은 그 판단자 'j'의 판단에 따른 서술이므로 이 부정 서술이 화자의 판단에 따른 부정 서술임을 정확하게 포착한다.

반어의문문은 의문형어미의 선행 명제에 대한 부정의 형식을 그 전제 내용으로 가진다. 의문사의문문의 경우 그 전제 의미는 존재 양화 형식에 대한 부정으로 서술되어야 하는데, 이 책에서처럼 의문사를 존재 양화사로 표시하게 되면 반어의문문의 전제를 형식화하는 데에 별도의 장치들을 동원하지 않아도 되므로 효과적이다. 이는 Karttunen(1977)에서처럼 의문사를 존재 양화사로 상정하는 것이 타당한 가정임을 보이는 것이다.

일반 의문형어미('제1형')와 반어의문문의 의문형어미('제2형')를 서로 다른 동음이의 요소로 처리하는 근거는 다음과 같다.

첫째, 제2형의 의미 형식은 전제 의미 형식을 가진다. 제1형에 없던 전제 의미 형식이 어떤 의미 전이 규칙에 의해 추가될 수는 없다.

둘째, 자문의 '-나, -을까'는 반어의문문을 형성하지 못한다. 이는 모든 의문형어미에 일반적으로 적용되는 의미 전이 규칙의 형식으로 반어의문문의 의미를 기술할 수 없음을 보이는 것이다.

셋째, 간접의문문의 의문형어미 '-느냐고', 명사절의 의문형어미 '-는지, 는가, -느냐'는 반어의문문을 형성할 수 없다. 그 의미 정의에 수행동사 'ASK'를 가지는 의문형어미들만 반어의문문을 형성할 수 있는 것이다. 이 역시 반어의문문의 표현이 일부 의문형어미들의 어휘개별적 의미 특성으로부터 말미암는다는 점을 보이는 것이다.

넷째, 이익환(1979: 319)에서는 반어의문문이 억양에 의해 일반 의문문과 구별된다고 서술하고 있다. 그러나 반어의문문이 가지는 억양의 특징은 객관적으로 기술 불가능한 것이다. 표정이나 전반적으로 격앙된 음성의 특징을 막연하게 지적할 수는 있으나 이를 언어학적 기술로 객관화할 수는 없다. 그러므로 억양을 요인으로 한 반어의문문 고유의 의미 요소를 도입하는 것도 설득력이 없다.

9.7. 겹쳐진 양상 구조: '-더냐'와 '-을래', '-을까', '-지'

하나의 의문형어미가 두 가지의 상이한 양상 의미를 복합적으로 나타내는 경우가 있다. 이른바 회상법의 선어말어미 '-더-'를 포함하는 의문형어미들(이들은 인식양상과 회의 양상을 나타낸다)과 의도 양상, 인식 양상을 나타내는 의문형어미 '-을래', '-을까', '-지'가 그 예이다.

이 장의 서두에서 의문형어미의 예로 제시한 것들 중에는 '-더-'를 포함하는 '-더냐, -데, -습디까, -던가, -더냐고'가 있다. 이들에서 '-더-'를 통사 단위로 분리할 수 없다는 점은 양정석(2008, 2020다)에서 증명한 바 있다. 그러나 형식의미론적 연구들에서는 여전히 '-더-'를 독립된 의미 정의를 가지는 통사 단위로 가정하는 것이 현실이므로, 그 문제성을 분명히 할 필요가 있다. 양정석(2020다: 172-173)의 논증을 되풀이하여 '-더-'를 독립된 통사 단위로 설정하는 것이 오류임을 다시 확인하여 보자.

이제까지의 이론들은 '-더-'를 통사 단위로 가정하였으므로, 이에 따라 '-더-'의 통사 범주(시제, 서법, 또는 양상)를 포함하는 구 구조 규칙(혹은 핵계층 도식, 병합 연산)의 체계는 다음과 같은 어미들의 결합을 가지는 무한수의 비문을 생성해 낸다는 것이 문제의 핵심이다.

(1) 가. *비가 오더지. cf. 비가 오더군.

나. *비가 오더니? cf. 비가 오더냐?
다. *비가 오더니까 하늘이 맑아졌다. cf. 비가 오더니 하늘이 맑아졌다.

문법 이론은 해당 언어의 모든 문법적 문장을 누락됨이 없이 생성해 내야 하고(완전성 요건), 비문법적 문장의 생성을 배제해야 하는데(건전성 요건), '-더-'를 통사 단위로 상정하는 문법 이론은 이처럼 건전성 요건을 위반하는 것이다.

'-더-'가 (117)의 '-지, -니, -니까' 등, 한국어의 대다수 어미와 결합되지 않는 사실을 설명할 유일한 방법은 '-더-'의 의미(양상 의미나 증거성 의미, 시간적 선후관계 의미)가 이들 어미와 의미적으로 충돌한다고 설명하는 것이다. 그러나 이제까지의 어떤 연구에서 제시된 '-더-'의 의미 정의를 가지고 검사해 보아도, 극히 일부의 예를 제외하고는, '-더-'와 결합 불가능한 어말어미들을 배제할 수가 없다.

그러면 통사 부문에서는 '-더-'와 모든 어말어미가 이어지는 문장을 생성하고, 형태음운론 규칙을 통해서 '-더-'와 결합 가능한 어미들만을 취하는 방법은 타당한 방안이 될 수 있는가? 즉, 다음과 같은 변이형태 실현 규칙을 설정하는 것이다.

(2) 가. {더} → /더/ / __{다, 으냐, 은가, 은걸, 은들, 은지, 구나, 구려, 구먼, 은데, 으니, 은}
나. {더} → /데/ / __{으에}
다. {더} → /디/ / {습}__{다, 까}

그러나 (가)-(다) 규칙의 조건으로 주어진 어미들의 집합은 음운론적으로나, 문법적으로나, 자연군을 이루지 못하므로, 이들은 진정한 형태음운론 규칙이 아니다. (가)에서 '-더-'와 결합 가능한 어미들은 전혀 음운론적, 문법적 자연군을 이루지 못한다. (다)에서 '다'와 '까'도 자연군이 되지 못한다. 심지어 '까'는 그 자체가 통사 단위가 되지 못한다. 그러므로, '-더-'를 통사 단위로 가정하고 형태음운론 규칙에 의해 (1)과 같은 유형의 비문법적 문장을 걸러내는 방안도 실패할 수밖에 없다.

이상은 '-더-'가 독립된 통사 단위가 아님을 증명한 것이다. 결국, 다음 15개의 어미들을 각각 통사 단위로 상정하고, 각각의 의미를 그 어휘의미적 기술에 포함하는 방안이 남아 있을 뿐이다.

(3) -더라, -더구나, -더구려, -더구먼, -던걸, -습디다, -더냐, -던가, -데, -습디까;
-던; -던들, -던지, -던데, -더니

'-더냐'를 대표로 삼아 '-더냐, -데, -습디까' 등의 의문형어미가 이끄는 의문 구문의 의미 형식을 관찰해 보자. '-더냐'의 의미 정의는 (4)와 같다.[682] 이를 바탕으로 의문문 '내가 뛰더냐?'의 의미 형식을 도출하는 절차는 (5)와 같다.

(4) ⟦-더냐⟧ $^{c^*;w,t,j}$ =
[λp: p∈$D_{<s,<i,<e,t>>>}$. ASK(s(c*), a(c*), ∀<w',t',x>: <w',t',x>∈BEST(dox, dubi, w, t, j) → (∀<w",t",x'> : <w",t",x'>∈ BEST(epist, stereo, w', t', x) → p(w")(t")(x'))) & t'< now & j = s(c*) & x' = x = a(c*)]
= 1, 단, 이 정의는 x' = α인 p의 판단자 α가 존재하는 경우, α가 p와 관련된 직접 증거를 가져야만 성립된다.

(5) '내가 뛰더냐?'의 해석:
가. ⟦-더냐⟧ $^{c^*;w,t,j}$(λw'.λt'.λj'. ⟦내가 뛰-⟧ $^{c^*;w',t',j'}$) =
[[λp: p∈$D_{<s,<i,<e,t>>>}$. ASK(s(c*), a(c*), ∀<w',t',x>: <w',t',x>∈ BEST(dox, dubi, w, t, j) → (∀<w",t",x'> : <w",t",x'>∈ BEST(epist, stereo, w', t', x) → p(w")(t")(x'))) & t'< now & j = s(c*) & x = x' = a(c*)] = 1, 단, 이 정의는 x' = α인 p의 판단자 α가 존재하는 경우, α가 p와 관련된 직접 증거를 가져야만 성립된다](λw'.λt'.λj'. s(c*)가-뛴다'(λw')(λt')(λj')
나. 전제 충족 후에 도출되는 의미 형식
ASK(s(c*), a(c*), ∀<w',t',x>: <w',t',x>∈BEST(dox, dubi, w, t, j) → (∀<w",t",x'> : <w",t",x'>∈ BEST(epist, stereo, w', t', x) → w"에서, t"에, x'에게, w"에서, t"에, x'에게, s(c*)가-뛴다') & t'<now & j = s(c*) & x = x' = a(c*)

(5나)의 의미 형식으로부터 앞에서 제시한 추론규칙에 의해 (6)과 같은 명제들의 집합이 얻어진다.[683] 이는 순서근거 'dubi'에 의해서 촉발되는 것으로 본다. 이 집합의 원소인 두 명제는 (5나)의 겹쳐진 양상 구조에서 내부의 인식 양상 명제를 이루는 형식이다.

(6) {∀<w",t",x'> : <w",t",x'>∈ BEST(epist, stereo, w', t', x) → w"에서, t"에, x'에게, w"에

---

682) (4)는 양정석(2020다)의 의미 정의이다. 양정석(2015가, 2017)에서는 전제 의미를 영역 조건(domain condition)의 형식으로 나타냈는데, 여기에서는 정의 성립 조건(definedness condition)의 형식으로 나타냈다.
683) 엄격히 표현하면 분할집합의 형식으로 나타내야 하겠지만, 현재의 경우에 나타내는 결과는 같으므로 편의상 이와 같은 형식으로 제시하기로 한다.

서, t"에, x'에게, s(c*)가-뛴다', ¬∀<w",t",x'>: <w",t",x'> ∈ BEST(epist, stereo, w', t', x) → w"에서, t"에, x'에게, w"에서, t"에, x'에게, s(c*)가-뛴다'}

이와 같이, 의미론적 절차와 담화화용론적 추론규칙의 적용에 의해 겹쳐진 양상 구조의 내부 양상 명제들의 집합이 결과적인 형식으로 얻어진다. 이는 의미론적 규칙 체계와 담화화용론적 규칙 체계를 분리하는 필자의 기본 방침에 따라 가능하게 된 것이다.

겹쳐진 양상 구조를 표현하는 의문형어미로는 이 외에도 '-을래'와 '-을까'와 '-지'가 있다. '-을래'는 청자의 의도를 묻는 의문형어미이다. '-을까'는 기본적으로 회의 양상만을 표현하고 청자에게 묻는 화행을 표현하지는 않는 의문형어미인데, 경우에 따라 화자 자신의 의도에 대한 회의를 표현하기도 한다. '-지'는 인식 양상과 회의 양상을 표현한다. 이들 어미를 가지는 문장들도 겹쳐진 양상 구조의 의미를 나타낸다.

먼저 '-을래'는 두 개의 동음이의적 어미 단위로 구분되어야 하는데, 제3장에서 의도 구문을 형성하는 어미로 다루었던 '-을래'(즉 '-을래^{1}') 외에, 다음과 같이 청자의 의도를 묻는 용법(즉 '-을래^{2}')도 있다.

(7) 네가 갈래?
(8) '네가 갈래?'의 의미 형식 도출
⟦ -을래^{2} ⟧ $^{c^*;w,t,j}$(λw'.λt'.λj'. ⟦ 네가 가- ⟧ $^{c^*;w',t',j'}$) =
[[λp: p∈ $D_{<s,<i,<e,t>>>}$. ASK(s(c*), a(c*), ∀<w',t',x>: <w',t',x> ∈ BEST(dox, dubi, w, t, j) → (∀<w",t",x'> : <w",t",x'>∈ BEST(intend, stereo, w', t', x) → p(w")(t")(x'))) & j = s(c*) & x = x' = a(c*)] = 1](λw'.λt'.λj'. a(c*)가-간다'(λw')(λt')(λj')) =
[ASK(s(c*), a(c*), ∀<w',t',x>: <w',t',x>∈BEST(dox, dubi, w, t, j) → (∀<w",t",x'> : <w",t",x'>∈ BEST(intend, stereo, w', t', x) → w"에서, t"에, x'에게, a(c*)가-간다')) & j = s(c*) & x = x' = a(c*)]

이렇게 도출된 의미론적 형식에 대응되는 담화 의미 표상은 (9)와 같다. 이 역시 담화화용론적 추론규칙이 적용되어 '명제들의 집합/분할집합'으로 전환된다는 점에서는 보통의 의문문의 경우와 다를 바가 없다. 여기에서도 (8)에서 도출된 겹쳐진 양상 구조의 의미 형식에서 내부의 양상 명제 형식이 분리되어 나온다.

(9) ∀<w",t",x'> : <w",t",x'>∈ BEST(intend, stereo, w', t', x) → w"에서, t"에, x'에게, a(c*)가-간다'), ¬[∀<w",t",x'> : <w",t",x'> ∈

BEST(intend, stereo, w', t', x) → w"에서, t"에, x'에게, a(c*)가-간다']

다음으로 '-을까'는 회의 양상만을 표현하는 의문형어미 '-을까'(즉 '-을까[1]') 외에, 다음과 같이 화자 자신의 의도에 대한 회의를 표현하는 의문형어미 '-을까'를 '-을까[2]'로 표시하기로 한다.684) 그 의미 형식에서 '-을래[2]'와의 뚜렷한 차이점은 질문의 수행동사 'ASK'를 갖지 않는다는 점이다. (11)의 겹쳐진 양상 구조에서 담화화용론적 추론규칙에 의해 그 내부의 양상 명제가 추출되어 (12)의 집합을 형성한다.

(10) '-을까[2]'의 의미 정의:

[λp: p∈$D_{<s,<i,<e,t>>>}$. ∀<w',t',x>: <w',t',x> ∈ BEST(dox, dubi, w, t, j) → (∀<w",t",x'> : <w",t",x'>∈ BEST(intend, stereo, w', t', x) → p(w")(t")(x'))) & j = x = x' = s(c*)] = 1

(11) '오늘 서울에 갈까?'의 의미 해석

[∀<w',t',x>: <w',t',x>∈BEST(dox, dubi, w, t, j) → (∀<w",t",x'> : <w",t",x'> ∈ BEST(intend, stereo, w', t', x) → w"에서, t"에, x'에게, s(c*)가-간다')) & j = x = x' = s(c*)]

(12) 담화화용론적 추론규칙에 따른 담화 의미 표상

{∀<w",t",x'> : <w",t",x'> ∈ BEST(intend, stereo, w', t', x) → w"에서, t"에, x'에게, s(c*)가-간다′, ¬∀<w",t",x'> : <w",t",x'> ∈ BEST(intend, stereo, w', t', x) → w"에서, t"에, x'에게, s(c*)가-간다′}

인식 양상과 회의 양상의 겹쳐진 양상 구조를 표현하는 의문형어미도 있다. '-지[1]'이 그것이다.685)

(13) '-지[1]'의 의미 정의:

[λp: p∈$D_{<s,<i,<e,t>>>}$. ASK(s(c*), a(c*), ∀<w',t',x>: <w',t',x> ∈ BEST(dox, dubi, w, t, j) → (∀<w",t",x'> : <w",t",x'>∈ BEST(epist, stereo, w', t', x)

684) 한길(2004: 221 이후)에서는 '-을까'가 '추정의 질문'과 함께 '의도의 질문'의 의미를 가진다고 지적한 바 있다.

685) 양정석(2016가, 2017)에서는 서술형의 '-지'만을 분석하면서 다음 (a)와 같이 믿음(dox) 양상기반과 전형성(stereo) 순서근거를 가지는 양상 요소로 정의한 바 있다. 하나의 기원을 가지는 동음이의 요소들이 서로 다른 양상기반의 양상 의미를 표현하는 것은 인간 언어에서 그리 드물지 않은 현상이다.

a. '-지[5]'의 의미 정의:

[λp: p∈$D_{<s,<i,<e,t>>>}$이고, p는 공유배경 속의 정보임. ∀<w',t',x>: SAY(s(c*), a(c*), <w',t',x> ∈ BEST(dox, stereo, w, t, j) j = x & → p(w')(t')(x))) & t = now & j = s(c*)] = 1

$\rightarrow$ p(w")(t")(x'))) & j = s(c*) & x = x' = a(c*)] = 1

(14) '인호가 왔지?'의 의미 해석

[ASK(s(c*), a(c*), ∀<w',t',x>: <w',t',x>∈BEST(dox, dubi, w, t, j) →
(∀<w",t",x'>: <w",t",x'> ∈ BEST(epist, stereo, w', t', x) → w"에서,
t"에, x'에게, 인호가-왔다')) & j = s(c*) & x = x' = a(c*)]

(15) 담화화용론적 추론규칙에 따른 담화 의미 표상

QS:{∀<w",t",x'>: <w",t",x'> ∈ BEST(epist, stereo, w', t', x) → w"에서,
t"에, x'에게, 인호가-왔다', ¬∀<w",t",x'>: <w",t",x'> ∈ BEST(epist,
stereo, w', t', x) → w"에서, t"에, x'에게, 인호가-왔다'}

겹쳐진 양상 구조를 표현하는 네 가지 유형의 의문형어미들을 살펴보았다. '-더냐' 문장의 의미 형식에서는 내부의 인식 양상 명제가 담화화용론적 추론규칙에 의해 얻어진다. '-을래' 문장의 의미 형식에서는 내부의 의도 양상 명제가 담화화용론적 추론규칙에 의해 얻어진다. '-을까', '-지' 문장의 의미 형식에서도 담화화용론적 추론규칙에 의해 내부의 의도 양상 명제, 인식 양상 명제가 얻어진다.

주목할 점은, '-더-'를 통사 단위로 가정하는 입장에서는 인식 양상의 '-더-'와 회의 양상의 '-냐'의 통사의미적 합성에 의해 '-더냐' 문장의 겹쳐진 양상 구조가 형성되는 것으로 예상할 수 있지만, '-을래' 문장과 '-을까' 문장, '-지' 문장의 겹쳐진 양상 구조 의미 형식은 그와 같은 설명을 거부한다는 것이다. 이는 위에서 보인 형태통사론적 증명과 함께, '-더-'를 독립 통사 단위로 가정하지 않는 것이 타당함을 증명하는 것이다.

9.8. 의문형어미의 재정리

제8장에서는 의도 구문의 어미들이 화자와 청자의 사회적 관계와 해당 문장이 발화되는 특정 맥락을 표시하는 기능을 가진다는 점을 지적하고 이러한 의미적 요인들을 형식의미론적 의미 형식에 추가하는 방법을 제안하였다. 의문형어미의 정의에도 다음 (1)의 형식이 추가되어야 한다.

(1) '$a(c^*) \leq_{\text{social-relation}} s(c^*)$'는 a(c*)가 s(c*)와 사회적 관계에 있어서 손아래이거나 동등함을 나타낸다.

대표적인 의문형어미 '-니'의 의미 정의는 이러한 내용을 정의 성립 조건(definedness condition)으로 추가하여 (2)와 같이 수정한다. '-냐'는 '-니'와 서로 다른 문법단위로 구별되는데, 그 차이는 화·청자의 친근한 사회적 관계에 대한 정보가 더 추가된다는 점밖에는 없다. 이를 (3)로 명시하기로 한다. 의문형어미 '-어'도 유사한 방식으로 정의해야 한다.[686]

(2) $[\![\text{-니}]\!]^{c^*;w,t,j}$ =
$\lambda p: p \in D_{\langle s,\langle i,\langle e,t\rangle\rangle\rangle}. ASK(s(c^*), a(c^*), \forall \langle w', t', y\rangle: \langle w', t', y\rangle \in BEST(dox, dubi, w, t, j) \rightarrow p(w')(t')(y))\ \&\ y = a(c^*)$, 단 $a(c^*) \leq_{social\text{-}relation} s(c^*)$.

(3) $[\![\text{-냐}]\!]^{c^*;w,t,j}$ =
$\lambda p: p \in D_{\langle s,\langle i,\langle e,t\rangle\rangle\rangle}. ASK(s(c^*), a(c^*), \forall \langle w', t', y\rangle: \langle w', t', y\rangle \in BEST(dox, dubi, w, t, j) \rightarrow p(w')(t')(y))\ \&\ y = a(c^*)$, 단 $a(c^*) \leq_{social\text{-}relation} s(c^*)$ & $s(c^*)$와 $a(c^*)$는 친근한 사회적 관계임.

(4) $[\![\text{-어}^1]\!]^{c^*;w,t,j}$ =
$\lambda p: p \in D_{\langle s,\langle i,\langle e,t\rangle\rangle\rangle}. ASK(s(c^*), a(c^*), \forall \langle w', t', y\rangle: \langle w', t', y\rangle \in BEST(dox, dubi, w, t, j) \rightarrow p(w')(t')(y))\ \&\ y = a(c^*)$, 단 $s(c^*)$와 $a(c^*)$는 격의 없는 사회적 관계임.

이에 비해서 '-습니까', '-으오'는 격식을 차리는 사회적 관계를 표현하는 의문형어미들이다. '-으오'는 동등한 사회적 관계에서 서로 격식을 차리는 경우에 사용하는 표현이다. 이 점은 앞의 명령형('-으오²'), 청유형('-으오³')에서와 같다.

(5) $[\![\text{-습니까}]\!]^{c^*;w,t,j}$ =
$\lambda p: p \in D_{\langle s,\langle i,\langle e,t\rangle\rangle\rangle}. ASK(s(c^*), a(c^*), \forall \langle w', t', y\rangle: \langle w', t', y\rangle \in BEST(dox, dubi, w, t, j) \rightarrow p(w')(t')(y))\ \&\ y = a(c^*)$, 단 $s(c^*) \leq_{social\text{-}relation} a(c^*)$ & $s(c^*)$와 $a(c^*)$는 서로 격식을 차리는 사회적 관계임.

(6) $[\![\text{-으오}^1]\!]^{c^*;w,t,j}$ =
$\lambda p: p \in D_{\langle s,\langle i,\langle e,t\rangle\rangle\rangle}. ASK(s(c^*), a(c^*), \forall \langle w', t', y\rangle: \langle w', t', y\rangle \in BEST(dox, dubi, w, t, j) \rightarrow p(w')(t')(y))\ \&\ y = a(c^*)$, 단 $s(c^*)$와 $a(c^*)$는 동등한 사회적 관계이나 서로 격식을 차리는 관계임.

686) 비분절 요소('질문 억양')를 수반한 '-어'('-어¹')을 서술형의 '-어'와는 독립적인 어휘항목으로 처리한다. 뒤의 '-으오¹'과 '-지¹'의 경우도 마찬가지이다. '질문 억양'을 비분절 형태소로 가정하여 독립된 통사 범주의 자격을 부여하는 방안은 실행 가능성이 낮은 방안이다.

'-느냐'는 구어에서 쓰이지 않는, 문어체의 의문형어미이다. 제8장에서의 의도 구문의 어미들 중 '-으라'와 같은 위상을 가지는 어미가 '-느냐'인 것이다. '-느냐'는 '-으라'처럼, 이 어미를 발화함으로써 현실 맥락과는 다른 맥락, 즉 문어적 맥락을 환기하는 기능을 가진다. 맥락 c를 이루는 세계 또는 상황들은 전형적으로 글로 씌어진 담화 속의 상황들이다. 친한 친구에게 하는 발화로 (7나)는 극히 부자연스럽다. 이 어미의 정의를 (8)과 같이 서술한다.

(7) 가. 철수야, 너 도서관에 가니?

나. ??철수야, 너 도서관에 가느냐?

(8) $[\![$-느냐$^{1}]\!]^{c;w,t,j}$ =

$\lambda p: p \in D_{<s,<i,<e,t>>>}. ASK(s(c), a(c), \forall <w', t', y>: <w', t', y> \in BEST(dox, dubi, w, t, j) \rightarrow p(w')(t')(y)(x))$ & $y = a(c^{*})$, 단 $a(c) \leq_{social\text{-}relation} s(c)$ & c는 문어적 맥락임.

이와 유사한 어미로 '-는가'가 있다. '문어적 맥락'의 정보는 '-느냐'와 같지만 화·청자의 사회적 관계에 대한 정보가 명시되지 않는다. '-는지'도 그러하다.687)

(9) $[\![$-는가$^{1}]\!]^{c;w,t,j}$ =

$\lambda p: p \in D_{<s,<i,<e,t>>>}. ASK(s(c), a(c), \forall <w', t', y>: <w', t', y> \in BEST(dox, dubi, w, t, j) \rightarrow p(w')(t')(y)(x))$ & $y = a(c)$, 단 c는 문어적 맥락임.

(10) $[\![$-는지$^{1}]\!]^{c;w,t,j}$ =

$\lambda p: p \in D_{<s,<i,<e,t>>>}. ASK(s(c), a(c), \forall <w', t', y>: <w', t', y> \in BEST(dox, dubi, w, t, j) \rightarrow p(w')(t')(y)(x))$ & $y = a(c)$, 단 c는 문어적 맥락임.

'-느냐, -는가, -는지'는 명사절을 형성하는 의문형어미로도 쓰인다. 이들은 공통적으로 수행동사 'ASK'를 갖지 않는다.

(11) $[\![$-느냐$^{2}]\!]^{c;w,t,j}$ =

$\lambda p: p \in D_{<s,<i,<e,t>>>}. \forall <w', t', y>: <w', t', y> \in BEST(dox, dubi, w, t, j) \rightarrow p(w')(t')(y)(x)).$

(12) $[\![$-는가$^{2}]\!]^{c;w,t,j}$ =

$\lambda p: p \in D_{<s,<i,<e,t>>>}. \forall <w', t', y>: <w', t', y> \in BEST(dox, dubi, w, t, j) \rightarrow p(w')(t')(y)(x)).$

---

687) '-는가^{1}'와 '-는지^{1}'를 서로 구별하는 차이점이 무엇인지는 현재로서 명시할 수 없으므로 이들을 동일한 형식으로 제시한다. 다음의 '-느냐^{2}', '-는가^{2}', '-는지^{2}'도 동일한 형식의 의미 정의를 제시한다.

(13) $[\![$ -는지^2 $]\!]^{c;w,t,j}$ =

λp: $p \in D_{<s,<i,<e,t>>>}$. $\forall$<w', t', y>: <w', t', y> $\in$ BEST(dox, dubi, w, t, j) $\rightarrow$ p(w')(t')(y)(x)).

'-나'는 두 개의 상이한 의문형어미 '-나^1'과 '-나^2'로 나누어야 한다. '-나^1'은 이른바 '하게체'의 의문형어미로서, 청자가 화자의 손아래라는 점과 아울러, 격식을 차리는 사회적 관계의 정보가 명시되어야 한다.

(14) $[\![$ -나^1 $]\!]^{c;w,t,j}$ =

λp:$p \in D_{<s,<i,<e,t>>>}$. ASK(s(c*), a(c*), $\forall$<w', t', y>: <w', t', y> $\in$ BEST(dox, dubi, w, t, j) $\rightarrow$ p(w')(t')(y)(x)) & y = a(c*), 단 a(c*) $\leq_{social\text{-}relation}$ s(c*) & s(c*)와 a(c*)는 격식을 차리는 사회적 관계임.

'자문의 의문형어미'라고 지칭한 '-나^2'와 '-을까'는 사회적 관계, 문어적 맥락에 관한 정보를 갖지 않고, 양상 의미 형식만을 가진다. 이 점은 이들이 보문에 실현되는 경우에도 마찬가지이다. 이 두 의문형어미의 의미 차이는 지적하기 어려우므로 현재로서는 동일한 형식으로 두기로 한다.

(15) $[\![$ -나^2 $]\!]^{c;w,t,j}$ =

$\lambda p_{<s,<i,<e,t>>>}$. [$\forall$<w',t',x>: <w',t',x>$\in$BEST(dox, dubi, w, t, j) $\rightarrow$ p(w')(t')(x)) & x = s(c*)]

(16) $[\![$ -을까^1 $]\!]^{c;w,t,j}$ =

$\lambda p_{<s,<i,<e,t>>>}$. [$\forall$<w',t',x>: <w',t',x>$\in$BEST(dox, dubi, w, t, j) $\rightarrow$ p(w')(t')(x)) & x = s(c*)]

이 두 의미 정의는 앞에서 제시한 의미 정의를 수정하지 않고 가져온 것이다.

겹쳐진 양상 구조를 나타내는 '-을까'와 '-을래'와 '-지'의 의미 정의를 다시 제시한다.[688]

(17) $[\![$ -을까^2 $]\!]^{c*;w,t,j}$ =

[λp: $p \in D_{<s,<i,<e,t>>>}$. $\forall$<w',t',x>: <w',t',x> $\in$ BEST(dox, dubi, w, t, j) $\rightarrow$

($\forall$<w'',t'',x'> : <w'',t'',x'>$\in$ BEST(intend, stereo, w', t', x) $\rightarrow$

688) '-지^1'은 '질문 억양'을 수반하는 독립된 어휘항목으로서 서술형, 명령형, 청유형, 약속형의 '-지'와는 동음이의적 요소로 설정한다.

$p(w'')(t'')(x'))) \ \&\ j = s(c^*) \ \&\ x = x' = a(c^*)] = 1$

(18) $[\![\text{-을래}^2]\!]^{c^*;w,t,j} =$

$[\lambda p\colon p \in D_{<s,<i,<e,t>>>}.\ ASK(s(c^*),\ a(c^*),\ \forall <w',t',x>\colon <w',t',x> \in BEST(dox, dubi, w, t, j) \rightarrow (\forall <w'',t'',x'> : <w'',t'',x'> \in BEST(intend, stereo, w', t', x) \rightarrow p(w'')(t'')(x'))) \ \&\ j = s(c^*) \ \&\ x = x' = a(c^*)] = 1,$

단 & $s(c^*)$와 $a(c^*)$가 극히 친근한 사회적 관계임

(19) $[\![\text{-지}^1]\!]^{c^*;w,t,j} =$

$[\lambda p\colon p \in D_{<s,<i,<e,t>>>}.\ ASK(s(c^*),\ a(c^*),\ \forall <w',t',x>\colon <w',t',x> \in BEST(dox, dubi, w, t, j) \rightarrow (\forall <w'',t'',x'> : <w'',t'',x'> \in BEST(epist, stereo, w', t', x) \rightarrow p(w'')(t'')(x'))) \ \&\ j = s(c^*) \ \&\ x = x' = a(c^*)] = 1,$

단 & $s(c^*)$와 $a(c^*)$가 친근한 사회적 관계임.

역시 겹쳐진 양상 구조를 표현하는 '-더냐'의 의미 정의는 앞 절에서 제시한 것을 그대로 가져온다. '-던가'의 의미 정의는 '-더냐'와 거의 같으나, '-던가'는 상대적으로 격식을 차리는 화·청자 관계에서 사용되는 어미이다. '-데'와 '-습디까'의 의미 정의를 아울러 제시한다.

(20) $[\![\text{-더냐}]\!]^{c^*;w,t,j} =$

$[\lambda p\colon p \in D_{<s,<i,<e,t>>>}.\ ASK(s(c^*),\ a(c^*),\ \forall <w',t',x>\colon <w',t',x> \in BEST(dox, dubi, w, t, j) \rightarrow (\forall <w'',t'',x'> : <w'',t'',x'> \in BEST(epist, stereo, w', t', x) \rightarrow p(w'')(t'')(x')) \ \&\ t' < now \ \&\ j = s(c^*) \ \&\ x' = x = a(c^*)] = 1$, 단, 이 정의는 $x' = \alpha$인 p의 판단자 α가 존재하는 경우, α가 p와 관련된 직접 증거를 가져야만 성립된다 & $a(c^*) \leq_{social\text{-}relation} s(c^*)$.

(21) $[\![\text{-던가}^1]\!]^{c^*;w,t,j} =$

$[\lambda p\colon p \in D_{<s,<i,<e,t>>>}.\ ASK(s(c^*),\ a(c^*),\ \forall <w',t',x>\colon <w',t',x> \in BEST(dox, dubi, w, t, j) \rightarrow (\forall <w'',t'',x'> : <w'',t'',x'> \in BEST(epist, stereo, w', t', x) \rightarrow p(w'')(t'')(x'))) \ \&\ t' < now \ \&\ j = s(c^*) \ \&\ x' = x = a(c^*)] = 1$, 단, 이 정의는 $x' = \alpha$인 p의 판단자 α가 존재하는 경우, α가 p와 관련된 직접 증거를 가져야만 성립된다 & $a(c^*) \leq_{social\text{-}relation} s(c^*)$ & $s(c^*)$와 $a(c^*)$는 격식을 차리는 사회적 관계임.

(22) $[\![\text{-데}]\!]^{c^*;w,t,j} =$

$[\lambda p\colon p \in D_{<s,<i,<e,t>>>}.\ ASK(s(c^*),\ a(c^*),\ \forall <w',t',x>\colon <w',t',x> \in BEST(dox, dubi, w, t, j) \rightarrow (\forall <w'',t'',x'> : <w'',t'',x'> \in BEST(epist, stereo, w', t', x) \rightarrow p(w'')(t'')(x')) \ \&\ t' < now \ \&\ j = s(c^*) \ \&\ x' = x = a(c^*)] = 1$, 단, 이 정의는 $x' = \alpha$인 p의 판단자 α가 존재하는 경우, α가 p와 관련된 직접 증거를 가져야만 성립된다 & $a(c^*)$

$\leq_{\text{social-relation}}$ s(c*) & s(c*)와 a(c*)는 친근한 사회적 관계임.

(23) ⟦-습디까⟧$^{c^*;w,t,j}$ =

[λp: $p \in D_{<s,<i,<e,t>>>}$. ASK(s(c*), a(c*), ∀<w',t',x>: <w',t',x>∈BEST(dox, dubi, w, t, j) → (∀<w",t",x'> : <w",t",x'>∈ BEST(epist, stereo, w', t', x) → p(w")(t")(x')) & t'< now & j = s(c*) & x' = x = a(c*)] = 1, 단, 이 정의는 x' = α인 p의 판단자 α가 존재하는 경우, α가 p와 관련된 직접 증거를 가져야만 성립된다 & s(c*) $\leq_{\text{social-relation}}$ a(c*) & s(c*)와 a(c*)는 격식을 차리는 사회적 관계임.

9.4.2절에서는 복합 어미 '-느냐고'가 보문 구조의 의문 구문을 형성하는 적극적 기능을 가진다고 기술한 바 있다. 특히 주절 동사의 의미적 부류를 선택하는 기능에 주목하였다. 그와 같은 복합 어미로 '-더냐고'를 추가해야 한다. '-더냐고'는 '-더냐'가 가지는 겹쳐진 양상 구조를 그대로 표현하므로 더욱 복잡한 형식을 취한다.

(24) ⟦-느냐고⟧$^{c;w,t,j}$ =

[λp: $p \in D_{<s,<i,et>>}$. $\lambda f_{<<s,<i,et>>,eet>}$: f는 인용동사 '$\text{CITE}_{+\text{의문}}$'을 포함할 것.
$\lambda x_e.\lambda y_e$.∀<w', t', j'>: <w', t', j'> ∈ BEST(dox, dubi, w, t, j) →
f(p(w')(t')(j'))(x)(y) & j' = a(c) & j = s(c)] = 1

(25) ⟦-더냐고⟧$^{c;w,t,j}$ =

[λp: $p \in D_{<s,<i,et>>}$. $\lambda f_{<<s,<i,et>>,eet>}$: f는 인용동사 '$\text{CITE}_{+\text{의문}}$'을 포함할 것.
$\lambda x_e.\lambda y_e$.∀<w',t',j' >: <w',t',j' >∈BEST(dox, dubi, w, t, j) →
(∀<w",t",j">: <w",t",j"> ∈ BEST(epist, stereo, w', t', j') →
f(p(w")(t")(j"))(x)(y)) & j' = a(c) & j = s(c)] = 1, 단, 이 정의는 j" = α인 p의 판단자 α가 존재하는 경우, α가 p와 관련된 직접 증거를 가져야만 성립된다.

의문형어미들도 명령/청유/약속 어미들처럼 양상의 의미구조를 가지는 특징이 있다. 의문형어미 각각의 차이는 화자와 청자의 사회적 관계와 맥락의 특성에 대한 명세화를 통하여 나타내었다.

9.9. 의문문에 대한 다른 해석 방안들 1: 의문문은 명제들의 집합

영어의 의문 구문에 대한 완성된 기술 방안을 제시한 연구로 Karttunen (1977)과

Groenendijk & Stokhof(1984)이 있다. 이들은 의문문의 의미가 대답 명제들의 집합이라는 점을 기본 아이디어로 가진다. 이 두 이론을 자세히 검토하기로 한다. Karttunen (1977)의 이론을 한국어 의문문 기술에 전반적으로 적용한 연구 이익환(1979)을 아울러 요약·논평함으로써 그 이론의 적부를 구체적으로 파악해 보려고 한다.

9.9.1. Karttunen(1977)의 의문문 해석

Karttunen(1977)은 의문문이 대답 명제들의 집합이라는 햄블린(Hamblin 1973)의 아이디어를 발전시키고자 하였는데, 햄블린과는 달리 의문문을 참인 대답 명제들의 집합으로 정의하였다. 그의 이론에 따른, "Did Mary arrive?"와 같은 여부의문문(Yes/No question)의 의미 합성 절차는 대략 다음과 같다.[689] 다음 절차는 몬태규 문법의 기술 방식으로 설정된 '여부의문문 규칙'을 적용한 것이다.

(1) "Did Mary arrive?"의 의미 합성

⟦ whether ⟧ (⟦ ? ⟧ (⟦ Mary arrived ⟧))

⟦ whether ⟧ ⟦ ? ⟧ (⟦ Mary arrived ⟧)

⟦ ? ⟧ ⟦ Mary arrived ⟧

여부의문문의 의미 합성 절차는 첫째로 '원형질문(proto-question)'을 형성하는 일로 시작된다. 그의 원형질문 규칙은 (2)와 같다. Heim & Kratzer(1998)의 표기 형식으로 나타내면, 통사구조의 추상적 어휘항목으로 설정된 '?'의 정의는 (3가)와 같고, 명제에 이를 적용하면 (3나)의 마지막 줄의 형식, 즉 참인 명제의 한원소집합(singleton set)이 얻어진다.[690]

(2) 원형질문 규칙(PQ): '?Φ'는 $\lambda p. [{}^{\vee}p \wedge p = {}^{\wedge}\Phi]$로 번역된다.

(3) 가. ⟦ ? ⟧ = $\lambda p.\{p\}$

나. ⟦ ? ⟧ (⟦ Mary arrived ⟧)

689) 9.9.1절의 Karttunen(1977)의 의문문 해석 이론과 9.9.3절의 Groenendijk & Stokhof(1984)의 의문문 해석 이론에 대한 서술은 Guerzoni(2003)의 설명에 바탕을 둔 것이다. 그는 Heim & Kratzer(1998)의 의미 표기 방식을 이용하여 위 두 이론을 요약·논평하고 있다.

690) (2)에서 '$^{\vee}$p'는 명제 p가 참임을 명시한다.

$= [\lambda p.\{p\}](1 \text{ iff Mary arrived})$
$= \{\lambda w.[\text{Mary arrived in } w] = 1\}$

여부의문문의 의미는 여기에 추상적 형식 'whether'가 적용되어 얻어진다. (4가)는 'whether'의 의미 정의이고, (4나)는 이를 (3나)에 적용한 것이다. 즉, 참인 명제와 거짓인 명제의 집합이 도출되는데, 이것이 여부의문문 "Did Mary arrive?"의 의미이다.

(4) 가. $[\![\text{whether}]\!] =$
$\lambda Q_{<st,t>}.\{p: p \in Q \text{ or } \neg p \in Q\}$ (for every p, $\neg p = \lambda w.\ p(w) = 0$)
나. $[\![\text{Did Mary arrive?}]\!]$
$= [\![\text{whether}]\!]([\![?]\!]([\![\text{Mary arrived}]\!]))$
$= [\lambda Q_{<st,t>}.\{p: p \in Q \text{ or } \neg p \in Q\}](\{\lambda w.[\text{Mary arrived in } w] = 1\})$
$= \{\lambda w.[\text{Mary arrived in } w] = 1, \lambda w.[\text{Mary arrived in } w] = 0\}$

이러한 해석 과정에서 적용되는 독립된 규칙으로 '여부의문문 규칙(YNQ: Yes/No question rule)'을 설정하고 있다. 여부의문문 외에 'whether Mary arrived', 'whether or not Mary arrived', 'whether Mary arrived or not'과 같은 형식의 영어 의문절도 이 규칙에 따라 해석된다.

"Did Mary arrive?"와 같은 의문문의 해석을 위해서는 (2)의 규칙을 적용하는 것만으로 충분하지 않다. (4가)와 같은 정의가 더 필요하다. 그 이유는, (3나)의 도출된 의미 형식 자체는 의문문의 의미에 관한 카투넨의 기본 정의 '가능한 대답 명제들의 집합'에 부합되지 않기 때문이다. 기대되는 이 여부의문문의 의미는 (3나)가 아니라 (3나)'과 같은 것이다.

(3)' 나. $\{\lambda w.\ [\text{Mary arrived in } w] = 1, \lambda w.\ \neg[\text{Mary arrived in } w] = 1\}$

여부의문문이 이와 같은 의미 형식을 가진다는 점은 필자도 동의한다. 그러나 의미론의 영역에서 이러한 형식을 도출하기 위해서는 이와 유사한 구문 특정적 규칙들을 동원할 수밖에 없다. 앞에서 제시한 필자의 방안은 (3)'와 같은 의미 형식이 담화화용론적 추론규칙에 따라 얻어진다고 보는 것이다.

카투넨의 구문 특정적 규칙의 예는 이것으로 끝나지 않는다. 내포절로 쓰이는

'whether Mary cooks or John eats out'과 같은 예의 해석을 위해서는 선택지의문문 규칙(AQ: Alternative question rule)이라는 새로운 규칙을 설정한다. (6가)의 통사적 구성성분은 (6나)로 번역되고, 이는 다시 (6다), (6라)의 형식으로 도출된다. 여기에서의 'whether'는 여부의문문을 형성하는 위 (4가)의 'whether'와는 다른 것이다.

(5) 선택지의문문 규칙(AQ: Alternative question rule)
'Ψ'가 여부의문문 '?Φ' 형식의 원형질문일 때 'whether Φ_1 or Φ_2, . . . or Φ_n' 형식의 통사적 구성성분은 '$\lambda p.[\Psi'_1(p) \vee \Psi'_2(p), . . . \vee \Psi'_n(p)]$'로 번역된다.

(6) 가. whether Mary cooks or John eats out
나. $\lambda p. [\lambda p. [{}^{\vee}p \wedge p = {}^{\wedge}\Phi](\lambda w. [\text{Mary cook in w}]) \vee \lambda p. [{}^{\vee}p \wedge p = {}^{\wedge}\Phi](\lambda w. [\text{John eats out in w}])]$
다. $\lambda p.[[\lambda w.[\text{Mary cook in w}]=1 \wedge p = \lambda w.[\text{Mary cook in w}]] \vee [\lambda w.[\text{John eats out in w}]=1 \wedge p = \lambda w.[\text{John eats out in w}]]]$
라. $\{\lambda w.[\text{Mary cook in w}], \lambda w.[\text{John eats out in w}]\}$

의문사를 존재 양화사로 번역하는 것이 Karttunen(1977)의 주요 주장이다. "Which student came?"과 같은 의문사의문문의 의미 합성을 위해서는 'Which student'를 존재 양화사 구의 의미로 번역하는 '의문사 구 규칙(WHP)'과, 이를 몬태규 문법 특유의 '내부 양화(Quantifying In)'의 방식으로 문장의 나머지 부분의 의미와 합성하는 '의문사 양화 규칙(WHQ)'이 필요하다. 이 경우 역시 Heim & Kratzer(1998)의 표기 형식으로 나타내고, 내부 양화의 방식 대신 논리형태 이동의 결과로 도출된 통사구조(LF)를 바탕으로, 제1장의 '③ 술어추상규칙(PA)'을 활용한 의미 합성 과정을 보이기로 한다.[691]

(7) 가. ⟦which student⟧ = $\lambda Q_{<e,<st,t>>}.\{p: \exists x[\text{student}(x) \ \& \ p \in Q(x)]\}$
나. "Which student came?"의 의미 합성

$\{p: \exists y[\text{student}(y) \ \& \ p \in [\lambda x.\{\text{that x came}\}](y)]\}$
$= \{p: \exists y[\text{student}(y) \ \& \ p \in \{\text{that y came}\}]\}$

$[\text{which student}]_1$ $\lambda x.\{\text{that x came}\}$

1 $\{\text{that g(1) came}\}$

691) 9.2절에서는 LF-이동을 바탕으로 하는 Heim & Kratzer(1998) 방식의 해석 방법을 비판한 바 있다.

$$? \quad [\![t_1 \text{ came}]\!]^{g,w} = 1 \text{ iff } g(1) \text{ came}$$

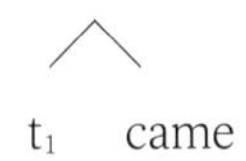

즉, 의문사의문문 "Which student came?"의 의미는 '{p: ∃y[student(y) & p∈{that y came}}'와 같다. 이는 담화상의 영역에 있는 학생인 개인들 중의 일부를 하나씩 y에 대입한 'that y came' 형식의 명제들의 집합이 된다.

마지막으로, 의문절이 명제태도 동사의 보충어로 내포되는 구문의 해석을 위한 규칙으로 의문절 내포문 규칙(QE: Question embedding rule)이 설정되었다. 이 규칙은 (8가)를 (8나)로 바꾼다.692)

(8) 가. Bill knows whether John walks.
나. $know'(^\wedge b, ^\wedge\lambda p. [^\vee p \ \& \ [p = ^\wedge walk'^*(j) \ \vee \ p = ^\wedge\neg walk'^*(j)]]$

의문문의 해석을 다수의 구문 특정적 규칙들을 동원하여 실행하는 것은 몬태규 문법의 이론 체계가 가지는 근본적인 문제점이다. 동일한 문제점을, 카투넨의 이론을 한국어에 적용한 이익환(1979)나, 몬태규 문법의 이론 체계에 입각하여 또 다른 해석 체계를 구현한 Groenendijk & Stokhof(1984)에서도 확인할 수 있다.

9.9.2. 이익환(1979): 한국어에 적용된 카투넨의 의문문 이론

Karttunen(1977)의 의문문 이론을 한국어 의문문 현상에 충실하게 적용한 연구로 이익환(1979)이 있다. 한국어 의문문의 다양한 유형마다 구문 특정적인 통사 규칙, 의미 규칙들을 설정하고 있으므로 이들 규칙의 형식을 하나하나 검토하는 것이 Karttunen (1977)의 이론의 의의를 분명히 하는 데에도, 이들과 다른 필자의 방안의 특징을 정확히 제시하는 데에도 도움이 될 것이다.693)

(9) 가. 원형질문 규칙(proto-question rule)

---

692) 필자는 명제태도 동사인 영어의 'know'와 한국어의 '알다'를 인식 양상 요소로 기술한다.

693) 표현 'φ'에 위첨자 'e'를 붙인 'ϕ^e'는 그것의 외연 의미(extension) 표현임을 나타내고, 'i'를 붙인 'ϕ^i'는 상례적 함축 의미(conventional implicature) 표현임을 나타낸다. 상례적 함축 의미는 표준적 형식의미론(cf. Heim & Kratzer 1998)에서 전제 의미에 상당하는 것이다. 'h'는 계승 의미 표현(heritage expression)으로서 전제 의미의 계승에 관한 정보를 나타낸다.

원형질문 α는 '-다'로 끝나는 서술문에서 '-다'를 'Q'로 바꾸어서 형성한 형식이며, α는 $<\lambda p. [{}^{\vee}p \wedge p = {}^{\wedge}\phi^{e}]; \lambda p. \phi^{i}>$. h: $\lambda p. p = p$로 번역된다.

나. 이접의문문 규칙(disjunctive question rule)

'α_1 혹은 α_2,..., 혹은 α_n'('혹은'은 수의적) 형식의 통사적 구성성분은 $<\lambda p. [\alpha_1{}^{e}(p) \vee \alpha_2{}^{e}(p) \vee ,..., \vee \alpha_n{}^{e}(p)]; \lambda p. [\exists q \forall r [[\alpha_1{}^{e}(r) \vee \alpha_2{}^{e}(r) \vee ,..., \vee \alpha_n{}^{e}(r)] \leftrightarrow r = q] \wedge \exists q[\alpha_1{}^{e}(q) \vee \alpha_2{}^{e}(q) \vee ,..., \vee \alpha_n{}^{e}(q)]>$로 번역된다.

다. 여부의문문 규칙(Yes/No question rule)

β가 α의 부정형이고 α가 'K_n' 형식의 대용형(pro-form)을 포함하지 않을 때 다음 (i)-(vi)의 어떤 형식의 통사적 구성성분이라도 $<\lambda p. [\alpha^{e}(p) \vee \beta^{e}(p)]; \alpha^{i}>$. h: $\lambda p. p = p$로 번역된다(조건: (a) β가 α의 문장 부정이면 $\alpha^{e}: \lambda p. [{}^{\vee}p \wedge p = {}^{\wedge}(\phi^{e})]$이고 $\beta^{e}: \lambda p. [{}^{\vee}p \wedge p = {}^{\wedge}(\phi^{e})]$임 (b) β가 α의 동사 부정이면 $\alpha^{e}: \lambda p. [{}^{\vee}p \wedge p = {}^{\wedge}\{P\}]$이고 $\beta^{e}: \lambda p. [{}^{\vee}p \wedge p = {}^{\wedge}\{{}^{\wedge}\lambda x. \neg P\{x\}\}]$임).

(i) α 혹은 β

(ii) α 혹은 β'(β'은 (i)의 β에서 '주어'나 '주어+목적격표지'나 '주어+목적격표지+동사' 중 어느 하나가 삭제된 형식임; 부정소 '아니'와 Q는 이 세 형식 중 어느 것에서도 삭제될 수 없음)

(iii) α (β가 완전 삭제된 형식)

(iv) β (α가 완전 삭제된 형식)

(v) β가 문장 부정형 '[[S] 아니]'이면 위 (ii)의 셋 중 하나가 삭제된 데에 더하여 여기의 'S'가 삭제될 수 있다.

(vi) 'β 혹은 α'의 어순이면, α 안의 '마지막 동사+Q'는 α가 전체적으로 삭제되지 않는 한 삭제될 수 없다.

라. 간접의문문(=의문절) 형성 규칙(indirect question formation)

Q를 가지는 의문절의 형식 ф에서 Q를 간접의문문 표지 '-지'로 바꾸어 ф' 를 형성한다. ф'의 의미는 ф와 동일하다(동일성 함수가 적용된 것이다).

마. 의문사 구 규칙(question word phrase rule)

보통명사(구) α 앞에 의문 형용사 '어느', '무슨'을 결합하여 β를 형성한다. β는 다음 형식으로 번역된다.

$<\lambda p. \exists x[\alpha^{e}(x) \wedge P\{x\}]; \lambda p. \exists x[\alpha^{e}(x) \wedge \alpha^{i}(x) \wedge P\{x\}]>$. h: 외연 표현과 동일.

바. 의문사 양화 규칙(question word quantification rule)

α는 의문사 구이고 의문문/의문절 ф가 대용형 K_n의 한 실현형을 포함하면 의문사 구를 포함하는 의문문/의문절 ф'은 다음과 같이 형성된다.

(i) ф 내의 K_n의 첫째 실현형을 α로 대체한다.

(ii) ф 내의 K_n의 다음 실현형들을 '자기'로 대체하거나, 수의적으로 삭제한다. 삭제될

경우, 동반하는 조사도 따라서 삭제된다.

(iii) 이 절차를 반복할 수 있다.

φ'은 다음 형식으로 변역된다.

$<\lambda p.\ [\alpha^e(^\wedge\lambda x_n.\ \phi^e(p))];\ \lambda p.\ [\alpha^i(^\wedge\lambda x_n.\ \phi^e(p)) \wedge \alpha^h(^\wedge\lambda x_n.\ \phi^i(p))>$

사. 간접의문문 내포 규칙(indirect question embedding rule)

a. α가 의문절이고 β가 의문절 내포 동사이면 동사구 'α-를 β'는 다음 형식으로 번역된다.

$<\lambda x.\ [\beta^e(^\wedge\alpha^e)](x);\ \lambda x.\ [\beta^i(^\wedge\alpha^e)(x)\ \wedge \beta^h(^\wedge\alpha^i)(x)]>.$ h: $\lambda x.\ x = x$

b. α가 주어인 의문절이고 β가 동사/동사구이면 문장 'α(-가) β'는 다음 형식으로 번역된다.

$<\beta^e(^\wedge\alpha^e);\ \beta^i(^\wedge\alpha^e) \wedge \beta^h(^\wedge\alpha^i)>.$ h: $p = p$

아. 직접의문문 규칙(direct question rule)

a. α가 의문절이면 '나-가 너-에게 [α]-를 묻-는-다' 형식의 수행문이 형성되고, 이 수행문은 다음 형식으로 번역된다.

$ask^e(I,\ You,\ ^\wedge\alpha^e)$

b. α가 위 (a)에 의해 형성된 수행문이면, β는 다음 절차에 따라 형성되고, 'α^{e}'로 번역된다.

(i) 수행문의 주절 성분들을 삭제한다.

(ii) '-지'를 '-야'로 바꾼다.

자. 여부반어의문문 규칙(rhetorical Yes/No question rule)

α가 (9가)에 의해 형성된 원형질문이면 여부반어의문문 β는 다음 절차에 따라 형성된다.

(i) α가 부정문이면 β는 긍정문으로, α가 긍정문이면 β는 부정문으로 바뀐다.

(ii) 'Q'를 '-야'로 대체한다.

α가 $<\lambda p.\ [^\vee p \wedge p = {}^\wedge\phi^e];\ \lambda p.\ \phi^i>$로 번역될 때 β는 $<\lambda p.\ [^\vee p \wedge\ p = {}^\wedge\neg\phi^e];$ $\lambda p.\ [\alpha^e(p) \wedge \alpha^i(p)]>$로 번역된다.

차. 의문사반어의문문 규칙(rhetorical search question rule)

α가 (9바)에 의해 형성된 의문문/의문절이면 의문사반어의문문 β는 다음 절차에 따라 형성된다.

(i) α가 부정문이면 β는 긍정문으로, α가 긍정문이면 β는 부정문으로 바뀐다.

(ii) 'Q'를 '-야'로 대체한다.

α가 $<\lambda p.\ \gamma^e(^\wedge\lambda x_n.\ \delta^e(p));\ \lambda p.\ [\gamma^i(^\wedge\lambda x_n.\ \delta^e(p)\ \wedge\ \gamma^h(^\wedge\lambda x_n.\ \delta^i(p)))>$로 번역될 때(여기에서 γ는 의문사, δ는 (9가)에 의한 원형질문), β는

$<\lambda p.\ \gamma^e(^\wedge\lambda x_n.\ [\lambda p.\ [^\vee p\ \wedge\ p\ =\ ^\wedge\neg\phi^e](p)];\ \lambda p.\ [\forall x[[person^e(x)\ \wedge$

$person^{i}(x)] \rightarrow P\{x\}](^\lambda x_n.\ \phi^{e}) \wedge \phi^{i}]>$로 번역된다.

위 규칙들은 하나하나가 몬태규 문법에서 흔히 보는 바와 같은 구문 특정적 규칙들이고, 그 규칙의 형식은 예외 없이 임시방편적 형식이다. 단적인 예는 (9다)의 여부의문문 규칙이다. 이것을 한국어 여부의문문의 통사구조-의미구조 대응에 관한 언어학적 일반화라고 인정할 수는 없다.

이상의 통사·의미적 의미 합성 규칙들을 실행하기 위해서는 구체적인 통사구조가 주어져야 한다. 이익환(1979)에서 배경으로 삼는 통사 이론은 기저 통사구조가 의미구조를 겸하는 생성의미론적 방식의 통사 이론이다. 통사적 처리상의 주요 가정들은 다음과 같다.

(10) 가. 의문문은 기저 통사구조에 Q-형태소를 가진다. 한국어의 경우 이는 오른쪽 끝에 설치되는데, 이 Q는 직접인용문의 경우 '-야'로, 간접인용절의 경우 '-지, -가'로, 변형에 의해 실현된다(200쪽). '-나, -니, -냐'는 '-는- 야'의 방언적, 회화적 변이형이고, '-까'는 '-읍니-' 뒤에 실현되는 '-야'의 존칭형이다. 간접인용절에서 '-는-' 뒤의 '-지'와 '-가'는 자유변이형이다. (181-198쪽)

나. 의문사의문문 형성 과정의 'wh' 삽입 변형 규칙:

$[_S$ X some + N Y] Q(i)

1 2 3 4 ⇒ 1 wh+2 3 4

(10가)에서 드러나는 형태통사론적 주장들이 근본적으로 오류라는 점은 앞에서 도 지적한 바 있다. (10나)의 입력 부분의 구조는 생성의미론에서 말하는, 의미구조를 겸하는 기저 통사구조의 부분이다. 그러나 이는 의문사의 의미를 충분히 명시적으로 나타내지 못하고 있다는 점에서 타당한 의미구조라고 할 수 없고, 이를 바탕으로 모든 의문사 구의 통사적 형식을 도출할 수 없다는 점에서 타당한 통사구조라고 할 수도 없다. 이익환(1979)의 문제점들을 세 가지만 더 나열해 보기로 한다.

첫째, 이익환(1979)의 '간접의문절'은 '-는지/느냐/는가'에 이끌리는 절일 뿐이다.[694] '-느냐고'에 이끌리는 의문절, 그 간접인용문에 대한 기술이 없다. 그는 다음 두 구문 중 후자, 즉 (12)과 같은 구문만 의문절을 내포하는 예로 다루었다.

694) '-는지/느냐/는가'를 '-는-'과 '-지/냐/가'의 결합으로 잘못 분석하였다는 점은 이미 지적하였다.

(11) 철수는 비가 오느냐고 물었다.
(12) 가. 철수는 비가 오는지를 물었다.
　　나. 철수는 비가 오는가를 물었다.
　　다. 철수는 비가 오느냐를 물었다.

(13)의 '하다'는 (14)처럼 '묻다'의 의미로 해석되는데, 이는 복합 어미 '-느냐고'가 주절 동사에 대한 선택제약을 가한다고 가정해야 원활히 설명할 수 있다. 그러나 '-는지/느냐/는가'는 그와 같은 특성을 갖지 않는다.

(13) 철수는 비가 오느냐고 했다.
(14) 철수는 비가 오느냐고 물었다.

제8장에서는 의도 양상의 간접인용절 어미들 '-으라고', '-자고', '-으마고'가 동사 의미에 대한 선택제약을 가지는 것으로 규정함으로써 유사한 의미 현상을 설명한 바 있다. 이렇게 한국어 의문절은 의문절 어미의 성질에 따라 뚜렷이 다른 의미 합성의 방식을 보이는 것이다. 몬태규 문법의 기술 형식을 따르는 이익환(1979)의 체계에서 어미에 따른 이러한 의미 합성 방식의 차이를 설명할 수 있을 것인지는 회의적이다.

둘째, 직접의문문의 예로 '-느냐' 문장을 들고 있다. 직접의문문의 '-느냐'는 구어 표현으로 쓰이지 못하고 글에서만 쓰일 수 있는 것으로, 이를 직접인용문의 대표적 형식으로 다루는 것은 타당하지 않다. '-느냐'는 극 중의 맥락이나 이야기 속의 맥락, 또는 일반화해서, 글을 통한 의사소통 맥락에서나 쓰일 수 있는 표현이다.[695]

셋째, 자문의 의문형어미라고 지칭한 '-나', '-을까'는 청자에게 대답을 요구하지 않는 의문 구문을 형성한다. Karttunen(1977)의 이론이나, 이를 따르는 이익환(1979)의 이론에서는 이들 문장에 대한 기술, 이들 의문형어미와 다른 의문형어미의 차이를 적합하게 설명하는 일이 가능해 보이지 않는다.

이 책에서 가정하는 의문사의문문의 통사구조는 구체적인 어휘항목 '누구', '무엇', '어떤'이 특별한 구문 특정적 기호들을 갖지 않고 나타나는 형식이다. 이러한 '표면구조'와 가까운 통사구조를 바탕으로 그 의미구조를 이끌어내는 것이 가능하다는 점을 이제까지의 논의를 통하여 확인한 것이다.

695) 가령, 친한 친구에게 (a)와 같이 묻는 것은 서울 지방의 말로는 매우 부적격하다. (b)가 적격한 형식이다.
　a. ??너 도서관에 가느냐?
　b. 너 도서관에 가니?/너 도서관에 가냐?

9.9.3. Groenendijk & Stokhof(1984)의 의문문 해석

Groenendijk & Stokhof(1984)에서는 의문문이 타입 <s,<s,t>>의 '명제 개념'이라고 정의한다. 명제 개념은 '분할집합(partition)'을 뜻한다고 한다. 이것은 가능한 대답 명제들의 집합이되, 이 대답 명제들이 참이 되는 세계들의 집합이 그 부분집합이며, 이 부분집합들이 서로 교집합을 갖지 않는, 그러한 상위집합이다. Heim & Kratzer(1998)의 표기 형식으로 나타낸 여부 의문문, 의문사의문문의 의미 합성 절차는 다음과 같다. 'whether'에 상응하는 의문문 형성의 요소를 '?'로 나타내기로 한다.

(15) ⟦ ? ⟧ = λp.λw.λw': w,w'∈W. p(w) = p(w')

(16) "Did Mary come?"의 의미 합성

가. ⟦ ? ⟧ (⟦ Mary came ⟧): λw.λw'. [Mary came in w] = [Mary came in w']

?
Mary came

나. λw.λw'. [Mary came in w] = [Mary came in w']

(17) "Who came?"의 의미 합성

가. ⟦ ? ⟧ (λx. x is a person & x came in w)

? λx. x is a person & x came

who came
λx. x is a person λx. x came

나. ⟦ ? ⟧ (λx. x is a person & x came in w) =
λw.λw'. [λx. x is a person & x came in w] = [λx. x is a person & x came in w']

(18) "Which student came?"의 의미 합성

가. ⟦ ? ⟧ (λx. x is a student & x came in w)

? λx. x is a student & x came

which student   came

λx. x is a student λx. x came

나. ⟦ ? ⟧ (λx. x is a student & x came in w) =

λw.λw'. [λx. x is a student & x came in w] = [λx. x is a student & x came in w']

(19) "Which student read which book?"의 의미 합성

가. ⟦ ? ⟧ (λx. λy. student(x) & book(y) & read(x,y))

? λx. λy. student(x) & book(y) & read(x,y)

which student λx. λy. & book(y) & read(x,y)

read   which book

나. ⟦ ? ⟧ (λx. λy. student(x) & book(y) & read(x,y)) =

λw.λw'. [λx. λy. student(x) & book(y) & read(x,y) in w] =

[λx. λy. student(x) & book(y) & read(x,y) in w']

가령, 담화상의 영역에 'John'과 'Bill'의 두 개인만이 있다고 가정할 때, 의문사의문문 (17)의 절차에 의해 도출된 의미 형식 (20가)는 (20나)의 분할집합과 동일한 의미라고 한다. 각각의 칸(cell)은 해당 명제들이 성립하는 가능세계들의 집합이고, 이는 다시 W의 부분집합이다. 이 부분집합들은 서로 교집합을 갖지 않는다. 이렇게 한정된, 이 부분집합들의 상위 집합이 분할집합이다.

(20) 가. λw.λw'. [λx. x is a person and x came in w] =

[λx. x is a person and x came in w']

나. "Who came?"의 내포의미가 나타내는 분할집합:

{w: Both John and Bill came in w}
{w: Only John came in w}
{w: Only Bill came in w}
{w: No one came in w}

W

여부의문문의 예와 그 분할집합은 다음과 같다. 이는 'Mary came.'이 성립하는 세계

들의 집합과 'Mary did not come.'이 성립하는 세계들의 집합을 두 칸(cell)으로 가지는 분할집합이다.

(21) "Did Mary come?"의 내포의미가 나타내는 분할집합:

$\lambda w.\ \lambda w'.\ [\text{Mary came in } w] = [\text{Mary came in } w'] \equiv$

{w: Mary came in w}	
{w: Mary did not come in w]}	W

Groenendijk & Stokhof(1984)는 몬태규 문법의 이론 체계 하에서 위와 같은 절차를 구현한다. 이들은 의문문이 그에 대응되는 서술문의 형식과 어떤 문법적 절차를 통해 연관된다고 보고 있다. 그 문법적 절차는 '추상(abstraction)'과 '의문문 형성'이다.[696]

'추상'은 서술문에서도 활용되는 절차이다. 'Who came?'은 '$[came'(w^*)\ (x)]$'으로부터 '추상'(즉 람다 추상 λ-abstraction)에 의해 '$\lambda x.[came'(w^*)\ (x)]$'으로 바뀐다($w^*$는 현실 세계).

'의문문 형성'은 '$\lambda x.[came'(w^*)(x)]$'와 같은 서술문의 형식을 'whether'에 상응하는 의미 작용에 따라 '$\lambda w'.[\lambda x.[came'(w)(x)] =$ '$\lambda x.[came'(w')\ (x)]]$'의 명제 형식으로 바꾼다. '의문문 형성'을 실행하는 구체적인 규칙의 예는 다음과 같다(Groenendijk & Stokhof 1982: 193).[697]

(22) (S: WHC*) If $\Phi \in P_t$, then *whether* $\boldsymbol{\Phi} \in P_{t'}$.

(T: WHC*) If $\Phi \Rightarrow \Phi'$, then *whether* $\boldsymbol{\Phi} \Rightarrow \lambda i[\Phi' = [\lambda a \Phi'](i)]$.

위의 통사규칙은 'whether Φ'를 t'이라는 새로운 범주로 바꾸고(Φ는 t 범주임), 아래의 번역규칙은 '$\lambda w'.[\Phi' = [\lambda a.\Phi'](w')]$' 형식으로 바꾸는 것이다.

몬태규 문법의 양화사 기술 방법의 특징은 '내부 양화(Quantifying-In)'를 활용하는 것이다. Groenendijk & Stokhof(1984)에서도 의문사 구문의 해석을 위해 이 방법을 사용하고 있다. 통사규칙과 의미규칙(번역규칙)을 일대일로 설정하는 범주문법의 체계 하에서, 보문인 의문절이나 직접의문문 내부에 설정된 추상적 대명사('he_n')에 의문사 구가 대입되면서, 그 대응되는 의미 형식에서는 절 단위를 영향권으로 가지는, 의문사 구에

696) '추상' 절차와 '의문문 형성' 절차는 생성 통사론의 통사적 과정도 아니고 생성 통사론의 통사구조에 적용되는 의미 해석의 과정도 아니라는 점을 주의해야 한다.

697) Groenendijk & Stokhof(1982)는 Groenendijk & Stokhof(1984)의 제2장으로 포함되어 있다.

대응되는 의미 형식이 'λx'의 형식으로 추가된다.

(23) 가. "Who sleeps?"의 통사구조:
[he_0 sleeps] ⇒ [$_{AB}$ Who [[$_{WHT}$] sleeps?]]
나. 그 의미 형식: λx.[x sleeps']
(24) 가. "Who loves whom?"의 통사구조:
[he_0 loves he_1] ⇒ [$_{AB}$ $whom_1$ [$_{AB}$ who_0 [[$_{WHT}$]$_0$ loves [$_{WHT}$]$_1$]]]
나. 그 의미 형식: λy.λx.[x loves' y]

람다 추상의 의미 형식과 대응되는 통사적 형식의 범주는 'AB'로 특성화된다. Groenendijk & Stokhof(1984)는 영어 의문사 구의 절이 'AB' 범주의 통사적 형식과 의미 형식을 형성하는 것을 설명하기 위하여, 통사규칙과 번역규칙을 한 쌍씩 가지는 4개의 규칙을 설정한다. 이 중 2개는 의문사 구가 전치 이동하는 경우를 포착하기 위한 것이고, 다른 2개는 이동하지 않는 경우를 위한 것이다.

'who', 'whom'을 가지는 의문문의 통사구조를 형성하는 통사규칙으로는 두 개가 있는데, 첫째 것은 다음과 같다.[698] 둘째 것, 즉 (S: AB3)은 뒤에 서술된다.

(25) (S: AB1) Φ가 t 범주의 통사적 형식이면 $F_{AB1,n}$(Φ)는 t///e 범주의 통사적 형식이다.
조건: Φ는 'he_n'의 (전치가능) 의문사-선행사의 한 개 이상의 실현을 포함해야 한다. 또, 이들이 두 개 이상일 때는 동일한 격이어야 한다.
$F_{AB1,n}$(Φ) = [$_{AB}$ [$_{WHT}$ who(c)] [$_t$ Φ']] : 여기에서 Φ'은 Φ로부터 다음 연산들을 실행하여 얻어진 통사적 형식이다.[699]
(i) c가 주격이면 Φ 안의 'he_n'의 첫째 실현을 공범주 [$_{WHT}$]로 바꾸고, 그 외의 격이면 제일 마지막 실현을 공범주 [$_{WHT}$]로 바꿈.
(ii) Φ 안의 'he_n'의 다른 전치가능 의문사-선행사의 실현들을 모두 삭제함. 즉 이들을 모두 공범주 [$_T$]로 바꿈.
(iii) Φ 안의 'he_n'의 다른 실현들, 즉 의문사-조응사의 실현들을 조응사 형식으로 바꿈.

698) (S: AB1), (S: AB3)은 'who', 'whom'을 가지는 통사구조를 형성하는 규칙이고, (S: AB2), (S: AB4)는 'which N'을 가지는 통사구조를 형성하는 규칙이다.
699) 'who(c)'는 c의 격 형식으로 실현된 의문사 단어를 나타낸다. 즉 'who(nom)'은 'who', 'who(acc)'는 'whom'과 같은 것이다. 또한, 주의할 점은, 'Φ''의 바(')는 통사구조 상의 한 통사적 형식을 구별하기 위해 사용된 반면, 't''의 바(')는 범주 t와 다른 범주를 구별하기 위해 사용되었다는 점이다.

(26) 전치가능 의문사-선행사의 정의:

'he_n'의 전치가능 의문사-선행사란 Φ 안의 'he_n'의 실현들 중 다음 조건을 만족하는 α를 가리킨다.

(i) Φ 안의 'he_n'의 다른 실현이 α를 성분통어하지 않는다.

(ii) 어떤 교점 A에 직접관할되는, A≠t인 t 교점이 있어서, 이것이 α를 관할 해서는 안 된다(α의 격이 주격 아니면서 A=t'-that인 경우에는 제외).[700]

(iii) α가 Φ 안에서 대등접속 구조 안에 실현되는 경우, 각각의 접속항 ψ 모두에 'he_n'의 의문사-선행사의 실현이 하나씩 있다.

'전치가능 의문사-선행사'의 예를 들어 보면 다음과 같다. 다음 예들은 위 통사규칙과 조건들에 따라 모두 설명된다. 밑줄 친 부분이 '전치가능 의문사-선행사'이다.

(27) 가. <u>he_0</u> walks

⇒ [$_{AB}$ Who [[$_{WHT}$] walks?]]

나. John loves <u>him_0</u>

⇒ [$_{AB}$ Whom [$_t$ does John love [$_{WHT}$] ?]]

다. <u>he_0</u> walks and <u>he_0</u> talks

⇒ [$_{AB}$ Who [$_t$ [$_{WHT}$] walks and [$_{WHT}$] talks?]]

라. <u>he_0</u> says [$_{t'}$ that [$_t$ John knows [who [[ ] walks]]]]

⇒ [$_{AB}$ Who [$_t$ [$_{WHT}$] says that John knows who [ ] walks?]]

(28) 가. <u>he_0</u> loves him_0self

⇒ [$_{AB}$ Who [$_t$ [$_{WHT}$] loves himself?]]

나. <u>he_0</u> says [$_{t'}$ that [$_t$ Mary loves him_0]]

⇒ [$_{AB}$ Who [$_t$ [$_{WHT}$] says that Mary loves him_0?]]

다. John says [$_{t'}$ that [$_t$ Mary loves <u>him_0</u>]]

⇒ [$_{AB}$ Whom [$_t$ does John say that Mary loves [$_{WHT}$] ?]]

라. the fact [$_{t'}$ that [$_t$ he is ill]] bothers <u>him_0</u>

⇒ [$_{AB}$ Whom [$_t$ does the fact that he is ill bothers [$_{WHT}$] ?]]

마. [$_t$ [$_t$ Mary loves <u>him_0</u>] [$_{t/t}$ if [$_t$ Suzy hates him_0]]]

⇒ [$_{AB}$ Whom [$_t$ does Mary love [$_{WHT}$] if Suzy hates him_0?]]

---

700) 이렇게 제외하는 이유는 다음과 같은 예가 가능하기 때문이다.

a. Whom does John say that Mary loves?

b. [whom [John says [that [Mary loves [$_{WHT}$]]]]]

c. John says [$_{t'}$ that [$_t$ Mary loves him_0]]

(27가-라)의 'he$_0$', 'him$_0$'가 전치가능 의문사-선행사이다. (27다)의 대등접속문에는 의문사-선행사가 두 개 실현되어 있다. (28가)의 'him$_0$self', (28나, 마)의 'him$_0$'는 의문사-조응사이다. 동일한 지표를 가지는 의문사-선행사 실현과 의문사-조응사 실현은 그 수가 몇 개이든 한 의문사의 실현이라는 것이 Groenendijk & Stokhof(1984) 이론의 실행상의 주요 아이디어이다.

위 통사규칙 (S: AB1)과 연관되는 번역규칙 (T: AB1)은 다음과 같다.

(29) (T: AB1) Φ가 Φ'으로 번역되면 $F_{AB1,n}(\Phi)$는 $\lambda x_n(\Phi')$으로 번역된다.

'[which 명사]' 구조의 명사구를 가지는 문장의 통사규칙과 번역규칙은 다음과 같다.

(30) (S: AB2) Φ가 t 범주, δ가 CN 범주의 통사적 형식이면 $F_{AB2,n}(\delta, \Phi)$는 t///e 범주의 통사적 형식이다.
조건: Φ는 'he$_n$'의 (전치가능) 의문사-선행사의 한 개 이상의 실현을 포함해야 한다. 또, 이들이 두 개 이상일 때는 동일한 격이어야 한다.((S: AB1)의 조건과 같음)
$F_{AB2,n}(\delta, \Phi)$ = $[_{AB}\ [_{WHT}\ \text{which}\ \delta(c)]\ [_t\ \phi']]$: 여기에서 Φ'은 Φ로부터 다음 연산들을 실행하여 얻어진 통사적 형식이다((i)과 (ii)는 (S: AB1)의 경우와 같음).
(i) c가 주격이면 Φ 안의 'he$_n$'의 첫째 실현을 공범주 $[_{WHT}\ ]$로 바꾸고, 그 외의 격이면 제일 마지막 실현을 공범주 $[_{WHT}\ ]$로 바꿈.
(ii) Φ 안의 'he$_n$'의 다른 의문사-선행사의 실현들을 모두 삭제함. 즉 이들을 모두 공범주 $[_T\ ]$로 바꿈.
(iii) Φ 안의 'he$_n$'의 다른 실현들, 즉 의문사-조응사의 실현들을 δ의 수와 성에 따른 조응사 형식으로 바꿈.

(31) (T: AB2) Φ가 Φ'으로 번역되고 δ가 δ'으로 번역되면,
$F_{AB2,n}(\delta, \Phi)$는 $\lambda x_n(\delta'(x_n) \wedge \Phi')$으로 번역된다.

이상의 규칙들은 'who, whom' 구와 'which N' 구의 전치 이동에 의해 어떤 구조가 형성된다고 가정할 경우, 그 구조의 '흔적'에 해당하는 위치, 즉 'he$_0$'의 위치를 표적으로 삼아서 적용된다.

'who, whom' 구와 'which N' 구가 전치 이동되지 않는 예도 존재한다. 이런 경우의 의문사 구는 재구성의 결과인 통사구조에 존재하는 'he$_0$'의 위치에 대체된다. 이 경우의 의문사 구 대체 규칙은 (S: AB3)과 (S: AB4)의 두 가지로 기술된다. 이 두 규칙과 연관되

는 번역규칙은 (T: AB3)과 (T: AB4)이다.

(32) (S: AB3) χ가 A 범주의 통사적 형식이고 A가 AB에 속하면 $F_{AB3,n}(\chi)$는 A/e 범주의 통사적 형식이다.

조건: χ는 'he$_n$'의 (대체가능) 의문사-선행사의 한 개 이상의 실현을 포함해야 한다. 또, 이들이 두 개 이상일 때는 동일한 격이어야 한다.

$F_{AB3,n}(\chi) = \chi'$: 여기에서 χ'은 χ로부터 다음 연산들을 실행하여 얻어진 통사적 형식이다.

(i) c가 주격이면 χ 안의 'he$_n$'의 대체가능 의문사-선행사의 첫째 실현을 [$_{WHT}$ who(c)]로 바꾸고, 그 외의 격이면 제일 마지막 실현을 [$_{WHT}$ who(c)]로 바꿈.

(ii) χ 안의 'he$_n$'의 다른 대체가능 의문사-선행사의 실현들을 모두 삭제하고 공범주 [$_T$]로 바꿈.

(iii) χ 안의 'he$_n$'의 다른 실현들, 즉 의문사-조응사의 실현들을 조응사 형식으로 바꿈.

(33) (T: AB3) χ가 χ'으로 번역되면 $F_{AB3,n}(\chi)$는 $\lambda x_n \chi'$으로 번역된다.

(34) (S: AB4) χ가 A 범주의 통사적 형식이고 A가 AB에 속하며, δ가 CN 범주의 통사적 형식이면 $F_{AB4,n}(\delta, \chi)$는 A/e 범주의 통사적 형식이다.

조건: χ는 'he$_n$'의 (대체가능) 의문사-선행사의 한 개 이상의 실현을 포함해야 한다. 또, 이들이 두 개 이상일 때는 동일한 격이어야 한다.

$F_{AB4,n}(\delta, \chi) = \chi'$: 여기에서 χ'은 χ로부터 다음 연산들을 실행하여 얻어진 통사적 형식이다.

(i) c가 주격이면 χ 안의 'he$_n$'의 대체가능 의문사-선행사의 첫째 실현을 [$_{WHT}$ which δ(c)]로 바꾸고, 그 외의 격이면 제일 마지막 실현을 [$_{WHT}$ which δ(c)]로 바꿈.

(ii) χ 안의 'he$_n$'의 다른 대체가능 의문사-선행사의 실현들을 모두 삭제하고 공범주 [$_T$]로 바꿈.

(iii) χ 안의 'he$_n$'의 다른 실현들, 즉 의문사-조응사의 실현들을 δ의 수와 성에 따른 조응사 형식으로 바꿈.

(35) (T: AB4) δ가 δ'으로 번역되고 χ가 χ'으로 번역되면,

$F_{AB4,n}(\delta, \chi)$는 $\lambda x_n \ulcorner \delta' \urcorner \chi'$으로 번역된다.

(36) '$\lambda x \ulcorner \alpha \urcorner \beta$'(제한적 람다 추상)의 뜻: $x \in VAR_a$, $\alpha \in ME_{<a,t>}$, $\beta \in ME_b$이고 b가 AB'에 속하는 타입이면, $\lambda x \ulcorner \alpha \urcorner \beta \in ME_{<a,t>}$이고, 그 해석 $[\![\lambda x \ulcorner \alpha \urcorner \beta]\!]_{M,g}$는 다음 조건을 만족하는 $h \in D_{M,<a,b>}$인 함수 h이다:

$$h(d) = [\![\beta]\!]_{M,g[x/d]} \text{ if } [\![\alpha]\!]_{M,g}(d) = 1,$$
$$= zero_b \quad \text{ if } [\![\alpha]\!]_{M,g}(d) = 0;$$

여기에서 $zero_t = 0$이며, $zero_{<a,b>}$는 $D_{M,a}$에서 $zero_b$로 가는 상수 함수이다.

(37) 대체가능 의문사-선행사의 정의

'he_n'의 대체가능 의문사-선행사란 Φ 안의 'he_n'의 실현들 중 다음 조건을 만족하는 α를 가리킨다.

(i) Φ 안의 'he_n'의 다른 실현이 α를 성분통어하지 않는다.

(ii) A ≠ t, t'인 어떤 교점 A에 직접관할되는 교점 t가 있어서, 이것이 α를 관할해서는 안 된다.

(iii) α가 Φ 안에서 대등접속 구조 안에 실현되는 경우, 각각의 접속항 ψ 모두에 'he_n'의 의문사-선행사의 실현이 하나씩 있다.

의문사 해석을 위한 규칙들은 위와 같이 수도 많고, 각 규칙의 형식도 매우 복잡하다. 'who, whom'을 가지는 절을 기술하기 위한 첫 번째 AB 규칙 (25)에 부대 조건으로 서술된 다음 내용은 몬태규 문법의 문법 규칙 기술에서 전형적으로 보이는 임시방편적(ad hoc) 기술의 특징을 잘 드러내 준다.[701]

"(i) c가 주격이면 Φ 안의 'he_n'의 첫째 실현을 공범주 $[_{WHT}\ ]$로 바꾸고, 그 외의 격이면 제일 마지막 실현을 공범주 $[_{WHT}\ ]$로 바꿈. (ii) Φ 안의 'he_n'의 다른 전치가능 의문사-선행사의 실현들을 모두 삭제함. 즉 이들을 모두 공범주 $[_{T}\ ]$로 바꿈. (iii) Φ 안의 'he_n'의 다른 실현들, 즉 의문사-조응사의 실현들을 조응사 형식으로 바꿈."

이들에게 의문문이 그 대응되는 서술문과 연관된다는 것은 결국 의문문의 의미 형식의 부분으로 서술문의 의미 형식이 포함된다는 것뿐이다. 의문문이 서술문의 기저구조를 바탕으로 어떤 문법적 과정을 통해 도출되는 것은 아니다. 그런데 의문문의 의미 형식에 부분적으로 서술문의 의미 형식이 포함되는 것은 매우 임시방편적인 규칙들이 적용된 결과일 뿐이다. 서술문과 의문문의 통사적, 의미적 연관은 구문 특정적 규칙에 매개되는 간접적인 방식으로만 포착될 뿐이다. 이 장에서는 한국어의 의문 구문을 이루는 의문문, 의문절, 의문사의 통사의미론 합성 과정을 표준적 통사론의 체계와 표준적 형식의미론의 체계 하에서 기술하였다. 우리의 체계에서 의문문과 서술문은 동질적 통사구조를 가진다. 의문형어미의 의미적 특성으로 말미암아 상이한 의미 형식이 도출되는 것뿐이다.

Groenendijk & Stokhof(1984)의 제1장에서는 의문문 연구의 중요성을 논하면서, '질문과 대답'의 연속체는 담화 단위의 하나로서, 의문문을 연구하는 것은 담화 단위의

701) Karttunen(1977)에서도 '내부 양화'의 장치를 사용하여 의문사 구문의 의미를 기술한다. 이에 대해서도 기본적으로 동일한 비판을 가할 수 있다. 앞의 9.9.2절에서는 이익환(1979)에 대해서도 같은 비판을 가한 바 있다.

적격성 조건을 규정하는 데에 긴요하다고 강조하고 있다. 담화는 정보 교환을 목표로 하여 진행된다. 의문문은 화제, 즉 담화화제(discourse-topic)로서, 한 담화 단위를 그라이스적 개념(Grice 1975)의 연관성 격률(Maxim of Relevance)을 준수하는, 정합적(coherent) 단위로 만든다.[702)]

이들의 의문문 연구의 목표가 담화 전개의 주요 부분으로서의 의문문을 기술하는 것이므로 이들의 의문문의 형식화는 궁극적으로 담화에서의 쓰임을 고려하여 설계된 것이다. 이들의 의문문의 의미 형식은 통사구조를 바탕으로 합성성 원리를 준수하여 도출되는 의미 형식이라기보다는 담화화용론적 설명을 위주로 형식화된 것이다. 이에 따라 두 가지 측면의 문제가 발생한다. 첫째, 앞에서 살펴본 수많은 임시방편적 통사의미 규칙들이 실행되기에 이른다. 둘째, 의문절과 비의문절이 접속되는 통사적 구조의 경우(가령, "인호는 철수가 떠났음과 철수가 누구와 떠났는지를 곰곰이 생각했다."), 둘의 타입을 통일하기 위하여 항시 특별한 통사·의미적 절차가 실행되어야 한다.

의미론적 절차와 담화화용론적 절차를 구별하는 이 책의 방안은, 합성성 원리를 준수하는 문제는 통사구조와 의미구조의 대응 과정에서 해결하도록 하고, 그 외의 의미 현상은 담화화용론적 과정의 현상으로 분리함으로써 위 두 문제가 발생하지 않도록 조처해 놓은 것이다.

9.10. 의문문에 대한 다른 해석 방안들 2: LF-이동을 가정하지 않는 의문사 의문문 해석

9.10.1. Shimoyama(2001)

일본어의 의문사의문문에 대한 연구인 Shimoyama(2001)에서는 복합명사구 제약(CNPC), 부가어 제약(Adjunct Constraints)이 일본어에서 존재하지 않고, '의문사의 의문사 넘기(Superiority)' 제약만이 존재한다고 관찰하였다. 이런 관찰을 바탕으로, 통사구조 층위인 논리형태(LF)에서의 의문사의 이동을 가정하지 않는 비-이동적 의미 해석 방안을 제시하였다. 다음과 같은 의문사의문문의 해석 과정을 살펴 보자.

---

702) 의문문과 그 대답의 관계를 담화의 정합성(coherence) 조건의 하나로 보는 것은 형식의미론적 의문문 연구의 기본적 인식이다.

(1) 가. [dare-ga odorimasu] ka?
누구-Nom 춤춥니다 Q
누가 춤춥니까?
나. $[[\text{dare}_1\text{-ga odorimasu}]\ \text{Op}_1\ ]$ ka

의문문 (1가)의 통사구조는 대략 (1나)와 같다. 의문사 'dare'에는 지표 '1'이 붙어 있고, 공범주 연산자 'Op'에도 같은 지표가 붙어 있다. 이러한 동지표화는 (2가)와 같은 지표화 규칙에 의해 실현된다. (2나)는 (1나)와 같이 실현된 동지표를 이용하여 연산자 구문을 해석하는 방법을 명시하는 규칙이다.

(2) 가. 연산자 지표화 규칙: 의문사가 가진 지표를 그것을 성분통어하는 연산자 Op에 복사한다 (의문사가 둘 이상인 경우에는 각 의문사의 지표를 $\text{Op}_{1,\ldots,n}$처럼 Op의 지표로 차례로 복사한다).
나. 연산자 구문 해석 규칙:
$$[\![\text{XP Op}_{1,\ldots,n}]\!]^g = \{ [\![\text{XP}]\!]^{g'}: g' \approx^{1,\ldots,n} g\}$$
$$= \{z: \exists g'[g' \approx^{1,\ldots,n} g \ \&\ z = [\![\text{XP}]\!]^{g'}]\}$$

이들 규칙을 이용하여 (1)의 의문문을 해석하는 과정을 보이면 다음과 같다. 의문문의 의미에 대한 다른 이론들에서 그러한 것처럼 명제들의 집합이 얻어진다.

(3) $[\![[[\text{dare}_1\text{-ga odorimasu}]\ \text{Op}_1\ ]]\!]^g$
$= \{ [\![[\text{dare}_1\text{-ga odorimasu}]]\!]^{g'}: g' \approx^1 g\}$
$= \{p: \exists g'[g' \approx^1 g \ \&\ p = [\![[\text{dare}_1\text{-ga odorimasu}]]\!]^{g'}]\}$
$= \{p: \exists g'[g' \approx^1 g \ \&\ p = [\![[\text{dare}_1[t_1\text{-ga odorimasu}]]]\!]^{g'}]\}$
$= \{p: \exists x[p = \text{that } x \text{ is a person and } x \text{ dances}]\}$

'dare'를 비롯한 일본어 의문사들은 비한정사(indefinites)로서, 비결속 변항(free variable)으로 해석된다고 가정하고 있다. 이는 Heim(1982) 등의 담화표상이론에서의 관행을 따른 것이다. (3)의 도출의 결과로 의문사 'dare'는 존재 양화사로 해석되었지만 이는 Heim(1982)의 담화 표상 형성 과정에서 적용되는 '존재 양화 마감(Existential Closure)' 절차에 따른 것이다.[703)]

703) 이 점은 의문사를 존재 양화사로 가정하는 Karttunen(1977)이나 이 책의 기본 가정과 다른 것이다.

의문사 두 개를 가진 문장의 해석도 (2가, 나)의 규칙들을 적용하여 실행된다. (2가)에 따라 (4나)의 통사구조가 형성되면 이를 바탕으로 (2나)가 적용되어 (4다)와 같이 해석된다.

(4) 가. [dare-ga dare-to odorimasu] ka?
누구-Nom 누구-와 춤춥니다 Q
누가 누구와 춤춥니까?
나. [[dare$_1$-ga dare$_2$-to odorimasu] Op$_{1,2}$] ka
다. $\{ [\![\text{[dare}_1\text{-ga dare}_2\text{-to odorimasu]}]\!]^{g'}: g' \approx^{1,2} g\}$
$= \{p: \exists g'[g' \approx^{1,2} g \ \& \ p = [\![\text{[dare}_1\text{-ga dare}_2\text{-to odorimasu]}]\!]^{g'}]\}$
= {p: ∃x∃y[p = that x is a person and y is a person and x dances with y]}

Shimoyama(2001)의 주요 주장은 일본어의 조사 'mo'와 공존하는 의문사의 구문도 위 (2가, 나)를 이용하여 해석할 수 있다는 것이다.

(5) dono gakusei-ga syootaisita pianisto -mo kita.
어떤 학생 -이 초대한 피아니스트-이나/도 왔다
어떤 학생이 초대한 피아니스트나 왔다.

일본어의 '-mo(も)'는 한국어의 '-도' 또는 '-이나'와 대응되는 조사이다. '-mo'의 의미는 (6)처럼 보편 양화사로 기술하고 있다. (5)의 예와 같이 보편 양화로 해석되는 예에서 한국어는 '-이나'를 사용하는 것이 상대적으로 자연스럽다.[704] Shimoyama(2001)는 (5)의 일본어 문장의 한 의미를 해석하는 절차를 다음과 같이 보이고 있다.

(6) $[\![\text{mo}]\!] = \lambda P.\lambda Q.\forall x[P(x) \rightarrow Q(x)]$
(7) [[[dono gakusei$_1$-ga ∅ syootaisita] pianisto] Op$_1$]-mo kita.
(8) $[\![\text{[[dono gakusei}_1\text{-ga } \varnothing \text{ syootaisita] pianisto] Op}_1]\!]^{g}$
$= \{ [\![\text{[[dono gakusei}_1\text{-ga } \varnothing \text{ syootaisita] pianisto] Op}_1]\!]^{g'}: g' \approx^{1} g\}$
$= \{ [\![\text{[[dono gakusei}_1 \text{ [t}_1\text{-ga } \varnothing \text{ syootaisita]] pianisto] Op}_1]\!]^{g'}: g' \approx^{1} g\}$
$= \{\sigma y[\text{pianist}(y) \ \& \ \text{student}(x_1) \ \& \ \text{invite}(y)(x_1)]: x_1 \in D\}$

704) 'mo'가 한국어 번역에서 '-나'로 대응되고 있음에 주의해야 한다.

$= \lambda z[\exists x_1[z = \sigma y[pianist(y) \; \& \; student(x_1) \; \& \; invite(y)(x_1)]]]$

(9) $[\![$ [[dono gakusei$_1$-ga ∅ syootaisita pianisto Op$_1$] mo] kita $]\!]^g$

$= [\![mo]\!]^g([\![$ dono gakusei$_1$-ga∅syootaisita pianisto Op$_1$ $]\!]^g)([\![kita]\!]^g)$

$= \forall z[\exists x_1[z = \sigma y[pianist(y) \; \& \; student(x_1) \; \& \; invite(y)(x_1)]]] \rightarrow {}^{*}came(z)]$

(7)에서 'dono gakusei$_1$'에 있는 지표 '1'이 복사되어 'Op'에 붙는다. 즉 'Op$_1$'이 된다. 여기에 (2가, 나)의 규칙을 적용하면 (9)의 해석 절차가 진행된다. (6)의 'mo'의 정의를 적용하면 (9)와 같이 해석된다.

위 해석 과정에서 사용된 연산자들 'σ'와 '*'는 다음과 같은 Link(1983)의 정의를 바탕으로 한 것이다.[705] 이들은 타입 전이 규칙의 결과로 실현된다(Partee 1986).

(10) 가. $\sigma x P(x) = \iota x[{}^{*}P(x) \; \& \; \forall y[{}^{*}P(y) \rightarrow y \leq x]]$

나. ${}^{*}P(x) = \forall y[y \leq x \; \& \; atomic(y) \rightarrow P(y)]$

다. $y \leq x$: Link(1983)의 체계에서 y가 x의 부분이 됨을 뜻한다('y is a mereological part of x').

위 통사·의미 합성 절차는 Heim(1982)의 담화표상이론을 이론적 배경으로 삼고 있다. (8)의 해석 과정 중 'dare'가 흔적을 남기고 이동한 것은 원리매개변인 이론의 이동 변형에 의한 것이 아니고, Heim(1982)의 담화 표상 형성 절차의 한 규칙 '양화사 전치(Quantifier Prefixing)' 규칙을 적용한 것이다. (2가)의 규칙도 Heim(1982)의 다음 규칙을 응용한 것이다.

(11) 양화사 지표화(Quantifier Indexing)

모든 비한정 NP의 지시 지표를, 그것을 성분통어하는 최하위 양화사에 복사하여 붙이라.

이 '양화사 지표화' 규칙은 'LF'를 바탕으로 작동하는 것으로 되어 있다. 그런데 Heim(1982)의 'LF'는 원리매개변인 이론이나 최소주의 통사론에서 말하는, 통사적 구조 표상으로서의 'LF'와는 다르다. 이는 통사구조에 '양화사 전치(Quantifier Prefixing)'와

---

705) 이는 일본어 문장 (5)의 해석을 다음 두 가지 의미 형식으로 나타낸 Ohno(1989), von Stechow(1996)의 선례를 따라 정의한 것이다.

i) $\forall x[student(x) \rightarrow {}^{*}came(\sigma y[pianist(y) \; \& \; invite(y)(x)])]$ ('strong reading')

ii) $\forall x[student(x) \rightarrow \exists z[z \leq \sigma y[pianist(y) \; \& \; invite(y)(x)] \; \& \; came(z)]]$ ('partitive reading')

같은 절차가 적용된 결과로 얻어지는 것으로, 통사구조가 아닌 '담화 표상'인 것이다.

이 장의 앞부분에서는 원리매개변인 이론의 LF 이동에 기반한 Heim & von Fintel(2016)에서의 의문사 해석 절차를 비판한 바 있다. 이러한 접근의 주요 문제점은 통사적 표상 층위인 LF에 의미 해석만을 위한 임시방편적 요소를 설정하는 것이다. Shimoyama(2001)의 위 해석 절차는 그와 같은 임시방편적 요소는 설정하지 않는다. 그러나 그는 통사적 이동 변형과 유사한 절차를 통사구조로부터 담화 표상으로 가는 과정에서의 절차로 두는 Heim(1982)의 체계를 따르고 있다. 이는 특정 의미 해석만을 위한 통사적 조작을 문법적 과정의 일부분으로 포함하는 몬태규 문법의 실행 방법과 다름없는 것으로, 결국 임시방편적 처리임을 벗어날 수 없다.

몬태규 문법의 체계 하에서 의문문의 통사의미 합성 절차를 기술하는 Groenendijk & Stokhof(1984)에서는 내부 양화(Quantifying-In)라는, 변형과 유사한 절차를 상정하고 있는데, 이 절차의 기술 방법은 근본적으로 임시방편적이라는 난점을 가지고 있다. 또한 서술문의 의미 형식을 의문문의 의미 형식으로 전환하는 절차('Question Formation')나, 최초에 <s,t> 타입의 명제였던 의문문이 타입 전이되어 <s,<s,t>> 타입의 형식으로 바뀌는 절차('추상 Abstraction')를 가정하고 있는데, 이들에 대해서도 같은 지적을 가할 수 있다. '의미보존 가설'을 준수하는 생성문법의 절차는 이렇게 의미 합성의 과정에서 통사구조가 바뀌면서 그에 따라 의미 요소의 추가, 추가의 의미 작용이 행해지는 것을 근본적으로 배제한다.

이 책의 방안은 문법적 절차에 의해 주어지는 의미 형식과 담화화용론적 절차에 의해 주어지는 의미 형식을 구별하는 것이다. 문법적 절차에서 주어지는 의미 형식은 문법 내의 의미론적 해석 규칙들만이 적용되어 얻어지는 의미 형식이다. 담화화용론적 추론규칙은 이 의미 형식에 가해져서 담화 표상으로서의 의미 형식을 만든다. 의문문은 명제 형식인데, 담화화용론적 추론규칙은 이 명제 형식을 명제들의 집합의 형식으로 바꾼다.[706]

9.10.2. Kratzer(2006): '햄블린 함수적용'을 통한 대안형들의 산출

대안형(alternatives)을 산출하는 절차를 의미론적 절차와 구별되는 담화화용론적 절차로 간주하는 것이 이 책의 방안이었다. 대안형의 산출을 의미론적 절차로 실행하는 방안이 Kratzer(2006)에서 제시되었다. 이러한 아이디어는 이에 앞서서 Shimoyama

706) 의문문의 의미인 분할집합은 명제들의 집합이며, 특별한 구조가 더해진 집합이다. 또한 세계들의 집합들의 집합이기도 하다. 앞에서는 믿음/사고(doxastic) 양상기반에 의해 산출된 세계들을 회의(dubitative) 순서근거에 의해 순서지은 집합이라고 해석하였다.

(2001)에서도 시도되었는데 Kratzer(2006)는 기존 함수 적용 방법과는 근본적으로 다른 '햄블린 함수적용(Hamblin Functional Application)'이라는 통사의미 합성 규칙을 명세화하여 체계적인 적용이 가능하도록 하였다.

Kratzer(2006)에서 형식화한 햄블린 방식의 의미 해석 규칙들은 다음과 같다.

(12) 햄블린 함수적용규칙

통사구조에서 α가 β, γ를 그 딸성분으로 가지는 분지교점이며, $[\![\beta]\!]^{w,g} \subseteq D_\sigma$ 이고 $[\![\gamma]\!]^{w,g} \subseteq D_{<\sigma,\tau>}$이면,

$[\![\alpha]\!]^{w,g} = \{a \in D_\tau: \exists b \exists c[b \in [\![\beta]\!]^{w,g} \ \& \ c \in [\![\gamma]\!]^{w,g} \ \& \ a \in c(b)]\}$이다.

(13) 문장 양화사들

$[\![\alpha]\!]^{w,g} \subseteq D_{<s,t>}$인 $[\![\alpha]\!]^{w,g}$에 대하여:

(i) $[\![\exists\alpha]\!]^{w,g} = \{\lambda w'. \exists p[p \in [\![\alpha]\!]^{w,g} \ \& \ p(w')]\}$

(ii) $[\![\forall\alpha]\!]^{w,g} = \{\lambda w'. \forall p[p \in [\![\alpha]\!]^{w,g} \rightarrow p(w')]\}$

(iii) $[\![Neg\ \alpha]\!]^{w,g} = \{\lambda w'. \neg\exists p[p \in [\![\alpha]\!]^{w,g} \ \& \ p(w')]\}$

(iv) $[\![Q\alpha]\!]^{w,g} = \{\lambda w'. \forall p[p \in [\![\alpha]\!]^{w,g} \rightarrow [p(w) \leftrightarrow p(w')]]\}$

(14) 일반화 양화사들

$[\![\alpha]\!]^{w,g} \subseteq D_e$인 $[\![\alpha]\!]^{w,g}$에 대하여:

(i) $[\![\exists\alpha]\!]^{w,g} = \{\lambda P. \lambda w'. \exists a[a \in [\![\alpha]\!]^{w,g} \ \& \ P(a)(w')]\}$

(ii) $[\![\forall\alpha]\!]^{w,g} = \{\lambda P. \lambda w'. \forall a[a \in [\![\alpha]\!]^{w,g} \rightarrow P(a)(w')]\}$

(iii) $[\![Neg\ \alpha]\!]^{w,g} = \{\lambda P. \lambda w'. \neg\exists a[a \in [\![\alpha]\!]^{w,g} \ \& \ P(a)(w')]\}$

(15) 술어추상규칙

통사구조에서 α가 지표 i와 β를 그 딸성분으로 가지는 분지교점이고,

$[\![\beta]\!]^{w,g} \subseteq D_\sigma$이면,

$[\![\alpha]\!]^{w,g} = \{f: f \in D_{<e,\sigma>} \ \& \ \forall a[f(a) \in [\![\beta]\!]^{w,g[a/i]}]\}$이다.

(16) 대명사 및 흔적 규칙

모든 지표 i에 대하여, $[\![i]\!]^{w,g} = \{g(i)\}$이다.

한 예로 일본어 문장 "dare(-ga) nemutta(-ka) 누가 잤니?"는 위 햄블린 함수적용규칙에 따라 다음과 같은 명제들의 집합의 형식으로 도출된다고 한다.[707)]

707) 'dare(-ga) nemutta'는 이 자체로는 적격한 일본어 문장이 되지 않는다. 한국어에서는 '누가 잤다.'와 같이 의문사가 불확정 용법으로 쓰일 수 있지만 일본어에서 의문사는 불확정 용법을 갖지 않으므로 이러한 형식으로는 비문이 된다(특별한 억양을 동반하면 의문문의 효과를 가질 수는 있다). 'dare(-ga) nemutta-Op-ka'와 같은

(17) $[\![\text{dare}]\!]^{w,g} = \{x\text{: human}(x)(w)\}$

$[\![\text{nemutta}]\!]^{w,g} = \{\lambda x.\ \lambda w'.\ \text{slept}(x)(w')\}$

$[\![\text{dare nemutta}]\!]^{w,g} = \{p\text{: } \exists x[\text{human}(x)(w)\ \&\ p = \lambda w'.\ \text{slept}(x)(w')]\}$

(12)-(16)의 규칙들은 모든 어휘항목의 의미, 구의 의미, 문장의 의미를 집합의 형식으로 이끌어내는 규칙들이다. 햄블린 방식의 의미 해석은 기존의 표준적 의미 해석 방식, 즉 제1장의 ①-⑨와는 근본적으로 다른 해석 절차인 것이다. 의미 해석 규칙들의 체계를 전면적으로 혁신하는 방안인 것이다. 그런데 이러한 혁신의 주요 동기는 의문문의 의미 해석이다. 의문문의 의미를 도출하는 규칙 (13iv)야말로 이러한 혁신의 핵심이라고 할 수 있다.

기존의 표준적 의미 해석 체계는 그 부분부분이 오랜 동안의 치밀한 논증들을 통해서 확립된 의미 형식 도출의 체계이다. '명제들의 집합'으로서의 의문문의 특별한 의미는 말 그대로 '특별한 것'이다. 서술문과 아울러 의문문도 표준적 의미 해석 체계 하에서 그 의미 형식을 도출할 수 있고, 의문문의 특별한 의미는 의미론의 차원과는 다른, 화용론의 차원에서 해석할 수 있다면 그 방법을 택하는 것이 온당하다. 필자의 기본 관점은 이와 같은 것이다.

이러한 관점에서 필자는 (12)-(16)의 규칙 체계를 통사의미론적 합성의 매 단계에서 활용하는 방안은 받아들이지 않는다. 그러나 일부 햄블린 방식의 규칙 적용을 담화화용론적 절차에서 수용하게 된다.

Kratzer(2006)에서는 9.10.1절에서 보인 일본어 의문사들의 통사의미적 특징들이 이들 의문사를 한정사(indefinites)의 하나로 처리하는 데에 좋은 증거가 된다고 본다. 한정사를 형식의미론적으로 비결속 변항으로 취급하는 것은 Heim(1982), Kamp(1981) 이래의 유력한 이론적 흐름이었다.

한국어의 의문사들이 의미론적으로 존재 양화사의 형식으로 기술된다는 것이 필자의 입장이다. 이와 관련하여 한국어 의문사가 일본어 의문사와 뚜렷이 다른 특징을 가진다는 점을 살펴보고, 그 점이 가지는 의의를 음미하고자 한다.

일본어 의문사 'dare', 'nani'는 한국어의 '누구', '무엇'과는 달리 중의적이지 않다. (18가), (19가)에서 보는 것처럼 서술문에서는 의문사 'dare', 'nani'가 사용될 수 없다. 즉 '불확정 용법'은 없다. 이 점은 불확정 용법으로 쓰인 (18라), (19라)의 한국어 번역문과 비교해 보면 알 수 있다.[708]

의문문의 'dare(-ga) nemutta-Op' 부분의 해석을 보인 것으로 이해해야 한다.

(18) 가. *dare-ga kita.
나. dare-ka-ga kita.
다. ??dare-ka kita.
라. 누가 왔다.

(19) 가. *Taro-ga dare-o aisiteiru.
나. Taro-ga dare-ka-o aisiteiru.
다. ??Taro-ga dare-ka aisiteiru.
라. 다로가 누구를 사랑하고 있다.

앞에서 보인 것처럼, 한국어의 모든 의문사들은 각각 의문사 용법과 불확정 용법을 가진다. 한국어 의문사의 두 용법은 하나의 형태가 가지는 두 개의 의미적 용법이다. '누구', '무엇', '어떤', '어느'는 물론이고 '언제', '어디', 심지어 '어떻게'에 이르기까지, 한국어의 의문사들은 두 가지 용법을 가진다.

(20) 가. 누가 왔니?
나. 누가 왔다.

(21) 가. 무엇이 배달됐니?
나. 무엇이 배달됐다.

(22) 가. 어떤 사람이 왔니?
나. 어떤 사람이 왔다.

(23) 가. 너는 언제 철수 집에 가니?
나. 나는 언제 철수 집에 간다/가겠다.

(24) 가. 그 사람이 어디에 가니?
나. 그 사람이 어디에 간다.

(25) 가. 저 아이가 어떻게 책꽂이를 만들었니?
나. 저 아이가 어떻게 책꽂이를 만들었다.

그러므로 앞에서 논의한 한국어 의문사의 중의적 용법은 일본어 또는 영어와는 다른 한국어의 사실이다. 중국어와 베트남어의 의문사들도 한국어와 같이, 그리고 일본어, 영어와는 달리, 의문사 용법과 불확정 용법의 중의적 용법을 가진다.[709]

---

708) (18나, 다)와 (19나, 다)의 'ka'의 용법과 가까운 것은 (a), (b)의 표현이다.
a. 누구인가가 왔다.
b. 다로가 누구인가를 사랑한다.

의문사의 이러한 두 용법은 공통된 의미를 가진다고 가정해야 합리적으로 설명할 수 있다. 필자는 그 공통 의미가 존재 양화 의미라고 본다. 불확정 용법의 의문사는 기본적으로 존재 양화사로 기술된다. 그리고 이 용법의 의문사는 의문문에서도 존재 양화 의미를 가진다. 이 책의 방안에서 불확정 용법의 의문사의 의미 기술은 어휘의미 기술에서 존재 양화사로 설정하는 것 외에 다른 절차를 필요로 하지 않는다. 그러나 의문사를 한정사와 같은 비결속 변항으로 기술하는 Kratzer(2006)의 방안에서는 한국어, 중국어, 베트남어 의문사의 불확정 용법, 즉 존재 양화 의미를 포착하기 위하여 '존재 양화 마감'과 같은 가외의 절차를 더 두어야 하고, 더군다나 의문사 용법과 구별하여 불확정 용법에서만 이 절차가 적용되는 것으로 실행해야 한다.

한편, 의문사 용법은 앞에서 살펴본 대로 명제들의 집합 형성, 대안형 형성 등의 절차를 통해 보편 양화의 의미 효과를 갖게 된다. 특히 9.4.1절에서 보인 Aloni(2007)의 대안형 형성 연산자 'ALT'는 존재 양화사를 가진 문장의 의미 형식을 그대로 대안형들의 집합으로 전환할 수 있게 해 준다.

이와 같은 고려에 따라, 합성성 원리의 준수라는 목적을 위한 의미론적 과정에서는 제1장의 ①-⑨의 규칙 체계로 한정하고, 진정한 담화화용적 의미 현상을 위해서는 그에 맞는 담화화용론적 규칙을 설정하여 설명하는 이 책의 방안을 택하는 것이다.

9.6절의 반어의문문에 관한 논의에서는 의문사반어의문문들의 전제 의미 형식을 존재 양화 의미 형식에 대한 부정의 형식으로 기술해야 함을 밝히고, 이 점이 한국어 의문사를 존재 양화사로 상정하는 방안이 타당함을 보이는 한 가지 증거라고 말한 바 있다. 그러므로 한국어 의문사가 존재 양화사라는 필자의 주장은 적어도 두 가지 근거를 확보한 셈이다.

9.11. 마무리

이 장에서는 의문문의 통사의미적 해석 방안을 제시하였다. 명령문이 의도 양상의 표현인 것과 유사하게, 의문문이 회의 양상(믿음 양상기반, 회의 순서근거)의 표현이라는 것이 이 장의 논점이다. 의문문의 의미는 가능한 대답 명제들의 집합이라는 것이 표준적 형식의미론에서의 기본 인식인데, 이 점은 (1)과 같은 통사의미적 합성에 의해 얻어진

709) 이러한 관찰은 연세대 대학원의 중국인 학생 담홍달과 베트남인 학생 레티탐으로부터 얻은 것이다.

회의 양상의 명제를 (2)의 담화화용론적 추론규칙에 의해 명제들의 집합으로 전환한다고 함으로써 설명한다. (3)은 'ALT'의 담화화용론적 연산 작용에 의해 얻어지는, 의문문의 분할집합(partition)) 의미이다(Groenendijk & Stokhof 1984).

(1) '누가 왔니?'의 통사의미적 해석 절차

가. 통사구조: $[_{CP}[_{IP}$누가 오-았-$][_{C}$-니$]]$

나. 의문 자질 표시: $[_{CP}[_{IP}$누가$_{+wh}$ 오-았-$][_{C}$-니$_{+wh}]]$

다. '누구$_{[+wh]}$[1]'을 이용한 의미 합성

$[\![\, [_{IP}$누가$_{+wh}$ 오-았-$]\,]\!]^{w^*}$ = $[\exists x[x$는 사람이다 & w'에서 x가 왔다$']$,

단 현실 세계 w^*에서 $\exists x[x$는 사람이다$]]$

$[\![\, [_{CP}[_{IP}$누가$_{+wh}$ 오-았-$][_{C}$-니$_{+wh}]]\,]\!]^{w^*}$ =

$[\![\, [_{C}$-니$_{+wh}]]\,]\!]^{w^*}(\lambda w'.\, [\![\, [_{IP}$누가$_{+wh}$ 오-았-$]\,]\!]^{w'})$ =

$[ASK(s(c^*), a(c^*), \forall w': w' \in BEST(dox, dubi, w^*) \rightarrow \exists x[x$는 사람이다

& w'에서 x가 왔다$')]]$, 단 현실 세계 w^*에서 $\exists x[x$는 사람이다$]$

(2) 의문문 의미 형식의 담화 의미 표상으로의 전환(담화화용론적 추론규칙)

$[ASK(s(c^*), a(c^*), \forall w'[\, w' \in BEST(dox, dubi, w^*) \rightarrow p(w')]$, 단 $q(w^*)$

$\Rightarrow c^*{:}QS{:}\ ALT(p(w')),\ prs{:}\ q(w^*)$

(3) '누가 왔니?'의 의미인 분할집합(담화상의 영역에 철수, 인호, 순희가 있을 때):

$\lambda w.\, \lambda w'.\, [\lambda x.\ w$에서 x가 왔다$] = [\lambda x.\ w'$에서 x가 왔다$] \equiv$

{w: 세계 w에서 철수가 왔다}	
{w: 세계 w에서 인호가 왔다}	
{w: 세계 w에서 순희가 왔다}	
{w: 세계 w에서 철수와 인호가 왔다}	
{w: 세계 w에서 철수와 순희가 왔다}	
{w: 세계 w에서 인호와 순희가 왔다}	
{w: 세계 w에서 철수와 인호와 순희가 왔다}	W
{w: 세계 w에서 아무도 안 왔다}	

의문문의 의미를 명제들의 집합, 특별한 명제들의 집합('분할집합')으로 표상하되 이 표상은 의미론적 표상이라는 것이 현재 형식의미론 연구의 기본적 인식이나, 이를 위해서는 의미론적 합성 규칙 체계를 근본적으로 바꾸어야 하는 문제에 봉착한다. 이 장에서는 위와 같은 방법으로 표준적 의미론적 합성 규칙 체계를 유지하면서, 명제들의 집합으로서의 의문문의 의미는 담화화용론적 절차에 따라 얻어내는 새로운 관점을 실행한 것이다.

이 장의 의문문에 관한 논의에서는, 의문문이 의미론적 차원의 회의 양상 명제로 해석되고, 이것이 다시 담화화용론적 추론규칙의 적용을 받아 명제들의 집합으로 전환됨을 보였다. 그러나 수행동사 'ASK'를 가지는 경우, 인용동사 '묻다'의 간접인용문인 경우는 이 절차가 필수적으로 실행되는 것으로 설명한 반면, 그 외의 회의 양상 명제들에 대해서는 분명한 언급을 하지 않았다. 필자의 잠정적인 판단은, 이 절차가 담화상의 요구에 따라 실행된다고 보는 것이다. 의문문을 명제들의 집합으로 이론화하는 근본 이유는, 질문과 대답으로 이어지는 담화에서 질문이 가능한 대답들의 범위를 제시해 주는, 담화화제(discourse-topic)의 기능을 가진다고 보기 때문이다. 한국어의 어미들 중에는 명제들의 집합을 필수적으로 형성할 것을 촉구하는 어미들이 있고, 잠재적으로만 그 가능성을 가지는 어미들이 있다는 것이 필자의 생각이다. 이는 앞으로 질문과 대답의 담화화용론이 정교하게 이론화됨에 따라 결정되어야 할 문제라고 생각한다.

제10장

한국어 접속문의 의미 해석

제2장에서는 한국어 접속문의 통사구조를 제시하였다. 이 장에서는 이를 바탕으로 접속문의 의미 해석 문제를 논의한다.

프레게가 그의 양화·술어논리 체계를 출범시킨 『개념표기법』(Frege 1879)에서 문장 연산자로 가정한 것은 조건 연산자와 부정 연산자 두 가지였다. 부울(George Boole) 이래로 연접, 이접, 조건, 부정의 네 가지 연산자가 단순문에 작용하여 복합문을 형성하는 연산자로 생각되어 왔는데(이것이 '부울대수'이다), 연접과 이접의 연산자는 조건과 부정의 연산자만을 가지고 추론규칙(명제논리의 규칙들)을 적용하여 도출해 낼 수 있다는 것이 프레게의 견해인 것이다.

(1) 가. $p \vee q \equiv \neg p \rightarrow q$
　　나. $p \wedge q \equiv \neg(\neg p \vee \neg q) \equiv \neg(p \rightarrow \neg q)$

p와 q의 이접은 (1가)처럼 p의 부정을 조건으로 하여 귀결 q를 얻어내는 연산으로 환원할 수 있다. p와 q의 연접은 (1나)처럼 p를 조건으로 하여 q의 부정을 귀결로 얻어내는 연산의 부정으로 환원할 수 있다.

프레게의 견해와는 달리 연접과 부정, 또는 이접과 부정을 기초 연산으로 상정하는 견해도 충분히 생각할 수 있다. 가령 연접과 부정만을 기초 연산으로 상정하는 견해에서는 (2가, 나)와 같은 환원이 가능하고, 이접과 부정만을 기초 연산으로 상정하는 견해에서는 (3가, 나)와 같은 환원이 가능하다.

(2) 가. $p \vee q \equiv \neg(\neg p \wedge \neg q)$
　　나. $p \rightarrow q \equiv \neg p \vee q \equiv \neg(p \wedge \neg q)$
(3) 가. $p \wedge q \equiv \neg(\neg p \vee \neg q)$
　　나. $p \rightarrow q \equiv \neg p \vee q$

필자는 연접, 이접, 조건, 부정 연산자 모두를 기초 문장 연산자로 사용한다. 이는 언어 의미의 체계가 기본적으로 부울대수 체계라고 가정하는 것이다.

이 책이 양화·술어논리 체계에 기초한 한국어 문장 의미의 완전한 기술을 궁극의 목표로 가지기는 하지만, 한국어 접속문의 모든 종류를 완전히 기술하는 데에까지는 이르지 못하였다. 한국어 접속문은 100개 이상의 연결어미에 의해 구성되므로 한국어 접속문의 의미를 완전 기술한다는 것은 이들 100개 이상의 연결어미 모두에 대한 형식의미론적 정의를 제시하는 일이 된다. 현 단계에서 필자가 할 수 있는 일은 대표적 연결어미, 대표적 접속문들을 몇 가지로 선정하여 집중적인 분석을 보임으로써 다른 연결어미, 다른 접속문의 의미 분석을 위한 모범을 보이는 일이다.

이 장에서는 양상 의미를 가지는 연결어미들과 그 접속문들을 집중 분석하려고 한다. 조건문이 양상 의미의 표현이라는 것은 현대 언어학의 중요한 발견이다(Kratzer 1981, 1991b). 이 점을 바탕으로 한국어에서 조건 접속문을 구성하는 '-으면, -어야, -거든, -었더라면, -었던들'을 분석한다. 이들은 모두 양상 의미의 표현이다. 다음으로 양보 접속문을 구성하는 '-어도, -더라도, -을지라도, -을망정, -을지언정, -기로서니, -은들'을 분석한다. 이들도 양상 의미의 표현이다. 이어서 고찰하는 '-더-' 계통 연결어미들과 '-길래'도 모두 양상 의미의 표현임을 밝히고 각 접속문의 통사의미적 합성 과정을 기술한다.

10.1. 조건 접속문: '-으면, -어야, -거든, -었더라면, -었던들'

연결어미 '-으면'에 대한 이전의 의미 기술은 영어의 'if' 문장에 대한 의미 기술을 모범으로 하여 실행되어 왔다(이정민 1980, 이상태1977, 1995, 이광호 1980).[710] 그러나 영어 조건문 의미 연구의 역사가 통사구조로부터 의미구조를 도출하는 데에 있어서의 합성성 원리의 준수를 그 의미 기술을 위한 핵심 요건으로 삼아 왔음에 비해서 한국어 조건문에 대한 연구들에서는 이 점이 결여되어 있다.

'if' 문장에 대한, 합성성 원리를 준수하는 의미 기술로 가장 널리 인정받는 이론은 크라처(Angelika Kratzer)의 이론이다. Kratzer(1981, 1991b) 에서는 'if'가 실질함언 연산자일 가능성, 엄밀함언 연산자일 가능성을 차례로 검토하고, 이 두 가능성을 부정하였다. 그 대안으로 제시한 분석은, 직설법의 'if' 조건문은 양상 표현이고, 선행절인 'if'절이

710) 이상태(1977, 1995), 이광호(1980)는 접속문인 '-으면' 문장이 수행동사를 가지는 기저구조로부터 도출되는 것이라고 말하고 있다. 이는 의미구조와 같은 것을 기저구조로 가정하는 생성의미론의 이론 체계에 입각한 기술을 지향하는 것이다. 그러나 이러한 생성의미론의 기저구조를 표면구조로 도출하기 위해서는 자의적(恣意的), 무제약적 변형규칙들을 설정해야 하는 근본적 문제가 있다는 점은 잘 알려져 있다. 이상태(1977, 1995), 이광호(1980)에서는 '-으면' 문장의 기저구조와 유사한 것을 제시하고는 있지만, 그것으로부터 표면적인 통사구조로 도출되는 구체적인 절차를 보이지 못하고 있다.
이정민(1980)은 '기저구조'와 같은 것을 언급하지 않고 한국어의 조건 연결어미 '-으면', '-거든', '-어야'의 논리적 의미를 관찰하고 있다. 특히 '-거든'이 의도 양상('마음 묶는 양상')을 가지는 후행절과 공존한다는 관찰, '-었더라면'이 '분명한 과거 사실의 반대'를 나타낸다는 관찰을 여기에서 취하여 쓴다. '-거든'이 후행절에 의도의 양상을 표현하는 구문을 요구한다는 점을 상론한 이기갑(1987)도 좋은 참고가 된다.

후행절(주절)에 주어지는 양상 요소나 양화 부사의 영역(domain)을 한정한다는 것이다. 양상 요소는 'if'절과 후행절을 두 논항으로 취하는 함수이다. 후행절에 양상 요소가 표면적으로 실현되지 않는 경우에는 공범주의 필연 인식 양상 요소가 주어진다고 본다. 'if'는 동일성 함수(identity function)로서 진리조건적 의미를 더하지 않는 요소로 간주된다.

한국어 조건문의 전형적인 표현은 '-으면' 문장이다. 그러나 그 통사구조와 의미적 특성은 영어의 'if' 문장의 그것과 많은 차이를 가지고 있다. 조건문의 통사구조로부터 의미구조를 도출하는 과정에 합성성 원리가 준수되어야 한다는 점은 언어학의 대상으로 이 문제를 다루는 모든 이의 대전제임이 분명하다. 이 전제를 따르는 이론들 중에서 Kratzer(1981, 1991a, b)의 양상 이론과, 이 양상 이론에 입각한 'if' 문장의 분석은 표준적 이론의 위치에 있다. 이를 원용하여 '-으면'의 의미를 정의하고, '-으면' 문장의 통사구조에 기초한 의미 합성 절차를 기술하고자 한다.[711]

10.1.1. '-으면' 조건문의 통사의미적 합성[712]

10.1.1.1. 크라처의 양상 이론과 조건문의 의미

조건문의 의미를 기술하는 데에 있어서의 크라처의 기본적인 생각은 조건절이 주절에 존재하는 양상 요소나 다른 양화사 요소의 영역을 한정한다고 보는 것이다.[713] 주절에 외현적 양상 요소가 나타나지 않는 경우에는 비외현적 보편 인식 양상이 숨어 있다고 가정한다. 'if' 자체는 진리조건적으로 아무런 의미적 기여를 하지 않는다고 한다. 이에 따라 대략 (1)과 같은 표면 통사구조를 가지는, 'if p, Qu q' 형식으로 된 영어 조건문의 의미 관계를 (2)와 같이 나타낼 수 있다.[714] CB(w)는 대화배경(conversational background) 함수이다.[715] CB(w)는 명제들의 집합인데, 여기에서 명제는 그 명제가 참으로 성립하는 가능세계들의 집합으로 정의된다(Stalnaker 1978).

---

711) 필자의 이전 연구 양정석(2017)에서 부분적으로 연결어미 '-으면'의 형식의미론적 기술을 시도한 바 있으나, 조건문의 형식의미론적 기술과 관련하여 제기되는 제반 문제, '-으면' 문장의 통사의미론적 특성으로부터 주어지는 제반 문제를 논하지는 못하였다.

712) 이 절은 '한국어 '-으면' 조건문의 양상 이론적 기술'이란 제목으로 언어와 언어학 89집(2020)에 실렸던 논문을 부분적으로 수정하여 제시하는 것이다.

713) 이런 관점은 Lewis(1975)로부터 유래하는 것이다.

714) 'S1'을 조건절, 'S2'를 주절이라고 지칭한다. 'Qu'는 양상 요소나 양화 부사로서, 비외현적 요소일 수 있다.

715) Kratzer(1981, 1991a)에 의하면 대화배경은 양상기반(modal base)과 순서근거(ordering source)의 둘로 나누어진다(후술). 양상기반을 f(w), 순서근거를 g(w)로 나타내면 (2)를 (a)와 같이 수정할 수 있다.

a. 가. 'if p, Qu q'의 의미(Qu가 ∀일 때): $\cap((f(w)\cap g(w))\cup\{p\}) \subset q$

나. 'if p, Qu q'의 의미(Qu가 ∃일 때): $\cap((f(w)\cap g(w))\cup\{p\}) \cap q \neq \varnothing$

(1) 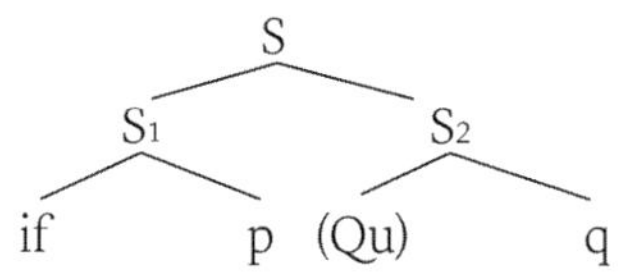

(2) 가. 'if p, Qu q'의 의미(Qu가 ∀일 때): $\cap(CB(w)\cup\{p\}) \subset q$
나. 'if p, Qu q'의 의미(Qu가 ∃일 때): $\cap(CB(w)\cup\{p\}) \cap q \neq \varnothing$

Kratzer(1977)는 Kripke(1959, 1963)와 Hintikka(1961, 1962)에 의해 제안되어 온 개념인 '접근가능성(accessibility)'이 대화배경이라는 매개변인을 가진 상대화된 함수임을 밝혔다. 가령, 인식 양상의 대화배경은 현실 세계를 바탕으로 인식된 명제들의 집합을 산출한다. 대화배경은 다시 양상기반(f(w))과 순서근거(g(w))의 두 가지 함수로 나누어진다(Kratzer 1981, 1991a). 이 둘은 모두 기준 세계로부터 특정 양상의 관점에 따른 명제들의 집합을 산출한다. 양상기반은 기준 세계로부터 특정 양상의 관점에 따른 명제들의 집합을 산출하는 함수이고, 순서근거는 양상기반에 의해 이끌어내어진 가능세계들에 순서성을 부여하는 명제들을 산출하는 함수이다.

Kratzer(1977, 1981, 1991a)는 형식의미론에서의 양상에 대한 표준적 이론이다. 자연언어의 양상 표현을 언어학적으로 기술하는 일은 그 통사의미적 합성 절차를 구체화하는 일이다. Portner(2009)에서는 크라처의 양상 이론에 입각한 기술의 장치들을 다음과 같이 정제하였다. 양상기반 함수 f를 매개로 상대화된 접근가능성 관계 R_f를 (3가)와 같이 정의할 수 있다.[716] 이는 (3나, 다)의 정의를 바탕으로 한다. 그는 이러한 개념들을 이용하여 양상기반과 순서근거를 매개로 상대화된 접근가능성 함수 'BEST'를 (4)와 같이 정의하였다(Portner1998, 2009). 'BEST'는 순서 '$\leq_{g(w)}$'를 바탕으로 가장 이상적인, 우선순위가 가장 앞서는 세계들의 집합을 산출하는 함수이다.

(3) 가. $R_f(w, w')$ iff $w' \in \cap f(w)$
나. 양상기반 f(w) : '인식', '의무' 등, 특정 양상적 관점에서 산출되는 명제들의 집합
다. $\cap f(w)$: '인식', '의무' 등, 특정 양상적 관점이 정해진 접근가능한 세계들의 집합

(4) BEST(f, g, w) = $\cap f(w)$에 의해 산출되고, g(w)에 의해 순서지어지는 세계 w'들의 집합. 단, $\cap f(w)$에 의해 산출되는 $w'' \leq_{g(w)} w'$인 다른 세계 w''가 존재해서는 안 된다. (Portner

716) '$\cap f(w)$'는 그 명제들을 p1, p2, p3, . . .이라고 나타낼 경우의 '$p1\cap p2\cap p3$, . . .'를 얻어 내는 연산이다. 'iff'는 그 좌변과 우변이 서로에게 필요충분 조건이 됨을 나타내는 기호이다.

1998: 771)

(5) w1 $\leq_{g(w)}$ w2 : '$\leq_{g(w)}$'는 순서근거 g(w)에 의해 주어지는 순서임. w1이 w2보다 더 우선적인 세계, 더 이상적인 세계이다.

실례를 들면, '-을 것이-'는 기본적으로 (6가)와 같은 인식 양상의 의미를 표현하는데, (6나)와 같은 예정된 상황을 나타낼 수도 있다. 후자의 '예정' 의미도 양상 의미의 하나로 취급할 수 있다. (6가)의 인식 양상은 양상기반 함수로 '인식(epistemic)', 순서근거 함수로 '전형성'이 선택된 것이다. (6나)의 예정 양상은 양상기반 함수로 '정황(circumstantial)', 순서근거 함수로 '예정'이 사용된 것이다.

(6) 가. 북경에는 지금 비가 올 것이다.
　나. (곧) 큰 한파가 닥칠 것이다.

(6)' 가. '북경에는 지금 비가 올 것이다.'의 의미 형식:
　　$\exists w'[w' \in$ BEST(인식, 전형성, w) & 북경에는_지금_비가_온다(w')]
　나. '큰 한파가 닥칠 것이다.'의 의미 형식:
　　$\exists w'[w' \in$ BEST(정황, 예정, w) & 큰_한파가_닥친다(w')]

(6가)'은 화자의 인식의 관점에서 산출된 가능세계들의 일부에서 '북경에는 지금 비가 온다'가 참이 됨을 나타낸다. 정황 양상은 기준 세계에서 주어진 온갖 사실(명제)들과, 이들로부터 자연적 법칙에 따라 추론/예측되는 온갖 사실(명제)들의 집합이다. 예정이 순서근거라는 것은 이 사실들에 '예정'이라는 특정 관점에서의 순서성을 부여한다는 뜻이다. 즉, (6나)'은 정황과 예정의 관점에서 산출된 가능세계들의 일부에서 '큰 한파가 닥친다'가 참이 됨을 나타낸다.

(6가)와 (6나)에서 사용된 '-을 것이-'는 서로 다른 어휘 요소일 수 없다. 이를 다음처럼 하나의 어휘항목으로 기술하되, 양상기반은 '인식/정황'으로, 순서근거는 '전형성/예정'으로, 잠재적으로 가능한 선택지를 모두 명세화하여, 발화 맥락에 따라 인식-전형성, 정황-예정의 쌍이 선택되도록 실행하고자 한다.[717)]

717) Kratzer(1991a)에서는 독일어의 'muss'처럼 변이 의미에 제한이 없는 것도 있지만 'darf'는 '정황' 양상기반에 '의무', '목적'의 순서근거로 제한된다고 관찰하고 있다. 특정 어휘항목이 가지는 변이적 양상 의미의 구체적 가능성은 어휘항목마다 다르므로 (7)의 '인식/정황', '전형성/예정'이나, (9)의 '의무/요망/목적'과 같은 방식으로 그 어휘의미 기술에 표시하는 것이 필요하다.

(7) ⟦ -을것이- ⟧ ^{w} =

$\lambda p_{<s,t>}. \exists w'[w' \in$ BEST(인식/정황, 전형성/예정, w) & $p(w')] = 1$

양상 의미가 전이되는 현상을 보여주는 다른 예를 들어 보자. 보조동사의 하나로 다루어 온 '-어야 하다'는 (8)과 같은 세 가지 양상 의미를 표현한다. 그러나 이 세 경우의 '-어야 하다'를 서로 다른 어휘 요소로 기술할 수는 없다. 크라처의 양상 이론이 한 양상 요소의 의미 변이를 형식적으로 포착하게 해 준다. 설명의 편의를 위하여 연결어미와 동사가 이어진 형식인 '-어야 하-'를 단일 통사 단위인 것처럼 나타내고, 그 의미 형식을 (9)와 같이 나타낸다.

(8) 가. 인호가 3개월을 더 복무해야 한다. (의무 양상 deontic)

나. 너 이 딸기를 한번 맛보아야 한다. (요망 양상 bouletic)

다. (담장을 고치기 위해서는) 대못을 사와야 한다. (목적 양상 teleological)

(9) ⟦ -어야 하- ⟧ ^{w} =

$\lambda p_{<s,t>}. \forall w'[w' \in$ BEST(정황, 의무/요망/목적, w) $\rightarrow p(w')] = 1$

BEST 함수의 논항 위치에 있는 양상기반 함수는 '정황'으로 고정되어 있고, 순서근거 함수는 '의무/요망/목적' 중의 하나가 선택될 수 있게 되어 있다. 발화 맥락에 따라 '의무', '요망', '목적' 중의 하나가 선택된다. '의무'가 선택되었다고 가정하면, (8가)는 대략 다음과 같은 절차로 그 의미 형식을 얻게 된다.[718]

(10) ⟦ 인호가 3개월을 더 복무해야 한다 ⟧ ^{w}

= $[\lambda p_{<s,t>}. \forall w'[w' \in$ BEST(정황, 의무, w) $\rightarrow p(w')] = 1]$ (λw. ⟦ 인호가 3개월을 더 복무하- ⟧ ^{w}) (함수적용규칙 적용)

= $\forall w'[w' \in$ BEST(정황, 의무, w) $\rightarrow \lambda$w. ⟦ 인호가 3개월을 더 복무 하- ⟧ $^{w}(w')] = 1$ (람다 전환)

iff $\forall w'[w' \in$ BEST(정황, 의무, w) $\rightarrow$ [세계 w'에서 인호가_3개월을_더_복무한다] (람다 전환)

현실 세계 w에서 '인호가 3개월을 더 복무해야 한다.'라는 문장의 의미는 '$\forall w'[w' \in$ BEST(정황, 의무, w) $\rightarrow$ [세계 w'에서 인호가-3개월을-더-복무한다]', 즉 정황 양상기반

718) '함수적용규칙'과 이를 활용하는 통사의미적 합성 절차는 Heim & Kratzer(1998)의 방법을 따른 것이다.

과 의무 순서근거에 의해 산출된 명제들이 참이 되는 가능세계들 모두에서 인호가 3개월을 더 복무한다는 명제가 참이 된다는 것이다.

(7), (9)에서와 같이 BEST 함수에 양상기반이나 순서근거를 둘 이상 표시하는 방법은 Portner(2009)에는 없는 방법으로, 필자가 시도하는 것이다.[719] 한국어 조건문을 양상이론에 따라 기술하기 위하여 이러한 표기 방법이 요긴한 바 있다. BEST 함수의 운용의 원리를 다음과 같이 제시하기로 한다.

(11) (4)의 BEST 함수의 논항인 f와 g가 'a/b/c. . .'와 같은 형식으로 주어지는 경우, 이들 a, b, c, . . .는 가능한 변이적 양상 의미의 총목록을 나타낸다.
'a/b/c. . .'와 같이 나열된 양상기반이나 순서근거들은 a, b, c. . . 의 순서로 선택되고, 구체적인 발화 맥락에서 화용적 원리에 따라 이들 중 하나가 반드시 선택되어야 한다.[720]

영어 조건문의 의미에 대한 크라처의 견해를 요약한 (2)는 'if-then'에 해당하는 논리적 의미를 (12)와 같이 실질함언의 연산자로 기술해 온 Frege(1879) 이래의 전통과 (13)과 같이 엄밀함언의 연산자로 기술하려는 시도(C. I. Lewis 1918)를 비판적으로 검토하여 종합한 것이다(Kratzer 1991b, Huitink 2008: 43-50). 다음 두 정의에서 '→'는 실질함언의 연산자로 쓰인 것이다. (13)은 루이스(C. I. Lewis)의 엄밀함언의 정의이다. '□'는 필연 양상 연산자로서, (13)은 모든 가능세계에서 'p → q'가 참이 된다는 뜻을 나타낸다. 이는 p가 참이 되는 모든 세계를 가정한 것이므로 전체 조건문의 의미는 q의 참, 거짓에 의존하여 결정되게 된다.

(12) 'if p, q'의 의미(실질함언): $p \rightarrow q$
(13) 'if p, q'의 의미(엄밀함언): $\Box(p \rightarrow q)$

(12)의 실질함언 기술 방안은 양상기반(f(w))으로 'totally realistic modal base', 순서근거(g(w))로 'empty ordering source'가 적용된 특수한 경우라고 설명된다(Kratzer 1991b: 655, Huitink 2008: 49). 전자는 현실 세계 w에 적용된 접근가능성 함수의 값

719) 이러한 표기 방법은 양정석(2015, 2017)에서 시도한 바 있다.
720) 이 '반드시 선택되어야 한다'는 규정에 따라, BEST 함수의 영향권 안에 있는 'p → q'의 p가 거짓인 상황이 발생하지 않는다. 이에 따라 양상의 영향권 안에 있는 실질함언 연산자 '→'가 엄밀함언(strict implication) 연산자처럼 쓰인다.

으로 w만 내어놓도록 하는 양상기반이다. (13)의 엄밀함언 기술 방안은 양상기반(f(w))으로 'empty modal base', 순서근거(g(w))로 'empty ordering source'가 적용된 것으로 볼 수 있다(Kratzer 1991b: 655, Huitink 2008: 50). 엄밀함언이 공집합인 양상기반이 적용된 경우라는 것은, 특정의 양상적 관점이 적용되지 않고, 선택 가능한 모든 양상기반이 적용된 극단적인 경우라는 뜻으로 해석할 수 있다. (12), (13)은 이렇게 논리학자들이 상정하는 양극단의 경우의 조건 의미이지만, 자연언어에서는 이도 저도 아닌 중간의 조건 의미가 사용된다는 것이 크라처의 판단이다.721) 이 책에서는 '→'를 내내 실질함언의 기호로 사용하되, 구체적인 조건문에서 (11)에 따라 반드시 정해지는 구체적 양상적 관점 하에 이 '→'가 엄밀함언의 기호로만 해석되는 것으로 상정한다.722)

그러면 그 통사구조로부터 의미 형식을 이끌어내는 데에 있어서, 영어 'if'의 어휘의미를 (2)의 형식을 이용해서 기술하고, 이로부터 일반 통사의미적 합성 절차(Heim & Kratzer 1998)를 적용해서 문장의 의미구조를 얻어낼 수는 없는 것일까? 한국어의 '-으면'의 어휘의미도 같은 방법으로 기술할 수는 없는 것일까? 영어 조건문에 관한 연구들에서는 이러한 가능성을 부정하여 왔다.723) 그러나 필자는 한국어의 (2가, 나)의 의미 내용을 '-으면'의 단일한 어휘의미로 기술하는 방안을 추구하고자 한다. (11)은 이 점을 실행하는 기본적인 장치이다.

10.1.1.2. 영어 조건문에 대한 두 가지 통사의미적 합성 방안

크라처의 조건문에 관한 가정에 입각해서 영어 조건문의 통사의미적 합성을 실행한 두 가지 사례를 들어 보기로 한다.

첫째로, Stephenson(2007: 105)에서는 (14가)와 같은 문장에 대해서 (14나)와 같은

721) Suppose now that mathematicians and logicians behave like omniscient gods. For them, then, the modal appearing in a conditional is relativized to a total state of information. (. . .) This state of omniscience comprises everything that is the case in the world under consideration. Their conditionals now reduce to material implication. (. . .) Sometimes, however, they go for the other extreme: The state of total ignorance. This will give them strict implication. Most of us prefer something in between(Kratzer 1991b: 655).

722) 반사실성을 표현하는 조건문 '2 더하기 2가 5이면 모기는 참새다.'와 같이 전건이 항상 거짓인 모순 명제일 경우는 문제를 제기한다. 그러나 이 경우에도 반사실성 대화배경의 매개에 따라 산출되는 가능세계에서는 '2 더하기 2가 5이다'가 참으로 해석된다고 가정한다. 반사실성 세계에서 성립하는 명제들의 논리적 관계의 특성을 기술하는 일이 별도의 과제로 주어진다.

723) Huitink(2008)에서는 Belnap(1970, 1973)의 삼치 논리(three-valued logic) 체계에 따르는 조건 연산자의 정의를 제시하고, 이를 이용하여 'if'의 의미를 특별한 조건 연산자로 정의하고 있다. 그러나 'if'가 양상 의미를 포함하지는 않는 것으로 처리한다.

통사구조(LF)를 상정함으로써 그 의미를 해석하고 있다.[724]

(14) 가. If the butler isn't the murderer, the cook is.

나. [[[[MUST] [[EPISTEMIC][if the butler isn't the murderer]]][the cook is the murderer]

(15) 가. $[\![\text{MUST}]\!]^{w} = [\lambda r_{<s,t>}.\ \lambda p_{<s,t>}.\ \forall w'\text{: } r(w') = 1 \rightarrow p(w') = 1\ ]$

나. $[\![\text{EPISTEMIC}]\!]^{w,t,j} = [\lambda w'_{s}.\ w' \in \text{Epist}_{w}]$

다. $[\![\text{if}]\!]^{w} = [\lambda p_{<s,t>}.\ p]$

(16) 가. $[\![$if the butler isn't the murderer$]\!]^{w}$ =

[the butler isn't the murderer in w at t]

나. $[\![$[EPISTEMIC][if the butler isn't the murderer]$]\!]^{w}$ =

$\lambda w''.\ w'' \in \text{Epist}_{w}$ & the butler isn't the murderer in w"]

다. $[\![$MUST[[EPISTEMIC][if the butler isn't the murderer]][the cook is the murderer]$]\!]^{w}$ =

$[\![\text{MUST}]\!]^{w}$([$\lambda w''.\ w'' \in \text{Epist}_{w}$ & the butler isn't the murderer in w"])($\lambda w''.\ [\![$the cook is the murderer$]\!]^{w''}$) =

$[\lambda r_{<s,t>}.\ \lambda p_{<s,t>}.\ \forall w'\text{: } r(w') = 1 \rightarrow p(w') = 1\ ]$([$\lambda w''.\ w'' \in \text{Epist}_{w}$ & the butler isn't the murderer in w"])($\lambda w''.\ [\![$the cook is the murderer$]\!]^{w''}$) = 1 iff

$\forall w'$: $w' \in \text{Epist}_{w}$ & the butler isn't the murderer in w' $\rightarrow$ the cook is the murderer in w'

(16나)는 'EPISTEMIC'과 'if the butler isn't the murderer' 부분이 각각 명제적 수식어이고, 명제적 수식어를 연접(&)으로 결합하는 '명제적 수식어 결합 규칙'과 같은 것이 있어, 이것이 적용된 결과이다.[725]

조건문의 주절에 필연 양상 요소가 실현되는 경우에는 물론이고, 외현적으로 실현되지 않는 경우에도 위와 같은 의미 형식이 도출된다. 그러나 가능 양상 요소가 실현될 때에는 다음과 같은 의미 형식이 도출된다.

---

724) 이와 같은 통사구조를 바탕으로 통사의미적 합성 절차를 실행한 선례는 von Stechow(2004)이다. (14나)는 Stephenson(2007)이 나무그림으로 보인 통사구조를 대괄호 표기법으로 나타낸 것이다. (15가)의 조건 기호 '→'를 Stephenson(2007)에서는 '⊃'로 나타냈다. 또, 그는 세계 변수 'w'에 시구간 변수 't', 판단자(judge) 변수 'j'를 더하여 지표를 <w,t,j>로 나타냈는데, 이를 'w'로 줄여서 나타냈다.

725) Stephenson(2007: 105) 참조.

(16)’ 다. $\exists w'$: $w' \in Epist_w$ & the butler isn't the murderer in w' & the cook is the murderer in w'

둘째로, Huitink(2008: 183)에서는 (17가)와 같은 문장에 대해서 (17나)와 같은 통사구조(논리형태)를 상정함으로써 그 의미를 해석하고 있다.[726] (18다)에서 사용한 조건 연산자 ‘⇒’는 Belnap(1970, 1973)의 삼치논리(three-valued logic) 체계에서의 조건 연산자이다. ‘#’는 참(1), 거짓(0) 외의, 정의가 성립되지 않는 경우(undefinedness)를 나타낸다.

(17) 가. If it is snowing, it must be cold.

나. $[_{IP}[_{I'}[_{I}$ must$][_{MB}$ f$]][_{VP}[_{VP}$ it be cold$][_{CP}$ [if]$[_{IP}$ it is snowing$]]]]$

(18) 가. $⟦ \text{must} ⟧^{M,h} = \lambda f.\lambda p.$[for all worlds $v \in f(w)$: $⟦ p ⟧^{M,h,v} = 1$, where h(f) = what is known

나. $⟦ f ⟧$ = what is known

다. $⟦ \text{if} ⟧ = \lambda p.\lambda q.\ p \Rightarrow q$

(19) Belnap의 조건 연산자(‘⇒’) 정의:

$⟦ \phi \Rightarrow \psi ⟧^{M,h}(w) = 1$, iff $⟦ \psi ⟧^{M,h}(w) = 1$ if $⟦ \phi ⟧^{M,h}(w) = 1$;

otherwise $⟦ \phi \Rightarrow \psi ⟧^{M,h}(w) = \#$

(15다)는 영어의 ‘if’를 아무런 진리조건적 내용을 갖지 않는 요소로 취급하고 있는데, 이는 의미 합성 절차에서의 문제를 피하기 위한 조처이다. 위 (2가)와 (2나)는 주절의 양화 요소의 보편(∀), 존재(∃)의 차이에 따라 결과된 의미들이다. 양화사 ‘Qu’의 존재로 인하여 조건문의 단일한 의미구조 도출이 난관에 처하게 되는 것이다. 또한, 영어에는 ‘if’가 없이 조건의 의미를 표현하는 문장 형식들이 있다. 다음 예들의 존재는 ‘if’가 진리조건적 의미를 갖지 않는다는 (15다)와 같은 처리의 타당성을 지지해 준다.[727]

(20) 가. Were it not be raining, I would have been to the park.

나. Wearing that new outfit, Bill would fool everyone.

726) (17나)는 Huitink(2008: 183)에서 나무그림으로 제시한 통사구조를 대괄호 표기법으로 나타낸 것이다. ‘MB’는 ‘양상기반(modal base)’ 함수에 해당하는 잠정적 통사 범주를 나타낸다.

727) 다음은 Stump(1985)에서 가져온 예문들이다. Stump(1985)에서는 조건 의미를 표현하는 이러한 문장들을 Kratzer(1981)의 양상 이론에 입각하여 기술하였다. ‘if’ 없는 선행절을 대화배경과 함께 후행절 양상 요소의 한 논항으로, 즉 양화사인 양상 요소의 영역을 한정하는 것으로 기술하는 것이다.

다. Standing on a chair, John can touch the ceiling.

그러나 한국어에서는 조건의 뜻을 나타내는 연결어미('-으면'이나 '-거든', '-어야')를 갖지 않고는 조건문이 이루어지지 않는다. '-으면'과 '-거든'과 '-어야' 각각은 고유의 어휘적 의미를 가지므로 이들의 의미를 (15다)와 같은 형식으로 정의하는 것은 무리이다. 이들 각 연결어미의 의미를 정의하고, 이를 기반으로 조건문 전체 의미를 합성하는 방법을 추구하는 것이 필요하다.

'EPISTEMIC' 또는 '[$_{MB}$ f]'와 같이 의미 해석 절차만을 위한 가공의 통사적 성분을 도입하는 것도 이 구문만을 위한 특별한 처리이므로 부담스럽다. 특히, Stephenson(2007)의 (14나)의 통사구조에서는 'if' 절이 대화배경(양상기반 MB)에 부가되는 것으로 설정되었는데, 이러한 구조는 핵계층 이론(X-bar theory)에 따라 생성될 수 있는 구조가 아니다.[728] Huitink(2008)의 (17나)에서는 'if' 절이 표면적으로 실현될 수 있는 순서로 배치되어 있으므로 이러한 문제를 피할 수 있다.

(14나)와 (17나)의 두 구조에서 공통된 부분은 대화배경(양상기반 MB 또는 'EPISTEMIC')이 양상 요소 'must'에 인접하여, 'must'의 논항으로 취해지도록 설정되어 있다는 것이다. 이는 대화배경이 화용적으로 제공되는 의미 정보이고, 이와 같은 의미 정보를 표시할 수 있는 통사구조의 성분은 대명사일 수밖에 없다는 생각에서 비롯되는 것이다. 그러나 이 성분도 통사적으로 정당화되기 어렵다. 앞에서 제시한 양상 요소 '-을 것이-'의 정의에는 접근가능성 함수 'BEST'가 사용되었는데, 'BEST'에는 그 매개변수로 두 대화배경, 양상기반과 순서근거가 표시되었다. 이 두 대화배경 함수를 통하여 화용적으로 제공되는 의미 정보가 전달된다고 설명할 수 있다. '-으면' 또는 'if'가 양상 의미를 가지는 것으로 기술되고, 그 어휘의미의 일부로 'BEST' 함수를 가진다면 통사구조에 대화배경을 위한 구성성분을 설정할 필요성은 사라진다.

'if'가 아무런 진리조건적 내용을 갖지 않는다는 크라처의 주장의 주요 근거는 선행절인 'if' 절이 후행절에 있는 양상 요소나 양화 부사의 영역(domain)을 한정하는 역할을 한다는 Lewis(1975)의 관찰이다. von Stechow(2004)나 이를 따르는 위 Stephenson(2007)의 방안에서는 양상기반과 'if' 절이 연접하여 양상 요소나 양화 부사의 영역을 한정하는 것으로 실행하고 있다. Huitink(2008)의 방안에서는 'if' 절이 양상기반만을 한정하는 소극적 역할을 맡는 것이 아니라, 'if'가 양상 요소, 양화 부사의 양화

728) 핵계층 이론의 표준적 전거는 Chomsky(1986b)이다.

작용에 따라 한정된 가능세계들에서 적용되는 특수한 조건 연산자('⇒')의 기능을 독자적으로 가지는 것으로 새롭게 설정하고 있다. 필자는 이에서 더 나아가, 한국어의 연결어미 '-으면'이 그 고유의 의미로 양상 요소와 조건 연산자의 의미를 가지는 것으로 정의하며, 후행절에 양상 요소나 양화 부사를 가지는 경우는 주어진 그대로 의미 합성을 실행하고, 결과된 의미 형식에 나타나는 양상 요소들의 겹쳐진 구조가 추론규칙에 의해 간략화되는 것으로 설명하려고 한다.

10.1.1.3. '-으면'의 정의와 '-으면' 문장의 통사의미적 합성

이전의 연구에서 한국어의 '-으면' 문장에 대한, 합성성 원리를 준수하는 통사의미 합성 절차의 기술 사례를 찾아보기는 어렵다. 한국어 조건문에 대한 언어학적 분석은 그 통사의미적 합성 절차의 기술을 포함해야 한다. 조건문의 통사구조가 제시되어야 하고, 그것으로부터 의미 규칙들이 적용되어 의미구조가 도출되는 절차를 명시해야 한다.

필자는 한국어 통사구조의 기술을 위해 논리형태(LF) 층위가 필요하지 않음을 가정해 왔다(양정석 2010). 여기에서도 표면적으로 보이는 구조를 그 통사구조로 받아들여서, 그것으로부터 문장의 의미 형식을 합성해 내는 방법을 취하기로 한다. 이를 위해서는 연결어미 '-으면'의 어휘적 의미 형식이 문장의 의미구조를 내포하는 것으로 기술하는 것이 온당한 방안이 될 것이다.

'if'와 같은 연결사 없이 조건문을 표현할 수 있는 영어에서와는 달리,[729] 한국어에서는 연결어미 없는 조건문은 성립이 불가능하다. 한국어의 접속문들은 그 연결어미가 해당 통사구조에서의 연결어미 절의 통사적 지위를 결정하는 능력을 가진다.[730] '-으면' 문장과 '-어야' 문장은 선행절이 I′ 부가어인 부가어 구조를, '-거든' 문장과 '-었더라면' 문장은 명시어 구조를 형성한다.[731]

---

729) 위 (20)의 '절대 구문'의 예들이 이 점을 보여준다.

730) 이 점을 양정석(2010: 385-439)에서 상론한 바 있다.

731) 양정석(2010: 399-431)에 이 두 구조를 구별하는 검증 기준들을 제시했다. 부가어 구조는 '-으면' 절, '-어야' 절이 주절의 I′ 부분의 부가어(adjunct)인 구조를 가리키는 것이다. 명시어 구조는 '-거든', '-었더라면'이 머리성분(head)이 되어 선행절을 그 보충어(complement)로, 후행절을 그 명시어(specifier)로 가지는 구조를 가리킨다. 둘을 구별하는 검증 기준을 하나만 들면, 부가어 구조는 선행절이 후행절의 부정소의 영향권 안에 드는 해석이 가능한 반면 명시어 구조는 그것이 불가능하다. 다음에서 적격성 여부의 판단은 선행절이 후행절의 부정소 '않-', '말-'에 의해 부정되는 해석에서의 판단임을 주의해야 한다.

a. 하늘이 가을이 오면 맑아지지 않는다.

b. 하늘이 가을이 와야 맑아지지 않는다.

c. *인호가 나타나거든 전화하지 말아라.

d. *인호가 일찍 왔더라면 순희를 만나지 않았을 것이다.

연결어미 '-으면'의 의미를 다음과 같이 단일한 형식으로 정의하기로 한다.

(21) 가. $[\![\text{-으면}]\!]^{w} = [\lambda p_{<s,t>}.\ \lambda q_{<s,<e,t>>}.\ \lambda x.\ \forall w' : w' \in \text{BEST}(\text{epist/dox, stereo/counterfactual}, w)\ \&\ p(w') \rightarrow q(w')(x) = 1]$

나. 하늘은 가을이 오면 맑아진다.

다. 내가 도둑질을 했으면 나는 네 아들이다.

(이정민 1980의 예를 약간 변형한 것)

양상기반 함수로는 인식('epist')과 믿음('dox')이 명시되었고 순서근거 함수로는 전형성('stereo')과 반사실성('counterfactual')이 명시되었다. 별도의 화용적 원리에 따라 'epist-stereo'(21나)와 'dox-counterfactual'(21다)의 두 쌍이 선택되는 것으로 본다. 뒤의 'dox-counterfactual'의 쌍은 반사실성 조건 의미가 믿음(dox) 양상기반, 반사실성(counterfactual) 순서근거의 선택에 의해 실현되는 양상 의미라고 설정한 것이다.[732)]

(21가)의 의미 형식과 관련하여 주의할 점은, 조건 기호 '→'는 실질함언(material implication)의 기호라는 것이다. 조건 기호 '→'의 왼쪽에 'w' ∈ BEST(…)'와 'p(w')' 부분이 연접(&)으로 연결되어 있는데, 이는 접근가능성 함수 'BEST'에 의해 산출된 세계 w'들 중에서 명제 p가 참이 되는 세계들만을 실질함언 조건의 전건으로 삼는다는 뜻이다. 조건문을 실질함언 조건으로 기술하는 이전의 수많은 철학적, 언어학적 접근 방안들이 실질함언 기호의 왼쪽(전건)에 거짓 명제가 놓이는 경우와 관련한 문제를 가지고 있음은 널리 알려져 있다. 그러므로 조건 연결어미 '-으면'에 대한 (21가)의 기술 방안은 형식적으로 실질함언 조건 기호인 '→'를 활용하면서도 실질함언 조건의 방안과는 다른 해결 방안이라고 하겠다.

(21)을 이용해서 '-으면' 문장의 의미 형식을 도출하는 절차는 다음과 같다. 우선 '-으면' 문장의 통사구조는 다음과 같이 설정된다.

(22) 가. 하늘은 가을이 오면 맑아진다.

나. $[_{CP}\ [_{IP}$ 하늘은 $[_{I'}[_{CP}[_{IP}$ 가을이 오-∅-$][_{C}$ -면$]][_{I'}$ 맑아지-∅-$]]]$-ㄴ다$]$

'-으면' 연결어미 절은 중간 구 범주 I'에 부가되는 부가어라고 가정된다(양정석 2010:

732) 여기에서는 인식 양상의 의미를 표현하는 (21나)의 예를 검토하고, 반사실성 조건의 의미를 표현하는 (21다)에 대해서는 뒤에서 다루기로 한다.

426-429 및 이 책 2.4.4절). 이 통사구조를 바탕으로 그 문장의 의미 형식을 합성해 가는 절차는 다음과 같다.

(23) ⟦ [I' 가을이 오면 맑아지-∅-] ⟧^{w} =

⟦ -으면 ⟧^{w}(λw". ⟦ [IP 가을이 오-∅-] ⟧$^{w''}$)(λw".λx. ⟦ [I' 맑아지-∅-] ⟧$^{w''}$) =

[λ$p_{<s,t>}$. λ$q_{<s,<e,t>>}$. λx_e. ∀w': w' ∈ BEST(epist, stereo, w) & p(w')
→ q(w')(x) = 1](λw". 세계 w"에서, 가을이 온다')(λw". λy. 세계 w"에서, y가 맑아진다') = (IFA ①(ii))

λ$q_{<s,<e,t>>}$. λx_e. ∀w' : w' ∈ BEST(epist, stereo, w) & 세계 w'에서, 가을이 온다' →
q(w')(x)](λw". λy. 세계 w"에서, y가 맑아진다') = (람다 전환)

λx_e.∀w': w' ∈ BEST(epist, stereo, w) & 세계 w'에서, 가을이 온다'
→ 세계 w'에서, x가 맑아진다' = 1 (람다 전환)

⟦ [IP 하늘은 [I' 가을이 오면 맑아지-∅-]] ⟧^{w} =

[λx_e.∀w': w' ∈ BEST(epist, stereo, w) & 세계 w'에서, 가을이 온다'
→ 세계 w'에서, x가 맑아진다' = 1](하늘') (FA ①)

∀w': w' ∈ BEST(epist, stereo, w) & 세계 w'에서, 가을이 온다' → 세계 w'에서, 하늘'이 맑아진다' (람다 전환)

이상의 분석에서는 주절에 양상 요소가 없는 경우의 조건문이 보편 인식 양상을 표현하는 문장이라는 Kratzer(1991b)의 가정을 받아들였다. 이 점에서 후행절에 보편 양상(필연 양상) 아닌 존재 양상(가능 양상) 요소 '-을 것이-'가 나타나는 다음의 예는 문제를 제기하는 것처럼 보인다.[733)]

(24) 이 물질도 시약을 적용하면 반응을 보일 것이다.

(24) 문장에 의미 합성 절차를 적용한 결과는 다음과 같다.[734)]

(25) 가. 이 물질도 [[e 시약을 적용하면][반응을 보이-을것이-]]-다.

나. λz_e. ∀w': w' ∈ BEST(epist, stereo, w) & 세계 w'에서, 시약을_ 적용한다' → ∃w" : w" ∈ BEST(epist, stereo, w') & 세계 w"에서, z가 반응을 보인다') = 1

---

733) 위 (7)을 참고할 것. 양정석(2016가, 2017)에서 '-을 것이-'를 이와 같이 가능 양상 요소로 기술한 바 있다.

734) 양정석(2010)에 따라 '-으면' 연결어미 절은 I'에 부가되는 CP 범주의 절로 분석된다. (25나)에는 부가어 구조로서의 I'에 해당하는 의미 형식만을 제시한다.

(25나)의 의미 형식은 모든 인식적 가능세계 w'에서 시약을 적용하는 경우, 각 가능세계 w'와 양립가능한 또 다른 인식적 가능세계 w"들의 일부에 z가 반응을 보인다는 내용을 나타내고 있다. 그런데, 보편 양화 안에 존재 양화가 포함되는 이 해석은 결국 'w"'들의 일부에서 후행절 명제가 성립한다는, 존재 양화의 해석과 다름없는 것이다. 이러한 점을 다음과 같이 의미 형식과 의미 형식 간에 성립하는 일반적 추론규칙으로 포착하기로 한다.

(26) 추론규칙1:

$[\forall w': w' \in \text{BEST}(\text{epist, stereo, w}) \ \& \ p(w') \rightarrow \exists w'' \in \text{BEST}(\text{epist, stereo, w'}): q(w'')] \Rightarrow [\exists w': w' \in \text{BEST}(\text{epist, stereo, w}) \ \& \ p(w') \ \& \ q(w')]$

이상은 '-으면'의 어휘의미를 (21가)와 같이 단일한 형식으로 기술하고서도 '-으면' 문장의 주절에 가능 양상 요소가 실현되는 예를 일관되게 설명할 수 있음을 보인 것이다. 주절에 필연 양상 요소가 실현되는 예에 대해서도 (26)에 상응하는 추론규칙을 설정하여 역시 일관된 설명을 얻을 수 있다.[735)]

10.1.2. '-으면'을 양상 요소와 조건 연산자로 기술하는 근거

한국어의 조건문에 연결어미가 필수적으로 실현된다는 점이 영어의 조건문과의 중요한 차이점이라고 하였다. 연결어미가 필수적으로 실현되는 점에 더하여, 분화된 조건 의미에 대응되는 연결어미 형태가 주어져 있다는 점도 한국어의 조건문이 영어의 조건문과 다른 중요한 점이다. 필요조건을 기본적으로 표현하는 '-어야', 후행절에 의도 구문이 실현될 것을 요구하는 '-거든', 그리고 반사실적 조건만을 표현하는 '-었더라면'을 차례로 고찰해 보고, 이어서 10.1.1절에서 설정한 '-으면' 의 어휘의미 기술, 즉 연결어미 '-으면'을 양상 요소와 조건 연산자의 기능을 가지는 것으로 기술한 데에 대하여 제기되는 문제점들을 해결해 보기로 한다.[736)]

10.1.2.1. '-어야'와 '-거든'과 '-었더라면'의 존재

조건의 특수한 의미를 나타내는 연결어미들이 존재하고, 이들 간에 일정한 추론 관계

---

735) 그 추론규칙의 형식은 대략 (a)와 같다.

a. $\forall \ldots [\forall \ldots] \Rightarrow \forall \ldots [\ldots]$

736) 흔히들 조건 연결어미의 하나로 다루는 '-는다면'은 '-는다고 하면'에서 '-고'와 '하-'가 형태음운론적 규칙(남기심 1973)에 의해 삭제되어 축약된 형식이라고 보아 고려하지 않는다.

가 성립한다. 다음에서 '-으면' 문장과 '-어야' 문장의 선행절과 후행절을 교환하면 동치의 문장이 된다. 이 점은 '-으면', '-어야'가 각각 그 고유한 조건 의미를 가지는 것으로 가정해야 효과적으로 설명할 수 있다.

(27) 가. 옥이가 도서관에 나타났으면 인호도 도서관에 나타났다.
나. 인호가 도서관에 나타났어야 옥이도 도서관에 나타났다.
(27)' 가. 저것이 오소리이면 그것은 동물이다.
나. 저것이 동물이어야 그것은 오소리이다.

(27가)의 '-으면' 문장은 (27나)의 '-어야' 문장과 선행절, 후행절의 순서를 바꾼 상태에서 동치 관계를 맺는다. '-으면' 문장은 반사실성 조건을 표현할 수도 있는데, 이 때에도 위 관계가 성립한다.

(28) 가. 내가 도둑질을 했으면 나는 네 아들이다.
나. 내가 네 아들이어야 내가 도둑질을 했다.

반사실성 조건 관계의 표현에서 '-으면' 문장과 '-어야' 문장 간의 동치 관계가 성립된다는 점은 '-으면', '-어야'가 고유한 의미 형식을 가짐을 보이는 증거이다. '-어야'의 의미는 다음과 같이 정의할 수 있다.[737]

(29) 가. ⟦ -어야 ⟧ ^{w} =
$[\lambda p_{<s,t>}.\ \lambda q\text{: } q \in D_{<s,<e,t>>}.\ \lambda x\text{: } x \in D_{e}.\ \forall w'[w' \in \text{BEST(epist/circ, stereo/deon/boul/teleo, } w) \ \&\ q(w')(x)] \rightarrow p(w') = 1]$
나. 인호가 도서관에 나타났어야 옥이도 도서관에 나타났다.
다. 네가 과태료를 내야 인호가 압류된 자동차를 찾을 수 있다.
라. 저희 가게를 자주 찾아주셔야 저희가 힘이 나지요.
마. 대못을 사와야 담장을 고친다.

(29나)는 인식 양상기반에 전형성 순서근거가 선택된 경우의 예문이고, (29다)는 정황-의무, (29라)는 정황-요망, (29마)는 정황-목적이 선택된 경우의 예문이다.

---

737) 앞의 (8)의 예들에서는 복합 형식 '-어야 하-'가 단일한 어휘의미를 가지는 것으로 보았으나, (29)의 '-어야'는 단일한 연결어미로서 별도의 의미를 가지는 것으로 처리하는 것이다.

'-으면' 문장 (27가)와 '-어야' 문장 (27나)가 동치인 것을 그 의미 합성을 통해서 보이면 다음과 같다.[738]

(27)'' 가. [$_{CP}$ [$_{CP}$ 옥이가 도서관에 나타났으면]i [$_{CP}$ [$_{IP}$ 인호도 [$_{I'}$ ti [$_{I'}$도서관에 나타나-았-]]]-다]]

$[\lambda p_{<s,t>}. \lambda q_{<s,<e,t>>}. \lambda x. \forall w' : w' \in BEST(epist, stereo, w)\ \&$
$p(w') \rightarrow q(w')(x) = 1]$([옥이가 도서관에 나타나-았-])([도서관에 나타나- 았-])([인호])
((21)'-으면'의 어휘의미, IFA ①(ii))

$\lambda q_{<s,<e,t>>}. \lambda x. \forall w' : w' \in BEST(epist, stereo, w, t)$ & 옥이가_ 도서관에_나타났다 $(w') \rightarrow q(w')(x) = 1]$([도서관에 나타나-았-])([인호]) (람다 전환)

$\forall w' : w' \in BEST(epist, stereo, w)$ & 옥이가_도서관에_나타났다(w') →
인호가_도서관에_나타났다(w') (람다 전환)

나. [$_{CP}$ [$_{CP}$ 인호가 도서관에 나타났어야]i [$_{CP}$ [$_{IP}$ 옥이도 [$_{I'}$ ti [$_{I'}$도서관에 나타나- 았-]]]-다]]

$[\lambda p_{<s,t>}. \lambda q: q \in D_{<s,<e,t>>}. \lambda x: x \in D_e. \forall w'[w' \in BEST(epist, stereo, w)\ \&\ q(w')(x)]$
$\rightarrow p(w') = 1]$([인호가 도서관에 나타나-았-])([도서관에 나타나-았-])([옥이])
((29가)의 '-어야' 어휘의미, IFA ①(ii))

$[\lambda q: q \in D_{<s,<e,t>>}. \lambda x: x \in D_e. \forall w'[w' \in BEST(epist, stereo, w)\ \&\ q(w')(x)]$
→ 인호가_도서관에_나타났다(w') = 1]([도서관에 나타나-았-])([옥이])
(람다 전환)

$\forall w'[w' \in BEST(epist, stereo, w)$ & 옥이가_도서관에_나타났다(w')] →
인호가_도서관에_나타났다(w') (람다 전환)

(27가)''와 (27나)''의 마지막 행에 도출된 의미 형식은 동일하다. 즉, 인식 양상으로 해석될 때 (27가)의 '-으면' 문장과 (27나)의 '-어야' 문장은 동치임이 증명된 것이다.[739]

한국어에는 후행절에 의도 구문을 요구하는 특수한 조건문이 존재한다. 그 연결어미는 '-거든'이다. '-으면' 조건문과 '-거든' 조건문의 의미 기술은 후행절의 양상에 대한 요구

---

738) I' 부가어인 '-으면' 절과 '-어야' 절의 의미 내용은 'ti'의 위치에서 재구성(reconstruction)이나 그에 상당하는 절차(양정석 2017: 223-228)에 따라 해석된다.

739) 다음 두 문장은 동치가 아니다.
a. 배가 고프면 밥을 먹는다.
b. 밥을 먹어야 배가 고프다.
'-으면' 조건문과 '-어야' 조건문의 동치 관계에서나, 10.1.2.2절의 조건문들 간의 대우 관계에서나, 변이적 양상 의미가 '인식 양상'일 때와 '반사실성 양상'일 때에 동치 관계가 성립된다는 일반화가 존재한다고 본다. 이 일반화는 (26)과 같은 추론규칙의 형식으로 기술할 수 있다. 이 두 문장은 총칭적 의미의 표현이고, 총칭적 의미가 인식 양상 아닌 변이적 양상 의미의 하나이기 때문에 이러한 일반화가 성립되지 않는 것으로 보인다. 총칭적 의미를 양상 의미의 하나로 해석할 수 있다(Portner 2009: 4 참조).

를 가지느냐 여부에서만 차이를 가진다. '-거든'의 어휘의미는 다음과 같이 기술된다.[740]

(30) ⟦-거든⟧^{w,t} = [$\lambda p_{<s,<i,t>>}$. $\lambda q_{<s,<i,t>>}$: q는 양상기반 함수 intend를 포함할 것.
$\forall$<w',t'> : <w',t'> $\in$ BEST(epist, stereo, w , t") & p(w')(t')
$\rightarrow$ q(w')(t') & t" > t = 1]

이는 의도의 '-겠-', 명령/청유/약속의 어미 '-어라/자/으마'가 의도 양상기반을 가지는 형식으로 기술된다고 가정하고 이들을 가지는 표현을 후행절의 표현으로 요구하는 것이다. 한 예로, 명령형 '-어라'의 의미는 대략 (31)과 같은 형식으로 기술된다.[741]

(31) ⟦-어라⟧^{w} =
[λp. IMP(s(c*), a(c*), $\forall$w' $\in$ BEST(intend, stereo, w): p(w')) = 1]

후행절에 명령형어미를 가지는 실제 문장의 의미 합성 결과를 보이면 다음과 같다.

(32) 가. [[[비가 오-∅-]-거든] [e 빨래를 걷어라]]
나. ⟦-거든⟧^{w,t}(λw‴ . λt‴ . ⟦비가 오-∅-⟧$^{w''',t''',y}$)(λw". λt".
⟦e 빨래를 걷어라⟧$^{w'',t''}$) = 1 (함수적용규칙)
iff $\forall$<w',t'> : <w',t'> $\in$ BEST(epist, stereo, w, t) & 세계 w'에서,
시간 t'에, 비가 온다' $\rightarrow$ [$\forall$<w",t"> $\in$ BEST(intend, stereo, w', t'):
IMP(s(c*), a(c*), 세계 w"에서, 시간 t"에, a(c*)가 빨래를 걷는다')] (람다 전환)

(32나)에 도출된 의미 형식은 (33)과 같은 일반적 추론규칙에 의해서 간략한 의미 형식으로 통합되는 것으로 본다.[742]

(33) 추론규칙2(인식 양상의 영향권 안에 있는 의도 양상의 상승 통합):
$\forall$w' : w' $\in$ BEST(**epist**, stereo, w) & p(w') $\rightarrow$ [$\forall$w" : w" $\in$BEST(**intend**,

740) '-거든'에 대한 필자의 분석과 대비되는 비-양상적 분석을 보인 연구로 염재일(2005나)가 있다.
741) (31)은 양정석(2017)에서 설정한 것이다. 'IMP'는 명령의 수행동사이다. 이를 신호로 p를 중심으로 한 내용이 공유배경의 한 부분인 행동목록(To-Do list: Portner 2004)에 추가된다고 가정한다.
742) (33)의 '추론규칙2'와 (34)의 '추론규칙3'은 크라처의 양상 이론에서 양상기반 함수로 상정하는 '인식'과 '정황(circumstantial)' 외에 '의도(intention)'와 '믿음(doxastic)'이 추가적으로 양상기반 함수로 상정되어야 할 필요성을 제기하고 있다. 양정석(2017)에서는 한국어의 양상 표현 전반을 고려한 결과로 이처럼 4개의 양상기반 함수를 상정한 바 있다. 이 책 제6장에서 자세한 설명을 볼 수 있다.

$\text{stereo}, w') \rightarrow q(w'')]$
$\Rightarrow \forall w' : w' \in \text{BEST}(\textbf{intend}, \text{stereo}, w) \ \& \ p(w') \rightarrow q(w')]$

상이한 종류의 양상이 직접 상하위 관계를 맺고 있는 경우 상위의 양상 또는 하위의 양상으로 통합되는 규칙적 현상이 존재한다. Stephenson(2007: 122-123)에서는 상위의 믿음 양상(dox)이 그 영향권 안에 인식 양상(epist)을 포함하고 있을 때 상위의 믿음 양상으로 통합되는 현상을 관찰한 바 있다. 이를 우리의 표기 방식으로 (34)와 같이 나타내기로 한다.[743)]

(34) 추론규칙3(믿음 양상의 영향권 안에 인식 양상이 포함될 때 믿음 양상으로 통합되기):
$\forall w' \in \text{BEST}(\textbf{dox}, \text{stereo}, w){:}\ \forall w'' \in \text{BEST}(\textbf{epist}, \text{stereo}, w'){:}\ p(w'')$
$\Rightarrow \forall w' \in \text{BEST}(\textbf{dox}, \text{stereo}, w){:}\ p(w')$

(33)과 (34)는 통사·의미 합성의 결과로서의 의미 형식들 간에 맺어지는 함의 관계, 동치 관계를 규정하는 것이다.

'-으면'이 반사실성 조건을 표현할 수도 있지만, 한국어에서 반사실성을 표현하는 고유한 요소는 복합 형식인 '-었더라면'이다.[744)] 이는 통사 단위 '-었-'과 '-더라'와 '-으면'이 결합된 형식이다. 기원적으로는 '-었더라고 하면'으로부터 유래하는 형식이라고 판단된다. 이를 한 통사 단위로 분석하는 근거는 '-었-'을 결합하지 않은 '-더라면'이 용인되지 않는다는 사실이다.[745)]

(35) 가. 인호가 조금만 더 일찍 왔더라면 옥이를 만났을 것이다.
나. *인호가 조금만 더 일찍 오더라면 옥이를 만날 것이다/만났을 것이다.

---

743) (34)는 믿음 양상(doxastic modality)이 인식 양상(epistemic modality)으로부터 분리되어야 할 필요성을 보여준다. Kratzer(1991a: 649-650)에서는 믿음 양상이 인식 양상기반과 믿음 순서근거로 설명할 수 있음을 지적한 바 있고, 이는 이후 형식의미론적 연구들에서 기정사실로 다루어지고 있다. 그러나 인식은 근거를 가지는 믿음이고 믿음은 근거를 갖지 않을 수 있는 것이므로, 인식 양상기반이 산출하는 명제들을 대상으로, 믿음 순서근거가 이들에 순서를 부여한다는 설정은 무의미한 것이다. 양상기반의 체계는 각주 32에서 서술한 바와 같이 재편되어야 한다고 본다. 곧 논의하는 반사실성 양상/형이상학적 양상을 위해서도 근거를 갖지 않는 믿음/생각으로서의 믿음 양상이 양상기반으로 주어져야 한다.

744) 이정민(1980)에서 이 점을 지적한 바 있다.

745) 양정석(2010: 98) 참조. 인터넷으로 제공되는 국립국어원의 『표준국어대사전』에는 '-더라면'을 독립된 '어미'로 등재하고 '-었-' 뒤에 결합된다는 활용상의 제약을 명시하고 있다. 통용되는 국어사전들에서 대개 이와 같이 기술한다.

‘-었더라면’은 믿음(dox) 양상기반과 반사실성(counterfactual) 순서근거를 가지는 것으로 상정하고자 한다. 양상 효력은 존재 양화(∃)이다. 후행절이 존재 양화의 양상 요소를 가지는 경우의 ‘-으면’ 문장과 동일한 구조의 의미 형식을 가진다고 본다. 이러한 형식상의 특징을 가진다는 점에서 ‘-었더라면’의 의미는 ‘-으면’과 공통된다. 중요한 차이는, ‘-었더라면’ 문장의 선행절과 후행절의 명제는 사실과 반대인 명제라는 점이다. 이는 ‘-었더라면’이 전제하는 의미이며, 영역 조건으로 표시된다.

(36) $[\![\text{-었더라면}]\!]^{w,t} = \lambda p: p \in D_{\langle s,t \rangle}$ & $t' < t$인 시간 t'에 p가 거짓일 것. $\lambda q: q \in D_{\langle s,\langle i,t \rangle\rangle}$ & $t' < t$인 시간 t'에 q가 거짓일 것. $\exists \langle w',t' \rangle: \langle w',t' \rangle \in \mathrm{BEST}(dox, counterfactual, w, t)$ & $p(w')(t')$ & $q(w')(t') = 1$

크라처의 양상 이론에 입각해서 영어의 반사실성 양상 문장을 분석한 Condoravdi(2002)는 인식 양상과 구별되는 개념으로서의 ‘형이상학적 양상(metaphysical modality)’이 반사실성 양상의 양상기반이 된다고 보았다. ‘will have p.p.’ 형식의 미래완료형이 미래의 한 시간을 기준으로 한 과거인 것과 유사하게, ‘might have p.p.’ 형식의 반사실성 양상 표현은 과거의 한 시간을 기준으로 한 미래이다. 후자인 반사실성 양상 표현에서 양상은 한 기준 시간으로부터 세계가 시간적으로 진전됨을 내포한다. 이것은 과거의 기준 시간 이전부터 진행되어 오던 세계의 진전이 그 기준 시간으로부터 가지를 쳐서 현실 세계와는 다른 세계로 진전되어 감을 뜻한다. 이러한 의미에서 형이상학적 양상은 세계의 진전이 어느 시점에서 가지를 쳐서 상이한 두 개의 세계로 진행된다고 보는 형이상학적 관점을 나타낸다.

Abusch(2012)는 이에 대해 논평하면서, 반사실성 양상의 양상기반을 정황 양상(circumstantial modality)으로 규정해야 한다는 논증을 전개한다. Kratzer(1981, 1991a)의 양상 이론은 양상기반으로 인식과 정황 두 가지만을 인정하는데, Abusch(2012)의 방안은 이러한 표준적 체계에 더 부합된다.

그러나 필자는 양상기반으로 인식 양상과 정황 양상 외에, 믿음 양상과 의도 양상을 더 설정한다.[746] 반사실성 양상의 양상기반을 믿음 양상(dox)으로 설정하고 형이상학적 양상을 그에 짝하는 순서근거로 취급한다. 이것이 적용된 예가 (36)이다. (36)에서는 형이상학적 양상에 해당하는 순서근거를 ‘반사실성(counterfactual)’으로 표시하였다.

순서근거 함수로서의 (36)의 ‘반사실성’은 기본적으로 Condoravdi(2002)의 형이상

746) 필자의 양상기반, 순서근거의 전체 체계는 양정석(2017)에 제시되었다.

학적 양상이 의도하는 것과 같다. 그러나 형이상학적 양상이 나타내는 세계의 시간적 진전은 믿음/생각 속의 세계의 진전이다. (36)에서는 형이상학적 양상의 의미를 양상기반 '믿음'과 이에 짝하는 '반사실성' 순서근거 함수로 설정함으로써, 세계가 시간적으로 진전되는 것이 '믿음/생각' 속의 것이라는 점을 특기한 것이다. (35가) 문장을 예로 들면, 생각 속의 세계들을 형이상학적 양상의 특성에 의해 한정한다고 할 때, 이 세계들의 일부에서 인호가 조금 더 일찍 오는 것이 참이 되고, 동시에 인호가 옥이를 만나는 것이 참이 된다는 뜻을 (35가)는 나타낸다. 주의할 점은, (36)의 영역 조건으로 명시된, 선행절과 후행절이 거짓이어야 한다는 전제는 현실 세계를 기준으로 한 것이다. 생각 속의 세계, 반사실성의 세계에서 p는 항상 참이 된다.[747)]

필요조건의 '-어야', 의도 조건의 '-거든', 그리고 복합 형식이기는 하지만 반사실성 조건이라는 특수한 조건 의미를 표현하는 '-었더라면'이 각기 고유한 어휘적 형식으로 존재한다는 점은 '-으면'을 (21가)와 같은 고유의 의미를 가지는 연결어미로 기술하는 것이 타당함을 보이는 증거이다.

10.1.2.2. 대우 관계의 성립

'-으면' 문장에서는 대우 관계가 성립한다. (28)'에서 보는 것처럼 반사실성 조건의 용법에서도 대우 관계가 성립한다. 후자는 '-으면'의 어휘의미 기술에 그 변이 의미의 표시로 양상기반 'dox', 순서근거 'counterfactual'을 설정하는 것이 타당함을 보이는 것이다.

(27)' 가. 옥이가 도서관에 나타났으면 인호도 도서관에 나타났다.
　　　나. 인호가 도서관에 나타나지 않았으면 옥이도 도서관에 나타나지 않았다.
(28)' 가. 내가 도둑질을 했으면 나는 네 아들이다.
　　　나. 내가 네 아들이 아니면 나는 도둑질을 하지 않았다.

'-으면' 문장과는 달리, '-어야' 문장과 '-거든' 문장, '-었더라면' 문장에서는 이러한 대우 관계가 성립하지 않는다.

---

747) 반사실성 조건문에 대한 철학자들의 연구인 Stalnaker(1968, 1975), Lewis(1973)에서는 반사실성 조건을 나타내기 위해 특별한 연산자 '>'(Stalnaker 1968), '□→'(Lewis 1973)를 도입하고, 이러한 의미를 논리적으로 정의하는 작업을 실행하고 있다. 여기에서는 언어학적 기술로서 반사실성의 양상 의미가 어휘적으로 명시되어야 한다는 점만을 지적하고, 이들의 정의에 대한 자세한 비교·검토는 추후의 연구 과제로 밀어 둔다.

(37) 가. 비가 그쳐야 고추를 말린다.
　　나. ≠ 고추를 말리지 않아야 비가 그치지 않는다.

(38) 가. 인호가 도착하거든 우리도 출발하겠다.
　　나. *우리가 출발하지 않겠거든 인호가 도착하지 않을 것이다.

(39) 가. 인호가 일찍 왔더라면 옥이를 만났을 것이다.
　　나. ≠ 인호가 옥이를 만나지 않았더라면 인호가 일찍 오지 않았을 것이다.

이처럼 대우 관계가 성립되지 않는 데에는 명시 가능한 이유가 있다. (37가)에서는 목적 양상('teleo')이 선택되었으나 (37나)에서는 인식 양상('epist')이 선택된 것으로 보인다. 둘 다 인식 양상('epist')이 선택된 (40가)와 (40나)의 '-어야' 조건문들에서는 대우 관계가 성립된다. 양상의 변이 의미가 선택되는 것은 화용적 요인에 따르는 것이다.[748] 서로 다른 변이적 양상 의미가 둘 사이의 대우 관계 성립을 불가능하게 하는 것으로 판단된다.[749]

(40) 가. 인호가 도서관에 나타났어야 옥이도 도서관에 나타났다.
　　나. 옥이가 도서관에 나타나지 않았어야 인호도 도서관에 나타나지 않았다.

'-거든'의 어휘의미 기술에 주어지는 전제 제약으로 말미암아, (38나)는 후행절의 '의도' 요구가 지켜지지 않은 비문이 되었다. (39)의 '-었더라면' 문장들이 대우 관계를 성립시키지 않는 이유는 더욱 분명하다. (36)의 그 어휘의미 기술의 형식을 보면 이는 아예 연산자 '→'를 가진 형식이 아니다. 따라서 대우 관계가 성립할 수 없다.

이렇게 직관적으로 조건을 표현한다고 생각되는 연결어미들이 각기 상이한 고유의 의미를 가진다는 것을 확인했다. 그 고유의 의미로 말미암아 '-으면' 문장에서 가능한 대우 관계가 '-어야', '-거든', '-었더라면'의 문장에서는 성립되지 않는다. 이는 (21가)와 같은 '-으면'의 의미 기술의 타당성을 증명하는 것이다.

---

748) 인식 양상 의미가 선택된다는 것은 'epist'와 'stereo'의 쌍이 선택된다는 뜻이다. 그 선택의 구체적 절차를 기술하기 위해서는 담화 표상을 활용한 발화 맥락에서의 화용론적 해석 절차에 대한 설명이 필요하다.

749) 다음 (a)와 (b)는 동치 관계가 성립하지 않는다.
　a. 배가 고프면 밥을 먹는다.
　b. 밥을 먹지 않으면 배가 고프지 않다.
　이와 관련하여서도, 앞의 각주에서 지적한 것처럼, 조건문의 대우 관계가 성립하는 것은 변이적 양상 의미가 '인식 양상'일 경우에 한한다는 일반화가 존재하는 것으로 본다. (a), (b)는 인식 양상 의미 아닌 총칭적 의미여서 이 일반화가 적용되지 않는 것으로 판단한다.

10.1.2.3. 반사실성 표현의 강도

한국어에는 반사실성 조건을 위한 고유한 연결어미 '-었더라면'이 있다고 하였다. 이 사실과는 별도로, '-으면' 문장도 반사실성 조건을 표현할 수 있음을 지적하였다.

대화의 참여자 모두가 사기꾼이라고 인정하는 인물 A가 있다고 하자. 즉 A는 정직하지 않은 것이 현실 세계의 사실이다. 화자가 다음과 같은 세 개의 '-으면' 문장을 발화하는 경우, (41가)는 반사실성 조건문으로서 자연스러운 반면, (41나, 다)는 부적격한 느낌을 준다. 그 이유는 무엇인가?

(41) 가. A가 정직하면 모기는 참새다.
　　나. ?A가 정직하면 모기는 참새일 거다(참새일 것이다).
　　다. ?A가 정직하면 모기는 참새겠다.

'-으면' 조건문은 필연 양상의 표현이며, 실질함언의 연산자 '→'를 가지는 의미 형식으로 기술된다고 하였다. 양상 표현인 '-으면' 조건문의 양상기반 함수에는 '믿음/생각(doxastic) 양상기반'이 포함되는데, 이에 따라 사실 아닌, 생각/상상 속에서 선행절 명제와 후행절 명제가 성립하는 가능세계들이 상정될 수 있다. (41가)는 이 생각/상상 속의 가능세계들 모두에서 'A가 정직하다'는 명제가 성립하고, 이는 곧 그 세계들 모두에서 '모기가 참새이다'가 성립하는 귀결을 가진다는 뜻을 표현하는 것이다.

그러나 (41나, 다)는 후행절이 가능 양상을 표현하는데, 필연 양상인 전체 문장으로서의 '-으면' 조건문의 후행절 안에 가능 양상 '-을 것이-', '-겠-'이 포함되어, (26)의 추론 규칙에 따라 전체 문장이 가능 양상 표현이 된다. Grice(1975)의 '양의 격률'에 따라, 될 수 있으면 정보량이 많은 표현을 발화해야 '협조 원리'에 부합하게 된다. (41나, 다)는 정보량에서 (41가)보다 적은 정보를 전달하는 표현이어서 '양의 격률'에 위배되는 것이, 이들 문장이 화용적으로 부적격해지는 이유이다. 이러한 설명 역시 (21가)의 어휘의미 설정을 바탕으로 해서 가능한 것이다.

10.1.2.4. 조건절이 둘 이상 실현되는 경우

크라처 방식의 영어 조건절 분석의 특징은 영어의 'if'가 고유의 진리조건적 의미 내용을 갖지 않는다는 것이다. 'if' 절이 한 번만 실현되는 구문에서는 주절의 양상 요소를 가정하여, 이 양상 의미를 한정하는 의미 형식을 만들어낸다. 그러나 'if'에 대응되는 '-으면'이 두 번 실현되는 다음 예는 이러한 입장에서 큰 난점이 된다.

(42) 집으로 우편물들이 배달되면, 그것이 광고성의 우편물로 보이면, 모두 폐기처분했다.

그러나 필자의 방안에서 '-으면' 절은 I'에 부가되는 부가어로서의 CP로서, 둘 이상 중복되는 것이 통사적으로 아무런 문제를 제기하지 않는다. (42)와 같이 '-으면' 절이 중복된 구조는 위 (23)과 같은 해석을 중복적으로 수행함으로써 그 의미 형식을 얻을 수 있다.

(42)' ∀w' ∈ BEST(epist, stereo, w) & 집으로_우편물들이_배달된다(w') →
　[∀w" ∈ BEST(epist, stereo, w') & 그것이_광고성_우편물로_보인다(w")
　　→ 모두_폐기처분했다(w")]

즉, (21가)에 주어진 '-으면'의 의미 형식의 첫째 논항 'λp'에는 '집으로 우편물들이 배달되-∅-'의 의미 형식이 대입되고, 둘째 논항 'λq'에는 <s,<e,t>> 타입인 '그것이 광고성의 우편물로 보이면, 모두 폐기 처분하-∅-'의 의미 형식이 대입된다. 후자는 다시 조건문의 형식을 가지므로 '-으면'의 함수 작용에 따라 다시 '그것이 광고성의 우편물로 보인다'와 '모두 폐기 처분하-었-'이 각각 'λp'와 'λq'에 대입되면 (42)'과 같은 의미 형식이 도출된다.

10.1.2.5. 명사구 양화사의 영역을 한정하는 '-으면' 절의 문제

다음 (43나)는 통사적으로는 부적격하지 않으나, 총칭적 상황 아닌 특정적, 구체적 상황에서 (43가)와는 달리 의미적으로 부적격하다(von Fintel & Iatridou 2002: 6). 상응하는 한국어 문장들에서도 같은 관찰을 할 수 있다.

(43) 가. Every book that I needed for the seminar happened to be on the table.
　나. #Every book happened to be on the table if I needed for the seminar.
(44) 가. 수업에 필요한 책들 모두가 마침 책상 위에 있었다.
　나. #책들 모두가, 수업에 필요하면, 마침 책상 위에 있었다.

이와 같이 주어 명사구가 전칭 양화사를 가지는 영어 조건문의 경우는 크라처 방식의 조건문 분석의 입장에 대하여 문제를 제기한다. 양화사의 영역 한정의 기능을 근거로 영어의 'if'가 그 고유의 진리조건적 의미를 갖지 못한다고 기술해 온 것이 표준적 형식의미론의 영어 조건문 연구의 관행이었는데, (43)에서는 영역 한정의 기능을 가짐에 틀림없는 것으로 인정되는 관계절과는 달리, 'if' 절이 같은 상황에서 적합하게 쓰일 수 없는 것이다. von Fintel & Iatridou(2002)는 영어의 관련 구문들에 대한 면밀한 검토의 결과, 'if' 절이 명사구 양화사의 영역 한정 기능을 갖지 않으며, 'if'가 양상 의미를 포함한 고유의 조건 의미를 가지는 것으로 기술해야 한다고 결론 내렸다.

이들의 결론은 '-으면'이 양상 요소로서 위 (21가)와 같은 자신의 의미 정의를 가지는 것으로 분석하는 필자의 입장과도 부합되는 것이다. 명사구 양화사를 주어로 가지는 '-으면' 조건문의 통사구조는 대략 (45나)와 같다.

(45) 가. 학생들 모두가 성적이 좋으면 장학금을 신청했다.
　　나. 학생들 모두가 [$_{I'}$ [$_{CP}$ 성적이 좋으면][$_{I'}$ 장학금을 신청하-었-]]-다.

'-으면' 절은 I' 부가어로서 I' 인 '장학금을 신청하-었-'에 부가되어 다시 I' 를 형성하므로 결국 위 (23)의 절차에서 얻어지는 것과 같은 1-자리 술어의 의미 형식을 얻게 된다. 즉 <s,<e,t>> 타입의 술어이므로 주어인 일반화 양화사(<<s,<e,t>>,t>)의 한 논항으로 취해지는 데에 아무런 문제가 없다. 위 (21가)의 의미 정의를 바탕으로 한 우리의 해석 체계는 (44), (45)와 같은 구문들에 대해서 일관된 설명을 가능하게 해 준다.

10.1.2.6. 조건문의 주절에 양화 부사가 실현되는 경우

한국어에도 주절에 양화 부사가 실현되는 경우가 있다. 조건절이 주절의 양화 부사의 영역 한정 기능을 가진다고 하는 Lewis(1975)의 관찰을 포착하는 것이 Kratzer(1981, 1991b)의 이론의 주요 동기였다. 이에 따르면 (46가)와 같은 한국어 문장은 (46나)와 같이, 양화사 '항상/가끔'과 그 영역을 한정하는 부분('restrictor')과 주요 서술 부분('nuclear scope')의 세 부분을 가지는 의미 형식으로 형식화된다.

(46) 가. 인호는 비가 오면 항상/가끔 음악을 듣는다.
　　나. 항상/가끔([비가 온다])([인호는 음악을 듣는다])

다음과 같이 양화 요소가 두 개가 실현될 수도 있다. 크라처 방식의 이론들에서는 이 경우 조건절이 '항상'의 영역을 한정하는지, 양상 요소 '-을 것이-'의 영역을 한정하는지를 결정해야 하는 곤경에 처하게 된다.[750]

(47) 인호는 비가 오면 항상 음악을 들을 것이다.

필자의 방안은 위 (21가)의 '-으면'의 어휘의미적 정의와, (47가)'과 같이 주어진 통사구조를 바탕으로, 함수적용규칙의 적용을 통해서 의미를 합성하는 것이다. 필자의 관점에 따르면 '-으면'은 양상 요소의 하나이므로, (47)은 '-으면'과 '항상'과 '-을 것이-'의 세 양화 요소를 가진다. '-으면'이 가장 상위에 있고, 다음으로 '항상', '-을 것이-'가 차례로 안기는, 대략 (47나)'과 같은 의미구조를 갖게 된다.[751]

(47)' 가. 인호는 [$_{I'}$ [$_{CP}$ 비가 오면][$_{I'}$ 항상 [$_{I'}$ 음악을 듣-을 것이-]]]-다.
나. ∀w': w'∈ BEST(epist, stereo, w) & 비가_온다(w') → [∀w": ∃w‴ ∈ BEST(epist, stereo, w"): 인호가_음악을_듣는다(w‴)], 여기에서 w"는 w'의 부분인 최소 상황(minimal situation)임.

즉, 현실 세계를 기준 세계로 하여 인식의 관점에서 산출된 인식된 세계들 모두에 대하여, 다시 각각의 세계에서 그 세계의 부분인 최소 상황들 모두에 대하여, 그 상황들을 기준 세계로 하여 인식의 관점에서 산출된 인식된 세계들 일부에서 인호가 음악을 듣는다는 사건이 참이 됨을 (47) 문장은 나타낸다. 조건절이 양화사의 영역을 한정하는 기능을 가진다는 크라처 방식의 처리에서 발생하는 문제들이 우리의 방안에서는 문제가 되지 않는다.

---

750) 특히 von Stechow(2004)나 위 (14), (15)에 요약한 Stephenson(2007)의 이론이 이러한 어려움에 처하게 된다. 양상 의미 형식과 (삼치논리의) 조건 연산자의 형식('p ⇒ q')을 분리한 (17)-(19)의 Huitink(2008)의 이론은 이 같은 문제는 없으나, 'p ⇒ q'를 '항상'의 영향권 하에 위치시킬지, '-을것이-'의 영향권 하에 위치시킬지를 결정해야 하는 어려움에 처하게 된다.

751) (47나)'에서 w"이 w'의 부분 상황이고, 최소 상황이라는 서술은 크라처의 상황의미론(von Fintel 1994: 12-20을 참조)에 입각하여 규정한 것이다. 이에 따르면 세계는 상황의 하나로서, 최대 상황(maximal situation)이라고 상정된다. 상황들 간에는 부분순서 관계, 즉 '전체-부분'의 관계가 성립된다. 그 부분을 갖지 않은 상황을 최소 상황(minimal situation)이라고 한다. w"이 w'의 부분으로서의 최소 상황임을 명시한 '여기에서' 이후의 부분은 '항상'의 어휘의미 기술로부터 나오는 것으로 본다. 이렇게 '항상' 등의 양화 부사를 최소 상황을 양화하는 양화사로 처리하는 것은 von Fintel(1994: 12-20)의 아이디어를 원용한 것이다.
'-으면', '-을 것이-'가 양상 요소라는 점은 (47나)'에서 둘이 각각 ∀w', ∃w‴ 과 같은 세계에 대한 양화의 형식과 'BEST' 함수 형식을 가지는 점으로 표시된다. 이에 비하면 양화 부사 '항상'은 ∀w"와 같이 'BEST' 함수 없는 양화의 형식만을 가진다는 점에서 양상 요소와 구별된다.

10.1.3. 이 외의 조건 접속문: '-어야', '-거든', '-었더라면', '-었던들'을 매개로 하는 접속문

위에서는 연결어미 '-으면'을 매개로 하는 접속문을 중심으로 한국어 조건문의 통사의미론적 기술 방안을 보였다. 한국어의 조건문은 이 외에도 연결어미 '-어야', '-거든', '-었더라면', '-었던들'을 매개로 하는 접속문의 형식으로 표현된다. 현대 한국어에서 '-었더라면'과 '-었던들'이 나타내는 진리조건적 의미는 동일하다는 것이 필자의 판단이다. '-으면' 조건문 외의 조건문들에 대해 간략히 정리하기로 한다.

필요조건의 '-어야' 조건문

'-어야' 연결어미 절도 통사적으로는 '-으면' 연결어미 절과 같이 I′ 부가어이다(2.4.2.1절 참조). '-어야'의 의미의 본질은 선행절 내용이 후행절 내용이 이루어지기 위한 필요조건임을 나타내는 것이다. '-어야' 접속문은 필요조건 조건문이기 때문에 충분조건 조건문인 '-으면' 접속문과 선·후행절의 순서만 바꾼 채로 동치 관계를 이룰 것이 기대된다.

이에 대한 필자의 설명은, 양상 문장인 조건문에서 그 양상 의미가 인식/반사실성 양상 의미일 때에는 '-어야' 조건문과 '-으면' 조건문이 선·후행절의 순서만 바꾼 채로 동치 관계가 성립한다는 것이다. 두 조건문이 다른 양상 의미를 가질 때에는 그와 같은 동치 관계가 성립하지 않는다. 기준 시구간과 기준 판단자를 더 가지는 해석 함수를 이용한 두 연결어미의 의미 정의를 가지고 이 점을 증명해 보자.

(48) 필요조건의 연결어미 '-어야'

가. ⟦ -어야 ⟧ $= [\lambda p{:}\ p \in D_{<s,<i,<e,t>>>}.\ \lambda q{:}\ q \in D_{<s,<i,<e,<e,t>>>>}.\ \lambda x{:}\ x \in D_e.$
$\forall \langle w',t',y\rangle{:}\ \langle w',t',y\rangle \in \mathrm{BEST}(\mathrm{circ/epist,\ deon/boul/teleo/stereo},\ w,\ t,\ j)$
$\&\ j = y\ \&\ q(w')(t')(y)(x)] \rightarrow p(w')(t')(y) = 1]$

나. 저 물체가 동물이어야 그 물체는 고래이다.

다. 네가 과태료를 내야 인호가 압류된 자동차를 찾을 수 있다.

(49) 충분조건의 연결어미 '-으면'

가. ⟦ -으면 ⟧ $= [\lambda p{:}\ p \in D_{<s,<i,<e,t>>>}.\ \lambda q{:}\ q \in D_{<s,<i,<e,<e,t>>>>}.\ \lambda z{:}\ z \in D_e.$
$\forall \langle w',t',x\rangle{:}\ \langle w',t',x\rangle \in \mathrm{BEST}(\mathrm{epist,\ stereo},\ w,\ t,\ j)\ \&\ j = x\ \&$
$p(w')(t')(x) \rightarrow q(w')(t')(x)(z) = 1$

나. 저 물체가 고래이면 그 물체는 동물이다.

다. 인호가 압류된 자동차를 찾을 수 있으면 네가 과태료를 낸다.

(48나)와 (49나)는 동치이다. 이는 (48가), (49가)의 의미 정의에 따라 증명된다. (27)의 '-어야' 조건 구문에서는 발화 맥락에서, 화용론적 원리에 따라, 여러 개의 잠재적 양상기반 함수, 순서근거 함수 중에서 인식(epist)/전형성(stereo)의 함수들이 결정되어, 인식 양상의 의미로 해석된다. 같은 인식 양상 하에서 (50)과 (51)은 동치가 된다.[752)]

(50) "저 물체가 동물이어야 그 물체는 곰이다."의 의미 형식:
$\forall$<w',t',y>: <w',t',y> $\in$ BEST(epist, stereo, w, t, j) & j = y
& 저-물체는-곰이다'(w')(t')(y) → 저-물체는-동물이다'(w')(t')(y)

(51) "저 물체가 곰이면 그 물체는 동물이다."의 의미 형식:
$\forall$<w',t',x>: <w',t',x> $\in$ BEST(epist, stereo, w, t, j) & j = x
& 저-물체는-곰이다'(w')(t')(x) → 저-물체는-동물이다'(w')(t')(x)

그러나 (48다) 문장("네가 과태료를 내야 인호가 압류된 자동차를 찾을 수 있다.")은 의무 양상의 표현으로 고정되는 까닭에, 의무 양상의 의미를 가질 수 없는 '-을 수 있-'를 포함하는 (49다) 문장("인호가 압류된 자동차를 찾을 수 있으면 네가 과태료를 낸다.")과 동일한 의미로 해석될 수 없다.

의도의 '-거든' 조건문

조건 연결어미들 중에서 '-거든'이 가지는 고유의 의미 특성은 의도 양상의 표현이라는 점이다.[753)]

'-거든'은 통사적으로 명시어 구조를 형성하는, 명시어 구조의 머리성분으로서, 그 의미의 본질은 의도 양상의 관점에서의 조건 관계를 표현하는 것이다. '-으면'과 같이 선행절 내용이 후행절 내용이 이루어지기 위한 충분조건임을 나타내되, 이러한 조건 관계가 의도 양상의 관점에서 산출되는 가능세계들에서 성립함을 뜻하는 것이다.

---

752) 양정석(2020가)에서는 조건문의 양상이 인식 양상으로 선택될 경우에만 선•후행절을 바꾼 '-으면' 조건문과 '-어야' 조건문의 동치 관계가 성립됨을 밝혔다. 조건문의 대우 관계가 성립하는 것은 인식 양상 또는 반사실성 양상으로 결정되는 경우로 국한된다.

753) 이기갑(1987)에서는 '-거든'이 후행절에 의도 구문을 요구한다는 관찰을 제시하였는데, 필자는 '-거든'의 의미 정의에 의도 양상기반을 전제 의미로 표시하여, 합성된 문장 의미 형식이 결과적으로 의도 양상 의미를 갖도록 형식화한다.

(52) 의도 조건의 연결어미 '-거든'

$[\lambda p_{<s,<i,<e,t>>>}. \lambda q_{<s,<i,<e,t>>>}$: q는 양상기반 함수 intend를 포함할 것.

$\forall <w',t',x> : <w',t',x> \in BEST(epist, stereo, w, t'', j)\ \&\ j = x\ \&$

$p(w')(t')(x) \rightarrow q(w')(t')(x)\ \&\ t'' > t\ = 1\ ]$

EX. 비가 오거든 내가 빨래를 걷어들이겠다/네가 빨래를 걷어들여라/우리가 빨래를 걷어들이자/내가 빨래를 걷어들이마.

이 의미 정의 자체는 인식 양상의 형식이지만, 후행절(q)에 의도 양상 형식을 요구함으로써, 후행절의 의도 양상 의미가 추론규칙에 따라 전체 문장의 양상 의미로 바뀌는 절차가 실행되게 된다. 이 추론규칙이 앞에서 (33)으로 제시한 '추론규칙2'이다.

(33) 추론규칙2(인식 양상의 영향권 안에 있는 의도 양상의 상승 통합):

$\forall w' : w' \in BEST(\mathbf{epist}, stereo, w)\ \&\ p(w') \rightarrow [\forall w'' : w'' \in BEST(\mathbf{intend}, stereo, w') \rightarrow q(w'')]$

$\Rightarrow \forall w' : w' \in BEST(\mathbf{intend}, stereo, w)\ \&\ p(w') \rightarrow q(w')]$

다만, 이 규칙은 기준점으로 시구간과 판단자가 추가된 형식으로 조정될 필요가 있다.

반사실성 조건의 연결어미 '-었더라면'과 '-었던들'

반사실성 조건 관계를 고유하게 표현하는 연결어미로 복합 형식 '-었더라면'과 '-었던들'이 있다.[754)]

(53) 반사실성 조건의 연결어미 '-었더라면'

$[\lambda p: p \in D_{<s,<i,<e,t>>>}. \lambda q: q \in D_{<s,<i,<e,t>>>}. \forall <w',t',x>: <w',t',x> \in$

$BEST(dox, counterfactual, w, t, j)\ \&\ j = x\ \&\ p(w')(t')(x)\ \&\ q(w')(t')(x)$

= 1, 단, $t'<t$인 시간 t'에 $p(w)(t')(j) = 0$인 경우에만 이 정의가 성립된다]

EX. 인호가 좀더 일찍 왔더라면 순희를 만났을 것이다.

754) 이 '-었더라면'의 의미 정의는 양정석(2020나)에서 제시한 형식에서 전제를 정의 성립 조건으로 나타내고 시구간(t), 판단자(j)의 기준점을 더하여 나타낸 것이다. 또 원래는 가능세계 변수에 대한 양화를 존재 양화(∃)로 나타냈으나 다른 조건 연결어미와의 평행성을 드러내기 위해 보편 양화(∀)로 바꾸었다. 그러나 '-었더라면' 조건문의 후행절은 항상 '-을 것이-' 등의 가능 양상 표현으로 실현되기 때문에 위 (26)의 추론규칙이 적용되어 결과적으로 존재 양화(∃)의 가능 양상 표현이 된다. '-었던들' 조건문도 이 점에서 같다.
'counterfactual'로 표시한 반사실성 양상은 Condoravdi(2002), Abusch(2012)에서 논의한 '형이상학적 양상(metaphysical modality)'과 동일한 것이다.

(54) 반사실성 조건의 연결어미 '-었던들'

$[\lambda p: p \in D_{<s,<i,<e,t>>>}. \lambda q: q \in D_{<s,<i,<e,t>>>}. \forall <w',t',x>: <w',t',x> \in BEST(dox, counterfactual, w, t, j)\ \&\ j = x\ \&\ p(w')(t')(x)\ \&\ q(w')(t')(x) = 1]$, 단, $t'<t$인 시간 t'에 $p(w)(t') = 0$인 경우에만 이 정의가 성립된다, +문어체]

EX. 인호가 좀더 일찍 왔던들 순희를 만났을 것이다.

이 두 의미 정의에 따르면 '-었더라면'과 구별되는 '-었던들'의 의미 차이는 단지 자질 '+문어체'를 가지는 것뿐이다.[755] 선행절이 요망/소망되는 상황이어야 한다는 전제를 가지는 것이 그 의미 차이가 아닌가 가정해 볼 수 있다. 그러나 다음 예들은 이러한 가정을 배제한다.[756]

(55) 가. 만일 김천에서 최준 아저씨 같은 분을 안 만났던들 어떻게 될 뻔했을까?
나. 근세 이래 발달한 천문학이 아니었던들 우리는 시간·공간에 대한 정당한 관념조차 얻지 못하였을 것이다.

현재로서는 '-었던들'이 '-었더라면'과 다른 점은 문어체라는 점 말고는 없는 것 같다. 불충분하나마 [+문어체]와 같은 자질을 '-었던들'의 의미 기술에서 그 정의 성립 조건에 추가함으로써 '-었더라면'과의 차이를 명시할 수밖에 없다.[757]

---

755) 서정섭(1991)에서는 '-었던들'이 양보의 연결어미 '-은들'에 '-었-'과 '-더-'가 결합한 형식이라고 서술하고 있다. 서정섭(1991: 87-98)에서 든 예들 중 거의 모두가 '-었던들'을 '-었더라면'으로 바꾸어도 같은 뜻이 된다. (b)의 두 예만은 -었던들'을 '-었더라면'으로 바꾸기 어렵다. 그러나 필자에게는 이 두 예가 매우 어색한 표현으로 받아들여진다.

a. 가. 철수가 살아만 있었던들 오늘이 이렇게 슬프지는 않을텐데.
나. 학교 다닐 때 공부를 열심히 했던들 오늘날 이 고생은 안 할텐데.
다. 할아버지께서 어서들 오라며 맞이해 주시지 않았던들 제보자를 다시 찾아나서야만 했었을 것이다.
라. 네가 갔었던들 그 사람을 설득시킬 수 있었겠느냐?
마. 철수가 공부를 열심히 했었던들 누가 싫다고 했겠느냐?

b. 가. 내가 갔던들 너를 잊었겠느냐?(89쪽)
나. 봉급쟁이가 10년을 저축했던들 얼마나 했겠느냐?(92쪽)

756) (55)의 두 예는 국립국어원의 '세종 말뭉치'에서 찾은 것이다. 이후 10.2절에서 제시하는 예문들은 출처를 명시하지 않은 경우 국립국어원의 '세종 말뭉치'에서 찾은 것이다.

757) '[+문어체]'라는 자질은 진리조건 함수 형식에 어울리지 않는 형식이다. 양정석(2017: 6장)에서는 진리조건적 함수 형식의 의미 형식인 '지시 층렬'과 함께 의미역 구조를 중심으로 한 의미 기술을 '기술 층렬'의 의미 형식으로 나타낼 것을 제안한 바 있다. 이 책에서는 [부록]에 그 필요성을 논하였다. '[+문어체]' 자질은 지시 층렬에는 표시되지 않고 기술 층렬에 표시되는 것으로 본다.

10.1.4. 조건 접속문 마무리

이상에서 '-으면' 조건문을 중심으로 한국어 조건문의 통사의미적 합성 절차를 기술하였다. '-으면' 문장은 양상 표현으로서, 인식 양상기반과 전형성 순서근거 또는 믿음 양상기반과 반사실성 순서근거를 바탕으로, 접근가능성 함수(Portner의 'BEST')에 의해 산출되는 가능세계들을 양화하는 양상의 의미를 가진다. 또한 '-으면' 문장은 실질함언의 조건 연산자의 의미도 포함한다. 접근가능성 함수에 의해 항상 구체적인 양상의 관점에 따른 가능세계들의 집합이 주어지므로, 실질함언의 조건 기호 '→'는 엄밀함언의 의미로 사용된다. 즉, 현실의 한국어 '-으면' 문장이 사용될 때에는 언제나 특정의 양상기반과 순서근거가 선택되므로, 이들이 매개하는 접근가능성 함수에 의해 산출되는 가능세계들의 존재를 바탕으로 한 'p → q' 형식의 p는 항상 참일 수밖에 없고, 따라서 q의 참, 거짓에 따라 전체 조건문의 참, 거짓이 결정되는 엄밀함언 해석이 나올 수밖에 없다.

'-으면' 조건문이 영어의 'if' 조건문과 크게 다른 점은 '-으면'이 그 문장의 구성을 위해, 결코 생략될 수 없다는 데에 있다. 이 점을 포착하기 위하여, 동일성 함수로 설정되어 온 'if'와는 달리, '-으면'은 진리조건적 내용을 가지고, 그 어휘의미적 기술 내용이 '-으면' 조건문 전체의 의미구조를 결정하도록 설정되었다. I' 부가어로서의 '-으면' 절의 통사구조로부터 합성성 원리를 준수하는 통사의미적 합성 절차가 체계적으로 진행된다.

이 외의 조건 접속문, 필요조건 조건문인 '-어야' 접속문, 후행절에 의도 구문을 그 전제로 요구하는 '-거든' 접속문, 반사실성 조건문인 '-었더라면' 접속문과 '-었던들' 접속문에 대해서도 그 통사의미론적 합성의 방안을 보이고 이들에 대하여 제기되는 문제점들에 대한 해결 방법을 제시하였다.

10.2. 양보 접속문: '-어도, -더라도, -을지라도, -을망정, -을지언정, -기로서니, -은들'[758]

10.2.1. 양보 의미의 특성과 양보 연결어미들 간의 의미 차이

양보 연결어미들의 의미 기술에서 드러나는 공통의 형식적 특징은 특정의 전제 의미 성분을 가진다는 점이다. 양정석(2017)에서는 양보 연결어미들이 공통적으로 '후행절 q

758) 이 절은 '조건 구문과 양보 구문의 통사의미론'이란 제목으로 배달말 67집(2020)에 실렸던 논문의 일부를 다듬어서 제시하는 것이다.

가 선행절 p와 관련하여 기대되는 상황과 상반되는 상황'이라는 전제 의미를 가진다고 명시하였다.[759] 이 전제 의미는 단언(assertion) 형식에 추가되는 정의 성립 조건(definedness condition)의 형식으로 표시되었다.

'q가 p와 관련하여 기대되는 상황과 상반되는 상황'은 아직 형식의미론적으로 명세화된 서술이 아니다. 이 절의 주요 과제는 각 양보 연결어미의 의미 기술에 이 공통의 내용을 명세화하고, 이에 추가하여 각 연결어미 고유의 의미를 나타내는 일이다. 양보 연결어미들의 공통 전제 의미로서의 'q가 p와 관련하여 기대되는 상황과 상반되는 상황'은, Rooth(1985, 1996)의 대안형 의미론(Alternative Semantics)의 개념을 이용하여, 'p-으면 q' 형식의 대안형이 'p-으면 ¬ q' 형식의 대안형보다 덜 기대에 부합된다는 뜻으로 형식화된다.[760]

각 연결어미의 전제의 내용을 세밀히 관찰해 보면, 전제가 선행절 명제 'p'와 후행절 명제 'q'를 가지는 조건문 'p-으면 q'의 형식을 포함하는 경우와 함께, 단지 'p' 또는 'q'에 대한 제약으로 기술되어야 하는 경우도 있음을 알게 된다. '-기로서니, -은들'은 선행절 'p'가 어떤 척도 상의 극단에 놓이는 상황임을 전제한다. 또한 '-기로서니, -은들'은 'q'가 반어적 의문이나 의도의 의미 형식일 것을 요구한다.[761]

각 양보 연결어미들의 의미 차이를 그 전제 내용을 중심으로 다음과 같이 요약하기로 한다. 각 항목의 구체적인 뜻은 다음 절에서 개별적 양보 연결어미의 예와 함께 보충적으로 설명할 것이다.

(1) 가. p-어도 q: 'p-으면 q' 형식의 대안형들이 'p-으면 ¬ q' 형식보다 덜 기대에 부합됨.
나. p-더라도 q: 'p-으면 q' 형식의 대안형들이 'p-으면 ¬ q' 형식보다 덜 기대에 부합됨.
다. p-을지라도 q: 'p-으면 q' 형식의 대안형들이 'p-으면 ¬ q' 형식보다 덜 기대에 부합됨, +문어체

759) 이 전제 의미는 서정섭(1991)의 양보 의미에 대한 관찰을 바탕으로 조정한 것이다.

760) 이 개념에 대해서는 10.2.2절에서 구체적으로 설명할 것이다.

761) 앞 장의 9.6절에서는 반어의문문을 형성하는 의문형어미가 그 선행 명제에 대한 부정의 형식을 전제 내용으로 가지는 것으로 정의하였다. 이에 따르면 '-기로서니, -은들'이 그 후행절에 대한 전제로 '반어적 의문'의 의미 형식일 것을 요구한다는 점을 이들의 어휘기재항에 명시하는 일은 쉽지 않은 과제가 된다. 뒤에 제시하는 '-기로서니, -은들'의 의미 정의에는 잠정적으로 '반어적 의문'이라고만 나타냈으나, 더 세심한 고찰이 필요하다. '[+문어체]'의 자질로 구별되는 경우처럼 이 경우도 '[+반어의문]'을 기술 층렬의 자질로 명시하고 '-기로서니, -은들'가 기술 층렬에서의 의미적 요구로 후행절 명제에 이 자질을 요구하도록 나타내는 방법도 생각해 볼 만하다. 제9장에서는 의문문을 양상기반 '믿음(doxastic)'과 함께 순서근거 '회의(dubitative)'로 표시되는 양상 의미 형식으로 기술하였는데, '-기로서니, -은들'의 후행절에 대한 전제로 '회의' 순서근거에 대한 요구만을 명시하는 것도 하나의 방법이다.

(2) 가. p-을망정 q: 'p-으면 q' 형식의 대안형들이 'p-으면 ¬ q' 형식보다 덜 기대에 부합됨, p에는 의문사 실현 불가
나. p-을지언정 q: 'p-으면 q' 형식의 대안형들이 'p-으면 ¬ q' 형식보다 덜 기대에 부합됨, p에는 의문사 실현 불가, +문어체
(3) 가. p-기로서니 q: 'p-으면 q' 형식의 대안형들이 'p-으면 ¬ q' 형식보다 덜 기대에 부합됨, p에는 의문사 실현 불가, p는 척도 상의 극단에 놓이는 상황임, p는 판단자에게 기정 사실로 인정됨, q는 반어적 의문이나 의무의 양상 의미 형식이어야 함.
나. p-은들 q: 'p-으면 q' 형식의 대안형들이 'p-으면 ¬ q' 형식보다 덜 기대에 부합됨, p는 척도 상의 극단에 놓이는 상황임, q는 반어적 의문의 양상 의미 형식이어야 함.

단언 부분은 기본적으로 조건문의 양상 의미 형식으로 나타낸다. 다만 '-을망정, -을지언정, -기로서니'는 선·후행절이 조건('→') 아닌 연접('&')으로 연결된 보편 양화의 형식이라는 점이 그 외의 것들과 다르다.

10.2.2. 양보 연결어미 '-어도', '-더라도', '-을지라도'

양보 연결어미 '-어도'의 의미를 양정석(2017)에서는 다음 (4)와 같이 기술하였다. (5가)의 예를 들어 설명하면, '몸이 튼튼한' 것이 '늘 영양가 없는 식사를 하는' 사실에 비추어 기대와 상반된다는 전제 의미를 가지고, '늘 영양가 없는 식사를 하고 몸이 튼튼한' 것이 참이 되는 일부 가능세계들이 존재한다는 단언 의미를 표현한다. '단' 이후의 서술이 전제 의미를 표현하는 '정의 성립 조건'이다.

(4) 양보의 연결어미 '-어도'
[λp. λq. ∃<w',t',x>: <w',t',x> ∈ BEST(epist, stereo, w, t, j) & j = x
& p(w')(t')(x) & q(w')(t')(x) = 1, 단, q는 p와 관련하여 기대되는 상황과 상반되는 상황일 경우에만 이 정의가 성립됨]
(5) 가. 늘 영양가 없는 식사를 해도 몸이 튼튼하다.
나. 철수가 안 왔어도 우리 팀이 승리했다.
다. 찬물로 목욕을 해도 감기 한번 안 걸리고 건강하다.
라. 올가미에 그물이 한 가닥만 발에 감기어도 벌써 목숨은 없어진다.

여기에서는 전제 의미 'q가 p와 관련하여 기대되는 상황과 상반되는 상황'을 'p-으면 q' 형식의 대안형들이 'p-으면 ¬ q' 형식보다 덜 기대에 부합된다는 뜻으로 형식화려고

한다.

'-어도'는 연결어미 '-어'와 보조사 '-도'의 결합으로부터 발달한 단위로서, 그 의미는 '-도'의 의미와 많은 공통점을 가지고 있다. '-도'는 그 선행 명사구를 담화상의 영역에 주어지는 대상들로 대체한 문장들의 집합을 그 전제 의미의 형식으로 가지는 특징이 있다. 이 점에서 기원적으로 '-도'를 포함하는 연결어미들 '-어도', '-더라도', '-을지라도'는 공통의 의미적 특징을 가진다고 생각된다. 이러한 전제 의미를 보다 일반적 형식으로 나타낼 필요가 있다. Rooth(1985, 1996)의 대안형 의미론에서 말하는 '초점의미값'의 형식화를 이 전제 의미의 기술에 활용할 수 있다.

대안형 의미론에서는 초점 성분을 포함하는 문장은 보통의 의미값(단언 부분의 진리조건적 형식)과 초점의미값의 두 의미 형식을 가진다고 본다. 초점의미값은 그 초점 성분을 변수로 대체한 문장의 의미 형식에서 변수에 담화상의 영역에 존재하는 모든 대상을 대입하여 이루어진, 문장 의미 형식들의 집합이다. 예를 들어, (6가)와 같은 '-도' 문장의 초점의미값은 다음과 같다.[762] 초점의미값은 곧 대안형들의 집합인데, 이를 뒤에서 참조하기 위해 C로 나타내기로 한다.

(6) 가. p = 철수가 [$_{초점}$ 인호도] 만났다.
나. (담화상의 영역에 '철수', '인호', '순희', '영호', '준기'가 있다는 가정에서)
⟦p⟧^{F} = C = {철수가 인호를 만났다, 철수가 순희를 만났다, 철수가 영호를 만났다, 철수가 준기를 만났다}

표준적 형식의미론에서 이러한 초점의미값은 '-도' 문장이 가지는 전제 의미로 간주된다. 이는 '-도'가 (6가)와 같은 문장을 범위로 하여 작용하되, (6나)와 같은 대안형 집합을 그 전제 의미로 요구하는 함수임을 뜻한다.

Guerzoni & Lim(2007: 278)은 영어의 초점사 'even'의 문장에서 초점사 'even'이 이를 제외한 문장을 범위로 그 대안형 집합 C를 형성하고, 그 의미는 다음과 같은 'p(w)'의 단언 의미와 '존재 전제', '척도 전제'의 전제 의미를 가지는 것으로 설명할 수 있음을 보였다. 'p $<_{likely/expected}$ q'는 명제 p가 명제 q보다 기대에 부합됨이라는 뜻에서 정도가 더 낮음을 뜻하는 것으로 상정한다.[763]

---

762) '⟦p⟧^{F}'는 p의 초점의미값을 나타낸다. 문장의 초점의미값 의미를 얻어내는 방법은 Krazter(1991b)에서 설명하고 있다. 뒤의 12.1절에서 이 설명을 요약할 것이다.

763) 이후로는 이를 더 간략히 'p $<_{expected}$ q'로 표시한다. 'p $<_{expected}$ q'는 'p가 기대에 부합됨의 관점에서 q보다 그 부합도가 낮다'는 뜻을 나타낸다.

(7) $[\![\text{even}]\!](C)(p)(w) = p(w)$, 단 이 정의는 다음 두 조건이 충족되는 경우에만 성립한다:
$\exists q \in C\,[\, q \neq p \;\&\; q(w) = 1 \;\&$ (존재 전제)
$\forall q \in C\,[\, q \neq p \rightarrow p <_{likely/expected}\, q\,]$ (척도 전제)

이들은 나아가서 영어의 양보 구문인 'even if' 문장도 초점사 'even'이 'if' 조건문을 범위로 그 초점의미값(=대안형 집합)을 형성한다고 보았다. 이들의 의도는, 영어의 'even if' 문장이 후행절의 내용을 함의하는지 여부에 따른 두 종류의 구문으로 나누어지고, 이 둘은 각각 그 초점을 받는 구성성분이 달라서 두 가지의 상이한 방식의 의미 합성 절차를 거친다는 것이다. 필자는 대안형 집합을 이용하는 이들의 전제 의미의 기술 형식을 활용한다. 그러나 'even if' 문장에서 이끌어내는 대안형의 구체적인 형식은 이들과 다르다.764) 또한, 이들은 그 전제로 위 두 가지를 명시하고 있으나, 한국어 양보 연결어미들의 의미 기술에서는 '척도 전제'만을 명시할 것이다. 다음은 수정된 '-어도'의 의미 정의이다. 여기에서 단언 부분은 위 (6)에서와 같다. 다만 그 변이적 양상 의미에 있어서 '인식(epistemic)' 양상에 추가하여 '정황(circumstantial)'과 '의도(intention)'의 양상을 더 표현할 수 있는 것으로 조정한다.765)

(8) $[\![\text{-어도}]\!]^{w} = [\lambda p.\ \lambda q.\ \forall\langle w',t',x\rangle: \langle w',t',x\rangle \in \text{BEST}(epist/circ/int, stereo, w, t, j)\ \&$
$j{=}x\ \&\ p(w')(t')(x) \rightarrow\ q(w')(t')(x) = 1$,
단, $\forall r,r' \in C\,[r \neq r' \rightarrow r <_{expected} r']$인 경우에만 이 정의가 성립됨.
(여기에서 r = (p-으면 q), r' = (p-으면 ㄱq)이며, C는 이들을 포함하는 대안형들의 집합)766)

'r'는 'p-으면 q', 'r''는 'p-으면 ㄱq'이므로, C는 'p-으면 q', 'p-으면 ㄱq' 형식으로 된 대안형들의 집합이다. 양보 구문의 선행절이 초점 성분들('누구', '무엇'도 초점 성분으로 본다)을 포함하고 있으면 C는 그 초점 성분들을 변수로 가지는 대안형들이 될 수도

764) 영어의 양보문 'even if' 문장의 분석에서 초점사 'even'이 'if' 조건문을 범위로 하여 Rooth(1985, 1996) 방식의 대안형들을 산출한다고 이론화하는 시도는 von Fintel(1994: 132-151)에서도 있었다.

765) 이러한 선택 가능한 양상기반 함수들의 차이가 '-어도, -더라도', '-을지라도' 간의 의미 차이를 결정한다(후술). 위 (4)에서와 달리, 가능세계 변수에 대한 양화 연산자를 존재 양화사 아닌 보편 양화사 '∀'로 바꾸었다. 다른 양보 연결어미들의 단언 부분의 기술에서도 모두 존재 양화사를 보편 양화사로 수정하였다.

766) 'p-으면 q'는 인식 양상으로 고정된 다음과 같은 '-으면' 문장의 의미 형식을 간략하게 나타낸 것이다. 구체적인 선행절 'p'와 후행절 'q'의 내용이 주어지면 이것이 'p', 'q'에 대입되어 다음과 같은 양상 의미 형식을 형성한다고 가정한다.
a. $\forall\langle w', t', x\rangle: \langle w', t', x\rangle \in \text{BEST}(epist, stereo, w, t, j)\ \&\ j{=}x\ \&\ p(w')(t')(x) \rightarrow q(w')(t')(x)$

있다. 초점 성분을 포함하지 않으면 그 조건문('p-으면 q')과 그 조건문의 부정('p-으면 ㄱq')을 단 두 개의 대안형으로 가지는 대안형 집합을 산출한다.[767]

(9) '-어도' 문장들의 전제 의미 예시(선행절에 의문사 없는 경우)

가. 늘 영양가 없는 식사를 해도 몸이 튼튼하다: 늘 영양가 없는 식사를 하-면 몸이 튼튼하다 $<_{\text{expected}}$ 늘 영양가 없는 식사를 하면 ㄱ[몸이 튼튼하다]

나. 철수가 안 왔어도 우리 팀이 승리했다: 철수가 안 왔-으면 우리 팀이 승리했다 $<_{\text{expected}}$ 철수가 안 왔-으면 ㄱ[우리 팀이 승리했다]

(10) '-어도' 문장들의 전제 의미 예시(선행절에 의문사가 있는 경우)

가. 누가 와도 이 문제는 해결된다: (담화상 영역의 인물: 철수, 인호, 준기)

철수가 오-면 이 문제는 해결된다 $<_{\text{expected}}$ 철수가 오-면 ㄱ[이 문제는 해결된다]

인호가 오-면 이 문제는 해결된다 $<_{\text{expected}}$ 인호가 오-면 ㄱ[이 문제는 해결된다]

준기가 오-면 이 문제는 해결된다 $<_{\text{expected}}$ 준기가 오-면 ㄱ[이 문제는 해결된다]

나. 순희가 누구를 만나도 이 문제는 해결된다: (담화상 영역의 인물: 철수, 인호, 준기)

순희가 철수를 만나-면 이 문제는 해결된다 $<_{\text{expected}}$ 순희가 철수를 만나-면 ㄱ[이 문제는 해결된다]

순희가 인호를 만나-면 이 문제는 해결된다 $<_{\text{expected}}$ 순희가 인호를 만나-면 ㄱ[이 문제는 해결된다]

순희가 준기를 만나-면 이 문제는 해결된다 $<_{\text{expected}}$ 순희가 준기를 만나-면 ㄱ[이 문제는 해결된다]

'-더라도'와 '-을지라도'도 전제 의미는 차이가 없다고 본다. (8)에서와 같이 단언 부분은 양상 의미 형식으로 기술된다. '-어도'와 '-더라도'와 '-을지라도' 간의 의미 차이는 변이적 양상 의미의 차이라고 생각된다. '-어도'는 '인식'과 '정황'과 '의도'의 양상을 표현하지만 '믿음(doxastic)'의 양상 의미는 표현하지 않는다. '-더라도'는 여기에 추가하여 믿음 양상도 표현하고, '-을지라도'는 믿음 양상을 중심으로 표현한다.[768] 이상의 판단을 가지고 '-더라도'와 '-을지라도'의 의미를 정의하면 다음과 같다.

---

767) '-을망정, -을지언정, -기로서니'는 그 선행절에 의문사를 가질 수 없다(후술). 이들의 의미 기술에는 그 전제가 위 (8)과 달리 직접 'p-으면 q $<_{\text{expected}}$ p-으면 ㄱq'와 같은 형식으로 표시된다. 그러나 (8)의 정의 성립 조건으로 표시하여도 선행절에 초점이 없는 경우는 대안형이 'p-으면 q'와 'p-으면 ㄱq'의 두 개로 환원되므로 결국 그 전제는 모든 양보 연결어미의 의미 기술에서 동일한 형식이 된다.

768) '-을지라도'는 믿음 양상을 중심으로 표현하지만, 이에 더하여 인식 양상을 표현할 수도 있다. '-을지라도'는 문어체의 표현이라는 점도 지적하고자 한다.

(11) 양보의 연결어미 '-더라도'

[$\lambda p.\ \lambda q.\ \forall\langle w', t', x\rangle : \langle w', t', x\rangle \in BEST(dox/epist/circ/int, stereo, w, t, j)\ \&\ j = x\ \&\ p(w')(t')(x) \rightarrow q(w')(t')(x) = 1$,

단, $\forall r, r' \in C\ [r \neq r' \rightarrow r <_{expected} r']$인 경우에만 이 정의가 성립됨]

(여기에서 r = (p-으면 q), r' = (p-으면 ¬ q)이며, C는 대안형들의 집합)

EX. 가시나무 숲을 헤쳐 가더라도 길은 산길 하나밖에는 없었다/결혼식에는 안 가더라도 초상집에는 가야 한다/가더라도 언제든 마음 편히 찾아와요/육두품 이하의 지식인들은 아무리 뛰어난 실력과 덕성을 갖추었더라도 행정 실무에 종사하는 기술자 이상의 지위에 오를 수 없었던 것이다.

(12) 양보의 연결어미 '-을지라도'

[$\lambda p.\ \lambda q.\ \forall\langle w', t', x\rangle : \langle w', t', x\rangle \in BEST(dox/epist, stereo, w, t, j)\ \&\ j = x\ \&\ p(w')(t')(x) \rightarrow q(w')(t')(x) = 1$,

단, $\forall r, r' \in C\ [r \neq r' \rightarrow r <_{expected} r']$인 경우에만, 그리고 j가 p를 척도상의 극단에 있는 상황으로 판단하는 경우에만 이 정의가 성립됨, +문어체]

(여기에서 r = (p-으면 q), r' = (p-으면 ¬q)이며, C는 대안형들의 집합)

EX. 몸은 비록 작을지라도 품은 뜻은 크다(연세한국어사전 1998)/비록 연애에 의하여 결혼하였을지라도 결혼 후 시간의 흐름과 함께 연애 감정은 차츰 퇴색하는 것이다.

양상기반 함수들이 'dox/epist/circ/int'와 같은 순서로 배열되면 제일 앞의 'dox'가 우선적으로 선택되고 이어서 다른 양상기반 함수가 순서대로 선택된다고 가정한다.[769]

'-더라도' 문장의 예를 들어 양보 구문의 통사의미적 합성 과정을 보이기로 한다.

(13) "인호는 떠나더라도 나는 남을 것이다."의 통사의미적 합성 절차

가. 통사구조: [$_{CP}$ [$_{C'}$[$_{IP}$ 인호는 떠나-∅-] [$_{C}$ -더라도]] [$_{CP}$ 나는 남-을것이-다]]

나. ⟦-더라도⟧ ($\lambda w''.\ \lambda t''.\ \lambda j''.$ ⟦인호는 떠나-∅-⟧$^{w'',t'',j''}$)($\lambda w''.\ \lambda t''.\ \lambda j''.$ ⟦나는 남-을것이-다⟧$^{w'',t'',j''}$) =

다. [$\lambda p.\ \lambda q.\ \forall\langle w', t', x\rangle : \langle w', t', x\rangle \in BEST(dox/epist/circ/int, stereo, w, t, j)\ \&\ j = x\ \&\ p(w')(t')(x) \rightarrow q(w')(t')(x) = 1$,
단 $\forall r, r' \in C\ [r \neq r \rightarrow r <_{expected} r']$인 경우에만 이 정의가 성립됨]([$\lambda w''.\ \lambda t''.\ \lambda j''.$ w"에서, t"에, j"에게, 인호는 떠난다])([$\lambda w'.\ \lambda t'.\ \lambda j'.\ \forall\langle w'', t'', j''\rangle \in BEST(int, stereo, w', t', j')\ \&\ j' = j'' \rightarrow$ w"에서, t"에, j"에게, 나는 남는다])

---

769) 10.1.1.1절의 (11)이 그 약정이다. 이러한 약정을 양정석(2020나)에서 처음 제안하였다.

라. [∀<w', t', x> : <w', t', x> ∈ BEST(epist, stereo, w, t, j) & j = x & w'에서, t'에, x에게, 인호는 떠난다 → ∀<w", t", j">∈ BEST(int, stereo, w', t', x) & x = j" → w"에서, t"에, j"에게, 나는 남는다])

통사구조 (가)를 바탕으로 (11)의 함수 의미 형식을 그 논항인 선행절 '인호는 떠나-∅-'와 후행절 '나는 남을 것이다'에 적용하면 (나)가 도출되고, (11)의 정의를 대입하면 (다)의 형식이 도출되는데, '단' 이후의 서술인 전제가 충족되는 경우, '-더라도' 문장의 의미 형식인 (라)가 도출된다.

10.2.3. 양보 연결어미 '-을망정'과 '-을지언정'

'-을망정'과 '-을지언정'에 대한 양정석(2017)의 의미 기술은 다음과 같다.

(14) 양보의 연결어미 '-을망정'

[λp. λq. ∃<w', t', x>: <w', t', x> ∈ BEST(dox/epist, stereo, w, t, j) & j = x & p(w')(t')(x) & q(w')(t')(x) = 1, 단, q는 p와 관련하여 기대되는 상황과 상반되는 상황이며, j는 p를 부정적인 것으로 판단하는 경우에만 이 정의가 성립됨]

EX. 나이는 어릴망정 속은 깊다. (연세한국어사전 1998)

(15) 양보의 연결어미 '-을지언정'

[λp. λq. ∃<w', t', x>: <w',t',x> ∈ BEST(circ, deontic/scheduled, w, t, j) & j = x & p(w')(t')(x) & q(w')(t')(x) = 1, 단 q는 p와 관련하여 기대되는 상황과 상반되는 내용을 가지며, j는 p를 사회적 규범에 비추어 불공정하거나 불이익이 되는 것으로 판단하고, j는 q를 고난의 상황으로 판단하는 경우에만 이 정의가 성립됨]

EX. 제가 굶어 죽을지언정 대감 댁의 도움은 안 받겠습니다. (연세한국어사전 1998)

'-을망정'과 '-을지언정'이 10.2.2절의 연결어미들과 다른 점은, 선행절에 의문사를 갖지 않는다는 점이다.

(16) 가. *누가 올망정 이 문제를 해결할 수는 없다.

cf. 누가 와도/오더라도/올지라도 이 문제를 해결할 수는 없다.

나. *철수가 무엇을 가져올망정 이 문제를 해결할 수는 없다.

cf. 철수가 무엇을 가져와도/가져오더라도/가져올지라도 이 문제를 해결 할 수는 없다.

(17) 가. *누가 나설지언정 이 난문제를 해결하기는 어렵다.
cf. 누가 나서도/나서더라도/나설지라도 이 난문제를 해결하기는 어렵다.
나. *우리가 무슨 획기적 대책을 마련할지언정 이 난국을 벗어나기는 어렵다.
cf. 우리가 무슨 획기적 대책을 마련하여도/마련하더라도/마련할지라도 이 난국을 벗어나기는 어렵다.

'-을망정'과 '-을지언정'에 대한 이 책의 수정된 기술은 다음과 같다. 단언 부분의 양상 의미 형식은 보편 양화사(∀)로 표시되고,[770] 변이적 양상 의미는 '-을망정'의 경우, '믿음/인식/의도' 양상기반과 '전형성' 순서근거가 설정되며, '-을지언정'의 경우, '정황/의도/믿음' 양상기반과 '의무/요망/전형성' 순서근거가 설정된다. 이 둘 사이의 차이점은 '-을지언정'이 문어체 요소라는 점이다. 이 둘이 '-어도, -더라도, -을지라도'와 가지는 뚜렷한 차이점은 전제 의미의 표시에서 보인다. 대안형 집합 C를 표시하지 않고 직접 두 명제의 비교를 전제 의미 부분에 포함하였다는 점이 그것이다. 이는 (16), (17)의 특성들을 설명하기 위한 것이다.

(18) 양보의 연결어미 '-을망정'
$[\![$-을망정$]\!]^{w}$ = $[\lambda p.\ \lambda q.\ \forall\langle w', t', x\rangle{:}\ \langle w', t', x\rangle \in$ BEST(dox/epist/intend, stereo, w, t, j) & j=x & p(w')(t')(x) & q(w')(t')(x) = 1, 단, $\lambda w.\ \forall w'\ [w' \in$ BEST(circ, expected, w) & p(w') = 1 → q(w') = 1] $<_{expected}$ $\lambda w.\ \forall w'\ [w' \in$ BEST(circ, expected, w) & p(w') = 1 → q(w') = 0]인 경우에만 이 정의가 성립됨]
EX. 나이는 어릴망정 속은 깊다/그 여자가 내게서 떠났다는 사실이 자살의 동기는 되었을망정 근본적인 이유는 아니었다.

(19) 양보의 연결어미 '-을지언정'
$[\![$-을지언정$]\!]^{w}$ = $[\lambda p.\ \lambda q.\ \forall\langle w', t', x\rangle{:}\ \langle w', t', x\rangle \in$ BEST(circ/intend/dox, deontic/boul/stereo, w, t, j) & j=x & p(w')(t')(x) & q(w')(t')(x)= 1, 단, $\lambda w.\ \forall w'[w' \in$BEST(circ, expected, w) & p(w') = 1 → q(w') = 1] $<_{expected}$ $\lambda w. \forall w'[w' \in$BEST(circ, expected, w) & p(w') = 1 → q(w') = 0]인 경우에만 이 정의가 성립됨, +문어체]

770) 양상의 범위 안에서 선행절 명제와 후행절 명제가 조건 기호 '→' 아닌 연접 기호 '&'로 맺어진 점은 주의를 요한다. '-을망정' 문장이나 '-을지언정' 문장이나, 양상 의미를 제외하면 선행절 내용과 후행절 내용의 연접 의미를 표현한다고 보는 것이 자연스럽다. (18), (19)의 예문들은 '나이는 어리고 속은 깊다', '. . .자살의 동기는 되었고 근본적인 이유는 아니었다'와 대체로 동의이다.

EX. 그들은 예술가는 될지언정 과학자는 되지 않으려고 했습니다.

정의 성립 조건으로 표시되는 그 전제의 형식은 양상의 의미 형식인 것이다. 가령, (18)의 예 '나이는 어릴망정 속은 깊다.'는 '나이가 어리면 속이 깊을 가능성이 나이가 어리면 속이 깊지 않을 가능성보다 상대적으로 덜 기대된다'는 전제 내용을 가지는데, 이는 대략 '나이가 어리면 속은 깊지 않을 만하다/깊지 않을 법하다'와 가까운 양상 의미의 형식으로 나타낼 수 있다.[771] 이런 전제에서 '그가 나이가 어리다고 하는 믿음/인식(dox/epist)의 상황이 주어지면 그가 속은 깊다'라는 단언 서술을 하는 것이 '-을망정' 문장의 의미이다. (19)의 예문의 전제 의미를 형식화된 의미 기술에 따라 표현하면 '그들이 예술가가 되면 그들이 과학자가 되지 않으려고 한 가능성이 그들이 예술가가 되면 그들이 과학자가 되려고 한 가능성보다 상대적으로 덜 기대된다.'와 같다. 이런 전제에서 '그들이 예술가가 되는 가상의 상황에서 그들은 과학자가 되지 않으려고 했다'는 단언 서술을 하는 것이 (19)의 예문의 의미이다.

이전의 의미 형식 (14), (15)에서 '후행절의 상황이 선행절의 상황으로부터 기대되는 것과 반대의 상황'이라는 점을 양상 '기대에 부합됨'에 의해 산출되는 가능세계에서 선행절이 참이면 후행절이 참이 되는 것이 후행절이 거짓이 되는 것보다 덜 기대된다는 의미로 해석하였다.

10.2.4. 양보 연결어미 '-기로서니'와 '-은들'

양보 연결어미 '-기로서니'와 '-은들'은 선행절이나 후행절의 명제 내용에 대한 부정적 평가를 그 전제 의미로 가진다는 것이 이전 연구에서의 의미 규정이었다.[772] 양정석(2017)에서도 대체로 이 점을 반영한 의미 기술을 제시한 바 있다. '-기로서니'를 앞세워 보이기로 한다.

(20) 양보의 연결어미 '-기로서니'

---

771) 양정석(2020가: 이 책 6.6절)에서는 '-을 만하다', '-을 법하다'가 가지는 양상 의미 '기대에 부합됨'을 크라처의 양상 의미론의 한 순서근거 함수로 설정하여 '답다'의 양상 의미를 기술하는 데에 활용하였다.

772) 서정섭(1991: 71-98)에서는 '-기로서니'가 '평가절하의 양보', '-은들'이 '가정을 부정적으로 평가하는 양보'의 의미를 가진다고 관찰하였다. 그러나 다음 (a)는 부정적 평가가 선행절 명제 내용이나 후행절 명제 내용에 국한된 것이 아님을 보여준다. '-은들'의 예인 뒤의 (23)도 이 점을 보여준다. 따라서 (25), (26)에서는 '척도 상의 극단'이란 개념을 사용하여 조정 서술하였다. 이는 맥락과 관련되는 모종의 척도에서 끝에 있는 상황으로 상정된다는 뜻인데, 그 구체적인 이론화는 별도의 논의로 밀어둔다.
a. 지나간 옛 문화가 아무리 찬란했기로서니 그것으로 오늘날의 우리의 처지를 호도할 구실은 못 됩니다.

[λp. λq. ∃<w',t',x>: <w',t',x> ∈ BEST(circ, expected, w, t, j) & j = x & p(w')(t')(x) & ∃<w",t",y>: <w",t",y> ∈ BEST(dox, dubitative, w, t', x): q(w")(t")(y) = 1, 단, q는 p와 관련하여 기대되는 상황과 상반되는 상황이며, j가 p의 상황을 j에게 불리한 것, 보잘것없는 것으로 평가하고, j가 q의 상황을 부정적, 회의적으로 바라보는 경우에만 이 정의가 성립됨]

EX. 내가 일을 좀 시켰기로서니 그게 그렇게 불만인가?(연세한국어사전 1998)

(21) 양보의 연결어미 '-은들'

[λp. λq. ∃<w', t', x>: [<w', t', x> ∈ BEST(circ, expected, w, t, j) & j = x & p(w')(t')(x) & ∃<w", t", y>: <w", t", y> ∈ BEST(dox, dubitative, w, t', x) & q(w")(t")(y)] = 1, 단, q는 p와 관련하여 기대되는 상황과 상반되는 상황인 경우, 그리고 j가 q의 상황을 부정적, 회의적으로 바라보는 경우에만 이 정의가 성립됨]

EX. 길이 아무리 험한들 짐승도 다니는데 사람이 못 다니겠습니까?(연세한국어사전 1998)

이 두 의미 기술에는 '-기로서니'와 '-은들'의 공통되는 의미가 'q'의 상황을 부정적, 회의적으로 바라보는 점이라고 하였지만, 이보다는 'p'의 상황을 척도 상의 극단에 놓이는 상황으로 전제한다고 하는 것이 형식의미론적으로 일반화하기에 더 적합한 관찰이라고 본다.

이들 사이의 의미 차이는 두 가지로 지적할 수 있다. 첫째, '-기로서니'는 '-을망정, -을지언정'과 같이 그 선행절에 의문사를 허용하지 않는다. '-은들'은 그 선행절에 의문사가 나타날 수 있다.

(22) 가. *누가 일을 맡기로서니 이 문제를 해결할 수는 없을 것이다.
나. *그들이 무슨 방법을 동원하기로서니 이 문제를 해결할 수는 없을 것이다.

(23) 가. 누가 일을 맡은들 이 문제를 해결하지 못하겠느냐?
cf. 누가 일을 맡아도/맡더라도/맡을지라도 이 문제를 해결할 수는 없을 것이다.
나. 그들이 무슨 방법을 동원한들 이 문제를 해결하지 못하겠느냐?
cf. 그들이 무슨 방법을 동원하여도/동원하더라도/동원할지라도 이 문제를 해결할 수는 없을 것이다.

다음으로, '-기로서니'는 선행절 명제 'p'를 기정 사실로 전제한다. '-은들'은 이러한 전제를 갖지 않는다. 이 점은 다른 모든 양보 연결어미들도 마찬가지이다.

(24) 가. ??내일 지구가 멸망하기로서니 오늘 한 그루의 사과나무를 심을 여유가 없겠는가?

나. 내일 지구가 멸망한들 오늘 한 그루의 사과나무를 심을 여유가 없겠는가?

cf. 내일 지구가 멸망해도/멸망하더라도/멸망할지라도/멸망할망정/멸망할지 언정 나는 오늘 한 그루의 사과나무를 심겠다.

위 두 가지 차이점을 포착하는 의미 기술은 다음과 같다. (22), (23)은 그 '척도 전제'의 형식적 차이를 보이는 것인데, '-기로서니'는 '-을망정, -을지언정'의 예에 준하여, '-은들'은 '-어도, -더라도, -을지라도'의 예에 준하여 기술한다. (24)의 특성은 '-기로서니'의 전제에 'p'의 상황이 기정 사실로 인정됨을 표시함으로써 포착한다. 단언 부분의 양상 의미 형식에서도 '-기로서니'는 연접('&') 기호를, '-은들'은 조건('→') 기호를 가짐으로써 서로 구별된다.

(25) ⟦-기로서니⟧^{w} = $[\lambda p.\ \lambda q.\ \forall \langle w', t', x\rangle : \langle w', t', x\rangle \in \mathrm{BEST}(dox, dubi, w, t, j)$
$\&\ j = x\ \&\ p(w')(t')(x) \rightarrow q(w')(t')(x) = 1$,
단, $[\lambda w.\ \forall w' \in \mathrm{BEST}(circ, expected, w)\ \&\ p(w') \rightarrow q(w') = 1] <_{expected}$
$[\lambda w.\ \forall w' \in \mathrm{BEST}(circ, expected, w)\ \&\ p(w') \rightarrow q(w') = 0]$인 경우에만, 그리고 판단자 j는 p의 상황을 기정 사실로 인정하고, q가 반어적 의문이나 의무의 양상 의미 형식이고, p가 척도상의 극단에 있는 상황인 경우에만 이 정의가 성립됨]

EX. 우리 아버지가 우릴 버렸기로서니 당신들이 해 입은 건 없지 않냐?/아무리 배부른 족속이기로서니 하늘 무서운 줄을 알아야지.

(26) ⟦-은들⟧^{w} = $[\lambda p.\ \lambda q.\ \forall \langle w', t', x\rangle : \langle w', t', x\rangle \in \mathrm{BEST}(dox, dubi, w, t, j)\ \&\ j = x\ \&$
$p(w')(t')(x) \rightarrow q(w')(t')(x) = 1$,
단, $\forall r, r' \in C\ [r \neq r' \rightarrow r <_{expected} r']$인 경우에, 그리고 q가 반어적 의문의 양상 의미 형식이고, p가 척도상의 극단에 있는 상황인 경우에만 이 정의가 성립됨]
(여기에서 r = (p-으면 q), r' = (p-으면 ㄱq)이며, C는 대안형들의 집합)

EX. 그걸 내가 알고 있은들 자네에게 바른 대로 댈까?/내가 겪은 고생을 열 배 백 배로 늘려 잡은들 책잡힐 게 없다.

(25), (26)에서 q가 '반어적 의문'이나 '의무'의 양상 의미 형식이라고 하는 정의 성립 조건은 '-기로서니' 양보 구문의 후행절이 반어의문문이나 '-어야 하-' 등의 의무 양상 표현으로 실현되는 사실을 설명한다.

10.3. '-더-' 계통 연결어미를 가지는 접속문들[773)]

한국어의 연결어미는 접속문을 형성하는 핵심적 요소이다. 한국어 접속문의 통사의미론적 기술은 100개 이상의 연결어미들에 대한 명시적 기술이 있어야만 완성될 수 있다. 현대 언어학, 즉 생성문법의 이론 체계 하에서 한국어 접속문을 기술하는 일은 연결어미에 의해 형성되는 접속문의 통사의미적 합성의 절차를 기술하는 일을 그 궁극의 과제로 갖게 되는데, 이는 정해진 통사구조를 바탕으로, 합성성 원리를 준수해야 한다는 근본적 요건을 충족해야 한다.

이제까지 한국어 연결어미의 의미 또는 접속문의 의미를 논하는 선행 연구는 그 수를 헤아리기 힘들 정도로 많았지만, 합성성 원리의 준수를 목표로 하는 연구는 찾아보기 어렵다. 남기심·루코프(1983)는 한국어 연결어미가 선행절 명제와 후행절 명제 간의 논리적 형식을 나타내는 요소라는 인식 아래 사용 빈도 높은 연결어미 '-어서'와 '-으니까'의 의미의 핵심을 포착한 통찰력 있는 연구이나, 합성성에 대한 고려는 없다. 연결어미 '-거든'과 '-길래'에 대한 형식의미론적 연구인 염재일(2005나, 2012)는 형식의미론에 정통한 저자의 연구인 까닭에 합성성을 줄곧 의식하고는 있으나, 끝내 합성성 원리를 준수하는 완성된 통사의미적 기술은 제시하지 못하고 있다.[774)]

이 절에서는 현대 한국어의 연결어미 중 기원적으로 '-더-'를 그 일부 요소로 가지는 연결어미('-더-' 계통 연결어미)들을 대상으로, 연결어미가 선행절과 후행절을 논항으로 취하여 접속문의 의미 형식을 형성해 가는, 그 통사의미적 합성 절차를 보이고자 한다. '-더-'는 독립된 통사 단위가 되지 못한다는 것이 필자의 기본 관점이다(11.6절을 참고 바람). 여기에서 다루는 '-더-' 계통 연결어미란 다음의 7가지 연결어미들이다.[775)]

(1) -더니, -던데, -던지, -더라도, -었더라면, -었던들, -었더니

'-더-'를 독립된 통사 단위로 인식해 온 기존 대다수의 연구자들에게 이들은 단일 연결어미로서의 자격조차 의심 받는 것들이다. 그러나 '-더-'가 통사 단위라면 '-더-'는 고유

773) 이 절은 ''-더-' 계통 연결어미들의 형식의미론적 기술'이라는 제목으로 배달말 71집(2022)에 실렸던 논문을 부분적으로 수정하여 제시하는 것이다.

774) 10.4절에서는 '-길래'에 대한 염재일(2012)의 분석을 비판하고 합성성 원리를 준수하는 대안을 제시할 것이다.

775) '-었더니' 또는 '-더니'에 대해서는 서정수(1978), 송재영·한승규(2008), 송재목(2011가, 나), 박재연(2003), 이필영(2011) 등에서, '-었더라면, -었던들'은 박재연(2003)에서 다루어졌는데 이들이 관심 받은 요인은 이들에서 '-었-'의 결합이 필수적이라는 점에 있었다.

의 의미를 가질 것이고, 선행 명제와 합성하여, 그 결과 의미가 인접하는 '-니, -은데, -은지, . . .'의 의미와 다시 합성하여야 한다. 위 7개의 연결어미들은 모두 이러한 합성 절차에 따른 기술을 거부한다는 문제성을 보인다. 이 절에서는 (1)의 7개의 연결어미들 각각을 최소 통사 단위로 간주하여 그 통사의미적 합성 절차를 보이게 된다. 이들 각각은 선행절 또는 후행절에 대한 직접증거성 제약의 여부, 선행절의 상황시와 선행절의 인식시, 후행절의 상황시 사이의 선후관계 규정의 차이 등에서 각기 다른 특성을 드러낸다. 특히 서로 다른 전제 의미의 특성들은 이들 각각을 단일 통사 단위로 가정해야만 적합하게 기술할 수 있다. 이 점은 '-더-'를 통사 단위로 가정하는 기존의 견해들에 대한 근본적 문제 제기가 될 것이다.

10.3.1. '-더-' 계통 연결어미들의 통사적 특성: 명시어 구조

양정석(2005/2010)에서는 한국어 연결어미들 중의 일부가 '명시어 구조'라는, 핵계층 이론에 따른 한 구조를 형성하는 기능을 가짐을 밝혔다.[776] 위 (1)의 '-더-' 계통 연결어미들은 모두 그 왼쪽의 선행절 부분을 보충어로 취하고, 그 오른쪽의 후행절을 명시어로 취하는, (2)와 같은 명시어 구조를 이룬다.

(2) [$_{CP}$ [$_{C'}$[$_{IP}$ 선행절] [$_{C}$ 연결어미]] [$_{CP/IP}$ 후행절]]

대표적으로 '-더니'를 예로 들어 (1)의 연결어미들이 명시어 구조를 취한다는 점을 세 가지 방법으로 증명하고자 한다. 첫째 증거는 (3)과 (4)의 대비이다.

(3) 가. 비가 오니까 빨래를 걷었다/걷지 않았다.
　　나. 벽이 흔들리고 바닥이 쿵쿵 울렸다/울리지 않았다.
(4) 여자의 목소리가 한층 더 똑똑히 들리더니 구두 소리가 땅바닥을 울렸다/*울리지 않았다.

(3가)에서 후행절 동사에 이어지는 부정 요소 '않-'의 부정의 영향권은 선행절을 그 안에 포함한다. 즉 빨래를 걷은 까닭이 비가 오기 때문이라는 점을 부정하는, 이유에 대한 부정의 의미가 해석될 수 있다. (3나)에서도 후행절의 '않-'의 부정의 영향권은 선행절을 그 안에 포함하여, 벽이 흔들린다는 사실과 바닥이 울린다는 사실의 연접에 대한 부정의 의미가 해석될 수 있다. 그러나 '-더니' 접속문 (4)에서는 후행절 동사에 이어지는 부

776) 앞의 2.4절에서 이 내용을 재정리하였다.

정 요소 '않-'의 부정의 영향권이 선행절을 그 안에 포함하는 해석은 불가능하다. '*'는 이러한 해석일 때에 비문이 된다는 뜻이다.

종속접속문의 예로 알려진 '-으니까' 접속문과 대등접속문의 예로 알려진 '-고' 접속문이 공히 후행절 부정 요소의 영향권 안에 선행절이 포함될 수 있다. 반면, '-더니' 접속문에서는 선행절이 후행절 부정 요소의 영향권에 포함되는 해석이 불가능하다. 이 사실은 '-으니까' 접속문, '-고' 접속문, 그리고 '-더니' 접속문의 통사구조가 다음과 같다고 가정하면 체계적으로 설명된다.[777)]

(3)' 가. [$_{VP}$[$_{CP}$[$_{IP}$[$_{CP}$ 비가 오니까] [$_{IP}$ 빨래를 걷-∅-]]-지] 않-]-았-다.
　　나. [$_{VP}$[$_{CP}$[$_{IP}$[$_{CP}$ 벽이 흔들리고] [$_{IP}$ 바닥이 쿵쿵 울리-∅-]]-지] 않-]-았-다.
(4)' [$_{CP}$[$_{C'}$[$_{IP}$ 목소리가 들리-∅-]-더니] [$_{CP}$[$_{IP}$ e [$_{VP}$[$_{CP}$ 구두 소리가 울리지] 않-]-았-]-다]]

둘째 증거는 (5)와 (6)의 대비이다. (5)에서 보는 것처럼, '-으니까' 접속문, '-고' 접속문은 후행절의 상황시가 과거, 현재, 미래로 변동함에 따라 선행절의 상황시가 과거, 현재, 미래로 의존적으로 변동한다. 이는 (3)'과 같은 통사구조에서 '-으니까', '-고'에 이끌리는 선행절이 부가어로서, 주절인 후행절(IP)의 상황시를 기준 시점으로 하여 해석되기 때문이다. 여기에서도 종속접속문으로 알려진 '-으니까' 접속문과 대등접속문으로 알려진 '-고' 접속문이 공히 후행절 상황시 기준 해석을 받는다는 사실이 흥미롭다.

(5) 가. 비가 오니까 그가 빨래를 걷었다/걷는다/걷을 것이다.
　　나. 벽이 흔들리고 바닥이 쿵쿵 울렸다/울린다/울릴 것이다.
(6) 가. 천둥이 치더니 비가 왔다/?비가 온다/??비가 올 것이다.
　　나. 여자의 목소리가 한층 더 똑똑히 들리더니 구두 소리가 땅바닥을 울렸다/?울린다/??울릴 것이다.

그러나 (6)의 '-더니' 접속문의 통사구조는 (4)'과 같은 구조(명시어 구조)이므로 시간

777) (3가, 나)'은 2.2.1절의 '부가어 규칙(ii)'가 적용되어 형성된 '부가어 구조'이다. (4)'은 '명시어 규칙'이 적용되어 형성된 '명시어 구조'이다. 염재일(2012)에서는 '-길래' 연결어미가 이끄는 절을 평서문의 경우 VP의 부가어, 의문문의 경우 TP의 부가어로 상정했다. 양정석(2022나)에서 이를 부정하는 논증을 전개하였다(이 내용은 10.4절로 제시된다). '-길래'도 '-더니'와 같이 명시어 구조를 형성한다. '-길래' 접속문에서나, '-더니' 접속문에서나, 선행절을 (3가, 나)'와 같은 부가어로 설정하는 한 선행절이 부정 요소인 동사 '않-'의 영향권 안에 드는 해석을 피할 수 없다는 것이 근본적 문제점이다. 선행절을 다음처럼 CP의 부가어로 설정하더라도 마찬가지이다. 여기에서도 선행절이 '않-'의 영향권 안에 든다.
a. [$_{VP}$[$_{CP}$[$_{CP}$[$_{CP}$ 목소리가 들리더니] [$_{CP}$ 구두 소리가 울리-∅-지]] [$_{V}$ 않-]]-았-다.

적 선후관계의 차이를 유발하는 '-었-', '-∅-', '-을 것이-'의 영향력이 선행절에 미칠 수 없다.[778)]

셋째 증거는 (7)과 (8)의 대비이다. '-으니까' 접속문, '-고' 접속문의 후행절 서법은 특별한 제약을 갖지 않음을 (7)이 보여준다. 이에 비해 '-더니' 접속문의 후행절 서법이 제약됨을 (8)이 보여준다.

(7) 가. 비가 오니까 빨래를 걷어라/걷자/걷으마.
　　나. 벽을 흔들어 보고 바닥을 쿵쿵 울려 보아라/울려 보자/울려 보마.
(8) 천둥이 치더니 ??네가 떠나라/??우리가 떠나자/??내가 떠나마.

이 차이도 (3)'과 같은 부가어 구조, (4)'과 같은 명시어 구조를 가정함으로써 체계적으로 설명된다. (3)'에 상응하는 부가어 구조에서는 후행절의 보문소 '-어라, -자, -으마'가 선행절의 보문소 '-으니까'/'-고'보다 상위에 위치해서 '-으니까'/'-고'의 의미적 영향을 받을 수 없지만, (4)'에 상응하는 명시어 구조에서는 후행절은 선행절의 보문소 '-더니'의 명시어이므로, 후행절 보문소 '-어라, -자, -으마'는 '-더니'에 의미적으로 제약될 수 있다. 따라서 '-더니'에 의해 주어지는, 후행절의 명제가 발화시 이전의 사실이어야 한다는 의미적 요건을 충족하지 못하여 (8)의 부적격성이 유발되는 것이다.[779)]

이상의 세 가지 증거는 연결어미 '-더니'가 '-으니까', '-고'와는 달리 명시어 구조를 형성하는 머리성분(핵어: head)의 기능을 가짐을 증명한다. 의미적으로, '-더니'는 (4)'과 같은 명시어 구조의 머리성분으로서, 선행절과 후행절에 특정 의미적 조건을 부과한다. 이 같은 검증 방법을 (1)의 다른 연결어미들에 적용하여도 동일한 결론을 얻을 수 있다. 이 나머지 연결어미들에 대한 증명은 다음 절에서 각 연결어미의 의미 분석과 함께 보일 것이다.

---

778) 한동완(1996: 112)에서는 시제 요소가 다른 시제 요소에 의해 성분통어될 때 다른 시제 요소의 시간을 기준 시점으로 상대시제 해석을 받는다는 원리를 제안했는데(이러한 원리를 한국어 접속문의 시제를 연구하는 이들이 대개 가정하고 있다), 이러한 시간 해석의 가능성이 부가어 구조인 (3)'에서는 생각될 수 있지만 명시어 구조인 (4)'에서는 구조적으로 배제된다.
주의할 점은, 이러한 시간적 선후관계의 차이를 유발하는 '-었-', '∅', '-을 것이-'를 시제 표지로 상정할 수 없다는 것이다(양정석 2008 및 이 책 제11장 참조). 양정석(2011)에서는 한국어가 무시제 언어라는 기본 가정에서 시간적 선후관계 해석의 방법을 전면적으로 제시한 바 있다.

779) 그러므로 특정 후행절 서법이 제약된다기보다는 '-더니'에 의해서 후행절의 시간이 선행절 시간과 함께 발화시 이전으로 한정된다고 하는 것이 더 정확하다.

10.3.2. '-더-' 계통 연결어미를 가지는 접속문의 통사의미적 분석

이 절에서는 (1)에서 제시한 '-더-' 계통 연결어미들을 세 부류로 나누어 고찰하기로 한다. '-더니, -었더니'가 그 한 부류이고 '-던데, -던지'가 다른 한 부류이며, 반사실성 조건이나 양보 조건을 표현하는 '-었더라면, -었던들, -더라도'가 또 다른 부류이다.

10.3.2.1. '-더니'와 '-었더니'

연결어미 '-더니'는 종결어미 '-더라'와 동일한 인칭 제약을 보인다.

(9) 가. ??내가/네가/인호가 도서관에 가더라.
　　나. ??내가/네가/인호가 도서관에 가더니 오랫동안 공부했다.

'-더-'를 통사 단위로 분석하는 이전 연구들에서는 이와 같은 인칭 제약의 현상이 '-더-'로부터 말미암는 것이라고 생각해 왔다. 이 인칭 제약과 관련한 의미는 '-더-'의 고유 의미라는 것이다. 그러나 송재영·한승규(2008)에서는 '-더니'가 '-으니'에 없는 '대립'과 '추가'의 의미를 더 가지며 '-으니'에 있는 '설명', '양보', '나열'의 의미를 갖지 않는다고 관찰하고, 이를 근거로 '-더니'를 독립된 형태소로 설정했다.[780]

'-었더니'는 독특한 성격을 가진다.[781] 이른바 '인칭 제약'의 특성이 '-었-'을 결합한 '-었더니'의 표현에서는 반대로 나타난다.

(10) 가. ??내가/네가/인호가 도서관에 가더니 오랫동안 공부했다.(=(9나))
　　나. 내가/?네가/?인호가 도서관에 갔더니 외국인들이 많이 와 있었다.

---

780) '대립'과 '추가'의 의미는 각각 다음과 같은 예에서 드러나는 것이다(송재영·한승규 2008: 182).
　a. 일순 교정은 물을 뿌린 듯 조용하더니 다음 순간 그 정적을 찢는 듯한 고함이 열 중에서 터져 나왔다. (대립)
　b. 왠지 아침에 기분이 좋더니 생일상을 내가 받게 되겠군. (추가)
　'-더니'를 두 통사 단위 '-더-'와 '-으니'로 분리해야 함을 주장하는 논의로 송재목(2011가, 나), 송창선(2014)이 있다. 송재목(2011가, 나)에서는 '-더니'를 단일 형태소로 분석하는 견해(송재영·한승규 2008)에 대해 반박했는데, 그 근거는 '-더니'가 가지는 4가지 의미('인과, 계기, 보충, 대조')는 증거성 의미를 제외하면 '-으니'가 가지는 7가지 의미('인과, 계기, 보충, 대조, 인지, 반응, 양보')의 일부일 뿐이라는 것이다. 그러나 앞으로 지적하게 될 '-더니'의 후행절에 대한 전제 의미 부여의 특성들은 '-더-'의 의미와 '-으니'의 의미의 합성을 통해 이끌어내기 어렵다.

781) '-더니'와 다른 '-었더니'의 특이한 행태에 관해서는 서정수(1978), 최동주(1995), 송재영·한승규(1998), 이필영(2011), 송재목(2011가, 나)에서 관찰되어 왔다. 이필영(2011)은 '-었더니'를 독립된 통사 단위로 간주하는데, 이는 필자의 입장과 같은 것이다. 다만 필자는 대립/대조 의미의 '-었더니'는 두 통사 단위 '-었-'과 '-더니'의 이어진 형식이라고 본다.

'-더니'와 '-었더니'는 서로 다른 독립된 통사 단위들로 분리 설정되어야 한다. '-더니'는 다른 '-더-' 계통 어미처럼 1인칭 제약을 가진다. 이와 달리 '-었더니'는 1인칭 제약을 갖지 않을 뿐 아니라, 오히려 주어가 1인칭인 것을 선호하며, 선행절에 사건성의 선택제약을 부과하는 특징을 가진다.

(11) 가. ??내가/네가/인호가 돌을 움직이더니 개미집이 드러났다.
　　 나. ??내가/네가/인호가 전에는 침착하더니, 지금은 달라졌어.
(12) 가. 내가/?네가/?인호가 돌을 움직였더니 개미집이 드러났다.
　　 나. ??내가/??네가/??인호가 침착했더니 모두가 두려워한다.

(11나)와 (12나)는 '-었더니'의 선행절이 '사건성'을 가져야 한다는 점에서 '-더니'와 다르다는 점을 보인다.[782)]

'-더니'를 단일 형태소로 분석한 송재영·한승규(2008)도 '-었더니'는 '-더니'에 다른 통사 단위 '-었-'이 결합한 형식으로 분석한다. 이러한 분석에 대해서는 합성성에 대한 인식의 결여를 지적해야 한다. '-더니' 접속문이 가진다는 '선·후행절 주어일치 제약'은 문법의 어느 부문에서 표시되는가? '-더니'의 어휘기재항에 표시될 수밖에 없다. 그러면 '-었더니' 문장의 '선행절 명제 사건성' 제약은 문법의 어느 부문에서 표시되는가? 이 역시 '-었더니'의 어휘기재항에 표시될 수밖에 없는 것이다. '-었-'의 의미가 그 어휘기재항에 주어지고, '-더니'의 의미가 역시 그 어휘기재항에 주어진 다음, '-었-'과 그 선행 구성성분이 결합된 의미 내용은 '-더니'의 의미와 합성된다. 문제는 (10), (11), (12)에서 드러나는 '-었더니'의 '-더니'와 다른 인칭 제약의 특성, 선행절 사건성은 이러한 합성 절차에서 포착되지 않는다는 것이다.

송재목(2011가, 나)는 '-었더니'를 '-더니'에 '-었-'이 결합한 형식으로 간주함은 물론, '-더니'도 두 통사 단위 '-더-'와 '-으니'의 결합으로 보고 있다. '-더니'의 절(선행절)에서는 그 주어로 1인칭은 제약되고 2,3인칭이 요구되며 '-었더니'의 절에서는 반대로 1인칭 주어가 선호되고 2,3인칭 주어는 제약된다((10가, 나) 참조). 이 점은 다른 연구들에서 '-었더니'를 '-더니'와 구별되는 독립된 통사 단위로 설정하는 주요 근거로 간주되었는데 (한 예로 이필영 2011), 송재목(2011가: 61)은 "'-었더니'가 기술하는 사건이나 상황은 하나의 완료된 것으로 객관화되어 화자의 관찰대상이 되어 있으며 따라서 '-더-'가 나타

782) 뒤의 (16나)를 통하여 분명히 드러나겠지만, '-었더니'의 선행 명제에 대한 '사건성'의 요구는 '의지적 사건성'의 요구라고 해야 더 정확하다.

내는 화자의 '과거직접관찰'이라는 증거성의미와 서로 모순되지 않는다."고 하여 '-었더니'가 1인칭 주어와 자연스럽게 사용되는 데에 대한 설명을 시도했다. 그러나 (10나)처럼 2,3인칭 주어가 제약되는 데에 대해서는 설명하지 못한다. 심지어 그는 '-었더니'의 주어 제약 현상을 '-더라'의 경우와 동일한 것으로 잘못 관찰하고 있다.

이필영(2011: 63)은 다음과 같은 송재목(2011가: 61)의 예를 들어 타당한 반박을 보이고 있다.[783] 송재목의 판단과 달리 (13가)와 (13나), (13다)는 문법성이 다른 것이 아니고, 모두 부적격한 문장들이며, 적절한 상황을 설정해 주면 모두 다시 사용 가능한 문장이 된다고 한다.

(13) 가. 나 그 책 읽었더라.
　　나. *나 그 책 읽더라.
　　다. *나 그 책 읽고 있더라.

(13가)의 '-더라' 문장에 '-었-'이 개재됨에 따라 적격성을 얻게 된다는 잘못된 판단을 근거로 '-었더니' 절에서 1인칭 주어가 사용되는 것을 정당화하는 것은 오류 논증이다.

송창선(2014: 64-65)은 '-었더니'에 '-더니'에 없는 의미가 나타난다고 '-었더니'를 '-더니'와 다른 독립된 복합 어미로 분리하는 것은 다음처럼 '-으니'에 없는 '이유' 의미가 '-었으니'에 나타난다고 '-었으니'를 '-으니'와 다른 독립적 복합 어미로 분리하는 것과 같다고 비판했다.[784]

(14) 가. 이 길은 좁으니/*좁았으니, 다른 길을 찾아본다. (원인)
　　나. 학교에 늦게 도착하니/*도착했으니, 아이들이 모두 다 와 있었다. (부연)
　　다. 철수가 학교에 늦게 도착했으니, 벌을 받아야 한다. (이유)

그러나 이들의 적격/부적격성을 완료의 '-었-'의 작용을 통해 설명하더라도, 다음에서 보이는 '-었더니'의 선행절의 사건성 요건과 같은 것은 '-었-'의 완료 의미로 설명할 수 없다.[785] '-었더니' 앞 말고는 '-었-' 앞에 형용사가 배제되지 않기 때문이다. '-었더니'의

783) (13)의 세 문장은 송재목(2011가: 61)의 예인데, 그 문법성 판단도 그의 것이다.

784) 심지어 송창선(2011)에서는 '-던'을 '-더-+-은'으로 형태소 분석해야 하는 것은 '불꽃'을 '불+꽃'으로 형태소 분석해야 하는 것과 같은 이치라고 주장하기도 한다. '-더-'를 선어말어미로 분석하는 것은 이를 통사 규칙에 따라 통사구조를 형성하는 단위로 설정하는 것으로서, '불꽃'과 같은 조어론적 단위와 동일선상에 놓고 분석할 수는 없는 것이다.

785) 뒤 (23다)에서 보일 후행절 의미에 대한 제약도 그러하다.

어휘의미적 기술로 그 첫째 논항인 선행절에 대한 '사건성' 전제를 부과하는 방법이 아니면 '-었더니'가 사건성 동사와만 결합하는 사실을 포착할 수 없다.

(15) 가. 오늘은 바쁘니 내일 오너라./오늘은 하루 종일 바빴으니 내일은 쉴 것이다.
  나. 오늘은 하루 종일 분주하더니/*분주했더니 이제 좀 쉴 수 있게 되었다.

다음 예들도 '-었더니'가 한 단위로서 그 선행 명제에 의미적 제약을 부과한다는 것을 보여준다. (16가)는 '-었더니' 접속문의 선행절이 사건성 의미만을 가짐을 보인다. (16가)와 (16나, 다)의 적격성이 대비되는 것은 그 사건의 표현 중에서도 의지를 가지는 사건의 표현만을 '-었더니'가 요구하기 때문이다. (16나, 다)의 부적격성의 요인은 '-었더니'가 선행 명제에 부과하는 '의지적 사건성'의 제약을 위반한 것이다.[786)]

(16) 가. 순희가 검은 옷을 입었더니 사람들이 모두 쳐다보았다.
  나. ??마네킹이 검은 옷을 입었더니 사람들이 모두 쳐다보았다.
  다. ??이 학급이 운동 선수를 포함했더니 모두가 주목한다.

필자의 주장은 모든 '-었더니' 형식이 독립된 통사 단위로 기술되어야 한다는 것이 아니다. 다음 (17나)에서의 '-었더니'는 두 통사 단위 '-었-'과 '-더니'가 이어진 형식이라고 판단한다. 이 경우의 선행절은 사건성을 나타내지만 의지적 사건성, 즉 빗물의 행동을 나타내지는 못한다.

(17) 가. 어제는 빗물이 많이 고이더니 오늘은 조금밖에 안 고였어.
  나. 어제는 빗물이 많이 고였더니 오늘은 조금밖에 안 고였어.

'-었더니'가 '-더니'와 다른 통사의미적 특성을 가진다는 점을 처음으로 관찰한 것은 서정수(1978나)이다. 서정수(1978나: 338-342)에서는 (10나), (12가), (16가)의 '-었더니'의 의미를 '설명적 접속'이라고 지칭한다. "화자가 사건 또는 상태의 변화를 몸소 살펴

---

786) 양정석(1995/1997: 53-55)에서는 동사가 나타내는 사건 의미가 의지([+vol])를 가지는 사건과, (a), (b) 같은 무의지성([-vol])의 사건으로 나누어진다고 서술한 바 있다. (16나, 다)는 '-었더니'의 선행절이 의지적 사건의 의미를 가지는 동사가 서술어인 경우로 제약됨을 보인다.
  a. 물이 흐른다.
  b. 이 학급이 운동 선수를 포함한다.

서 그 내용을 설명 또는 서술하는 것"(338쪽), 또는 "뒷문장은 앞문장에서 제시된 상황을 바탕으로 사물의 움직임이나 상태를 서술하는 것"(339쪽)이라고 풀이했다. (18가, 나)의 '-었더니'의 용법은 이런 뜻에서의 '설명적 접속'이다. (19가, 나)의 '-었더니'의 용법은 '설명적 접속'이 아니다. 위 (17나)의 '-었더니'의 용법도 이런 뜻에서의 '설명적 접속'이 아니다. 필자는 '설명적 접속'의 '-었더니'를 독립된 통사 단위로 분리하는 것이다.[787)]

(18) 가. 내가/*자네가/*친구가 갔더니, 그이가 기다리고 있었다.
나. *내가/그대가/*학생들이 읽었더니, 그 책이 명작이었다고?

(19) 가. *내가/네가/그이가 갔더니 돌아왔다.
나. *내가/자네가/김 선생이 한복을 입었더니 오늘은 안 입었군.

설명적 접속의 '-었더니' 접속문의 후행절이 가지는 제약에 대해서도 서정수(1978)의 중요한 관찰이 있었다.[788)] "뒷구절의 주어는 일반으로 보고자 이외의 서술 대상이다."라고 관찰했는데(340쪽), 이는 후행절에 관한 직접증거성의 요구가 존재함을 시사하는 것이다. 이 점은 뒤의 '-었더니'의 의미 정의 (24)에서 판단자가 후행절(q)에 관한 직접 증거를 가진다는 규정으로 명시된다.

(20) 가. 내가 그 친구를 만났더니 그 친구가 나를 껴안았어요/*내가 그 친구를 껴안았어요.
나. 자네가 그 물건을 샀더니 딴 사람들이 썼어?/*자네가 썼어?

필자는 문법 논의에 통사구조와 의미 사이의 대응에 관한 원리인 합성성 원리를 필수적으로 고려해야 한다는 기본 관점을 가지고 있다. '-더니' 접속문의 의미는 '-으니' 접속문의 의미의 합성 과정에 '-더-'의 의미가 추가된 것으로는 설명할 수 없다. 또한, '-었더니' 접속문의 의미는 '-더니' 접속문의 의미의 합성 과정에 '-었-'의 의미가 추가된 것으로는 설명할 수 없다. '-더니'와 설명적 접속의 '-었더니'는 각각 독립된 통사 단위로 설정되어야 한다.

양정석(2017, 2020다)에서는 '-더-' 계통 종결어미 '-더라'와 '-더냐'의 의미 정의를 다음과 같은 형식으로 제시했다.[789)] '-더냐'는 인식 양상과 회의 양상의 겹쳐진 양상 구

787) 서정수(1978나)에서는 '-더니'와 설명적 접속의 '-었더니'가 독립된 통사 단위인지에 대한 분명한 판단을 보이지 않았다. (18), (19)의 예문들, 그 문법성 판단은 모두 서정수(1978나)의 것이다.
788) (20)의 예문들, 그 문법성 판단도 모두 서정수(1978나: 340)의 것이다.
789) 양정석(2020다)에서는 '-더-'에 대한 선행 형식의미론적 연구인 정경숙(2007), 임동식(2010), 이정미(2011,

조를 가지는 것으로 기술되었다.[790]

(21) 가. '-더라'의 의미 정의:

$[\![\text{-더라}]\!]^{c^*;w,t,j} = [\lambda p\text{: } p \in D_{<s,<i,<e,t>>>}.\ SAY(s(c^*),\ a(c^*),$
$\forall <w',t',x> : <w',t',x> \in BEST(epist,\ stereo,\ w,\ t'',\ j) \rightarrow$
$p(w')(t')(x))\ \&\ t'' < t\ \&\ t = now\ \&\ j = x = s(c^*)] = 1$, 단 이 정의는 판단자 $j = x$ $= s(c^*)$가 p에 관한 직접 증거를 가져야만 성립된다.

나. '-더냐'의 의미 정의:

$[\![\text{-더냐}]\!]^{c^*;w,t,j} = [\lambda p\text{: } p \in D_{<s,<i,<e,t>>>}.\ ASK(s(c^*),\ a(c^*),$
$\forall <w',t',x>\text{: } <w',t',x> \in BEST(dox, dubi, w, t, j) \rightarrow (\forall <w'',t'',x'> :$
$<w'',t'',x'> \in BEST(epist, stereo, w', t', x) \rightarrow p(w'')(t'')(x'))\ \&$
$t' < t\ \&\ j = s(c^*)\ \&\ x' = x = a(c^*)] = 1$, 단, 이 정의는 판단자 $x' = x$ $= a(c^*)$가 p에 관한 직접 증거를 가져야만 성립된다.

'-더라'에서 판단자는 화자이고, '-더냐'에서 판단자는 청자이다.[791] 인식시(증거 획득 시간)가 발화시 이전임이 $t'' < t$('-더라'에서) 또는 $t' < t$('-더냐'에서)로 명시되었다.[792] 't'는 발화시이다. 직접증거성은 다음과 같이 구체적으로 명시된다.

(21)' 판단자가 p와 관련된 직접 증거를 가진다는 것은,

2013)를 비판하여 그 대안으로 '-더라', '-더냐'를 인식 양상의 단언 의미와 직접증거성의 전제 의미를 가지는 것으로 기술했다. 이정미(2011, 2013)은 '-더-'를 'BEST' 함수를 사용하는 인식 양상 요소로 기술하고, 임동식(2010)은 '-더-'를 증거성 요소로서 변수의 영역 조건(domain condition)으로 표시되는 전제 의미로 기술했는데, (20가, 나)는 단언 의미로 양상을, 전제 의미로 직접증거성을 나타내어 두 선행 기술을 종합한 것이다. (20가, 나)에서 '단' 이후의 서술은 전제 의미를 정의 성립 조건(definedness condition)으로 나타낸 것이다.

표준적 형식의미론에서 전제 의미를 형식화하는 방법은 두 가지로서, 하나는 변수의 영역 조건(domain condition)으로 표시하는 방법이고, 다른 하나는 이와 같이 정의 성립 조건으로 표시하는 방법이다. 양정석(2020다)에서도 (21가, 나)의 직접증거성 전제를 영역 조건으로 나타냈었으나 여기에서는 정의 성립 조건의 형식으로 바꾸었다.

790) 한국어에는 겹쳐진 양상 구조의 형식으로 나타내야 할 어미들이 다수 존재한다. 앞의 9.7절에서는 '-더냐' 외에 '-을래'(의도 양상과 회의 양상), '-을까'(의도 양상과 회의 양상), '-지'(인식 양상과 회의 양상)가 겹쳐진 양상 구조로 기술됨을 보인 바 있다. 이들 모두 단일한 어미임에 주의해야 한다.

791) 판단자(judge) 개념이 이 책에서 인칭 제약 현상을 형식화하는 데에 긴요한 역할을 한다. 판단자 개념을 한국어 형식문법의 기술에 처음 도입한 양정석(2015가, 2017)을 참고하기 바람. 이는 Stephenson(2007)의 개념을 원용한 것이다.

792) '인식시'는 한동완(1996)에서 '-더-'에 의해 표시되는 시제 체계인 '인식 시제'에서의 한 기준 시간을 가리키기 위해 사용한 개념이다. 필자는 한국어가 무시제 언어라는 논증을 계속해 왔다(양정석 2008, 2011, 2012, 2015나). 필자의 '인식시'는 인식 양상의 작용이 행해지는 기준 시간을 뜻한다. (21가)에서는 'BEST(epist,stereo,w,t'',j)'의 't''이 인식시이다. (21나)에서는 'BEST(epist,stereo,w,t',j)'의 't''이 인식시이다.

i) 판단자가 자신에 관한 서술이 아닌 사건 또는 상태 p의 참, 거짓 여부에 대한 지각적 근거를 가지거나,
ii) 판단자가 자신의 내적 감각 상태에 관한 서술 p의 주체라는 뜻이다.
(양정석 2017: 75, 양정석 2020다: 179)

(21)의 '-더라, -더냐'의 정의에 사용된 기초적 개념들을 활용하여 '-더니'의 의미 정의를 다음과 같이 제시한다. 여기에서도 증거성 의미는 '단' 이후의 정의 성립 조건(definedness condition)으로 서술된, 전제 의미로 명시되었다.

(22) $[\![\text{-더니}]\!]^{c;w,t,j}$ =
λp: $p \in D_{<s,<i,<e,t>>>}$. λq: $q \in D_{<s,<i,<e,t>>>}$. $\forall$<w', t', y>: [<w', t', y> $\in$ BEST(epist, stereo, w, t", j) & t" < t & y = j $\rightarrow$ p(w')(t')(y) & q(w')(t')(y)], 단 p와 q는 서로 대조적인 상황들임 & 판단자 j는 p에 관한 직접증거를 가짐 & 판단자 j는 q에 관한 직접 증거를 가짐 & time(p) $\leq$ t" < time(q) $\leq$ t.
EX. 인호가 도서관에 가더니 오랫동안 공부했다.

특이한 점은, 선행절과 후행절 모두에 대하여 직접증거성의 요구를 규정했다는 점이다. 이에 따라 다음 문장들의 부적격성이 설명된다. (22가)'의 선행절에서 판단자인 화자('나')는 (21i)'의 규정에 따라 배제된다. (22나)'의 후행절에서 판단자인 화자는 역시 (21i)'의 규정에 따라 배제된다.

(22)' 가. ??내가 도서관에 가더니 인호가 오랫동안 공부했다.
나. ??인호가 도서관에 가더니 내가 오랫동안 공부했다.

'-더니'는 선행절(p)에 관한 직접증거성 요구와 후행절(q)에 관한 직접증거성 요구를 모두 가지는 점에서 독특하다. (22가)'은 전자의 요구를 위반((21i)' 위반)하여, (22나)'은 후자의 요구를 위반(역시 (21i)' 위반)하여 부적격한 문장이 된다.

10.3.1절에서는 '-더니' 접속문이 명시어 구조를 이룸을 세 가지 증거를 통하여 보였는데, '-었더니' 접속문도 같은 명시어 구조의 특징을 보인다. (23가)는 선행절이 후행절 '않-'에 의해 부정되는 해석이 불가능함을, (23나)는 후행절이 과거, 현재, 미래 시간으로 변동함에 따라 선행절이 의존적으로 변동하는 해석이 불가능함을, (23다)는 후행절 서법

이 명령법, 청유법, 약속법인 것이 제약됨을 보인다.

(23) 가. *인호가 바위를 움직였더니 개미집이 드러나지 않았다.
(선행절이 부정되는 해석으로)
나. 인호가 바위를 움직였더니 개미집이 드러났다/?드러난다/??드러날 것이다.
다. ??인호가 도서관에 갔더니 너도 도서관에 가라/우리도 가자/내가 도서관에 가마.

'-었더니'의 의미 정의는 다음과 같다. '-더니'의 정의 (22)와의 차이는, p가 의지적 사건성의 명제라는 전제가 추가되었다는 것, 후행절(q)에 관한 직접증거성 전제가 명시되었다는 것이다.

(24) ⟦-었더니⟧ $^{c;w,t,j}$ =
$\lambda p\colon p \in D_{<s,<i,<e,t>>>}.\lambda q\colon q \in D_{<s,<i,<e,t>>>}.\ \forall <w', t', y>\colon [<w', t', y> \in$
$BEST(epist, stereo, w, t'', j)\ \&\ t'' < t\ \&\ y = j \rightarrow p(w')(t')(y)\ \&\ q(w')(t')(y)]$, 단 q는 p의 발생에 따라 연이어 일어나는 상황임 & p는 의지적 사건임
& 판단자 j는 q에 관한 직접 증거를 가짐 & $time(p) \leq t'' < time(q) \leq t$.
EX. 인호가 바위를 움직였더니 개미집이 드러났다.

위 '-더니'의 정의와 비교하여 주목할 점은, 여기에서는 후행절(q)에 관한 직접증거성의 요구만 명시되었다는 것이다. '-더니'가 선행절 p와 후행절 q에 관한 판단자의 직접증거성 요구를 가지는 것과 비교된다. 이 정의에 따라 다음 문장들의 적격/부적격성이 설명된다. (24나)'의 후행절에서 판단자인 화자 '나'는 (21i)'의 규정에 따라 배제된다.

(24)' 가. 내가 바위를 움직였더니 개미집이 드러났다.
나. ??인호가 바위를 움직였더니 내가 그 밑에서 개미집을 발견했다.

전제 의미의 구체적 내용에서 둘은 차이를 보이지만 시구간들 간의 선후관계에 관한 전제에 있어서 둘은 동일하다. 인식 양상 작용이 발생하는 시간, 즉 인식시는 발화시 이전이고, 선행절의 시간은 인식시의 이전이거나 동시이다($time(p) \leq t'' < time(q) \leq t$). 후자의 전제 의미는 (21)의 '-더라', '-더냐'는 가지고 있지 않은 의미이다.[793]

793) '-더라', '-더냐'의 선행 명제의 상황시, 후술하는 '-던데'의 선행절의 상황시는 발화시 이후일 수도 있다. 뒤의 10.4절에서는 연결어미 '-길래'가 선행절 명제에 관한 직접증거성 전제를 가진다고 분석한다. '-길래'도 '-더라,

'-더니' 접속문과 '-었더니' 접속문의 통사구조는 다음과 같다.

(25) 가. [$_{CP}$[$_{C'}$[$_{IP}$ 인호가 도서관에 가-$\varnothing$-] [$_{C}$ -더니]] [$_{CP}$ e 오랫동안 공부하-었-다]]
　　나. [$_{CP}$[$_{C'}$[$_{IP}$ 인호가 바위를 움직이-$\varnothing$-] [$_{C}$ -었더니]] [$_{CP}$ 개미집이 드러나-었-다]]

이와 같은 통사구조를 바탕으로, 위 '-더니', '-었더니'의 정의를 이용한 의미 합성이 이루어진다. (25나)의 의미 형식만을 보이기로 한다.

(26) (25나)의 통사의미적 합성:
⟦-었더니⟧$^{c;w,t,j}$(λw1. λt1. λj1. ⟦인호가 바위를 움직이-$\varnothing$-⟧$^{c;w1,t1,j1}$)(λw2. λt2. λj2. ⟦개미집이 드러나-었-다⟧$^{c;w2,t2,j2}$) (IFA)794)
[λp: p$\in D_{<s,<i,<e,t>>>}$. λq: q$\in D_{<s,<i,<e,t>>>}$. $\forall$<w', t', y>: [<w', t', y>$\in$ BEST(epist, stereo, w, t'', j) & t'' < t & y = j $\rightarrow$ p(w')(t')(y) & q(w')(t')(y)], 단 q는 p의 발생에 따라 연이어 일어나는 상황임 & p는 의지적 사건임 & 판단자 j는 q에 관한 직접 증거를 가짐 & time(p) ≤ t'' < time(q) ≤ t](λw1. λt1. λj1. ⟦인호가 바위를 움직이-$\varnothing$-⟧$^{c;w1,t1,j1}$)(λw2. λt2. λj2. ⟦개미집이 드러나-었-다⟧$^{c;w2,t2,j2}$)
('-었더니'의 정의)
λq: q$\in D_{<s,<i,<e,t>>>}$. $\forall$<w', t', y>: [<w', t', y> $\in$ BEST(epist, stereo, w, t'', j) & t'' < t & y = j $\rightarrow$ w'에서, t'에, y에게, 인호가-바위를-움직인다' & q(w') (t')(y), 단 q는 p의 발생에 따라 연이어 일어나는 상황임 & 판단자 j는 q에 관한 직접 증거를 가짐 & time(p) ≤ t'' < time(q) ≤ t](λw2. λt2. λj2. ⟦개미집이 드러나-었-다⟧$^{c;w2,t2,j2}$) (λ-전환)
$\forall$<w', t', y>: [<w', t', y> $\in$ BEST(epist, stereo, w, t'', j) & t'' < t & y = j $\rightarrow$ w'에서, t'에, y에게, 인호가-바위를-움직인다' & w'에서, t'에, y에게, 개미집이-드러났다', 단 q는 p의 발생에 따라 연이어 일어나는 상황임
& 판단자 j는 q에 관한 직접 증거를 가짐 & time(p) ≤ t'' < time(q) ≤ t] (λ-전환)

-더냐, -던데'처럼 선행절의 상황시가 발화시 이후일 수 있다.
a. 내일 인호가 상을 받더라.
b. 내일 인호가 상을 받더냐?
c. 내일 인호가 상을 받던데, 너는 안 받니?
d. 내일 인호가 상을 받길래 축하해 주려고 한다.
형태적으로 '-더-'를 갖지 않은 '-길래'가 '-더-' 계통 어미들과 이런 특성을 공유하는 점은 매우 흥미롭다. 필자는 이것이 한국어에서 직접증거성이 문법범주를 이루지 않는다는 점, '-더-'가 직접증거성을 나타낸다고 이를 문법범주로서의 증거성 표지로 간주할 수 없다는 점을 보이는 것이라고 해석한다.

794) 여기에서 'IFA', 즉 내포적 함수적용규칙은 기준 세계, 기준 시구간, 기준 판단자를 가지는 제1장의 ①(iii)이 적용된다.

표준적 형식의미론의 실행 방법에 의하면 p와 q에 대한 λ-전환의 단계에서 해당 전제 내용은 사라지고 더 이상 의미 형식의 일부로 남지 않는다(Heim & Kratzer 1998). 그러나 양정석(2017: 331)에서는 전제 내용이 의미 형식에서는 사라지지만 담화 의미 표상의 일부로 기록된다고 가정하였다. 위 의미 형식에서 '단' 이후의 전제 내용은 담화 의미 표상의 일부로 기록되어야 할 내용인데,[795] 편의상 의미 형식의 일부로 남겨 두었다. 마지막으로 도출된 의미 형식의 뜻은, 발화시 이전인 인식시 t"에 인식하기를, 가능세계 w'에서, 시구간 t'에, 판단자 y에게, 인호가 바위를 움직이는 것이 참이고, 동일한 w'에서, t'에, y에게, 개미집이 드러난 것이 참이라는 것인데, 후행절의 사건이 선행절의 사건의 발생에 따라 연이어 일어남이 전제 의미로 주어진다.

'-더니' 접속문과 '-었더니' 접속문의 후행절이 의문문일 때에는 후행절이 평서문일 때와 다른 특징을 보인다. 여부의문문 (27가, 나)는 모두 부적격하다.

(27) 가. ??내가/??네가/??인호가 순희를 만나더니 표정이 밝아졌니?
나. ??내가/??네가/??인호가 순희를 만났더니 표정이 밝아졌니?

후행절이 의문문이고 선행절에 의문사(의문사 용법)가 실현된 '-더니' 접속문, '-었더니' 접속문은 다음과 같은 특징을 보인다.

(28) 가. ?내가/??네가/인호가 누구를 만나더니 표정이 밝아졌니?
나. 내가/네가/인호가 누구를 만났더니 사람들이 쳐다봤니?

우선, 여부의문문 (27)이 어느 경우에나 부적격한 것은 의문문이 가능한 대답 명제들의 집합이라는 Hamblin(1973) 이래의 표준적 형식의미론의 가정을 떠올리면 잘 설명할 수 있다. '-더니' 접속문인 (27가)나 '-었더니' 접속문인 (27나)나 후행절에 대한 직접증거성의 전제를 가진다. 이는 후행절이 항상 참이라는 것과 가깝다. 그런데 여부의문문은 긍정의 대답 명제와 함께 부정의 대답 명제를 그 원소로 가져야 하므로 후행절의 직접증거성에 대한 전제와 모순이 된다.

선행절이 의문사를 포함하는 (28)의 의문문들은 의문사 위치에 담화상 영역에 주어진 개체들을 대입한 명제들의 집합을 그 의미로 가진다. 의문형어미 '-니'에 의해 판단자가 청자와 일치하므로 (28가)에서 선행절 주어가 '네가'인 '-더니' 접속문의 부적격성은 잘

---

795) 전제 의미를 담화 의미 표상에 기록하는 한 가지 방법을 양정석(2017: 326-331)에서 보인 바 있다.

설명된다. '-더니'는 선행절에 대해 직접증거성 전제를 부여하기 때문에 (28가)는 (21i)'에 따라 배제되는 것이다. '-었더니'는 후행절에 대해서만 직접증거성 전제를 부여하므로 (28나)처럼 선행절 주어의 인칭이 바뀌는 것이 접속문의 적격성에 영향을 주지 않는다.

의문사는 의문형어미인 보문소의 통사적 영역 안에서 보문소와 일치되어야 한다는 통사적 조건에 따라 허가되어야 한다.796) 10.3.1절에서 보인 명시어 구조를 유지한 채 이 조건을 만족하는 유일한 방법은 다음과 같은 통사구조로 해석되는 것이다. 즉, 명시어 구조인 접속문 CP는 다시 보문소 '-니'의 보충어가 된다.

(29) $[[_{CP}[_{C'}[_{IP}$인호가 누구를 만나-$]$ $[_{C}$-더니$]]$ $[_{IP}$표정이 밝아지-었-$]]$ $[_{C}$니$]]$

(29)의 통사구조를 바탕으로 의문사 구 허가 조건이 만족되어야 한다. (30)이 이 점을 보여준다. 이에 따라 통사의미적 합성 절차가 진행되고, 이 절차에 따라 (32나)의 의미 형식이 도출된다. 이 의미 형식에는 다시 담화화용론적 추론규칙이 적용되어 (33)의 담화 의미 표상이 얻어진다.797)

(30) $[[_{CP}[_{C'}[_{IP}$인호가 누구를 만나-$]$-더니$]$ $[_{IP}$표정이 밝아지-었-$]]$ $[$-니$_{[+wh]}]]$
   ⇒(의문사 구에 의문 자질 표시)
   $[[_{CP}[_{C'}[_{IP}$인호가 누구$_{[+wh]}$를 만나-$]$-더니$][_{IP}$표정이 밝아지-었-$]]$ $[$-니$_{[+wh]}]]$

(31) 목적어인 의문사 용법의 '누구$_{[+wh]}$2 '(타입 $<<e,et>,et>$):
   $[\lambda f_{<e,et>}. \lambda x_e. \exists y[y$는 사람이다 $\&$ $f(y)(x)] = 1]$, 단 현실 세계 w^*에서 $\exists y[y$는 사람이다$]$

(32) 의문사 용법의 문장 의미 도출
   가. $[\![$ -니 $]\!]^{c^*;w,t,j}$ = λp: $p \in D_{<s,<i,<e,t>>>}$. $\forall <w2, t2, y1>$: $[<w2, t2, y1> \in BEST(dox, dubi, w, t, j) \rightarrow p(w2)(t2)(y1)$ $\&$ $y1 = a(c^*)$.798)
   나. $[\![$ 인호가 누구를 만나더니 표정이 밝아졌니 $]\!]^{c^*;w,t,j}$ =

796) 이 통사적 조건은 '의문사 구 허가 조건'이다. 9.5절에서는 이를 다음과 같이 서술했다.
   a. 의문사 구 허가 조건(9.5절의 (17)):
   의문사 구는 음운론적 강세와 연결된 초점을 가지는 경우 '+wh' 자질을 가지는 의문형어미, '+wh' 자질을 가지는 보조사에 최대통어(m-dommand)되어 의문 자질 '+wh'가 표시되어야 한다.

797) 의문문의 의미 형식을 담화 의미 표상으로 전환하는 규칙(담화화용론적 추론규칙)에 대해서는 9.4.1절의 (6)을 참고하기 바람. 이 규칙은 회의 양상의 연산자 '$<w2, t2, y1> \in BEST(dox, dubi, w3, t3, j3)$'의 영향권 하에 놓인 명제 '$p(w)$'를 $ALT(p(w))$'로 전환한다. 이 규칙의 적용 결과가 (33)이다.

798) 의문형어미의 이와 같은 의미 정의는 양정석(2017: 258)에서 제안한 바 있다. 회의 양상 작용에 의해 산출되는 가능세계의 판단자가 현실 세계의 청자와 일치하도록 한 것이 그 특징이다. 이에 따라 '-더니' 접속문이 의문문일 때 선행절과 후행절 명제에 관한 직접 증거를 가지는 판단자가 청자로 바뀌는 사실을 포착할 수 있다.

∀<w2, t″, j2>: [<w2, t″, j2> ∈BEST(dox, dubi, w, t, j) → [∃x[w에서 x는 사람이다 & ∀<w', t', y>: [<w', t', y> ∈BEST(epist, stereo, w2, t″, j2) & t″ < t & j2 = y = a(c*) → w'에서, t'에, y에게, 인호가 y를 만난다′ & w'에서, t'에, y에게, 인호가 표정이 밝아졌다′]], 단 현실 세계 w*에서 ∃y[y는 사람이다 & p와 q는 서로 대조적인 상황들임 & 판단자인 청자 a(c*)는 p에 관한 직접 증거를 가짐 & 판단자인 청자 a(c*)는 q에 관한 직접 증거를 가짐 & time(p)≤ t″ < time(q) ≤ t.

(33) 담화화용론적 절차로서의 추론규칙 적용(담화상 영역에 '철수', '순희', '준기'가 있을 때):799)

ALT([∃x[w에서 x는 사람이다 & ∀<w', t', y>: [<w', t', y> ∈ BEST(epist, stereo, w2, t″, j2) & t″ < t & j2 = y = a(c*) → w'에서, t'에, y에게, 인호가 y를 만난다′& w'에서, t'에에, y에게, 인호가 표정이 밝아졌다′]])

≡ ∃x[ALT([w에서 x는 사람이다 & ∀<w', t', y>: <w', t', y> ∈ BEST(epist, stereo, w2, t″, j2) & t″ < t & j2 = y = a(c*) → w'에서, t'에, y에게, 인호가 x를 만난다′& w'에서, t'에, y에게, 인호가 표정이 밝아졌다′])]

≡ {[w에서 철수′는 사람이다 & ∀<w', t', y>: <w', t', y> ∈ BEST(epist, stereo, w2, t″, j2) & t″ < t & j2 = y = a(c*) → w'에서, t'에, y에게, 인호가 철수′를 만난다′& w'에서, t'에, y에게, 인호가 표정이 밝아졌다′], [w에서 순희′는 사람이다 & ∀<w', t', y>: <w', t', y> ∈ BEST(epist, stereo, w2, t″, j2) & t″ < t & j2 = y = a(c*) → w'에서, t'에, y에게, 인호가 순희′를 만난다′& w'에서, t'에, y에게, 인호가 표정이 밝아졌다′], [w에서 준기′는 사람이다 & ∀<w', t', y>: <w', t', y> ∈ BEST(epist, stereo, w2, t″, j2) & t″ < t & j2 = y = a(c*) → w'에서, t'에, y에게, 인호가 준기′를 만난다′& w'에서, t'에, y에게, 인호가 표정이 밝아졌다′]}

이렇게 하여 명제들의 집합으로서의 '-더니' 접속문(의문문) (29)의 의미가 얻어진다. (32나)의 전제 의미는 판단자(의문문이므로 청자(a(c*)))가 선·후행절 명제에 관한 직접 증거를 가질 것을 요구하므로 (21)'을 근거로 (28가)의 적격/부적격성이 예측된다. 즉 선행절 주어가 '인호', '나'인 경우는 적격하고, 선행절 주어가 '너(a(c*))'인 경우는 부적격하다.

---

799) 'ALT'는 각주 797의 담화화용론적 추론규칙에 따라 담화 의미 표상에 주어지는, 대안형들의 집합을 산출하는 연산자이다. 이 'ALT' 연산자의 적용 절차에 대해서는 9.4.1절에서 자세히 설명하였다. 이하의 의미 표상은 전제 의미 부분을 고려하지 않은 간략화된 표상이다. 담화 의미 표상에 관한 완전한 이론에서는 이 부분이 확충되어야 한다.

10.3.2.2. '-던데'와 '-던지'

'-던데'는 선행절과 후행절의 명제 내용을 2개의 논항으로 가지는 함수라는 점(연결어미임), 전제 의미로서의 증거성 의미를 가진다는 점(증거성 전제 의미), 그리고 지각된 시점 또는 증거 획득의 시점이 발화시 이전이라는 점(과거 지각 의미)에서 '-더니'와 공통된다.

'-던데' 접속문은 명시어 구조를 형성한다. 첫째로, 선행절이 후행절 부정 요소의 영향권에 드는 해석이 불가능한데, 이는 10.3.1절에서 살펴본 '-더니' 접속문과 같은 특징이다. 다음 (34나) 문장의 부적격 판단은 선행절이 후행절 부정 요소의 영향권 안에 드는 해석일 때의 판단이다.

(34) 가. 비가 오던데 그 사람은 비 맞고 거리를 걸었네.
　　나. *비가 오던데 그 사람은 비 맞고 거리를 걷지 않았다.

둘째로, 후행절 상황시 기준의 선후관계 해석이 불가능한 점도 '-더니' 접속문과 같다.

(34)' 비가 오던데 그 사람은 비 맞고 거리를 걸었네/?걷는다/?걸을 것이다.

이 예들이 아주 부적격한 것은 아니지만, 후행절이 '걸었다/걷는다/걸을 것이다'로 변동함에 따라 선행절 사건의 시간이 과거, 현재, 미래로 의존적으로 변동하는 의미로는 해석되지 않는다.

셋째로, 후행절 서법에 대한 제약은 뚜렷이 관찰되지 않는다. 후행절은 의문문, 명령문, 청유문이 될 수 있다.

(35) 가. 댁의 아이가 안색이 창백해 보이던데, 어디가 아파요?
　　나. 담임 선생님이 너를 찾으시던데, 교무실로 가 봐라.
　　다. 담임 선생님이 우리 둘을 찾으시던데, 교무실로 가 보자.

그러나, 특이하게도, 후행절이 아무런 양상의 의미를 갖지 않는 평서문인 것은 제약된다.[800]

---

800) 의문문은 회의 양상(dubitative modality)의 표현이라고 본다. 양정석(2021, 2022가)에서는 한국어의 의문형어미가 회의 양상의 요소이며 명령형, 청유형, 약속형 어미가 의도 양상의 요소라는 점을 논증했다. (36)의 대비되는

(36) $^{?}$비가 오던데 그 사람이 혼자 거리를 걸었다.

cf. 비가 오던데 그 사람이 혼자 거리를 걸었니?

후행절에 대한 이상과 같은 제약은 후행절의 양상에 대한 요구와 같은 것이다. '-던데'가 특이한 점은 이처럼 그 후행절이 양상의 표현일 것을 요구한다는 것이다. 양정석(2021, 2022가)에서는 의문문이 회의 양상의 표현이며, 명령문, 청유문, 약속문이 의도 양상의 표현임을 논했다. (35가-다)의 후행절은 회의 양상, 의도 양상이므로 '-던데'의 의미적 요구를 충족한다.

『연세한국어사전』(1998)에 '-던데'의 예문으로 제시된 다음 예들은 후행절이 평서문이다. 그러나 필자는 이들이 양상의 요구를 위반했다가 전제보충(accommodation: cf. Lewis 1979b)에 의해 다시 적격성을 얻게 된 예들이라고 판단한다.

(37) 가. 소설은 아주 말쑥하던데 사람은 약간 19세기야!

나. 남들은 죽은 사람도 살았을 거라고 기다리던데 나는 살아 있는 사람도 기다릴 수 없는 몸이다.

인칭 제약과 관련하여 '-던데' 접속문은 '-더라'와 평행하는 특징을 보인다. 이러한 특징은 직접증거성 전제로부터 말미암는 것이다.

(38) 가. $^{??}$내가/네가/인호가 도서관에 가더라.

$^{??}$내가/네가/인호가 도서관에 가던데, 도서관에는 사람들이 많이 와 있지?

나. 나는/$^{??}$너는/$^{??}$인호는 그 사람이 싫더라.

나는/$^{??}$너는/$^{??}$인호는 그 사람이 싫던데, 철수는 좋은 모양이다.

이러한 점들을 포착하는 '-던데'의 의미 정의는 다음과 같다. 선·후행절 모두 인식 양상 연산자의 영향권 안에 든다. 그러나 직접증거성의 요구(전제 의미)는 선행절(p)에 대해서만 주어진다.

(39) $[\![\text{-던데}]\!]^{c*;w,t,j}$ =

$\lambda p\colon p \in D_{<s,<i,<e,t>>>}.\ \lambda q\colon q \in D_{<s,<i,<e,t>>>}.\ \forall <w', t', y>: [<w', t', y> \in$

의문문 문장에서는 '-니'가 회의 양상의 요소로 쓰인 것이다.

BEST(epist, stereo, w, t″, j) & t″ < t & y = j = s(c*) → p(w')(t')(y)
& q(w')(t')(y)]] = 1, 단 판단자 j는 p에 관한 직접 증거를 가짐 & q는 믿음 양상(dox) 또는 의도 양상(intend)의 명제임.

'-던지'는 '-더-'에서 유래하는 증거성 의미에 의문형어미 '-은지'가 가지는 '회의 양상'의 의미를 아울러 가진다.[801)]

'-던지' 접속문도 명시어 구조를 형성한다. 첫째, 선행절이 후행절 부정 요소의 영향권에 드는 해석은 불가능하다.

(40) 가. 흥미 있는 뉴스가 나오고 있던지 인호는 한참 동안 티브이를 시청했다.
나. *흥미 있는 뉴스가 나오고 있던지 인호는 한참 동안 티브이를 시청하지 않았다.(선행절이 부정의 영향권 안에 드는 해석으로)

둘째, 후행절 상황시 기준의 선후관계 해석도 불가능하다.

(41) 흥미 있는 뉴스가 나오고 있던지 인호는 한참 동안 티브이를 시청했다/??시청한다/??시청할 것이다.

셋째, 후행절 서법에 대한 제약이 뚜렷이 관찰된다. 의문문, 명령문, 청유문, 약속문이 후행절로 실현되는 것은 제약된다. 오로지 평서문만이 가능하다.

(42) 흥미 있는 뉴스가 나오고 있던지 인호는/너는/우리는/나는 한참 동안 티브이를 ??시청했니?/??시청해라./??시청하자./??시청하마.

인칭 제약과 관련한 특징은 다음과 같다. '-더-'와 의문형어미로부터 기원하는 '-더냐'와 유사하게, '-던지'도 일반 술어에서 2인칭 주어가 제약되며, 선행절의 술어가 주관성 형용사인 경우 2인칭 주어가 선호된다. 그러나 선행절 술어가 주관성 형용사인 경우 3인칭 주어가 제약되지 않는 것은 둘 사이의 차이점으로서, '-더-'를 통사 단위로 설정하여 일반적 합성 절차에 따라 그 의미를 해석하는 데에 난점이 있음을 보이는 것이다.

---

801) 이런 이유로 다시 '-더-'를 독립된 통사 단위로 처리해야 한다고 주장할 수는 없다는 점을 다시 강조한다. 뒤의 11.6절에서는 '-더-'가 통사 단위일 수 없다는 점을 완결적으로 증명한다.

(32) 가. 내가/$^{?}$네가/인호가 시험을 잘 보았던지, 순희의 표정이 밝았다.

cf. 내가/$^{??}$네가/인호가 시험을 잘 보았더냐?

나. $^{??}$내가/네가/$^{?}$인호가 그 사람이 싫던지 묻는 말에도 대답을 않고 외면을 했다.

cf. $^{??}$내가/네가/$^{??}$인호가 그 사람이 싫더냐?

종래 '-더-'와 연결어미 '-은지'의 결합으로 다루어 온 연결어미 '-던지'는 선행절과 후행절의 명제 내용을 2개의 논항으로 가지는 함수라는 점(연결어미임: cf. '-은지'는 종결어미/명사형어미임), 인식시가 발화시 이전이라는 점, 전제 의미로서의 직접증거성 의미를 가진다는 점, 그리고 후행절 명제가 참으로 전제된다는 점 등을 '-은지'와 구별되는 특징으로 가진다. 특히 후행절 명제가 참으로 전제되는 점은 주목할 만하다. 또한, 후행절 서법은 평서법으로 한정되는데(cf. (42)), 이 점은 후행절 명제가 현실 세계, 발화시, 기준 판단자를 바탕으로 참이 된다는 점을 단언 의미의 일부로 표시함으로써 포착한다.802)

(44) $[\![\text{-던지}]\!]^{c^*;w,t,j}$ =

$\lambda p{:}\ p \in D_{<s,<i,<e,t>>>}.\ \lambda q{:}\ q \in D_{<s,<i,<e,t>>>}.\ \forall<w', t', y>{:}\ <w', t', y> \in BEST(dox, dubi, w, t, j)\ \&\ y = j \rightarrow (\forall<w'', t'', y'>{:}\ <w'', t'', y'> \in BEST(epist, stereo, w', t', y)\ \&\ t' < t\ \&\ y' = y = a(c^*) \rightarrow p(w'')(t'')(y'))$, 단 판단자 $y' = y = a(c^*)$는 p에 관한 직접 증거를 가짐 & $time(q) < t\ \&\ q(w)(t)(j) = 1$.

'$a(c^*)$'는 현실 발화 맥락의 청자를 나타낸다. 인식 양상의 판단자가 청자와 일치한다는 점이 명시되었는데, 이는 직접증거성의 해석을 위해 중요한 역할을 한다.

앞의 '-더니' 접속문, '-었더니' 접속문과는 달리, '-던데, -던지' 접속문에서는 선행절에 의문사가 실현되는 것이 제약된다. 선행절에 의문사가 실현되는 것이 불가능하지는 않지만, 이들은 의문사 용법 아닌 불확정 용법으로만 해석된다.803) 선행절에 의문사가 실현되고 후행절이 의문문인 '-던데, -던지' 접속문은 성립 불가능하다. 이것은 후행절 명제가

802) 위에서 (21나)로 제시한 '-더냐'의 의미 정의와도 비교해 보아야 한다. 위 (21나)는 청자가 선행 명제에 대한 직접 증거를 가진다는 전제(화자 전제: cf. 양정석 2020다)를 가지는 데에 반해서 (44)의 '-던지'의 의미 정의에는 그와 같은 전제 의미가 없다.

803) 한국어의 의문사는 영어의 의문사와 달리 의문사 용법과 불확정 용법의 두 가지 해석을 가진다(9.3.3절 참조). 의문사 용법은 의문사의문문으로 해석되는 경우의 의문사의 해석으로서, 의문사의문문의 의미는 의문사 위치에 변수를 가지는 개방문에서 담화상 영역(domain of discourse)에 주어지는 개체들을 대입한 문장 의미들의 집합이 된다. 불확정 용법은 존재 양화사로 해석되는 의문사의 용법이다.

항상 참임이 전제 의미로 명시되었기 때문이다. '-니'에 선행하는 명제의 부정을 그 원소로 포함하는 여부의문문이 이 전제 의미와 모순되기 때문이다.

(45) 가. 인호가 누구를 만나던데, 얼굴에 희색이 가득한 듯했어.
나. 인호가 누구를 만났던지, 얼굴에 희색이 가득하다.
(46) 가. *인호가 누구를 만나던데, 얼굴에 희색이 가득했니/가득한 듯했니?
나. *인호가 누구를 만났던지, 얼굴에 희색이 가득하니?

'-던지' 접속문의 선행절에는 의문 관형사 '어느', 의문사 '어찌나, 얼마나'가 쓰일 수도 있다.[804)]

(47) 가. 어느 해였었던지 비가 내리는 아침이었다.
나. 그 엄청난 소리에 얼마나 놀랐던지 모두가 제정신이 아니었다.
다. 나는 그 광경을 보면서 어찌나 무서웠던지 그만 도랑 속으로 미끄러져 내렸지요.

이들에서의 '어느', '어찌나', '얼마나'는 의문사 용법의 의문사들이라고 생각된다.[805)]

10.3.2.3. 반사실성 조건의 '-었더라면', '-었던들'과 양보의 '-더라도'

'-었-'과 결합한 복합 형식 '-었더라면'과 '-었던들'은 반사실성 조건문을 형성하고, '-었-'과의 결합 의무가 없는 '-더라도'는 양보문을 형성한다.[806)] 이 세 연결어미는 형식적으로 '-더-'를 포함하고 있지만 인칭 제약의 특징을 보이지 않는다는 점에서 앞의 '-더니', '-던데', '-던지'와는 차이가 있다.[807)]

---

804) (47다)의 어미 '-지'는 필자가 양상 요소로 간주하는 것이다. (44)의 정의의 'q(w)(t)(j) = 1'의 전제 의미는 양상 의미를 제약하기는 하지만 양상 의미를 근본적으로 배제하지는 않는다. 다음 세 문장은 모두 『연세한국어사전』(1998)의 예문이다.

805) 여기에는 연결어미 '-던지'가 [+wh] 자질을 가져서 이들 의문사를 허가함으로써 각주 796의 '의문사 구 허가 조건'이 작용하는 것으로 본다. 즉, 선행절의 연결어미 '-던지'가 [+wh] 자질을 가져서 이것이 최대통어하는 '어느', '어찌나', '얼마나'를 허가함으로써 통사적으로 적격한 문장으로 실현되는 것이다.

806) '-더라도'를 비롯한 양보 연결어미에 대한 포괄적인 의미 분석은 서정섭(1991)에서 이루어졌다. 조건 연결어미, 양보 연결어미들에 대한 선행 연구 정리와 각 연결어미에 대한 형식의미론적 분석을 양정석(2020가, 나)에서 실행한 바 있다. 이 내용을 10.1절과 10.2절에서 수정된 형태로 제시하였다.

807) 이들이 어떤 의미로든 직접증거성 의미를 가진다고 주장할 수도 없다.
a. 빙하기가 없었더라면 공룡들이 지배하는 시대가 계속되었을 것이다.
b. 빙하기가 없었던들 공룡들이 지배하는 시대가 계속되었을 것이다.
c. 빙하기가 없었더라도 인류는 번성하였을 것이다.

(48) 가. ??내가/네가/인호가 도서관에 가더라.
　　나. 나는/??너는/??인호는 그 사람이 싫더라.
(49) 가. 내가/네가/인호가 도서관에 갔더라면 철수를 만났을 것이다.
　　나. 내가/네가/인호가 그 사람이 싫었더라면 어제 모임에 나타나지 않았을 것이다.
(50) 가. 내가/네가/인호가 도서관에 갔던들 철수를 만났을 것이다.
　　나. 내가/네가/인호가 그 사람이 싫었던들 어제 모임에 나타나지 않았을 것이다.
(51) 가. 내가/네가/인호가 도서관에 가더라도 철수를 못 만날 것이다.
　　나. 내가/네가/인호가 그 사람이 싫더라도 내일 모임에 참석해야 하겠다.

'-었더라면, -었던들'과 '-더라도'가 형성하는 접속문은 10.3.1절에서 말한 '명시어 구조'의 세 가지 특성을 모두 보인다. 첫째, 선행절이 부정 요소의 영향권에 드는 해석은 불가능하다. 다음에서도 (52가-다) 문장의 부적격 판단은 선행절이 후행절 부정 요소의 영향권 안에 드는 해석일 때의 판단이다.

(52) 가. *인호가 도서관에 갔더라면 철수를 만나지 않았을 것이다.
　　나. *인호가 도서관에 갔던들 철수를 만나지 않았을 것이다.
　　다. *인호가 도서관에 가더라도 친구들과 놀기만 하지 않을 것이다.
　　　　cf. 인호가 도서관에 가더라도 친구들과 놀기만 할 것이다.

둘째, 후행절 상황시 기준의 선후관계 해석도 불가능하다.

(53) 가. 인호가 도서관에 갔더라면 철수를 만났을 것이다/*만난다/*만날 것이다.
　　나. 인호가 도서관에 갔던들 철수를 만났을 것이다/*만난다/*만날 것이다.
　　다. 인호가 도서관에 가더라도 철수를 *못 만났다/못 만난다/못 만날 것이다.

후행절의 시간이 '만났을 것이다/만난다/만날 것이다'로 변동함에 따라 선행절 사건의 시간이 과거, 현재, 미래로 의존적으로 변동하는 현상은 관찰되지 않는다.

셋째, 후행절 서법에 대한 제약도 관찰된다. (53)의 현상은 연결어미 '-었더라면, -었던들'과 '-더라도'가 후행절에 대한 의미적 제약을 가하기 때문에 발생하는 것이다. 후행절 서법에 대한 제약도 연결어미가 가지는 의미적 제약의 한 종류인 것이다. '-었더라면'과 '-었던들'은 후행절이 명령법, 청유법, 약속법인 것을 배제한다. '-더라도'는 이와 동일한 제약을 가하지 않는다. 그러나 선행절 명제와 후행절 명제의 양상 의미를 통한 비교를 전제 의미로 가진다는 점에서, 간접적 서법 제약이 존재한다고 할 수 있다.

(54) 가. 인호가 도서관에 갔더라면 철수를 만났을 것이다/만났겠니?/ *만나라/ *만나자/*만나마.
나. 인호가 도서관에 갔던들 철수를 만났을 것이다/만났겠니?/*만나라/*만나자/*만나마.
다. 네가 도서관에 가더라도 철수를 못 만날 것이다/철수를 못 만나겠니?/철수를 만나지 말아라/우리가 만나지 말자.

후행절에 대한 이상과 같은 제약은 이들 연결어미의 어휘의미적 기술에 그 논항의 하나인 후행절에 대한 선택제약의 명세화를 부여하는 방법으로 나타낼 수 있다.

'-었더라면'과 '-었던들'은 복합 형식으로 반사실성 조건 관계를 표현하는 연결어미들이다. 다음은 양정석(2020나)에서 제시한 이들의 의미 정의이다.[808)]

(55) 반사실성 조건의 연결어미 '-었더라면'
[λp: p$\in$$D_{<s,<i,<e,t>>>}$. λq: q$\in$$D_{<s,<i,<e,t>>>}$. $\forall$<w',t',x>:<w',t',x> $\in$ BEST(dox, counterfactual, w, t, j) & j = x & p(w')(t')(x) & q(w')(t')(x) = 1, 단, t'<t인 시간 t'에 p(w)(t')(j) = 0인 경우에만 이 정의가 성립된다]
EX. 인호가 도서관에 갔더라면 철수를 만났을 것이다.

(56) 반사실성 조건의 연결어미 '-었던들'
[λp: p$\in$$D_{<s,<i,<e,t>>>}$. λq: q$\in$$D_{<s,<i,<e,t>>>}$. $\forall$<w',t',x>: <w',t',x> $\in$ BEST(dox, counterfactual, w, t, j) & j = x & p(w')(t')(x) & q(w')(t')(x) = 1], 단, t'<t인 시간 t'에 p(w)(t') = 0인 경우에만 이 정의가 성립된다, +문어체]
EX. 철수가 좀더 일찍 왔던들 인호를 만났을 것이다.

이 두 의미 정의에 따르면 '-었더라면'과 구별되는 '-었던들'의 의미 차이는 단지 자질 '+문어체'를 가지는 것뿐이다.[809)]

---

808) 이 두 의미 정의에서 가능세계 변수에 대한 양화를 보편 양화($\forall$)로 나타냈지만 '-었더라면' 접속문의 후행절은 항상 '-을 것이-' 등의 가능 양상 표현으로 실현되기 때문에 (a)의 추론 규칙이 적용되어 전체 접속문이 결과적으로 존재 양화($\exists$)의 가능 양상 표현이 된다. '+문어체'라는 자질만 추가로 가지는 반사실성 조건문인 '-었던들' 접속문도 이 점에서 같다(cf. (56)).

a. [$\forall$<w',t',x>: <w',t',x> $\in$ BEST(epist, stereo, w, t, j) & p(w')(t')(x) $\rightarrow$
$\exists$<w",t",y> $\in$ BEST(epist, stereo, w', t', x): q(w")(t")(y)] $\Rightarrow$
[$\exists$<w',t',x>: <w',t',x> $\in$ BEST(epist, stereo, w, t, j) & p(w')(t')(x) & q(w')(t')(x)]

809) '[+문어체]'의 자질은 진리조건적 함수 형식에 어울리지 않는 형식이다. 양정석(2017: 6장)에서는 진리조건적 함수 형식의 의미 형식인 '지시 층렬'과 함께 의미역 구조를 중심으로 한 의미 기술을 '기술 층렬'의 의미 형식으로 나타낼 것을 제안한 바 있다. 이 장에서도 이 방안을 유지한다. '[+문어체]' 자질은 지시 층렬에는 표시되지

'-더라도'는 양보 접속문을 형성한다. 양정석(2020나)에서는 양보 접속문을 형성하는 연결어미 '-더라도, -어도, -을지라도, -을망정, -을지언정, -기로서니, -은들'의 형식의미론적 기술을 실행했다. '양보' 의미는 이들이 가지는 전제 의미의 형식이 선·후행절 명제의 조건 관계와 양상 의미의 형식을 포함하는 점을 그 핵심적 특징으로 가진다. '-더라도'가 매개하는 양보 접속문들의 전제 의미의 특징을 요약하면 다음과 같다.

(57) p-더라도 q: 'p-으면 q' 형식의 대안형들이 기대에 부합됨의 관점에서
'p-으면 ㄱq'보다 그 부합도가 낮음(덜 기대에 부합됨).

단언 부분은 기본적으로 조건문의 양상 의미 형식으로 나타낸다.

(58) 양보의 연결어미 '-더라도'
[λp. λq. ∀<w', t', j'> : <w', t', j'>∈BEST(dox/epist/circ/int, stereo, w, t, j) &
j = j' & p(w')(t')(j') → q(w')(t')(j') = 1,
단, ∀r, r' ∈ C [r ≠ r' → r $<_{expected}$ r']인 경우에만 이 정의가 성립됨]
(여기에서 r = (p-으면 q), r' = (p-으면 ㄱq)이며, C는 대안형들의 집합)
EX. 가시나무 숲을 헤쳐 가더라도 길은 산길 하나밖에는 없었다/한국은 지금 번영하는 것으로 보이더라도 과거에는 굶주려 죽는 사람이 많을 정도로 궁핍했다.

'-더라도' 문장을 예로 들어 양보 구문의 통사의미적 합성 과정을 보이기로 한다.

(59) "인호는 떠나더라도 나는 남을 것이다."의 통사의미적 합성:
가. 통사구조: $[_{CP}$ $[_{C'}$$[_{IP}$ 인호는 떠나-∅-] $[_{C}$ -더라도]] $[_{CP}$ 나는 남-을 것이-다]]
나. ⟦ -더라도 ⟧ (λw". λt". λj". ⟦ 인호는 떠나-∅- ⟧ $^{w'',t'',j''}$)(λw‴ .λt‴ .λj‴ . ⟦ 나는 남-을것이-다 ⟧ $^{w''',t''',j'''}$) =
다. [λp.λq.∀<w',t',j'> : <w',t',j'> ∈ BEST(dox/epist/circ/int, stereo, w, t, j) &
j = x & p(w')(t')(j') → q(w')(t')(j') = 1,
단 ∀r, r'∈ C [r ≠ r → r $<_{expected}$ r']인 경우에만 이 정의가 성립됨]([λw″. λt″. λj″. w″에서, t″에, j″에게, 인호는 떠난다'])([λw‴ . λt‴ . λj‴ .
∀<w2, t2, j2> ∈ BEST(int, stereo, w‴ , t‴ , j‴) & j‴ = j2 →

않고 기술 층렬에 표시되는 자질이라는 것이 그 의도이다. 다른 방안으로, 8.5절의 명령형/청유형/약속형 어미와 9.8절의 의문형어미 일부에 대해서 그랬던 것처럼 맥락 c가 '문어적 맥락'일 것을 전제 의미의 하나로 요구하는 방법을 고려해 볼 수 있다. 이는 '문어체' 개념을 지시 층렬의 의미 형식 안에 수용하고자 하는 것이다.

w2에서, t2에, j2에게, 나는 남는다'])

라. [$\forall$<w', t', j'>: <w', t', j'> $\in$ BEST(epist, stereo, w, t, j) & j = j' & w'에서, t'에, j'에게, 인호는 떠난다 → ($\forall$<w″, t″, j″> $\in$ BEST(int, stereo, w', t', j') & j' = j″ → w″에서, t″에, j″에게, 나는 남는다'])

통사구조 (59가)를 바탕으로 (58)의 함수 의미 형식을 그 논항인 선행절 '인호는 떠나-∅-'와 후행절 '나는 남을 것이다'에 적용하면 (59나)가 도출되고, (58)의 정의를 대입하면 (59다)의 형식이 도출되는데, '단' 이후의 서술인 전제가 충족되는 경우, '-더라도' 문장의 의미 형식인 (59라)가 도출된다.

한 가지 흥미로운 점은 '-었던들'과 '-은들'의 관계이다.[810] 전자는 반사실성 조건문을, 후자는 양보문을 형성한다.

(60) ⟦-은들⟧^{w} = [λp. λq. $\forall$<w',t',x>: <w',t',x> $\in$ BEST(dox, dubi, w, t, j) & j=x & p(w')(t')(x) → q(w')(t')(x) = 1,
단 $\forall$r, r' $\in$ C [r ≠ r' → r <expected r']인 경우에, 그리고 q가 반어적 의문의 양상 의미 형식이고, p가 척도상의 극단에 있는 상황인 경우에만 이 정의가 성립됨]
(여기에서 r = (p-으면 q), r' = (p-으면 ¬q)이며, C는 대안형들의 집합)
EX. 그걸 내가 알고 있은들 자네에게 바른 대로 댈까?

'-었던들'의 경우에도 '-더-'의 통사 단위로서의 자격을 인정하고자 하는 연구자들은 '-은들'의 양보 의미 형식인 (60)에 '-더-'의 증거성 의미와 '-었-'의 완료 의미가 가해진 것이 어찌하여 위 (56)의 반사실성 조건 의미를 산출하는지를 설명해야 할 것인데, 그 설명은 불가능한 것으로 판단된다. (60)의 '-은들'의 전제 의미가 위 (56)의 상이한 전제 의미로 바뀌는 이유를 설명할 수는 없을 것이다. 이는 다시금, '-더-'가 독립 통사 단위로 설정될 수 없고, '-었던들'을 단일 통사 단위로 가정하여 그 어휘의미를 기술하는 것이 요구됨을 보이는 것이다.

10.3.3. '-더-' 계통 연결어미 접속문 마무리

'-더-'를 독립된 통사 단위로 가정하는 것은 이를 포함하는 연결어미의 접속문을 형식 의미론적으로 기술하는 데에 근본적인 문제를 발생시킨다. 이 문제에 대한 대안은 '-더-'

810) 다음 '-은들'의 의미 정의는 양정석(2020나)에서 제시한 것이다.

와 후속하는 어미의 결합 형식인 '-더니, -었더니, -던데, -던지, -었더라면, -었던들, -더라도' 각각을 최소 통사 단위로 간주하는 것이다. 이들 '-더-' 계통 연결어미를 그 전제 의미의 특성을 중심으로 배열해 보면 다음과 같다.

(61) 가. 발화시 이전의 인식시 조건을 가지는 연결어미:
-더니, -던데, -던지, -었더라면, -었던들
나. 직접증거성에 관한 전제 의미를 가지는 연결어미:
-더니(선·후행절), -었더니(후행절), -던데(선행절), -던지(선행절)
다. 선행절의 의지적 사건성 전제 의미를 가지는 연결어미: -었더니
라. 반사실성 전제를 가지는 연결어미: -었더라면, -었던들
마. 조건 명제들의 비교를 전제 의미로 가지는 연결어미: -더라도

단언 의미의 일부로 명시된 (61가)를 제외하고는, 이러한 전제 의미의 특성은 각 연결어미의 의미 정의에 정의 성립 조건으로 명시되었다. (61나)의 연결어미들 중 '-더니'는 선행절(p)과 후행절(q) 모두에 관한 직접증거성의 전제 의미를 가지며, '-었더니'는 후행절(q)에 관한 직접증거성의 전제 의미만을 가지는 특징을 보인다. '-던데, -던지'는 선행절(p)에 관한 직접증거성의 전제 의미를 가진다. 그러나 (61나)의 연결어미들 모두 선행절 또는 후행절 또는 선·후행절이 인식 양상 작용에 의해 산출된 세계들에서 참이 되어야 한다는 점이 그 단언 의미로 명시된다. (61나-마)의 각 전제 의미는 서두 (1)의 각 연결어미를 독립된 통사 단위로 가정해야 명시적 기술이 가능한 것이다.

(61가)와 (61나)는 '-더-'의 고유 의미로 인식되어 왔다. 그러나 양정석(2017: 120-121, 2022나) 및 뒤의 10.4절에서는 '-더-'와 형태적으로 무관한 연결어미 '-길래'가 이 두 가지 의미 특성을 가짐을 보였다. 이는 현대 한국어에서 '-더라, -더냐, -더니, . . .' 등과 '-네'와 '-길래'가 증거성 의미를 나타내기는 하지만 현대 한국어에 문법범주로서의 증거성 범주를 설정할 수 없음을 보이는 것이다.

연결어미가 화자를 판단자와 일치시키는 전제 의미의 특성을 가진다는 것은 이 연결어미가 후행절까지를 포함하는 전체 접속문의 머리성분이기 때문에 가능한 것이다. 이 절에서 논의한 모든 연결어미들이 명시어 구조를 취하는 까닭에, 원리적으로는 이 같은 특성을 모두 가질 것으로 기대된다. 그러나 보문소인 의문형어미가 그 왼쪽의 명시어 구조를 보충어로 취하는 것이 핵계층 이론에 따라 충분히 가능하다. 7개의 연결어미 중에서 (62가)의 '-더니, -었더니, -더라도'는 명시어 구조를 형성하여 이것이 다시 의문형어

미의 보충어가 되는 구조를 허용한다. (62나)의 연결어미들은 이러한 구조를 허용하지 않는다.

(62) 가. 선행절에 의문사 용법의 의문사가 실현 가능한 연결어미:
-더니, -었더니, -더라도
나. 선행절에 의문사 용법의 의문사가 실현 불가능한 연결어미:
-던데, -던지, -었더라면, -었던들

(62가)의 연결어미들은 후행절 CP를 명시어로 취하는 구조를 이룰 수도 있고, 후행절의 IP 부분만을 명시어로 취하여 명시어 구조를 이룬 다음 다시 이어지는 의문형어미의 보충어가 되는 구조를 이룰 수도 있다.

10.4. '-길래' 접속문[811)]

한국어의 연결어미들은 그 수도 많을뿐더러, 선행절과 후행절의 논리적 관계의 구체적 내용, 선행절 또는 후행절에 대한 전제 의미의 유무, 그 전제의 구체적 내용 등 명시적으로 밝혀내야 할 많은 점들을 포함하고 있다. 연결어미 '-길래'는 '-더-'를 가지는 연결어미들과 형태적으로 무관하면서도 많은 의미적 특징들을 공유한다는 점에서 한국어 연결어미와 접속문의 의미 분석 작업을 위해 시사하는 바가 크다. 다음에서 보는 '-길래' 접속문과 '-더니' 접속문의 공통된 인칭 제약 현상은 그 단적인 예이다.

(1) 가. ??내가/네가/인호가 그 카페에 들어가길래 철수도 따라서 들어갔다.
나. 나는/??너는/??인호는 순희가 밉길래 외면을 하고 앉아 있었다.
(2) 가. ??내가/네가/인호가 그 카페에 들어가더니 한참만에 나왔다.
나. 나는/??너는/??인호는 어제는 순희가 좋더니 오늘은 생각이 바뀌었다.

염재일(2012)은 형식의미론의 방법론에 정통한 연구자가 한국어의 구체적 연결어미 '-길래'의 통사의미론적 분석을 시도한 논문으로서, '-길래' 자체에 대한 해명은 물론, 한

811) 이 절은 '한국어 '-길래' 접속문의 통사의미적 합성'이란 제목으로 언어와 정보 26권 2호(2022)에 실렸던 논문을 다듬어서 제시하는 것이다.

국어의 다른 연결어미와 접속문의 통사의미론적 분석을 위한 유익한 선례가 된다.[812] 그러나 형식의미론적 연구에 대하여 기본적으로 요구되는 합성성 원리 준수의 요건은 충족하지 못했다. 염재일(2012)의 주요 논점은 다음과 같다.

(3) 가. '-길래' 접속문은 세 가지의 통사의미적 구문으로 나누어진다.
나. 의문문인 '-길래' 접속문, '-지'로 끝나는 '-길래' 접속문에서 후행절 명제 내용이 전제된다.
다. 후행절의 상황시가 발화시보다 선행하거나 겹친다.
라. '-길래' 접속문에서 후행절의 부정 요소 '않-'은 좁은 영향권을 가진다.

특히, (3라)는 바른 관찰이지만 염재일(2012)에서 제시한 통사구조와 그에 따른 의미의 형식화는 이 점을 반영하지 못하고 있다.

이 절(10.4)에서는 염재일(2012)의 위 주장들과 비교하면서, '-길래'가 현대 한국어의 '-더-' 계통 어미들과 같은 직접증거성 의미를 가지며, 이 점에서 '-더-' 계통 연결어미들과 동질적인 의미 형식을 가지는 것으로 기술해야 하며,[813] 그 통사구조도 염재일(2012)에서 보인 것과는 다른 구조를 가정해야 한다는 점을 밝히려고 한다.[814] (1)의 '-길래'에 대한 필자의 견해를 (2)의 '-더니'와 대비시켜 다음과 같이 특성화할 수 있다.[815]

(4) 가. '-길래'는 '-더니'처럼 인식 양상 의미를 가진다.

812) '-길래'는 '-기에'의 방언형으로 다루어지기도 하고, 그 변이형태로 서술되기도 했다(서정수 1994/2006: 1197). '-길래'를 '-기에'와는 독립된 연결어미로 서술한 이정민(1980), 허웅(1995: 810-811)의 예가 있지만, '-길래'가 '-기에'와는 독립된 연결어미라는 점을 본격적으로 논증한 연구는 안주호(1999)이다. 안주호(1999) 이후 진정란(2005), 임채훈(2008), 박재연(2009) 등에서도 '-길래'를 '-기에'와 독립된 연결어미로 다루었다. 진정란(2005)은 '-길래'의 담화 기능을 밝히는 논의인데, '-길래' 접속문의 후행절이 의문문인 경우는 선행절이 의문사를 가져야 한다는 점을 지적했다. 임채훈(2008)은 선행절의 1인칭 주어 제약의 사실과 그 이유로 '-길래'가 '감각 증거성 양태' 의미를 가지는 점을 지적했으나 심층적 분석으로 나아가지는 못했다.

813) 필자의 이전 연구 양정석(2020)에서는 '-더-'에 대한 선행 형식의미론 연구인 정경숙(2007), 임동식(2010), 이정미(2011, 2013)를 비판하여 그 대안으로 '-더라', '-더냐'를 비롯한 '-더-' 계통 어미들을 인식 양상의 단언 의미와 직접증거성의 전제 의미를 가지는 것으로 기술했다. 이정미(2011, 2013)은 '-더-'를 인식 양상 요소로 기술하고, 임동식(2010)은 '-더-'를 증거성 요소로서 변수의 영역 조건으로 표시되는 전제 의미로 기술했는데, 필자는 단언 의미로 양상을, 전제 의미로 증거성을 나타내어 두 선행 기술을 종합한 것이다.

814) '-길래' 접속문과 '-더-' 계통 연결어미의 접속문은 '명시어 구조'(10.4.1.2, 10.4.2.1절에서 후술)를 취한다는 것이 이 절의 주장 중 하나이다.

815) '-더니' 접속문의 의미에 대해서는 서정수(1978), 박재연(2003), 송재영·한승규(2008), 송재목(2011), 이필영(2011) 등에서 기술해 왔다.

나. '-길래'는 '-더니'처럼 직접증거성 의미를 그 전제 의미로 가진다.
다. '-길래'는 '-더니'처럼 인식시를 발화시 이전으로 설정하는 기능을 가진다. 그러나 '-더니'와 달리 선행절의 상황시가 인식시 이후일 수도 있다.
라. '-길래'는 '-더니'와 달리 후행절 명제를 참으로 전제한다.
마. '-길래' 접속문에서 후행절의 부정 요소 '않-'은 좁은 영향권을 가진다. 이는 통사적으로는 이 접속문이 '명시어 구조'를 취함을 뜻한다.[816)]

다음 10.4.1절에서는 염재일(2012)에서 관찰된 '-길래' 접속문의 통사의미적 특징들을 검토하고, 그 분석의 문제점을 지적한다. 10.4.2절에서는 이 책의 관점에서의 해결 방안을 제시한다. 합성성 원리를 준수하는 통사의미적 기술이 우리가 내내 강조할 점이다.

10.4.1. 염재일(2012)의 '-길래' 의미 분석

10.4.1.1. 세 가지로 중의적인 '-길래' 접속문

염재일(2012)은 연결어미 '-길래'에 의해 매개되는 접속문의 의미를 세 가지로 나누어 분석하고 있다. 후행절이 서술문인 경우, 후행절이 의문문인 경우, 그리고 후행절의 어미가 '-지'인 경우가 그것이다. 다음 (5), (6), (7)이 이 세 가지 경우의 예들이다.[817)]

(5) 가. 영희가 뛰어가길래 손을 흔들었다.
나. 내가 몸이 불편하길래, 잠시 자리에 앉았다.
(6) 가. 누가 찾아왔길래 숨느냐?
나. 누가 배가 고프길래 네가 라면을 끓여 주냐?
(7) 가. 네가 밀었길래 그 상자가 넘어졌지.
나. 누군가 밀었길래 그 상자가 넘어졌지.

이 세 경우의 '-길래' 접속문은 그 의미도 각각 다르고, 그 통사구조도 다르다.[818)] (5)는 후행절이 평서문인 경우인데 그 통사구조는 대략 (8)과 같고, (6)은 후행절이 의문문인 경우인데 그 통사구조는 대략 (9)와 같다고 한다. (7)과 같이 후행절이 '-지'로 끝나는

816) 이 점은 10.4.1.2절에서 논의한다. '명시어 구조'의 뜻은 10.4.1.2절의 논의에 따라 분명해질 것이다.
817) (5)-(7)의 예문들은 모두 염재일(2012)의 것이다.
818) 뒤의 (10), (11), (12)가 세 가지 의미의 형식화이다. 그러나 '-길래'를 세 개의 동음이의적 요소들로 나누어야 하는지 여부는 염재일(2012)에서 분명히 지적하지 않고 있다.

경우의 통사구조는 제시하지 않고 있다. (8)은 '-길래' 절이 VP의 부가어로, (9)는 '-길래' 절이 TP의 부가어로 상정된 것이다. '-길래' 절은 PP, 즉 후치사구로 표시되어 있다.[819)]

(8) $[_{MP} \cdots [_{TP} \cdots [_{AspP} \cdots [_{VP} [_{PP} \cdots$ -길래$] [_{VP} \cdots]]$ Asp$]$ T$]$ M$]$

(9) $[_{MP} \cdots [_{TP} [_{PP} \cdots$ -길래$] [_{TP} \cdots [_{AspP} \cdots [_{VP} \cdots]$ Asp$]$ T$]]$ M$]$

세 가지 경우의 '-길래' 접속문의 의미 형식은 다음과 같이 제시한다. 주의할 점은, 이 의미 형식들이 합성성 원리를 준수하여 도출되는 의미 형식이 아니라는 것이다. 한 예로, (10)의 해석 함수($[\![\cdots]\!]^{<w,u,a>}$)에 포함된 'P-길래$_1$ a가 Q-하다'와 같은 형식은 통사구조의 구성성분이 아니다. (11), (12)에 대해서도 같은 지적을 할 수 있다. 해석 함수는 통사구조의 구성성분을 의미 형식으로 사상하는 함수인 것이다.[820)]

(10) 후행절이 평서문인 경우(A 구문): 141쪽

$[\![$ P-길래 a가 Q-하다 $]\!]^{<w,u,a>}$ = $\exists t \exists e \exists e' \exists e''[P(e'')(w)$ &

지각$(e'')(a)(e')(w)$ & $Q(e)(w)$ & $\tau(e') \leq \tau(e)$ & $t \subseteq \tau(e)$ & $t \leq u]$

(11) 후행절이 의문문인 경우(B 구문): 147쪽

$[\![$ P-길래 q? $]\!]^{<w,u,sp>}$ = $\{[p(w)$ & 이유$(p(w))(\{q(w)\})(hr)(w)]$: $x \in D_{\tau(x)}\}$

('{q(w)}'는 후행절이 전제임을 뜻함, 'x'는 p에 있는 의문사구를 위한 변수임)

(12) 후행절이 '-지'로 끝나는 경우(C 구문): 150쪽

$[\![$ P-길래 q-지 $]\!]^{<w,u,a>}$ = $ACC_e(w,a)$에 속하는 모든 세계 w′에서 $q(w')$ &

이유$(p(w'))(\{q(w)\})(b)(w')$

('{q(w)}'는 후행절이 전제임을, '$ACC_e(w, a)$'는 w에서 화자 a 혹은 화자가 a 입장이 되어 a가 믿는 것과 모순이 되지 않는 모든 가능세계들의 집합을 뜻함)

A 구문, 즉 후행절이 평서문인 경우의 '-길래' 접속문의 의미 형식인 (10)은 선행절 사건 e″이 단언되고, 선행절 사건을 지각의 주체 a의 입장에서 지각하는 사건 e′이 기준 세계 w에서 단언되며, 후행절 사건 e도 같은 기준 세계 w에서 단언됨을 나타낸다. 지각

---

819) 이 점은 납득하기 곤란하다. '-길래'를 '-에, -에서, -으로'와 동일 통사 범주로 취급하는 것이기 때문이다. 이 두 종류의 요소들은 계열적으로 대립하지 않으므로 한 통사 범주로 묶을 수 없다.

820) e는 후행절 사건, e′은 지각하는 사건, e″은 선행절 사건을 나타낸다. a는 지각 또는 인지의 주체를 나타내는데, 10.4.2절에서 전개하는 이 책의 의미 기술에서는 이에 해당하는 것을, 해석 함수에 기준 세계, 기준 시구간과 함께 설정하는 '기준 판단자(judge of evaluation)'로 나타낸다(10.4.2.4절에서 후술). 기준 세계, 기준 시구간에 기준 판단자를 추가적으로 가지는 이 책의 해석 함수의 형식은 Stephenson(2007)에 입각한 것이다.

하는 시간($\tau(e')$)이 후행절 사건의 시간($\tau(e)$)에 선행함이 명시되었는데, 이는 10.4.1.3절에서 후술하는 '-길래' 접속문의 시간적 선후관계의 본질을 적절히 포착한 것이다.

B 구문의 의미 형식인 (11)은 집합의 형식으로 되어 있다. 이는 의문문을 가능한 대답 명제들의 집합으로 가정하는 Hamblin(1973) 이래의 관행을 따른 것이다. 선행절 내용이 단언됨과 선행절이 후행절의 이유임이 기준 세계 w, 지각/인지의 주체인 청자의 입장에서 단언된다. 이런 단언 명제들의 집합이 의문문인 '-길래' 접속문의 의미로 기술되고 있다. 다음은 구체적인 예문을 통한 분석이다.

(11)' '누가 들어왔길래 철수가 외출하냐?'의 해석(148쪽):

$\{\exists t \exists e \exists e'[p\ \&\ \text{이유}(p)(\{q\})(hr)(w)]:\ x \in D_{\tau(x)}\}$

(p는 들어오(x)(e')(w) & $t \subseteq \tau(e')$ & $t \leq u$]; q는 [외출하(철수) (e)(hr)(w) & $t \subseteq \tau(e)$ & $t \circ u$])

(11)과 (11)'에서 {q(w)}는 후행절 내용이 전제됨을 나타내는데, 전체 의미 형식에 표시된 중괄호({ })는 집합을 표기하는 것이어서 혼동을 유발한다.

C 구문의 의미 형식인 (12)는 접근가능성 함수 '$ACC_e(w, a)$'를 활용하여 가능세계들의 집합을 산출한 후 이들 세계 w′에 대해 보편 양화하는 형식으로 되어 있다.[821] 후행절 명제는 이들 가능세계에서 참이고, 이들 가능세계에서, 그리고 어떤 다른 지각/인지의 주체 b의 입장에서, 선행절이 후행절의 이유라는 점도 참이다.

이에 대해 크게 두 가지 문제점을 지적해야 한다. 첫째, 후행절이 어미 '-지'로 끝나는 것을 근거로 평서문인 A 구문, 의문문인 B 구문과 다른 의미 기술을 하고 있다. 곧바로 드는 의문은, '-지'로 끝나는 '-길래' 접속문은 평서문의 경우와 의문문의 경우로 나누어지므로, 둘을 구별할 것이 기대되는데, 그렇게 실행하지 않았다는 것이다.[822] 이것은 염재일(2012)의 '-길래' 접속문의 의미 기술이 완성되지 않았음을 보이는 것이다. 둘째, '-지'가 양상 의미를 가진다고 판단하여 C 구문의 경우에만 접근가능성 함수와 이로 인한 가능세계에 대한 보편 양화의 형식을 활용하고 있다. 그런데 필자의 판단으로는 연결어미 '-길래' 자체가 양상 의미를 가진다. '-길래'는 '-더-'로부터 기원하는 어미들처럼 인식 양상을 가진다는 것이 필자의 이전 연구에서 내린 결론이다.[823]

---

821) 이는 양상 의미를 나타내는 표준적 형식의미론의 형식이다.

822) 양정석(2022) 및 이 책 9.8절에서는 평서형의 '-지'와 의문형의 '-지'를 서로 다른, 동음이의적 어휘항목으로 나누어 기술했다. 의문형의 '-지'는 인식 양상과 회의 양상의 겹쳐진 양상 구조를 형성하는 것으로 기술했다.

823) 양정석(2017: 120-121)에서는 간략한 논증과 함께 '-길래'의 의미를 양상 의미 형식으로 정의한 바 있다.

'-길래' 접속문을 세 구문으로 나누어 그 의미에 대한 형식화를 제시했다. B 구문과 C 구문에서는 후행절의 내용이 전제된다는 점이 명시되었다.[824] 그러나 A 구문에서는 그 점이 명시되지 않았다. 필자는 A 구문을 포함한 '-길래' 접속문 모두에서 후행절의 내용이 전제된다고 판단한다.

다시 물어야 할 것은, 이 세 구문에서의 '-길래'의 의미는 각각 서로 다른 것인가 하는 점이다. 여기에서는 이 세 구문의 '-길래'가 하나의 '-길래'에 지나지 않는다는 점을 보임으로써 이 책의 기술이 염재일(2012)과는 달리 합성성 원리를 준수하는 실행 방안임을 증명할 것이다.

10.4.1.2. '-길래' 접속문에서 후행절의 부정 요소는 좁은 영향권을 가진다

염재일(2012)은 '-길래' 접속문에서 후행절의 부정 요소가 좁은 영향권('협영역')을 가진다고 관찰했다. 이는 후행절의 부정 요소 '않-'이 후행절 내부에만 영향력을 미친다는 뜻으로, 10.4.2.1절의 논증을 살펴보면 이 점이 참이라는 것을 알 수 있다. 그러나 염재일(2012)이 상정하는 통사구조는 관찰된 사실을 정확하게 포착하지 못한다. 그는 후행절이 평서문인 A 구문의 통사구조를 (8)로 제시했는데, 이러한 구조적 관점에 따라 부정 요소를 가지는 '-길래' 접속문 (13가)가 가질 수 있는 통사구조는 (13나)와 (13다)의 두 가지이다.[825]

(13) 가. *비가 오길래 우산을 사지 않았다. (선행절이 부정되는 해석으로)
나. [$_{MP}$ [$_{TP}$ [$_{VP}$ [$_{PP}$ 비가 오-길래] [$_{VP}$ e e 우산을 사지 않-]] [$_{T}$ -았-]][$_{M}$ -다]]
다. [$_{MP}$ [$_{TP}$ [$_{VP}$ [$_{VP}$ [$_{CP}$ [$_{TP}$ [$_{VP}$ [$_{PP}$ 비가 오-길래] [$_{VP}$ e 우산을 사-]]-∅-]-지] 않-]] [$_{T}$ -았-]] [$_{M}$ -다]]

(13나)의 구조를 통하여 (13가) 문장의 부적격성을 설명할 수 있다. (13나)에서는 VP의 부가어로 설정된 선행절 '비가 오길래'가 VP 내부의 부정 요소 '않-'의 영향권 밖에 놓이므로 이 선행절이 부정되는 해석은 얻을 수 없다. 그러나 '-길래' 절이 VP의 부가어로 설정되는 구조로는 (13다)도 생성 가능하다. 생성문법의 구 구조 형성 이론(핵계층 이론 또는 병합 연산)에 따르면 (13나)뿐 아니라 (13다)도 불가능하지 않다. 문제는, '-길

824) '{q(w)}'와 같은 표시가 전제 의미를 명시하는 방법이다.
825) 염재일(2012)은 주어가 VP 내부에 위치한다고 가정('VP 내부 주어 가설')하므로, 이에 따른 공범주 주어를 'e'로 표시했다.

래' 절이 VP의 부가어로 가정되는 경우, (13다)와 같은 통사구조가 형성되어 '-길래' 절이 부정 요소 '않-'의 영향권 안에 드는 해석을 허용하게 된다는 것이다.

이에 비하여, 같은 문장에 대해서 필자가 제안하는 통사구조인 (14나)는 후행절이 CP의 명시어로 설정되어 있기 때문에(후술), 이 내부의 부정 요소 '않-'이 선행절인 '-길래' 절에 영향력을 미칠 가능성을 원천적으로 배제한다.[826)]

(14) 가. *비가 오길래 우산을 사지 않았다. (=(13가))
(선행절이 부정되는 해석으로)
나. [$_{CP}$[$_{C'}$[$_{IP}$비가 오-∅-][$_{C}$-길래]] [$_{CP}$[$_{IP}$ e [$_{VP}$[$_{CP}$ e 우산을 사지] [$_{V}$않-]] [$_{I}$-았-]][$_{C}$-다]]]

10.4.2.1절에서는 '-길래' 접속문을 (14나)와 같은 명시어 구조로 해석해야 할 다른 증거들을 보일 것이다.

10.4.1.3. 선행절의 시간과 후행절의 시간

안주호(1998)는 '-길래' 문장에서 선행절의 상황시가 발화시의 이전시이며 후행절의 상황시도 발화시의 이전시라고 관찰했다. 선행절 상황시가 후행절 상황시의 이전시('선행절 상황시 < 후행절 상황시 < 발화시')이어야 한다고 일반화할 가능성을 고려해 보았으나, 다음과 같은 예들로 말미암아 이 가능성은 부정되고, 결국 후행절의 상황시가 발화시보다 앞선다는 제약('후행절 상황시 < 발화시')만이 존재한다고 결론짓고 있다.

(15) 오늘 아침 일찍 바르샤바발 비행기가 김포공항에 도착하겠길래 나는 어제 부여에서 서울로 왔다. (안주호 1998: 216)
(후행절 상황시 < 선행절 상황시 < 발화시)

염재일(2012)은 다음 예를 들어 후행절 상황시가 발화시보다 앞선다는 주장을 부정한다. 후행절 상황시와 발화시가 겹칠 수도 있다는 것이다. 염재일(2012)의 판단은 '후행절

826) (14)와 같은 구조를 10.4.2.1절에서 '명시어 구조'라 부르고 이와 같은 구조 설정을 정당화하려고 한다. 한국어의 어말어미, 즉 종결어미, 명사형어미, 관형사형어미, 나아가 연결어미를 보문소(C) 범주로 규정하는 것은 임홍빈 외(1995), 서정목(1998) 이래로 한국어 통사론 연구자들에게 상당히 보편화된 인식이라고 할 수 있다. 양정석(2010가: 385-439) 및 이 책 2.4절에서는 연결어미 '-거든, -기에, -더니, -자, -거니와, -으나, -지만, -기를, -은들, -더라도, -을지라도, -을망정, -기로서니, -지' 들이 (14나)와 같은 '명시어 구조'를 이룬다는 점을 논증한 바 있다.

상황시 ≤ 발화시'와 같이 요약된다. 이 점은 바르게 관찰한 것으로 보인다.

(16) 사위가 온다고 하길래 지금 닭을 잡고 있다. (염재일 2012: 134)

그러나 '-길래' 접속문에서의 시간적 선후관계에 관한 사실은 이것이 모두가 아니다. (15)에서도, (16)에서도, 선행절의 상황시가 후행절 상황시의 이후의 시간이 될 수는 있지만, 선행절의 인식시는 후행절 상황시에 앞서는 시간이다.[827] (15)에서 비행기가 도착한다고 추정하는 시간(인식시)은 발화시 이전이며 (16)에서도 사위가 온다고 누군가가 말하는 것을 지각하는 시간(인식시)은 발화시 이전이다. 추정하는 시간과 지각하는 시간을 인식시로 묶을 수 있다. 즉 '선행절 인식시 < 후행절 상황시 ≤ 발화시'와 같이 정리할 수 있다.

10.4.2. 합성성 원리를 준수하는 의미 기술

10.4.2.1. 그 전제로서의 통사구조

양정석(2005/2010)에서는 한국어 연결어미들 중의 일부가 '명시어 구조'라는, 핵계층 이론에 따른 한 구조를 형성하는 기능을 가짐을 밝혔다.[828] '-길래'도 이러한 연결어미의 하나이다. 연결어미 '-길래'는 그 통사 범주가 보문소(C)로서, 그 왼쪽의 선행절 부분을 보충어로 취하고, 그 오른쪽의 후행절을 명시어로 취하는, (17)과 같은 명시어 구조를 이룬다.

(17) [$_{CP}$ [$_{C'}$[$_{IP}$ 선행절] [$_{C}$ 연결어미]] [$_{CP/IP}$ 후행절]]

827) '인식시'는 한동완(1996)에서 '-더-'에 의해 표시되는 시제 체계인 '인식 시제'에서의 한 기준 시간을 가리키기 위해 사용한 개념이다. 필자는 한국어가 무시제 언어라는 논증을 계속해 왔다(양정석 2008, 2010나, 2012, 2015나). 이 절에서의 '인식시'는 인식 양상의 작용이 행해지는 기준 시구간을 뜻한다. 뒤의 10.4.2.4절의 형식화에서는 'BEST(epist,stereo,w,t″,j)'의 't‴'이 인식시이다.

828) 양정석(2005/2010) 및 이 책 2.2.1절에서는 기능 범주에까지 핵계층 이론을 확대 적용한 Chomsky(1986b)을 기반으로 다음과 같은 5개의 핵계층 도식을 제시한 바 있다. 한국어에서 보충어의 순서는 '머리성분 뒤' 매개변인에 따라 (a)와 같은 순서로 한정되지만, 명시어나 부가어의 순서를 한정하는 매개변인은 존재하지 않는다. 따라서 (17)과 같이 명시어가 오른쪽에 위치하는 구조가 가능하다.

a. 보충어 규칙: X′ → YP X
b. 명시어 규칙: XP → YP X′
c. 부가어 규칙1: XP → YP XP
d. 부가어 규칙2: X′ → YP X′
e. 머리성분 부가 규칙: X → Y X

‘-길래’ 접속문이 명시어 구조를 취한다는 점을 세 가지 방법으로 증명하고자 한다. 첫째 증거는 (18)과 (19)의 대비이다. (19)에서 ‘*’는 선행절이 부정 요소 ‘않-’의 부정의 영향권에 들 때의 해석으로 비문이 된다는 뜻이다.

(18) 가. 비가 오니까 빨래를 걷었다/걷지 않았다.
　　 나. 벽이 흔들리고 바닥이 쿵쿵 울렸다/울리지 않았다.
(19) 가. 비가 오길래 우산을 샀다/*비가 오길래 우산을 사지 않았다.
　　 나. 날이 춥길래 난방기를 틀었다/*날이 춥길래 난방기를 틀지 않았다.

(18가)에서 후행절 동사에 이어지는 부정 요소 ‘않-’의 부정의 영향권은 선행절을 그 안에 포함한다. 즉 빨래를 걷은 까닭이 비가 오기 때문이라는 점을 부정하는, 이유에 대한 부정의 의미가 해석될 수 있다. (18나)에서도 후행절의 ‘않-’의 부정의 영향권은 선행절을 그 안에 포함하여, 벽이 흔들린다는 사실과 바닥이 울린다는 사실의 연접에 대한 부정의 의미가 해석될 수 있다. 그러나 ‘-길래’ 접속문 (19가, 나)에서는 후행절 동사에 이어지는 부정 요소 ‘않-’의 부정의 영향권이 선행절을 그 안에 포함하는 해석은 불가능하다.

종속접속문의 예로 알려진 ‘-으니까’ 접속문과 대등접속문의 예로 알려진 ‘-고’ 접속문이 공히 후행절 부정 요소의 영향권 안에 선행절이 포함될 수 있다. 반면, ‘-길래’ 접속문에서는 선행절이 후행절 부정 요소의 영향권에 포함되는 해석이 불가능하다. 이 사실은 ‘-으니까’ 접속문, ‘-고’ 접속문, 그리고 ‘-길래’ 접속문의 통사구조가 다음과 같다고 가정하면 체계적으로 설명된다.[829]

(18)’ 가. [$_{VP}$[$_{CP}$[$_{IP}$[$_{CP}$비가 오니까] [$_{IP}$빨래를 걷-∅-]]-지] 않-]-았-다.
　　 나. [$_{VP}$[$_{CP}$[$_{IP}$[$_{CP}$벽이 흔들리고] [$_{IP}$바닥이 쿵쿵 울리-∅-]]-지] 않-]-았-다.
(19)’ 가. [$_{CP}$[$_{C'}$[$_{IP}$비가 오-∅-]-길래] [$_{CP}$[$_{IP}$ e [$_{VP}$[$_{CP}$ e 우산을 사지] 않-]-았-]-다]]

둘째 증거는 (20)과 (21)의 대비이다. (20)에서 보는 것처럼, ‘-으니까’ 접속문, ‘-고’ 접속문은 후행절의 상황시가 과거, 현재, 미래로 변동함에 따라 선행절의 상황시가 과거, 현재, 미래로 의존적으로 변동한다. 이는 (18)’과 같은 통사구조에서 ‘-으니까’, ‘-고’에

829) (18가, 나)’은 핵계층 이론의 ‘부가어 규칙1’이 적용되어 형성된 ‘부가어 구조’이다. (19)’은 ‘명시어 규칙’이 적용되어 형성된 ‘명시어 구조’이다.

이끌리는 선행절이 부가어로서, 주절인 후행절(IP)의 상황시를 기준 시점으로 하여 해석되기 때문이다. 여기에서도 종속접속문으로 알려진 '-으니까' 접속문과 대등접속문으로 알려진 '-고' 접속문이 공히 후행절 상황시 기준 해석을 받는다는 사실이 흥미롭다.

(20) 가. 비가 오니까 그가 빨래를 걷었다/걷는다/걷을 것이다.
나. 벽이 흔들리고 바닥이 쿵쿵 울렸다/울린다/울릴 것이다.
(21) 가. 비가 오길래 우산을 샀다/??우산을 산다/??우산을 살 것이다.
나. 날이 춥길래 난방기를 틀었다/??튼다/??틀 것이다.

그러나 (21)의 '-길래' 접속문의 통사구조는 (19)'과 같은 구조(명시어 구조)이므로 시간적 선후관계의 차이를 유발하는 '-었-', '-∅-', '-을 것이-'의 영향력이 선행절에 미칠 수 없다.[830)]

셋째 증거는 (22)와 (23)의 대비이다. '-으니까' 접속문, '-고' 접속문의 후행절 서법은 특별한 제약을 갖지 않음을 (22)가 보여준다. 이에 비해 '-길래' 접속문의 후행절 서법이 제약됨을 (23)이 보여준다.

(22) 가. 비가 오니까 빨래를 걷어라/걷자/걷으마.
나. 벽을 흔들어 보고 바닥을 쿵쿵 울려 보아라/울려 보자/울려 보마.
(23) 가. 비가 오길래 ??네가 우산을 사라/??우리가 우산을 사자/??내가 우산을 사마.
나. 날이 춥길래 ??네가 난방기를 틀어라/??우리가 난방기를 틀자/??내가 난방기를 틀어 주마.

이 차이도 (18)'과 같은 부가어 구조, (19)'과 같은 명시어 구조를 가정함으로써 체계적으로 설명된다. (18)'에 상응하는 부가어 구조에서는 후행절의 보문소 '-어라, -자, -으마'가 선행절의 보문소 '-으니까'나 '-고'의 의미적 논항의 일부가 되지 못하지만, (19)'의 명시어 구조에서 후행절은 선행절의 보문소 '-길래'의 명시어이므로, 후행절 보문소 '-어라, -자, -으마'는 '-길래'에 제약되는 의미적 논항의 일부가 된다. 따라서 '-길래'에 의해 주어지는, 후행절의 명제가 발화시 이전의 사실이어야 한다는 의미적 요건을 충족하지

830) 한동완(1996: 112)에서는 시제 요소가 다른 시제 요소에 의해 성분통어될 때 다른 시제 요소의 시간을 기준 시점으로 상대시제 해석을 받는다는 일반화를 제안했는데(이러한 일반화를 한국어 접속문의 시제를 연구하는 연구자들이 대개 가정하고 있다), 이와 유사한 해석의 가능성이 부가어 구조인 (20)에서는 생각될 수 있지만 명시어 구조인 (21)에서는 구조적으로 배제된다.

못하여 (23)의 부적격성이 유발되는 것이다.

이상의 세 가지 증거는 연결어미 '-길래'가 '-으니까, -고'와는 달리 명시어 구조를 형성하는 머리성분(head)의 기능을 가짐을 증명한다.

10.4.2.2. 선행절 의문사와 후행절 의문형어미의 호응

선행절에 의문사가 의문사 용법으로 쓰일 때에는 반드시 후행절에 의문형어미가 나타난다.[831] 필자는 의문형어미가 선행절 안의 의문사의 실현을 허가해 주는 주체라고 판단한다. 다음과 같은 허가 조건이 존재한다고 본다.[832]

(24) 의문사 구의 통사적 허가 조건: 의문형어미는 [+wh] 자질을 가져서, 그 최대통어(m-command) 영역 안에 있는 의문사 구를 허가해 준다. 이 허가 절차의 결과 의문사 구에 [+wh] 자질이 표시된다.

'-길래' 접속문의 후행절이 의문문일 때에는 선행절에 의문사가 실현되는 것이 자연스럽다.[833]

(25) 누가 왔길래 인호의 표정이 밝아졌니?

이 문장의 통사구조는 후행절 CP를 명시어로 가지는 (26가)라기보다는 후행절 IP만을 명시어로 가지는 (26나)라고 보는 것이 타당하다.[834]

(26) 가. [$_{CP}$ [$_{C'}$[$_{IP}$ 누구가 오-았-] [$_{C}$-길래]] [$_{CP}$ 인호의 표정이 밝아지-었-니]]
나. [$_{CP}$ [$_{CP}$ [$_{C'}$[$_{IP}$ 누구가 오-았-] [$_{C}$-길래]] [$_{IP}$ 인호의 표정이 밝아지-었-]][$_{C}$ -니]]

(24)의 통사적 조건은 선행절에 포함되어 있는 의문사가 의문형어미인 보문소의 통사

831) 한국어(그리고 중국어, 베트남어)의 의문사는 의문사 용법과 불확정 용법으로 중의적이다. 반면 영어(그리고 일본어)의 의문사는 의문사 용법만을 갖고, 불확정 용법은 갖지 않는다는 점에서 대조적이다. 이 점은 양정석(2022가: 287-289)에서 보인 바 있다.

832) 다음 조건은 양정석(2022: 240-241) 및 이 책 9.5절에서 제시한 것으로, 그 서술을 간략화한 것이다.

833) 염재일(2012)에서는 '-길래' 접속문의 여부의문문은 불가능하다고 지적하고 그 이유를 적절히 설명한 바 있다. 여부의문문은 긍정 명제와 부정 명제의 집합인데, '-길래'가 후행절 명제에 대해서 사실성 전제를 부여하기 때문에 이 집합의 원소인 부정 명제와 모순된다는 것이다.

834) 핵계층 이론에 따라 (26가)의 구조도, (26나)의 구조도 생성될 수 있다. 그러나 (26나)만이 (24)의 허가 조건을 충족하므로 이것이 선택되는 것이다.

적 영역 안에서 보문소와 일치되어야 한다고 제약한다. 10.4.2.1절에서 확인한 명시어 구조를 유지한 채 이 조건을 만족하는 방법은 (25) 문장의 통사구조가 (26나)와 같다고 가정하는 것뿐이다. 즉, (26나)에서 명시어 구조인 내부의 CP는 다시 보문소 '-니'의 보충어가 된다.[835)]

(26나)의 통사구조를 바탕으로 의문사 구 허가 조건인 (24)가 만족되어야 한다. 이 점을 (27)이 보여준다.

(27) [$_{CP}$ [$_{CP}$ [$_{C'}$[$_{IP}$ 누구가 오-았-] [$_{C}$-길래]] [$_{IP}$ 인호의 표정이 밝아지-었-]]
[$_{C}$ -니]$_{[+wh]}$]]
⇒(의문사 구에 의문 자질 표시)
[$_{CP}$ [$_{CP}$ [$_{C'}$[$_{IP}$ 누구$_{[+wh]}$가 오-았-] [$_{C}$-길래]] [$_{IP}$ 인호의 표정이 밝아지-었-]]
[$_{C}$ -니]$_{[+wh]}$]]

이렇게 이루어진 통사구조를 바탕으로 그 통사의미적 합성 절차가 진행된다. '-길래'의 어휘의미에 기반한 내부 CP의 의미 형식이 얻어지고, 다시 의문형어미 '-니'의 어휘의미에 기반하여 전체 의문문의 의미가 해석된다. 그 구체적인 의미 합성 절차는 10.4.2.5절에서 보이기로 한다.

10.4.2.3. '-길래'의 직접증거성 의미와 시간적 의미: '-더-' 계통 연결어미들, '-기에', '-자'와의 비교

기원적으로 '-더-'를 가지는 연결어미('-더-' 계통 연결어미)에 '-더니, -던데, -던지, -더라도, -었더라면, -었던들' 등이 있다. 이 중 이른바 '인칭 제약'을 가지는 요소는 '-더니, -던데, -던지'의 세 연결어미이다.

연결어미 '-더니', '-던데', '-던지'는 종결어미 '-더라'와 유사한 인칭 제약의 특징을 보인다. 다만 '-던지'는 (31나)와 같은 차이점을 가진다.[836)] (29)는 서두의 (2)와 같은 유형의 예들이다.

(28) 가. $^{??}$내가/네가/인호가 도서관에 가더라.
나. 나는/$^{??}$너는/$^{??}$인호는 그 사람이 싫더라.

835) 여기에는 2.2.1절의 핵계층 이론에서의 '보충어 규칙'이 적용된다.
836) (31나)의 특이한 사실은 '-던지'가 의문형어미들이 가지는 회의 양상 의미를 갖기 때문인 것으로 보인다.

(29) 가. ??내가/네가/인호가 도서관에 가더니 오랫동안 공부했다.
나. 나는/??너는/??인호는 그 사람이 싫더니, 결국 그 사람이 일을 저질렀다.
(30) 가. ??내가/네가/인호가 도서관에 가던데, 도서관에는 사람들이 많이 와 있지?
나. 나는/??너는/??인호는 그 사람이 싫던데, 철수는 좋은 모양이다.
(31) 가. ??내가/네가/인호가 시험을 잘 보았던지 얼굴에 희색이 가득했다.
나. ??나는/너는/인호는 그 사람이 싫었던지 묻는 말에도 대답을 않고 외면을했다.

'-길래'도 이들과 평행하는 특징을 보인다.

(32) 가. ??내가/네가/인호가 라디오를 듣길래 순희도 같이 들은 거다.
나. 나는/??너는/??인호는 그 음악이 좋길래 제목이 무엇이냐고 물어보았다.

이상의 특징은 직접증거성 의미에 따른 것이라고 본다. '-더니, -던데, -던지', 그리고 '-길래'는 모두 선행 명제에 관한 직접증거성을 가져야 한다는 전제 의미를 가진다.[837) '-길래'의 한 변이형으로 생각되어 오기도 했던 '-기에'는 이러한 특징을 보이지 않는다.

(33) 가. 내가/네가/인호가 이 카페에 오기에 순희도 온 거다.
나. 나는/?너는/인호는 그 사람이 싫기에 묻는 말에도 대답을 않고 외면을 했다.

'-길래'는 '-더니' 등의 '-더-' 계통 연결어미들처럼 직접증거성 의미를 가진다. '-기에'는 전제 의미로서의 직접증거성 의미를 갖지 않고, 다만 인식 양상 의미만을 가지는 것이 위에서 보인 차이점들의 이유라고 본다.

'-더니', '-던데', '-던지'와 '-길래', '-기에'는 공통된 시간적 선후관계의 특성을 가진다. 선행절의 참조시를 발화시 이전으로 정하는 의미적 기능이 그것이다. 이 점을 공유하는 다른 연결어미로 '-자'가 있다. 다만 앞의 5개의 연결어미들의 참조시는 곧 인식시인 데에 반해 '-자'의 참조시는 인식시가 아니다.

(34) 가. 내가/네가/인호가 그 카페에 들어서자 사람들이 모두 쳐다보았다.

837) 직접증거성의 개념은 뒤의 (45)에서 명시할 것이다. 양정석(2020)에서는 '-더-'에 대한 선행 형식의미론적 연구들을 비판적으로 검토했는데, 그 결과로 어휘의미적 기술에 단언 의미로서의 인식 양상 의미, 전제 의미로서의 직접증거성에 대한 요구 조건을 포함하는, 뒤 (46)과 같은 '-더라'의 형식화를 이끌어냈다. 이는 '-더-'의 증거성 의미를 양상 의미로 기술하는 이정미(2011, 2013), 전제 의미로 기술하는 임동식(2010)의 형식화 방법을 종합한 것이다.

나. ??나는/??너는/??인호는 그 사람이 싫자 묻는 말에도 대답을 않고 외면을 했다.

양정석(2020)에서는 (28)과 같은 인칭 제약의 현상이 '-더라'의 전제 의미(정의 성립 조건으로 표시됨)에 있는 '직접증거성'에 대한 요구로부터 말미암는다는 점을 자세히 설명했다. (29)-(32)의 인칭 제약 현상도 이들 연결어미가 모두 직접증거성에 대한 요구의 특성을 가진다고 가정함으로써 설명할 수 있다. 10.4.2.5절에서는 '-길래' 접속문의 위와 같은 특성을 이러한 방향에서 설명하려고 한다.

10.4.2.4. 후행절 의미 제약

앞에서 언급한 시간적 선후관계와 관련한 제약 외에 '-길래' 접속문의 후행절 의미에 대한 제약으로 추가해야 할 점은 두 가지이다. 후행절 명제는 언제나 참이라는 점과, 후행절 서술어는 단계 수준 술어이어야 한다는 점이 그것이다.

이미 살펴본 것처럼 염재일(2012)에서는 '-길래' 접속문을 세 가지 구문으로 나누었다. 의문문인 위 (11)의 B 구문과 '-지'로 끝나는 문장인 위 (12)의 C 구문은 후행절이 전제됨이 '{q(w)}'의 형식으로 표시되었다. (35)는 이 두 유형의 '-길래' 접속문의 예를 보여준다. 후행절이 평서문인 경우의 '-길래' 접속문의 의미 기술인 (10)에는 후행절이 전제의 사실이 표시되지 않았는데, 필자는 이 경우, 즉 (36)과 같은 예에서도 후행절은 전제된다고 본다. (36)의 발화를 들은 상대가 "아냐, 그렇지 않아."라고 발화하는 경우, (36)에 대한 부정인 이 발화는 '영희가 뛰어갔다'는 점은 부정하더라도 '손을 흔든' 사실은 부정하지 않는다. (36) 문장에서 '손을 흔든' 사실은 참으로 전제된다. 필자는 세 유형의 '-길래' 접속문 모두 후행절 명제는 전제된다고 보고, 이 점을 뒤에 제시하는 '-길래'의 의미 정의에 표시할 것이다.[838]

(35) 가. 누가 찾아왔길래 숨느냐? (=(6가))
나. 네가 밀었길래 그 상자가 넘어졌지. (=(7가)
(36) 영희가 뛰어가길래 손을 흔들었다. (=(5가))

안주호(1998, 1999)에서 '-길래' 접속문의 후행절 서술어가 동작동사이어야 한다고 서술한 이래 이희자·이종희(1999), 임채훈(2008), 박재연(2009)에서 후행절이 행동성을 갖거나 후행절 서술어가 동작동사이어야 한다는 제약을 기정사실화해 왔다. 그러나

838) 뒤의 (44) 참조.

염재일(2012: 146)에서는 후행절 서술어가 동작동사 아닌 상태동사(형용사)인 다음과 같은 예들을 제시했다.

(37) 가. 네가 무엇을 폭로했길래 세상이 떠들썩하냐?
나. 집에 누가 왔길래 집이 이렇게 조용하냐?

염재일(2012)은 '-길래' 접속문의 세 구문 중 후행절이 의문문인 경우에 한해서만 형용사 서술어가 가능하고, 그 외에는 대체로 행동성 제약이 유효한 것으로 인정하는 듯하다. 그러나 평서문인 경우에도 형용사 서술어가 쓰일 수 있다. 특히 종결어미 '-지'가 사용되는 경우에 적격성이 높아진다.

(38) 가. 우리 소대장이 직속 상관의 비리 사실을 폭로했길래 부대가 이렇게 떠들썩하지.
나. 외할아버지가 집에 오셔서 하도 엄하게 하시길래 애들이 이렇게 조용하지.
다. 외할아버지가 집에 오셔서 하도 엄하게 하시길래 애들이 이렇게 조용한거야.

필자는 '-길래' 접속문의 후행절에 대한 의미적 제약에 다음의 특성이 추가되어야 한다고 본다.[839)]

(39) '-길래' 접속문의 후행절은 단계 수준 술어(stage-level predicate)의 특성을 가지는 상황이어야 한다.

이 제약도 '-길래'의 어휘의미적 정의에 전제 의미로 명시되어야 한다고 본다. 동사는 총칭적 의미로서 개체 수준 술어로 쓰이기도 하지만 기본적으로 단계 수준 술어로서 구체적인 행동을 나타낸다. 이에 비해서, 한국어의 형용사는 개체 수준 술어의 특성을 가지는 것이 보통이지만, (37가), (38가)의 '떠들썩하다'의 경우는 단계 수준 술어의 특성을 가진다. (37나), (38나, 다)의 '조용하다'는 기본적으로 개체 수준 술어이지만 '-길래'가 부과하는 (39)의 제약(전제 의미)을 전제보충(accommodation: cf. Lewis 1979b)을 통해 만족하여 단계 수준 술어로 해석될 수 있다. 종래의 연구들에서 후행절의 행동성을 관찰해 온 것은 '-길래'가 부여하는 단계 수준 상황에 대한 전제의 존재를 지적하는 것이라고 본다.

839) 단계 수준과 개체 수준의 개념적 구별은 Carlson(1977), Kratzer(1989)로부터 유래한다.

이 절에서 살핀 후행절 전제에 관한 두 가지 사실은 염재일(2012)의 '-길래' 접속문의 세 유형의 구별과 무관하게 성립하는 것이다. 다음 절에서는 어느 종류의 '-길래' 접속문이나 위 (17)의 명시어 구조를 바탕으로 한 통합적 의미 기술이 가능함을 보이고자 한다.

10.4.2.5. '-길래' 접속문의 합성적 기술

양정석(2010나)에서는 '-기에', '-자'가 발화시 이전의 참조시를 설정하는 특징을 가진다는 점에서 '-더라'와 공통된다고 말한 바 있다. 그러나 '-기에'가 화자가 발화시 이전인 인식시에 그 선행 명제를 인식함을 표현함에 비해, '-자'는 화자의 인식과는 무관한, 객관적 시간을 참조시로 상정하여 그 참조시에서의 선행 명제의 상황을 나타낸다. '-기에'의 참조시는 인식시이지만 '-자'의 참조시는 인식시가 아니다.[840)]

'-기에'와 '-길래'는 일부 의미적 특징들을 공유하고 있어 동일한 연결어미로 취급되어 오기도 했다. 그러나 필자는 안주호(1998), 염재일(2012)을 따라, 둘을 서로 다른 연결어미로 분리한다. 10.4.2.1절에서 보인 것처럼 '-길래' 접속문의 기본적 통사구조는 다음과 같다.

(40) 가. 비가 오길래 내가 우산을 샀어.
　　나. [$_{CP}$ [$_{C'}$[$_{IP}$ 비가 오-∅-][$_{C}$ -길래]][$_{CP}$ 내가 우산을 샀어]]
(41) 가. 비가 오길래 나는 우산을 가지고 나갔다.
　　나. *비가 오길래 나는 우산을 가지고 나갈 것이다.

연결어미 '-길래'는 인식 양상 의미를 내포하고 있다. 이 외에 '-길래'가 가지는 의미상의 특징을 네 가지로 요약할 수 있다. 직접증거성에 대한 전제 의미를 가지는 점, 후행절의 명제가 참으로 전제된다는 점, 후행절이 단계 수준의 상황임이 전제된다는 점, 그리고 인식시가 기준 시간보다 앞서는 점이 그것이다.

10.4.1.3절에서 관찰하였듯이, '-길래'는 '-더니', '-던지'와 달리 선행절 명제를 과거로 국한하지 않는다. 이 점에서 '-길래'는 '-더라'와 같다. '-더-' 계통 연결어미들 중에서 '-던데'도 '-길래', '-더라'와 같은 특징을 보인다.

(42) 가. 아들이 내일 서울에 가길래 (내가) 차를 수리해 놓았다.

840) 참조시 설정 기능은 시제 표지가 가지는 기능이다. 한국어에서 연결어미가 참조시 설정 기능을 가지는 것은 한국어를 시제 언어로 가정하는 종래의 견해들에 대한 도전이 된다. 이 점을 양정석(2008)에서 제기한 바 있다.

나. 아들이 내일 서울에 가더라. 그래서 (내가) 차를 수리해 놓았다.
다. 아들이 내일 서울에 가던데, 너도 같이 가지 그러니?

(43) 가. *아들이 내일 서울에 가더니 (내가/아들이) 차를 수리해 놓았다.
나. *아들이 내일 서울에 가던지 (아들이) 차를 수리해 놓았다.

이상에서 논의한 점들을 모두 포착하는 '-길래'의 의미 정의는 다음과 같다.[841]

(44) $[\![$ -길래 $]\!]^{c;w,t,j}$ =
$[\lambda p: p \in D_{<s,<i,<e,t>>>}. \lambda q: q \in D_{<s,<i,<e,t>>>}. \forall <w',t',x>: <w',t',x> \in$ BEST(epist, stereo, w, t'', j) $\rightarrow$ q(w')(t')(x)의 이유가 p(w')(t')(x)임 & t'' < t & j = s(c)] = 1, 단 판단자 j는 p에 관한 직접 증거를 가질 것 & t'' < time(q) & time(q) ≤ t & q(w)(t)(j) = 1 & q는 단계 수준 술어의 특성을 가지는 상황임.

p는 선행절의 '-길래'에 앞서는 부분((40나)의 IP)의 의미이고 q는 후행절인 CP 부분의 의미이다. (44)의 의미 정의에서 사용된 해석 함수($[\![\cdots]\!]^{c;w,t,j}$)에는 기준 판단자(judge of evaluation)가 'j'로 표시되었다.[842] 이는 '-길래' 접속문의 해석에서 중요한 역할을 하는 인식 또는 지각의 주체를 나타내는 데에 유용하다.

(44)의 정의에서 사용된 '직접 증거'는 다음과 같이 규정된다.[843]

(45) 판단자 j가 p에 관한 직접 증거를 가진다는 것은,

---

841) 양정석(2017: 120)에서 '-길래'의 어휘의미적 기술을 제시한 바 있다. (44)는 't''< time(q) & time(q) ≤ t & q(w)(t)(j) = 1'을 전제 의미로 추가한 것, 전제 내용을 변수의 영역 조건(domain condition)이 아닌 정의 성립 조건(definedness condition)으로 표시한 점에서 양정석(2017)의 기술과 다르다.
양상 의미를 형식화하기 위한 접근가능성 함수 'BEST'는 표준적 양상 이론으로 알려진 Kratzer(1981, 1991a)의 양상 개념에 입각하여 Portner(1998, 2009)에서 고안한 것이다. 이를 양정석(2017)에서 시구간 t와 판단자 j를 추가한 현재의 형식으로 정제한 바 있다.

842) 판단자 개념은 앞의 염재일(2012)의 형식화 (10), (12)에서 지각/인지의 주체 'a' 또는 'b'로 표시한 것과 상통하는 것이다. 기준 세계, 기준 시구간에 추가하여 기준 판단자를 설정한 해석 함수의 체계는 Stephenson(2007)을 따른 것이다. 양정석(2017: 60)에서는 이 해석 함수의 체계에 입각한 내포적 함수적용규칙을 다음과 같이 제시한 바 있다. 뒤의 (50), (56)의 의미 합성 절차에는 이 규칙이 사용된다.
a. 내포적 함수적용규칙(=제1장의 ①(iii))
α가 분지교점이고 {β, γ}가 그 딸성분들의 집합이고, $[\![\beta]\!]^{c;w,t,j}$가 그 영역 안에 $\lambda w'.\lambda t'.\lambda j'.[\![\gamma]\!]^{c;w',t',j'}$를 포함하는 함수이면, 다음이 성립한다.
$[\![\alpha]\!]^{c;w,t,j} = [\![\beta]\!]^{c;w,t,j}([\lambda w'.\lambda t'.\lambda j'.[\![\gamma]\!]^{c;w',t',j'}])$

843) 이정민(2014)에서는 증거성 개념의 정의에 필요한 '주관적 경험'을 외적 방향(outward directed)과 내적 방향(inward directed)의 두 하위 범주로 구분해야 한다고 주장했다. 내적 방향의 주관적 경험은 기본적으로 주관성 형용사가 나타내는 경험을 가리키는 것이다. (45ii)의 '내적 감각 상태'는 이 범주를 가리킨다.

i) j가 자신에 관한 서술이 아닌 사건 또는 상태 p가 참임에 대한 지각적 근거를 가지거나,
ii) j가 자신의 내적 감각 상태에 관한 서술 p의 주체라는 뜻이다.

참고로 양정석(2017: 74, 2020: 178)에서 설정한 '-더라'의 의미 정의는 다음과 같다.[844)]

(46) ⟦-더라⟧$^{c^*;w,t,j}$ = [p: p∈$D_{<s,<i,<e,t>>>}$. ∀<w',t',x> : [SAY(s(c*), a(c*), <w', t', x> ∈ BEST(epist, stereo, w, t'', j) → p(w')(t')(x)) & t'' < t & t = now & j = s(c*)] = 1], 단 판단자 j는 p에 관한 직접 증거를 가질 것.

'-길래'와 '-더라'가 공통된 의미 형식을 가지는 것은 두 요소가 가지는 다음과 같은 패턴의 공통성을 설명해 준다.

(47) 가. ??내가/네가/인호가 대흥극장으로 들어가더라.
나. 나는/??너는/??인호는 순희가 싫더라.
(48) 가. ??내가/네가/인호가 오길래 순희도 온 거다.
나. 나는/??너는/??인호는 순희가 싫길래 그 날 모임에 빠진거다.

(44)의 '-길래'의 의미 정의를 바탕으로 '-길래' 접속문(평서문)의 의미 합성 절차를 보이면 다음과 같다.

(49) 가. 비가 오길래 내가 우산을 샀다.
나. [$_{CP}$[$_{C'}$[$_{IP}$ 비가 오-∅]-길래][$_{CP}$ 내가 우산을 샀다]]
(50) ⟦[$_{CP}$[$_{C'}$[$_{IP}$ 비가 오-∅]-길래][$_{CP}$ 내가 우산을 샀다]]⟧^{w,t,j} =
⟦-길래⟧^{w,t,j}(λw1.λt1.λx1. ⟦[$_{IP}$ 비가 오-∅]⟧^{w1,t1,j1})(λw2.λt2.λx2. ⟦[$_{CP}$ 내가 우산을 샀다]⟧^{w2,t2,j2}) = (IFA)
[[λp: p∈$D_{<s,<i,<e,t>>>}$. λq: q∈$D_{<s,<i,<e,t>>>}$. ∀<w',t',x>: <w',t',x> ∈ BEST(epist, stereo, w, t'', j) → q(w')(t')(x)의 이유가 p(w')(t')(x)임 & t'' < t & j = s(c*)] = 1, 단 판단자 j는 p에 관한 직접 증거를 가질 것 & t'' < time(q) & time(q) ≤ t & q(w)(t)(j) = 1 & q는 단계 수준 술어의 특성을 가지는 상황임](λw1. λt1.λx1. w1에서, t1 에, x1에게, 비가 온다')(λw2. λt2. λx2. w2에서, t2에, x2에

844) 위 '-길래'의 정의와 비교하기 위해 전제 내용을 변수의 영역 조건이 아닌 정의 성립 조건으로 바꾸었다.

게, s(c*)가 우산을 샀다′) ((44)의 '-길래' 정의)

[∀<w',t',x>: <w',t',x> ∈ BEST(epist, stereo, w, t", j) → w'에서, t'에, x에게, s(c)가 우산을 샀다′의 이유가 w'에서, t'에, x에게, 비가 온다′임 & t" < t & j = s(c*)] (전제: t"(비가 온다′의 인식시) < s(c*)가 우산을 샀다′의 상황시 < t(발화시))845) (λ-전환)

앞에서는 '-길래' 접속문이 그 선행절에 의문사를 가지는 의문문인 경우, 문장 말미의 의문형어미에 의해 의문사가 통사적 허가를 받는다고 설명했다. 이제 그 의미 합성 절차를 보이기로 한다.

(51) 인호가 누구를 만났길래 표정이 밝아졌니?

위 10.4.2.2절에서 보인 것처럼, 이 문장의 통사구조는 (52)와 같다.

(52) $[[_{CP}[_{C'}[_{IP}$인호가 누구를 만나-었-]-길래$][_{IP}$표정이 밝아지-었-$]][_{C}$-니$_{[+wh]}]]$

(52)의 통사구조를 바탕으로 의문사 구 허가 조건이 만족되어야 한다. 이 점을 (53)이 보여준다. 의문형어미 '-니', 의문사 '누구'의 정의를 이용하여 통사의미적 합성 절차가 진행되고, 이 절차에 따라 (56)의 의미 형식이 도출된다.

(53) $[[_{CP}[_{C'}[_{IP}$인호가 누구를 만나-었-]-길래$][_{IP}$표정이 밝아지-었-$]][$-니$_{[+wh]}]]$
⇒(의문사 구에 의문 자질 표시)
$[[_{CP}[_{C'}[_{IP}$인호가 누구$_{[+wh]}$를 만나-었-]-길래$]$ $[_{IP}$표정이 밝아지-었-$]][$-니$_{[+wh]}]]$

(54) $⟦$-니$⟧^{c*;w,t,j}$ = λp: p∈$D_{<s,<i,<e,t>>>}$. ∀<w', t', j'>: [<w', t', j'> ∈ BEST(dox, dubi, w, t, j) → p(w')(t')(j') & j' = a(c*).846)

(55) 목적어인 의문사 용법의 '누구$_{[+wh]}^{2}$ '(타입 <<e,et>,et>):847)

845) Heim & Kratzer(1998) 등의 표준적 형식의미론의 관행에 따르면 영역 조건이나 정의 성립 조건으로 표시되는 전제 의미가 통사의미적 합성 과정에서 충족되는 경우에는 의미 형식의 부분으로 남아 있지 않게 된다. 필자는 전제 의미가 담화 의미 표상의 일부로 기록되어 이어지는 담화화용론적 절차에 이용된다고 본다.

846) 의문형어미의 이와 같은 의미 정의는 양정석(2017: 258)에서 제안한 것인데, 수행동사 'ASK'는 생략했다. 회의 양상(dubi)의 작용에 의해 산출되는 가능세계의 판단자가 현실 세계의 청자와 일치하도록 한 것이 그 특징이다. 이에 따라 '-길래' 접속문이 의문문일 때 선행절 명제에 관한 직접증거성을 가지는 판단자가 청자로 바뀌는 사실을 포착할 수 있다. 뒤의 의미론적 형식 (57)과 담화 의미 표상 (58)에는 이 점이 반영되어 있다.

847) 이는 '가변 타입 접근(flexible types approach)'의 관점에서 의문사가 목적어 위치에 놓이는 경우의 의문사의

$[\lambda f_{<e,et>}.\ \lambda x_e.\ \exists y$[y는 사람이다 & $f(y)(x)] = 1]$, 단 현실 세계 w*에서 ∃y[y는 사람이다]

(56) ⟦[인호가 누구$_{[+wh]}$를 만나-]⟧ =
⟦[누구$_{[+wh]}$]⟧(⟦[만나-]⟧)(⟦[인호]⟧) = (FA)
$[\lambda f_{<e,et>}.\ \lambda x_e.\ \exists y$[y는 사람이다 & $f(y)(x)]$, 단 현실 세계 w*에서 ∃y[y는 사람이다]]($\lambda y_e.\ \lambda x_e$. x가 y를 만난다')(인호') ((55)의 정의, '만나-', '인호'의 정의)
∃y[y는 사람이다' & 인호'가 y를 만난다'] (전제: 현실 세계 w*에서 ∃y[y는사람이다]) (λ-전환)

(57) 의문사 의문문의 의미 도출
⟦인호가 누구를 만났길래 표정이 밝아지-었-⟧^{w,t,j} =
⟦-길래⟧^{w,t,j}(λw1.λt1.λx1. ⟦[$_{IP}$ 인호가 누구를 만나-었-]⟧^{w1,t1,j1})(λw2. λt2.λx2. ⟦[$_{CP}$ 표정이 밝아지-었-]⟧^{w2,t2,j2}) (IFA)
[λp: p∈$D_{<s,<i,<e,t>>>}$. λq: q∈$D_{<s,<i,<e,t>>>}$. ∀<w', t', x>: <w', t', x> ∈ BEST(epist, stereo, w, t″, j) → q(w')(t')(x)의 이유가 p(w')(t')(x)임 & t" < t & j = s(c*)](λw1.λt1.λx1. w1에서, t1 에, x1에게, ∃y[y는 사람이다' & 인호'가 y를 만났다'])(λw2. λt2. λx2. w2에서, t2에, x2에게, 표정이 밝아졌다') (((44)의 정의, (56)의 결과, '표정이 밝아졌다'의 의미)
∀<w',t',x>: <w',t',x> ∈ BEST(epist, stereo, w, t″, j) → w'에서, t'에, x에게, 표정이 밝아졌다'의 이유가 w'에서, t'에, x에게, ∃y[y는 사람이다' & 인호'가 y를 만났다']임 & t" < t & j = s(c*)] (λ-전환)
⟦인호가 누구를 만났길래 표정이 밝아졌니⟧$^{c*;w,t,j}$ =
[λp: p∈$D_{<s,<i,<e,t>>>}$. ∀<w', t', j'>: [<w', t', j'> ∈BEST(dox,dubi, w, t, j) → p(w')(t')(j') & j' = a(c*)](λw1.λt1.λx1. w1에서, t1 에, x1에게, ∀<w2,t2,x2>: <w2,t2,x2> ∈ BEST(epist, stereo, w1, t" , x1) → w2에서, t2에, x2에게, 표정이 밝아졌다'의 이유가 w2에서, t2에, x2에게, ∃y[y는 사람이다'& 인호'가 y를 만났다']임 & t″ < t1 & x1 = s(c*)]) (IFA)
[∀<w', t', j'>: [<w', t', j'> ∈BEST(dox, dubi, w, t, j) → w'에서, t'에, j'에게, ∀<w2,t2,x2>: <w2,t2,x2> ∈ BEST(epist, stereo, w', t", j') → w2에서, t2에, x2에게, 표정이 밝아졌다'의 이유가 w2에서, t2에, x2에게,

---

의미 정의를 제시한 것이다(양정석 2022: 227 및 이 책 9.3.3절). 9.3.3절에서는 의문사를 포함한 의문문의 통사의미적 합성 과정을 자세히 설명했다.

여기에 표시된 의문사의 타입은 내포적 타입 아닌 외연적 타입으로서, 양상 의미 형식으로 정의되는 연결어미 '-길래'나 의문형어미 '-니'의 내포적 타입과 대조된다. 그러나 표준적 형식의미론의 의미 합성 체계를 집약한 것으로 알려진 Heim & Kratzer(1998)에 따르면 한 문장의 의미 합성 과정에서 외연적 함수적용규칙(FA)과 내포적 함수적용규칙(IFA)을 모두 사용할 수 있다. (56)과 (57)은 각각 FA와 IFA가 적용되는 절차를 보여준다.

∃y[y는 사람이다' & 인호'가 y를 만났다']임 & t" < t' & j' = a(c*)] (λ-전환)

이 의미 형식에는 다시 담화화용론적 추론규칙이 적용되어 (58)의 담화 의미 표상이 얻어진다.[848]

(58) 담화화용론적 절차로서의 추론규칙 적용(담화상 영역에 '철수', '순희', '준기'가 있을 때):[849]

ALT([∀<w2,t2,x2>: <w2,t2,x2> ∈ BEST(epist, stereo, w', t", j') → w2에서, t2에, x2에게, 표정이 밝아졌다'의 이유가 w2에서, t2에, x2에게, ∃y[y는 사람이다' & 인호'가 y를 만났다']임 & t" < t' & j' = a(c*)])

(담화화용론적 추론규칙)

ALT([∃y[y는 사람이다' & ∀<w2,t2,x2>: <w2,t2,x2> ∈ BEST(epist, stereo, w', t", j') → w2에서, t2에, x2에게, 표정이 밝아졌다'의 이유가 w2에서, t2에, x2에게, 인호'가 y를 만났다']임 & t" < t' & j' = a(c*)])

((55)의 전제 '현실 세계 w*에서 ∃y[y는 사람이다]'에 따라)

≡ ∃y[ALT([y는 사람이다' & ∀<w2,t2,x2>: <w2,t2,x2> ∈ BEST(epist, stereo, w', t", j') → w2에서, t2에, x2에게, 표정이 밝아졌다'의 이유가 w2에서, t2에, x2에게, 인호'가 y를 만났다']임 & t" < t' & j' = a(c*)])

≡ {[철수는 사람이다' & ∀<w2,t2,x2>: <w2,t2,x2> ∈ BEST(epist, stereo, w', t", j') → w2에서, t2에, x2에게, 표정이 밝아졌다'의 이유가 w2에서, t2에, x2에게, 인호'가 철수를 만났다']임 & t" < t' & j' = a(c*)], [순희는 사람이다' & ∀<w2,t2,x2>: <w2,t2,x2> ∈ BEST(epist, stereo, w', t", j') → w2에서, t2에, x2에게, 표정이 밝아졌다'의 이유가 w2에서, t2에, x2에게, 인호'가 순희를 만났다']임 & t" < t' & j' = a(c*)], [준기는 사람이다' & ∀<w2,t2,x2>: <w2,t2,x2> ∈ BEST(epist, stereo, w', t", j') → w2에서, t2에, x2에게, 표정이 밝아졌다'의 이유가 w2에서, t2에, x2에게, 인호'가 준기를 만났다']임 & t" < t' & j' = a(c*)]}

이렇게, 주어진 통사구조를 바탕으로 통사의미적 합성 절차가 진행되어 문장의 의미 형식이 도출되고, 다시 이를 바탕으로 담화화용론적 해석 절차가 진행되어 명제들의 집

848) 의문문의 의미 형식을 담화 의미 표상으로 전환하는 규칙(담화화용론적 추론규칙)에 대해서는 9.4.1절에서 설명하였다. 이 규칙은 회의 양상의 연산자 '<w2, t2, y1> ∈BEST(dox, dubi, w3, t3, j3)'의 영향권 하에 놓인 명제 'p(w)'를 ALT(p(w))'로 전환한다. 이 규칙의 적용 결과가 (58)의 첫 번째 의미 형식이다.

849) 'ALT'는 대안형들의 집합을 산출하는 연산자이다. 이 'ALT' 연산자의 적용 절차에 대해서는 9.4.1절에서 설명하였다.

합으로서의 의문문의 의미가 얻어진다.

(56), (57)은 외연적, 내포적 함수적용규칙들이 적용되어 도출되는 의미 형식으로, 합성성 원리는 이 의미 형식의 도출 과정에서 준수된다. (58)은 담화화용론적 추론 절차로서, 이 절차는 합성성 원리와는 무관한 절차라는 것이 필자의 관점이다.[850)]

염재일(2012)의 세 가지 '-길래' 접속문 중에는 후행절이 '-지'로 끝나는 구문('C 구문')이 포함된다. 그러나 평서문, 의문문과 다른 C 구문의 의미 합성 절차는 따로 존재하지 않는다. 의문형어미 '-니'를 양상 의미 형식으로 기술한 것처럼 '-지'를 양상 의미 형식으로 기술하면 그 외의 의미 합성 절차는 위에서 보인 방식으로 진행된다.[851)] 3.4절에서는 후행절에 대한 전제에 있어서 세 가지 구문을 가리지 않고 동일한 전제가 성립함을 보인 바 있다. '-지'는 평서형어미로 쓰이기도 하고, 의문형어미로 쓰이기도 하므로, 그 경우에 따라 (49) 또는 (52)의 예에 준하여 기술할 수 있다. 이와 같은 방법으로 모든 유형의 '-길래' 접속문의 통사의미적 합성 절차를 합성성 원리를 준수하는 하나의 통합적 절차로 기술할 수 있다.

10.4.3. '-길래' 접속문 마무리

이상에서는 '-길래'의 어휘의미를 바탕으로 일반적 함수적용규칙이 적용되어 '-길래' 접속문의 의미가 얻어지는 과정을 보였다. 이 절에서 논한 '-길래' 접속문의 의미적 특성들을 다음과 같이 요약할 수 있다. 이들 특성은 '-길래'의 형식의미론적 정의인 (44)에 집약되어 있다.

(58) ① 인식 양상 의미
② 전제 의미로서의 직접증거성 의미
③ 선행절의 참조시(=인식시)가 발화시의 이전시임($t'' < t$)
④ 선행절 참조시(=인식시)가 후행절 상황시의 이전시임($t'' < time(q)$)
⑤ 후행절의 상황시가 발화시의 이전시 또는 동시임($time(q) \leq t$)

850) 필자의 관점은 의문문을 회의 양상의 명제로 도출하여 그 문장 의미의 도출 과정에 합성성 원리가 준수됨을 보이고, 종래 형식의미론 연구에서 의문문의 의미로 믿어져 왔던 '대답 명제들의 집합'으로서의 의미 형식은 담화화용론적 추론규칙의 작용으로 얻어진다고 보는 것이다. 위 (57)과 (58)은 '-길래' 접속문의 의미 합성에서 이와 같은 절차가 적용됨을 보인 것이다.

851) 양정석(2022가)에서는 어미 '-지'를 의문형의 '-지[1]', 명령형의 '-지[2]', 청유형의 '-지[3]', 약속형의 '-지[4]', 그리고 평서형의 '-지[5]'의 다섯 가지 동음이의적 요소로 나누어 그 의미 정의를 부여했다. 이들은 모두 양상 의미 형식으로 기술된다. 특히 의문형의 '-지[1]'은 회의 양상과 인식 양상의 겹쳐진 양상 구조의 형식을 가진다는 점에서 특별하다.

⑥ 후행절 명제가 참임이 전제됨
⑦ 후행절이 단계 술어의 특성을 가지는 상황임이 전제됨

①과 ③은 단언 의미이고 그 외는 모두 전제 의미로 표시된다. 이 중 ④는 연결어미 '-더니'가 '선행절 상황시 < 후행절 상황시'의 특성을 더 가지는 것과 대조된다.

100개 이상의 한국어 연결어미들 중에는 '-길래'가 가지는 의미 특성을 공유하는 것들이 있다. '-자'는 그 시간적 선후관계의 특성 ③, ④, ⑤에서 '-길래'와 일치한다. '-더니'를 비롯한 '-더-' 계통 연결어미들은 기본적으로 ①의 인식 양상 의미를 가진다. '-더니'는 ①, ②, ③, ④, ⑤의 특성을 '-길래'와 공유하고, 다만 ⑥, ⑦의 특성들만을 갖지 않는다. 이에 비하면 종래 '-길래'의 자유변이형 또는 방언형으로 생각되어 온 '-기에'는 ⑥, ⑦과 함께 ②의 직접증거성 의미를 갖지 않는다는 점에서 '-길래'와의 의미 차이가 뚜렷함을 알 수 있다.

현대 한국어의 100개 이상의 연결어미들은 서로 다른 의미를 가지는데, 위 의미적 특성들은 이러한 의미 차이를 변별하는 7가지의 유효한 기준으로 활용될 수 있다. 이는 접속문의 통사의미론 연구에 방법적 지침으로서의 의의를 가질 것으로 본다.

기원적으로 '-더-'를 가지는 '-더니'와 같은 연결어미에서 '-더-'를 분리하여 통사 단위로 설정하는 종래의 연구들에 대하여 위 의미적 특성들이 지적하는 바는 매우 흥미롭다. ②의 직접증거성 의미와 ③의 시간적 의미야말로 '-더-'의 기본 의미로 생각되어 온 의미이다. '-더-'와 형태적으로 무관한 연결어미 '-길래'가 이들 의미를 공유하는 것은 '-더-' 계통 연결어미들을, 분리되지 않는 한 단위로 그 의미를 기술하는 관점이 설득력 있음을 보이는 것이라고 하겠다.

10.5. 접속문 의미 해석 마무리

이 장에서는 조건, 연접, 이접 등의 의미적 기준에서, 명시어 구조, 부가어 구조 등의 통사적 기준에서 다양한 특성을 보이는 한국어 접속문들의 통사의미적 기술 방안을 제시하였다. 조건문인 접속문, 양보문인 접속문, '-더-' 계통 연결어미들에 의해 매개되는 접속문, '-길래' 접속문들에 대한 형식의미론적 분석을 보였다. 특히 표준적 양상 이론(Kratzer 1981, 1991a)에 입각하여 한국어 조건 접속문을 분석한 것은 이 주제에 관한 최초의 연구이다.

접속문 구성의 핵심적 요소인 한국어의 연결어미들은 그 수가 100개 이상인데, 선행절과 후행절의 논리적 관계, 선행절 또는 후행절에 대한 전제 의미의 유무, 그 전제의 구체적 내용 등을 어휘의미적 정보로 담고 있다. 연결어미들을 분류하는 데에 이와 같은 정보도 중요하지만, 통사적으로 부가어 구조를 형성하느냐, 명시어 구조를 형성하느냐도 그 분류의 중요한 기준이 된다. 연결어미의 특성에 따른 부가어 구조와 명시어 구조의 구별은 그 의미 해석과도 긴밀히 연관되는 구별이다. 특히 명시어 구조를 형성하는 연결어미들은 그 후행절의 서법에 대한 제약을 가하며, 시간적 선후관계 해석에 있어서도 부가어 구조를 형성하는 연결어미들과는 뚜렷이 다른 특징을 보인다. 후자의 시간적 특성은 다음 제11장의 시간적 선후관계 해석 체계의 기술에 있어서도 중요한 역할을 담당하게 된다.

제11장

한국어의 시간 의미 해석

이 장에서는 시간요소들에 대한 어휘의미 기술과 단순문, 복합문에서의 시간 해석에 관한 통합적 해석 체계를 제시한다. 한국어가 무시제 언어라는 필자의 오랫동안의 다각적 논증을 바탕으로(양정석 2008가, 나, 2011, 2012, 2015나), 상과 서법의 요소, 시간적 선후관계 해석에서 중요한 역할을 하는 연결어미와 시간 부사들을 바탕으로, 시간적 선후관계 해석을 얻어내는 전반적 통사의미론적 체계를 이끌어낸다.

종래의 연구에서는 한국어가 시제 언어라는 시제 가설을 입증하는 방편으로 시간 해석 문제를 다루어 왔다. 이 장에서는 먼저 한국어가 시제를 갖지 않는다는 점을 정당화하고, 다음으로 이에 기반한 시간요소들의 의미 정의를 제시한다.

통사구조로부터 시간적 선후관계 해석을 이끌어내기 위해서는 해석 함수에 세계, 판단자와 함께 시구간 매개변수가 설정되어야 한다. 이 중 시구간 매개변수는 기준시(기준 시구간)가 되어, 특별한 시간요소, 시간 해석 규칙이 관여하지 않는 한 가장 하위 구성성분에 이르기까지 유지된다. 시구간 매개변수를 필수적 요소로 활용하는 시간요소들로 완료상의 '-었-', 단속상의 '-었었-', 미확인법의 '-겠-'이 있고, 시간 부사 '어제, 내일' 등이 있다. 이제까지 그 중요성이 잘 인식되지 않았던 것으로 '-거든, -자'를 비롯한 연결어미들이 특징적인 시간 해석의 양상을 보인다. 이들은 통사적으로 명시어 구조를 형성하는데, 시간 해석에서도 이들을 위한 해석 규칙이 별도로 마련되어야 한다. 그 외 '-고, -어서, -으려고' 등을 위한 시간 해석 규칙, '어제, 내일' 등을 위한 시간 해석 규칙이 필요하다. 이들 시간 해석 규칙을 담화화용론적 추론규칙으로 재정립할 것을 제안한다.

11.5절과 11.6절에서는 시제 논의와 시간 해석 기술의 과정에서 오류와 혼란을 불러일으켜 왔던 '느'와 '더'의 통사 단위 여부 논쟁을 정리하여 논의의 토대를 확실하게 다지고자 한다.

11.1. 한국어 시제 논의의 전제

시간 표현 형태소로 '-느-', '-었-', '-겠-', '-더-'를 분석하고 이들에 시제의 기능을 부여하는 연구자들은 명시적으로, 또는 암묵적으로, 이들 각각이 통사구조의 한 교점에 위치하는 통사 범주라는 가정, 이들 네 개가 계열적으로 대립하는 요소라는 가정에 입각해서 논의를 전개해 왔다. 그러나 '-느-'와 '-더-'는 아예 통사 단위가 되지 못하고, '-었-'과 '-겠-'은 통사 단위이기는 하나 서로 계열적으로 대립하지 않는다.

한국어는 시제 체계를 갖지 않는다. 한국어에 시제 체계가 존재한다고 주장하고자 하는 이들은 적어도 다음 사실들을 시제 논의를 위한 전제로 받아들여야 한다.

(1) 가. '-는-' 또는 '-느-'는 독립된 통사 단위가 아니다. 따라서 한국어에는 시제의 하위범주로서의 외현적 현재시제 표지가 없다.
나. '-더-'는 독립된 통사 단위가 아니며, '-더라', '-더냐', '-더니', '-던' 등이 독립 통사 단위로 기능한다.
다. '-었었-'은 과거시제의 중복, 또는 완료상과 과거시제의 결합이 아닌, 단일한 통사 단위이다.
라. '-겠-'은 미래시제 표지가 아니고 '미확인'의 양상 의미를 나타내는 독립된 통사 단위이다.
마. 이른바 '상 보조동사'들은 복합문 구조의 상위절 동사로서, 상을 표시하는 문법범주로 취급할 수 없다.

첫째, 한국어는 시제의 하위범주로서의 현재시제 표지가 없다. 이른바 '현재시제' 형태소의 변이형으로 '-는/느/ㄴ/니/네/ф-' 등이 있는 것으로 보아 왔으나, 이는 체계적인 주장으로 성립하지 못한다. 이들 형태는 뒤에 이어지는 요소와 결합하여 한 형태소 단위를 이룰 뿐이다. 만약 이들이 '현재시제' 형태소의 변이형태라고 가정한다면, 적어도 다음 11개의 변이형태 실현 규칙이 설정되어야 할 것이다.[852]

(2) 가. {느} → /는/ / [-모음성] $]_{Vst}$__{다, 구나, 도다}
나. {느} → /ㄴ/ / [+모음성] $]_{Vst}$__{다}
다. {느} → /ㄴ/ / V_{st} {으시}__{다}[853]
라. {느} → /느/ /{었, 겠, V_{st} (으시)}__{으냐, 은가, 은지, 은데, . . .}
마. {느} → ф / {었, 겠, A_{st} (으시)}__{다, 구나, 도다}
바. {느} → ф / A_{st} (으시)__{으냐, 은가, 은지, 은데, . . .}
사. {느} → ф / __{어, 지, 소, 고, 으며, . . .}
아. {느} → /느/ / V_{st}__{은}#
자. {느} → ф / A_{st}__{은}#
차. {느} → /니/ / {습}__
카. {느} → /네/ / __{으에}

852) '느'를 형태소로 가정할 경우의 완전한 분포 조건은 11.5절에서 제시된다.
{느}의 '{ }'는 형태소 단위임을 나타내는 것이나 오른쪽의 실현 조건에서의 '{ }'는 선택 부호로 사용되기도 하였다. '( )'는 수의적 실현을 나타내는 부호이다. 'V_{st}'는 동사 어간, 'A_{st}'는 형용사 어간을 나타낸다.
853) 이는 '잡으신다, 가신다'와 같이 그 어간 말음이 [+모음성]이건, [-모음성]이건, 형용사 아닌 동사이기만 하면 '으시'가 이어질 때 'ㄴ'이 삽입된다는 뜻이다.

그러나 규칙의 조건으로 주어진 것은 어휘개별적인 요소들의 나열일 뿐, 음운론적 또는 문법적 자연군(natural class)을 이루지 못하므로, 이들은 규칙으로서 성립되지 않는다. 특히 (2라-사)에서 '느'로 실현되는 조건, 또는 탈락되는 조건을 이루는 요소들은 문법적으로 의미 있는 공통성을 갖지 못한다.[854] 따라서 이와 같은 변이형태들을 가지는 단일한 형태소는 설정될 수 없다.

종래 시제 가설을 옹호하는 연구들은 대부분 (2)와 같은 문제성 있는 사실 기술에 입각해 있으므로, 그 출발부터 난점을 안고 있었다. '-느-'가 시제 아닌 서법의 문법범주를 표시하는 것으로 상정하더라도 위 문제는 해소되지 않는다. 김차균(1999), 한동완(1984, 1996)은 '-느-'에 현재시제의 기능만을 인정하나, 고영근(2004)는 (2가-다)의 '-느-'('-는-')를 현재시제로 규정하는 반면, (2라-카)의 '-느-'는 서법의 하위범주로서의 직설법으로 규정하여, 시제 범주에서 제외한다. 임홍빈(1984), 임홍빈 외(1995)에서는 '-느-'가 양상적 의미인 '실현성'을 기본 의미 기능으로 갖지만 현재시제의 기능도 아울러 가지는 것으로 본다.[855] 김동식(1988)은 시제 기능과 양상 기능 외에 '미완료'라는 상의 기능도 가진다고 본다.[856] 고영근(2004)을 제외하고는 모두 '-느-'에 현재시제 형태소로서의 기능이 있다고 보는 것이다. 이상의 모든 입장이 (2)와 같은 변이형태 실현의 방식에 기반을 두는 한, 기술의 충족성을 만족하는, 간결한 이론으로 성립하기는 불가능한 것이다.

---

854) (2가, 마)의 조건을 이루는 세 형태소는 얼핏 보기에 모두 평서형으로 문법적 공통성을 가지는 것 같지만, 평서형의 다른 어미들인 '-오', '-어' 등이 포함되지 않는 것을 보면 이 조건 역시 (2라-사)에서처럼 문법적 자연군을 이루지 못함을 알 수 있다.

855) 임홍빈 외(1995)에서는 모든 문장의 주어는 동사구(VP) 안에 기저 생성되는데('동사구 내부 주어 가설'), 이 경우의 VP는 시제소 T의 보충어이고, 또 T에 의해 형성되는 TP는 뒤의 어말어미 C의 보충어라고 상정한다. 그런데, '먹었다'와 같이 연속하여 나타나는 동사와 T와 C는 하나의 성분으로 '재구조화'한다고 설명한다. 그러나 이러한 재구조화 절차는 문법적 과정으로 정당화될 수 없는 것이다. 양정석(2010: 183-184) 참조.

또, 이들은 한국어의 기능 범주로 시제소 T와 어말어미 C 외에, 양태소 M('-겠-'), 주체존대소 H('-으시-'), 겸양소 Hu('-습-') 등을 설정하고, 이 통사 범주들이 이루는 구인 TP, CP, MP, HP, HuP 등의 범주를 설정한다. 이는 다시 두 가지 측면에서 문제를 제기한다. 먼저, 한국어에서 기능 범주들 사이에는 일정한 순서 제약이 주어진다. 임홍빈 외(1995)의 체계에서 이를 포착하기 위해서는 기능 범주들이 그 보충어로 특정 기능 범주의 구를 요구하는 것으로 기술해야 할 것인데, 이는 결국 (4가-카)의 경우들을 일일이 지적하는 임시방편적 방식이 되어 버린다. 순전히 의미적인 제약에 따라 그 순서를 예측하는 것도 불가능하다. 이들의 '재구조화' 개념이 가지는 난점과 함께, 선어말어미들 각각을 독립된 기능 범주로 설정하는 이들의 처리가 갖게 되는 근본적인 난점이다.

형태음운론적 측면에서도, 기능 범주 형태소의 하나로 설정된 '-느-'('양태소'의 일종이라고 함)에 대해서 그 변이형태가 실현되는 형태음운론적 조건을 (4)와 같이 기술해야 하는 것이 문제점으로 주어진다.

856) 김동식(1988)의 '-느-'에 대한 규정은 독특한 바가 있다. '-느-'는 '변화'의 의미를 가져서 동사와 형용사를 구별하는 기능을 가지며, '-었-'과 대립되어 '미완료', '-겠-'과 대립되어 '단언', '-더-'와 대립되어 '현재 인식'의 의미를 가진다고 설명한다. 이러한 '대립'은 계열적 대립을 뜻하는 것이다. 다의 현상(polysemy)이 통합상의 언어적 문맥이나 화용적 맥락을 실현 조건으로 해서 나타난다고 하는 것이 현대 언어학의 일반적 설명인바, 이에 배치되는 것이다.

(2)를 통하여 설명되어야 할, '직설법'설과 '현재시제'설에 대한 반례를 몇 가지만 들어 보면 다음과 같다.

(3) '-느-'가 직설법의 형태소라는 주장의 반례
  가. 날씨가 좋더냐/*좋느냐/좋으냐?
  나. 외삼촌이 왔더라/*왔느라/왔다.
  다. 깨끗한/*깨끗하는/깨끗하던
  라. 날씨가 좋지/*좋느지/*좋더지? cf. 날씨가 좋아/*좋느아/*좋더아?
  마. 날씨가 좋소/*좋느소/*좋느오/*좋더오.
(4) '-느-'가 현재시제의 형태소라는 주장의 반례
  가. 날씨가 좋았느냐?
  나. 외삼촌이 옵니다/왔습니다/오겠습니다.
  다. 날씨가 좋다/*좋느다/*좋는다/좋으냐/*좋느냐?

특히 '-느-'가 서법으로서의 직설법이라고 주장하는 이들에게는 '-더-'와의 대립이 '-느-'를 분석하는 주요 근거이기 때문에, '-더-'와 '-느-' 중 한 가지만 실현 가능한 예는 이들의 주장에 반례가 된다. 이들에 따르면 '-더-'와 '-느-'가 모두 불가능한 (3라, 마)도 불가능할 까닭이 없다. 또, '-느-'가 시제로서의 현재시제 형태소라고 주장하는 이들은 과거시제, 미래시제와 공존 가능한 (4가, 나)의 예, 현재형에 '-느-'가 실현 불가능한 (4다)를 설명할 수 없다.

이상에서 고려한 점들을 종합하여 그 변이형태의 유형을 기준으로 관련 어미들을 나누어 보면 다음과 같다.857)

(5) 가. {다} = /다~는다~ㄴ다~라/
  나. {는데} = /는데~은데~ㄴ데/
  다. {구나} = /구나~는구나/
(6) 가. '-는다'류의 어미: -는다
  나. '-는데'류의 어미: -느냐, -는가, -는고, -는지, -는지라, -는데, -느니라;
    -는(관형사형)
  다. '-는구나'류의 어미: -는구나, -는도다, -는구려, -는구먼

857) 다음의 각 요소를 종래의 개념으로 '형태소' 단위로 간주하여 제시하였지만, 통사구조를 이루는 최소 단위이며 형태음운론적 변이가 일어나는 독립 단위로서의 '형성소(formative)' 개념이 필요하다고 본다. 이에 대한 논의로 양정석(2010: 91-101)을 참고하기 바람. 'formative'는 원래 Chomsky(1965)에서 사용된 개념이다.

둘째, '-더라', '-더구나', '-던데', '-더니'는 통사 단위로는 더 나누어지지 않는, 양상의 문법범주를 나타내는 요소들이다. 시간 해석의 측면에서는, 이들은 참조시를 발화시 이전으로 설정하는 기능을 가진다.

이들 요소에서 '-더-'를 분리하지 않는 이유도 앞의 '-느-'의 경우와 유사한 것이다. 다음과 같은 '-더-' 실현 규칙들을 가정할 수 있을 것이다. 이 때의 '-더-'는 독립된 통사 단위이며, 그 실현 조건을 이루는 전후의 요소도 역시 독립된 통사 단위라는 것이 종래의 연구들에서의 전제이다.

(7) 가. {더} --> /디/ / {습}___{다, 까}
나. {더} --> /데/ / ___{으에}
다. {더} --> /더/ / __{다, 으냐, 은가, 은고, 은지, 구나, 구려, 구먼, 은데}
(7)' /더-다/ --> /더라/

'-더-'가 '-디-'로 실현되는 경우는 (7가)에서 보는 것처럼 '-습디다, -습디까'의 단 두 예밖에 없다. 더욱이, 이 규칙의 조건 중 '-까'는 독립된 통사 단위로서의 쓰임을 갖지 않는다는 점에서 더욱 문제가 된다. '-데'로 실현되는 경우는 '잡데'와 같은 예 하나뿐이다(7나). '-더-'로 실현되는 경우는 상당히 많은 것 같지만, 알고 보면 그 분포를 명시적으로 제시할 수 있는 것은 (7다)에 열거된 것이 거의 전부이다. 우선, '-더-'가 독립된 통사 단위라면, (7다)에 열거된 어미들과는 결합 가능하고, (8)과 같은 결합은 허용되지 않는 이유를 설명할 수 없게 된다. 실제로, '-더-'와 결합 불가능한 (8)과 같은 성격의 어미들의 수가 (7다)의 예보다 압도적으로 많다.[858)]

(8) 가. *-더오, *-더어, *-더지, *-더네, *-더도다
나. *-더고, *-더며, *-더나, *-더다가, *-더거니와, *-더지만, *-더거든, *-더거나
다. *-덤

한 예로, '*-더오'의 결합형이 불가능한 이유는 무엇인가? '-더-'가 과거시제의 표지라고 가정하든, 양상(서법)의 표지라고 가정하든, 상대높임의 등분 중 하나인 예사높임의 형식에서 과거 시제가 표현될 수 없다는 것은 공시적인 견지에서는 아무리 해도 설명할

858) (8)의 예 외에도 '*-덜지언정, *-덜지라도, *-더어서, *-더니까, *-더기' 등, '-더-'와의 결합이 불가능한 예가 많으나, 이들은 어떤 의미적인 요인에 의해 그 결합 불가능성을 설명할 수 있을지 모른다. (8)은 어떠한 의미적인 요인을 동원해서도 설명하기가 불가능한 예이므로 문제성이 더 심각하다.

방도가 없다. 연결어미와의 결합인 (8나)에서도, 가령 '-었고'는 문제가 없는데 왜 '*-더고'는 불가능한지도 설명할 수 없다. 명사형어미와의 결합인 (8다)가 불가능한 이유도 그렇다.

반대 방향의 성격을 보이는 예도 있다. 다음과 같은 예를 근거로 (7다)의 '-더-'의 실현 환경에 '-으니', '-은'을 첨가해야 한다고 하겠지만, (9)에서 보듯이 '-으니'가 동사에서든, 형용사에서든, '-느-'와 결합하지 않는 것은 (7다)의 환경을 이루는 '-은데'의 경우와는 다른 것이다. 이는 '-더니'가 '-으니'와는 별도의 통사 단위로 굳어졌음을 증명하는 것이다. (10)의 '-은'도 유사한 문제를 제기한다. 특히 동사의 경우(10가) '-은'은 과거의 의미를 가짐으로써, 과거의 의미를 갖지 않는 형용사의 경우(10나)와 체계적인 차이를 보인다.

(9) 가. 잡더니/*잡느니/잡으니
나. 작더니/*작느니/작으니
(9)' 가. 잡던데/잡는데/*잡은데
나. 작던데/*작는데/작은데
(10) 가. 잡던/잡는/잡은
나. 작던/*작는/작은

'-더-' 결합형은 존재하지만 이어지는 형태가 독립된 단위로 존재하지 않는 다음의 예도 같은 경우라고 할 수 있다. (7다)의 실현 환경에 '*-으라도, -으라면, -으라고'를 포함할 수 없는 이유이다.

(11) 잡더라도/*잡으라도/작더라도/*작으라도, 잡았더라면/*잡으라면/작았더라면/*작았으라면, 잡더라고/*잡으라고/작더라고/*작으라고[859]

(7)'도 문제를 제기한다. (7)은 형태론적 변이형태의 실현을 규정하는 것인데, 이 결과를 이용한 (7)'의 규정을 두지 않으면 '잡더라'와 같은 형태를 설명할 수 없다. 이는 통사구조에 '-더라'가 한 단위로 주어진다면 전혀 필요하지 않은 조작이다.

이상의 사실은 결국 (7)의 조건으로 주어진 요소들이 일정한 음운론적, 문법적 자연군

859) '*잡으라면', '*잡으라고'는 "잡으라면 잡겠다.", "줄을 잡으라고 말했다."의 명령형과 무관한 예이다. 또, '-더라고'를 '-느라고'와, '-더라면'을 '-노라면'과 관련시키는 것도 잘못된 일이다. 어원적인 연관이 곧바로 공시적 연관으로 인정될 수 없음을 보이는 예라고 하겠다.

을 이루지 못한다는 사실로부터 필연적으로 따르는 모순점들인 것이다. 이상에서 고려한 점들을 종합하여 다음 통사 단위들이 얻어진다.

(12) -습디다, -습디까, -데, -더라, -더니, -더냐, -던가, -던고, -던지, -더구나, -더구려, -더구먼, -던데, -던

이들이 '-더-'를 가지는 독립된 단위들의 총목록에 가까울 만큼 '-더-'의 실현이 제약되는 것은 이들 각각이 통사 단위를 이루기 때문이다.[860] 종래의 연구에서 주어진 '회상', '보고', '단절' 등의 의미 규정에 모순되지 않음에도 이들보다 훨씬 많은 수의 어미들이 '-더-'와 공존하지 않는 것(8)은 이들이 각각 단일한 의미 단위를 이룸을 증명하는 것이다.

셋째, '-었었-'은 단일 형태이며, '-었-'과 '-었었-'은 완결상의 하위범주인 완료상과 단속상의 표지이다.

'-었-'의 형태적 실현과 관련하여 분명히 할 점은, '-었었-'을 과거 형태소가 이어진 복합형으로 볼 수 없다는 것이다. 가령 '잡았었다'에서 두 '-었-'이 과거시제 형태소의 중복이라면, 뒤의 '-었-'은 다음과 같은 변이형태 실현 규칙으로 포착할 수밖에 없을 것이다.

(13) {었} --> /었/ / {었}__

그러나 이는 형태음운론적 규칙으로 성립할 수 없는 규칙이다. 어떤 형태소의 실현 환경이 다름아닌 자신의 뒤라는 것은 순환론의 오류를 범한 것이다.[861]

'-었었-'이 서로 다른 동음이의 형태소들이 이어진 것으로 보는 경우, (13)과 같은 문제는 피할 수 있다. 이 경우에도, 두 개의 '-었-'이 모두 나타나는 경우는 중복형 '-었었-' 뿐이라고 가정하는 견해와,[862] 다른 단일한 '-었-'의 실현례 중에도 나타난다고 가정하는 견해를[863] 구별할 수 있다.

---

860) (12)의 예들은 종전의 개념으로서의 형태소가 아니라, 통사구조를 이루는 기초 단위인 Chomsky(1965)의 '형성소(formative)'로 간주되어야 한다고 본다.

861) '-었었-'이 과거시제 '-었-'의 복합이라는 고영근(2004), 임홍빈 외(1995), 한동완(1984, 1996)은 이런 문제를 피할 수 없다. 고영근(2004)에서는 뒤의 '-었-'이 '확인성'의 양상적 의미를 나타내는 것으로 설명하지만, 여전히 그 기본적 기능은 시제 형태소라고 말함으로써(269쪽), 이러한 모순된 처리를 피할 수 없게 되어 있다. 특히 '잡았었겠다'와 같은 예의 존재는 그의 이론에서 전혀 설명할 방도가 없다.

862) 이와 같은 견해로 성기철(1974)이 있다. 그는 '-었었-'에서 앞의 '-었-'은 과거시제의 형태소, 뒤의 '-었-'은 양상('서법') 범주로서의 '경험'을 나타내는 형태소라고 규정한다.

863) 이와 같은 견해로 신성옥(1984), 이재성(2000)이 있다. 이들은 '-었었-'에서 앞의 '-었-'은 완료상의 형태소,

전자의 경우 뒤의 '-었-'(즉 '-었-^{2}')은 다른 '-었-'(즉 '-었-^{1}')의 뒤에만 실현되고, 다른 '-었-'은 그 외의 경우에 실현되므로, 둘은 상보적 분포를 이루는 것이다. 이는 오히려 둘이 동일한 형태소임을 증명하는 것이어서, 처음의 가정에 모순이 된다.[864] 또한 '-었-'과 '-었었-'은 계열적 대립을 이루므로 동일 통사 범주(시제든, 양상이든, 또는 상이든)에 속할 수밖에 없다.

후자의 경우는 무형의 형태소를 인정함으로써 상보성 원리에 입각한 반론을 피할 수는 있다. 신성옥(1984)에 의하면 '-었었-'은 완료상 형태소 '-었-^{1}'과 과거시제 형태소 '-었-^{2}'가 결합된 형식이다. 상 형태소 '-었-^{1}'만 나타나는 경우도 가능한데, 이 경우는 비과거형 'ϕ^{2}'이 무형의 형태소로 이어지는 것이다. 또, 시제 형태소인 '-었-^{2}'만 나타나는 경우는 그 앞에 비완료상 'ϕ^{1}'이 존재하는 것이다. 형태통사론적 측면에서 이러한 설명이 불가능하지는 않다. 한 가지 문제점을 지적한다면, '-었-^{2}', 즉 과거시제 형태소는 선행 형태소가 '-었-^{1}', 즉 완료 형태소이고, '외현적' 실현형이면 반드시 '/었/' 변이형으로만 실현되어야 한다고 기술해야 하는데, 이는 변이형태 실현의 조건으로는 매우 이례적이라는 점이다. 비완료의 형태소인 'ϕ^{1}' 다음에는 '/었/'도, '/았/'도 실현 가능하다.

그러나 이러한 방안이 가지는 주요한 문제점은 그 의미 해석과 관련하여 나타난다. 단일한 '-었-'의 실현례에서, 이것이 앞의 '-었-'인지, 뒤의 '-었-'인지를 구분할 명시적 근거를 제시하기 어렵다는 문제점이 제기된다.[865] 이에 대해서는 3절에서 더 논의하기로 한다.

뒤의 '-었-'은 과거시제의 형태소라고 규정한다. '-었-' 단독으로 실현되는 경우 신성옥(1984)은 무형의 비완료상 형태소 'ϕ1'과 무형의 비과거 형태소 'ϕ2'를 앞에, 또는 뒤에 설정하나, 이재성(2000)은 무형의 형태소를 설정하지 않으면서 '비완료', '비과거'의 상 의미, 시제 의미가 '무표'에 의해 나타난다고 설명한다. 두 경우에 그 통사구조의 모습은 사뭇 달리 나타난다. 이재성(2000)의 경우, 비완료의 상 의미와 비과거의 시제 의미는 통사 단위를 근거로 하여 얻어질 수 없으므로, 상 범주나 시제 범주와는 무관한 담화 화용론적 의미 해석 절차를 통해 도출할 수밖에 없다. 이는, 그의 의도와 달리, 상과 시제의 하위 범주로서의 비완료상과 비과거시제는 인정하지 않는다는 주장이 된다.

864) 상보적 분포 관계에 입각한 이와 같은 논증은 성기철(1974)의 처리에 대하여 남기심(1978)에서 지적한 바와 같은 취지의 것이다. 김차균(1999)도 '-었었-'이 두 형태소의 복합이며,'-었-^{1}'은 과거, '-었-^{2}'는 '-더-'나 '-느-'가 가리키는 시점을 기준으로 해서 그보다 과거임을 나타낸다고 규정한다(167쪽). 이는 이 둘을 과거시제에 속하는 상이한 형태소로 규정하는 것이다. 그러나 그에 따르면 서로 다른 형태소 '-었-^{1}'과 '-었-^{2}'가 '과거'를 나타내는 의미적 공통성을 가지면서 상보적으로 분포한다는 것이므로, 이는 결국 둘이 한 형태소임을 증명하는 것이다.

865) 이재성(2000)의 접근도 이러한 문제점을 안고 있다. 다음과 같은 예에서 '-었-'이 상의 형태소인지, 과거시제의 형태소인지를 판단하기는 어렵다. 이는 두 '-었-'의 의미 차이가 동음이의어 아닌 다의어 수준의 차이임을 보이는 것이다. 위에서 말한 바와 같이, 모든 경우의 '-었-'을 상, 특히 완결상의 요소로 처리하는 것이 필자의 방안이다.
a. 까마귀가 온 섬을 뒤덮었다.
신성옥(1984), 이재성(2000)의 접근에 대하여 제기되는 또 하나의 문제점은 복합형 '-었었-'이 두 '-었-'의 의미, 즉 완료와 과거의 의미로 환원할 수 없는 제삼의 의미를 가진다는 것이다. 특히 이남순(1994)에서 말한 '상황과 발화시 사이에 놓이는 대비되는 요소의 존재', 남기심(2001: 336)에서 말한 '과거에 종료된 어떤 사건의 흔적을 지우는 다른 상황의 개재'와 같은 의미 국면이 그와 같은 것이다.

넷째, '-겠-'을 미래시제의 표지로 설정하는 일이 초기의 문법서들에서 흔히 발견되나, 다음과 같은 예는 이러한 설정에 정면으로 모순된다.

(14) 가. 날씨가 추웠겠다.
나. 인호가 왔겠다.

'-겠-'을 미래시제의 표지로 설정하는 이들이 '-었-'을 과거시제 표지로 설정하지 않는 경우는 없다. 그러므로 (14)의 예들은 이들이 한 사건, 상태의 표현에 현재시제와 미래시제가 동시에 표현된다는 모순에 봉착하였음을 증명하는 것이다.

(14)의 두 예문에서 '-겠-'은 양상의 요소이다. '-겠-' 문장의 양상 의미는 제6장에서 제시한 형식의미론적 처리 방법에 따라 충분히 설명된다. 따라서 '-겠-'을 시제 표지로 설정할 수 없다는 점은 시제 유무의 논의의 전제로 주어진다.

다섯째, '-느-', '-었-', '-겠-', '-더-'가 문법범주로서의 시제를 표시하는 요소라는 생각은 한국어 문법 연구에서 뿌리 깊은 것이다. 특히 '-었-'이 문법범주로서의 상의 표지라는 것을 부정하는 입장에서는 한국어의 상 표지가 보조동사라는 것이 자연스러운 선택이었다. 더욱이, 상황유형으로서의 상의 하위분류 체계와 아울러 관점상으로서의 상 범주가 모든 언어에 보편적으로 존재한다는 Smith(1991)의 가설을 받아들이면, 이 외의 선택 가능성은 생각할 수 없는 것이다.

보조동사가 상을 표시한다고 볼 경우, 상 표지의 대표적인 예는 '-고 있-'과 '-어 있-'이다. 전자를 진행상, 후자를 완료상이라고 규정하는 견해도 있고,[866] 이들 중 '-고 있-'은 '불완전상'의 문법범주를 나타내는 형태이며, 이에 대립되는 관점상의 하위 범주인 '완전상'은 무표항으로서의 'ϕ'가 나타낸다고 하는 견해도 있다.[867] '-었-'이 과거시제와 함께 동음이의적으로 완료상을 나타낸다고 보면서, 아울러 상이 보조동사에 의해서도 표현된다고 하는 견해도 있다(신성옥 1984, 이재성 2000). 보조동사가 상(관점상)을 표시한다는 이들의 견해는 다음 근거에 의해 부정된다.

(15) 가. 보조동사 구문은 복합문 구조를 이룬다.[868] 내포절의 동사와 연결어미, 상위절의 동사

866) 고영근(2004)이 그 대표적인 견해를 보인다고 할 수 있다. 고영근(2004: 295)에서는 보조동사 외에 '-는 중이다', '-는 중에 있다' 등의 구성도 상 범주의 표현이라고 주장한다. 그러나 이는 실행 가능한 형태통사론적 처리 방안이 아니다.

867) 이는 신언호(2004)의 주장이다. 불완전상은 그 기본 의미로 '부분성'을 가지며, 완전상은 그 기본 의미로 '전체성'을 가진다고 한다.

가 불연속적으로 결합하여 상의 문법범주를 이룬다는 것은 처리 불가능한 주장이다.

나. 본동사와 보조동사 사이에는 보조사가 개재될 수 있다. 복합문 구조로 볼 경우는 물론, 단순문 구조로 볼 경우에도 한 문법범주의 내부에 다른 독립된 통사 단위가 개재하는 현상을 설명할 방도는 없다.

다. '-고 있-'과 '-어 있-'은 선행 본동사의 의미, '-고' 또는 '-어'의 의미, 동사 '있-'의 의미가 복합된 복합 사건적 의미를 표현한다.[869]

'-고 있-'을 영어의 진행형 'be. . .-ing' 형식과 동일시하는 흐름이 있어 왔다. 영어의 진행형은 Chomsky(1957) 이래로 Aux 또는 Infl에 관할되는 단일한 통사 범주로 처리하는 방법이 확립되어 왔다. 하지만 (15)는 한국어의 '-고 있-'을 그와 같이 처리할 수가 없음을 보이는 것이다.[870]

시제는 통사 범주이므로 현재시제 표지라고 하는 '-는/느/니/∅-'이 통사구조에서 한 단위를 이루어야 할 것인데, 이들을 한 통사 단위로 설정하면 그 음운론적 실현을 예측할 수가 없다. '-겠-'이나 '-을'을 미래 시제라고 설정하기에는 'V-었-겠-다', 'V-었-을' 형식이 전혀 미래 의미를 표현하지 않는 것이 문제가 된다. 시제 표지로 볼 수 없는 '-자, -거든' 등의 연결어미는 선행절 기준의 선후관계 해석을 요구하는, 시제 표지와 같은 의미기능을 가진다. 상 표지로 다루어 온 '-고 있-'의 문장은 복합문의 통사구조를 가져서, 하위절 보문소 '-고'와 상위절 동사 '있-'을 상 범주를 표시하는 한 단위의 표지로 보는 불합리를 벗어날 수 없으니, 이들을 상 표지로 간주할 수 없다. 시제 범주 없는 언어는 있지만 상 없는 언어는 없다는 것이 대부분의 언어학자의 견해이다. 따라서, '-고 있-', '-어 있-'을 상 표지로 볼 수 없다면 유력한 대안은 '-었-'일 것이다. '-었-'의 범주 규정이 한국어 시간요소에 대한 언어학적 규정을 결정하는 핵심적인 문제이다. '-었-'에 대한 이 책의 견해는 다음과 같이 정리된다.

(16) '-었-'은 과거시제 표지가 아니고 '완료'의 의미를 가지는 완결상(perfective aspect) 표지이다.

---

868) 양정석(2007가)에서는 한국어 보조동사 구문의 구조에 관한 종래의 이론적 처리 가능성을 망라하여 검토함으로써 이 점을 논증한 바 있다.

869) 양정석(2004가)에서는 '-고 있-'과 '-어 있-'이 관점상으로서의 상의 표지로 규정될 수 없고, 다만 상황유형상('시상성')의 의미를 그 구문적 의미의 일부로 가진다고 논증하였다.

870) 사실상, '-고 있-'을 한 통사 단위로 처리하는 명시적인 주장을 찾기도 어렵다. 비교적 분명한 주장이 제시된 것은 한동완(1999: 232)인데, 그는 "진행상적 '-고 있-'을 조동사와 같은 것으로 보아야 한다"고 보고, "그 통사적 위상은 동사구 내포와 같은 것이 아니라 전통적 개념의 Aux에 해당하는 INFL의 한 요소"라고 하였다. 이 역시 (15)의 문제를 해결하지 못한다.

다음 11.2절에서는 시제를 인정하는 선행 연구들을 비판적으로 검토하는데, 그 점검의 초점은 '-었-'을 어떻게 처리하는지에 있다. 의미적으로 '-었-'은 상 범주로 해석될 특성들을 더 많이 가지고 있음에도 불구하고, '-었-'을 시제 표지로만 분석하는 견해들이 있어 왔다. 한편 시제 체계를 유지하면서 '-었-'이 동음이의적으로 상 표지의 기능을 가진다고 분석하는 견해들도 있다. 이 두 가지 견해로 나누어 시제를 유지하는 가설, 즉 시제 가설을 비판한다.

11.2. 시제 가설 비판[871)]

양정석(2008)에서는 그 때까지의 한국어 문법 연구에서 시간요소들의 문법범주 규정 문제를 중심으로 한 선행 연구들을 종합적으로 검토한 바 있으나, 이 시기를 전후하여 형식의미론의 방법론적 바탕에서 한국어 시간요소의 의미 기술을 실행한 중요한 연구들을 충분히 고려하지 못하였다. 여기에서는 염재일(2010가, 나), 송민영(1999, 2002, 2004), 정경숙(2005, 2007), 이은희(2007)을 주요 고찰 대상으로 삼아, 그간 이루어진 형식의미론적 연구에 대한 비판과 대안을 제시하려고 한다. 선행 연구를 검토하는 과정에서 중요한 기준으로 삼을 점은 11.1절, (1)의 형태통사론적 사실들을 벗어나지 않는 의미 기술 방법을 제시하고 있는지 여부이다.

11.2.1. '-었-'을 시제 표지로만 인정하는 견해

11.2.1.1. 이정민(1987), 윤재학(1996), 이정미(2011)

국어의 시간요소 중에서 시제/상/서법의 문법범주 결정과 관련하여 가장 중요한 위치를 차지하는 것은 '-었-'이다. 형식의미론적 연구에서 이를 상이나 서법의 범주와 관련시키지 않고 오로지 시제 범주로만 인정하는 연구로는 이정민(1987)과 윤재학(1996), 이은희(2007), 이정미(2011)이 있다.[872)] '-었-'에 대한 형식의미론적 기술의 최초의 시도는 이정민(1987)이라고 생각된다.[873)]

871) 이후의 10.2-10.4절은 '형식의미론의 국어 시간요소 의미 분석 검토'라는 제목으로 발표된 배달말 56집(2015) 논문을 바탕으로 하여 내용을 추가하고 보완한 것이다.

872) 이은희(2007)에 대해서는 절을 달리 하여 11.2.1.2절에서 자세히 고찰할 것이다.

873) S는 발화시, E는 사건시, t 또는 t1는 시구간을, RS는 사건의 결과 상태를 나타낸 것이다. '¬RS'는 그 결과 상태가 존재하지 않음을, 'E[ ]S'는 사건으로 시작해서 상태로 끝나는 시구간을 뜻하는 것으로 보인다. 특히

(1) '-었-' 문장의 외연적 의미:

$\exists t[t<S \wedge AT(t, p)$ and

Implicature: $\forall t1[\ t1 \subseteq E[\ ]S \wedge AT(t1, RS)]$

(일례로, p = 순이가 미국에 가다, RS = 순이가 미국에 가 있다)

(2) '-었었-' 문장의 외연적 의미:

$\exists t[t<S \wedge AT(t,p) \wedge \exists t1[t<t1\leq S \wedge AT(t1, \neg RS)]]$

(일례로, p = 인수가 미국에 가다, RS = 인수가 미국에 가 있다)

이 '-었-' 문장의 형식화가 나타내고자 하는 중심적인 뜻은, 사건이 발화시 이전에 일어나고, 그 함축 의미로 해당 사건의 결과 상태가 존재함을 나타내는 것이 '-었-'의 의미라는 것이다. '-었-'의 의미가 결과 상태와 관련된다는 점은 이를 상 범주의 하나로서의 완료상으로 파악할 가능성을 생각하게 한다. 이 점에서 많은 학자들이 상 범주로 취급하고 있는 영어의 완료형을 고려할 필요가 있다. 영어의 완료형은 그 대표적인 의미적 용법으로 '계속'의 의미와 함께 '결과 상태'의 의미를 가진다.[874] 영어의 완료형이 상 범주에 속한다면, 그 중심적 의미를 모두 표현하는 한국어의 '-었-'도 상 범주에 속한다고 볼 수 있다.[875]

윤재학(1996)은 '-었-'이 과거시제의 표지로서, 그 의미는 사건이 발화시에 선행하거나(절대 시제), 주절의 사건시에 선행하는 관계(상대 시제)라고 규정한다. 비과거 시제는 이 두 경우에서 사건이 선행하지 않는 관계이다.[876] 과거시제와 비과거시제는 다음과 같은 선행 관계와 비-선행 관계를 설정하는 기능만을 가진다.[877] 상대 시제에서는 발화시 's'가 기준 시간 'r'로 바뀔 뿐, '과거' 선후관계를 설정하는 기능은 같다고 한다.

(3) 가. $past(e) \equiv [\ e < s\ ]$

나. $nonpast(e) \equiv [\ s < e \vee s \subseteq e\ ]$

'¬RS'은 남기심(1972)의 '단속'의 의미를 형식화하고자 한 것으로 생각된다.

874) Kamp & Reyle(1993: 567-587)에서는 영어의 완료형의 의미를 '결과' 해석과 '계속' 해석으로 나누어 형식화하고 있다. 11.2.1.2절을 참고 바람.

875) 이정민(1987)의 논의는 시제 범주를 가정한 것이기는 하지만, 필자와의 사적 교신(2013. 6. 18.)에서 이정민 교수는 "원래 내 목적은 시제 체계 확립이 아니었기 때문에 'temporal expressions'라 했고, 어원에 입각해 '시상', '상'으로 보아도 무방하다고 보아요. . ."라고 하여, 시제 가설이 그 논의에서의 필연적인 입장은 아니라고 지적한 바 있다.

876) 그의 논문 앞부분에서는 '-는-'을 분석하여 비과거 시제 형태소로 취급하지만 뒷부분에서는 '-는-'을 분석하지 않고 ∅와 '-는다'의 결합으로 분석하고 있다. 형식의미론적 연구들에서 흔히 발견되는, 형태통사론적 사실에 대한 불철저한 인식을 보이는 예이다. 이 절에서 검토하는 모든 연구자들이 '-는-'을 독립된 통사 단위로 분석하는 문제를 범하고 있다. 이 문제에 대한 정리를 위해서는 양정석(2008, 2012) 및 11.5절을 참고하기 바람.

877) '<'는 엄밀 부분순서 관계로서, 사건들 사이의 시간적 선후관계를 나타낸다고 한다. 윤재학(1996: 76) 참조.

그는 '어제', '지금' 등의 시간 부가어, '한 시간 만에', '한 시간 동안', '한 시간에' 등의 시구간 부가어, '-고 있-' 구문과 '-어 있-' 구문, '-을 때'에 이끌리는 절, '-다고'에 이끌리는 간접인용절, '-다가'에 이끌리는 절 등을 대상으로 그 의미 합성의 절차를 보이면서 '-었-'의 유무에 따른 시간적 의미의 변화를 관찰하였다. 이렇게 한국어의 주요 시간 부가어들, 일부 보조동사 구문, 일부 연결어미 구문에까지 분석의 범위를 확장함으로써 시제 가설에 입각한 체계적 이론의 가능성을 보여주었다. 이에 대해서 지적할 점은 다음과 같다.

첫째, 완결상도 시간적 선후관계를 설정하는 기능을 가진다.[878] 그러므로 '-었-'이 (3가)의 특성을 가지는 것은 이것이 과거시제 표지인 충분한 조건이 되지 못한다.

둘째, 다음 (4가, 나)는 일찍이 남기심(1972)에서 시제 가설에 대한 주요 반대 증거의 하나로 제기한 예인데, 윤재학(1996)과 그 후의 이은희(2007), 이정미(2011)에서는 (4가), (4나)의 차이가 과거시제 유무에 의한 차이라고 주장한다.[879] 이정미(2011)는 '-다가' 문장에서의 다음과 같은 대비 현상이 오히려 '-었-'을 완결/완료의 상 범주로 처리하는 접근의 문제점이라고 주장하기도 한다.

(4) 가. 철수는 집에 가다가 왔다.
  나. 철수는 집에 갔다가 왔다.

이 예문들에 대한 필자의 판단은, 원래 이 예를 시제 가설에 대해서 제기한 남기심(1972)의 문제 제기가 유효하다는 것이다. 시제 가설의 연구자들은 이 예가 가지는 의미를 있는 그대로 파악하지 못하고 있다. 선행절의 시간이 후행절 사건시를 기준 시점으로 한 ('상대 시제'의) 과거로 해석된다는 점에서는 (4나)뿐 아니라, (4가)도 같다. (4가)는 상대 시제 현재, (4나)는 상대 시제 과거로 둘이 대립되는 것이 아니다.

윤재학(1996)은 그 논문의 뒷부분에서 비종결성 동사와 결합하는 과거 '-었-'와 비과거 '∅'가 변별력을 상실하는 예를 자신의 이론에 대한 문제점으로 논의하고 있다(230-236쪽). 시제 의미로의 변별력이 상실되는 이 현상을 '상대 시제의 중화'라 칭하고 있다. 그러나 이들 예는 '-었-'을 완결상의 표지로 간주할 때에 더 잘 설명할 수 있다.

878) 이 점은 11.3.1절의 의미 기술에 반영된다.

879) 이은희(2007: 7)에서는 '-었-'이 주절에 의해 표현된 '오는' 사건 이전의 한 사건을 가리킨다고 말하고 있다. 그러나 이 문장에서 선행절 시간이 주절 사건의 이전임을 나타내는 기능은 연결어미 '-다가'가 담당한다. (4가)에서도 선행절의 시간은 주절 시간의 이전이다.

원래 비종결성 여부의 상황유형상과 완결 여부의 관점상은 서로 민감하게 반응하는 특성을 가진다.[880)]

(5) 가. 하늘이 맑다가 흐려졌다.
  나. 하늘이 맑았다가 흐려졌다.

좀 더 분명한 예는 다음과 같은 것이다.

(6) 가. 날씨가 춥다가 따뜻해졌다.
  나. 날씨가 추웠다가 따뜻해졌다.
(7) 가. 집을 사라는 정부를 믿다가 손해를 보았다.
  나. 집을 사라는 정부를 믿었다가 손해를 보았다.
(8) 가. 일본에 머무르다가 지진을 만났다.
  나. 일본에 머물렀다가 지진을 만났다.

'-다가'의 기본 의미는 선행절과 후행절의 사건이 연이어지는 국면을 나타내는 것이다. (6나)뿐만 아니라, (6가)에서도, '추운' 상태의 계속은 '따뜻해진' 사건의 이전시(anterior time)로서, 그의 용어로 말하면 '상대 시제 과거'이다. (6나)의 '-었-'에 의해 추가적으로 표현된 것은 '추운' 상태의 계속됨이 완결되었다는 점일 뿐이다. (7)과 (8)도 같은 점을 보여준다. '-었-'에 의해서 과거 해석, 즉 이전시 해석이 추가된 것이 아니다.

'-던' 관형절 구문에서도 동일한 시간적 국면이 관찰된다.

(9) 가. 춥던 날씨가 다시 따뜻해졌다.
  나. 추웠던 날씨가 다시 따뜻해졌다.
(10) 가. 내가 믿던 그 사람이 나를 배신했다.
  나. 내가 믿었던 그 사람이 나를 배신했다.
(11) 가. 그가 머무르던 일본에 지진이 일어났다.
  나. 그가 머물렀던 일본에 지진이 일어났다.

이정미(2011)은 시제의 하위 범주로 과거시제 '-었-', 현재시제 '∅'와 '-는-', 그리고 미래시제 '-겠-'을 설정한다. 그는 '-었-'을 완료상이 아닌 과거시제로 분석해야 하는 근

880) Tonhauser(2006)에서는 이 점을 시제와 상을 구별하는 검증 기준의 하나로 활용하기도 하였다.

거로, 위 (4)와 관련한 근거와 함께, 다음 세 가지를 더 제시하고 있다.

첫째, '-고 있-'과 '-었-'은 공존할 수 있는데('자고 있었다'), 전자는 진행상으로서 사건시가 참조시를 포함하는 관계(12나)로 기술되고, 후자는 완료상으로서 참조시가 사건시를 포함하는 관계(12가)로 기술되어야 하므로, 모순적인 기술을 할 수밖에 없다는 것이다. 'ET'는 사건시, 'RT'는 참조시를 나타낸다.

(12) 가. 완결: ET $\subseteq$ RT
  나. 비완결(진행): RT $\subseteq$ ET

둘째, '-었-'이 완료상이라면 시간 부가어 '어제'를 가지는 '철수가 어제 잤다.'는 그 의미를 기술하기가 불가능하다고 한다.

셋째, '-더-'에 의한 증거성(evidentiality) 의미는 기본적으로 직접 증거성인데, '-었-' 및 '-겠-'과 결합할 경우 '추론'의 간접 증거성 의미가 나타난다고 한다. 이는 시제 요소가 가지는 시간적 선후관계 의미에서 연유한 것이라는 것이 그의 판단이다. 이정미(2011)의 주요 목적이 한국어 증거성 표현의 의미를 기술하는 것이므로 이 점은 그에게 대단히 중요한 의의를 가진다.

그의 첫째 근거를 고려하면, 필자는 '-고 있-'을 비완결상/진행상으로 취급하는 것은 한국어의 형태통사론적 질서를 잘못 파악한 결과라고 판단한다. '-고 있-' 구문은 복합문 구조를 이룬다. 상위절 동사 '있-'과 하위절 보문소 '-고'는 각각 독립된 통사 단위로서 그 고유의 의미를 가지는 단위라고 분석해야 한다(양정석 2004가, 2008).

그의 둘째 근거는 다분히 이론 내적 근거라고 할 수 있다. 그는 완결상 의미의 해석에 시제에 의한 참조시 해석이 전제된다고 본다. 그는 완결상 접두사의 의미가 시제 접미사에 의한 참조시 설정에 의존하여 해석되는 러시아어의 예를 들어서 완결상이 참조시를 기준으로 그에 앞서는 해석을 가질 뿐, 발화시를 기준으로 해석되는 일이 없다는 그의 판단을 보이고 있다(25쪽). 그러나 시제를 갖지 않고 상만을 가지는 언어가 있다면 그 언어에서는 상 표지가 시간적 선후관계의 해석을 기본적으로 가질 것으로 예측된다. 많은 언어학자들에게 시제 없이 상을 가지는 언어라고 알려져 온 현대 표준중국어(Mandarin Chinese)에서 다음과 같은 예를 들 수 있다.[881)]

(13) 張三昨天讀了一本書(장삼은 어제 책 한 권을 읽었다)

881) 다음 중국어 예문과 그 해석은 연세대 대학원 박사과정의 중국인 학생 류리닝으로부터 얻은 것이다.

이와 같은 예에서 'S-了'에 해당하는 부분이 '昨天'에 의한 시구간에 앞서는 해석을 갖지 않고, 그 시구간에 포함되는 해석을 가지는 것은 한국어의 'S-었-'에 해당하는 부분이 '어제'에 의한 시구간에 앞서는 해석을 갖지 않고, 그 시구간에 포함되는 해석을 가지는 것과 같다. 요컨대, '-었-'의 의미인 '완료'는 그 전이 의미의 하나로 시간 부가어에 의해 설정된 특정 시구간에 사건을 포함하는 해석을 가지는 것이다. 뒤의 11.3절에서 그 형식화를 보일 것이다.

셋째 근거는 '-었-'과 '-더-'가 공존하는 현상에 대한 불완전한 관찰에 의존하고 있다. 다음 '-더-' 문장들은 '-었-'을 갖지 않는데도 간접 증거에 의한 추론을 표현한다.

(14) 가. 내 말이 맞더라.
　　나. 우리가 다음 주에 소풍을 가더라.

그러므로 이정미(2011)이 제시한 위 근거들은 '-었-'을 과거시제 표지로 상정해야 함을 보이는 진정한 증거라고 인정할 수 없다.

한편, '-었-'을 과거시제 표지로 판정하는 데에 난점이 되는 사실들이 이전의 논의에서 제시되어 왔다. 우선, '-었-'이 과거를 나타내지 않는 예들이 존재한다. (15가)는 형용사에 '-었-'이 결합되었는데도 현재 상태를 표현한다는 점에서 특이하다. 다음 절에서 다룰 염재일(2010a, b), 송민영(1999, 2002, 2004)에서 시제와 함께 상을 인정하는 주요 근거로 쓰인 다음 형용사/동사들의 '완료' 의미에 대한 타당한 설명을 시제만을 가정하는 이론들에서는 발견할 수가 없다. (15가-다)는 결과 상태에 초점이 주어지는 표현이다. 이 중에서 (15가, 나)는 특별한 어휘적 부류의 동사/형용사로 한정할 수 있는 예로 간주할 수 있으나, (15다)는 그와 같이 취급할 수 없으므로, '-었-'이 결과 상태의 의미를 포함한다고 설정하지 않으면 안 된다. (16)은 '계속'의 의미가 두드러진다.[882] 특히 (17)은 신문기사의 첫 부분인데, '위기에 놓인' 것은 과거라기보다는 현재의 상황이다. 여기에서의 '-었-'도 결과 상태의 의미가 두드러진다.

(15) 가. 목적지까지 아직 멀었다, 늦었다, (겨울에 찬물로 샤워하는 것을 보고)야, 참 젊었다!, 좋았어!, . . .
　　나. 늙었다, 임신했다, (옷에 흙이) 묻었다, 입었다, 벗었다, 모자를 썼다, 착용했다, 신었다,

882) 염재일(2010나)에서는 형용사에 '-었-'이 결합된 (15가)의 '멀었다', '늦었다'도 '계속' 의미가 나타난 예라고 본다.

허리띠를 매었다, (문이) 열렸다, 풀이 죽었다, 지쳤다, 곯아 떨어졌다, (옷이 못에/감기가/명운이) 걸렸다, 피었다, 결여되었다, 결핍되었다, 잘 됐다/안 됐다, 잘/못 생겼다, 앉았다, 섰다, 자리에 누웠다, . . .

다. 그 사람 지금 부산에 갔다/왔다.

(16) (지금까지) 행복했습니다.

(17) 정부가 올해 10월 시행을 계획으로 건강보험 재정까지 떼어 둔 '첩약 건강보험 시범사업'이 시작도 못하고 폐기될 위기에 놓였다. 시행 시기가 임박했지만 사업 참여 여부를 놓고 한의사 단체 내부 갈등이 격화돼 정부와 한의계 사이에 본격적인 논의조차 시작되지 못하고 있다. (2013. 8. 23. 연합뉴스)

이들에서 나타나는 '완료' 의미는 과거시제 의미를 기본 의미로 해서 도출하기 어렵다. 그러나 세계 여러 언어에서 나타나는 완료상의 의미는 과거 시간의 의미를 내포하기 때문에 이를 기본 의미로 해서 과거 의미를 도출할 수 있다. Comrie(1976: 82)는 시제 없이 상만을 가지는 Yoruba, Igbo 등의 언어에서 시간 부가어 같은 시간 표현이 없을 경우 완결상(perfective aspect)은 과거를, 비완결상(imperfective aspect)은 현재를 나타낸다고 관찰하였다. Smith(1991) 등에 의해 무시제 언어로 인정되는 현대 중국어에서도 완결상은 기본적으로 과거를 나타낸다.[883] 한편, Smith(1991)에 따르면 시제 없는 언어는 있어도 상(관점상과 상황유형상)이 없는 언어는 없다. 이러한 점들을 고려할 때, '-었-'을 완결상의 요소로 판단하는 것이 더 설득력을 가진다고 말할 수 있다.

한국어에는 '-었-' 말고도 시간적 선후관계를 나타내는 다른 요소들이 존재한다. 연결어미 '-자', '-더니'는 시간적 선후관계(과거)의 의미를 부과한다. 이들이 선후관계 의미를 가진다고 해서 이들을 과거시제 표지로 규정할 수는 없다. '-거든'은 후행절이 미래의 의미를 나타내도록 제약한다. '-겠-', '-더-'는 선후관계 의미를 가지고 있기는 하지만 대부분의 연구자들이 양상의 범주로 분류한다. 마찬가지로 '-었-', '-었었-'도 선후관계 의미를 갖지만, 시제 아닌 상 범주로 설정할 수 있다.

11.2.1.2. 이은희(2007): 동적 형식의미론

이은희(2007)은 담화표상이론(DRT)에 입각하여 한국어 담화상의 시간요소들을 기술하는 한 방안을 제시하였다. '-었-'은 사건 서술어(eventive predicate)에 결합될 때 참조점을 진전시키는 기능을 가지며, '-었었-'은 참조점을 진전시키지는 않고, 앞 문장에 의해

883) Smith(1991) 참조. 아울러 (13)을 참고하기 바람.

주어진 참조점을 해당 문장의 참조점으로 삼고 이에 앞서는 시점에 사건을 도입하는 기능('flashback effect')을 가진다고 한다. 이 점을 몇 개의 서사(narrative) 자료를 통해서 보여주고 있다. 한국어 시간요소의 범주에 관한 그의 주요 논점은, '-었-'과 '-었었-'이 참조점을 진전시키는지 여부에서는 다르지만 그 참조점을 발화시 이전의 시간에 둔다는 점에서는 같으므로 이들을 과거시제 표지로 보아야 한다는 것이다.

이는 한국어 담화의 문장들 사이에 존재하는 시간적 선후관계의 규칙성을 기술하는 데에 기여하는 바가 있다고 생각된다. 그러나 이은희(2007)의 논의는 그의 의도와는 달리 한국어의 시제 문제에 관한 쟁점에 직접적인 관련을 맺지 않는다. 그가 제시한 담화상의 기능은 '-었-'의 문법범주가 과거시제인지, 완료상인지를 판단하는 결정적인 기준이 될 수 없다.

먼저 그가 사용하는 '참조점(Rpt)' 개념을 좀 더 명확히 해야 한다. 그는 '-었-'이 영어의 과거형처럼 참조점을 발화시 이전 시점으로 정하는 기능을 가진다고 가정하고 있다. Kamp & Reyle(1993: 593 f.)에서는 Reichenbach(1947)의 'reference time'이라는 개념이 두 가지 뜻으로 사용되었다고 지적한 바 있다. 문장 내부에서 시제 요소에 의해 주어지는 시간과, 문장들의 연속에서 앞 문장의 시간과 뒤 문장의 시간을 매개하는 시간이 그것이다. 전자를 'TPpt', 후자를 'Rpt'라고 표시하고 있다. 'TPpt'는 문장 내적인 시간적 선후관계의 해석을 위해서 상정된 기준시이다. 이에 비해 'Rpt'는 담화를 이루는 문장들의 연속에서 시간적 기준을 잡는 데에 필요한 시간으로서, Klein(1994)의 화제시(topic time), 즉 주어진 문장이 이 시간에 참이라고 단언되는 시간과 같은 것이다. 이은희(2007)의 'Rpt'는 담화상의 개념인 참조점(Rpt)이며, 시제 요소가 부여하는 S, R, E 조합 구조의 구성 요소인 참조시(R), 즉 'TPpt'가 아니다. 영어가 시제 언어인 이유는 그 과거형이 참조점을 발화시의 이전 시간으로 정하는 기능을 갖기 때문이라기보다는, 문장 내부에서 'TPpt'를 설정하는 체계적인 방법을 갖고 있기 때문이다. 한국어의 '-었-'은 참조시, 즉 'TPpt'를 설정하는 기능을 갖지 않는다. 그러므로 이은희(2007)이 주장하는 대로 '-었-'이 '참조점(Rpt)'을 정하는 기능을 가진다고 하더라도, 이것이 곧 '-었-'의 시제 표지로서의 자격을 보증하는 것은 아니다.

그는 통사구조 '[VP-었-]'와 '[VP-었었-]'를 바탕으로 담화 표상을 구축하는 담화 구성 규칙을 (18), (19)와 같이 제시하고 있다. (20)은 분석 대상인 서사 담화와 분석 결과로서의 담화 표상이다.

(18) [VP-었-] 구조에서의 담화 구성 규칙(18쪽):[884)]

참조점을 선택하라: Rpt := o

'STAT = -'이면,

U_K에 새로운 사건 담화지시체 e, 새로운 시간 담화지시체 t를 도입하라.

Con_K에 e ⊆ t, o < e, t < n의 조건들을 도입하라.

'STAT = +'이면,

U_K에 새로운 사건 담화지시체 e, 새로운 시간 담화지시체 t를 도입하라.

Con_K에 s O t, o ⊆ s, t < n의 조건들을 도입하라.

(19) [VP-었었-] 구조에서의 담화 구성 규칙(23쪽):

참조점을 선택하라: Rpt := o

U_K에 새로운 사건 담화지시체 e, 새로운 시간 담화지시체 t를 도입하라

Con_K에 e ⊆ t, e < o의 조건들을 도입하라.

(20) 가. 담화(15-16쪽):[885]

어느 새 연습실의 빈 의자들 사이로 저녁 어스름이 깔리기 **시작했다**(e1). 불을 켤까 생각하며 수혜는 시계를 **내려다보았다**(e2). 꼬박 두 시간 동안 쉬지 않고 연습을 한 셈이었다(s1). 휴, 길게 숨을 내쉬며 수혜는 천천히 기지개를 **켰다**(e3). 바이올린에 대고 있던 턱도 묵직하고 오른쪽 어깨도 뻐근했다(s2). 자, 이만 가볼까요. 콧노래를 부르며 수혜는 바이올린을 케이스에 담고(e4) 그 안에 악보를 접어서 **넣었다**(e5).

나. 담화 표상(18쪽):

[n, e1, e2, e3, e4, e5, s, x, y, z, v, w, u, r, t1, t2, t3, t4, t5, t6; 어둠(x), 연습실(y), e1: x가 y에 깔리기 시작하다, e1 ⊆ t1, t1<n, 수혜(z), 시계 (v), e2: z는 v를 내려다보다, e2 ⊆ t2, t2<n, Rpt1 := e1, e1<e2, e3: z는 기지개를 켜다, e3 ⊆ t3, t3<n, Rpt2 := e2, e2<e3, s2: z의 턱도 묵직하고 z의 오른쪽 어깨도 뻐근하다, Rpt3 := e3, e3⊆s2, 바이올린(w), 케이스 (u), e4: z는 w를 u에 담다, e4 ⊆ t5, t5<n, Rpt4 := e3, e3<e4, 악보(r), e5: z를 접고 r를 u 안에 넣다, e5 ⊆ t6, t6<n, Rpt5 := e4, e4<e5]

이러한 처리에 대해서 세 가지 점을 지적할 수 있다. 첫째로, 담화를 이루는 각 문장은 복합문으로 이루어진 경우가 많으나, 이은희(2007)의 담화 표상에는 복합문의 일부인 하위절의 시간요소들이 고려되지 않고 있다. (20가)의 담화에서도 '-고', '-으며'로 이어진 몇 개의 접속문이 들어 있는데, 's2'는 접속문 전체를 가리키는 데 반해서 'e4'는 선행

884) U_K는 담화지시체들의 집합, Con_K는 이들에 대한 조건들의 집합이다. 's O t'는 상태 's'와 시구간 't'의 겹침(overlap)을 나타낸다.

885) 굵은 글씨는 참조점을 진전시키는 서술어의 예이다.

절을, 그리고 'e5'는 후행절을 가리키고 있다. 접속문 전체가 담화의 구성 단위가 되는지, 선행절과 후행절 각각이 담화의 구성 단위가 되는지를 결정하는 분명한 기준은 없는 것으로 보인다. 이에 따라, (18), (19)에서 Rpt를 기준으로 한 사건/상태의 선후관계에 대한 규정은 일관성을 잃게 된다.

둘째로, '-었-'을 제거한 담화에서도 '참조점'의 진전은 관찰된다. 그러므로 참조점의 진전은 시제 요소와 관계없는, 사건 서술어가 가지는 기능이라고 하는 것이 정확할 것이다.

(20)' 어느 새 연습실의 빈 의자들 사이로 저녁 어스름이 깔리기 **시작한다**(e1). 불을 켤까 생각하며 수혜는 시계를 **내려다본다**(e2). 꼬박 두 시간 동안 쉬지 않고 연습을 한 셈이다(s1). 휴, 길게 숨을 내쉬며 수혜는 천천히 기지개를 **켠다**(e3). 바이올린에 대고 있던 턱도 묵직하고 오른쪽 어깨도 뻐근하다(s2). 자, 이만 가 볼까요. 콧노래를 부르며 수혜는 바이올린을 케이스에 담고(e4) 그 안에 악보를 접어서 **넣는다**(e5).

즉, '[VP-∅-]' 구조에서의 담화 구성 규칙은 참조점의 진전에 관한 한 (20가)와 다름없다.

셋째로, 그의 논의에서 사용된 자료들은 매우 제한적이다. 예로 제시한 담화 자료는 양적으로도 소규모의 담화여서 이들을 근거로 '-었-'이 문법범주로서의 시제 또는 상을 나타내는지를 판정하기는 어렵다. 또한 담화 자료 중에 포함된 '-었-'과 '-었었-'의 예는 거의 모두 단순문의 예들이며, 복합문의 경우에도 그 주절에 포함된 예만을 다루고 있다. 그러므로 이들만 가지고는 여러 유형의 내포절에서 '-었-', '-었었-'이 사용될 때의 특징을 확인할 길이 없다. 문법범주는 본질적으로 통사론적 개념이므로, 문제의 시간요소들이 문장 단위의 통사구조에서 가지는 지위가 우선적으로 고려되지 않으면 안 된다.

이제 이은희(2007)의 관점에 따른 시간요소들의 통합 구조를 보이면 다음과 같다.

(21) 어간 - {는/∅, 었, 었었} - ? - 어말어미

'∅'과 '-었-'과 '-었었-'이 계열적으로 대립한다고 본 점은 한국어 시간요소들의 형태통사론적 구조를 바로 파악한 것이다. 그러나 '-는-'을 독립된 통사 단위로 간주한 것은 오류이다(양정석 2012).

그의 논의에서는 문법범주로서의 상의 설정 문제, '-었-'이 가지는 상 의미와 시제 의

미의 상관성 기술 문제가 해결되지 않고 남는다. (21)은 한국어가 상 범주를 갖지 않고 시제 범주만을 가진다고 주장하는 것이다. 대부분의 언어학자들의 견해는 시제 없는 언어는 있어도 상 없는 언어는 없다는 것이다. 이러한 견해를 유지하기 위해서 시제 가설의 연구들에서 가정하는 것처럼 '상 보조동사'를 인정한다면 앞에서 한국어 시간요소에 관한 기본적 사실로 제시한 11.1절의 (1마)에 배치된다. 또한, 뒤에 논의할 송민영(1999), 염재일(2010가, 나)에서는 '-었-'이 상 의미를 가짐이 주목되었는데, 이처럼 실제로 관찰되는 상 의미를 포착하지 못한다는 것은 이 이론의 큰 결점이다.

'-었-'과 '-었었-'을 시제 범주 아닌 '완료', '단속'의 상 범주로 설정하더라도 이은희(2007)에서 주장한 이들 요소의 담화상의 기능을 설명할 수 있다. 다만, 참조점(Rpt)을 진전시키는 기능은 시간요소의 기능이 아니고, 동사(구)가 가지는 기능이라고 보면 된다. '-었-'뿐 아니라 'Ø'가 결합할 때에도 이러한 기능이 관찰된다. (20)'이 이 점을 보이는 것이다.

Kamp & Reyle(1993: 567-587)에서는 영어의 완료형 문장이 결과의 의미와 계속의 의미를 가진다고 보고, 이를 두 가지의 담화의미 표상으로 나타낸 바 있다.

(22) Mary has lived in Amsterdam for three years.

가. 결과 해석: 과거에 암스테르담에서 3년 동안 살았던 일이 끝나는 시점에 연이어서, 상태 s가 발화시까지 지속됨.

나. 계속 해석: 암스테르담에서 살았던 일(s')이 시작되는 사건 e가 상태 s에 연이어지며, 상태 s가 발화시와 겹치고(overlap), 지금 이전에 s'이 끝나는 일은 없었음.

영어 문장 (22)의 경우, (가)의 결과 해석은 과거 해석이기도 하다. 대응되는 한국어의 '-었-' 문장도 동일하게 결과 해석과 계속 해석을 가지는 것은 주목할 만한 점이다. 이를 Kamp & Reyle(1993)이 제시하는 담화의미 표상으로 나타낼 수 있다.[886)]

(23) 메리는 3년 동안 암스테르담에서 살았다.

886) '$\propto$'는 두 상황의 '연이어짐abutment'을 표시한다. 'dur(s')=mt'에서 사용된 'dur'는 상태 s'의 지속된 시간의 분량 mt를 얻어내는 함수이다.

가. 결과 해석

n t s x s' e mt
t = n
s O t
Mary(x)
e = end(s')
e ⊃⊂ s
three years(mt)
dur(s') = mt
s': [x live in Amsterdam]

나. 계속 해석

n t s x s' e mt
t = n
s O t
Mary(x)
e = beg(s')
e ⊃⊂ s
three years(mt)
dur(s') = mt
s': [x live in Amsterdam]
ㄱ[e'; e'<n, e'=end(s')]

영어에서 현재시제에 의해 도입되는 't = n, s O t' 부분을 한국어에서 당연적 규칙(default rule)에 의해 도입한다면 그 결과된 의미 형식은 완전히 동일한 것이 된다.

'-었었-' 문장이 가지는 '단속' 의미의 표상도 (23나)의 계속 해석을 바탕으로 나타낼 수 있다. 특별한 것은 '담화지시체로 도입되지 않은 사건의 존재'를 전제(presupposition) 의미로 추가하여 나타낸다는 점이다. '{∃e"[e'<e"<n]}'와 같은 형식이 그것이다.

(24) '메리는 3년 동안 암스테르담에서 살았었다'의 '단속' 의미의 표상:

n t s x s' e e'
t < n
s O t
Mary(x)
e = beg(s')
e ⊃⊂ s
three years(mt)
dur(s') = mt
s': [x live in Amsterdam]
e'=end(s)
{∃e"[e'<e"<n]}

'-었-', '-었었-'을 시제 표지로 보는 이은희(2007)의 (18)-(20)의 분석에는 이들이 가지는 상적 의미가 반영되지 않았다. (23가, 나), (24)에 주어진 상적 정보를 포함하는 담화 표상 이론이 요구된다고 하겠다. 반면, '-었-', '-었었-'을 상 요소로 규정하고서도 그 '과거' 의미와, 참조점의 진전 여부에 관한 정보를 모두 포착할 수 있다. 4절에서 제시하는 시간요소들의 의미 기술에는 상 요소들의 의미 표상에 시간적 선후관계의 정보가 포함된다.

11.2.2. '-었-'의 중의성을 인정하는 견해

11.2.2.1. 염재일(2010가, 나)

염재일(2010가, 나)는 '-었-'을 두 개의 동음이의 형태소, 즉 완료상의 '-었-^{1}'과 과거시제의 '-었-^{2}'로 구별한다. 그는 과거시제 요소인 '-었-^{2}'가 대명사/조응사(anaphor)의 기능을 가진다고 주장한다.

염재일(2010가, 나)에 따른 시간요소들의 통합 구조와 통사구조는 다음과 같다.

(25) 가. 어간 - {는/ㄴ/$\varnothing^{1}$, 었^{1}} - {$\varnothing^{2}$, 었^{2}} - ? - 어말어미
  나. 철수-는 지금 소풍가-ㄴ-$\varnothing^{2}$-다.
    ('는/ㄴ'은 '진행상 표지 progressive aspect marker': 염재일(2010나: 226))
  다. 통사구조: $[_{TP}$ $[_{AspP}$ $[_{VP}$ 철수가 떠나$]$ $[_{Asp}$ 었$^{1}]]$ $[_{T}$ 었$^{2}]]$

우선, (25가)는 11.1절, (1가)의 사실과 배치되는 것으로, '는/ㄴ'의 분포에 관해 잘못 관찰하고 있음을 보이고 있다.

이 이론은 '-었-'을 서로 다른 두 개의 형태소로 나누고, 둘이 다른 통사적 위치에 분포한다고 설정한다. 이는 '상보성 원리'에 따라 둘을 하나로 판정하는 정반대의 결론을 얻을 위험을 내포한다. 그러므로 이런 주장을 위해서는 두 개의 '-었-'이 체계적으로 다른 의미로 쓰인다는 점을 명시적으로 보일 수 있어야 한다. 이 점을 의식하였는지, 그는 두 '-었-'의 의미를 아주 다른 형식으로 나타내려고 노력하였다. 그러나 그가 제시한 의미 표상은 '과거'의 '-었-'은 물론, '완료'의 '-었-'도 시간적 선후관계의 의미를 포함하는 것으로 보인다. 염재일(2010가: 256)에서는 '-었-'이 다음 두 가지 의미를 가진다고 본다.[887] '-었-^{1}'도, '-었-^{2}'도, 시간적 선후관계를 내포하고 있다. 이렇게 공통된 의미를 가

887) 염재일(2010나)에서는 다음과 같이 형식을 바꾸어 제시하고 있다. $\tau(e)$는 사건 e의 시구간, t_c는 발화시이다.

지는 두 요소가 상보적으로 분포하므로, 우리는 이 두 요소가 하나의 문법단위라고 결론 내리지 않을 수 없다.

(26) 가. ⟦ 었[1] ⟧ = $\lambda P \lambda t \lambda w \exists Q \exists e'[\{\exists e[\tau(e)<t\ \&\ P(e)(w)]\}\ \&\ Q(e')(w)\ \&$ $t \subseteq \tau(e')]$ (P는 Q를 함의함. 후자는 전자의 결과상태)

나. ⟦ $었^{2}_{i}$ ⟧^{g,c} = g(i) (단, c= <A, tc, w>; g(i) < tc)

참고로, 그가 제시한 비완결상 '는/ㄴ/∅[1]'과 비과거 형태소 '∅[2]'의 의미 형식은 다음과 같다.

(27) 비완결상과 비과거시제의 의미:

가. ⟦ ∅[1] ⟧^{g,c} = $\lambda P \lambda t \lambda w \exists e[\tau(e) \sqsubseteq t\ \&\ P(e)(w)]$ (염재일 2010나: 233)

나. ⟦ $\varnothing^{2}_{i}$ ⟧^{g,c} = g(i) if tc ≼ g(i); undefined otherwise. (염재일 2010나: 226)

(26가, 나) 두 의미의 차이는 '의미론적'인 것이라고 한다. '-었-[1]'의 의미는 염재일(2010나)에서 세 가지로 더 세분되었다. 다음 세 가지 해석의 차이는 맥락(context)에 따라 결정되는 '화용론적'인 것이라고 한다.

(28) 가. 결과 상태 해석(result state interpretation):

⟦ 었[1] ⟧ = $\lambda P \lambda t \lambda w \exists Q \exists e'[\{\exists e[\tau(e)<t\ \&\ P(e)(w)]\}\ \&\ \tau(e') = (:t)\ \&$ $Q(e')(w)]$, where i) t=(t':t") iff t begins with t' and ends with t"; if t' (or t") is missing, t begins(or ends) with an arbitrary time.

ii) P entails Q.

EX. 철수는 지금 학교에 갔다/철수는 할아버지를 닮았다.

나. 계속 해석(continuity interpretation):

⟦ 었[1] ⟧ = $\lambda P \lambda t \lambda w \exists e[\tau(e) = (:t)\ \&\ P(e)(w)]$

EX. 철수는 지금까지 행복했다/(끝내려면) 아직 멀었다.

다. 결과 사건 해석(result event interpretation):

---

a. '었[1](Φ)'의 의미: $\lambda w \exists e[Q(e)(w)\ \&\ tc \preccurlyeq \tau(e)]\ \&\ \{\exists e[P(e')(w)\ \&\ \tau(e') < t_c\ \&$ connected(e',e)(w)]}, where {α} means that α is a presupposition. connected(e',e)(w) iff in w, (i) e is a continuity of e', or (ii) e is necessary consequence of e' in a context. (227쪽)

b. ⟦ 었[2] ⟧$^{g,<a,t,w>}$ = g(i) if g(i) < t ; otherwise undefined. (211쪽)

$$[\![었^{1}]\!] = \lambda Q \lambda t \lambda w[\{\exists P \exists e[P(e)(w') \ \& \ \tau(e) < t \ ]\} \ \& \ \forall w' \in HA(<w,\tau(e)>)[\exists e'[t < \tau(e') \ \& \ Q(e')(w')]], \text{ where } HA(<w,\tau(e)>) = \{w' \in W \mid w' \text{ has the same history as } w \text{ until } \tau(e)\}$$ [888]

EX. 너 내일 죽었다.

완료상 '-었-1'에 관한 (28)의 형식화는 한국어 시간요소들 중 상 요소에 대한 의미 기술의 타당한 방안을 제시한 것이라고 본다. 그러나 '-었-2'를 시제 요소로 분리한 것으로부터 몇 가지 문제점들이 파생된다.

첫째, 동음이의적인 두 개의 '-었-'을 상정하는 이론들은 (29)와 같은 예의 중의성을 중요시한다. 염재일(2010가, 나)에서는 i), ii)와 같은 구조적 가정을 바탕으로 이 예가 중의적이라고 보고 있다. 그러므로 두 개의 '-었-'이 나타나는 (30)의 문장에서는, 앞의 '-었-'은 완료상만을, 뒤의 '-었-'은 과거시제만을 표시하게 되어, 이 문장은 하나의 해석만 가질 것으로 예측된다.

(29) 인호가 검은 양복을 입었다 : 두 개의 해석 예측
  i)완료상 해석: [인호가 검은 양복을 입-었^{1}-$\varnothing^{2}$-다]
  ii)과거시제 해석: [인호가 검은 양복을 입-$\varnothing^{1}$-었^{2}-다]
(30) 인호가 검은 양복을 입었었다. : 하나의 해석만 예측
  i)[인호가 검은 양복을 입-었^{1}-었^{2}-다]

(30) 문장은 (29가, 나)에 대응되는 2개의 해석을 가지는데, '완료' 의미인 (28가-다)의 어느 해석을 적용해 보아도 다음 (31나)의 의미를 얻을 수 없다. 이들은 모두 '선행 상황과 이에 연결되는 비-과거의 상황'의 의미를 바탕으로 형식화되었기 때문이다.[889]

(31) 가. 어제 보았을 때 인호가 검은 양복을 입었었다.
  나. 어제 생각해 보니, 인호가 그저께 백화점 탈의실에서 검은 양복을 입었었다.

둘째, 이남순(1994), 남기심(2001: 332-337) 등에서는 '-었었-'이 '제삼의 상황의 개재'와 같은 의미를 포함한다고 관찰하여 왔다. 이것은 (25다), (30i)과 같은 통사구조에

888) '{ }'로 둘러싼 부분은 그 부분이 '전제(presupposition)'됨을 나타낸다.
889) ". . .there is a previous situation which is connected to a non-past situation somehow"(염재일 2010나: 227)

주어진 두 개의 '-었-'의 의미의 합성에 따라 얻어질 수 없는 의미이다. 이는 '-었었-'을 완료상과 과거시제의 형태소가 결합된 것으로 분석하는 염재일(2010가, 나)의 기본 가정에 문제를 제기한다.

염재일(2010가: 252)에서는 '-었었-'이 완료상이 산출하는 상태 의미를 과거 시점에 위치시킬 뿐이며, 단일 형태소로서의 단속을 나타내는 것이 아니라고 반박하였다. 그는 '-었었-'의 '단속' 의미를 '결과 상황이 성립되지 않는다는 추론'으로 이해하고, 이는 취소 가능한 것이어서 진리조건적 의미에 영향을 주지 않는 대화함축에 지나지 않는 것이라고 설명하였다. 가령, '부산에 갔었다'는 '부산에 간' 사건의 결과 상황 '그 이후로 부산에 있음'이 성립하지 않는다는 뜻을 그 추론된 의미로 가지는데, 이 의미는 취소 가능한 것이므로 전제 아닌 대화함축의 의미라는 것이다. 그러나 이는 선행 연구자들이 말하는 '단속'의 의미와 같은 것이 아니다. '부산에 갔었다' 문장이 가지는 '단속' 의미는 '부산에 간' 상황과 발화시(기준 시간) 사이에 그 상황과 대비되는 모종의 상황이 존재한다는 뜻이다. 그 모종의 상황을 부정하는 표현을 구성하기는 쉽지 않지만, 다음의 (32나)의 예는 전제를 부정한 표현이 가지는 부적격성을 드러낸다.

(32) 가. 철수는 부산에 갔다. 그 후로 전혀 상황의 변화가 없이 계속 부산에 있었다.
나. ??철수는 부산에 갔었다. 그 후로 전혀 상황의 변화가 없이 계속 부산에 있었다.

그러므로 '-었었-'은 진리조건적 의미에 영향을 주는 전제 의미를 가진다고 판정할 수 있다.[890]

셋째, 다음과 같은 문장에 나타나는 '-었-'은 완료상으로서의 '-었[1]-'인지 과거시제로서의 '-었[2]-'인지 판단하기 어렵다. 염재일(2010가, 나)의 이론에서는 과거 의미를 나타내는 경우와 완료 의미를 나타내는 경우가 서로 다른 문장들이며, 진리 조건이 다르다고 설명해야 할 것이다. 그러나 이 문장은 과거 의미를 가질 때에도 '완결/완료'의 의미를 함께 가진다.

(33) 까마귀가 온 섬을 덮었다.

넷째, '-었-'이 가지는 완료 의미의 세 가지 전이 의미에 대한 (28)의 형식화는 각각이 타당성을 가지는 것이라고 판단된다. 그런데 이 세 의미가 전이 의미라고 한다면 이들

---

890) 11.2.1.2절에서 잠정적으로 설정한 담화 의미 표상에서 이 의미 국면을 반영한 바 있다.

중 어느 하나로부터 어떤 규칙에 따라 다른 의미로 바뀌는 것으로 설명할 수 있어야 한다. 그러나 (28)의 세 가지 의미 형식이 어떻게 서로 체계적으로 연관되는지, 또는 이들이 (26가)로부터 어떤 절차를 거쳐 유도되는지는 알 수가 없다. 이들 상호간의 연관을 이해하는 것은 과거시제로 파악한 다른 '-었-', 즉 '-었-^{2}'와의 연관을 이해하는 것만큼이나 어렵다.

필자는 이러한 문제점들이 근본적으로 '상보성 원리'에 입각한 논증을 거스름으로부터 불가피하게 마주칠 수밖에 없는 것이라고 생각한다.

11.2.2.2. 송민영(1999, 2002, 2004)

시제 요소를 문장 내부의 한 시구간 변수를 결속하는 양화사와 같은 것으로 간주할 수 있다.[891] 이러한 접근 방법의 단초는 Dowty(1979)에서 마련되었는데, Ogihara(1989)에서는 영어와 일본어를 대상으로 하여 이를 더욱 체계적인 이론으로 발전시켰다. 한국어에 적용된 이론으로서 시제 요소를 양화사로 명시적으로 규정한 연구는 송민영(1999, 2002, 2004)이다. 그가 제시하는 시간요소들의 통합 구조는 다음과 같은 것이다.[892]

(34) 어간 - {는/$\varnothing_{nul}$, $\varnothing$=, 었^{1}, 었^{2}, 었었} - 겠 -어말어미

여기에서 드러나는 점은, 서로 다른 문법범주로 상정한 완료상 '-었-^{1}'과 과거시제 '-었-^{2}'가 계열적 대립을 보인다는 것이다. 계열적 대립을 이루는 두 요소는 서로 다른 범주가 아닌, 한 범주의 하위범주이어야 한다. 이는 시간요소들의 통합 구조 (34)의 타당성을 의심케 한다. 또, '는'을 변이형태 '$\varnothing_{nul}$'를 가지는 독립된 형태소로 보아 현재시제 표지로 취급하고 있는데, 이러한 처리는 11.1절의 (1가)와 배치되는 것으로, 관찰의 오류를 범한 것이다(양정석 2012).

그는 다음 문장들의 중의적 해석 문제를 해결하는 통사론적, 의미론적 체계를 제시했다. 내포절을 포함한 복합문에서 '-었-'이 실현될 때의 해석 가능성은 다음과 같다.

(35) 존은 수미가 아팠다고 믿었다(송민영 1999: 385). : 내포절의 '-었-'은 과거시제

---

891) 시제 요소를 부정소와 같이 문장을 그 영향권으로 가지는 연산자로 상정하는 형식의미론의 전통적인 견해가 있고, 염재일(2010가, 나)의 예에서 보는 것처럼 대명사/조응사와 같은 것으로 간주하는 견해가 있다.

892) 는/$\varnothing_{nul}$: 현재시제, $\varnothing$= : 상위절 사건시와의 동시를 나타내는 시제 요소, 었^{1}: 완료상, 었^{2}: 과거시제, 었었: 과거시제, 겠: '추측(conjecture)'의 양상

i)동시 해석(simultaneous reading)

ii)이전시 해석(backward shifted reading)

(36) 존은 수미가 아프다고 믿었다(송민영 1999: 398). : 내포절의 '∅'는 '∅='/현재시제

i)동시 해석

ii)이중 시간 해석(double access reading)

(37) 존은 수미가 임신했다고 믿었다(송민영 1999: 385 f.). : 내포절의 '-었-'은 과거 시제/완료상

i)동시 해석

ii)이전시 해석

iii)이중 시간 해석

먼저, (35) 문장의 'i)동시 해석'은 다음 (38가)의 통사구조(LF)를 바탕으로, 몇 개의 규칙이 적용되어 얻어지게 된다. 내포논리 언어로 번역된 (39)는 모형이론적 해석을 받게 된다.

(38) 가. (35)의 LF(동시 해석):

$[_{CP}[_{IP}$ 존-은$_7$ $\lambda t[_{CP}$ 수미가$_8$ $[_{VP}$ e_8 아프]-$[_I$ 었Pst]] $[_{VP}$ e_7 믿-$[_I$ 었Pst]]]][893] $\Rightarrow$

$[_{CP}[_{IP}$ 존-은$_7$ $\lambda t[_{CP}$ 수미가$_8$ $[_{VP}$ e_8 아프]-$[_I$ $\varnothing_{del2}$]] $[_{VP}$ e_7 믿-$[_I$ 었Pst_2]]]]

나. '었Pst_2'(=었^2)의 번역: $\lambda P\exists t[past(t)\ \&\ t\in R(2)\ \&\ P\{t\}]$

다. '$\varnothing_{del2}$'(=$\varnothing_2$)의 번역: $\lambda P\exists t1[t = t1\ \&\ t1\in R(2)\ \&\ P\{t1\}]$

(39) (38가)의 번역:

$\exists t[past(t)\ \&\ t\in R(2)\ \&\ believe'(j, t, {}^\wedge\lambda t\exists t1[t = t1\ \&\ t1\in R(2)\ \&\ be\text{-}sick'(s, t1)])]$

(39)가 얻어지는 절차는 다음과 같다. (38가)의 통사구조에서 상·하위절의 시제 요소가 동일하고, 하위절 시제 요소와 '상태 서술어'('아프-')가 공존하므로 수의적 규칙인 TCR의 A 조항이 적용되어 두 시제 요소가 동지표로 맺어진다. 이에 따라 SOT 규칙이 적용되어(상위절의 '었Pst_2'이 하위절의 '었Pst_2'를 결속하므로), 하위절의 시제 요소를

893) 이 통사구조에는 주어 논항이 VP의 명시어(SPEC)로 생성되었다가 IP의 명시어로 이동하는 것으로 상정되었다. 또한, 다음과 같은 절차에 따라 λt가 도입된다고 한다. 이는 Lewis(1979a)의 제안을 따라서, 명제태도 동사의 보충어 절을 명제(타입 <s,t>) 아닌 속성으로 취급하기 위한 것이다. 송민영(1999, 2004)에서는 이 속성의 타입을 <s,<i,t>>로 설정한다. 'i'는 시구간(interval)의 타입이다.

a. λ-abstractor Closure:

Insert a λ-abstractor over intervals, i.e., λt, to the SPEC of $CP_{[+Comp]}$ in the derivation of LF, where [+Comp] is the complement of the propositional attitude verb.

'$\varnothing_2$'로 바꾼다((40가)에서는 '$\varnothing_{del2}$'로 표시함). 이렇게 SOT 규칙의 적용 결과로 얻어진 '$\varnothing_2$'(즉 $\varnothing_{del2}$)를 바탕으로 내포논리 언어로의 번역이 이루어지는 것이다.

(40) TCR 규칙(Tense Co-indexing Rule for Korean) (송민영 1999: 382)
통사구조의 형상 $[_{CP} \ldots \alpha \ldots [_{CP} \ldots \beta \ldots]]$을 바탕으로 A 또는 B를 적용하라.
A. 다음과 같은 경우이면, 그리고 그 경우에만 α와 β는 동지표화된다(수의적).
(i) α와 β가 동일 시제 요소이며,
(ii) INFL의 자매항인, β를 직접관할하는 XP의 머리성분(X)이 상태 서술어 (stative predicate)이며,
(iii) β가 '-었었-'이 아닐 것.
B. β가 '∅='이면, 그리고 그 경우에만 α와 β가 동지표화된다.[894]

(41) SOT 규칙(송민영 1999: 296)
통사구조 형상 $[_{CP} \ldots \alpha_i \ldots [_{CP} \ldots \beta_j \ldots]]$ 또는 $[_{CP} \ldots [_{CP} \ldots \beta_j \ldots] \ldots \alpha_i \ldots]$를 바탕으로, α_i가 β_j를 결속하면, 그리고 그 경우에만 β_j를 $\varnothing_j$로 바꾸라. 단, i와 j는 지표이고, 결속은 최대통어의 개념을 가지고 정의된다.[895]

(42) TIC 제약(Tense Indexing Constraint)
명제태도 동사의 보문에 있는 현재시제와 과거시제에 지표로 주어진 수는 그 시제를 위한 기준 시점에 지표로 주어진 수보다 클 수 없다.

(43) 지표에 관한 약정
α와 β가 동일 시제 요소(identical tenses)인 통사구조 형상 $[_{CP} \ldots \alpha_i \ldots [_{CP} \ldots \beta_j \ldots]]$에서,
a. $i = j$이면 동시 해석이 의도된다.
b. $j < i$이면 이전 시간 해석(backward shifted reading)이 의도된다.
c. $i < j$이면 이후 시간 해석(forward shifted reading)이 의도된다.

(35)의 'ii)이전시 해석'은 수의적 규칙인 TCR의 A 조항이 적용되지 않는 경우로서, 다음의 통사구조를 바탕으로 얻어진다.

(44) 가. (35)의 LF(이전시 해석):
$[_{CP}[_{IP}$ 존-은$_7$ $\lambda t[_{CP}$ 수미가$_8$ $[_{VP}\ e_8$ 아프$]\ [_I$ 었$Pst_3]]\ [_{VP}\ e_7$ 믿-$[_I$ 었$Pst_4]]]]$

894) 송민영(1999: 366 이후)에 따르면 '∅='는 'simultaneous null tense'로서 내포절에만 나타나며(동사/형용사와 공존), 내포절, 주절을 가리지 않고 나타나되 형용사와만 공존하는 'null present tense'로서의 '∅'과 구별된다고 한다. '∅='는 독립된 무형의 형태소로 설정된 것이다.
895) '결속'의 정의: α binds β iff α is co-indexed with β and α m-commands β. (송민영 1999: 290)

나. 번역: ∃t[past(t) & t∈R(4) & believe'(j, t, ^λt∃t1[past(t1) & t1∈R(3)
& be-sick'(s, t1)])]

다음으로, (36)의 'i)동시 해석'은 TCR의 B 조항이 적용되어, 상위절 '었Pst'와 하위절에 주어진 '∅='에 동지표화가 이루어지고, 이를 바탕으로 SOT 규칙이 적용된다. 이제 (38다)를 이용한 번역이 이루어진다.

(36)의 'ii)이중 시간 해석'은 영어 문장 "John believed that Sumi is sick."에서와 같이 내포절에 현재시제, 상위절에 과거시제가 실현됨으로써 나타나는 것이라고 설명한다. 그러나 한국어 문장 (36)은 동시 해석을 아울러 가진다는 것이 송민영(1999, 2002, 2004)의 주장이다.

시제 요소는 일반화 양화사의 일종으로서, 타입 <<s,<i,t>>,t>을 가진다고 한다(송민영 1999: 342). 명제태도 동사 '믿-', 'believe'는 두 가지의 타입을 부여 받는다고 한다. 하나는 <i,<<s,<i,t>>,<e,<i,t>>>>이며 다른 하나는 <<s,<i,t>>,<e,<i,t>>>이다(송민영 1999: 346).

(45) 가. $[_{CP}[_{IP}$ 존-은$_7$ $[_{CP}$ λt[수미가$_8$ $[_{VP}$ e_8 아프]-$[_I$ e_2]]
$[_{VP}$ e_7 [[res $\varnothing_{nul2}$][믿-]]]$[_I$ 었Pst$_3$]]]]
나. $[_{CP}$ $[_C$ $\varnothing_{nul2}$] $[_{IP}$ 존-은$_7$ $[_{CP}$ λt[수미가$_8$ $[_{VP}$ e_8 아프]-$[_I$ e_2]]
$[_{VP}$ e_7 [[res e_2][믿-]]]$[_I$ 었Pst$_3$]]]]

(46) 가. res 교점으로의 이동((47가)의 e_2에서 $\varnothing_{nul2}$로)의 이유:
de re 해석을 받기 때문에 내포절 CP 경계 밖에 위치해야 한다. 그래서 '믿-'에 부가된다.
나. res 교점에서 상위절 CP 경계 밖으로 이동((45가)⇒(45나))하는 이유: '믿-'과의 타입 불일치(위 두 타입 중 어느 것으로도 일치될 수 없다.)

(47) 번역(이중 시간 해석):
∃t[PRES(t) & t∈R(2) & ∃t1[past(t1) & t1∈R(3) &
believe'(j, t1, t, ^λt2[be-sick'(s, t2)])]]

(37)은 하위절에 완료상의 '-었-'이나 과거시제의 '-었-'이 실현된 문장인데, 여기에도 동시 해석과 이중 시간 해석이 얻어지며, 더욱이 이전시 해석도 얻어진다. (37)의 동시 해석과 이전시 해석은 (35)에 준해서 얻어진다.

(37)의 'iii)이중 시간 해석'은 주목을 요한다. 현재시제 아닌 완료상을 가질 때의 (37)

문장이 '이중 시간 해석'을 가진다고 하는 주장은 송민영(1999, 2002, 2004)에서 처음으로 제시된 것이다. 이 해석을 도출하는 과정은 다음과 같다. (45)에서 '∅nul' 대신 '었Prft'을 교체하면 그 통사구조가 된다.[896] 그 내포논리 식으로 번역된 결과는 (49)와 같다.

(48) 가. [$_{CP}$ [$_{IP}$ 존-은$_7$ [$_{CP}$ λt[수미가$_8$ [$_{VP}$ e_8 임신하]-[$_I$ e_2]]
[$_{VP}$ e_7 [[res 었Prft$_2$][믿-]]][$_I$ 었Pst$_3$]]]]

나. [$_{CP}$ [$_C$ 었Prft$_2$] [$_{IP}$ 존-은$_7$ [$_{CP}$ λt[수미가$_8$ [$_{VP}$ e_8 임신하] [$_I$ e_2]]
[$_{VP}$ e_7 [[res e_2][믿-]]][I 었Pst$_3$]]]]

(48)' '었Prft'(=었[1])의 번역: $\lambda P \exists t[XN(t)\ \&\ t \in R\ \&\ \exists t1[t1 \subseteq t\ \&\ P\{t1\}\ \&\ hold(s, u)]]$[897]

(49) 번역(이중 시간 해석):

$\exists t[XN(t)\ \&\ t \in R\ \&\ \exists t1[t1 \subseteq t\ \&\ \exists t7[past(t7)\ \&\ t7 \in R\ \&$
$believe'(t7, j, t1, {}^\wedge\lambda t2[be\text{-}pregnant'(t2, m)]\ \&\ hold(s, u)]]]$

위 (34)는 시제 요소('는/$\varnothing_{nul}$', '∅=', '었[2]', '었었')와 상 요소('었[1]')가 계열적 대립을 이룬다는 주장을 보이고 있는데, 이는 계열적 대립을 이루는 요소들이 한 범주의 하위범주들일 수밖에 없다는 점에서 개념적 난점을 내포하고 있다.

우선, '∅='와 같은 영형태는 영어에서처럼 한국어에도 SOT 규칙이 존재함을 주장하기 위한 목적에서 만들어진 가공의 통사적 단위이다. 이를 정당화하는 언어적 증거가 부족한 것으로 보인다. 송민영의 SOT 규칙은 의미적 효과를 가지는 규칙이다. '∅='와 같은 통사적 단위를 상정하지 않고도 SOT 규칙이 의도하는 의미 해석을 도출할 수 있다면 이를 의미론적으로 처리하는 것이 타당한 것이다.[898]

그는 '-었-'을 완료상의 '었[1]'과 과거시제의 '었[2]'로 나누는 한 가지 근거로 '지금'과의 공존 여부를 들고 있다. 이에 따라 (50)의 '자다, 침착하다'는 '었[2]'만을 취하는 동사로, (51)의 '늙다, 닮다, 임신하다'는 '었[1]'만을 취하는 동사로 분류하였다.

(50) 가. *그는 충분히 지금 잤다. (송민영 1999: 96)

나. *존은 지금 침착했다. (송민영 1999: 81)

---

896) '었Prft'는 완료상의 '-었-'으로, 위 (34)의 '었[1]'과 같은 것이다.

897) 'XN'은 확장된 현재(extended now)를 나타내고, 'hold(s, u)'는 해당 상태('s')가 발화시('u')에 유지됨을 뜻한다.

898) 송민영의 SOT 규칙은 통사론의 규칙인데, 그것이 의도하는 의미적 효과를 그리 정확하게 예측하지 못한다. 11.4절에서는 그 의미적 효과를 담화화용론적 추론규칙을 통하여 포착할 가능성을 논의한다. 11.4절에서 언급하는 담화화용론적 추론규칙들 중에는 'SOT'라는 동일 명칭의 규칙도 포함된다.

(51) 가. 존은 지금 늙었다. (송민영 1999: 99)
나. 존은 지금 아버지를 닮았다. (송민영 1999: 99)
다. 메리가 지금 임신했다.

그러나 다음 예의 '입다'는 '었^{1}'과 '었^{2}'를 아울러 취하는 동사로 따로 분류한다.

(52) 존은 청바지를 입었다. (송민영 2004: 86)

'자다, 침착하다'는 상태성 서술어라고 판단하고, '-었-'이 상태성 서술어에 결합될 때에는 과거시제라고 판정한 듯하다.[899] 하지만 (50가)가 부적격한 것은 다른 이유로 말미암은 것인 듯하다. (50가)'은 문법적 문장이라고 판단된다. 또 (50)''은 '상태성 서술어'에서도 '-었-'의 주요 의미 기능이 과거시제보다는 완료상임을 보인다고 판단된다.[900]

(50)' 가. 그는 지금 충분히 잤다.
(50)'' 가. 그는 지금까지 잤다.
나. 존은 지금까지 침착했다.

한편, 송민영은 (51)의 '늙다, 닮다, 임신하다'가 완료상 '었^{1}'과만 결합하는 것으로 상정하였지만, 다음과 같이 과거 해석을 가질 수도 있다.

(51)' 가. 존은 작년 1년 동안에 많이 늙었다.
나. 저 아이는 초등학교 다니는 6년 동안 제 아버지를 닮았어요.
다. 우리 두 며느리는 3년 전 비슷한 때에 임신했어요.

이는 그의 서술어 분류가 타당성이 결여되어 있음을 보이는 것이다. 특히, 위와 같은 서술어 분류는 그의 이론에서는 통사적 분류이어야만 한다. (40)의 TCR 규칙은 통사구조를 바탕으로 적용되는 것인데 그 조건으로 (ii)의 '상태 서술어' 조건을 가지기 때문이다. 또한 '었^{1}'과 '었^{2}'는 서로 다른 통사 범주이다. (40)의 TCR 규칙은 (i)의 '동일 시제 요소' 조건을 가지는데, 이는 이 규칙이 시제 아닌 '었^{1}'에는 적용되지 않고 '었^{2}'에만 적용된다. 따라서 이들은 서로 다른 통사적 절차를 통해서 통사구조에 참여한다. 그러므로,

899) 이탈리아말의 (50)에 대응되는 완료형 문장은 문법적이라고 비교하고 있다.
900) 11.2.1.2절에서는 이런 경우의 의미를 '-었-'의 '계속 해석'이라고 보고, 이를 잠정적으로 형식화한 바 있다.

(50)', (50)'', (51)'은 '-었-'을 완료상의 '었$^{1)}$'과 과거시제의 '었$^{2)}$'으로 나누는 그의 이론의 기본 가정이 심각한 문제를 안고 있음을 보여준다.

위 (51)'의 예는 '과거 해석'의 예도 가능함을 보인 것이지만, 이들에서도 완료상의 전형적인 의미인 '계속 해석'을 관찰할 수 있다. 이는 '었$^{1)}$'과 '었$^{2)}$'의 두 동음이의 형태소로 구분하는 것이 불가함을 보이는 것이다. '-었-'의 완료상 의미, 즉 '계속 해석'을 기본 의미로 상정하여 과거 해석까지 확장적으로 설명하는 것이 자연스럽다.

이상의 논의가 말해주는 점은, (40)-(43)의 규칙과 지표에 관한 약정들이 필요하더라도, 이들은 통사구조보다는 의미구조 형식을 참조하여 적용할 만한 규칙, 약정으로 보아야 하리라는 것이다. 앞에서 지적한 것처럼 TCR 규칙(40)의 한 조건인 '상태 서술어'는 통사구조의 범주로 볼 수 없다. 다음 예들은 동시 해석을 가질 수 있는데, 상·하위절의 과거시제 '-었-'을 동지표화하는 TCR 규칙을 적용하기 위해서는 '살다', '공부하다'가 의미적으로 '상태 서술어'라고 간주할 수밖에 없다. 아마도 '비종결성(atelic)'이 적합한 조건이 될 듯한데, 이는 통사적 범주가 아닌 것이다. 그러므로, (40)-(43)의 규칙들이 유지되기 위해서는 이 규칙들을 의미구조를 바탕으로 적용하도록 재조정하는 것이 필요하리라고 본다.

(53) 철수는 인호가 부산에서 살았다고/공부했다고 믿었다.

이중 시간 해석과 관련한 문제를 생각해 보자. 시제 요소 '는/$\varnothing_{nul}$'과 상 요소 '었$^{1)}$'은 각각 (45)와 (48)의 통사구조를 형성하여 이중 시간 해석을 유발하는 기능을 가진다고 그는 설명한다. 현재시제 요소와 완료상 요소가 이처럼 특별한 통사구조를 형성하여 공통된 의미 해석을 가지는 데에는 타당한 이유를 찾을 수 없다. 그러므로 이는 임시방편적(ad hoc)인 처리이다.

'λt'를 CP의 SPEC에 도입하는 규칙을 설정한 것, '믿다'의 어휘적 정보에 res를 논항으로 취하는 <i,<<s,<i,t>>,<e,<i,t>>>> 타입의 항목을 새로 설정한 것, res 교점을 설정한 것, SOT 규칙의 적용에 따라 LF에서 '$\varnothing_j$'와 같은 요소가 도입되는 것 등은 통사론적으로 정당화하기에 어려움이 있다. 어휘부(또는 이에 상응하는 규칙의 형식)에서 주어지지 않은 항목이 통사적 과정에서 도입되는 것을 배제하는 것은 생성언어학의 기본 가정인 것이다.

Enç(1987) 등의 이론에서 '이중 시간 해석'은 상위절이 과거시제, 내포절이 현재시제인 문장의 의미로서 필수적으로 포착해야 할 해석이라고 생각되어 왔다.[901)] 송민영은 한국어에도 이러한 해석이 존재한다고 판단하고 이를 포착하는 데에 관심을 쏟고 있다. 그러나 필자의 판단으로는 위 (36), (37)에서의 이중 시간 해석은 화용적 요인에 따라 얻어지는 것에 지나지 않는다.[902] (37) 문장은 동사 '임신하다'가 가지는 의미가 일정한 시간에 걸쳐 유효하다는 현실적인 이유에 따라 이중 시간 해석을 가질 수 있다. 특히 (36) 문장에서는 '믿었다'의 완료상 '-었-'이 가지는 '계속 해석'으로 말미암아 내포절 상태의 과거와 현재에 걸친 유효함의 해석이 용이하게 도출될 수 있다고 본다. 뒤의 10.1.4절에서 이러한 방향의 해결 방안을 제시할 것이다.

11.2.2.3. 정경숙(2007): 증거성 표지, 상 표지로서의 '-었-', 시제 표지로서의 '-더-'

이제까지 검토한 이론들이 '-었-'을 중의적 단위로 간주하면서도, 한편으로는 시제 범주 표지로서의 자격을 부정하지는 않는 데에 반해서, 정경숙(2007)은 '-었-'이 완료상 표지와 증거성(evidentiality) 표지의 중의적 요소라고 규정하는 특이한 이론을 제시하였다. 각각의 형식의미론적 정의는 다음과 같다.[903]

(54) $[\![\text{-었-}^{1}]\!] = \lambda P.\ \lambda t.\ \exists e\ [\ \tau(e) < t\ \ \wedge\ P(e)]$ (완료상 표지)

(55) $[\![\text{-었-}^{2}]\!] = \lambda P.\ \lambda L.\ \exists e\ [\ P(e)\ \wedge\ \tau(e) < \tau(L) \wedge\ L \subseteq \text{v-trace}(e)\ \wedge$
$\text{e-trace}(e) \cap \text{P-trace}(sc) = \varnothing\ ]$ (증거성 표지)

(54)가 완료상의 정의인 것은 참조시를 정하는 기능을 갖지 않기 때문이다. 참조시 t는 시제 표지에 의해 도입되고, 완료상은 이를 기준으로 이에 선행하는 국면을 발생시키는 것이다. (55)는 증거성의 정의인데, 사건 흔적과 지각 흔적의 교집합이 공집합임 ($\text{e-trace}(e) \cap \text{P-trace}(sc) = \varnothing$)이 규정되고 있다. 증거성 표지인 '-었-²'는 '-더-' 앞에서만 실현되고, 그 외의 '-었-'은 완료상의 표지라고 한다.

'-었-'은 시제 표지가 아니지만, '-더-'는 시제 표지이다.[904] '-더-'를 시제 표지의 하나

---

901) Enç(1987)의 이론에 대한 자세한 소개는 양정석(2011: 293-302)을 참고할 수 있다.

902) 영어에서도 해당 구문의 '이중 시간 해석'이 필연적인 것은 아니다. Hornstein(1990: 163)에서는 어제 John이 'Tomorrow we will have a blue moon.'이라고 말했을 경우 이를 전하는 다음의 문장은 이중 시간 해석을 갖지 못한다고 지적하였다.

a. John said that today is a blue moon.

903) 다른 상 표지들의 정의는 (a)와 같고, 다른 증거성 표지들의 정의는 (b)와 같다.

a. 가. $[\![\text{-}\varnothing\text{-}^{1}]\!] = \lambda P.\ \lambda t.\ \exists e\ [\ t \subseteq \tau(e) \wedge P(e)]$

나. $[\![\text{-겠-}^{1}]\!] = \lambda P.\ \lambda t.\ \exists e\ [\ t \leq \tau(e) \wedge P(e)]$

b. 가. $[\![\text{-}\varnothing\text{-}^{2}]\!] = \lambda P.\ \lambda L.\ \exists e\ [\ P(e)\ \wedge\ L \subseteq \text{e-trace}(e)\ ]$

나. $[\![\text{-겠-}^{2}]\!] = \lambda P.\ \lambda L.\ \exists e\ [\ P(e)\ \wedge\ \tau(L) \leq \tau(e) \wedge\ L \subseteq \text{v-trace}(e)\ \wedge\ \text{e-trace}(e) \cap \text{P-trace}(sc) = \varnothing\ ]$

로 규정한 선례로 이미 최현배(1937), 한동완(1996)이 있으므로, 이러한 처리가 생소한 것은 아니다. 그 형식의미론적 정의는 다음과 같다.905)

(56) ⟦-더-⟧는 맥락 c가 $\tau(Lc) < tc \wedge Lc \sqsubseteq$ P-trace(sc)인, 유일하고 현저한 시공간적 처소 Lc를 제공할 때에만 정의가 성립된다. 정의가 성립될 경우, $⟦\text{-더-}⟧^{c}$ = Lc가 된다.

이러한 분석이 가지는 첫째 문제점은 현대 한국어의 형태통사론적 사실들과 정합되는 의미 분석이 아니라는 점이다. 그는 자신의 시제 체계를 다음과 같이 도표화하고 있다(213쪽).

(57)

	단순 직시 시제	공간적 직시 시제
현재:	-는- 또는 ∅	-네
과거:	-었었-	-더-

우선, 서로 계열적 대립을 보이지 않는 '-네'와 '-더-'를 한 문법범주의 하위범주들로 설정한 것은 불합리하다. 문법범주는 문법적 자연군을 이루는 요소들이 공통으로 가지는 문법적 의미이다. '-네'와 '-더-'가 계열적으로 대립하지 않는다는 것은 이들이 문법적 자연군을 이루지 못한다는 것을 뜻한다.906) 그러므로 '-네'와 '-더-'가 증거성과 관련한 어떤 의미를 공유한다 하더라도 그것은 문법적, 통사적 공통성이 아닌 것이다.

단순 직시 시제의 하위범주를 이루는 요소들도 유사한 문제를 제기한다. '-는-'과 '-었었-'은 계열적 대립을 이루지 못하며, 또한 '∅'는 '-는-'의 변이형으로서의 자격을 갖지 못한다(양정석 2008, 2012).

위 표에는 종래 많은 시제 연구자들이 과거시제 표지로 상정하던 '-었-'이 보이지 않는다. 이는 (54), (55)에서와 같이 상 표지, 증거성 표지로 나누어 규정되었기 때문이다. 그러나 이 '-었-'은 (57) 표의 '-었었-'과 계열적 대립을 이루므로 한 문법범주의 하위 범주로 규정되는 것이 옳다.907)

---

904) '공간적 직시 시제(spatial deictic tense)'라고 지칭하고 있다. 이 외에 '단순 직시 시제(simple deictic tense)'가 있다고 상정하고, 그 표지로 현재의 '-는-/-∅-', 과거의 '-었었-'를 들고 있다. (57)의 표 참조.

905) 정경숙(2007: 204) 참조. tc는 발화시, sc는 맥락 c에서의 화자를 나타낸다. L은 시간 좌표들과 공간 좌표들의 집합을 지시하는 변수라고 한다.

906) 남기심(1972)은 이 같은 근거에서 '-었-'을 완료상, '-었었-'을 단속상의 표지로 상정한 바 있다.

907) 계열적 대립을 이루는 사실이 가지는 중요성을 간과해서는 안 된다. 어떤 두 요소가 계열적으로 대립한다는 것은 이들이 한 통사 범주의 하위 범주를 이룸을 뜻하는 것이다. 이 점을 고려하지 못한다면 해당 통사적 결합

또한, (54), (55)와 같이 '-었-'을 두 개의 동음이의적 단위로 설정하는 것도 문제를 제기한다. '-더-' 앞이라는 환경에서만 '-었-'(즉 '-었-²')이 증거성을 표현하고, 그 외의 환경에서는 완료상을 표현한다고 한다. 이는 '-었-¹'과 '-었-²'가 상보적으로 분포한다는 뜻이 된다. 두 경우의 '-었-'이 공통된 의미를 가진다는 것이 한국어 화자의 자연스러운 직관임을 부정할 수는 없으므로, 이 둘은 결국 하나임이 증명된다.

다른 문제점은, 다음 예에서 사건 흔적과 지각 흔적의 교집합은 공집합이 아니라는 것이다. 다음 예들은 '-더-' 앞에서도 '-었-'이 그 기본 의미를 유지함을 보이고 있다.

(58) 가. 까마귀 떼가 온 섬을 점령했더라.
나. 순희가 검은 옷을 입었더라.

이 문장들에서 '점령한' 시구간, '옷을 입은' 시구간은 화자가 그 사실을 인식하는 과거의 시구간과 겹친다.

11.3. 무시제 가설 하에서의 시간 해석

이 절에서는 문법범주로서의 시제 체계 여부의 판단에서 가장 중요한 요소인 '-었-'을 시작으로, '-었었-', '∅'에 대한 어휘의미적 기술을 시도하고, 이를 바탕으로 명제태도 동사 구문, 시간 부가어 구문의 의미 합성 과정에서 이들의 시간 해석이 어떻게 이루어지는지를 살펴보기로 한다.

11.3.1. 무시제 가설에서의 시간요소 의미 기술

'-었-', '-었었-', '∅'의 의미 기술

완결상의 하나로서의 완료상은 '과거' 의미, 즉 사건이 기준 시간에 앞서는 의미적 국면을 포함할 수 있다. '-었-'을 과거시제와 완료상의 중의적 형태소로 분석한 염재일(2010a, b)의 완료상 의미 기술에서도 '과거' 의미 국면을 확인할 수 있다. 또한, 무시제 언어로 알려진 현대 표준중국어에서 완결상 표지가 '과거' 의미 국면을 가진다는 것을 Lin(2005)에서 보인 바 있다.[908] 이를 바탕으로 한국어 완료상 표지 '-었-', 단속상 표지

규칙을 온전히 기술할 수 없다.

'-었었-'의 의미를 다음과 같이 나타내기로 한다.909) 다음 의미 형식에서 't_{Top}'은 화제시, 't_0'는 발화시나 그 외의 기준 시간을 표시한다. 이들은 모두 시구간을 나타내는 변수라는 점에 주의해야 한다. 't_{ana}'도 시구간의 하나로서, 특정 문법적 구성이나 화용적 맥락에서 값이 결정되는 조응사이다.

(1) ⟦-었-⟧ $= \lambda P_{<i,t>}. \lambda t_{Top}. \lambda t_0. \exists t\, [\, P(t) \;\&\; Istage(t, P) \subseteq t_{Top} \;\&\; t_{Top} \leq t_0 \;\&\; t_{ana} \subseteq Rstate(t, P)]$910)

(2) ⟦-었었-⟧ $= \lambda P_{<i,t>}. \lambda t_{Top}. \lambda t_0. \exists e[t_{Top} < \tau(e) < t_0] \;\&\; \exists t\, [\, P(t) \;\&\; Istage(t,\; P) \subseteq t_{Top} \;\&\; t_{Top} < t_0]$

여기에서 사용된 'Istage(사건 진전 시간)'와 'Rstate(결과상태 시간)'는 시구간을 산출하는 함수로서 다음과 같이 정의된다.911)

(3) 가. Istage(t, P)는 P(t) = 1일 때 정의가 성립되며, 이 경우에,
(i) P가 종결성을 가지는 사건이면, Istage(t, P)는 t의 끝점을 제외한 t와 동일하다.
(ii) P가 비종결성의 상황이면, Istage(t, P)는 t와 동일하다.
나. Rstate(t, P)는 P(t) = 1일 때 정의가 성립되며, 이 경우에,
(i) P가 종결성을 가지는 사건이면, Rstate(t, P)는 P의 결과 상태가 존재하는 그 시구간이다.
(ii) P가 비종결성의 상황이면, Rstate(t, P)는 t 이후의 모든 순간들로 이루어진 시구간이다.

---

908) Lin(2005)은 Smith(1991)에 따라 현대 표준중국어 상(관점상)의 하위 범주로 완결상의 'le(了)', 'guo(過)', 비완결상의 'zai(在)', 'zhe(著)', 그리고 외현적 상 표지를 갖지 않는 당연적 완결상, 당연적 비완결상과 중화상(뒤의 (4) 참조)을 상정하고 있다. 중화상은 양상 요소 'hui(會)'에 결합되는 구 AspP의 머리성분으로 실현된다고 한다. 다음 의미 형식에서 '$t_{Top} < t_0$' 부분이 '과거' 의미를 표현한다.
a. ⟦le⟧ $= \lambda P_{<i,t>}. \lambda t_{Top}. \lambda t_0. \exists t\, [P(t) \wedge Istage(t,\; P) \subseteq t_{Top} \wedge t_{Top} < t_0 \wedge t_{ana} \subseteq Rstate(t, P)]$
b. ⟦guo⟧ $= \lambda P_{<i,t>}. \lambda t_{Top}. \lambda t_0. \exists t\, [\, P(t) \wedge Istage(t,\; P) \subseteq t_{Top} \wedge t_{Top} < t_0]$
c. 당연적 완결상: $\lambda P_{<i,t>}. \lambda t_{Top}. \lambda t_0. \exists t\, [\, t \subseteq t_{Top} \wedge P(t) \wedge t_{Top} < t_0\,]$ (결합되는 성분 P가 종결성일 때)
d. 당연적 비완결상: $\lambda P_{<i,t>}. \lambda t_{Top}. \exists t\, [\, t_{Top} \subseteq t \wedge P(t)\,]$ (P가 비종결성일 때)

909) 이하의 의미 형식의 표상에서는 '<i,t>'에서의 진리치 타입 't'와 시구간 변수 't'를 구별하지 않고 't'로 나타냈지만, 문맥에 따라 구별해야 한다. 또 '<i,t>'의 'i'는 시구간의 타입이고 그 외의 'i'는 시구간의 변수로 쓰인 것이다.

910) 이는 '$t_{Top} < t_0$'를 '$t_{Top} \leq t_0$'로 바꾼 것 말고는 Lin(2005)의 중국어 완료상 'le'의 의미 형식(앞의 각주)과 동일한 것이다. '$t_{Top} \leq t_0$'은 '$t_{Top} < t_0$'와 '$t_{Top} = t_0$'의 이접이므로, 11.2절, (16)의 "행복했습니다."처럼 발화시에 이르는 상황의 계속을 나타내는 예와, '과거'를 나타내는 예를 모두 포착할 수 있다. 더 구체적인 해석을 위해서는 비외현적 시간 부가어 규칙인 뒤의 (13)이 더 필요하다.

911) (3)의 정의는 Lin(2005: 9) 참조.

필자는 양정석(2002) 이래로 완료상 '-었-', 단속상 '-었었-'과 함께 중화상 '∅'이 현대 한국어 상(관점상)의 하위 범주로 존재한다고 보아왔다. 중화상 '∅'의 의미는 다음과 같다.912)

(4) $[\![\varnothing]\!] = \lambda P_{<i,t>}.\ \lambda i.\ \exists t\ [\ i \supset_{neutral} t\ \&\ P(t)]$, 여기에서 $i \in I$(I는 시구간들의 집합)이며, $i \supset_{neutral} i'$ iff $i \cap i' \neq \varnothing\ \&\ \exists t\ [t \in i\ \&\ t \notin i'\ \&\ \forall t' [\ t' \in i' \rightarrow t < t'\ ]]$

위에 정의된 상 표지들의 의미 형식을 바탕으로 해당 문장들의 시간적 선후관계 해석을 얻을 수 있다.913) 한 예로 완료상 '-었-'을 가진 문장의 의미 표상이 (5마)와 같이 도출된다.

(5) '인호는 뛰었다.'의 해석 절차:

가. [[[인호는 뛰-]-었-]-다]

나. -다'($\lambda P_{<i,t>}.\ \lambda t_{Top}.\ \lambda t_0.\ \exists t\ [\ P(t)\ \&\ Istage(t,\ P) \subseteq t_{Top}\ \&\ t_{Top} \leq t_0\ \&\ t_{ana} \sqsubseteq Rstate(t,\ P)]$(인호는-뛴다')) ((1), 함수적용규칙)

다. -다'($\lambda t_{Top}.\ \lambda t_0.\ \exists t$ [인호는-뛴다'(t) & Istage(t, 인호는-뛴다') $\subseteq t_{Top}$ & $t_{Top} \leq t_0$ & $t_{ana} \sqsubseteq$ Rstate(t, 인호는-뛴다')]) (λ-전환)

라. -다'($\lambda t1.\ \exists t2\ \exists t$ [인호는-뛴다'(t) & Istage(t, 인호는-뛴다') $\subseteq$ t2 & $t2 \leq t1$ & $t_{ana} \sqsubseteq$ Rstate(t, 인호는-뛴다')]) ((6) 적용)

마. [SAY(sp, adr, $\exists t2\ \exists t$ [인호는-뛴다'(t) & Istage(t, 인호는-뛴다') $\subseteq$ t2 & $t2 \leq n$ & $t_{ana} \sqsubseteq$ Rstate(t, 인호는-뛴다')])] ((7가), 함수적용규칙)

(6) Φ가 타입 <i,<i,t>>의 표현이면, 공식 '$\lambda R_{<i,<i,t>>}.\ \lambda t1.\ \exists t2\ R(t2)(t1)$'을 Φ에 적용하라. (Lin 2005: 5)

(7) 가. $[\![$ -다 $]\!]^t$ = -다' = $\lambda P'<i,t>.$ SAY(sp, adr, P'(n)) = 1.

(여기에서 sp는 화자, adr은 청자, n은 발화시(now)임)

나. $[\![$ -다고 $]\!]^t = \lambda P'_{<i,t>}.\ P'(t) = 1.$

(6)은 비외현적 시간 부가어의 기능을 가지는 형식이다. (6)은 IP 구조의 의미 형식에

912) 이는 Smith(1991)의 중화상 개념을 Pancheva(2003)에서 형식화한 것이다. 양정석(2002: 157-199)에서도 Smith(1991)의 이 개념에 의거하여 한국어에 무형의 형태소로서의 중화상이 존재한다고 주장하였다. '$\supset_{neutral}$'는 중화상이 부여하는, 기준 시간과 상황의 시구간 간의 의미 관계를 나타내기 위한 필자의 기호이다. Pancheva(2003)의 원래 기호가 활자화하는 데에 애로가 있어 이렇게 나타냈다. Lin(2005)에서는 같은 기호를 '⊃'로만 나타낸다.

913) 'SAY'는 수행동사로서 '-다'의 의미의 핵심 요소를 나타낸 것이다.

적용되어, 그 얻어진 형식에 다시 보문소(C) 범주인 (7)의 '-다', '-다고'의 의미 형식을 적용할 수 있게 해 준다.914) 11.3.3절에서는 시간 부가어들이 나타내는 의미 형식을 (6)과 같은 형식으로 기술할 것이다. 't1'은 기준 시간을, 't2'는 화제시를 나타낸다는 점을 활용하게 된다.

11.3.2. 명제태도 동사 구문의 시간 해석

송민영(1999)에서 제시한 11.2절, (35)-(37) 문장들의 여러 가지 해석을 앞에서 설정한 '-었-', '∅'의 의미 형식을 바탕으로 설명해 보기로 한다. 먼저 내포절이 '-었-'을 갖지 않은 (8) 문장을 고려하기로 한다.

(8) 존은 수미가 아프다고 믿었다. (송민영 1999의 예문)

이 문장은 i)동시 해석과 ii)이중 시간 해석의 두 가지 해석을 가진다는 것이 송민영(1999)의 설명이었다. 필자는 '이중 시간 해석'이 동시 해석을 바탕으로 화용적 추론에 따라 얻어지는 의미라고 본다.

(8)' 가. 존은 수미가 아프다고 믿었다. (송민영 1999의 예문)

나. [SAY(sp, adr, $\exists$t2 $\exists$t [믿-'(존, λt_{Top}. $\exists$t' [$t_{Top} \supset_{neutral}$ t' & 수미가-아프다'(t')](t) & Istage(t, 믿-'(존, λt_{Top}. $\exists$t' [$t_{Top} \supset_{neutral}$ t' & 수미가-아프다'(t')](t) $\sqsubseteq$ t2 & t2 $\leq$ n & t_{ana} $\sqsubseteq$ Rstate(t, 믿-'(존, λt_{Top}. $\exists$t' [$t_{Top} \supset_{neutral}$ t' & 수미가-아프다'(t')](t))]]

주어진 의미 형식이 나타내 주는 의미는 동시 해석이다. 하위절의 '수미가 아프다'는 중화상의 표현이다. 중화상은 화제시가 상황의 시작점과 그것에 이어지는 시구간의 일부를 포함하는 관점이다. 여기에서 화제시는 λ-전환에 따라 상위절의 사건시 t와 일치된다.

이중 시간 해석은 같은 의미 형식을 바탕으로 화용적 추론에 따라 얻어진다. 여기에서도 화제시는 상위절의 사건시 t와 일치된다. 상위절의 '믿는' 상황은 완료상으로 말미암아 상당한 시간에 걸쳐 계속될 수 있다. 상위절 상황의 시간은 t이므로 이것과 일치된 하위절의 화제시는 역시 상당한 시간에 걸쳐 계속될 수 있고, 급기야 발화시에까지 계속

914) (7나)는 다음 11.3.2절의 명제태도 동사 구문을 해석하는 과정에서 활용된다.

될 수 있다. 따라서 상황 '수미가-아프다''가 과거에도 성립하고, 발화시에도 성립하는 이중 시간 해석을 갖게 된다.

다음으로, 하위절에 '-었-'이 나타나는 (9)의 예를 살펴보자. 앞 절에서는 이 문장이 i)이전시 해석과 ii)동시 해석의 중의적 해석을 가진다고 하였다.

(9) 가. 존은 수미가 아팠다고 믿었다. (송민영 1999의 예문)

나. [SAY(sp, adr, ∃t2 ∃t [믿-'(존, λt_{Top}. ∃t' [수미가-아프다'(t') & Istage(t', 수미가-아프다')⊆ t3 & t3 ≤ t_{Top} & t'_{ana} ⊆ Rstate(t, 수미가-아프다')](t)) & Istage(t, 믿-'(존, λt_{Top}. ∃t' [수미가-아프다'(t') & Istage(t', 수미가-아프다') ⊆ t3 & t3 ≤ t_{Top} & t'_{ana} ⊆ Rstate(t, 수미가-아프다')](t)) ⊆ t2 & t2 ≤ n & t_{ana} ⊆ Rstate(t, 믿-'(존, λt_{Top}. ∃t' [수미가-아프다'(t') & Istage(t', 수미가-아프다')⊆ t3 & t3 ≤ t_{Top} & t'_{ana} ⊆Rstate(t, 수미가-아프다')](t)))]]

주어진 의미 형식이 나타내 주는 기본적 의미는 이전시 해석이다. 't2 < n'과, 't2'에 포함되는 시구간 't'에 대하여 앞서는 't3'('t3 < t')가 '수미가-아프다''의 시구간 't''을 포함하기 때문이다. 동시 해석은 '수미가-아프다''의 결과 상태(Rstate)에 포함되는 조응사 시구간 't'_{ana}'가 't_{Top}'과 조응함으로써 가능하게 된다.

내재적으로 결과 상태의 특성을 가지는 동사 '임신하다'를 하위절에 가지는 (10가)의 예문은 i)동시 해석, ii)이전시 해석, iii)이중 시간 해석의 세 가지 뜻을 가진다고 하였다. 송민영(1999)에서는 이 경우, 하위절의 '-었-'이 과거시제 형태소와 완료상의 형태소의 자격을 중의적으로 가진다고 상정하여 설명하였으나, 필자의 관점에서는 이 역시 단일한 '-었-'의 완료상 의미를 바탕으로 설명할 수 있다.

(10) 가. 존은 수미가 임신했다고 믿었다.

나. [SAY(sp, adr, ∃t2 ∃t [믿-'(존, λt_{Top}. ∃t' [수미가-임신하다'(t') & Istage(t', 수미가-임신하다') ⊆ t3 & t3 ≤ t_{Top} & t'_{ana} ⊆ Rstate(t, 수미가-임신하다')](t)) & Istage(t, 믿-'(존, λt_{Top}. ∃t' [수미가-임신하다'(t') & Istage(t', 수미가-임신하다')⊆ t3 & t3 ≤ t_{Top} & t'_{ana} ⊆ Rstate(t, 수미가-임신하다')](t))) ⊆ t2 & t2≤n & t_{ana} ⊆ Rstate(t, 믿-'(존, λt_{Top}. ∃t' [수미가-임신하다'(t') & Istage(t', 수미가-임신하다')⊆ t3 & t3 ≤ t_{Top} & t'_{ana} ⊆ Rstate(t, 수미가-임신하다')](t)))]]

동시 해석과 이전시 해석은 (9) 예문의 경우에 준해서, 화용적 추론에 따라 얻어지는 해석이다. (10가) 예문의 특이한 점은 이중 시간 해석이 가능한 것인데, 이는 동사 ‘임신하다’가 가지는 어휘적 특성에 따라 ‘Rstate(t, 수미가-임신하다')’가 상당한 기간 계속될 수 있는 상황으로 인식되고, 이와 함께 상위절 동사 ‘믿-’과 완료상의 결합에 따라 상당한 시간에 걸쳐 계속될 수 있는 상황으로 해석될 수 있으므로 이중 시간 해석이 얻어질 수 있는 것이다.

11.3.3. 시간 부가어의 해석

‘과거’ 의미를 표현하는 시간 부가어로서의 ‘어제’는 (6)의 규칙의 형식을 활용하여 (11)과 같이 기술한다.

(11) ‘어제’의 의미 형식: $\lambda R_{<i,<i,t>>}.\ \lambda t1.\ \exists t2\ R(t2)(t1)\ \&\ t2 = \text{어제}$

(12) 가. ‘어제 인호는 뛰었-’의 해석:

$[\lambda R_{<i,<i,t>>}.\ \lambda t1.\ \exists t2\ R(t2)(t1)\ \&\ t2 = \text{어제}](\lambda t_{Top}.\lambda t0.\ \exists t\ [\ \text{인호는-뛴다}'(t)\ \&\ \text{Istage}(t, \text{인호는-뛴다}') \subseteq t_{Top}\ \&\ t_{Top} \leq t_0\ \&\ t_{ana} \subseteq \text{Rstate}(t, \text{인호는-뛴다}')]) = 1$ iff $[\ \lambda t1.\ \exists t2\ \exists t\ [\ \text{인호는-뛴다}'(t)\ \&\ \text{Istage}(t, \text{인호는-뛴다}') \subseteq t2\ \&\ t2 \leq t1\ \&\ t_{ana} \subseteq \text{Rstate}(t, \text{인호는-뛴다}')]\ \&\ t2 = \text{어제}]$

나. ‘어제 인호는 뛰었다’의 해석:

$\text{SAY}(sp, adr, \exists t2\ \exists t\ [\ \text{인호는-뛴다}'(t)\ \&\ \text{Istage}(t, \text{인호는-뛴다}') \subseteq t2\ \&\ t2 \leq n\ \&\ t_{ana} \subseteq \text{Rstate}(t, \text{인호는-뛴다}')]\ \&\ t2 = \text{어제})$

앞에서는 완료상 ‘-었-’이 비종결성의 동사/형용사와 결합할 경우 발화시에 이르는 ‘계속’ 의미를 표현하는 경우가 있음을 관찰한 바 있다. ‘-었-’의 의미 규정에는 기준 시간에 앞서는 ‘과거’ 의미가 (‘≤’의 일부로) 명시되기 때문에 이러한 ‘계속’ 의미는 외현적, 또는 비외현적 부가어가 보완적으로 나타내는 의미라고 설명할 수 있다. 외현적 시간 부가어로는 ‘어제까지, 지금까지’와 같은 예가 있다. 그 의미 형식을 보이면 다음과 같다.[915]

(13) ‘어제까지’의 의미 형식: $\lambda R_{<i,<i,t>>}.\ \lambda t1.\ \exists t2\ [R(t2)(t1)\ \&\ t2 = (\ :\text{어제})]$

(14) 가. 어제까지 인호는 일했다.

나. $\text{SAY}(sp, adr, \exists t2\ \exists t\ [\ \text{인호는-일한다}'(t)\ \&\ \text{Istage}(t, \text{인호는-일한다}') \subseteq t2\ \&\ t2 \leq$

915) ‘(: 어제)’는 불특정 시구간으로부터 어제(이 역시 시구간임)까지 계속되는 시구간을 나타낸 것으로, 위 11.2.2.1절, (28가)에서 제시한 염재일(2010나)의 정의 ‘t = (t' : t'')’을 활용한 것이다.

n & $t_{ana} \sqsubseteq$ Rstate(t, 인호는-일한다')] & t2 = (: 어제))

다음과 같이 외현적 시간 부가어를 갖지 않는 문장이 발화시에까지 계속되는 상황의 진전을 나타낼 수 있는데, 이를 위하여 (16)과 같은 당연적 규칙을 더 설정하기로 한다.

(15) 가. 인호는 뛰었다. (= 인호는 지금까지 뛰었다.)

나. SAY(sp, adr, ∃t2 ∃t [인호는-뛴다'(t) & Istage(t, 인호는-뛴다') ⊆ t2 & t2 ≤ n & $t_{ana} \sqsubseteq$ Rstate(t, 인호는-뛴다')] & t2 = (: n))

(16) Φ가 타입 <i,<i,t>>의 표현이면, 공식 '$\lambda R_{<i,<i,t>>}$. λt1. ∃t2 [R(t2)(t1) & t2 = (: n)]'을 Φ에 적용하라.

(16)은 위 (6)과 이접적으로 적용되는 것으로 본다. 우리의 체계는 (11), (13)과 같은 외현적 시간 부가어와 아울러 (6), (16)과 같은 비외현적 시간 부가어들을 포함한다는 것을 알 수 있다.

11.4. 시간 해석의 담화화용론

이상과 같은 방법으로 시제 표지 아닌 한국어 시간요소들의 시간적 의미를 형식의미론적으로 정의하여 그 문장의 시간적 의미를 해석할 수 있다. 이는 '-었-', '-었었-', '∅'를 상 표지로 가정하고서도 합성성 원리를 준수하는 문장의 시간적 의미 기술이 가능하다는 점을 증명한 것이다.

그런데 이상에서 보인 문장 단위의 의미 기술로는 시간적 선후관계 해석의 모든 국면을 완전히 설명한다고 할 수 없다. 시간적 선후관계 해석은 담화화용론적 기술을 필요로 한다. 이 절에서는 담화화용론적 해석의 방법을 소개하고, 시간적 선후관계를 담화 표상에 나타내는 구체적 예를 보이기로 한다.

11.4.1. 세 가지 규칙과 두 가지 원리

양정석(2011)에서는 무시제 가설 하에서 시간적 선후관계를 해석하는 한 가지 방안을 제안한 바 있다. 제2장에서는 한국어의 접속문을 그 통사의미적 차이에 따라 명시어 구조 접속문과 부가어 구조 접속문으로 나누었다. '-거든, -자' 등의 연결어미를 가지는 명시어 구조 접속문은 '-고, -으며, -으니까, -어서' 등의 연결어미를 가지는 부가어 구조 접속문과 그 시간적 선후관계 해석의 방법이 다르다. 전자의 해석에는 발화시-참조시 공유 규칙(RTC)이, 후자의 해석에는 시점 일치 규칙(SOT)이 설정되었다. 시점 일치 규칙(SOT)은 보문 구조의 해석에도 활용된다. 이 밖에 시간 부가어 규칙(TAR)이 설정되었는데, 이는 '어제, 내일' 같은 시간 부가어의 선후관계 해석을 위한 규칙이다.

(1) 명시어 구조의 발화시-참조시 공유 규칙(RTC)
다음과 같은 의미 형식이 주어질 때, X에 의해 형성되는 시간구조 밑에 Y에 의해 형성되는 시간구조를 병치하고, 두 시간구조의 S들을 연합시키고, 다음으로 R들을 연합시킨다.[916]
Conn'(X)(Y)
단, X와 Y는 각각 보충어와 명시어에 대응되는 의미 형식으로서, 시간요소의 자질을 가지는 상황(사건/상태)의 의미 형식임.

(2) 시점일치 규칙(SOT)
시간적 자질을 가지는 두 상황의 결합이 의미구조에 주어질 때, RTC 규칙의 조건이 되는 의미구조 형식과 다르면, 의미구조의 주절 상황의 사건시 E에, 종속절 또는 논항인 상황의 S, R, 또는 E를 일치시킨다.

(3) 시간 부가어 규칙(TAR)
시간 부가어는 R와 E를 S와 '연합'시키거나('지금'의 경우), R 또는 E를 S의 왼쪽('어제'의 경우) 또는 오른쪽('내일'의 경우)으로 이동시킨다.

이 규칙들은 절의 선어말어미 또는 어말어미인 시간요소들이 가지는 기본시간구조(BTS)를 가지고 운용된다.[917] 즉, 다음과 같은 시간요소들이 가지는 기본시간구조가 그 절의 시간구조(TS)가 되는데, 위 규칙들은 이들에서 S, R, E 들을 결합하거나 분리시키는 작용을 가한다. 이렇게 도출된 시간구조에 대한 제약이 있어서 해당 문장의 시간적 선후관계의 적격, 부적격이 판정된다.

(4) 굴절소의 기본시간구조

	시간요소	기본시간구조
[+중화상]	-ϕ-	S,R,E

916) Conn'(=⟦Conn⟧)은 명시어 구조를 형성하는 연결어미 Conn의 정의된 의미 형식을 나타낸다. 이는 양정석(2011)에서 제시한 규칙의 형식과 달라진 부분이다.

917) 기본시간구조는 라이헨바하(Reinchenbach 1947)의 세 시간 S(발화시), R(참조시), E(사건시)와 '_' 및 ','로 구성된다. '_'는 두 시점이 선후의 시점으로 분리됨을, ','는 두 시점이 한 시점으로 일치, 연합됨을 나타낸다.

[+었]	-었-	1)E_S,R 2)S,R,E
[+었었]	-었었-	1)E_S,R 2)E,R_S 3)E_R_S
[+겠]	-겠-	1)S,R_E 2)S,R,E
[+었, +겠]	-었겠-	E_S,R
[+었었, +겠]	-었었겠-	1)E,R_S 2)E_R_S

(5) 보문소의 기본시간구조

	시간요소	기본시간구조
[+다]	'-다, -습니다, -어, -느냐, -습니까' 등의 평서형, 의문형 어미	없음
[+retro]	'-더라, -더냐, -습디다, 습디까' 등 '-더-' 계통의 평서형, 의문형 어미	1)E,R_S 2)R_E_S 3)R_S_E
[+명령형]	'-어라, -읍시오, -자, -읍시다' 등의 명령형, 청유형 어미	S,R_E
[+명사형]	-음, -기, -는지, -는가, -느냐	없음
[+는]	관형사형 '-는'	없음
[+던]	관형사형 '-던'	1)E_S,R 2)S,R,E
[+고]	'-고2, -으며, -거나, -든지, -다가2, -으니까, -으므로, -어도, -는데2' 등 IP 부가어를 이끄는 연결어미들	없음
[+어야]	'-어야, -으면, -으면서, -다가1 등' I' 부가어를 이끄는 연결어미들	없음
[+고서]	'-고서, -어서, -고도, -자마자' 등 VP 부가어를 이끄는 연결어미들	E_R,S*
[+으려]	'-으러, -으려고, -고자' 등 VP 부가어를 이끄는 연결어미들	S*,R_E
[+느라고]	'-느라고, -을수록' 등 VP 부가어를 이끄는 연결어미들	S*,R,E
[+도록]	'-도록, -게2' 등 V' 부가어를 이끄는 연결어미들	S*,R_E
[+어]	'-어1, -게1, -지1, -고1' 등 보조동사 구문의 연결어미들	S*,R*,E
[+거든]	명시어 구조의 '-거든'	S_R,E
[+더니]	명시어 구조의 '-더니, -자, -었던들, -기를'	E,R_S
[+지만]	명시어 구조의 '-지만, -으나, -는데2, -거니와, -은들, -기로서니, -더라도, -을지라도, -을망정, -지2'	S,R,E
[+기에]	명시어 구조의 '-기에'	1)E,R_S 2)R_S_E

도출시간구조 제약은 다음과 같다.

(6) 도출시간구조 제약(CDTS)

TAR, RTC, SOT에 의해 시간구조의 형식이 바뀌는 경우, (i) '_'로 분리되었던 것이 연합되어서는 안 되며, (ii) S, R, E 세 시점들 간의 순서가 바뀌어서는 안 되며, (iii) E_S_R, R_S_E와 같이 사건시와 참조시가 발화시를 사이에 둔 시간 구조가 도출되어서는 안 된다.

위 세 규칙이 작용하지 않는 경우에는 기본적으로 다음과 같은 원리가 있어서 두 절(두 문장)의 발화시를 동일하게 한다.

(7) 발화시 공유 원리

한 복합문의 두 절, 담화상의 선행 문장과 후행 문장은 두 시간구조(TS)의 발화시(S)를 연합시킨다.

예를 들어서 RTC 규칙이 적용되는 절차를 보이기로 한다. 다음 문장들은 '-자', '-거든'이 가지는 어휘의미 정의를 통하여 부적격성을 예측할 수도 있지만, RTC의 적용 후 도출 시간구조 제약(CDTS)을 위반하는 점을 통하여 그 부적격성을 설명할 수 있다. '순서 바뀜'은 (6) 제약의 (ii) 조항을 위반했음을 지적한 것이다.

(8) *순희가 나타나자 너도 들어와라/우리도 들어가자.

E,R_S　　　　E,R____S
RTC —*→　|　　　|　　　(순서 바뀜)
S,R_E　　　　R_E_S

(9) *네가 그 곳에 갔거든 사람들이 네 주위에 모이더라.

i) S_E_R　　　　S_E_R : 갔거든
RTC —*→　|　　　|　　　(순서 바뀜)
R,E_S　　　　E_S____R : 모이더라

ii) S_E_R　　　　S_E_R : 갔거든
RTC —*→　|　　　|　　　(순서 바뀜)
R_E_S　　　　S_E_R : 모이더라

iii) S_E_R　　　　S_E_R : 갔거든
RTC —*→　|　　　|　　　(순서 바뀜)
R_S_E　　　　S____R_E : 모이더라

그러나 RTC 규칙의 적용 과정에서 몇 가지 문제가 제기된다. 우선, (9)의 선행절과 후행절의 시간요소가 가지는 기본시간구조를 RTC 규칙에 의해 관련짓기 위해서는, 선행절의 경우, '-거든'만이 아니라 선어말어미 '-었-'을 함께 고려해야 한다. '-었-'의 시간구조와 '-거든'의 시간구조를 합성하는 절차가 개재된다고 본다.

(5)에서 '-거든'의 기본시간구조 'S_R,E'는 '-거든' 접속문의 선행절이 기본적으로 발화시 이후의 참조시를 취하고,[918] 선행절 사건시는 이 참조시와 동시라는 점을 나타낸다. 이러한 시점들 간의 선후관계에 관한 정보는 앞 절에서 논한 시간요소의 의미론적 정의만 가지고는 충분히 포착할 수 없다. 이 책에서는 (4), (5)의 기본시간구조를 개별 통사 단위들의 어휘기재항에 시간적 선후관계 의미의 정보로 기재하되, (1), (2), (3) 규칙과 (6), (7)의 원리는 모두 담화 표상을 바탕으로 담화화용론적 과정에서 적용되는 규칙과 원리라고 간주하기로 한다. 세 가지 규칙과 두 가지 원리로 이루어진 시간 해석의 담화화용론은 앞으로 한국어 시간 표현 연구의 주요 과제가 되어야 할 것이다.[919]

11.4.2. 담화 표상

시간 해석 규칙, 특히 SOT를 시간 해석 규칙의 하나로 설정하는 데에 대해서 제기될 수 있는 잠재적인 문제점은, 이들 규칙의 적용 결과로 많은 수의 시간구조가 한꺼번에 도출될 수 있다는 것이다. 가령, 양정석(2011), 제4장의 논의 중에서는 다음 '-으니까' 문장이 6가지의 시간구조를 가진다고 분석하였다. '-겠으니까'가 가지는 TS가 2가지이며,[920] '-었었다'가 가지는 TS가 3가지이므로, SOT 규칙의 적용에 따라 이론적으로 산출 가능한 수효는 6이기 때문이다. 여기에 '발화시 공유 원리'가 적용될 가능성 6가지를 고려하면 모두 12가지의 시간구조가 도출될 수 있다.[921]

(10) 눈이 오겠으니까 사람들이 일찍 귀가했었다.

i) E_S,R　　　E_S,R : 귀가했었다

SOT→ |

---

918) '-거든'의 발화시 S가 전체 '-거든' 접속문의 발화시가 된다는 점이 이 부류의 접속문('명시어 구조 접속문')의 특징적인 점이다.

919) 양정석(2011)에서는 한국어 시간요소의 통사론과 의미론의 전반적인 문제들을 살펴보고, 시간적 선후관계 해석을 담화 표상에 기록하는 담화화용론적 해석 절차의 기술을 시도한 바 있다. 한국어 문장의 시간적 선후관계 해석에 대한 완전한 기술은 향후의 한국어 연구가 개척해야 할 광대한 영역이라고 판단한다. 여기에서는 양정석(2011)에서 도입한 이론적 장치들과 11.3절에서 보인 시간요소들의 형식의미론적 정의를 연결 짓는 문제를 간략히 논의하기로 한다.

920) '-으니까'는 위 (5)에서 '+고' 자질을 가지는 어미 중의 하나로서, 기본시간구조를 갖지 않는 요소이다. 이 경우 '-겠-'의 두 가지 기본시간구조, 즉 'S,R,E'와 'S,R_E'(위 (4) 참조)가 그대로 '-겠으니까'의 시간구조가 된다.

921) 발화시 공유 원리가 적용된 시간구조는 선행절의 시간구조를 후행절의 시간구조 밑에 배치한 형식으로 나타낸다.

S,R_E S,R_E : 오겠으니까

ii) E_R_S E_R_S : 귀가했었다

SOT → |

S,R_E S,R_E : 오겠으니까

iii) E,R_S E,R_S : 귀가했었다

SOT→ |

S,R_E S,R_E : 오겠으니까

iv) E_S,R E_S,R : 귀가했었다

SOT → |

S,R,E S,R,E : 오겠으니까

v) E_R_S E_R_S : 귀가했었다

SOT → |

S,R,E S,R,E : 오겠으니까

vi) E,R_S E,R_S :귀가했었다

SOT → |

S,R,E S,R,E : 오겠으니까

(11) i) S,R_E : 오겠으니까 ii) S,R_E : 오겠으니까

| |

E_R,S :귀가했었다 E_R_S :귀가했었다

iii) S,R_E : 오겠으니까 iv) S,R,E : 오겠으니까

| |

E,R_S : 귀가했었다 E_R_S : 귀가했었다

v) S,R,E : 오겠으니까 vi) S,R,E : 오겠으니까

| |

E,R_S : 귀가했었다 S,R,E : 귀가했었다

그러나 이와 같은 12개의 시간구조가 인간의 언어 처리 과정에서 통제 불가능한 수라고 볼 수는 없다. 또한, 발화시 공유 원리는 다른 가능성이 막힐 경우에 적용되는 당연적 규칙인 것이다. (10)의 6가지 시간구조가 모두 도출 가능하다면, (11)의 6가지 시간구조는 도출되지 않는 것으로 보아야 한다.

(10)의 6가지 시간구조 중 현실적인 발화 맥락에서 선택되는 것은 궁극적으로 한 가지이다. 이렇게 한 가지의 시간구조가 선택되는 데에는 다음과 같은 해석상의 지침이 작용하는 것으로 보인다.

(12) 가. 시간 부사 등의 어휘적 요인에 의해 도입된 시간적 선후관계의 정보는 우선된다.
나. 담화화용적 맥락에서 도입되는 시간적 선후관계의 정보는 우선된다.

그러므로, (10)의 6가지 시간 해석 중에서 (12)의 조건을 고려하고 나면 한 가지 해석만이 남는다. 앞 절에 보인 담화 표상에는 SOT나 RTC가 적용된 후의 시간구조가 표시되고, 시간구조에 의해 얻어지는 상세한 정보들이 이어서 표시될 수 있다. 마찬가지로, 시간 부사 등의 어휘적 요소들에 의해 주어진 선후관계의 정보와 그 외의 담화화용적 맥락에서 도입된 선후관계의 정보도 담화 표상에 표시되므로, 이들 정보를 이용하여 최종적인 선후관계 판단이 얻어진다.

(12가)의 어휘적 요인에 의한 시간 의미 한정의 예를 살펴 보자. (10) 문장의 선행절에 '지금'이 개입될 때의 시간구조를 보이면 다음과 같다.

(13) 지금 눈이 오겠으니까 사람들이 일찍 귀가했었다.

i) E_S,R E_S,R : 귀가했었다
SOT→ |
S,R_E *S,R,E : 오겠으니까
지금

ii) E_R_S E_R_S : 귀가했었다
SOT → |
S,R_E *S,R,E : 오겠으니까
지금

iii) E,R_S E,R_S : 귀가했었다
SOT → |
S,R_E *S,R,E : 오겠으니까
지금

iv) E_S,R E_S,R : 귀가했었다
SOT → |
S,R,E S,R,E : 오겠으니까
지금

v) E_R_S E_R_S : 귀가했었다
SOT → |
S,R,E S,R,E : 오겠으니까
지금

vi) E,R_S　　　　E,R_S : 귀가했었다
SOT → |
S,R,E　　　　S,R,E : 오겠으니까
지금

여섯 가지의 가능성 중에서 앞의 세 가지 구조(i-iii)는 부적격한 구조로 판명된다. '지금'의 작용에 따라 사건시가 발화시 및 참조시에 '연합'되어 CDTS를 위반하기 때문이다. 뒤의 세 가지 구조는 CDTS를 위반하지는 않지만 시간구조의 내용이 모순성을 띠고 있다. (13iv-vi)의 구조들 모두 '지금'에 의해 수식된 'S'가 위 '귀가했었다'의 과거 시점과 일치(연합)하고 있는 것이다.

그러므로, '지금'을 가진 (13) 문장은 SOT 규칙의 적용 결과 모두 부적격한 시간적 의미를 발생시킨다. 이렇게 정상적인 해석이 막힐 경우에 발화시 공유 원리가 당연적으로 적용된다.

(14) i) 지금
S,R_E → *S,R,E : 오겠으니까
|
E_R,S : 귀가했었다

ii) 지금
S,R_E → *S,R,E : 오겠으니까
|
E_R_S : 귀가했었다

iii) 지금
S,R_E → *S,R,E : 오겠으니까
|
E,R_S : 귀가했었다

iv) 지금
S,R,E : 오겠으니까
|
E_R_S : 귀가했었다

v) 지금
S,R,E : 오겠으니까
|
E,R_S : 귀가했었다

```
vi)          지금
          S,R,E : 오겠으니까
          |
        E_S,R : 귀가했었다
```

(14i-iii)의 세 구조는 TAR에 의해서 분리되었던 E 시점이 연합함으로써 CDTS를 위반한다. 그러므로 발화시 공유 원리가 적용된다. 이 결과 (14iv-vi)의 세 구조가 적격한 구조로 도출된다.

시간 부가어 규칙(TAR)과 발화시 공유 원리가 적용된 결과로서의 3가지 시간구조를 담화 표상의 일부로서의 지시 층렬(RT)에 표시할 수 있다.[922)]

(15) 가. [$_{CP}$ [$_{IP}$[$_{CP}$ 지금$_5$ 눈이$_1$ 오$_2$-겠$_3$-으니까$_4$]$_6$
[$_{IP}$ 사람들이$_7$ 일찍$_8$ 귀가하$_9$-었었$_{10}$-]$_{11}$]$_{12}$-다]$_{13}$

나. DT: $\begin{bmatrix} +\text{다} \\ \begin{bmatrix} +ts, +\text{었었}_{10} \\ [\text{사람들이}_7\ \text{일찍}_8\ \text{귀가하}_9\ -] \end{bmatrix}_{11} \\ \begin{bmatrix} +ts, +\text{겠}_3,\ +\text{으니까}_4 \\ [\text{지금}_5\ \text{눈이}_1\ \text{오}_2\ -] \end{bmatrix}_6 \end{bmatrix}$

RT:

S_3 R_3 E_3 S_{10} R_{10} E_{10} 1 2 5 7 9
∃<w',t'>[<w',t'>∈BEST(epist, stereo, w*, t0) & w'에서, t'에, 눈이-온다' & t'=now]는 ∃e[t_{TOP}<τ(e)<t0] & ∃t[t에, 사람들이-일찍-귀가한다'$_9$ & Istage(t, 9)⊑ t_{TOP} & t_{TOP}<t0]의 이유임. $E_3 = R_3 = t' = now$ $E_{10} = t,\ R_{10} = t_{TOP},\ S_{10} = S_3 = t_{TOP}$

```
              5
              |
          S3,R3,E3
          |
E10_R10_S10
              5
              |
          S3,R3,E3
          |
E10,R10___S10
           5
           |
        S3,R3,E3
        |
E10___S10,R10
```

922) (15가, 나)의 내용이 모두 담화 표상에 기록된다. 통사구조인 (15가)는 물론 (15나)의 기술 층렬의 의미 형식, 지시 층렬의 의미 형식이 모두 간략화된 형식이라는 점을 유의해야 한다. (15나)의 지시 층렬의 의미 형식에 대한 더 자세한 설명은 양정석(2011)을 참고하기 바람.

RT의 앞부분에 있는 의미 형식은 11.3절의 의미론적 절차에 따라 얻어진 것이다.[923] 이 다음의 '$E_3 = R_3 = t' = now$', '$E_{10} = t$', '$R_{10} = t_{TOP}$', '$S_{10} = S_3 = t_{TOP}$'과 같은 내용은 각 시구간 간의 동지시 관계를 확정한 결과이다. 이는 담화화용론적 절차로서의 시간적 선후관계 해석의 주요 작업이라고 할 수 있다. 이 과정을 규율하는 규칙성의 탐구, 이러한 내용들을 기록하는 체계적인 방법을 고안하는 일이 향후 이 분야 연구의 주요 과제로 주어진다.

이상의 시간 해석 절차는 도출된 시간구조가 담화 표상에 기록된 다른 시간적 정보들을 참조하여 판단된다는 점을 보여준다. 그러므로 이러한 관련 정보들을 서로 참조하고 공유하는 절차를 명시적으로 기술하기 위해서는 위에서 제시한 담화 표상의 형식이 요구된다. 이 절에서는 의미구조의 한 층렬인 지시 층렬(RT)에 이러한 정보를 담을 수 있다고 보았다.

11.5. 덧풀이 1: '느' 분석론과 '있다', '없다'의 문제[924]

'느' 분석론이란 '믿는다', '믿는데' 등의 활용형에서 '는' 또는 '느'를 문법 형태소로 분석하여 현재시제나 직설법, 또는 비완결상의 범주를 부여하는 논의들을 가리킨다.

양정석(2008)에서는 현대 한국어 시간요소들의 형태통사론적 사실들에 대한 필자의 관점을 전반적으로 제시한 바 있다.[925] 이후로 시간요소의 형태통사론 및 시간적 선후관계 해석의 이론에 관한 이후의 관련 연구들을 종합적으로 검토하는 과정에서, 종전에 주목되지 않았던 한 가지 중요한 형태통사론적 사실을 발견하게 되었다. '있다', '없다'가 일단의 불규칙 활용형을 가져서 정규적인 어미 형태 실현의 절차를 가로막는다는 것이다.

'있다', '없다'의 활용은 현대 한국어 공시태에서는 아무런 규칙성을 갖지 않는 것으로

---

923) 여기에서 인식 양상 형식은 '-겠-'의 해석에 따라 나타난 것이다. 양정석(2017: 200-206)에서는 연결어미 '-으니까'도 인식 양상 요소로 기술한 바 있다. 그러므로 완전히 기술된 의미 형식은 '-으니까'로 인한 인식 양상 연산자의 영향권 안에 '-겠-'으로 인한 인식 양상 연산자가 안기는 복잡한 형식이다. 양상 연산자의 영향권 안에서 시구간들 간의 선후관계를 확정하는 절차를 기술하는 일은 이 책에서 완성하지 못한 것이다.

924) 이 절은 같은 제목으로 한글 296호(2012)에 실렸던 논문을 부분적 서술을 다듬어서 다시 제시하는 것이다.

925) '시간요소'란 시간을 표현하는 선어말어미, 어말어미, 보조용언 등을 잠정적으로 일컫는 용어이다. 양정석(2008)에서도 '느' 분석론에 대한 비판을 논증의 일부로 다루었으나 '있다', '없다'의 일단의 활용형과 관련한 이 절의 논증은 제시되지 않았다. 시간요소들의 문법적 의미 관찰에 바탕한 형태소 분석 문제는 이미 양정석(2002: 157-199)에서 논한 바 있다.

생각되어 온 듯하다. 관형사형에서 '느'의 실현과 관련한 행태는 다른 용언들이 가지는 행태와 같지 않다. 하지만 일단의 연결형, 종결형에서도 본질적으로 동일한 패턴이 나타나는데, 이 점이 잘 인식되어 있지 않다. 보조동사로서의 '있다'가 일반 동사 '있다'와 별개의 것인지도 문제다. 국어사전들의 관련 사실에 대한 기술도 혼란스럽다. 한 예로 배주채(2000)에서는 국어사전들에서의 '있다'의 품사 기술에 대해 검토하면서,

> 신기하게도 어느 사전의 용례에도 '있다'가 보조동사라고 할 수 있는 동사적 활용형, 이를테면 '있는다, 있어라, 있자, 있으려고, 있을래' 등이 나타나지 않는다. (235쪽)

라고 말하고 있다. 그리고는 "'-고 있다'와 '-아 있다'의 '있다'는 보조형용사와 보조동사의 두 가지 품사로 쓰인다."(237쪽)고 중간 결론을 내리고 있다. 즉, 일반 용언 '있다'도, 보조용언 '있다'도 두 가지 품사로 구분되어야 한다고 보는 것이다. 이러한 결론은 타당한 것이다. 다만, 그의 논의에서도 '있다'의 품사 판단과 관계되는, 현대 한국어 용언 활용에 내재하는 구조와 메커니즘이 온전히 파악되지 않은 채로 남아 있다.

'있다'의 활용 체계에 대한 완전한 이해를 가로막는 요인은 '있는다, 있는'의 '는/느'를 독립된 문법 형태소로 분석하는 국어학계의 오랜 관행 그 자체였다고 필자는 판단한다. 이 절에서는 시제 문제에 관한 종래의 논의에서 '는/느'를 문법 형태소로 분석하는 많은 연구자들이 지나쳤던 맹점을 짚어 보고 그 대안을 제시하고자 하는 것이다.

11.5.1. '느' 분석론의 문제점과 '있다', '없다'

이 절에서는 현대 한국어 시간요소들의 체계에 관한 (1)의 주장을 일관되게 유지하고자 한다. 이는 (2)와 같은 개념적 전제를 가지는 것인데, 이러한 전제는 '는/느'를 시제의 하위범주로서의 현재시제 선어말어미나 직설법 선어말어미나 비완결상의 선어말어미로 분석해 온 종래의 연구들 모두가 공유하는 것이다.[926)]

---

926) 고영근(1993)에서는 '-는-'과 '-다'를 종래의 형태소 단위에 상당하는 '구성소'라고 하면서 동시에 '-는다'가 '문장 형성소'가 된다는 주장을 하고 있어 '-는-'이 독립된 통사 범주라는 (2)의 전제를 갖지 않는 이론을 의도하는 것으로 생각해 볼 수 있다. 그러나 고영근(2004: 168)에서는 어미들이 다음과 같은 '배열 순서'를 가진다고 제시하는데, 현재시제 '-는/ㄴ-'은 과거시제 '-었-', 미래시제 '-겠-'과 계열 관계를 이루며, 직설법 '-니-'는 '-더-' 및 '-리-'와 계열 관계를 이룬다고 말하고 있다. 또 한국어의 모든 선어말어미, 어말어미는 (b)와 같은 통사구조를 형성한다고 한다(135-136쪽). (a)와 같은 통합 구조와 (b)의 통사구조를 상정하는 것은 결국 (2)의 개념적 전제에서만 가능한 것이다.

a. 어간 (시) ({었, 는/ㄴ, 겠}) ({겠, 었}) (사오)(습) ({더, 니/느, 리}) (ㄴ/ 니) 다

b. [$_{s}$[$_{s}$[$_{s}$ 아기가 과자를 먹] 었] 다]

(1) '는/느'는 독립된 문법 형태소가 아니다. 따라서 현대 한국어에는 외현적 현재시제 /직설법 /비완결상 표지가 없다.

(2) '는/느'를 문법 형태소로 설정한다는 것은 이를 통사구조의 종단 교점을 차지하는 독립된 통사 범주로 설정한다는 뜻이다.

(1)과 반대되는 견해가 국어학계의 시제·상·법 관련 논의에서 다수를 이루고 있다. 최현배(1937)에서 '믿는다, 믿는구나'의 '는'을 현재진행시제의 보조어간으로 규정한 이래, 고영근(1965, 2004), 임홍빈(1984), 임홍빈 외(1995), 김동식(1988), 이효상(1991), 한동완(1984, 1996), 임칠성(1991), 최동주(1995, 1998), 김차균(1999), 임동훈(1995, 2010), 문숙영(2009), 박진호(2011가) 등 연구자들이 '느'를 직설법 또는 현재시제 또는 비완결상의 표지로 규정하였다.[927]

'느'의 분석을 가정할 때의 변이형태 실현 규칙을 가능한 한 명시적으로 제시해 보기로 한다. '느' 분석론의 선행 연구 중, 한 예로, 고영근(1965, 2004)에서는 (3가-라)의 '는/ㄴ'은 현재시제로, 나머지 '느'는 직설법으로 본다. 이처럼 연구자에 따라 부분적으로 차이가 있으나 (3)은 '느' 분석론의 실상을 잘 나타내고 있다. (3)은 모든 경우의 '느'를 한 문법 형태소로 처리하는 이론을 가정한 것이다.[928]

'느' 분석론은 형태소 개념을 사용하면서 동시에 이것이 통사구조의 종단교점을 이루는 단위라고 하는 (2)와 같은 전제를 가졌다는 점에서 이 절에서 지적하는 문제점들을 피할 수 없다.

927) 남기심(1982)에서는 '는'을 분석하는 경우의 변이형태들의 분포 양상을 자세히 검토하여 이를 한 형태소로 설정하는 일이 불가하다는 점을 밝힌 바 있다. 그러나 최현배(1937) 말고는 그 이후 대부분의 연구자들은 '느' 형태를 중심으로 분석한다. 고영근(1965, 2004)은 '믿는다'의 '는'은 현재시제로 분리하고(뒤의 (3가-라)), 그 외의 '느'는 직설법 표지로 처리한다. 최동주(1998)는 동사의 관형사형에서의 '느'(3자)는 '비완료상'으로, 그 외의 외현적 '느'는 서법의 하위범주로 본다. 임동훈(2010)은 관형사형의 '느'는 '미완결상', 그 외의 '느'는 현재시제 범주라고 주장하였다. 한동완(1984, 1996), 김차균(1999), 임칠성(1991), 문숙영(2009), 박진호(2011)는 '느'를 일관되게 시제 표지로 처리한다. 그러나 김차균(1999)은 '느'의 변이형태로 '느, ㄴ, ∅'만을 설정하고 이어지는 어미의 형태를 '은다, 은구나, 은데, ……' 등으로 본다. 이에 따르면 뒤의 (3가-라)가 조정되어야 한다. 임홍빈(1984)에서는 '느'를 양상적 의미 '실현성'을 나타내는 형태소라고 하였지만, 임홍빈 외(1995: 408)에서는 이를 통사구조의 시제소 교점에 위치하는 시제 범주로 파악하고 있다. 이효상(1991)은 한국어가 상 언어에서 시제 언어로 변화하는 과정에 있다고 보는 연구인데, 현대 한국어는 아직 상 체계가 작용하고 있다고 판정하였다. '느'를 비완결상의 표지로 분석한다는 점에서 이도 '느' 분석론의 예에 포함된다. 김동식(1988)은 '느'가 다른 시제, 상, 법 형태소와의 계열적 대립에 의해 시제, 상, 법의 의미를 갖게 된다고 설명하였다. 남기심(1972, 1982), 서정수(1976), 허웅(1983), 이재성(2000), 양정석(2002, 2008), 신언호(2004), 허철구(2005, 2007) 등을 제외하고는 대다수의 선행 연구에서 '는/느'를 분석하는 입장을 취하고 있다. 그러나 허웅(1983: 457, 1987)에서 역사적인 고려에 따라 '-는다'가 현대 한국어에서 하나의 어미로 굳어진 것으로 기술한 점은 주목할 만하다.

928) 이러한 형식의 변이형태 실현 규칙들은 양정석(2008)에서도 제시한 바 있으나, 빠진 것을 채워 넣고, 엄밀성을 보강하였다. '{느}'는 형태소 단위임을 나타내는 것이나 오른쪽의 실현 조건에서의 '{ }'는 선택 부호로 사용되기도 하였다. '( )'는 수의적 실현을 나타내는 부호이다. 'Vv'는 동사 어간을, 'Va'는 형용사 어간을 표시한다. 형용사 어간에는 '이-, 아니-'가 포함된다.

(3) 가. {느} → /는/ / [-모음성] $]_{Vv}$__{다, 담, 답시고}
나. {느} → /ㄴ/ / [+모음성] $]_{Vv}$__{다, 담, 답시고}
다. {느} → /ㄴ/ / V_v 으시__{다, 담, 답시고}
라. {느} → /는/ / V_v (으시)__{구나, 도다, 구려, 구먼}
마. {느} → /느/ /{었, 겠, V_v (으시)}__{은데, 은바, 으냐, 으니라, 은가, 은감, 은고, 은지, 은지고, 은지라, 은걸, 으니}[929]
바. {느} → φ / {었, 겠, V_a (으시)}__{다, 담, 답시고, 구나, 도다, 구려, 구먼}
사. {느} → φ / V_a (으시)__{은데, 은바, 으냐, 으니라, 은가, 은감, 은고, 은지, 은지고, 은지라, 은걸, 으니, 은}
아. {느} → φ / __{어, 지, 소, 고, 으며, 으나, ……}
자. {느} → /느/ / V_v (으시)__{은}
차. {느} → /니/ / {습}__{다, 까}
카. {느} → /네/ / __{으에}

(3)에서 드러나는, 이와 같은 처리 방안이 가지는 본질적인 문제점을 다음과 같이 요약할 수 있다. (3가-카)에서 규칙의 조건이 되는 단위들의 집합은 음운론적, 문법적 자연군(natural class)을 이루지 못하는, 어휘개별적(idiosyncratic) 요소들의 집합일 뿐이다.

규칙의 조건을 이루는 단위들이 자연군을 이루어야 한다는 점은 음운론, 형태론, 통사론, 또는 의미론의 영역에서 본질적인 요구 조건으로 주어지는 것이다. 이 요구에서 벗어난다면 그것은 진정한 언어 규칙이 될 수 없다. 가령 (3마)는 진정한 언어 규칙이 아니고, '었', '겠', 'V_v(으시)'의 3가지 경우에 뒤의 12개 어미의 경우를 곱한, 도합 36개의 어휘개별적 기술일 뿐이다. 다른 규칙들의 경우도 마찬가지이다. 따라서 (3아)를 '그 외의 조건(elsewhere condition)'으로 제외하더라도 모두 99개의 어휘개별적 기술이 필요함을 (3)은 보여주는 것이다.[930] (3)의 모든 규칙들의 조건이 자연군을 이루지 못한다는 것은 '느'의 분포가 구조적으로 예측되지 않음을 의미한다.

이 절의 논증은 변이형태의 실현을 규칙으로 포착하는 이론이 그렇지 못한 이론에 비해, 언어 현실에 존재하는 일반성을 포착한다는 의미에서의 기술의 충족성(descriptive adequacy)을 만족한다는 점을 바탕으로 진행하고 있다. 임시방편적(ad hoc) 기술에 의

---

929) '-으니'는 "사람은 착하게 살아야 하느니."의 종결어미, "믿느니 안 믿느니 언쟁을 한다."의 연결어미를 한 어미로 상정한 것이다. 이는 '느'를 갖지 않는 '이유·원인'의 '-으니'("나가 보니 추웠다."), 언제나 '느'를 가지는 '비교'의 '-느니'와 구별되는 어미이다.

930) 뒤의 (4)에 제시하는 규칙들도 여기에 추가되어야 한다. 이들은 사실상 52개의 어휘개별적 기술이므로, 이를 합산한 151개의 어휘개별적 기술이 '느'의 변이형태 실현을 설명하기 위해 필요하다는 뜻이 된다.

존하면서도 관찰의 충족성(observational adequacy)을 만족하는 이론이 있을 수 있다.[931] 가상의 규칙들인 (3)은 'ㄴ' 분석론이 그와 같은 처지에 있음을 보여주고 있다.

'ㄴ'를 분석하고, 이에 시제·상·법의 문법범주를 부여하는 경우, 이 'ㄴ'는 문법 형태소로서, 통사구조의 한 교점에 설정될 수밖에 없다. 앞에서 제시한 'ㄴ' 분석론의 선행 연구들은 모두 'ㄴ'를 '어미'라고 지칭하는데, 어미는 생성문법의 어느 이론적 바탕에서나 독립된 통사 범주를 가지는 단위로 설정되는 것이므로 (2)의 개념적 전제를 갖지 않을 수 없다. 통사구조에서 'ㄴ'의 앞뒤에 주어지는 통사 단위들의 형태론적, 음운론적 성질을 바탕으로 'ㄴ'의 변이형태의 음운론적 실현이 이루어진다.[932]

또한, 현대 언어학의 통사구조에 관한 기초적 관점에 따르면 어휘부의 어휘 항목(또는 이에 상응하는 규칙의 형식)으로 주어지는 요소를 바탕으로 해서만 통사구조가 형성될 수 있다. 따라서 음성적으로 실현되지 않는 어떤 통사 범주가 존재한다면 무형의 형태소 '∅'나 무형의 변이형태 '∅'가 어휘부에 주어져야만 한다. '∅'로나마 설정되지 않는다면 이는 해당 범주가 존재하지 않음을 뜻하는 것이고, 이 범주의 투사(구)는 존재하지 않는다는 뜻이 된다.

(3바-아)에서 '∅'는 'ㄴ'의 변이형태이다. 해당 위치에서 'ㄴ'의 현재시제/직설법/비완결상의 문법적 의미와 동일한 것이 포착될 수 있다면 이처럼 무형의 변이형태로 반드시 설정되어야 한다. 그러지 않으면 (3바-아)의 조건을 이루는 어미들 각각이 'ㄴ'가 가지는 문법범주를 아울러 표시한다고 주장할 수밖에 없는데, 이는 실행 불가능한 주장이 된다.[933]

---

931) 언어학 이론에 대한 평가 기준으로서의 관찰의 충족성, 기술의 충족성, 설명의 충족성의 개념은 Chomsky(1964: 28-55)를 참조.

932) 'ㄴ' 분석론의 입장에서 어미들의 통사구조 상의 위치에 대해 취하는 관점은 다음 세 가지 중 하나다. (a)는 초기의 생성문법 이론에서 널리 가정하던 구조이고(남기심 외 1977: 70), 근래의 제약 기반 문법 이론들(HPSG, LFG)에서도 대개 이 같은 구조를 상정하고 있다. (b)는 서정목(1988: 107), (c)는 임홍빈 외(1995: 280, 282)의 견해에 따라 나타낸 것이다.

a. $[_{S}$ …… $[_{V}$ $[_{Vs}$ 믿-] $[_{T}$ -는/ㄴ-] $[_{SE}$ -다]]]

b. $[_{CP}$ … $[_{IP}$ … $[_{VP}$ … 가-]$[_{I}$ -시-, …, -었-, -겠-, -습-, -느-, …]] $[_{C}$-다]]

c. $[_{CP}$…$[_{HRP}$ …$[_{MoP}$ …$[_{HuP}$ …$[_{MP}$ …$[_{TP}$ …$[_{TP}$ …$[_{HP}$ … $[_{VP}$ … 가-]-시-]-었-]-었-]-겠-]-습-]-느-]-이-]-다]

(a)는 어간과 선어말어미들과 어말어미의 결합이 단어 단위를 이루는 구조이다. (b)는 선어말어미들이 'I' 교점에 직접 관할되는 구조이다. 특히 (c)를 상정하면 머리성분 이동(head movement)이나 이에 상응하는 절차가 요구된다. (a)-(c)의 어느 통사구조를 가정하든지, 통사적 표면구조(또는 S-구조)를 입력으로 해서 음운론적 규칙의 적용에 따라 그 출력으로 음성 형식을 얻는 방식으로 설명해야 한다.

이 절의 논의에서는 선행 연구들을 포괄하면서 논의의 일관성을 유지하기 위한 배려에서 내내 '활용'의 개념을 사용하여 논의를 진행하고 있다. 이 개념에 적합한 구조는 (a)의 구조이나, 머리성분 이동을 가정하면 (b)나 (c)의 구조에서도 동일한 사실을 기술할 수 있다. 가령 11.5.2절에서 어휘부의 불규칙형으로 제시하는 '있-는, 있-는데, ……' 들은 머리성분 이동의 결과인 C 범주의 복합 형식들에 적용되는 것으로 이해할 수 있다.

변이형태들의 분포 조건을 (3)과 같이 규칙의 형식으로 제시하는 일은 현대 한국어에서 어미들이 참여하는 구조의 실상을 온전히 파악하기 위한 필수불가결한 작업이다. 하지만 (3)은 아직 현대 한국어에서의 '느'의 실현 조건을 빠짐없이 망라한 것이 아니다. '있다'(형용사 용법), '없다'의 활용에서의 '느'의 실현 조건을 반영하지 못하고 있기 때문이다. 다음의 두 규칙을 추가해야 '느'의 변이형태의 분포에 관한 (3)의 기술이 완전

---

933) 필자의 통사론연구회 특강(2011.8.5.)에서 박진호 교수는 최동주(1995, 1998)의 관점을 끌어들여 '∅' 변이형태를 가지는 규칙 (3바-아)를 제거할 가능성에 대해 질문하였다. 최동주의 '무표항' 개념은 실행 가능하지 않은 개념인데도 여러 선행 연구자들이 찬동의 뜻을 보이고 있다. 한 예로 고영근(2004: 170, 1998: 62)에서는 (3바-아)의 '∅'를 무형의 변이형태로 보거나, 후행 어미('-다'/'-은데' 등)가 현재시제/직설법 범주를 가지는 것으로 보지 않고, 최동주(1995)의 설명에 따른 '무표항'으로 본다고 말하고 있다.

최동주(1995: 186)에서는 '-었-'의 계열적 대립항 '$\varnothing_1$', '-겠-'의 계열적 대립항 '$\varnothing_2$'는 관련 범주에 있어서 무표항이지만 각각 하나의 형태소는 아니라고 하였다. 또, 최동주(1998: 239)에서는 과거시제 '-었-'의 부재 '∅'(서법인 '느'와 무관한 것)는 무형의 형태소가 아니라 "'-었-'이 출현하지 않음으로써 '-었-'에 대립되는 기능을 갖게 되는 '무표항'"이라고 설명한다. 어떤 통사구조의 종단 교점이 빈 채로 시제 범주를 표시한다면 그것은 형태소로서의 '∅'일 수밖에 없다. 그는 형태소로서의 '∅'를 부정하므로, 결국 현재시제 없이 과거시제만을 가지는 시제 이론을 주장하는 것이다.

그는 '-었-'과 '느'의 계열적 대립을 인정하지 않으므로 이와 같이 처리할 수 있다. 그러나 '느'의 변이형태로서의 '∅'가 아닌 무표항의 개념은 성립할 수 없다. 그는 관형사형 외의 '느'를 서법 범주로 규정하므로, (3바-아)의 '∅'는 서법 범주와 관련지어 설명할 수밖에 없다((3사)의 조건 중의 '은'은 제외). '느'와 '더'는 각각 '상황을 바라보는/제시하는 화자의 시점이 발화시에 위치하고 있음', '화자 시점이 인식시에 위치하고 있음'을 뜻한다고 한다. (3바-아)의 '∅'는 그의 '무표항' 개념을 적용하면 '느'나 '더'의 서법 의미를 갖지 않아야 한다. 하지만 이 경우의 무표항의 의미는 '느'의 의미('화자 시점이 발화시에 위치함')와 구별되는 다른 의미일 수가 없다. 그것은 이 의미가 '믿는다/믿습니다/믿는데/있는데/없는데'에는 있고 '믿소/믿어요/검은데/있으신데/없으신데'에는 없다고 주장하는 것인데, 이는 현대 한국어의 사실과 다르다. 결국 '느'의 변이형태로 다시 '∅'를 설정하거나, (3바-아)의 조건을 이루는 어미들 각각이, 그리고 이들만이, 어미 고유의 의미와 함께 '느'의 의미를 겸한다고 설정할 수밖에 없게 된다. 전자의 방법은 그의 '무표항' 개념과 모순되는 것이고, 후자의 방법은 명시적 이론으로의 실행이 불가능하다.

뒤늦게 읽게 된 최동주(1996)에서는 '느'의 계열적 대립항으로서의 무표항을 설정하지 않고, '느'의 무형의 변이형태로서의 '∅'를 설정하고 있다. 즉, 그의 이론에서도 (3바-아)의 규칙들을 기술하는 것이 불가피함을 말해준다. 따라서 위에 적은 고영근(2004, 1998)의 방안은 그 근거를 잃게 된다.

이효상(1991)은 최동주(1995)에서의 '느'의 의미 규정에 일정한 영향을 준 연구로서, (3바-아)의 변이형태 '∅'를 상정하지 않는 이론을 추구하고 있다. (3차)의 '니'(직설법으로 상정)를 제외한 '느'는 비완결상의 표지로서, '현장 경험(concurrent experience)'을 지시하는 의미 기능을 가진다고 설명한다. '-는다', '-는군'의 '는'은 화자의 관점을 상황 발생의 장면에 놓는 기능을 갖지만, '-어'는 화자의 인식 체계에 통합된 일부로서의 정보를 전달하는 의미 기능을 가지므로 인식 체계와 상황의 구별을 전제하는, 현장 경험의 '는'과 어울리지 않는다고 한다(262-280쪽). 우선, 그가 다룬 어미는 '-는다, -는군'과 '-어'뿐이어서, 이들 외의 모든 어미에 이러한 설명이 확대 적용될 수 있는지는 불분명하다.

또한 '느' 뒤에 나타나는 어미들은 앞의 (3)에 조건으로 제시된 22개가 전부인데, 그의 이론에 따르면 이들이 어떤 의식 작용과 관련한 의미를 공통으로 가지는, 의미적 자연군을 이루어 그 외 대다수의 어미들과 대립해야 한다. 그러나 뒤의 (4가)는 어간이 '있-, 없-'일 경우, 일부 어미('-는, -는데' 부류)에 한해서 '느'가 의미와 무관하게 필수적으로 실현됨을 보이며, 11.5.2절의 논의에 따르면 '느'를 이어지는 어미의 일부로 취급할 경우에만 이 어미들의 변이형 실현의 규칙성이 드러난다. 이는 '느'를 가지는 어미들의 문법적 의미가 무엇이든 '느'가 통사구조에서 한 단위가 됨을 부정하는 증거인 것이다.

해진다.

(4) 가. {느} → /느/ /{있, 없}__{은데, 은바, 으냐, 으니라, 은가, 은감, 은고, 은지, 은지고, 은지라, 은걸, 으니, 은}
나. {느} → φ /{있, 없} 으시__{은데, 은바, 으냐, 으니라, 은가, 은감, 은고, 은지, 은지고, 은지라, 은걸, 으니, 은}

'있다', '없다'의 활용 방식을 이해하는 것은 '느' 분석론의 입장에서도 '느'의 변이형태 분포 또는 현재시제/직설법/비완결상의 활용에 관한 현대 한국어의 문법적 사실을 완전히 이해하는 데에 관건이 되는 것이지만 기존 연구들에서는 이 점이 인식되지 않았다. (4가, 나)가 뜻하는 바는 무엇인가? '-은데, -은바, -으냐, ……' 등의 어미 앞에서 '있다'(형용사 용법)와 '없다'는 동사처럼 '느'를 가진다. 반면 '-으시-'가 나타나는 경우, 이들 어미 앞에서, '있다'와 '없다'는 '느'를 갖지 않는다. 문제의 어미들 앞에서 '있다', '없다'는 동사와 형용사의 상반된 성질을 모두 보이는 듯하다. 그러나 눈여겨보아야 할 점은, '-으시-'를 가지는 경우, (4나)는 형용사에서의 실현 조건 (3사)와 완전히 일치한다는 것이다.[934)]

(3) 및 (4)가 보이는 변이형태 실현 조건의 불규칙성은 명백한 것이므로, 이들과는 다른 방식으로 해당 요소들의 규칙성을 포착할 수 있다면, 즉 그 규칙의 조건을 자연군으로 가지는 규칙들을 제시할 수 있다면, (3), (4)와 같은 기술을 포기하고 그 쪽을 선택해야 한다. 어미들의 변이형 실현에 규칙성이 존재한다는 것은 이 어미들이 구조에 참여한다는 증거이기 때문이다. 다음 절에서 실제로 그와 같은 규칙들이 제시될 것이다. 그 전에, '는/느'를 분석하는 연구들에서 위와 같은 기술이 가지는 문제점들을 의식하고 이들 문제에서 벗어나고자 노력한 예들이 몇몇 눈에 띄므로, 이들에 대해 고려해 보기로 한다.

앞에서 든 선행 연구 중 최동주(1995, 1998), 임동훈(2010)은 '느'가 관형절과 그 외 구성에서 상이한 문법범주를 표시한다고 주장하였다. 최동주(1995, 1998)는 '믿는'의 '느'는 비완결상인데 '믿는데, 믿는바, 믿느냐'의 '느'는 서법의 하위범주라고 한다. 임동

934) 해당 어미들 앞에서 '있-'은 동사로서의 용법을 보이기도 한다. 다음 예의 '있으시는데'는 '있-'이 동사(Vv)로 해석되어 (3마)의 규칙에 의해 포착되는 것으로 볼 수 있다. (4가, 나)는 형용사로서의 '있-', '없-'의 경우이다. (3사)는 '-으시-'가 수의적인 경우이므로 (4나)처럼 '-으시-'의 의무적 실현 조건을 가지는 규칙이 별도로 필요하다.

a. 그분이 5시까지 여기에 있으시는데/있으신데/*없으시는데/없으신데…

11.5.2절에서 제시하는 필자의 방안은 이들 '있으시는데/있으신데/*없으시는데/없으신데'의 실현을 정확하게 예측한다.

훈(2010)은 전자를 미완결상, 후자를 현재시제라고 규정한다. 그러나 현대 한국어 공시태의 사실인 (3마)와 (3자)는 '-은' 앞의 '느'가 '-은데, -은바, -으냐, ……' 앞의 '느'와 동일한 단위임을 알려준다. (3자)는 동사의 관형사형 '-은'이 독립된 분포 조건이 되는 것으로 기술하였지만 '-었-, -겠-' 아닌 동사의 경우에는 (3마)도 동일한 활용 방식을 가지는 것이다. 더욱이, '있다', '없다' 활용형에서의 '느'의 실현을 나타내는 (4)도 '-은'이 '-은데, -은바, -으냐, ……' 등과 동일한 분포 조건을 이룸을 보여준다. 하나의 분포 조건을 이루는 어미들 중 '-은'만이 비완결성/미완결성이라는 문법적 의미의 실현 조건이 되는 타당한 이유가 있는지는 의심스럽다. 무엇보다도 (4나)는 '있-, 없-'이 '-으시-'를 취할 때 다른 형용사와 같이 '-은, -은데, -은바, -으냐, ……'의 분포 조건에서 '느'를 탈락시킴을 보이는데, '-으시-'가 개재할 경우 동사/형용사 구분의 규칙성이 드러나는 것은 '-은'과 그 밖의 경우를 구별하여 상이한 문법범주를 부여하는 것이 근거 없음을 말해준다. 결국 이들의 이론은 현대 한국어에 엄연히 존재하는 규칙성을 포착하지 못하고 있다. 규칙성은 '-는, -는데, -는바, -느냐, ……'처럼 '느'를 후행 어미의 일부로 붙일 때에만 시야에 들어온다.

임동훈(1995, 2010)에서는 현대 한국어의 '느'(관형사형의 '느' 제외)가 기본적으로 현재시제 형태소이지만 '-었-'과 '-겠-' 뒤에 나타나는 '느'는 형태소로서의 자격을 갖지 않는다고 판단하였다. 이에 따라 '-었-'의 변이형태로 '-었느-', '-겠-'의 변이형태로 '-겠느-'를 설정하기에 이른다.[935] 이 같은 견해의 문제점을 이해하기 위하여 다음과 같이 제시해 보기로 한다.

(5) 임동훈(1995, 2010)에 따른 변이형태 실현 규칙들:
가. {느} → /는/ / [-모음성] $]_{Vv}$__{다, 담, 답시고}
나. {느} → /ㄴ/ / [+모음성] $]_{Vv}$__{다, 담, 답시고}
다. {느} → /ㄴ/ / V_v 으시__{다, 담, 답시고}
라. {느} → /는/ / V_v (으시)__{구나, 도다, 구려, 구먼}
마. {느} → /느/ / V_v (으시)__{은데, 은바, 으냐, 으니라, 은가, 은감, 은고, 은지,
은지고, 은지라, 은걸, 으니}[936]

935) 문숙영(2009)에서도 이러한 설명 방안을 받아들이고 있다.
936) (5마, 사)에 나열된 '으'로 시작하는 어미들이 조음소 '으'를 가지는 어미들(최현배 1937)의 '가림씨끝(분간어미)'과 '가림도움줄기(분간보조어간)')의 전체 목록과 일치하지 않는다는 점에 주의해야 한다. '과거' 의미를 나타내는 '-은', '추정·미래'의 '-을'이 제외되고, 명사형어미 '-음', 연결어미 '-으며, -으나, -은들, -은즉, -은즉슨, -을지라도' 등, 종결어미 '-으라, -으랴, -을라' 등, 그리고 선어말어미 '-으시-'가 제외된다. (3마, 사), (4가, 나), (5마, 사)의 조건을 이루는 '으' 선행 어미들은 아무런 음운론적, 문법적 자연군을 이루지 않는다는 점을 강조해 둔다.

바. {느} → ф / V_a (으시)__{다, 담, 답시고, 구나, 도다, 구려, 구먼}
사. {느} → ф / V_a (으시)__{은데, 은바, 으냐, 으니라, 은가, 은감, 은고, 은지, 은지고, 은지라, 은걸, 으니}
아. {느} → ф / __{어, 지, 소, 고, 으며, 으나, ……}

(5)의 규칙들은 위 (3마, 바)로부터 '-었-', '-겠-'의 조건이 제거되고, 관형사형의 '느'가 시제 아닌 상의 요소로 제외됨에 따라 다소 간결해졌다. 그러나 근본적인 문제는 여전히 남아 있다. (5가-아)에서 규칙의 조건이 되는 어미들의 집합은 음운론적, 문법적 자연군을 이루지 못하는, 어휘개별적 요소들의 집합일 뿐이라는 것이다.

(5)가 (3)과 뚜렷하게 달라진 점은 '-었-'과 '-겠-' 뒤의 '느'를 별도의 것으로 돌려놓았다는 것이다. 그러나 그 곳에서 문제가 새로 발생한다. 임동훈(1995, 2010)은 '-었-', '-겠-'의 변이형태로 '었느'와 '겠느'를 설정한다. 이에 따라 '-었-', '-겠-'의 변이형태 실현 규칙에 문제성 있는, (5마, 사)의 후행어미 조건을 가지는 규칙이 새로 추가되어야 하는 것이다.

(6) 가. {었} → /었느/ / _{은데, 은바, 으냐, 으니라, 은가, 은감, 은고, 은지, 은지고, 은지라, 은걸, 으니}
나. {겠} → /겠느/ / _{은데, 은바, 으냐, 으니라, 은가, 은감, 은고, 은지, 은지고, 은지라, 은걸, 으니}

문제는 여기에서 그치지 않는다. (6)은 현대 한국어에서 '-었-', '-겠-' 뒤의 '느'가 아무런 의미 기능을 갖지 못하는 예라고 판단한 것이지만, 이러한 '느'와 똑같은 것이 '있-'과 '없-' 뒤에도 나타난다. 그러므로 (6)을 설정해야 한다면 다음과 같은 '있-, 없-'의 변이형태 실현 규칙도 아울러 설정해야 할 것이다.937)

(7) 가. {있} → /있느/ / _{은데, 은바, 으냐, 으니라, 은가, 은감, 은고, 은지, 은지고, 은지라, 은걸, 으니}
나. {없} → /없느/ / _{은데, 은바, 으냐, 으니라, 은가, 은감, 은고, 은지, 은지고, 은지라, 은걸, 으니}

937) (3마), (5마)의 조건 중의 'Vv(으시)'에 보이는 것 같은 '으시'는 (7)에서는 제거되어야 한다. '있으신데, 없으신데'가 가능하다. 반면, '*있은데, *없은데'는 불가능하고 항상 '있는데, 없는데'로 실현되어야 한다. 이러한 사실을 규칙으로 기술하는 방법을 다음 11.5.2절에서 제시한다.

이를 (5마), (6)과 비교하면 이러한 처리의 임시방편적(ad hoc) 성격을 잘 이해할 수 있다. 아무런 음운론적, 문법적 자연군을 이루지 못하는 어미들의 집합이 이들 규칙의 조건으로 설정되어야 하는 것이다. 더욱 곤란한 것은, (6)의 선어말어미 실현 조건과 (7)의 용언 '있-, 없-'의 실현 조건이 동일하다는 점이다. 이러한 분석을 시도하는 임동훈(1995, 2010) 자신도 '있느', '없느'를 한 형태소로 분석하기를 원하지는 않을 것이다.

'-었-' 뒤의 '느'를 여전히 독립된 형태소로 인정하고, 이를 '-었-'이 자동적으로 취하는 요소로 간주하고자 하는 시도도 나타났다. 박진호(2011가: 306)는 "'먹었느냐'의 '느'는 조동사 '었'이 취한 어미"라는 견해를 밝혔다.[938] '-었-' 뒤의 '느'는 통사적 머리성분(head)의 하위범주화와 같은 개념을 적용해 설명하고자 하는 것으로 이해된다.[939] 여기에서도 '느'가 형태소로 분석되어야 한다는 점(즉, '느' 분석론)이 대전제로 유지되고 있는 것이다.

머리성분이 다른 머리성분을 하위범주화한다는 개념 자체는 실행 불가능하지 않다. 하지만 이러한 시도에 따라 달라지는 것은 별로 없다. (6)과 (7)에 준하는 임시방편적인 기술은 여전히 남기 때문이다. '-었-'과 '-겠-'뿐 아니라 '있-'과 '없-'도 '느'를 머리성분 하위범주화에 따라 취한다고 해야 한다. 그러나 이는 (6), (7)의 조건으로 제시된 어미들 앞에서만 있는 일이다. 그러므로 설령 이들 네 요소가 '느'를 하위범주화한다고 기술하더라도 그 기술에는 '-은데, -은바, -으냐, ……, -은' 등 어휘개별적 요소들의 집합을 조건으로 덧붙이지 않으면 안 된다. 또한 (5)의 규칙들의 조건이 자연군을 이루지 못한다는 문제도 여전히 해결되지 않고 남는다.

'있다'와 '없다'가 활용상 특이한 점이 있다는 것은 널리 알려져 있다. 이 희승(1949)과 같은 전통문법서에서는 이들의 활용상의 특이함을 이유로 존재사라는 독립된 품사를 설정하기도 하였다. 그러나 이들의 특이성에 대한 과도한 의식이 오히려 이들이 참여하는 구조에 대한 정확한 이해를 막아 온 측면이 있다고 본다.

고영근(2004: 185-187)에서는 '있다', '없다'의 활용에서 '느'와 관련하여 불규칙성이 있다는 지적을 하고 있다. 그러나 그 심층의 메커니즘에 대해서는 아직 파악하지 못한 단계인 것으로 보인다. 고영근(1965)에서부터 직설법 '느'를 분석하는 주요 근거가 회상

---

938) 박진호(2010: 226)에서는 "이런 통시적 단계 내지 공시적 범주로서 조동사를 설정하는 것이 한국어의 현실을 기술하는 데에 유익하다는 것이다."라고 말하는 것으로 보아 이것이 공시적 기술의 하나로 시도되고 있음을 알 수 있다.

939) 최기용(1991)에서는 생성문법의 일반적인 이론 체계에서 이 개념이 사용될 수 있음을 보였다. 가령 '먹어 본다'의 예에서 머리성분인 보조동사 '보-'는 '$[\text{V-어}]_{V}$_'와 같은 하위범주화 틀을 가진다고 기술하였다. 박진호(2010, 2011가)의 제안에 따라 이 개념을 적용해 보면, 조동사인 '-었-'이 하위범주화 틀 '_$[\text{느}]_{T}$'를 가진다고 기술할 수 있을 것이다. 이 개념의 필요성과 그 적용에 있어서의 한계에 관해서는 양정석(2007가)에서 검토한 바 있다.

법 '더'와 대립된다는 점이었으므로, '있던'과 계열적으로 대립되는 '있는'의 '느'는 '직설법' 표지로 분석될 수밖에 없다.

(8) 많은 책이 있는/*있은/있던 삼촌
(9) 많은 책이 *있으시는/있으신/있으시던 아버님

그러나 (9)에서 관찰되는 것처럼, 주체높임의 '-으시-'가 개입될 때에는 '느'가 실현될 수 없다. 주체높임의 의미가 회상법의 대립 개념인 직설법의 실현을 제약할 아무런 이유를 찾을 수 없으므로, 이 사실은 이 경우의 '느'를 직설법 표지로 상정하는 고영근(1965, 2004)에 대한 반례가 된다. '없다'에 관한 다음 사실도 같은 점을 보여준다.940)

(8)' 많은 책이 없는/*없은/없던 삼촌
(9)' 많은 책이 *없으시는/없으신/없으시던 아버님

관형절 외의 구성에서 '있다'는 동사로서의 쓰임과 형용사로서의 쓰임을 모두 가진다고 알려져 왔다.941)

(10) 가. 그 사람은 오후 5시까지 사무실에 있는다/있다.
나. 그 사람은 지금 사무실에 있다.
(11) 가. 삼촌이 많은 책이 *있는다/있다.
나. 아버님이 많은 책이 *있으신다/있으시다.

이 점에서는 동사/형용사의 이중적 성격을 가지는 '밝다, 흐리다, 늦다, 길다, 무리하다, 틀리다, 굳다, 시다, 충만하다, 궂다, 크다, 그늘지다, 맞다, 지나치다, 감사하다, …'

940) 위 (4가)와 (4나)의 대비를 만드는 어미들이 모두 이러한 문제점을 제기한다. 앞에서 말한 것처럼, 고영근(2004)에서는 '느'가 실현되지 않는 경우를 최동주(1995)의 '무표항'으로 간주하므로, '없으신'에 '느'의 무형의 변이형태인 'φ'가 실현된다고 설명할 수도 없다.

941) 고영근(1987)에서는 "아버님이 책이 많이 있으시다."와 같은 예를 들면서 이런 경우의 '있다'는 소유의 의미를 띤다고 하였다. 양정석(1995)에서는 '있다'를 크게 사건성과 상태성으로 나누고, 상태성의 '있다'를 다시 그 논항 구조의 특성을 기준으로 셋으로 더 나누어, 모두 4개의 동음이의어 어휘항목으로 갈라 보았다(양정석 1997나에서는 다시 세 가지의 상태성의 '있다'들을 하나의 어휘항목으로 통합할 수 있음을 보였다.). 'NP-이 NP-이 V'의 통사적 형식에 쓰이는 '있다'('있다^{3}')는 '소유' 의미를 특성으로 가지는데 이는 상태성 용언이기 때문에 '*있으신다' 형식으로 실현되는 것이 불가능하다고 보았다. '계시다'도 사건성과 상태성의 어휘항목으로 나누고, 사건성의 '계시다'가 사건성의 '있다'의 존대 표현으로 쓰인다고 보았다.

등의 용언과 다름이 없다.

(12) 가. 6시에는 날이 밝는다/밝다.
　　나. 이 방은 밝다.

이들 용언은 관형절에서도 동사/형용사의 특징을 그대로 유지한다. (14)는 '-은'이 '과거' 의미를 표현할 수도 있다는 것을 보여준다.

(13) 가. 천천히 밝는 새날
　　나. 형광등 빛이 밝은 방
(14) 의식하지 못하는 사이에 밝은 새날

주의할 점은, '있다'의 보충법 형식으로 생각되어 온 '계시다'가 '있다'와 동일한 활용 방식을 보이지 않는다는 것이다.[942] '계시다'는 동사/형용사의 이중적 성격을 가지는 (12)의 '밝다' 용언과 동일한 활용 방식을 보인다. (17)은 '-은'이 '과거' 의미를 표현할 수도 있음을 보여준다.

(15) 가. 그분은 5시까지 사무실에 계신다/계시다.
　　나. 그분은 지금 사무실에 계시다.
(16) 가. 서울에 계시는 삼촌
　　나. 서울에 계신 삼촌
(17) 어제 5시까지 사무실에 계신/*계시는 분이 김과장이었어요?

'없다'도 '있다'와 마찬가지로 관형절에서 특별한 활용을 하는 용언이다. 그러나 '없다'는 '있다'와 달리 형용사로서의 용법만을 가진다.

(18) 가. 그 사람은 오후 5시까지 사무실에 *없는다/없다.
　　나. 그 사람은 지금 사무실에 없다.
(19) 가. 삼촌이 많은 책이 *없는다/없다.

942) 허웅(1963: 11-12), 고영근(1987) 등으로부터 '계시다'를 '있다'의 보충법 형식으로 간주하여 왔는데, 그럴 경우 보충법은 소유의 의미를 가지는 'NP-이 NP-이 V'의 통사적 형식을 제외한 경우의 '있다'의 활용형에 적용되는 것이라고 해야 한다. 여기에서는 '계시다'가 '있다'와는 독립된 단어라고 상정하여 그 문법적 행태를 관찰하고자 한다.

나. 아버님이 많은 책이 *없으신다/없으시다.

이상의 사실을 일목요연하게 볼 수 있도록 표로 요약하기로 한다. 다음에서 '믿다'는 동사로만 쓰이는 예의 대표로서 든 것이고, '검다'는 형용사로만 쓰이는 예이다. '밝다'는 동사와 형용사의 쓰임을 모두 가지는 예이다. 이들과 비교해 보면 '계시다', '있다', '없다'의 성격을 가늠할 수 있다. 관형사형어미 '-은'은 과거 의미의 '∅'와 현재 의미의 '∅'가 결합되는 경우를 나누어 표시하였다.

(20) 관형사형어미의 결합 양상

	믿다	검다	밝다	계시다	있다	없다
∅(과거)	믿은	*검은	밝은	계신	있은	*없은
∅(현재)	*믿은	검은	밝은	계신	*있은	*없은
'느'	믿는	*검는	밝는	계시는	있는	없는
'더'	믿던	검던	밝던	계시던	있던	없던

위 표가 '느'와 '더'의 형태소 대립에 기반한 고영근(1965, 2004)이나 이를 따르는 논의들, 또는 '느'와 '∅'의 형태소 대립에 기반한 임동훈(2010)과 같은 논의에 문제를 안겨 준다는 점에 다시 주의할 필요가 있다. 전자의 경우, 현재 의미의 '느'가 형용사에만 실현되지 않는 것('*검는')은 직설법의 의미 기능으로는 설명할 수 없다. 후자의 임동훈(2010)은 위 표에서 과거 의미와 현재 의미의 경우로 나눈 '∅'를 하나로 보아 '완결상'으로 규정하고, '느'와 '더'를 '미완결상'의 표지로 보아, 각각을 '현재미완결상', '과거미완결상'이라고 규정하였다. 이러한 이론에서는 '미완결'의 '느'에 대립되는 완결의 '∅'가 '있다'의 관형사형에 실현될 때 현재 의미를 표현하지 못하는 것은 설명할 수 없다. 또, '없다'의 관형사형에 '∅'가 아예 실현될 수 없다는 것은 이 이론에서는 예측 불가능하다. 즉, 현재 의미의 '*있은', '*없은'이 불가능한 것, 과거 의미의 '*없은'이 불가능한 것은 문제이다. 현재 의미의 '검은', '밝은', '계신'이 가능한 것, 과거 의미의 '있은'이 가능한 것과 비교해 보아야 한다.

(20)의 표로만 관찰하면 '있다', '없다' 활용의 실체는 여전히 베일에 가려져 있는 것 같다. 다만, 여기에서도 '밝다'와 '계시다'가 완전히 동일한 패턴을 보인다는 점이 눈에 띈다. 그러나 '느'를 가지는 관형사형 외의 다른 어미들을 아울러 관찰해 보면 그 실체가 더욱 가깝게 느껴진다. '-은데'의 결합 양상을 위 표와 같은 방법으로 제시해 보자.

(21) '-은데'의 결합 양상

	믿다	검다	밝다	계시다	있다	없다
∅(과거)	*믿은데	*검은데	*밝은데	*계신데	*있은데	*없은데
∅(현재)	*믿은데	검은데	밝은데	계신데	*있은데	*없은데
'느'	믿는데	*검는데	밝는데	계시는데	있는데	없는데
'더'	믿던데	검던데	밝던데	계시던데	있던데	없던데

흥미로운 것은, '-은데' 외에도 앞의 (3마, 사) 규칙의 조건을 이루는 어미들이 모두 같은 결합 양상을 보인다는 점이다. 두 개의 예만을 더 들어 보기로 한다.

(22) '-은가'의 결합 양상

	믿다	검다	밝다	계시다	있다	없다
∅(과거)	*믿은가	*검은가	*밝은가	*계신가	*있은가	*없은가
∅(현재)	*믿은가	검은가	밝은가	계신가	*있은가	*없은가
'느'	믿는가	*검는가	밝는가	계시는가	있는가	없는가
'더'	믿던가	검던가	밝던가	계시던가	있던가	없던가

(23) '-으냐'의 결합 양상

	믿다	검다	밝다	계시다	있다	없다
∅(과거)	*믿으냐	*검으냐	*밝으냐	*계시냐	*있으냐	*없으냐
∅(현재)	*믿으냐	검으냐	밝으냐	계시냐	*있으냐	*없으냐
'느'	믿느냐	*검느냐	밝느냐	계시느냐	있느냐	없느냐
'더'	믿더냐	검더냐	밝더냐	계시더냐	있더냐	없더냐

이상은 '있다', '없다'의 일단의 활용형이 '느' 분석론에 대하여 해결 곤란한 문제를 제기한다는 점을 보인 것이다. 그러나 관형사형의 결합 양상을 나타내는 (20)의 표와 (21)-(23)의 표를 비교하면, 맨 윗줄, 즉 과거 의미의 '∅'가 결합하는 경우를 제거하면 네 경우가 완전히 같은 패턴을 드러낸다는 사실을 발견할 수 있다. 이 사실은 다름 아닌 (3사)의 가상의 규칙이 드러내는 점이다. 선행 용언이 형용사일 때 그 첫소리로 가지고 있던 '느'를 제거해야만 하는 일단의 어미들이 현대 한국어에 존재하는 것이다. (20)의 관형사형의 경우가 특별한 것은 '-은'이 과거 의미를 더 표현할 수 있다는 점에 있다. 즉, 과거 의미의 '있은' 및 '계신', '밝은', '믿은'이 가능한 것만이 특이한 사실이다. 이러한 모든 사실을 체계적으로 설명할 수 있다는 것을 다음 절에서 보이기로 한다.

11.5.2. '느' 계통 어미들이 참여하는 구조

'있다', '없다'를 중심으로 '느' 분석론의 문제점들을 하나하나 비판적으로 살펴봄으로써 현대 한국어 어미 결합 현상의 배경이 되는 구조가 차츰 모습을 드러냄을 관찰할 수 있었다. '느'의 유무를 가르는 선행 요소의 핵심 요인은 동사와 형용사의 구분이다. '있-'은 동사와 형용사의 특성을 가지며, '없-'은 형용사의 특성만을 가진다. 그러나 '느'를 독립된 통사 단위로서의 형태소로 가정하면 그 실현을 규칙으로 기술하는 것이 불가능함을 확인하였다.

반면, '느'를 독립된 형태소로 분석하지 않고 뒤의 어미의 일부로 보면 그 형태음운론적 실현 양상이 선행 환경에 따른 규칙성을 가진다는 것을 바르게 파악할 수 있다. 이 절에서는 기원적으로 'ᄂᆞ'와 연관되는 '느' 계통 어미들과 관련하여 현대 한국어 용언 활용에 내재하는 구조와 메커니즘을 제시하고자 한다. 앞 절의 (3)에서 드러나는 그 분포 조건의 차이에 따라 다음 네 종류의 '느' 계통 어미들을 이끌어낼 수 있다.

(24) 가. '-는다' 부류: -는다, -는담, -는답시고
　　나. '-는구나' 부류: -는구나, -는도다, -는구려, -는구먼
　　다. '-는, -는데' 부류: -는, -는데, -는바, -느냐, -느니라, -는가, -는감, -는고, -는지, -는지라, -는지고, -는걸, -느니
　　라. 기타: -니까, -네

(24가)의 '-는담, -는답시고'는 '-는다'처럼 더 분석되지 않는 어미 단위로 간주한다.[943] '-는다'는 다음 네 개의 변이형 실현 규칙으로 기술된다. 중요한 점은, '느'를 이어지는 어미의 일부로 상정함으로써 다음 (25가-다)와 같이 그 실현 조건이 자연군을 이루는 진정한 규칙을 구성할 수 있게 되었다는 것이다. (25라)의 '-다' 형태가 기본형으로 주어지는 것으로 상정하면 (25가-다)의 세 개의 변이형 실현 규칙만으로 기술할 수 있다.[944]

943) 이들 어미의 일부인 'ㅁ'과 'ㅂ시고'에는 독립된 어미로서의 문법적 기능을 부여할 수 없다. 이 점에서 두 어미의 복합으로서의 굳어진 어미 '-는다오, -는답니다, ……' 등과는 구별되어야 한다. 후자는 'X → Y X'와 같이 머리성분들이 결합하여 복합적 머리성분을 형성하는 일반적 통사 규칙(최기용 1991)의 적용을 받는다고 설명할 수 있다.
(24다)의 '-는데, -는바'도 유사한 고려가 필요하다. '-는데'가 관형사형 '-는'과 명사 '데'로 분석되는 다른 형식과 연관되기는 하지만 이 연관이 어원적·역사적 연관일 뿐이라고 간주하고, '-는데'는 단일한 통사 단위로서의 어미로 처리한다.

944) (25다)에서 'Vv 으시_'의 '-으시-'가 선행 용언의 동사/형용사 특성을 이어받는 사실은 규칙의 조건을 형식적으

(25) 가. {다} → /는다/ / [-모음성]]$_{Vv}$___
나. {다} → /ㄴ다/ / [+모음성]]$_{Vv}$___
다. {다} → /ㄴ다/ / V_v 으시___
라. {다} → /다/ / {었, 겠, V_a (으시)}___

'-는다'는 최현배(1937/1971: 184)에서 동사와 형용사를 구분하는 첫째 기준으로 사용되었을 만큼 그 중요성이 크다.[945] (25가-다)과 (25라)는 이러한 범주 구분이 형태음운론 규칙으로 포착됨을 보이는 것이다.

'-는다'의 다른 변이형태인 '-니다', '-라'의 실현 환경은 다음과 같다.

(26) 가. {다} → /니다/ / {습}___
나. {다} → /라/ / {더}___
다. {다} → /라/ / {으리}___
라. {다} → /라/ / {이-, 아니-}___{고}

(26가, 나, 다)는 '-습니다', '-더라', '-으리라'의 '니다', '라'를 '-다'의 변이형태로 처리함을 보여준다. 또, '이-, 아니-'는 형용사의 하위 부류로 상정되고 이 뒤에서는 (25라)의 기본형이 실현되는데('학생이다', '학생이 아니다'), '이라고, 아니라고'처럼, 인용의 조사 '-고' 앞의 환경에서는 (26라)의 규칙에 따라 '-라' 형태가 실현된다. 현대 한국어 구어에서 '-고' 없이 나타나는 "학생이라/학생이 아니라 본다"와 같은 예는 (26라) 규칙이 적용된 후에 '-고'가 생략된 형식이라고 설명할 수 있다. 규칙의 적용 순서에서 특수한 규칙인 (26)이 (25가-다)에 앞선다고 상정하면 '-습니다', '-더라', '-으리라' 등의 형식이 먼저 실현되어 (25) 규칙들의 지배를 받지 않게 된다.[946] '더'를 가지는 다음 형식들을 모두

로 정제함으로써 더 체계적으로 기술할 수 있다. 필자의 현재 생각으로는, 음운론적 구조로 연결 또는 전이되는 통사적 과정의 한 단계(표면구조/S-구조 또는 최소주의 통사론에서의 '문자화 Spell-Out')에서 어간인 'Vx'와 '-으시-', '-었-', '-겠-', '-는다'가 C 범주의 머리성분 교점에 결합된 상태로 주어지고, 선어말어미 중 '-으시-'만은 'Vx'의 형태론적 자질을 계승하는 특성을 가진다는 특별한 규정을 두는 것이 필요하다고 본다. 양정석(2007가)에서는 통사구조의 두 머리성분 단위가 한 어휘의미적 단위와 대응하면서 선행 요소의 형태론적 자질이 후행 요소의 자질로 전승됨을 보장하는 통사론적 원리로서 '재구조화 원리'를 상정하였다. 이 원리에 따라 '[Vx 으시]'와 같은 단위가 'Vx'의 범주를 갖게 된다고 설명할 수 있다. 이 같은 단계를 상정하면 (25나)와 (25다)를 한 규칙으로 통합할 수 있다.

945) 현재진행시제 보조어간('나아감때 도움줄기')으로 규정되는 '는'의 유무가 그 구분 기준으로 사용되었다. 참고로, 최현배(1937/1971: 447)에서 현재시제 활용형의 예로 든 '역사적 현사법'("삼일 정오에 비로봉에 오르다.")의 '-다'는 (25)와는 다른 독립된 형태소로 분석되어야 한다. 이는 동사/형용사의 구분, 어간 말음의 음운론적 성질과 관계없이 언제나 '-다'로만 실현된다.

이처럼 상정할 수 있다.947)

(27) -더구나, -더구려, -더구먼, -더냐, -더니, -더라, -던, -던가, -던고, -던데, -던지, -데, -습디다, -습디까.

(24라)의 '-니까', '-네'가 더 분리되지 않는 단일 형태소로 처리되어야 함은 앞의 (3), (4)의 '느'의 분포 사실로부터 얻어지는 자연스러운 귀결이다.948) '-니까'가 '-습-' 뒤에서만 실현되도록 보장하기 위해서는 다음과 같은 실현 규칙을 설정할 수 있다.

(28) {니까} → /니까/ / {습}__

(24나)의 '-는구나' 부류 어미의 변이형 실현 양상은 다음과 같다. 이 부류의 어미들이 문법적 자연군을 이루지 않는다는 점은 분명하다. '-어/아, -지, -소/으오' 등의 종결어미가 이 부류에 속하지 않으며, 바로 앞의 '-는다'가 이 부류에 속하지 않기 때문이다. 감탄형을 한 문법적 하위범주로 설정하여 이들만을 포함할 가능성도 배제된다. '아름다워라!'와 같은 예의 감탄형어미 '-어라'는 이 부류에 들지 않기 때문이다. 그러므로 이 네 개의 어미는 각각 두 개씩의 변이형 실현 규칙으로 포착하여 기술하는 것이 합리적이다. 이 경우에도 (29나)의 '-구나' 형태를 기본형으로 간주하면 (29가)의 한 개의 변이형 실현 규칙만을 가지는 더욱 간결한 기술을 얻을 수 있다. 즉, 어휘부에 주어지는 기본형과 함께 (30)과 같은 규칙들만을 설정하면 된다.

(29) 가. {구나} → /는구나/ / V_v (으시)_
나. {구나} → /구나/ / {었, 겠, V_a (으시)}_

(30) 가. {구나} → /는구나/ / V_v (으시)_

---

946) 이러한 방법은 Chomsky(1957) 이래의 생성문법 이론에서 불규칙적 형태의 실현을 설명하는 표준적인 방법이다. (26나-라)는 '느'를 독립된 어미로 분석하는 입장에서도 앞의 (3), (4)와 더불어 상정해야 하는 형식이라는 점에 주의해야 한다.

947) (27)의 '더' 결합형은 (24)의 '느' 계통 어미보다 그 수가 훨씬 더 적다. 이는 '느'와 '더'가 계열적 대립을 이루지 않음을 뜻하는 것이다(자세한 논증은 양정석 2008 참조).
(26라)의 '이-, 아니-'는 문법적 자연군('잡음씨')을 이루고, '고'도 그 하나만으로 자연군('인용격 조사')을 이루나, (26가-다)의 조건은 자연군을 이루지 않는다. 필자의 궁극적 관점은 '-습니다, -습니까, -으리라'와 (27)의 형식들 각각을 Chomsky(1965)에서 통사구조의 최소 통사 단위로 상정하였던 '형성소(formative)'로 보아 어휘부의 단일 항목으로 등재하는 것이다. (26라)는 그대로 특수한 규칙으로 설정한다.

948) '-네'는 두 개의 동음이의 형태소인 '-네[1]'("자네를 믿네.")과 '-네[2]'("재가 비 맞고 오네.")로 나누어야 한다.

나. {도다} → /는도다/ / V_v (으시)_
다. {구려} → /는구려/ / V_v (으시)_
라. {구먼} → /는구먼/ / V_v (으시)_

앞의 11.5.1절에서 주요 관심사였던 것은 (24다)의 '-는, -는데' 부류 어미들이다. 이들의 변이 양상은 다음과 같이 규칙화된다. 각각에서 (나)의 변이형을 기본형으로 삼으면 (가)의 한 가지 규칙만을 설정하여 기술할 수 있다. 이들은 모두 형용사 어간에 결합될 때 '으'로 시작하는 변이형으로 실현되는 특징을 보인다. 이렇게 해서 얻어진 '으'로 시작하는 변이형은 다시 일반 음운론적 규칙인 조음소 '으' 탈락 규칙의 지배를 받게 된다.[949]

(31) 가. {는} → /은/ / V_a (으시)_
나. {는} → /는/ / V_v (으시)_
(32) 가. {는데} → /은데/ / V_a (으시)_
나. {는데} → /는데/ / {었, 겠, V_v (으시)}_
(33) 가. {는가} → /은가/ / V_a (으시)_
나. {는가} → /는가/ / {었, 겠, V_v (으시)}_
(34) 가. {느냐} → /으냐/ / V_a (으시)_
나. {느냐} → /느냐/ / {었, 겠, V_v (으시)}_

이에 따라 '좋은/좋으신/*좋는/*좋으시는, 좋은데/좋으신데/*좋는데/*좋으시는데'와 '*좋았은데/좋았는데, *좋겠은데/좋겠는데'의 대조적 사실들이 설명된다.[950] 후자의 예들은 '-았-' 뒤, '-겠-' 뒤의 위치가 (32가) 규칙이 적용될 조건을 만족하지 않기 때문에 기본형 '-는데'가 실현된 것뿐이다.

앞 절에서 관찰하였듯이, '-는, -는데' 부류 어미의 특이성은 '있다', '없다'와 관련하여 두드러지게 나타난다. '-는, -는데' 부류의 어미들이 보이는 변이를 완전히 기술하기 위해서는 '있-', '없-', '계시-'의 어휘부 처리를 아울러 고려해야 한다. 이는 앞 절의 (20)-(23)

949) 조음소 '으' 탈락 규칙('고룸소리 없애기')을 현대 한국어 음운론적 규칙들의 전 체계 속에서 명시적으로 기술한 예로 허웅(1983 : 119)을 참조하기 바람.

950) (31)과 (32)-(34)의 비교에서 알 수 있는 것처럼 '-는'과 '-는데, -느냐, ……' 등의 어미들은 그 변이 양상에 다소 차이가 있다. 양정석(2008)에서는 과거 의미의 '-은'을 '-었-는'의 형태음운론적 축약형으로, 추측·미래의 '-을'을 '-겠-는'의 형태음운론적 축약형으로 상정하고, 이에 따라 관형절과 그 외 구성에서의 시간요소들 간의 대응 관계가 체계적으로 설명됨을 보였다. 이렇게 상정하면 (31나)의 규칙의 조건이 (32)-(34)의 (나) 규칙들의 조건과 같아진다.

의 표가 지시하는 점이다. (35)의 어휘 항목들과 (36)의 '어간-어미' 형식의 불규칙형이 어휘부에 등재된다. 이에 따라 정상적인 (31)-(34) 규칙의 적용이 '저지(blocking)'된다. 이는 영어의 'took', 'went'와 같은 불규칙동사에서 보는 것과 동일한 메커니즘이다.

(35) ㄱ. '있-'은 두 어휘항목 '있-[1]'(동사)과 '있-[2]'(형용사)로 설정된다.
ㄴ. '없-'은 한 개의 어휘항목(형용사)으로만 설정된다.
ㄷ. '계시-'는 두 어휘항목 '계시-[1]'(동사)과 '계시-[2]'(형용사)로 설정된다.

(36) 형용사 '있다', '없다'의 불규칙형들:

있-는, 있-는데, 있-는바, 있-느냐, 있-느니라, 있-는가, 있-는감, 있-는고, 있-는지, 있-는지라, 있-는지고, 있-는걸, 있-느니
없-는, 없-는데, 없-는바, 없-느냐, 없-느니라, 없-는가, 없-는감, 없-는고, 없-는지, 없-는지라, 없-는지고, 없-는걸, 없-느니

촘스키(Chomsky 1957: 32)에서는 형태음운론 규칙(morphophonemic rule)으로 다음과 같은 것을 설정하고, 이 규칙이 다른 형태음운론 규칙에 앞서 적용된다고 함으로써 그 불규칙성을 설명하였다.

(37) take + past → /tuk/

자켄도프(Jackendoff 1997: 131-151)는 아로노프(Aronoff 1976) 이래로 조어론 영역에서 적용되던 '저지(blocking)'의 개념을 영어의 굴절 형태론에 확대 적용하였다. 'took'가 어휘부에 설정되어 있어서 'take-ed'의 결합을 저지한다고 설명하는 것이다.

이제 '있는/*있은/*있으시는/있으신', '없는/*없은/*없으시는/없으신'과 같은 현상을 설명할 수 있다.[951] 형용사로 쓰일 때의 '있-는'이 '*있-은'의 실현을 저지하는 것은 'took'가 '*take-ed'의 실현을 저지하는 것과 다를 바 없다. '있으신'은 (36)의 불규칙형 '있는'과는 무관하며, '있-으시-는'의 결합을 바탕으로 (31가) 규칙(형용사 어간 뒤의 관형사형 '-는'을 '-은'으로 바꾼다)이 적용되어 나타난 형식이다. 과거 의미의 '있은'이 가능한 것도 같은 방법으로 체계적으로 설명할 수 있다. 불규칙형 '있-는'이 저지하는 것은

951) (35), (36)에 바탕을 둔 위 설명 방안에 따르면 '5시까지 여기에 있으시는 아버님'과 같은 예의 동사 용법 '있으시는'도 문법적인 형식으로 예측된다. 이 예는 규범 문법에서 '계시는'으로 말하도록 권장되는 것이지만, 현실의 발화에서 이러한 예를 쉽게 관찰할 수 있다.

현재 의미를 가지는 형용사 관형사형일 뿐이므로, 이 밖의 경우에는 정규적인 어미 형태 실현의 절차가 진행되는 것이다.[952)]

'-는'의 경우 말고도, '-는데, -는가, -는지, -느냐, ……' 등의 어미들과 관련하여 나타나는 '있는데/*있은데/*있으시는데/있으신데', '없는데/*없은데/*없으시는데/없으신데' 등의 차이를 같은 방법으로 설명할 수 있다.[953)] (36)의 형식들만 제외하고는 동사/형용사의 구분이 정상적으로 작동하는 것이다. 여기에서 '느' 계통 어미들의 변이를 결정하는 핵심 요인이 어간의 동사/형용사 구분임을 다시금 확인할 수 있다.

영어는 어미의 수가 얼마 안 되기 때문에 한 동사의 불규칙형이 두세 개 정도로 제한된다. 그러나 동사들이 과거형, 과거분사형을 포함하여 수백 개에 이르는 불규칙형을 가진다는 점을 감안한다면 (36)에 제시한 불규칙형의 수는 오히려 극히 미미한 것임을 이해할 수 있다. 그러므로 영어사전에 불규칙동사들의 목록이 제시되는 것처럼 (36)의 목록도 국어사전에 제시되어야 한다.

불규칙형은 어린아이가 말을 배울 때 암기해야 하는 단위이다. 언어 습득기에 현대 한국어를 배우는 어린아이는 형용사 '있다'의 관형사형(현재 의미)으로 '*있-은'을 예측할 수 있다. 그러나 접근 가능한 자료를 통하여 '있-는'이 바른 형식임을 알게 된 이후로는 이것을 불규칙형의 목록으로 장기 기억(long-term memory)에 저장하게 된다. (36)의 나머지 형태들이 모두 그와 같이 설명된다. (36)의 목록은 어린아이들의 언어 습득에 관한 연구와 관련해서도 중요성을 가진다.[954)]

이 시점에서 따져 볼 점은 '느'를 분석할 경우의 변이형태 실현 규칙인 11.5.1절의 (3), (4)와 이 절 11.5.2절에서 이제까지 제시한 규칙, 어휘 항목들의 수를 비교해 보는 일이다. '느' 분석론의 연구들 중에는 (25)와 (26)의 예를 거론하며 '느'를 분석하지 않는 입장이 문법의 간결성을 획득하는 데에 성공하지 못한다고 주장하는 경우가 있다.[955)]

---

952) 양정석(2008가)에서는 과거 의미의 '-은'을 '-었-는'의 형태음운론적 축약형으로 상정하였다. 어느 경우에나 (36)의 불규칙형의 존재와 이에 의한 정규적 '어간-어미' 결합의 저지라는 설명 방법이 필요하다.

953) (35), (36)에 바탕을 둔 위 설명 방안에 따르면 '5시까지 여기에 있으시는데……'와 같은 예의 동사 용법 '있으시는데'가 문법적 형식으로 예측된다. 이 예도 규범 문법에서는 '계시는데'로 말하도록 권장되지만, 현실의 발화에서는 이러한 예를 쉽게 관찰할 수 있다.

954) 영어의 'took'와 같은 불규칙형이 영어의 활용 체계에서 보이는 메커니즘은 오랫동안 언어심리학적 쟁점이 되어 왔다. 불규칙형 'took'가 장기 기억에 저장됨에 비해서 'walk-ed'와 같은 규칙형은 발화의 현장에서 작업 기억(working memory)과 같은 곳에서 '온라인'으로 생성된다고 하는 설명과, 이런 차이 없이 이 두 가지 형식이 동일한 방법으로 처리된다고 하는 설명이 대립되어 왔다(Jackendoff 1997: 121-123, 2007 참조). (36)의 불규칙형들은 한국어를 대상으로 이러한 언어심리학적 쟁점을 검증하기 위한 자료로 활용될 수 있다.

955) 최동주(1996: 106)에서 이러한 주장이 보인다. 그는 남기심(1982)의 처리를 반박하면서 "이는 {-느-}의 복잡한 변이 조건을 어말 어미의 변이 조건으로 떠넘긴 것에 불과할 뿐 간결성을 획득한 처리가 결코 아니다. 오히려 [(25)와 (26)은] 어말어미들의 이형태의 수를 많게 함으로써 복잡성을 더하고 있는 것이다."라고 말하고 있다('[

앞 절에서는 (3), (4)에 제시된 규칙들이 진정한 규칙이 아닌, 어휘개별적 기술들에 지나지 않는다고 하였다. (3아)의 경우를 기본형으로 상정하여 제외하더라도 (3)은 결국 99개의 어휘개별적 기술이 되며, 두 개의 규칙의 형식으로 되어 있는 (4)도 52개의 어휘개별적 기술이 되므로, 도합 151개의 어휘개별적 기술이 된다고 지적하였다. 반면, 이 절의 방안에 따르면, '-는다' 부류의 규칙은 '-는다'의 경우 6개, '-는담'과 '-는답시고'의 경우 각각 2개('동사 뒤, 지정사 뒤의 실현 규칙')이고, '-는구나' 부류의 규칙은 4개, '-는, -는데' 부류의 규칙은 13개이므로, 모두 27개의 규칙만을 설정하면 된다. (36)의 불규칙형 26개를 합하면 53개가 되는데, 이는 훨씬 적은 수의 규칙과 어휘항목으로 해당 현상을 설명할 수 있음을 보이는 것이다. 더욱이, 151개와 53개의 수치 비교보다 중요한 것은, 이 절에서 제시한 규칙들은 '동사 뒤, 형용사 뒤, 지정사 뒤'와 같은 문법적 자연군, '+/-모음성'과 같은 음운론적 자연군을 그 조건으로 가짐으로써 진정한 규칙을 구성한다는 사실이다. 이는 이 절의 기술이 해당 현상의 일반화를 포착함으로써 '기술의 충족성'을 만족하고, 따라서 문법의 간결성을 획득하는 데에 성공하였음을 의미한다.

(36)의 불규칙형들과 '느' 계통 어미들이 참여하는 구조를 발견한 결과, 이 외에도 많은 사실들이 이러한 발견을 바탕으로 새롭게 조명될 수 있다. 몇 가지 예를 더 들기로 한다.

'없다', '있다'와 관련한 불규칙성의 정체를 파악할 수 있게 됨으로써, 성격이 다른 구문에서의 관련 현상을 이해하는 데에도 확실한 근거를 얻게 되었다.

보조동사 구문으로 알려져 온 '-기는 하-' 구문과 '-지 아니하-' 구문에는 흥미로운 현상이 있다. 본용언의 동사성/형용사성에 따라 보조용언의 동사성/형용사성이 호응하는 현상이 그것이다.

(38) 가. 믿기는 한다/*믿기는 하다/*검기는 한다/검기는 하다.
나. 믿지 않는다/*믿지 않다/*검지 않는다/검지 않다.

'있다'는 동사성과 형용사성을 모두 가지며, 이에 따라 본용언의 성질이 보조용언에 반영된다. '없다'는 형용사성만을 가지므로 (40)과 같은 결과가 나타난다.

(39) 가. 그가 5시까지 거기에 있기는 한다/책이 거기에 있기는 하다.
나. 그가 5시까지 거기에 있지 않는다/책이 거기에 있지 않다.

]' 안은 현재의 문맥에 맞게 필자가 고친 것).

(40) 가. *그가 5시까지 거기에 없기는 한다/책이 거기에 없기는 하다.
　　나. *그가 5시까지 거기에 없지는 않는다/책이 거기에 없지는 않다.

우리의 논의의 결과는 이 현상을 설명하는 근거가 된다. 그 해결 방안을 간단히 설명하면 다음과 같다. (36)의 불규칙형에 의한 저지 작용은 형용사로서의 '있-', '없-' 어간과 '-는, -는데, ……'가 연이어지는 경우에만 일어나는 것이다. (39), (40)에서는 이 작용이 관여할 환경이 전혀 이루어져 있지 않다. 그러나 이와는 독립적인 작용이 일어난다. 하위절 용언의 동사성/형용사성이 상위절 용언의 동사성/형용사성으로 전승되는 작용이다. 이 작용에 따라 (39가, 나)의 예에서 '있-^{1}'(동사)과 '있-^{2}'(형용사)의 특성이 상위절 용언인 '하-', '않-'에 전해지는 것이다.[956]

이 절(11.5절)의 서두에서는 보조용언의 '있다'가 동사의 활용을 보이는 예가 있음을 언급하였다. 보조용언으로서의 '있다'가 일반 용언으로서의 '있다'와 같은 단어라고 한다면 동사로 쓰일 때 '는/느'가 결합되는 현상은 문제될 것이 없다. 그러나 기존의 지배적인 견해는 보조용언 '있다'는 일반 용언 '있다'와는 통사적으로 다른 범주에 속한다고 보는 것이다.

양정석(2004가, 2007가)에서는 이른바 보조용언 구문의 '있-'이 상위절의 용언이며, 이 용언 자체는 '비한계성'('-고 있-' 구문의 경우), '한계성'('-어 있-' 구문의 경우)의 구문적 의미를 표현하는 구문에 참여하는 한 요소일 뿐이라는 관점을 보인 바 있다. 이에 따르면 다음 (41가, 나)의 예에서 '있-'은 각각 비한계성과 한계성의 구문에 형용사 아닌 동사로서 참여하고 있을 뿐이다. (42)에서는 '있-'이 형용사로 참여하고 있다.

(41) 가. 나는 5시까지 아이를 보고 있는다.
　　나. 나는 5시까지 이렇게 서 있는다.
(42) 가. 나는 지금 아이를 보고 있다.
　　나. 나는 지금 이렇게 서 있다.

하나의 동사 '있-'이 일반 동사로도, 보조동사로도 쓰이는 것이다. 본 논의의 결과는

956) 양정석(2007가)에서는 통사구조에 적용되는 '재구조화 원리'에 의해 하위 구 머리성분(head)의 형태론적 자질이 상위 구 머리성분으로 전승됨으로써, '본용언'의 동사/형용사의 성질이 '보조용언'인 '하-', '아니하-'에 주어진다고 설명하였다. 그 곳에서는 (38)-(40) 예들에 대한 강명윤(1988/1993)과 최기용(1991, 2002)의 설명을 비판적으로 검토한 바 있다. 이들의 이론은 통사적 과정에서 없던 구조를 새로 만들어 내거나(강명윤 1988/1993), 의미를 가지는 요소인 '-기', '-지'를 통사적 과정에서 도입하는 등의 문제점을 가지고 있다. 그러나 이 세 이론 중 어느 것을 취하든 (38)-(40)에서의 어미들의 변이 현상에 관한 본 논의의 설명이 필요하다.

이러한 관점과 부합된다. (41)의 두 예에서 '있는다'는 동사로서의 '있-[1]' 어휘항목이 선택되어 쓰인 것이다. 이 경우의 '-는다'는 위 (25가)의 규칙이 적용되어 실현된 것이다. (42가, 나)의 '있다'는 (25라)가 적용된 결과이다.

우리의 논의를 통하여 얻게 된 또 하나의 부산물은, 불규칙형 (36)의 존재가 현대 한국어 어미 단위들의 확인과 그 형태음운론적 하위분류에 관한 엄정한 기준이 되어 준다는 점이다.

(36)의 존재가 드러나지 않은 상태에서는 '느' 계통 어미들과 혼동하기 쉬웠던 어미들이 있다. '-으니('이유·원인'의 연결어미), -은들, -은즉, -은즉슨' 등이 그것이다. 이들은 (36)과 같은 불규칙형을 갖지 않는다는 분명한 증거에 따라, 조음소 '으'를 첫머리에 가지는 어미로 취급되어 '느' 계통 어미들과 구별된다. 동사로만 쓰이는 '믿다'의 경우와 비교해 보아도, 이들 어미가 첫머리에 '느'를 갖지 않음은 분명하다.

(43) 가. *있느니/있으니, *어디에 있는들/어디에 있은들, *여기에 있는즉/여기에 있은 즉, *여기에 있는즉슨/여기에 있은즉슨

나. *없느니/없으니, *돈이 없는들/돈이 없은들, *재난이 없는즉/재난이 없은즉, *재난이 없는즉슨/재난이 없은즉슨

(44) *믿느니/믿으니, *믿는들/믿은들, *믿는즉/믿은즉, *믿는즉슨/믿은즉슨

'-느니/으니'와 '-으니' 외에도, 동사 뒤에만 쓰이는 '-느니'가 있어 종종 이들과 혼동되어 왔다.[957] 다음 예의 '-느니'는, '-느라고', '-노라'와 같이, 'ᄂᆞ'에서 기원하는 형식을 포함하기는 하지만 '느'를 분석할 근거가 없는 경우이다. 이들 어미는 앞 절의 (3)에서 규칙의 조건으로 언급되지 않았다. 이들은 '느'를 제거한 어미 형태를 갖지 않으므로 이들에서 '느'의 분석은 불가능하다. 그러나 이들은 형용사 아닌 동사와만 결합 가능하다는 특징을 가진다. 형용사인 '있-'('있-[2]')과 형용사 용법만 가지는 '없-'은 이들 어미와 결합할 수 없다.[958]

---

957) 이 밖에, 동사/형용사의 구분과 어간말의 모음성 여부에 관계없이 항상 '-니'로 실현되는 독립된 어미가 더 있다. 이 어미 '-니'는 뒤의 (49), (50)에 제시하는 어미 '-냐'와 활용 및 억양에서 동일한 패턴을 보인다.

a. 무엇을 읽니?/어디에 가니?/누구를 미니?

b. 밖이 춥니?/방바닥이 차니?/이 밭은 흙이 거니?

958) '-느라고'의 경우 (a)와 같은 형식의 형태음운론적 규칙을 설정하는 것은 불필요한 일이다. '-느라고'가 가지는 의미 정보만으로 형용사(나아가서 무정물 주어를 가지는 동사)와의 결합을 제약할 수 있기 때문이다. '-으려고, -으러'의 경우도 유사한 예이다.

a. {느라고} -> /느라고/ / Vv (으시)_

(45) 가. 실내에 남아서 조심하느니/*조용하느니(*조용하니) 밖에 나가서 바람을 쐬겠다.
나. 그가 조심하느라고/*조용하느라고(*조용하라고) 기침을 참았다.
다. 나는 떠나노라/*고독하노라(*고독하라).

(46) 가. 사무실에 있느니 커피숍에서 기다리겠다/*그 책이 여기에 있느니 옆방에 있을 것이다 /*책이 여기에 없느니 아예 가져오지 않았을 것이다.
나. 그가 퇴근 후에 사무실에 있느라고/*책이 여기에 있느라고/*책이 여기에 없 느라고 고생을 한다.
다. 나는 너희와 함께 있노라/*책이 여기에 있노라/*책이 여기에 없노라.

(36)의 불규칙형에 관계하는 어미의 하나로 '-느냐'가 있다. 앞 절의 표 (23)에서는 그 변이의 특징이 제시되었다. 종래의 연구에서 잘 인식되지 않은 점은, '-느냐'와 다른 어미 '-냐'가 존재한다는 사실이다. 이것도 (36)의 존재를 발견함에 따라 분명히 알게 된 점이라고 할 수 있다.

'-느냐'는 동사 어간 뒤에서 '-느냐', 형용사 어간 말음이 'ㄹ' 외의 자음일 때([-모음성]) '-으냐', 형용사 어간 말음이 'ㄹ'이거나 모음일 때([+모음성]) '-냐'로 실현된다.

(47) 무엇을 읽느냐?/어디에 가느냐?/누구를 미느냐?
(48) 밖이 추우냐?/방바닥이 차냐?/이 밭은 흙이 거냐?

그러나 언제나 '-냐'로만 실현되는 독립된 어미 '-냐'가 있다. (49), (50)이 그 예이다. (48)과 (50)은 표기상으로 동일할 때에도 실제 억양은 차이가 있다. 전자는 기본적으로 문어체의 요소인데, 발화에서 사용될 때에는 끝을 다소 내려야 한다. 후자는 끝을 올린다.

(49) 무엇을 읽냐?/어디에 가냐?/누구를 미냐?
(50) 밖이 춥냐?/방바닥이 차냐?/이 밭은 흙이 거냐?

표현되는 어미의 의미에도 차이가 있다. (49), (50)은 친구 사이와 같은 친밀한 관계에서 사용될 수 있는 반면, (47), (48)은 윗사람이 아랫사람에게 말할 때에 사용되며, 화자의 사무적 태도, 고압적 태도를 전달할 수 있다.[959]

959) 현재 인터넷으로 제공되는 국립국어원의 『표준 국어대사전』에도 이러한 차이가 바르게 기술되어 있지 않다. '-느냐'와 '-냐'는 서로 다른, 독립된 어미들로 처리되어야 한다.

시제, 상, 법은 통사 범주이므로 통사구조의 한 교점에 서는 통사 단위로 설정되어야 하고 이를 바탕으로 그 음운론적 실현을 기술해야 한다. '느'를 이러한 통사 단위로 분석하는 논의들이 그 변이형태 실현을 규칙으로 예측하기가 불가능하다는 것을 증명하였다. 반면, '느'를 이어지는 어미의 일부로 붙이면 '-는다' 부류, '-는구나' 부류, '-는, -는데' 부류에서 각 어미들의 실현을 규칙을 통해서 예측할 수 있음을 보였다. '-는, -는데' 부류의 어미들이 형용사 어간 '있-', '없-'에 연이어지는 경우에 한해서 정규적인 어미 형태 실현이 제약됨을 발견하였다. 즉, '있는, 있는데, 있는바, 있느냐, 있느니라, 있는가, 있는감, 있는고, 있는지, 있는지라, 있는지고, 있는걸, 있느니' 그리고 '없는, 없는데, 없는바, 없느냐, 없느니라, 없는가, 없는감, 없는고, 없는지, 없는지라, 없는지고, 없는걸, 없느니' 들이 '어간-어미'의 형식으로 어휘부에 등재되어 있어서 정규적인 어미 형태 실현을 저지한다는 것이다.

이 26개의 불규칙형들이 '느' 계통 어미들이 참여하는 분명한 구조에 대한 인식을 가로막아 왔다. 그러나 이들의 실체를 발견함으로써 '느' 계통 어미들의 구조에 관한 불확실성은 사라지게 되었다. 활용 체계를 가지는 여느 언어에서와 같이 현대 한국어도 정규적 '어간-어미'의 결합과 그 저지의 메커니즘을 운용한다. '있-', '없-' 어간이 '-으시-'와 결합할 때에 나타나는 특이성들이 일관된 구조적 사실임을 이해할 수 있게 되었다. '-기는 하-' 구문과 '-지 아니하-' 구문이 보이는 본용언과 보조용언 사이의 동사성/형용사성 호응의 사실도 일관된 구조적 사실임을 이해할 수 있게 되었다. 나아가서, 보조용언 구문에 나타나는 '있다'가 일반 구문에 나타나는 '있다'와 다른 것이 아니라는 필자의 이전의 관점(양정석 2004가, 2007가)이 지지를 얻게 되었다.

11.6. 덧풀이 2: '-더-'는 통사 단위가 아니다[960)]

'-더-'가 통사 단위라는 점은 기존 대부분의 연구자가 가정하는 것이나, 현대 언어학의 기본 개념들에 비추어 점검해 보면 이 가정은 유지될 수 없다. '-더-'를 통사 단위로 분석하는 선행 연구자들의 주장을 '-더-' 분석론이라고 지칭하기로 한다. 앞의 '덧풀이 1'(양

(24다)의 어미 중 하나인 '-는걸'도 『표준 국어대사전』에는 바르게 기술되어 있지 않다. "그 책은 벌써 다 읽은걸./너무 속상해 하지 마. 그놈에게는 우리도 속은걸."과 같은 예를 들고 있지만, 이는 바른 표현이 아니다. 이 어미는 형용사 어간 다음이 아니라면 언제나 '-는걸'로 실현되어야 하므로, "그 책은 벌써 다 읽었는걸./그놈에게는 우리도 속았는걸."로 수정되어야 한다.

960) 이 절은 같은 제목으로 한글 339호(2023)에 실렸던 논문을 부분적으로 서술을 다듬어서 다시 제시하는 것이다.

정석 2012)에서는 '-느-'가 통사구조의 종단 교점으로 설정되는 통사 단위가 아니라는 점을 증명했다. 이의 연장선상에서 검토하여, '-더-'도 통사구조의 종단 교점으로 설정되는 통사 단위가 아님을 증명하는 것이 이 절의 목적이다.[961)]

잠재적으로 이 절의 논의에 관련되는 모든 연구자가 공유하는 명제를 (1)과 같이 제시하기로 한다. 이 절의 논점은 (2)와 같이 요약된다. '-더-'를 통사 단위로 설정하는 선행 연구들은 이를 시제 또는 상의 표지로 규정하거나,[962)] 서법 또는 양상(양태)의 표지로 규정하거나,[963)] 양상과 독립되는 증거성의 표지로 규정한다.[964)]

(1) '-더-'를 시제, 상, 서법 또는 양상의 문법범주, 독립된 증거성의 문법범주로 규정하는 것은 이를 통사구조의 종단 교점을 차지하는 독립된 통사 범주로 설정한다는 뜻이다.

(2) '-더-'는 현대 한국어에서 위 (1)과 같은 의미에서의 통사 단위가 아니다.

다음에서는 먼저 '-더-'의 분포적 사실들을 망라하여 한국어의 구 구조(phrase structure) 기술에서 이들이 가지는 의의를 설명한다. '-더-'를 독립된 통사 단위로 분리

961) '-더-'의 형태소 여부가 아니라 통사 단위 여부를 논하는 것이 이 절의 목적임을 강조해야 하겠다. 기존 연구자 중에는 '-더-' 분석의 문제와 조어론적 단위의 형태소 분석 문제를 혼동하는 경우도 있다.
"...'-던'의 '-더-'를 분석하지 않는다면, 앞에서 제시한 '불꽃'이라는 단어도 '불+꽃'으로 형태소 분석하지 말고 '불꽃'을 하나의 형태소로 다루어야 할 것이다." (송창선 2011: 192)
'불꽃'과 같은 합성명사는 아무리 여러 개의 형태소로 구성되어 있더라도 통사구조상에는 최소 통사 단위로 다루어지나, '-던'을 두 개의 단위로 분석하면 '-더-'의 통사 범주를 결정해야 하고, '-더-'가 '-은'과는 결합되는데 왜 다른 수많은 어미들과는 결합되지 않는지를 설명해야 한다(11.6.1.2절 참조).

962) 최현배(1937), 한동완(1996), 그리고 형식의미론적 연구인 정경숙(2005, 2007)이 있다. 정경숙은 '-더-'가 시제 표지이지만 그 전제로서 '-었-, -겠-, ∅'에 의해 표시되는 증거성을 유발한다는 특이한 이론을 전개한다. 드물지만 '-더-'를 상(aspect)의 범주로 처리하는 연구도 있다. 이효상(1991)은 '-더-'를 '과거 비완결상'의 범주로 규정한다. 최동주(1994, 1995)는 관형절의 '-더-'를 '비완료상(imperfective)'의 범주로 규정하고, 그 외의 '-더-'는 선행 명제의 상황을 바라보는 화자의 시점이 인식시(과거)에 있음을 표시하는 서법(mood) 표지로 간주한다.

963) '-더-'를 서법 범주로 규정한 고영근(1965, 2004), 남기심(1972), 양상('양태') 범주로 규정한 장경희(1985)가 대표적이다. '-더-'를 양상 요소로 분석하는 형식의미론적 연구로 이정미(2011, 2013)가 있다. 그는 '-더-'가 증거성 의미를 가진다고 보는데, 증거성 자체는 양상의 한 개념이라고 한다. 화행(speech act) 이론에 입각한 연구인 김영희(1981)도 서법(mood)의 문법범주로 처리하는 연구의 하나로 분류할 수 있다.
고영근(1993: 40)에서는 '-더-'가 '문장구성소'이지만 다른 요소들과 결합한 '-ㅂ디다'는 '문장형성소'로서 어휘부('사서부')에 등재된다고 했다. '-ㅂ디다', '-더라'와 같은 단위를 통사 단위로 간주하는 것으로 추측해 볼 수 있다. 그러나 이후의 견해인 고영근(2004: 168)에서는 어미들이 (a)와 같은 '배열 순서'를 가지며, 현재시제 '-는/ㄴ-'은 과거시제 '-었-', 미래시제 '-겠-'과 계열 관계를 이루고, 직설법 '-느/니-'는 '-더-' 및 '-리-'와 계열 관계를 이룬다고 말하고 있다. 또 한국어의 모든 선어말어미, 어말어미는 (b)와 같은 통사구조를 형성한다고 한다(고영근 2004: 135-136). 이는 '-더/디-'와 '-느/니-', '-리-'가 서로 계열적으로 대립하는, 통사 범주 '서법'을 나타내는 통사 단위들라는 주장을 하는 것이다.
a. 어간 (시) ({었, 는/ㄴ, 겠}) ({겠, 었}) (사오) (습) ({더/디, 느/니, 리}) (ㄴ/ 니) 다
b. [$_S$[$_S$[$_S$ 아기가 과자를 먹] 었] 다]

964) 이러한 연구로 송재목(2007, 2009), 임동식(2010, 2014)이 있다.

하는 경우 그 형태통사론 체계가 근본적으로 파탄에 이르게 됨을 보인다(10.6.1절). 이어서, (1)에 따라 '-더-'를 시제 표지로 분석하는 견해, 서법 표지 또는 양상의 요소로 분석하는 견해, 독립적 증거성 범주로 분석하는 견해 들 중 어떤 것을 취하더라도 '-더-'와 결합 불가능한 어미들을 그 의미 규정을 통해 배제하는 일이 불가능함을 보인다(10.6.2절). '-더-'를 통사 단위로 분석함으로써 이르게 되는 모순적 결과들을 꼼꼼히 지적하여, 어느 형태통사론적, 의미론적 이론도, 현대 언어학의 표준적 체계인 생성문법 이론 체계 안에서, 규정된 문법범주의 의미가 '-더-'의 분포적 사실과 정합하는, 합리적 설명을 제공하지 못함을 보이게 된다. 한편, 형태적으로 '-더-'와 무관한 연결어미 '-길래'가 직접증거성 의미를 가지는 사실을 보이고 그 의의를 평가한다. 그런 다음, '-더-'를 직접증거성의 요소로 간주하는 전제에서 '-대-' 등의 간접증거성 요소를 상정하는 연구들, '-더-' 분석론의 입장에서 일부 예의 '-었더-'를 단일 통사 단위로 분석하는 연구를 검토하여 그 문제성을 구체적으로 밝힌다(10.6.3절).

11.6.1. 형태통사론적 사실과 '-더-' 분석론의 모순성

11.6.1.1. '-더-'의 변이형들의 분포

'-느-'를 통사구조의 종단 교점에 설정되는 통사 단위로서의 문법범주, 즉 현재시제 또는 미완결상 또는 직설법의 표지로 가정하는 경우, '-느-'의 변이형 '느, 는, ㄴ, 니, Ø'의 실현 조건들을 다음과 같이 망라할 수 있다(양정석 2012).

(3) 가. {느} → /는/ / [-모음성]]$_{Vv}$___{다}
나. {느} → /ㄴ/ / [+모음성]]$_{Vv}$___{다}
다. {느} → /ㄴ/ / V_v 으시___{다}
라. {느} → /는/ / V_v (으시)__{구나, 도다, 구려, 구먼}
마. {느} → /느/ /{었, 겠, V_v (으시)}__{은데, 은바, 으냐, 으니라, 은가, 은감, 은고, 은지, 은지고, 은지라, 은걸, 으니}
바. {느} → Ø / {었, 겠, V_a (으시)}__{다, 담, 답시고, 구나, 도다, 구려, 구먼}
사. {느} → Ø / V_a (으시)__{은데, 은바, 으냐, 으니라, 은가, 은감, 은고, 은지, 은지고, 은지라, 은걸, 으니, 은}
아. {느} → /느/ / V_v (으시)___{은}
자. {느} → /느/ / ___{으에}
차. {느} → /니/ / {습}___{다, 까}

카. {느} → Ø / ___{어, 지, 소, 고, 으며, 으나, . . .}

(4) 가. {느} → /느/ /{있, 없}___{은데, 은바, 으냐, 으니라, 은가, 은감, 은고, 은지, 은지고, 은지라, 은걸, 으니, 은}

나. {느} → Ø /{있, 없} 으시___{은데, 은바, 으냐, 으니라, 은가, 은감, 은고, 은지, 은지고, 은지라, 은걸, 으니, 은}

(3), (4)의 실현 조건이 되는 어미들은 음운론적, 또는 문법적 자연군(natural class)을 이루지 않는다. 그러나 '느'를 뒤의 어미의 일부로 붙이면, 이렇게 해서 형성된 어미들은 '동사 뒤', '형용사 뒤'와 같은 문법적 조건, '[+모음성]'과 같은 음운론적 조건에 따라 실현되는 변이형 실현 규칙들로 체계적으로 기술할 수 있다.[965]

(3), (4)는 '-느-'를 통사 단위로 보고 '느, 는, ㄴ, 니, Ø'를 그 형태음운론적 변이형으로 가정하는 경우, 변이형들의 모순적 분포 사실에 봉착하게 됨을 보이는 것이다.[966] 이는 결국 그와 같은 가정이 오류임을 증명한다. 이의 연장선상에서 '-더-'의 통사 단위로서의 자격을 의심해 보아야 한다. 고영근(1965, 2004)처럼 '-느-'와 '-더-'가 계열적으로 대립한다는 판단을 근거로 이들을 '서법' 통사 범주의 단위들로 설정하는 상당수의 연구가 있기 때문이다.[967] 일부 예에서의 '-느-' 실현의 불규칙성을 '-었느-'를 한 단위로 설정함으로써 모면하고자 하는 시도가 있었는데(임동훈 1995, 2010), '-더-'의 경우에도 '-었더-'를 한 단위로 설정함으로써 그 의미적 불규칙성을 설명하고자 하는 시도가 있었다.[968]

'-느-'의 경우와는 달리 '-더-'의 경우에는 그 변이형으로 'Ø'를 설정할 수 없다. '-더-'를 독립된 통사 단위로 가정하는 경우, '-더-'는 당연히 형태소일 수밖에 없다. 이 경우 그 변이형태 실현 규칙을 다음처럼 세 개의 형식으로 제시할 수 있다.

(5) 가. {더} → /더/ / ___{다, 으냐, 은가, 은걸, 은들, 은지, 구나, 구려, 구먼, 은데, 으니, 은}

---

965) 양정석(2012: 이 책 11.5절)에 완성된 해결 방안이 제시되어 있다. 위 (3)에서 Vv는 동사 어간, Va는 '이-', '아니-'를 포함하는 형용사 어간이다.

966) (4)는 '-느-'를 분석할 경우 '있-, 없-' 어간과 자연군이 아닌 '-은데' 등 13개 어미 사이에서 '-으시-'의 유무에 따라 '-느-'가 실현 또는 비실현된다는 규칙 아닌 규칙들을 설정해야 함을 보이는 것이다. (3)의 모순적 분포 사실보다 훨씬 더 모순적인 상황에 이르게 됨을 보인다.

967) 미리 말해 두지만, '-느-'와 '-더-'의 계열적 대립은 사실이 아니다. '-느-'의 분포 사실을 요약한 (3), (4)와 '-더-'의 분포 사실을 요약한 (5)를 비교하면 이 점을 분명히 알 수 있다.

968) 임동훈(1995, 2010)은 (3마)의 모순성을 '-었느', '-겠느'를 단일 형태소로 가정하여 해소하고자 했는데 이 시도는 (4가)의 사실에 직면하여 '있느-', '없느-'를 단일 형태소로 분석하게 되는 모순을 초래한다. '-었더-'를 단일 형태소로 가정하는 시도를 박재연(2003/2019)에서 볼 수 있다. 이에 대해서는 11.6.3.2절에서 논평할 것이다.

나. {더} → /데/ / __{으에}
다. {더} → /디/ / {습}__{다, 까}

위 분포 사실만으로도 현대 한국어의 형태통사론 체계에서 '-더-'가 가지는 위치를 이해할 수 있다. '-더-'를 통사 단위로 상정하면 (5)와 같은 변이형태 실현 규칙들을 설정해야 하나, 이들 각각은 언어 규칙이 가져야 할 규칙성을 갖고 있지 못하다. 문법 요소의 변이형들의 분포가 이처럼 불규칙적인 예는 달리 찾아볼 수 없다.

(5)에서 드러나는 핵심적 사실은, 이들 변이형태 실현 규칙의 조건이 되는 어미들의 집합은 음운론적, 또는 문법적 자연군을 이루지 않는다는 것이다. (5가)에서 '-다, -으냐, -은가, -은걸, -은들, -은지, -구나, -구려, -구먼, -은데, -으니, -은'이 가지는 공통의 음운론적 특성, 공통의 문법적 특성을 지적하는 것은 불가능하다. (5나)에서 '-으에'가 '-데'를 요구하는 타당한 언어학적 이유를 지적하는 것은 불가능하다. (5다)에서 그 앞에 '-디-'의 실현을 필요로 하는 '-다'와 '-까'의 음운론적, 문법적 공통성을 지적할 수는 없다.[969] 어떠한 시도를 통해서도 이들에 대한 합당한 해답을 얻을 수 없다. (5)에서 세 개의 규칙의 형식으로 나타낸 내용은 다만 다음 15개 단위들의 어휘개별적(idiosyncratic) 사실들을 세 개로 나누어 놓은 것에 지나지 않는다.

(6) -더라, -더냐, -던가, -던걸, -던들, -던지, -더구나, -더구려, -더구먼, -던데,
-더니, -던, -데, -습디다, -습디까

위의 모순적 상황에 봉착하게 된 궁극의 이유는 '-더-'를 독립된 통사 단위, 독립된 문법 형태소로 가정했기 때문이다. 그러므로 이 가정을 폐기하는 것이 문제 해결의 방법이다. 즉, '-더-'를 독립된 통사 단위로 간주하지 않고, 인접한 어미와 결합한 (6)의 예들을 단일한 통사 단위들로 상정하는 것이다.

(6)에는 동음이의적 요소들로 더 나누어야 할 예도 있고, 선행 연구자들이 '-더-' 결합형으로 다루는 예들이 포함되지 않은 것도 있다. 이들을 아울러 포함하면 다음 (7)과 (8)의 확대된 목록을 얻을 수 있다.[970]

(7) 가. -더라, -데^1, -더구나, -더구려, -더구먼, -던걸, -습디다

969) '-까'는 그 자체가 통사 단위일 수 없다는 문제를 안고 있다.
970) (7), (8)은 『연세한국어사전』(1998)의 표제어로 등재된 것들을 제시한 것이다.

나. -더냐, -데[2], -던가, -습디까
다. -던데, -던지
라. -던

(8) 가. -든지, -든가, -든
나. -더니이다, -더니이까, -던지라, -던고
다. -더라도, -더라면, -던들
라. -더니

'-더-'를 통사 단위로 분석하는 연구자들이 모든 경우의 '-더-'를 분석하는 것은 아니다. (8)의 예들은 일부 선행 연구에서 복합 형식의 단일한 어미 단위로 취급하여 온 것이 사실이다. (8가)의 '-든지', '-든가', '-든'에서 '-더-'('-드-')를 분석해야 한다고 주장하는 연구는 찾을 수 없다. (8나)는 고어의 요소가 현대 한국어에서 문어체의 표현으로 쓰이는 것들이다. 현대 한국어의 통사 체계를 기술하는 데에 이들을 증거로 사용할 수는 없으므로, 이들은 우리의 논의에서 제외해야 한다. 최동주(1995: 243-245)에서는 연결어미들인 (8다)의 요소들을 현대 한국어의 단일 어미들로 인정하고 있다.[971] 이는 '-더-' 분석론의 연구들 중에서 '-더-' 결합형을 최소 통사 단위로 처리하는 실례를 보이는 것으로 주목된다. 역시 (8다)와 관련하여, 이필영(1993: 170, 각주 104)에서는 '-더라면'이 '-었-'과 분리해서 쓰일 수 없다는 근거에서 결합형 '-었더라면'을 한 단위의 '문장형성소'로 간주했다.[972]

(8라)의 '-더니'는 독특한 성격을 가진다. '-더-'의 의미를 대표적으로 보여주는 (9), (10가)의 '인칭 제약'의 특성이 '-었-'을 결합한 '-었더니'의 표현인 (10나)에서는 반대로 나타난다.[973]

---

971) '-던들', '-더라면', '-던지라'는 '-었-'과 결합한 '-었던들', '-었더라면', '-었던지라'의 형식으로만 쓰이나(『연세한국어사전』(1998)), '-더라도'는 '-었-'과 결합하지 않고도 사용될 수 있다. 최동주(1995: 244)는 '-더라면, -던들'을 단일 어미라고 주장하면서(그는 (7다)의 '-던데'는 '-더-'와 '-은데'의 연결로 분석한다.), '-더라면'은 발화시나 발화시 이후의 상황을 가정할 때에는 쓰이지 않기 때문에 '-었-'을 선접시키지 않은 '-더라면'은 출현할 수 없다고 설명한다. 즉 연결어미의 의미기능에 의해 비과거 '∅'가 제약된다는 것이다. 그러나 11.6.3.2절에서 다루는 '-었더니'는 두 단위 '-었-'과 '-더니'가 연결되는 용법도 가능하고, '-었더니'가 한 단위로서 선·후행절에 고유의 의미 제약을 부여하는 용법도 가능하다. 후자의 '-었더니'를 같은 방법으로 설명하는 것은 불가능하다.
'-었던들', '-었더라면', '-었던지라'를 각각 단일 통사 단위로 간주하는 것이 필자의 견해이다. 일부 용법의 '-었더니'도 이와 같이 본다(양정석 2022다). 뒤의 11.6.3.2절에서 이에 대한 논의를 보일 것이다.

972) 이와는 별도의 논의로 고영근(1993)에서도 '-더-'와 이어지는 어미의 결합형을 '문장형성소'로 처리하자는 제안이 있었다. 고영근(1993)의 '형성소' 개념의 문제는 양정석(2010: 96-98)에서 비판한 바 있다.
'-었더라면', '-었던들'을 한 통사 단위로 처리하는 연구는 현재 흔히 볼 수 있다. 그러나 이들은 '-더-'를 통사 단위로 가정하는 바탕에서 이러한 예외적 복합 형식을 통사 단위로 취급하는 것이다. '-었더니, -었던, -었더라면, -었던들'에서 '-었더-'를 단일 형태소로 분리하는 연구로 박재연(2003/2019)이 있다(11.6.3.2절 참조).

(9) ??내가/네가/그 사람이 그 건물로 들어가더라.

(10) 가. ??내가/네가/인호가 도서관에 가더니 오랫동안 공부했다.

나. 내가/?네가/?인호가 도서관에 갔더니 외국인들이 많이 와 있었다.

(7)과 (8)의 요소들에서 '-더-'를 통사 단위로 분석할 수 없다는 것이 필자의 견해이다.[974] 종래 '-더-'를 다룬 대부분의 연구자들은 (7), (8)에서 일부 예의 '-더-'를 통사 단위로 분석한다. 이 같은 입장에서 기술하는 문법 이론은, 그것이 기존의 지배적 견해임에도 불구하고, 문법 이론이 갖추어야 할 기본 요건들을 충족하지 못한다는 것이 이 절(11.6절)의 논점이다. 이 점을 확증하기 위해서는 있는 그대로의 형태론적 사실을 명세화한 본 소절(11.6.1.1)의 내용과 함께, 문법 이론의 기본 요건들에 대한 기초적 차원의 논의가 필요하다.

11.6.1.2. 구 구조의 생성과 문법 이론의 요건

위 (5)의 분포 사실만 고려하여도 '-더-'의 통사 단위로서의 지위가 부정됨을 알 수 있다. 그러나 연구자들이란 언제나 전에 없던 창의적인 문제 해결 방법을 추구하는 사람들이다. 종래 잘 인식되지 않았던 어떤 범주, 가령 '증거성'이 있어, 기존의 통사구조 형성 메커니즘을 바꾸도록 강제할지도 모른다. 그러므로 문법 이론의 기본적 사항들부터 짚어 가면서 점검해 보는 것이 필요하다.

문법이란 한 언어의 문법적 문장들만을 생성하는 장치이다(Chomsky 1957: 13). 이는 현대 언어학의 표준 패러다임인 생성문법 이론의 근본적 개념으로서, 문법 이론이 다음과 같은 양방향의 요건을 충족해야 함을 뜻하는 것이다.[975]

973) '-더니' 또는 '-었더니'의 특이한 행태에 관해서는 서정수(1978), 최동주(1995), 송재영·한승규(2008), 박재연(2003/2019), 송재목(2011), 이필영(2011)에서 관찰되어 왔다. 송재목(2011)에서는 '-더니'를 단일 형태소로 분석하는 견해(송재영·한승규 2008)에 대해 반박하는 논의를 하기도 했으나, 합당한 반대 근거를 제시하지는 못하고 있다. 이 점은 10.3.2절에서 상론했다.

974) (10나)의 '-었더니'는 단일 통사 단위라고 본다(양정석 2022다).

975) 양방향의 이 두 요건이 촘스키(Chomsky 1964)의 세 가지 충족성 요건 중의 관찰의 충족성(observational adequacy)이다. 기술의 충족성(descriptive adequacy)은 문법 이론이 문법 현상의 일반성을 포착·기술함으로써 간결한 이론이 되어야 한다는 요건이다. 문법 현상의 일반성을 포착한다는 것은 해당 언어의 토박이 화자가 가지는, 그 문법 현상의 구조적 일반성, 규칙성에 대한 직관을 포착하는 구조 기술을 제공한다는 뜻이다. (3), (4)의 현상과 관련하여 양정석(2012: 이 책 11.5절)에서는 '느'를 통사 단위로 분석하지 않고 뒤의 요소의 일부로 간주해야 어미들의 변이형 실현이 자연군을 그 조건으로 가지는 규칙들로 포착될 수 있어서, 기술의 충족성을 만족하는 간결한 이론을 구성할 수 있음을 보였다.

(11) 가. 완전성(completeness) 요건: 문법 이론은 해당 언어의 어떤 적격한 문장이라도 누락됨이 없이 생성해야 한다.

나. 건전성(soundness) 요건: 문법 이론은 해당 언어의 적격한 문장이 아닌 것을 생성해서는 안 된다.

'-더-'를 통사 단위로 가정하는 경우, 그 통사 규칙 체계는 '-더-'가 그 선행 구성성분 및 후속 구성성분과 결합하는 특정의 방법을 제공해야 한다. '-더-'가 독립된 통사 단위일 경우, 표준이론의 구 구조 규칙(phrase structure rules)이나 원리매개변인 이론의 핵계층 도식(X-bar schema), 또는 최소주의 통사론의 구 구조 생성 연산인 병합(Merge)에 따라 도출되어야 한다.[976] "비가 왔더라."와 같은 실례를 들어 이 세 구 구조 이론에서 '-더-'를 가지는 문장을 어떻게 도출하는지 구체적으로 확인해 보자. (12)는 표준이론, (13)은 원리매개변인 이론, (14)는 최소주의 통사론의 구 구조 생성 방법에 따른 도출 과정을 보인 것이다.[977]

(12) "비가 왔더라."의 도출(구 구조 규칙에 의한 생성)

S (시초 기호)
NP VP (규칙 'S→NP VP' 적용)
NP V (규칙 'VP→V' 적용)
NP V_s T M SE (규칙 'V→V_s (H) (T) (M) SE' 적용)
NP V_s T R Dec (규칙 'M→R', 'SE→Dec' 적용)
비가 오-았-더-다 (어휘삽입규칙 적용)

(13) "비가 왔더라."의 도출(핵계층 도식에 의한 생성)

CP (시초 기호)
RP C ('XP→YP^* X''', 'X'→YP^* X' 적용)
TP R C ('XP→YP^* X''', 'X'→YP^* X' 적용)
NP T' R C ('XP→YP^* X''' 적용, X=T, Y=N)
NP VP T R C ('X'→YP^* X' 적용, X=T, Y=V)
NP V T R C ('XP→YP^* X''', 'X'→YP^* X' 적용)

976) 최소주의 통사론에서는 '병합(Merge)'이라는 단일한 연산을 통해서 통사구조를 형성한다. 병합은 외적 병합과 내적 병합으로 나뉘는데, 후자는 이전의 '이동(Move)' 연산을 뜻한다. 내적 병합은 복사(Copy)와 병합(Merge), 두 연산의 연속이다. Hornstein et al.(2005) 참조.

977) (12)는 남기심 외(1977)의 구 구조 규칙을 활용한 것이며, (13)은 Chomsky(1986)의 핵계층 이론을 활용한 것으로, 임홍빈 외(1995), 서정목(1998)의 실행례를 찾을 수 있다. (14)는 Hornsteim et al.(2005)의 최소주의 통사론의 구 구조 형성 방법을 활용한 것이다.

비가 오-았-더-다 (어휘삽입규칙 적용)

(14) "비가 왔더라."의 도출(병합 Merge에 의한 생성)

V$_{\text{오-}}$ NP(비가) (병합)

T$_{\text{-었-}}$ [V$_{\text{오-}}$ NP(비가)] (병합)

V$_{\text{오-}i}$T$_{\text{-었-}}$ [t_i NP(비가)] (이동 Move: 핵이동)

NP$_j$(비가) V$_{\text{오-}i}$T$_{\text{-었-}}$ [t_i t_j] (이동)

R$_{\text{-더-}}$ [NP$_j$(비가) V$_{\text{오-}i}$T$_{\text{-었-}}$ [t_i t_j]] (병합)

[NP$_j$(비가) V$_{\text{오-}i}$T$_{\text{-었-}}$ [t_i t_j]]$_k$ [R$_{\text{-더-}}$ t_k] (이동)

C$_{\text{-다}}$ [[NP$_j$(비가) V$_{\text{오-}i}$T$_{\text{-었-}}$ [t_i t_j]]$_k$ [R$_{\text{-더-}}$ t_k]] (병합)

[[NP$_j$(비가) V$_{\text{오-}i}$T$_{\text{-었-}}$ [t_i t_j]]$_k$ [R$_{\text{-더-}}$ t_k]]$_l$ [C$_{\text{-다}}$ t_l] (이동)

어떠한 방법에 따르든지, 통사적 도출 절차에 의해 얻어진 통사 단위들의 연결체에 음운론적 규칙들이 적용되어 '오-었-더-다'의 형식이 '왔더라'의 형식으로 전환된다. 어느 경우에나 '다 → 라'와 같은 형태음운론 규칙이 별도로 필요하다는 점은 주의할 만하다.[978] '-더라'를 단일한 통사 단위로 분석하는 입장에서는 이러한 규칙이 필요하지 않다.

현대 한국어에는 (7), (8)의 '-더-' 결합형 어미들을 제외한 155개의 어미들이 있는데, 이들은 '-더-'와의 결합을 허용하지 않는다.[979]

(15) '-더-'와의 결합을 허용하지 않는 어미들(155개)

가. 종결어미: -거니[1], -거든[1], -네[1], -네[2], -노라, -누나, -으니라, -은지고, -담, -도다, -ㄹ세, -로고, -로구나/로군, -로구려, -로구먼, -로세, -ㅂ니다, -ㅂ지요/ㅂ죠, -어/아[1], -올시다, -으려니, -으리다, -으리라, -으오/소[1],

978) 양정석(2012)에서는 '-다'의 변이형들의 실현이 동사 어간 뒤(어간말이 [+모음성]이면 '-ㄴ다', [-모음성]이면 '-는다')와 지정사 어간과 인용의 조사 '-고' 사이('-라'), 그 외의 조건에서 당연값 '-다'가 실현되는 것으로 규칙화된다고 기술했다. 이들 조건은 모두 문법적, 또는 음운론적 자연군이어서 진정한 언어 규칙의 특성을 가진다. '-더-'를 분석한다면 '-더-' 뒤의 환경에서 '-라'로 실현된다는 불규칙적 조건을 더해야 한다. 이 밖에 '-으리-' 뒤에서도 '-다'가 '-라'로 실현되므로, (a)와 같은, 규칙 아닌 규칙을 설정해야 하는 모순적 상황에 빠지게 된다(이와 대조적으로, (b)는 어느 이론적 입장에서나 필요한 실현 규칙이다). 양정석(2012) 참조.

a. -다 → -라 / {더, 으리}_

b. -다 → -라 / {이-, 아니-}_{고}

979) 양정석(2010: 469-470)에서는 부록으로 한국어 어말어미들의 목록을 제시한 바 있다. 복합 형식을 제외하면 207개가 제시되었다. 여기에는 (7), (8)의 '-더-'를 가지는 어미들도 포함되는데, (7), (8)의 예들을 제외하고, 고어 요소들을 제외하여, (15)의 목록(155개)을 얻은 것이다.

오해의 소지가 있는 예를 한 가지만 지적하면, '-네[1]'은 하게체의 종결어미이고, '-네[2]'는 증거성 의미를 나타내는 종결어미이다.

-을거나, -을걸, -을라, -을래^{1}, -을래^{2}, -을러라/을레라, -을레, -을세라^{1}, -을지라, -을지니라, -을지어다, -을시고, -지^{1}; -게^{1}, -나^{1} , -노/누, -으냐^{1}, -은감, -은지^{1}, -니, -어/아^{2}, -으랴^{1}, -으리, -으리까, -으오/소^{2}, -을거나, -을까, -을꼬, -을는지^{1}, -을쏘냐, -을쏜가, -지^{2}; -거라, -게^{2}, -게나, -어라/아라, -어/아^{3}, -으라, -으려무나/으렴, -으오^{3}, -읍시오/읍쇼, -지^{3}; -어/아^{4}, -으세, -으세나, -으오^{4}, -읍시다, -자^{1}, -자꾸나, -지^{4}; -으마, -을게, -음세

나. 명사형어미: -기, -으냐^{2}, -은가^{2}, -은지^{2}, -을는지^{2}, -을지^{1}, -음

다. 연결어미: -거나, -거늘, -거니^{2}, -거니와, -거드면, -거든^{2}, -건, -건대, -건마는/건만, -게^{3}, -게^{4}, -게끔, -게나, -게시리, -고^{1}, -고^{2}, -고는, -고서, -고야, -고자/자, -기로서니, -길래, -느라고, -다가^{1}, -다가^{2}, -다시피, -답시고, -도록, -되, -든, -든가, -든지, -듯이, -라서/라, -라야, -로되, -어/아^{5}, -어/아^{6}, -어서, -어야, -요, -으나, -으나따나, -으나마, -으니까, -으랴^{2}, -으러, -으려고, -으려니, -으려니와, -으리니, -으며, -으면, -으면서, -은바, -은즉, -은즉슨, -을러니, -을망정, -을뿐더러, -을수록, -을세라^{2}, -을지^{2}, -을지나, -을지언정, -을지라도, -을진대, -음직, -자^{2}, -지^{5}, -지^{6}

위 어미들이 제기하는 문제는 무엇인가? (12)-(14)의 어느 방법을 따르더라도 '-더-'와 이들 어미가 연속하여 실현되는 무한수의 문장을 문법적인 문장으로 도출하는데, 현실의 한국어에서 이들은 모두 비문이라는 것이다. (15)에서 하나의 예 '-지'를 들어 보자. '-더-'와 '-지'가 공존하는 다음 예는 통사적으로 부적격한 문장이다.[980]

(16) *비가 왔더지.

문제는, (12)-(14)의 어느 방법을 사용하든지 (16) 문장이 문법적 문장으로 도출된다는 것이다. 다음 도출 과정이 이 점을 증명한다.

(12)' "비가 왔더지."의 도출(구 구조 규칙에 의한 생성)

S	(시초 기호)
NP VP	(규칙 'S→NP VP' 적용)
NP V	(규칙 'VP→V' 적용)

980) (15)에서 흥미로운 예 몇 가지만 더 지적하면, 의문형어미 '-니'과의 결합 '*-더니'가 불가능한 것(cf. '-더냐'는 가능), 연결어미 '-으니'와의 결합 '-더니'는 가능한데 '-으니까'와의 결합 '*-더니까'는 불가능한 것, '-으에'와의 결합 '-데'는 가능한데 '-어, -으오'와의 결합 '*-더어, *-더오'는 불가능한 것 등이다.

NP V_s T M SE (규칙 'V→V_s (H) (T) (M) SE' 적용)

NP V_s T R Dec (규칙 'M→R', 'SE→Dec' 적용)

비가 오-았-더-지 (어휘삽입규칙 적용) : 적격문으로 도출

(13)' "비가 왔더지."의 도출(핵계층 도식에 의한 생성)

CP (시초 기호)

RP C ('XP→YP^* X″', 'X′→YP^* X' 적용)

TP R C ('XP→YP^* X″', 'X′→YP^* X' 적용)

NP T′ R C ('XP→YP^* X″' 적용, X=T, Y=N)

NP VP T R C ('X′→YP^* X' 적용, X=T, Y=V)

NP V T R C ('XP→YP^* X″', 'X′→YP^* X' 적용)

비가 오-았-더-지 (어휘삽입규칙 적용) : 적격문으로 도출

(14)' "비가 왔더지."의 도출(병합에 의한 생성)

$V_{오-}$ NP(비가) (병합)

$T_{-었-}$ [$V_{오-}$ NP(비가)] (병합)

$V_{오-i}T_{-었-}$ [t_i NP(비가)] (이동: 핵이동)

$NP(비가)_j$ $V_{오-i}T_{-었-}$ [t_i t_j] (이동)

$R_{-더-}$ $NP(비가)_j$ $V_{오-i}T_{-었-}$ [t_i t_j] (병합)

[NP_j(비가) $V_{오-i}T_{-었-}$ [t_i t_j]]$_k$ [$R_{-더-}$ t_k] (이동)

$C_{-지}$ [NP_j(비가) $V_{오-i}T_{-었-}$ [t_i t_j]]$_k$ [$R_{-더-}$ t_k] (병합)

[[NP_j(비가) $V_{오-i}T_{-었-}$ [t_i t_j]]$_k$ [$R_{-더-}$ t_k]]$_l$ [$C_{-지}$ t_l] (이동) : 적격문으로 도출

어느 도출 방법을 사용하든지, '-더-'를 통사 단위로 가정하는 문법 이론은 (11나)의 '건전성 요건'을 위반하는 것이다.

(15)의 모든 어미들이 '-더-'와 결합되면 비문법적 문장을 유발하는 것이 현대 한국어의 사실이다. 그러므로 '-더-'를 통사 단위로 가정하는 문법 이론들은 이렇게 모순적 상황에 빠지게 된다. 이 모순에 빠지지 않는 방법은 '-더-'를 통사 단위로 설정하지 않고, 이어지는 요소와 결합하여 한 통사 단위를 이룬다고 가정하는 것뿐이다.

다음 절에서는 '-더-'가 독립된 통사 단위로서 시제, 서법 또는 양상, 증거성의 범주라고 가정하는 이론들이 '-더-'의 특정 의미 규정을 가정하여 이러한 모순을 벗어날 수 있겠는지 점검해 보기로 한다. 여기에서 다시 분명히 할 점은, (12)-(14)에 의해 '-더-' 문장들을 과잉으로 생성해 낸 다음 (5)와 같은 형태음운론적 규칙을 적용하여 이 소수의 예들만을 적격한 문장으로 도출하는 방법은 불가하다는 것이다. (5)의 서술들은 결코 규칙이 아니기 때문이다.

11.6.2. '-더-' 고유의 의미와 직접증거성

11.6.2.1. '-더-' 의미 규정을 통한 제약은 가능한가?

'-더-'를 시제, 상, 서법 또는 양상, 양상과는 독립된 개념인 증거성으로 규정하고 이들 범주의 특성에 부합되는 '-더-'의 의미 규정을 가정하여 (15)의 어미들을 가지는 문장들을 의미적으로 부적격한 예로 예측할 수 있다면 '-더-' 분석론을 유지할 수 있을 것이다. 그러나 이들 중 어느 것으로 상정하든, '-더-'를 통사 단위라고 가정하는 문법 체계는 통사적으로 부적격한 문장들을 적격한 문장으로 잘못 예측한다는 점을 이 절에서 보이기로 한다.

'-더-'가 증거성 의미를 가진다는 점은 근래 연구자들이 대체로 긍정하는 것이다.[981] 다음은 '-더-'가 직접증거성 의미를 가짐을 보여준다. (가)는 '인칭 제약' 현상이다. (나)는 직접 지각/관찰할 수 없는 역사적 사건을 '-더-'로 표현하여 부적격해진 것이다. 이는 직접증거성의 뜻에 부합된다.[982]

(17) 가. ??내가/네가/그 사람이 그 건물로 들어가더라.
　　나. ??이순신 장군이 거북선을 건조하더라.
(18) 가. ??내가/네가/인호가 도서관에 가더니 오랫동안 공부했다.
　　나. ??이순신 장군은 거북선을 건조하던데 원균은 무엇을 하고 있었을까?
(19) 가. 내가/??네가/그 사람이 그 건물로 들어가더냐?
　　나. ??이순신 장군이 거북선을 건조하더냐?

'-더-'에 대한 종래의 연구들의 문제는 합성성 원리("한 통사적 구성의 의미는 그 구성성분들의 의미의 함수이며 구성성분들이 통사적으로 결합하는 방식의 함수이다.")에 대한 인식이 결여되어 있다는 점이다. 그러나 근래 '-더-'의 의미에 대한 명시적 정의를 제

---

981) 문법범주로서의 증거성은 정보의 출처를 표시하는 문법범주이다(Aikhenvald 2004). 송재목(1998)에서 '-더-'가 증거성 의미를 나타낸다는 관찰이 제시되었으나, 증거성을 양상의 한 종류로 서술하고 있다. 송재목(2007, 2009)에서는 이를 독립적 문법범주로서의 증거성의 표지로 다룬다.
'-더-'의 증거성 의미에 대한 유사한 지적들은 이전에도 있었다. 특히 손호민(1975)에서 '생성의미론'의 체계 아래 '-더-' 문장의 의미를 분석하면서 그 한 의미 특성으로 '지각(PERCEIVE)'을 제시한 이래, 서정수(1977가)의 '몸소 살핌', 장경희(1985)의 '과거 지각' 등의 의미 규정들이 나타났다. 이효상(1991: 293)에서도 '-더-'가 과거 비완결상의 기능과 함께 증거성 의미(experiential evidential property)를 가진다고 지적한 바 있다.

982) 뒤의 (25)에 직접증거성의 정의를 제시할 것인데, (25)의 규정을 통해 (17)-(19)에서의 직접증거성 의미의 부합 여부를 판정할 수 있다. (17), (18)에서는 화자가 직접 증거를 가진다. (19)의 의문문에서는 청자가 직접 증거를 가진다고 화자가 판단한다.

시하여 그것으로부터 합성성 원리를 준수하는 의미 형식이 도출됨을 보이는 연구들이 나타났다. 그러한 연구로 '-더-'를 시제 표지로 기술하는 정경숙(2005, 2007), '-더-'를 양상 요소로 기술하는 이정미(2011, 2013), '-더-'를 증거성 표지로 기술하는 임동식(2010)이 있다.

(20) 가. 시제 표지로서의 '-더-': 정경숙(2005, 2007)
나. 독립된 증거성 범주 표지로서의 '-더-': 임동식(2010)
다. 양상의 요소로서의 '-더-': 이정미(2011, 2013)

이들은 근래 형식의미론 연구에서 활발히 시도되고 있는 증거성에 대한 진리조건적 정의들을 바탕으로 각기 '-더-'에 대한 새로운 정의를 제시하고 있다. '-더-'는 증거성 의미를 갖거나(임동식, 이정미), 증거성 의미의 실현을 위한 조건이 된다고(정경숙) 가정하고 있다. 이들은 모두 표준적 형식의미론(Heim & Kratzer 1998)에서 대전제로 삼는, 합성성 원리를 준수하는 의미 이론을 실행하고 있으므로 보다 객관적인 비교·검토가 가능하다는 장점을 가지고 있다.

첫째, (20가)에 대하여 고려해 보자. 정경숙(2005, 2007)은 '-는-/∅'와 '-었었-'이 '단순 직시시제'의 현재, 과거 시제 표지이고, '-네'와 '-더-'가 '공간적 직시시제'의 현재, 과거 시제 표지라고 한다. '-더-'는 증거성 표지가 아니고, '-었-'과 '-겠-'(간접증거성)과 '∅'(직접증거성)가 증거성의 표지라는 것이 그의 주장이다.[983] '-었-'은 완료상 표지와 추론 증거성(간접증거성) 표지로 중의적으로 규정된다. '-겠-'은 양상 의미를 나타내는 서법(mood)의 표지와 추론 증거성(간접증거성) 표지로 나누어 정의된다. 여기에 영-형태 '∅'도 현재시제 표지와 함께 동음이의적 직접증거성 표지로 규정된다. 이 외에도 전언(hearsay) 증거성(간접증거성) 표지로 '-단다', '-다더라' 등을 설정하고 있다.[984]

우선, 정경숙(2005, 2007)의 큰 문제는 현대 한국어의 형태통사론적 질서를 이해하지 못했다는 점이다. 서로 계열적 대립을 보이지 않는 '-네'와 '-더-'를 한 문법범주의 하위 범주들로 설정할 수는 없다. 문법범주는 문법적 자연군을 이루는 요소들의 집합이다. '-네'와 '-더-'가 계열적으로 대립하지 않는다는 것은 'V → V_s (H) (M) (R) SE'과 같은 규칙에서 R 또는 SE 위치에 대입되는, 대치 가능한 요소들의 집합을 이루지 못한다는 뜻으

983) '-었-'과 '-겠-'은 각각 동음이의 형태소로서의 완료상 표지와 서법 표지로 규정되기도 한다. 정경숙(2005, 2007)의 체계가 한국어의 형태통사론적 질서를 포착하지 못함을 양정석(2015나, 2020다)에서 상론한 바 있다.
984) 전언증거성/간접증거성 표지로 '-단다', '-다더라'를 설정하는 것에 대해서는 11.6.3.1절에서 비판할 것이다.

로, 결국 '공간적 직시시제'라는 범주가 구 구조 생성 규칙으로 포착되지 않는 허구적인 것임을 드러내는 것이다.[985] '-네'와 '-더-'가 어떤 시간적 의미를 공유한다 하더라도 그것은 통사적 공통성은 아닌 것이다.[986]

정경숙(2005, 2007)은 종결형의 '-더-'만 다룬다. 관형절의 '-던'이나 접속절의 '-더니, -던데, -던지' 또는 '-던들'에서 '-더-'를 분석하는지의 여부는 알 수 없다. '-더-' 분석론의 연구들 중에도 '-던, -더니, -던데, -던지, -던들'은 각각 단일 통사 단위로 인정하는 연구들이 많다. 이들에서의 '-더-'를 분석해서 공간 직시시제 표지로 설정해야 하는지 여부는 그의 이론에 제기되는 근본적 문제인 것이다. 이에 대한 충분한 해명도 없이, 그는 한국어가 '증거성 언어'라고 공언하고 있다(정경숙 2005: 157).[987]

증거성 언어는 문법범주로서의 증거성 요소를 가지는 언어이다(Aikhenvald 2004). 207개의 어미들 중에서 종결형의 10여 개 어미들과만 결합하는 '-더-'를 문법범주의 표지로 볼 수 없고, '-더-'와 '-네'의 앞에서만 증거성 의미로 해석되는 '∅', '-었-', '-겠-'를 문법범주로서의 증거성 표지로 볼 수 없다. 양상이 그러한 것처럼, 한국어에서 증거성도 의미론적 범주일 뿐, 문법범주가 아니다.[988]

'-더-'는 증거성 표지가 아니고 공간적 직시시제의 과거시제 표지라고 한다. 그는 '-더-' 자체가 증거성 표지는 아니지만 그 전제로 증거성 의미에 대한 요구를 가진다고 형식화했다.[989] 그는 '-었-', '-겠-'을 완료상 표지, 양상 의미의 서법(mood) 표지와 함께 증

---

985) 핵계층 도식(X-bar schema)이나 병합(Merge) 연산을 이용하는 통사론 체계를 가정하더라도 같은 점을 증명할 수 있다.

986) 마찬가지로 '-더-'와 '-네'가 어떤 증거성 의미를 공유한다 하더라도 그것은 통사적 공통성이 아니다. 그러므로 '-더-'와 '-네'가 공통된 증거성 의미를 가진다는 송재목(2007, 2009), 임동식(2010), 이정미(2011, 2013) 등의 관찰을 한국어 구 구조 생성 이론을 통하여 포착하려면 '-더-'가 이어지는 어미와 결합하여 한 통사 단위가 된다고 처리해야 한다. 즉 '-더-' 분석론을 포기해야 한다.
단순 직시 시제의 하위범주를 이루는 요소들도 유사한 문제를 제기한다. '-는-'과 '-었었-'은 계열적 대립을 이루지 못하여 구 구조 생성 규칙상의 한 범주 '단순 직시 시제'에 의해 포착될 수 없다(양정석 2008, 2012). 정경숙(2005)의 2,3장에서는 '-었었-'이 과거시제 표지이고 '-었-'은 이전시(anterior)의 의미를 나타내는 완료상 표지임을 정당화하는 논증을 전개하고 있다. 이것도 '-었었-'과 '-었-'이 계열적 대립을 이루는 현대 한국어의 형태통사론적 질서를 이해하지 못한 오류 논증일 뿐이다. 계열적으로 대립되는 '-었었-'과 '-었-'은 동일 문법범주의 하위 범주 요소들로 규정되어야 한다(양정석 2008). 이미 남기심(1972)에서 이러한 인식을 바탕으로 이 둘을 '단속상'과 '완료상'의 상 범주로 규정한 바 있다.

987) "'-더-'가 오직 주절과 관형절에만 나타난다."(정경숙 2005: 113)는 서술만 보아도 그의 기본적 인식의 문제가 드러난다. 이 서술에 붙인 같은 쪽의 각주에는 '말하다' 동사의 보문에 나타나는 경우('가더라고 말했다' 등의 예를 가리키는 듯)와 접속절의 '-더니', '-던데'의 경우를 '예외'라고 말하고 있다. 말하자면, 위 (6)의 15개 중의 4개, 또는 위 (7), (8)에 제시된 25개 중의 10개가 그에게는 '예외'에 해당하는 것이다. 그러나 사실은 현대 한국어의 어미들 중 (6)의 '-더-'와 결합하는 어미들 모두가 예외적인 것이다.

988) 양정석(2017)에서는 양상에 관한 표준적 이론으로 받아들여지는 Kratzer(1981, 1991)을 바탕으로 한국어의 양상 표현들이 의미론적 양상 범주를 나타낼 뿐, 문법범주의 표지가 아님을 논했다.

989) '-더-'의 의미 정의는 다음과 같다(정경숙 2007: 204).

거성 표지로 규정하는데, 그 주요 동기는, 증거성 범주를 가지는 언어들이 직접증거성과 함께 간접증거성의 하위 범주를 반드시 가진다는 판단이다.[990] 그리고 한국어의 '-었-', '-겠-'은 '-더-', '-네' 앞에 실현되는 경우 항상 추론의 뜻으로 해석되는 것으로 보인다는 것이다.[991] 이에 따라 이 경우의 '-었-', '-겠-'은 간접증거성의 하나인 추론 증거성의 표지가 된다.[992]

그러면, 공간적 직시 시제 과거의 표지로 정의된 '-더-'의 의미가 앞의 (7), (8)의 결합형들만을 강제하고, 그 외의 (15)의 어미들과의 결합은 모두 배제할 수 있을까? '-더-'가 지각 시점이 과거라는 점과 함께, 증거성 의미에 대한 전제를 가진다는 정경숙(2005, 2007)의 이론은 (15)의 수많은 어미들을 배제하고, (7), (8)의 예들만을 허용하는 효과를 갖지 못한다. 그에 따르면 '-더-' 앞에 실현되는 '-었-'이나 '-겠-'은 추론의 간접증거성 표지이고, 이들이 없는 경우 무형의 직접증거성 요소 '∅'가 가정되었으므로, '-더-'가 나타나는 경우에는 사실상 언제나 증거성 의미가 표현된다고 가정되는 셈이다. 증거성 표지는 내포절에서 실현되는 것이 제약된다고 알려져 있으므로 (15)의 어미들 중 일부를 배제할 수는 있을 것이다. 이에 따라 명사형어미에 실현되는 '*-더-음, *-더-기'가 배제되는 것을 설명할 수 있다. 그러나 관형사형 '-더-ㄴ'이 배제되지 않는 것은 설명되지 않는다. 종결어미나 연결어미 중에서도 특별히 증거성에 의해 배제되는 예를 지적하기가 쉽지 않다. 연결어미가 이끄는 절은 부사절로서의 내포절이라고 간주할 가능성이 있지만, '-던데'와 '-던지'가 존재하는 것은 이러한 설명 가능성을 차단한다. 더군다나 연결어미 '-더니'는 가능한데 '*-더니까'는 불가능한 이유를 시제 의미나 증거성 의미를 통하여 설

---

a. ⟦-더-⟧는 맥락 c가 $\tau(L_c) < t_c \wedge L_c \sqsubseteq \text{P-trace}(s_c)$인, 유일하고 현저한 시공간적 처소 L_c를 제공할 때에만 정의가 성립되고, 정의가 성립되는 경우, $⟦\text{-더-}⟧^c = L_c$가 된다.

(a)의 단언 부분은 '$⟦\text{-더-}⟧^c = L_c$'이고, 그 앞의 부분은 정의 성립 조건(definedness condition)으로서, '-었-', '-겠-' 등에 의해 표현되는 직접증거성 의미에 대한 요구를 전제(presupposition)의 형식으로 나타낸 것이다. tc는 발화시, s_c(=s(c))는 맥락 c에서의 화자를 나타낸다. L은 '시공간적 처소'로서, 시간 좌표들과 공간 좌표들의 집합을 지시하는 변수라고 한다. τ(L)은 시공간적 처소 L의 시구간을 뜻한다. 화자의 지각의 흔적에 포함되는 시공간적 처소가 존재할 때에만 이 정의가 성립된다고 규정하는 것이다. 즉 전제 의미로, 지각되는 사실의 존재를 요구하는 것이다. 자세한 논의는 양정석(2020다) 참조.

990) 이는 뒤에서 고려할 임동식(2010), 이정미(2011)에서도 기본 가정으로 삼는 점이다. 이 가정에 따라 '간단다, 간다더라'에서 '-단다, -다더라'를 단일 형태소로서의 간접증거성 표지로 분석하거나(정경숙), '-다-'를 간접증거성 표지로 설정하는(임동식) 시도가 발생한다(이정미는 증거성을 양상의 한 종류로 간주함으로써, 한국어가 증거성의 문법범주를 가진다는 명시적 서술을 하지는 않는다). 이 점에 대해서는 뒤의 11.6.3.1절에서 비판한다.

991) 그러나 다음과 같이 '-더-' 앞에 '-었-, -겠-'을 갖지 않는 경우에도 추론의 뜻으로 해석될 수 있다. 정경숙은 이러한 예에서 직접증거성의 '∅'를 설정하므로 사실에 어긋나는 기술을 하는 것이다.

a. 철수가 내일 우등상을 받더라.

992) 정경숙(2005)에서는 간접증거성의 다른 하위 범주로 보고 증거성을 설정하고, 그 형태로 '-단다', '-다더라'를 들고 있다. 11.6.3.1절 참조.

명할 수는 없다.

둘째, (20나)에 대하여 고려해 보자. 임동식(2010)에서는 '-더-'를 직접증거성의 표지로 상정하고, '-더-'가 가지는 직접증거성의 의미를 전제 의미로 파악하여, 함수 형식으로 기술되는 '-더-'의 의미 정의에 영역 조건(domain condition)으로 나타낸다. (21)은 선행 명제 p에 관한 동일성 함수(identity function)의 형식으로 서술된 것인데, 맥락 변수 c에 관한 영역 조건의 형식으로 그 전제 의미가 명시되었다.[993]

(21) 모든 발화 맥락 c*, 모든 발화 시구간 t*, 모든 세계 w에 대하여,
⟦-더-⟧ = λp. λc: ∃t : t는 t<t*이고 c 안의 현저한 시구간이며, 시구간 t에 화자 s(c)가 p와 양립 가능한 직접 증거를 지각했어야 함. p. (임동식 2010: 177)

'-더-'가 증거성 문법범주이고 (21)의 전제 의미를 가지는 것이 '-더-'와 (15)의 어미들과의 공존 제약과 (7), (8)의 결합형들이 가능한 사실에 대한 설명 근거가 될 수 있을까? 이미 말한 것처럼, 증거성 요소는 내포절에서의 실현이 제약되는 특성이 있다고 한다. 이에 따르면 '-더-'가 명사절에서 실현되지 않는 점은 잘 설명된다. 그러나 관형절에 실현되는 것은 설명할 수 없다. 다음처럼 간접인용문의 내포절에도 실현된다.[994]

(22) 철수는 자기가 제일 춥더라고 말했다/불평했다.

'-더-'가 실현되는 의문문의 합성적 기술 방안을 제안한 것은 임동식(2010)이 처음이다.[995] 의문문은 가능한 대답 명제들의 집합으로 정의된다.[996] '-더-'를 가지는 의문문은 맥락으로부터 명제로의 함수인 특성의미들의 집합으로 정의된다.[997] '-더냐'는 증거성 '-

993) 'λc:' 이후 마침표('.')까지의 내용이 전제이고, 본 서술은 그저 논항으로 주어지는 명제 'p'뿐이니(동일성 함수), '-더-'의 증거성 의미는 전제 의미 자체인 셈이다.
c는 맥락, s(c)는 맥락 c의 화자를 나타낸다. 임동식(2010: 93-110)에서는 '-더-'의 증거성 의미를 전제 의미로 기술해야 하는 근거들을 제시하고 있다. 이에 대해 양정석(2017: 261-266, 2020다)에서 검토한 바 있다. (21)의 의미 정의가 특이한 것은, '-더-'가 선행 명제 p를 취하여 Kaplan(1989)의 특성의미(character)를 산출하는 함수라고 정의했다는 점이다. '-더-'의 의미는 <st,<c,<st>>> 타입의 함수로 정의된 것이다. 이는 <s,t> 타입의 명제를 취하여 <c,<st>> 타입의 특성의미를 그 결과값으로 산출한다는 뜻이다.

994) '-더니, -던데, -던지'가 이끄는 절을 종속절로 간주하는 것이 종래 대다수 연구의 관행이다. 이에 따르면 종속절에 '-더-'가 실현되는 셈인데, 이것도 문법범주 증거성 개념으로는 용납되기 힘들다.

995) 그러나 완성된 합성적 기술을 제시한 것은 아니다. 이 책 제9장에서는 '-더냐' 문장을 포함한 한국어 의문문의 완성된 형식의미론적 기술을 제시하였다.

996) 이는 Hamblin(1973)으로부터 비롯되는, 형식의미론적 연구의 표준적 가정이다.

997) 임동식(2010: 169-187)에 의하면 증거성 요소는 <st,<c,<st>>> 타입이며, 다음과 같이 <<c,st>,<<c,st>,t>> 타입

더-'와 의문형어미 '-냐'의 결합이고, '-더-'와 '-냐'는 각자의 의미 정의를 가진다. 위 (7나)의 모든 예들이 이와 같이 분석된다. (7나)의 예들을 '-더-'와 의문형어미로 분리해서 각각을 의미 함수로 정의해야만 이들을 포함한 의문문의 의미를 합성적으로 도출할 수 있다고 한다면, 이 점은 '-더-'를 통사 단위로 분리해야 하는 하나의 근거가 될 것이다.

우선 '-더냐'는 가능한데 '*-더니'는 불가능한 사실은 '-더-'와 '-냐'를 각각 독립된 통사 단위로 분리하는 처리에 대한 반례가 된다. 의문문의 의미 합성 과정이 '-더-'와 '-냐'의 결합은 허가하고 '-더-'와 '-니'의 결합은 부정하는 이유를 생각할 수 없고, 임동식(2010)의 '-더-'의 의미 정의, 즉 '직접증거성에 대한 전제'를 가지고도 이 점을 설명하지 못한다. '-냐'는 '-니'에 비해 더 격의 없는 상대에게 사용하는 의문형어미일 뿐이다. 이 차이는 '-더-'의 증거성 의미와 결합, 비결합하는 데에 아무런 요인이 되지 못한다.

셋째, (20다)에 대하여 고려해 보자. 이정미(2011, 2013)는 양상기반(modal base)과 순서근거(ordering source)를 가지는 크라처(Kratzer 1981, 1991)의 양상 이론에 따라 '-더-'의 의미를 분석한다. '-더-'의 양상 의미는 '지각적 관찰(SO: sensory observation)' 이라는 양상기반과, 발화 맥락에서 수의적으로 선택되는 두 순서근거 '전형성(ST: stereotypical)/믿음(DX: doxastic)'에 의해 규정된다.998)

(23) '-더-'의 의미 정의:

$$\lambda p.\ \lambda w.\ \lambda t.\ [t'' < t\ \wedge\ \forall w': w' \in \mathrm{BEST}(SO,\ ST/DX,\ w,\ t'')\ \rightarrow\ p(w')(t'')]$$

이정미(2011, 2013)의 '-더-' 의미 정의에 대한 비판과 대안은 양정석(2020다: 이 책 7.3절)에서 상론했다. 여기에서는 양상 요소로 정의된 위 '-더-'의 의미 정의를 바탕으로 '-더-'와 (15)의 어미들과의 결합을 배제할 수 있는지를 검토해 보자.

(15)의 어미들 중 '-을거나, -을걸, -을라, . . .' 등의 '-을'은 기원적으로 양상 의미를

의 Q-형태소에 취해지고, 그 결과는 다시 '-냐'에 상응하는 <<<c,st>,t>,<<c,st>,t>> 타입의 'whether'에 취해져서 결과적으로 <<c,st>,t> 타입의 특성의미(character)들의 집합을 전체 문장의 의미로 내놓는다고 한다. s는 명제의 타입, t는 문장의 타입, c는 맥락의 타입을 나타낸다.

a. $[\![Q]\!] = \lambda k_{<c,st>}.\ \{k\}$

b. $[\![\text{whether}]\!] = \lambda Q_{<<c,st>,t>}.\ \{k_{<c,st>}: k \in Q \text{ or } \neg k \in Q\}$

이러한 '-더냐'를 가지는 의문문의 처리에 대한 비판을 양정석(2017: 261-266, 2022가: 245-252)에서 전개했다.

998) 이정미(2013: 29) 참조. 'BEST'는 기준 세계를 입력으로 삼아 그 결과값으로 가능세계들의 집합을 산출하는 '접근가능성(accessibility)' 함수이다. 이는 Kratzer(1981, 1991a)의 양상 이론에 따라 Portner(1998, 2009)에서 구현한 형식이다. 'BEST(f, g, w, t)'의 형식에서 f와 g는 특정의 양상의 관점에 따른 명제들의 집합을 산출하는 함수들로서, f는 양상기반 함수, g는 순서근거 함수이다. '∀w': w' ∈ BEST(f, g, w, t)'는 양상 연산자의 역할을 한다.

가지는 형식이다. '-더-'의 양상 의미와 이들의 양상 의미가 충돌하는 것이 이들 어미가 '-더-'와 결합되지 않는 이유라고 설명할 수 있을 듯하다. 그러나 (15)의 모든 어미들을 이러한 방법으로 배제할 수는 없다. (16)에서 '*-더지'가 불가능한 것은 '-더'의 양상 의미와 '-지'의 양상 의미가 중첩되는 것이 의미의 충돌을 일으켜 배제되는 것으로 설명할 가능성이 있다. 그러나, 한 예로, '-구나/군'은 장경희(1985) 등에서 '-지'와 함께 양상('양태') 의미를 가지는 것으로 분석되어 온 예이지만 '-더-' 결합형 '-더구나/더군'이 가능한 것이다. 따라서 '-더-'를 양상 요소로 가정하는 것이 통사적 구 구조 생성 메커니즘에 의해 형성되는 과잉 생성의 예들((15) 어미들과의 결합형들)을 의미적으로 배제해 주리라는 기대는 충족되지 않는다.

다음 '-더라', '-더냐'의 의미 정의는 전제 의미로 기술한 임동식(2010)의 (21)과 양상 의미로 기술한 이정미(2011)의 (23)을 종합한 형식이다(양정석 2017: 74, 2020다: 178-180). '-더냐'는 인식 양상과 회의 양상의 겹쳐진 양상 구조를 가지는 것으로 기술되었다. 두 정의에서 전제 의미로 표시된 '직접 증거'는 (25)와 같이 정의된다.

(24) 가. $[\![\text{-더라}]\!]^{c^*;w,t,j} =$
$[\lambda p: p \in D_{<s,<i,<e,t>>>}. SAY(s(c^*), a(c^*), \forall <w', t', x> : <w',t',x> \in$
$BEST(epist, stereo, w, t'', j) \rightarrow p(w')(t')(x)) \ \&\ t'' < t \ \&\ t = now \ \&$
$j = s(c^*) = x] = 1$, 단, 판단자 $s(c^*)$는 p에 관한 직접 증거를 가질 것.
($s(c^*)$는 화자)

나. $[\![\text{-더냐}]\!]^{c^*;w,t,j} =$
$[\lambda p: p \in D_{<s,<i,<e,t>>>}. ASK(s(c^*), a(c^*), \forall <w',t',x>: <w',t',x> \in BEST(dox,$
$dubi, w, t, j) \rightarrow (\forall <w'',t'',x'>: <w'',t'',x'> \in BEST(epist, stereo, w', t', x)$
$\rightarrow p(w'')(t'')(x'))) \ \&\ t' < now \ \&\ j = s(c^*) \ \&\ x' = x = a(c^*)] = 1$, 단, 판단자 $a(c^*)$는
p에 관한 직접 증거를 가질 것. ($a(c^*)$는 청자)

(25) 판단자 j가 p에 관한 직접 증거를 가진다는 것은,
i) j가 자신에 관한 서술이 아닌 사건 또는 상태 p가 참임에 대한 지각적 근거를 가지거나,
ii) j가 자신의 내적 감각 상태에 관한 서술 p의 주체라는 뜻이다.

이 정의들에 따라 위 (17), (19)의 '-더-' 문장들의 적격성과 부적격성을 모두 설명할 수 있다.[999)]

999) 자세한 설명은 이 책 7.3절에 제시되어 있다.

11.6.2.2. 직접증거성 의미를 가지는 연결어미 '-길래'

'-더-'가 통사 단위로서 증거성 의미를 가지는 것이 아니라, 기원적으로 '-더-'를 그 부분으로 가지는 '-더라, -더냐, -더니' 들이 증거성 의미를 가진다. '-더-' 분석론자들은 (7), (8)의 요소들이 '-더-' 형태를 공유하고 있고, 이들이 공통된 의미 '직접증거성'을 가지는 것이 분명하니까 그 직접증거성 의미는 '-더-'가 가지는 의미로 분석해야 한다고 주장한다. 그러나 현대 한국어의 어미들 중에는 '-더-' 말고도 증거성, 특히 직접증거성 의미를 가지는 예가 있다. 선행 연구에서 이미 증거성의 요소로 인정해 온 '-네'가 있는데, '-더-'는 선어말어미, '-네'는 어말어미로서 서로 계열적 대립을 하지 않으므로 이를 한 통사 범주의 하위 범주로 상정할 수는 없다. 연결어미 '-길래'도 직접증거성 의미를 가진다. '-길래'는 직접증거성 의미와 함께, 발화시에 앞서는 시점에서의 화자의 지각을 표현한다는 점에서 '-더-' 계통 어미들의 핵심적 의미를 공유한다.[1000)]

'-더니'의 선행 명제에 대한 의미적 제약과 '-길래'의 선행 명제에 대한 의미적 제약은 본질적으로 동일하다. 이 점을 다음 예들을 통해서 확인할 수 있다. (27나)는 이른바 1인칭 제약이 '-더-' 문장뿐 아니라 '-길래' 문장에서도 작용함을 보인다. (27다)는 화자가 직접 증거를 가질 수 없는 역사적 사실의 진술에, '-더-' 문장뿐 아니라, '-길래' 문장이 부적격함을 보인다.[1001)]

(26) 가. 비가 오더니 날씨가 추워졌다.
　　나. ??내가/네가/인호가 그 건물로 들어가더니 10분 후에 나왔다.
　　다. ??이순신 장군이 거북선을 건조하더니 선체 측면에 총통을 설치했어.
(27) 가. 비가 오길래 나는 우산을 가지고 나갔다.
　　나. ??내가/네가/인호가 그 건물로 들어가길래 철수가 따라 들어갔다.
　　다. ??이순신 장군이 거북선을 건조하시길래 백성들이 와서 도왔다.

시간적 선후관계 해석에서도 '-길래'는 '-더니'와 공통된다. (26가)의 '-더니' 문장에서와 마찬가지로 (27가)의 '-길래' 문장에서도 '비가 온다'는 사건은 발화시 이전의 인식시에 지각된 사건이다.

1000) '-길래'가 직접증거성 의미와 발화시 이전 인식시 의미를 가지는 점은 양정석(2017: 120)에서 처음으로 지적했고, 양정석(2022나: 이 책 10.4절)에서 상론했다.

1001) 양정석(2017: 120, 200)에서는 '-길래'가 직접증거성에 대한 전제 의미를 가진다는 점을 관찰하고, 이를 진리조건적 함수로 정의된 의미 형식에 영역 조건으로 명시했다. 양정석(2022나: 이 책 10.4절)에서는 그 전제 의미를 정의 성립 조건으로 명시했다.

(27)의 사실의 존재는 직접증거성 의미를 나타내는 요소가 반드시 증거성 범주의 표지로 설정되어야 하는 것은 아니라는 점을 증명한다. 이는 직접증거성 의미를 가지는 '-길래'를 한 통사 단위로 처리하는 것처럼, 직접증거성 의미를 가지는 '-더니, -던데, -던지', 나아가서 모든 '-더-' 계통 어미를 단일 통사 단위로 처리하는 것이 타당함을 보여준다.

11.6.3. '-더-' 분석론의 두 가지 부정적 귀결

11.6.3.1. 간접증거성의 표지 '-다더라', '-단다', '-다-' 분석의 문제

'-더-'를 통사 단위로 분석하고, 한국어에 증거성 범주를 상정하는 연구자들 중에는 다음 예들의 '-다더라'(또는 '-다-')를 증거성 표지의 다른 요소로 처리하는 이들이 있다. 이들의 공통의 전제는 증거성 문법범주를 가지는 언어들에서는 직접증거성과 함께 간접증거성을 함께 가진다는 점이다. 정경숙(2005)은 '-다더라, -단다'를, 임동식(2010)은 '-다-'를, 이정민(2014)은 '-대/래-'를 '-더-' 이외의 증거성 요소로 분석하고, 이를 증거성의 하위범주로서의 전언/보고 증거성의 표지라고 주장했다.[1002]

(28) 가. 인호가 온다더라.
　　나. 인호는 순희가 좋다더라.
　　다. 인호가 반장이라더라.
(29) 가. 인호가 온대/온단다/온답니다.
　　나. 인호가 반장이래/반장이란다/반장이랍니다.
(30) 가. 인호가 오더래/오더란다/오더랍니다.
　　나. 인호가 반장이더래/반장이더란다/반장이더랍니다.

1002) 정경숙(2005: 188-195)은 다음 예에서 '-단다', '-대', '-다더라', '-다데'를 각각 한 형태소로 간주하고(191쪽), 이들이 한국어의 보고 증거성 표지들이라고 주장했다(뒤의 (34)-(36)은 이 주장에 대한 결정적 반례가 된다).
a. 중동에서 전쟁이 일어났단다.
b. 중동에서 전쟁이 일어났대.
c. 미나가 미국에 갔다더라.
d. 미나가 미국에 갔다데.
그는 (a)에 주어를 더한 (e)가 비문이라는 판단에 근거하여 이런 주장을 펼치고 있다.
e. *준이 중동에서 전쟁이 일어났단다.
그러나 이 문장은 문체상으로 자연스럽지 않을지 몰라도, 통사적 비문은 아니다. 다음과 같이 표현하면 아주 자연스럽다.
f. 중동 지역의 사정을 잘 아는 기자들은 현재 중동에서 전쟁이 일어났단다.

임동식(2010: 55)에서는 (31가)를 (31나)와 같이 분석하고 여기에서 '-다-'를 보고 증거성의 표지로 확인하고 있다. 이와 비교되는, 이전에 (31)의 형태들과의 자유변이형으로 간주되어 온 (32)의 형태들은 복합문인 간접인용문에서 여러 단계의 형태음운론적 축약 절차를 거쳐서 형성된 것으로 분석한다.1003)

(31) 가. 존이 빌을 때렸단다/때렸답니다/때렸대.
　　 나. 존-이 빌-을 때리-었-다-ㄴ다/ㅂ니다/어.
(32) 가. 존이 빌을 때렸댄다/때렸댑니다/때렸대.
　　 나. 존-이 빌-을 때리-었-다-애-ㄴ다/ㅂ니다/어.

그러나 (31)과 (32)는 공히 '-고'와 '하-'가 형태음운론적으로 생략된 형식으로 기술해야 한다(남기심 1973, 채희락 2006). (31가)나, (32가)나, 표면적으로 주어가 드러나지 않은 예들일 뿐이다. 맥락에 따라 복원할 수 있는 경우 주어를 생략하는 것은 한국어의 발화에서 너무나 흔한 일이다.

(33) [e [존-이 빌-을 때리-었-다-고] 하-ㄴ다]

'-댄다' 형식뿐 아니라 '-단다' 형식도 복합문 형식으로부터 형태음운론적 축약 절차에 따라 도출된 것이다. 이렇게 분석하지 않으면 안 되는 분명한 증거는 다음과 같다. 목적어가 형용사에 선행하는 다음 예들은 (34)'-(36)'과 같은 복합문 구성으로 분석할 수밖에 없다.

(34) 가. 순희가 너를 싫다더라.
　　 나. 인호는 순희를 좋다더라.
　　 다. 인호가 걔를 반장이라더라.
(35) 가. 걔가 너를 뻔뻔스럽대/뻔뻔스럽단다.
　　 나. 그 아이가 선생님을 인자하시답니다.
　　 다. 사람들이 그분을 의인이랍니다.
(36) 가. 걔가 너를 뻔뻔스럽더래/뻔뻔스럽더란다.

1003) (31가)와 (32가)의 문장 형식을 복합문인 간접인용문으로부터 형태음운론 절차에 의해 도출되는 자유변이형으로 설명하는 대표적 연구는 남기심(1973)이다. 그곳에서는 이들과 별도로 (31가)에서의 '-단다, -답니다'와 그 외 '-다네, -다오'가 각각 새로운 어미로 굳어진 경우도 인정하고 있다((37)의 '친밀성'의 복합 어미). 그러나 (32가)의 '-댄다, -댑니다'는 굳어진 어미로 인정하지 않는다.

나. 그 아이가 선생님을 인자하시더랍니다.

다. 사람들이 그분을 의인이더랍니다.

(34)' 가. 순희가 너를 싫다고 하더라.

나. 인호는 순희를 좋다고 하더라.

다. 인호가 걔를 반장이라고 하더라.

(35)' 가. 걔가 너를 뻔뻔스럽다고 해/뻔뻔스럽다고 한다.

나. 그 아이가 선생님을 인자하시다고 합니다.

다. 사람들이 그분을 의인이라고 합니다.

(36)' 가. 걔가 너를 뻔뻔스럽더라고 해/뻔뻔스럽더라고 한다.

나. 그 아이가 선생님을 인자하시더라고 합니다.

다. 사람들이 그분을 의인이더라고 합니다.

'-다-' 또는 '-다더라, -단다'를 보고 증거성 표지로 규정하는 이론들에서는 위 예들을 설명할 수 없다. 한 예로, 임동식(2010)이 상정하는 통사 규칙 체계에 따르면 (34)-(36) 문장들이 생성되지 않는다. 이는 위 (11가)의 요건('완전성 요건')을 충족하지 못하는 것이다.

예외적으로 '친밀성'을 표현하는 복합 형식의 어미들이 존재하는데, 이들과 위 형태음운론적 도출 형식들을 혼동해서는 안 된다.[1004)]

(37) 가. 나는 여기에 매일 온단다/그분은 우리 회사 사장님이란다.

나. 나는 여기에 매일 온다네/그분은 우리 회사 사장님이라네.

다. 나는 여기에 매일 온다오/그분은 우리 회사 사장님이라오.

라. 저는 여기에 매일 온답니다/그분은 우리 회사 사장님이랍니다.

이상의 사실은 '-다-' 또는 '-다더라, -단다'를 보고 증거성 표지로 규정하는 이론들이 한국어의 현실을 적합하게 기술하지 못한 것임을 보여준다.

11.6.3.2. '-었더-' 분석의 문제

'-더-' 분석론의 한 사례인 박재연(2003/2019)은 한국어 문법 연구에서 '-더-' 분석

1004) 복합 어미는 '-단다, -다네, -다오, -답니다'의 네 개로 국한된다. 이 네 개의 형식이 형태음운론적 축약의 절차를 통해 얻어지는 것이 아니라 새로운 어미로 발달된 것이라는 점, 이들 예에서 '-다/라-'가 '-대/래-'로 변이하지 않는 특징이 있다는 점은 남기심(1973)에서 처음 발견한 것이다.

론이 얼마나 뿌리 깊은지를, 동시에 현대 한국어의 형태통사론적 사실에 대한 체계적 인식에 입각하지 않은 문법 요소의 의미에 대한 논의가 얼마나 취약한 것인지를 보여준다. 그의 결론은 다음 예에서 '-었더-'가 단일 통사 단위로서 과거시제를 표시한다는 것이다.[1005]

(38) 가. 어제 내가 학교에 갔더니 사람들이 많이 있었다.
나. 내가 조금만 일찍 왔더라면 너를 도와 줄 수 있었을 텐데.
다. 내가 거기에 갔던들 그 일이 해결되진 않았을 것이다.
라. 이것은 내가 어제 먹었던 음식이다.

이러한 주장의 근거는 주로 의미 현상의 관찰이다. (38가)에서 '-었더니'는 '-더니'가 가지는 인칭 제약을 갖지 않으며, (38라)에서 '-었던'은 종결형에서의 '-었-'이나 관형사형의 '-은'이 표현할 수 있는 과거 의미 중 '현재와의 접점을 가지는 과거 의미'를 표현하지 못하고, '현재와의 접점을 갖지 않는 과거만을 나타내는 기능'(258쪽)을 가지며, (38나), (38다)의 '-었더라면', '-었던들'은 반사실성 조건과 양보를 나타내는데 '-었-'을 뺀 '-더라면'과 '-던들'의 형식은 존재하지 않는다는 것이다.

'-더-'를 분석한 데에서 더 나아가, 이를 그 앞의 선어말어미 '-었-'의 일부로 붙이는 것은 대단히 파격적인 처리이다. 이는 현대 한국어의 형태통사론 체계에 미치는 파급 효과를 인식하지 못한 것이다. '-었더-'를 한 통사 단위의 과거시제 요소로 설정하면 이를 과거시제 요소로 포함하는 한국어의 형태통사론 체계는 아주 이상한, 모순적 체계가 되어 버린다. '-었더-'를 과거시제 요소로 가정함으로써 그가 말하는 것처럼 '-었-'의 변이형태로서의 '-었더-', 또는 '-었었-'의 변이형태로서의 '-었더-'를 설정하게 된다. 대략 다음과 같은 형태소 실현 규칙을 기술해야 한다.

(39) 가. {-었-} → /-었더-/ / _{니, 라면, 은들}
나. {-었-} → /-았-/ / 선행 음절핵이 양성모음이고, '니/라면/은들' 외의 어미 앞의 위치
다. {-었-} → /-었-/ / 위 두 경우 외의 조건(당연적 실현)
(40) 가. {-었었-} → /-었더-/ / _{은}
나. {-었었-} → /-았었-/ / 선행 음절핵이 양성모음이고, '은' 외의 어미 앞의 위치
다. {-었었-} → /-었었-/ / 위 두 경우 외의 조건(당연적 실현)

1005) 다음 네 문장은 박재연의 예문이다. 그는 "'-었더니, -었더라면, -었던들'의 '-었더-'는 '-었-'의 변이형태로, '-었던'의 '-었더-'는 '-었었-'의 변이형태로 기술될 가능성"이 있다고 서술하고 있다(박재연 2019: 264).

두 경우 (나)의 실현 규칙이 필수적 규칙은 아니지만 어떤 이론적 입장에서든 이와 같은 변동의 사실을 부정할 수는 없다. 그러나 (39가), (40가)는 순전히 그의 가정에 의해 추가되는 실현 규칙인 것이다. 문제의 본질은 (39가)의 실현 조건이 음운론적, 문법적 자연군을 이루지 못한다는 것이다. '-니'와 '-라면'과 '-은들'은 음운론적으로나, 문법적으로나 아무런 공통 특성을 갖지 않는다.

또한 '-었더라면'의 '-었더-'를 과거시제 표지로 분리한다면 (39가)와 같이 '-었-'이 '-었더-'로 실현되는 조건 중의 하나인 '-라면'(또는 '-다면')을 단일 통사 단위로 간주해야 한다. 그러지 않고 '-라'를 그 조건으로 설정하면, 이는 일반적인 종결형의 '-었더라'에서도 '-었더-'가 실현된다고 예측하는 것이기 때문이다.[1006] 하지만 '-라면'은 단일 통사 단위가 아니고 '-라고 하면'의 형태음운론적 축약형이므로 (39가)의 실현 조건의 하나가 될 수 없다. 이는 (39가)가 언어 규칙을 이루지 못함을 보이는 것이다.

이런 모순적인 상황을 초래하게 된 요인은 '-더-'를 독립된 통사 단위로 가정한 것, 즉 '-더-' 분석론 자체에 있다. 이 가정을 취소해야만 이 모든 문제가 해소된다.

'-었더-'를 과거시제 요소로 규정할 경우 '-었-'의 변이형태 실현 규칙으로 어휘개별적(idiosyncratic) 조건을 가지는 (39가)를 새롭게 설정해야 한다. 이는 앞에서 '-더-'를 독립적 통사 단위로 규정할 경우 15개의 어휘개별적 조건을 가지는 변이형태 실현 규칙 (5)를 설정해야 했던 것과 동일한 모순적 상황이므로, 그 가정을 취소해야 한다. 이것이 현대 언어학의 기본 방법이다. 이러한 기본을 취하지 않고 박재연이 중요시하는 근거는 위 예들에서 관찰된다고 하는 의미적 특징이다.

(38라)에서 '-었더-'는 '현재와의 접점을 갖지 않는 과거만을 나타내는 기능'(258쪽)을 가진다고 한다. 그는 (39가)와 (40가)의 '-었더-'의 의미가 다르다고 한다. 그러나 그가 주장하는 '-었던'의 의미는 '-었더-'를 한 단위로 가정하지 않고도 충분히 설명할 수 있는 것이다. 그와 같은 의미 묘사는 다음 '-었더라' 문장에 대해서도 할 수 있다. (41)에서도 철수가 떠나는 사건, 날씨가 추운 상태는 발화시인 현재 이전의 시점에서 관찰된/경험된 것이므로 '현재와의 접점을 갖지 않는 과거'의 사건/상태이다. '어제'를 더한 (42)의 두 문장도 같은 방법으로 설명할 수 있다.

(41) 가. 철수가 떠났더라.
나. 날씨가 추웠더라.

1006) '-라'는 기본형태일 수 없으므로, '-다'로부터 형태음운론 규칙이 적용된 결과인 '-라'를 다른 형태음운론 규칙의 조건으로 삼는다는 모순성을 또한 드러낸다.

(42) 가. 철수가 어제 떠났더라.
　　나. 날씨가 어제 추웠더라.

박재연(2003/2019)이 '-었던'과 그 외의 '-었-더-' 결합 어미의 의미 차이라고 파악한 것은 사실상 '-던'과 그 외의 '-더-' 계통 어미들의 의미 차이일 뿐이다. 필자는 '-던'의 의미는 직접증거성의 전제를 갖지 않는다는 점에서 다른 '-더-' 계통 어미들과 차이를 가진다고 본다.[1007)]

'-더니'와 달리 '-었더니'가 인칭 제약을 갖지 않으므로 '-었더-'를 과거 시제로 분리해야 한다는 그의 관찰도 사실을 정확하게 관찰하지 못한 것이다. (43나)는 '-었더니'도 인칭 제약을 가짐을 보여준다.[1008)] (44)의 '-었더니' 문장들의 선행절에서는 인칭 제약이 나타나지 않는다. 그러나 (44)의 '-었더니' 문장들은 그 선행절 서술어가 행동성을 가져야 한다.

(43) 가. ??내가/네가/순희가 전에는 예쁘더니, 지금은 달라졌네.
　　나. ??내가/네가/그이가 갔더니 돌아왔군.
　　다. 어제는 빗물이 많이 고이더니/고였더니 오늘은 조금밖에 안 고였네.
(44) 가. 내가/네가/인호가 돌을 움직였더니 개미집이 드러났다.
　　나. ??내가/??네가/??인호가 침착했더니 모두가 믿음직스럽게 생각한다.
　　다. 내가/네가/인호가 침착하게 행동했더니 모두가 믿음직스럽게 생각한다.

필자는 (44)의 '-었더니'는 (43)의 '-더니'와는 다른 독립된 어휘항목으로 설정한다.[1009)] (43)에서의 '-더니'는 '-었-'을 취할 수 있고,[1010)] '-었-'을 취하는 경우에도 다른

1007) 양정석(2017: 293)에서는 '-던'을 인식 양상 의미를 가지고, 직접증거성에 대한 전제를 갖지 않는 형식으로 정의했다.
a. $[\![\text{-던}]\!]^{c;w,t,j} = [\lambda p_{<s,<i,<e,<e,t>>>>}.\ \forall <w',t',x>: <w', t', x> \in \text{BEST}(\text{epist}, \text{stereo}, w, t'', j)\ \&\ t'' \leq t \rightarrow p(w')(t')(x)] = 1$
이에 비해서 '-더라' 등의 '-더-' 계통 어미들은 같은 인식 양상 의미를 가지며, 이에 추가하여, 그 전제 의미로 선행 명제에 관한 '직접 증거'를 가지는 점이 명시된다.

1008) 선행절 서술어가 타동사인 경우에도 (43나)와 같은 인칭 제약 현상이 나타날 수 있다((43나)와 (a)는 서정수(1978나)의 예문임).
a. ??내가/자네가/김 선생이 한복을 입었더니 오늘은 안 입었군.
서정수(1978)에서는 (43나), (a)의 '-었더니' 문장에서는 인칭 제약이 나타나나 (44)의 '설명적 접속'의 '-었더니' 문장에서는 인칭 제약이 나타나지 않는 것으로 보았다. 필자는 전자의 '-었더니'는 통사 단위 '-더니'에 통사 단위 '-었-'이 결합한 것이고, 후자의 '-었더니'는 단일 통사 단위라고 본다. 자세한 논의는 10.3절을 참고 바람.

1009) 이필영(2011)은 선행 연구 중에서 '-었더니'를 독립된 복합 어미로 분석한 드문 예이지만, (43)과 (44)의 '-었더니'를 동일한 복합 어미로 간주한다(이 문제에 대해서는 10.3절을 참고 바람).

'-더-' 계통 어미들처럼 인칭 제약을 가진다. (44)의 '-었더니'가 특이한 것은, '-더니'와는 달리, 선행절이 행동성의 의미를 가질 것을 요구한다는 것이다. 이 '-었더니'의 더욱 특이한 점은 후행절에만 직접증거성 요구를 부여한다는 것이다.[1011]

(45) 가. 내가 그 친구를 만났더니 그 친구가 나를 껴안았어요/*내가 그 친구를 껴안았어요.
나. 자네가 그 물건을 샀더니 딴 사람들이 썼어?/*자네가 썼어?

이러한 점들은 '-었더니'를 단일 통사 단위로 설정하여 그 어휘의미적 정보로 기술하지 않으면 포착할 수 없는 것이다.[1012]

결국 (39가)의 기술은 더욱 더 복잡해지고, '-니' 앞의 '-었더-'가 과거 시제 표지라는 박재연의 주장은 근거를 잃게 된다. 이러한 점도 현대 한국어에서 '-더-'가 독립된 통사 단위라고 가정하는 데에서 귀결되는 것이다. 앞에서 제시한 (6)의 단위들은 현대 한국어의 통사 단위로서 각기 고유의 의미를 가지는 어휘항목들로 간주되어야 한다. '-었더니'는 복합적 어미로서 이 목록에 추가되는 것뿐이다.

(38나, 다)의 '-었더라면, -었던들'에서 '-었더-'가 분리되어야 한다는 박재연의 주장도 잘못된 사실 판단에 기초한 것이다. '-었더라면' 문장 (46가)는 반사실성 조건만을 표현하는데 '-다면' 문장 (46나)는 반사실성 조건의 의미를 갖지 않을 수도 있다.[1013] 이는 (46가)의 '-었더-'가 과거시제 표지 '-었-'의 변이형태라고 가정해서는 설명 못할 의미적 사실이다.

1010) 이 점은 중요하다. 이전의 논의에서는 '-었-'과 결합한 '-었더니'와 '-었-'과 결합하지 않은 '-더니'를 비교했다. 그러나 '-었더니'는 복합적 어미로서의 의미만을 가지는 것이 아니라, '-더니'에 '-었-'의 완료 의미를 더한 의미를 갖기도 하는 것이다.

1011) 다음 두 예문들, 그리고 그 문법성에 대한 판단은 서정수(1978나: 340)의 것이다. 의문문은 청자를 판단자로 삼아 위 (25)의 직접증거성을 판정하므로 이에 따라 (45나)의 후행절 직접증거성 전제의 사실이 포착된다.

1012) 단일 어미 '-었더니'는 선행절 아닌 후행절에 직접증거성 요구를 부여한다. 반면 단일 어미 '-더니'는 선행절과 아울러 후행절에도 직접증거성 요구를 부여한다. 이들을 포함한 '-더-' 계통 연결어미들의 의미 기술을 10.3절에서 제시하였다. 10.3절의 논의 결과 중 그 선·후행절에 대한 뚜렷한 전제 사실들만을 간단히 요약하기로 한다.

a. '-더니': 선행절 p와 후행절 q의 직접증거성 전제
b. '-었더니': 선행절 p의 행동성 전제, 후행절 q의 직접증거성 전제
c. '-던데': 선행절 p의 직접증거성 전제, 후행절 q 양상 명제 요구
d. '-던지': 선행절 p의 직접증거성 전제, 후행절 q 비양상 명제 요구
e. '-었더라면, -었던들': 선행절 p의 반사실성 전제
f. '-더라도': 'p-으면 q'가 'p-으면 ㄱq'보다 덜 기대됨(전제)

1013) '-었더라면'이 반사실성 조건 의미만을 가진다는 점은 양정석(2020나)에서 지적하고 형식의미론적으로 기술한 바 있다. '-다면'은 '-다고 하면'의 형태음운론적 축약형이다. '-으면'이 반사실성 조건 의미를 가질 수도, 갖지 않을 수도 있는 것처럼, '-다면'도 그러하다.

(46) 가. 네가 그 장소에 갔더라면 철수가 그 자리에 있는 것을 보았을 것이다.
나. 네가 그 장소에 갔다면 철수가 그 자리에 있는 것을 보았을 것이다.

'-었더-'를 한 형태소로 분석하는 발상은 임동훈(1995, 2010)에서 '-었느-'를 한 형태소로 분석하는 발상과 유사한 바 있다. '-느-'를 형태소로 분석할 경우의 형태소 실현 규칙인 (3마)의 모순성을 인식하고 '-었느-', '-겠느-'를 각각 '-었-', '-겠-'의 변이형태로 처리하여 이 모순성을 해소하고자 한 것이다. 그러나 형용사 '있-, 없-' 뒤에도 똑같은 분포 조건이 존재하는 (4)의 사실은 끝내 발견하지 못했다. '-었느-'를 '-었-'의 변이형태로 가정한다면 '있느-', '없느-'도 각각 '있-', '없-'의 변이형태로 처리하지 않으면 안 된다는 모순에 빠지고 만다.[1014)]

'-느-'가 그 뒤의 어미들의 일부인 것이 (3), (4)가 보여주는 현대 한국어의 사실인 것처럼, '-더-'가 그 뒤의 어미들의 일부라는 것이 (5)가 보여주는 현대 한국어의 사실이다. 박재연(2003/2019)은 '-었더니, -었더라면, -었던들, -었던'에서 '-더-'의 의미가 여타의 '-더-' 계통 어미들의 경우와 같지 않다는 의미적 사실의 관찰을 (5)가 보여주는 형태통사론적 사실보다 더 신뢰한 결과, (46)과 같은, 그 의도에 반하는 의미적 사실에 직면하게 된다.

'-었더-'를 단일 형태소로 분석하는 시도도 '-더-' 분석론을 기정사실화하는 데에서 빚어지는 부정적 귀결이다. (38)에서 '-었더니', '-었더라면', '-었던들'과 '-던'은 현대 한국어의 단일 통사 단위로서, 각기 고유의 의미를 가지는 어휘항목들로 간주되어야 한다.

'-더-'를 독립된 통사 단위로 가정하는 것은 기존의 한국어 연구자 대부분의 관행이었다. 이 절에서는 형태통사론적 사실의 기술과 의미 기술의 양면에서 이러한 가정이 건전성 요건을 만족하는 문법 이론을 수립하는 데에 실패한다는 점을 증명하였다. 문법은 한 언어의 모든 문장을 생성하고, 문법적인 문장만을 생성하는 체계인데, '-더-'의 통사 범주를 시제, 상, 법, 증거성의 어느 것으로 상정하든, '-더-'를 통사 단위라고 가정하는 문법 체계는 '-더-'와 결합 불가능한 어말어미들과 '-더-'가 공존하는 무한수의 비문법적 문장을 문법적 문장으로 잘못 생성한다.

이러한 문제점들에 대한 자연스러운 대안은, '-더-'와 후속하는 어미의 결합을 단일한 통사 단위로 간주하는 것이다. (7), (8)의 어미들을 포함하고, 11.6.3.2절에서 확인된 '-었더라면, -었던들, -었더니'도 아울러 포함하여 그 의미 특성들을 기준으로 재배열해 보면

1014) 이에 대한 자세한 내용은 11.5절에서 확인할 수 있다.

다음과 같다. '-길래'도 추가하여 비교해 보기로 한다. '*' 표시는 해당 의미 특성을 갖지 않음을 뜻한다.

(47) 가. -더라, -더구나, -더구려, -더구먼, -던걸, -데[1], -습디다, -더냐, -던가, -데[2], -습디까
①인식시가 기준시의 이전에 설정됨 ②직접증거성 전제 ③*후행절 의미 선택제약
나. -더니, -던데, -던지
①인식시가 기준시의 이전에 설정됨 ②직접증거성 전제 ③후행절 의미 선택제약
다. -었더라면, -었던들, -었더니
①인식시가 기준시의 이전에 설정됨 ②*직접증거성 전제 ③후행절 의미 선택제약
라. -던
①인식시가 기준시의 이전에 설정됨 ②*직접증거성 전제 ③*후행절 의미 선택제약
마. -든지, -든가, -든, -더라도
①*인식시가 기준시의 이전에 설정됨 ②*직접증거성 전제 ③*후행절 의미 선택제약
바. -길래
①인식시가 기준시의 이전에 설정됨 ②직접증거성 전제 ③후행절 의미 선택제약

직접증거성 전제, 즉 선행절에 대한 직접 증거를 가져야 한다는 제약은 이 어미들의 어휘의미적 기술에 전제 의미로 명시되는 제약이다. '-던'을 비롯한 (47다, 라, 마)의 어미들은 이러한 제약을 갖지 않는다. 이와 대조적으로, 형태적으로 '-더-'와 무관한 (47바)의 '-길래'는 (47나)의 '-더니, -던데, -던지'와 세 가지 의미적 특성을 공유한다.

'-었더라면', '-었던들'과, '-었더니'의 한 용법은 복합 형식의 최소 통사 단위들이다. 이들에서 '-었더-'를 과거시제 표지의 변이형으로 분석하는 방안이 형태통사론적으로, 의미적으로, 심각한 문제를 가짐을 밝혔다. '-었던'은 두 통사 단위 '-었-'과 '-던'의 공존 형식이고, 여기에서 '-었더-'를 분리할 수 없다는 점도 밝혔다. 한국어에 증거성 문법범주가 존재한다는 가정에서 간접증거성 표지로 '-다더라', '-단다', '-다-', '-대/래-'를 상정하는 일도 성공할 수 없는 시도임을 밝혔다.

(47가, 나)의 '-더-' 계통 어미들이 직접증거성 의미를 가진다는 점은 필자도 받아들인다. 그러나 '-더-' 계통 어미들이 직접증거성 의미를 가지는 것이 '-더-'의 직접증거성 표지로서의 자격을 증명하지는 못한다. 직접증거성 의미를 나타내는 연결어미 '-길래'의 존재는 이 점을 증명하는 또 다른 유효한 증거임을 보였다.

11.7. 마무리

11.1절의 (1)에서 정리한 점들을 현대 한국어의 기초적 형태통사론적 사실이라고 판단하는 기본 인식 아래, 한국어 시간요소들의 의미 기술을 시도한 형식의미론적 연구들을 검토하였다. '-었-'의 범주적 성격에 대한 판단이 시제 체계의 유무에 대한 판단에서 핵심적인 역할을 한다고 보고, 이를 단일한 시제 요소로 간주하는 견해와 중의적 요소로 간주하는 견해로 나누어 그 형식의미론적 의미 규정의 실례들을 비판하였다. '-었-'의 중의성에 기반한 이론들은 궁극적으로 공통된 의미를 가지는 두 요소가 상보적으로 분포할 때 결국 하나의 단위로 증명된다는, 상보성 원리에 의한 해석과 관련한 문제점을 피할 수 없다. 단일한 '-었-'에 기반한 시제 가설의 견해들은 이것이 시간적 선후관계 의미와 함께 완결상의 의미를 가진다는 점을 설명할 수 없다.

'-었-'의 완결상 의미는 현대 중국어를 비롯한 무시제 언어들에서 그러한 것처럼 시간적 선후관계 의미를 포함하고 있다. 이 장에서는 무시제 언어의 완결상 의미 기술을 '-었-' 의미 기술에 원용하고, 이 외의 시간적 선후관계 해석을 도출하는 구문들, '-었었-' 문장, 중화상 '∅'의 문장, 명제태도 동사 구문, 시간 부가어 구문의 형식의미론적 의미 기술 방법을 제안하였다.

이 장에서 한국어 시간요소들에 대한 형식의미론적 기술들을 검토한 것은 두 방향에서 의의를 가지리라 생각된다. 시제 의미 또는 상 의미를 직관적 수준에서 설정하여 문법 범주로서의 시제와 상을 논의해 온 한국어 문법의 관행에서는 시제, 상의 의미를 형식화하는 실례를 검토해 보는 일이 문법 이론의 심화 발전을 위해 유익한 바가 있을 것이다. 한편 형식의미론의 최신 이론을 한국어 현상에 적용하는 과정에서 시제, 상을 연구해 온 연구자들 중에는 한국어의 형태통사론적 사실에 대한 이해의 부족을 드러내는 예가 흔하다는 것을 이 장의 논의를 통해 관찰하였다. 시제, 상은 통사 범주이므로, 한국어의 형태통사론적 사실에 바탕을 둔 이 장의 검토와 의미 기술은 이러한 방향의 연구에도 시사하는 바가 적지 않을 것이다.

시간요소들의 형식의미론적 기술은 담화화용론적 해석을 위한 기반이 된다. RTC, SOT, TAR 등을 담화화용론적 추론규칙으로 설정하여 담화 표상을 바탕으로 한 시간적 선후관계 해석에 활용하는 방안을 모색해 보았다. 그러나 완성된 시간적 선후관계 해석의 담화화용론을 수립하는 데에는 이르지 못하였고, 이를 향후의 과제로 남겼다.

제12장

담화화용론과 담화 표상

이 장에서는 의미론과 구별되는 담화화용론의 해석 체계에 대해 논의한다. 의미론의 영역과 담화화용론의 영역을 준별하는 것이 이 책에서 필자가 내내 가지고 있던 기술 태도이다. 의미론은 문법 내의 영역이고, 이 책에서 제시한 의미 해석 규칙들은 문법 규칙들의 일부라는 것이 필자의 관점이다.

이 책의 논의 과정에서 의미론적 규칙이 아닌 담화화용론적 규칙으로 귀속시켜야 할 규칙의 예들을 지적해 왔다. 이 장에서는 먼저 그러한 예들을 모아 통합적인 견지에서 재음미해 보기로 한다.

다음으로, 담화 의미를 어떤 형식으로 나타낼 것인지의 문제를 고려해 볼 것이다. 담화 의미의 표상이 '맥락'을 중심으로 이루어지고, 배열된다는 점을 보인다. 전제 의미의 점검과 유지를 위한 담화 표상의 형식을 예시하고, 양상 의미의 화행 의미로의 전이 과정이 담화 표상에서 어떻게 표시되는지 알아본다.

담화가 정합성(coherence)을 얻기 위해서는 그 담화의 부분 단위들이 결합하는 과정에 주어지는 의미상의 적격성 조건을 만족해야 한다. 담화의 적격성 조건으로 의문문과 초점 문장의 관계에 관한 조건, 주장과 반대 주장에 관한 조건, 문장화제에 관한 조건 등을 살펴본다.

12.1. 담화화용론적 추론규칙들

제1장에서 제시하고 이후의 장들에서 계속 활용해 온 의미 해석 규칙들 ①-⑨는 문장 단위의 의미 형식을 도출하는 규칙들이다. 문장 단위의 의미 형식이 담화 의미 표상의 형식으로 전환되는 데에는 의미 해석 규칙들과는 별도의, 담화화용론적 해석 규칙들이 작용한다. 이들은 한 의미 형식을 다른 의미 형식으로 바꾸는 작용을 하는 것이므로 '추론규칙'의 성격을 가진다고 할 수 있다. 이 책의 여러 장에서 의미론적 규칙이 아닌 담화화용론적 규칙으로 지적한 예들을 모아 보기로 한다.

1)추론규칙이라는 이름에 가장 걸맞은 규칙의 예는 양상 문장의 합성된 의미 형식을 바탕으로 다른 양상 의미 형식을 이끌어 내는 다음과 같은 규칙들이다.[1015]

1015) (1)-(3)은 10.1.2절에서 조건 접속문의 해석과 관련하여 제시한 규칙들이고, (4)는 9.3절에서 의문문의 해석과 관련하여 제시한 규칙이다.

(1) 추론규칙1

$[\forall w': w' \in BEST(\mathbf{epist}, \mathbf{stereo}, w) \ \& \ p(w') \rightarrow \exists w'' \in BEST(\mathbf{epist}, \mathbf{stereo}, w'): q(w'')]$

$\Rightarrow [\exists w': w' \in BEST(\mathbf{epist}, \mathbf{stereo}, w) \ \& \ p(w') \ \& \ q(w')]$

(2) 추론규칙2

$[\forall w': w' \in BEST(\mathbf{epist}, \mathbf{stereo}, w) \ \& \ p(w') \rightarrow [\forall w'': w'' \in BEST(\mathbf{intend}, \mathbf{stereo}, w') \rightarrow q(w'')]$

$\Rightarrow \forall w': w' \in BEST(\mathbf{intend}, \mathbf{stereo}, w) \ \& \ p(w') \rightarrow q(w')]$

(3) 추론규칙3

$[\forall w' \in BEST(\mathbf{dox}, \mathbf{stereo}, w): \forall w'' \in BEST(\mathbf{epist}, \mathbf{stereo}, w'): p(w'')]$

$\Rightarrow \forall w' \in BEST(\mathbf{dox}, \mathbf{stereo}, w): p(w')$

(4) 추론규칙4:

$[\forall w' \in BEST(\mathbf{epist}, \mathbf{stereo}, w): \forall w'' \in BEST(\mathbf{dox}, \mathbf{dubi}, w'): p(w'')]$

$\Rightarrow \forall w' \in BEST(\mathbf{epist}, \mathbf{stereo}, w): p(w')$

이들은 모두 겹쳐진 양상 구조를 하나의 양상 명제로 단일화하는 규칙들이다. 이들은 의미론적 규칙들을 적용하여 얻어진 의미 형식을 다른 형식의 의미 형식으로 전환하는 추론규칙들인 것이다. 이 연산은 지시 층렬에서 이루어진다.

2)3.1절에서는 Chierchia(1998)에서 제안한 '종류의 존재 양화사화 규칙'을 받아들이고, 이를 의미론적 규칙이 아닌 담화화용론적 규칙으로 규정한 바 있다. 이 규칙은 주어, 목적어 등 논항 위치에 있는 e 타입의 종류의 개체를 그 위치에 결속 변수를 남기고 존재 양화하는, 양화사의 의미 형식으로 전이시킨다. 이것도 문장 단위의 의미 형식을 다른 의미 형식으로 바꾸는 작용이므로 추론규칙의 하나로 포함할 수 있다.

(5) 종류의 존재 양화사화 규칙:

(R가 n-항 관계이고 kx[x=A] 형식의 종류가 주어지는 경우)

$[R(kx[x=A])(x_1). . .(x_{n-1})]$

$\Rightarrow [\lambda x_1., . . ., \lambda x_n. \exists y[^{\cup}kx[x=A](y) \ \wedge \ R(y)(x_1). . .(x_{n-1})]]$

이 연산도 지시 층렬에서 이루어진다.

3)4.4절에서 설정한 '배분적 의존 관계 해석 규칙'은 최재웅(1987)에서 제안한 것인

데, 복수의 명사항과 비한정 명사항을 각각 배분기준과 배분몫의 관계로 바꾼다.

(6) 가. 배분기준(sorting key) A와 배분몫(distributed share) B의 배분적 의존 관계 'Dstr(A, B)'는 A의 개체부분(i-part)들을 형성하여 이들에 대해 보편 양화하고, A의 개체부분(i-part)들이 B와 관계를 맺는다는 뜻이다.
나. 배분기준은 의미적으로 복수이어야 한다.
다. 배분몫은 비한정 명사항(indefinite)이어야 한다.

여기에서 볼 수 있듯이, 이 규칙은 아직 구체적으로 실행가능한 규칙의 형식을 갖추지 못한 것이다. 그러나 문장 단위의 의미 형식에 배분 관계 해석의 결과를 어떤 형식으로든 더해야 할 것이므로, 이 규칙도 한 의미 형식을 다른 의미 형식으로 바꾼다는 의미의 추론규칙으로 설정해야 한다고 본다. 이 절차도 지시 층렬의 정보를 바탕으로 적용되는 절차라고 본다.

4)제8장에서는 명령문, 청유문, 약속문의 의미론적 의미 형식이 발화 맥락에서 '의무'의 의미로 전환되는 과정을 담화화용론적 규칙의 적용으로 설명하였다. 이 담화화용론적 규칙은 명령문, 청유문, 약속문의 의미론적 형식을 한원소집합인 명제의 집합으로 전환한다. (7), (8), (9)는 각각 명령문, 청유문, 약속문을 행동지침으로 전환하는 추론규칙들이다.

(7) 의도 명제(명령문)를 TD의 행동지침으로 전환하기(추론규칙):
[IMP(s(c), a(c), ∀<w', t', y>: <w', t', y> ∈ BEST(intend, stereo, w, t, j)
→ 세계 w'에서, 시구간 t'에, 판단자 y에게, P & y=j]
⇒ c:TD:{P}

(8) 의도 명제(청유문)를 TD의 행동지침으로 전환하기(추론규칙):
[HORT(s(c), a(c), ∀<w', t', y>: <w', t', y> ∈ BEST(intend, stereo, w, t, j)
→ 세계 w'에서, 시구간 t'에, 판단자 y에게, P & y=j]
⇒ c:TD:{P}

(9) 의도 명제(약속문)를 TD의 행동지침으로 전환하기(추론규칙):
[PROM(s(c), a(c), ∀<w', t', y>: <w', t', y> ∈ BEST(intend, stereo, w, t, j)
→ w'에서, t'에, y에게, P & y=j]
⇒ c:TD:{P}

별도의 담화화용론적 원리에 따라 청자(명령문의 경우), 화·청자(청유문의 경우), 화자

(약속문의 경우)의 행동지침인 한원소집합 {P}에 '의무'의 선택함수가 적용된다. 이에 따라 명령문, 청유문, 약속문이 의무의 표현으로 해석되는 것이다.

명령문, 청유문, 약속문의 해석 과정에는 담화화용론적 추론규칙과 함께 다양한 종류의 담화화용론적 해석 절차가 실행된다. 8.7절에서는 이에 대해 상당한 지면을 할애하여 설명한 바 있는데, 명령문/청유문/약속문의 담화화용론적 해석 절차는 다른 구문 현상들의 담화화용론적 해석 과정을 기술하는 데에도 본보기가 되리라고 생각한다.

(7)-(9)의 담화화용론적 추론규칙들도 지시 층렬을 바탕으로 적용된다고 본다.

5)제9장에서는 의문문의 의미론적 의미 형식을 바탕으로 적용되는 담화화용론적 추론규칙들이 있어서 의문문의 의미 형식을 명제들의 집합의 형식으로 전환한다고 설명하였다.

(10) 의문문 의미 형식의 담화 의미 표상으로의 전환

[ASK(s(c*), a(c*), ∀w'[w'∈BEST(dox, dubi, w*) → p(w')], 단 q(w*)

⇒ c*:QS: ALT(p(w′)), prs: q(w*)

'ALT'는 명제에 적용되어 명제들의 집합을 산출하는 연산자이다. (10) 규칙의 결과로 질문집합(QS)에 명제들의 집합이 추가되는데, 이에 따라 의문문을 명제들의 집합으로 간주하는 표준적 형식의미론의 관점에 부합하는 설명이 가능해진다. 특히 이 'ALT' 연산자는 햄블린 함수 적용의 방식으로 작용하는 연산자이다. 이러한 연산은 표준적인 의미론적 해석 규칙과는 다른 차원에서 적용되는 것이므로, 이를 담화화용론적 차원의 규칙들로 귀속시켜야 한다고 제안하였다.

이 규칙도 지시 층렬의 정보를 바탕으로 적용된다고 본다.

6)제11장의 시간 해석에 관한 논의에서는 표준적 형식의미론의 의미 해석 규칙들의 적용으로 얻어지는 의미 형식과 시간요소들의 어휘기재항에 주어진 기본시간구조(BTS)를 바탕으로 적용되는 (11)-(13)과 같은 담화화용론적 규칙들을 제시하였다. (14), (15)는 이들에 대하여 가해지는 제약, 원리이다.

(11) 명시어 구조의 발화시-참조시 공유 규칙(RTC)

다음과 같은 의미 형식이 주어질 때, X에 의해 형성되는 시간구조 밑에 Y에 의해 형성되는 시간구조를 병치하고, 두 시간구조의 S들을 연합시키고, 다음으로 R들을 연합시킨다.

Conn'(X)(Y)

단, X와 Y는 각각 보충어와 명시어에 대응되는 의미 형식으로서, 시간요소의 자질을 가지는 상황(사건/상태)의 의미 형식임.

(12) 시점일치 규칙(SOT)

시간적 자질을 가지는 두 상황의 결합이 의미구조에 주어질 때, RTC 규칙의 조건이 되는 의미구조 형식과 다르면, 의미구조의 주절 상황의 사건시 E에, 종속절 또는 논항인 상황의 S, R, 또는 E를 일치시킨다.

(13) 시간 부가어 규칙(TAR)

시간 부가어는 R와 E를 S와 '연합'시키거나('지금'의 경우), R 또는 E를 S의 왼쪽('어제'의 경우) 또는 오른쪽('내일'의 경우)으로 이동시킨다.

(14) 도출시간구조 제약(CDTS)

TAR, RTC, SOT에 의해 시간구조의 형식이 바뀌는 경우, (i) '_'로 분리되었던 것이 연합되어서는 안 되며, (ii) S, R, E 세 시점들 간의 순서가 바뀌어서는 안 되며, (iii) E_S_R, R_S_E와 같이 사건시와 참조시가 발화시를 사이에 둔 시간구조가 도출되어서는 안 된다.

(15) 발화시 공유 원리

한 복합문의 두 절, 담화상의 선행 문장과 후행 문장은 두 시간구조(TS)의 발화시(S)를 연합시킨다.

이 규칙들과 원리들도 지시 층렬에 주어지는 의미 형식들과 기본시간구조를 바탕으로 적용된다.

7)이 책에서는 초점 문장을 해석하는 규칙도 담화화용론적 추론규칙의 일종으로 재정립하고자 한다.

Rooth(1985) 이후로 초점 성분을 포함한 문장, 즉 초점 문장의 의미는 '정규의미값(ordinary semantic value)'과 '초점의미값(focus semantic value)'의 두 가지 표상으로 나누어 기술된다. 정규의미값은 우리가 이 책에서 추구해 왔던 표준적 형식의미론의 의미 형식이다. 초점 문장의 의미론이 특이하고 난해한 것은 그 초점의미값을 도출하는 절차가 특이하고 난해하기 때문이다.

이 문제에 정통한 학자인 크라처의 해설(Kratzer 1991b)에 따르면, '초점의미값'을 이끌어내는 방법은 다음과 같다. (16나)와 같은 통사구조의 동사구(VP) 부분(두 개의 초점 성분을 포함하고 있음)을 (16다)와 같이 번역하여, 이로부터 (17)의 정규의미값과 (18)의 초점의미값을 도출한다.

(16) 가. John$_1$ $_{VP}$[introduced $_F$[Bill]$_2$ to $_F$[Sue]$_3$]

나. $_{VP}$[introduced $_F$[Bill]$_2$ to $_F$[Sue]$_3$]

다. introduced'($_F$[Bill'])($_F$[Sue'])

(17) (16다)의 정규의미값 도출:

가. ⟦ $_F$[Bill'] ⟧ = ⟦ $_F$[Bill'] ⟧ = 빌

나. ⟦ $_F$[Sue'] ⟧ = ⟦ $_F$[Sue'] ⟧ = 수

다. ⟦ introduced' ⟧ = [a,b,c∈D_e인 모든 a, b, c에 대하여 f(a)(b)(c) = {w ∈ W: 세계 w에서 c가 a를 b에게 소개한다}를 만족하는 함수 f]

라. ⟦ introduced'($_F$[Bill'])($_F$[Sue']) ⟧ =
⟦ introduced' ⟧ (⟦ $_F$[Bill'] ⟧)(⟦ $_F$[Sue'] ⟧) =
[a∈D_e인 모든 a에 대하여 g(a) = {w∈W: 세계 w에서 a가 빌을 수에게 소개한다}를 만족하는 함수 g(a)]

(18) (16다)의 초점의미값 도출:

가. ⟦ ⟦ $_F$[Bill'] ⟧ ⟧ = D_e

나. ⟦ ⟦ $_F$[Sue'] ⟧ ⟧ = D_e

다. ⟦ ⟦ introduced' ⟧ ⟧ = { ⟦ introduced' ⟧ }

라. ⟦ ⟦ introduced'($_F$[Bill'])($_F$[Sue']) ⟧ ⟧ =
{f∈$D_{\langle e,t\rangle}$: ∃a∈ ⟦ ⟦ $_F$[Bill'] ⟧ ⟧, ∃b∈ ⟦ ⟦ $_F$[Sue'] ⟧ ⟧,
∃g∈ ⟦ ⟦ introduced' ⟧ ⟧ [f = g(a)(b)]} =
{f∈$D_{\langle e,t\rangle}$: ∃a,b∈D_e[f = ⟦ introduced' ⟧ (a)(b)]}

(18)에서 'D_e'로 나타낸 담화상의 영역에 개인들로 '빌'과 '수'와 '존'과 '앤'의 네 사람만이 있다고 가정하면, (18라)에서 도출된 초점의미값은 결과적으로 다음과 같은 집합이 된다.

(19) (16다)의 초점의미값 = (18라) =
{존을 빌에게 소개한다, 존을 수에게 소개한다, 존을 앤에게 소개한다, 존을 존에게 소개한다, 수를 앤에게 소개한다, 수를 존에게 소개한다, 수를 빌에게 소개한다, 수를 수에게 소개한다, 빌을 앤에게 소개한다, 빌을 존에게 소개한다, 빌을 수에게 소개한다, 빌을 빌에게 소개한다, 앤을 수에게 소개한다, 앤을 빌에게 소개한다, 앤을 존에게 소개한다, 앤을 앤에게 소개한다}

주어 'John'을 결합한 문장 (16가)의 의미는 (19)의 집합의 원소 수만큼의 명제들의 집합이 된다.

(20) (16가)의 초점의미값 =
{존은 존을 빌에게 소개한다, 존은 존을 수에게 소개한다,
존은 존을 앤에게 소개한다, 존은 존을 존에게 소개한다,
존은 수를 앤에게 소개한다, 존은 수를 존에게 소개한다,
존은 수를 빌에게 소개한다, 존은 수를 수에게 소개한다,
존은 빌을 앤에게 소개한다, 존은 빌을 존에게 소개한다,
존은 빌을 수에게 소개한다, 존은 빌을 빌에게 소개한다,
존은 앤을 수에게 소개한다, 존은 앤을 빌에게 소개한다,
존은 앤을 존에게 소개한다, 존은 앤을 앤에게 소개한다}

문장 단위를 위한 적격성 조건들이 존재하는 것처럼, 문장 단위를 넘어서는 담화도 그 담화가 적격한 것이기 위한 조건을 가지고 있다.[1016] 그런데 이 적격성 조건의 충족 여부를 판정하기 위해서는 의문문의 의미, 초점 문장의 의미인 명제들의 집합을 담화 표상에 기록하는 절차가 필요하다. 이 점은 우선 의미론적 의미 형식과 구별되는 담화 의미 표상의 필요성을 정당화하는 하나의 근거가 될 것이다.

(16)의 문장의 정규의미값은 (17)과 같은 의미 형식으로 나타낼 수 있다. 이는 집합의식으로 표현되고 있지만 이제까지 활용하던 함수 형식의 의미 형식으로도 나타낼 수 있다. 그러나 그 초점의미값을 도출하는 (18)의 절차는 이 책에서 활용한 의미 해석 규칙들의 적용 절차와는 차원이 다른 절차인 것이다.[1017] 앞의 '2)'에서 그랬던 것처럼, 이 절차는 담화화용론적 절차로 규정되어야 하고, 그 의미 형식은 담화 표상에 기록하는 것이 타당하다.

그런데 초점의미값의 도출 절차를 담화 표상에 기록하더라도, 그 구체적인 장소는 지시 층렬이 아니라 기술 층렬이어야 한다. 지시 층렬의 의미 형식을 가지고는 (18)의 방식으로 모든 종류의 초점 문장들의 초점의미값을 도출하는 일이 가능해 보이지 않는다.

초점 표현의 주요 용도 중의 하나는 언어 형식 자체를 비교하기 위하여 초점을 사용하는 것이다. 외래어 '뉴욕'을 '뉴뇩'으로 발음하는 사람에게 정정해 주기 위해서 발화하는

1016) 이 점에 대해서는 12.3절에서 논의한다.

1017) 이러한 함수 적용 방식을 '햄블린 함수 적용'이라고 한다. 9.5절에서는 크라처가 의문문의 의미 기술은 물론 그 외의 일반적 구문의 의미 기술에서도 햄블린 함수 적용의 방식을 기본적 메커니즘으로 활용한다는 점을 소개한 바 있다. 그러나 이는 표준적 의미 해석 체계를 대체하는 새로운 의미 해석 체계를 주장하는 것이다. 필자는 이를 받아들이지 않는다. 의문문을 문장 의미론 차원에서 양상 명제로 기술하고 담화화용론 차원에서 명제들의 집합으로 기술하는 이 책의 방식이 언어 사실을 정확하게 포착한다고 판단한다.
앞의 '2)'에서 언급한 Chierchia(1998)의 함수 적용 방식도 이와 가까운 함수 적용의 방식이다. 그 경우를 역시 담화화용론적 추론규칙의 하나로 규정하였다.

(21)의 문장은 초점 문장의 하나임에 틀림없다. 이 문장의 초점의미값을 지시 층렬에 나타내는 일은 상상하기가 어렵다. 기술 층렬은 이와 같은 유형의 의미를 적절하게 기술할 수 있다.[1018]

(21) **뉴녹**이 아니라 **뉴욕**이에요.

이 책의 논의 중에 초점 의미가 문제 된 예로 '후행 구성'의 양화사 명사항이 있다. 4.3절에서는 (22가)의 후행 구성 명사구 '편지 몇 통'이 (22나)의 선행 구성 명사구 '몇 통의 편지'와 진리조건적 의미가 동일하다고 판단하고, 전자의 의미를 후자의 구조를 통해 해석한 바 있다.

(22) 가. 편지 몇 통이 배달됐다.
나. 몇 통의 편지가 배달됐다.

그러나 말 그대로의 진리조건적 의미가 완전히 동일한 것은 아니고, 초점 의미의 차이가 난다고 주장하였다. (22가)의 후행 구성은 양화사 '몇 통'에 초점이 가해지는 구성이라는 것이 필자의 판단이다. 이 분석이 옳다면, 그리고 크라처의 새 해석 체계를 받아들인다면, (22나)와 다른 (22가) 문장의 초점 의미를 도출하는 일은 더욱 더 난해한 과제가 될 것이다. 반면 (22가) 문장을 기술 층렬의 의미 형식으로 기술하는 일은 상대적으로 평이한 작업이 된다.

초점 문장의 한 의미인 초점의미값은 담화 표상에 기록되어야 하고, 기술 층렬의 정보로 나타내야 한다.

12.2. 맥락, 공유배경과 담화 의미의 표상

이 절에서는 담화화용론적 절차를 실행하는 근거가 되는 표상 형식인 담화 표상이 필요하고, 이 담화 표상은 의미 표상일 뿐만 아니라 통사구조 표상과 음운론적 표상을 아울

1018) 생각해 볼 만한 다른 예는 10.2절에서 조건 연결어미, 양보 연결어미들의 의미를 기술하면서 지적했던 '[+문어체]'와 같은 정보이다. 그곳에서는 이러한 자질을 의미 형식에 포함할 필요성을 발견하고, 이를 기술 층렬의 정보로 나타낼 것을 제안한 바 있다.

러 가지는 표상임을 보이고자 한다.

전제 의미의 합성과 담화 표상

이 소절에서는 제6장과 제8장의 논의 중에 부분적으로 지적된 전제 현상들을 몇 가지만 들어서, 전제 의미를 기술할 기록 공간으로서의 담화 표상이 요구된다는 점을 논하려고 한다.

의미론적 합성 과정에서 생략되는 전제 의미 정보를 유지하고 처리해 주기 위해서 이 정보를 기록할 공간으로서의 담화 표상이 필요하다는 점은 문장 단위의 의미 표상과 다른 담화 의미 표상을 설정해야 하는 주요 근거가 된다.

전체 담화 표상을 나타내는 상자 안에는 작은 상자들이 왼쪽으로부터 오른쪽으로 계속해서 배치된다. 작은 상자들을 '부분상자'라고 지칭하기로 한다. 부분상자의 상단에는 해당 맥락을 다른 맥락들과 구별하는 표시(여기에서는 'c3')가 놓인다. 부분상자들은 담화를 이루는 문장들이 생성됨과 동시에 계속해서 만들어지고, 각 문장의 부분상자가 만들어진 다음 곧 이어서 공유정보를 기록하는 부분상자가 만들어진다고 가정한다.[1019)]

(1) 담화 표상의 실례

<table>
<tr>
<td>c3 s(c3)=인호
PS:/남자가#여자에게#꽃을#보냈다/$_{23}$
SS: [[[남자가][[여자에게][꽃을][보내]][었]][다]]$_{23}$
DT: [perf∧보내다$_1$(남자$_2$, 여자$_3$, 꽃$_4$)]$_{23}$
RT: x_2, y_3, z_4
[∃x,y,z: x=남자 & y=여자 & z=꽃 & ∃t: t=perf(now) & 시간 t 에, x 가 y 에게 z 를 보낸다']$_{23}$</td>
<td>c3
QS:<…>
TD:<>
CG:<남자가 여자에게 꽃을 보냈다, … . . ., …, …, …></td>
<td>c3 s(c3)=인호
PS: /여자는#기뻐한다/$_{24}$
SS: [[[여자는] [[기뻐하][∅]]][ㄴ다]]$_{24}$
DT: [기뻐하다$_1$ (여자$_2$)]$_{24}$
RT: x_2
[∃x: x=여자 & ∃t: t=now & 시간 t 에, x 가 기뻐한다']$_{24}$</td>
</tr>
</table>

왼쪽으로부터 오른쪽으로의 흐름을 유지하는 담화 표상의 부분들, 즉 부분상자들은 각각 맥락 표시를 표제로 가지고 있다. 위 담화 표상에서는 세 부분이 모두 맥락 'c3'을

1019) 이 담화 표상은 완전한 형식이 아니고, 부분적 내용을 간략화해서 나타낸 것이다. 한 예로 기술 층렬(DT) '보내다(남자, 여자, 꽃)'과 같은 부분은 원래의 형식으로는 '[CS([남자], [GO([여자], [TO([꽃])])])]' 정도가 된다. 이 외에도 통사구조, 음운론적 구조, 의미구조의 기술 층렬과 지시 층렬은 그 구성성분들이 동지표로 연결되는데, 이러한 동지표들은 문장 단위 전체의 지표 외에는 생략하였다. 동지표로 주어진 '23', '24' 등의 숫자는 자의적으로 주어진 것이다.

표제로 가지고 있다. 맥락이 바뀌면 새 부분상자가 형성된다. 맥락은 다시 세계와 시간과 화자, 이 3항의 순서쌍으로 나타낼 수도 있다. 즉 'c3'은 수시로 '<w(c3),t(c3),s(c3)>'와 같은 형식으로 상세화될 수 있다. 이를 이용하여 담화상의 다양한 해석을 얻을 수 있다.

제6장에서는 '-겠-'의 전제 의미를 '공유배경의 최신 정보 중에 p를 위한 증거가 들어 있음'과 같이 정의 성립 조건의 형식으로 나타낸 바 있다.

(2) 가. $[\![\text{-겠-}^{1}]\!]^{w,t,j} = [\lambda p_{<s,<i,<e,<e,t>>>>}.\ \lambda y_{e}.\ \exists <w',t',x>:$
$<w', t', x> \in \text{BEST}(\text{epist, stereo/able/scheduled}, w, t, j)\ \&$
$p(w')(t')(x)(y) = 1$, 단, 공유배경 속의 최근 정보 중에 $p(w')(t')(x)(y)$를 위한 근거가 있을 경우에만 이 정의가 성립됨]

나. 아이가 자겠다.

(2가)의 정의 성립 조건으로 명시된 부분이 예측하는 바는, (2나) 예문의 경우, '아이가 잔다'고 판단하는 근거가 공유배경 속의 최근 정보 중에 있다는 것이다. 아이를 집에 남겨 두고 밖에 나갔다 온 부부가 집안에 들어서면서 대화를 나누는 상황을 상상해 보자.

(3) 가. (남편:) 벌써 시간이 아홉시다.

나. (아내:) 아이가 자겠다.

보통의 경우에 아홉시는 아이가 잠을 잘 시간이라고 할 때, '시간이 아홉시다'라는 명제는 '아이가 잔다'고 판단하는 근거가 될 수 있다. 이 경우의 '시간이 아홉시다'는 공유배경 속의 명제이고, 공유배경 내의 명제들 중에서도 최근의 정보로 표시되어 있다고 보는 것이 타당하다. 다음 담화 표상은 남편의 발화 '벌써 시간이 아홉시다.'가 CG의 기록으로 바뀌고, 이에 근거하여 아내의 '-겠-' 문장의 영역 조건 '공유배경 속의 최근 정보 중에 p의 근거가 있음'이 만족된 결과를 보여준다.

(4) 대화 (3)을 중심으로 한 담화 표상

c31 s(c31)=남편 PS:/벌써#시간이#아홉시다/$_7$ SS: [[벌써][[시간이][[아홉시] [이][][대]]$_7$ DT: [BE$_1$(시간$_2$,아홉시$_3$)]$_7$ RT: t_2, t_3 [∃t_2, t_3: t_2=now & t_3=아홉시 & t_2=t_3]$_7$	c31 QS:<…> TD:<> CG:<시간이 아홉시다, 늦은 시간이다, 아이를 혼자 두고 외출했다귀가한다, . ., …, …, …>	c32 s(c32)=아내 PS: /아이가#자겠다/$_8$ SS: [[[아이가][[재 [겠]][대]$_8$ DT: [잔다$_1$(아이$_2$)]$_8$ RT: x_2 [∃x: x=아이 & ∃<w',t',y>∈ BEST(epist,stereo,w,t,j): ∃t: t=now & ' ,t'에, 판단자 y 에게,x 가 잔다 & j=y & j=s(c32)]$_8$

공유배경의 명제는 언어에 의해 표현된 명제가 아닌, 다른 감각 기관을 통해 지각된 내용일 수도 있다. 제6장에서 인용하였던 다음 예문이 바로 그러한 경우를 예시하는 것이다.

(5) 이거 맛있겠어. (성기철 1979의 예문)

음식점에 가서 처음 보는 음식을 앞에 두고 이와 같이 발화할 수 있다. 먹음직스럽게 차려진 음식을 시각을 통해 지각하기만 하고도 (5)의 '-겠-' 문장을 발화할 수 있는데, 이 경우 시지각된 내용은 언어로 발화되지 않고도 명제로 전환되어 공유배경의 일부로 기록된다고 보겠다.

(6) 발화 (5)를 중심으로 한 담화 표상

c37 QS:<…> TD:<> CG:<차려진 음식이 보기에 먹음직스럽다, . ., …, …, …>	c37 PS: /이거#맛있겠어/$_8$ SS: [[[이게][[맛있] [겠]][어]]$_6$ DT: [겠∧맛있다$_1$(2)]$_6$ RT: x_2 [∃x: x=이것 & ∃<w',t',y>∈ BEST(epist,stereo,w,t,j): ∃t: t= now & w',t'에, 판단자 y 에게,x 가 맛있다 & j=y & j=s (c37)]$_6$

표준적 형식의미론의 관행에 의하면, 문장 단위의 의미 합성 절차에서 전제된 형식, 즉 함수의 영역 조건이나 정의 성립 조건으로 명시된 형식은, 합성 전에, 그 전제의 부합

여부를 점검한 후 문장 단위의 의미 표상에서 사라지게 된다. 문제는, 한 예로, 전제 형식이 사라진 합성된 '-겠-' 문장의 의미 형식은 '-을것이-' 문장의 의미 형식과 구별되지 않는다는 점이다. 이러한 문제를 방지하기 위해서는 담화 표상에 전제의 내용을 어떤 방식으로든 기록해 놓는 것이 필요하다. 다음과 같이 가정하기로 한다.

(7) 담화 표상에서의 화자 전제의 기록
어휘의미적 기술에 표시된 전제 서술 p는 전제 점검이 끝난 뒤에 RT의 의미 형식에서는 사라지지만 공유배경에 다음 형식으로 추가된다.
prs : s(c) : p

공유배경의 기록에는 명제 내용이 누적된 기록으로 남겨져야 한다. 믿음, 인식, 정황, 의도 양상의 표시와 함께, 화자인 특정 담화지시체가 명시된 명제로 기록되어야, 어떤 담화지시체와 연관된 전제 내용인지를 추적할 수 있다.

화행 의미와 진리조건적 의미의 상호작용

화행 의미와 양상 의미의 상호작용을 설명하기 위해서도 담화 표상이라는 독립된, 통합적 표상이 필요하다.

Portner(2007)에서는 명령문이 '명령/제안/권유'의 화행을 나타내는데, 이는 양상 표현이 나타내는 '의무/요망/목적'의 양상 의미와 평행한다고 관찰하였다. 그에 따르면 명령의 화행 의미는 선택함수의 작용으로 양상의 진리조건적 의미로 전이될 수 있다. 이 선택함수는 명령문에 의해 형성되는 행동에 관한 지침을 양상 의미로 전이시킨다. 이 선택함수가 작동하는 곳은 담화 표상의 공유정보 부분일 수밖에 없다.

필자는 Portner(2007)와 달리, 화행 의미가 양상 의미로 전이될 뿐 아니라, 양상 의미가 화행 의미로 전이될 수도 있다고 본다. 선택함수는 양방향으로 작용한다. 한 예로 다음과 같은 의도 표현의 문장을 살펴보자.

(8) (교사가 학생에게:) 그 휴지를 휴지통에 넣어야 한다.

이와 같은 의무 양상 표현은 일단 단언의 공유배경인 CG에 기록되었다가, 공유정보의 선택함수의 작용으로 청자에게 주어지는 행동의 지침으로 전이된다. 다음 담화 표상이 이 점을 나타낸다.

(9) 의무 양상 의미의 행동 지침으로의 전이

c17		c17
QS: <…>		QS: <…>
TD: <…>	⇒	TD: <휴지통에 휴지를 넣는다,…>
CG: <deon:휴지통에 휴지를 넣는다, …, …>		CG: <deon:휴지통에 휴지를 넣는다, …, …>

(8) 문장의 의무 양상 의미는 'deon: 휴지통에 휴지를 넣는다'와 같이 표시된다. 이것은 화행 의미로서의 행동에 관한 지침으로 전이되어 행동목록 TD에 기록된다.

앞의 제8장에서는 명령형/청유형/약속형 어미의 의미를 의도 양상기반을 가지는 양상 의미로 분석하였다. 그 경우에 명령문/청유문/약속문의 양상 의미는 합성성 원리를 준수하는 합성 절차에 따라 해석되는데, 의도의 양상 의미는 (9)와 유사한 방법으로 선택 함수의 작용에 의하여 행동지침으로 전이되어 행동목록 TD에 기록되게 된다.

12.3. 담화의 적격성 조건

의문문과 그 대답인 초점 문장의 의미를 나타낼 기록 공간이 필요하다는 점은 문장 단위의 의미 표상과 다른 담화 의미의 표상을 설정해야 하는 하나의 근거가 된다. 어떤 주장에 대한 반대 주장은 명제, 즉 카플란의 내용의미(content)에 대한 반대이어야 한다는 점을 제7장에서 지적한 바 있다. 이러한 점에 대한 평가는 담화 표상에 기록된 의미 형식들을 바탕으로 이루어져야 한다는 점에서, 이 역시 담화 표상 설정의 또 다른 근거가 된다. 이 외의 담화 표상의 설정 근거로 문장화제 조건을 들 수 있다. 앞에서 논의 과정에 제시한 문장화제의 정의는 의미론적 형식이면서, 사실상 담화 의미 표상을 가정한, 담화 화용론적 형식이었다.

의문문과 대답

초점 문장과 의문문의 의미는 명제들의 집합으로 기술된다는 공통점이 있다. 이 점은 의문문과 그 대답으로 이루어지는 담화가 어떤 담화의 적격성 조건을 준수해야 제대로 된 담화를 이룬다는 것을 함축한다.

의문문의 의미와 초점 성분을 포함한 문장의 의미가 동질적이라는 생각은 루스(Mats Rooth)의 대안형 의미론(Alternative Semantics)에 의하여 구체적인 언어학적 분석으로 실행가능하게 되었다.[1020]

Hamblin(1973)에서 의문문의 의미를 가능한 대답 명제들의 집합으로 간주해야 한다고 제안한 이래 명제들의 집합으로 의문문의 의미를 형식화하는 일은 표준적 형식의미론의 방안으로 인식되어 왔다. 의문사를 가진 의문문의 의미는 그 의문사를 변수로 대체한 개방문의 집합으로 나타낼 수 있다. 즉, 이 변수에 담화상의 영역(domain of discourse)에 존재하는 개체들을 대입한 명제들의 집합과 같은 뜻이 된다. 담화상의 영역에 관련 개체로 '양복', '개량 한복', '청바지', '반바지'만이 주어진다고 가정할 경우, (1)의 의미는 이들을 변수에 대입한 명제들 모두의 집합 (2)가 된다.

(1) 인호는 무엇을 입었니?
(2) 의문문 (1)의 의미: {인호는 양복을 입었다, 인호는 개량 한복을 입었다,
인호는 청바지를 입었다, 인호는 반바지를 입었다}

Rooth(1985)에 의하면 초점을 포함한 문장, 즉 초점 문장은 두 개의 의미 형식으로 표상된다고 한다. 하나는 '정규의미값'으로서, 표준적 형식의미론의 의미 형식이다. 다른 하나는 '초점의미값'으로서, 초점 성분을 변수로 대체하고, 그 변수를 가진 개방문의 집합을 취한 것이 그 의미 형식이다.[1021] 이는 그 변수에 담화상의 영역을 이루는 개체들을 대입한 명제들의 집합과 같은 뜻이다. 예문 (3)의 초점의미값 (4나)는, 담화상의 영역을 이루는 개체들로 '양복', '개량 한복', '청바지', '반바지'만이 주어진다고 가정할 경우, 이들을 변수에 대입한 명제들 모두의 집합이다.

(3) 인호는 **양복을** 입었다. (굵은 글씨는 초점을 표시함)
(4) 가. (3)의 정규의미값: 인호는 양복을 입었다'
(= [$\lambda w_s.\lambda t_i.\lambda j_e$. w에서, t'에, j에게, 인호는 양복을 입는다 & t' = perf(t)])
나. (3)의 초점의미값: {인호는 양복을 입었다', 인호는 개량 한복을 입었다',
인호는 청바지를 입었다', 인호는 반바지를 입었다'}

앞에서 소개한 바와 같이, Büring(1999)은 질문과 그에 대한 대답이 적합한 담화를

1020) 루스의 대안형 의미론은 Rooth(1985, 1992, 1996)에서 전개되고 있다.
1021) 루스의 개념에 따라 초점의미값을 체계적으로 도출하는 방법을 보인 크라처의 해설을 앞에서 보인 바 있다.

이루기 위한 조건으로 다음과 같은 담화상의 조건을 설정하고 있다. 초점의미값은 위첨자 'f'로, 정규의미값은 위첨자 'o'로 구별한다.[1022)]

(5) 질문-대답의 담화상 조건:
문장 A가 의문문 Q에 대한 적합한 대답이 되기 위해서는 의문문의 의미가 대답 문장 A의 초점의미값과 같아야 한다 ($\cup [\![A]\!]^f = \cup [\![Q]\!]^o$).

(1)의 질문 '인호는 무엇을 입었니?'의 정규의미값과, 이 질문에 대한 (3)의 대답 '인호는 **양복을** 입었다.'의 초점의미값은 둘 다 '인호는 x를 입었다'의 집합이 된다. 둘 다 x를 담화상의 영역에 있는 개체들로 대입한 명제들의 집합과 같은 것이다. 즉, (2)와 (4나)는 같다. 따라서 (1), (3)의 질문과 대답은 (5)의 조건을 만족하여 담화상의 적합한 질문과 대답이 된다.

의문문의 경우, 그 정규적 의미 형식이 명제들의 집합으로 기술된다는 것이 종래 표준적 형식의미론의 견해였지만, 앞의 제9장에서는 의문문의 문장 단위의 의미 형식을 양상 의미 형식으로 기술하는 방안을 제시하였다. 양상 의미 형식으로 기술한 문장 단위로서의 의문문의 의미는 담화 표상에서 명제들의 집합으로 바뀌어 기록된다. 이 결과로 얻어진, 명제들의 집합으로서의 의문문의 의미 형식과 초점 문장의 의미 형식을 바탕으로 질문-대답의 적격성 여부가 판정된다.

이상의 논의는 담화의 한 형식인 '질문-대답'의 대화가 그 고유의 적격성 조건을 가진다는 것을 보여준다. 의문문의 의미 해석, 초점 성분을 포함하는 문장의 의미 해석을 담화 표상에 기록하여 이들을 비교하는 과정이 담화의 적격성 판정을 위해 요구된다. 이러한 적격성 조건을 기술하기 위해서는 문장 단위의 의미 표상을 넘어서는 담화 의미의 표상이 필요하다.

주장과 반대 주장

담화상 적격성 조건의 또 하나의 예는, 대화를 이루는 주장과 그에 대한 반대 주장에 관한 것이다. 반대 주장은 그 앞의 주장의 명제(내용의미 content)를 부정해야 한다. 이러한 종류의 대화 형식은 상대주의의 한 방안인 '판단자 방안'에서 주요 논거로 사용되

1022) B가 집합들의 집합일 때 B의 일반화 합집합(∪B)은 B의 원소인 집합들을 모두 합한 집합이다. (5)에서 '$\cup [\![A]\!]^f$'와 같이 '$[\![A]\!]^f$'의 일반화 합집합(∪)으로 표현한 것은, 명제를 그것이 참이 되는 세계들의 집합으로 정의할 수 있으므로, A의 초점의미값 '$[\![A]\!]^f$'가 세계들의 집합의 집합이 되기 때문이다. '$\cup [\![Q]\!]^o$'의 경우에도, 의문문의 정규적인 의미는 대답 명제들의 집합이므로, '$[\![Q]\!]^o$'는 세계들의 집합의 집합이 된다.

어 왔다.[1023)]

(6) 주장과 반대 주장에 대한 적격성 조건
한 주장에 대한 반대 주장은 앞의 주장이 가지는 내용의미로서의 명제에 대한 부정이어야 한다.

보통의 경우 주장의 명제와 반대 주장의 명제는 서로 다른 진리치를 갖게 되는데 취향 형용사 문장으로 표현되는 주장의 명제와 반대 주장의 명제는 동일한 진리치를 가질 수 있다. '판단자 방안'에서는 이 점을 포착하기 위하여 해석 함수에 기준 판단자가 더해져야 한다고 주장한다.

문장 단위를 넘어서는 담화는 그 담화가 적격한 담화로 성립되기 위한 조건을 가지고 있다. 대화를 이루는 의문문과 그 대답인 초점 문장, 주장과 반대 주장은 담화를 위한 적격성 조건이 존재함을 보이는 예들이다. 이러한 적격성 조건의 기술을 위해서는 문장 단위의 의미 표상을 넘어서는 담화 의미의 표상이 요구된다.

문장화제 조건

최근의 정보구조 이론들에서는 전통적으로 모호하게 사용되었던 개념 '화제'를 담화화제(discourse-topic)와 문장화제(sentence-topic)로 구분하여 파악한다. 먼저, 담화화제는 정보구조 이론들에서의 관례를 따라 쟁점질문(QUD: question under discussion)과 동일시되어야 한다고 본다(Roberts 1996). 앞에서 논의한 담화의 적격성 조건 중 '1)질문-대답의 담화상 조건'에서 말하는 '질문'이 다름아닌 '쟁점질문'인 것이다. 질문을 담화화제로 삼아 그에 대한 대답을 서술하는 과정이 전형적인 담화의 모습이라고 할 수 있다.

문장화제는 문장의 앞머리에 위치하는, 개체나 개체들의 집합을 나타내는 명사항이다. 한국어에서는 CP의 명시어 위치가 그 전형적인 실현 위치, 즉 무표적 위치라고 본다. 다음에서 '꽃은', '김 회장은'이 그 대표적인 예이다.

(7) 가. 꽃은 장미가 아름답다.
나. 김 회장은 자기가 직접 차를 몬다.

1023) Lasersohn(2005)의 논증이 대표적인 것이다. '두 맥락 방안'(7.1절 참조)의 MacFarlane(2005, 2007)의 논증에서도 '주장-반대 주장'의 대화 형식을 중요한 논거로 사용하지만, 그는 한국어의 주관성 형용사 구문에 상응하는 영어의 취향 형용사 구문이 가지는 의의를 충분히 고려하고 있지 못하다.

담화의 적격성 조건의 또 하나의 예는 문장화제와 관련된다. 문장화제를 가지는 문장에서 문장화제 이후의 내용은 문장화제에 관하여 서술한다. 이러한 의미적 측면은 의미론적 해석의 측면이 아니라 담화화용론적 해석의 측면이다. 문장화제와 이어지는 내용 간의 의미적 관계에 대한 조건을 '문장화제 조건'이라고 지칭할 수 있는데, 이 조건도 담화의 적격성 조건의 한 종류이다.

이 책에서 사용하는 문장화제의 개념은 Reinhart(1981b)를 바탕으로 한다. 이는 Strawson(1964)의 철학적 논의에서 화용론적으로 해석된 '관하여성(aboutness)' 개념을 언어학적으로 구체화한 것이다. 어떤 문장이 담화상에서 구체적으로 해석된다는 것은 그 문장의 명제 내용이 해당 문장화제에 관하여 해석된다는 뜻이다. 화제 명사구의 해석을 'a', 해당 문장의 명제 내용를 'P'라고 하면 그 순서쌍 '<a, P>'는 'a'에 관하여 'P' 명제가 서술됨을 나타낸다.

제4장에서는 문장화제를 가지는 문장의 의미를 순서쌍으로 표시한 Reinhart(1981b)의 정의를 바탕으로, 이를 공유배경에서의 화용론적 정의로 조정한 Portner & Yabushita (2001)의 정의 (9)를 보인 바 있다.

(8) $<\alpha_i, P>$: 문장화제 의미 α_i와, 이어지는 문장화제 이외의 문장의 의미 P의 순서쌍

(9) 공유배경(CG)에 화제를 가진 문장의 의미 $<\alpha_i, P>$가 추가되면, 이에 따라 변경된 공유배경(CG')은 i)의 정의 성립 조건(definedness condition) 하에서 ii)의 공유배경 의미를 갖게 된다.

i) 정의 성립 조건: $CG+<\alpha_i, P>$는 공유배경을 이루는 명제들 모두에 대하여, 그리고 이 명제들이 성립하는 모든 세계 w에 대하여, α가 가리키는 개체가 w에서 α에 의해 표현된 속성을 가지는 경우에만 그 정의가 성립된다.

ii) $CG+<\alpha_i, P> = \{A \in CG: I_{i,A} \subseteq \cap_{j \in \kappa} I_{j,A} \ \& \ A \in (CG+P) \}$, κ는 문장 안의 명사구 구성성분들에 대응되는 담화 지시체의 지표들의 집합

(10가)는 (9)의 정의를 이용하여 한 문장에서 문장화제와 그 이후의 내용 사이의 관계를 서술한 것이다. (10나)는 연접(conjunction)과 이접(disjunction)의 접속문에 대한 일반적 조건을 서술한 것으로, Reinhart(1981b: 84)의 내용을 다소 조정한 것이다.

(10) 담화상의 문장화제 조건

가. 문장화제 'α_i'와 그 이후의 내용 P는 (8), (9)에서 정의되는 관계를 가진다.

나. 연접 $<\alpha_i, P \ \& \ P'>$과 이접 $<\alpha_i, P \vee P'>$에서 P & P'이나 P ∨ P'이 'α_i'에 관한 서술이

면 P와 P' 모두가 'α_i'에 관한 서술이어야 한다.

특히 (10나)는 의미적으로 연접, 이접을 표현하는 접속문에서 접속항 모두가 동일한 문장화제에 관하여 서술해야 한다는 조건이다. 이는 '대등접속문 구조 제약(CSC)', 'ATB 이동에 대한 제약' 등으로 논의되어 온 통사론적 제약을 화용론적 제약으로 대체하는 의의를 가진다. '대등접속문'으로 여겨져 온 다음 문장들 (11가)와 (11나)가 부적격한 것은 (10나)와 같은 담화화용론적 조건을 위반하였기 때문이라고 설명할 수 있다.[1024)]

(11) 가. ??대규모 댐을 건설하며 중국이 인공위성을 띄워 올린다.
[[e 대규모 댐을 건설하며] [중국이 인공위성을 띄워 올리-∅-]]-ㄴ다.
<P> & $<\alpha_i$, P'> ⇒ 부적격
나. ??공원을 걷거나 노인들이 정원을 가꾼다.
<P> ∨ $<\alpha_i$, P'> ⇒ 부적격

(11)' 가. 중국이 대규모 댐을 건설하며 인공위성을 띄워 올린다.
중국이 [[e 대규모 댐을 건설하며] [e 인공위성을 띄워 올리-∅-]]-ㄴ다.
$<\alpha_i$, P & P'> ⇒ 적격
나. 노인들이 공원을 걷거나 정원을 가꾼다.
$<\alpha_i$, P ∨ P'> ⇒ 적격

이러한 문장화제 조건도 담화의 적격성 조건으로 추가되어야 한다. 이상의 조건들을 만족하는 적격한 담화를 정합적 담화(coherent discourse)라고 한다. 담화의 적격성 조건에 대한 탐구는 언어학자에 의한 담화 연구가 수행해야 할 중심적 주제가 된다.

12.4. 마무리

이 장에서는 제11장까지의 통사의미론적 합성 체계를 보완하는 담화화용론적 해석 체

1024) 양정석(2010: 406)에서는 (11가, 나)의 예들이 통사적 부적격문이라고 보아 '*' 표시를 부여하였다. 현재의 관점은 이들이 통사적 제약 아닌 화용론적 제약을 위반하였다는 것이므로 '??' 표시를 부여하였다(이 책의 2.4절에서는 이전의 설명 방식을 유지하기 위하여 같은 예문들을 '*'로 표시한 채 논의하였다).
선·후행절의 주어가 동일한 경우 선행절 주어가 생략되는 것은 '종속접속문'에서나 가능하고 (11가, 나)와 같은 '대등접속문'에서는 그 점이 불가능하다는 것이 종래의 접속문의 구조에 관한 통념이었다. 이에 대한 비판을 양정석(2010: 405-409, 이 책 2.4절)에서 볼 수 있다.

계를 정제하는 작업을 보였다. 그 주요 내용은 다음과 같다.

명령문, 청유문, 약속문의 경우(제8장의 논제), 통사의미론적 합성 절차의 결과로는 의도 양상의 명제가 유도된다. 담화화용론적 추론규칙의 적용에 따라 한원소집합의 형식으로 된 담화 의미 표상을 얻는다. 의문문의 경우(제9장의 논제), 통사의미론적 합성 절차의 결과로는 회의 양상의 명제가 유도된다. 담화화용론적 추론규칙의 적용에 따라 특별한 형식의 명제들의 집합인 분할집합을 의문문의 담화 의미 표상으로 얻는다. 이와 유사한 방식으로 담화화용론적 추론규칙이 설정되는 예를 앞의 여러 장들에서 가져와서, 문장 의미론의 해석 체계를 보완하는 독립된 담화화용론적 규칙들의 체계가 상정되어야 함을 논하였다.

담화화용론의 주요 주제인 초점과 화제의 개념 정의와 그 해석 방법을 명확히 하고자 힘썼다. 초점 문장에 대해서는, 초점 문장의 초점의미값을 도출하는 '햄블린 함수 적용'을 중심으로 일반 해석 체계를 전면적으로 바꾸고자 하는 시도에 대해 반대하고, 표준적인 의미 해석 체계는 문장 의미론에서 유지하고, 초점의미값의 도출은 담화화용론의 절차로 구별하였다.

화제 개념과 관련해서는, '관하여성(aboutness)'을 중심으로 한 문장화제(sentence-topic)의 개념과 질문인 담화화제의 개념이 구별되어야 한다고 주장하고, 전자는 공유배경(common ground)과 관련하여 정의하였다. 대조화제(contrastive topic)는 후자의 담화화제인 질문의 의미 형식과 관련하여 정의된다(4.6.1절 참조).

담화의 정합성(coherence)을 위한 담화화용론적 원리로서 이전에 명확히 인식되지 않았던 세 가지 조건을 수립하였다. (i)질문과 대답의 조건은 '대답은 질문이 나타내는 가능한 대답 명제들의 집합에 포함되는 것이어야 한다'는 것이다. (ii)반대 주장의 동일 명제 부정 조건은 '반대 주장은 주장과 동일한 명제를 부정해야 한다'는 것이다. (iii)문장화제 조건은 '한 문장은 문장화제에 관한 서술이어야 하고, 연접 또는 이접된 접속문에서 연접 또는 이접된 두 명제들은 모두 한 문장화제에 관한 서술이어야 한다'는 것이다.

제13장

결론: 합성성 원리를 구현하는 원리와 규칙들

이 책에서는 형식문법의 방법론에 따라 현대 한국어의 문법을 전면적으로 기술하였다. 형식문법은 형식통사론과 형식의미론의 두 영역을 포함한다. 한국어 형식통사론은 한국어의 모든 구, 문장을 생성하는 원리와 규칙들의 체계이다. 형식의미론은 형식통사론에 의해 생성된 구, 문장의 통사구조를 바탕으로 그 의미 해석을 얻어내는 원리와 규칙들의 체계이다. 이 둘의 연결에 있어서 "한 통사적 구성의 의미는 그 구성성분들의 의미의 함수이고, 그 구성성분들이 통사적으로 결합하는 방식의 함수이다."라는 내용의 합성성 원리가 준수되어야 한다는 점을 한국어의 모든 구문을 검토하는 데에 근본 지침으로 삼았다.

13.1. 이 책의 요약

한국어의 모든 구문의 의미 해석을 위한, 합성성 원리를 구현하는 원리와 규칙들의 체계를 가설로 제시하고, 이들을 한국어의 모든 대표적 구문들을 통하여 검증한 것이 이 책의 서술 내용이다. 이 책의 주요 내용은 다음 8개의 부분으로 이루어진다. 각 내용의 말미에 해당 논제가 다루어진 장을 표시하였다.

① 프레게의 양화·술어논리 체계의 전망에 따른 한국어 명사, 동사의 의미 기술(제3장)
② 한국어 양화사(quantifier)와 결속변항인 대명사, 흔적의 통사의미론적 기술(제4장, 제5장)
③ 한국어 양상(modality) 표현들의 통사의미론적 기술(제6장, 제7장)
④ 한국어 명령문, 청유문, 약속문의 통사의미론적 기술(제8장)
⑤ 한국어 의문문의 통사의미론적 기술(제9장)
⑥ 명시어 구조/부가어 구조의 구분, 양상 의미, 독특한 전제 의미 등의 다양한 특성을 포함하는 접속문들의 통사의미론적 기술(제10장)
⑦ 무시제 언어인 한국어의 시간요소 의미 분석과 시간적 선후관계 해석(제11장)
⑧ 합성성 원리를 준수하는 이상의 의미론 체계를 보완하는 담화화용론 체계의 전망(제12장)

이 책의 내용을 위 8개 부분을 중심으로 요약하면 다음과 같다.

서론인 제1장에서는 합성성 원리의 개념과 한국어에서 합성성 원리를 구현하는 규칙들을 제시·설명하고, 외연의미론과 내포의미론으로 나누어 한국어의 간략한 예들을 통해 형식문법 체계의 전반적 모습을 보였다.

합성성 원리는 의미 해석이 통사적 결합 방식에 긴밀히 의존한다는 뜻을 포함한다. 제2장에서는 한국어 구문들의 합성적 해석을 위한 전제로, 한국어의 모든 구문들의 통사구조가 소수의 통사적 원리, 특히 핵계층 이론(X-bar theory)에 의해 생성됨을 보였다.

단순문 구조는 핵계층 도식에 의해 형성되는 모든 구조적 가능성을 실현시킨다. 즉 단순문에는 보충어 구조, 명시어 구조, 부가어 구조가 모두 확인된다. 내포문 구조에도 보충어 구조와 부가어 구조와 명시어 구조가 모두 확인된다. 접속문 구조에는 부가어 구조와 명시어 구조가 확인되며 보충어 구조는 확인되지 않는다.

특히 접속문의 구조로 부가어 규칙에 의해 생성되는 부가어 구조와 함께, 명시어 규칙에 의해 생성되는 명시어 구조가 뚜렷이 구별되어야 함을 논함으로써 제10장에서 다루는 접속문의 의미 해석을 위한 통사론적 기초를 제공하였다.

제3장에서는 위 ①의 주제를 다루었다. 단순문의 합성적 기술에서 두 축이 되는 명사와 동사를 각각 그 통사의미적 유형에 따라 나누어 설명하였다. 한국어의 보통명사는 기본적으로 e 타입의 종류 의미를 가지는데 타입 전이 규칙들이 있어서 <e,t> 타입의 술어로 바뀔 수 있다. <<e,t>,t> 타입인 양화사 명사구도 타입 전이 규칙의 적용으로 <e,t> 타입의 술어로, e 타입의 개체로 바뀔 수 있다. 이렇게 타입 전이 작용을 수행하는 다양한 유형의 타입 전이 규칙들을 관찰하였는데, 이들은 제4장의 양화사 문장의 중의적 해석을 설명하는 근거가 되기도 한다는 점에 주의하였다.

한국어에서 동사의 유형 중 많은 문제를 유발하는 계사 '이-'와 교호성 동사와 포괄동사 '하-'는 각각 독립된 논제로 제3장에서 검토되었다. 이들은 형식의미론적 의미 분석 방법론에서 만족스럽게 포착하지 못하는 의미적 국면들을 보완적으로 설명하기 위한, '기술 층렬'의 설정 필요성을 정당화하는 특징들을 가진다고 논하였다. 기술 층렬의 설정 필요성에 대한 논증을 이 책의 [부록]에 제시하였다.

제4장에서는 위 ②의 주제, 즉 한국어의 양화사를 통사의미적으로 기술하는 문제를 다루었다. 양화사 해석의 통사적 이동 접근이 가지는 문제점들을 면밀히 분석하여 '가변 타입 접근(flexible types approach)'이 요구됨을 보이고, 양화사 문장의 기술에 근본적 문제를 제기하는 영향권 중의 현상에 대한 해결 방안을 가변 타입 접근의 관점에서 제시하였다. 또한, 이중주어문, 이중목적어문에서 주격, 목적격이 표시되는 명사구의 특별한 유형이 양화사와 유사한 방법으로 해석됨을 논하였다.

가변 타입 접근 방안을 요약하면 다음과 같다. (1)은 '모두'의 기본적 의미 정의로서, 이들 양화사가 주어 위치에 놓이는 경우의 정의이다. '-이/가, -을/를, -의, -는, -도, -에게, . . .' 등의 조사는 일괄적으로 'λP: $P \in D_{<\sigma,\tau>}$. P.'와 같은 동일성 함수로 정의된다.

(1) 모두[1]: (타입 <<e,t>,t>) $[\lambda f_{et}.\ \forall x[x\text{는 사람/사물이다} \rightarrow f(x)] = 1]$

EX. 모두가 웃는다.

'모두'가 주어 위치에 놓이는 경우의 타입 '<<e,t>,t>'는 일반화 양화사(generalized quantifier)의 타입이다. (2가-마)처럼 주어 외의 위치에 '모두'가 놓이는 경우의 문장 의미 해석을 위해서는, 주어 위치의 양화사의 의미 형식을 바탕으로 (3)의 타입 전이 규칙이 적용되어 서로 다른 위치의 '모두'의 의미 형식이 유도된다.

(2) 가. 인호가 모두를 믿는다/인호가 모두를 철수에게 소개한다.
나. 인호가 철수를 모두에게 소개한다.
다. 학생이 모두가 뛴다.
라. 김 교수가 학생을 모두를 만난다.
마. 김 교수가 모두를 선물을 주었다.

(3) '모두'는 기본 타입 <<e,t>,t>로 '$[\lambda f_{et}.\ \forall x[x\text{는 사람/사물이다} \rightarrow f(x)] = 1]$'의 해석을 가지며, 다음의 전이된 해석을 가질 수 있다.

<<e,<e,t>>,<e,t>>: $\lambda f_{eet}.\ \lambda x_e.\ \forall y[y\text{는 사람/사물이다} \rightarrow f(y)(x)] = 1$

<<e,<e,<e,t>>>,<e,<e,t>>>: $[\lambda f_{eeet}.\ \lambda y_e.\ \lambda x_e.\ [\forall v[v\text{는 사람/사물이다} \rightarrow f(v)(y)(x)] = 1]$

<<e,t>,<<e,t>,t>>: $[\lambda f_{et}.\ \lambda g_{et}.\ \forall x[g(x) \rightarrow f(x)] = 1]$

<<e,<e,t>>,<<e,t>,<e,t>>>: $[\lambda f_{eet}.\ \lambda g_{et}.\ \lambda x_e.\ \forall y[g(y) \rightarrow f(y)(x)] = 1]$

<<e,<e,t>>,<e,t>>: $[\lambda f_{eet}.\ \lambda x_e.\ \forall y[y\text{는 사람/사물이다} \rightarrow f(y)(x)] = 1]$

그 통사적 위치에 따른 '모두'의 6가지 해석은 (1)의 기본 의미 정의와 (3)의 타입 전이 규칙을 통하여 모두 얻어낼 수 있다(이 책에서 실제로 제시한 '모두'의 전이 의미는 10가지이다).

양화 관형명사 '모든'의 의미 형식은 타입 '<e,t>'인 그 명사구 피수식어를 논항으로 요구하는 것 말고는 앞에서 논의한 양화사 '모두'의 형식과 같다. '모든'의 분포 환경은 '모두'보다 제약되어 (4)의 4가지 경우만이 가능하므로, 그 의미 전이 규칙을 (5)와 같이 좀더 간단한 형식으로 기술할 수 있다.

(4) 가. ⟦모든[1]⟧ = $[\lambda f_{et}.\ \lambda g_{et}.\ \forall x[f(x) \rightarrow g(x)] = 1]$

EX. 모든 학생이 뛴다.

나. ⟦모든[2]⟧ = $[\lambda f_{et}.\ \lambda g_{eet}.\ \lambda x_e.\ [\forall y[f(y) \rightarrow g(y)(x)]= 1]$

EX. 김 교수가 모든 학생을 만났다.

다. ⟦모든[3]⟧ $= [\lambda f_{et}.\ \lambda g_{eeet}.\ \lambda x_e.\ \lambda y_e.\ [\forall z[f(z) \rightarrow g(z)(x)(y)] = 1]$

EX. 인호가 순희를 모든 남학생에게 소개했다.

라. ⟦모든[6]⟧ $= [\lambda f_{et}.\ \lambda g_{eet}.\ \lambda x_e.\ \forall y[f(y) \rightarrow g(y)(x)] = 1]$

EX. 김 교수가 모든 남학생을 선물을 주었다.

(5) '모든'은 기본 타입 <<e,t>,<<e,t>,t>>의 해석 '$[\lambda f_{et}.\ \lambda g_{et}.\ \forall x[f(x) \rightarrow g(x)] = 1]$'을 가지며, 다음의 전이된 해석을 가질 수 있다.

<<e,t>,<<e,<e,t>>,<e,t>>>: $[\lambda f_{et}.\ \lambda g_{eet}.\ \lambda x_e.\ [\forall y[f(y) \rightarrow g(y)(x)] = 1]$

<<e,t>,<<e,<e,<e,t>>>,<e,<e,t>>>>:

$$[\lambda f_{et}.\ \lambda g_{<eeet>}.\ \lambda x_e.\ \lambda y_e.\ [\forall z[f(z) \rightarrow g(z)(x)(y)] = 1]$$

<<e,t>,<<e,<e,t>>,<e,t>>>: $[\lambda g_{et}.\ \lambda f_{eet}.\ \lambda x_e.\ \forall y[g(y) \rightarrow f(y)(x)] = 1]$

'모두' 외의 모든 양화사 명사구, '모든' 외의 모든 양화 관형사를, 그 기본 타입의 의미 형식 하나만을 기술하고, 여타의 통사적 위치에 놓이는 경우를 위와 같은 타입 전이 규칙을 통해 설명할 수 있다. 양화사가 분포하는 통사적 위치는 극히 소수의 경우로 한정되므로, 양화사의 통사적 이동 절차를 가정하지 않고도 그 의미 형식을 체계적으로 도출할 수 있다. 이것이 가변 타입 접근의 요점이다.

제5장은 대명사와 흔적의 해석 문제를 논의하였다. 양화사를 비롯한 연산자가 결속하는 변수를 결속변수 또는 결속변항이라고 한다. 결속 이론으로 '대명사의 동지표화 규칙' 만을 가지는 통사론을 바탕으로 의미 해석 규칙 '대명사와 흔적 규칙', '지표갱신치할당 규칙'의 적용으로 의미론적 해석이 이루어지는 절차를 설명하였다. 그 외 지시적 대명사, E-유형 대명사의 해석 문제에 대한 해결 방안도 제시하였다.

제6장에서는 위 ③의 주제, 즉 양상 표현의 통사의미적 기술을 제시하였다. 형식의미론의 표준적 양상 이론인 Kratzer(1981, 1991a)는 양상 의미를 양상기반(modal base) 함수와 순서근거(ordering source) 함수에 의해 산출된 가능세계들에 대한 보편 또는 존재 양화로 해석하여 형식화하였다. 일례로 '-을 것이-'의 의미 정의는 다음과 같다. 양상기반 함수 epist(인식 양상기반)와 순서근거 함수 stereo(전형성 순서근거)의 작용에 의해 산출된 가능세계들의 변수 w에 대하여 존재 양화사(∃w)가 작용하는 형식으로 형식화된다.

(6) $\lambda p.\ \exists w'[w' \in \text{BEST}(\text{epist}, \text{stereo}, w)\ \&\ p(w')] = 1.$

(6)은 '-을 것이-'가 인식 양상 의미만을 가진다고 나타낸 것인데, 실제로는 의도, 예정의 양상 의미를 표현하기도 한다. (7)과 같이 순거근거 함수를 stereo(전형성)/able(능력)/nonvol_dispo(비의지적 성향)/scheduled(예정)와 같이 표시하여 발화 맥락에 따라 선택되도록 하였다. BEST는 양상기반 함수, 순서근거 함수, 기준 세계를 바탕으로 해당 양상 의미가 작용하는 가능세계들의 집합을 산출하는 함수(접근가능성 함수)이다.

(7) $\lambda p. \exists w'[w' \in \text{BEST}(\text{epist}, \text{stereo/able/nonvol\_dispo/scheduled}, w)\ \&\ p(w')] = 1.$
EX. 뉴욕에는 지금 눈이 올 것이다/철수도 그 정도 무게의 바위는 들 것이다/이 나무에는 딱따구리가 올 것이다/곧 큰 경제 위기가 닥칠 것이다.

이와 같은 형식으로 온갖 종류의 양상 의미를 양상근거와 순서근거의 차이를 통하여 형식화할 수 있다. 제6장에서는 인식과 정황(circumstantial)의 두 가지 양상기반만을 가지는 Kratzer(1981, 1991a)의 체계를 의도(intend)와 믿음(doxastic)을 추가한 네 가지 양상기반을 가지는 체계로 조정하여 한국어의 모든 양상 표현들을 기술할 수 있음을 보였다. 양상기반 함수 4가지와, 이에 짝이 되는 순서근거 함수들의 예를 다시 나열하면 다음과 같다.

(8) 가. 인식 양상기반(epist)
전형성 순서근거: 뉴욕에는 지금 비가 오겠다/뉴욕에는 지금 비가 올 것이다/뉴욕에는 지금 비가 올 수 있다.
능력 순서근거:
나도 그 바위는 들겠다/인호도 그 정도 무게의 바위는 들 것이다.
예정 순서근거: 내일은 비가 오겠습니다(일기 예보).
나. 정황 양상기반(circumstantial)
의무 순서근거: 인호가 벌금을 물어야 한다.
요망 순서근거: 이 술을 한번 맛보아야 한다/맛보셔야 합니다.
목적 순서근거: (두부를 만들기 위해서는) 콩을 사와야 한다.
능력 순서근거: 인호는 저 바위를 들 수 있다.
기회 순서근거: 이 위치에서 북한산을 볼 수 있다.
의지적 성향 순서근거: (너무 놀리면) 그 아이는 울 수 있다.
비의지적 성향 순서근거: 외환 위기가 일어날 수 있다/이곳에는 대나무가 자랄 수 있다/개는 물 수 있다.

기대에 부합됨 순서근거:

비가 올 법하다/오늘은 비가 옴 직하다/비가 올 만하다.

예정 순서근거: 비가 오려고 한다/(곧) 큰 경제 위기가 닥칠 것이다.

다. 의도 양상기반(intend)

전형성 순서근거: 내가 가려고 한다/내가 가겠다/나도 갈 것이다/네가 가라/우리가 가자/내가 가마/내가 갈게.

예정 순서근거: 신랑이 입장하시겠습니다.

라. 믿음 양상기반(doxastic)

유사함 순서근거: 비가 올 것 같다/비가 오는 듯하다/비가 오는 듯싶다/그 일로 나는 부자가 될 성싶었다.

요망 순서근거: 제주도에 가고 싶다.

회의(dubitative) 순서근거: 비가 오나?/비가 올까?/비가 오니?

특히 의도 양상의 의미를 나타내는 예에 명령문/청유문/약속문이 포함된 것, 믿음 양상의 의미를 나타내는 예에 의문문이 포함된 것은 주의를 요한다. 이들은 각각 제8장과 제9장의 주요 논제이다.

제7장에서는 양상 표현의 의미 기술을 위하여 필요한 '가능세계' 변수, 시간 해석(이 문제는 제11장에서 다루었다)을 위하여 필요한 '시구간' 변수에 추가하여 '판단자(judge)'라는 제삼의 매개변수(j)가 (9나)와 같이 해석 함수에 설정되어야 함을 논하였다.

(9) 가. $[\![\text{-을 것이-}]\!]^{w} = \lambda p.\, \exists w'[\, w' \in BEST(epist, stereo, w)\ \&\ p(w')] = 1.$

나. $[\![\text{-을 것이-}]\!]^{w,t,j} = \lambda p.\, \exists \langle w', t', j' \rangle [\, \langle w', t', j' \rangle \in BEST(epist, stereo, w, t, j)\ \&\ p(w')(t')(j')] = 1.$

판단자 변수는 주관성 형용사 구문과 양상 구문의 형식화를 위해 긴요하며, 특히 의문문의 형식화를 위해서도 긴요한 바 있다.

제8장에서는 위 ④의 주제를 다루었다. 명령문, 청유문, 약속문은 양상 표현으로서, 의도 양상(intentional modality)을 나타내는 구문이라는 것이 이 장의 논점이다. 명령문, 청유문, 약속문은 다음과 같은 특징적 통사구조를 가진다. 명령형어미, 청유형어미, 약속형어미의 통사 범주는 보문소(C)로서, 굴절소구(IP)를 보충어로 취하고, 명사구(DP)를 명시어로 취하여 다음과 같은 보문소구(CP)를 형성한다. CP의 명시어와 IP의 명시어인 흔적은 동지표로 맺어져 있어서, 이를 바탕으로 술어추상규칙(Predicate Abstraction)이

적용되어 IP 구성성분이 술어 의미 형식으로 해석된다.

(10) [$_{CP}$ DP$_i$ [$_{C'i}$[$_{IPi}$ t$_i$ [$_{I'}$ VP I]] C]]

명령형어미, 청유형어미, 약속형어미의 형식의미론적 정의, 통사구조로부터 이들 어미의 의미 정의를 바탕으로 문장 의미를 도출하는 절차를 정확하게 기술함으로써 이들 구문 현상이 모두 합성성 원리를 준수하는 구문 현상임을 증명하였다.

이전 연구에서 명령문이 의무 양상의 표현이라는 주장이 있었다(한정혜 Han 1997, Kaufmann 2012). 이 책에서는 명령문과 청유문, 약속문이 (8다)의 의도 양상의 표현이라고 기술하고, 이것이 의무 양상과 동일시되는 것은 담화화용론적 절차에 따르는 것이라고 설명하였다.

제9장에서는 위 ⑤의 주제, 즉 의문문의 통사의미론적 해석 방안을 제시하였다. 명령문이 의도 양상의 표현인 것과 유사하게, 의문문이 회의 양상(믿음 양상기반, 회의 순서 근거)의 표현이라는 것이 이 장의 논점이다. 의문문의 의미는 가능한 대답 명제들의 집합이라는 것이 표준적 형식의미론에서의 기본 인식인데, 이 점은 (11)과 같은 통사의미적 합성에 의해 얻어진 회의 양상의 명제를 (12)의 담화화용론적 추론규칙에 의해 명제들의 집합으로 전환한다고 함으로써 설명하였다. (13)은 'ALT'의 담화화용론적 연산 작용에 의해 얻어지는, 의문문의 분할집합(partition) 의미이다(Groenendijk & Stokhof 1984).

(11) '누가 왔니?'의 통사의미적 해석 절차

가. 통사구조: [$_{CP}$[$_{IP}$누가 오-았-][$_{C}$-니]]

나. 의문 자질 표시: [$_{CP}$[$_{IP}$누가$_{+wh}$ 오-았-][$_{C}$-니$_{+wh}$]]

다. '누구$_{[+wh]}^{1}$'을 이용한 의미 합성

⟦ [$_{IP}$누가$_{+wh}$ 오-았-] ⟧$^{w^*}$ = [∃x[x는 사람이다 & w′에서 x가 왔다′],
단 현실 세계 w*에서 ∃x[x는 사람이다]]

⟦ [$_{CP}$[$_{IP}$누가$_{+wh}$ 오-았-][$_{C}$-니$_{+wh}$]] ⟧$^{w^*}$ =

⟦ [$_{C}$-니$_{+wh}$]] ⟧$^{w^*}$(λw′. ⟦ [$_{IP}$누가$_{+wh}$ 오-았-] ⟧$^{w'}$) =

[ASK(s(c*), a(c*), ∀w': w'∈BEST(dox, dubi, w*) → ∃x[x는 사람이다
& w′에서 x가 왔다′)]], 단 현실 세계 w*에서 ∃x[x는 사람이다]

(12) 의문문 의미 형식의 담화 의미 표상으로의 전환(담화화용론적 추론규칙)

[ASK(s(c*), a(c*), ∀w'[w'∈BEST(dox, dubi, w*) → p(w')], 단 q(w*)

⇒ c*:QS: ALT(p(w′)), prs: q(w*)

(13) '누가 왔니?'의 의미인 분할집합(담화상의 영역에 철수, 인호, 순희가 있을 때):

λw. λw'. [λx. w에서 x가 왔다] = [λx. w'에서 x가 왔다] ≡

{w: 세계 w에서 철수가 왔다}
{w: 세계 w에서 인호가 왔다}
{w: 세계 w에서 순희가 왔다}
{w: 세계 w에서 철수와 인호가 왔다}
{w: 세계 w에서 철수와 순희가 왔다}
{w: 세계 w에서 인호와 순희가 왔다}
{w: 세계 w에서 철수와 인호와 순희가 왔다}
{w: 세계 w에서 아무도 안 왔다}

W

의문문의 의미를 명제들의 집합, 특별한 명제들의 집합('분할집합')으로 표상하되 이 표상은 의미론적 표상이라는 것이 현재 형식의미론 연구의 기본적 인식이나, 이를 위해서는 의미론적 합성 규칙 체계를 근본적으로 바꾸어야 하는 문제에 봉착한다. 제9장에서는 위와 같은 방법으로 표준적 의미론적 합성 규칙 체계를 유지하면서, 명제들의 집합으로서의 의문문의 의미는 담화화용론적 절차에 따라 얻어내는 새로운 관점을 실행한 것이다.

제10장에서는 위 ⑥의 주제인 접속문의 통사의미론적 해석 방안을 제시하였다. 조건문인 접속문, 양보문인 접속문, '-더-' 계통 연결어미들에 의해 매개되는 접속문, '-길래' 접속문 들에 대한 형식의미론적 분석을 제시하였다. 특히 표준적 양상 이론(Kratzer 1981, 1991a)에 입각한 한국어 조건 접속문의 분석은 이 주제에 관한 최초의 연구라고 할 만하다.

접속문 구성의 핵심적 요소인 한국어의 연결어미들은 그 수가 100개 이상이 되는데, 선행절과 후행절의 논리적 관계, 선행절 또는 후행절에 대한 전제 의미의 유무, 그 전제의 구체적 내용 등을 어휘의미적 정보로 담고 있다. 연결어미들을 분류하는 데에 이와 같은 정보도 중요하지만, 통사적으로 부가어 구조를 형성하느냐, 명시어 구조를 형성하느냐도 그 분류의 중요한 기준이 된다. 연결어미의 특성에 따른 부가어 구조와 명시어 구조의 구별은 그 의미 해석과도 긴밀히 연관되는 구별이다. 특히 명시어 구조를 형성하는 연결어미들은 그 후행절의 서법에 대한 제약을 가하며, 시간적 선후관계 해석에 있어서도 부가어 구조를 형성하는 연결어미들과는 뚜렷이 다른 특징을 보인다. 후자의 시간적 특성은 제11장의 시간적 선후관계 해석 체계의 기술에 있어서도 중요한 역할을 담당함을 보였다.

제11장에서는 위 ⑦의 시간 해석 체계를 제시하였다. 한국어가 무시제 언어라는 필자의 오랫동안의 다각적 논증을 바탕으로, 시제 요소 없이 상과 서법의 요소, 시간적 선후

관계 해석에서 중요한 역할을 하는 연결어미와 시간 부사들을 바탕으로 시간적 선후관계 해석을 얻어내는 통사의미론적 해석 체계를 이끌어내었다.

시간적 선후관계 해석에서도 의미론적 절차와 담화화용론적 절차를 구분하는 방안을 제시하였다. '-었-', '-었었-', '∅'의 상 표지들의 형식의미론적 정의를 바탕으로 이들을 포함하는 문장의 의미 형식을 합성해 내고, 여기에서 주어지는 시구간 변수와 시간구조를 바탕으로 담화화용론적 추론규칙이 적용된다고 설명하였다.

제12장에서는 위 ⑧의 주제, 즉 통사의미론적 합성 체계를 보완하는 담화화용론적 체계를 정제하는 작업을 보였다. 그 주요 내용은 다음과 같다.

명령문, 청유문, 약속문의 경우(제8장과 관련), 통사의미론적 합성 절차의 결과로는 의도 양상의 명제가 유도된다. 담화화용론적 추론규칙의 적용에 따라 한원소집합의 형식으로 된 담화 의미 표상을 얻는다. 의문문의 경우(제9장과 관련), 통사의미론적 합성 절차의 결과로는 회의 양상의 명제가 유도된다. 담화화용론적 추론규칙의 적용에 따라 특별한 형식의 명제들의 집합인 분할집합을 의문문의 담화 의미 표상으로 얻는다. 이 책에서 논의된 그 외의 담화화용론적 추론규칙들, 즉 겹쳐진 양상 구조의 단일화, 종류의 존재양화사화, 배분적 의존 관계 해석, 그리고 초점 문장의 해석도 담화화용론적 추론규칙의 작용이라는 점을 논하였다.

담화화용론상의 주요 개념인 초점과 화제의 개념을 명확히 정리하였다. 특히 '관하여성(aboutness)'을 중심으로 한 문장화제(sentence-topic)의 개념을 공유배경(common ground)과 관련하여 정의하였고, 초점 성분을 가지는 문장의 의미 도출 과정을 보임으로써 초점의 개념을 명확히 하였다.

담화의 정합성(coherence)을 위한 담화화용적 원리로서 이전에 명확히 인식되지 않았던 세 가지 조건, (i)질문과 대답의 조건(대답은 질문이 나타내는 가능한 대답 명제들의 집합에 포함되어야 한다), (ii)반대 주장의 동일 명제 부정 조건(담화를 이루는 주장과 반대 주장에서 반대 주장은 주장의 명제와 동일한 명제를 부정해야 한다), (iii)문장화제 조건(한 문장은 문장화제에 관한 서술이어야 하고, 연접 또는 이접된 접속문에서 연접 또는 이접된 두 명제들은 모두 한 문장화제에 관한 서술이어야 한다)을 수립하였다.

13.2. 합성성 원리를 구현하는 의미 해석 규칙들의 체계

제1장에서 제시된 의미 해석 규칙들은 이어지는 각 장의 논의 과정을 통해 수정되고

정제되었다. 그 결과로 확장된 의미 해석 규칙들의 체계는 다음과 같다.

① 함수적용규칙(Functional Application)

(i) 외연적 함수적용규칙(FA)

A가 분지교점이고 B와 C가 그 딸성분(daughter)들의 집합인 경우, 모든 치할당 함수 g에 대하여, $[\![B]\!]^g$가 함수로서, 그 영역이 $[\![C]\!]^g$를 포함하면,

$[\![A]\!]^g = [\![B]\!]^g([\![C]\!]^g)$이다.

(ii) 기준 맥락, 기준 세계, 기준 시구간, 기준 판단자를 가지는 내포적 함수적용규칙 (IFA)

A가 분지 교점이고 {B, C}가 그 딸성분들의 집합인 경우, B가 재구조화 지표 'i'를 갖지 않거나, 'i'를 가지는 최하위구 머리성분이면, 모든 지표 <w,t,j>와 치할당 함수 g에 대하여 다음이 성립한다.

$[\![B]\!]^{c;w,t,j,g}$가 그 영역 안에 $\lambda w'.\lambda t'.\lambda j'.\ [\![C]\!]^{c;w',t',j',g}$를 포함하는 함수이면,

$[\![A]\!]^{c;w,t,j,g} = [\![B]\!]^{c;w,t,j,g}\ (\lambda w'.\lambda t'.\lambda j'.\ [\![C]\!]^{c;w',t',j',g})$이다.

② 술어수식규칙(PM: predicate modification rule, Heim & Kratzer 1998: 95)

A가 분지교점이며, B와 C가 그 딸성분들이고 둘 다 <e,t> 타입이면, 모든 치할당 함수 g에 대하여,

$[\![A]\!]^g = \lambda x{:}\ x \in D_e.\ [\![B]\!]^g(x) = [\![C]\!]^g(x) = 1$이다.

③ 술어추상규칙(PA: predicate abstraction rule, (i)은 Heim & Kratzer 1998: 114에서 다소 수정한 것, (ii)는 4.1절에서 수정한 형식)

(i) A가 분지교점이며 B_i와 C가 그 딸성분이고, B는 관계대명사나 공범주 연산자 'O'이고, $i \in N$이면, 모든 치할당 함수 g에 대하여,

$[\![A]\!]^g = \lambda x{:}\ x \in D_e.\ [\![C]\!]^{g\ x/i}$이다.

(ii) C가 XP 범주로서 그 내부의 흔적의 지표를 계승받은 $[_{XPj} \cdots t_j \cdots]$의 통사구조이고, $j \in N$이면, 모든 치할당 함수 g에 대하여,

$[\![C]\!]^g = \lambda x{:}\ x \in D_e.\ [\![C]\!]^{g\ x/j}$이다.

④ 흔적 및 대명사 규칙(Heim & Kratzer 1998: 111)

A가 흔적/대명사이고, g가 치할당 함수이며, $i \in dom(g)$이면,

$[\![A_i]\!]^{g\ x/i} = g^{x/i}(i)$이다.

⑤ 지표갱신치할당 규칙(assignment modification, Heim & Kratzer 1998: 112)

g가 치할당 함수이며, $i \in N$이고 $x \in D_e$라고 상정하면, $g^{x/i}$는 다음의 조건들을 만족하는 유일한 치할당 함수이다.

(i) $g^{x/i}$의 영역은 g의 영역과 {i}의 합집합이고,

(ii) $g^{x/i}(i) = x$이고,

(iii) $g^{x/i}$의 영역의 원소인 모든 j에 대해서 $j \neq i$일 때, $g^{x/i}(j) = g(j)$이다.

⑥ 비분지 구조 의미 해석

A가 비분지 교점이고 그 딸성분이 B이면, 모든 치할당 함수 g에 대하여,

$[\![A]\!]^g = [\![B]\!]^g$이다.

⑦ 논항 흔적 의미 해석 규칙

(i) 논항 흔적 't_i'의 해석:

통사구조의 성분 A가 이동변형의 동지표 i를 가지는 흔적 't_i'이고, 동지표 'i'를 가지는 상위 성분이 B_i이면, 모든 치할당 함수 g에 대하여,

$[\![A]\!]^g = [\![B_i]\!]^g$이다.

(ii) 이동 변형의 선행사를 가지는 구조의 의미 계승:

A가 분지교점이고 {B, C}가 그 딸성분들의 집합인 경우, B가 이동 변형의 동지표 'i'를 가지는 상위 성분이면, 모든 치할당 함수 g에 대하여,

$[\![A]\!]^g = [\![C]\!]^g$이다.

⑧ 재구조화 지표를 가지는 구조의 의미 합성

(i) 재구조화 원리의 적용에 따라 최상위 머리성분이 갖게 된 의미구조를 최하위 머리성분이 물려받는다.

(ii) A가 분지교점이고 {B, C}가 그 딸성분들의 집합인 경우, B가 재구조화 지표 'i'를 가지는, 최하위구 아닌 상위구의 머리성분이면, 모든 치할당 함수 g에 대하여,

$[\![A]\!]^g = [\![C]\!]^g$이다.

⑨ 무위적 공범주 주어를 가지는 구조의 의미 계승

A가 분지교점이고 {B, C}가 그 딸성분들의 집합인 경우, B가 PRO 또는 허사 공범주 e_{pleo}이면, 모든 치할당 함수 g에 대하여,

$[\![A]\!]^g = [\![C]\!]^g$이다.

⑩ 선택지의문문 해석 규칙

$[_{CP} [_{CP} [_{IP}\ \alpha\ ]\ C_m][_{CP} [_{IP}\ \beta\ ]\ C_n]]$의 구조는 다음 의미 형식으로 해석된다(조건:

C_m과 C_n은 의문 자질을 가지는 보문소이고 $C_m = C_n$).
$\forall$<w',t',j'>[<w',t',j'> $\in$ BEST(dox, dubi, w,t,j) & j = j' $\rightarrow$ α'(w')(t')(j')
$\vee$ β'(w')(t')(j')] 단, 여기에서 α'과 β'은 α와 β의 명제 의미 형식임.

⑪ 양화사 후행 구성 명사구 해석 규칙
⟦ $[_{PP}\ [_{P'}\ [_{NP}\ \alpha\ ]\ \varnothing_P\ ]\ [_{NP}\ \beta\ ]]$ ⟧ = ⟦ $[_{NP}\ [_{NP}\ \beta\ ]\ [_{NP}\ \alpha\ ]]$ ⟧, 단 β는 [+quantifier] 자질을 가지는 명사구임.

이 책의 논의 과정에서 표준적 형식의미론의 의미 해석 규칙 체계(Heim & Krazter 1998)에 추가된 다섯 종류의 규칙들이 있다. 첫째, 규칙 ③(ii)는 위 (10)의 통사구조에서 보는 것처럼, CP 명시어의 흔적이 IP 명시어 위치에 놓이는, 의도 구문의 의미 해석을 위해 필요불가결한 규칙이다. 둘째, ⑦은 (④와 ⑤에 의해 해석되는) 비논항 흔적과는 구별되는, 연산자 아닌 명사구의 흔적, 이동한 절(CP)의 흔적, 그리고 머리성분 이동의 흔적을 해석하기 위한 규칙이다. 연산자의 흔적이 그 연산자와 결속되는 결속변항인 것과는 뚜렷이 구별된다. 셋째, ⑧은 머리성분들이 재구조화 원리에 따라 재구조화 지표를 갖게 된 구조에 적용되는 규칙이다. 이 책의 여러 부분에서 논의한 재구조화 구문의 의미 해석을 위해 요긴한 규칙이다.

넷째, ⑩은 의문문의 특정 구문에 적용되는 구문규칙 형식의 의미 해석 규칙이다. 다섯째, ⑪은 후행 구성 '학생 몇 명'의 의미를 선행 구성 '몇 명의 학생'의 의미를 통하여 얻어내는 규칙이다. 이것도 특정 구문에 적용되는 의미 해석 규칙이다. 한국어 형식문법은 이러한 구문규칙 형식의 의미 해석 규칙들도 포함한다.

의미론적 형식체계가 자족적인 체계로서 작동하려면 ①-⑪과는 성격이 약간 다른 규칙들도 작용해야 한다. 그것은 타입 전이 규칙들이다. 제3장에서는 다음 타입 전이 규칙들을 정리한 바 있다. 이들은 ①-⑪의 규칙들이 요구하는 타입에 부합할 수 있도록, 해석 과정에서 적용되는 규칙들이다.

(14) 타입 전이 규칙들
가. 타입올림 규칙 : e를 <<e,t>,t>로: $j_e \Rightarrow \lambda P_{<e,t>}.\ [P(j)]$
나. 타입내림 규칙 : <<e,t>,t>를 e로: $\lambda P_{<e,t>}.\ [P(j)] \Rightarrow j$
다. 술어의 한정명사화 규칙(이오타화): <e,t>를 e로: $\lambda x.\ [P(x)] \Rightarrow \iota x[P(x)]$
라. 낱개체의 술어화 규칙: e를 <e,t>로: $j \Rightarrow \lambda x[x = j]$
마. 종류의 술어화 규칙: e를 <e,t>로: $kx[P(x)] \Rightarrow \lambda x.\ [P(x)]$

바. 종류의 한정명사화 규칙: e를 e로: $\kappa x[P(x)] \Rightarrow \iota x[P(x)]$

사. 양화사의 술어화 규칙: <<e,t>,t>를 <e,t>로:

(i) $\lambda P_{<e,t>}.\ \forall x$[x는 사람/사물이다 → P(x)] ⇒
$\lambda y.\ \forall x$[x는 사람/사물이다 → [x = y]]

(ii) $\lambda P_{<e,t>}.\ \exists x$[x는 사람/사물이다 & P(x)] ⇒
$\lambda y.\ \exists x$[x는 사람/사물이다 & [x = y]]

특히 제4장의 양화사 해석, 제9장의 의문사 해석 과정에서는 문법에서 타입 전이 규칙이 중심적인 역할을 수행한다는 것을 관찰하였다. 주어 위치에 놓이는 양화사, 의문사의 해석을 기본으로 목적어나 그 외의 필수성분, 주어나 목적어의 이차 서술어로 실현되는 양화사, 의문사를 해석하는 데에는 타입 전이 규칙이 활약한다. 이들을 이용하는 가변 타입 접근 방안이 생성문법의 표준적인 방안인 LF-이동 접근 방안보다 효과적이라고 주장하였다. 이 논점은 합성성 원리의 준수를 추구하는 형식문법적 연구들 중에서 이 책의 연구가 가지는 두드러지는 특징이라고 할 수 있다.

①-⑪의 의미 해석 규칙들은 문장 단위의 의미 형식을 도출하는 규칙들이다. 문장 단위의 의미 형식이 담화 의미 표상의 형식으로 전환되는 데에는 의미 해석 규칙들과는 별도의, 담화화용론적 해석 규칙들이 작용한다. 이들은 의미구조를 다른 의미구조로 바꾸는 작용을 하는 것이므로 '추론규칙'이라고 부를 수 있다. 이 책의 논의를 통하여 새로 설정한 담화화용론적 추론규칙들은 다음과 같다.

겹쳐진 양상 구조의 명제를 단일한 양상의 명제로 전환시키는 규칙은 담화화용론적 추론규칙의 대표적인 예라고 할 수 있다. 의도 양상이 인식 양상의 영향권 아래에 놓이는 겹쳐진 양상 구조는 단일한 의도 양상의 명제가 된다. 인식 양상이 믿음 양상의 영향권 아래에 놓이는 겹쳐진 양상 구조는 단일한 믿음 양상의 명제가 된다. 회의 양상(의문문)이 인식 양상의 영향권 아래에 놓이는 겹쳐진 양상 구조는 단일한 인식 양상의 명제가 된다. 그리고 인식 양상이 인식 양상의 영향권 아래에 놓이는 겹쳐진 양상 구조는 단일한 인식 양상의 명제가 된다.

3.1절에서 설정한 '종류의 존재 양화사화 규칙'은 Chierchia(1998)에서 제안한 것인데, 주어, 목적어 등 논항 위치에 있는 e 타입의 종류의 개체를 그 위치에 결속 변수를 남기고 존재 양화하는 양화사로 전이시킨다.

4.4절에서 설정한 '배분적 의존 관계 해석 규칙'은 최재웅(1987)에서 제안한 것인데, 복수의 명사항과 비한정 명사구를 각각 배분기준과 배분몫의 관계로 바꾼다.

명령문, 청유문, 약속문의 의미론적 형식을 바탕으로 적용되는 담화화용론적 추론규칙은 하나의 명제를 원소로 가지는 한원소집합을 형성하여 행동목록(TD)에 추가한다.

의문문의 의미론적 형식을 바탕으로 적용되는 담화화용론적 추론규칙은 명제들의 집합의 형식을 만든다. 특히 의문문에 적용되는 추론규칙은 합성성 원리를 구현하는 의미론적 해석 규칙들과는 달리, 햄블린 함수적용규칙의 방식을 포함하는 담화화용론적 차원의 규칙들임을 밝혔다.

이 책에서는 초점 문장을 해석하는 규칙도 담화화용론적 추론규칙의 일종으로 재정립할 것을 제안하였다. 특히 이 규칙을 지시 층렬의 문장 의미 형식을 바탕으로 적용하는 데에 난점이 있음을 지적하고, 기술 층렬의 의미 형식을 바탕으로 적용해야 한다고 제안하였다.

이상에서 제시한 의미론적 해석 규칙들과 타입 전이 규칙들과 담화화용론적 추론규칙들이 협동적으로 작용하여 한국어의 모든 구문의 의미 해석을 가능하게 해 준다. 이 체계를 검토하고 수정하여 더욱 완전한 체계를 수립하는 일이 앞으로의 한국어 형식문법 연구의 과제가 되어야 한다.

참고문헌

강명윤(1988/1992). 한국어 통사론의 제문제. 서울: 한신문화사.

강범모(1999). 양화의미: 복수, 물질, 타입, 강범모 외(1999): 114-156.

강범모(2002). 생성어휘부 이론의 다의어 기술 방법과 그 적용: 동사 '사다'와 '팔다', 어학연구 38-1: 275-293.

강범모 외(1999). 형식의미론과 한국어 기술. 서울: 한신문화사.

강복수(1963). 이다의 어성에 대하여-품사 설정을 중심으로-, 영남대논문집 2. 영남대.

강영세(Kang, Y. 1986). *Korean Syntax and Universal Grammar.* Ph.D. thesis, Harvard University.

고성환(2003). 국어 명령문에 대한 연구. 서울: 도서출판 역락.

고영근(1965). 현대국어의 서법체계에 대한 연구, 국어연구 15. 서울대 국어국문학과.

고영근(1975). 현대국어의 어말어미에 대한 구조적 연구, 응용언어학 7-1. 서울대.

고영근(1976). 현대국어의 문체법에 대한 연구, 어학연구 12-1: 17-53.

고영근(1981/1998). 중세국어의 시상과 서법(보정판). 서울: 탑출판사.

고영근(1986). 서법과 양태의 상관관계, 유목상 외(공편), 국어학 신연구 I: 249-265. 서울: 탑출판사.

고영근(1987). 보충법과 불완전계열의 문제, 어학연구 23-3. 서울대 어학연구소.

고영근(1993). 우리말의 총체 서술과 문법 체계. 서울: 일지사.

고영근(2004). 한국어의 시제 서법 동작상. 서울: 태학사.

고창수(1985). 어간형성접미사에 대하여, 한국어학연구 7. 한국어학연구회.

고창수(1992). 국어의 통사적 어형성, 국어학 22. 국어학회.

고창운(1991). '-겠-'과 '-을 것이-'의 용법, 건국어문학 15·16합집: 595-614.

김건희(2005). 한국어 형용사 논항구조 연구. 박사학위논문, 서울대.

김건희(2008). '싶다' 구문에 대하여, 한글 280: 129-164.

김건희·시정곤(2009). '-을 수 {있다/없다}' 구문의 통사·의미론, 국어학 56: 131-159.

김광해(1983가). 계사론, 난대이응백박사 회갑기념논문집. 보진재.

김광해(1983나). 국어의 의문사에 대한 연구, 국어학 12: 101-136.

김기혁(1987). 국어 보조동사 연구. 박사학위논문, 연세대.

김남길(1986). Predication in Korean, *Korean Linguistics* 4. International Circle of Korean Linguistics.
김동식(1988). 선어말어미 '-느-'에 대하여, 언어 13-1: 171-202.
김두봉(1916). 조선말본(역대한국문법대계 제1부 8책. 서울: 탑출판사, 1983).
김석득(1986). 도움풀이씨의 형태통어론적 차원, 말 11. 연세대 한국어학당.
김영주(Kim, Y. 1990). *The Syntax and Semantics of Korean Case: The Interaction between Lexical and Syntactic Levels of Representation*. Ph.D. thesis, Harvard University.
김영희(1974가). 대칭관계와 접속조사 '와', 한글 154. 한글학회.
김영희(1974나). '와'의 양상, 국어국문학 65·66 합병호. 국어국문학회.
김영희(1976가). 한국어 수량화 구문의 분석, 언어 1-2. 한국언어학회.
김영희(1976나). 복수 표시 '들'의 문법, 문법연구 3: 23-54.
김영희(1978). 삽입절의 의미론과 통사론, 말 3. 연세대 한국어학당.
김영희(1981가). 회상문의 인칭제약과 책임성, 국어학 10: 37-80.
김영희(1981나). 간접 명사 보문법과 '하'의 의미 기능, 한글 173·174 합집: 153-191.
김영희(1984가). 한국어 셈숱화 구문의 통사론. 서울: 탑출판사.
김영희(1984나). '하다'; 그 대동사설의 허실, 배달말 9: 31-63.
김영희(1987). 국어의 접속문, 국어생활 11. 국립국어연구소.
김영희(1988가). 한국어 통사론의 모색. 서울: 탑출판사.
김영희(1988나). 등위 접속문의 통사 표상, 한글 201·202: 83-117.
김영희(1991). 종속접속문의 통사적 양상, 들메 서재극박사 환갑기념논문집.
김영희(1993). 의존 동사 구문의 통사 표상, 국어학 23: 159-190.
김영희(1997). 한국어의 비우기 현상, 국어학 29. 국어학회.
김영희(1998). '-게 하-' 사동 구문의 세 유형, 한국어 통사론을 위한 논의. 서울: 한국문화사.
김영희(1999가). 보족어와 격 표시, 한글 244, 한글학회.
김영희(1999나). 사격 표지와 후치사, 국어학 34, 국어학회.
김영희(2001). 여동 구문과 "와", 국어학 38: 155-180.
김영희(2005). 한국어 통사 현상의 의의. 서울: 역락.
김완진(1970). 사이부동 단상, 국어국문학 49·50합집. 국어국문학회.
김윤경(1948). 나라말본. 서울: 동명사.
김은섭(2005). 현대 국어 의문사의 문법과 의미. 서울: 태학사.
김정대(1999). 한국어 접속문에서의 시제구 구조, 언어학 24. 한국언어학회.

김정대(2005). 한국어 접속문의 구조, 국어국문학 138. 국어국문학회.
김지은(1988). '-답-'의 의미. 석사학위논문, 연세대.
김지은(1990). 도움움직씨 '(-아) 버리다'의 의미에 대한 연구, 한글 207: 125-150.
김지은(1998). 우리말 양태용언 구문 연구. 서울: 한국문화사.
김지홍(1998). 접속 구문의 형식화 연구, 배달말 23. 배달말학회.
김차균(1981). {을}과 {겠}의 의미, 한글 173·174. 한글학회.
김차균(1999). 우리말의 시제 구조와 상 인식. 서울: 태학사.
김창섭(1981). 현대국어의 복합동사 연구, 국어연구 47. 국어연구회.
김창섭(1984). 형용사 파생 접미사들의 기능과 의미: '-답-, -스럽-, -롭-, 하-'와 '-적'의 경우, 진단학보 58: 145-161.
김창섭(1996). 국어의 단어형성과 단어구조 연구. 서울: 태학사.
김태엽(2001). 국어 종결어미의 문법. 서울: 국학자료원.
김흥수(1983). '싫다'의 통사 의미 특성, 관악어문연구 8: 157-190.
김흥수(1989). 현대국어 심리동사 구문 연구. 서울: 탑출판사.
나진석(1971). 우리말의 때매김. 서울: 과학사.
남기심(1969). 문형 N_1-이 N_2-이다의 변형분석적 연구, 계명논총 5. 계명대.
남기심(1972가). 현대국어 시제에 관한 문제, 국어국문학 55-57 합병호: 213-238.
남기심(1972나). 주제어와 주어, 어문학 26: 128-131.
남기심(1973). 국어 완형보문법 연구. 대구: 계명대 한국학연구소.
남기심(1975). 이른바 국어 시제의 기준시점 문제에 대하여, 한국학논집 3. 계명대 한국학연구소.
남기심(1978). 국어문법의 시제 문제에 관한 연구. 서울: 탑출판사.
남기심(1982). 국어의 공시적 기술과 형태소의 분석, 배달말 7: 1-10.
남기심(1985). 접속어미와 부사형어미, 말 10: 69-77. 연세대 한국어학당.
남기심(1986가). 서술절의 설정은 타당한가?, 유목상 외(공편), 국어학신연구 I: 191-198. 서울: 탑출판사.
남기심(1986나). '-이다' 구문의 통사적 분석, 한불연구 7. 연세대.
남기심(1988/1996). 이중주어문 재고, 국어문법의 탐구 I: 52-67. 서울: 태학사.
남기심(1990). 토씨 '와/과'의 쓰임에 대하여, 동방학지 66: 221-239. 연세대 국학연구원.
남기심(1991). 불완전명사 '것'의 쓰임, 국어의 이해와 인식: 71-88. 서울: 한국문화사.
남기심(1993). 국어 조사의 용법. 서울: 서광학술자료사.
남기심(2001). 현대 국어 통사론. 서울: 태학사.
남기심·고영근(1985). 표준국어문법론. 서울: 탑출판사.

남기심·루코프(1983). 논리적 형식으로서의 '-니까' 구문과 '-어서' 구문, 고영근·남기심(공편), 국어의 통사·의미론. 서울: 탑출판사.
남기심·이정민·이홍배(1977). 언어학 개론. 서울: 탑출판사.
남기심·조은(1993). '제한 소절' 논항 구조에 대하여, 동방학지 81. 연세대 국학연구원.
남승호(2000). 한국어 이동동사의 논항구조와 사건구조, 이정민 외, 의미구조의 표상과 실현: 229-281. 서울: 도서출판 소화.
남승호(2002). 처소 논항 교체의 의미론: 자동사와 형용사를 중심으로, 어학연구 38-1: 295-318.
노대규(1981). 국어 접미사 '답'의 의미 연구, 한글 172: 58-104.
담홍달(2022) 한국어 접속문과 중국어 접속문의 대조 분석: 명시어 구조 접속문을 중심으로, 한중언어문화연구 66: 33-65.
류력녕(2020). 한국어와 중국어의 직접인용문 간접화에 관한 대조 연구. 미발표 원고, 연세대 대학원.
류병래(2022). 한국어 내핵 관계절의 존재에 대한 증거와 비증거, 언어와 정보 26-2: 1-25.
문교부(1985). 문법. 대한교과서주식회사.
문숙영(2009). 한국어의 시제 범주. 서울: 태학사.
박병수(1974가). Complement Structures in Korean. 서울: 광문사.
박병수(1974나). The Korean verb 'ha' and verb phrase complementation, 어학연구 10-1. 서울대 어학연구소.
박병수(1983). 문장 술어의 의미론, 말 8: 81-95. 연세대 한국어학당.
박승빈(1935). 조선어학. 조선어학연구회.
박재연(1999). 현대국어 양태 범주의 확립과 어미의 의미 기술: 인식 양태를 중심으로, 국어학 34: 199-225.
박재연(2000). '종결어미와 보조용언의 통합 구문'에 대한 재검토, 관악어문 연구 24: 155-182.
박재연(2003/2019). 과거 시제를 나타내는 '-었더-'에 대하여, 박재연(저), 한국어 어미의 의미: 241-266. 서울: 집문당.
박재연(2006). 한국어 양태 어미 연구. 파주: 태학사.
박재연(2009). 연결어미와 양태: 이유, 조건, 양보의 연결어미를 중심으로, 한국어 의미학 30: 119-141.
박재연(2013). 한국어 의도 관련 어미의 환유적 의미 확장, 국어학 68: 253-288.
박진호(2010). 한국어 문법사에서 조동사 개념의 정립을 위하여, 전정예 외, 새로운 국어사 연구론: 225-237. 도서출판 경진.
박진호(2011가). 시제, 상, 양태, 국어학 60: 288-322.
박진호(2011나). 한국어에서 증거성이나 의외성의 의미성분을 포함하는 문법요소, 언어와 정보 사회 15: 1-25. 서강대 언어정보연구소.

박창해(1962/1990). 한국어 구조론 연구. 서울: 탑출판사.

박한기(2009). '싶-'의 통사구조와 의미, 언어 34-1: 53-72.

배주채(2000). '있다'와 '계시다'의 품사에 대한 사전 기술, 성심어문논집 22: 223-246. 성심여대.

변정민(2001). '싶다'의 의미 연구, 한국어학 13: 171-193.

서승현(1999). '명사-조사-용언' 긴밀형식 구문에 관한 연구. 박사학위논문, 연세대.

서정목(1984). 의문사와 WH-의문 보문자의 호응, 국어학 13: 33-64.

서정목(1987). 국어 의문문 연구. 서울: 탑출판사.

서정목(1988). 한국어 청자 대우 등급의 형태론적 해석 (1), 국어학 17: 97-151.

서정목(Suh, C. 1989). Wh-constructions in Korean, Kuno, S. et al. (eds.), *Harvard Studies in Korean Linguistics* 3: 517-526.

서정목(1990). 의문법, 서울대 대학원 국어연구회(편), 국어 연구 어디까지 왔나: 291-310. 동아출판사.

서정목(1993가). 한국어의 구절구조와 엑스-바 이론, 언어 18-2. 한국언어학회.

서정목(1993나). 계사 구문과 그 부정문의 통사 구조에 대하여, 안병희 선생 회갑기념 논총.

서정목(1998). 문법의 모형과 핵 계층 이론. 서울: 태학사.

서정섭(1991). 국어 양보문 연구. 서울: 한신문화사.

서정수(1971). 국어의 이중주어 문제: 변형생성문법적 분석, 국어국문학 52: 1-28.

서정수(1975). 동사 '하-'의 문법. 형설출판사.

서정수(1976). 국어 시상 형태의 의미 분석 연구: ∅, 고 있, 었, 었었, 문법연구 3: 83-158.

서정수(1977가). '더'는 회상의 기능을 지니는가? : 종결법과 인용법의 '더'를 중심으로, 언어 2-1: 97-127.

서정수(1977나). "겠"에 관하여, 말 2: 63-87. 연세대 한국어학당.

서정수(1978가). '-ㄹ 것'에 관하여: '겠'과의 대비를 중심으로, 국어학 6: 85-110.

서정수(1978나). '(었)더니'에 관하여, 눈뫼 허웅 박사 환갑 기념 논문집: 329-357.

서정수(1992). 현대 한국어 문법의 개관. 서울: 한국문화사.

서정수(1994). 국어문법. 서울: 뿌리깊은나무.

성기철(1974). 경험의 형태 {-었-}에 대하여, 문법연구 1: 237-269.

성기철(1979). 경험과 추정: '-겠-'과 '-을것이-'를 중심으로, 문법연구 4: 109-130.

손호민(Sohn, H. 1973). Coherence in Korean 'auxiliary' verb construction, 어학연구 9-2, 서울대 어학연구소.

손호민(Sohn, H. 1975). Retrospection in Korean, 어학연구 11-1: 87-103.

손호민(Sohn, H. 1976). Semantics of compound verbs in Korean, 언어 1-1. 한국언어학회.
손호민(Sohn, H. 1980). Theme-prominence in Korean, *Korean Linguistics* 2: 1-19.
송민영(Song, M. 1999). *The Semantics of Tense and Propositional Attitudes.* Ph.D. thesis, Georgetown University.
송민영(Song, M. 2002). Predicate Types and the Tense Marker *-ess* in Korean, *Language Research* 38-1: 1-29.
송민영(Song, M. 2004). The Semantics of -ess in the Complement Clauses of the Korean Propositional Attitude Constructions, *Studies in Modern Grammar* 35: 83-110.
송석중(Song, Seok Choong 1967). *Some Transformantional Rules in Korean.* Ph.D. thesis, Indiana University.
송석중(1981). 한국말의 부정의 범위, 한글 173·174 합병호: 327-352.
송석중(1993). 한국어 문법의 새 조명. 서울: 지식산업사.
송재목(1998). 안맺음씨끝 '-더-'의 의미 기능에 대하여: 유형론적 관점에서, 국어학 32: 135-169.
송재목(2007). 증거성(evidentiality)과 주어제약의 유형론: 한국어, 몽골어, 티벳어를 예로 들어, 형태론 9-1: 1-23.
송재목(2009). 인식양태와 증거성, 한국어학 44: 27-53.
송재목(2011가). '-더니'와 '-었더니': 선어말어미 '-더-'와의 관련성을 중심으로, 국어학 60: 33-67.
송재목(2011나). '-으니'와 '-더니', '-었더니'의 의미 기능: 접속 관계를 중심으로, 한국어 의미학 34: 185-212.
송재영·한승규(2008). 연결 어미 '-더니' 연구, 국어학 53: 177-198.
송정근(2007). 구체명사와 결합하는 '하다'의 의미 특성에 대하여, 한국어 의미학 22: 123-140.
송창선(2011). 국어 형태소와 관련된 몇 가지 문제, 언어과학연구 57: 175-196.
송창선(2014), '-(었)더니'의 형태와 기능, 한글 306: 51-74.
시정곤(1993). '이다'의 '-이'가 접사인 몇 가지 이유, 주시경학보 11. 주시경학회.
시정곤(1995). 핵이동과 '-이/답/히/같-'의 형태·통사론, 생성문법연구 5-2. 한국생성 문법학회.
시정곤(1997). 국어의 부정 극어 허가 조건, 언어 22-3. 한국언어학회.
시정곤·김건희(2009). 의존명사 구문의 양태적 고찰, 한국어학 44: 177-212.
신성옥(1984). {었}과 {었었}의 기능, 새결박태권선생회갑기념논총. 제일문화사.
신언호(2004). '-고 있-'과 부분성, 국어학 44: 159-183.
신창순(1975). 현대 한국어의 용언 보조어간 '겠'의 의의와 용법, 남기심 외(공편), 현대국어문법. 대구: 계명대 출판부.

심재기·이기용·이정민(1984). 의미론서설. 서울: 집문당.

안명철(1983). 현대국어의 양상 연구: 인식양상을 중심으로, 국어연구 56: 1-92.

안명철(1992). 현대국어의 보문 연구. 박사학위논문, 서울대.

안명철(1995). '이'의 문법적 성격 재고찰, 국어학 25. 국어학회.

안성호(Ahn, S. 1990/1993). Korean Quantification and Universal Grammar. 서울: 태학사.

안주호(1998). 연결어미 '-길래'의 통사적 특성과 의미, 어학연구 34-1: 205-227.

안주호(1999). 연결어미 '-기에/-길래'의 특징과 형성 과정, 담화와 인지 6-1: 101-120.

안희돈(1988). Preliminary remarks on Korean NP, E.-J. Baek ed., *Papers from the Sixth International Conference on Korean Linguistics.*

안희돈(1991). *Light Verbs, VP-Movement, Negation and Clausal Architecture in Korean and English.* Ph.D. thesis, University of Wisconsin-Madison.

양동휘(1975). *Topicalization and Relativization in Korean.* Pan Korea Book Corporation.

양동휘(1976). On complementizers in Korean, 언어 1-2. 한국언어학회.

양동휘(1983). The extended binding theory of anaphora, 어학연구 19-2. 서울대 어학연구소.

양동휘(1989). 지배-결속이론의 기초. 서울: 신아사.

양인석(Yang, In-Seok 1971). Double modality in Korean, 어학연구 7: 23-36. 서울대 어학연구소.

양인석(Yang, In-Seok 1972). *Korean Syntax: Case Markers, Delimiters, Complementation, and Relativization.* Ph.D. thesis, University of Hawaii.

양인석(Yang, I. 1973). Semantics of delimiters, *Language Research* 9: 84-121.

양정석(1986). '이다'의 의미와 통사, 연세어문학 19: 5-29. 연세대 국어국문학과.

양정석(1987). '이중주어문'과 '이중목적어문'에 대하여, 연세어문학 20: 255-318. 연세대 국어국문학과.

양정석(1991). 재구조화를 특징으로 하는 문장들, 동방학지 71-72 합집. 연세대 국학연구원.

양정석(1992). 한국어 동사의 어휘구조 연구. 박사학위논문, 연세대.

양정석(1995/1997). 개정판 국어 동사의 의미 분석과 연결이론. 서울: 박이정.

양정석(1996가). 대칭구문과 상호구문의 의미 해석, 언어 21권 1,2호 합집: 347-370.

양정석(1996나). '이다' 구문의 의미 해석, 동방학지 91: 99-134. 연세대 국학연구원.

양정석(1996다). '-와/과' 문장의 통사구조, 남기심(엮음), 국어문법의 탐구. 서울: 태학사.

양정석(1997가). 재구조화 재고, 국어국문학 118. 국어국문학회.

양정석(1997나). 이심적 의미구조: 동사의 논항 연결과 관련하여, 배달말 22: 47-99.

양정석(1998). 국어 '와/과' 문장의 통사론과 의미론: 어휘주의적 분석과 프롤로그로의 구현, 한국언어문학 40: 73-122.

양정석(2001가). '이다'의 문법범주와 의미, 국어학 37: 337-367.
양정석(2001나). 개념의미론과 다의어, 한국언어학회 2001년 여름연구회 주제발표논문집.
양정석(2002). 시상성과 논항 연결. 서울: 태학사.
양정석(2004가). '-고 있-'과 '-어 있-'의 상보성 여부 검토와 구문 규칙 기술, 한글 266: 105-137.
양정석(2004나). 교호성과 '-와', 배달말 35: 369-408.
양정석(2006). '시작하다'의 개념의미론적 분석, 서울대 언어연구소 워크숍.
양정석(2007가). 보조동사 구문의 구조 기술 문제, 한국어학 35: 65-120.
양정석(2007나). 국어 연결어미 절의 통사론: 핵계층 이론적 분석과 프롤로그 구현, 배달말 40: 33-97.
양정석(2008가). 한국어 시간요소들의 형태통사론, 언어 33-4: 693-722.
양정석(2008나). 무시제 가설 하에서의 시간 해석 방법, 배달말 43: 121-178.
양정석(2010). 개정판 한국어 통사구조론. 서울: 한국문화사.
양정석(2011). 한국어 통사구조와 시간 해석. 서울: 한국문화사.
양정석(2012). '느' 분석론과 '있다', '없다'의 문제, 한글 296: 81-122.
양정석(2013가). 개념의미론과 합성성, 한국어 의미학 40: 1-41.
양정석(2013나). 국어 복합문과 의미적 통제, 배달말 52: 1-50.
양정석(2014). 대응규칙 체계로서의 현대국어 형식문법, 배달말 55: 93-157.
양정석(2015가). 기준 판단자의 도입과 주관성 형용사, 양상, 증거성, 언어와 정보 19-1: 119-146.
양정석(2015나). 형식의미론의 국어 시간요소 의미 분석 검토, 배달말 56: 31-76.
양정석(2016가). 한국어 양상 표현의 통사·의미 분석, 언어와 정보 20-2: 57-92.
양정석(2016나). 한국어 보조동사 구문에서의 양상 의미 합성, 언어와 언어학 72: 117-152.
양정석(2017). 주관적 판단의 문법: 주관성 형용사, 양상, 증거성. 서울: 한국문화사.
양정석(2019). '하-' 구문의 통사론과 의미론, 배달말 65: 49-106.
양정석(2020가). 한국어 '-으면' 조건문의 양상 이론적 기술, 언어와 언어학 89: 107-142.
양정석(2020나). 조건 구문과 양보 구문의 통사의미론, 배달말 67: 51-91.
양정석(2020다). '-더-'의 형식의미론적 기술들에 대한 비판과 대안, 한국어 의미학 69: 155-195.
양정석(2020라). '답다'의 양상 의미와 그 통사의미적 합성, 한글 81-1: 83-113.
양정석(2021). 한국어 의문 구문의 형식문법: 양상 이론적 접근, 배달말 69: 91-145.
양정석(2022가). 한국어 의문 구문과 의도 구문의 형식문법: 양상 이론적 접근. 서울: 한국문화사.

양정석(2022나). 한국어 '-길래' 접속문의 통사의미적 합성, 언어와 정보 26-2: 129-151.

양정석(2022다). '-더-' 계통 연결어미들의 형식의미론적 기술, 배달말 71: 1-39.

양정석(2023). '-더-'는 통사 단위가 아니다, 한글 84-1(통권 339호): 115-159.

양정석·레티탐(2022). 한국어와 베트남어의 이중주어문, 언어 47-3: 579-612.

양정석·류려녕·레티탐(2023). 한국어, 중국어, 베트남어의 의도 구문, 언어와 언어학 99: 53-94.

엄정호(1989). 소위 지정사 구문의 통사적 구조, 국어학 18. 국어학회.

엄정호(1990). 종결어미와 보조동사의 통합 구문에 대한 연구. 박사학위논문, 성균관대.

엄정호(1999). 동사구 보문의 범위와 범주, 국어학 33. 국어학회.

연세대언어정보연구원(1998). 연세한국어사전. 서울: 두산동아.

염재상(1999). 한국어 양상 표현 '-ㄹ 수 있다'의 중의성과 의미 해석들, 불어불문학연구 38: 517-546.

염재일(Yeom, J. 1998). *A Presuppositional Analysis of Specific Indefinites*. Garland Publishing.

염재일(2005가). '-겠'과 '-을 것'의 양태 비교 연구, 언어와 정보 9-2: 1-22.

염재일(Yeom, J. 2005나). The semantics of *-ketun* in Korean, *Language Research* 41-4: 749-784.

염재일(2010가). '-었-'의 중의성, 언어학 58: 237-264.

염재일(Yeom, J. 2010나). Semantics and Pragmatics of *-ess* in Korean, *Language Research* 46-2: 199-236.

염재일(2012). '-길래'의 의미와 서법, 언어과학 19-1: 131-154.

염재일(2014). 소위 강조구문과 "것"의 의미, 언어와 정보 18-2: 103-122.

염재일(Yeom, J. 2018가). Embedded imperatives and command performatives with an embedded clause in Korean, 언어와 정보 22-2: 27-54.

염재일(Yeom, J. 2018나). Imperatives as world changers, ms. 홍익대학교.

유동석(1981). '-더-'의 의미에 대한 관견, 관악어문연구 6: 205-226.

유동석(1984). {로}의 이질성 극복을 위하여, 국어학 13. 국어학회.

유현경(1986). 국어 접속문의 통사적 특질에 대하여, 한글 191. 한글학회.

유현경(1998). 국어 형용사 연구. 서울: 한국문화사.

윤석민(2000). 현대국어의 문장종결법 연구. 서울: 집문당.

윤재학(Yoon, J. 1996). *Temporal Adverbials and Aktionsarten in Korean*. Seoul: Thaehaksa.

윤종열(Yoon, J. 1990). *Korean Syntax and Generalized X-bar Theory*. Ph.D. thesis,

University of Texas, Austin.
윤종열(Yoon, J. 1992). Functional Categories in Korean clausal and nominal structures, 생성문법연구 2. 생성문법연구회.
윤혜석(Yoon, J. 2009). The distribution of subject properties in multiple subject constructions. In Takubo, Tomohide Kinuhata, Szymon Grizelak, and Kayo Nagai(eds.), *Proceedings of Japaense/Korean Linguistics* 16. Stanford: CSLI publications.
이광호(1980). 접속어미 '-면'의 의미기능과 그 상관성, 언어 5-2: 33-65.
이광호(1988). 국어 격조사 '을/를'의 연구. 서울: 탑출판사.
이기갑(1987). 의도 구문의 인칭 제약, 한글 196: 295-307.
이기동(1976). 조동사의 의미 분석, 문법연구 3: 215-235.
이기동(1978). 조동사 '지다'의 의미 연구, 한글 161. 한글학회.
이기동(1987). 마침꼴의 의미 연구, 한글 195: 77-104.
이기동(1988). 조동사 '보다'의 의미, 애산학보 6: 1-27.
이기용(1978). 언어와 추정, 국어학 6: 29-36.
이기용(1980). 몬테규 문법에 입각한 한국어 시제 분석, 언어 5-1. 한국언어학회.
이기용(1998). 시제와 양상: 가능세계 의미론. 서울: 태학사.
이길록(1969). 체언의 용언적 기능에 대하여: '이다'의 형태론적 분석, 국어교육 15.
이남순(1981). '겠'과 '을 것', 관악어문연구 6: 183-203.
이남순(1982). 단수와 복수, 국어학 11: 117-141.
이남순(1994). '었었' 고, 진단학보 78. 진단학회.
이남순(1999). '이다'론, 한국문화 24. 서울대 한국문화연구소.
이상복(1974). 한국어의 인용문 연구, 언어문화 1. 연세대 한국어학당.
이상태(1977). {-면} 무리 이음월에 대하여, 배달말 2: 23-58.
이상태(1995). 국어 이음월의 통사·의미론적 연구. 대구: 형설출판사.
이선웅(1995). 현대국어의 보조용언 연구, 국어연구 133. 국어연구회.
이선웅(2001). 국어의 양태 체계 확립을 위한 시론, 관악어문연구 26: 317-339.
이숭녕(1956). 고등국어문법. 서울: 을유문화사.
이승재(1994). '-이-'의 삭제와 생략, 주시경학보 13. 주시경학회.
이은경(1996/2000). 국어 연결어미 연구. 서울: 태학사.
이은경(1998). 접속어미의 통사, 서태룡 외, 문법 연구와 자료. 서울: 태학사.
이은희(Lee, E. 2007). Dynamic and Stative Information in Temporal Reasoning:

Interpretation of Korean Past Markers in Narrative Discourse, *Journal of East Asian Linguistics* 16: 1-25.
이익섭·임홍빈(1983). 국어문법론. 서울: 학연사.
이익환(Lee, I. 1979). *Korean Particles, Complements, and Questions: A Montague Grammar Approach*. Ph.D. thesis, University of Texas at Austin.
이익환(1983). 현대의미론. 서울: 민음사.
이익환(Lee, I. 1987). Double subject constructions in GPSG, *Harvard Studies in Korean Linguistics II*: 287-296. Dept. of Linguistics, Harvard University.
이익환·이민행(2005). 심리동사의 의미론. 서울: 도서출판 역락.
이재성(2000). 국어의 시제와 상에 관한 연구, 박사학위논문, 연세대.
이정미(Lee, J. 2011). *Evidentiality and its Interaction with Tense: Evidence from Korean*. Ph.D. thesis, Ohio State University.
이정미(Lee, J. 2013). Temporal constraints on the meaning of evidentiality, *Natural Language Semantics* 21: 1-41.
이정민(Lee, C. 1973). *Abstract Syntax and Korean with reference to English*. Ph.D. thesis, Indiana University.
이정민(1975). 언어행위에 있어서의 양상구조, 남기심 외(공편), 현대국어문법: 301-309. 대구: 계명대 출판부.
이정민(Lee, C. 1976) Cases for psychological verbs in Korean, 언어 1-1: 256-296.
이정민(1980). 한국어 조건·원인 구문의 통사론과 의미론, 한국학 국제학술회의 논문집 1: 821-835. 한국정신문화연구원.
이정민(Lee, C. 1987). Temporal expressions in Korean, *Selected Papers from the First International Conference on Pragmatics*: 405-447. John Benjamins.
이정민(2006). '시작하다'에의 생성어휘부 이론적 접근, 서울대 언어연구소 워크숍.
이정민(Lee, C. 2012). Compositionality reconsidered: with special reference to cognition. 언어와 정보 16-2: 17-42.
이정민(Lee, C. 2014). Evidentials and modals: what makes them unique. ms, Seoul National University.
이정민 외(2000). 의미구조의 표상과 실현. 서울: 도서출판 소화.
이정민·임서현(2003). How to combine the verb ha- 'do' with an entity type noun in Korean—Its cross-linguistic implications, *Second International Workshop on Generative Approaches to the Lexicon*(May 15-17, 2003).

이정민·정대호·남승호(Lee, C., D. Chung & S. Nam 2000). The semantics of *amwu* N-to/irato/-ina in Korean: Arbitrary choice and concession, *Language and Information* 4-2.

이정식(Lee, J. 1992). *Case Alternation in Korean: Case Minimality.* Ph.D. thesis, University of Connecticut.

이창덕(1988). '더'에 관한 문제, 말 13: 195-218.

이필영(1993). 국어의 인용문 연구. 서울: 탑출판사.

이필영(2011). '-었더니'의 통사와 의미, 어문연구 69: 61-87.

이홍배(H. Lee, 1970). *A Study of Korean Syntax.* Seoul: Pan Korea Book Corporation.

이효상(Lee, H. 1991). *Tense, Aspect and Modality: A Discourse-Pragmatic Analysis of Verbal Affixes in Korean from a Typological Perspective.* Ph.D. thesis, UCLA.

이희승(1949). 초등국어문법. 박문출판사.

이희승(1956). 존재사 '있다'에 대하여, 서울대학교논문집 3. 서울대.

이희자·이종희(1999). 사전적 텍스트 분석적 국어 어미의 연구. 서울: 한국문화사.

임동식(Lim, D. 2010). *Evidentials and Interrogatives: A Case Study from Korean.* Ph.D. thesis, University of Southern California.

임동식(Lim, D. 2014). On the interaction between lexical aspects of predicates and evidentiality: a situation semantics account, 언어학 70: 117-140.

임동식·이정민(Lim, D. & C. Lee. 2012). Perspective shifts of Korean evidentials and the effect of contexts, *Proceedings of SALT* 22: 26-42.

임동훈(1995). 통사론과 통사 단위, 어학연구 31-1: 87-138. 서울대 어학연구소.

임동훈(2001). '-겠-'의 용법과 그 역사적 해석, 국어학 37: 115-147.

임동훈(2003). 국어 양태 체계의 정립을 위하여, 한국어 의미학 12: 127-153.

임동훈(2008). 한국어의 서법과 양태 체계, 한국어 의미학 26: 211-249.

임동훈(2010). 현대국어 어미 '느'의 범주와 변화, 국어학 59: 3-44.

임서현·이정민(2001). 한국어 실체성 명사와 동사 '하-'의 결합, 한국인지과학회 춘계학술대회 논문집.

임서현·이정민(2004). 개체유형 명사와 동사 '하-'의 결합에 관한 생성어휘부 이론적 접근, 언어와 정보 8-1: 77-100.

임채훈(2008). 감각적 증거 양태성과 한국어 어미 교육: '-네, -더라, -더니, -길래' 등을 중심으로, 이중언어학 37: 199-234.

임칠성(1991). 현대국어의 시제 어미 연구, 박사학위논문, 전남대.

임홍빈(1972). 국어의 주제화 연구, 국어연구 28. 서울대 국어국문학과.

임홍빈(1979). 복수성과 복수화, 한국학논총 2: 179-218.

임홍빈(1982). 선어말 {-더-}와 단절의 양상, 관악어문연구 7: 433-475.

임홍빈(1984). 선어말 {-느-}와 실현성의 양상, 목천유창균박사 환갑기념논문집.

임홍빈(1985). 국어의 통사적 공범주에 대하여, 어학연구 21-3, 서울대 어학연구소.

임홍빈(1987). 국어의 재귀사 연구. 서울: 신구문화사.

임홍빈(1989). 통사적 파생에 대하여, 어학연구 25-1, 서울대 어학연구소.

임홍빈(1993). 다시 {-더-}를 찾아서, 국어학 23: 255-323.

임홍빈(2000). 복수 표지 '들'과 사건성, 애산학보 24: 3-50.

임홍빈·장소원(1995). 국어문법론 I. 한국방송통신대 출판부.

장경희(1985). 현대국어의 양태범주 연구. 서울: 탑출판사.

장경희(1995). 국어의 양태 범주의 설정과 그 체계, 언어 20-3: 191-205.

장석진(1975). 문답의 화용상, 어학연구 11-2: 185-198.

전영철(2013). 한국어 명사구의 의미론: 한정성/특정성, 총칭성, 복수성. 서울대 출판문화원.

전종섭(Jun, J. 2001). Semantic co-composition of the Korean substantival nouns-ha(ta) construction: Evidence for the Generative Lexicon. Akatsuka, N. & S. Strauss(eds.), *Japanese/Korean Linguistics* 10: 573-586. CSLI, Stanford.

정경숙(Chung, K. 2005). *Space in Time: The Interaction of Tense, Aspect, Evidentiality, and Speech Act in Korean*. Ph.D. thesis, Simon Fraser University.

정경숙(Chung, K. 2007). Spatial deictic tense and evidentials in Korean, *Natural Language Semantics* 15: 187-219.

정렬모(1946). 신편고등국어문법. 서울: 한글문화사.

정인승(1956). 표준고등말본. 서울: 신구문화사.

정인승(1959). 우리말의 씨가름(품사분류)에 대하여, 한글 125. 한글학회.

조선문화어문법(1979). 평양: 평양종합인쇄공장.

조숙환(2009). 국어 인식양태소 구조의 인지언어학적 접근: 시점 이동과 역동적 심성 공간의 융합, 언어 34-1: 113-132.

조윤경(2001). 명사와 결합하는 *-하다* 구문, 제13회 한글 및 한국어 정보처리 학술대회 논문집: 105-112.

주시경(1910). 국어문법. 박문서관.

진정란(2005). 한국어 이유 표현 '-길래'의 담화 문법 연구, 담화와 인지 12-3: 137-154.

차현실(1984). '싶다'의 의미와 통사구조, 언어 9-2: 305-326.

채 완(1976). 조사 '는'의 의미, 국어학 4: 93-113.

채희락(1996). "하-"의 특성과 경술어구문, 어학연구 32-3. 서울대 어학연구소.
채희락(2005). 한국어의 소단위어: 동사류 소단위어를 중심으로. ms. 한국외국어대.
채희락(2006). 융합 현상과 '(-고)하-'의 관련성: [대]형 표현의 분석을 중심으로, 언어와 정보 10-1: 1-20.
채희락·김일규(Chae, H. & I. Kim. 2008). A clausal predicate analysis of Korean multiple nominative constructions, *Korean Journal of Linguistics* 33-4: 869-900.
채희락·노용균(1998). A survey of morphological issues in Korean: Focusing on Syntactically relevant phenomena, *Korean Linguistics* 9. ICKL.
최기용(Choi, K.-Y. 1991). *A Theory of* X^0*-subcategorization*. Ph.D. thesis, University of Washington.
최기용(1995). 한국어 특수조사 구성의 구조, 언어 21-1,2. 한국언어학회.
최기용(2002). 한국어의 용언 반복 구문, 생성문법연구 12-1: 139-167.
최기용(2009). 한국어 격과 조사의 생성통사론. 서울: 한국문화사.
최동주(1994). 국어 접속문에서의 시제 현상, 국어학 24. 국어학회.
최동주(1995). 국어 시상체계의 통시적 변화에 관한 연구. 박사학위논문, 서울대.
최동주(1996). 현대 국어의 {-느-}에 대한 고찰, 국어국문학 연구 24: 99-120. 영남대 국어국문학과.
최동주(1998). 시제와 상, 서태룡 외(공편), 문법 연구와 자료: 227-260. 태학사.
최재웅(Choe, J. 1985). Pitch-accent and q/wh words in Korean, Kuno, S. et al.(eds.), *Harvard Studies in Korean Linguistics* 1: 113-123.
최재웅(Choe, J. 1987). *Anti-Quantifiers and A Theory of Distributivity*. Ph.D. thesis, University of Massachusetts.
최재희(1985). 국어 명사구 접속의 연구, 한글 188. 한글학회.
최재희(1991). 국어의 접속문 구성 연구. 탑출판사.
최재희(1997). 국어 종속접속의 통사적 지위, 한글 238. 한글학회.
최재희(2000). '-고'에 이끌리는 내포 구문의 의미 해석, 한글 248. 한글학회.
최진영(Choi, J. 2007). *Free Choice and Negative Polarity: A Compositional Analysis of Korean Polarity Sensitive Items*. Ph.D. thesis, University of Pennsylvania.
최현배(1930). 조선어의 품사분류론, 조선어문연구(연희전문학교 문과논문집) 1. 연희전문학교.
최현배(1937/1971). 우리말본. 서울: 정음사.
최현배(1956). 잡음씨의 세움-이론적·사실적 및 비교언어학적 논증-, 한글 120. 한글 학회.
최현배(1963). 잡음씨에 대하여, 연세논총 2: 93-113.
최현숙(Choe, H. 1987). Syntactic adjunction, A-chain and the ECP: Multiple identical Case construction in Korean, *NELS* 17: 100-120.

최현숙(1988). *Restructuring Parameters and Complex Predicates.* Ph.D. thesis. MIT.
한 길(1991). 국어 종결어미 연구. 춘천: 강원대 출판부.
한 길(2004). 현대 우리말의 마침씨끝 연구. 서울: 도서출판 역락.
한동완(1984). 현대국어 시제의 체계적 연구, 한국어연구 6. 서강대 국어국문학과.
한동완(1996). 국어의 시제 연구. 서울: 태학사.
한동완(1999). '-고 있-' 구성의 중의성에 대하여, 한국어 의미학 5: 215-248.
한정혜(Han, C. 1997). *Deontic modality, lexical aspect and the semantics of imperatives.* ms, University of Pennsylvania.
한정혜(Han, C. 1998). *The Structure and Interpretation of Imperatives: Mood and Force in Universal Grammar.* Ph.D. thesis, University of Pennsylvania.
한정혜(Han, C. 2011). Imperatives, von Heusinger, K. et al.(eds.), *Semantics: An International Handbook of Natural Language Meaning*: 1785-1804. Berlin: Mouton de Gruyter.
허 웅(1963). 중세국어 연구. 서울: 정음사.
허 웅(1983). 국어학: 우리말의 오늘·어제. 서울: 샘문화사.
허 웅(1987). 국어 때매김법의 변천사. 서울: 샘문화사.
허 웅(1995). 20세기 우리말의 형태론. 서울: 샘문화사.
허세문·임동식·박유경(2015). 화자지향 심리술어와 증거성 표지 '-더'의 1인칭 제약, 언어와 정보 19-2: 81-107.
허철구(2005). 국어 어미의 형태통사론적 특성과 기능범주의 투사, 우리말 연구 16: 71-98. 우리말학회.
허철구(2007). 어미의 굴절 층위와 기능범주의 형성, 우리말 연구 21: 323-350. 우리말 학회.
홍기문(1947). 조선문법연구. 서울: 서울신문사.
홍민표(Hong, M. 1995). *The Semantics and Pragmatics of Questions and Alternatives.* Ph.D. thesis, University of Texas at Austin.
홍민표(1999). 의문문의 의미론, 강범모 외(공저), 형식의미론과 한국어 기술. 한신문화사: 417-457.
홍성심(Hong, S. 1985). *A and A′ Binding in Korean and English: Government-Binding Parameters.* Ph.D. thesis, University of Connecticut.
홍재성(1987). 현대 한국어 동사 구문의 연구. 서울: 탑출판사.
鄧思穎(2019). 形式漢語句法學(第二版). 上海: 上海教育出版社.
濱之上幸(1994). 기능문법의 관점에서 본 '-이다', 주시경학보 13. 주시경학회.

Abusch, D.(1994). The scope of indefinites, *Natural Language Semantics* 2-2: 83-135.

Abusch, D.(2012). Circumstantial and temporal dependence in counterfactual modals, *Natural Language Semantics* 20: 273-297.

Aikhenvald, A.(2004). *Evidentiality*. Oxford University Press.

Aloni, M.(2007). Free choice, modals and imperatives, *Natural Language Semantics* 15: 65-94.

Aronoff, M.(1976). *Word Formation in Generative Grammar*. MIT.

Asher, N. & A. Lascarides(2003). Imperatives in dialogue, Kuehnlein, P. et al.(eds.), *Perspectives on dailogue in the New Millennium*. Amsterdam: Benjamins.

Austin, J. L.(1962). *How to Do Things with Words*. Harvard University.

Bach, E.(1986). Natural language and metaphysics, Barcan-Marcus, R. et al.(eds.), *Logic, Methodology, and Philosophy of Science*: 573-595. North-Holland, Amsterdam.

Barwise, J. & R. Cooper(1981). Generalized quantifiers and natural language, *Linguistics and Philosophy* 4: 159-219.

Belnap, N. D. (1970) Conditional assertion and restricted quantification. *Noûs* 4-1: 1-12.

Belnap, N. D. (1973) Restricted quantification and conditional assertion. Huges Leblanc (ed.), *Truth, Syntax and Modality*: 48-75. Amsterdam: North Holland.

Berman, S.(1991). *On the Semantics and Logical Form of Wh-Clauses*. Ph.D. thesis, University of Massachusetts at Amherst.

Büring, D.(1999). Topic, Bosch, P. & R. van der Sandt(eds.), *Focus: Linguistic, Cognitive, and Computational Perspectives*: 142-165. Cambridge University Press.

Büring, D.(2003). On D-trees, beans, and B-accents, *Linguistics and Philosophy* 26, 511-545.

Carlson, G.(1977). *Reference to Kinds in English*. Ph.D. thesis, University of Massachusetts, Amherst.

Carnap, R.(1943). *Meaning and Necessity: A Study in Semantics and Modal Logic*. Chicago: University of Chicago Press.

Chafe, W.(1976). Givenness, contrastiveness, definiteness, subjects, topics and point of view, Li, C. N.(ed.), *Subject and Topic*: 25-55. New York: Academic Press.

Chierchia, G.(1984). *Topics in the Syntax and Semantics of Infinitives and Gerunds*. Ph.D. thesis, University of Massachusetts at Amherst.

Chierchia, G.(1989). Anaphora and attitudes *De Se*, Bartsch, R. et al. (eds.), *Language in*

Context. Dordrecht: Foris: 1-31.

Chierchia, G.(1998). Reference to kinds across languages, *Natural Language Semantics* 6: 339-405.

Chierchia, G & S. McConnell-Ginet(1990). *Meaning and Grammar: An Introduction to Semantics*. MIT Press.

Chomsky, N.(1957). *Syntactic Structures*. Mouton & Co.

Chomsky, N.(1958/1964). A transformational approach to syntax, Fodor, J. & J. Katz(eds.), *The Structure of Language*. Englewood Cliffs, NJ: Prentice-Hall.

Chomsky, N.(1964). *Current Issues in Linguistic Theory*. Mouton & Co.

Chomsky, N.(1965). *Aspects of the Theory of Syntax*. MIT Press.

Chomsky, N.(1977). On wh-movement, Culicover, P. et al.(eds.), *Formal Syntax*. New York: Academic Press.

Chomsky, N.(1981). *Lectures on Government and Binding*. Dordrecht: Foris Publications.

Chomsky, N.(1986a). *Knowledge of Language: Its Nature, Origin and Use*. New York: Praeger.

Chomsky, N.(1986b). *Barriers*. MIT Press.

Chomsky, N.(1995). *Minimalist Program*. MIT Press.

Chomsky, N.(2000). Minimalist inquiries: the framework, Martin, R., D. Michaels & J. Uriagereka(eds.), *Step by Step: Essays on Minimalist Syntax in Honor of Howard Lasnik*: 89-155. MIT Press.

Chomsky, N., A. Belletti & L. Rizzi(2002). *On Nature and Language*. Cambridge University Press.

Ciardelli, I., J. Groenendijk, & F. Roelofsen(2019). *Inquisitive Semantics*. Oxford University Press.

Clark, B.(1993). Relevance and "pseudo-imperatives", *Linguistics and Philosophy* 16: 79-121.

Comrie, B.(1976). *Aspect*. Cambridge Univercity Press.

Condoravdi, C.(2002). Temporal interpretation of modals: Modals for the present and for the past, Beaver, D. et al.(eds.), *The Construction of Meaning*. CSLI Publications.

Cooper, R.(1975). *Montague's Semantic Theory and Transformational Syntax*. Ph.D. thesis, University of Massachusetts at Amherst.

Cooper, R.(1979). The interpretation of pronouns, Heny, F. & H. Schnelle(eds.), *Syntax and Semantics* 10: 61-92.

Cooper, R.(1983). *Quantification and Syntactic Theory*. Dordrecht: D. Reidel Publishing Company.

Cruse, D.(1986). *Lexical Semantics*. Cambridge University Press.

Csuri, P.(1996). *Generalized Dependencies: Descrption, Reference, and Anaphora*. Ph.D. thesis, Brandeis University.

DeRose, K.(1991). Epistemic possibilities, *The Philosophical Review* 100: 581-605.

Diesing, M.(1992). *Indefinites*. MIT Press.

Dong, H.(2009). *Issues in the Semantics of Mandarin Questions*. Ph.D. thesis, Cornell University.

Dowty, D.(1979). *Word Meaning and Montague Grammar*. Dordrecht: Reidel.

Dummett, M.(1973). *Frege: Philosophy of Language*. Harvard University Press.

Egan, A.(2007). Epistemic modals, relativism, and assertion, *Philosophical Studies* 133: 1-22.

Egan, A., J. Hawthorne & B. Weatherson(2005). Epistemic modals in context, G. Preyer & B. Peter(eds.), *Contextualism in Philosophy: Knowledge, Meaning, and Truth*: 131-170. Oxford University Press.

Enç, M.(1987). Anchoring conditions for tense, *Linguistic Inquiry* 18: 633-657.

Fillmore, C.(1968). The case for case, Bach, E. & R. Harms(eds.), *Universals in Linguistic Theory*. New York: Holt, Rinehart and Winston: 1-88.

von Fintel, K.(1994). *Restrictions on Quantifier Domains*. Ph.D. thesis, University of Massachusetts at Amherst.

von Fintel, K.(2000). Whatever, *SALT* 10: 27-39. Ithaca, NY: Cornell University.

von Fintel, K.(2011). Conditionals, von Heusinger, K., C. Maienborn & P. Portner(eds.), *Semantics: An International Handbook of Natural Language Meaning*, Vol 2: 1515-1538. Berlin: de Gruyter.

von Fintel, K. & A. Gillies(2008). CIA leaks, *Philosophical Review* 117-1: 77-98.

von Fintel, K. & I. Heim(2011). *Intensional Semantics*. ms, MIT.

von Fintel, K. & I. Heim(2016). *Lecture Notes on the Semantics of Interrogative Clauses*. ms, MIT.

von Fintel, K. and Sabine I. (2002) If and when *if*-clauses can restrict quantifiers. ms. MIT.

Frege, G.(1879). *Begriffsschrift*. Halle: Verlag Louis Nebert.(trans.) Begriffsschrift, *From Frege to Gödel: A Sourcebook in Mathematical Logic 1879-1931*. Harvard University Press, 1967)

Frege, G.(1892a). Über Begriff und Gegenstand, *Vierteljahrschrift für Wissenschaftliche Philosophie* XVI. Translated as "On Concept and Object" in P. Geach & M. Black (eds.), *Translation from the Philosophical Writings of G. Frege*. Oxford: Oxford University Press.

Frege, G.(1892b). Über Sinn und Bedeutung, *Zeitschrift für Philosophie und Philosophische Kritik* 22-50.(Geach, P. et al.(eds.)(1980), *Translations from the Philosophical Writings of Gottlob Frege*. Oxford: Blackwell.

Frege, G.(1923). Logische Untersuchungen. Dritter Teil: Gedankengefüge, *Beiträge zur Philosophie des deutschen Idealismus* III: 36-51. ((trans.) Compound Thoughts, *Mind* 72: 1-17, 1963)

Goldberg, A.(1995). *Constructions: A Construction Grammar Approach to Argument Structure*. University of Chicago Press.

Grice, H. P.(1975). Logic and conversation, Cole, P. & J. Morgan (eds.), *Syntax and Semantics* 3: 41-58. New York: Academic Press.

Groenendijk, J. & M. Stokhof(1982). Semantic analysis of WH-complements, *Linguistics and Philosophy* 5: 175-233.

Groenendijk, J. & M. Stokhof(1984). *Studies on the Semantics of Questions and the Pragmatics of Answers*. Ph.D. thesis, University of Amsterdam.

Guerzoni, E.(2003). *Why even Ask?: On the Pragmatics of Questions and the Semantics of Answers*. Ph.D. thesis, MIT.

Guerzoni, E. & D. Lim(2007), Even if, factivity and focus, *Proceedings of Sinn und Bedeutung* 11: 276-290.

Hacquard, V.(2011). Modality, von Heusinger, K., C. Maienborn & P. Portner(eds.), *Semantics: An International Handbook of Natural Language Meaning*, Vol 2: 1484-1515. Berlin: de Gruyter.

Hamblin, C.(1973). Questions in Montague English, *Foundations of Language* 10: 41-53.

Hausser, R. & D. Zaefferer(1979). Quenstions and answers in a context dependent Montague Grammar, Guenthner et al.(eds.), *Formal Semantics and Pragmatics for Natural Language*. Dordrecht: Reidel.

Heim, I.(1982). *The Semantics of Definite and Indefinite Noun Phrases*. Ph.D. thesis, University of Massachusetts at Amherst.

Heim, I.(1990). E-type pronouns and donkey anaphora, Linguistics & Philosophy 13-2: 137-177.

Heim, I.(1998). Anaphora and semantic interpretation: a reinterpretation of Reinhart's approach, *MIT Working Papers in Linguistics* 25: 205-246.

Heim, I. & A. Kratzer(1998). *Semantics in Generative Grammar*. Oxford: Blackwell.

Heim, I., H. Lasnik & R. May(1991). Reciprocity and Plurality, *Linguistic Inguiry* 22-1: 63-101.

Hendriks, H.(1993). *Studied Flexibility: Categories and Types in Syntax and Semantics*. ILLC Dissertation Series. Amsterdam: ILLC.

Hintikka, J.(1961). Modality and quantification, *Theoria* 27: 110-128.

Hintikka, J.(1962). *Knowledge and Belief*. Cornell University Press.

Hintikka, J.(1969). Semantics for propositional attitudes, Davis, J. et al.(eds.), *Philosophical Logic*. Dordrecht: Reidel.

Hintikka, J.(1983). New foundations for a theory of questions and answers, Kiefer, F.(ed.), *Questions and Answers*: 159-90. Dordrecht: Reidel.

Hornstein, N.(1990). *As Time Goes By*. MIT.

Hornstein, N., J. Nunes & K. Gohman(2005). *Understanding Minimalism*. Cambridge University Press.

Hughes, G. & M. Cresswell(1996). *A New Introduction to Modal Logic*. London: Routledge.

Huitink, J. (2008). *Modals, Conditionals and Compositionality*. Ph.D. thesis, Radboud Universiteit Nijmegen.

Jackendoff, R.(1972). *Semantic Interpretation in Generative Grammar*. MIT Press.

Jackendoff, R.(1983). *Semantics and Cognition*. MIT Press.

Jackendoff, R.(1990). *Semantic Structures*. MIT Press.

Jackendoff, R.(1992). Mme. Tussaud meets the binding theory, *Natural Language and*

Linguistic Theory 10: 1-31.

Jackendoff, R.(1997). *The Architecture of the Language Faculty*. MIT Press.

Jackendoff, R.(2002). *Foundations of Language*. Oxford University Press.

Jackendoff, R.(2007). A Parallel Architecture perspective on language processing, *Brain Research* 1146: 2-22.

Jacobson, P.(1992). Flexible categorial grammar: questions and prospects, Levine, R.(ed.), *Formal Grammar: Theory and Implementation*: 168-242. Oxford University Press.

Kadmon, N. & F. Landman(1993). Any, *Linguistics and Philosophy* 16: 353-422.

Kalsang & J. Garfield & M. Speas(2013). Direct evidentials, case, tense and aspect in Tibetan: evidence for a general theory of the semantics of evidential, *Natural Language and Linguistic Theory* 31: 517-561.

Kamp, H.(1981). A theory of truth and semantic representation, Groenendijk, J.A.G. et al.(eds.), *Formal Methods in the Study of Language*. Mathematical Centre Tracts 136, Amsterdam, Part I: 277-322.

Kamp, H. & U. Reyle.(1993). *From Discourse to Logic*. Dordrecht: Kluwer.

Kaplan, D.(1989). Demonstratives, Almog, J. et al.(eds.), *Themes from Kaplan*. Oxford University Press.

Karttunen, L.(1977). Syntax and semantics of questions, *Linguistics and Philosophy* 1: 3-44.

Karttunen, L. & S. Perters(1975). Conventional implicatures in Montague Grammar, BLS I: Papers from the First Meeting of Berkeley Linguistics Society: 266-278.

Karttunen, L. & S. Perters(1979). Conventional implicatures, C. Oh & D. Dinneen(eds.), *Syntax and Semantics 11: Presuppositions*: 1-56. New York: Academic Press.

Kaufmann, M.(2012). *Interpreting Imperatives*. New York: Springer.

Kayne, R.(1984). *Connectedness and Binary Branching*. Foris.

Klein, W.(1994). *Time in Language*. London: Routledge.

Kratzer, A.(1977). What 'must' and 'can' must and can mean, *Linguistics and philosophy* 1-1: 337-355.

Kratzer, A.(1981). The notional category of modality, Eikmeyer, Hans-Jürgen & Hannes Rieser(eds.), *Words, Worlds, and Contexts: New Approaches in Word Semantics*: 38-74. Berlin: Mouton de Gruyter.

Kratzer, A.(1989). Stage and individual level predicates, In *Papers on Quantification*. NSF Grant Report, Department of Linguistics, University of Massachusetts, Amherst.
Kratzer, A.(1991a). Modality, von Stechow, A. et al.(eds.), *Semantics: An International Handbook of Contemporary Research*: 639-650. Berlin: de Gruyter.
Kratzer, A.(1991b). The representation of focus, von Stechow, A. et al.(eds.), *Semantics: An International Handbook of Contemporary Research*: 825-834. Berlin: de Gruyter.
Kratzer, A.(1991c). Conditionals. In von Stechow, A. et al.(eds.), *Semantics: An International Handbook of Contemporary Research*: 651-656. Berlin: de Gruyter.
Kratzer, A.(2006). Indefinites and the operators they depend on: from Japanese to Salish, Carlson, G. & F. Pelletier(eds.), *Reference and Quantification*: 113-142. Stanford, CA: CSLI Publications.
Kratzer, A.(2007). Situations in natural language semantics, *Stanford Encyclopedia of Philosophy*.
(http://plato.stanford.edu/archives/spr2007/entries/situations-semantics/)
Krifka, M.(1991). A compositional semantics for multiple focus constructions, *Proceedings from Semantics and Linguistic Theory(SALT)*: 127-158. Cornell University.
Krifka, M.(1999). For a structured meaning account of questions and answers, Smith, C.(ed.), *Proceeding to Workshop on Spoken and Written Text*. University of Texas at Austin.
Krifka, M.(2001). For a structured meaning account of questions and answers, Féry, C & W. Sternefeld(eds.), *Audiatur vox sapientiae. A Festschrift for Arnim von Stechow*: 287-319. Berlin: Akademie Verlag.
Kripke, S.(1959). A completeness theorem in modal logic, *The Journal of Symbolic Logic* 24-1: 1-14.
Kripke, S.(1963). Semantical analysis of modal logic I, normal propositional calculi, *Zeitschrift fur mathematische Logik und Grundlagen der Mathematik* 9: 67-96.
Kuno, S.(1972). Functional sentence perspective, *Linguistic Inquiry* 3-3: 269-320.
Kuno, S.(1973). *The Structure of the Japanese Language*. Cambridge: MIT Press.
Langacker, R.(1969). On pronominalization and the chain of command, Reibel, D & S. Schane(eds.), *Modern Studies in English*. Prentice-Hall.

Larson, R.(1969). On pronominalization and the chain of command, Reibel, D. & S. Schane(eds.), *Modern Studies in English*. Prentice-Hall.

Larson, R.(1988). On the double object construction, *Linguistic Inquiry* 19: 335-391.

Larson, R. & G. Segal(1995). *Knowledge of Meaning: An Introduction to Semantic Theory*. MIT.

Lasersohn, P.(2005). Context dependence, disagreement, and predicates of personal taste, *Linguistics and Philosophy* 28: 109-152.

Lasnik, H. & M. Saito(1992). *Move-α: Conditions on Its Applications and Outputs*. MIT.

Lewis, C. I.(1918). *A Survey of Symbolic Logic*. University of California Press.

Lewis, D.(1973). *Counterfactuals*. Harvard University Press.

Lewis, D.(1975). Adverbs of quantification, Keenan, E.(ed.), *Formal Semantics of Natural Language*: 3-15. Cambridge University Press.

Lewis, D.(1979a). Attitudes *De Dicto* and *De Se*, *Philosophical Review* 88: 513-543.

Lewis, D.(1979b). Score-keeping in a language game, Bauerle, R. et al.(eds.), *Semantics from Different Points of View*. Springer.

Li, C. & S. Thompson(1976). Subject and topic: a new typology of language, Li, C.(ed.), *Subject and Topic*: 457-489. New York: Academic Press.

Lin, J.-W.(2005). Time in a language without tense: the case of Chinese, *Journal of Semantics* 23: 1-53.

Link, G.(1983). The logical analysis of plurals and mass terms: a lattice theoretical approach, Bauerle, R. et al.(eds.), *Meaning, Use, and Interpretation of Language*: 302-323. Berlin: Walter de Gruyter.

Lyons, J.(1977). *Semantics II*. Cambridge University Press.

MacFarlane, J.(2005). Making sense of relative truth, *Proceedings of the Aristotelian Society* 105: 321-339.

MacFarlane, J.(2007). Relativism and disagreement, *Philosophical Studies* 132: 17-31.

Marantz, A. (1984). *On the Nature of Grammatical Relations*. MIT.

May, R.(1985). *Logical Form: Its Structure and Derivations*. Cambridge: MIT Press.

McNally, L.(1997). On recent formal analysis of topic, Ginzurg, J.(ed.), *The Tbilisi Symposium on Language, Logic, and Computation: Selected Papers*: 149-162. Cambridge University Press.

Milsark, G.(1974). *Existential Sentences in English*. Ph.D. thesis, MIT.

Montague, R.(1974). *Formal Philosophy: Selected Papers of Richard Montague*, Edited by Richmond H. Thomason. Yale University Press.

Nikanne, U.(1990). *Zones and Tiers: A Study of Thematic Structure*. Helsinki: Suomalaisen Kirjallisuuden Seura.

Ogihara, T.(1989). *Temporal Reference in English and Japanese*. Ph.D. thesis, University of Texas at Austin.

Ohno, Y.(1989). Mo, Bach, E., A. Kratzer, & B. Partee(eds.), *Papers on Quantification*, NSF Grant Report, Department of Linguistics, University of Massachusetts, Amherst: 224-250.

Pak, M., P. Portner & R. Zanunttini(2008). Agreement in promissive, imperative, and exhortative clauses, Korean Linguistics 14: 157-175.

Palmer, F.(1986). *Mood and Modality*. Cambridge University Press.

Pancheva, R.(2003). The aspectual makeup of perfect participles and the interactions of the perfect, Alexiadou, A. et al.(eds), *Perfect Explorations*: 277-306. Mouton de Gruyter.

Partee, B.(1973). Some transformational extensions of Montague Grammar, *Journal of Philosophical Logic* 2: 509-534.

Partee, B.(1984). Nominal and temporal anaphora, *Linguistics and Philosophy* 7: 243-286.

Partee, B.(1986a). Noun phrase interpretation and type-shifting principles, Groenendijk, J. et als.(eds.), *Studies in Discourse Representation Theory and the Theory of Generalized Quantifiers*: 115-143. Dordrecht: Foris.

Partee, B.(1986b). Ambiguous pseudoclefts with unambiguous *be*, Berman, S., J. Choe, & J. Mcdonough(eds.), *Proceedings of NELS* XVI: 354-366.

Partee, B., A. ter Meulan, & R. Wall(1990). *Mathematical Methods in Linguistics*. Dordrecht: Kluwer Academic Publishers.

Partee, B. & M. Rooth(1983). Generalized conjunction and type ambiguity, Bäuerle, R. et al.(eds.), *Meaning, Use and Interpretation of Langauge*. Berlin: De Gruyter.

Perry, J.(1977). Frege on demonstratives, *Philosophical Review* 86: 474-497.

Portner, P.(1998). The progressive in modal semantics, *Language* 74: 760-787.

Portner, P.(2002). Topicality and (Non-)Specificity in Mandarin, *Journal of Semantics* 19:

275-287.

Portner, P.(2004). The semantics of imperatives within a theory of clause types, Watanabe, K. & Young R. B.(eds), *Proceedings of Semantics and Linguistics Theory* 14: 235-252. Ithaca, NY: CLC Publications, Cornell University Linguistics Department.

Portner, P.(2007). Imperatives and modals, *Natural Language Semantics* 15-4: 351-383.

Portner, P.(2009). *Modality*. Oxford University Press.

Portner, P.(2019). *Mood*. Oxford University Press.

Portner, P. & K. Yabushita(1998). The semantics and pragmatics of topic phrases, *Linguistics and Philosophy* 21: 117-157.

Portner, P. & K. Yabushita(2001). Specific indefinites and the information structure theory of topics, *Journal of Semantics* 18: 271-297.

Prince, E.(1979). On the given/new distinction, Clyne, P. et al.(eds.), *Papers from the Fifteenth Regional Meeting, Chicago Linguistic Society*, Illinois: Chicago.

Pustejovsky, J.(1995). *Generative Lexicon*. MIT.

Reichenbach, H.(1947). *Elements of Symbolic Logic*. The MacMillan Co.

Reinhart, T.(1981a). Definite NP anaphora and c-command domains, *Linguistic Inquiry* 12-4: 605-635.

Reinhart, T.(1981b). Pragmatics and linguistics: an analysis of sentence topics, *Philosophica* 27: 53-93.

Reinhart, T.(1983a). Coreference and bound anaphora: a restatement of the anaphora questions, *Linguistics and Philosophy* 6-1: 47-88.

Reinhart, T.(1983b). *Anaphora and Semantic Interpretation*. Chicago: The University of Chicago Press.

Reinhart, T.(1997). Quantifier scope: how labor is divided between QR and choice functions, *Linguistics and Philosophy* 20-4: 335-397.

Roberts, C.(1990). *Modal Subordination, Anaphora, and Distributivity*. New York: Garland Publishing.

Roberts, C.(1996). Information structure in discourse: towards an integrated formal theory of pragmatics, Yoon, J. et al.(eds.), *Papers in Semantics: OSU Working Papers in Linguistics* Vol. 49. Ohio State University.

Rooth, M.(1985). *Association with Focus*. Ph.D. thesis, University of Massachusetts at Amherst.

Rooth, M.(1992). A theory of focus interpretation, *Natural Language Semantics* 1-1: 75-116.

Rooth, M.(1996). Focus, Lappin, S.(ed.), *The Handbook of Contemporary Semantic Theory*: 271-297. Oxford: Blackwell.

van Rooy, R.(2000). Permission to change, *Journal of Semantics* 17: 119-145.

Rothstein, S.(1983). *The Syntactic Forms of Predication*. Ph.D. thesis, MIT.

Rothstein, S.(1995). Small clauses and copular constructions, A. Cardimaletti & M. Guasti(eds.), *Syntax and Semantics* 28, Academic Press.

Rothstein, S.(2001). *Predicates and Their Subjects*. Dordrecht: Kluwer Academic.

Rouveret, A. & J.-R. Vergnaud(1980). Specifying reference to the subject: French causatives and Conditions on representations, *Linguistic Inquiry* 11-1: 97-202.

Russell, B.(1905). On denoting, in Zabeeh, F. et al.(eds. 1974). *Readings in Semantics*. Urbana: University of Illinois Press.

Sadock, J. & A. Zwicky(1985). Speech act distinctions in syntax, Shopen, T.(ed.), *Language Typology and Syntactic Descriptions: Clause Structure*. Cambridge University Press.

Sag, I.(1976). *Deletion and Logical Form*. Ph.D. thesis, MIT.

Schlenker, P.(2003). A plea for monsters, *Linguistics and Philosophy* 26: 29-120.

Schlenker, P.(2004). Context of thought and context of utterance: A note on free indirect discourse and historical present, *Mind & Language* 19: 279-304.

Schlenker, P.(2007). The expressive presupposition, *Theoretical Linguistics* 33-2: 237-245.

Schlenker, P.(2011). Indexicality and *De Se* reports, von Heusinger, K., C. Maienborn & P. Portner(eds.), *Semantics: An International Handbook of Natural Language Meaning*, Vol 2: 1561-1604. Berlin: de Gruyter.

Schwager, M.(2006). *Interpreting Imperatives*. Ph.D. thesis, University of Frankfurt/Main.

Searle, J.(1969). *Speech Acts: An Essay in the Philosophy of Language*. Cambridge University Press.

Shieber, S.(1986). *An Introduction to Unification-Based Approaches to Grammar*. CSLI.

Shimoyama, J.(2001). *Wh-Constructions in Japanese*. Ph.D. thesis, University of Massachusetts.

Smith, C.(1991). *The Parameter of Aspect*. Kluwer Academic Publishers.

Smith, N. & D. Wilson(1979). *Modern Linguistics*. New York: Penguin Books.

Sperber, D. & D. Wilson(1986). *Relevance: Communication and Cognition*. Oxford: Basil Blackwell.

Stalnaker, R.(1968). A theory of conditionals. In Rescher, N.(ed.), *Studies in Logical Theroy*. Oxford: Blackwell.

Stalnaker, R.(1974). Pragmatic presuppositions, Munitz, M. et al.(eds.) *Semantics and Philosophy*. New York University Press.

Stalnaker, R.(1975). Indicative conditionals, *Philosophia* 50(3): 269-286.

Stalnaker, R.(1978). Assertion, Cole, P.(ed.), *Syntax and Semantics* 9: 315-332. Academic Press.

Stalnaker, R.(2002). Common ground, *Linguistics and Philosophy* 25: 701-721.

von Stechow, A.(1996). Against LF Pied-Piping, *Natural Language Semantics* 4: 57-110.

von Stechow, A.(2004). Modale und Konditionale. Handout of a course taught at the Unifersity of Vienna. (http://www2.sfs.uni-tubingen.de/arnim10/Handouts/Modalitaet.pdf.)

Stephenson, T.(2007). *Towards a Theory of Subjective Meaning*. Ph.D. thesis, MIT.

Stowell, T. (1978). What was there before there was there, Farkas, D. et al.(eds.), Papers from the Fourteenth Regional Meeting, Chicago Linguistic Society.

Stowell, T. (1981). *Origins of Phrase Structure*. Ph.D. thesis, MIT.

Strawson, P.(1964). Identifying reference and truth values, *Theoria* 30(Reprinted in Steinberg, D. and L. Jakobovitz(1971), *Semantics*: 86-99. Cambridge University Press).

Stump, G.(1985). *The Semantic Variability of Absolute Constructions*. Dordrecht: D. Reidel.

Swanson, E.(2011). Propositional attitudes, von Heusinger, K., C. Maienborn & P. Portner(eds.), *Semantics: An International Handbook of Natural Language Meaning*, Vol 2. Berlin: de Gruyter: 1538-1561.

Tenny, C.(2006). Evidentiality, experiencers, and the syntax of sentience in Japanese, *Journal of East Asian Linguistics* 15: 245-288.

Tonhauser, J.(2006). *The Temporal Semantics of Noun Phrases: Evidence from Guarani.* Ph.D. thesis, Stanford University.

Vallduvi, E.(1990). *The Informational Component.* Ph.D. thesis, University of Pennsylvania.

Verkuyl, H.J.(1985). On semantics without logic, *Lingua* 68: 59-90.

Verkuyl, H.J.(1989). Aspectual classes and aspectual composition, *Linguistics and Philosophy* 12: 39-94.

Weinreich, U. (1966). Explorations in Semantic Theory, T. Sebeok ed. *Current Trends in Linguistics* vol. 3. Mouton.

Williams, E.(1977). Discourse and logical form, *Linguistic Inquiry* 8-1: 101-139.

Williams, E.(1980). Predication, *Linguistic Inquiry* 11: 203-238.

Williams, E.(1983a). Against small clauses, *Linguistic Inquiry* 14: 287-308.

Williams, E.(1983b). Semantic vs. syntactic categories, *Linguistics and Philosophy* 6: 203-238.

Wilson, D. & D. Sperber(1988). Mood and the analysis of non-declarative sentences, Dancy, J. et al.(eds.), *Human Agency: Language, Duty and Value*: 77-101. Stanford University Press.

Wiśniewski, A.(2015). Semantics of questions, Lappin, S. et al.(eds.), *The Handbook of Contemporary Semantic Theory.* Wiley Blackwell.

Zanunttini, R.(2008). Encoding the addressee in the syntax: evidence from English imperative subjects, Natural Language and Linguistic Theory 26: 185-218.

Zanunttini, R., M. Pak & P. Portner(2012). A syntactic analysis of interpretive restrictions on imperative, promissive, and exhortative subjects, *Natural Language and Linguistic Theory* 30: 1231-1274.

Zwarts, J. & H.J. Verkuyl(1994). An algebra of conceptual structure: an investigation into Jackendoff's conceptual semantics, *Linguistics and Philosophy* 17: 1-28.

부록: 기술 층렬의 의미 기술

이 책에서는 표준적 형식의미론 체계를 자세하게 소개하고, 이 체계 하에서 한국어의 외연적 표현들과 양상 표현들의 의미 분석과 통사·의미 합성 과정을 설명하여 왔다. 여기에서는 표준적 형식의미론 체계에서 만족스럽게 포착하지 못하는 의미 현상들을 개념의미론의 기본 요소들과 장치들을 활용하여 보완·설명하는 방법에 대해서 논의하려고 한다. 이러한 논의의 결과는 지시적 의미와 비지시적 의미를 두 개의 층렬(tier), 즉 지시 층렬(referential tier)과 기술 층렬(descriptive tier)로 나누어 표상하는 것이다.

Jackendoff(1972)는 문법의 한 국면으로서의 의미를 기술하는 데에 있어서 고려해야 할 4가지 구조적 의미의 영역을 구분한 바 있다. 술어-논항 구조로 표시되는 함수구조, 조응 관계를 명시하는 동지시표, 양상과 부정 의미를 명시하는 양상구조, 그리고 초점과 전제의 구조가 그것이다. Jackendoff(2002)에서는 이들을 기술 층렬, 지시 층렬, 정보구조 층렬(information structure tier)의 3가지로 환원하고 있다. 함수구조는 기술 층렬에 명시된다. 조응 관계는 기술 층렬과 지시 층렬의 두 층렬로 나누어 명시한다. 이러한 층렬 구분을 받아들이면, 담화표상이론(DRT: Kamp 1981, Kamp & Reyle 1993)의 담화지시체와 그 도입 조건에 대한 형식화는 지시 층렬의 기술에 상당하는 것으로 이해할 수 있다. 이 외에, 초점과 전제, 화제를 중심으로 하는 정보는 정보구조 층렬에 명시된다. 양상과 부정의 의미는 지시 층렬에 명시된다.

필자는 언어 단위의 의미를 표상하기 위해 Jackendoff(2002)의 세 층렬 구분이 필요하다고 본다. 그러나 이 중 정보구조 층렬은 다른 두 층렬과는 달라서, 문장 단위를 넘어서는, 담화 단위의 의미에 대한 기록을 유지하는 기능을 담당한다고 가정한다. 이 책의 주요 논의는 지시 층렬의 의미 형식을 도출하는 방법에 관한 것이었으므로, 이 부록에서는 기술 층렬을 중심으로 논의한다. 먼저 기술 층렬의 의미 표상의 체계인 '개념구조의 대수 체계'를 소개하고, 여기에 '계층(zone)', '개념구조 지배', '함수연대(functional tie)'의 개념을 수용하여 이 체계를 확장한 다음, 문장 단위의 의미 표상으로 기술 층렬이 지시 층렬과 구별하여 표상되어야 한다는 점을 정당화한다.

개념구조의 대수 체계

필자는 양정석(1995/1997, 2002) 등에서 Jackendoff(1983, 1990, 2002)의 관점을 받아들여 한국어 통사구조와 개념구조의 대응에 관한 연구를 집중적으로 수행해 왔다. 이 때로부터 개념의미론의 관점을 언어 의미에 관한 필자의 기본 관점으로 삼고 있다. 언어의 의미는 그것이 지시하는 외부 세계의 대상물이라는 진리조건적 의미론의 통상적인 관점을 부정하고, 언어의 의미는 심리적 표상이라는 관점을 가정한다.[1025] 참과 거짓의 개념도 문장이 사실에 대하여 가지는 지시적 관계로 파악하지 않고, 심리적으로 해석된 세계의 표상들이 가지는 특성이라고 파악한다.[1026]

필자는 양정석(1995/1997, 2002)를 비롯한 연구를 진행해 오는 과정에서 지시적 의미와 구별되어야 할 의미론의 현상들을 발견하게 되었는데, 이와 동시에 형식의미론의 지시적 의미론의 이론 체계 하에서 효과적으로 기술되는 의미론적 현상들, 양화 현상, 양상 현상, 의문문 현상들이 있다는 것도 아울러 발견하게 되었다. 지시적 의미와 구별되는 비지시적 의미를 명시하는 표상의 부분이 기술 층렬이다. 다음에서는 이 기술 층렬의 의미 표상 체계를 요약하여 소개한 다음 그 필요성을 논증하려고 한다.

기술 층렬의 개념구조는 다음에 제시하는 형성규칙과 해석 방법을 가지고 있다. 이는 Zwarts & Verkuyle(1994)에서 Jackendoff(1990)의 의미 기술 체계를 모형이론적 의미론의 체계로 재구성한 것이다(양정석 2013가 참조).

개념구조의 형식을 구성하는 요소들로는 함수와 자질과 지표, 그리고 '개념' 형성 연산자인 'Δ', 이 밖의 연산자 '∧', '∨', '－' 등이 있다. 다음에서 '$FEAT_i$', '$FUNC_i$'(i는 0과 자연수)는 각각 자질들의 지표 달린 집합, 함수들의 지표 달린 집합을 나타낸다. 아래첨자의 'i'는 함수, 자질이 취하는 논항의 수(자릿수)를 표시한다. 함수는 자질의 하나로 가정되며, 0자리 자질을 제외한 자질은 함수이다. 'INDEX'는 지표들의 집합을 나타낸다.

(1) [F1] $F \in FUNC_i$이면, $F \in FEAT_i$이다.
　[F2] $F \in FEAT_i$이고($i \neq 0$), $C \in CONC$이면, $F(C) \in FEAT_{i-1}$이다.
　[F3] $F \in FEAT_0$이면, $-F \in FEAT_0$이다.
　[F4] $F, F' \in FEAT_0$이면, $F \wedge F' \in FEAT_0$이다.
　[F5] $F, F' \in FEAT_0$이면, $F \vee F' \in FEAT_0$이다.

1025) 형식의미론의 방법을 활용하는 학자들 중에도 언어 의미가 외부 세계의 대상물이라는 관점을 갖지 않고 심리주의적인 관점을 취하는 바크(Emmon Bach), 페르카일(Henk J. Verkuyl) 등 소수의 예외적인 학자가 있다. Bach(1986), Verkuyl(1985, 1989) 참조.

1026) Jackendoff(1983: 238) 참조.

[F6] $F \in FEAT_0$이고 $C \in CONC$이면, $F * C \in FEAT_0$이다.

(2) [C] $F \in FEAT_0$이고 $F \neq 0_F$이고 $i \in INDEX$이면, $\Delta(F)_i \in CONC$이다.

(3) [$C_\wedge$] $C \in CONC$이고 $C' \in CONC$이면, $C \wedge C' \in CONC$이다.

[$C_\vee$] $C \in CONC$이고 $C' \in CONC$이면, $C \vee C' \in CONC$이다.

[C_-] $C \in CONC$이면, $- C \in CONC$이다.

(4) [C_i] $i \in INDEX$이면, $i \in CONC$이다.

위 형성규칙들의 적용 대상인 개념구조의 요소들을 예로 들어 보자. '$FEAT_0$'는 0자리 함수인 'PIANIST, TYPE, STATE, …' 등의 집합을 뜻하며, '$FEAT_1$'는 1자리 함수 'TO, AT, …' 등의 집합을, '$FEAT_2$'는 2자리 함수 'GO, BE, …' 등의 집합을 뜻한다.

[F3]으로부터 [F6]까지는 복합적 개념구조를 형성하는 규칙들이다. [F6]의 'F*C'는 제한적 수식 구조를 나타낸다.

'CONC'는 'Δ'에 의해 형성되는 '개념'들의 집합을 나타낸다. (2)의 '$\Delta(F)_i$'와 같은 형식은 '$[F]_i$'와 동일한 것이다. 예를 들면, '[α(β)]'와 같이 대괄호를 가지는 형식은 개념이며, 대괄호 안의 'α(β)', 'α'는 자질이다. 'α(β)'의 논항 위치에 놓이는 'β'는 항상 대괄호를 가지는, '개념' 형식으로 되어 있어야 한다.

(4)는 담화 의미의 기술에서 'CS(1, [GO([인호], [TO(학교)])])'와 같이 지표 '1'이 개념구조 구성성분으로 사용되는 것을 허용하기 위한 것이다.

집합 'FEAT'의 원소들, 즉 자질들 간에는 교(meet: ∧), 합(join: ∨), 보(complement: −)의 연산이 작동한다. 그러므로 이들을 가지는 체계 <FEAT, ∧, ∨, −, 1_F, 0_F>는 부울 대수(Boolean algebra)이다. 다음과 같은 격자 구조를 형성한다.

(5) 자질들의 격자(lattice) 구조:

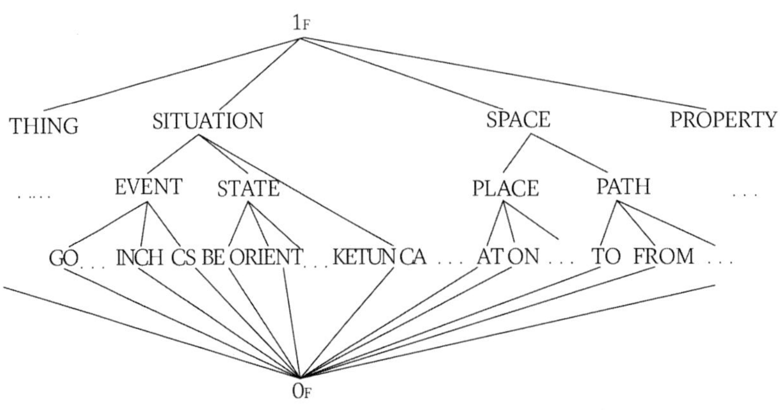

이 격자 구조에서 위 자질(feature)은 아래 자질을 포섭(subsume: $\preccurlyeq$)한다. 이 격자 구조가 나타내는 포섭 관계의 예를 몇 가지 들면 다음과 같다. (7)은 자질들의 복합이 가지는 포섭 관계 두 가지를 예시한 것이다.[1027)]

(6) PATH $\preccurlyeq 1_F$, TO $\preccurlyeq$ PATH, TOWARD $\preccurlyeq$ PATH, …

(7) $\alpha \wedge \beta \preccurlyeq \alpha$, $\alpha \wedge \beta \preccurlyeq \beta$

[F1]-[F6]의 형식들에 대응되는 해석 규칙들은 다음과 같다. 'I'는 모형에 의해 주어지는 해석 함수로서, FUNC의 원소들에 외연을 할당한다.

(8) [SF1] $\alpha \in$ FUNC이면, 그리고 그 경우에만 $[\![\alpha]\!]^{M,f} = I(\alpha)$이다.

[SF2] $\alpha \in FEAT_i$이고 $\beta \in$ CONC이면,
$[\![\alpha(\beta)]\!]^{M,f} = [\![\alpha]\!]^{M,f}([\![\beta]\!]^{M,f})$이다.

[SF3] $\alpha \in FEAT_0$인 모든 α에 대해서, $[\![-\alpha]\!]^{M,f} = ([\![\alpha]\!]^{M,f})'$이다.

[SF4] $\alpha, \beta \in FEAT_0$인 모든 α, β에 대해서,
$[\![\alpha \wedge \beta]\!]^{M,f} = [\![\alpha]\!]^{M,f} \cap [\![\beta]\!]^{M,f}$이다.

[SF5] $\alpha, \beta \in FEAT_0$인 모든 α, β에 대해서,
$[\![\alpha \vee \beta]\!]^{M,f} = [\![\alpha]\!]^{M,f} \cup [\![\beta]\!]^{M,f}$이다.

[SF6] $\alpha \in FEAT_i$이고 $\beta \in$ CONC이면,
$[\![\alpha * \beta]\!]^{M,f} = [\![\alpha]\!]^{M,f} \cap \{d: R(d, [\![\beta]\!]^{M,f})\}$이다.

(2)에서 '$\Delta(F)_i$'와 같은 형식으로 정의된, '개념'의 해석을 위한 정의는 다음과 같다. 'M'은 모형, 'f'는 치할당 함수이다.

(9) [SC] $i \in dom(f)$이고 $f(i) \in [\![F]\!]^{M,f}$이면, $[\![\Delta(F)_i]\!]^{M,f} = f(i)$이며, 이 외의 경우에는 정의가 성립되지 않는다.

1027) (5)의 격자 구조에 따른 (6), (7)의 형식들을 활용하여 의미적 선택제약의 관계를 명시할 수 있다. 구체적인 실행의 예는 이 책의 3.5절(포괄동사 '하-'의 의미 해석), 양정석(2013가, 2014)를 참고할 수 있다. 뒤의 (11가, 나)도 다른 실행의 예를 보여준다.
3.5.2절에서는 기술 층렬에서의 포괄동사 '하-'의 표상을 'AFF'로 나타내고, 이를 (5)의 SITUATION 아래, 그리고 EVENT와 STATE의 위에 배치한 바 있다. 'AFF' 의미의 실체와 이것의 (5)에서의 위치에 대해서는 앞으로 심층적인 연구가 필요하다.

위 (5)에는 Jackendoff(1990)에는 없는 새 개념구조 요소들로 'KETUN'과 'CA'가 도입되었다. 'KETUN'은 한국어의 연결어미 '-거든'에 대응되는 의미 요소로 상정된 것이고, 'CA'는 연결어미 '-자'에 대응되는 의미 요소로 상정된 것이다.[1028] 이들은 다른 함수들과 같이 집합 'FUNC'의 원소로 간주한다. 이들은 모두 존재론적 범주 '상황(situation)'을 이루는 개념구조 함수라고 정의한다. 기술 층렬의 의미 형식과 지시 층렬의 의미 형식은 그 타입 체계도 다르다. '개념(CONC의 원소)'의 타입을 'c'로, '자질(FEAT의 원소)'의 타입을 'p'로 가정한다.[1029]

(10) 가. $FEAT_0$ = { situation, thing, property, space, place, path, ⋯, book, inho, ⋯ }
나. $FUNC_1$(타입 <c,p>) = $FEAT_1$ = { INCH, AT, ON, IN, TO, FROM, TOWARD, VIA, BY, WITH, FOR, FROM, EXCH, ⋯ }
다. $FUNC_2$(타입 <c,<c,p>>) = $FEAT_2$ = { GO, BE, ORIENT, EXT, STAY, CS, ⋯, KETUN(-거든), CA(-자), ⋯ }

예를 들면, 연결어미 '-어', '-거든'을 다음과 같이 정의할 수 있다.

(11) 가. '-어'의 기술 층렬 의미 형식:
λP: $P \preccurlyeq$ situation. BY(P)
EX. 경찰이 손을 들어 우리를 제지했다.
나. '-거든'의 기술 층렬 의미 형식:
λP: $P \preccurlyeq$ situation. λQ: $Q \preccurlyeq$ situation. KETUN(P, Q)
EX. 비가 오거든 내가 빨래를 걷겠다.

지시 층렬의 의미구조를 형성하는 데에 합성성 원리가 대원리로 작용하고, 이 원리를 구현하는 것이 제1장에서부터 제시한 '함수적용규칙' 등의 해석 규칙들이었다. 기술 층

1028) 이들은 양정석(2011)에서 한국어 연결어미 '-거든'에 의해 이끌리는 복합문의 시간 관계 해석을 형식화하기 위한 용도로 상정했었다. Jackendoff(1990)에는 이 같은 종류의 함수가 주어져 있지 않지만, 기술 층렬의 의미를 나타내는 함수로서, 두 상황 범주의 논항을 취하여 상황 범주를 사상하는 함수가 필요하다는 것이 필자의 판단이다. 그러나 한국어 연결어미 '-거든', '-자'의 의미가 보편적 의미 요소로 나타낼 만큼의 보편성을 가지는 것인지에 대해서는 향후 더 깊이 있는 연구가 필요하다.

1029) 다음과 같이 기술 층렬의 의미 형식들의 타입을 정의할 수 있다(T는 타입의 집합). 개념의 타입 'c'와 자질의 타입 'p'를 기본 타입으로 설정한 것이다.
(i) c∈T이다.
(ii) p∈T이다.
(iii) a∈T, b∈T이면 <a,b>∈T이다.

렬의 의미구조를 형성하는 데에도 합성성 원리가 대원리로 작용한다. 기술 층렬에서 합성성 원리를 구현하는 구체적인 규칙들은 지시 층렬에서의 그것과는 달리 설정되어야 한다. 다음과 같은 규칙들이 설정된다.

(12) 통사구조에서 보충어와 머리성분, 명시어와 X′ 성분, YP 부가어와 XP, YP 부가어와 X′, 머리성분과 머리성분의 결합이 [α β]의 형식으로 주어지는 경우, A와 B에 각각 대응되는 기술 층렬의 의미 성분을 A'과 B'이라고 하면, [α β]는 α'과 β'의 단일화 (α', β')에 대응된다.

(13) 단일화의 효과:

가. 함수적용규칙':

단일화 (A, λX. F(X))는 A의 타입이 X의 타입에 부합되는 경우 [λX. F(X)](A)와 같은 결과를 가지고, 람다 전환이 이루어져서 F(A)가 된다.

나. 단일화 (A, B)는 A와 B가 모순되지 않고, 이 중 하나가 자질일 때 A ∧ B가 된다.

다. 단일화 (A, B)는 A와 B가 서로 모순되는 자질을 가지거나 위 어느 항목도 만족하지 않으면 단일화 실패가 된다.

제3장의 3.3절에서는 '이다' 문장 해석 과정에서 (13)의 기술 층렬 의미 형식들의 단일화 실패 여부가 가지는 의의를 논의한 바 있다.

양정석(1995/1997, 2002)에서 논의한 한국어 구문들의 의미구조는 위와 같은 개념구조의 대수 체계 하에서 재정돈할 수 있다.

계층과 개념구조 지배와 함수연대

위에서 소개한 개념구조의 대수 체계는 Nikanne(1990)의 '계층(zone)', '개념구조 지배', '함수연대(functional tie)'의 개념을 수용함으로써 원리에 기반한 해석 체계로 발전된다. 이들의 정의는 다음과 같다.[1030)]

(14) '계층(zone)'에 따른 함수들의 분류

가. 1계층 함수(F^1): AT, IN, ON, TO, TOWARD, VIA, FROM

나. 2계층 함수(F^2): BE, GO, MOVE, ORIENT, CONF

다. 3계층 함수(F^3): CS, INCH

(15) 개념구조 지배의 정의

1030) 자세한 설명은 양정석(2011: 224-246쪽)을 참고하기 바람.

다음과 같은 구조에서 F는 X를 지배한다.1031)

[$_X$ F(…) * [$_Y$ G(…)]]

i) 함수 F가 X에 포함된다.

ii) F가 X에 포함되는 다른 함수의 영향권 안에 있지 않다.

iii) F가 X의 제한적 수식어(Y와 같은 것)에 포함되어 있지 않다.

(16) 함수연대(functional tie)

(가), (나)와 같은 의미구조 형식에서 함수 F와 함수 G는 (다)의 함수연대 F-G를 이룰 수 있고, (가), (나)는 (다)로 간략하게 표시할 수 있다. F와 G를 '함수연대고리'라고 한다.

가. F(…, [G(…)])

나. F([G(…)])

다. F-G(…)

(17) 2계층 원리(Zone 2 Principle)

모든 함수연대는 2계층 함수 'F^2'를 가져야 하고, 그리고 반드시 하나만 가져야 한다.

(18) 함수 계층 원리(Zone Principle)

함수 F가 a계층에 속하고, 함수 G가 b계층에 속하면, 그리고 F와 G가 지역적(local) 함수연대 고리이고 G가 F의 영향권 안에 있으면, 다음이 성립한다(a, b, c는 자연수 1이나 2나 3임).

$a \geq b \geq a-1$

(17)의 '2계층 원리'는 이로부터 여러 가지 파생적 원리가 도출될 만큼 중심적인 지위를 가지는 원리이다. 이 원리는 (14나)의 2계층 함수가 언제나 의무적으로 나타나도록 강제한다. 1계층 함수는 함수 생성, 즉 2계층 함수의 논항으로 취해지는 절차를 유발할 수 있지만, 3계층 함수는 그것이 불가능하다. 이 점은 (18)의 함수 계층 원리에 따른다.

이상의 체계에 따라 영어의 문장 의미에 대한 기술인 Jackendoff(1990), 한국어의 문장 의미에 대한 기술인 양정석(1995/1997, 2002)의 의미구조 표기를 간략화할 수 있다. 우선, (16)의 함수연대의 정의에 따라 (19)와 같이 형상적 구조를 간략화할 수 있다. 또 (17), (18)에 따라 (20가)와 같이 형상적 구조로 표시된 의미구조를 단일한 자질 'TO'로 간략화할 수 있다. (20나)는 간략화된 표상이 형상적 구조로 바뀌는 절차를 보여준다.

(19) [CS(X, [GO(Y, [TO(Z)])])] = [CS-GO-TO(X, Y, Z)]

(20) 가. [GO(X, [TO(Y)])] = [TO]

1031) 이를 '[X ∧ F(…) *[Y ∧ G(…)]]'와 같이 표기해도 동일한 형상적 구조를 나타낸다. (15)의 형상적 구조와 마찬가지로, F는 X를 지배하고, Y를 지배하며, 또한 G를 지배한다.

나. [TO] ⇒ [TO(Y)]　　　　　((1)의 F1, F2에 따라)
　　　　⇒ [F^2([TO(Y)])]　　((17)에 따라 2계층 함수 생성)
　　　　⇒ [GO(X, [TO(Y)])] ((10다)에 따라 'GO' 선택)

끝으로, 자질의 집합을 이루는 요소로 앞의 논의에서 언급한 한 개의 요소를 추가하기로 한다. 그것은 의미적 명사화 자질 '∩'이다. 가령 기술 층렬의 의미 형식 'SEM'의 명사화는 '∩SEM'으로 나타낼 수 있다. 이는 '∩ ∧ SEM'을 간략화한 표기라고 약정하기로 한다.

기술 층렬과 지시 층렬 구별의 필요성

이 책의 앞부분에서 논의한 형식의미론적 의미 형식은 지시 층렬의 의미 표상으로 수용된다. 개념구조의 대수 체계에 의해 규정되는 의미 형식은 기술 층렬의 표상이 된다. 지시 층렬과 함께 기술 층렬이 필요함을 보이는 근거는 다음과 같다.

① Jackendoff(1972, 1990)를 비롯한 의미역 관계에 대한 연구들에서는 통사적 논항구조가 동사의 의미역 관계 의미에 의해 결정됨을 증명하여 왔다. 의미역 관계의 전형적 구조는 다음 (21)과 같이 대상(Theme) 의미역이 어떤 기준대상(Referent Object)에 위치하거나(BE, STAY 등의 경우), 그 기준대상을 경로로 이동하는 구조로 되어 있다(GO의 경우). 이는 범언어적 사실로서, 어느 언어에서나 동사 의미는 이러한 관계를 기본적으로 표현하게 되어 있다.

(21) F([대상], G([기준대상]))

(22) 가. BE([대상], AT/IN/ON([기준대상])
　　나. GO([대상], TO/TOWARD/VIA/FROM([기준대상])

또 한 가지 중요한 사실은, 어느 언어에나 (22가)와 같은 '대상-장소'의 의미역 관계와 함께 (22나)와 같은 '대상-경로'의 의미역 관계가 동사 의미의 표현으로 구별되어 주어진다는 것이다. 이 점은 지시적 의미, 진리조건적 의미만을 나타내게 되어 있는 지시 층렬의 의미 형식으로는 나타낼 수 없는 의미적 국면이다. 세계의 언어들은 (22가)의 위치 표현에서 그 기준대상을 'AT', 'IN', 'ON' 등으로 구별하는 다양한 장치들을 가지고 있다. 이동 표현에서는 그 기준대상을 'TO', 'TOWARD', 'VIA', 'FROM' 등으로 구별하는 다양한 장치들을 가지고 있다.

이제까지 이 책의 논의에서 사용해 온 형식의미론의 의미 표상은 지시 층렬의 의미 형식만을 이용한 것이라고 할 수 있다. 이러한 의미 표상의 주요 결점은 (22)에서 보이는 경로(path)와 장소(place)의 차이를 구별하여 나타낼 수 없다는 점이다. 형식의미론의 의미 표상은 경로와 장소의 구별을 나타내기 어렵다(양정석 2013가). 경로와 장소의 구별을 명시할 수 있는 의미 표상은 기술 층렬의 표상이다.

(23) 가. 그가 부산에 있다/머물렀다.
나. *그가 부산으로 있다/머물렀다.
(24) 가. 그가 책을 책상에 놓았다.
나. *그가 책을 책상으로 놓았다.
(25) 가. *그가 산길에 걸어갔다.
나. 그가 산길로 걸어갔다.

의미적 논항구조가 존재하고, 이것이 통사구조의 논항구조를 결정한다는 것을 보이는 리차드 카터(Richard Carter)의 논증이 있다.[1032] 'enter'와 동일한 어휘의미구조를 가지면서 그 논항들 간의 순서가 반대인 가상의 동사 '*benter'가 있다고 가정하자. 그러나 이러한 의미적 논항구조를 가지는 동사가 자연언어에서 실현되는 것은 극도로 제약된다.

(26) 가. Bill$_i$ entered the room$_j$.
[GO([BILL]$_i$, [TO([IN([ROOM]$_j$)])])]
나. *The room$_i$ bentered Bill$_j$.
[GO([ROOM]$_i$, [TO([IN([BILL]$_j$)])])]

한국어에서도 '들어가다'와 반대의 논항구조를 가지는 '*벤터하다'와 같은 의미의 동사는 존재하지 않는다.

(27) 가. 빌$_i$이 방$_j$에 들어갔다.
[GO([BILL]$_i$, [TO([IN([ROOM]$_j$)])])]
나. *방$_j$이 빌$_i$에게 벤터했다.
[GO([ROOM]$_i$, [TO([IN([BILL]$_j$)])])]

1032) 이는 Jackendoff(1990: 245)에서 인용한 리차드 카터의 논증을 재인용한 것이다.

이러한 점들은 자연언어에 일정한 의미적 논항구조가 있어서 통사적 논항구조와 규칙적 대응 관계를 유지한다는 것을 보이는 증거라고 해석된다. 즉, 'GO(X, TO(IN(Y)))'와 같은 의미적 논항구조를 가지는 경우, 이것에 대응되는 통사구조에는 X가 주어와 같은 상위 위계를 가지는 논항으로 실현되고, Y가 그보다 낮은 위계의 논항으로 실현되는 것은 언어 보편의 원리에 따르는 현상이라고 판단한다. 이와 같은 것을 '논항연결원리'라 한다. 양정석(2002)에서는 논항연결원리를 다음과 같이 서술하였다.[1033] '작용자', '반작용자', '피작용자', '자극', '행위자', '대상'은 기술 층렬에 술어해체 형식으로 주어진 어휘의미구조를 바탕으로 (28)'과 같이 정의된 개념들이다.

(28) 논항연결원리:

다음 제약을 만족하면 통사구조와 의미구조의 논항 위치에 각각 동지표 i, j, k를 붙이라.

가. 작용자/반작용자나 행위자는 [DP, IP]로 연결된다. 이에 따라 i를 붙인다.

나. 피작용자/자극이나 대상은 [DP, VP]로 연결된다. 이에 따라 j를 붙인다.

다. 그 밖의 논항은 [XP, V']로 연결된다. 이에 따라 k를 붙인다.

라. 피작용자/자극과 대상이 결속되지 않고서 함께 주어지면 피작용자가 우선적으로 연결된다. 즉 (나)에 따라 [DP, VP]로 연결된다.

마. 술어가 가지는 모든 명시적 논항은 통사구조의 성분으로 일의적으로 연결되어야 한다.[1034]

(28)' 가. '작용자', '반작용자'는 각각 AFF(X, Y)와 REACT(X, Y) 함수의 'X'를 가리키는 의미역 명칭이다. 이들 함수의 'Y'를 가리키는 명칭이 각각 '피작용자'와 '자극'이다.

나. '행위자'는 'CS(X, Y)' 함수의 X를 가리키는 의미역 명칭이다.

다. '대상'은 'BE(X, Y)', 'GO(X, Y)', MOVE(X) 함수의 X를 가리키는 의미역 명칭이다.

라. '목표'는 'GO(X, [TO(Y)])', 'GO(X, [TOWARD(Y)])'의 Y를 가리키는 의미역 명칭이다.

마. '시원'은 'GO(X, [FROM(Y)])', 'GO(X, [AWAY-FROM(Y)])'의 Y를 가리키는 의미역 명칭이다.

바. '처소'는 'BE(X, [AT/IN/ON(Y)])' 함수의 Y를 가리키는 의미역 명칭이다.

이는 동사, 서술성 명사, 보충어를 가지는 부사의 어휘의미구조의 형상적 구조에 따라 정의된 '대상', '행위자' 등의 의미역 논항이 통사구조의 목적어 논항, 주어 논항으로 연결되는 형식을 취하고 있다. 즉, 의미구조로부터 통사구조로 가는 방향을 취하는 것이다.

1033) 또, '[DP, IP]'는 'IP에 직접 관할되는 DP'를 나타내는 것이다. 같은 방식으로, '[DP, VP]', '[XP, V']'는 각각 'VP'에 직접 관할되는 'DP', 'V''에 직접 관할되는 'XP'를 나타낸다.

1034) '술어'는 한국어에서는 동사와 형용사를 중심으로 의미역 구조를 가지는 어휘항목들을 통칭하는 것이다.

앞에서 지시 층렬의 의미 형식들이 통사구조를 바탕으로 의미구조로 가는 방향을 취하였던 것과 대비된다.

위 논항연결원리는 기술 층렬(descriptive tier)에 주어진 술어적 단어(동사, 서술성 명사, 논항을 취하는 부사)의 형상적 구조를 근거로 하여 적용되며, 지시 층렬(referential tier)과는 무관하다. 이 점은 지시 층렬과 구별되는 기술 층렬이 의미구조의 한 형식으로 설정되어야 함을 보이는 으뜸가는 근거가 된다.[1035]

한 예로, 주관성 형용사의 한 어휘항목인 '싫다'의 기술 층렬과 지시 층렬의 형식은 다음과 같다. 기술 층렬의 형식을 근거로 X에 대응되는 통사구조의 성분이 능격동사(비행동성 동사) 구문의 주어로 허가받게 된다(양정석 2002, 2010).

(29) '싫-'의 어휘기재항
  가. 기술 층렬(DT): [BE(X, [IN([state ∧ feel])]) ∧ BE(Y, [AT(X)])]
  나. 지시 층렬(RT):
    [λx_e. λy: $y \in D_e$ & y = j. 세계 w에서, 시간 t에, y에게 x가 싫다]

(29가)의 기술 층렬 형식이 능격동사의 형식으로 설정되는 근거는 다음과 같은 검증 방법에 따른 것이다. 한국어에서 능격동사를 비능격동사들로부터 구별하는 증거로 명령형, 청유형 문장을 형성할 수 없다는 점, 통제 구문에 내포되기 불가능하다는 점이 활용된다. (30)에서 보는 바와 같이 '싫다'는 능격동사의 특성을 가진다. (31)은 상태성 동사뿐 아니라 사건성 동사인 '흐르다'도 능격동사의 부류에 속함을 보여준다.

(30) 가. *싫어라.
  나. *싫자.
  다. *순희에게 인호가 싫으라고 명령했다.
(31) 가. *흘러라.
  나. *흐르자.
  다. *물에게 흐르라고 명령했다.

1035) 언어에 따라서는 'benter', '벤터하다'와 유사한 논항구조를 가지는 예를 찾을 수 있다. 한국어의 '수용하다', '흡수하다', 영어의 'accommodate'과 같은 예를 그 후보로 고려해 볼 수 있다. 그러나 이런 경우라도 한국어나 영어의 의미구조 표현의 경향성에 따라 'AFF(Y, X)'나 'REACT(Y, X)'와 같은 작용의미층 함수를 더하여 그 어휘의미를 기술할 수 있다. 즉 이러한 특수 동사들의 어휘의미구조를 '[AFF(Y, X) ∧ GO(X, TO(IN(Y)))]'나 '[REACT(Y, X) ∧ GO(X, TO(IN(Y)))]'와 같은 형식으로 기술하는 것이다.

이러한 특성은 (28)의 논항연결원리를 통하여 통사구조에 반영되는 구조적 사실이다. 이 점은 기술 층렬의 형식을 통해서만 명시할 수 있다. 그러므로 지시 층렬과 아울러 기술 층렬을 가지는 두 층렬의 의미구조 표상이 필요하다.

② Csuri(1996)에서는 영어의 조응사 'one'과, 'do so'가 기술 층렬의 개체와 사건만을 조응하는 조응사임을 증명하였다. 보통의 영어 대명사 'it'과 'the same thing' 등의 대명사 상당어들은 기술 층렬, 지시 층렬의 단위들 모두와 조응할 수 있다.

두 가지 측면의 조응 관계를 표상하기 위하여 지시 층렬과 기술 층렬의 구별이 필요하다. 그는 기술 층렬의 단위가 지시 층렬의 단위로 구체적으로 확인되는 절차인 사례화(instantiation)에 의하여 두 층렬의 단위가 동지표로 맺어진다고 설명한다.

(32) "A man sent a woman a rose."의 두 층렬 표상(Csuri 1996: 235)

가. 기술 층렬: $SEND_1$ (MAN_2, $WOMAN_3$, $ROSE_4$)

나. 지시 층렬: e_1, x_2, y_3, z_4 [세계 w에서, 시간 t에, y에게 남자$_2$가 여자$_3$에게 장미꽃$_4$을 보낸다]$_1$

한국어에서는 상태/사건의 조응을 위한 조응사로 '그러하-, 그리하-'가 사용된다. 이들에 의해 조응되는 내용은 기술 층렬의 상태와 사건이다. 이들 용언 조응사를 이용한 '그런 것'도 기술 층렬의 개체 조응에 쓰이는 것으로 보인다. 이러한 한국어의 예도 지시 층렬과 구별되는 기술 층렬의 표상이 필요함을 보이는 증거이다.

③ 이 책의 제7장에서는 담화를 이루는 주장과 반대 주장의 두 문장이 동일한 판단자를 가져야 한다는 일반적 담화상의 조건이 존재한다는 점을 논하였다. 이 점을 처리하기 위해서는 판단자의 정보를 기록하는 담화 의미 표상이 요구된다. 담화 의미 표상을 전제하여 설명해야 하는 다른 의미 현상으로 '양상 종속화(modal subordination)'가 있다.[1036]

다음 두 문장으로 이루어진 담화들 중에서 (33가)는 부적절하다. (33나)는 두 문장이 모두 동일한 양상 요소 '-을 것이-'를 가지므로 적절한 담화를 이룬다. (33다)는 두 문장의 양상 요소가 다르나, 둘 다 양상 요소를 가진다는 점에서는 공통된다. (33가)의 부적절성이 해소되게 해 주는 현상이 '양상 종속화'이다.

1036) '양상 종속화' 개념에 대해서는 Roberts(1990)를 참조하였다.

(33) 가. ??인호가 어제 서점에 가서 책 한 권을 사 왔을거다. 그것은 추리소설이다.
나. 인호가 어제 서점에 가서 책 한 권을 사 왔을거다. 그것은 추리소설일거다.
다. 인호가 어제 서점에 가서 책 한 권을 사 왔을거다. 그것은 추리소설인 듯싶다.
라. 인호가 어제 서점에 가서 책 한 권을 사 왔을거다. 그것은 추리소설인 것 같다.

이러한 현상을 나타내기 위해서는 이 책에서 이제까지 활용하여 온 의미 형식들만으로는 부족하다. 담화표상이론(DRT)에서는 담화표상구조(DRS)의 형식을 바탕으로 후행 요소가 선행 구조의 특정 연산자의 영향권 안에 접근할 수 있는지 여부를 판정한다.[1037] 대표적인 예로, 후행 요소인 대명사는 선행 구조에서 보편 양화사의 영향권 안에 들어 있는 요소에 접근할 수 없다. 또 양상 요소를 가지고 있지 않은 후행 문장은 선행 구조의 양상 요소의 영향권 안에 놓일 수 없다. 이러한 의미에서 후행 의미 단위가 선행 의미 단위의 특정 연산자의 영향권에 접근 가능한지 여부를 접근타당성(accessibility)이라고 지칭하기로 한다.

필자는 접근타당성의 판정을 기술 층렬의 표상을 통해서 할 수 있다고 본다. 기술 층렬의 표상으로 나타낸 두 문장이 연결되는 경우, 후행 문장의 조응사는 양상 자질에 의해 지배되는 선행 문장의 단위에 접근하는 것이 타당하지 않다는 일반적 원리에 따라 (33가) 담화의 부적절성이 설명된다.[1038] 즉 (33가)의 담화는 (34)로 표상되는데, 후행 문장의 대명사 '그것'이 선행 문장의 '책 한 권'에 접근하는 것은 타당하지 않다. 반면, 각기 양상 요소를 가지는 문장들로 이어진 담화 안에서는 조응사의 접근이 저지되지 않으므로 (33나, 다, 라)의 담화들은 적절하다.

(34) [modal ∧ 사왔다(인호, 책한권)] [BE(그것, 추리소설)] (33가)
(35) [modal ∧ 사왔다(인호, 책한권)] [modal ∧ BE(그것, 추리소설)] (33나, 다, 라)

(33가) 담화의 양상 종속화는 (34)'과 같은 담화 표상의 조정 과정을 통해 설명된다.

(34)' [modal ∧ 사왔다(인호, 책한권)] [BE(그것, 추리소설)] ⇒
[modal ∧ 사왔다(인호, 책한권)] [modal ∧ BE(그것, 추리소설)]

후행 문장의 의미구조는 전제보충(accommodation)의 과정을 통하여 자질 'modal'

1037) 담화표상이론(DRT)의 실행 방법을 알아볼 수 있는 대표적 연구로는 Kamp & Reyle(1993)이 있다.
1038) 이 경우의 '지배'는 앞에서 소개한 Nikanne(1990)의 '개념구조 지배' 정의에 따른 것이다.

을 새로 갖게 되고, 동일한 이 자질을 가지는 선·후행절의 의미구조 안에서는 후행 대명사가 선행사에 접근할 수 있게 된다.

이렇게, 양상 종속화 현상을 기술 층렬을 포함한 담화 표상을 바탕으로 설명할 수 있다. Roberts(1990)에서는 양상 종속화 현상을 캄프(H. Kamp)의 담화표상이론을 이용하여 설명한다. 이상은 담화표상이론의 담화 표상을 이용하지 않고도, 기술 층렬의 표상을 활용하여 양상 종속화 현상을 설명할 수 있음을 보인 것이다.

④ 형식의미론의 의미 표상이 나타내기 어려운 의미의 국면들이 있는데, 이들을 위해 기술 층렬의 표상이 필요하다.

첫째, 교호성 구문의 표상에서 나타나는 (36)과 같은 형상적 구조의 대칭성은 기술 층렬의 표상으로만 적합하게 나타낼 수 있다. 이는 이 책 3.4절에서의 논점이다.

(36) [F(X, Y) ∧ F(Y, X)]

(37) 가. 철수와 인호가 싸운다.
나. 철수가 인호와 싸운다.
다. 사람들이 싸운다.

(38) 가. 철수와 인호가 서로 바라보았다.
나. 철수가 인호와 서로 바라보았다.

'교호성'은 (36)과 같은 형상적 구조를 가리키는 용어이다. 기술 층렬에서 (37)과 같은 대칭동사 구문, (38)과 같이 부사 '서로'에 의해 형성되는 교호적 구문이 (36)의 교호성 의미구조의 표상으로 기술되어야 한다.

둘째, '사다/팔다' 동사의 의미 표상에서 나타나는 형상적 특성(양정석 2001나)은 기술 층렬의 표상으로만 적합하게 나타낼 수 있다.[1039]

(39) '사다'의 의미구조:
$[CS(X, [GO_{poss}(Y, [FROM(Z), TO(X)]) \wedge EXCH([GO_{poss}([MONEY],$
$[FROM(X), TO(Z)])])]$
EX. 인호가 철수에게서 책 한 권을 샀다.

(40) '팔다'의 의미구조:

1039) (39), (40)의 의미구조는 Jackendoff(1990)에서 영어의 'buy', 'sell'의 의미구조로 제시한 것을 다소 조정한 형식이다.

[CS(X, [GO_{poss}(Y, [FROM(X), TO(Z)]) ∧ EXCH([GO_{poss}([MONEY], [FROM(Z), TO(X)])])]

EX. 철수가 인호에게 책 한 권을 팔았다.

'사다'와 '팔다'의 의미구조도 대칭동사나 부사 '서로'의 구문에서와 유사한 형상적 구조를 가지는 것을 관찰할 수 있다. 이러한 구조는 지시 층렬의 형식화 방법으로는 포착할 수 없고, 기술 층렬의 형식화를 필요로 한다.

이 책의 논의 중에 기술 층렬의 필요성을 보이는 예들이 몇 가지 지적된 바 있다. 몇 가지 사례를 다시 들어 간략히 논평하기로 한다.

⑤ 보조동사 구문, 연결어미 절 내포문에서의 공범주 대명사의 통사·의미적 처리에 관하여 생각해 보자. 공범주 대명사로는 지배받는 공범주 대명사 pro, 지배받지 않으면서 무위적 해석을 받는 공범주 대명사 PRO, 그리고 무위적 해석을 받는 허사 공범주 e_{pleo}가 설정되었다. 이들은 지시 층렬의 의미 형식이 도출되는 과정의 한 의미론적 해석 규칙에 따라 해석된다. 그러니까 'pro', 'PRO', 'e_{pleo}'의 해석은 이들의 통사구조의 위치를 바탕으로 이루어지는 것이다.

양정석(2013나)에서는 어휘적 요소가 복합적 의미구조 내의 두 개의 논항 위치를 결속시키는 '의미적 통제' 현상을 관찰하였다. '-으려고'가 가지는 의도성('INTEND'), '-어야'가 가지는 규범성('should'), '-으라고, -으마고'가 가지는 '의무성'('obligated') 등의 의미적 요인에 따라 복합적 의미구조 내에서의 결속이 일어난다. 'α'는 의미구조의 두 논항 위치가 동일시되는 것을 표시한다.

(41) 가. 의도성(-으려고, -고자, -겠다고): INTEND($X^α$, [ACT(α)])
나. 규범성(-어야): BE_{should}($X^α$, [ACT(α)])
다. 의무성(-으라고, -으마고): $BE_{obligated}$($X^α$, $[ACT(α)]^β$) ∧ BENEF(β, Y)
라. 능력성(-음직): BE_{able}($X^α$, [ACT(α)])
마. 사동성(-게, -도록): CS(X, $Y^α$, [ACT(α)])
바. 요청성(-어 달라고): REQUEST($X^α$, Y, $[ACT(α)]^β$) ∧ BENEF(β, α)

이들은 모두 기술 층렬에서 '상황성 자질'('circ'로 표시)을 가지는 것으로 공통적으로 나타낼 수 있다. 이들은 통제 현상이 의미구조의 특정 형상적 구조를 요인으로 발생하며,

(41가-바)처럼 의미적으로 상위 동사 역할을 하는 의미 요소들이 의미적 통제를 유발하는 어휘적 요소들이라는 점을 보여준다.

지시 층렬의 의미 형식은 'PRO'를 무위적으로 해석할 뿐, 그 '의미적 통제'의 국면을 반영할 방법은 없다. 그러나 (41)의 기술 층렬의 의미 형식들은 의미적 통제를 의미구조의 형상적 구조에 따라 포착할 한 가지 가능성을 제시한다고 본다.

⑥ 명사형어미들의 의미는 명사화 연산자 '$^{\cap}$'로 나타내었다. 이 연산자가 지시적 의미에서 가지는 효과는 별달리 생각하기 어렵다. 이는 명사화가 지시 층렬 아닌 기술 층렬의 표시이기 때문이라고 생각된다.

또 양정석(2010: 302)에서는 명사형어미인 '-음'과 '-기'의 의미 차이를 '징표'와 '유형'의 차이로 규정하였는데, 징표와 유형의 의미 대립은 사물 의미뿐만 아니라 사건 의미에서도 확인할 수 있다. 지시 층렬에서는 이처럼 다양한 의미 범주에 존재하는 의미 대립을 나타낼 방법이 없다. 그러므로 이러한 의미 대립은 기술 층렬에 표시되어야 한다.

⑦ 이 책의 여러 곳에서 연결어미 '-거든'이 후행절에 대한 '의도'의 의미 제약을 부과한다고 지적한 바 있다. 명령형, 청유형, 약속형이 나타내는 '의도' 의미와 '-겠-'이 나타내는 '의도' 의미를 지시 층렬에서 하나의 개념으로 표상하기는 쉽지 않다. 지시 층렬의 의미 형식은 본질적으로 '+feature'와 같은 자질을 포함하기 어렵다.

포괄적 개념인 '의도'는 기술 층렬의 개념인 것으로 보인다. 지시 층렬 (43나)에는 '양상기반 함수 intend를 포함할 것'과 같은 서술로 '-거든'의 '의도' 의미에 대한 요구 조건을 표현하고 있으나, 이와 같은 서술은 형식의미론적 서술로는 적합하지 않다는 문제가 있다. 자질로 표시되는 이러한 의미 제약은 기술 층렬에 (43가)와 같은 형식으로 포착할 수 있다. 기술 층렬의 'intention'과 같은 양상 자질은 지시 층렬에서 반드시 대응되는 양상기반 함수('intend')를 가져야 한다는 실행상의 조건을 추가적으로 상정할 수 있을 것이다.

(42) 가. 비가 오거든 빨래를 걷어라/걷자. (명령형, 청유형)

나. 비가 오거든 집에서 책을 읽겠다. (의도)

(43) 가. 기술 층렬: λP: P $\preccurlyeq$ situation. λQ: Q $\preccurlyeq$ situation $\wedge$ Q $\preccurlyeq$ intention. KETUN(P, Q)

나. 지시 층렬: [$\lambda p_{<s,<i,<e,t>>>}$. $\lambda q_{<s,<i,<e,t>>>}$: q는 양상기반 함수 intend를 포함할

것. $\forall <w',t',x> : <w',t',x> \in BEST(epist,\ stereo,\ w\ ,\ t'',\ j)\ \&$
$p(w')(t')(x) \rightarrow q(w')(t')(x)\ \&\ t'' > t\ \ = 1\ ]$

(43가)와 (43나) 중 어느 것이 더 적합한 형식인지, 또는 두 의미 형식이 '-거든'의 의미 기술에 모두 사용되어야 하는지는 향후 더 연구해야 할 과제이다.

⑧ 제6장에서는 양상 요소의 의미 기술 중 영역 조건으로 ''싶-' 부류, '시도하-' 부류, '마땅하-' 부류'와 같은 사항들을 표시하고 있다. 영역 조건은 공유배경의 정보를 중심으로 표시하는 것이므로, 이러한 표시는 표준적 형식의미론의 취지에 맞지 않는다. 이들은 근본적으로 지시체나 지시체들의 집합으로 나타낼 수 없다. 이러한 정보는 기술 층렬의 표상으로 나타내는 것이 적합하다.

(44) 가. λP: P ≼ [싶다] . λQ. P ⋯ Q
나. λP: P ≼ [시도하다] . λQ. P ⋯ Q
다. λP: P ≼ [마땅하다] . λQ. P ⋯ Q

'[싶다]'는 기술 층렬의 개념구조에서 '싶다'가 나타내는 복합적 의미를 간략하게 표시한 것이다. 술어 해체 방법에 의해 분석된 이 형용사의 의미구조는 매우 복잡한 형식을 취하므로 이처럼 '[싶다]'처럼 간략화된 형식으로 나타낼 수 있다.

⑨ 지시 층렬에 주어지는 다음 조사들의 의미 해석 절차와 관련하여 또 하나의 문제를 지적할 수 있다((45)의 정의에 대해서는 양정석(2017)의 6.2.5절을 참고 바람).

(45) ⟦ -에게 ⟧ $^{c;w,t,j}$ = $\lambda x_e.\ \lambda P_{<s,<i,<e,<et>>>>}.\ P(w)(t)(j)\ \&\ j = x$
(46) ⟦ -에게는 ⟧ $^{c;w,t,j}$ = $\lambda x_e.\ x$

문제는, '-에게도', '-에게만'처럼 후치사와 보조사가 결합한 형식을 이 책에서는 재구조화된 후치사(P)로 규정하였는데, 그 경우의 의미 형식을 (45)의 의미 형식과 관련하여 일관성 있게 정의할 수 있겠는가 하는 것이다.

(46)의 경우는 특수한 예로서, '-에게'와 '-는'의 결합인 '-에게는'은 단일한 통사 단위로, (46)의 형식으로 어휘부에 기술된다. '-에게도', '-에게만', '-에게조차', '-에게까지' 등

의 의미 형식은 어떻게 기술되는지, 특히 일반화된 기술이 가능한지가 문제로 제기된다.

이 문제에 대한 필자의 잠정적 방안은 다음과 같다. 후치사와 보조사가 일반적 재구조화에 의해 결합되는 경우, 그 지시적 의미 정의, 즉 형식의미론적 의미 정의에서 보조사는 무위적 해석을 받는다. 이 점을 다음과 같은 합성 규칙을 설정함으로 포착할 수 있을 것이다.

(47) 보조사의 무위적 해석:

α, β, γ가 모두 머리성분(head)이고, α의 딸성분(daughter)들의 집합이 {β, γ}일 때, β가 후치사(P)이고, γ가 보조사(D)이면 $[\![\alpha]\!]^{c;w,t,j} = [\![\beta]\!]^{c;w,t,j}$로 해석된다.

지시 층렬에서 '-마다', '-만'을 제외한 보조사들은 그 자체로 정의된 의미 형식을 갖지 않는다. 그러나 보조사의 다른 의미를 부정할 수는 없다. 보조사가 가지는 다른 의미들을 기록할 공간이 필요한데, 기술 층렬은 그러한 필요에 부응한다.

보조사는 초점과 관련한 의미를 가질 수 있다. 보조사의 초점 관련 의미를 체계적으로 기술하기 위해서는 기술 층렬의 의미 형식이 지시 층렬의 의미 형식과 구별되어 표상되어야 한다. 초점의미값은 기술 층렬의 의미 형식을 바탕으로 도출하는 것이 타당하다(이 점은 이 책 12.1절에서 논의하였다). 기술 층렬에 기재된 초점 단위는 동지표에 의해 지시 층렬의 단위와 연계된다.

이상과 같은 근거에서 이 책에서는 문장의 의미를 지시 층렬의 의미 형식과 함께 기술 층렬의 의미 형식으로도 나타내는, 두 층렬의 의미 표상 이론을 수립한 것이다.

찾아보기

A

E

L